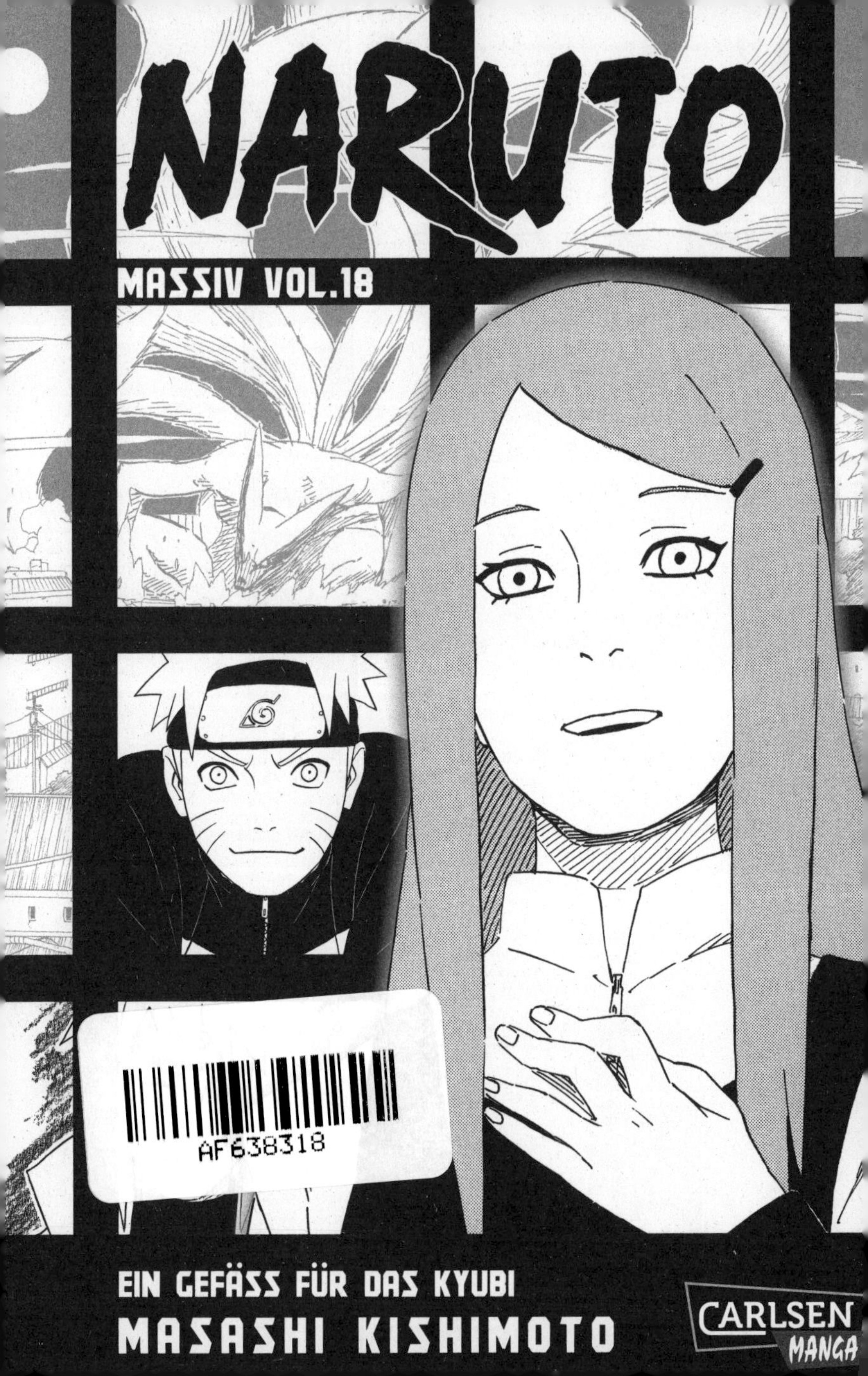
NARUTO
MASSIV VOL.18
EIN GEFÄSS FÜR DAS KYUBI
MASASHI KISHIMOTO
CARLSEN
MANGA

# NARUTO CHARACTERS

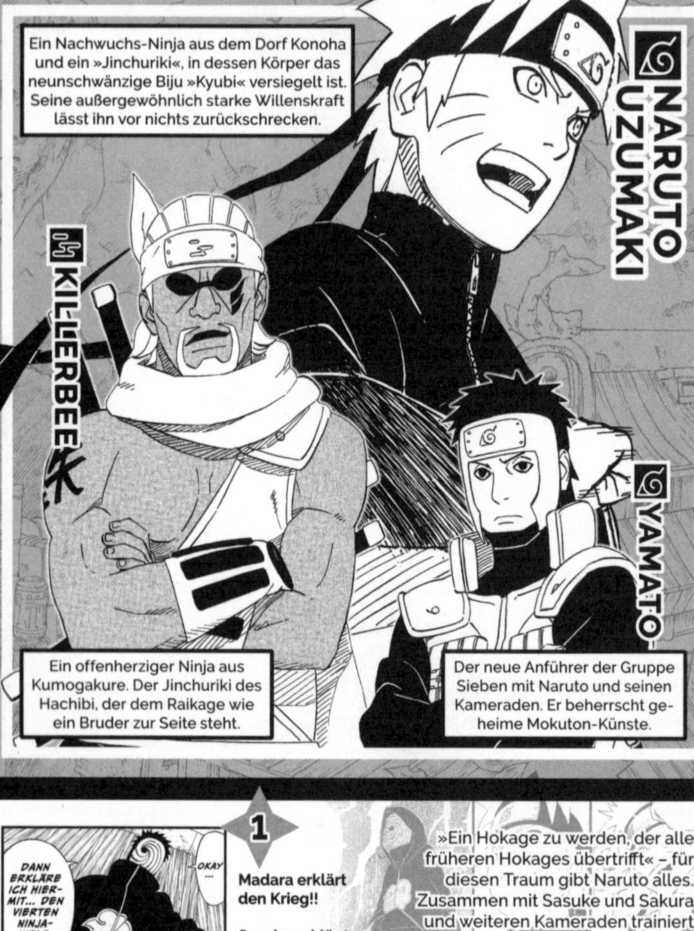

## NARUTO UZUMAKI

Ein Nachwuchs-Ninja aus dem Dorf Konoha und ein »Jinchuriki«, in dessen Körper das neunschwänzige Biju »Kyubi« versiegelt ist. Seine außergewöhnlich starke Willenskraft lässt ihn vor nichts zurückschrecken.

## KILLERBEE

Ein offenherziger Ninja aus Kumogakure. Der Jinchuriki des Hachibi, der dem Raikage wie ein Bruder zur Seite steht.

## YAMATO

Der neue Anführer der Gruppe Sieben mit Naruto und seinen Kameraden. Er beherrscht geheime Mokuton-Künste.

# STORY

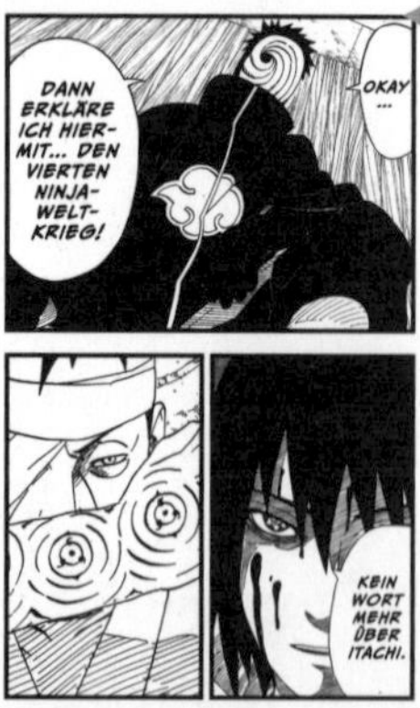


**1**

**Madara erklärt den Krieg!!**

**Sasuke schlägt Danzo!!**

»Ein Hokage zu werden, der alle früheren Hokages übertrifft« – für diesen Traum gibt Naruto alles. Zusammen mit Sasuke und Sakura und weiteren Kameraden trainiert und kämpft er und so wird aus dem ehemaligen Tunichtgut ein richtiger Ninja.Dann geht Sasuke, besessen von der Rache an seinem großen Bruder, zu Orochimaru, um stark zu werden. Zweieinhalb Jahre später – Naruto nimmt als durchtrainierter Ninja volle Fahrt auf! Er kämpft gegen die Verbrecherorganisation Akatsuki, die die Ninja-Welt gefährdet. Und Sasuke, der Itachis Wahrheit erfahren hat, hat ein neues Ziel: Er will Konoha vernichten...!!

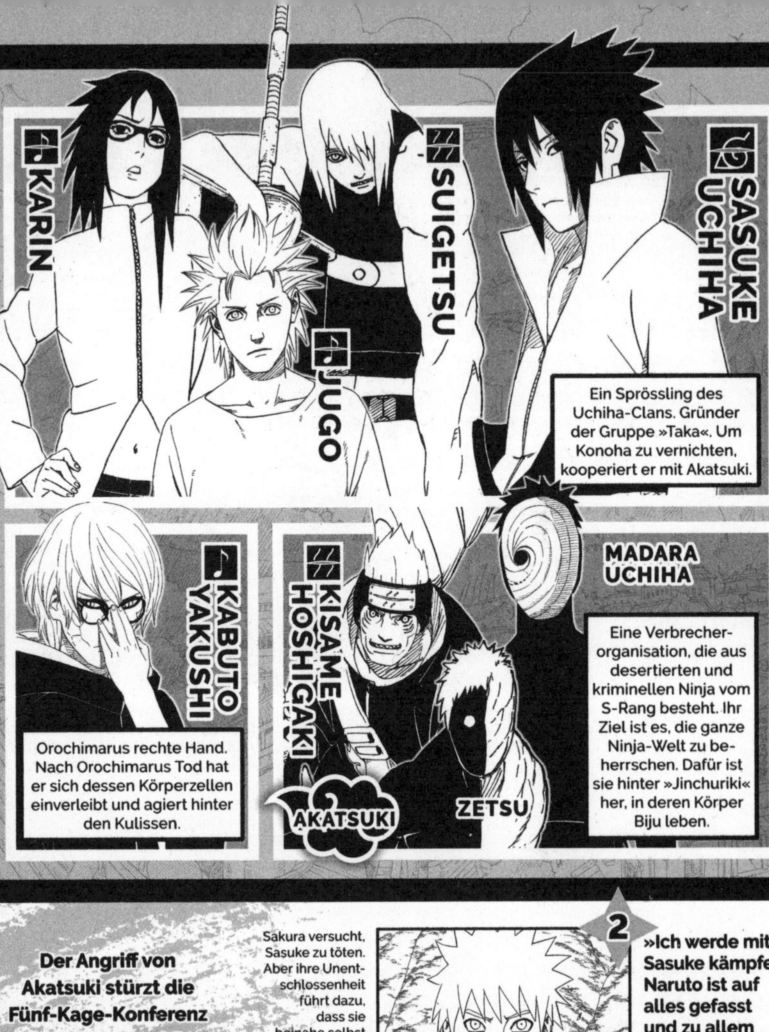


**Der Angriff von Akatsuki stürzt die Fünf-Kage-Konferenz ins Chaos. Die Oberhäupter der Dörfer erkennen den Ernst der Lage und gründen eine Ninja-Allianz!! Der Beginn des großen Krieges steht bevor!!**

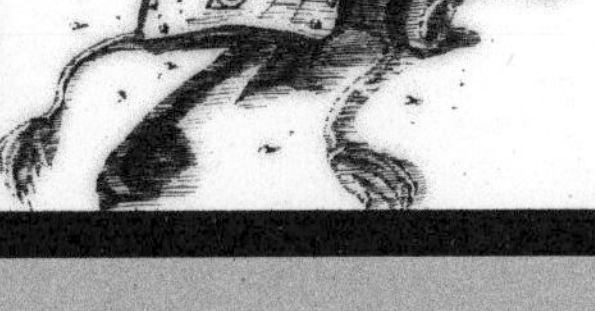

Sakura versucht, Sasuke zu töten. Aber ihre Unentschlossenheit führt dazu, dass sie beinahe selbst von Sasuke getötet wird. Naruto eilt zu den beiden und nimmt den von Hass erfüllten Sasuke wahr. Naruto erklärt Sasuke, als sein Freund sei er bereit, gegen ihn auf Leben und Tod zu kämpfen.

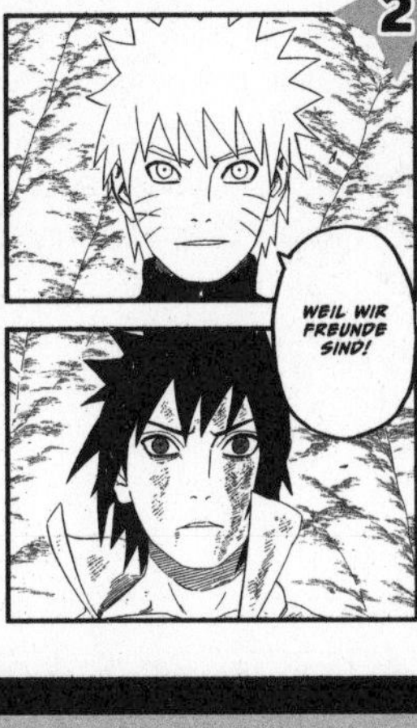


2

**»Ich werde mit Sasuke kämpfen!« Naruto ist auf alles gefasst und zu allem entschlossen!!**

Nach Madaras Kriegserklärung schließen die fünf Kage eine Ninja-Allianz. Die Vorbereitungen für den Krieg beginnen. Indessen greift Sasuke Danzo an, den Erzfeind, der seinen Bruder ausgenutzt hat. Sasuke und Danzo kämpfen mit ihren Augenkünsten, am Ende siegt Sasuke und kann seine Rachgier fürs Erste stillen...

# NARUTO

512 SEITEN MASSIV 100% NARUTO

## INHALT

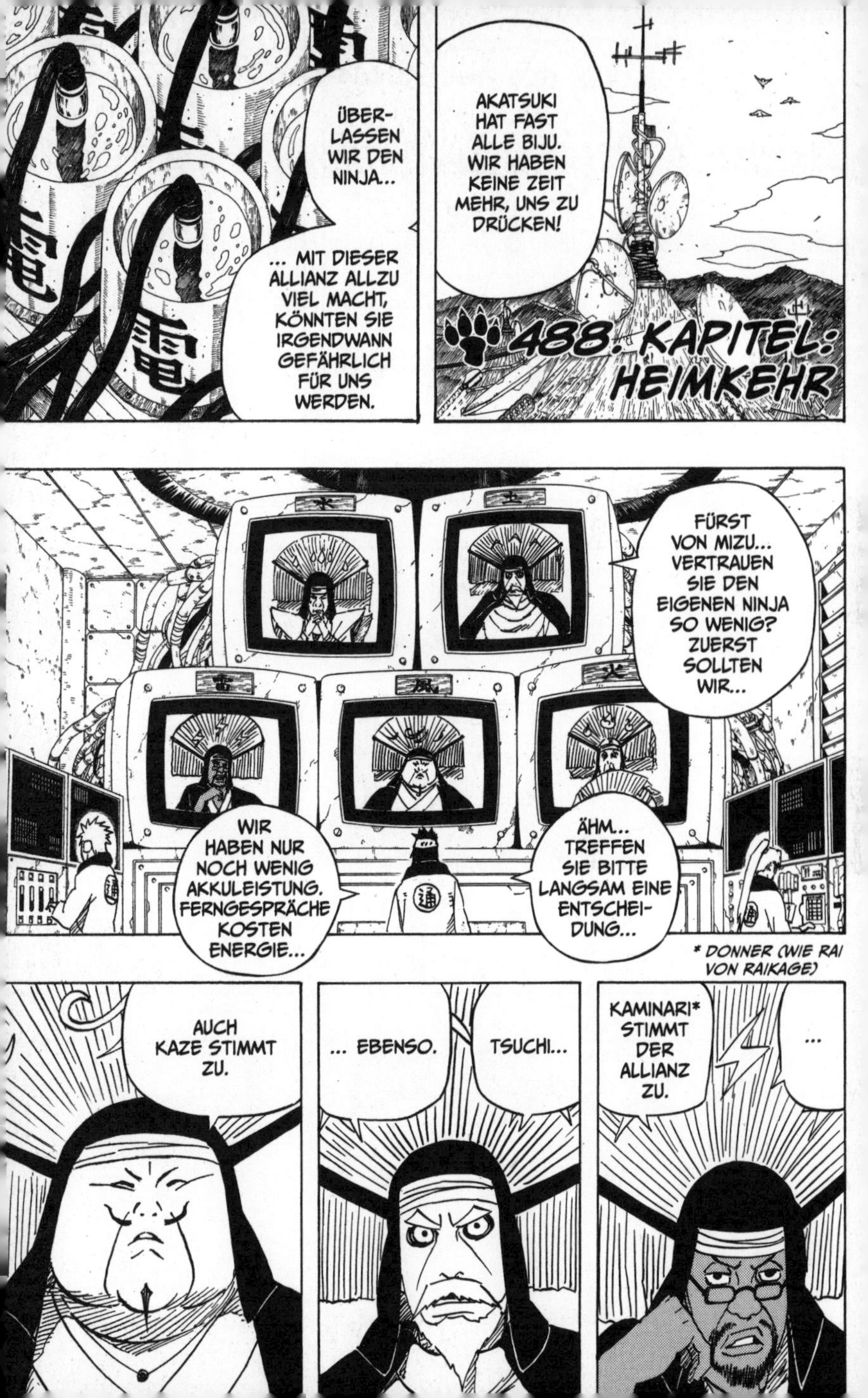
AKATSUKI HAT FAST ALLE BIJU. WIR HABEN KEINE ZEIT MEHR, UNS ZU DRÜCKEN!
488. KAPITEL: HEIMKEHR
ÜBER-LASSEN WIR DEN NINJA...
... MIT DIESER ALLIANZ ALLZU VIEL MACHT, KÖNNTEN SIE IRGENDWANN GEFÄHRLICH FÜR UNS WERDEN.
FÜRST VON MIZU... VERTRAUEN SIE DEN EIGENEN NINJA SO WENIG? ZUERST SOLLTEN WIR...
ÄHM... TREFFEN SIE BITTE LANGSAM EINE ENTSCHEI-DUNG...
WIR HABEN NUR NOCH WENIG AKKULEISTUNG. FERNGESPRÄCHE KOSTEN ENERGIE...
* DONNER (WIE RAI VON RAIKAGE)
...
KAMINARI* STIMMT DER ALLIANZ ZU.
TSUCHI...
... EBENSO.
AUCH KAZE STIMMT ZU.

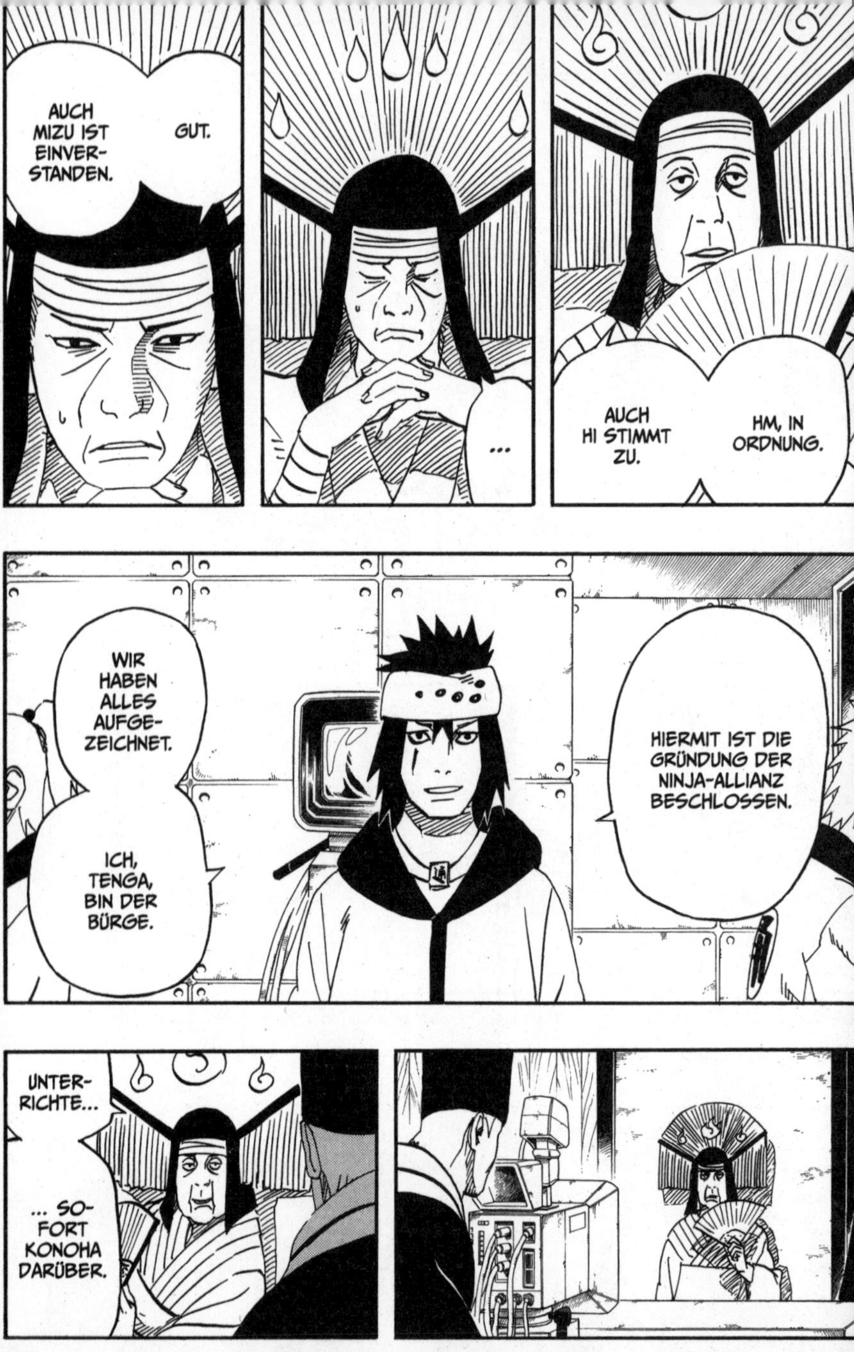
HM, IN ORDNUNG.
AUCH HI STIMMT ZU.
...
GUT.
AUCH MIZU IST EINVERSTANDEN.
HIERMIT IST DIE GRÜNDUNG DER NINJA-ALLIANZ BESCHLOSSEN.
WIR HABEN ALLES AUFGEZEICHNET.
ICH, TENGA, BIN DER BÜRGE.
UNTERRICHTE...
... SOFORT KONOHA DARÜBER.

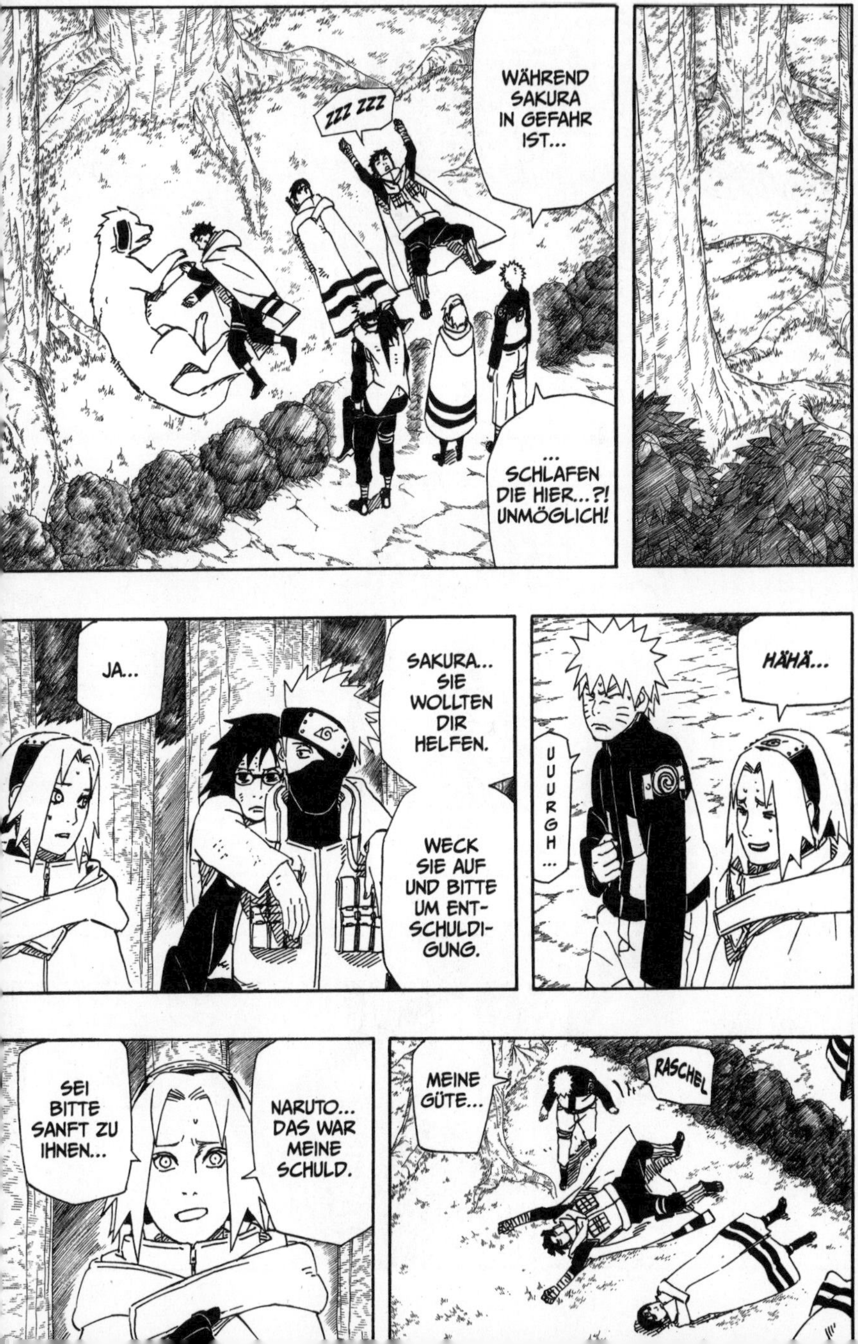
WÄHREND SAKURA IN GEFAHR IST...
ZZZ ZZZ
... SCHLAFEN DIE HIER...?! UNMÖGLICH!
HÄHÄ...
UUURGH ...
SAKURA... SIE WOLLTEN DIR HELFEN.
WECK SIE AUF UND BITTE UM ENT-SCHULDI-GUNG.
JA...
RASCHEL
MEINE GÜTE...
NARUTO... DAS WAR MEINE SCHULD.
SEI BITTE SANFT ZU IHNEN...

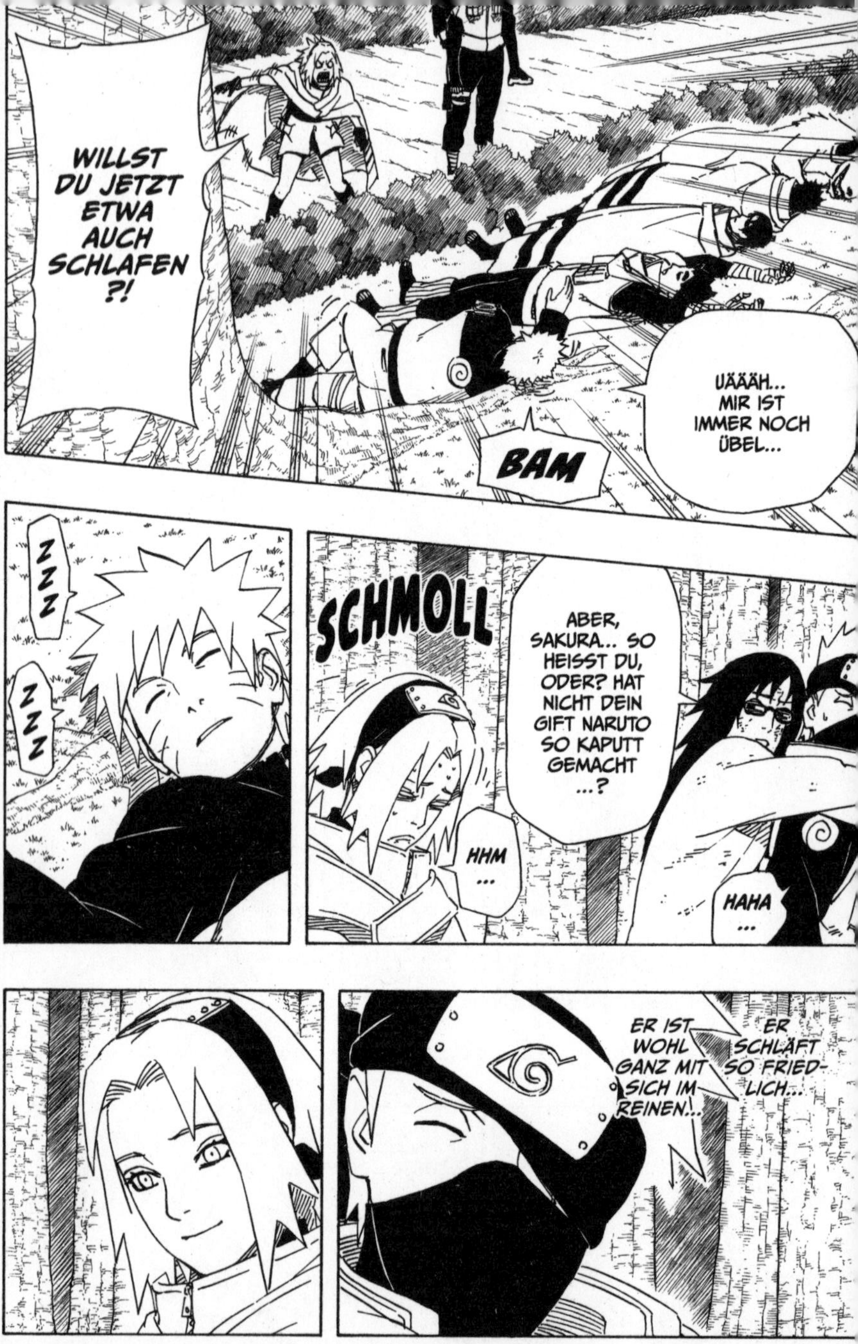
UÄÄÄH... MIR IST IMMER NOCH ÜBEL...
BAM
WILLST DU JETZT ETWA AUCH SCHLAFEN ?!
ABER, SAKURA... SO HEISST DU, ODER? HAT NICHT DEIN GIFT NARUTO SO KAPUTT GEMACHT ...?
HAHA ...
SCHMOLL
HHM ...
ZZZ
ZZZ
ER SCHLÄFT SO FRIEDLICH...
ER IST WOHL GANZ MIT SICH IM REINEN...

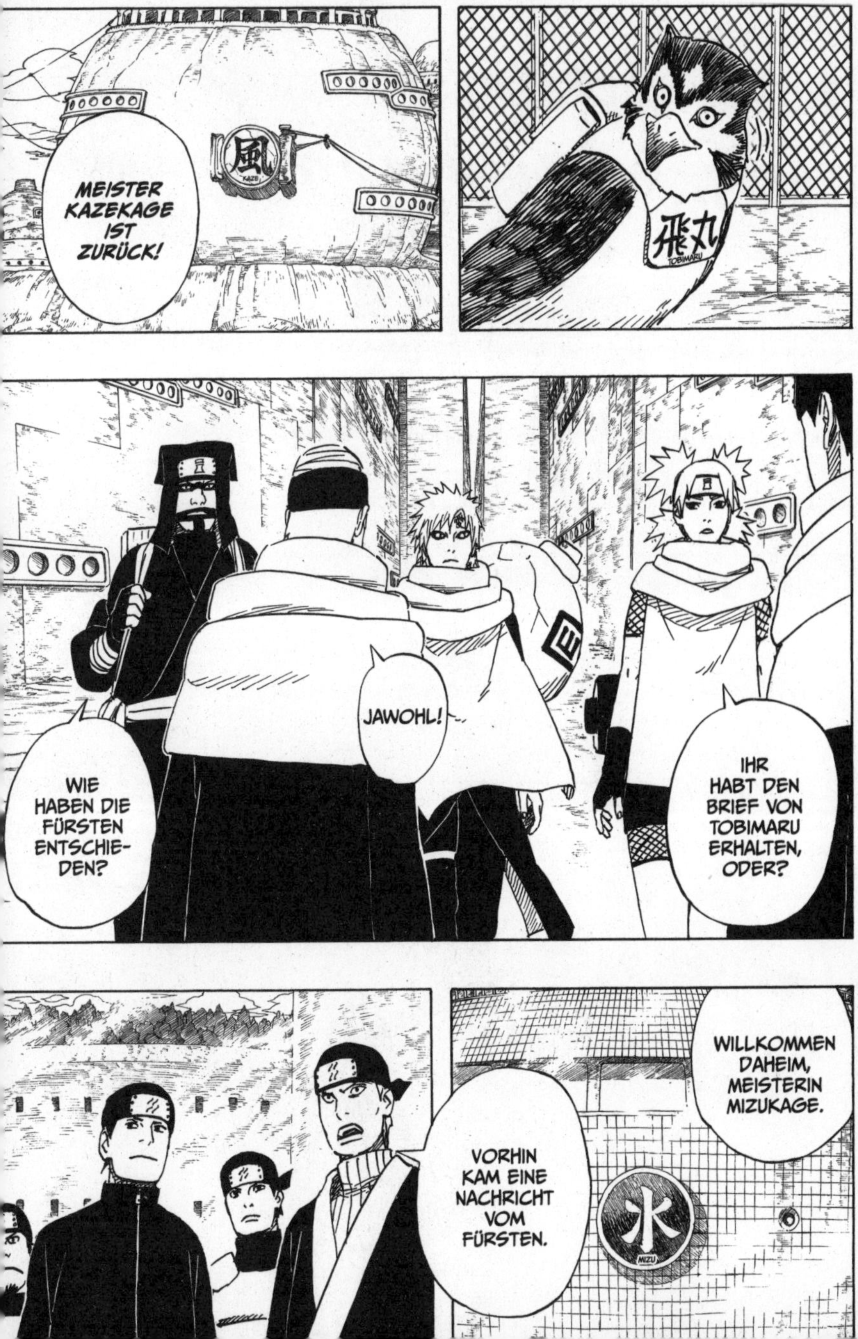
飛丸
TOBIMARU
風
KAZE
MEISTER KAZEKAGE IST ZURÜCK!
IHR HABT DEN BRIEF VON TOBIMARU ERHALTEN, ODER?
JAWOHL!
WIE HABEN DIE FÜRSTEN ENTSCHIE-DEN?
WILLKOMMEN DAHEIM, MEISTERIN MIZUKAGE.
水
MIZU
VORHIN KAM EINE NACHRICHT VOM FÜRSTEN.

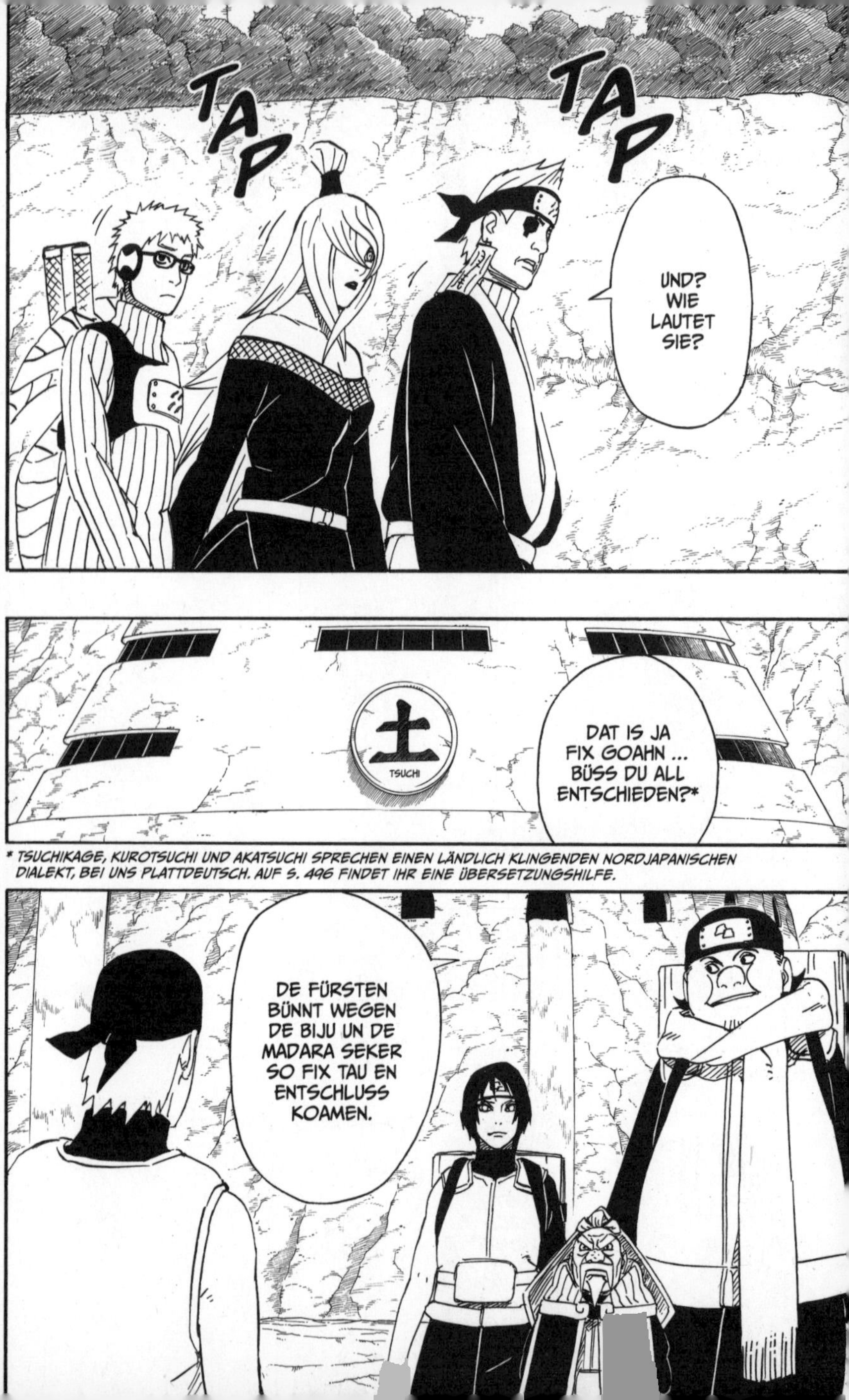


* TSUCHIKAGE, KUROTSUCHI UND AKATSUCHI SPRECHEN EINEN LÄNDLICH KLINGENDEN NORDJAPANISCHEN DIALEKT, BEI UNS PLATTDEUTSCH. AUF S. 496 FINDET IHR EINE ÜBERSETZUNGSHILFE.

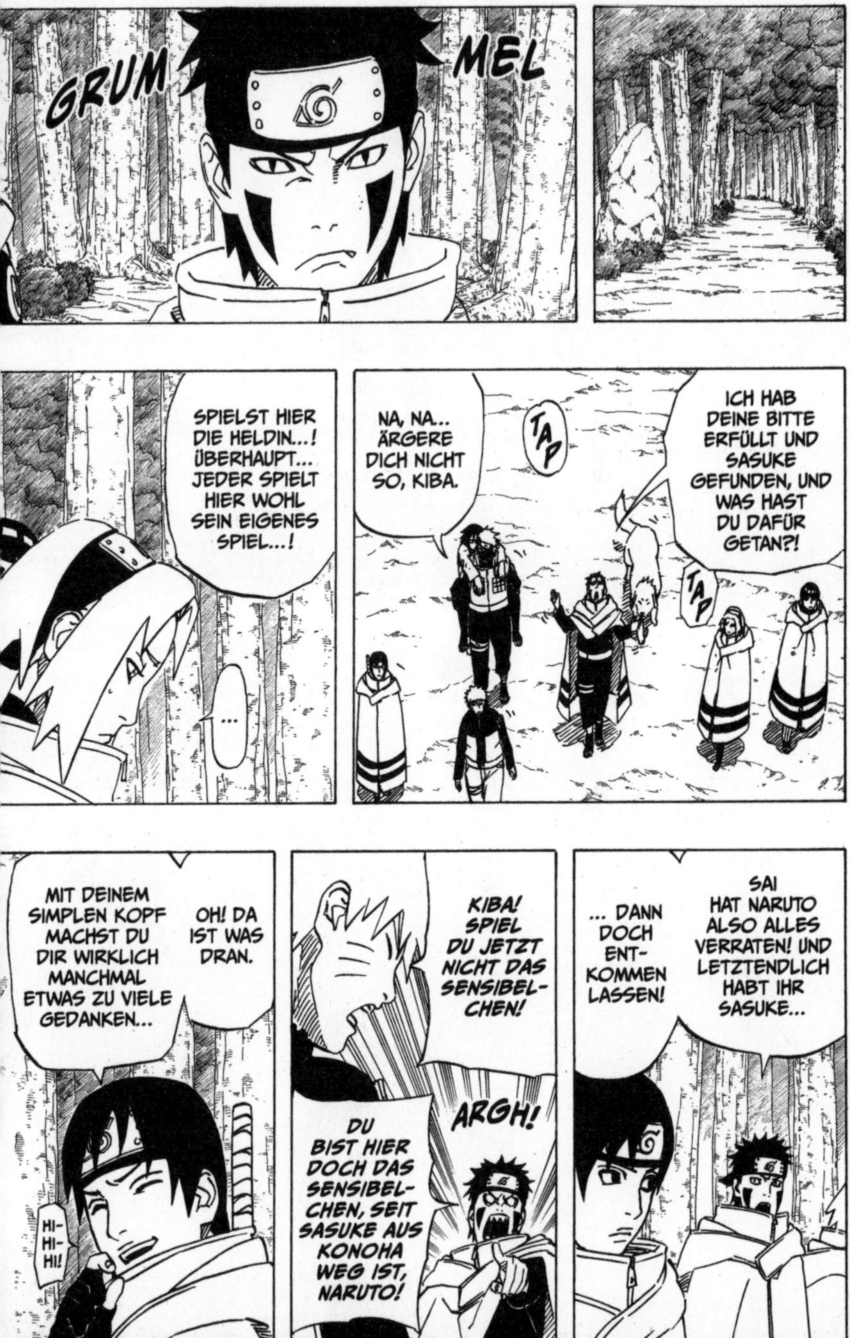
GRUM MEL
ICH HAB DEINE BITTE ERFÜLLT UND SASUKE GEFUNDEN, UND WAS HAST DU DAFÜR GETAN?!
TAP
TAP
NA, NA.. ÄRGERE DICH NICHT SO, KIBA.
SPIELST HIER DIE HELDIN...! ÜBERHAUPT... JEDER SPIELT HIER WOHL SEIN EIGENES SPIEL...!
...
SAI HAT NARUTO ALSO ALLES VERRATEN! UND LETZTENDLICH HABT IHR SASUKE...
... DANN DOCH ENT-KOMMEN LASSEN!
KIBA! SPIEL DU JETZT NICHT DAS SENSIBEL-CHEN!
ARGH!
DU BIST HIER DOCH DAS SENSIBEL-CHEN, SEIT SASUKE AUS KONOHA WEG IST, NARUTO!
OH! DA IST WAS DRAN.
MIT DEINEM SIMPLEN KOPF MACHST DU DIR WIRKLICH MANCHMAL ETWAS ZU VIELE GEDANKEN...
HI-HI-HI!

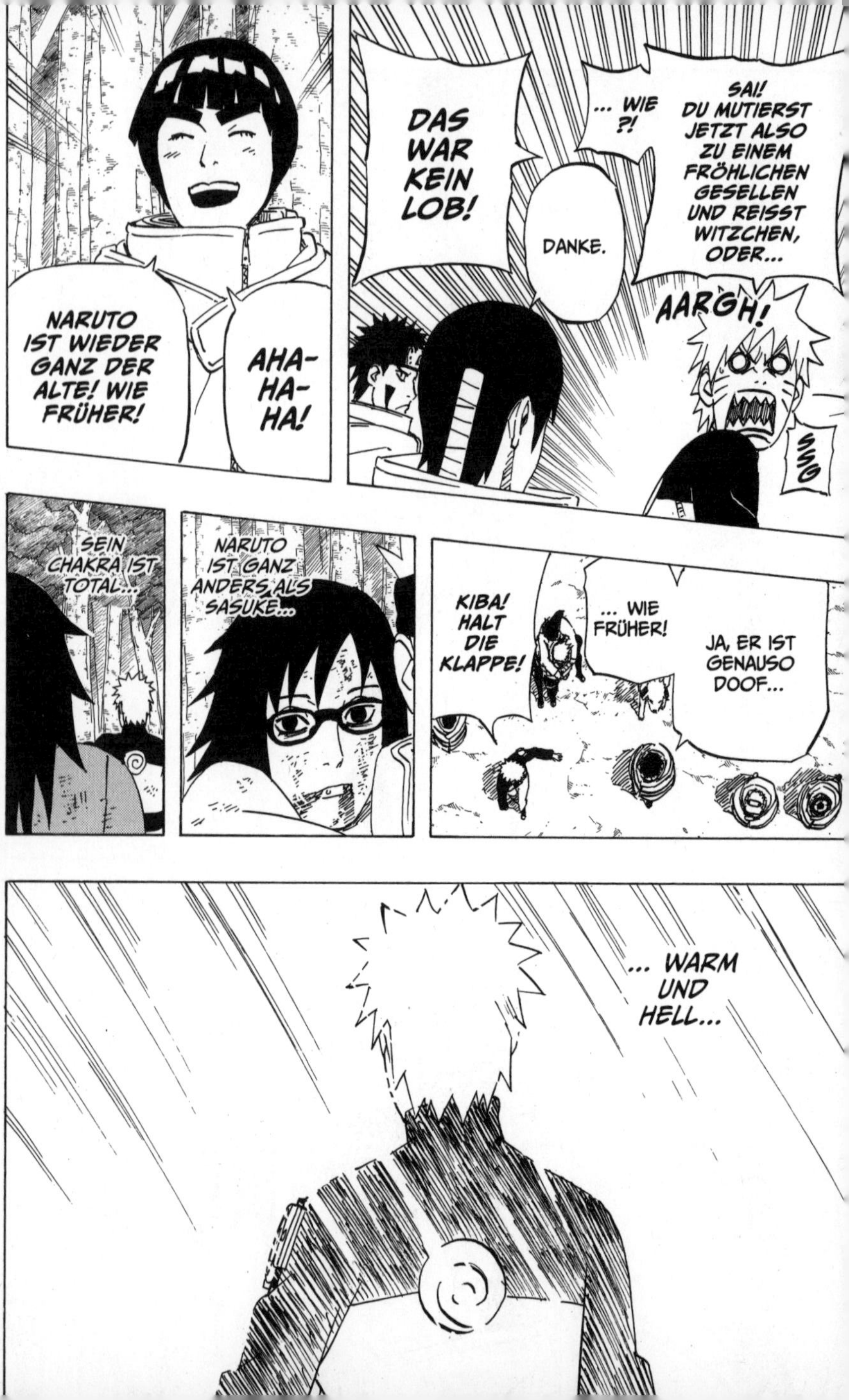
SAI! DU MUTIERST JETZT ALSO ZU EINEM FRÖHLICHEN GESELLEN UND REISST WITZCHEN, ODER...
AARGH!
... WIE ?!
DANKE.
DAS WAR KEIN LOB!
AHA-HA-HA!
NARUTO IST WIEDER GANZ DER ALTE! WIE FRÜHER!
JA, ER IST GENAUSO DOOF...
... WIE FRÜHER!
KIBA! HALT DIE KLAPPE!
NARUTO IST GANZ ANDERS ALS SASUKE...
SEIN CHAKRA IST TOTAL...
... WARM UND HELL...

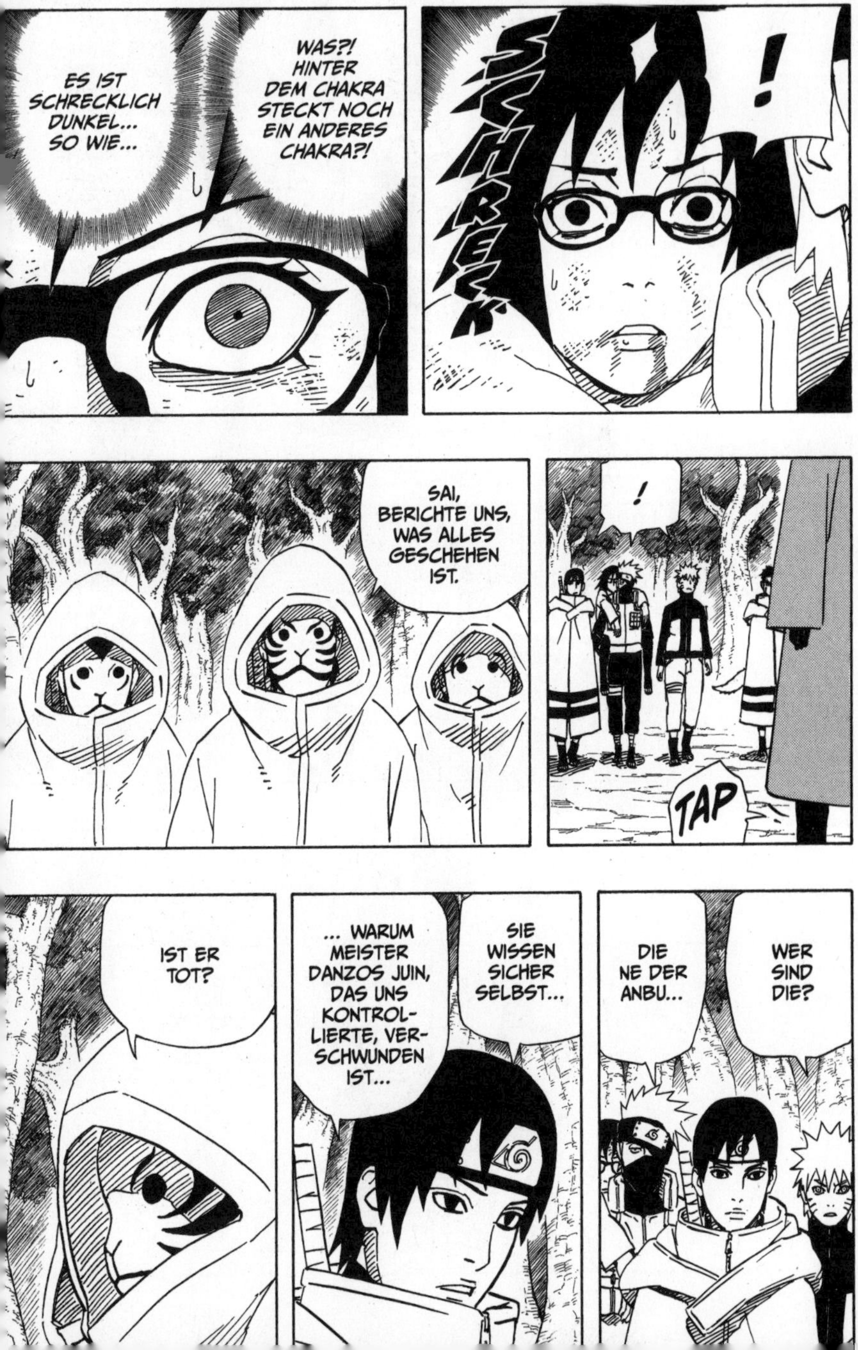
SCHRECK
!
WAS?! HINTER DEM CHAKRA STECKT NOCH EIN ANDERES CHAKRA?!
ES IST SCHRECKLICH DUNKEL... SO WIE...
!
TAP
SAI, BERICHTE UNS, WAS ALLES GESCHEHEN IST.
WER SIND DIE?
DIE NE DER ANBU...
SIE WISSEN SICHER SELBST...
... WARUM MEISTER DANZOS JUIN, DAS UNS KONTROL-LIERTE, VER-SCHWUNDEN IST...
IST ER TOT?

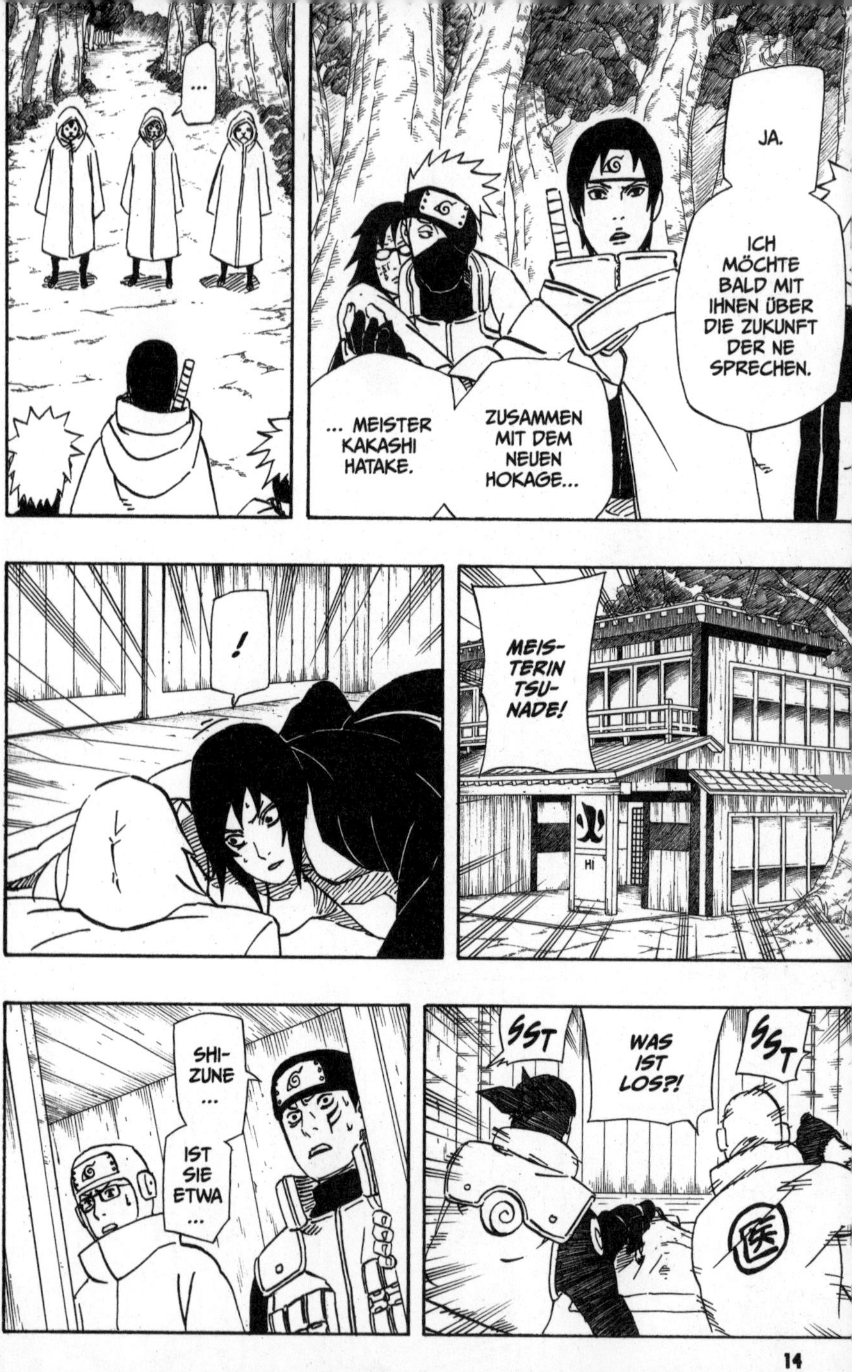
JA.
ICH MÖCHTE BALD MIT IHNEN ÜBER DIE ZUKUNFT DER NE SPRECHEN.
ZUSAMMEN MIT DEM NEUEN HOKAGE...
... MEISTER KAKASHI HATAKE.
...
MEISTERIN TSUNADE!
HI
!
SST
WAS IST LOS?!
SST
SHIZUNE ...
IST SIE ETWA ...

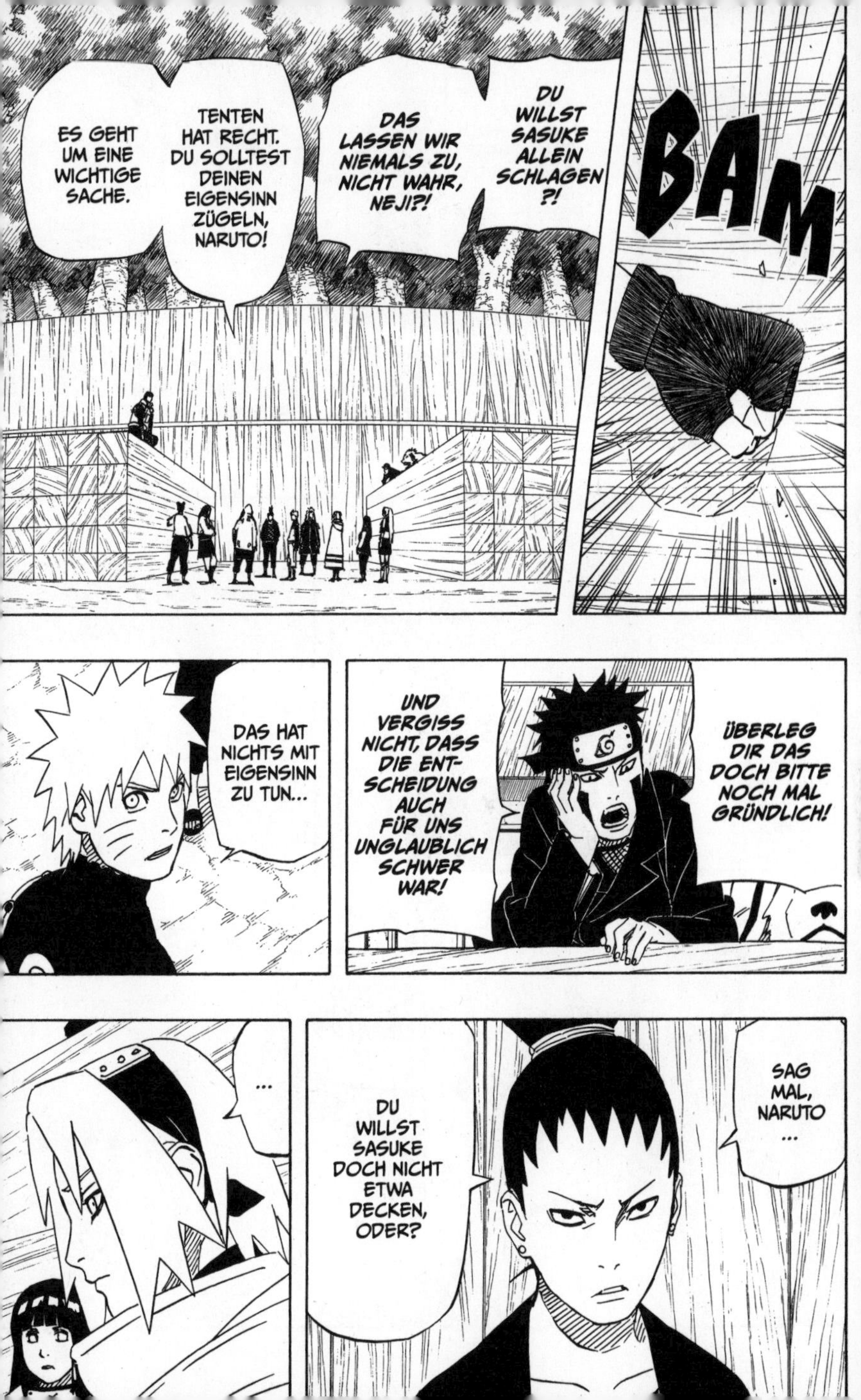
BAM
DU WILLST SASUKE ALLEIN SCHLAGEN?!
DAS LASSEN WIR NIEMALS ZU, NICHT WAHR, NEJI?!
TENTEN HAT RECHT. DU SOLLTEST DEINEN EIGENSINN ZÜGELN, NARUTO!
ES GEHT UM EINE WICHTIGE SACHE.
ÜBERLEG DIR DAS DOCH BITTE NOCH MAL GRÜNDLICH!
UND VERGISS NICHT, DASS DIE ENT-SCHEIDUNG AUCH FÜR UNS UNGLAUBLICH SCHWER WAR!
DAS HAT NICHTS MIT EIGENSINN ZU TUN...
SAG MAL, NARUTO ...
DU WILLST SASUKE DOCH NICHT ETWA DECKEN, ODER?
...

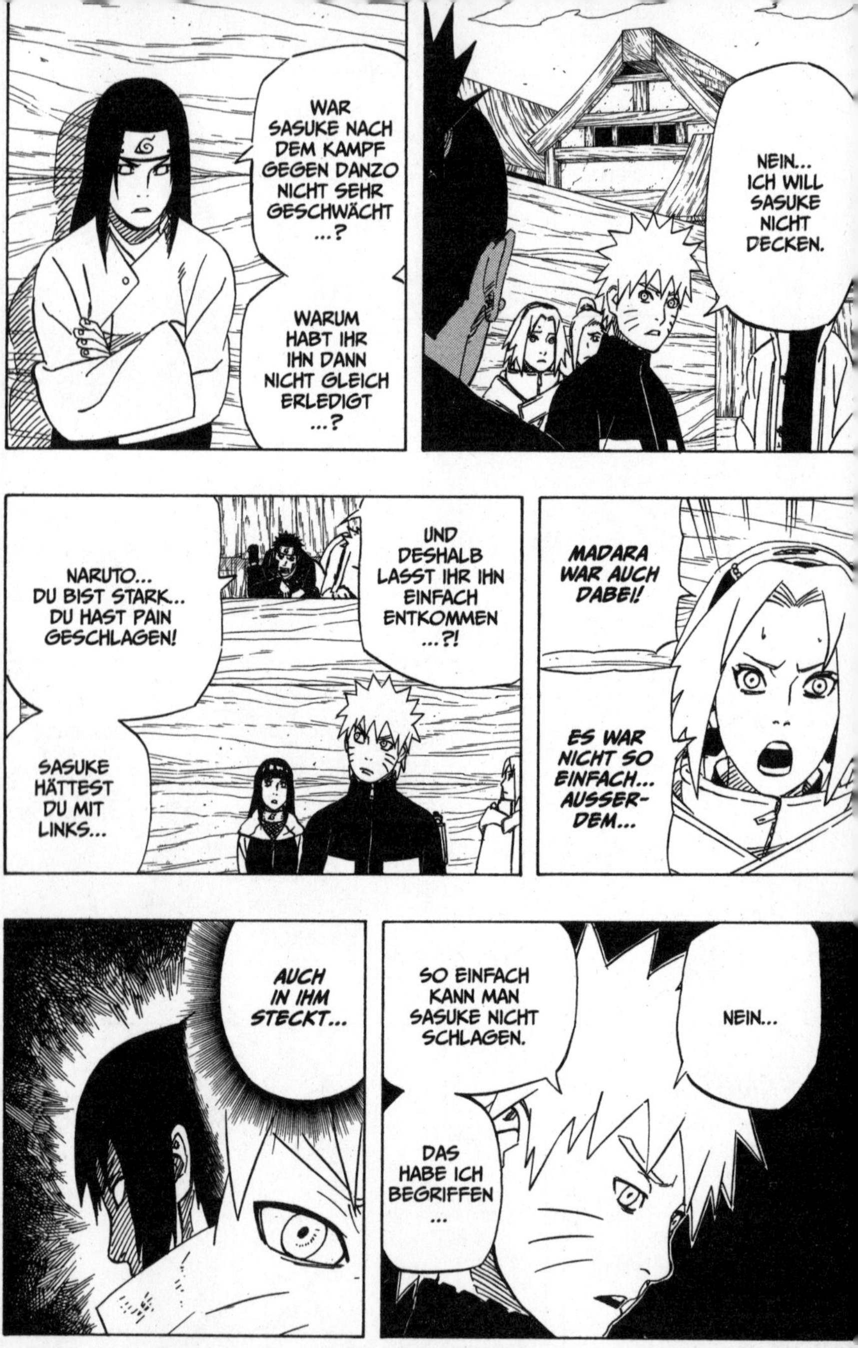

NEIN... ICH WILL SASUKE NICHT DECKEN.
WAR SASUKE NACH DEM KAMPF GEGEN DANZO NICHT SEHR GESCHWÄCHT ...?
WARUM HABT IHR IHN DANN NICHT GLEICH ERLEDIGT ...?
MADARA WAR AUCH DABEI!
ES WAR NICHT SO EINFACH... AUSSER-DEM...
UND DESHALB LASST IHR IHN EINFACH ENTKOMMEN ...?!
NARUTO... DU BIST STARK... DU HAST PAIN GESCHLAGEN!
SASUKE HÄTTEST DU MIT LINKS...
NEIN...
SO EINFACH KANN MAN SASUKE NICHT SCHLAGEN.
DAS HABE ICH BEGRIFFEN ...
AUCH IN IHM STECKT...

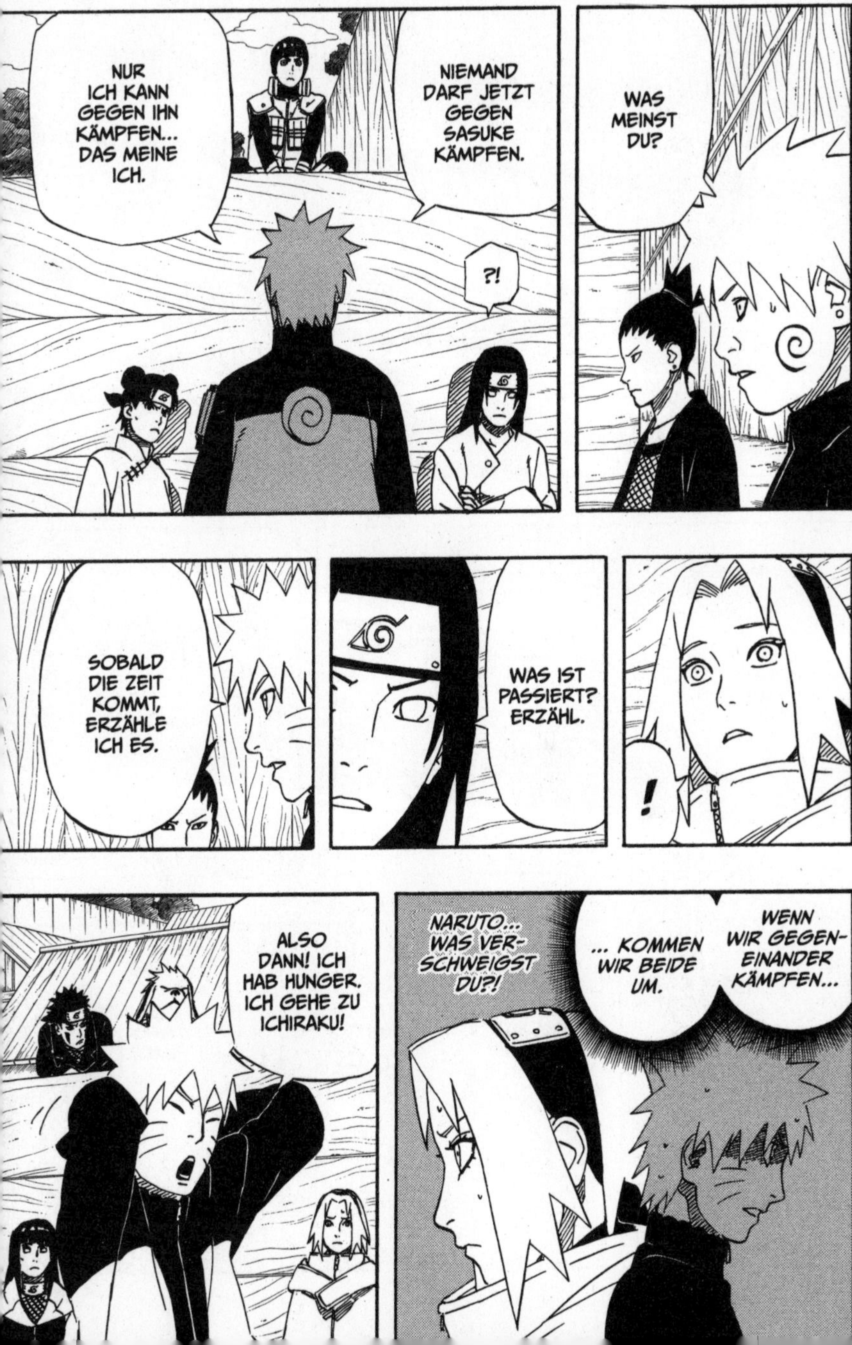
WAS MEINST DU?
NIEMAND DARF JETZT GEGEN SASUKE KÄMPFEN.
?!
NUR ICH KANN GEGEN IHN KÄMPFEN... DAS MEINE ICH.
!
WAS IST PASSIERT? ERZÄHL.
SOBALD DIE ZEIT KOMMT, ERZÄHLE ICH ES.
WENN WIR GEGEN-EINANDER KÄMPFEN...
... KOMMEN WIR BEIDE UM.
NARUTO... WAS VER-SCHWEIGST DU?!
ALSO DANN! ICH HAB HUNGER. ICH GEHE ZU ICHIRAKU!

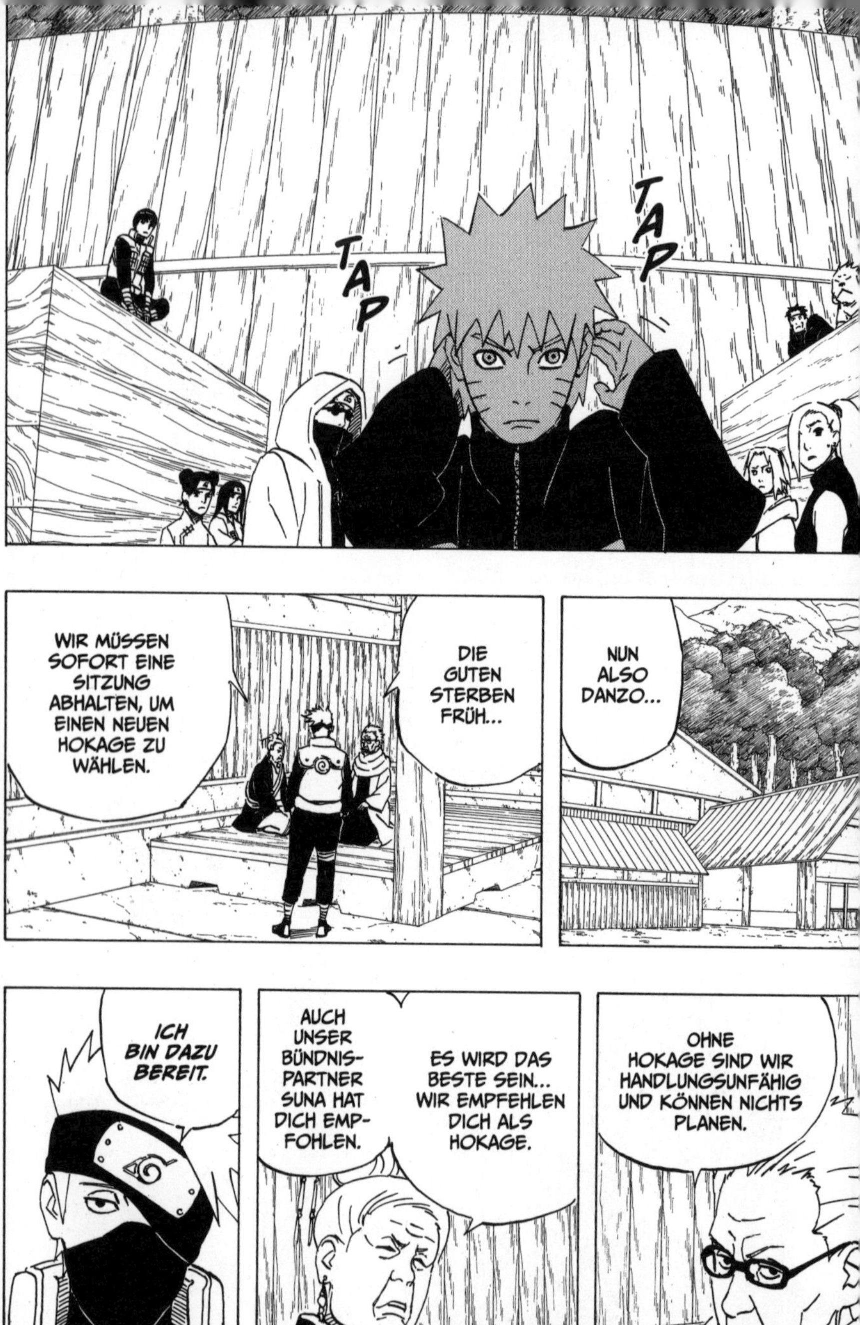

TAP
TAP
NUN ALSO DANZO...
DIE GUTEN STERBEN FRÜH...
WIR MÜSSEN SOFORT EINE SITZUNG ABHALTEN, UM EINEN NEUEN HOKAGE ZU WÄHLEN.
OHNE HOKAGE SIND WIR HANDLUNGSUNFÄHIG UND KÖNNEN NICHTS PLANEN.
ES WIRD DAS BESTE SEIN... WIR EMPFEHLEN DICH ALS HOKAGE.
AUCH UNSER BÜNDNIS-PARTNER SUNA HAT DICH EMP-FOHLEN.
ICH BIN DAZU BEREIT.

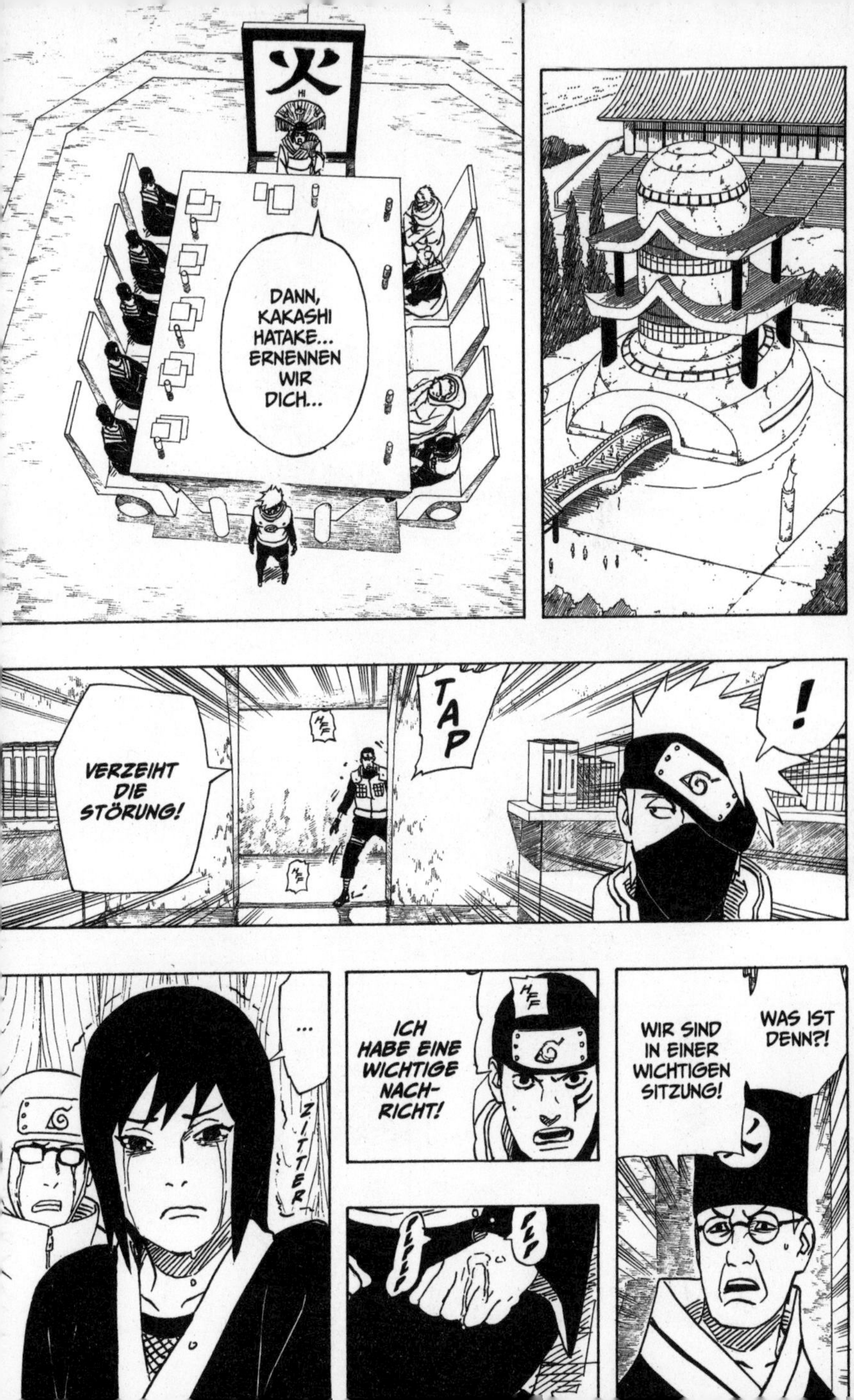

DANN, KAKASHI HATAKE... ERNENNEN WIR DICH...
!
TAP
HEF
HEF
VERZEIHT DIE STÖRUNG!
WAS IST DENN?!
WIR SIND IN EINER WICHTIGEN SITZUNG!
HEF
ICH HABE EINE WICHTIGE NACHRICHT!
...
ZITTER

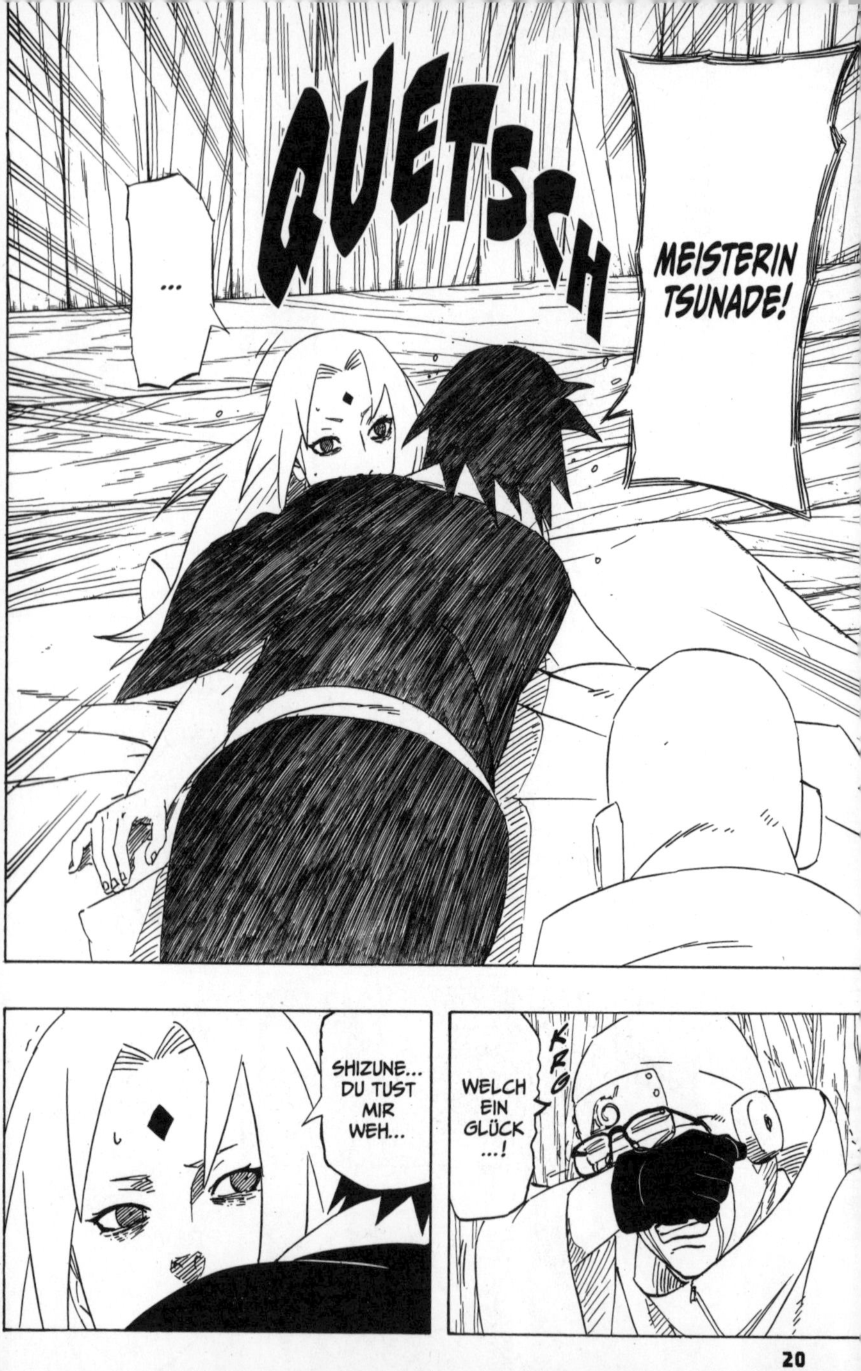
MEISTERIN TSUNADE!
QUETSCH
...
KRG
WELCH EIN GLÜCK ...!
SHIZUNE... DU TUST MIR WEH...

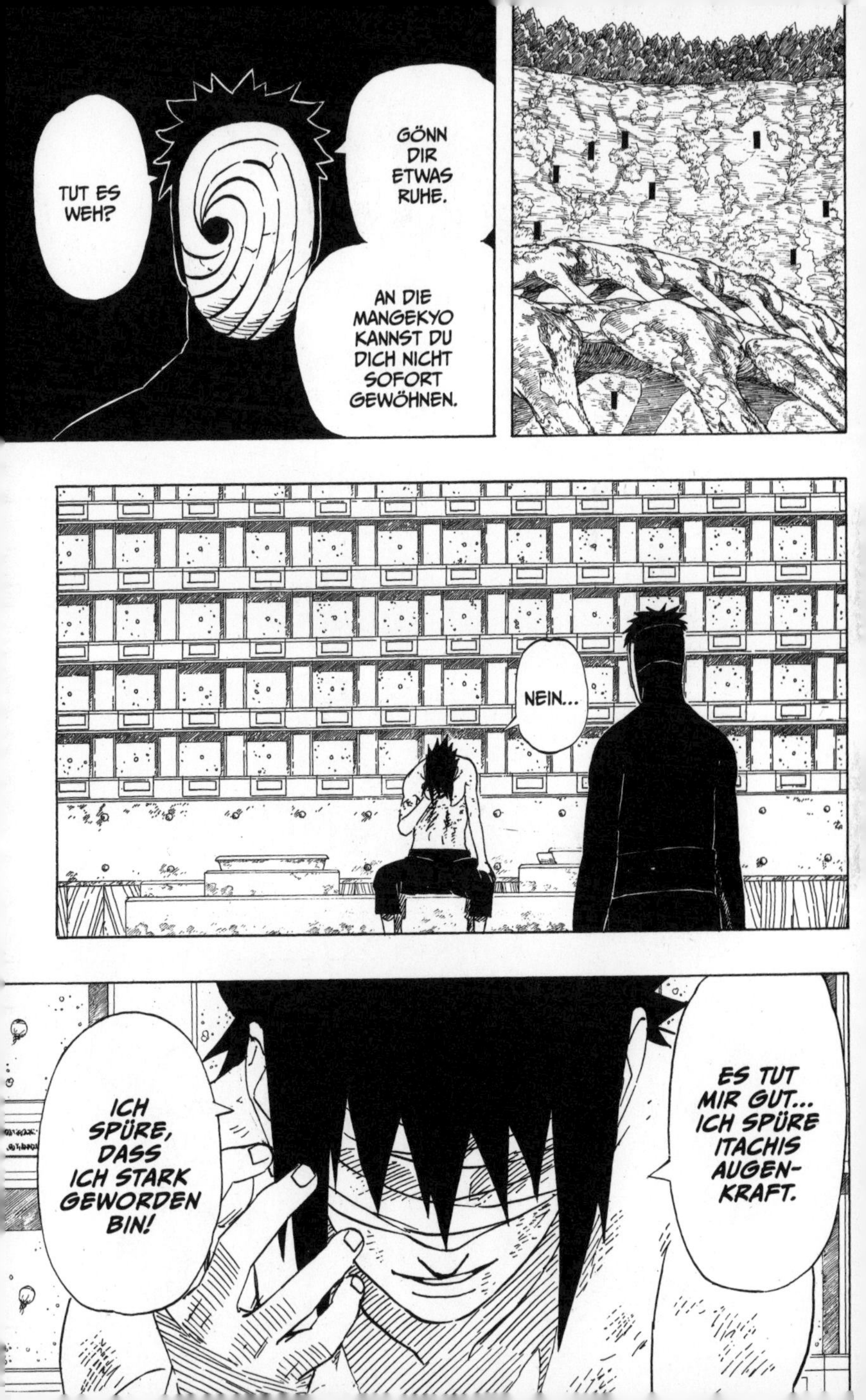
GÖNN DIR ETWAS RUHE.
AN DIE MANGEKYO KANNST DU DICH NICHT SOFORT GEWÖHNEN.
TUT ES WEH?
NEIN...
ES TUT MIR GUT... ICH SPÜRE ITACHIS AUGEN-KRAFT.
ICH SPÜRE, DASS ICH STARK GEWORDEN BIN!

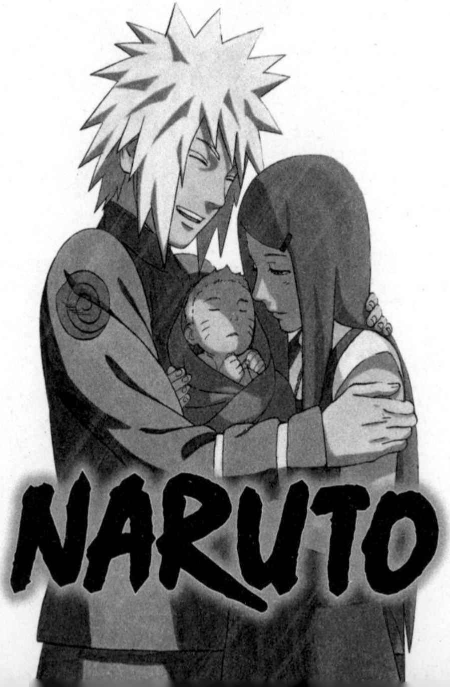
NARUTO

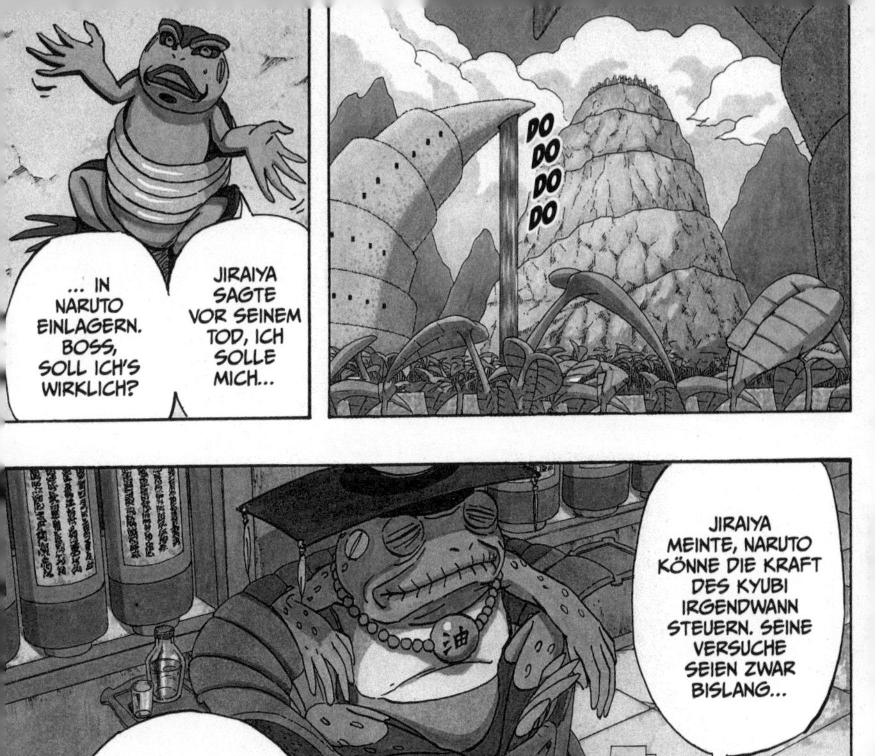


* IM ORIGINAL SPRICHT DIE KRÖTE EINEN DERBEN HIROSHIMA-DIALEKT, BEI UNS SCHWÄBISCH. AUF S. 496 FINDET IHR EINE ÜBERSETZUNGSHILFE.

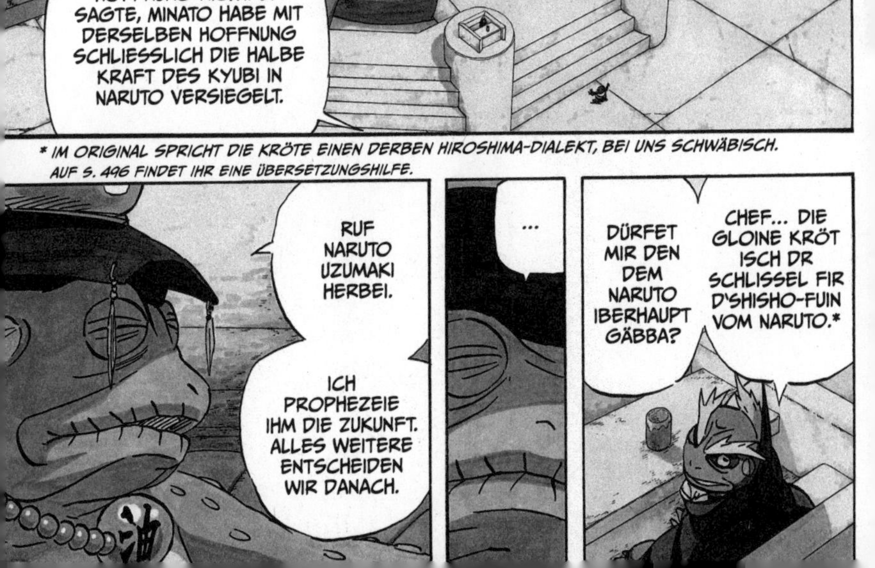

# KRIEGSVORBEREITUNGEN

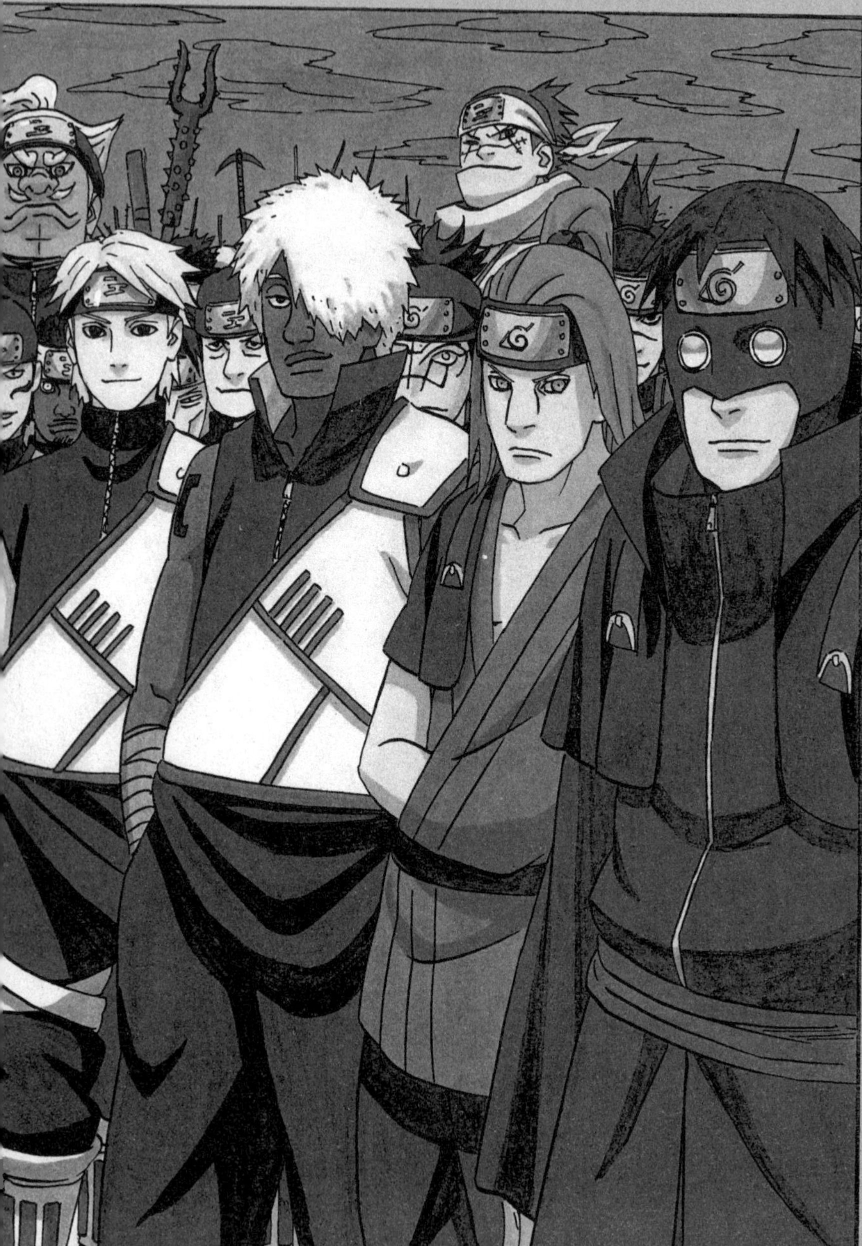

# 489. KAPITEL:

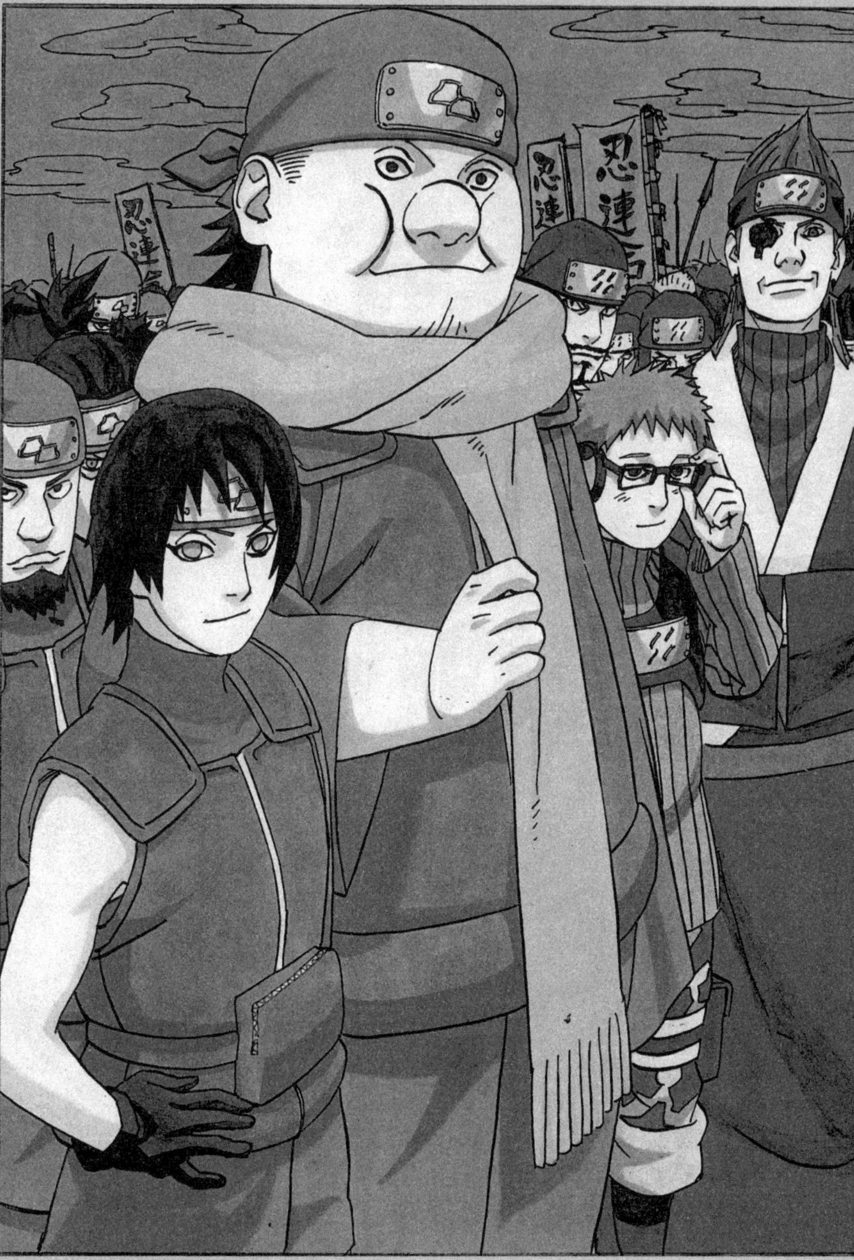

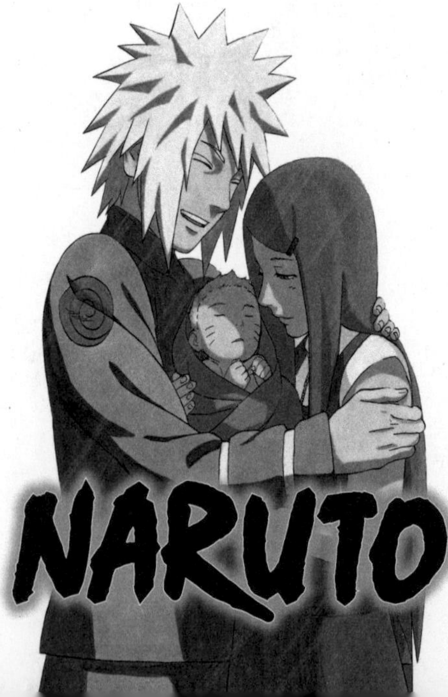
NARUTO

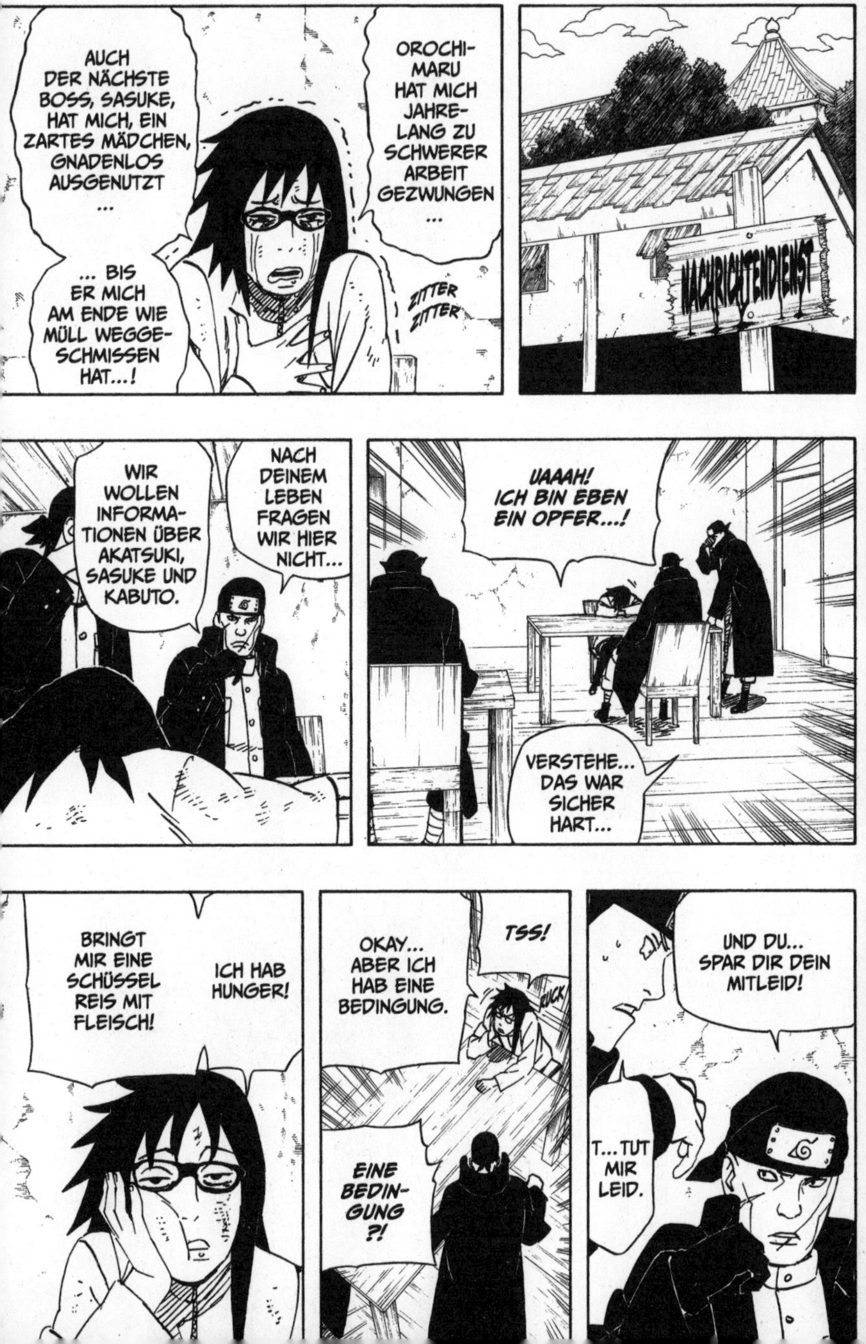
NACHRICHTENDIENST
OROCHIMARU HAT MICH JAHRELANG ZU SCHWERER ARBEIT GEZWUNGEN ...
AUCH DER NÄCHSTE BOSS, SASUKE, HAT MICH, EIN ZARTES MÄDCHEN, GNADENLOS AUSGENUTZT ...
... BIS ER MICH AM ENDE WIE MÜLL WEGGESCHMISSEN HAT...!
ZITTER ZITTER
UAAAH! ICH BIN EBEN EIN OPFER...!
VERSTEHE... DAS WAR SICHER HART...
NACH DEINEM LEBEN FRAGEN WIR HIER NICHT...
WIR WOLLEN INFORMATIONEN ÜBER AKATSUKI, SASUKE UND KABUTO.
UND DU... SPAR DIR DEIN MITLEID!
T...TUT MIR LEID.
TSS!
RUCK
OKAY... ABER ICH HAB EINE BEDINGUNG.
EINE BEDINGUNG?!
ICH HAB HUNGER!
BRINGT MIR EINE SCHÜSSEL REIS MIT FLEISCH!

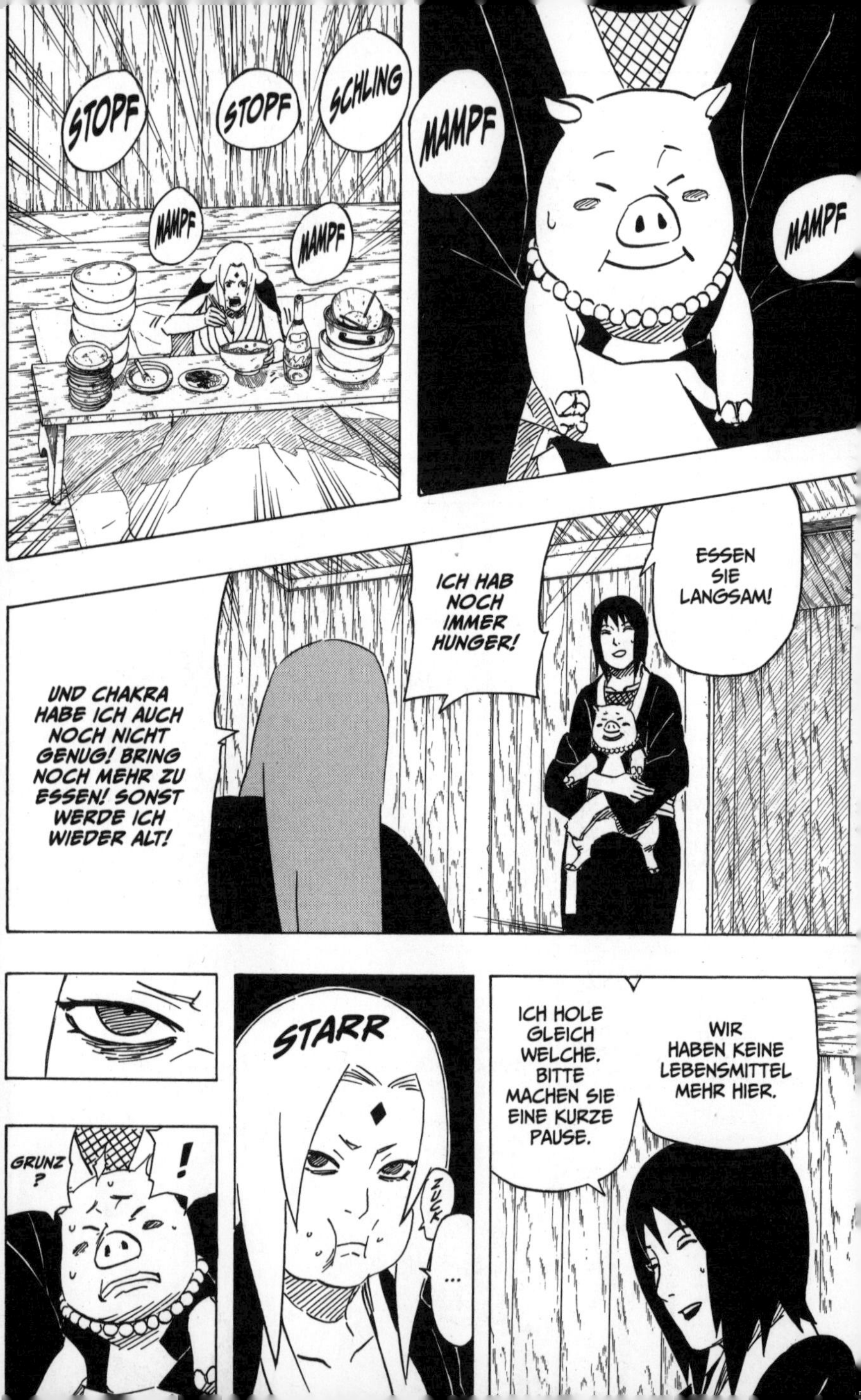
MAMPF
MAMPF
SCHLING
STOPF
STOPF
MAMPF
MAMPF
ESSEN SIE LANGSAM!
ICH HAB NOCH IMMER HUNGER!
UND CHAKRA HABE ICH AUCH NOCH NICHT GENUG! BRING NOCH MEHR ZU ESSEN! SONST WERDE ICH WIEDER ALT!
WIR HABEN KEINE LEBENSMITTEL MEHR HIER.
ICH HOLE GLEICH WELCHE. BITTE MACHEN SIE EINE KURZE PAUSE.
STARR
ZUCK
...
!
GRUNZ ?

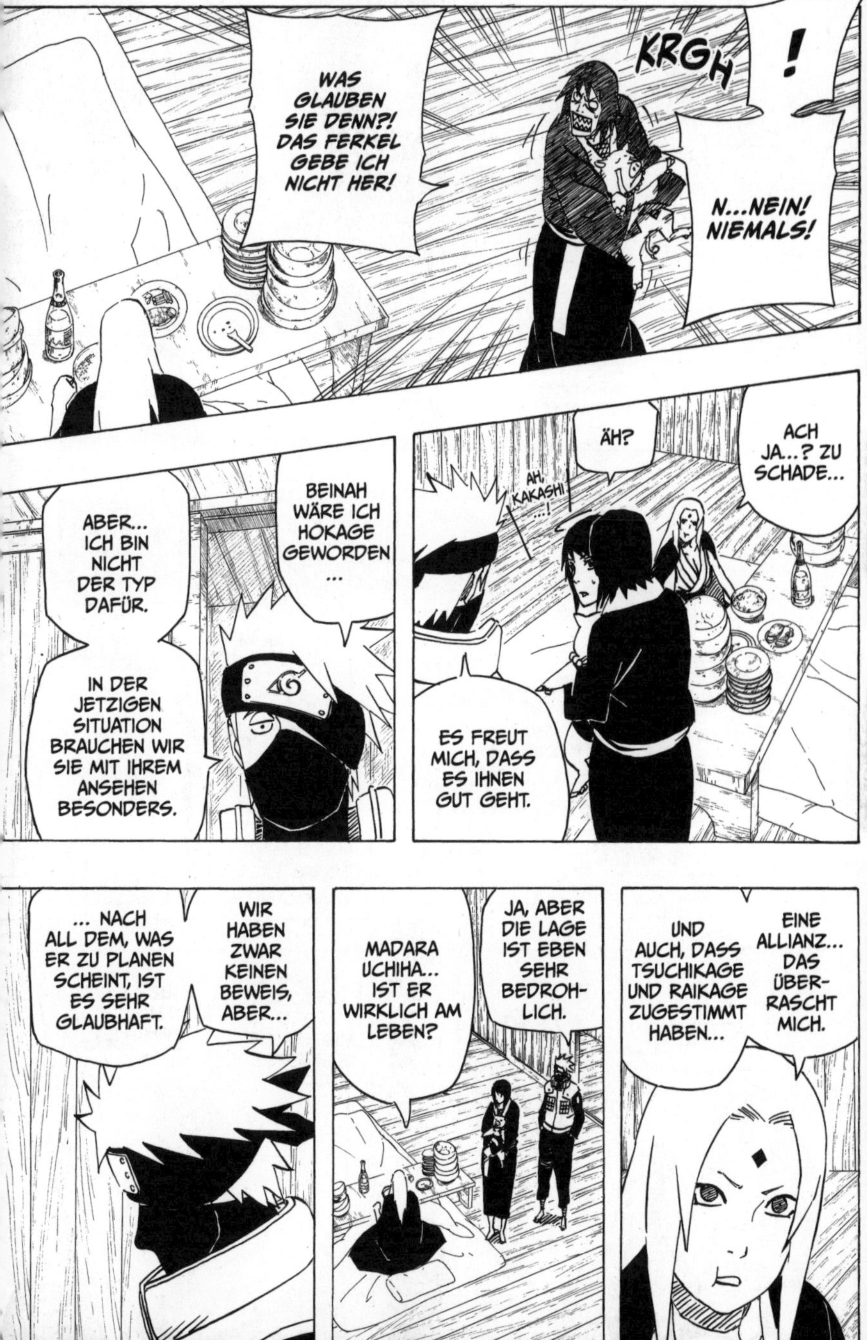
KRGH
!
N...NEIN! NIEMALS!
WAS GLAUBEN SIE DENN?! DAS FERKEL GEBE ICH NICHT HER!
ACH JA...? ZU SCHADE...
ÄH?
AH, KAKASHI ...!
ES FREUT MICH, DASS ES IHNEN GUT GEHT.
BEINAH WÄRE ICH HOKAGE GEWORDEN ...
ABER... ICH BIN NICHT DER TYP DAFÜR.
IN DER JETZIGEN SITUATION BRAUCHEN WIR SIE MIT IHREM ANSEHEN BESONDERS.
EINE ALLIANZ... DAS ÜBER-RASCHT MICH.
UND AUCH, DASS TSUCHIKAGE UND RAIKAGE ZUGESTIMMT HABEN...
JA, ABER DIE LAGE IST EBEN SEHR BEDROH-LICH.
MADARA UCHIHA... IST ER WIRKLICH AM LEBEN?
WIR HABEN ZWAR KEINEN BEWEIS, ABER...
... NACH ALL DEM, WAS ER ZU PLANEN SCHEINT, IST ES SEHR GLAUBHAFT.

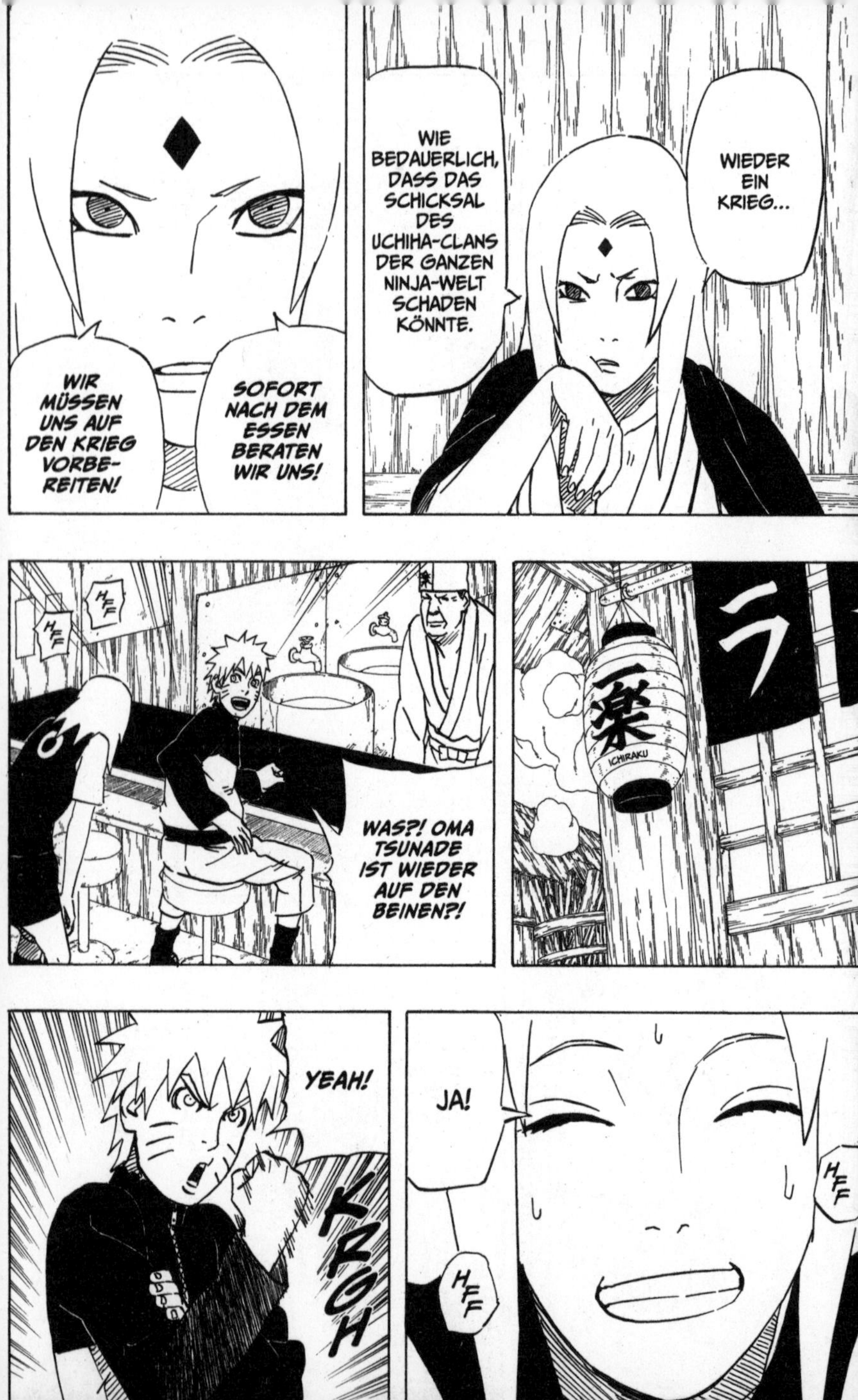
WIEDER EIN KRIEG...
WIE BEDAUERLICH, DASS DAS SCHICKSAL DES UCHIHA-CLANS DER GANZEN NINJA-WELT SCHADEN KÖNNTE.
SOFORT NACH DEM ESSEN BERATEN WIR UNS!
WIR MÜSSEN UNS AUF DEN KRIEG VORBE-REITEN!
ICHIRAKU
HFF
HFF
WAS?! OMA TSUNADE IST WIEDER AUF DEN BEINEN?!
JA!
HFF
HFF
YEAH!
KRGH

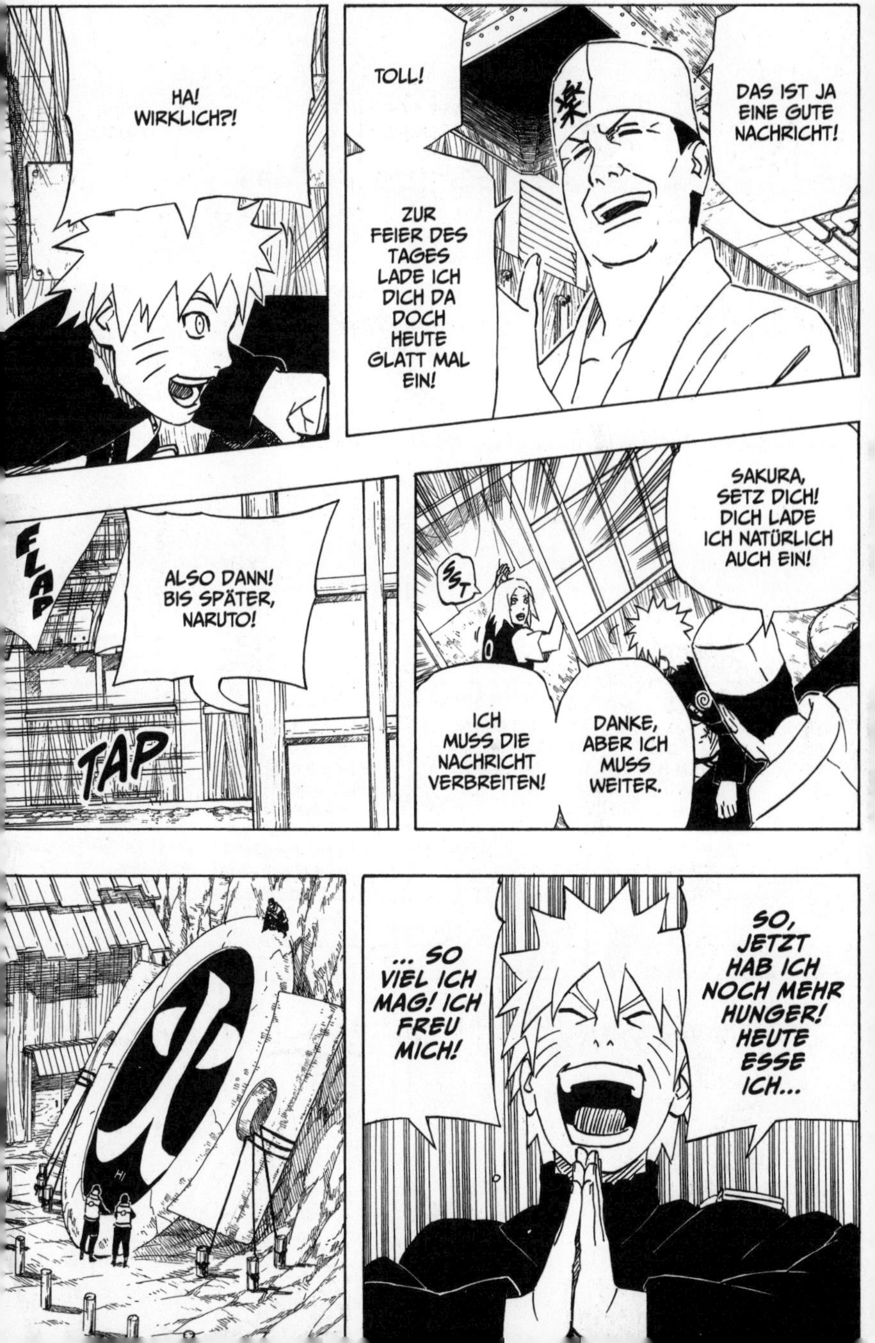
DAS IST JA EINE GUTE NACHRICHT!
TOLL!
ZUR FEIER DES TAGES LADE ICH DICH DA DOCH HEUTE GLATT MAL EIN!
HA! WIRKLICH?!
SAKURA, SETZ DICH! DICH LADE ICH NATÜRLICH AUCH EIN!
SST
DANKE, ABER ICH MUSS WEITER.
ICH MUSS DIE NACHRICHT VERBREITEN!
FLAP
ALSO DANN! BIS SPÄTER, NARUTO!
TAP
SO, JETZT HAB ICH NOCH MEHR HUNGER! HEUTE ESSE ICH...
... SO VIEL ICH MAG! ICH FREU MICH!

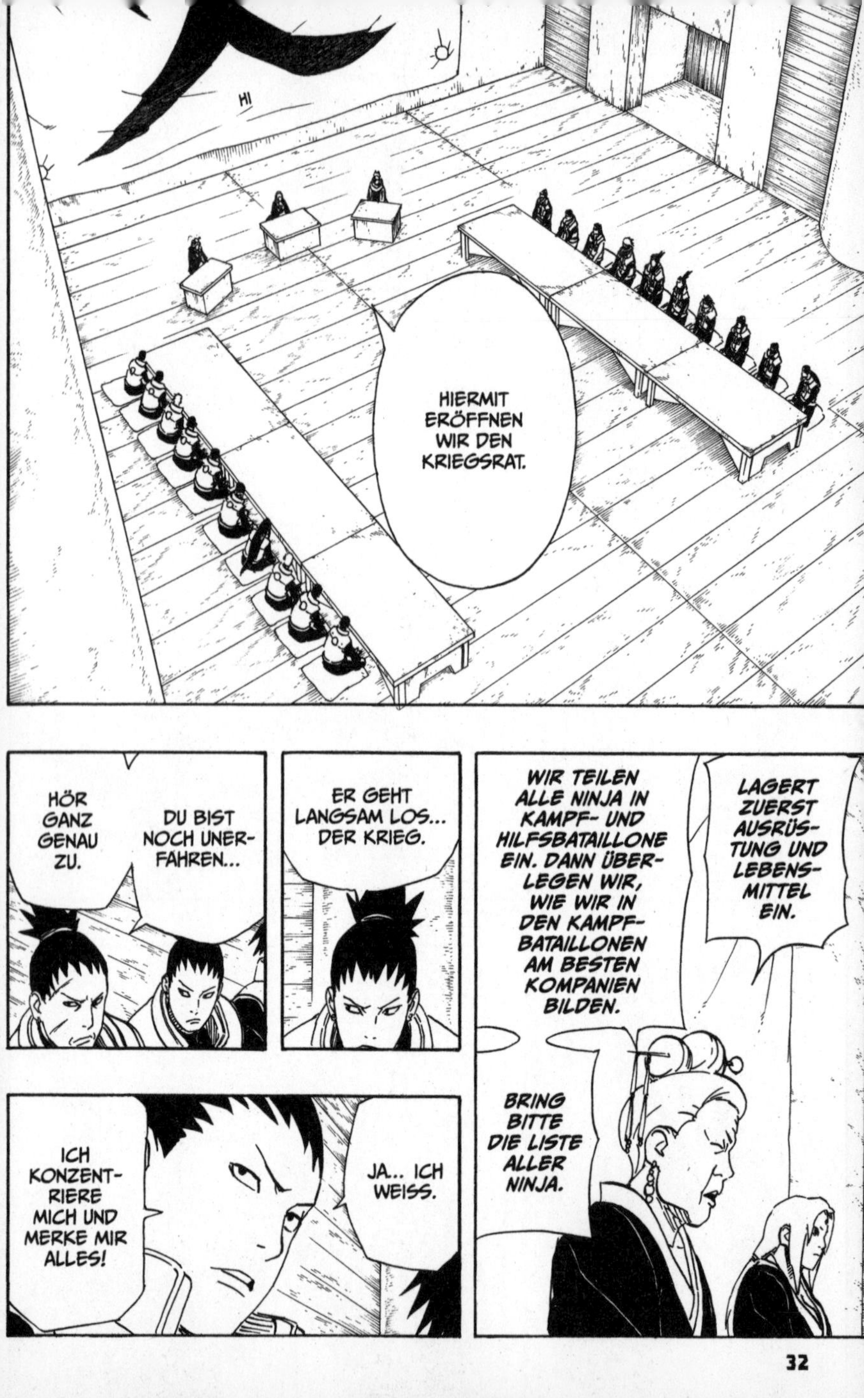
HI
HIERMIT ERÖFFNEN WIR DEN KRIEGSRAT.
LAGERT ZUERST AUSRÜSTUNG UND LEBENSMITTEL EIN.
WIR TEILEN ALLE NINJA IN KAMPF- UND HILFSBATAILLONE EIN. DANN ÜBERLEGEN WIR, WIE WIR IN DEN KAMPFBATAILLONEN AM BESTEN KOMPANIEN BILDEN.
BRING BITTE DIE LISTE ALLER NINJA.
ER GEHT LANGSAM LOS... DER KRIEG.
DU BIST NOCH UNERFAHREN...
HÖR GANZ GENAU ZU.
JA... ICH WEISS.
ICH KONZENTRIERE MICH UND MERKE MIR ALLES!

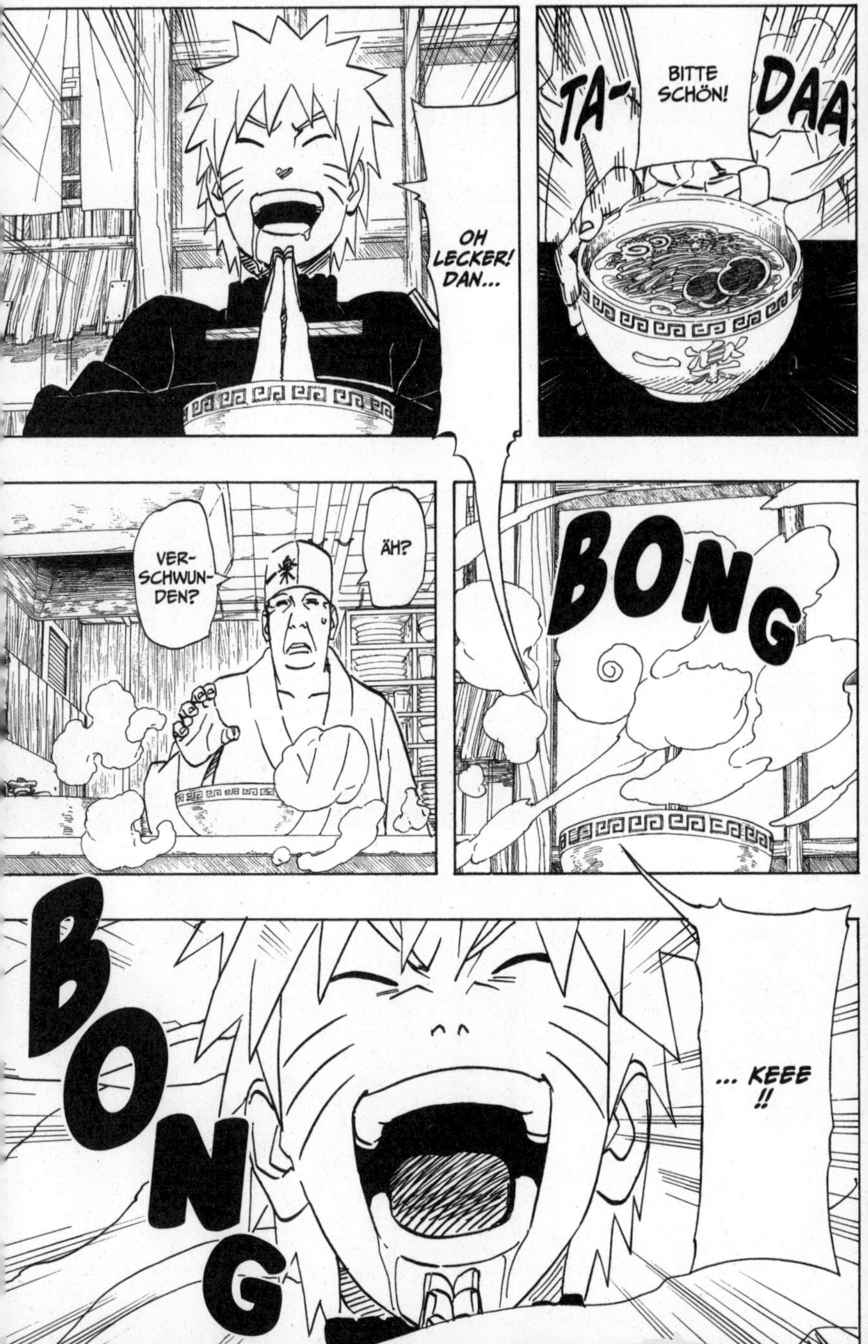
TA-
BITTE SCHÖN!
DAA
OH LECKER! DAN...
BONG
ÄH?
VER-SCHWUN-DEN?
BONG
... KEEE !!

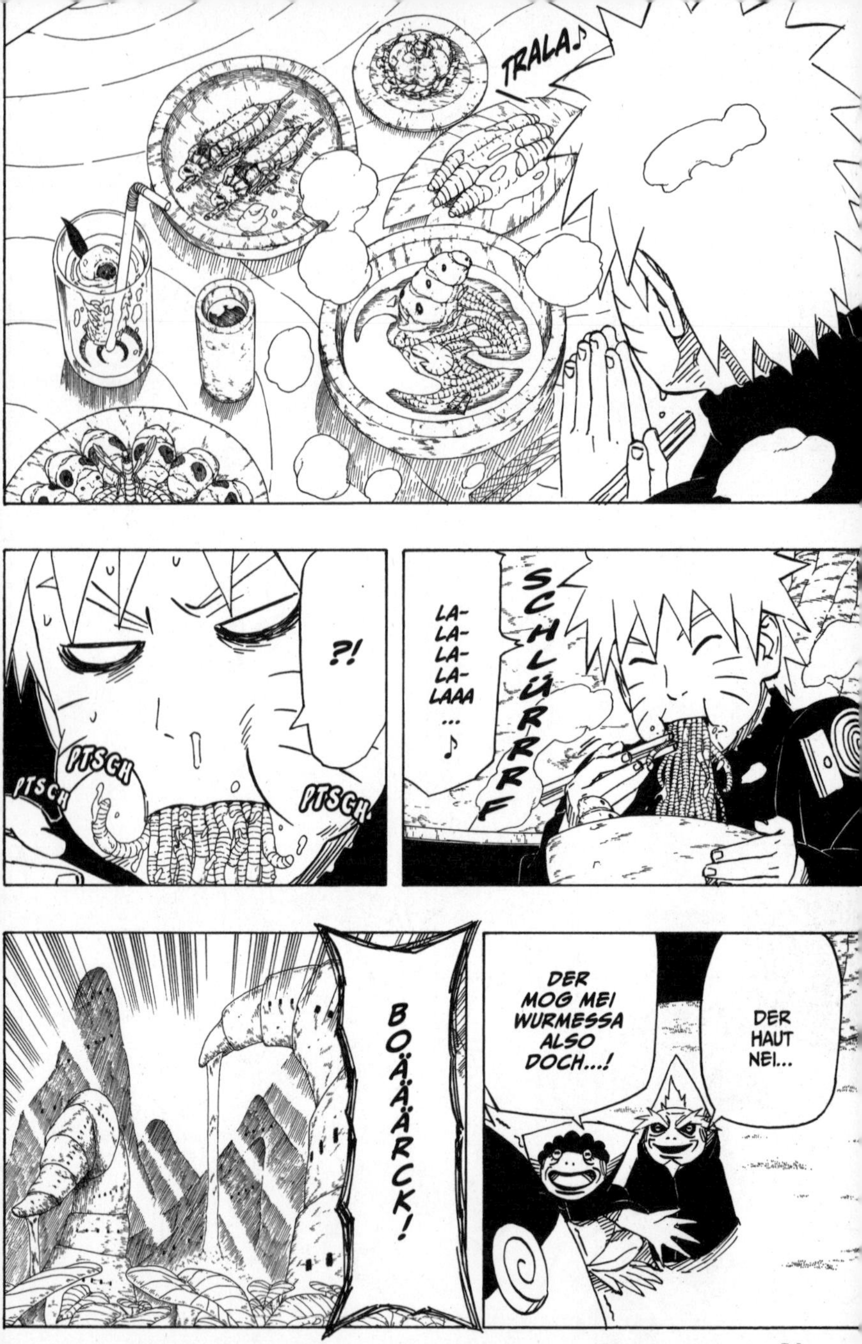

TRALA♪
SCHLÜRRRF
LA-LA-LA-LA-LAAA ...♪
?!
PTSCH
PTSCH
PTSCH
DER HAUT NEI...
DER MOG MEI WURMESSA ALSO DOCH...!
BOÄÄRCK!

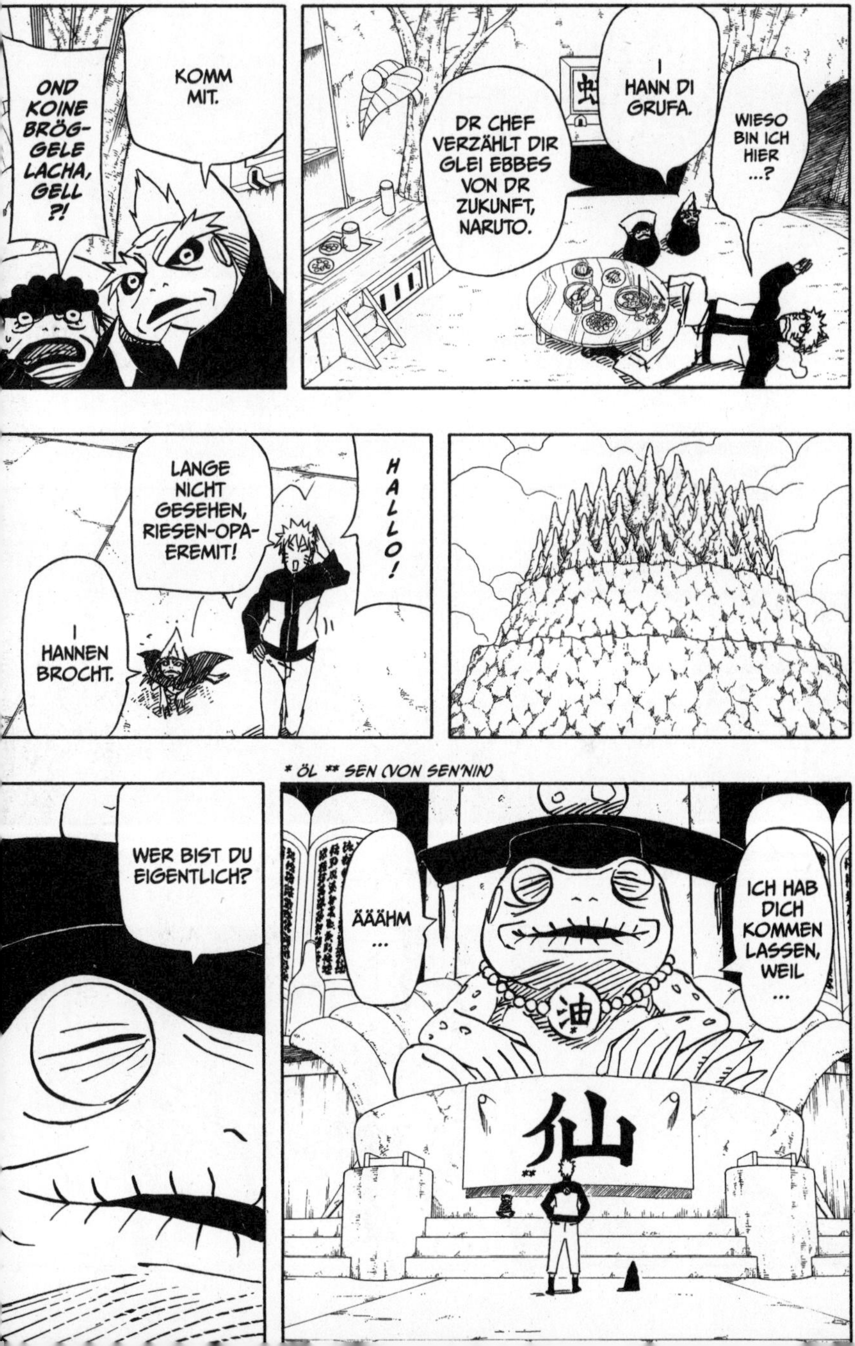
WIESO BIN ICH HIER ...?
I HANN DI GRUFA.
DR CHEF VERZÄHLT DIR GLEI EBBES VON DR ZUKUNFT, NARUTO.
KOMM MIT.
OND KOINE BRÖG-GELE LACHA, GELL ?!
HALLO!
LANGE NICHT GESEHEN, RIESEN-OPA-EREMIT!
I HANNEN BROCHT.
* ÖL ** SEN (VON SEN'NIN)
ICH HAB DICH KOMMEN LASSEN, WEIL ...
ÄÄÄHM ...
WER BIST DU EIGENTLICH?

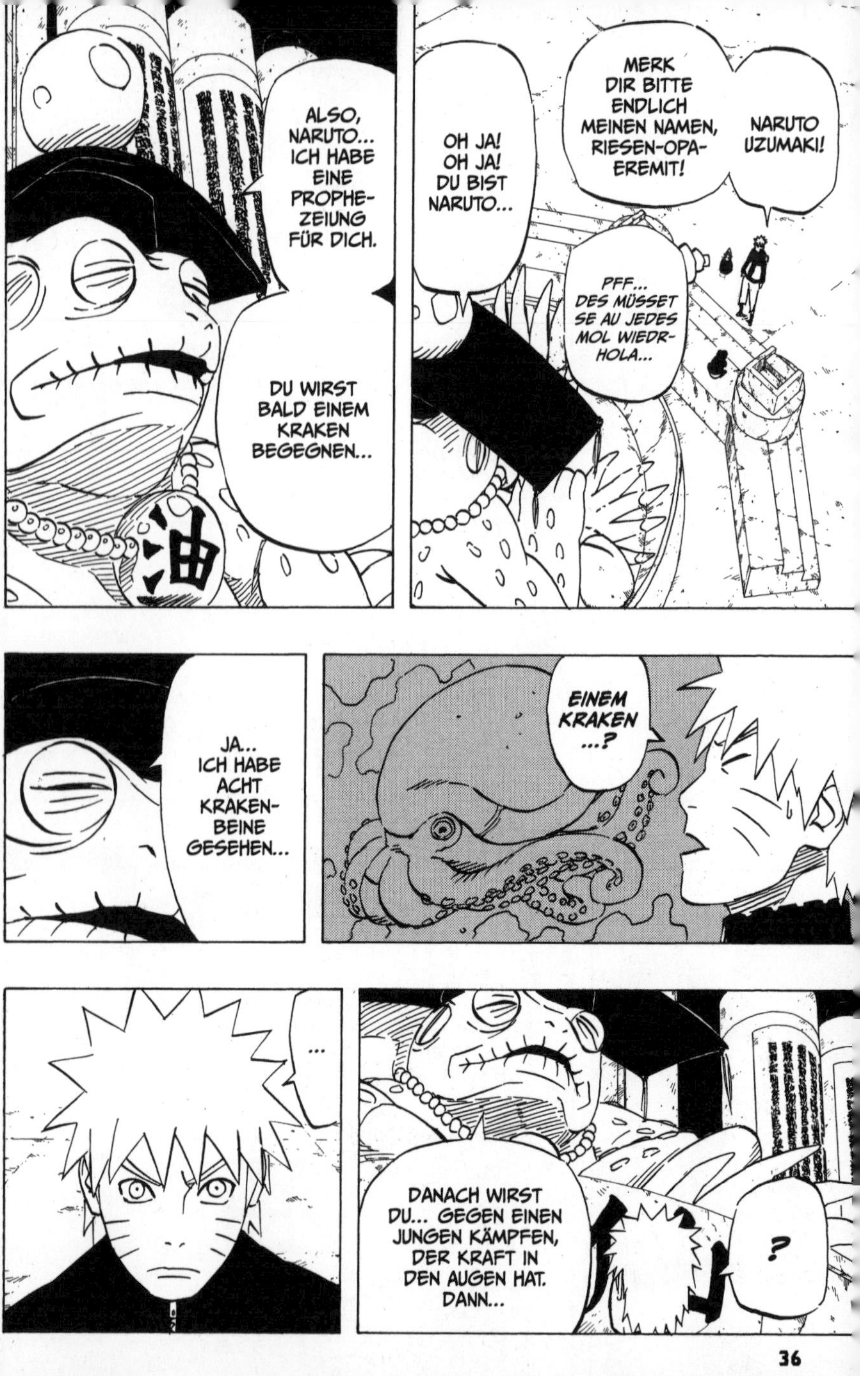
NARUTO UZUMAKI!
MERK DIR BITTE ENDLICH MEINEN NAMEN, RIESEN-OPA-EREMIT!
PFF... DES MÜSSET SE AU JEDES MOL WIEDRHOLA...
OH JA! OH JA! DU BIST NARUTO...
ALSO, NARUTO... ICH HABE EINE PROPHEZEIUNG FÜR DICH.
DU WIRST BALD EINEM KRAKEN BEGEGNEN...
EINEM KRAKEN ...?
JA... ICH HABE ACHT KRAKENBEINE GESEHEN...
?
DANACH WIRST DU... GEGEN EINEN JUNGEN KÄMPFEN, DER KRAFT IN DEN AUGEN HAT. DANN...
...

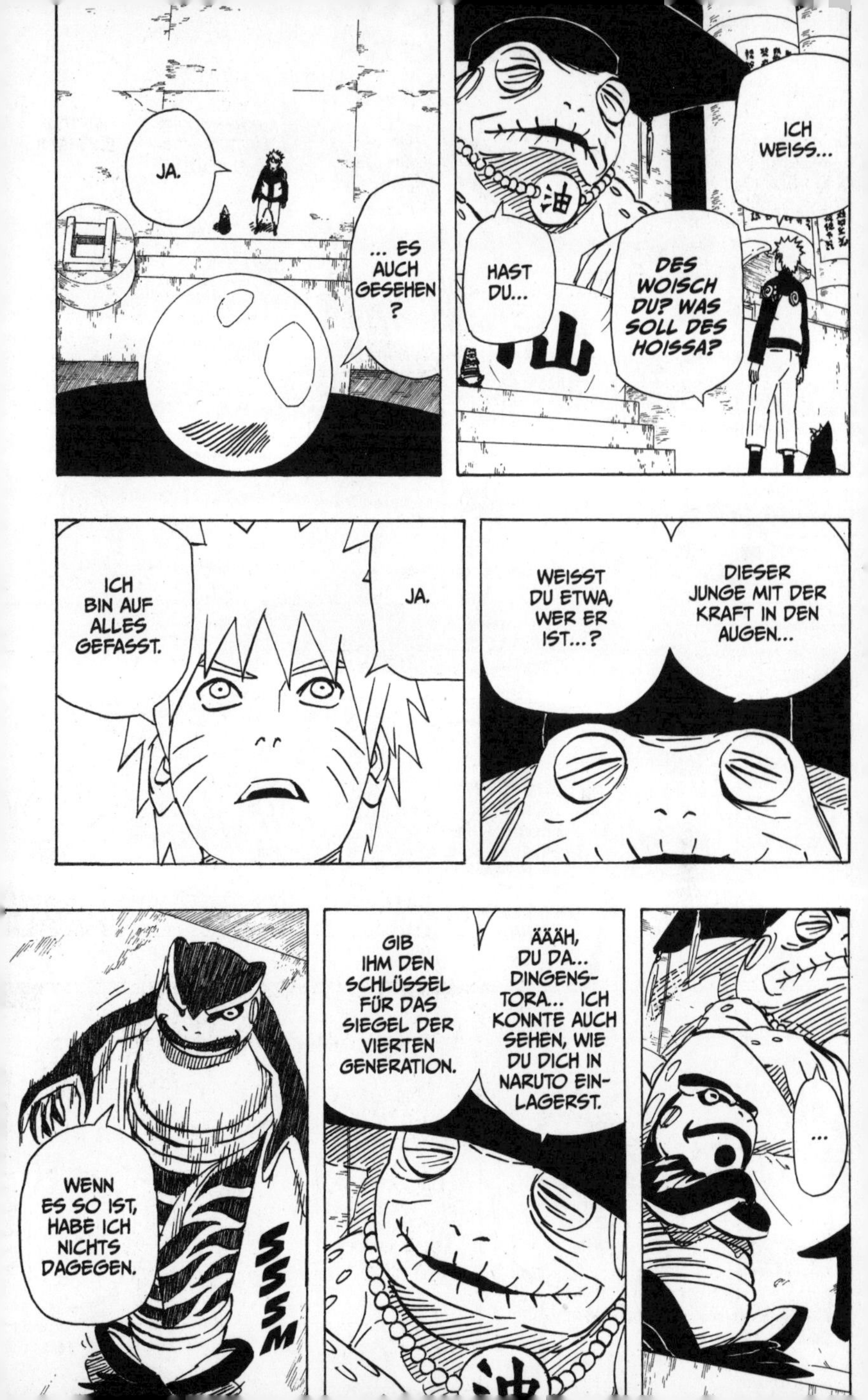
ICH WEISS...
DES WOISCH DU? WAS SOLL DES HOISSA?
HAST DU...
... ES AUCH GESEHEN?
JA.
DIESER JUNGE MIT DER KRAFT IN DEN AUGEN...
WEISST DU ETWA, WER ER IST...?
JA.
ICH BIN AUF ALLES GEFASST.
...
ÄÄÄH, DU DA... DINGENS-TORA... ICH KONNTE AUCH SEHEN, WIE DU DICH IN NARUTO EIN-LAGERST.
GIB IHM DEN SCHLÜSSEL FÜR DAS SIEGEL DER VIERTEN GENERATION.
WENN ES SO IST, HABE ICH NICHTS DAGEGEN.
SSSSM

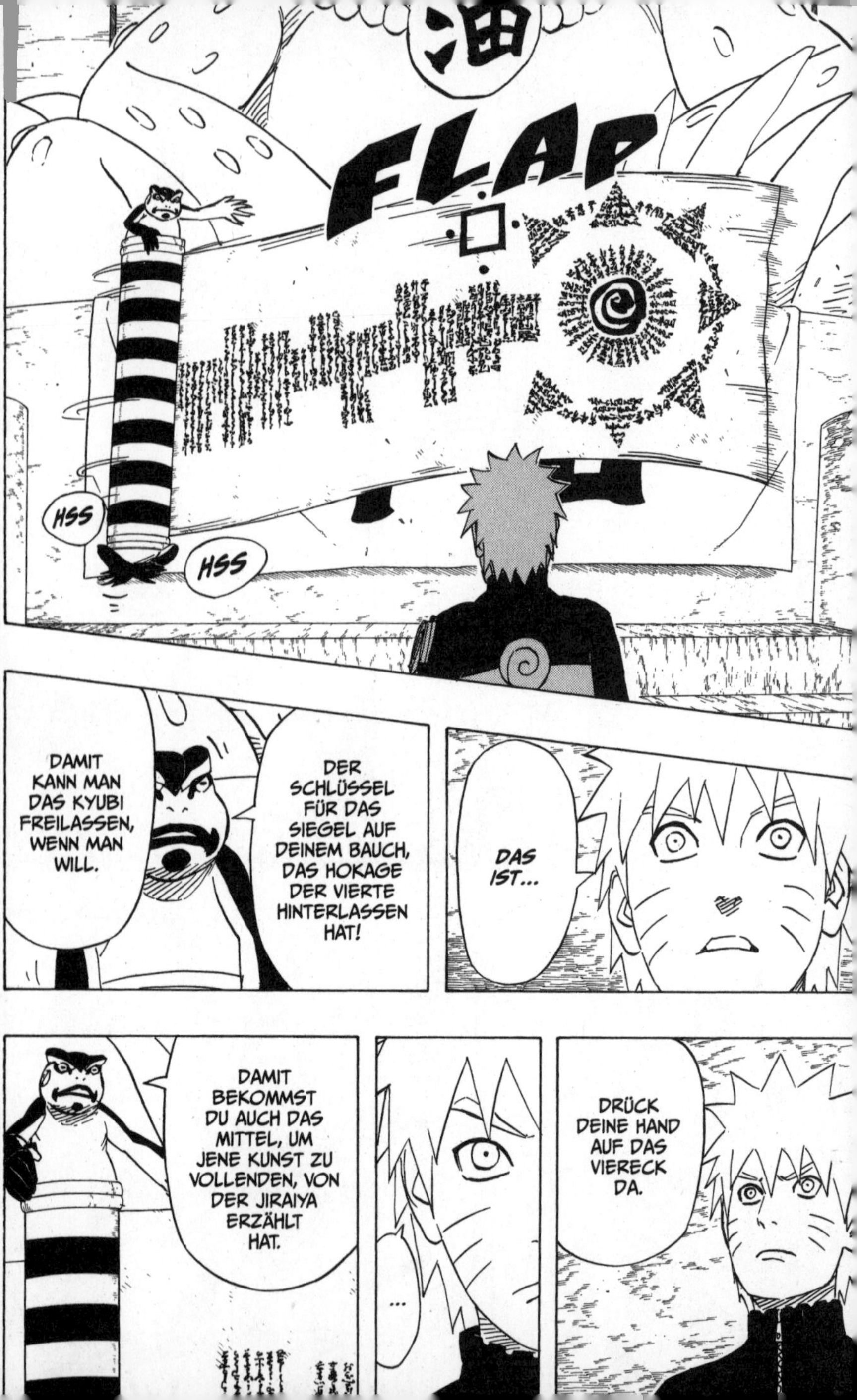
油
FLAP
HSS
HSS
DAS IST...
DER SCHLÜSSEL FÜR DAS SIEGEL AUF DEINEM BAUCH, DAS HOKAGE DER VIERTE HINTERLASSEN HAT!
DAMIT KANN MAN DAS KYUBI FREILASSEN, WENN MAN WILL.
DRÜCK DEINE HAND AUF DAS VIERECK DA.
...
DAMIT BEKOMMST DU AUCH DAS MITTEL, UM JENE KUNST ZU VOLLENDEN, VON DER JIRAIYA ERZÄHLT HAT.

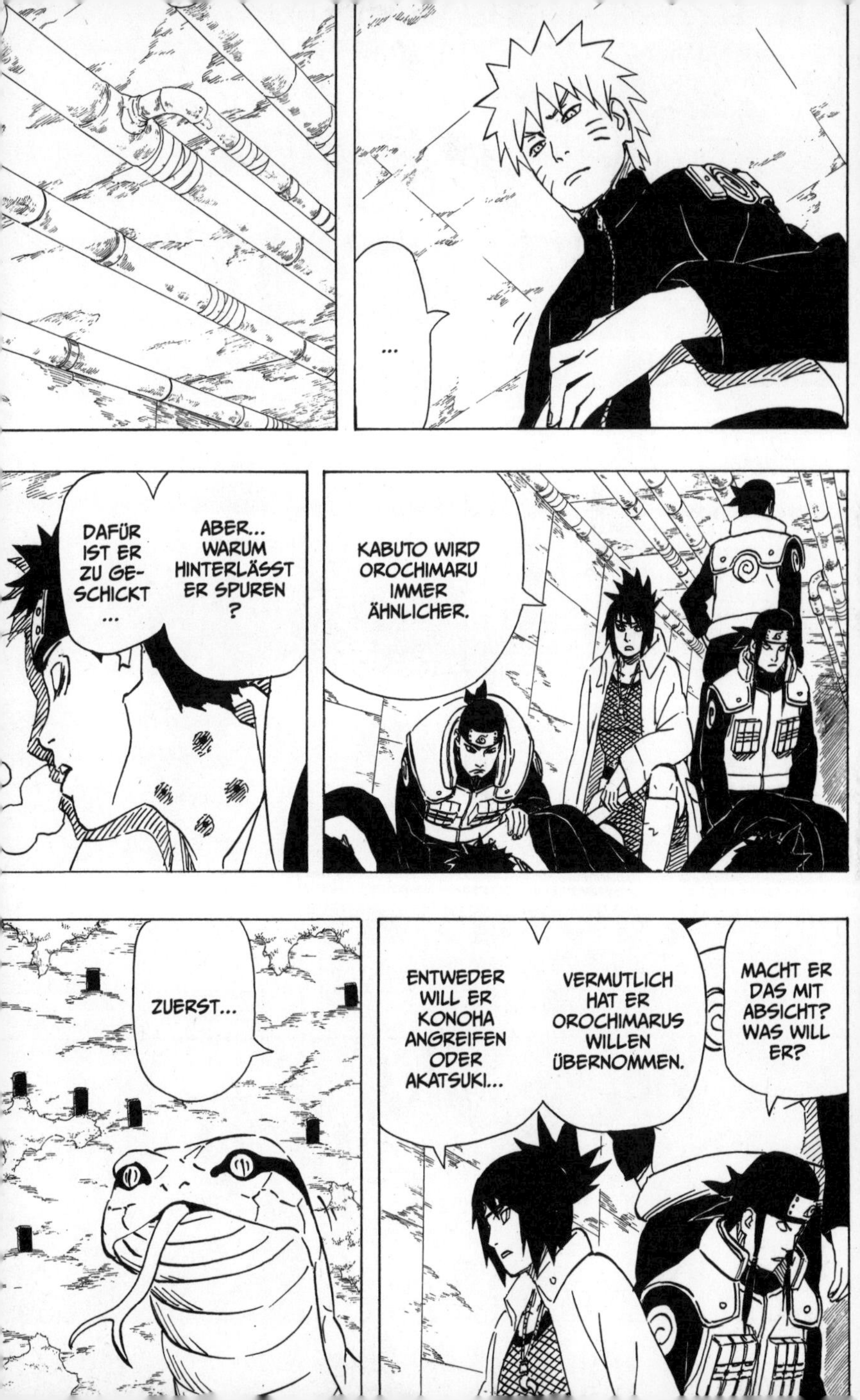
...
KABUTO WIRD OROCHIMARU IMMER ÄHNLICHER.
ABER... WARUM HINTERLÄSST ER SPUREN?
DAFÜR IST ER ZU GESCHICKT...
MACHT ER DAS MIT ABSICHT? WAS WILL ER?
VERMUTLICH HAT ER OROCHIMARUS WILLEN ÜBERNOMMEN.
ENTWEDER WILL ER KONOHA ANGREIFEN ODER AKATSUKI...
ZUERST...

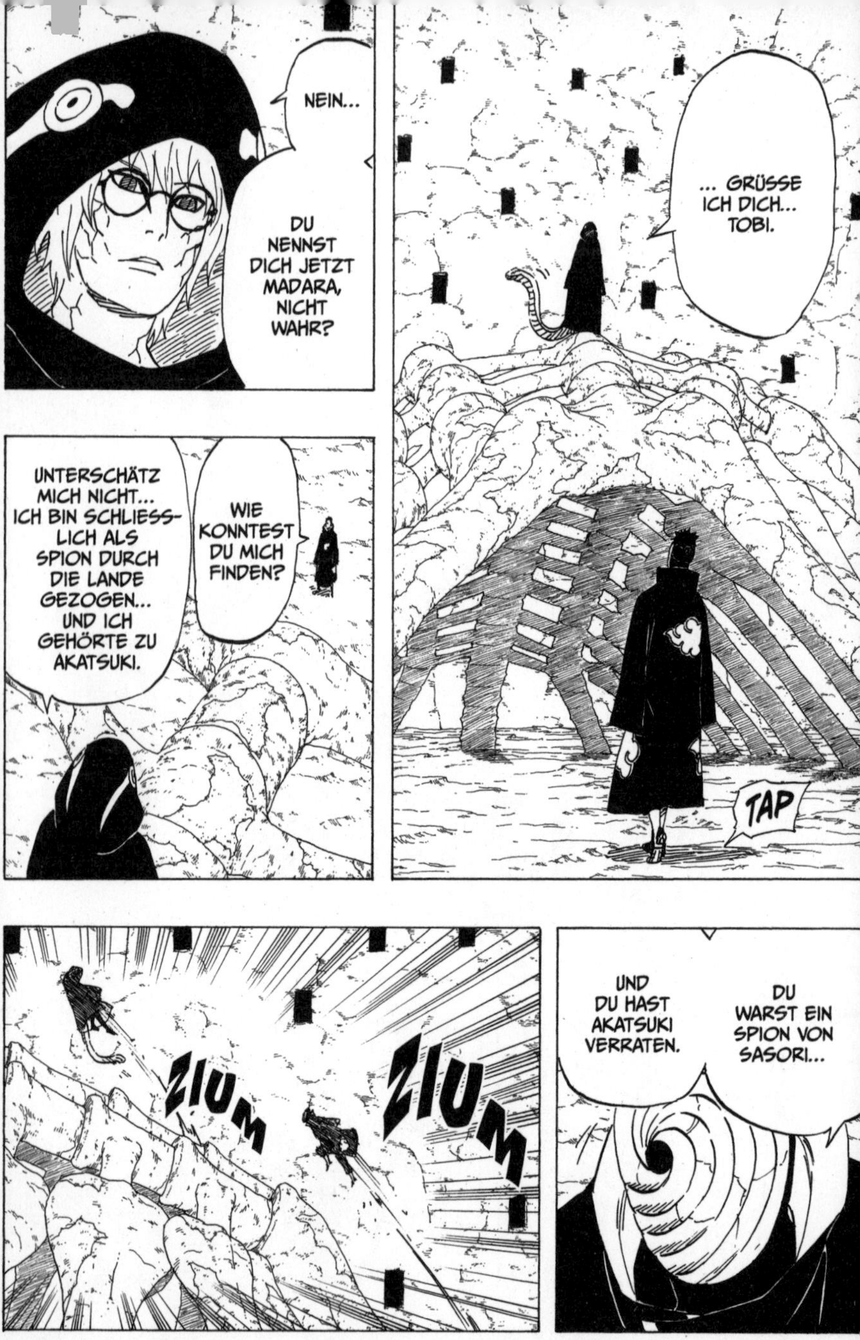
NEIN...
DU NENNST DICH JETZT MADARA, NICHT WAHR?
... GRÜSSE ICH DICH... TOBI.
TAP
WIE KONNTEST DU MICH FINDEN?
UNTERSCHÄTZ MICH NICHT... ICH BIN SCHLIESS-LICH ALS SPION DURCH DIE LANDE GEZOGEN... UND ICH GEHÖRTE ZU AKATSUKI.
DU WARST EIN SPION VON SASORI...
UND DU HAST AKATSUKI VERRATEN.
ZIUM
ZIUM

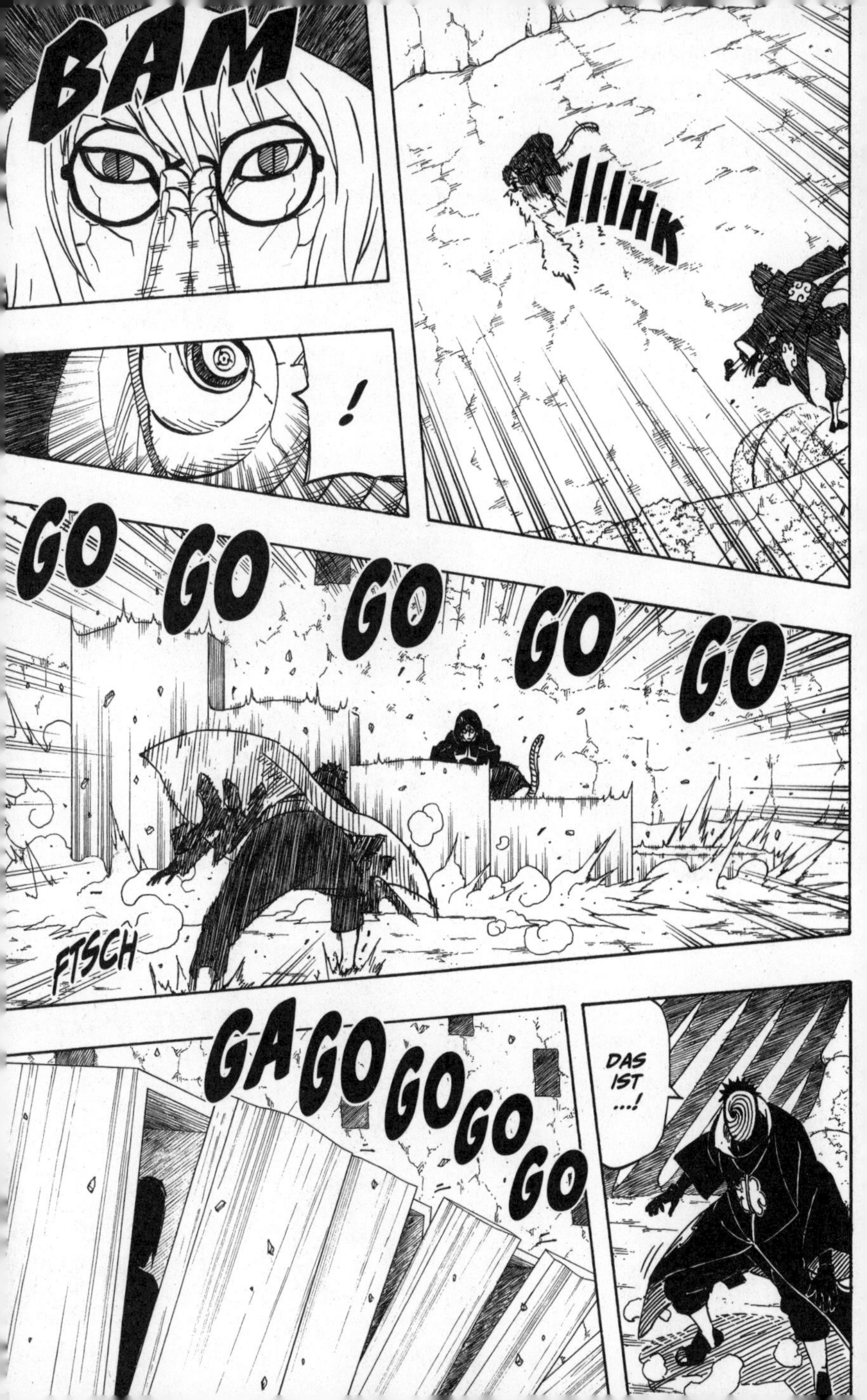
IIIHK
BAM
!
GO GO GO GO GO
FTSCH
DAS IST ...!
GAGOGOGOGOGO

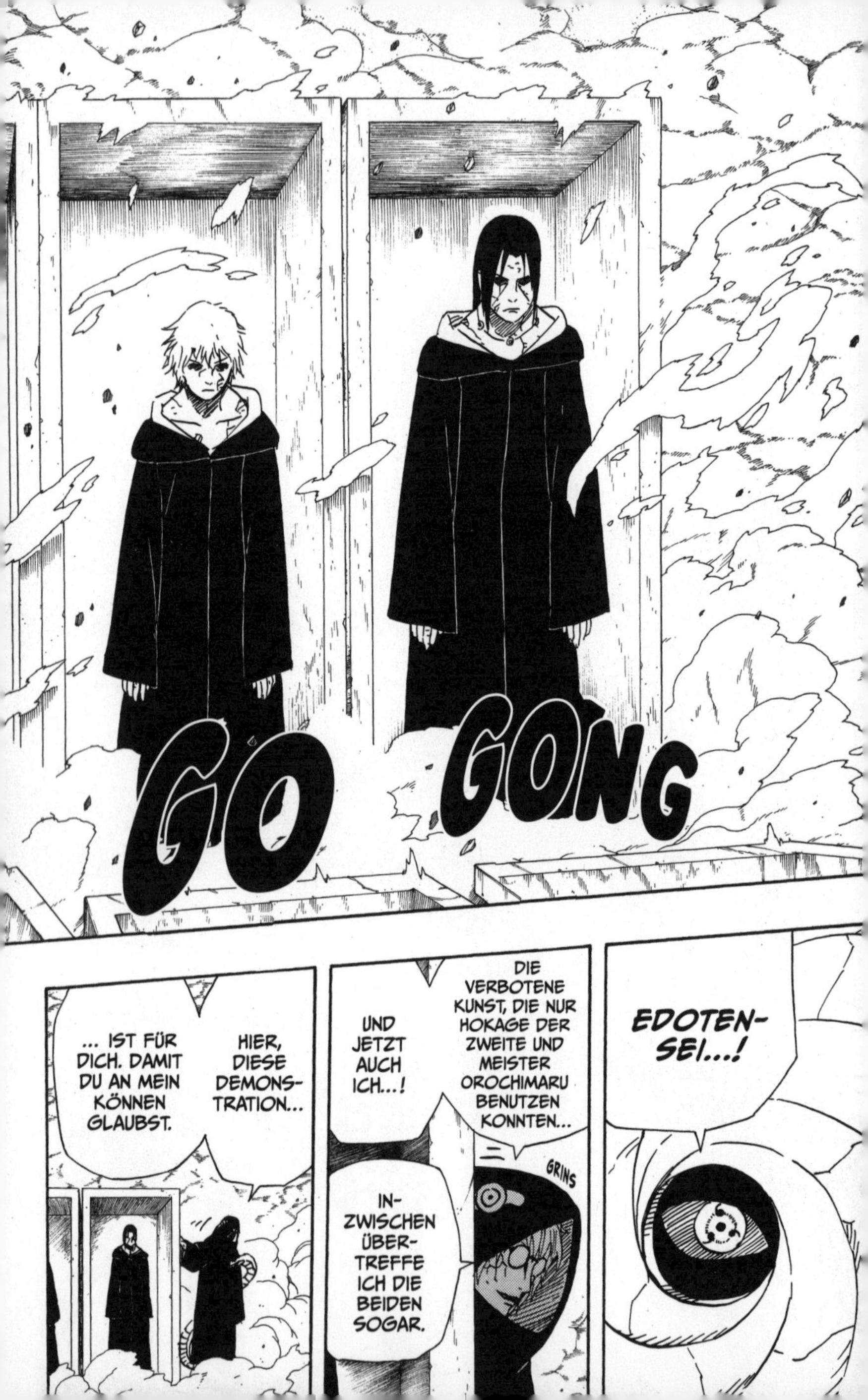
GO GONG
EDOTEN-SEI...!
DIE VERBOTENE KUNST, DIE NUR HOKAGE DER ZWEITE UND MEISTER OROCHIMARU BENUTZEN KONNTEN...
UND JETZT AUCH ICH...!
GRINS
IN-ZWISCHEN ÜBER-TREFFE ICH DIE BEIDEN SOGAR.
HIER, DIESE DEMONS-TRATION...
... IST FÜR DICH. DAMIT DU AN MEIN KÖNNEN GLAUBST.

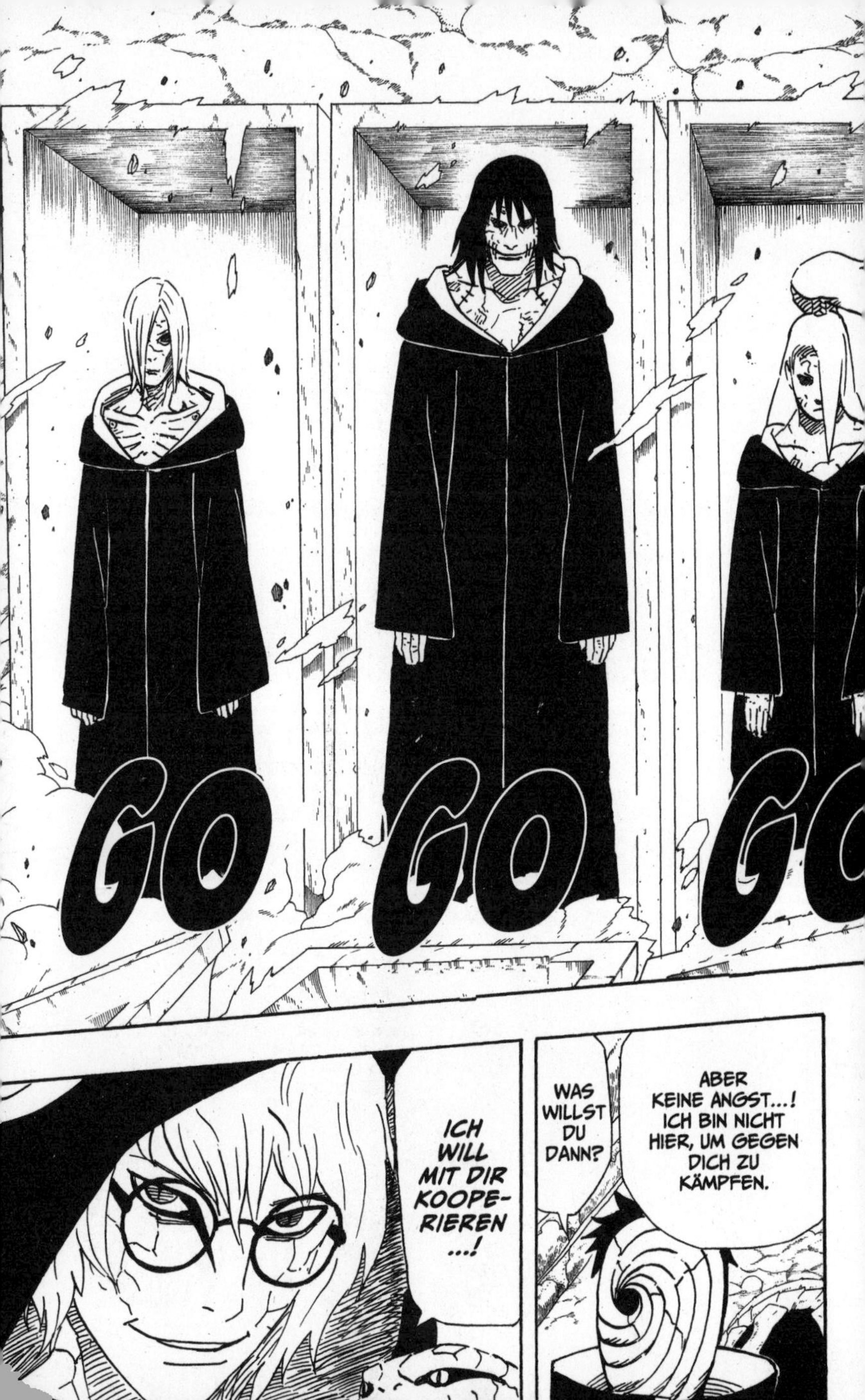
GO GO GO
ABER KEINE ANGST...! ICH BIN NICHT HIER, UM GEGEN DICH ZU KÄMPFEN.
WAS WILLST DU DANN?
ICH WILL MIT DIR KOOPE-RIEREN ...!

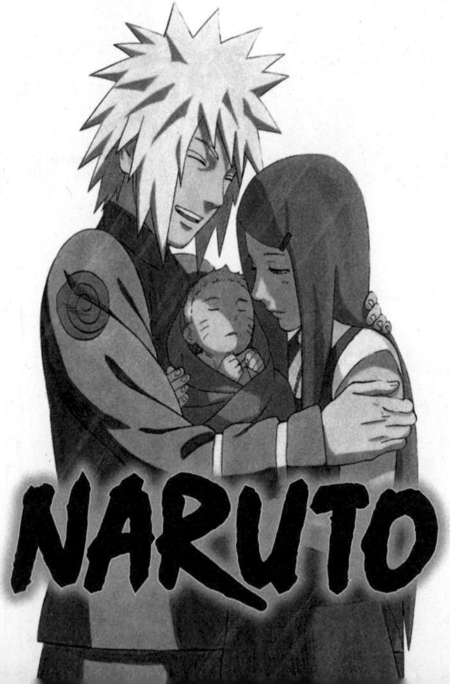
NARUTO

# 490. Kapitel: Kyubis Wille

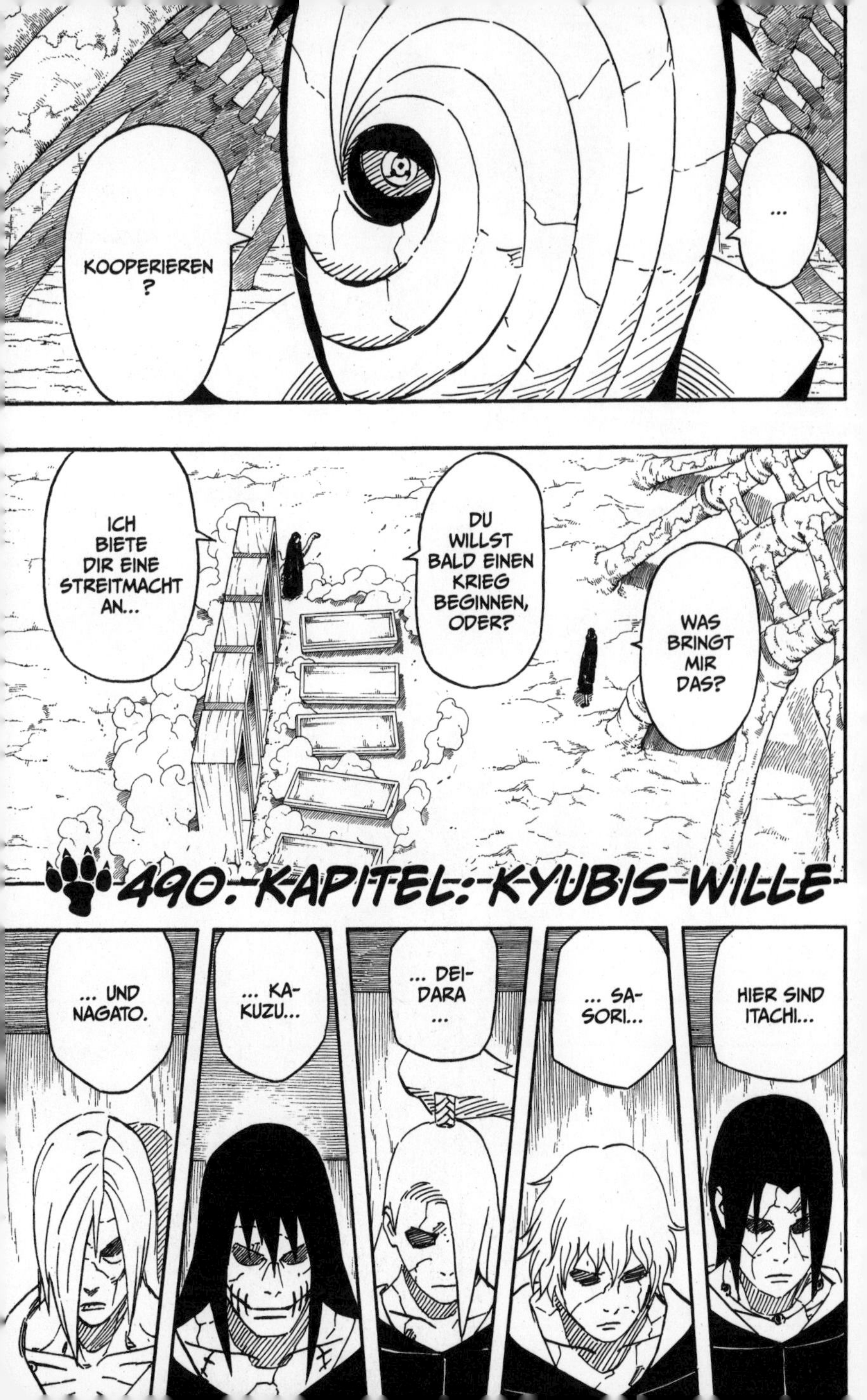

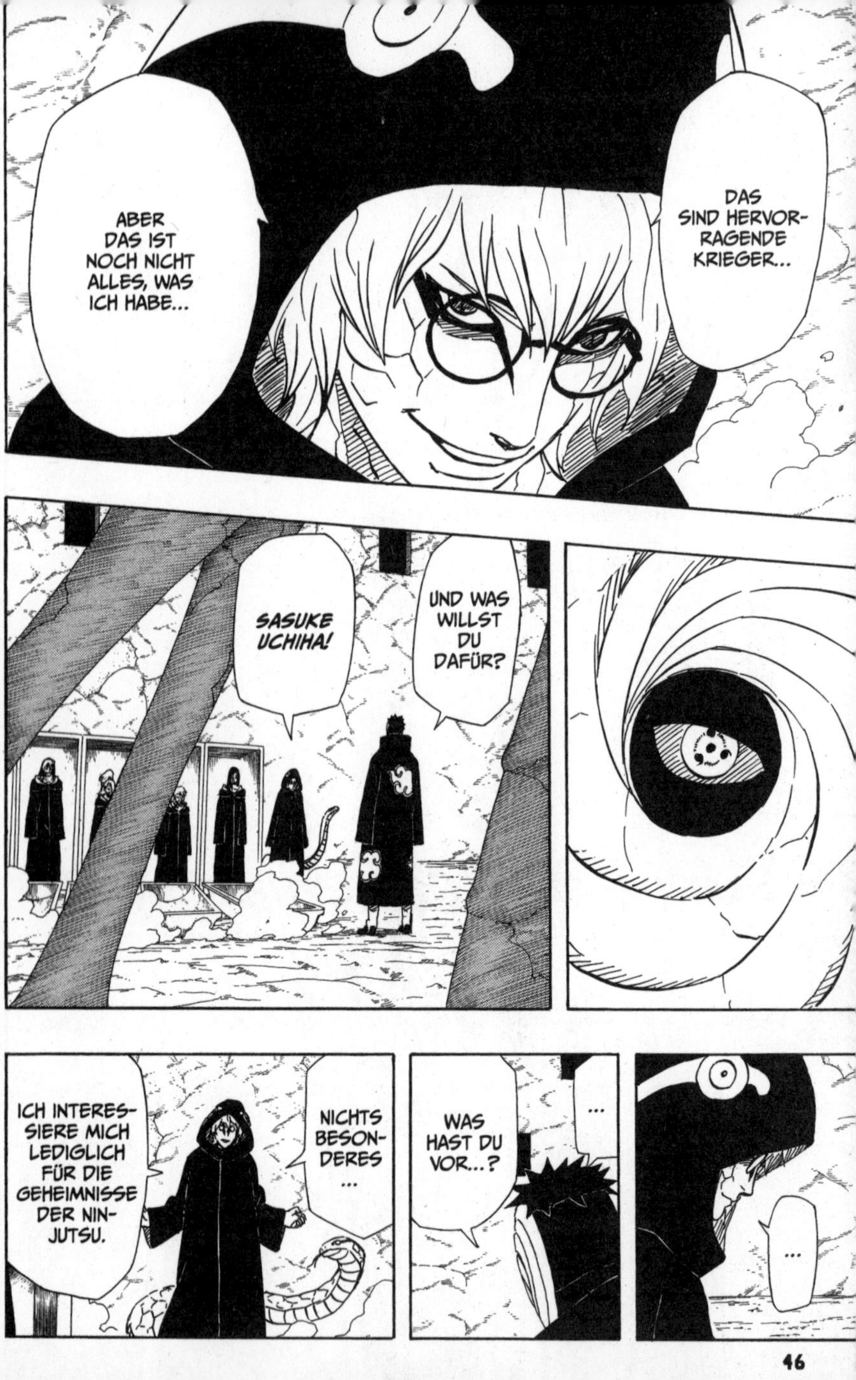
DAS SIND HERVORRAGENDE KRIEGER...
ABER DAS IST NOCH NICHT ALLES, WAS ICH HABE...
UND WAS WILLST DU DAFÜR?
SASUKE UCHIHA!
...
...
WAS HAST DU VOR...?
NICHTS BESONDERES ...
ICH INTERESSIERE MICH LEDIGLICH FÜR DIE GEHEIMNISSE DER NINJUTSU.

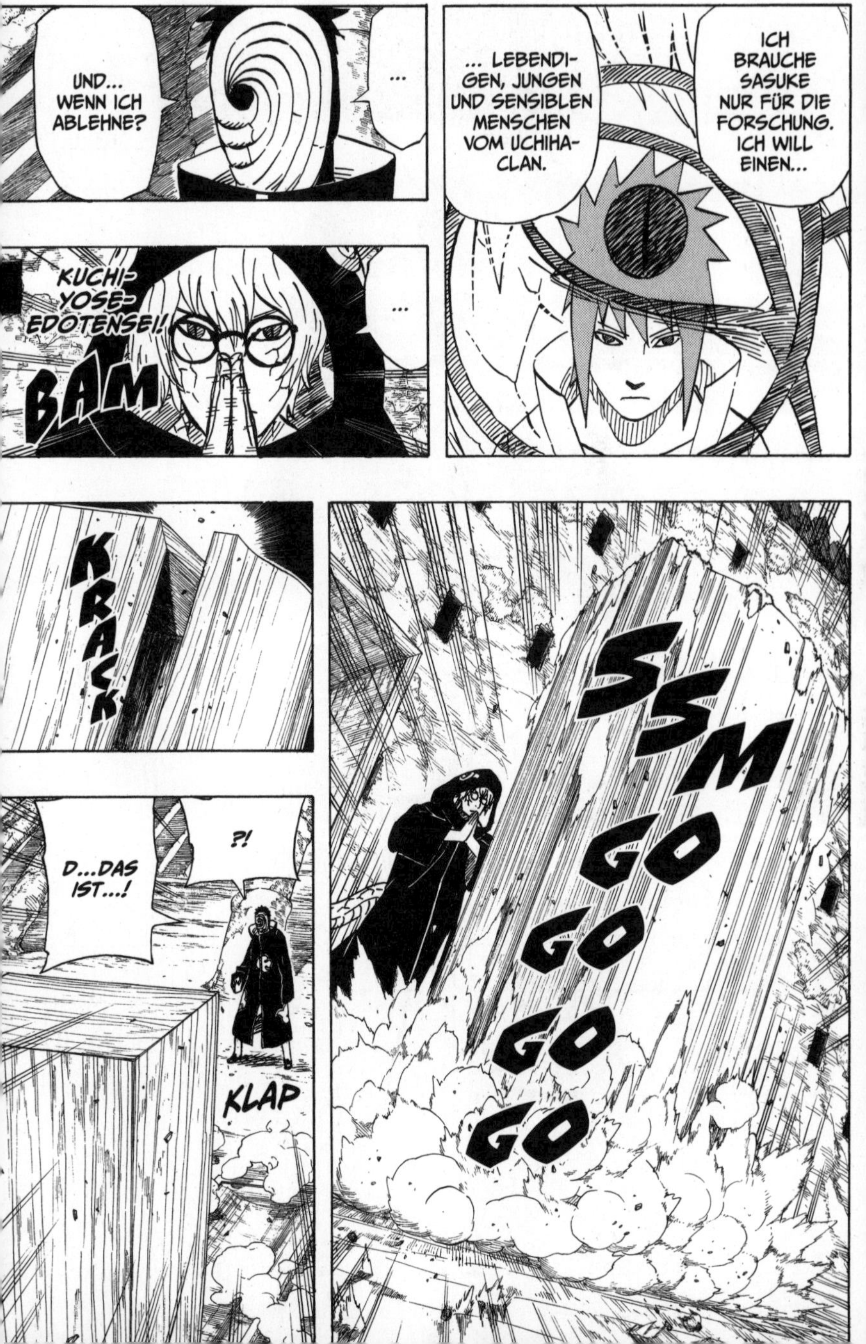
ICH BRAUCHE SASUKE NUR FÜR DIE FORSCHUNG. ICH WILL EINEN...
... LEBENDIGEN, JUNGEN UND SENSIBLEN MENSCHEN VOM UCHIHA-CLAN.
...
UND... WENN ICH ABLEHNE?
...
KUCHIYOSE-EDOTENSEI!!
BAM
SSM
GO GO GO GO GO GO
KRACK
?!
D...DAS IST...!
KLAP

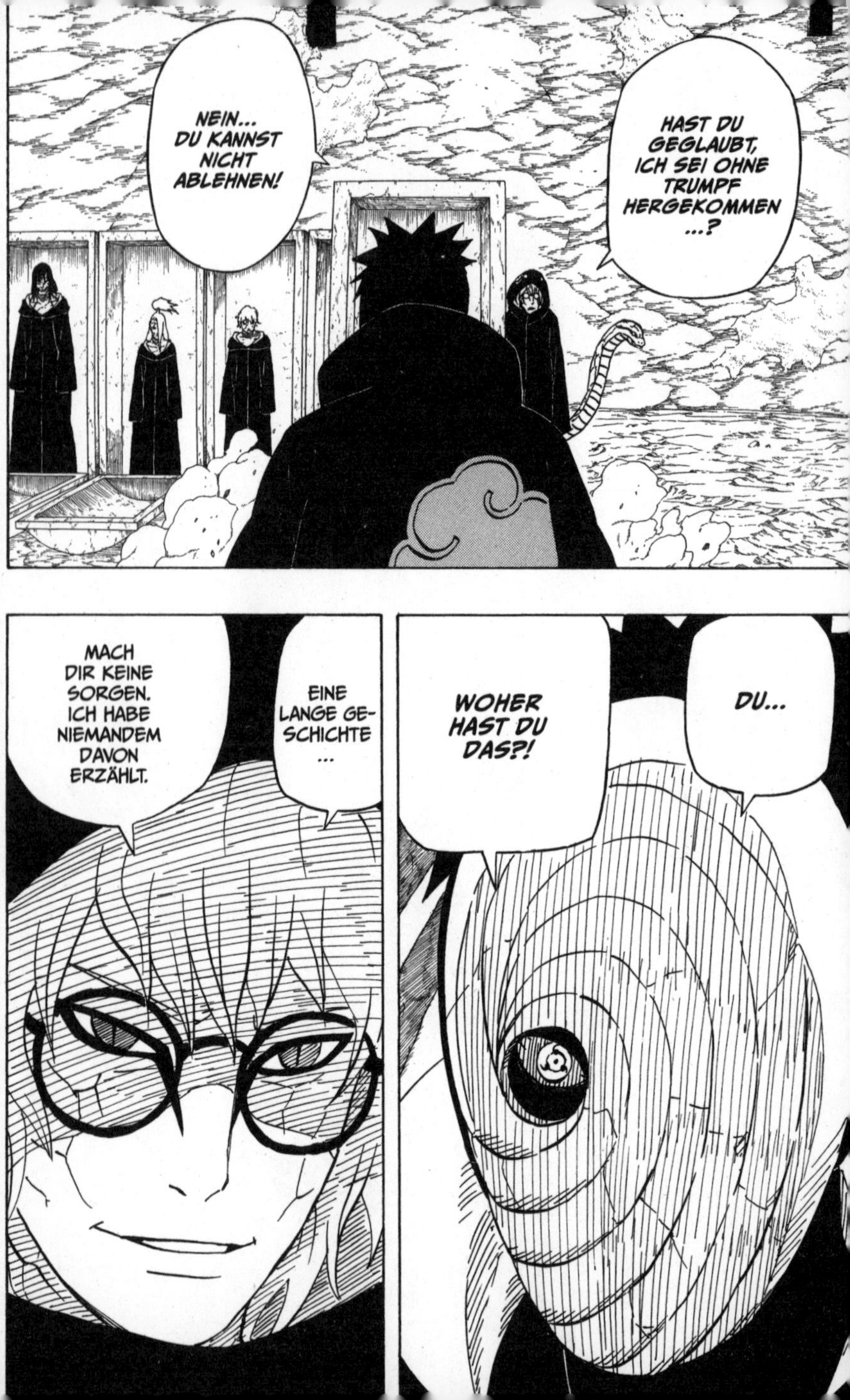
HAST DU GEGLAUBT, ICH SEI OHNE TRUMPF HERGEKOMMEN ...?
NEIN... DU KANNST NICHT ABLEHNEN!
DU...
WOHER HAST DU DAS?!
EINE LANGE GE-SCHICHTE ...
MACH DIR KEINE SORGEN. ICH HABE NIEMANDEM DAVON ERZÄHLT.

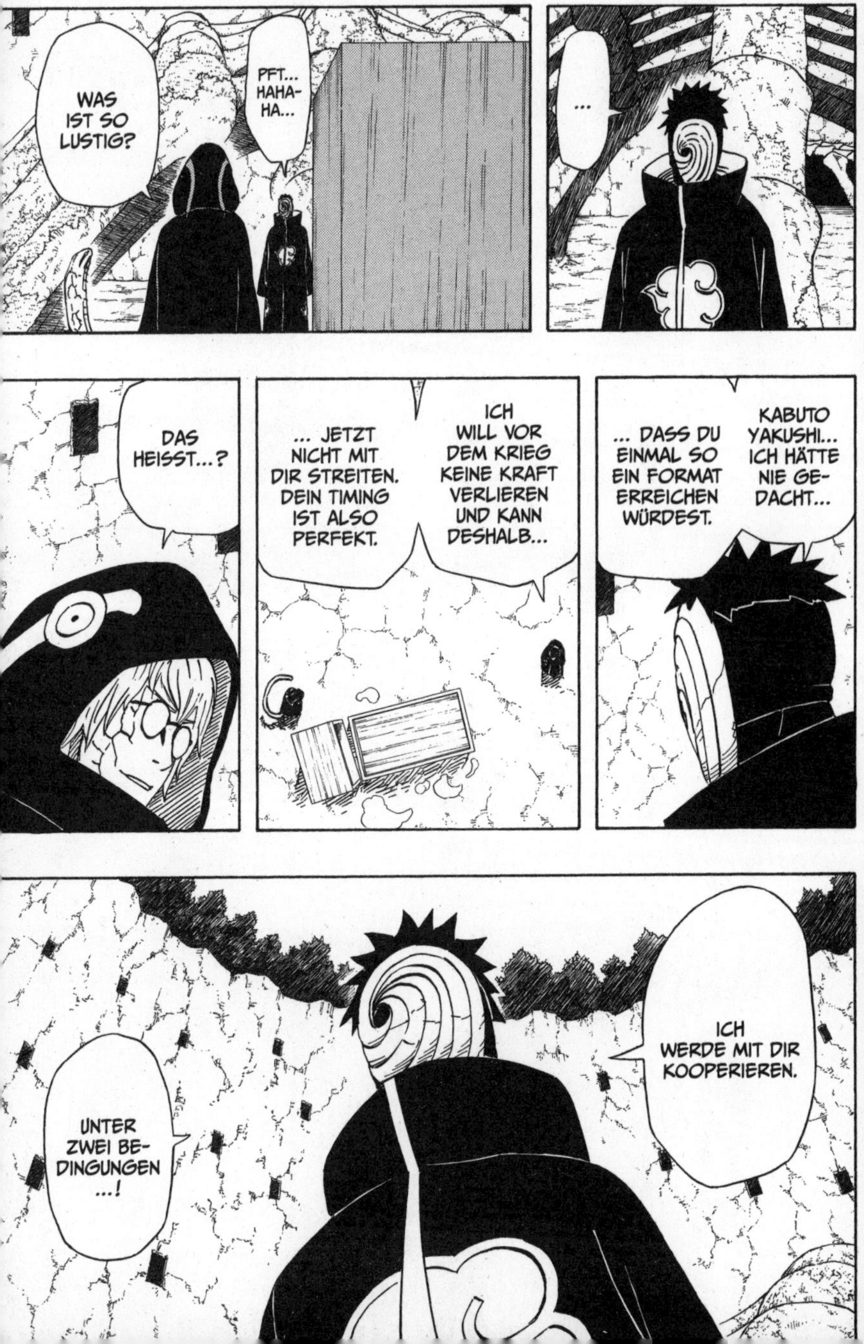
...
PFT... HAHAHA...
WAS IST SO LUSTIG?
KABUTO YAKUSHI... ICH HÄTTE NIE GE-DACHT...
... DASS DU EINMAL SO EIN FORMAT ERREICHEN WÜRDEST.
ICH WILL VOR DEM KRIEG KEINE KRAFT VERLIEREN UND KANN DESHALB...
... JETZT NICHT MIT DIR STREITEN. DEIN TIMING IST ALSO PERFEKT.
DAS HEISST...?
ICH WERDE MIT DIR KOOPERIEREN.
UNTER ZWEI BE-DINGUNGEN ...!

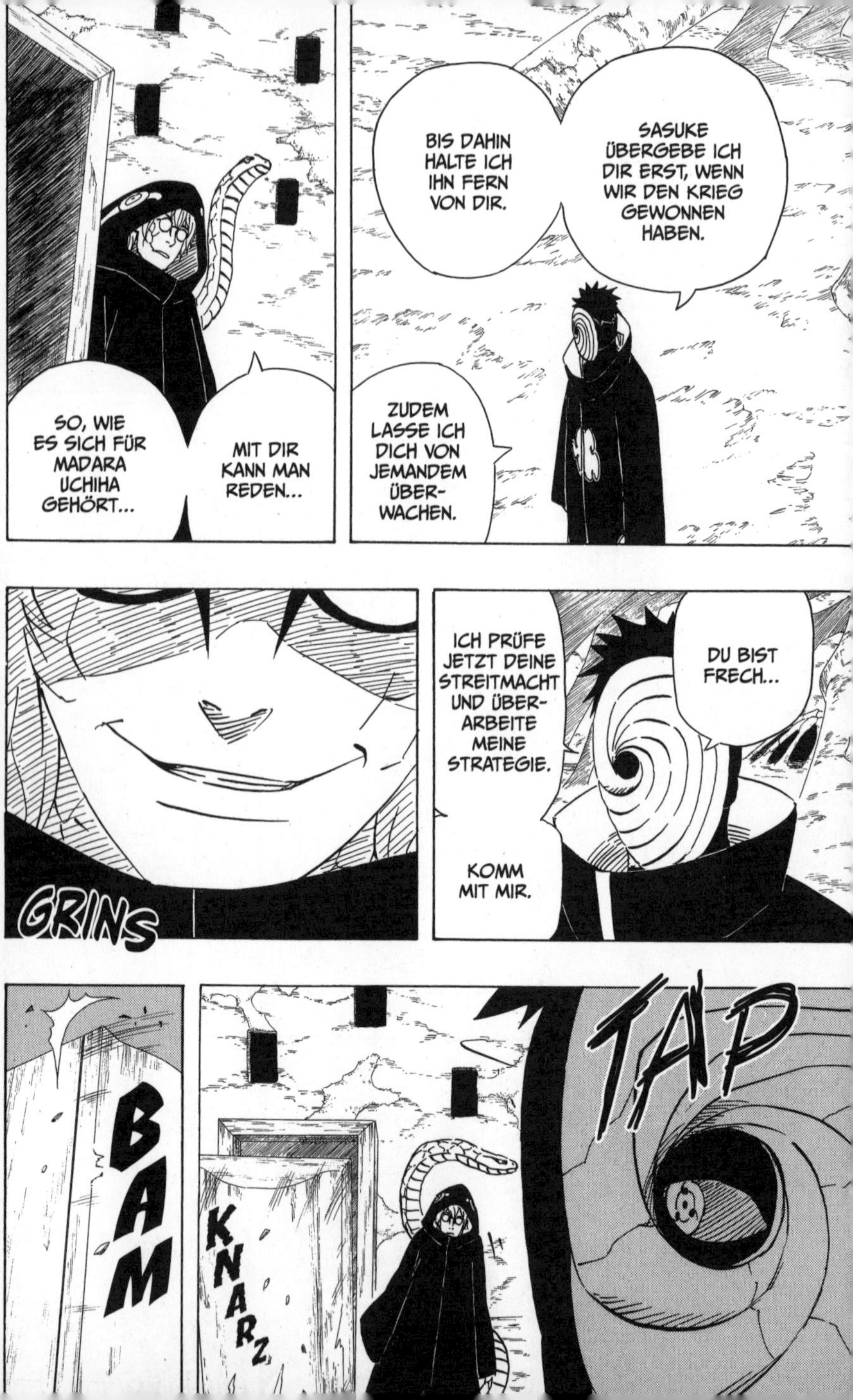
SASUKE ÜBERGEBE ICH DIR ERST, WENN WIR DEN KRIEG GEWONNEN HABEN.
BIS DAHIN HALTE ICH IHN FERN VON DIR.
ZUDEM LASSE ICH DICH VON JEMANDEM ÜBER-WACHEN.
MIT DIR KANN MAN REDEN...
SO, WIE ES SICH FÜR MADARA UCHIHA GEHÖRT...
DU BIST FRECH...
ICH PRÜFE JETZT DEINE STREITMACHT UND ÜBER-ARBEITE MEINE STRATEGIE.
KOMM MIT MIR.
GRINS
TAP
KNARZ
BAM

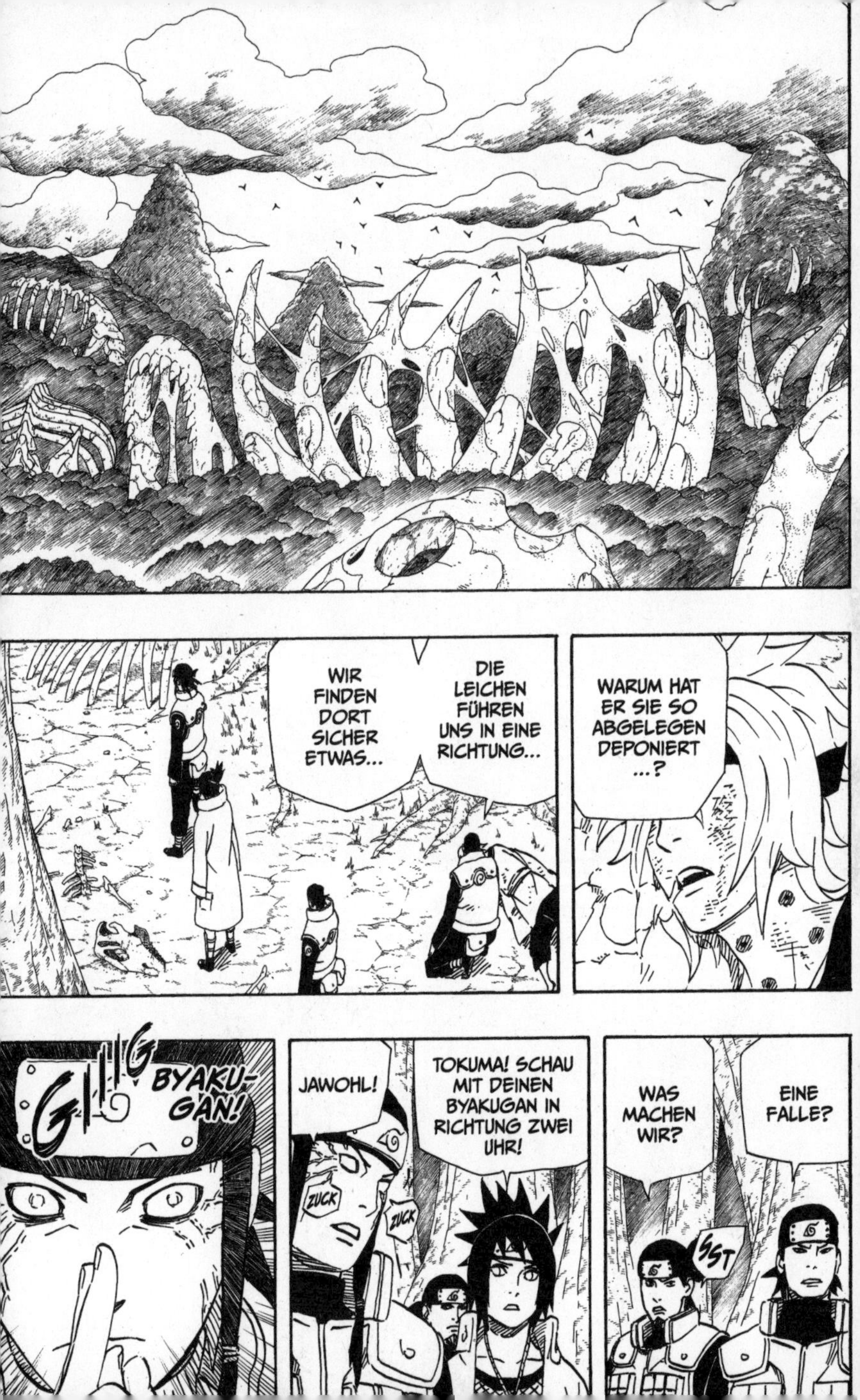
WARUM HAT ER SIE SO ABGELEGEN DEPONIERT ...?
DIE LEICHEN FÜHREN UNS IN EINE RICHTUNG...
WIR FINDEN DORT SICHER ETWAS...
EINE FALLE?
WAS MACHEN WIR?
SST
TOKUMA! SCHAU MIT DEINEN BYAKUGAN IN RICHTUNG ZWEI UHR!
JAWOHL!
ZUCK
ZUCK
BYAKU-GAN!
GIIIG

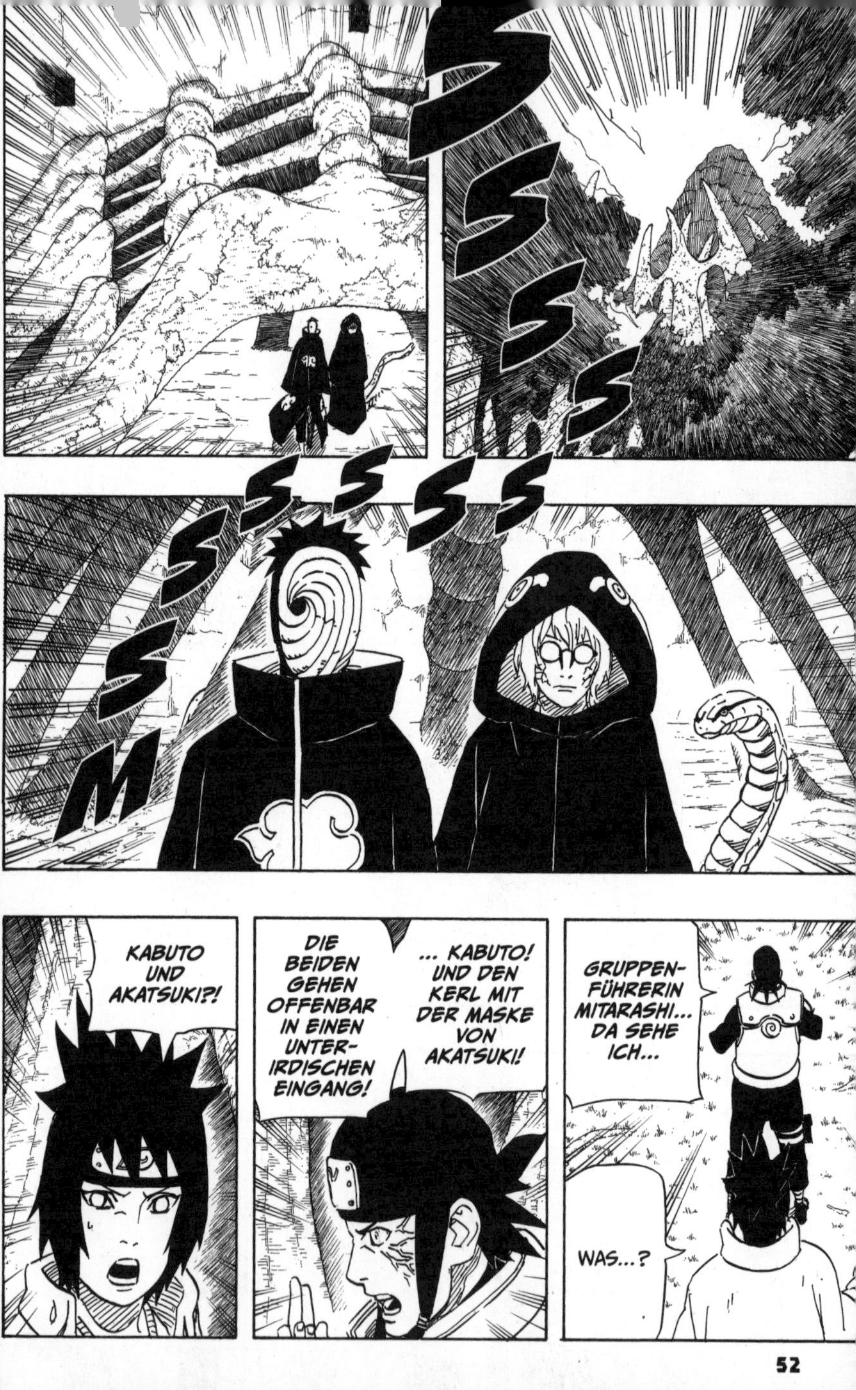

GRUPPENFÜHRERIN MITARASHI... DA SEHE ICH...
WAS...?
... KABUTO! UND DEN KERL MIT DER MASKE VON AKATSUKI!
DIE BEIDEN GEHEN OFFENBAR IN EINEN UNTERIRDISCHEN EINGANG!
KABUTO UND AKATSUKI?!

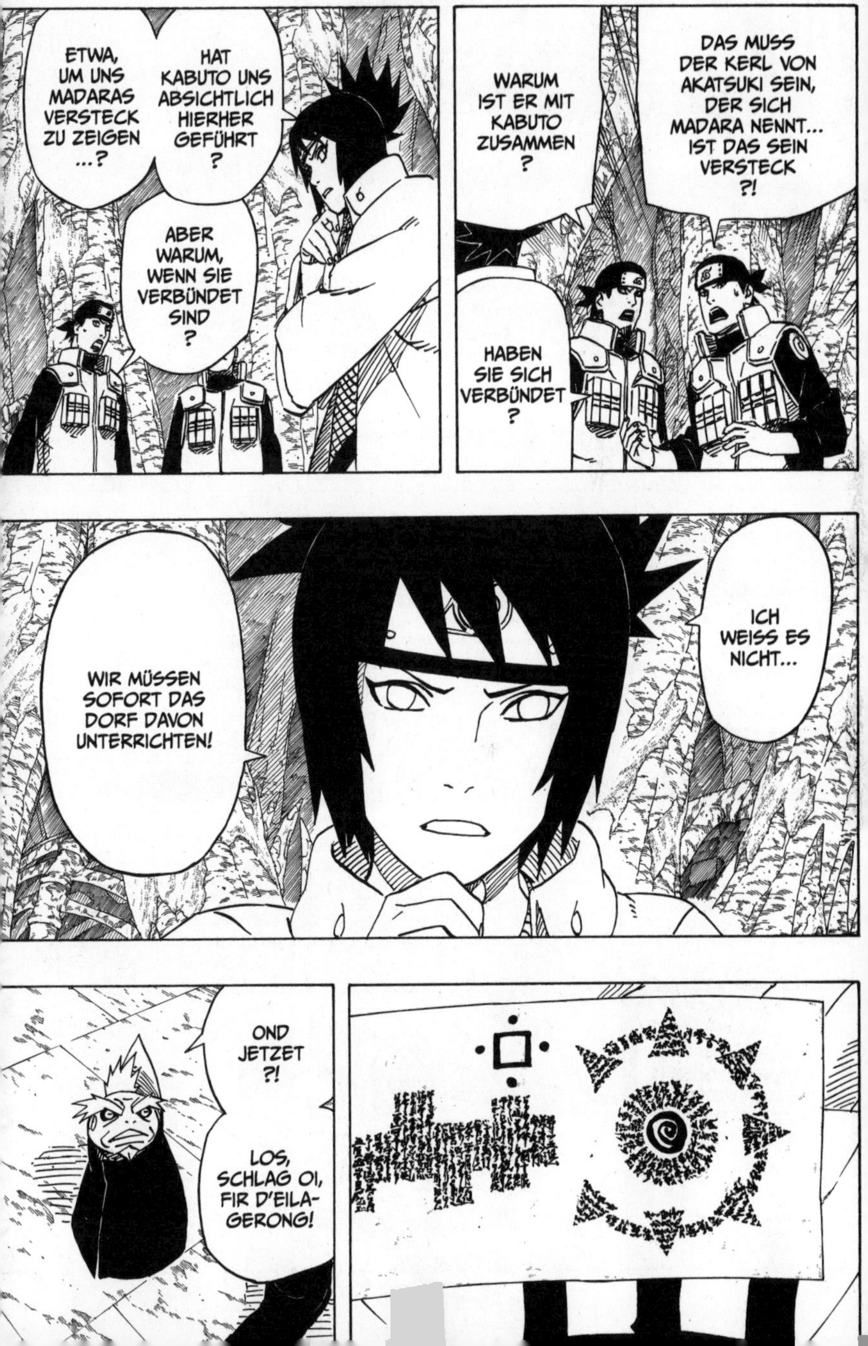
DAS MUSS DER KERL VON AKATSUKI SEIN, DER SICH MADARA NENNT... IST DAS SEIN VERSTECK ?!
WARUM IST ER MIT KABUTO ZUSAMMEN ?
HABEN SIE SICH VERBÜNDET ?
HAT KABUTO UNS ABSICHTLICH HIERHER GEFÜHRT ?
ETWA, UM UNS MADARAS VERSTECK ZU ZEIGEN ...?
ABER WARUM, WENN SIE VERBÜNDET SIND ?
ICH WEISS ES NICHT...
WIR MÜSSEN SOFORT DAS DORF DAVON UNTERRICHTEN!
OND JETZET ?!
LOS, SCHLAG OI, FIR D'EILA-GERONG!

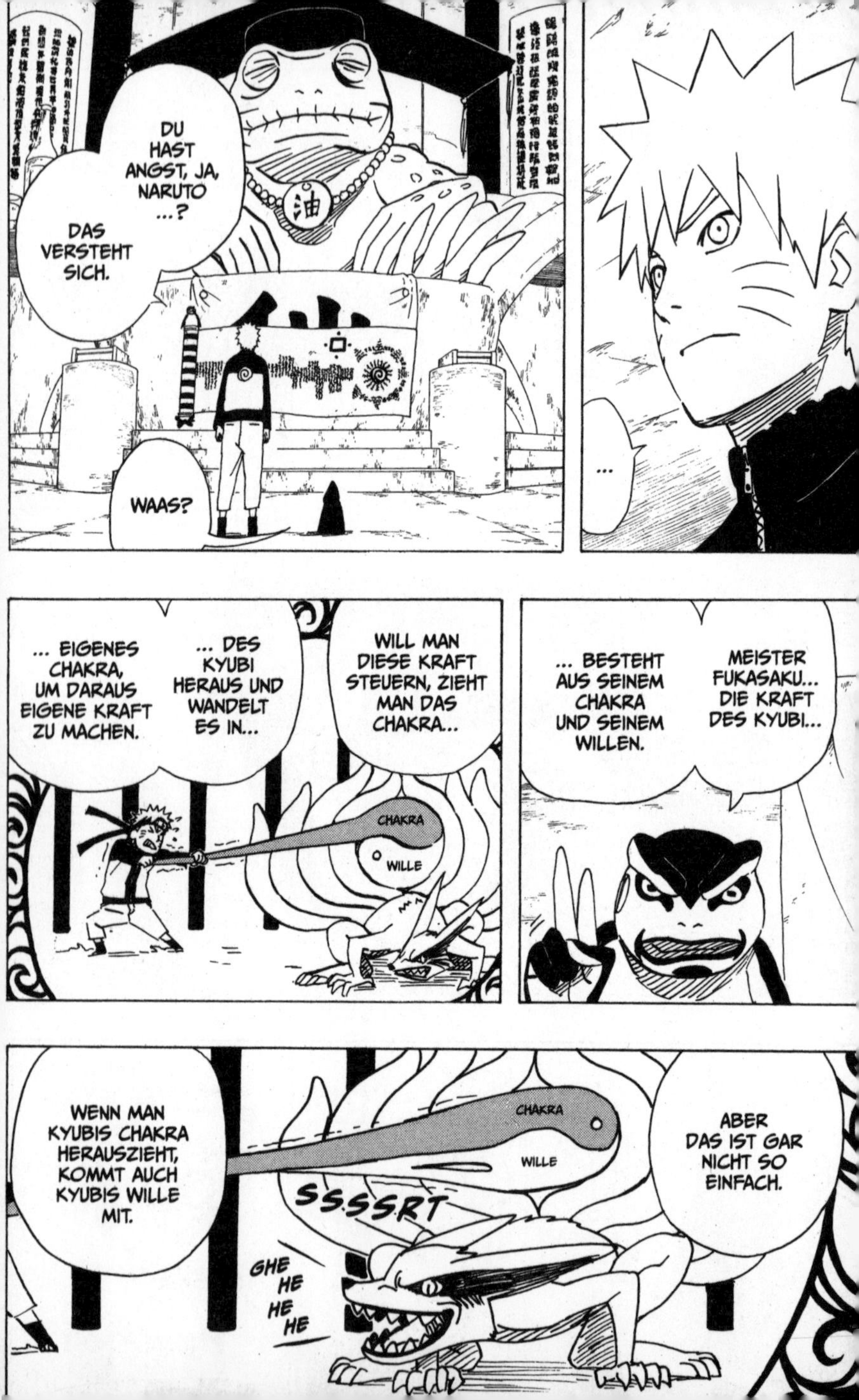
...
DU HAST ANGST, JA, NARUTO ...?
DAS VERSTEHT SICH.
WAAS?
MEISTER FUKASAKU... DIE KRAFT DES KYUBI...
... BESTEHT AUS SEINEM CHAKRA UND SEINEM WILLEN.
WILL MAN DIESE KRAFT STEUERN, ZIEHT MAN DAS CHAKRA...
... DES KYUBI HERAUS UND WANDELT ES IN...
... EIGENES CHAKRA, UM DARAUS EIGENE KRAFT ZU MACHEN.
CHAKRA
WILLE
ABER DAS IST GAR NICHT SO EINFACH.
WENN MAN KYUBIS CHAKRA HERAUSZIEHT, KOMMT AUCH KYUBIS WILLE MIT.
CHAKRA
WILLE
SSSSRT
GHE HE HE HE

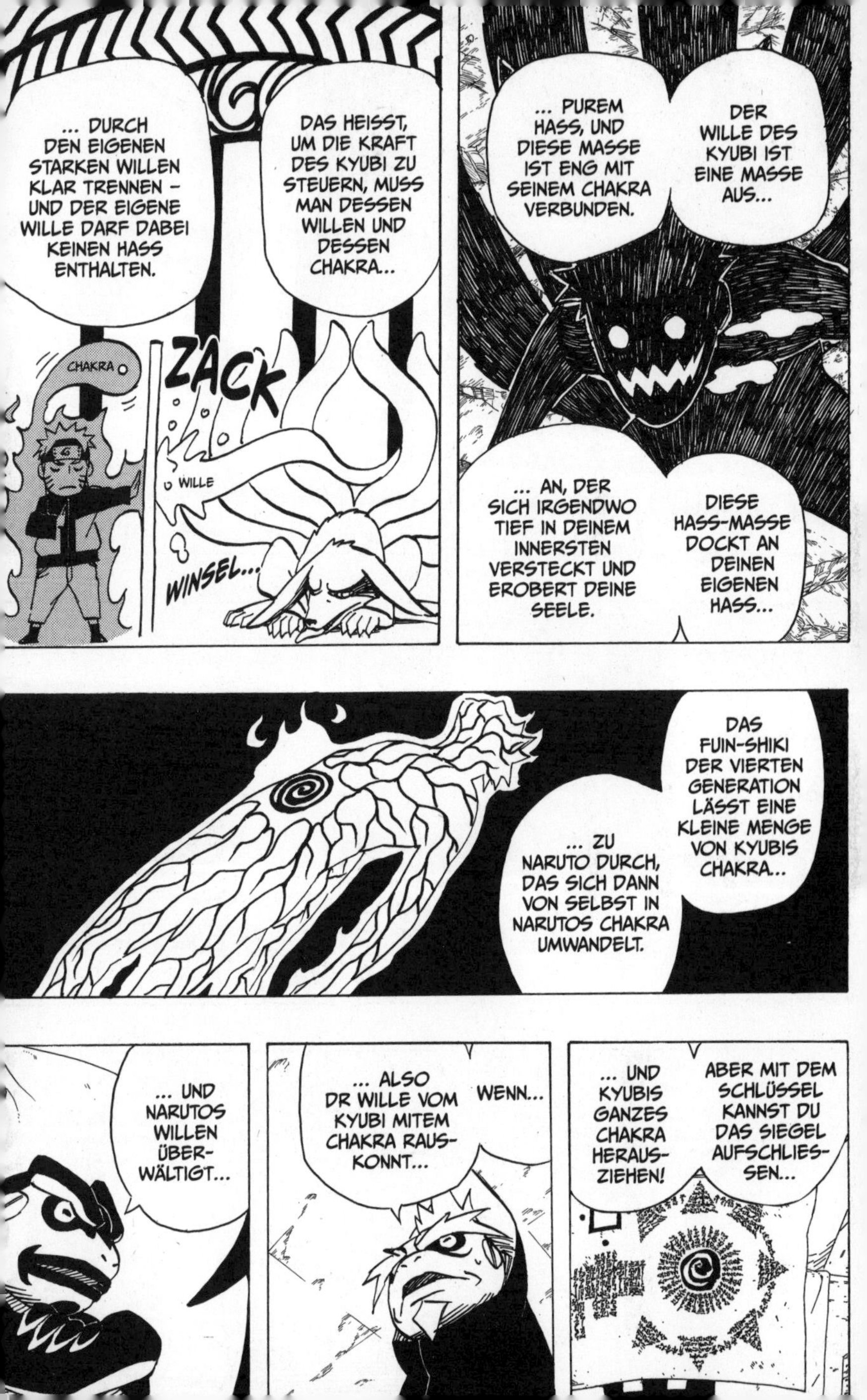
DER WILLE DES KYUBI IST EINE MASSE AUS...
... PUREM HASS, UND DIESE MASSE IST ENG MIT SEINEM CHAKRA VERBUNDEN.
DIESE HASS-MASSE DOCKT AN DEINEN EIGENEN HASS...
... AN, DER SICH IRGENDWO TIEF IN DEINEM INNERSTEN VERSTECKT UND EROBERT DEINE SEELE.
DAS HEISST, UM DIE KRAFT DES KYUBI ZU STEUERN, MUSS MAN DESSEN WILLEN UND DESSEN CHAKRA...
... DURCH DEN EIGENEN STARKEN WILLEN KLAR TRENNEN – UND DER EIGENE WILLE DARF DABEI KEINEN HASS ENTHALTEN.
ZACK
CHAKRA
WILLE
WINSEL...
DAS FUIN-SHIKI DER VIERTEN GENERATION LÄSST EINE KLEINE MENGE VON KYUBIS CHAKRA...
... ZU NARUTO DURCH, DAS SICH DANN VON SELBST IN NARUTOS CHAKRA UMWANDELT.
ABER MIT DEM SCHLÜSSEL KANNST DU DAS SIEGEL AUFSCHLIESSEN...
... UND KYUBIS GANZES CHAKRA HERAUSZIEHEN!
WENN...
... ALSO DR WILLE VOM KYUBI MITEM CHAKRA RAUSKONNT...
... UND NARUTOS WILLEN ÜBERWÄLTIGT...

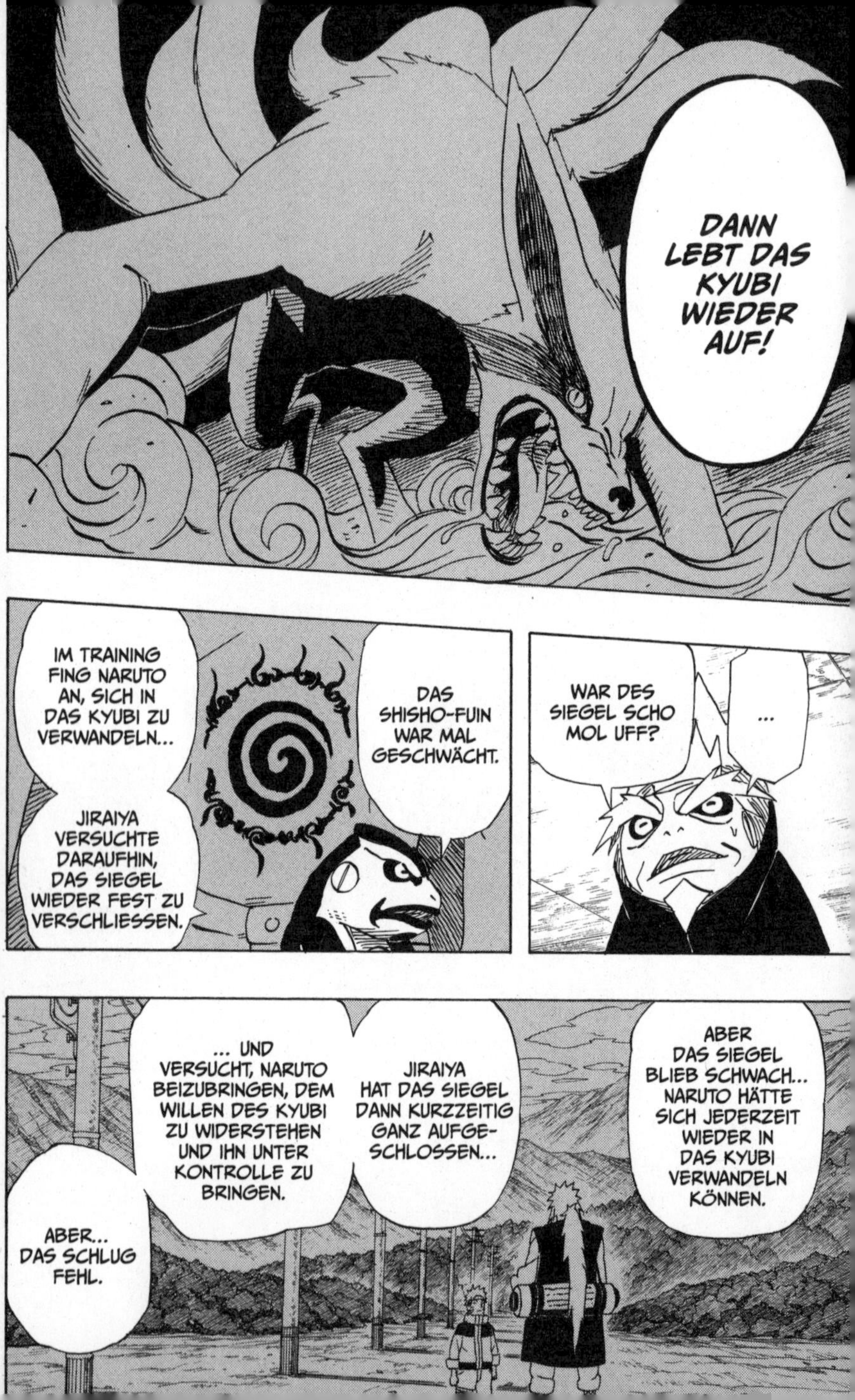
DANN LEBT DAS KYUBI WIEDER AUF!
WAR DES SIEGEL SCHO MOL UFF?
...
DAS SHISHO-FUIN WAR MAL GESCHWÄCHT.
IM TRAINING FING NARUTO AN, SICH IN DAS KYUBI ZU VERWANDELN...
JIRAIYA VERSUCHTE DARAUFHIN, DAS SIEGEL WIEDER FEST ZU VERSCHLIESSEN.
ABER DAS SIEGEL BLIEB SCHWACH... NARUTO HÄTTE SICH JEDERZEIT WIEDER IN DAS KYUBI VERWANDELN KÖNNEN.
JIRAIYA HAT DAS SIEGEL DANN KURZZEITIG GANZ AUFGE-SCHLOSSEN...
... UND VERSUCHT, NARUTO BEIZUBRINGEN, DEM WILLEN DES KYUBI ZU WIDERSTEHEN UND IHN UNTER KONTROLLE ZU BRINGEN.
ABER... DAS SCHLUG FEHL.

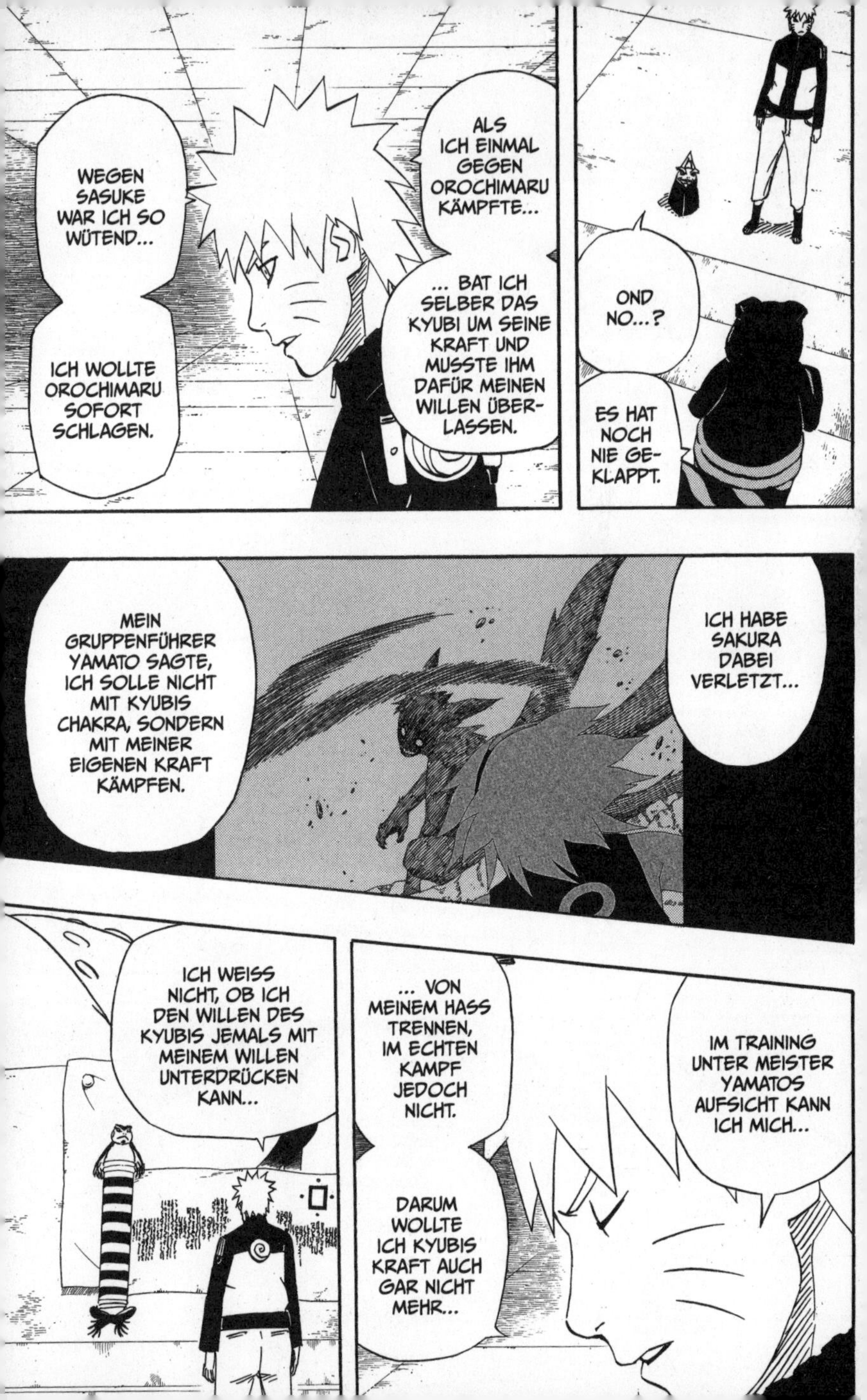
OND NO...?
ES HAT NOCH NIE GEKLAPPT.
ALS ICH EINMAL GEGEN OROCHIMARU KÄMPFTE...
... BAT ICH SELBER DAS KYUBI UM SEINE KRAFT UND MUSSTE IHM DAFÜR MEINEN WILLEN ÜBERLASSEN.
WEGEN SASUKE WAR ICH SO WÜTEND...
ICH WOLLTE OROCHIMARU SOFORT SCHLAGEN.
ICH HABE SAKURA DABEI VERLETZT...
MEIN GRUPPENFÜHRER YAMATO SAGTE, ICH SOLLE NICHT MIT KYUBIS CHAKRA, SONDERN MIT MEINER EIGENEN KRAFT KÄMPFEN.
IM TRAINING UNTER MEISTER YAMATOS AUFSICHT KANN ICH MICH...
... VON MEINEM HASS TRENNEN, IM ECHTEN KAMPF JEDOCH NICHT.
DARUM WOLLTE ICH KYUBIS KRAFT AUCH GAR NICHT MEHR...
ICH WEISS NICHT, OB ICH DEN WILLEN DES KYUBIS JEMALS MIT MEINEM WILLEN UNTERDRÜCKEN KANN...

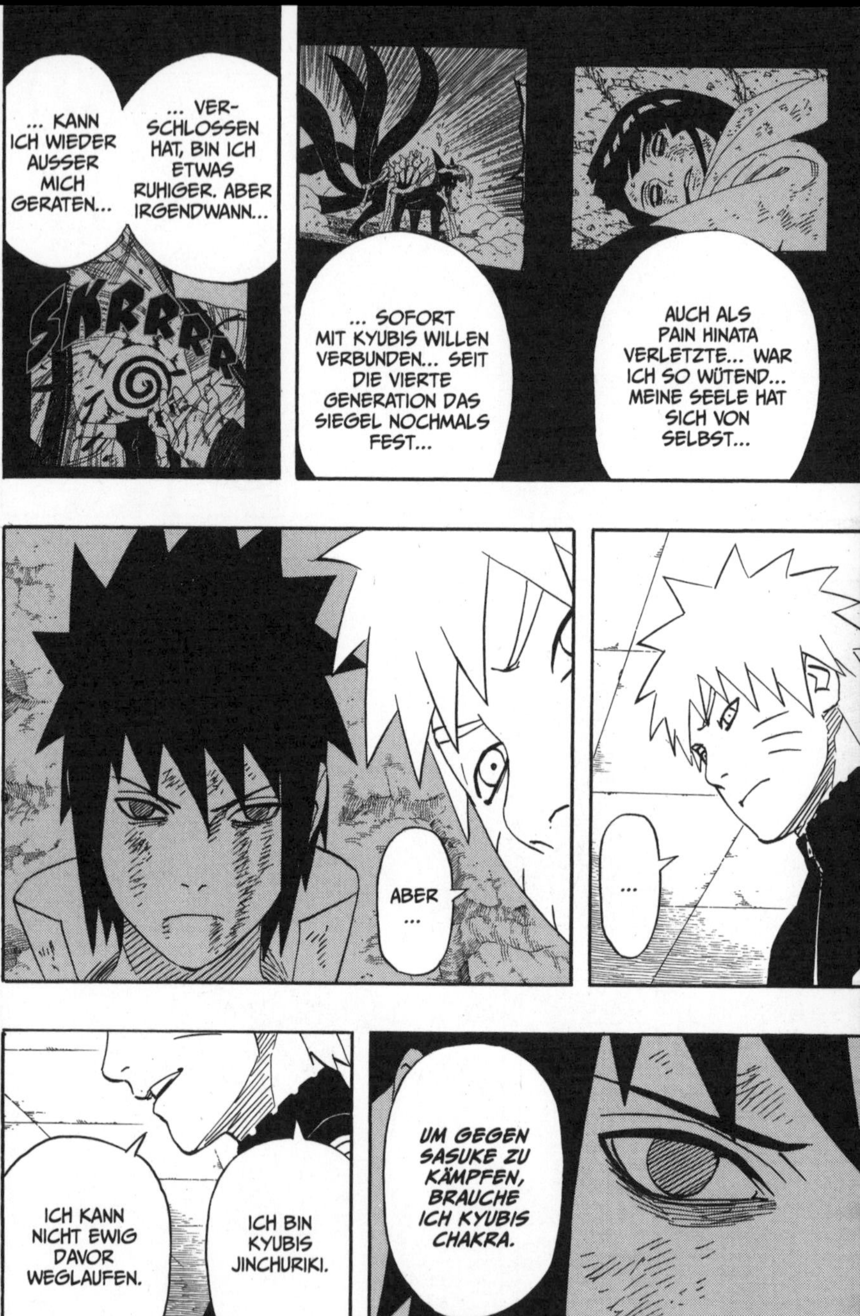
AUCH ALS PAIN HINATA VERLETZTE... WAR ICH SO WÜTEND... MEINE SEELE HAT SICH VON SELBST...
... SOFORT MIT KYUBIS WILLEN VERBUNDEN... SEIT DIE VIERTE GENERATION DAS SIEGEL NOCHMALS FEST...
... VER-SCHLOSSEN HAT, BIN ICH ETWAS RUHIGER. ABER IRGENDWANN...
... KANN ICH WIEDER AUSSER MICH GERATEN...
SKRRRR
...
ABER ...
UM GEGEN SASUKE ZU KÄMPFEN, BRAUCHE ICH KYUBIS CHAKRA.
ICH BIN KYUBIS JINCHURIKI.
ICH KANN NICHT EWIG DAVOR WEGLAUFEN.

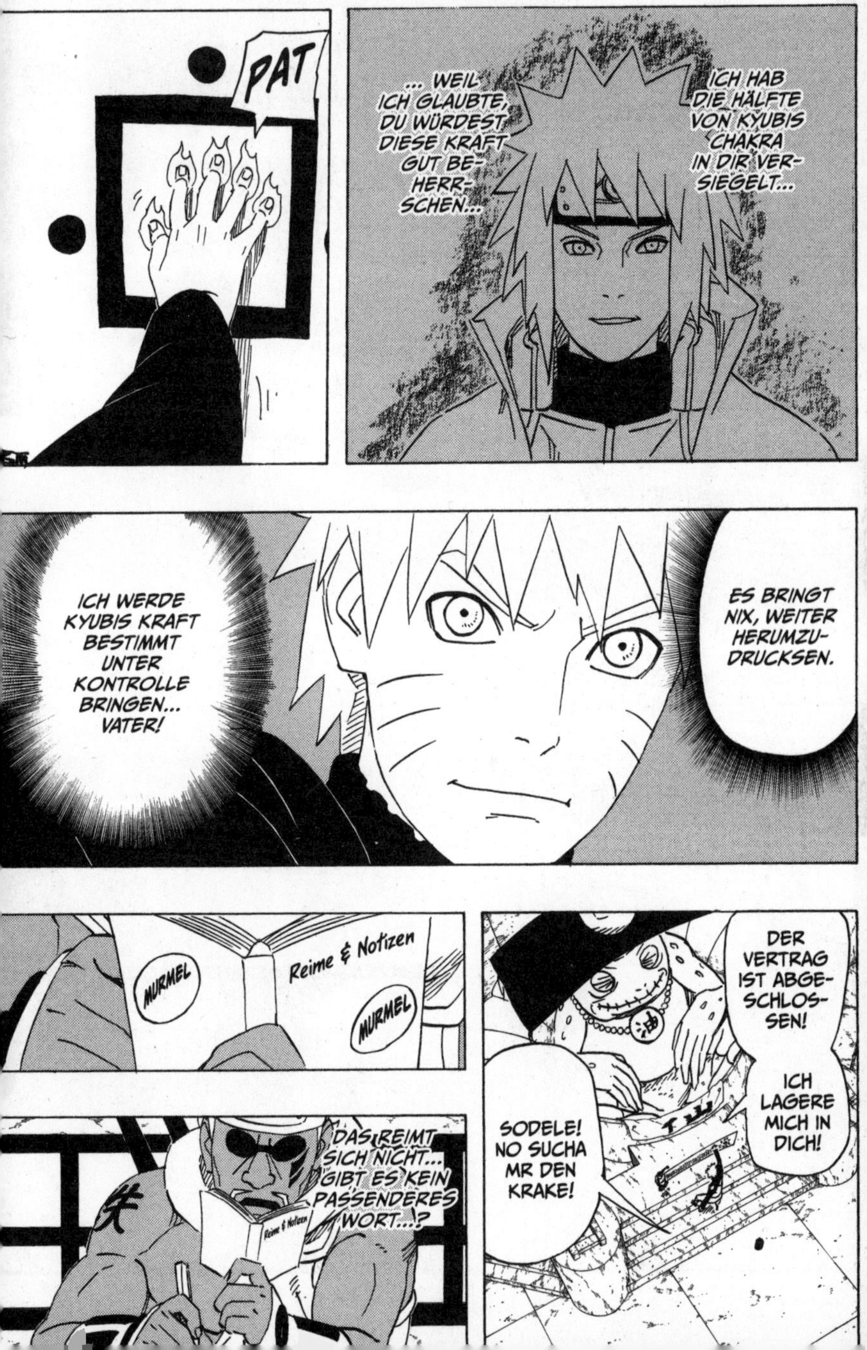
ICH HAB DIE HÄLFTE VON KYUBIS CHAKRA IN DIR VERSIEGELT...
... WEIL ICH GLAUBTE, DU WÜRDEST DIESE KRAFT GUT BEHERRSCHEN...
PAT
ES BRINGT NIX, WEITER HERUMZUDRUCKSEN.
ICH WERDE KYUBIS KRAFT BESTIMMT UNTER KONTROLLE BRINGEN... VATER!
DER VERTRAG IST ABGESCHLOSSEN!
ICH LAGERE MICH IN DICH!
SODELE! NO SUCHA MR DEN KRAKE!
MURMEL
Reime & Notizen
MURMEL
DAS REIMT SICH NICHT... GIBT ES KEIN PASSENDERES WORT...!?
Reime & Notizen

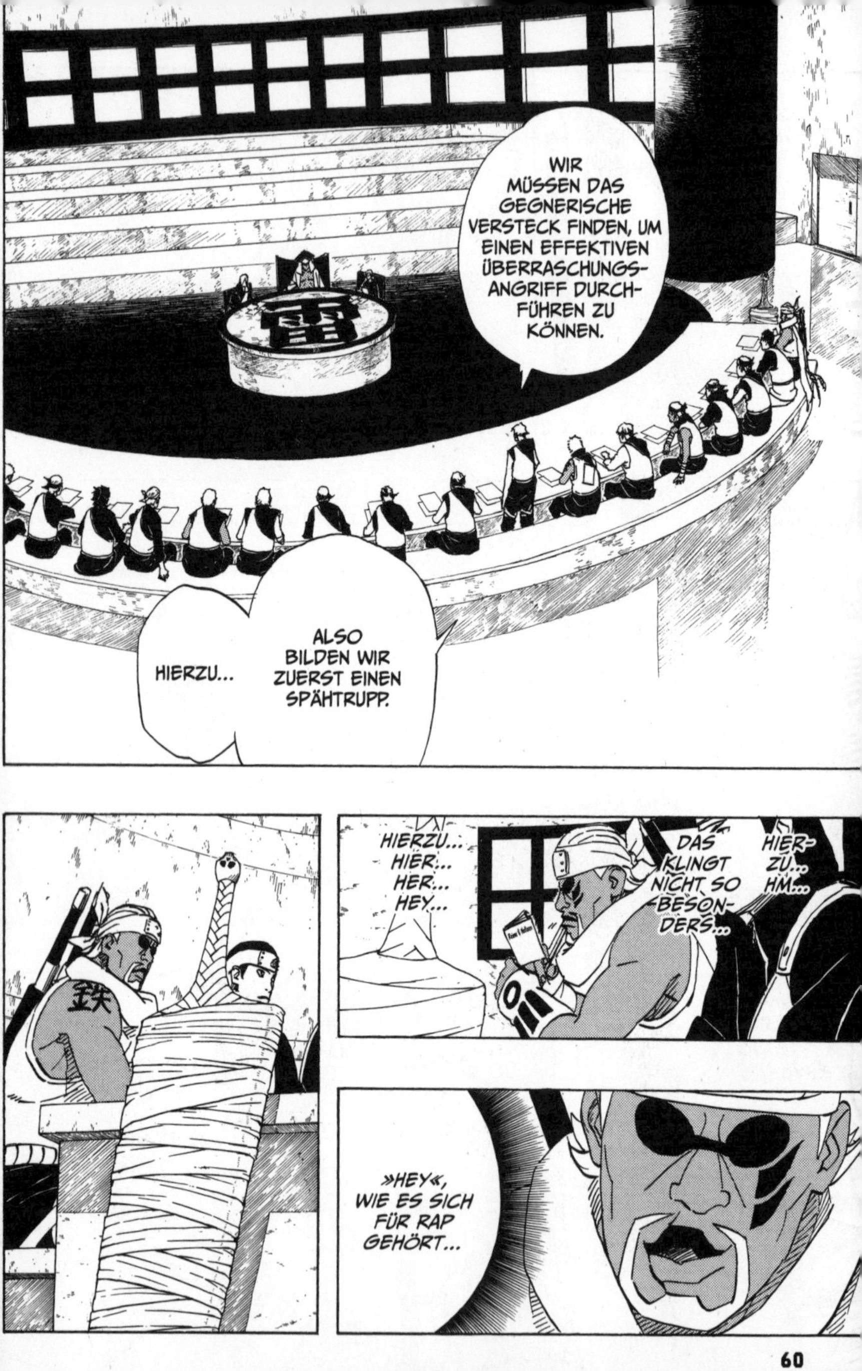
WIR MÜSSEN DAS GEGNERISCHE VERSTECK FINDEN, UM EINEN EFFEKTIVEN ÜBERRASCHUNGS-ANGRIFF DURCH-FÜHREN ZU KÖNNEN.
ALSO BILDEN WIR ZUERST EINEN SPÄHTRUPP.
HIERZU...
HIER-ZU... HM...
DAS KLINGT NICHT SO BESON-DERS...
HIERZU... HIER... HER... HEY...
»HEY«, WIE ES SICH FÜR RAP GEHÖRT...

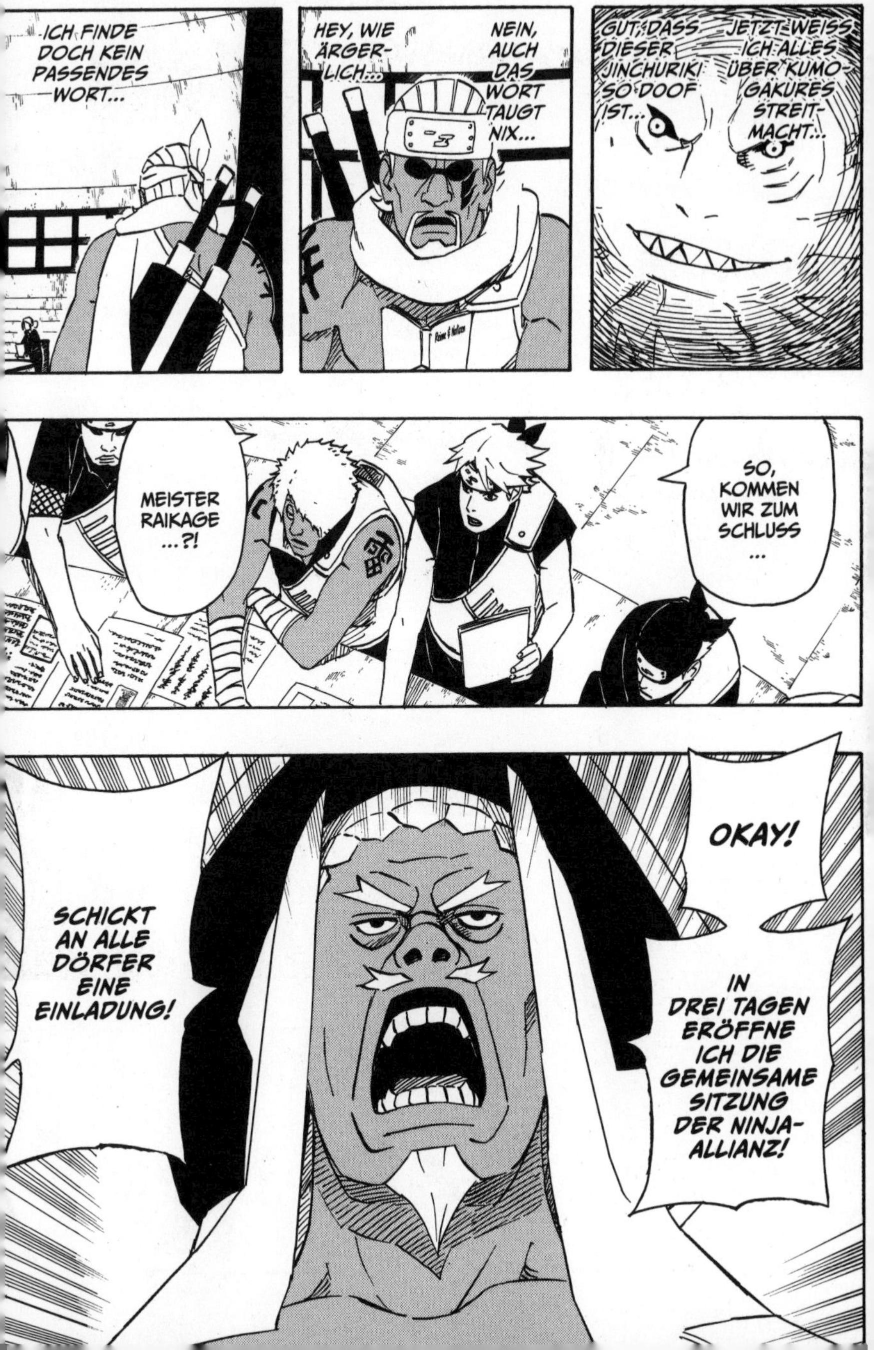
JETZT WEISS ICH ALLES ÜBER KUMOGAKURES STREITMACHT...
GUT, DASS DIESER JINCHURIKI SO DOOF IST...
NEIN, AUCH DAS WORT TAUGT NIX...
HEY, WIE ÄRGERLICH...
ICH FINDE DOCH KEIN PASSENDES WORT...
SO, KOMMEN WIR ZUM SCHLUSS ...
MEISTER RAIKAGE ...?!
OKAY!
IN DREI TAGEN ERÖFFNE ICH DIE GEMEINSAME SITZUNG DER NINJA-ALLIANZ!
SCHICKT AN ALLE DÖRFER EINE EINLADUNG!

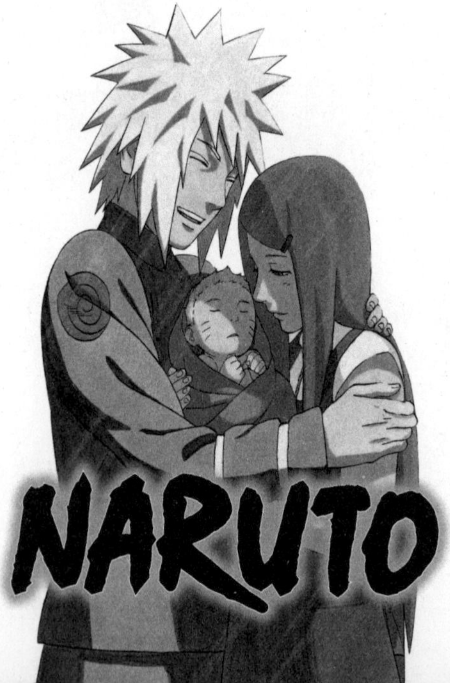
NARUTO

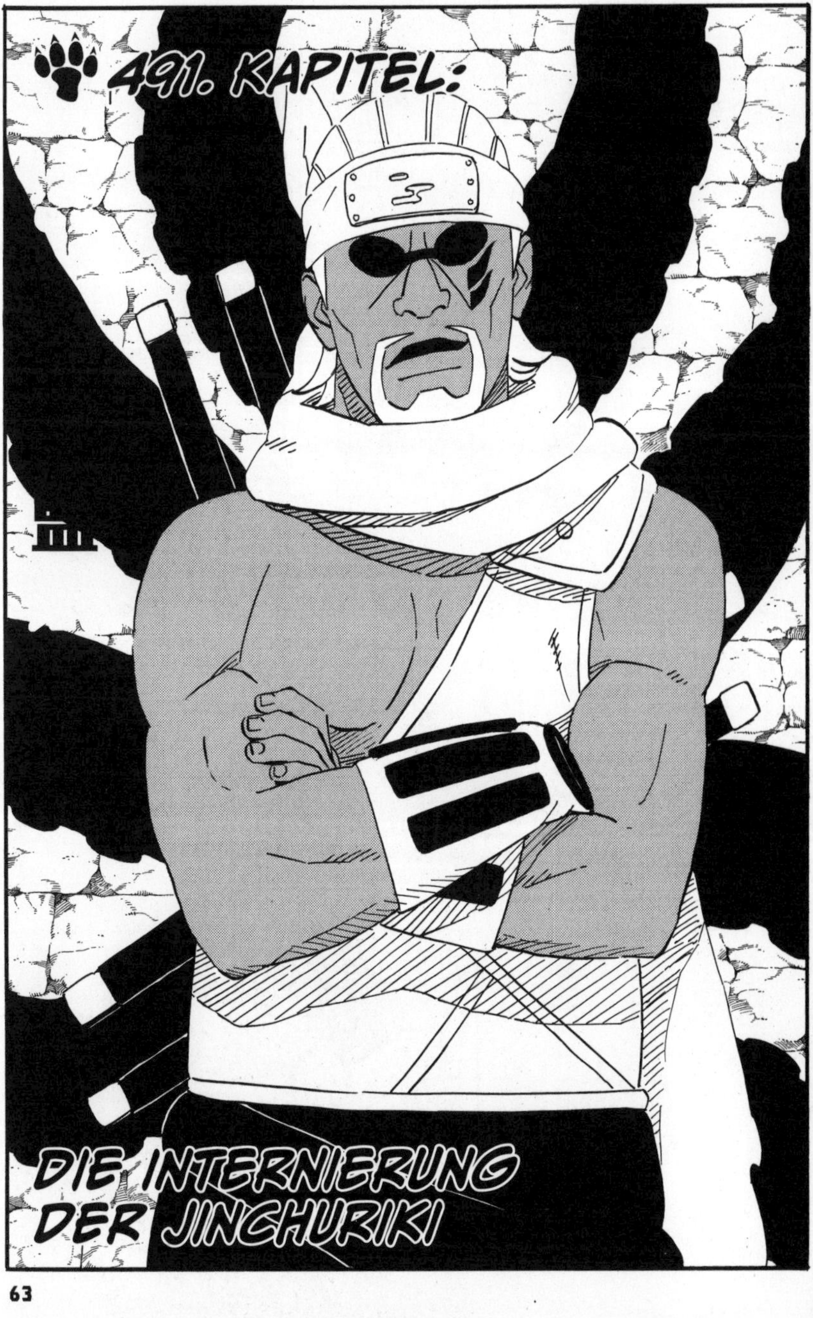
491. KAPITEL:
DIE INTERNIERUNG
DER JINCHURIKI

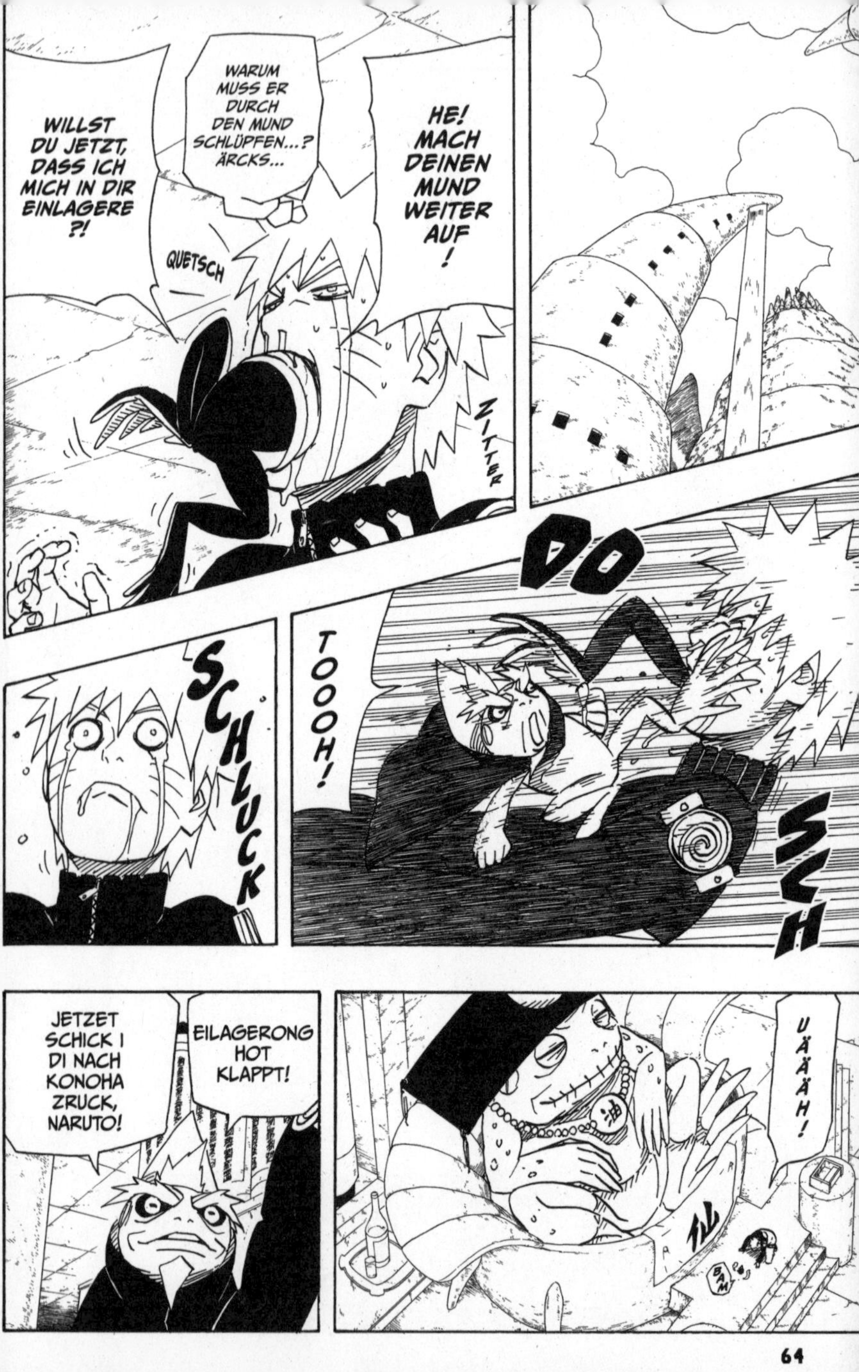
HE! MACH DEINEN MUND WEITER AUF!
WARUM MUSS ER DURCH DEN MUND SCHLÜPFEN...? ÄRCKS...
WILLST DU JETZT, DASS ICH MICH IN DIR EINLAGERE?!
QUETSCH
ZITTER
DO
TOOOH!
SCH
SCHLUCK
UÄÄÄH!
BAM
EILAGERONG HOT KLAPPT!
JETZET SCHICK I DI NACH KONOHA ZRUCK, NARUTO!

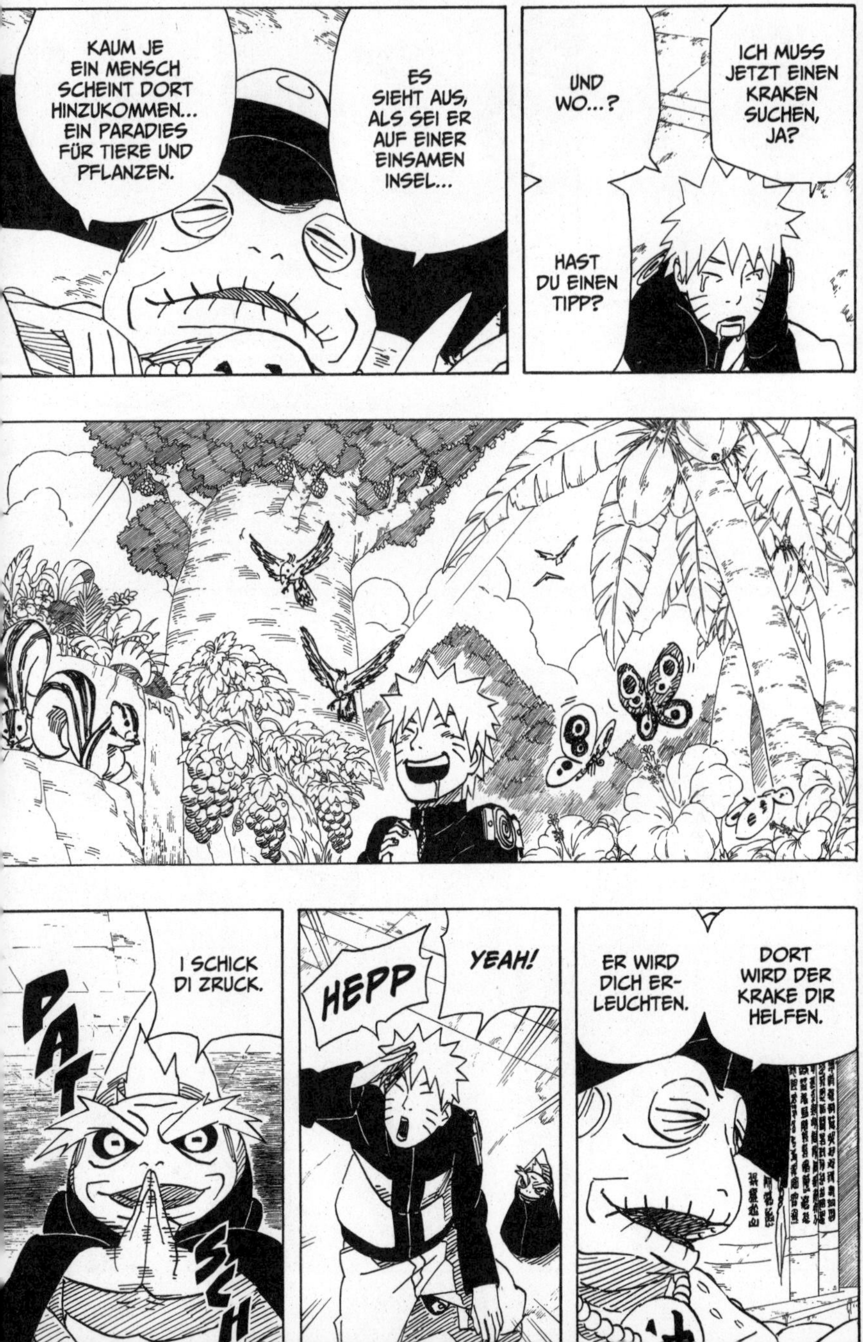
ICH MUSS JETZT EINEN KRAKEN SUCHEN, JA?
UND WO...?
HAST DU EINEN TIPP?
ES SIEHT AUS, ALS SEI ER AUF EINER EINSAMEN INSEL...
KAUM JE EIN MENSCH SCHEINT DORT HINZUKOMMEN... EIN PARADIES FÜR TIERE UND PFLANZEN.
DORT WIRD DER KRAKE DIR HELFEN.
ER WIRD DICH ER-LEUCHTEN.
YEAH!
HEPP
I SCHICK DI ZRUCK.
PAT
SCH

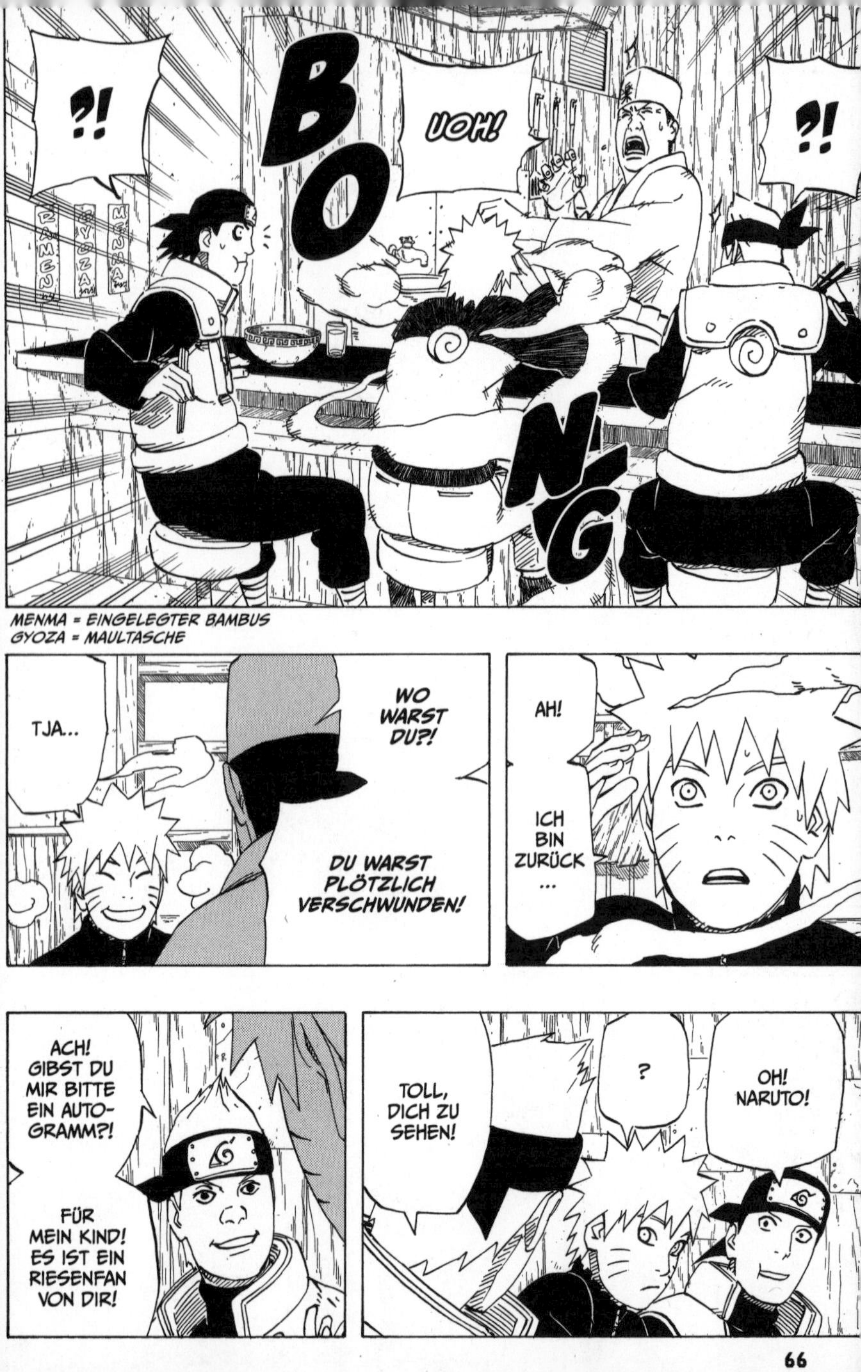
?!
UOH!
BO
NG
?!
MENMA
GYOZA
RAMEN
MENMA = EINGELEGTER BAMBUS
GYOZA = MAULTASCHE
AH!
ICH BIN ZURÜCK ...
WO WARST DU?!
DU WARST PLÖTZLICH VERSCHWUNDEN!
TJA...
OH! NARUTO!
?
TOLL, DICH ZU SEHEN!
ACH! GIBST DU MIR BITTE EIN AUTO-GRAMM?!
FÜR MEIN KIND! ES IST EIN RIESENFAN VON DIR!

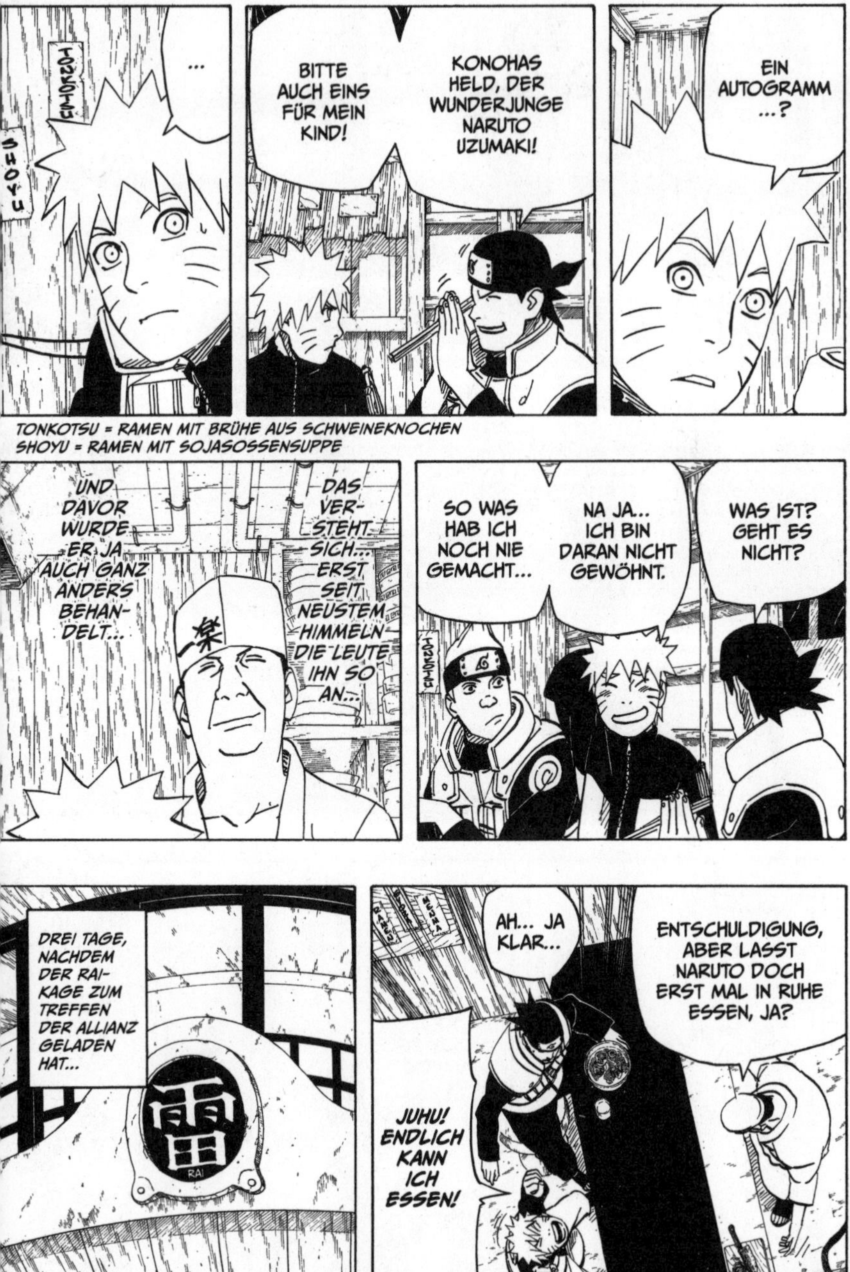


TONKOTSU = RAMEN MIT BRÜHE AUS SCHWEINEKNOCHEN
SHOYU = RAMEN MIT SOJASOSSENSUPPE

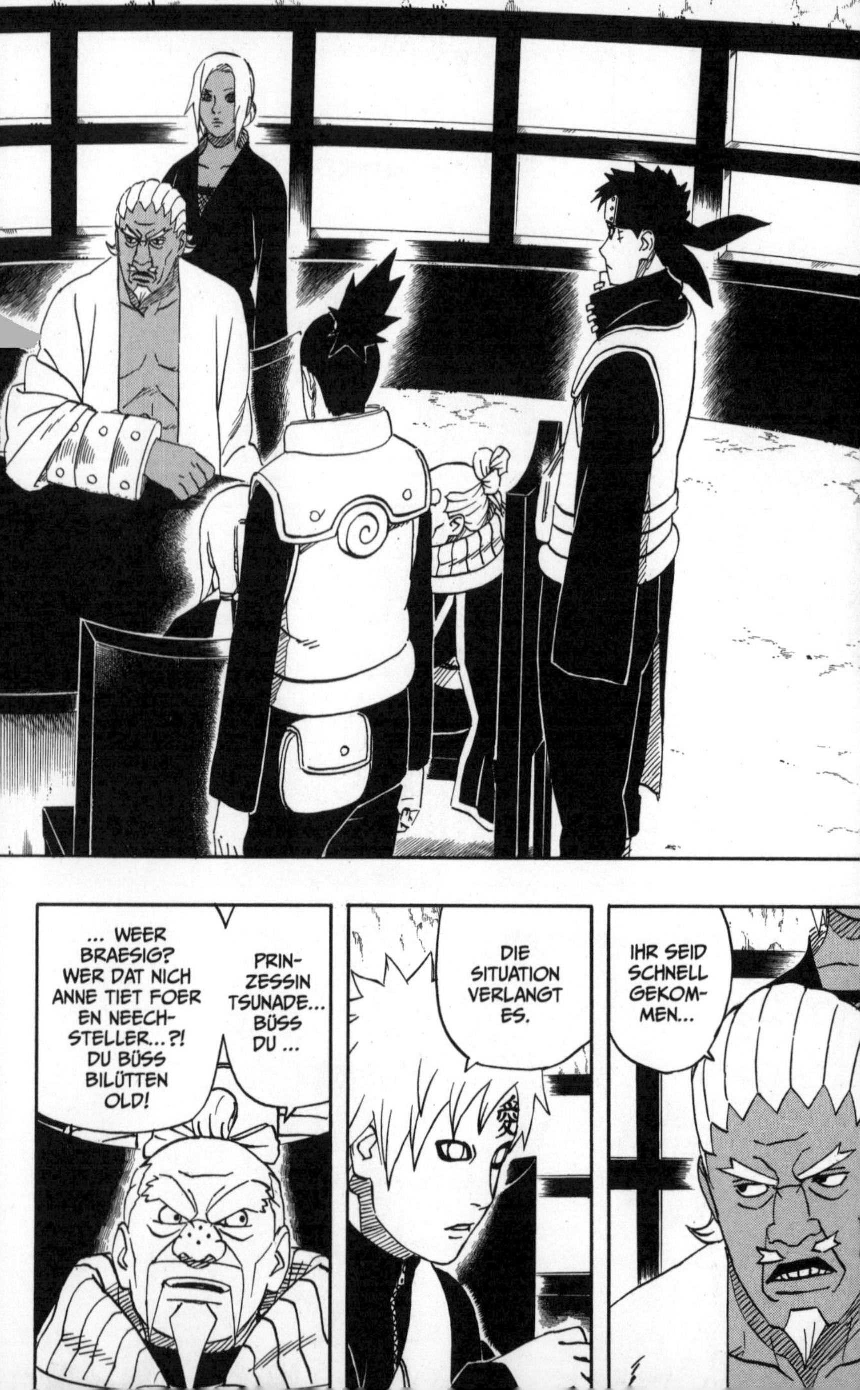
IHR SEID SCHNELL GEKOM-MEN...
DIE SITUATION VERLANGT ES.
PRIN-ZESSIN TSUNADE... BÜSS DU ...
... WEER BRAESIG? WER DAT NICH ANNE TIET FOER EN NEECH-STELLER...?! DU BÜSS BILÜTTEN OLD!

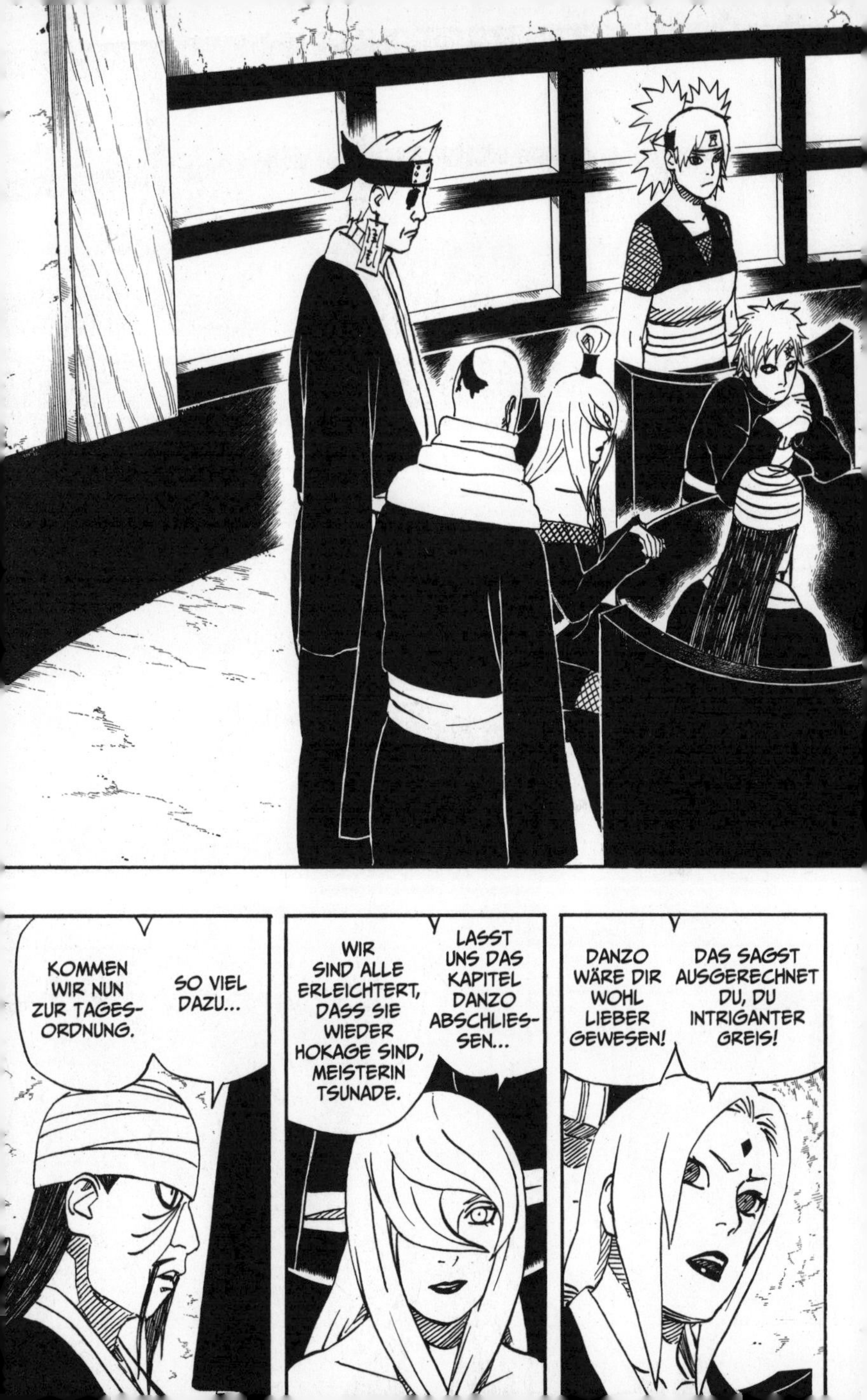
DAS SAGST AUSGERECHNET DU, DU INTRIGANTER GREIS!
DANZO WÄRE DIR WOHL LIEBER GEWESEN!
LASST UNS DAS KAPITEL DANZO ABSCHLIES-SEN…
WIR SIND ALLE ERLEICHTERT, DASS SIE WIEDER HOKAGE SIND, MEISTERIN TSUNADE.
SO VIEL DAZU…
KOMMEN WIR NUN ZUR TAGES-ORDNUNG.

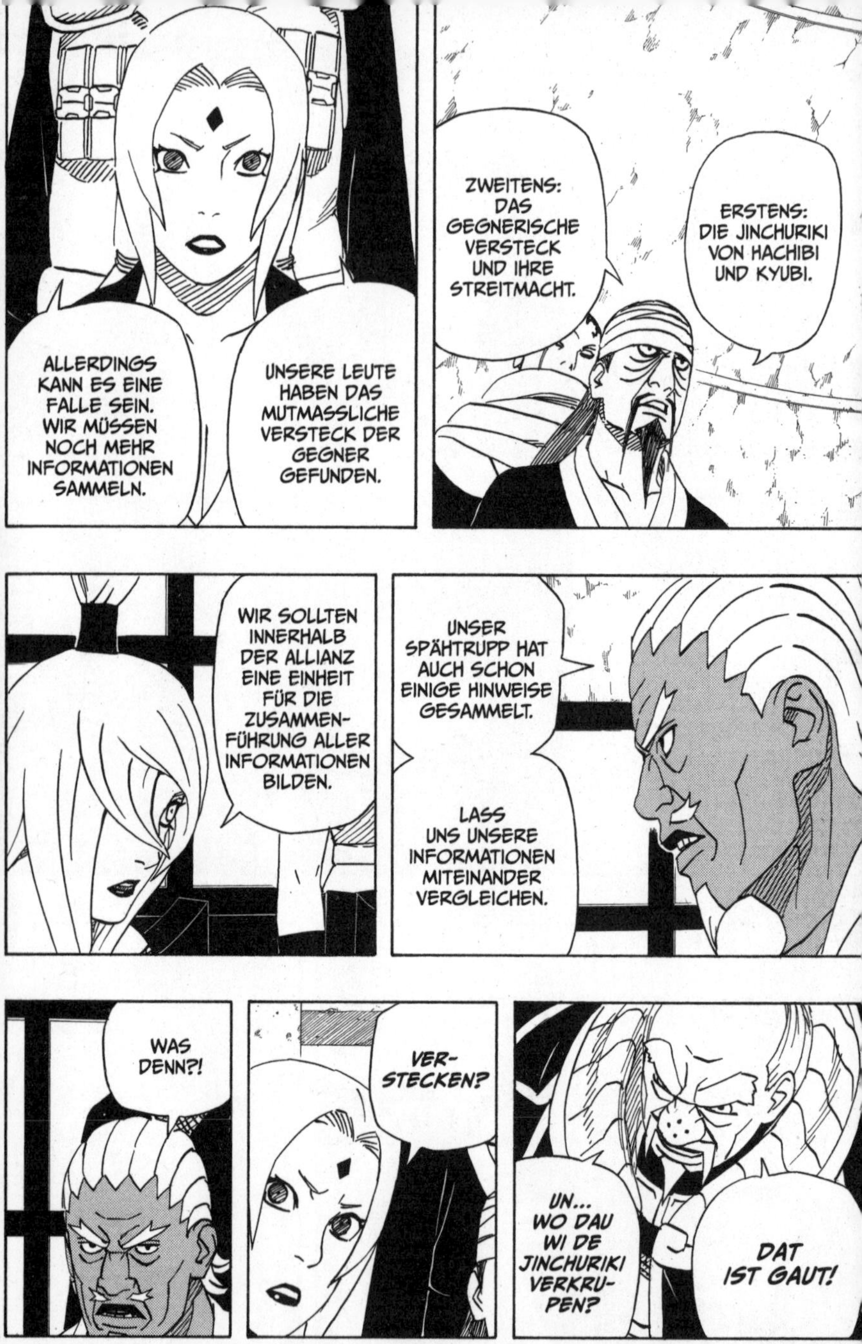
ERSTENS: DIE JINCHURIKI VON HACHIBI UND KYUBI.
ZWEITENS: DAS GEGNERISCHE VERSTECK UND IHRE STREITMACHT.
UNSERE LEUTE HABEN DAS MUTMASSLICHE VERSTECK DER GEGNER GEFUNDEN.
ALLERDINGS KANN ES EINE FALLE SEIN. WIR MÜSSEN NOCH MEHR INFORMATIONEN SAMMELN.
UNSER SPÄHTRUPP HAT AUCH SCHON EINIGE HINWEISE GESAMMELT.
LASS UNS UNSERE INFORMATIONEN MITEINANDER VERGLEICHEN.
WIR SOLLTEN INNERHALB DER ALLIANZ EINE EINHEIT FÜR DIE ZUSAMMEN-FÜHRUNG ALLER INFORMATIONEN BILDEN.
DAT IST GAUT!
UN... WO DAU WI DE JINCHURIKI VERKRU-PEN?
VER-STECKEN?
WAS DENN?!

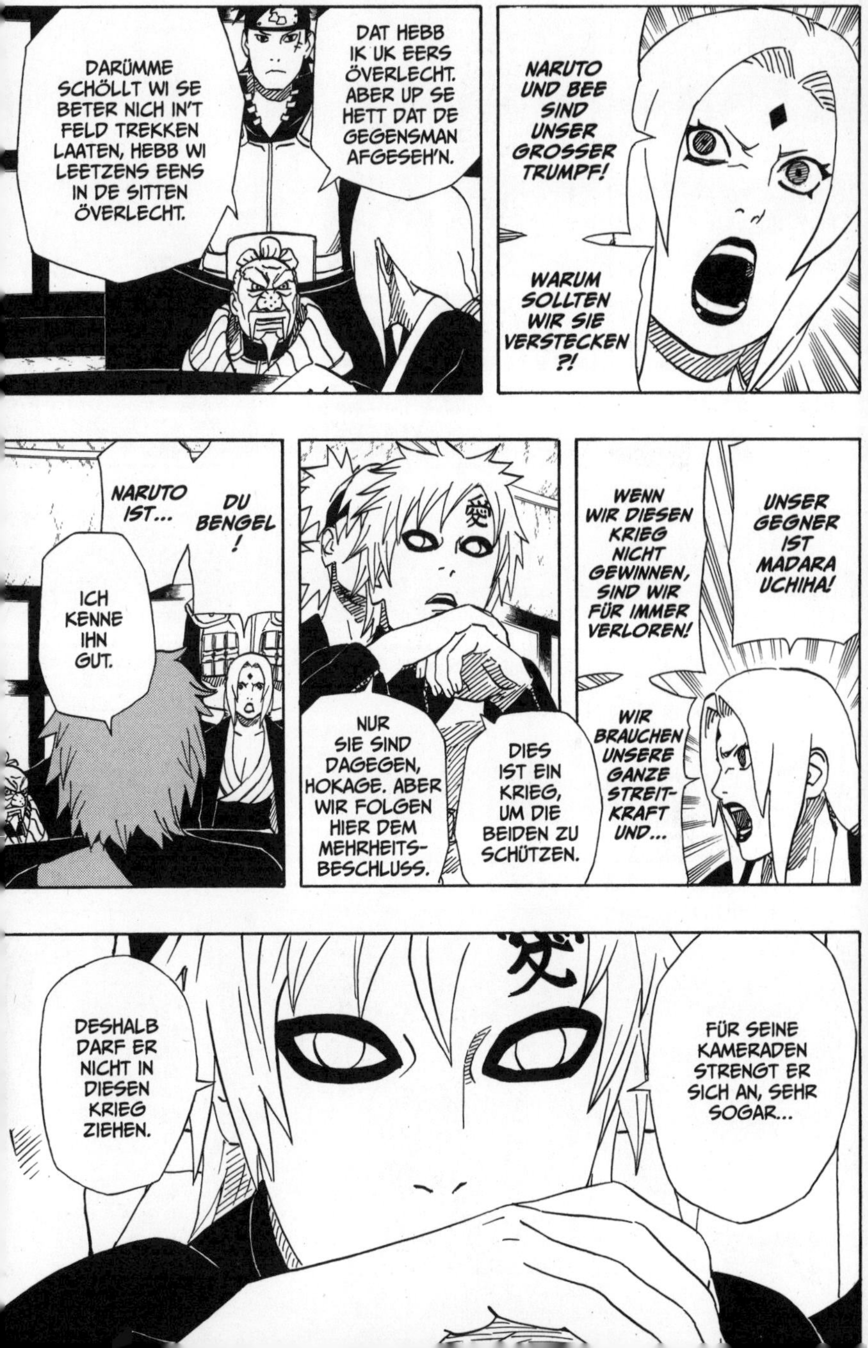
NARUTO UND BEE SIND UNSER GROSSER TRUMPF!
WARUM SOLLTEN WIR SIE VERSTECKEN?!
DAT HEBB IK UK EERS ÖVERLECHT. ABER UP SE HETT DAT DE GEGENSMAN AFGESEH'N.
DARÜMME SCHÖLLT WI SE BETER NICH IN'T FELD TREKKEN LAATEN, HEBB WI LEETZENS EENS IN DE SITTEN ÖVERLECHT.
UNSER GEGNER IST MADARA UCHIHA!
WENN WIR DIESEN KRIEG NICHT GEWINNEN, SIND WIR FÜR IMMER VERLOREN!
WIR BRAUCHEN UNSERE GANZE STREIT-KRAFT UND...
DIES IST EIN KRIEG, UM DIE BEIDEN ZU SCHÜTZEN.
NUR SIE SIND DAGEGEN, HOKAGE. ABER WIR FOLGEN HIER DEM MEHRHEITS-BESCHLUSS.
DU BENGEL!
NARUTO IST...
ICH KENNE IHN GUT.
FÜR SEINE KAMERADEN STRENGT ER SICH AN, SEHR SOGAR...
DESHALB DARF ER NICHT IN DIESEN KRIEG ZIEHEN.

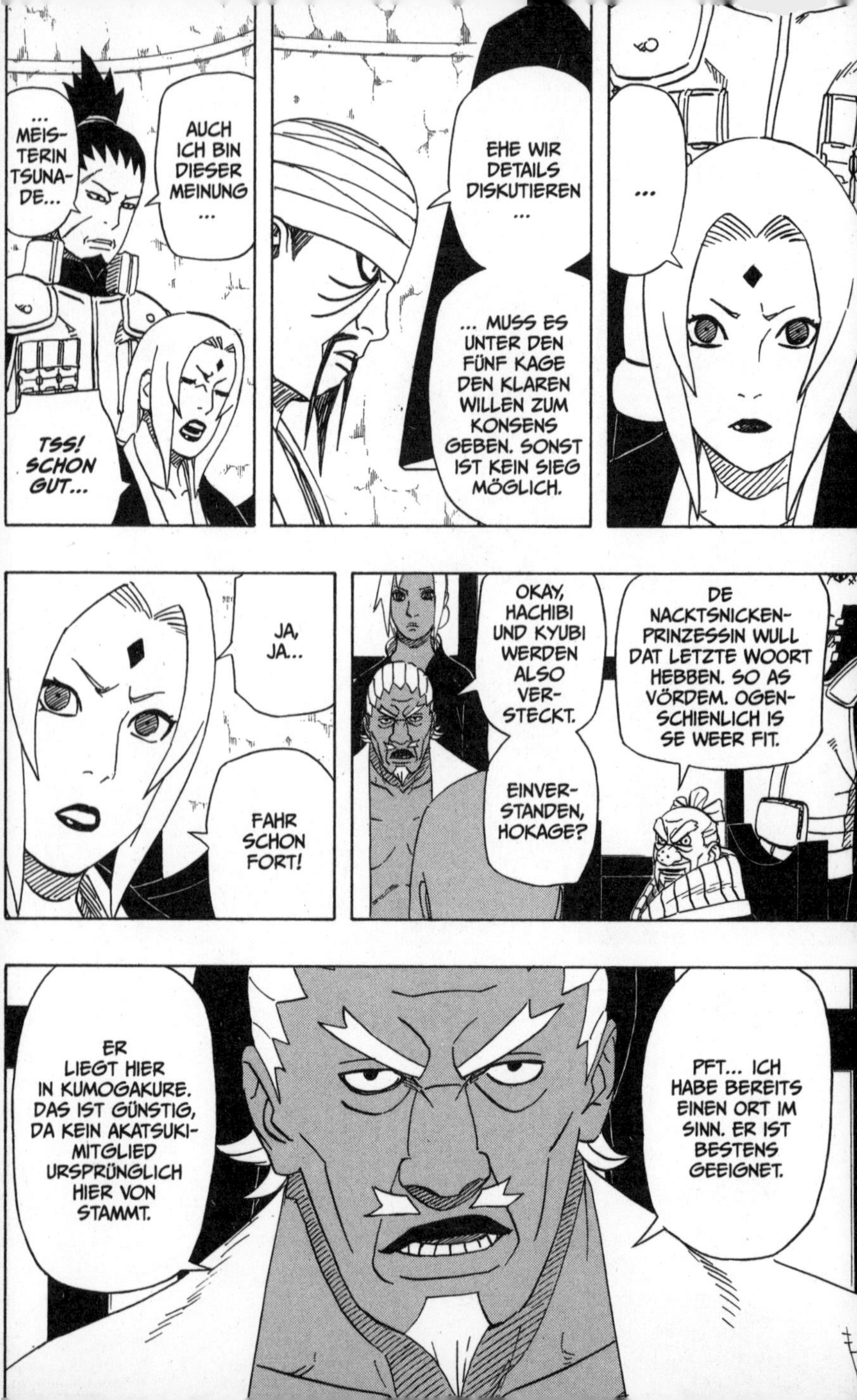
...
EHE WIR DETAILS DISKUTIEREN ...
... MUSS ES UNTER DEN FÜNF KAGE DEN KLAREN WILLEN ZUM KONSENS GEBEN. SONST IST KEIN SIEG MÖGLICH.
AUCH ICH BIN DIESER MEINUNG ...
... MEISTERIN TSUNADE...
TSS! SCHON GUT...
DE NACKTSNICKEN-PRINZESSIN WULL DAT LETZTE WOORT HEBBEN. SO AS VÖRDEM. OGENSCHIENLICH IS SE WEER FIT.
OKAY, HACHIBI UND KYUBI WERDEN ALSO VERSTECKT.
EINVERSTANDEN, HOKAGE?
JA, JA...
FAHR SCHON FORT!
PFT... ICH HABE BEREITS EINEN ORT IM SINN. ER IST BESTENS GEEIGNET.
ER LIEGT HIER IN KUMOGAKURE. DAS IST GÜNSTIG, DA KEIN AKATSUKI-MITGLIED URSPRÜNGLICH HIER VON STAMMT.

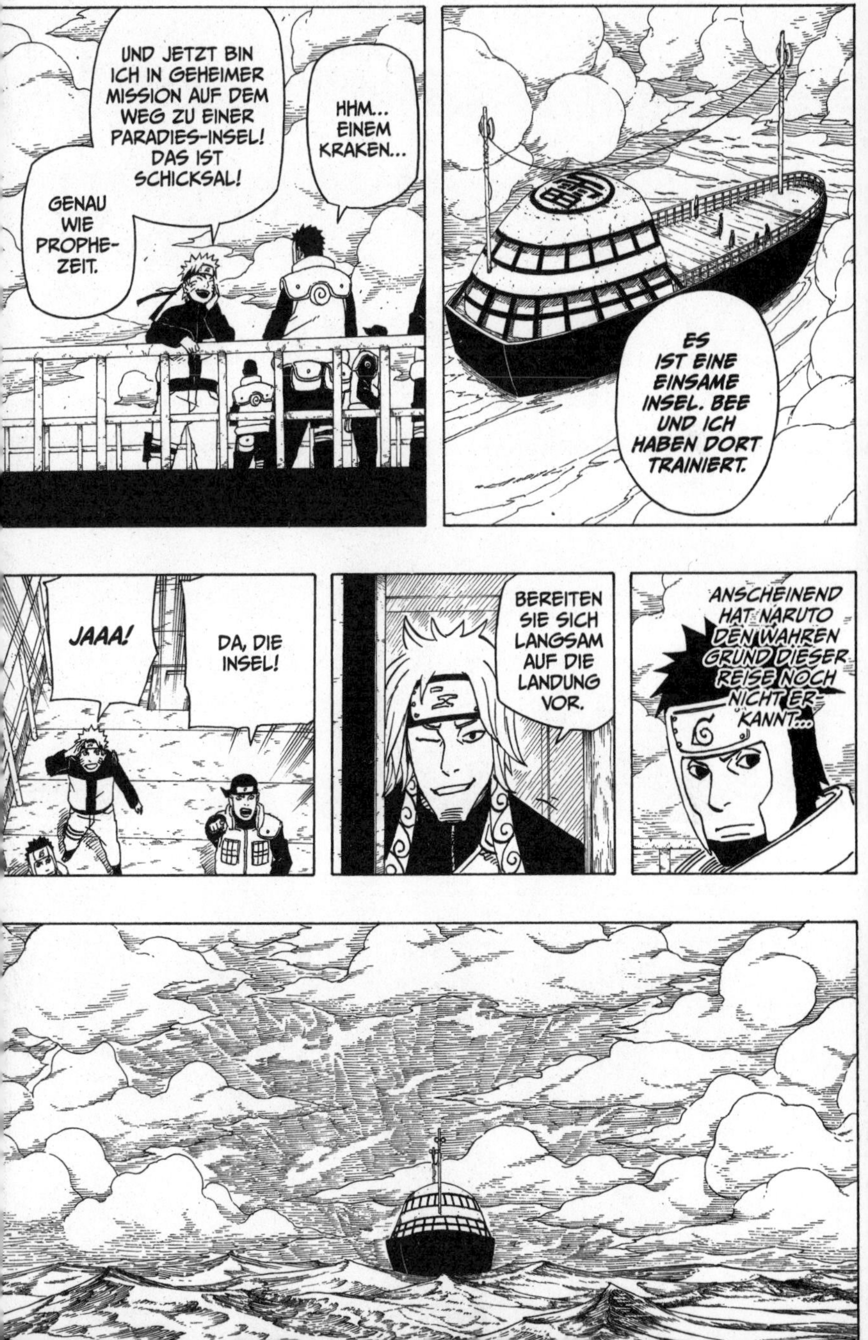
ES IST EINE EINSAME INSEL. BEE UND ICH HABEN DORT TRAINIERT.
HHM... EINEM KRAKEN...
UND JETZT BIN ICH IN GEHEIMER MISSION AUF DEM WEG ZU EINER PARADIES-INSEL! DAS IST SCHICKSAL!
GENAU WIE PROPHEZEIT.
ANSCHEINEND HAT NARUTO DEN WAHREN GRUND DIESER REISE NOCH NICHT ERKANNT...
BEREITEN SIE SICH LANGSAM AUF DIE LANDUNG VOR.
DA, DIE INSEL!
JAAA!

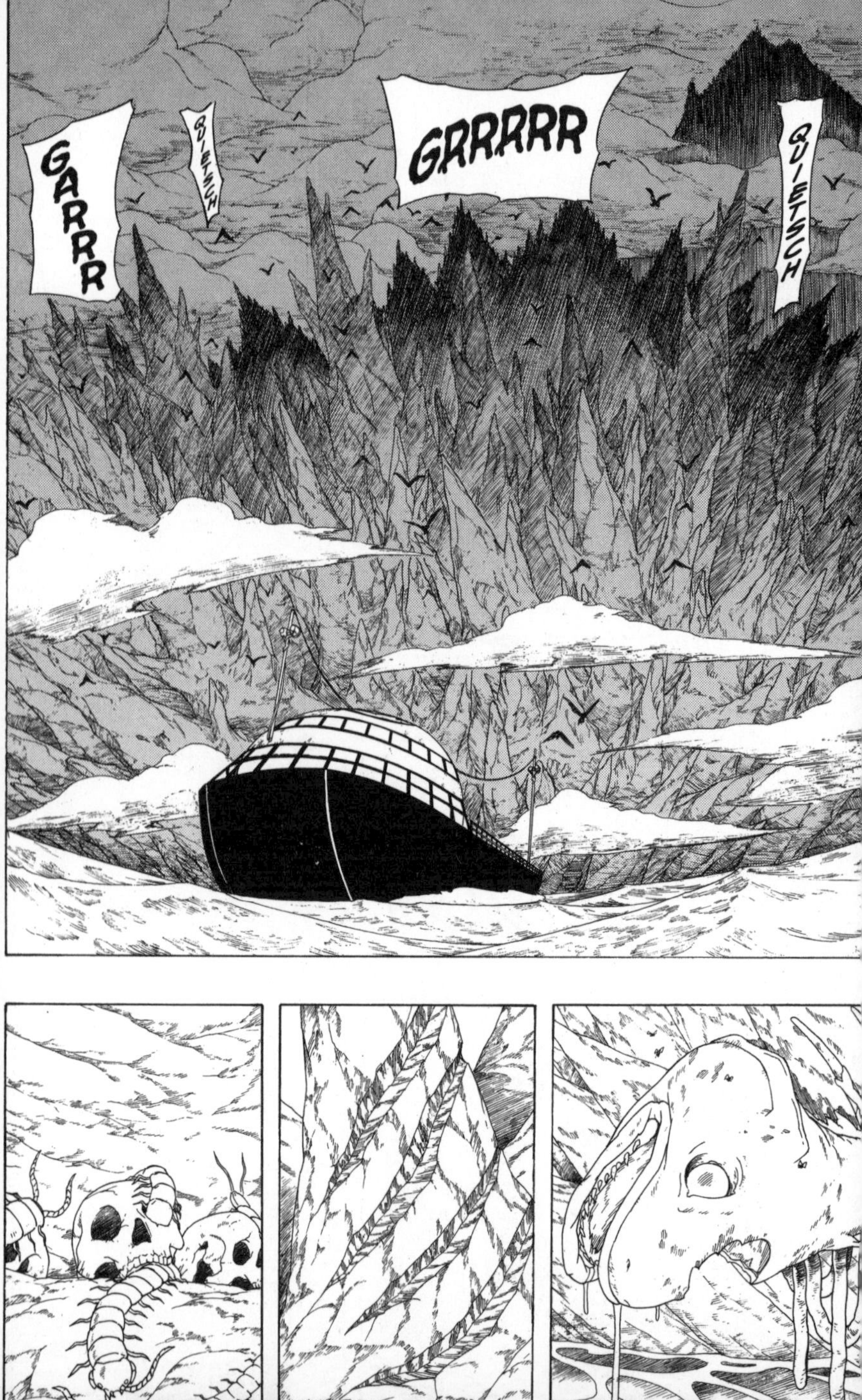
QUIETSCH
GRRRRR
QUIETSCH
GARRRR

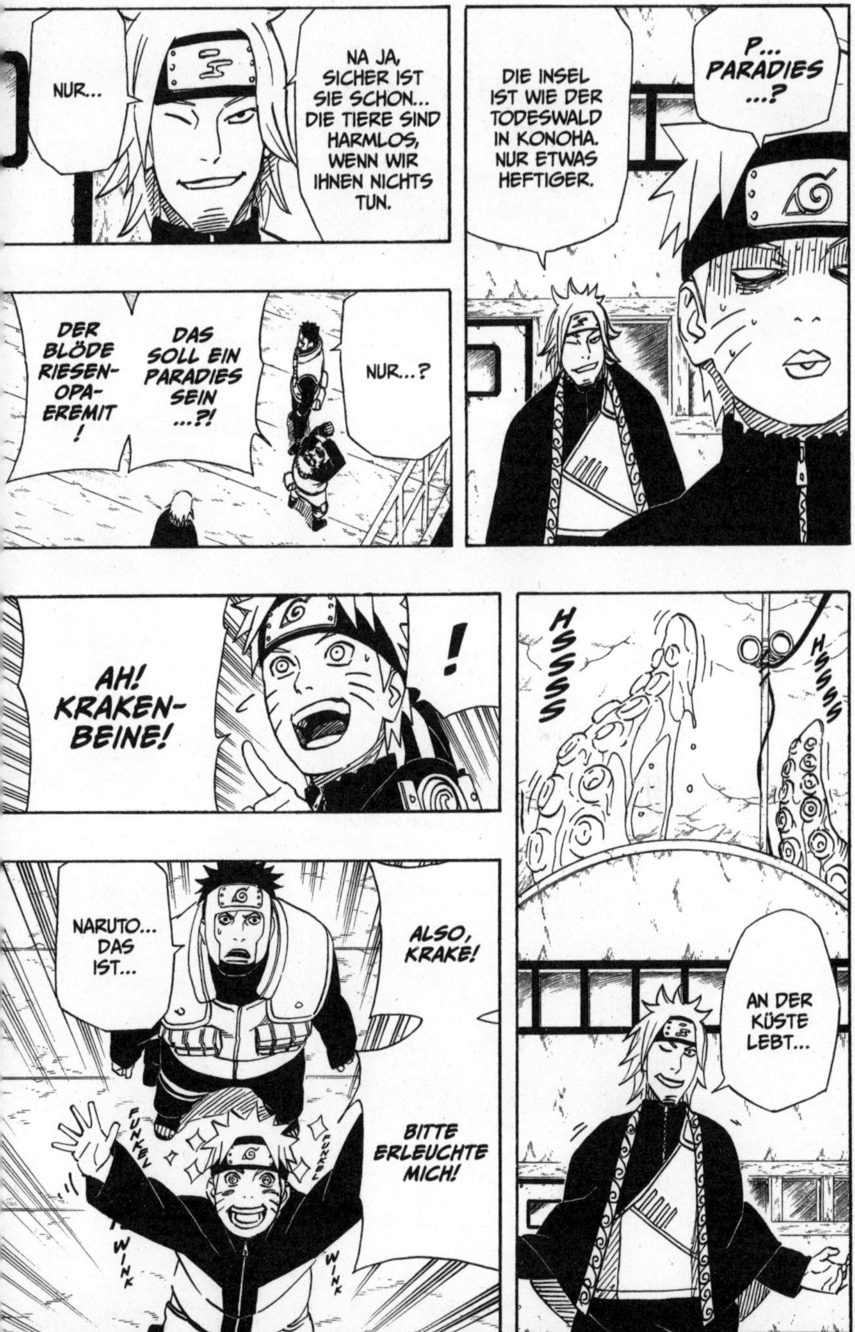
P... PARADIES ...?
DIE INSEL IST WIE DER TODESWALD IN KONOHA. NUR ETWAS HEFTIGER.
NA JA, SICHER IST SIE SCHON... DIE TIERE SIND HARMLOS, WENN WIR IHNEN NICHTS TUN.
NUR...
NUR...?
DAS SOLL EIN PARADIES SEIN ...?!
DER BLÖDE RIESEN-OPA-EREMIT!
HSSSS
HSSSS
AN DER KÜSTE LEBT...
!
AH! KRAKEN-BEINE!
ALSO, KRAKE!
BITTE ERLEUCHTE MICH!
NARUTO... DAS IST...
FUNKEL
FUNKEL
WINK
WINK

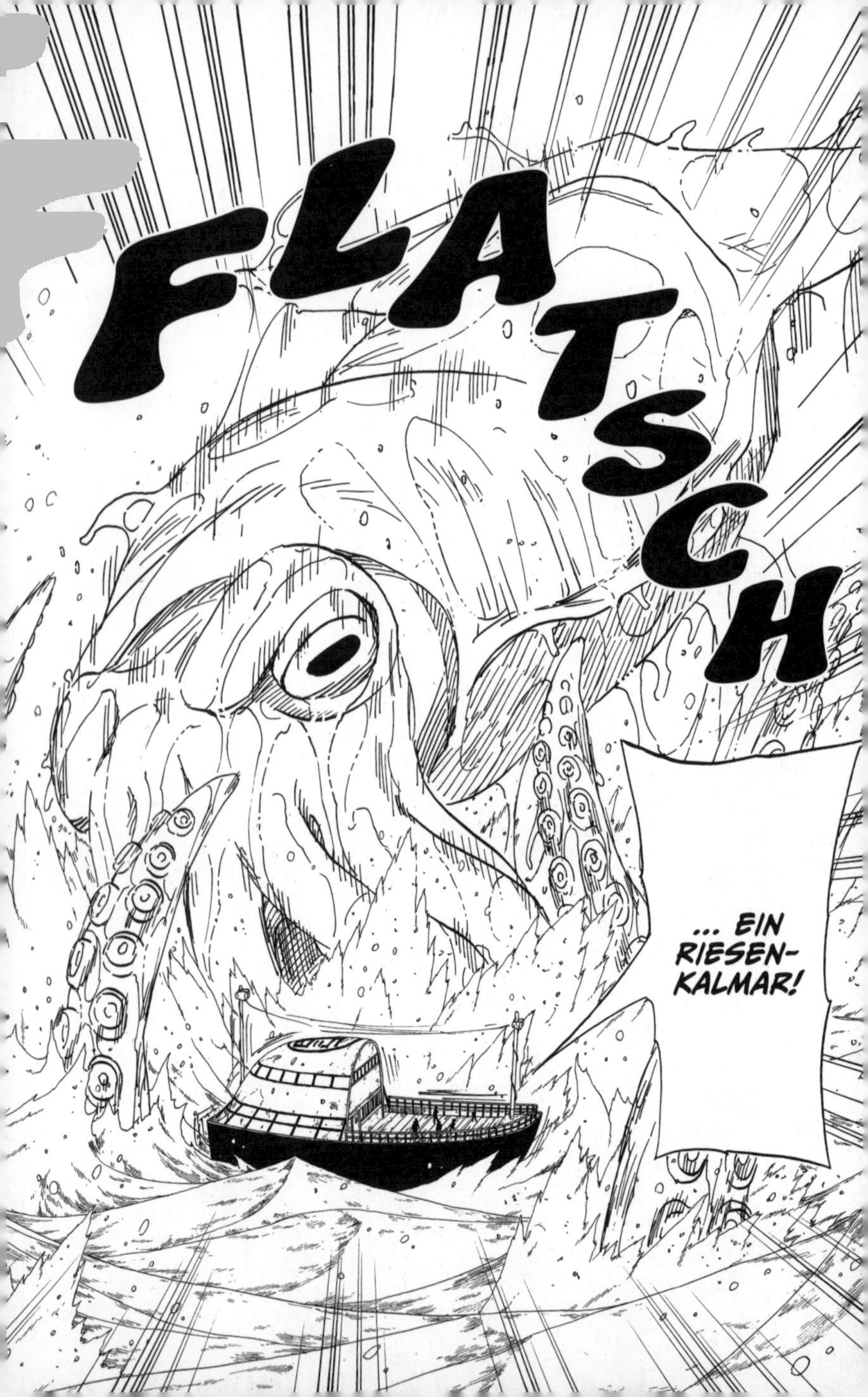
FLATSCH
... EIN
RIESEN-
KALMAR!

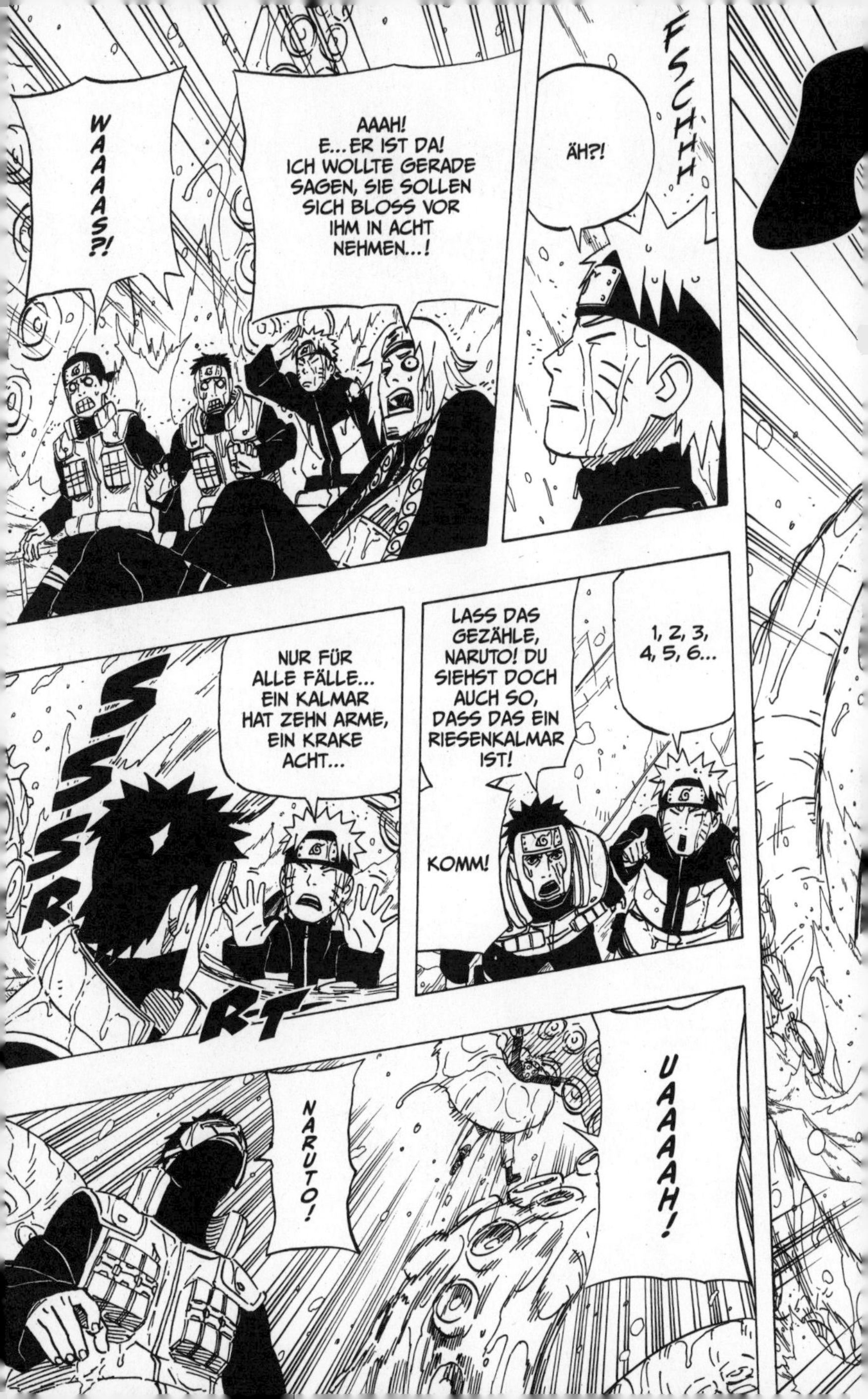
FSCHHH
ÄH?!
AAAH!
E... ER IST DA!
ICH WOLLTE GERADE SAGEN, SIE SOLLEN SICH BLOSS VOR IHM IN ACHT NEHMEN...!
WAAAAAS?!
1, 2, 3, 4, 5, 6...
LASS DAS GEZÄHLE, NARUTO! DU SIEHST DOCH AUCH SO, DASS DAS EIN RIESENKALMAR IST!
KOMM!
NUR FÜR ALLE FÄLLE... EIN KALMAR HAT ZEHN ARME, EIN KRAKE ACHT...
SSSR
R-T
UAAAAAH!
NARUTO!

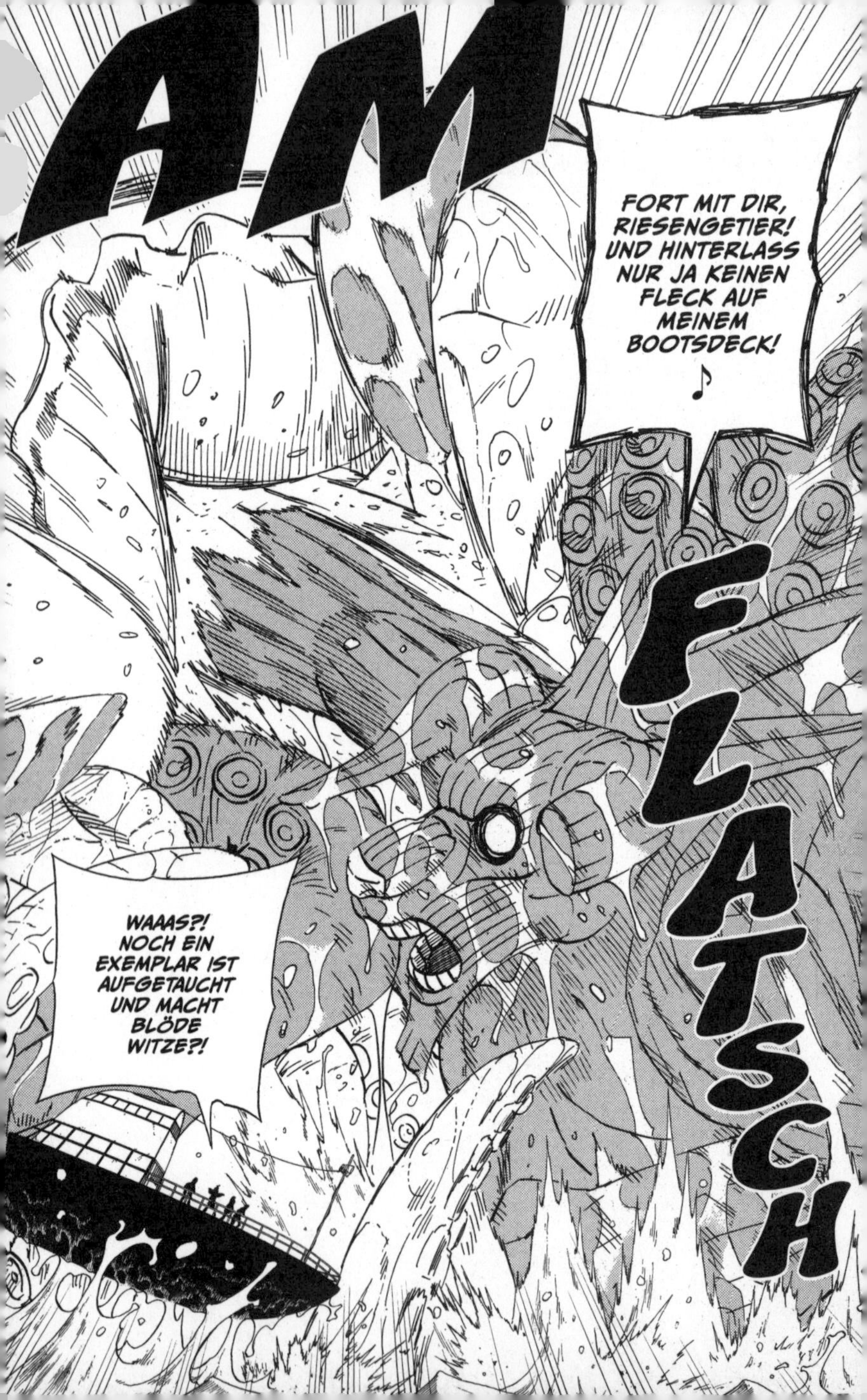

AM
FORT MIT DIR, RIESENGETIER! UND HINTERLASS NUR JA KEINEN FLECK AUF MEINEM BOOTSDECK! ♪
FLATSCH
WAAAS?! NOCH EIN EXEMPLAR IST AUFGETAUCHT UND MACHT BLÖDE WITZE?!

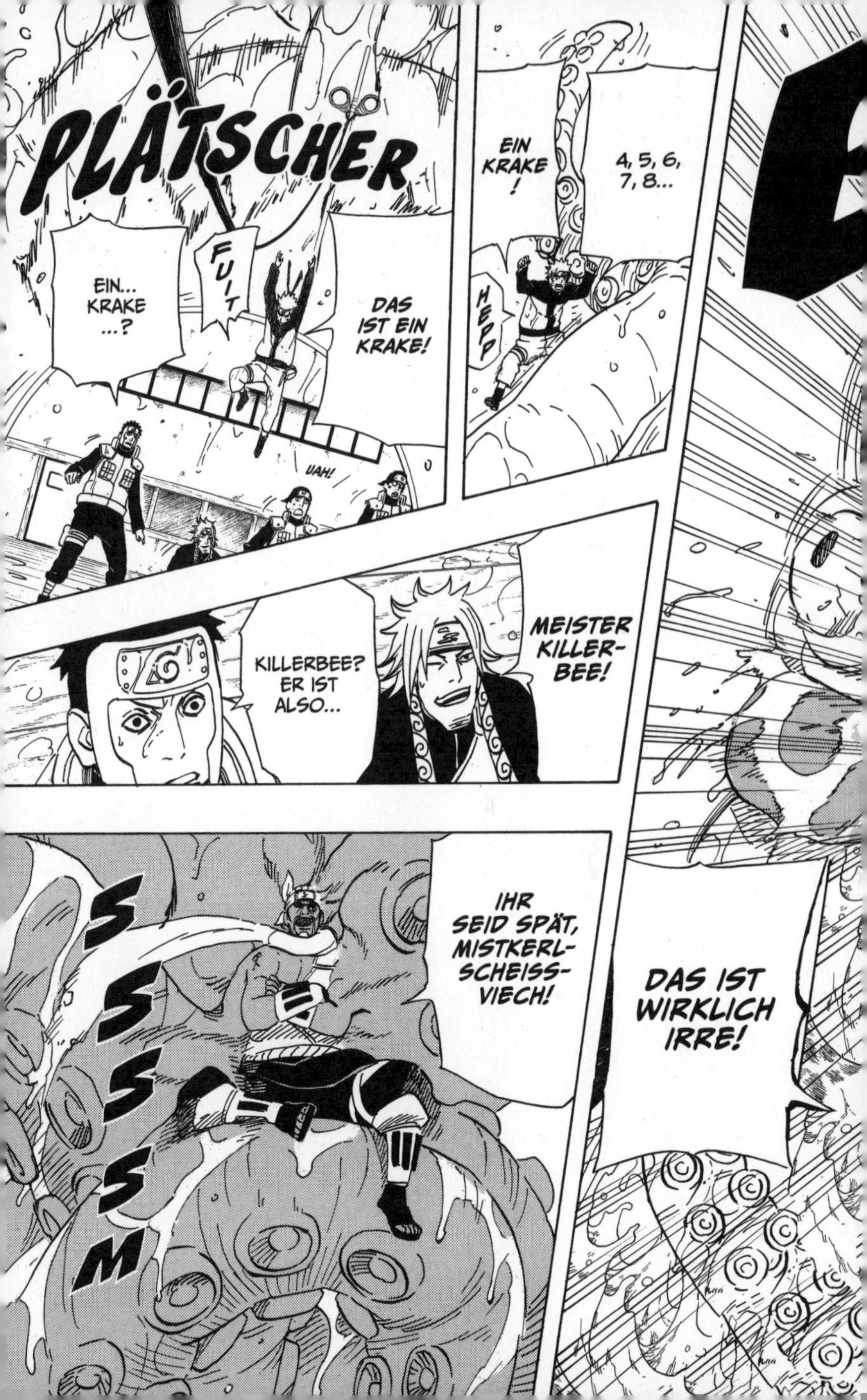
PLÄTSCHER
FUIT
DAS IST EIN KRAKE!
EIN... KRAKE ...?
UAH!
4, 5, 6, 7, 8...
EIN KRAKE !
HEPP
MEISTER KILLER-BEE!
KILLERBEE? ER IST ALSO...
DAS IST WIRKLICH IRRE!
IHR SEID SPÄT, MISTKERL-SCHEISS-VIECH!
SSSSM

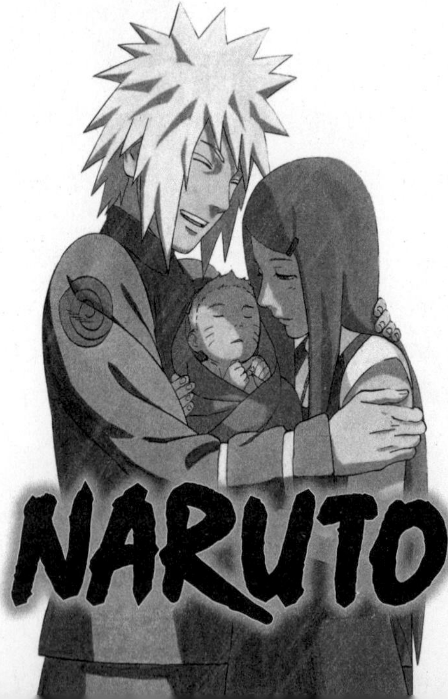
NARUTO

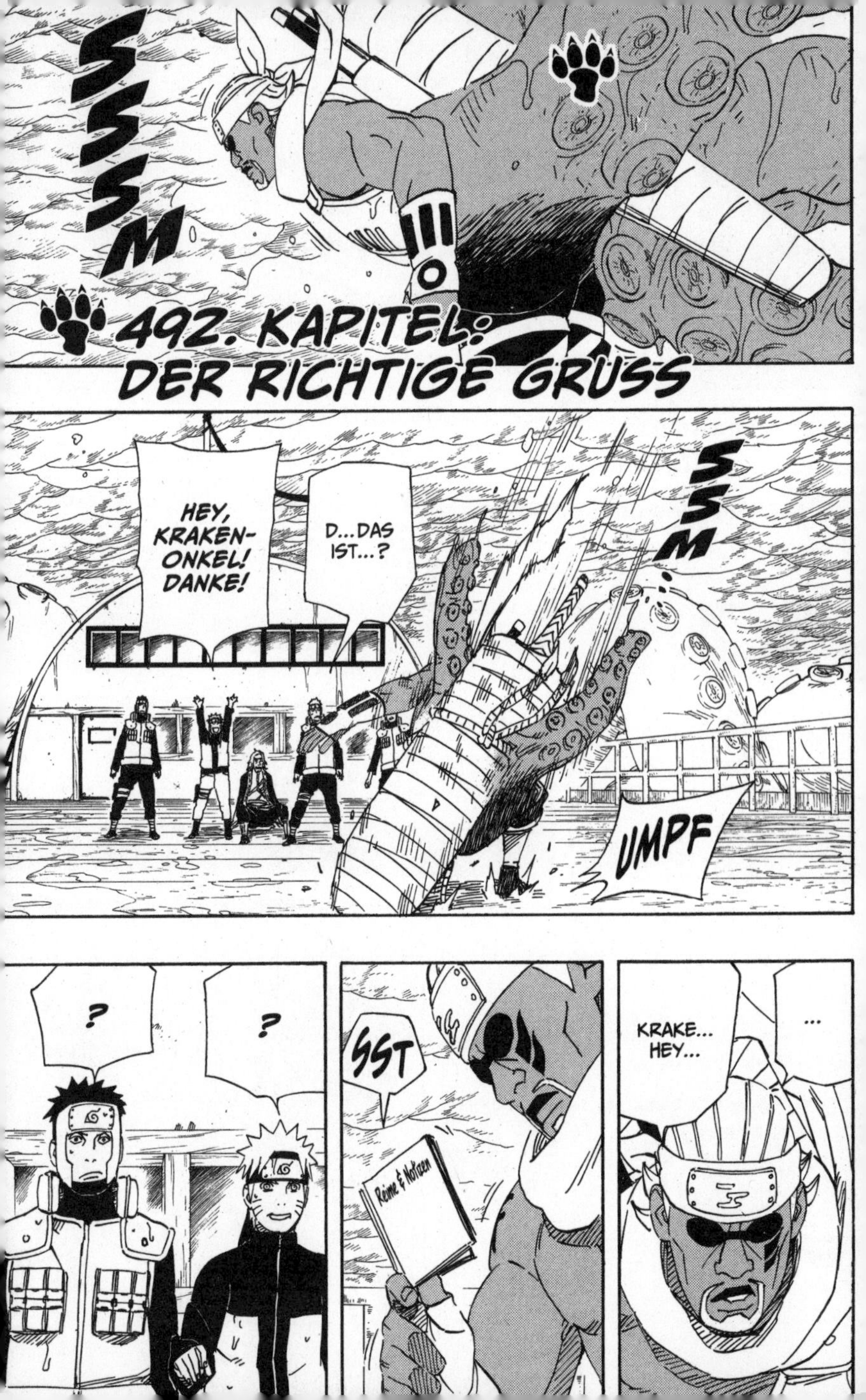
SSSM
492. KAPITEL: DER RICHTIGE GRUSS
SSM
D...DAS IST...?
HEY, KRAKEN-ONKEL! DANKE!
UMPF
...
KRAKE... HEY...
SST
Reime & Notizen
?
?

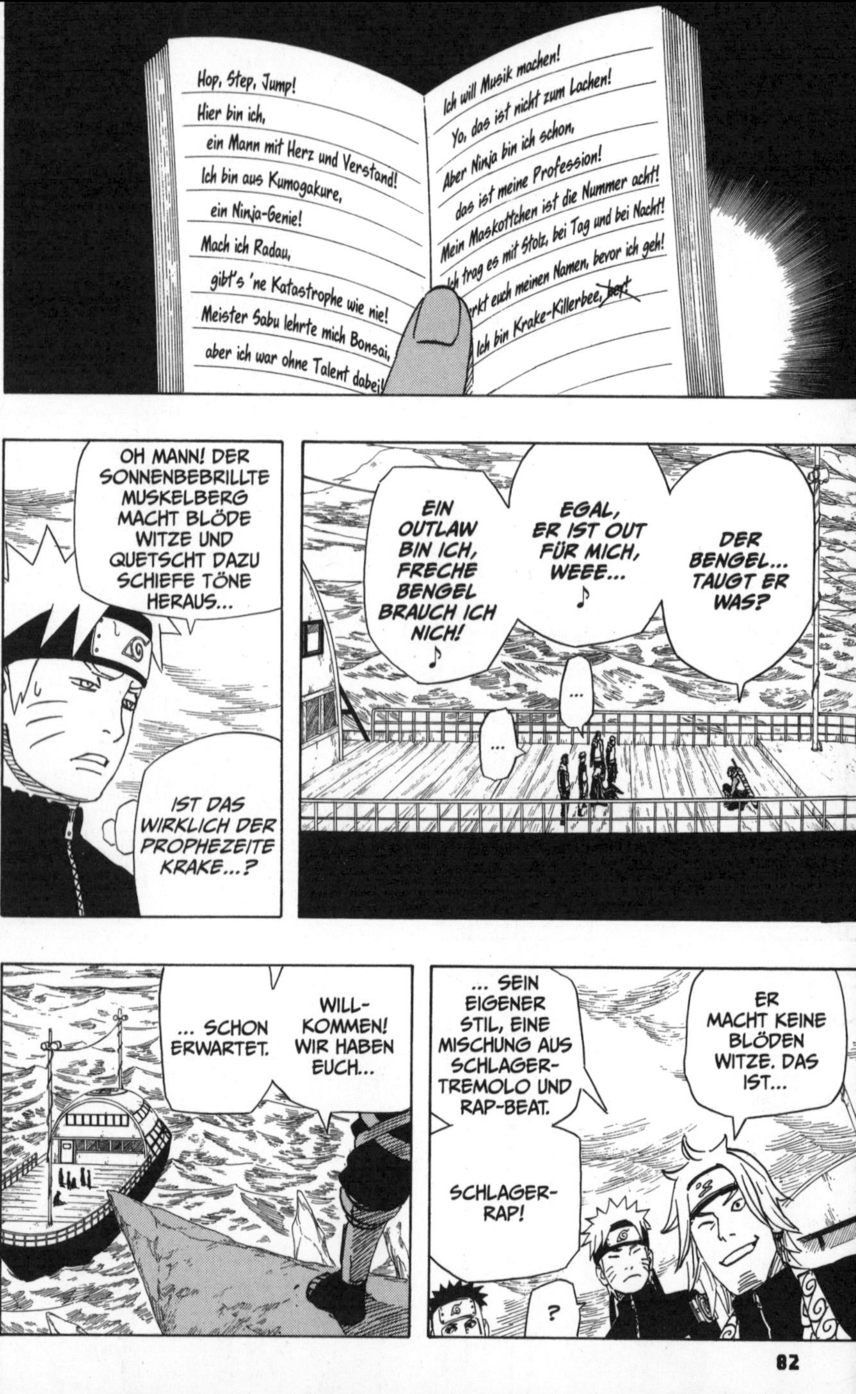
Hop, Step, Jump!
Hier bin ich,
ein Mann mit Herz und Verstand!
Ich bin aus Kumogakure,
ein Ninja-Genie!
Mach ich Radau,
gibt's 'ne Katastrophe wie nie!
Meister Sabu lehrte mich Bonsai,
aber ich war ohne Talent dabei!
Ich will Musik machen!
Yo, das ist nicht zum Lachen!
Aber Ninja bin ich schon,
das ist meine Profession!
Mein Maskottchen ist die Nummer acht!
Ich trag es mit Stolz, bei Tag und bei Nacht!
rkt euch meinen Namen, bevor ich geh!
Ich bin Krake-Killerbee,
DER BENGEL... TAUGT ER WAS?
EGAL, ER IST OUT FÜR MICH, WEEE... ♪
EIN OUTLAW BIN ICH, FRECHE BENGEL BRAUCH ICH NICH! ♪
...
...
OH MANN! DER SONNENBEBRILLTE MUSKELBERG MACHT BLÖDE WITZE UND QUETSCHT DAZU SCHIEFE TÖNE HERAUS...
IST DAS WIRKLICH DER PROPHEZEITE KRAKE...?
ER MACHT KEINE BLÖDEN WITZE. DAS IST...
... SEIN EIGENER STIL, EINE MISCHUNG AUS SCHLAGER-TREMOLO UND RAP-BEAT.
SCHLAGER-RAP!
?
WILL-KOMMEN! WIR HABEN EUCH...
... SCHON ERWARTET.

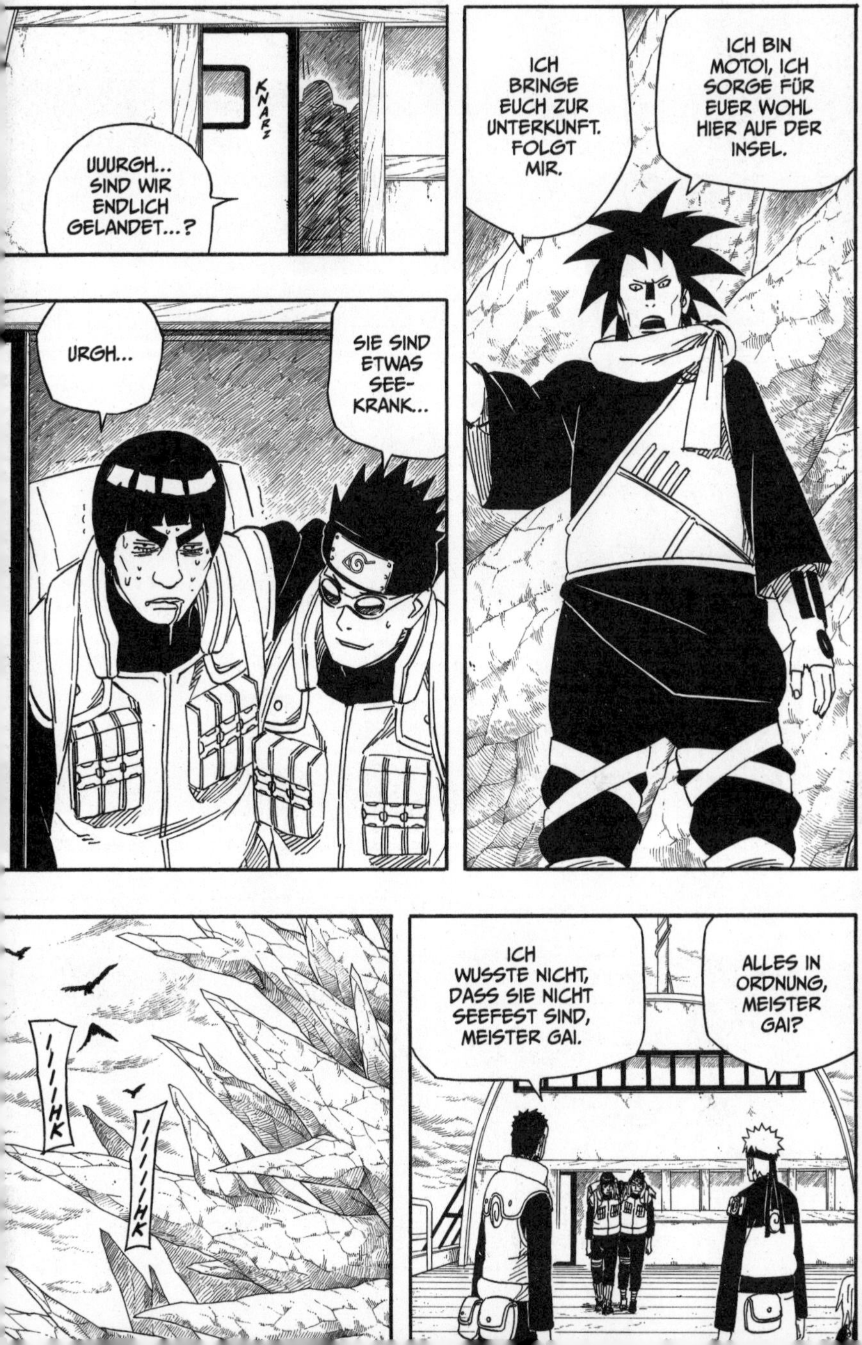
ICH BIN MOTOI, ICH SORGE FÜR EUER WOHL HIER AUF DER INSEL.
ICH BRINGE EUCH ZUR UNTERKUNFT. FOLGT MIR.
KNARZ
UUURGH... SIND WIR ENDLICH GELANDET...?
SIE SIND ETWAS SEE-KRANK...
URGH...
ALLES IN ORDNUNG, MEISTER GAI?
ICH WUSSTE NICHT, DASS SIE NICHT SEEFEST SIND, MEISTER GAI.

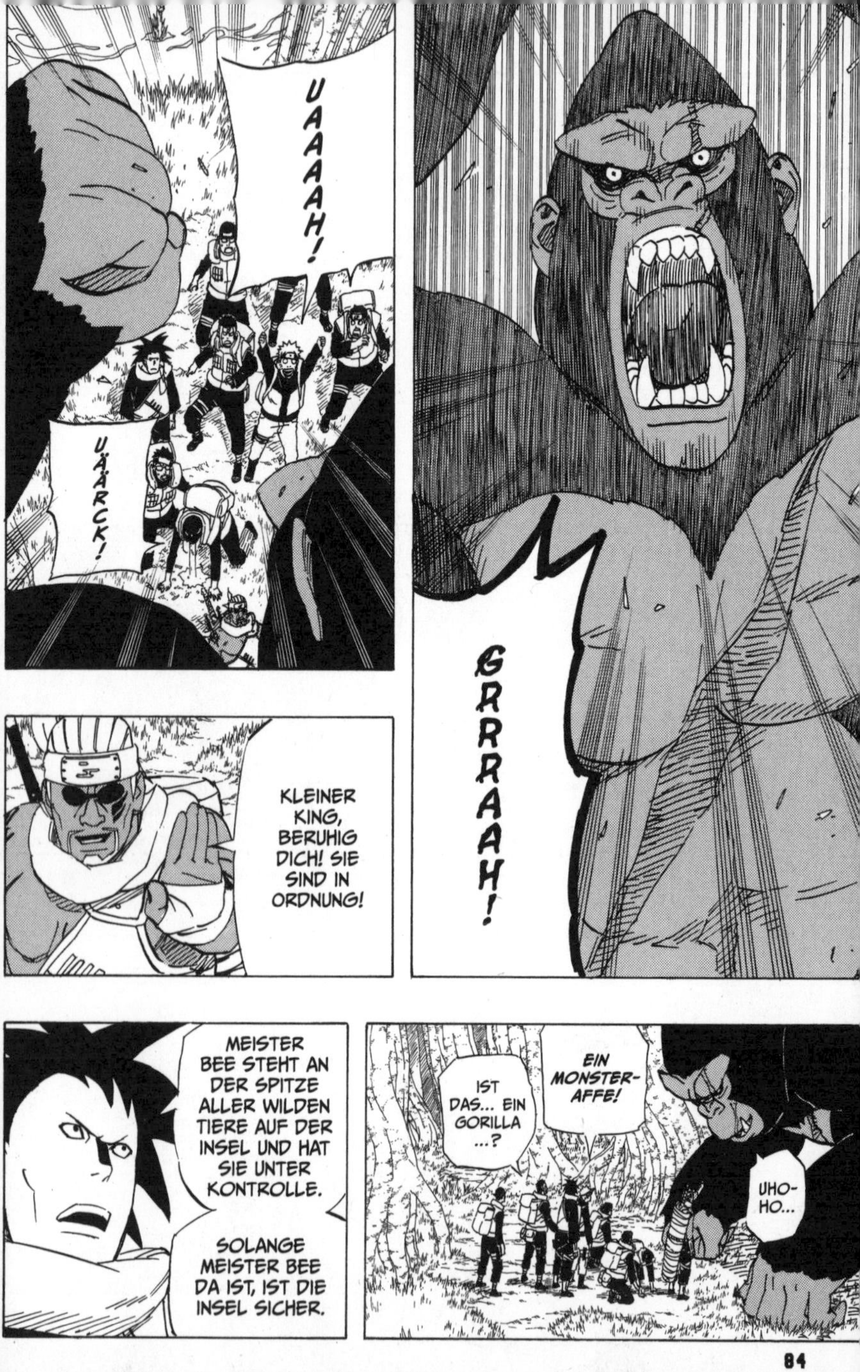
GRRRAAAH!
UAAAAAH!
UÄÄRCK!
KLEINER KING, BERUHIG DICH! SIE SIND IN ORDNUNG!
EIN MONSTER-AFFE!
IST DAS... EIN GORILLA ...?
UHO-HO...
MEISTER BEE STEHT AN DER SPITZE ALLER WILDEN TIERE AUF DER INSEL UND HAT SIE UNTER KONTROLLE.
SOLANGE MEISTER BEE DA IST, IST DIE INSEL SICHER.

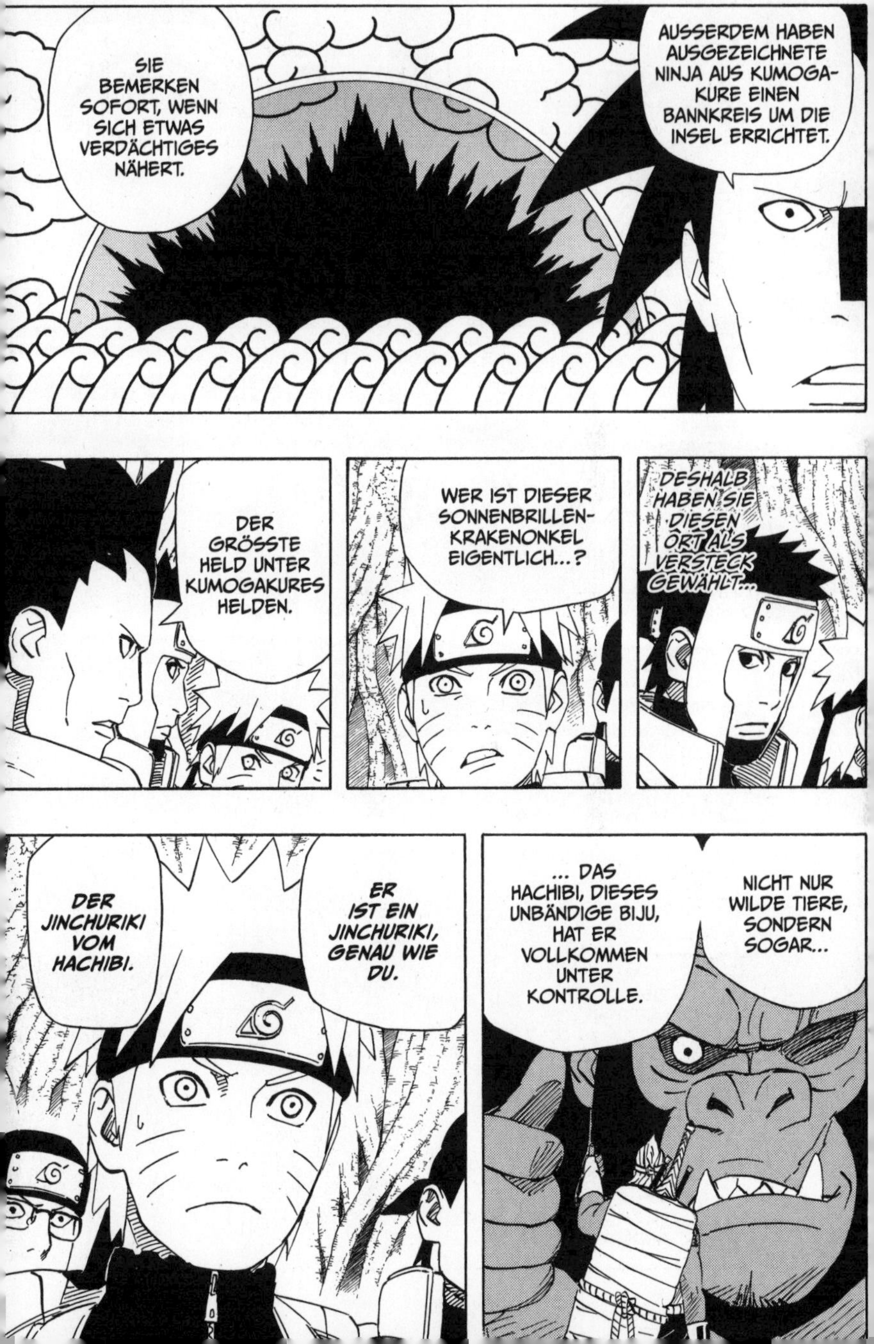
AUSSERDEM HABEN AUSGEZEICHNETE NINJA AUS KUMOGAKURE EINEN BANNKREIS UM DIE INSEL ERRICHTET.
SIE BEMERKEN SOFORT, WENN SICH ETWAS VERDÄCHTIGES NÄHERT.
DESHALB HABEN SIE DIESEN ORT ALS VERSTECK GEWÄHLT...
WER IST DIESER SONNENBRILLEN-KRAKENONKEL EIGENTLICH...?
DER GRÖSSTE HELD UNTER KUMOGAKURES HELDEN.
NICHT NUR WILDE TIERE, SONDERN SOGAR...
... DAS HACHIBI, DIESES UNBÄNDIGE BIJU, HAT ER VOLLKOMMEN UNTER KONTROLLE.
ER IST EIN JINCHURIKI, GENAU WIE DU.
DER JINCHURIKI VOM HACHIBI.

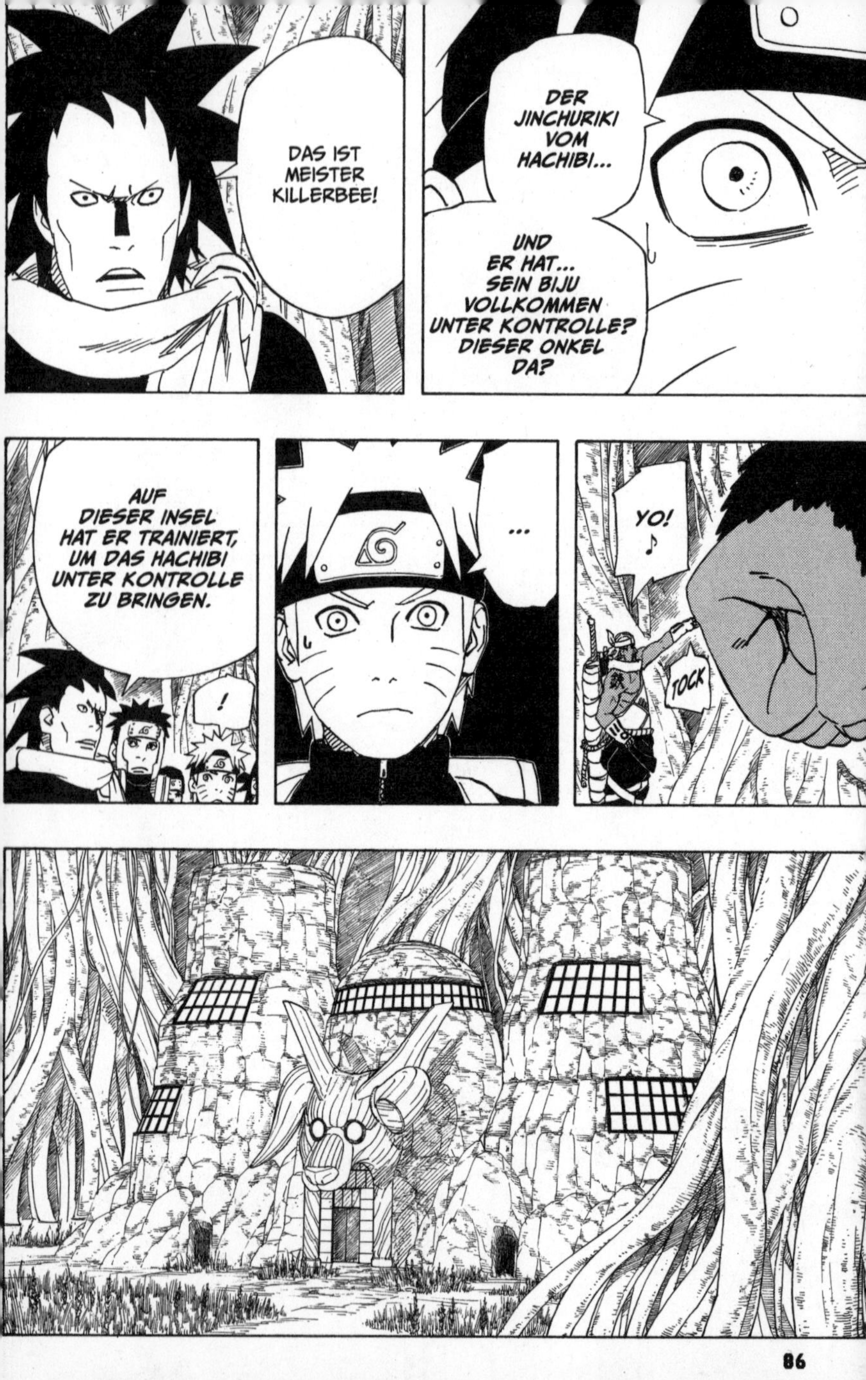
DER JINCHURIKI VOM HACHIBI...
UND ER HAT... SEIN BIJU VOLLKOMMEN UNTER KONTROLLE? DIESER ONKEL DA?
DAS IST MEISTER KILLERBEE!
YO! ♪
TOCK
...
AUF DIESER INSEL HAT ER TRAINIERT, UM DAS HACHIBI UNTER KONTROLLE ZU BRINGEN.
!

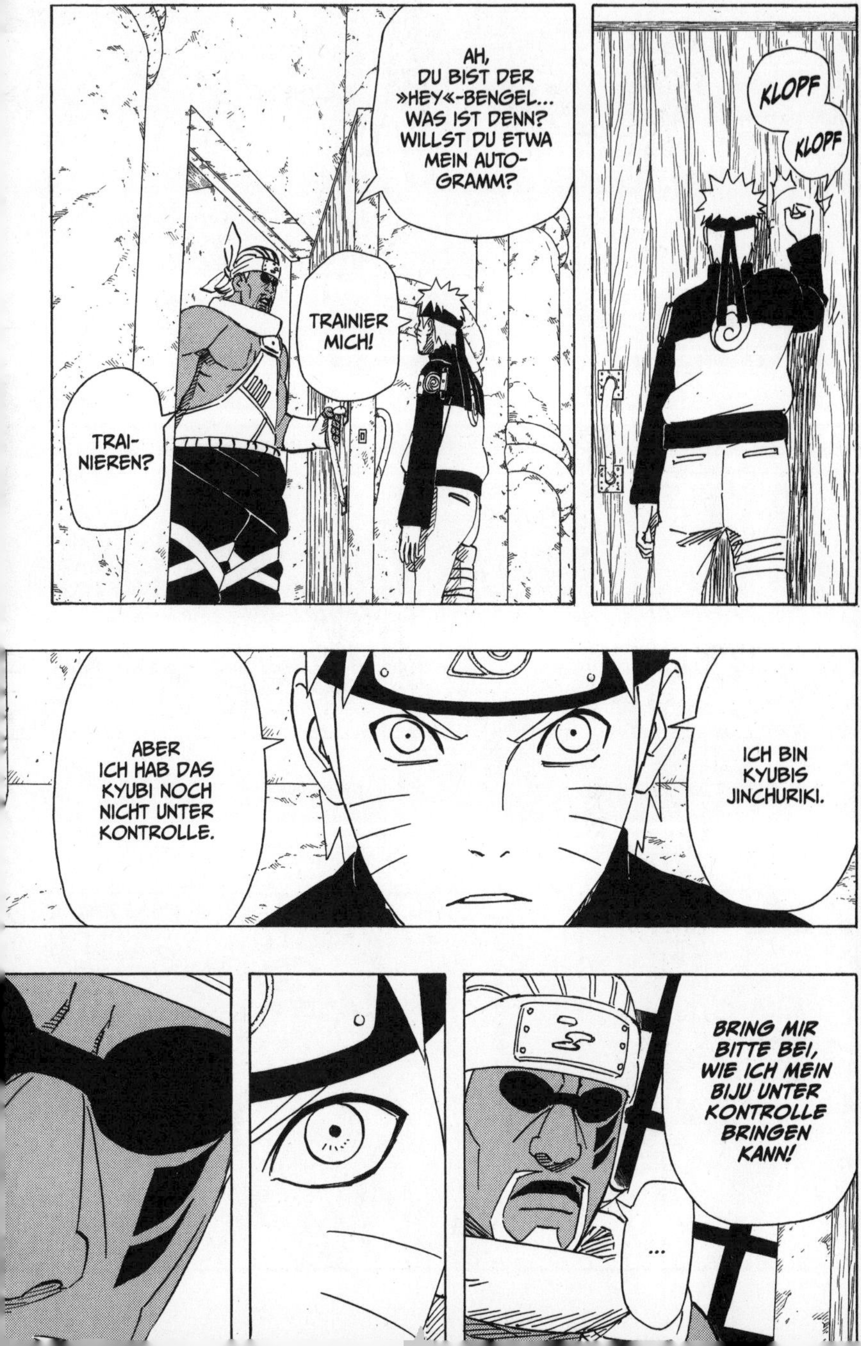
KLOPF
KLOPF
AH, DU BIST DER »HEY«-BENGEL... WAS IST DENN? WILLST DU ETWA MEIN AUTOGRAMM?
TRAINIER MICH!
TRAINIEREN?
ICH BIN KYUBIS JINCHURIKI.
ABER ICH HAB DAS KYUBI NOCH NICHT UNTER KONTROLLE.
BRING MIR BITTE BEI, WIE ICH MEIN BIJU UNTER KONTROLLE BRINGEN KANN!
...

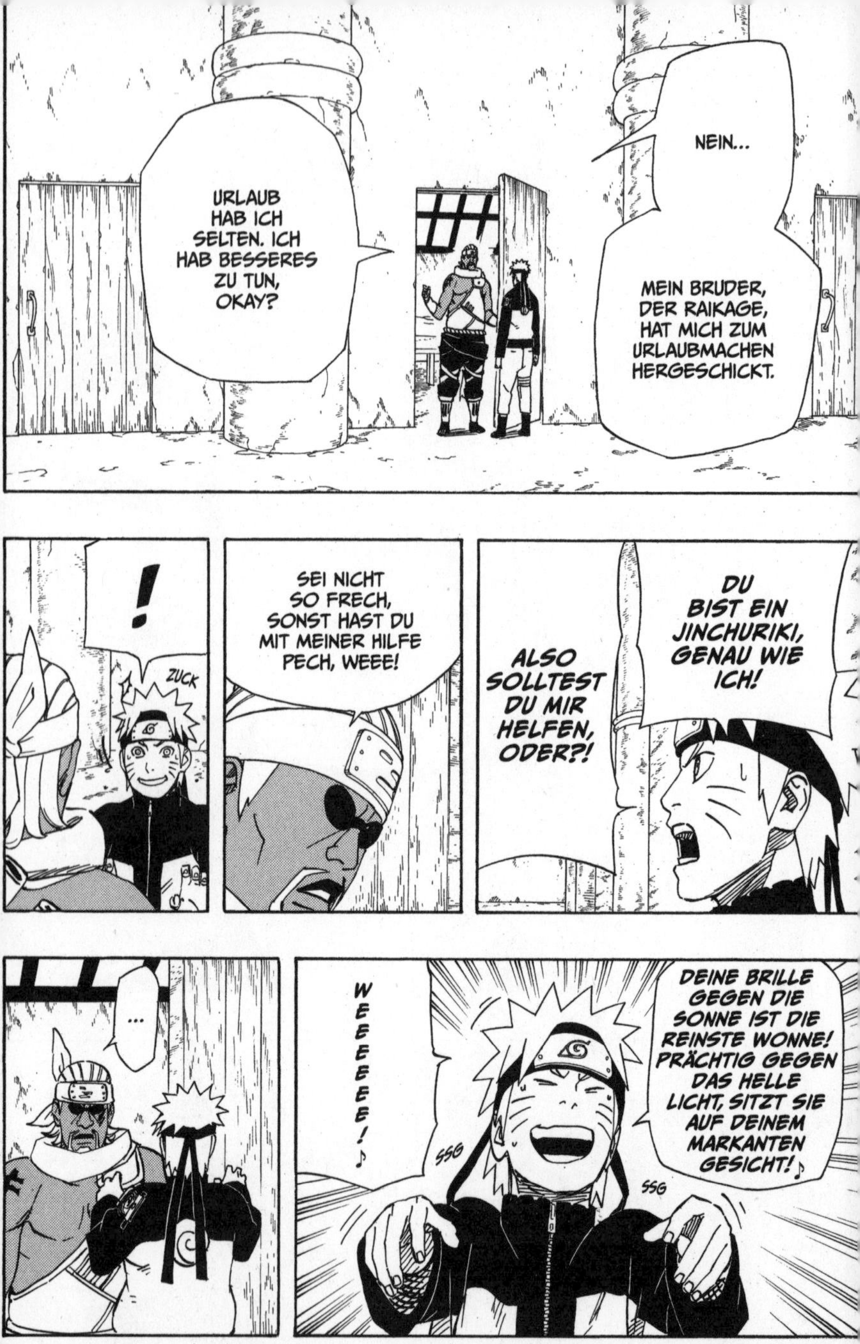
NEIN...
MEIN BRUDER, DER RAIKAGE, HAT MICH ZUM URLAUBMACHEN HERGESCHICKT.
URLAUB HAB ICH SELTEN. ICH HAB BESSERES ZU TUN, OKAY?
DU BIST EIN JINCHURIKI, GENAU WIE ICH!
ALSO SOLLTEST DU MIR HELFEN, ODER?!
SEI NICHT SO FRECH, SONST HAST DU MIT MEINER HILFE PECH, WEEE!
!
ZUCK
DEINE BRILLE GEGEN DIE SONNE IST DIE REINSTE WONNE! PRÄCHTIG GEGEN DAS HELLE LICHT, SITZT SIE AUF DEINEM MARKANTEN GESICHT!♪
WEEEEEEE!♪
SSG
SSG
...

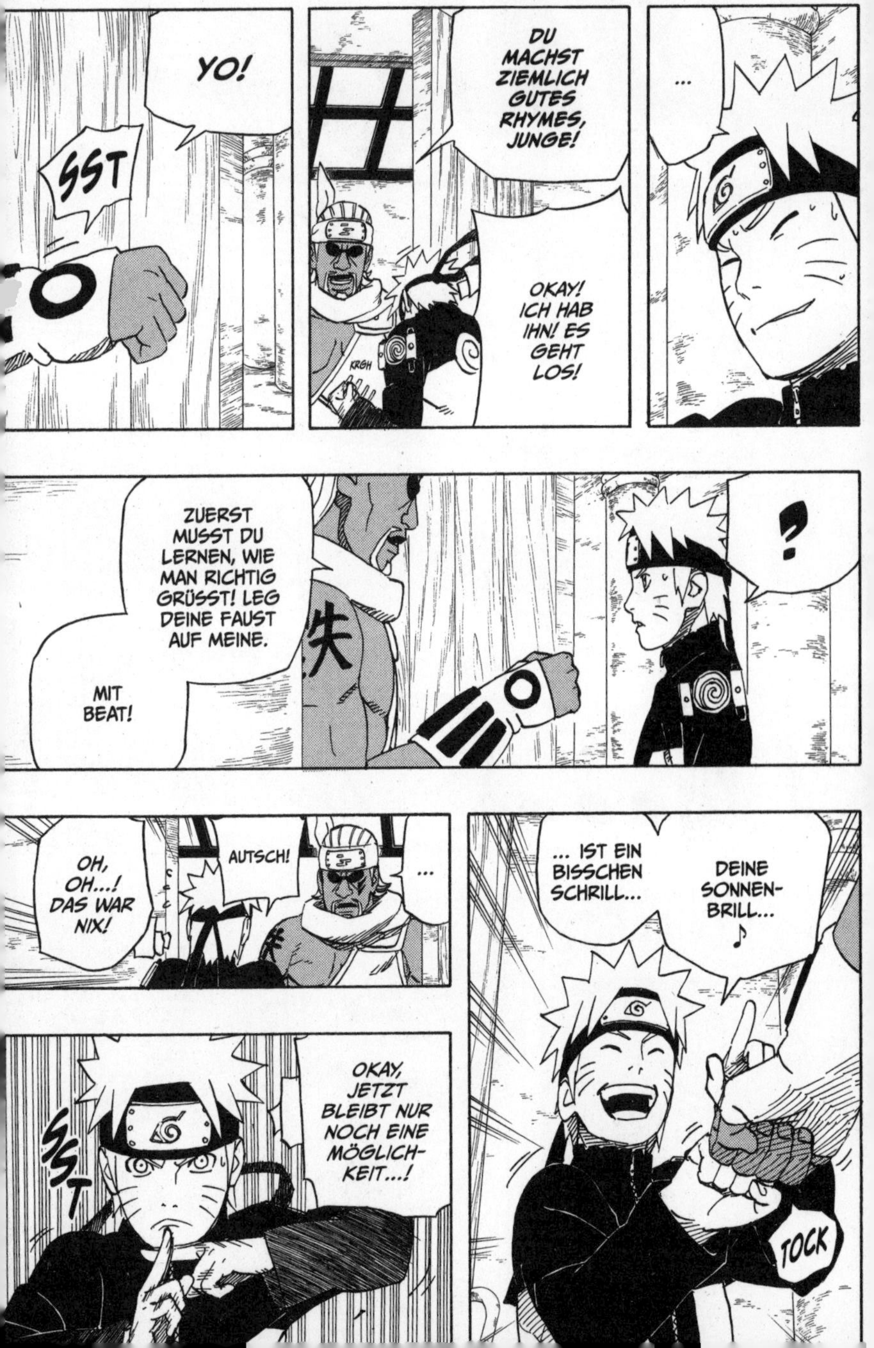
...
DU MACHST ZIEMLICH GUTES RHYMES, JUNGE!
OKAY! ICH HAB IHN! ES GEHT LOS!
KRGH
YO!
SST
?
ZUERST MUSST DU LERNEN, WIE MAN RICHTIG GRÜSST! LEG DEINE FAUST AUF MEINE.
MIT BEAT!
DEINE SONNEN-BRILL... ♪
... IST EIN BISSCHEN SCHRILL...
TOCK
...
AUTSCH!
OH, OH...! DAS WAR NIX!
SST
OKAY, JETZT BLEIBT NUR NOCH EINE MÖGLICH-KEIT...!

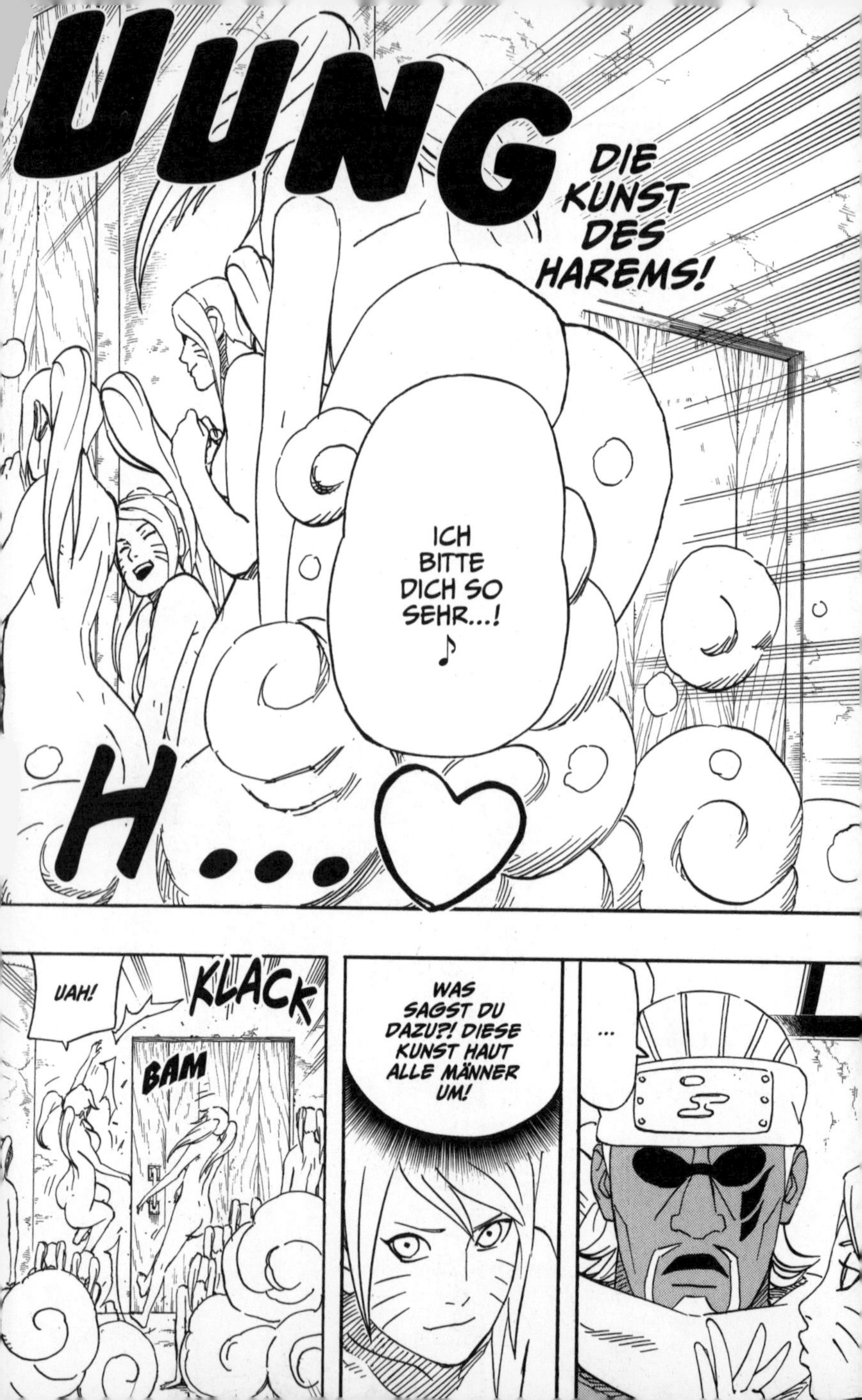
UUNG
DIE KUNST DES HAREMS!
ICH BITTE DICH SO SEHR...! ♪
H... ♥
...
WAS SAGST DU DAZU?! DIESE KUNST HAUT ALLE MÄNNER UM!
UAH!
KLACK
BAM

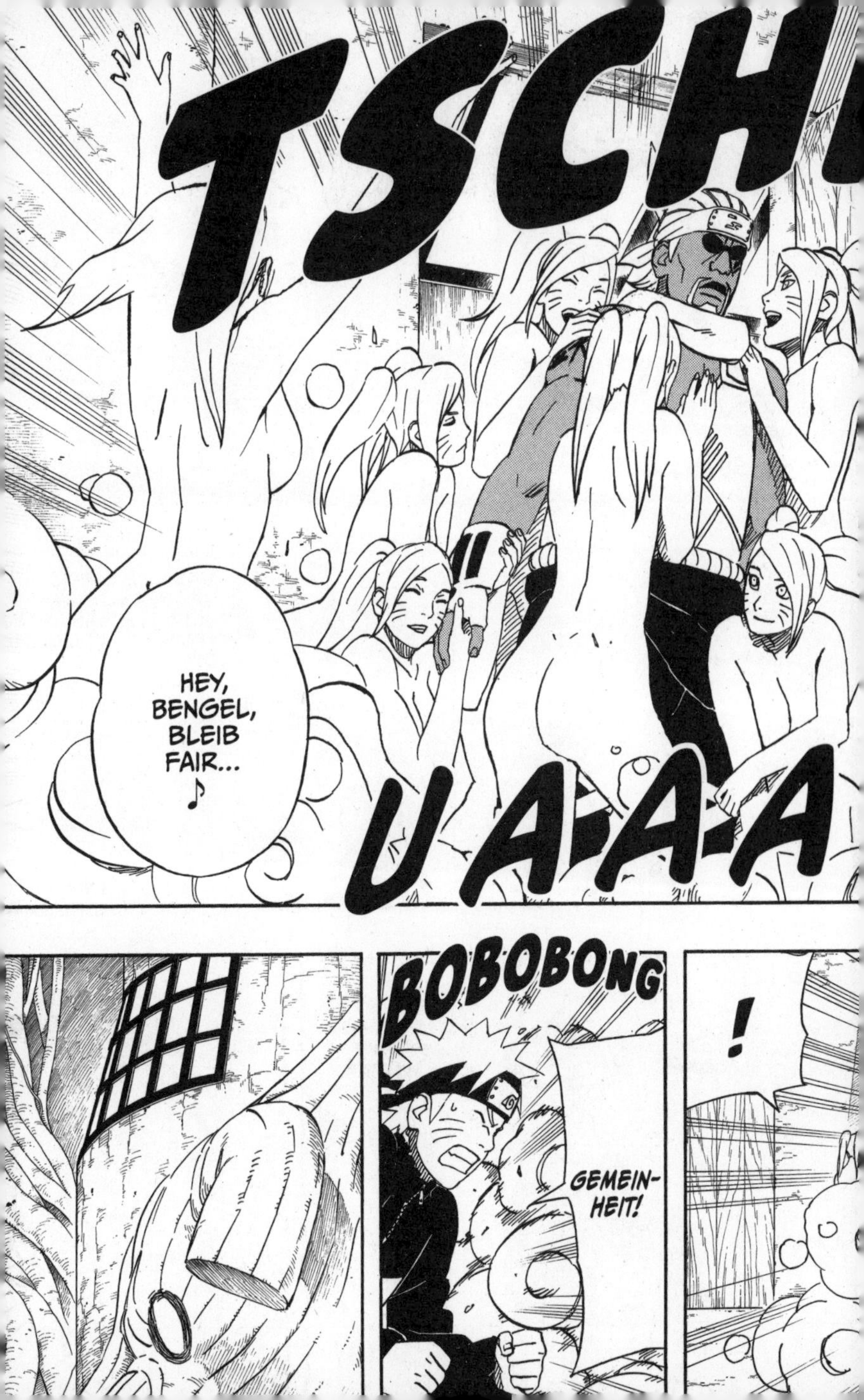
TSCHI
HEY, BENGEL, BLEIB FAIR... ♪
UAAA
BOBOBONG
!
GEMEIN-HEIT!

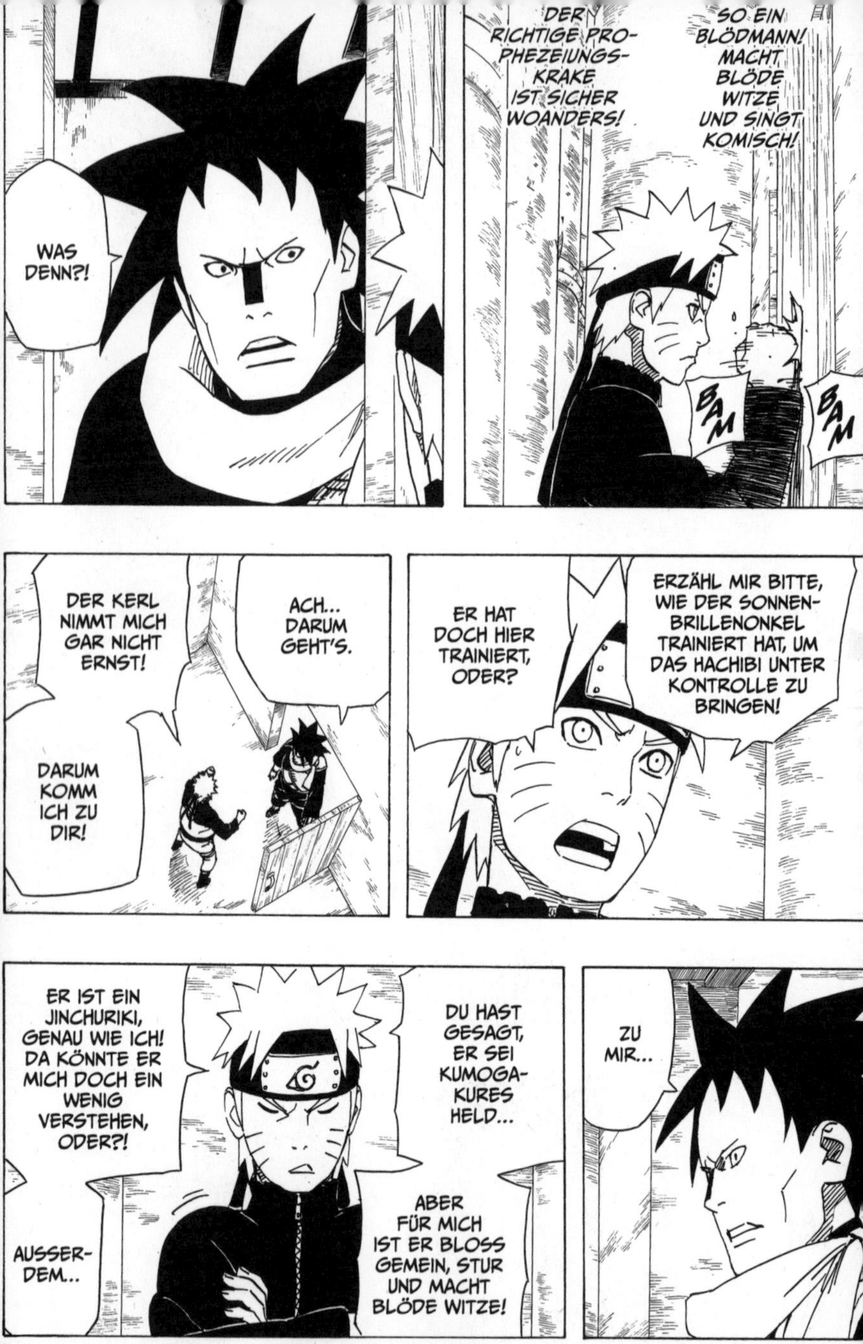
SO EIN BLÖDMANN! MACHT BLÖDE WITZE UND SINGT KOMISCH!
DER RICHTIGE PROPHEZEIUNGS-KRAKE IST SICHER WOANDERS!
BAM
BAM
WAS DENN?!
ERZÄHL MIR BITTE, WIE DER SONNENBRILLENONKEL TRAINIERT HAT, UM DAS HACHIBI UNTER KONTROLLE ZU BRINGEN!
ER HAT DOCH HIER TRAINIERT, ODER?
ACH... DARUM GEHT'S.
DER KERL NIMMT MICH GAR NICHT ERNST!
DARUM KOMM ICH ZU DIR!
ZU MIR...
DU HAST GESAGT, ER SEI KUMOGAKURES HELD...
ABER FÜR MICH IST ER BLOSS GEMEIN, STUR UND MACHT BLÖDE WITZE!
ER IST EIN JINCHURIKI, GENAU WIE ICH! DA KÖNNTE ER MICH DOCH EIN WENIG VERSTEHEN, ODER?!
AUSSER-DEM...

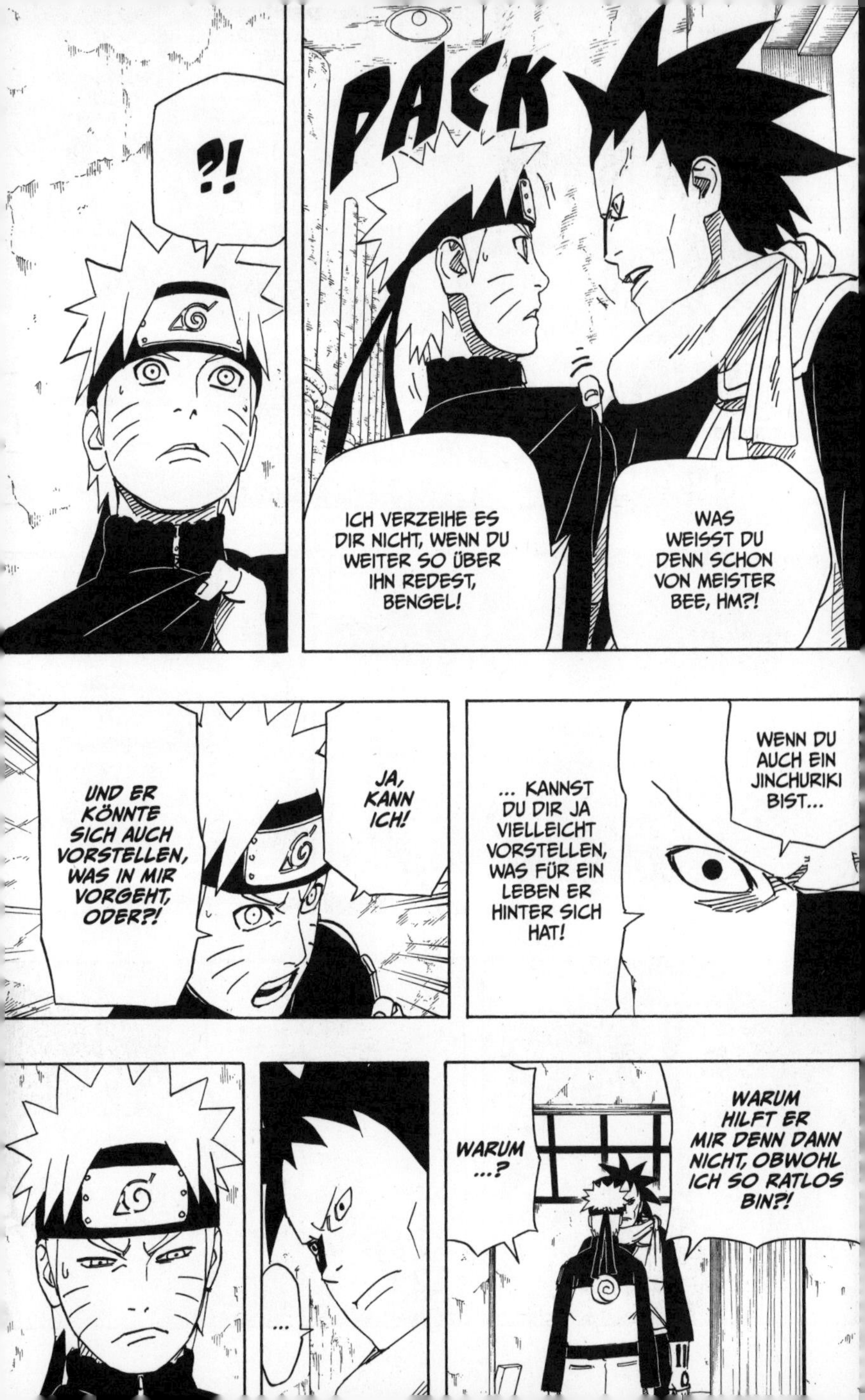
PACK
WAS WEISST DU DENN SCHON VON MEISTER BEE, HM?!
ICH VERZEIHE ES DIR NICHT, WENN DU WEITER SO ÜBER IHN REDEST, BENGEL!
?!
WENN DU AUCH EIN JINCHURIKI BIST...
... KANNST DU DIR JA VIELLEICHT VORSTELLEN, WAS FÜR EIN LEBEN ER HINTER SICH HAT!
JA, KANN ICH!
UND ER KÖNNTE SICH AUCH VORSTELLEN, WAS IN MIR VORGEHT, ODER?!
WARUM HILFT ER MIR DENN DANN NICHT, OBWOHL ICH SO RATLOS BIN?!
WARUM ...?
...

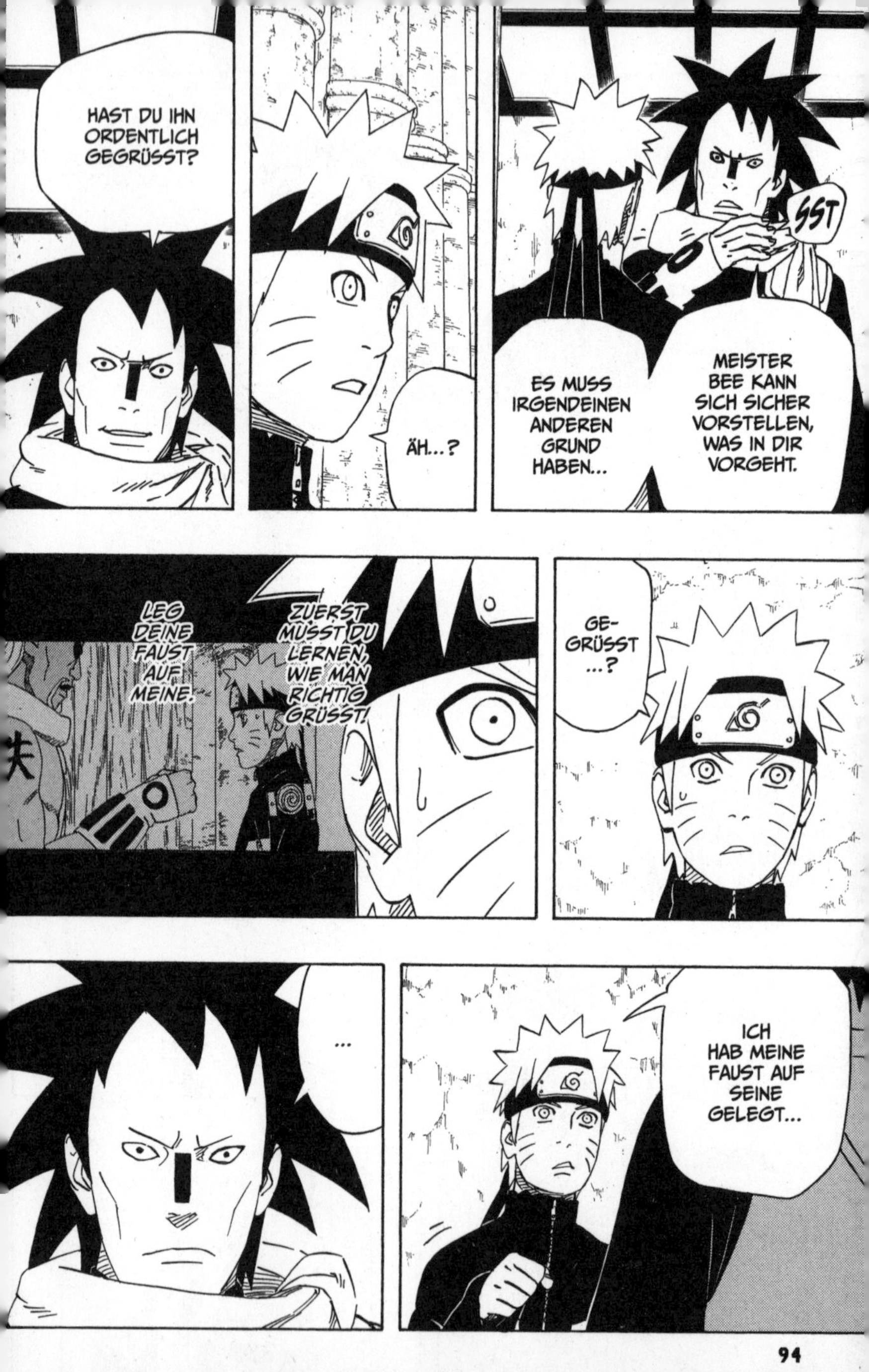
SST
MEISTER BEE KANN SICH SICHER VORSTELLEN, WAS IN DIR VORGEHT.
ES MUSS IRGENDEINEN ANDEREN GRUND HABEN...
ÄH...?
HAST DU IHN ORDENTLICH GEGRÜSST?
GE-GRÜSST...?
ZUERST MÜSST DU LERNEN, WIE MAN RICHTIG GRÜSST!
LEG DEINE FAUST AUF MEINE.
ICH HAB MEINE FAUST AUF SEINE GELEGT...
...

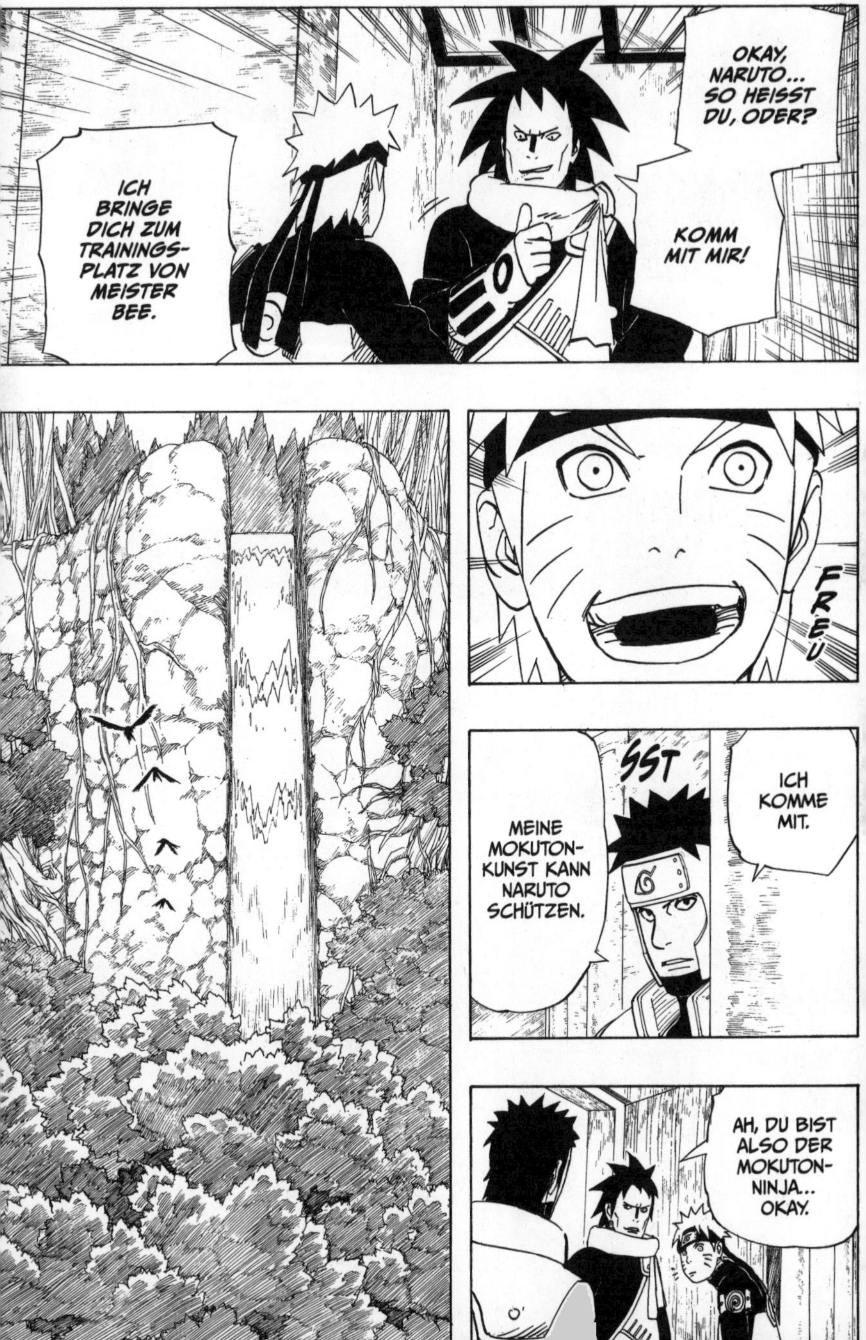
OKAY, NARUTO... SO HEISST DU, ODER?
KOMM MIT MIR!
ICH BRINGE DICH ZUM TRAININGS-PLATZ VON MEISTER BEE.
FREU
SST
ICH KOMME MIT.
MEINE MOKUTON-KUNST KANN NARUTO SCHÜTZEN.
AH, DU BIST ALSO DER MOKUTON-NINJA... OKAY.

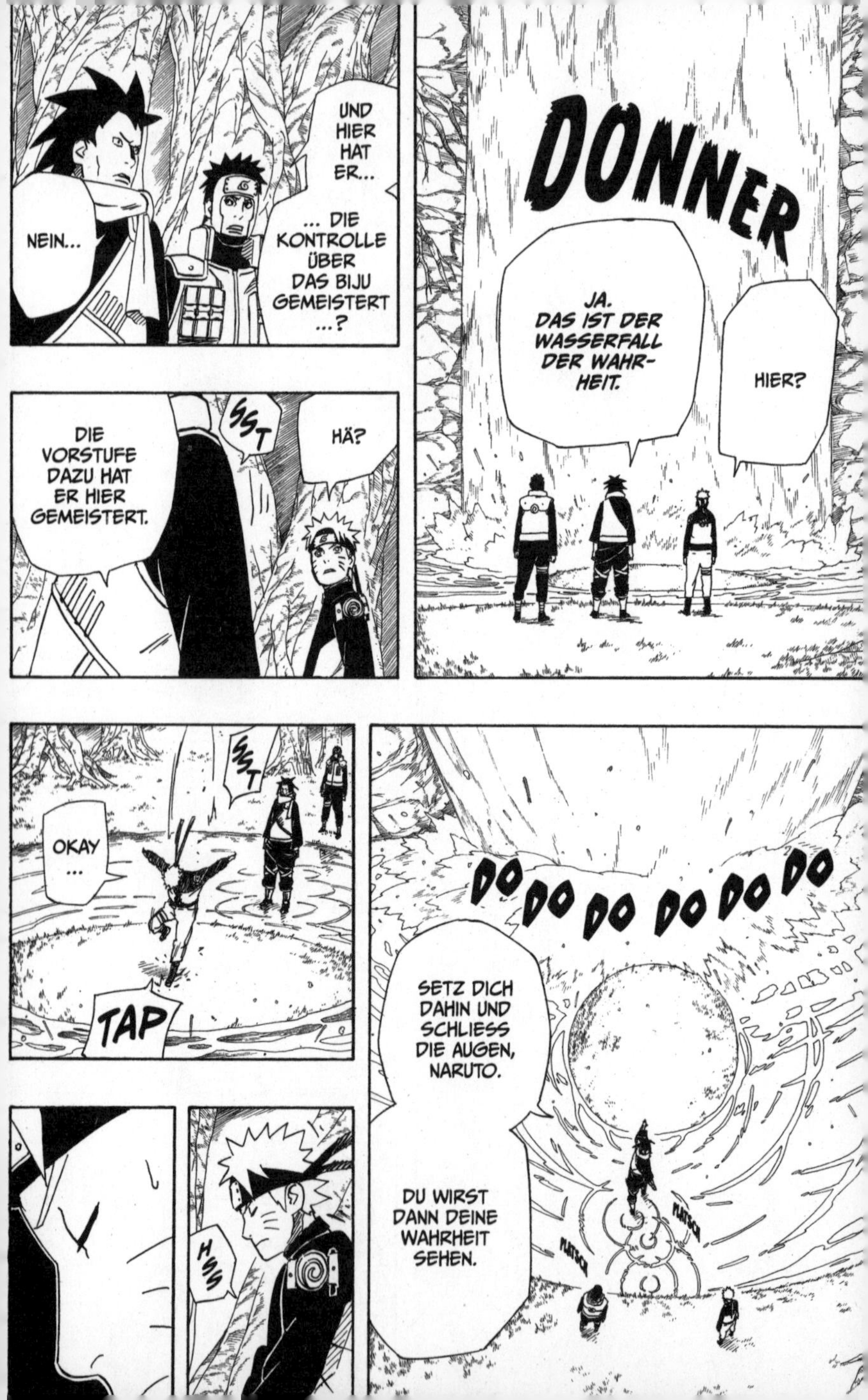
DONNER
HIER?
JA. DAS IST DER WASSERFALL DER WAHRHEIT.
UND HIER HAT ER...
... DIE KONTROLLE ÜBER DAS BIJU GEMEISTERT ...?
NEIN...
HÄ?
SST
DIE VORSTUFE DAZU HAT ER HIER GEMEISTERT.
DO DO DO DO DO DO DO
SETZ DICH DAHIN UND SCHLIESS DIE AUGEN, NARUTO.
DU WIRST DANN DEINE WAHRHEIT SEHEN.
PLATSCH
PLATSCH
SST
OKAY ...
TAP
HSS

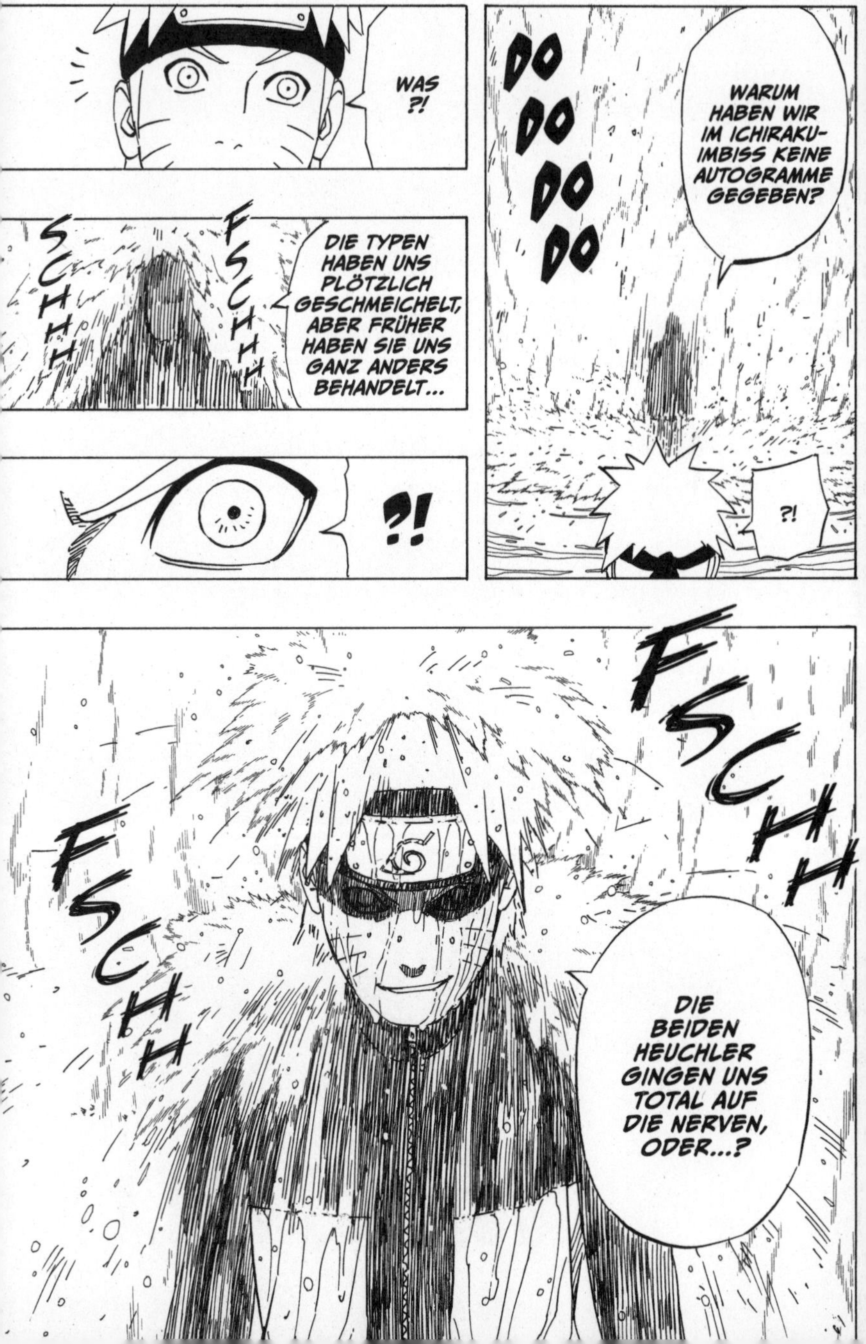
DO DO DO DO
WARUM HABEN WIR IM ICHIRAKU-IMBISS KEINE AUTOGRAMME GEGEBEN?
?!
WAS ?!
FSCHHH
SCHHH
DIE TYPEN HABEN UNS PLÖTZLICH GESCHMEICHELT, ABER FRÜHER HABEN SIE UNS GANZ ANDERS BEHANDELT...
?!
FSCHH
FSCHH
DIE BEIDEN HEUCHLER GINGEN UNS TOTAL AUF DIE NERVEN, ODER...?

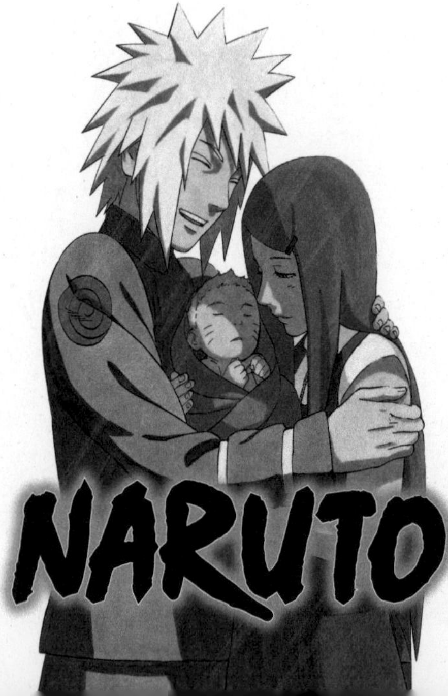
NARUTO

# 493. Kapitel: Narutos dunkle Seite

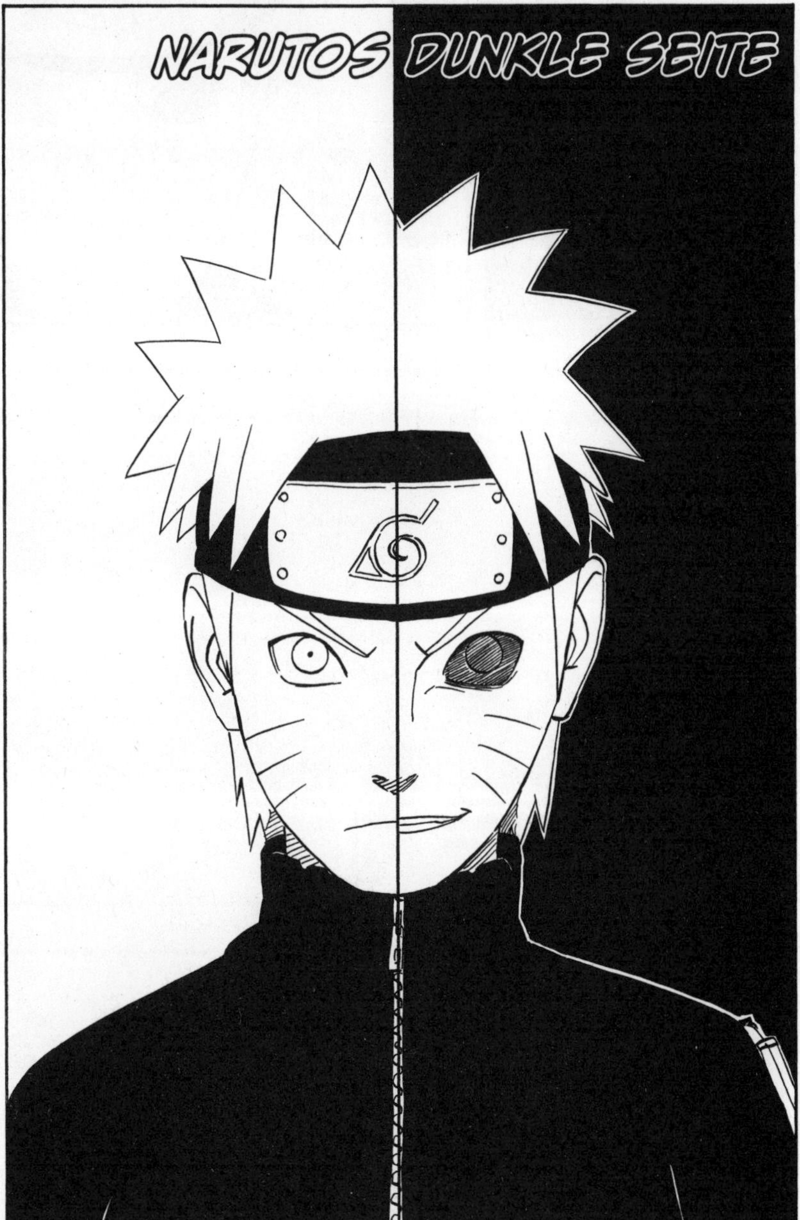

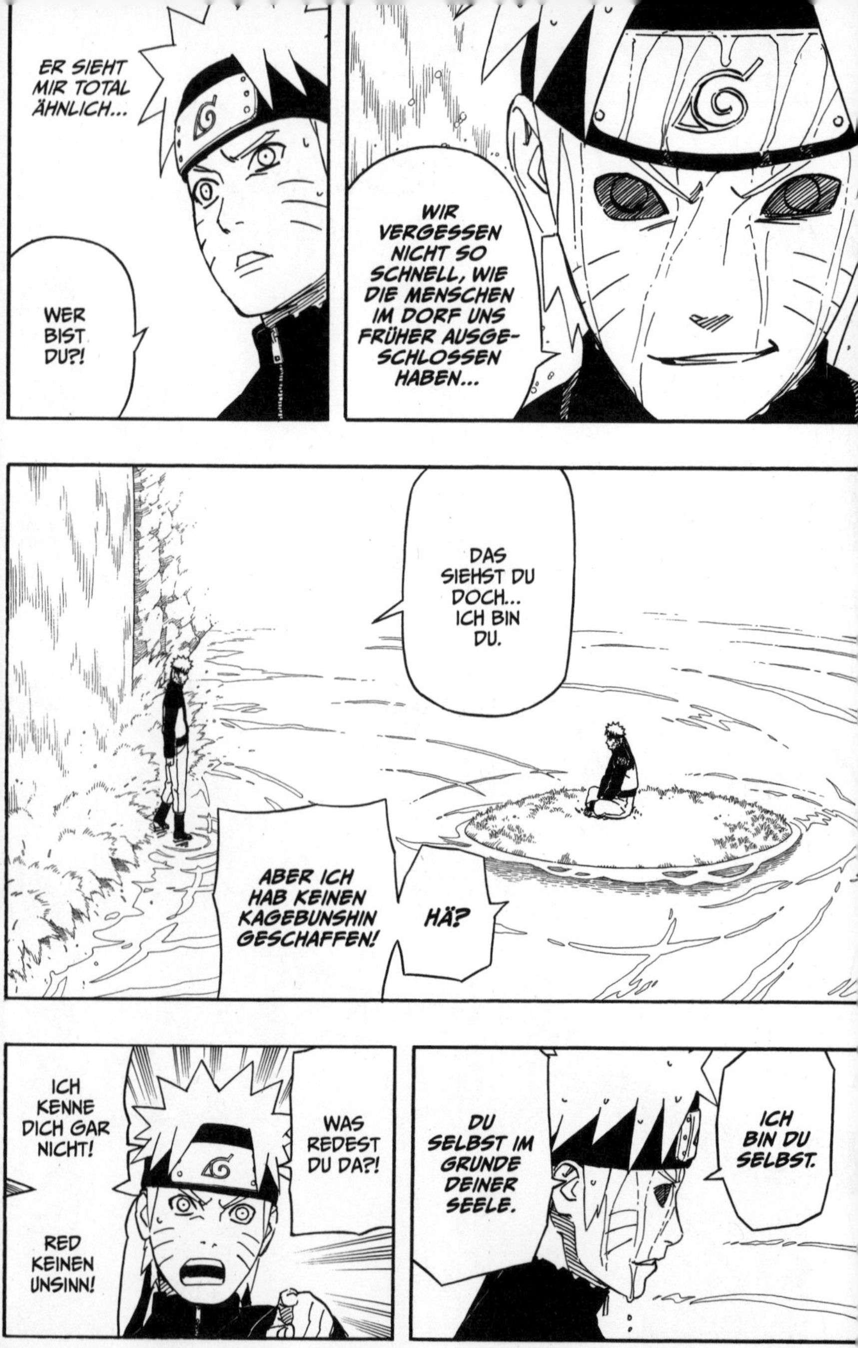
WIR VERGESSEN NICHT SO SCHNELL, WIE DIE MENSCHEN IM DORF UNS FRÜHER AUSGE-SCHLOSSEN HABEN...
ER SIEHT MIR TOTAL ÄHNLICH...
WER BIST DU?!
DAS SIEHST DU DOCH... ICH BIN DU.
HÄ?
ABER ICH HAB KEINEN KAGEBUNSHIN GESCHAFFEN!
ICH BIN DU SELBST.
DU SELBST IM GRUNDE DEINER SEELE.
WAS REDEST DU DA?!
ICH KENNE DICH GAR NICHT!
RED KEINEN UNSINN!

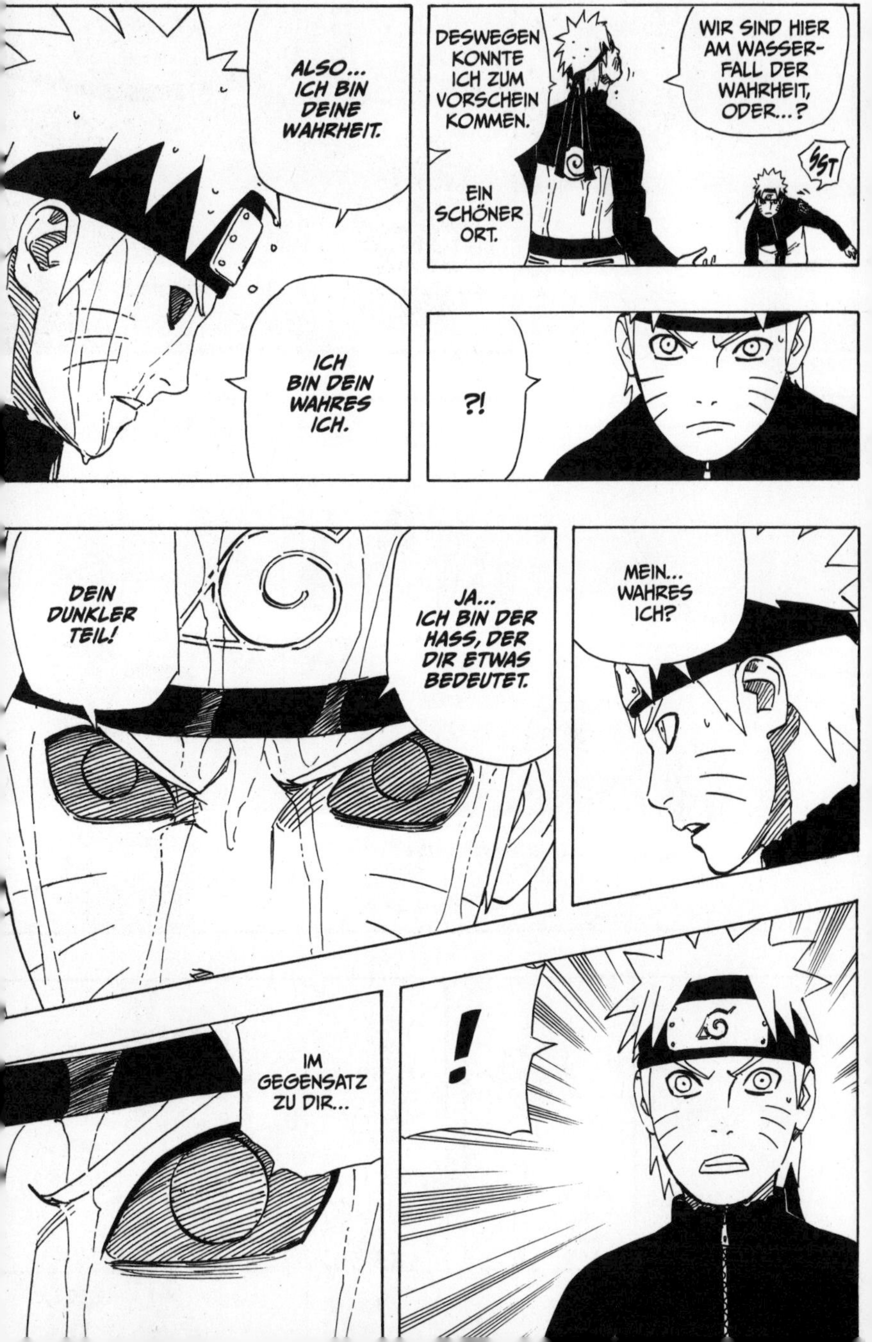
WIR SIND HIER AM WASSER-FALL DER WAHRHEIT, ODER...?
SST
DESWEGEN KONNTE ICH ZUM VORSCHEIN KOMMEN.
EIN SCHÖNER ORT.
ALSO... ICH BIN DEINE WAHRHEIT.
?!
ICH BIN DEIN WAHRES ICH.
MEIN... WAHRES ICH?
JA... ICH BIN DER HASS, DER DIR ETWAS BEDEUTET.
DEIN DUNKLER TEIL!
!
IM GEGENSATZ ZU DIR...

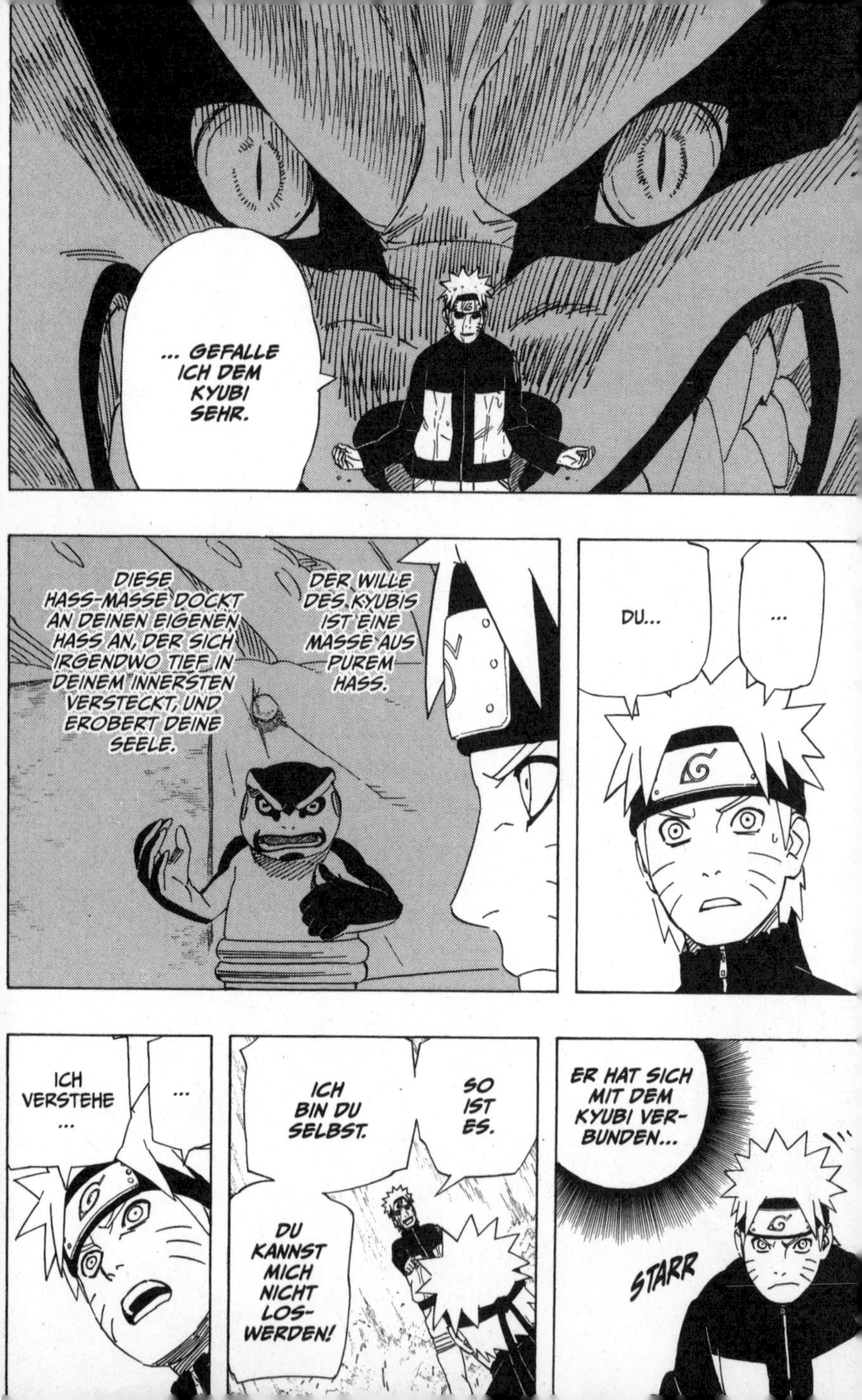
... GEFALLE ICH DEM KYUBI SEHR.
...
DU...
DER WILLE DES KYUBIS IST EINE MASSE AUS PUREM HASS.
DIESE HASS-MASSE DOCKT AN DEINEN EIGENEN HASS AN, DER SICH IRGENDWO TIEF IN DEINEM INNERSTEN VERSTECKT, UND EROBERT DEINE SEELE.
ER HAT SICH MIT DEM KYUBI VER-BUNDEN...
STARR
SO IST ES.
ICH BIN DU SELBST.
DU KANNST MICH NICHT LOS-WERDEN!
...
ICH VERSTEHE ...

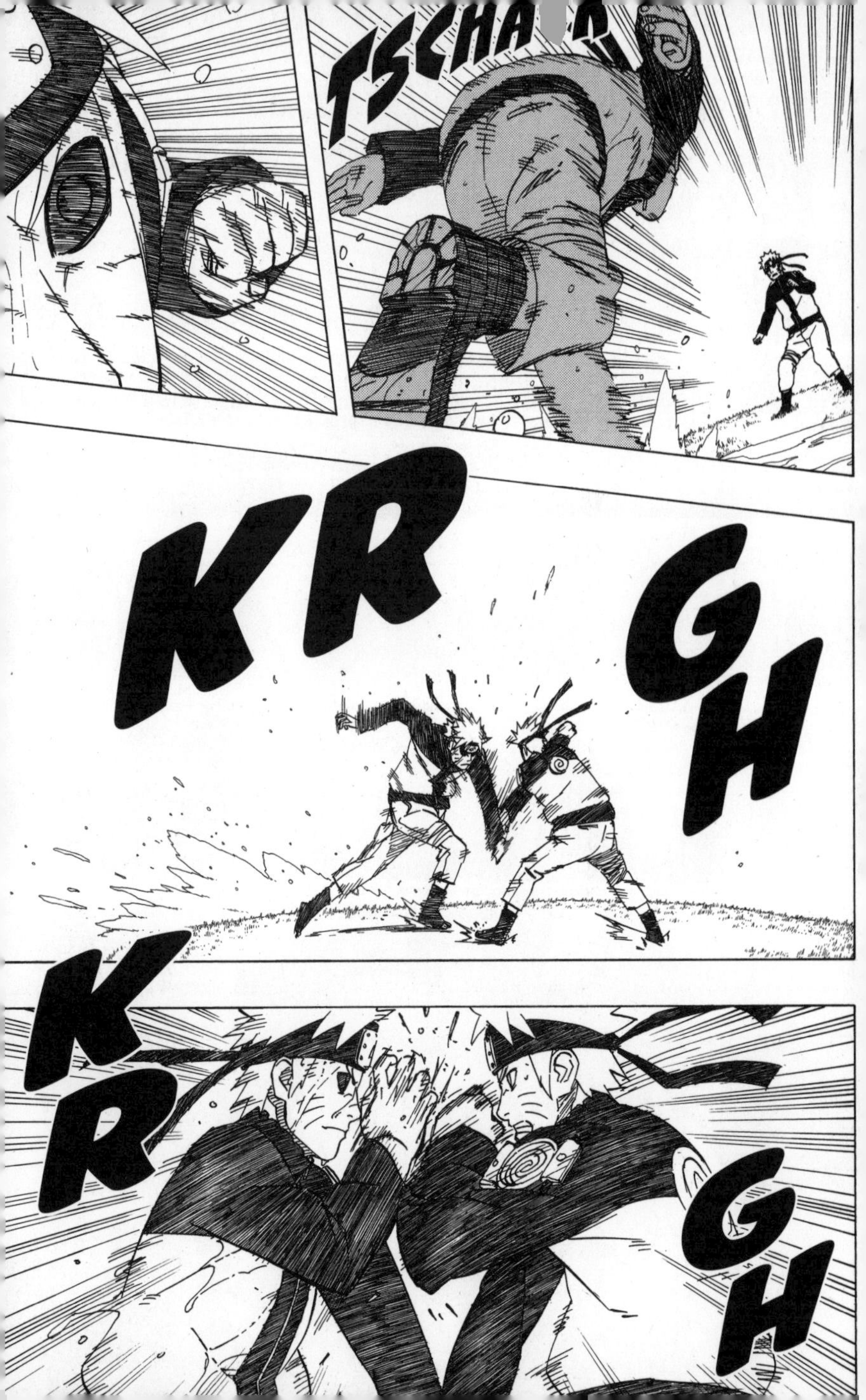
TSCHA
KRGH
KRGH

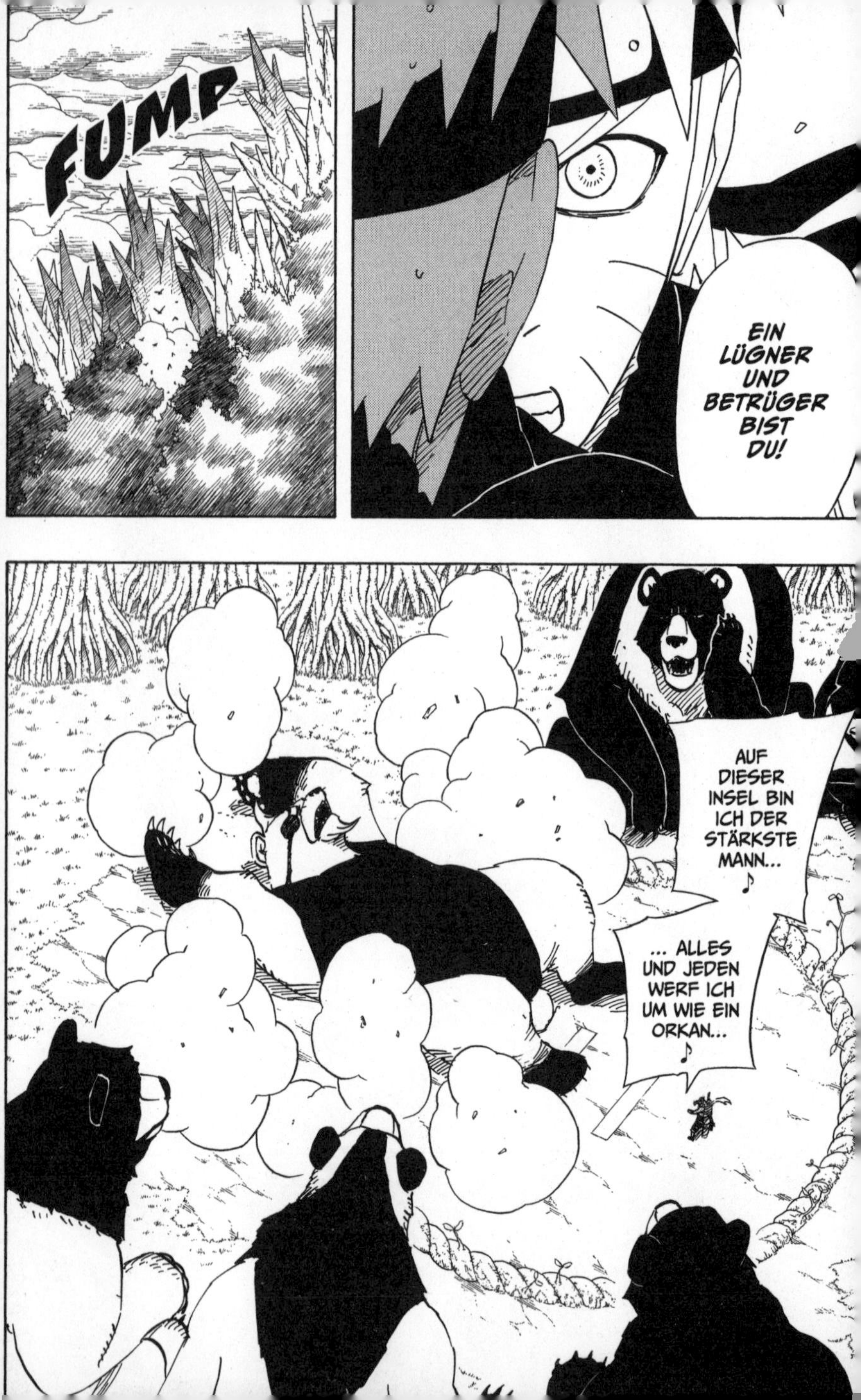

EIN LÜGNER UND BETRÜGER BIST DU!
FUMP
AUF DIESER INSEL BIN ICH DER STÄRKSTE MANN... ♪
... ALLES UND JEDEN WERF ICH UM WIE EIN ORKAN... ♪

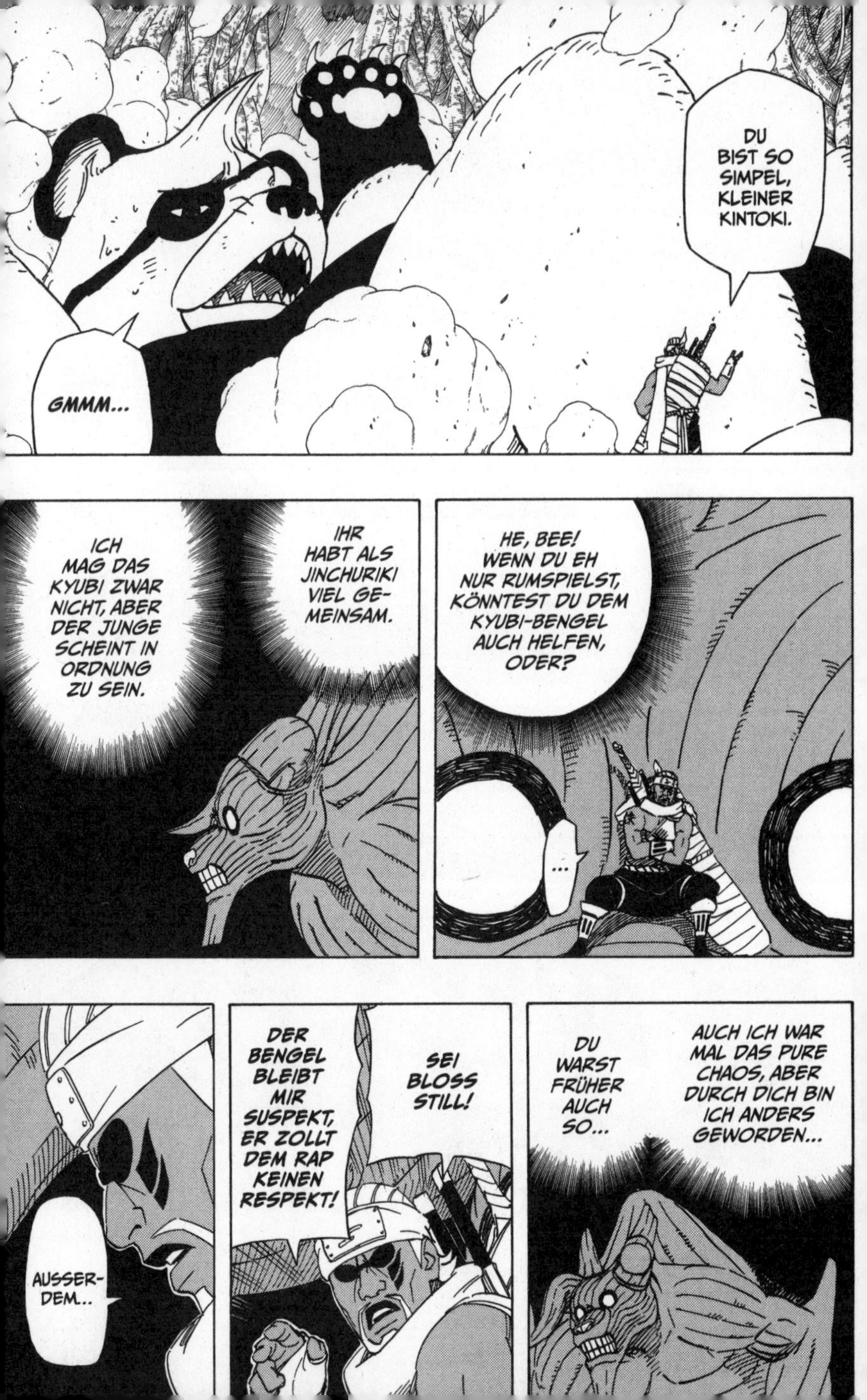
DU BIST SO SIMPEL, KLEINER KINTOKI.
GMMM...
HE, BEE! WENN DU EH NUR RUMSPIELST, KÖNNTEST DU DEM KYUBI-BENGEL AUCH HELFEN, ODER?
...
IHR HABT ALS JINCHURIKI VIEL GE-MEINSAM.
ICH MAG DAS KYUBI ZWAR NICHT, ABER DER JUNGE SCHEINT IN ORDNUNG ZU SEIN.
AUCH ICH WAR MAL DAS PURE CHAOS, ABER DURCH DICH BIN ICH ANDERS GEWORDEN...
DU WARST FRÜHER AUCH SO...
SEI BLOSS STILL!
DER BENGEL BLEIBT MIR SUSPEKT, ER ZOLLT DEM RAP KEINEN RESPEKT!
AUSSER-DEM...

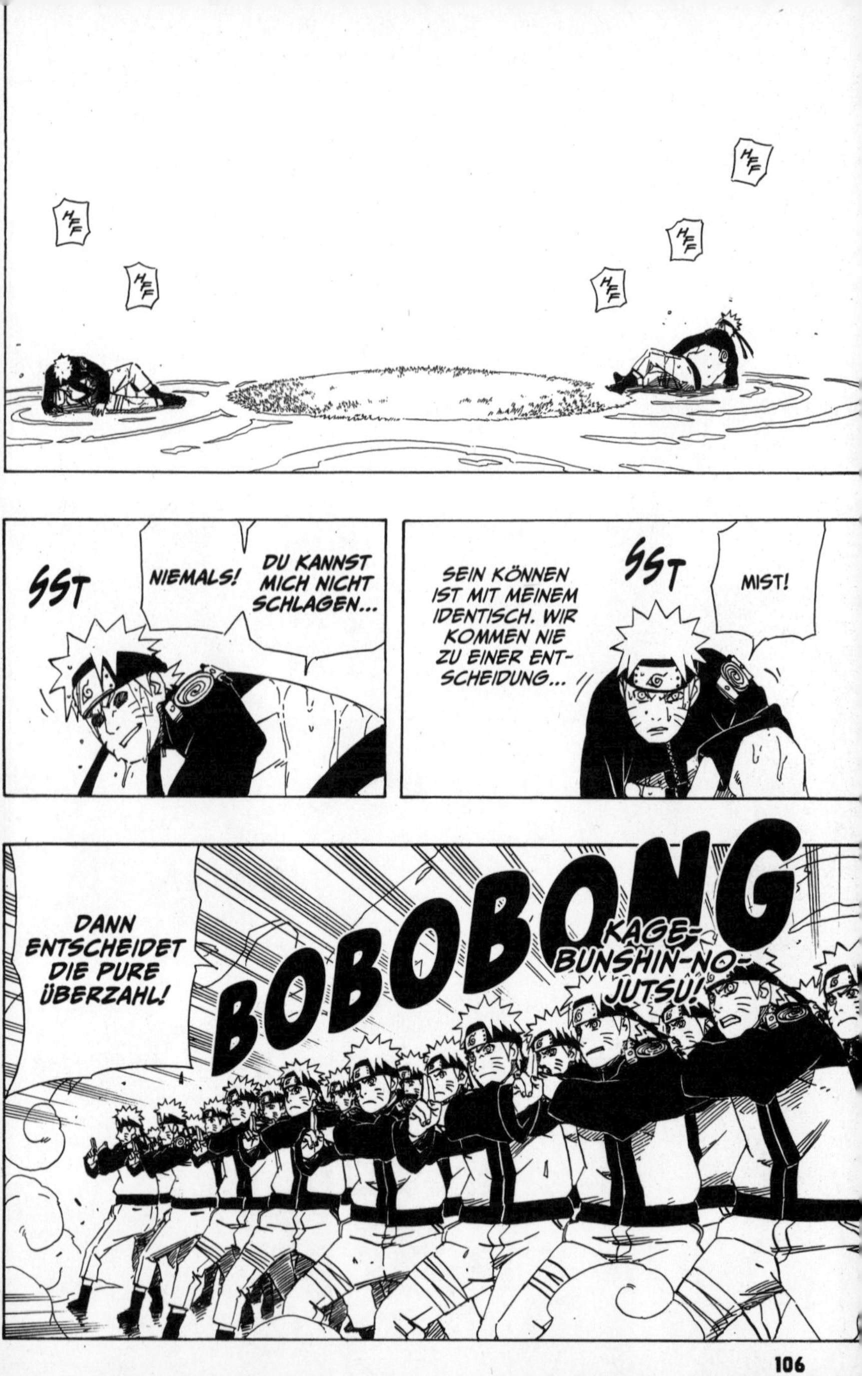
HFF
HFF
HFF
HFF
HFF
SSt
MIST!
SEIN KÖNNEN IST MIT MEINEM IDENTISCH. WIR KOMMEN NIE ZU EINER ENT-SCHEIDUNG...
SSt
DU KANNST MICH NICHT SCHLAGEN...
NIEMALS!
KAGE-BUNSHIN-NO-JUTSU!
BOBOBONG
DANN ENTSCHEIDET DIE PURE ÜBERZAHL!

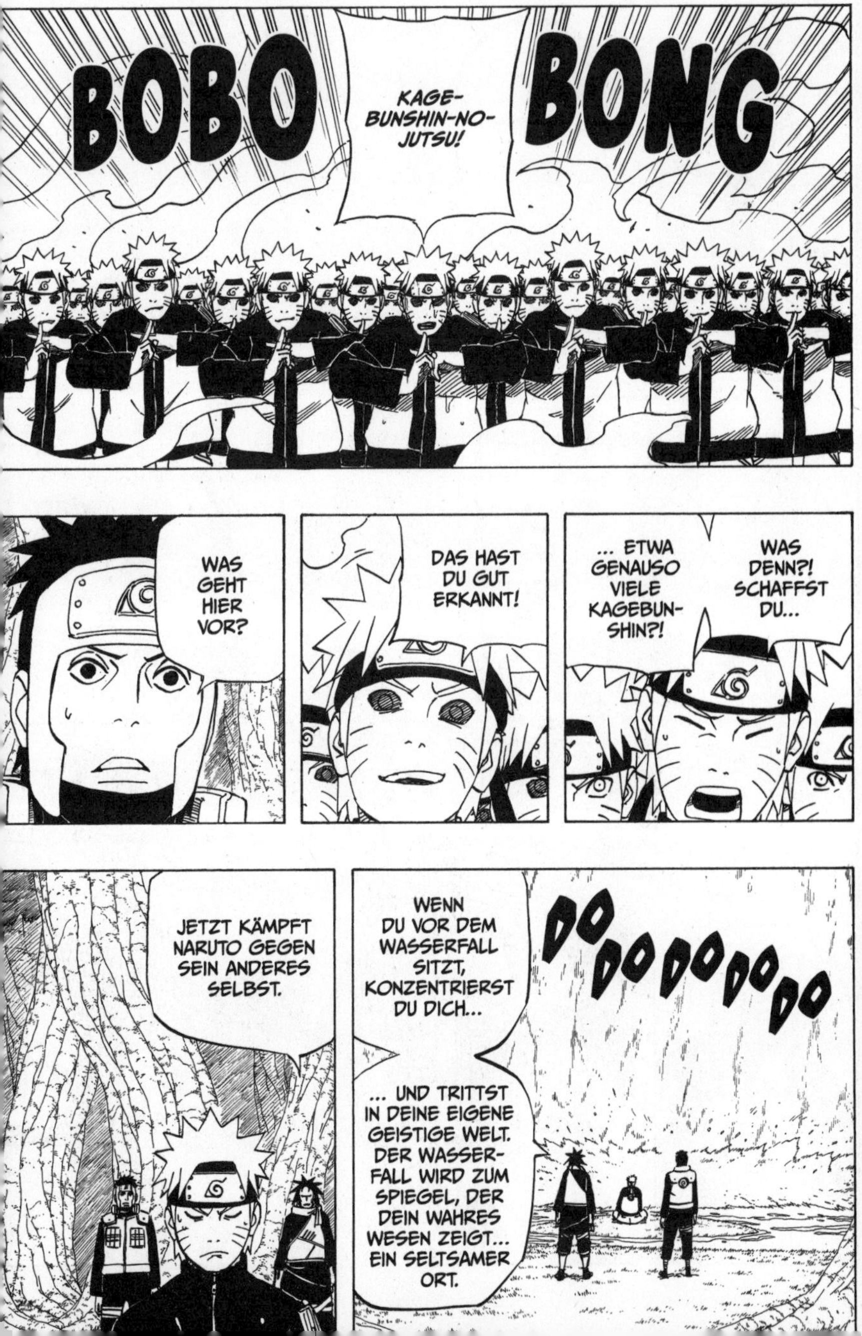
BOBO
KAGE-BUNSHIN-NO-JUTSU!
BONG
WAS DENN?! SCHAFFST DU...
... ETWA GENAUSO VIELE KAGEBUN-SHIN?!
DAS HAST DU GUT ERKANNT!
WAS GEHT HIER VOR?
WENN DU VOR DEM WASSERFALL SITZT, KONZENTRIERST DU DICH...
... UND TRITTST IN DEINE EIGENE GEISTIGE WELT. DER WASSER-FALL WIRD ZUM SPIEGEL, DER DEIN WAHRES WESEN ZEIGT... EIN SELTSAMER ORT.
DODODODODODO
JETZT KÄMPFT NARUTO GEGEN SEIN ANDERES SELBST.

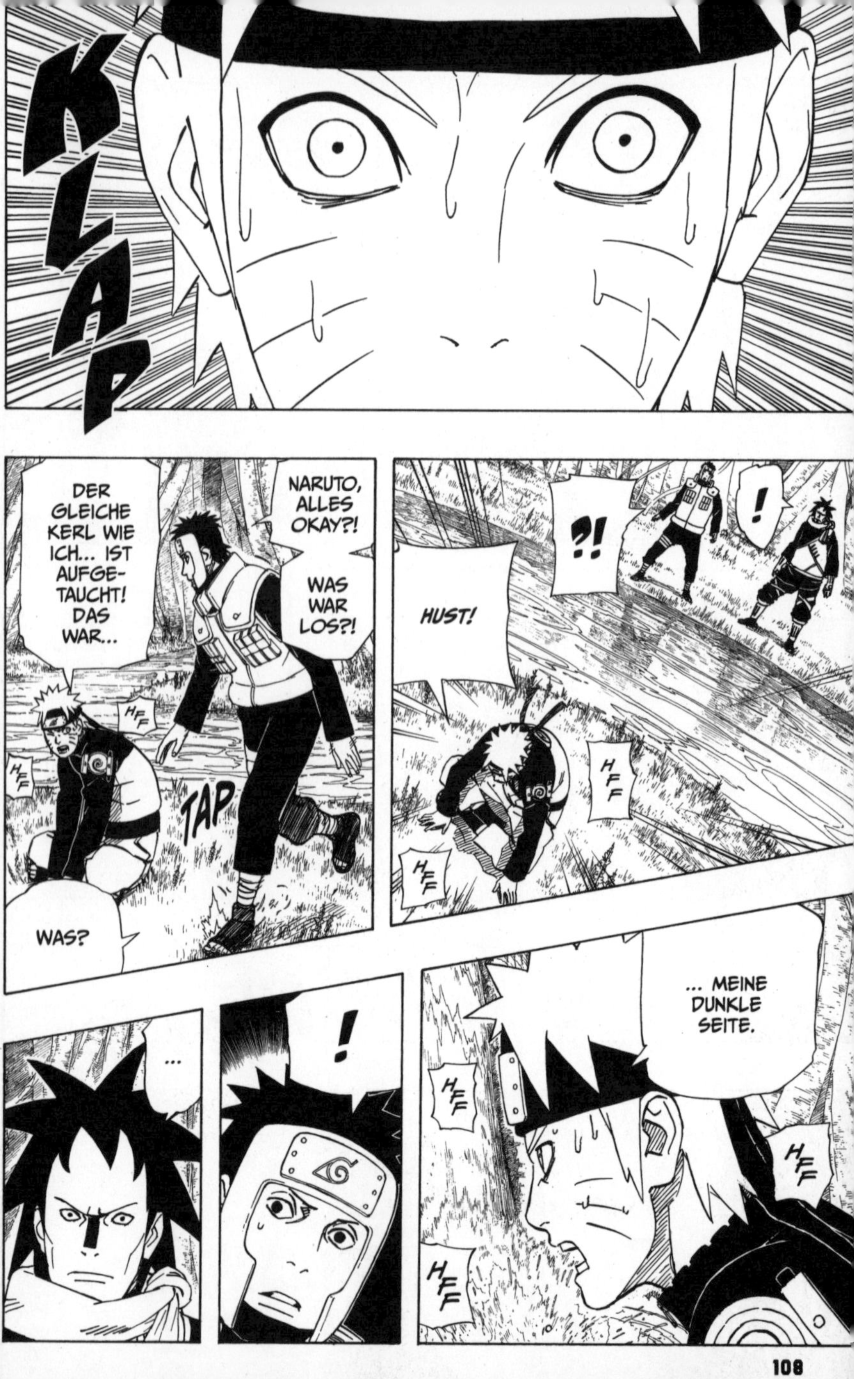

KLAP
?!
!
HUST!
HFF
HFF
NARUTO, ALLES OKAY?!
WAS WAR LOS?!
DER GLEICHE KERL WIE ICH... IST AUFGETAUCHT! DAS WAR...
HFF
HFF
TAP
WAS?
... MEINE DUNKLE SEITE.
HFF
HFF
HFF
!
...

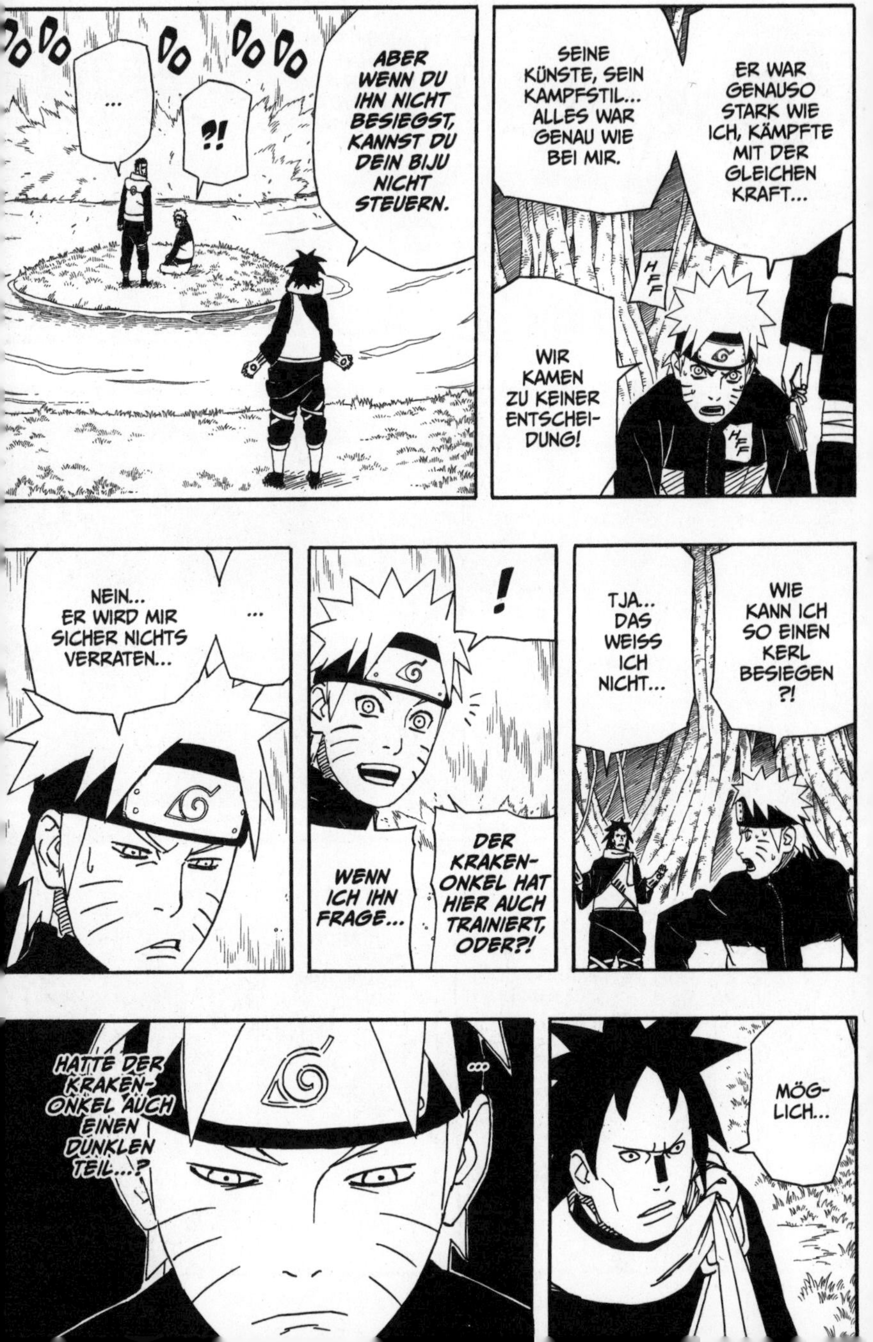
SEINE KÜNSTE, SEIN KAMPFSTIL... ALLES WAR GENAU WIE BEI MIR.
ER WAR GENAUSO STARK WIE ICH, KÄMPFTE MIT DER GLEICHEN KRAFT...
HFF
WIR KAMEN ZU KEINER ENTSCHEI-DUNG!
HFF
ABER WENN DU IHN NICHT BESIEGST, KANNST DU DEIN BIJU NICHT STEUERN.
...
?!
WIE KANN ICH SO EINEN KERL BESIEGEN ?!
TJA... DAS WEISS ICH NICHT...
!
DER KRAKEN-ONKEL HAT HIER AUCH TRAINIERT, ODER?!
WENN ICH IHN FRAGE...
...
NEIN... ER WIRD MIR SICHER NICHTS VERRATEN...
MÖG-LICH...
...
HATTE DER KRAKEN-ONKEL AUCH EINEN DUNKLEN TEIL...?

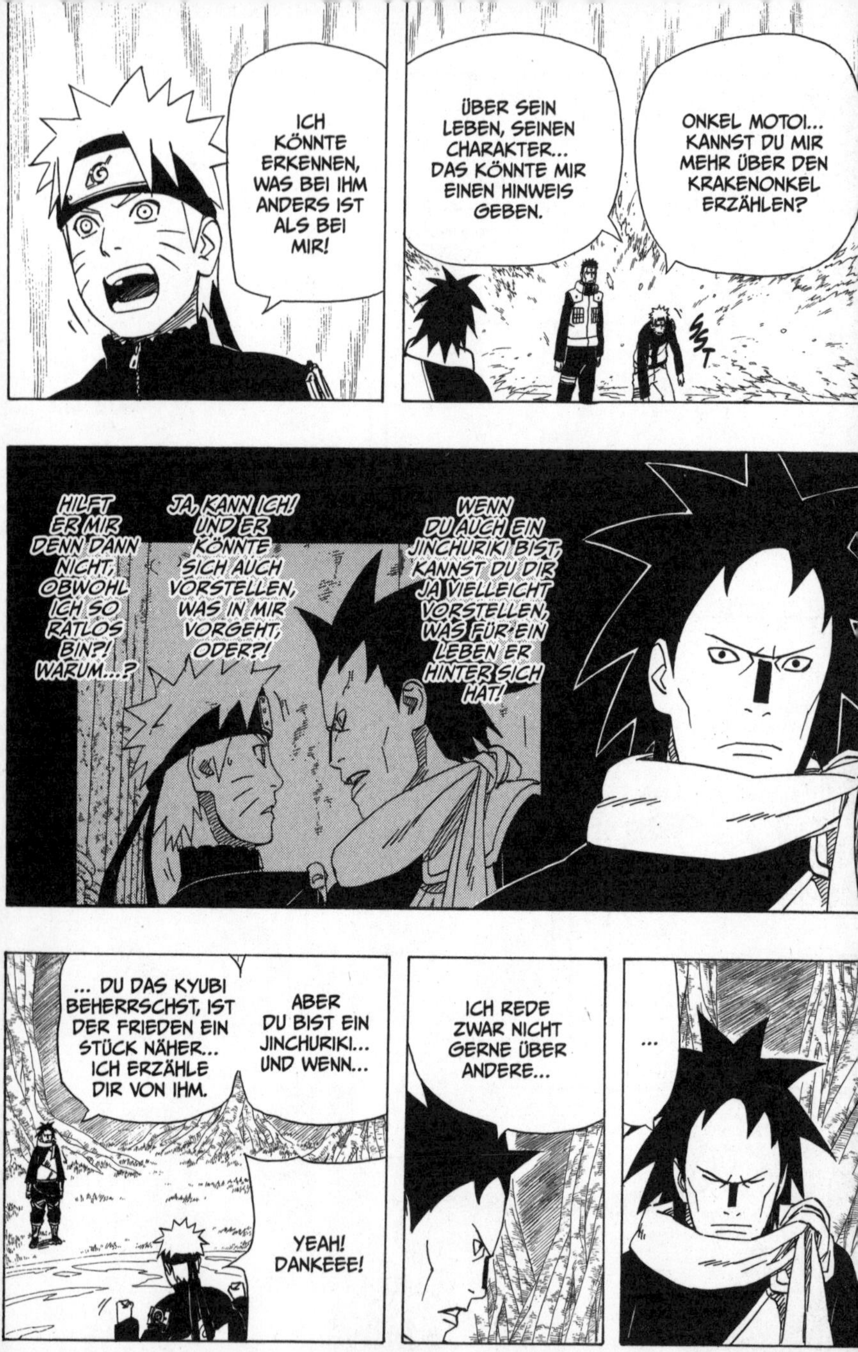
ONKEL MOTOI... KANNST DU MIR MEHR ÜBER DEN KRAKENONKEL ERZÄHLEN?
ÜBER SEIN LEBEN, SEINEN CHARAKTER... DAS KÖNNTE MIR EINEN HINWEIS GEBEN.
SST
ICH KÖNNTE ERKENNEN, WAS BEI IHM ANDERS IST ALS BEI MIR!
WENN DU AUCH EIN JINCHURIKI BIST, KANNST DU DIR JA VIELLEICHT VORSTELLEN, WAS FÜR EIN LEBEN ER HINTER SICH HAT!
JA, KANN ICH! UND ER KÖNNTE SICH AUCH VORSTELLEN, WAS IN MIR VORGEHT, ODER?!
HILFT ER MIR DENN DANN NICHT, OBWOHL ICH SO RATLOS BIN?! WARUM...?
...
ICH REDE ZWAR NICHT GERNE ÜBER ANDERE...
ABER DU BIST EIN JINCHURIKI... UND WENN...
... DU DAS KYUBI BEHERRSCHST, IST DER FRIEDEN EIN STÜCK NÄHER... ICH ERZÄHLE DIR VON IHM.
YEAH! DANKEEE!

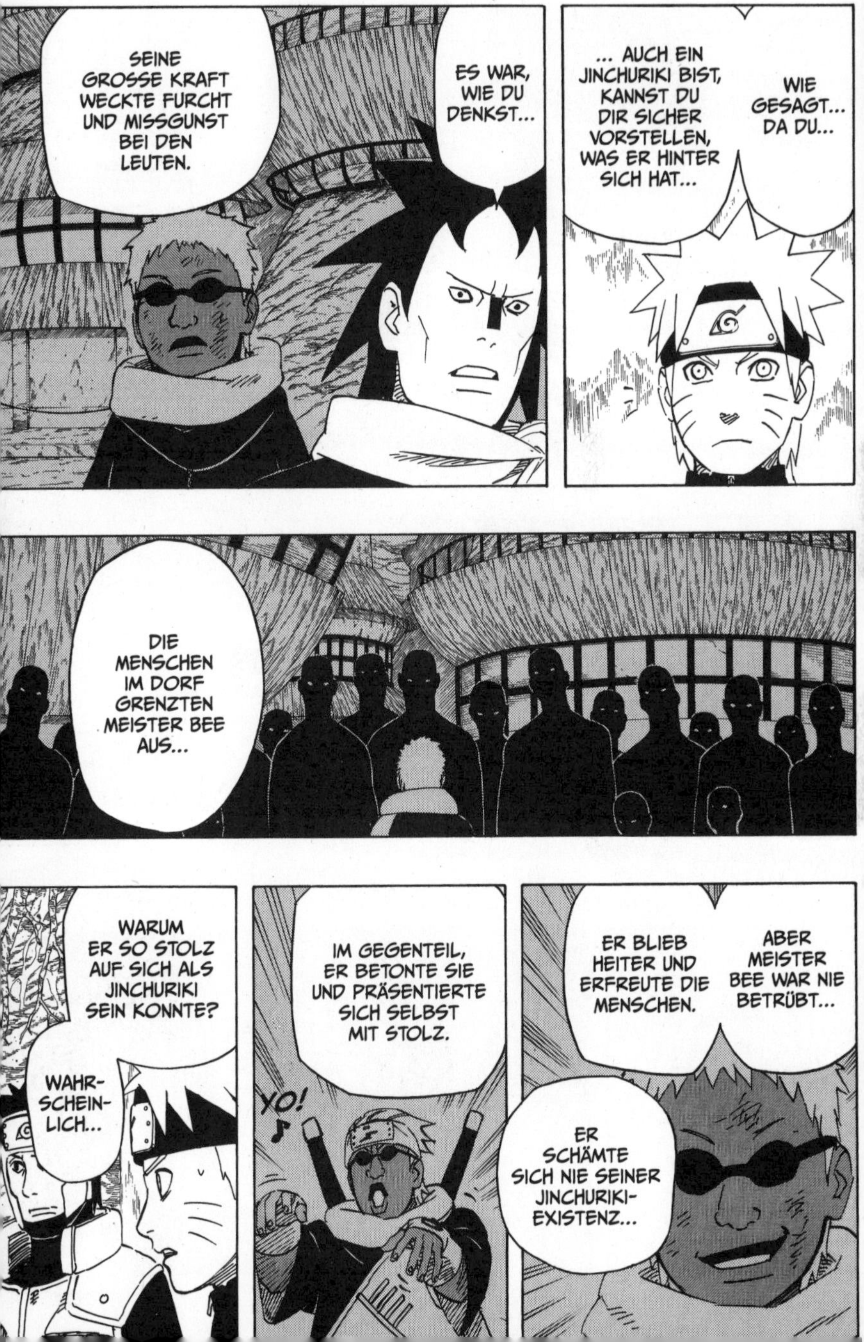
WIE GESAGT... DA DU...
... AUCH EIN JINCHURIKI BIST, KANNST DU DIR SICHER VORSTELLEN, WAS ER HINTER SICH HAT...
ES WAR, WIE DU DENKST...
SEINE GROSSE KRAFT WECKTE FURCHT UND MISSGUNST BEI DEN LEUTEN.
DIE MENSCHEN IM DORF GRENZTEN MEISTER BEE AUS...
ABER MEISTER BEE WAR NIE BETRÜBT...
ER BLIEB HEITER UND ERFREUTE DIE MENSCHEN.
ER SCHÄMTE SICH NIE SEINER JINCHURIKI-EXISTENZ...
IM GEGENTEIL, ER BETONTE SIE UND PRÄSENTIERTE SICH SELBST MIT STOLZ.
YO! ♪
WARUM ER SO STOLZ AUF SICH ALS JINCHURIKI SEIN KONNTE?
WAHR-SCHEIN-LICH...

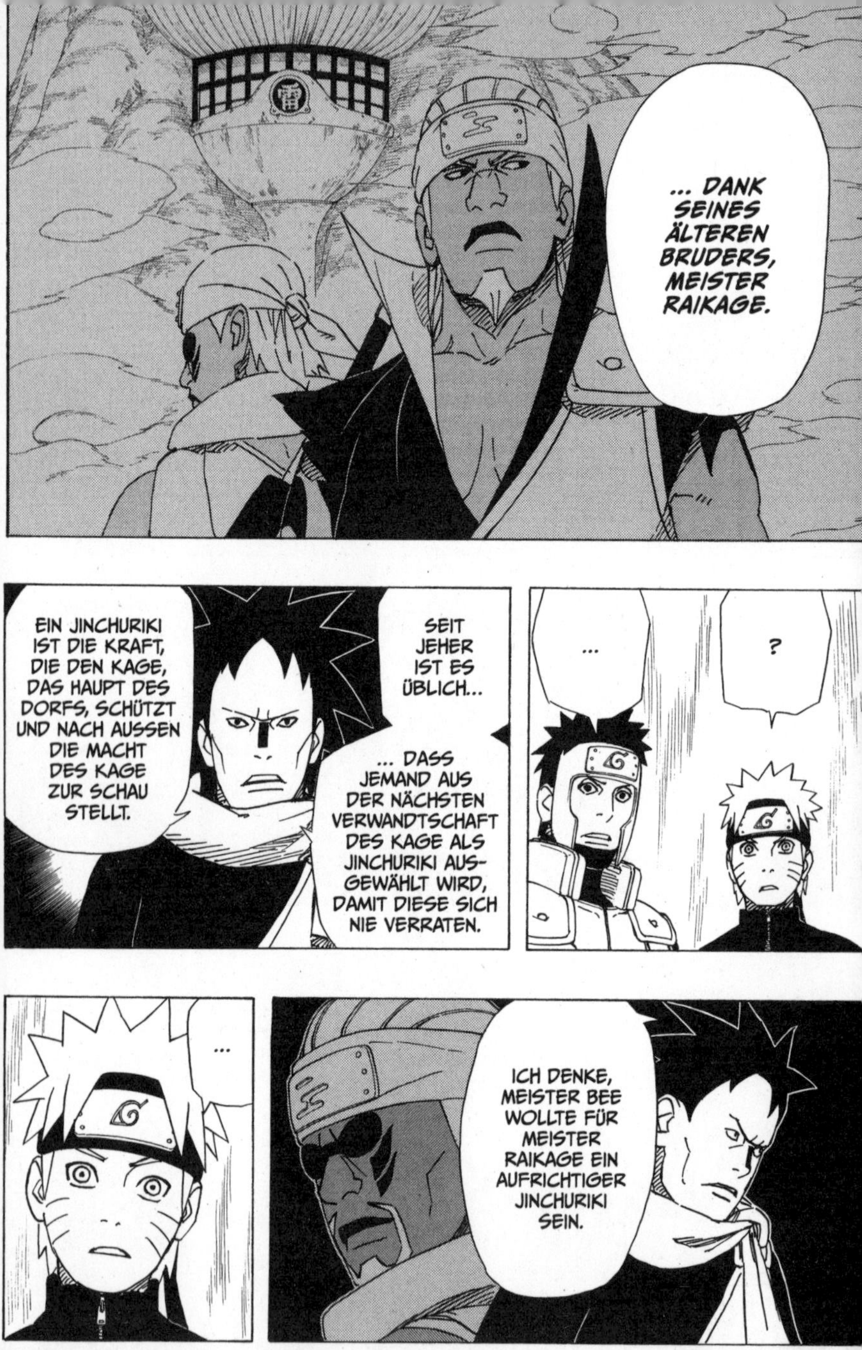
... DANK SEINES ÄLTEREN BRUDERS, MEISTER RAIKAGE.
?
...
SEIT JEHER IST ES ÜBLICH...
... DASS JEMAND AUS DER NÄCHSTEN VERWANDTSCHAFT DES KAGE ALS JINCHURIKI AUS-GEWÄHLT WIRD, DAMIT DIESE SICH NIE VERRATEN.
EIN JINCHURIKI IST DIE KRAFT, DIE DEN KAGE, DAS HAUPT DES DORFS, SCHÜTZT UND NACH AUSSEN DIE MACHT DES KAGE ZUR SCHAU STELLT.
ICH DENKE, MEISTER BEE WOLLTE FÜR MEISTER RAIKAGE EIN AUFRICHTIGER JINCHURIKI SEIN.
...

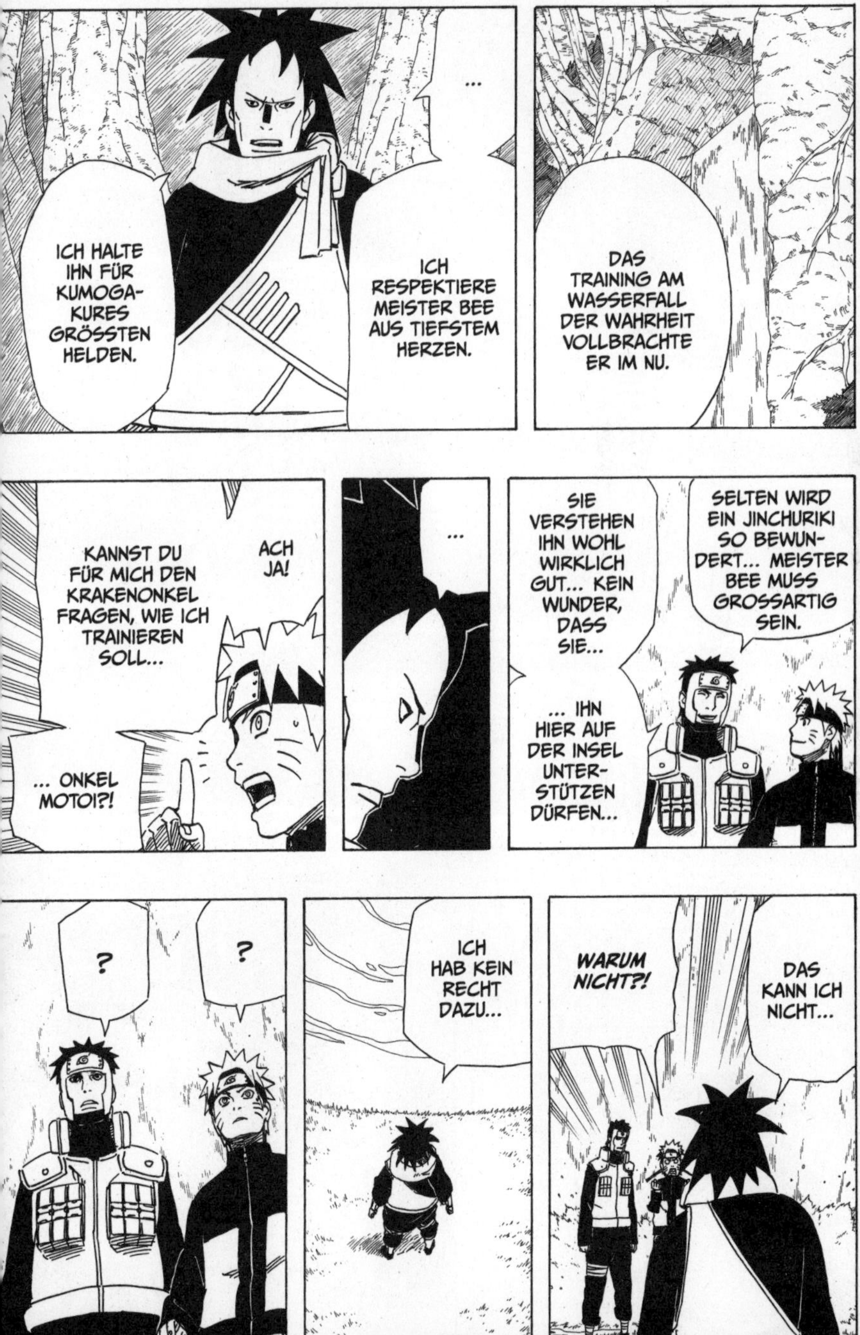
DAS TRAINING AM WASSERFALL DER WAHRHEIT VOLLBRACHTE ER IM NU.
...
ICH RESPEKTIERE MEISTER BEE AUS TIEFSTEM HERZEN.
ICH HALTE IHN FÜR KUMOGAKURES GRÖSSTEN HELDEN.
SELTEN WIRD EIN JINCHURIKI SO BEWUNDERT... MEISTER BEE MUSS GROSSARTIG SEIN.
SIE VERSTEHEN IHN WOHL WIRKLICH GUT... KEIN WUNDER, DASS SIE...
... IHN HIER AUF DER INSEL UNTERSTÜTZEN DÜRFEN...
...
ACH JA!
KANNST DU FÜR MICH DEN KRAKENONKEL FRAGEN, WIE ICH TRAINIEREN SOLL...
... ONKEL MOTOI?!
DAS KANN ICH NICHT...
WARUM NICHT?!
ICH HAB KEIN RECHT DAZU...
?
?

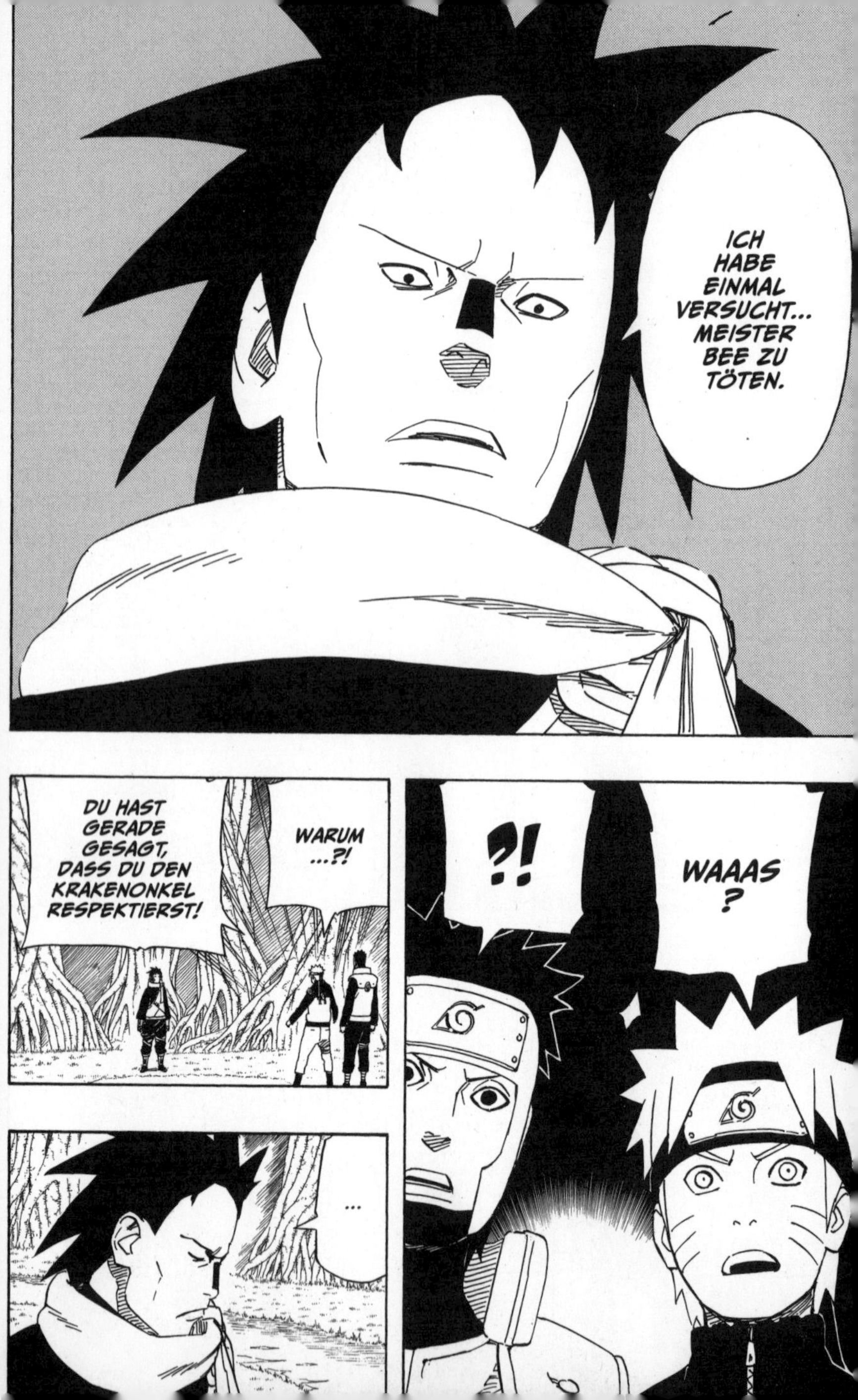

ICH HABE EINMAL VERSUCHT... MEISTER BEE ZU TÖTEN.
WAAAS ?
?!
WARUM ...?!
DU HAST GERADE GESAGT, DASS DU DEN KRAKENONKEL RESPEKTIERST!
...

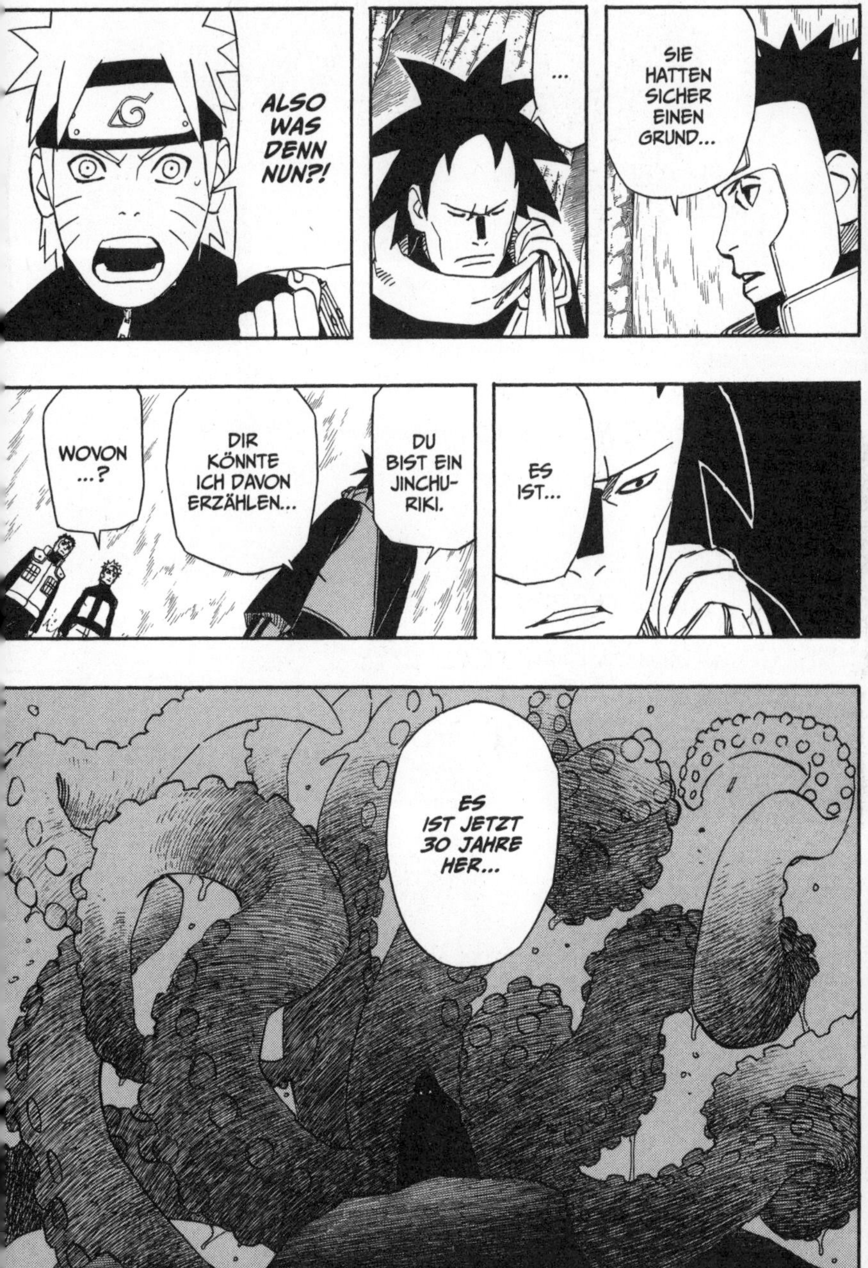
SIE HATTEN SICHER EINEN GRUND...
...
ALSO WAS DENN NUN?!
ES IST...
DU BIST EIN JINCHU-RIKI.
DIR KÖNNTE ICH DAVON ERZÄHLEN...
WOVON ...?
ES IST JETZT 30 JAHRE HER...

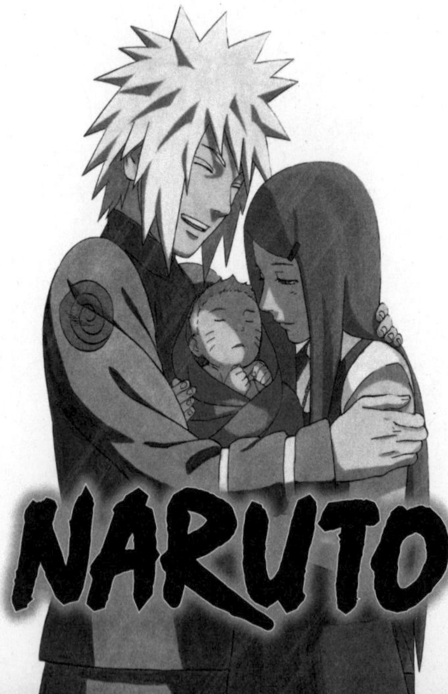
NARUTO

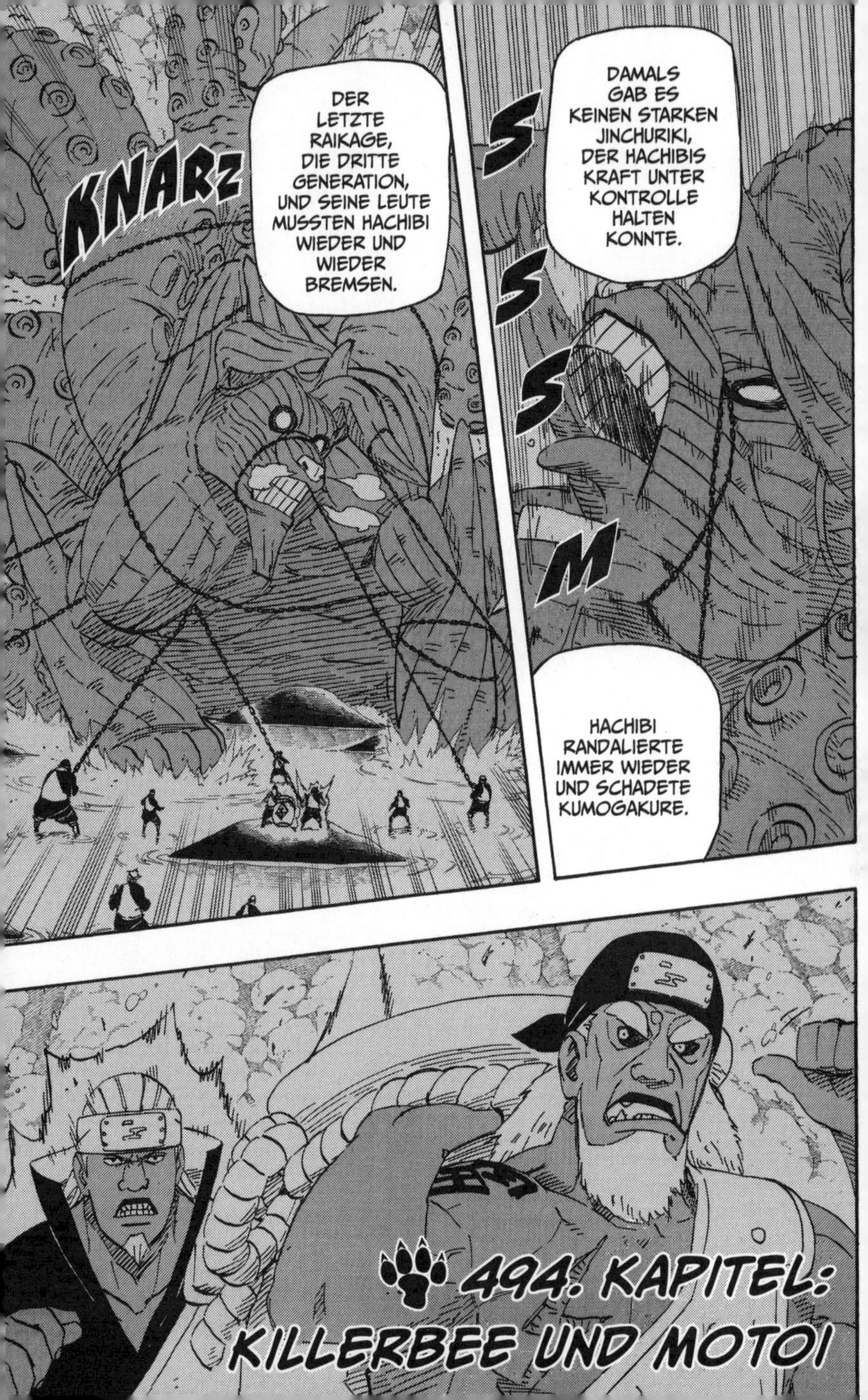
DAMALS GAB ES KEINEN STARKEN JINCHURIKI, DER HACHIBIS KRAFT UNTER KONTROLLE HALTEN KONNTE.
SSSM
HACHIBI RANDALIERTE IMMER WIEDER UND SCHADETE KUMOGAKURE.
DER LETZTE RAIKAGE, DIE DRITTE GENERATION, UND SEINE LEUTE MUSSTEN HACHIBI WIEDER UND WIEDER BREMSEN.
KNARZ
494. KAPITEL: KILLERBEE UND MOTOI

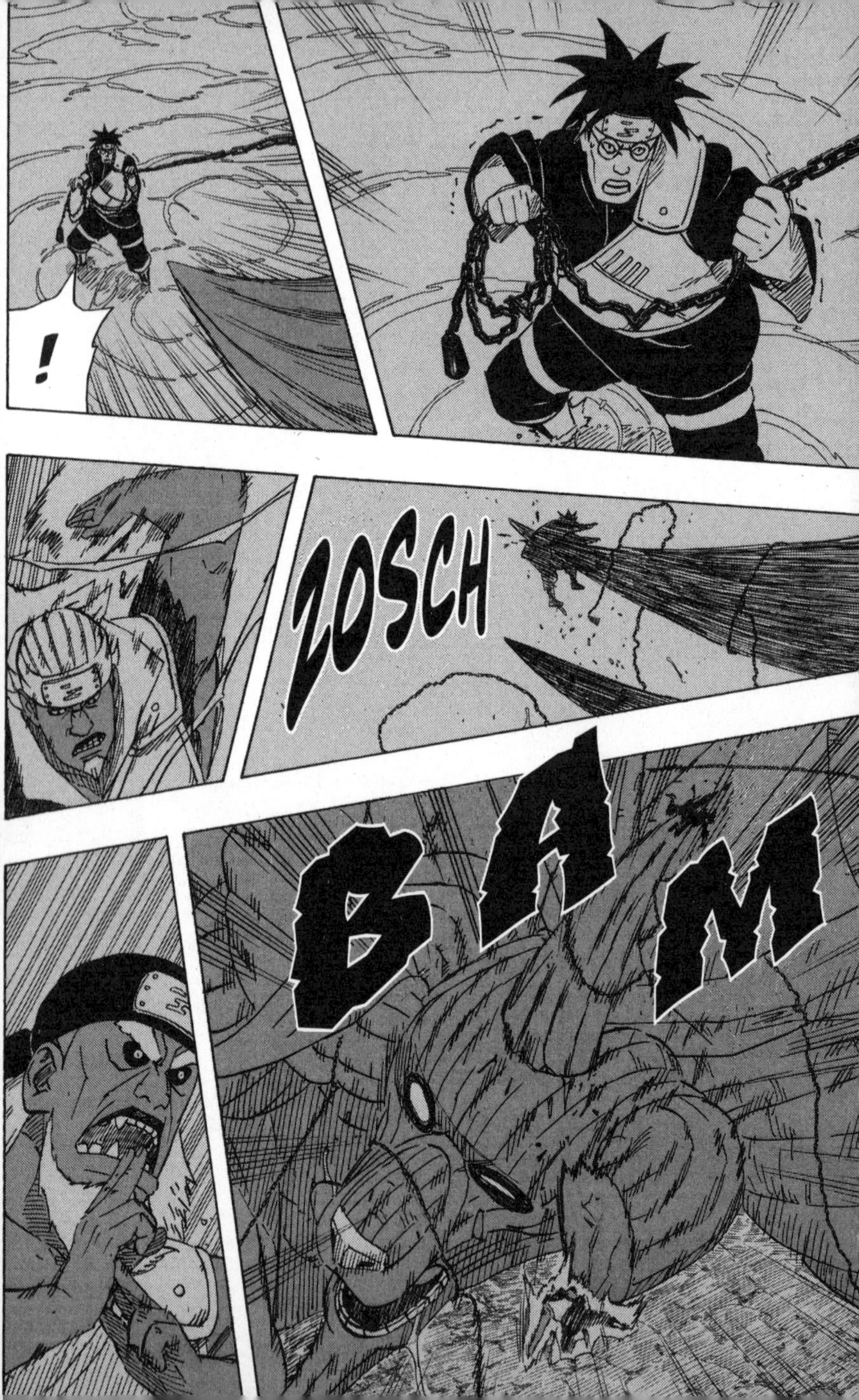
!
ZOSCH
BAM

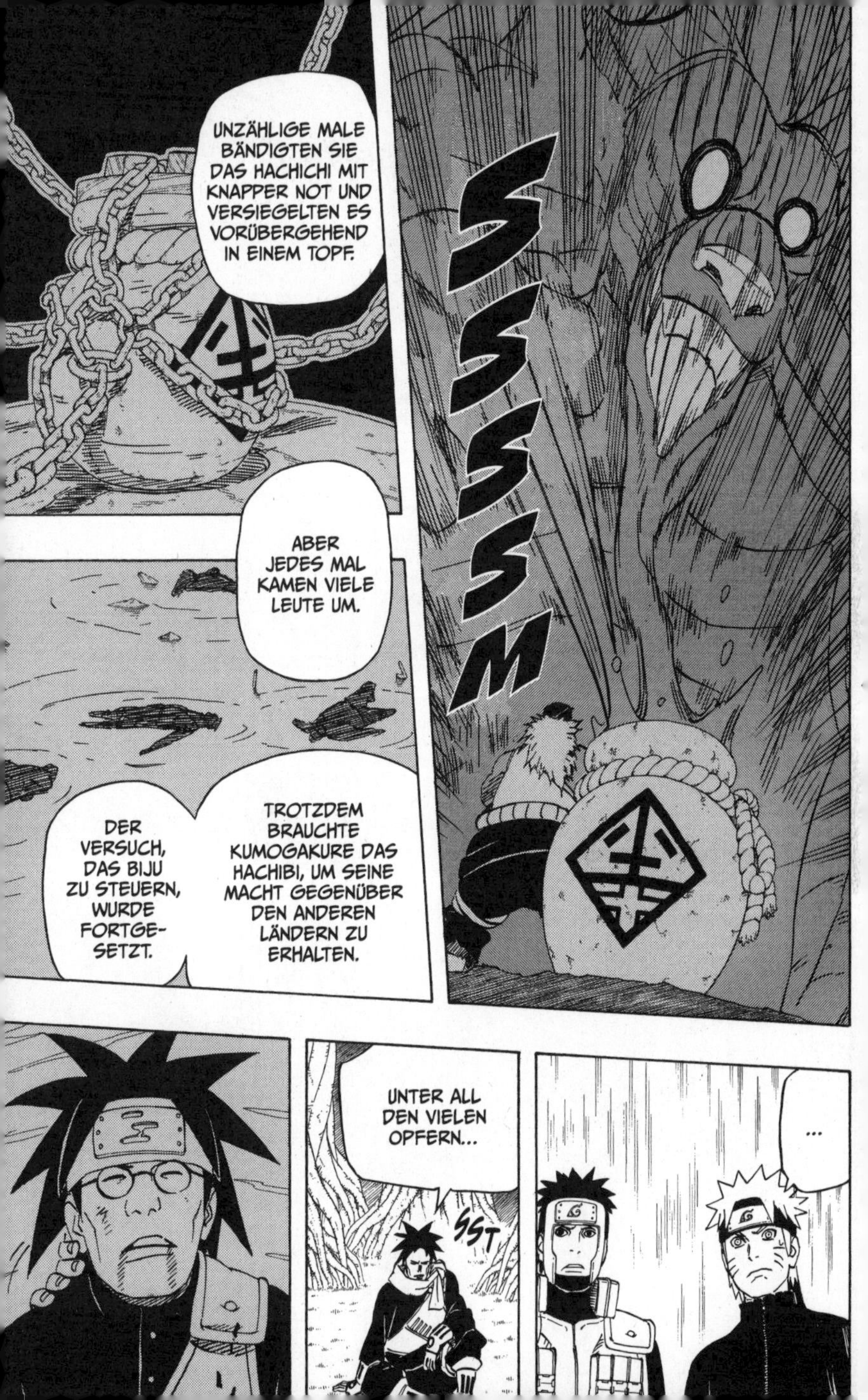
UNZÄHLIGE MALE BÄNDIGTEN SIE DAS HACHICHI MIT KNAPPER NOT UND VERSIEGELTEN ES VORÜBERGEHEND IN EINEM TOPF.
SSSSSM
ABER JEDES MAL KAMEN VIELE LEUTE UM.
TROTZDEM BRAUCHTE KUMOGAKURE DAS HACHIBI, UM SEINE MACHT GEGENÜBER DEN ANDEREN LÄNDERN ZU ERHALTEN.
DER VERSUCH, DAS BIJU ZU STEUERN, WURDE FORTGE-SETZT.
...
UNTER ALL DEN VIELEN OPFERN...
SST

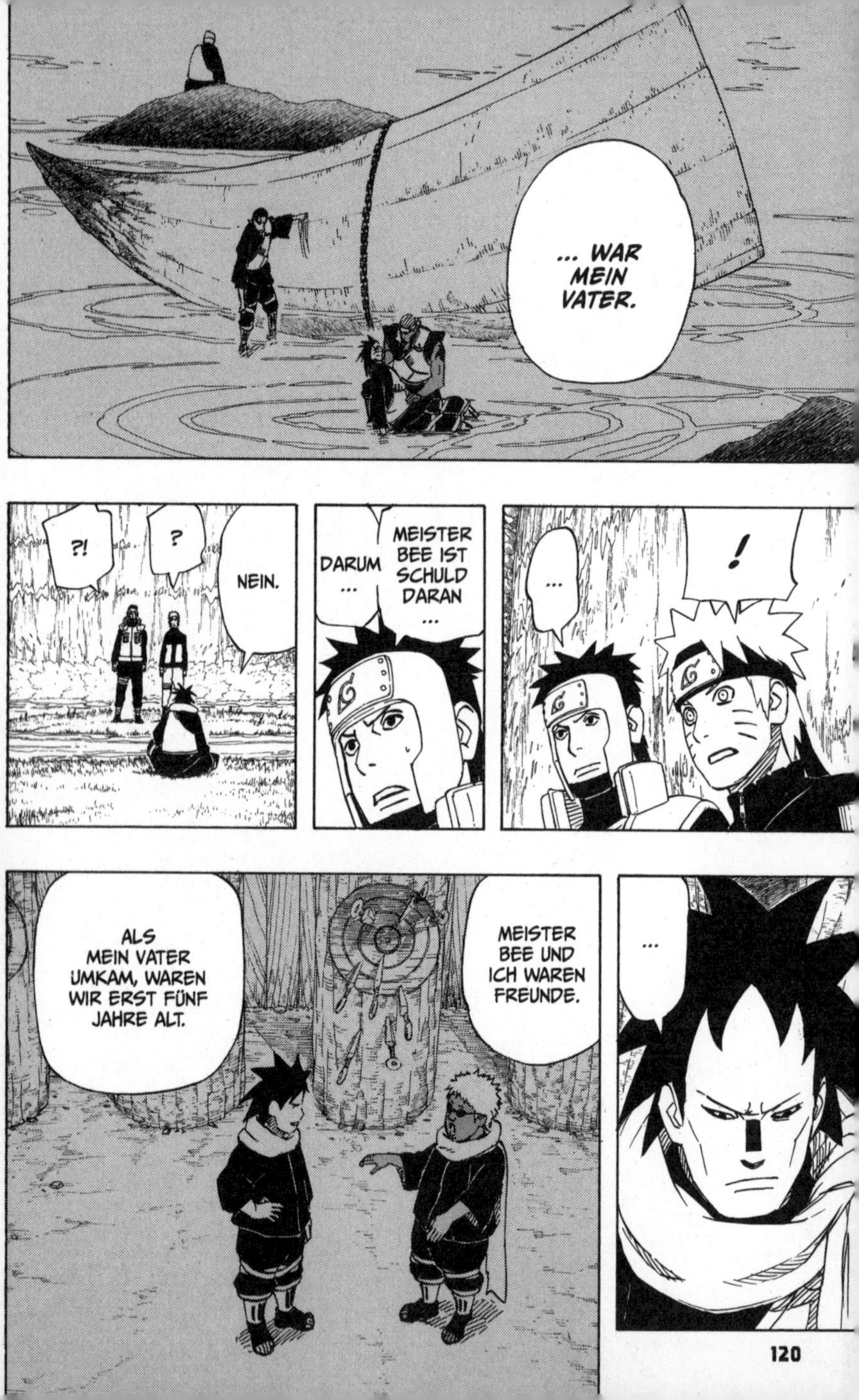
... WAR MEIN VATER.
NEIN.
?
?!
MEISTER BEE IST SCHULD DARAN ...
DARUM ...
!
...
...
MEISTER BEE UND ICH WAREN FREUNDE.
ALS MEIN VATER UMKAM, WAREN WIR ERST FÜNF JAHRE ALT.

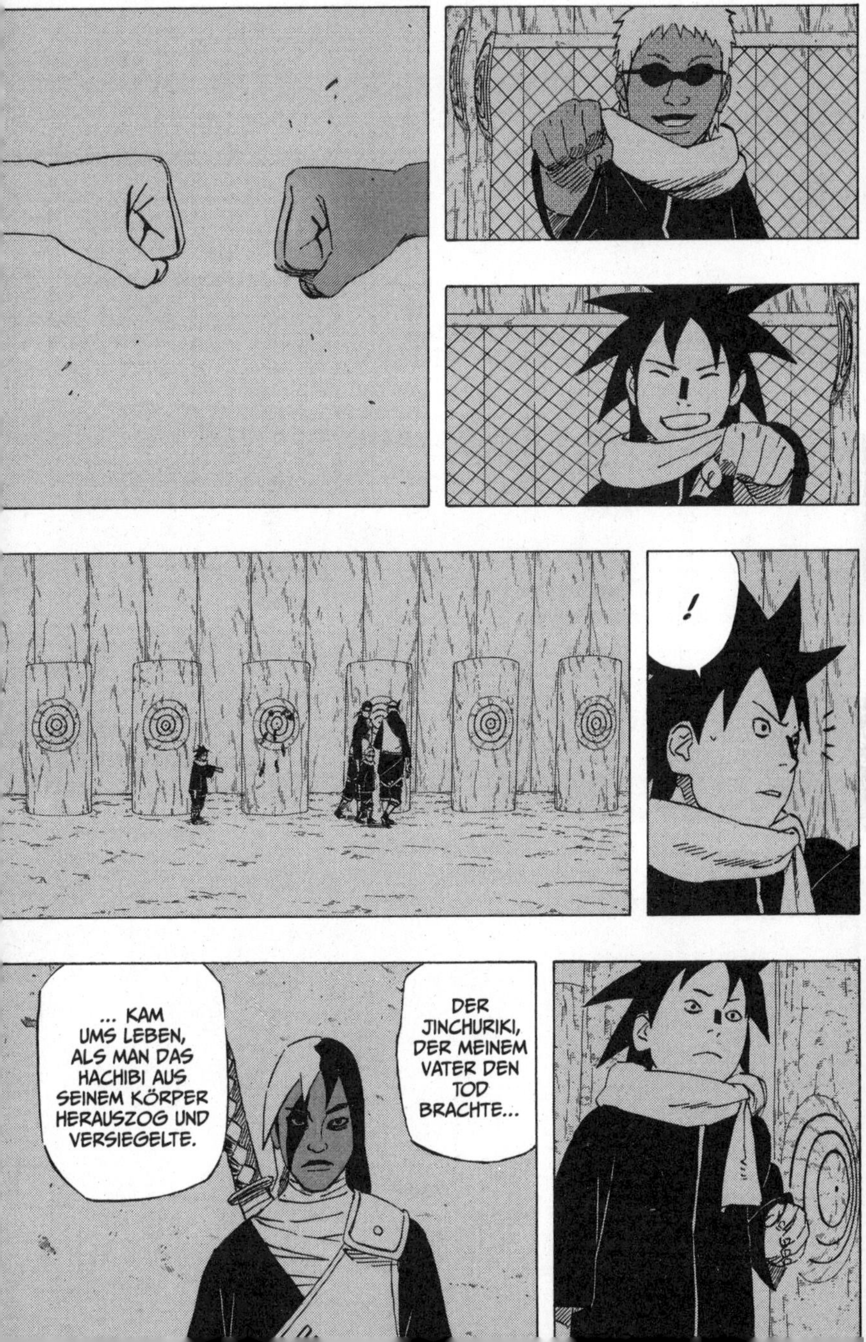
!
DER JINCHURIKI, DER MEINEM VATER DEN TOD BRACHTE...
... KAM UMS LEBEN, ALS MAN DAS HACHIBI AUS SEINEM KÖRPER HERAUSZOG UND VERSIEGELTE.

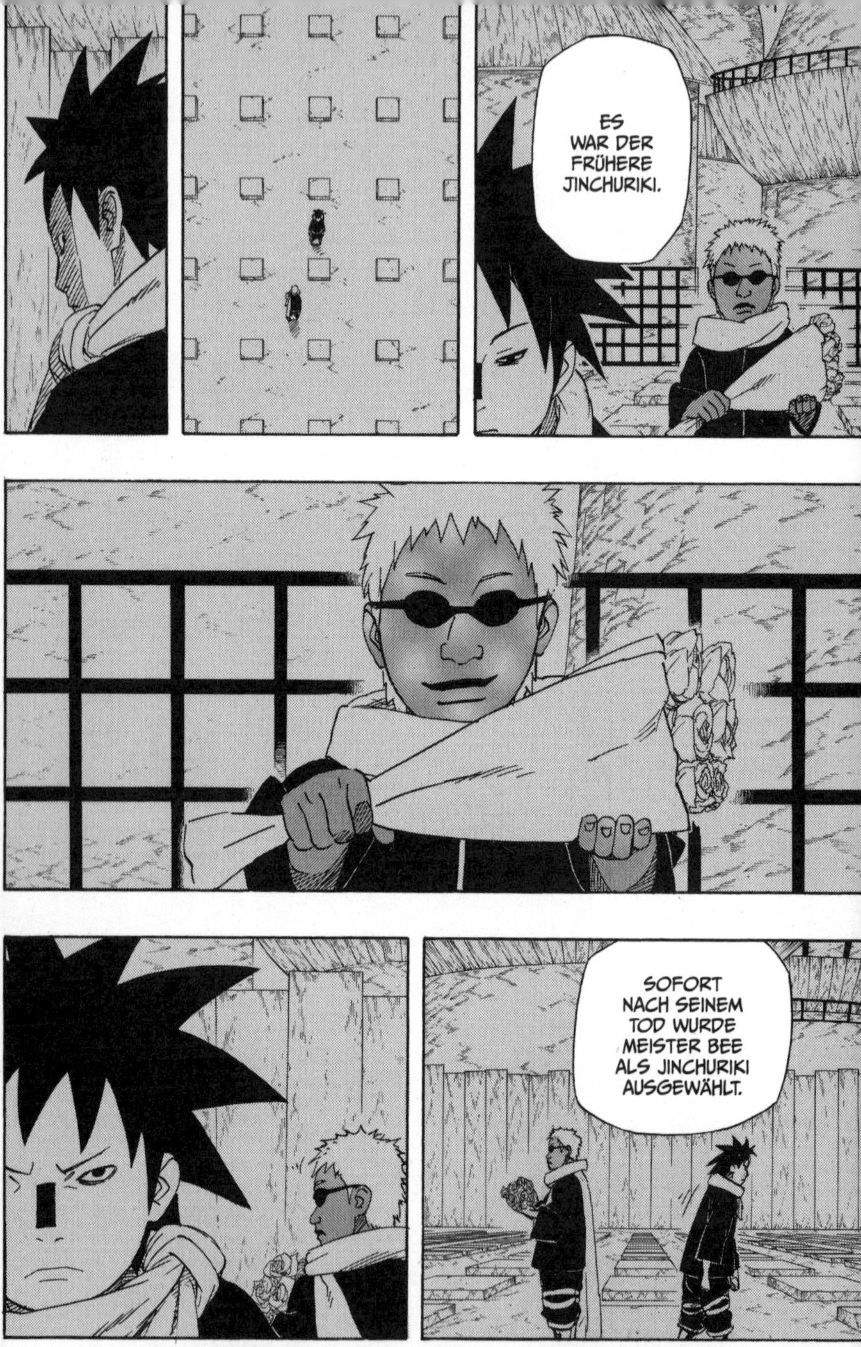
ES WAR DER FRÜHERE JINCHURIKI.
SOFORT NACH SEINEM TOD WURDE MEISTER BEE ALS JINCHURIKI AUSGEWÄHLT.

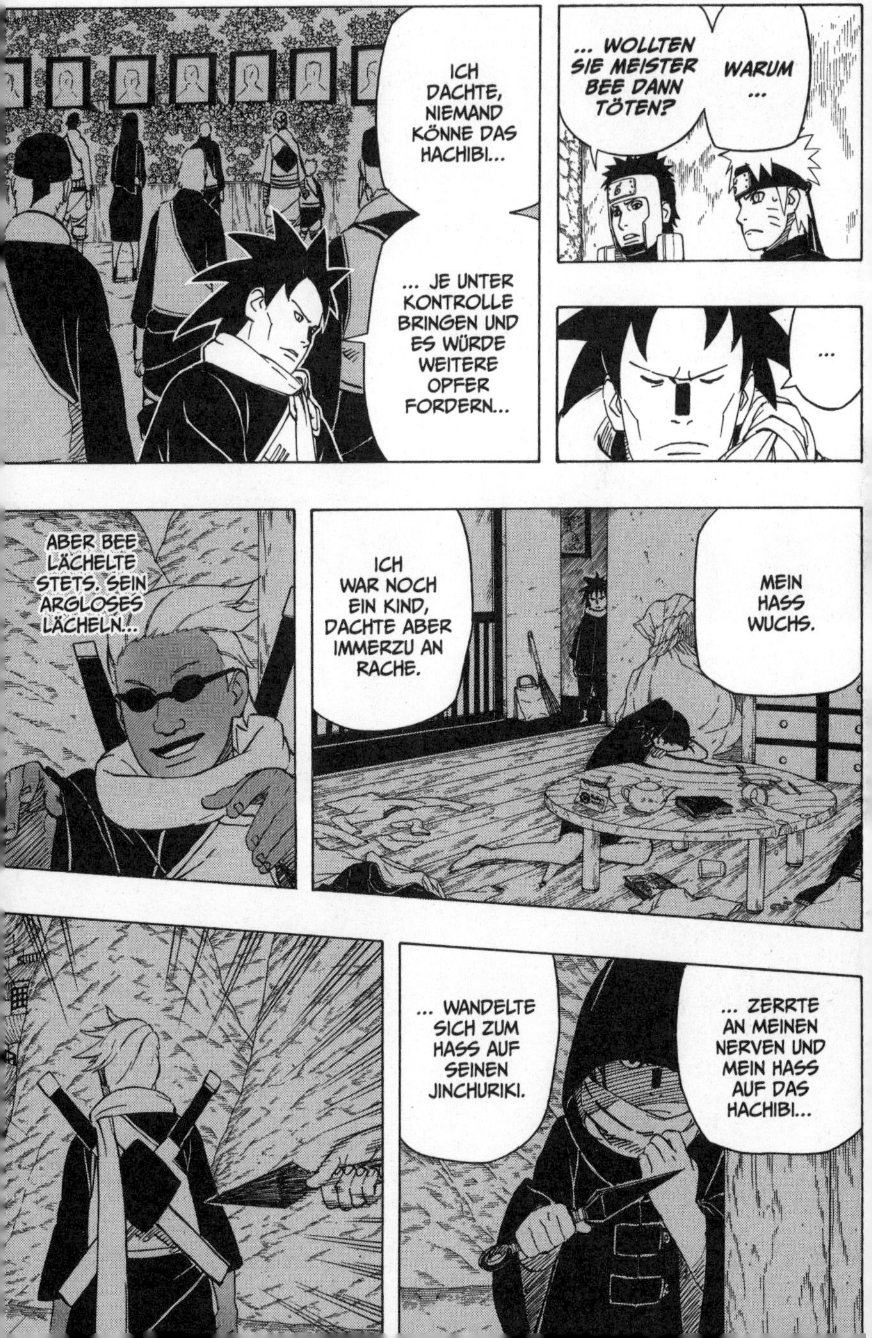
WARUM ...
... WOLLTEN SIE MEISTER BEE DANN TÖTEN?
ICH DACHTE, NIEMAND KÖNNE DAS HACHIBI...
... JE UNTER KONTROLLE BRINGEN UND ES WÜRDE WEITERE OPFER FORDERN...
...
MEIN HASS WUCHS.
ICH WAR NOCH EIN KIND, DACHTE ABER IMMERZU AN RACHE.
ABER BEE LÄCHELTE STETS. SEIN ARGLOSES LÄCHELN...
... ZERRTE AN MEINEN NERVEN UND MEIN HASS AUF DAS HACHIBI...
... WANDELTE SICH ZUM HASS AUF SEINEN JINCHURIKI.

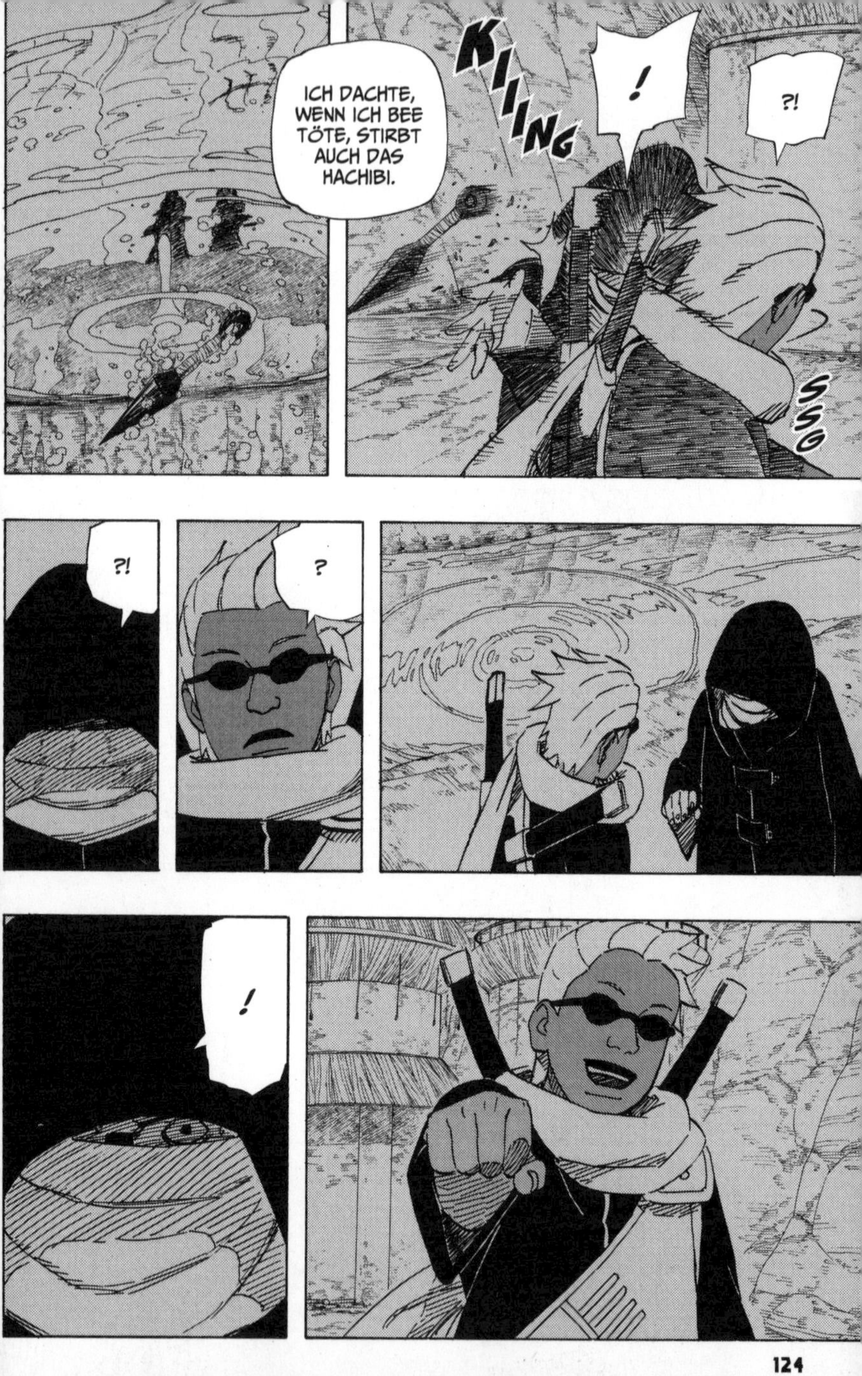
?!
!
KIIING
ICH DACHTE, WENN ICH BEE TÖTE, STIRBT AUCH DAS HACHIBI.
SSG
?
?!
!

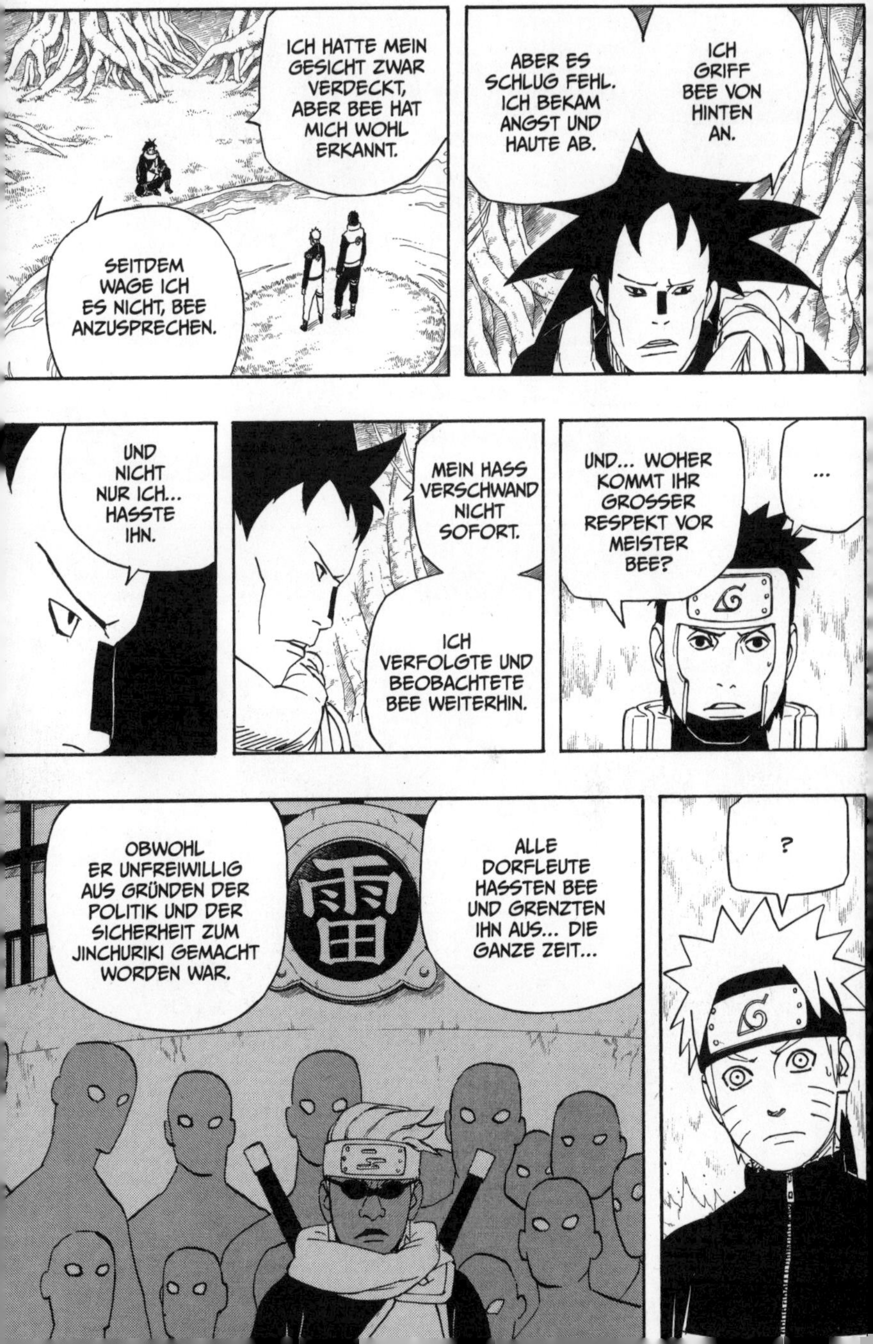
ICH GRIFF BEE VON HINTEN AN.
ABER ES SCHLUG FEHL. ICH BEKAM ANGST UND HAUTE AB.
ICH HATTE MEIN GESICHT ZWAR VERDECKT, ABER BEE HAT MICH WOHL ERKANNT.
SEITDEM WAGE ICH ES NICHT, BEE ANZUSPRECHEN.
...
UND... WOHER KOMMT IHR GROSSER RESPEKT VOR MEISTER BEE?
MEIN HASS VERSCHWAND NICHT SOFORT.
ICH VERFOLGTE UND BEOBACHTETE BEE WEITERHIN.
UND NICHT NUR ICH... HASSTE IHN.
?
ALLE DORFLEUTE HASSTEN BEE UND GRENZTEN IHN AUS... DIE GANZE ZEIT...
雷
OBWOHL ER UNFREIWILLIG AUS GRÜNDEN DER POLITIK UND DER SICHERHEIT ZUM JINCHURIKI GEMACHT WORDEN WAR.

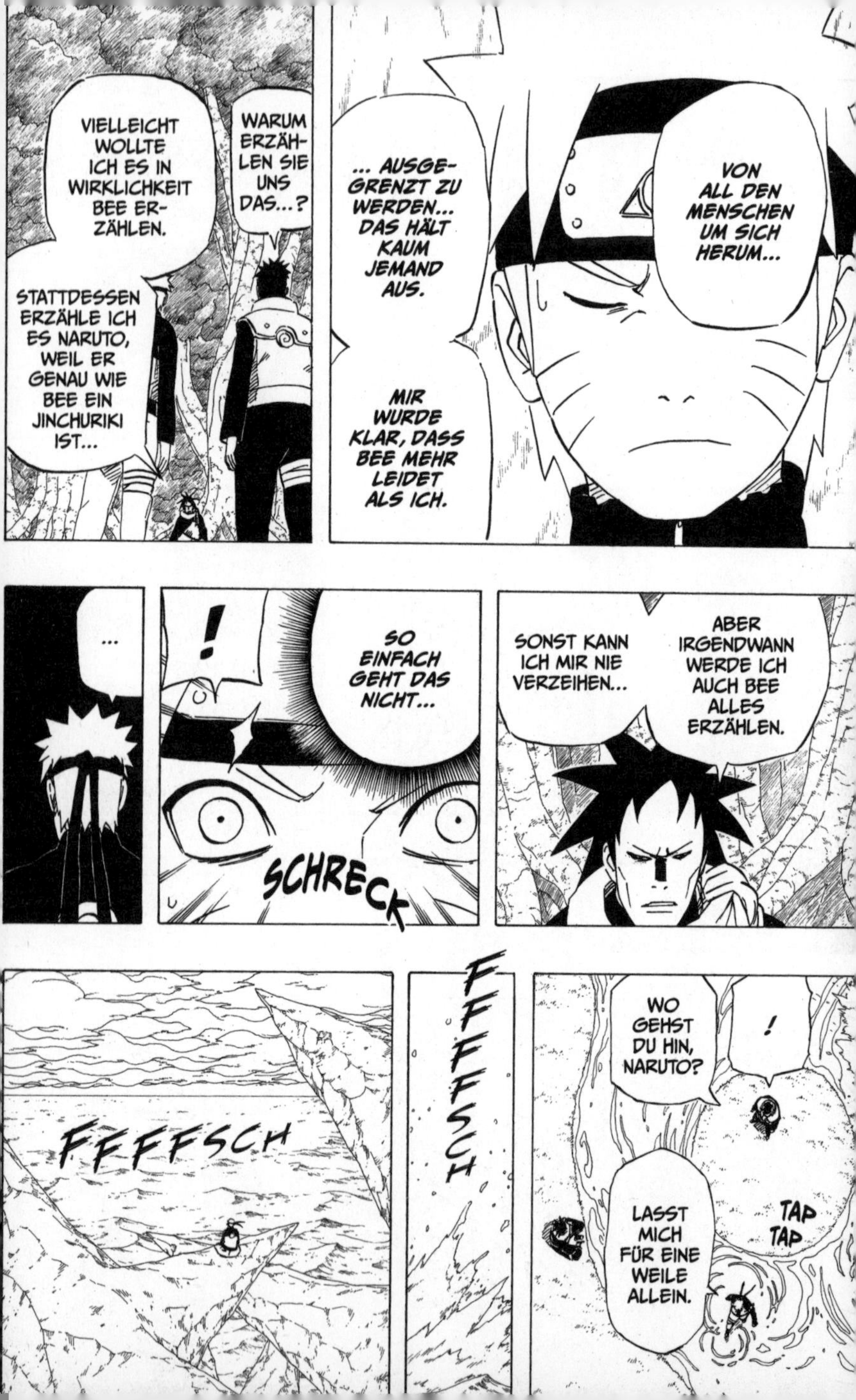
VON ALL DEN MENSCHEN UM SICH HERUM...
... AUSGEGRENZT ZU WERDEN... DAS HÄLT KAUM JEMAND AUS.
MIR WURDE KLAR, DASS BEE MEHR LEIDET ALS ICH.
WARUM ERZÄHLEN SIE UNS DAS...?
VIELLEICHT WOLLTE ICH ES IN WIRKLICHKEIT BEE ERZÄHLEN.
STATTDESSEN ERZÄHLE ICH ES NARUTO, WEIL ER GENAU WIE BEE EIN JINCHURIKI IST...
ABER IRGENDWANN WERDE ICH AUCH BEE ALLES ERZÄHLEN.
SONST KANN ICH MIR NIE VERZEIHEN...
SO EINFACH GEHT DAS NICHT...
!
SCHRECK
...
!
WO GEHST DU HIN, NARUTO?
TAP TAP
LASST MICH FÜR EINE WEILE ALLEIN.
FFFFFSCH
FFFFFSCH

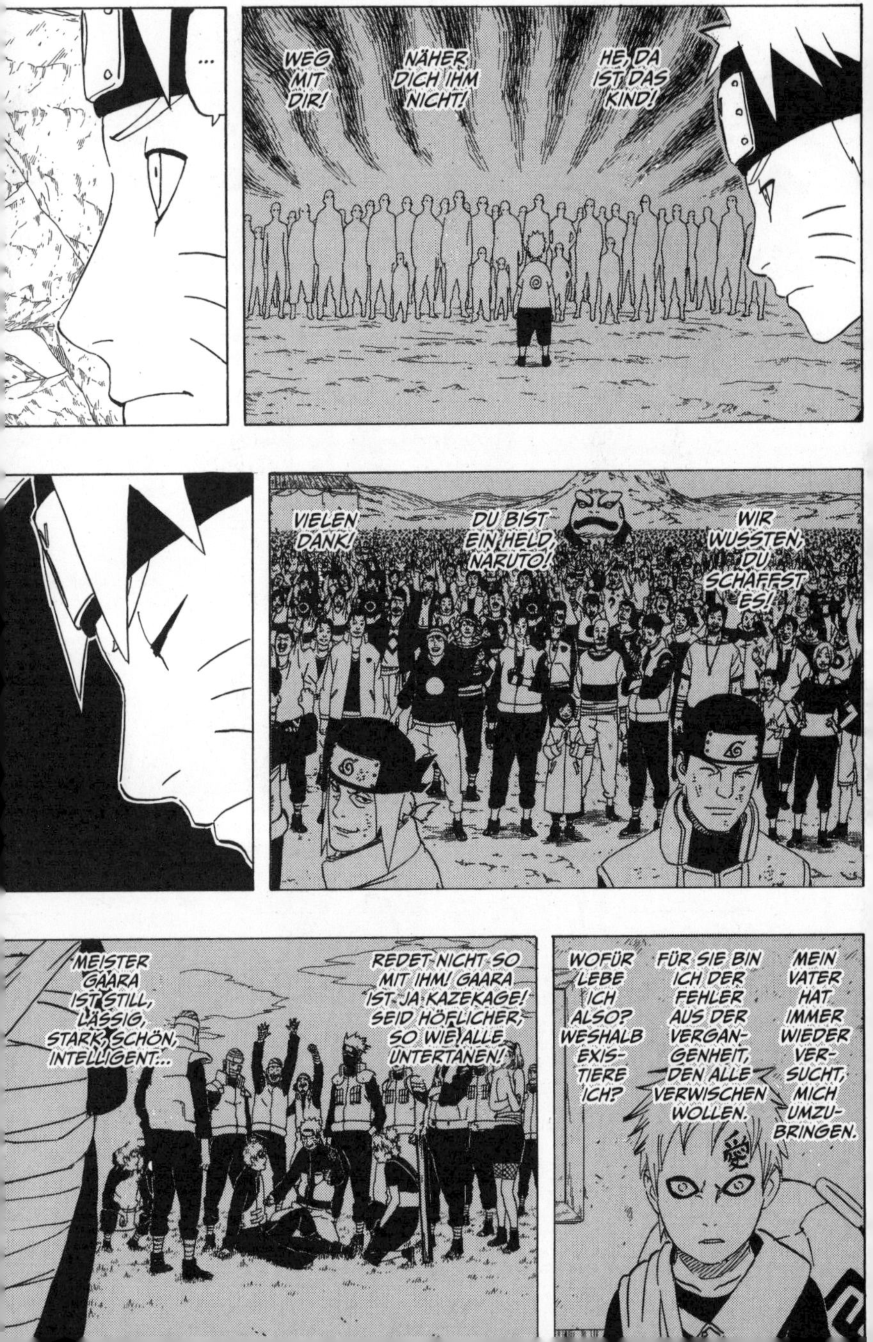

HE, DA IST DAS KIND!
NÄHER DICH IHM NICHT!
WEG MIT DIR!
...
WIR WUSSTEN, DU SCHAFFST ES!
DU BIST EIN HELD, NARUTO!
VIELEN DANK!
MEIN VATER HAT IMMER WIEDER VERSUCHT, MICH UMZUBRINGEN.
FÜR SIE BIN ICH DER FEHLER AUS DER VERGANGENHEIT, DEN ALLE VERWISCHEN WOLLEN.
WOFÜR LEBE ICH ALSO? WESHALB EXISTIERE ICH?
REDET NICHT SO MIT IHM! GAARA IST JA KAZEKAGE! SEID HÖFLICHER, SO WIE ALLE UNTERTANEN!
MEISTER GAARA IST STILL, LÄSSIG, STARK, SCHÖN, INTELLIGENT...

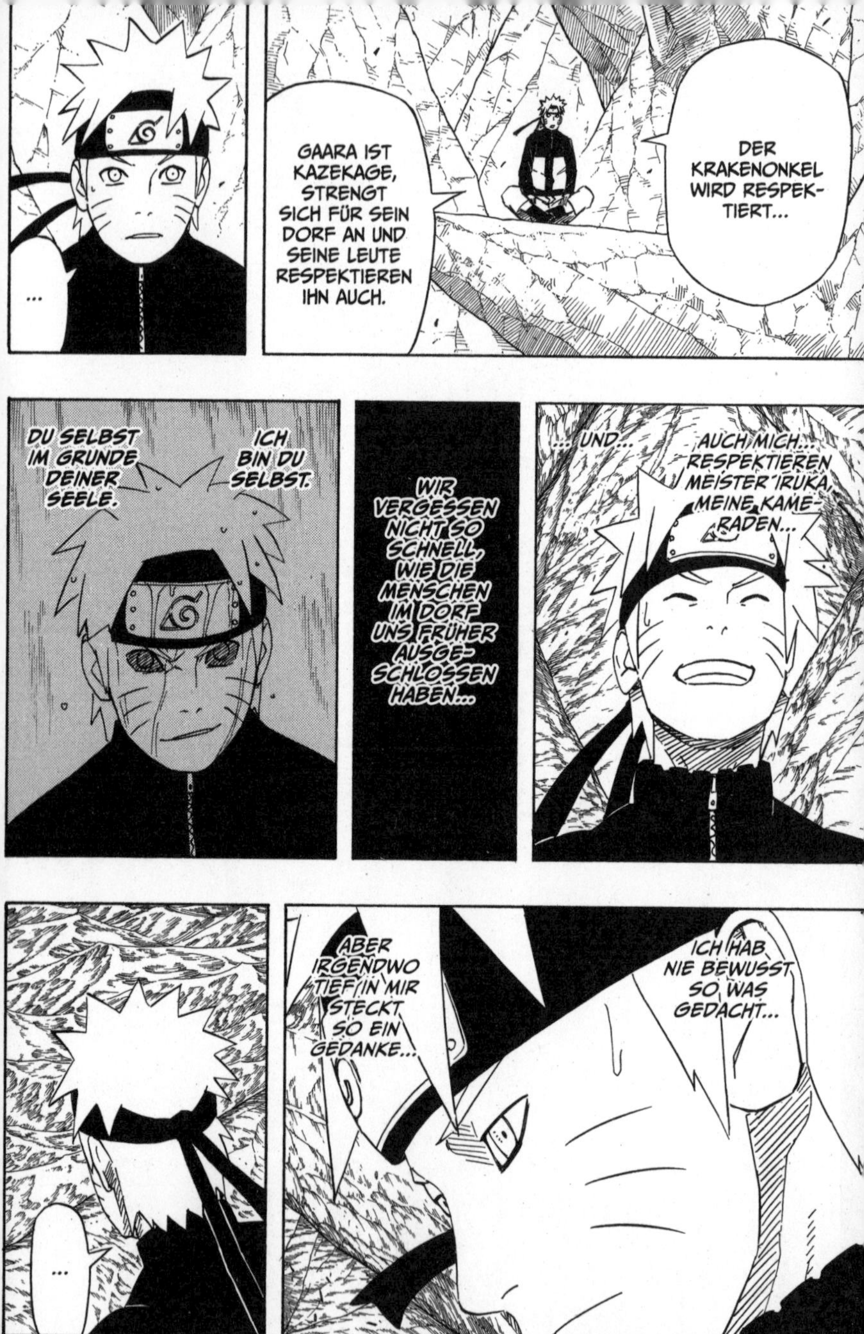
DER KRAKENONKEL WIRD RESPEKTIERT...
GAARA IST KAZEKAGE, STRENGT SICH FÜR SEIN DORF AN UND SEINE LEUTE RESPEKTIEREN IHN AUCH.
...
AUCH MICH... RESPEKTIEREN MEISTER IRUKA, MEINE KAMERADEN...
...UND...
WIR VERGESSEN NICHT SO SCHNELL, WIE DIE MENSCHEN IM DORF UNS FRÜHER AUSGESCHLOSSEN HABEN...
ICH BIN DU SELBST.
DU SELBST IM GRUNDE DEINER SEELE.
ICH HAB NIE BEWUSST SO WAS GEDACHT...
ABER IRGENDWO TIEF IN MIR STECKT SO EIN GEDANKE...
...

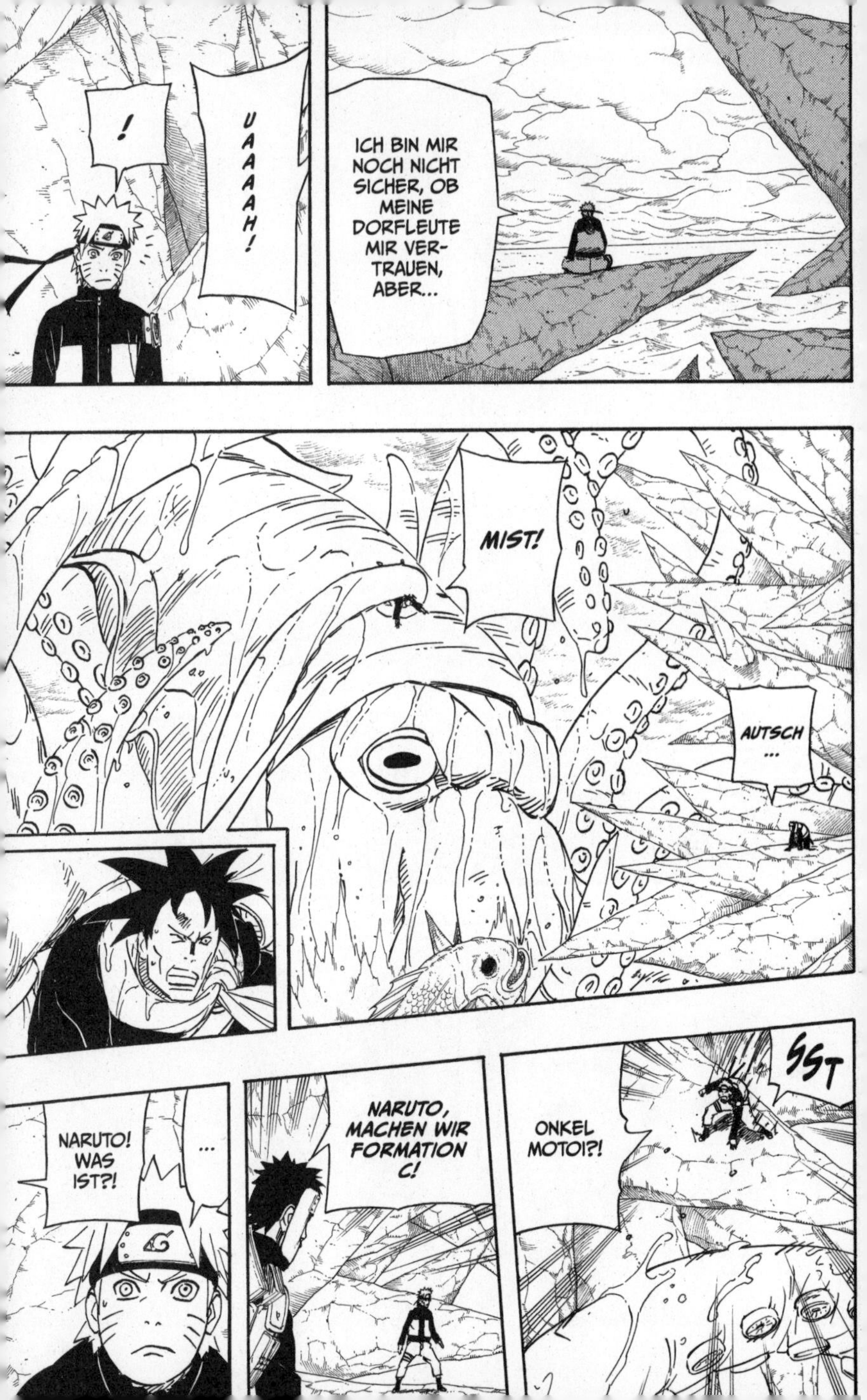

ICH BIN MIR NOCH NICHT SICHER, OB MEINE DORFLEUTE MIR VERTRAUEN, ABER...
UAAAAAH!
!
AUTSCH ...
MIST!
SST
ONKEL MOTOI?!
NARUTO, MACHEN WIR FORMATION C!
...
NARUTO! WAS IST?!

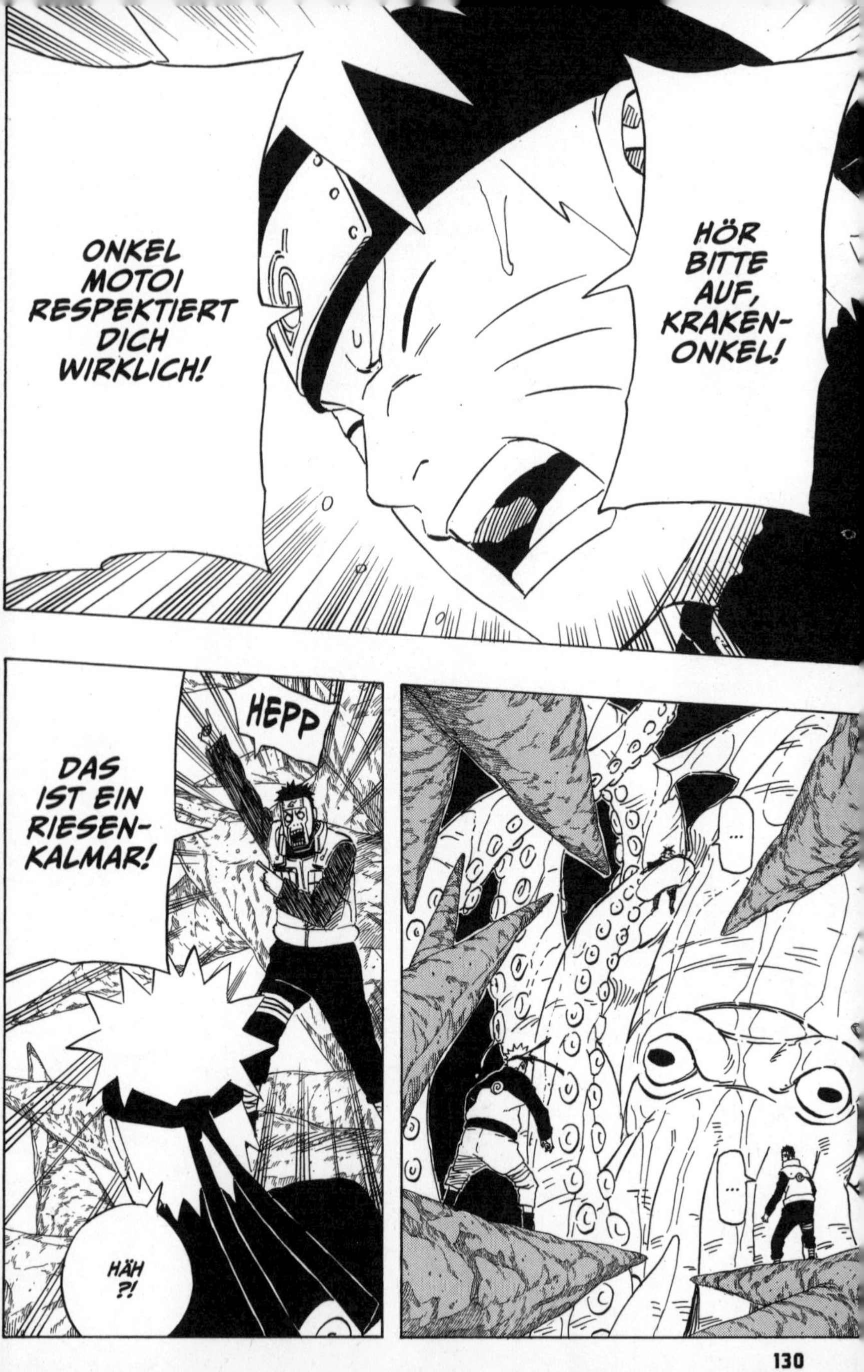

HÖR BITTE AUF, KRAKEN-ONKEL!
ONKEL MOTOI RESPEKTIERT DICH WIRKLICH!
...
...
HEPP
DAS IST EIN RIESEN-KALMAR!
HÄH?!

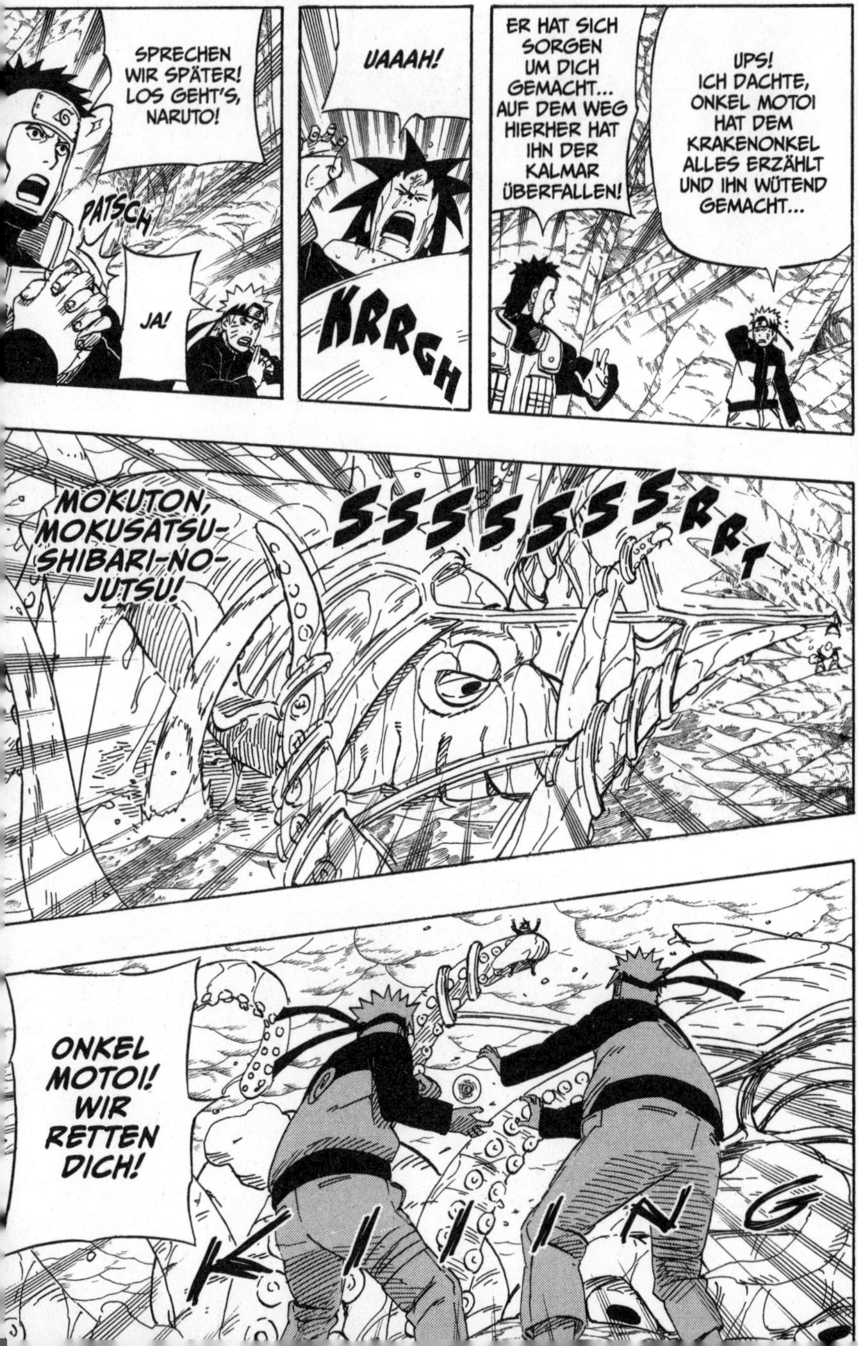
SPRECHEN WIR SPÄTER! LOS GEHT'S, NARUTO!
PATSCH
JA!
UAAAH!
KRRGH
ER HAT SICH SORGEN UM DICH GEMACHT... AUF DEM WEG HIERHER HAT IHN DER KALMAR ÜBERFALLEN!
UPS! ICH DACHTE, ONKEL MOTOI HAT DEM KRAKENONKEL ALLES ERZÄHLT UND IHN WÜTEND GEMACHT...
MOKUTON, MOKUSATSU-SHIBARI-NO-JUTSU!
SSSSSSSSSRRRT
ONKEL MOTOI! WIR RETTEN DICH!
KIIING

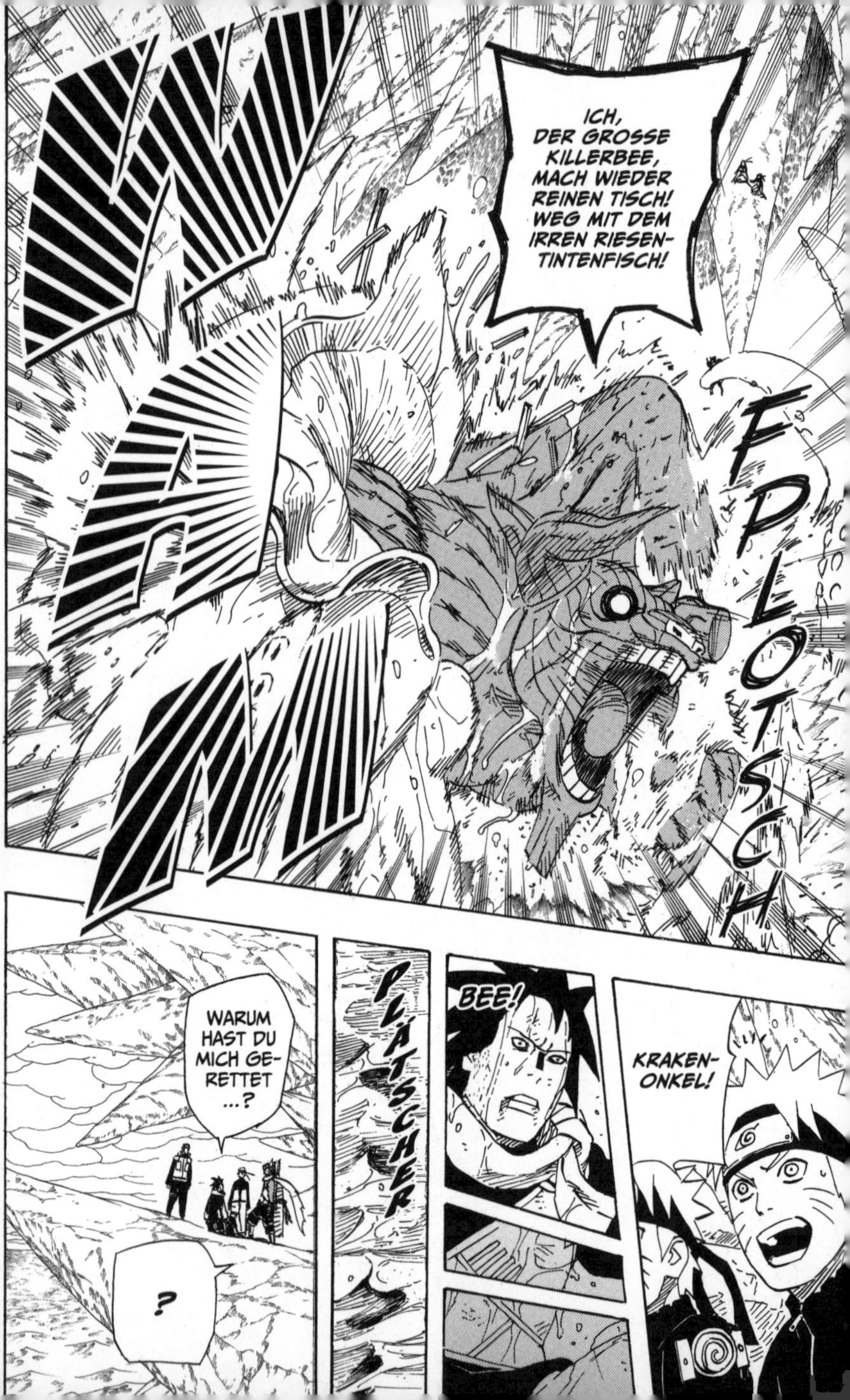
ICH, DER GROSSE KILLERBEE, MACH WIEDER REINEN TISCH! WEG MIT DEM IRREN RIESEN-TINTENFISCH!
FLOTSCH
KRAKEN-ONKEL!
BEE!
PLÄTSCHER
WARUM HAST DU MICH GE-RETTET ...?
?

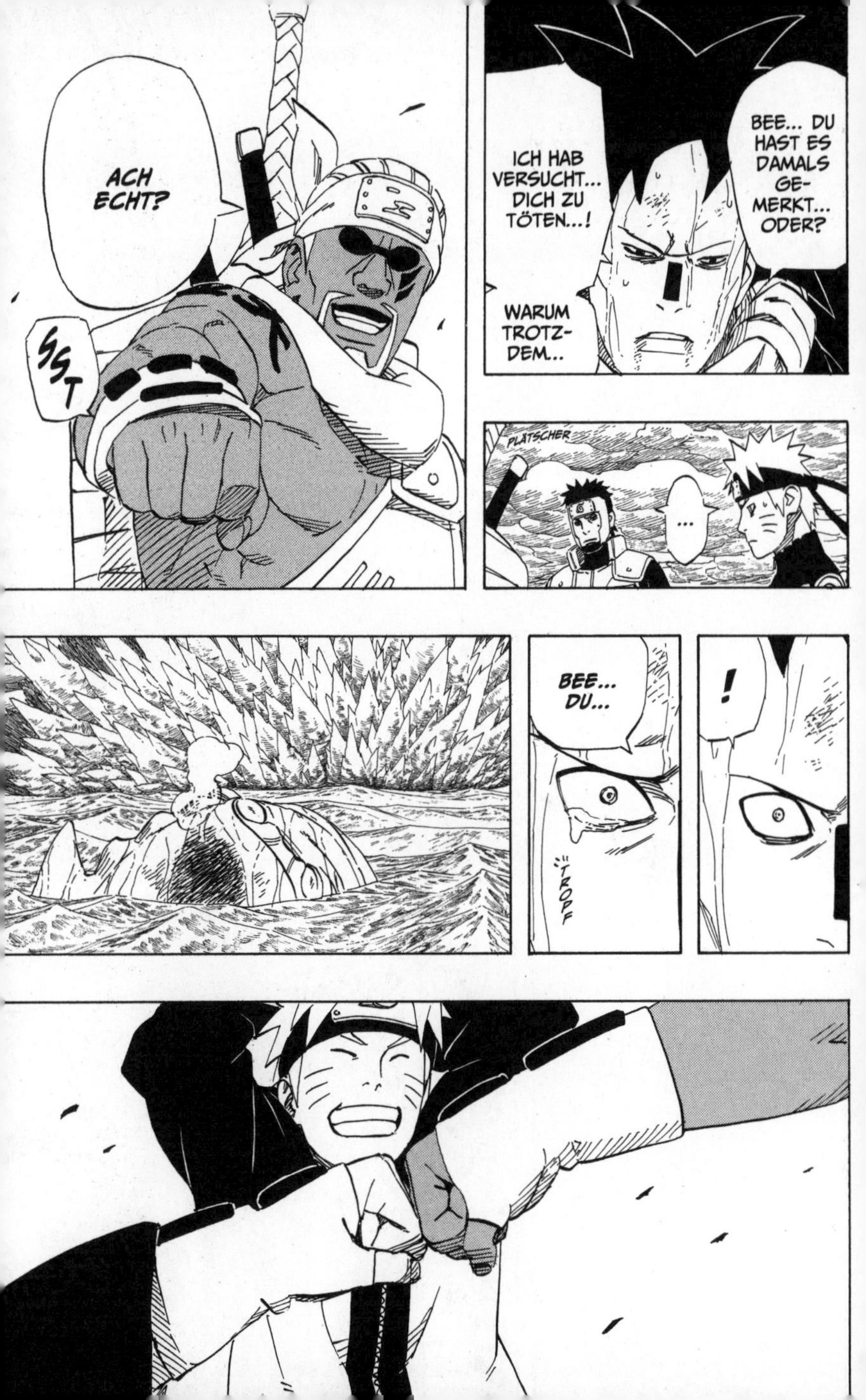
BEE... DU HAST ES DAMALS GEMERKT... ODER?
ICH HAB VERSUCHT... DICH ZU TÖTEN...!
WARUM TROTZDEM...
ACH ECHT?
SST
PLÄTSCHER
...
!
BEE... DU...
TROPF

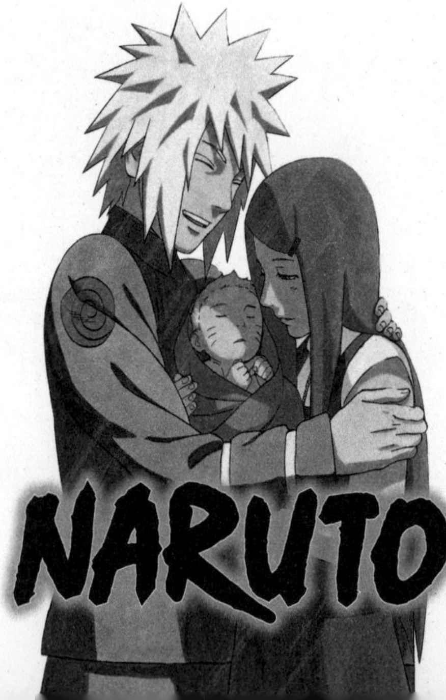
NARUTO

# 495. Kapitel:

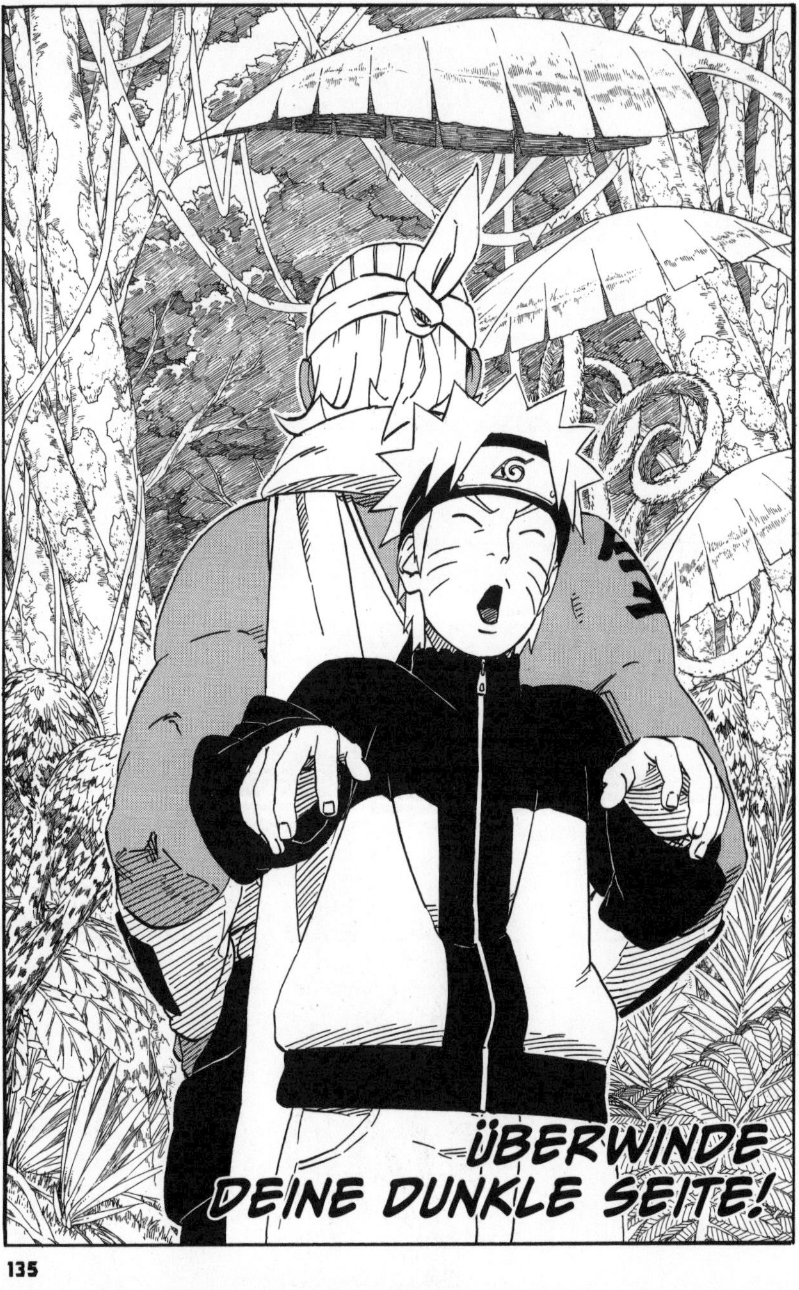

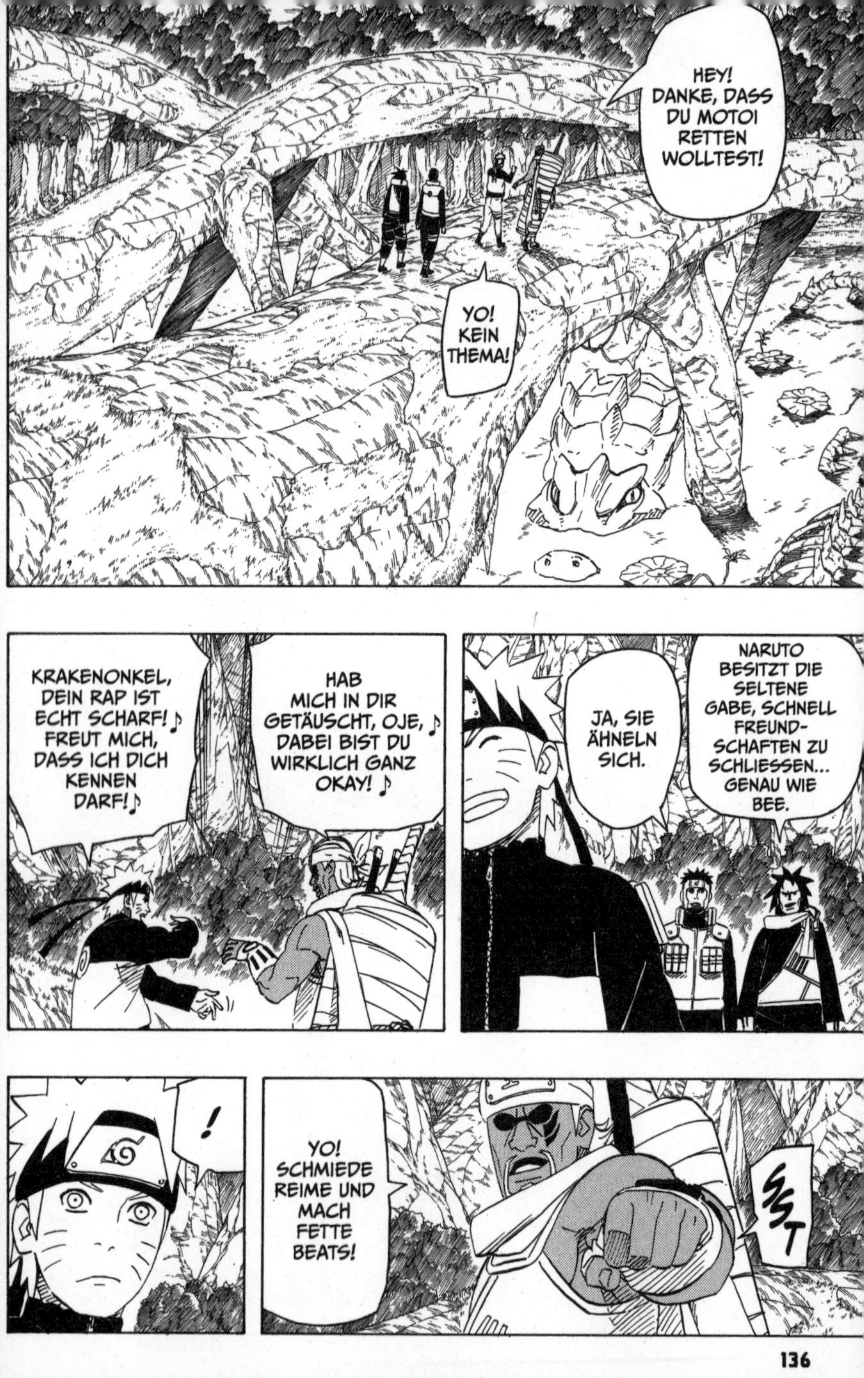
HEY! DANKE, DASS DU MOTOI RETTEN WOLLTEST!
YO! KEIN THEMA!
NARUTO BESITZT DIE SELTENE GABE, SCHNELL FREUND-SCHAFTEN ZU SCHLIESSEN... GENAU WIE BEE.
JA, SIE ÄHNELN SICH.
HAB MICH IN DIR GETÄUSCHT, OJE, ♪ DABEI BIST DU WIRKLICH GANZ OKAY! ♪
KRAKENONKEL, DEIN RAP IST ECHT SCHARF! ♪ FREUT MICH, DASS ICH DICH KENNEN DARF! ♪
SST
YO! SCHMIEDE REIME UND MACH FETTE BEATS!
!

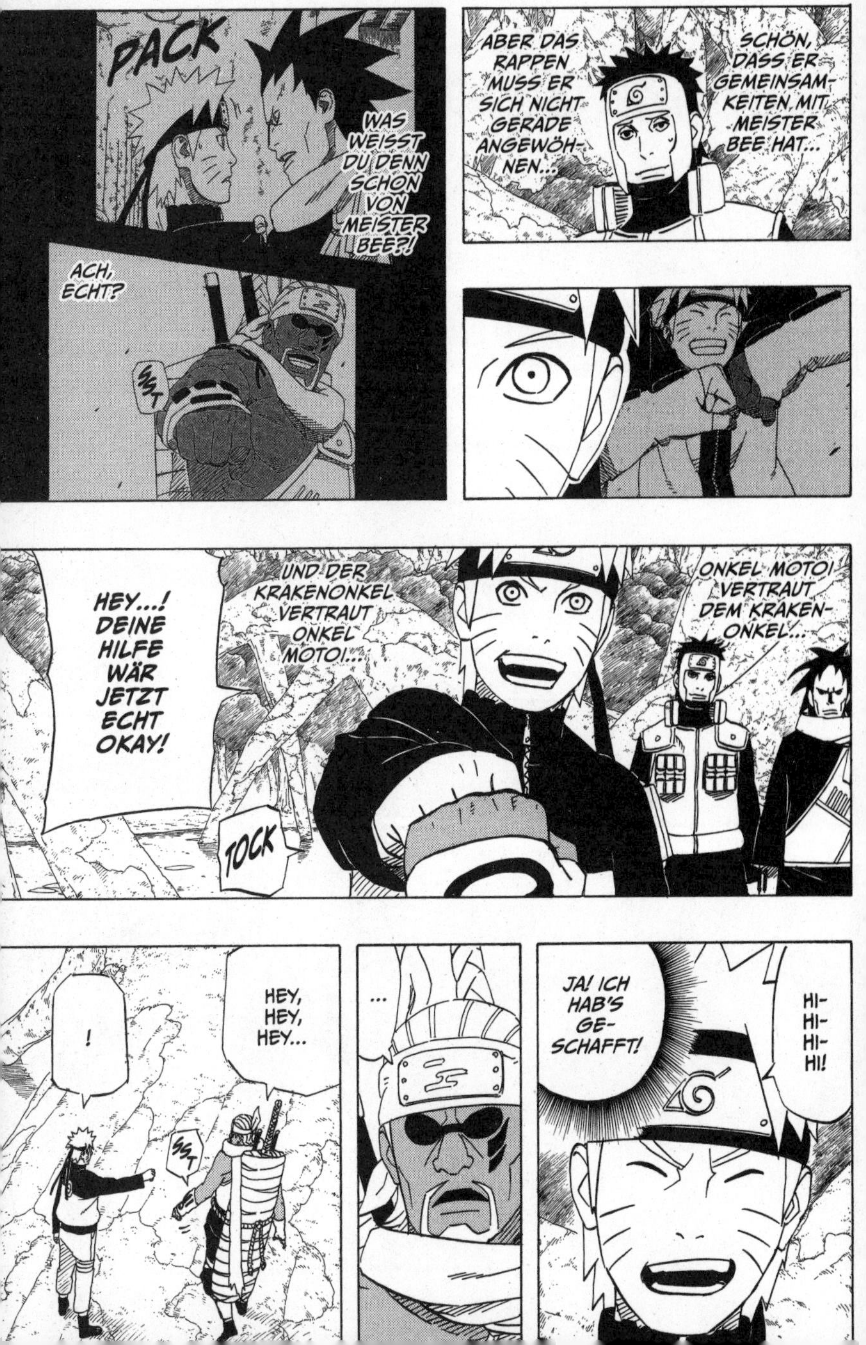
SCHÖN, DASS ER GEMEINSAMKEITEN MIT MEISTER BEE HAT...
ABER DAS RAPPEN MUSS ER SICH NICHT GERADE ANGEWÖHNEN...
PACK
WAS WEISST DU DENN SCHON VON MEISTER BEE?!
ACH, ECHT?
SST
ONKEL MOTOI VERTRAUT DEM KRAKENONKEL...
UND DER KRAKENONKEL VERTRAUT ONKEL MOTOI...
HEY...! DEINE HILFE WÄR JETZT ECHT OKAY!
TOCK
HI-HI-HI-HI!
JA! ICH HAB'S GESCHAFFT!
...
HEY, HEY, HEY...
!
SST

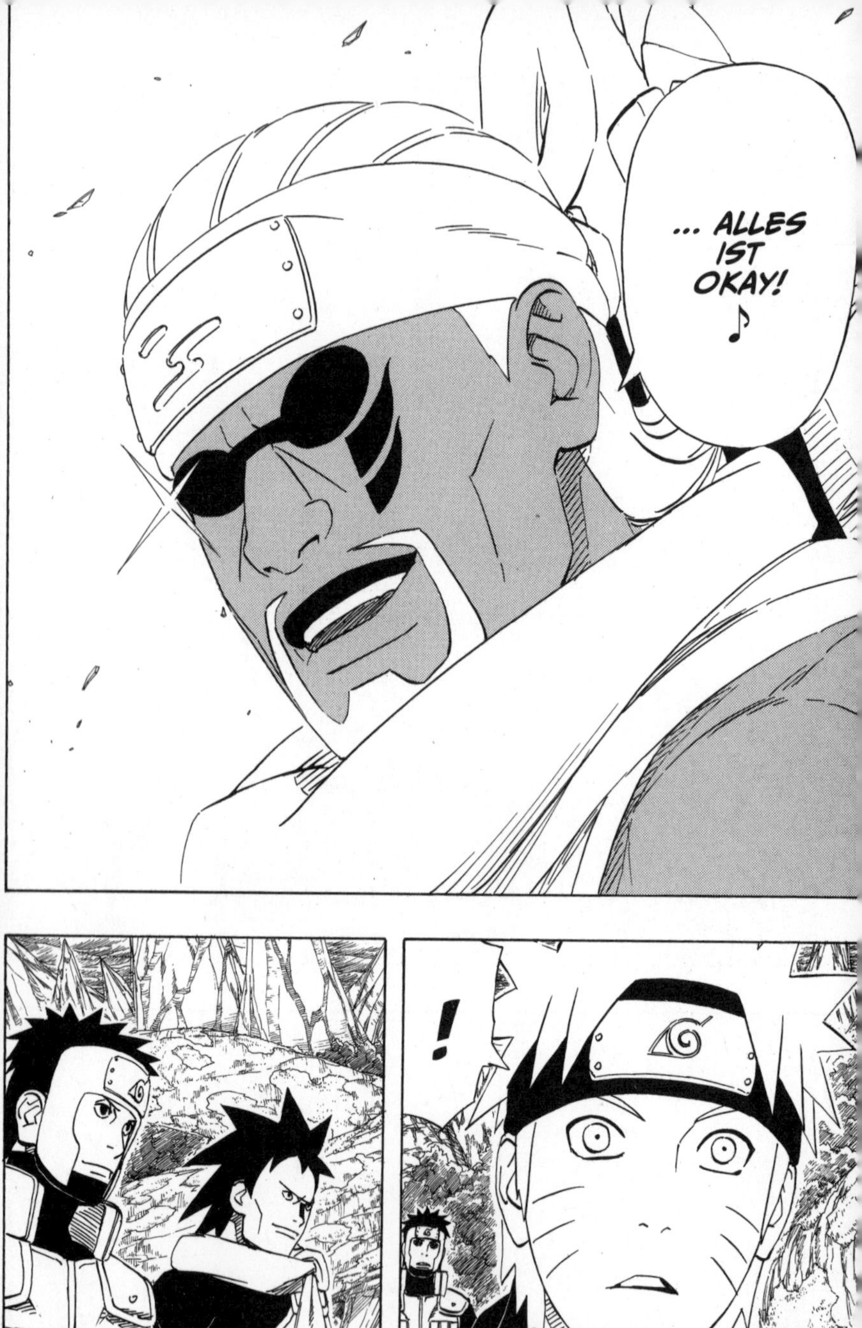
... ALLES IST OKAY! ♪
!

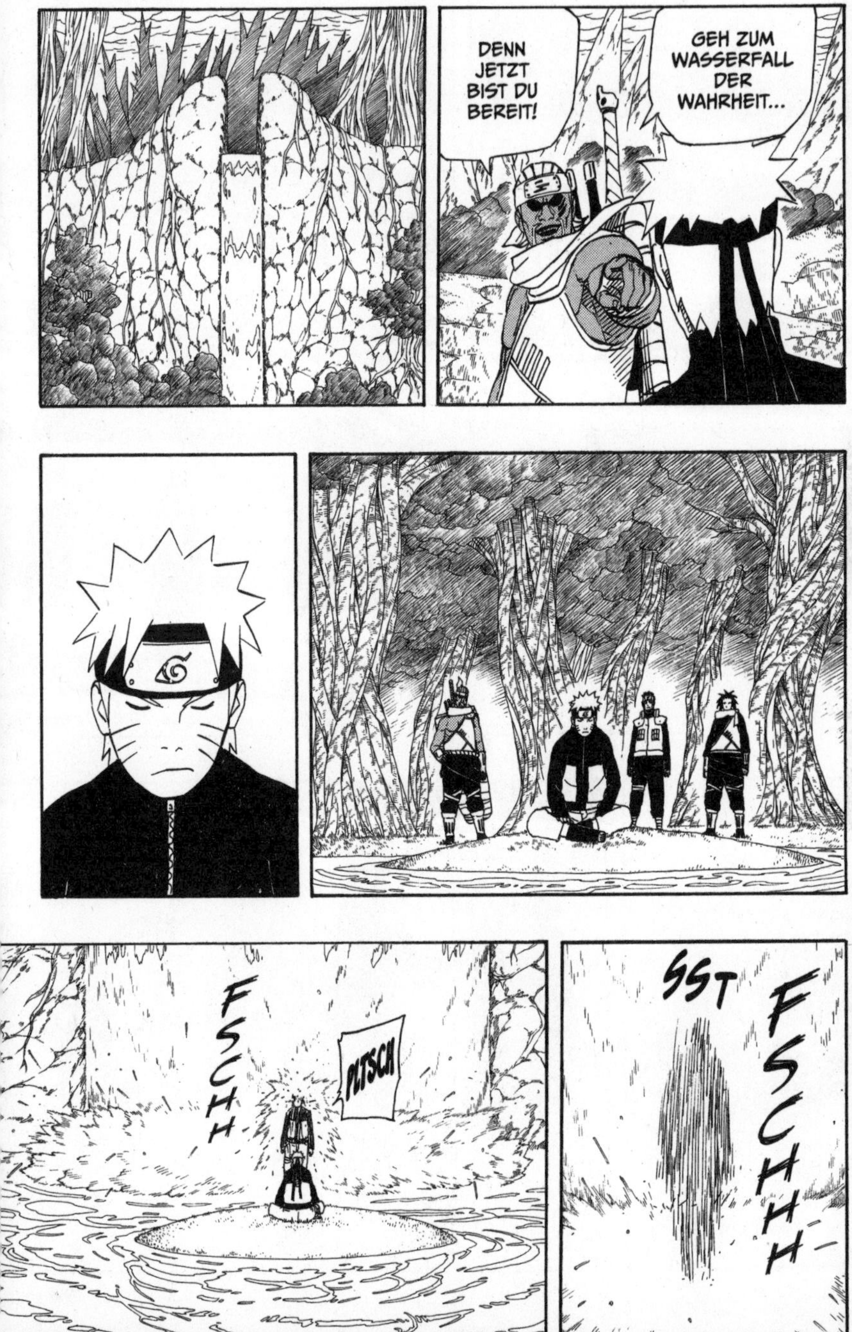
GEH ZUM WASSERFALL DER WAHRHEIT...
DENN JETZT BIST DU BEREIT!
SST
FSCHHH
FSCHH
PLTSCH

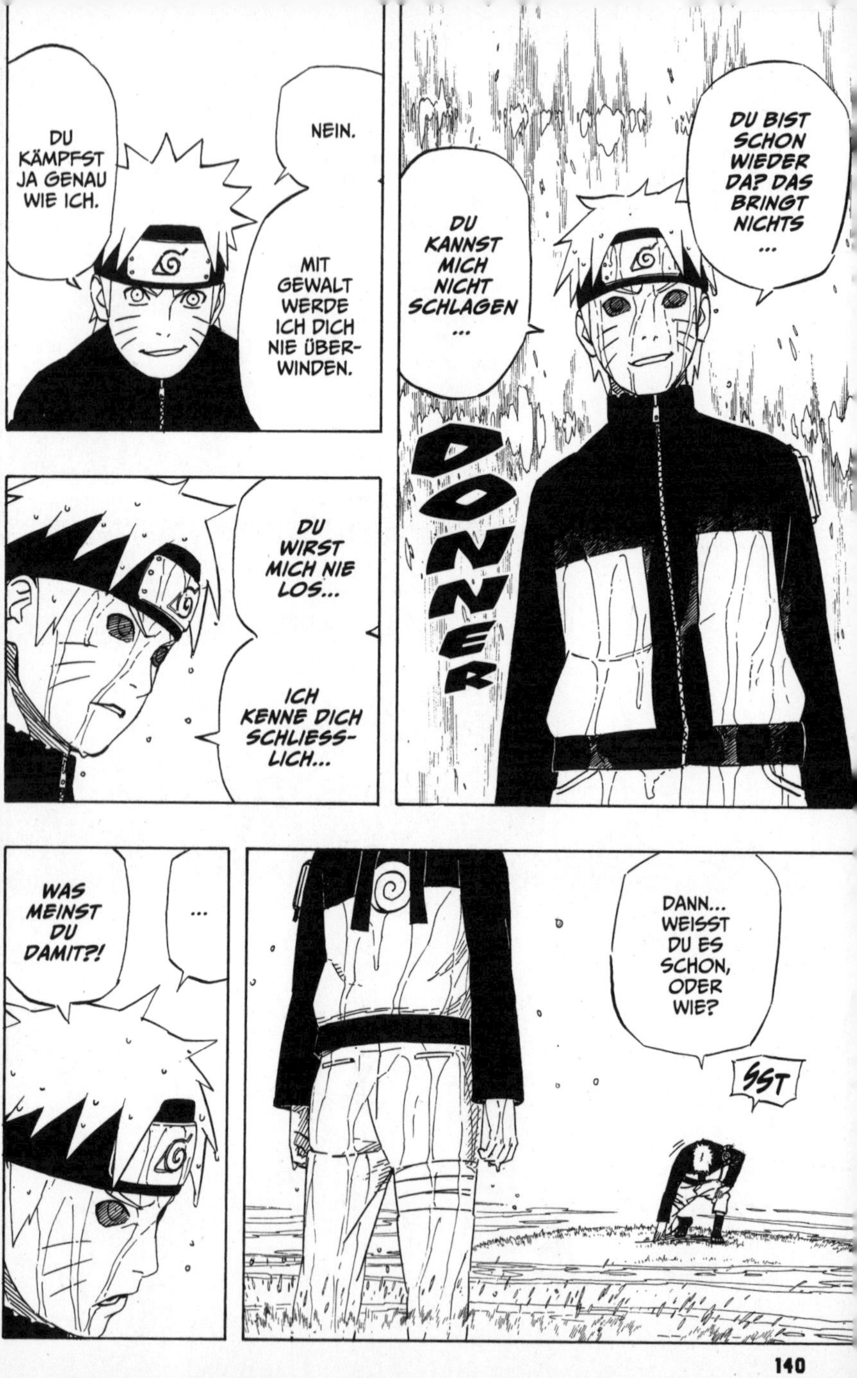
DU BIST SCHON WIEDER DA? DAS BRINGT NICHTS ...
DU KANNST MICH NICHT SCHLAGEN ...
DONNER
NEIN.
MIT GEWALT WERDE ICH DICH NIE ÜBER-WINDEN.
DU KÄMPFST JA GENAU WIE ICH.
DU WIRST MICH NIE LOS...
ICH KENNE DICH SCHLIESS-LICH...
DANN... WEISST DU ES SCHON, ODER WIE?
SST
...
WAS MEINST DU DAMIT?!

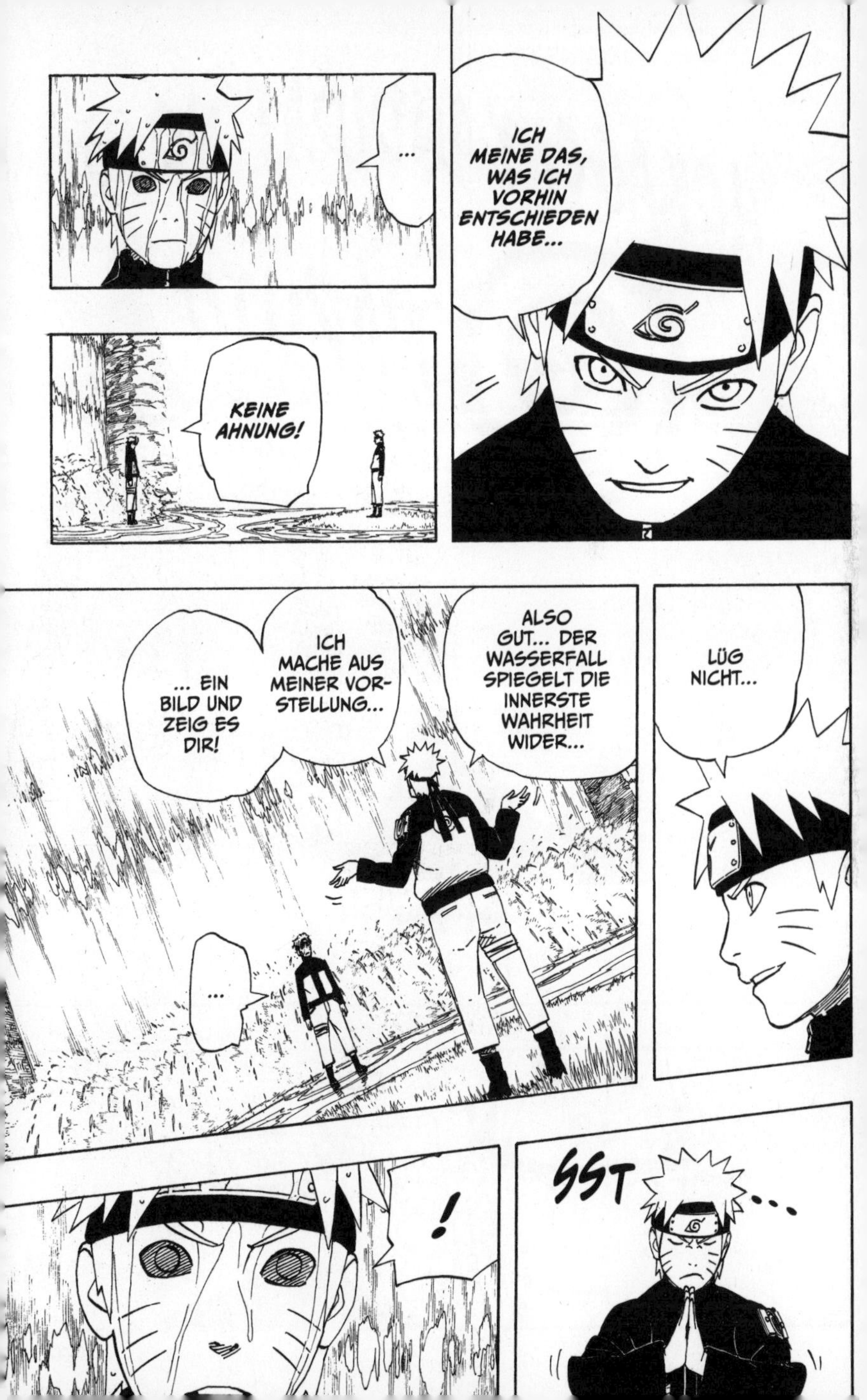
ICH MEINE DAS, WAS ICH VORHIN ENTSCHIEDEN HABE...
...
KEINE AHNUNG!
LÜG NICHT...
ALSO GUT... DER WASSERFALL SPIEGELT DIE INNERSTE WAHRHEIT WIDER...
ICH MACHE AUS MEINER VOR-STELLUNG...
... EIN BILD UND ZEIG ES DIR!
...
SST
...
!

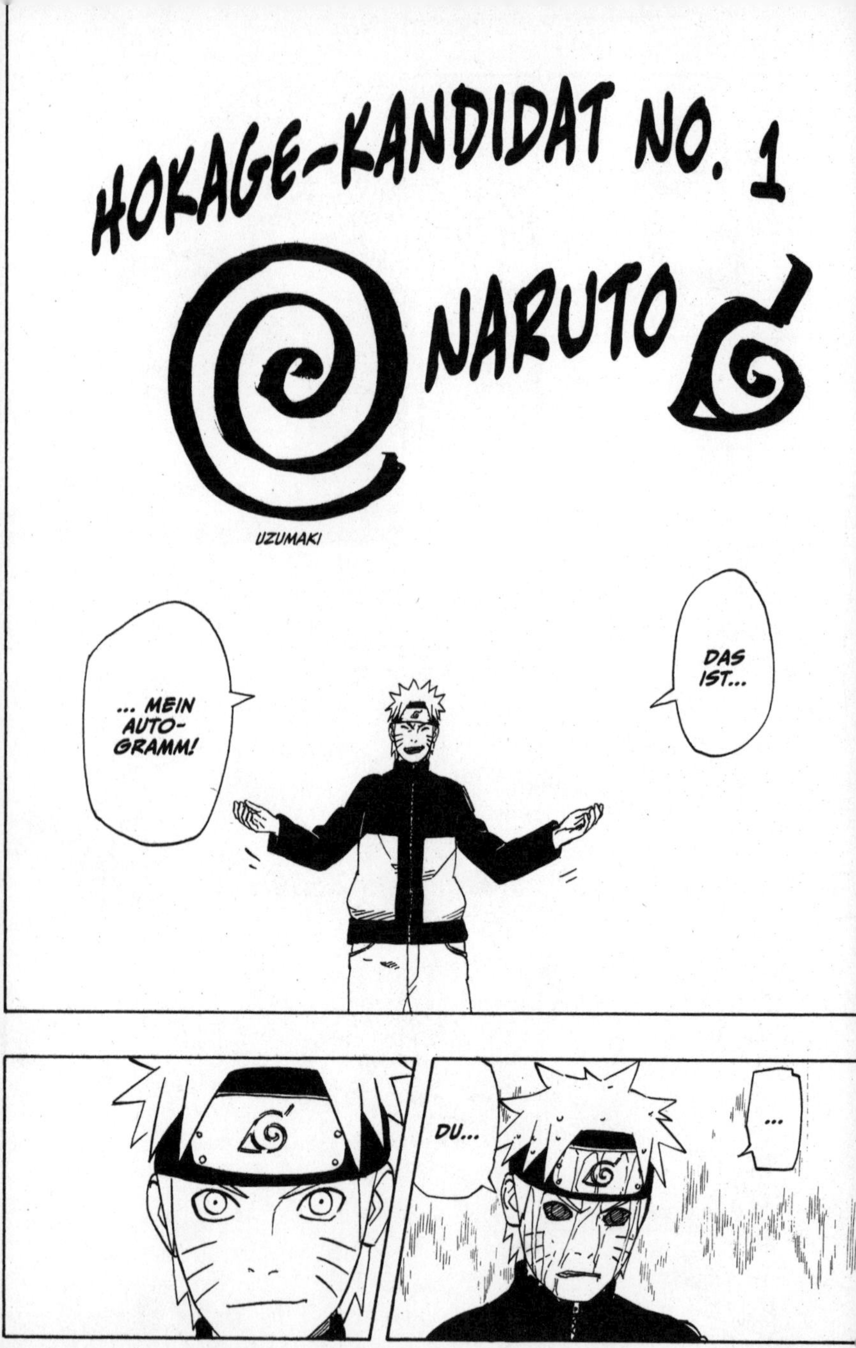
HOKAGE-KANDIDAT NO. 1
UZUMAKI
NARUTO
DAS IST...
... MEIN AUTO-GRAMM!
...
DU...

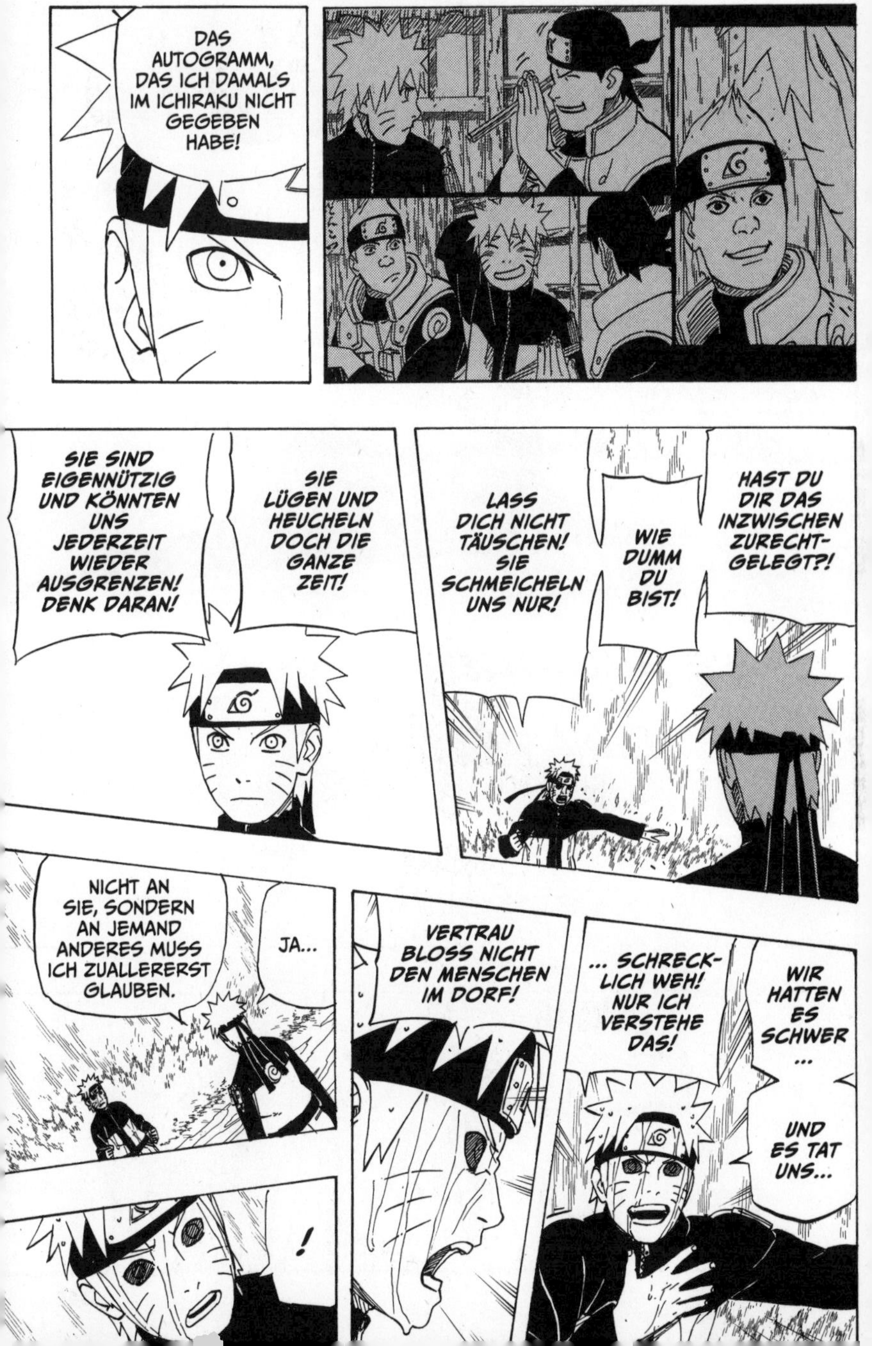
DAS AUTOGRAMM, DAS ICH DAMALS IM ICHIRAKU NICHT GEGEBEN HABE!
HAST DU DIR DAS INZWISCHEN ZURECHT-GELEGT?!
WIE DUMM DU BIST!
LASS DICH NICHT TÄUSCHEN! SIE SCHMEICHELN UNS NUR!
SIE LÜGEN UND HEUCHELN DOCH DIE GANZE ZEIT!
SIE SIND EIGENNÜTZIG UND KÖNNTEN UNS JEDERZEIT WIEDER AUSGRENZEN! DENK DARAN!
WIR HATTEN ES SCHWER ...
UND ES TAT UNS...
... SCHRECK-LICH WEH! NUR ICH VERSTEHE DAS!
VERTRAU BLOSS NICHT DEN MENSCHEN IM DORF!
JA...
NICHT AN SIE, SONDERN AN JEMAND ANDERES MUSS ICH ZUALLERERST GLAUBEN.
!

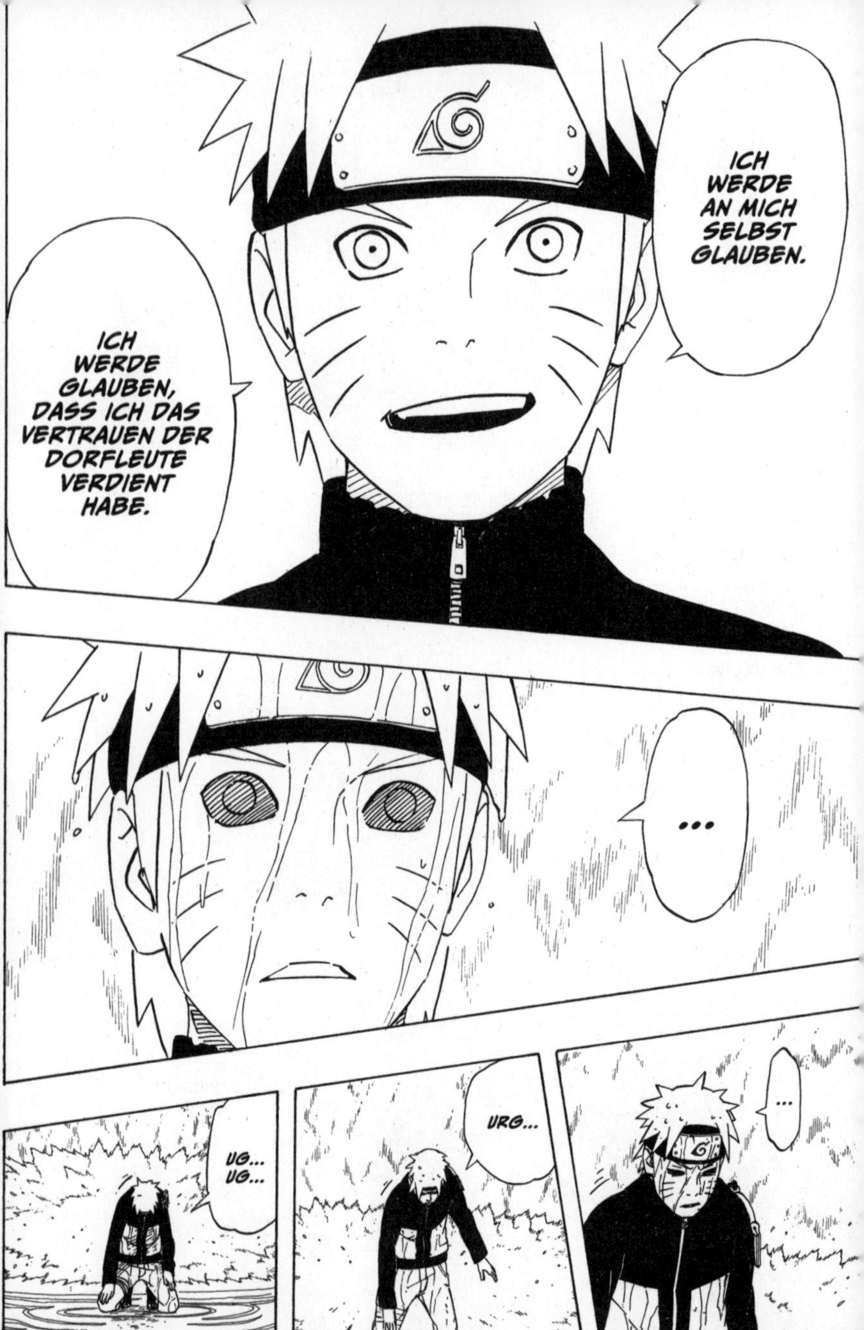
ICH WERDE AN MICH SELBST GLAUBEN.
ICH WERDE GLAUBEN, DASS ICH DAS VERTRAUEN DER DORFLEUTE VERDIENT HABE.
...
...
URG...
UG... UG...

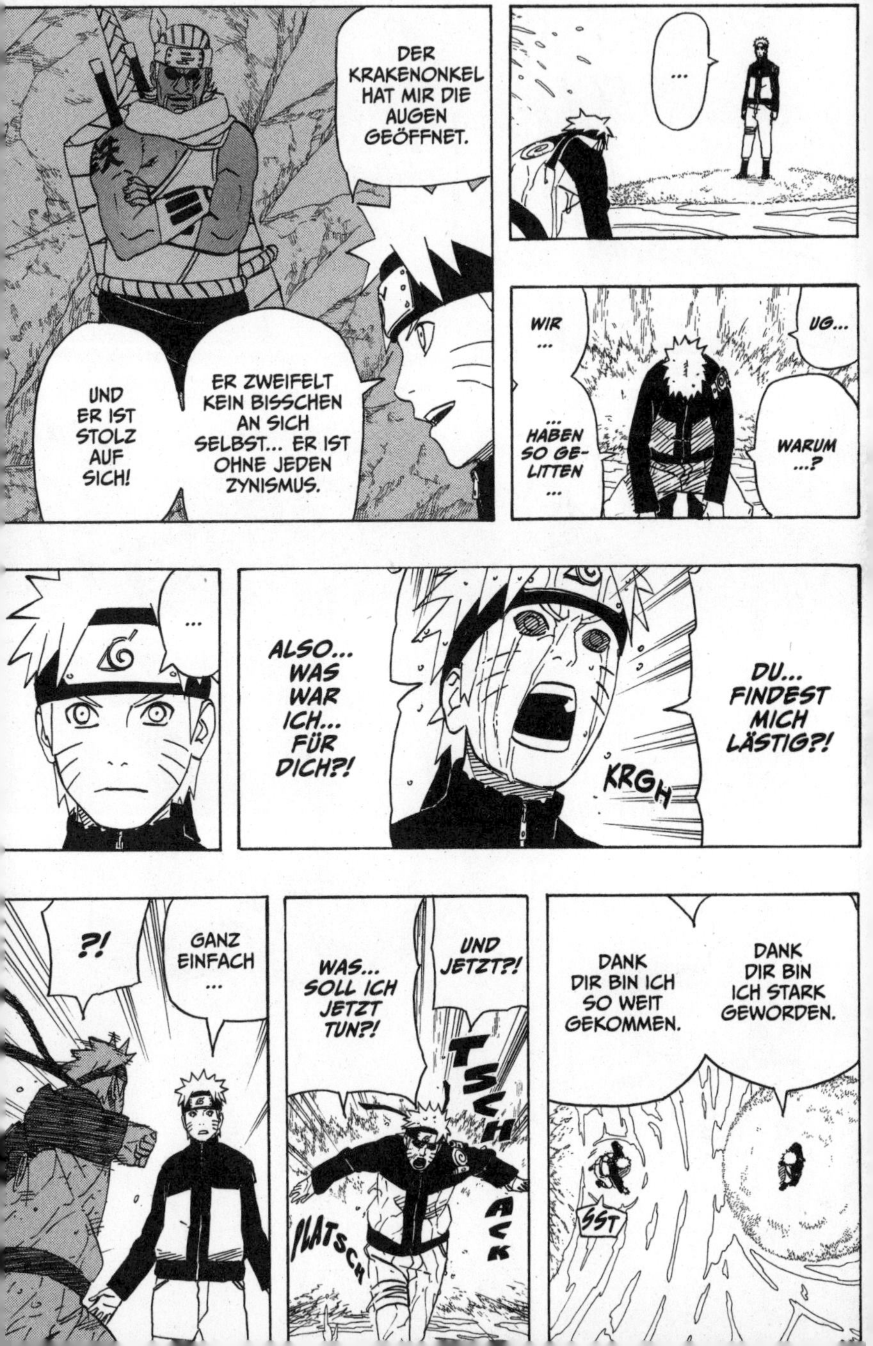
...
UG...
WARUM ...?
WIR ...
... HABEN SO GE-LITTEN ...
DER KRAKENONKEL HAT MIR DIE AUGEN GEÖFFNET.
ER ZWEIFELT KEIN BISSCHEN AN SICH SELBST... ER IST OHNE JEDEN ZYNISMUS.
UND ER IST STOLZ AUF SICH!
DU... FINDEST MICH LÄSTIG?!
KRGH
ALSO... WAS WAR ICH... FÜR DICH?!
...
DANK DIR BIN ICH STARK GEWORDEN.
DANK DIR BIN ICH SO WEIT GEKOMMEN.
SST
UND JETZT?!
WAS... SOLL ICH JETZT TUN?!
TSCHACK
PLATSCH
GANZ EINFACH ...
?!

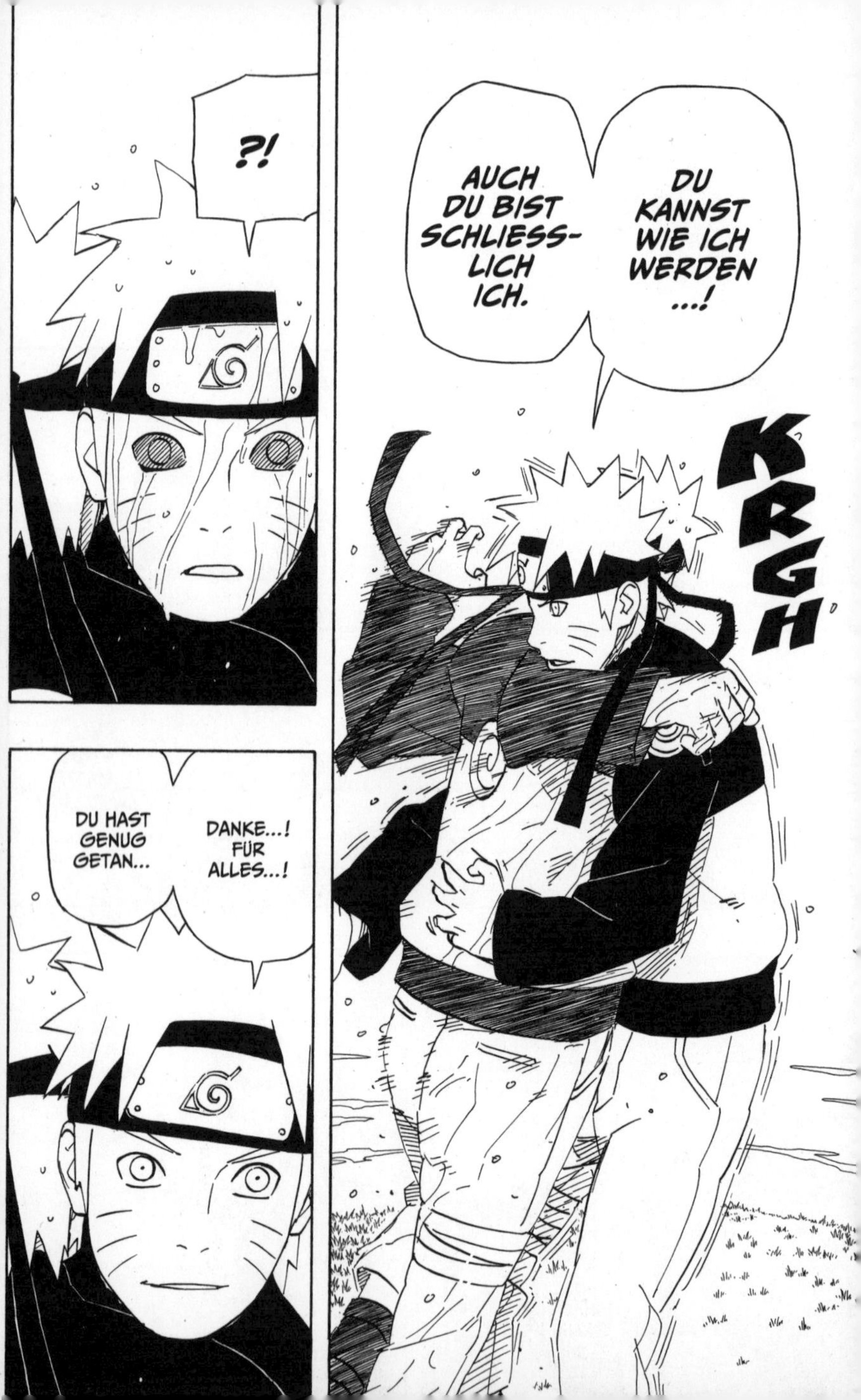

DU KANNST WIE ICH WERDEN ...!
AUCH DU BIST SCHLIESS-LICH ICH.
KRGH
?!
DANKE...! FÜR ALLES...!
DU HAST GENUG GETAN...

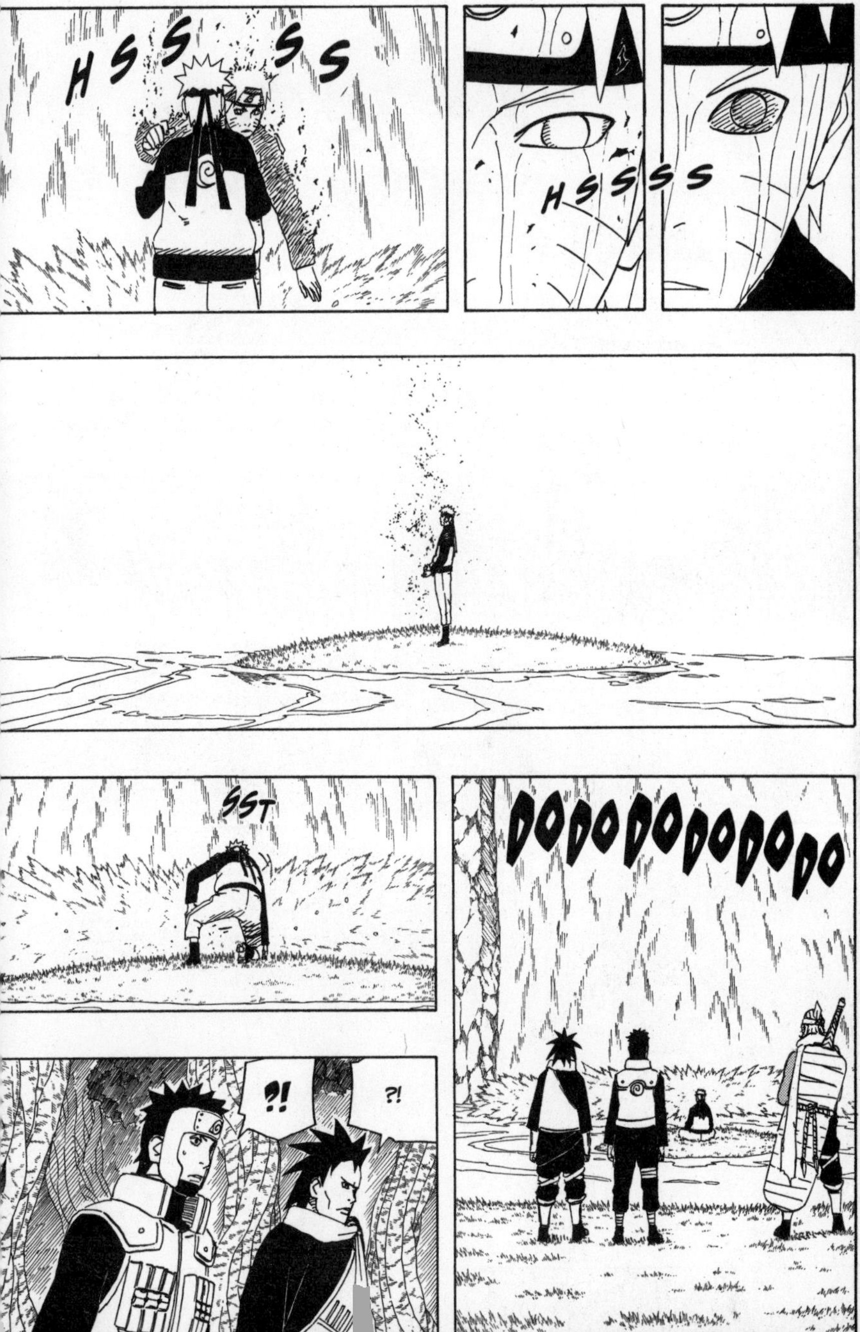

HSSSS
HSSSSS
SST
DODODODODODODO
?!
?!

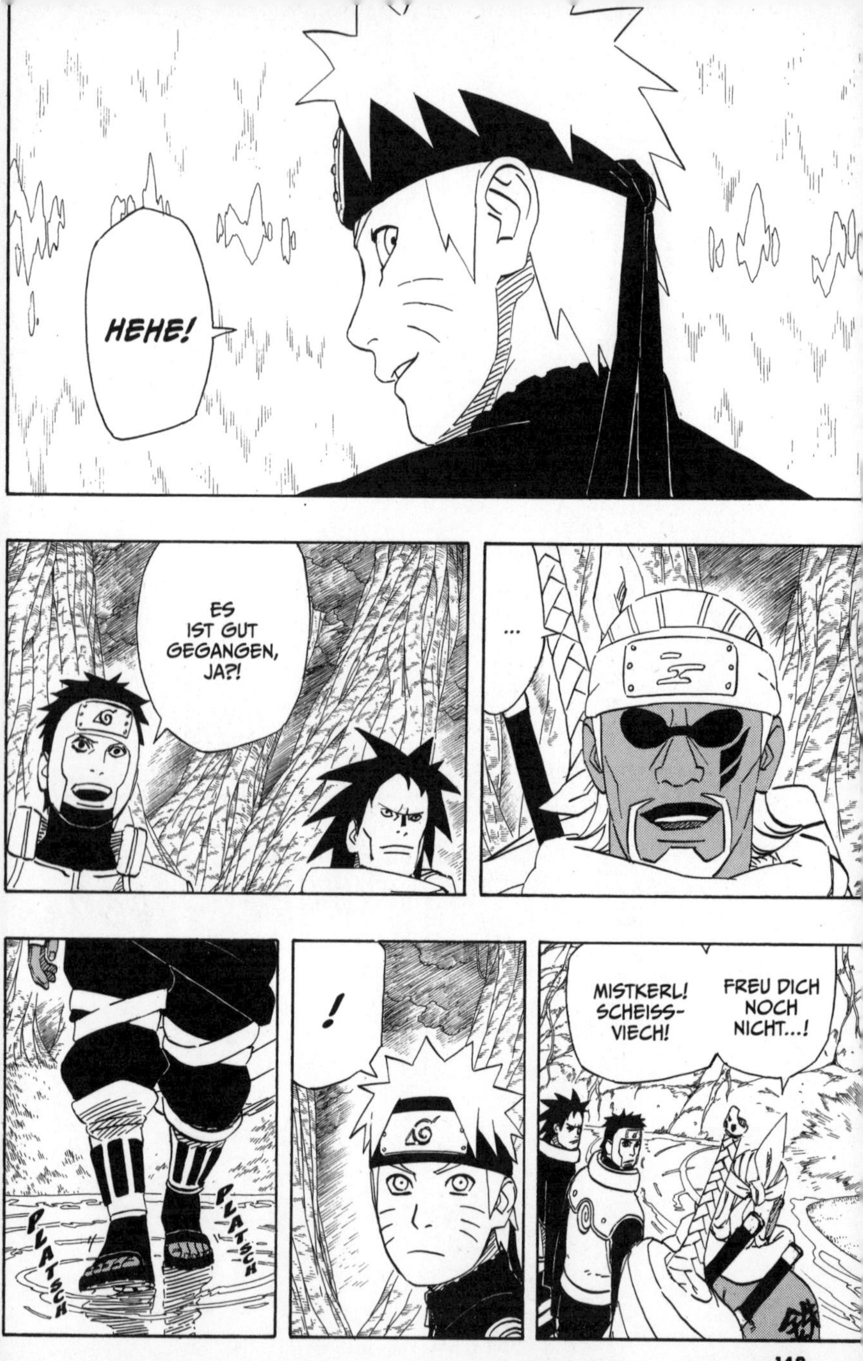
HEHE!
...
ES IST GUT GEGANGEN, JA?!
FREU DICH NOCH NICHT...!
MISTKERL! SCHEISS-VIECH!
!
PLATSCH
PLATSCH
PLATSCH

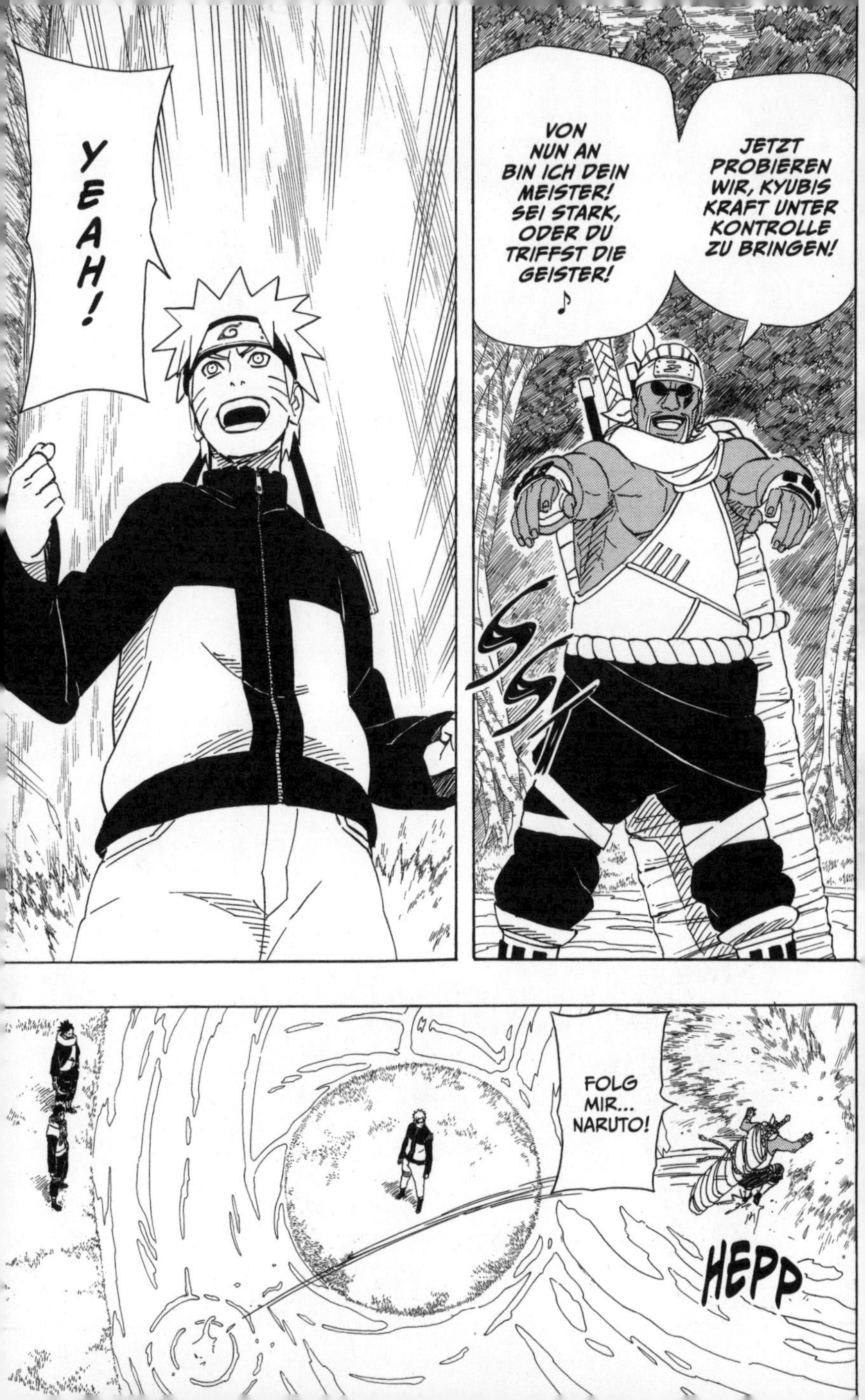
JETZT PROBIEREN WIR, KYUBIS KRAFT UNTER KONTROLLE ZU BRINGEN!
VON NUN AN BIN ICH DEIN MEISTER! SEI STARK, ODER DU TRIFFST DIE GEISTER! ♪
YEAH!
FOLG MIR... NARUTO!
HEPP

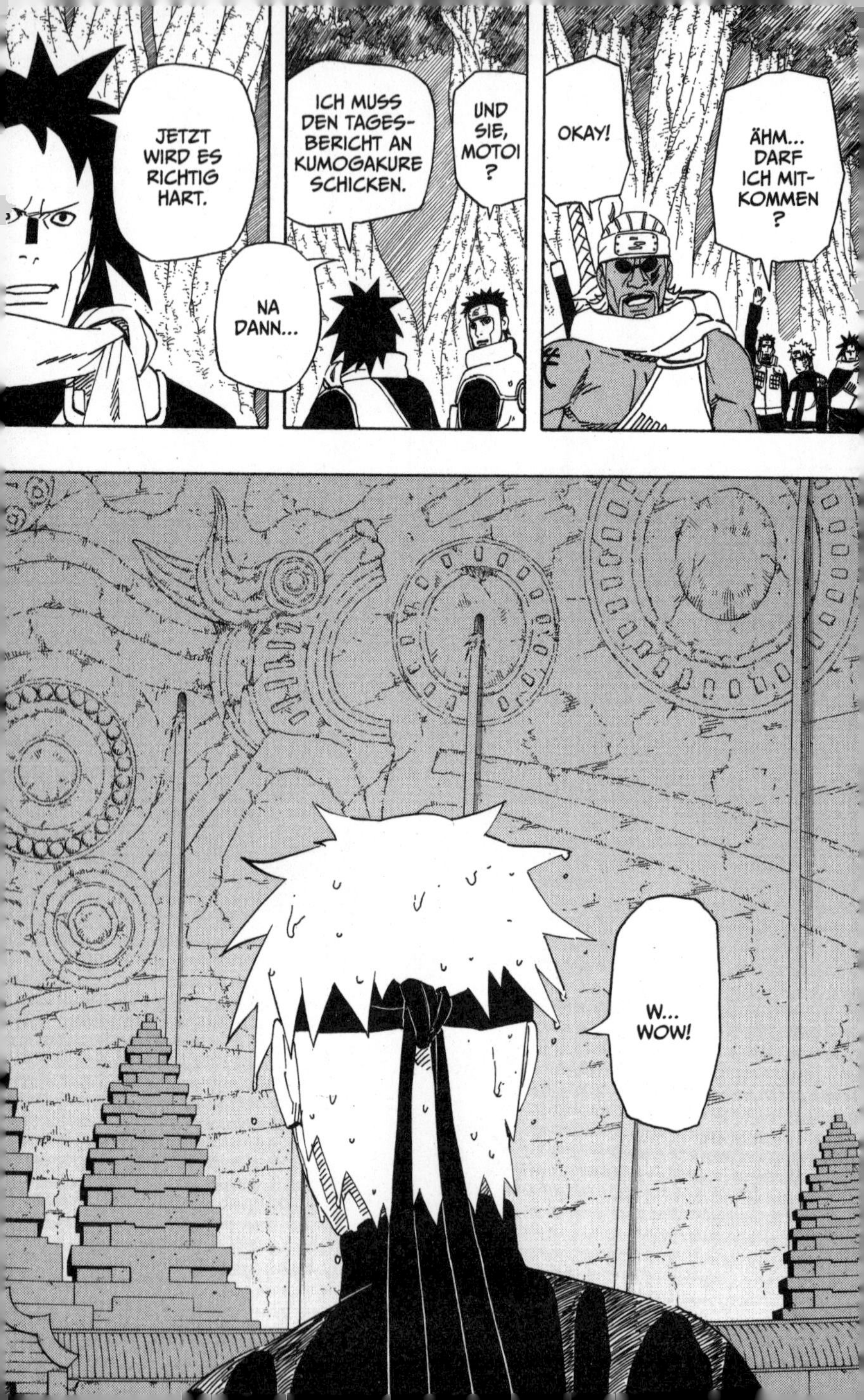
ÄHM... DARF ICH MIT-KOMMEN?
OKAY!
UND SIE, MOTOI?
ICH MUSS DEN TAGES-BERICHT AN KUMOGAKURE SCHICKEN.
NA DANN...
JETZT WIRD ES RICHTIG HART.
W... WOW!

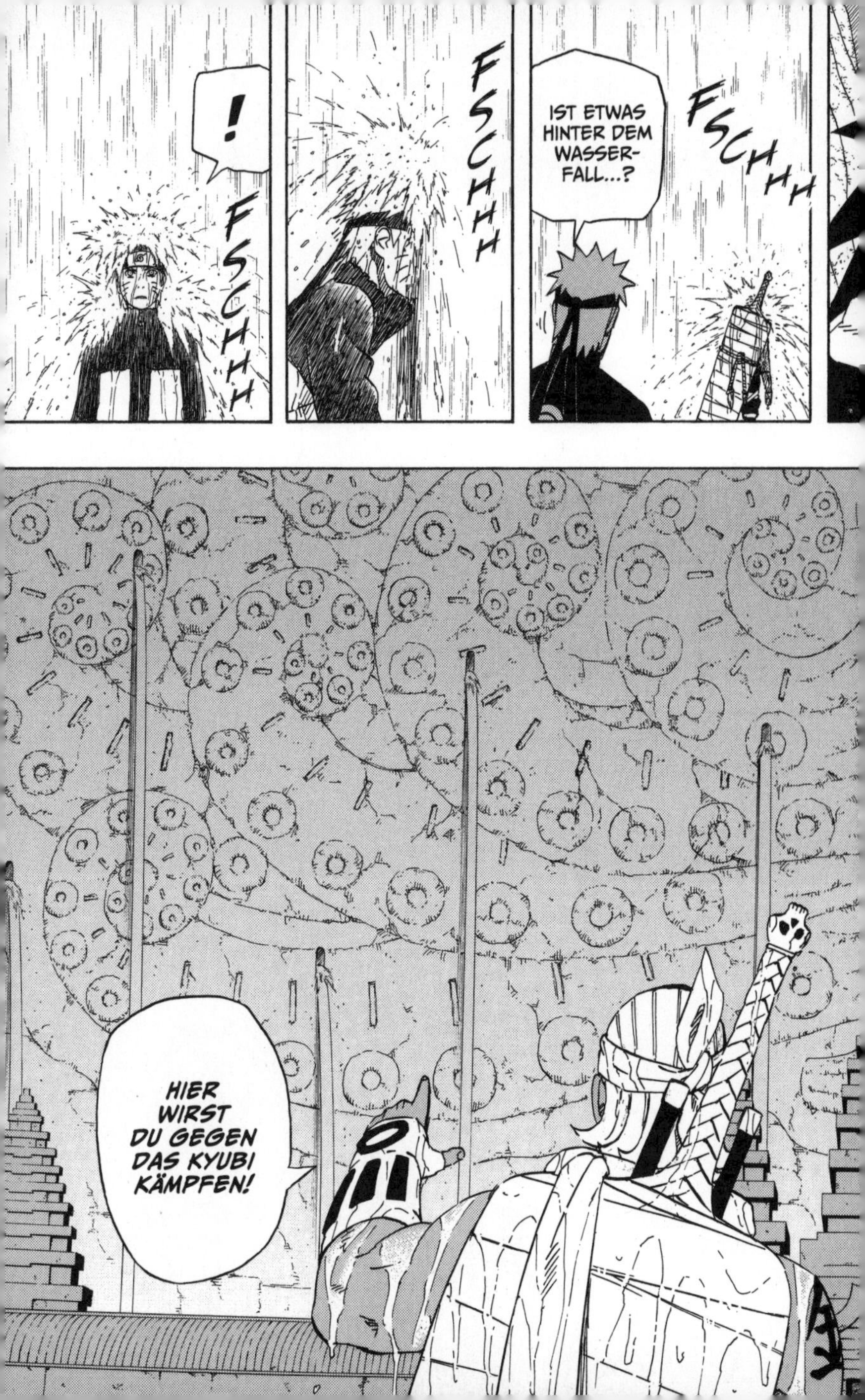
FSCHHH
IST ETWAS HINTER DEM WASSER-FALL...?
FSCHHH
!
FSCHHH
HIER WIRST DU GEGEN DAS KYUBI KÄMPFEN!

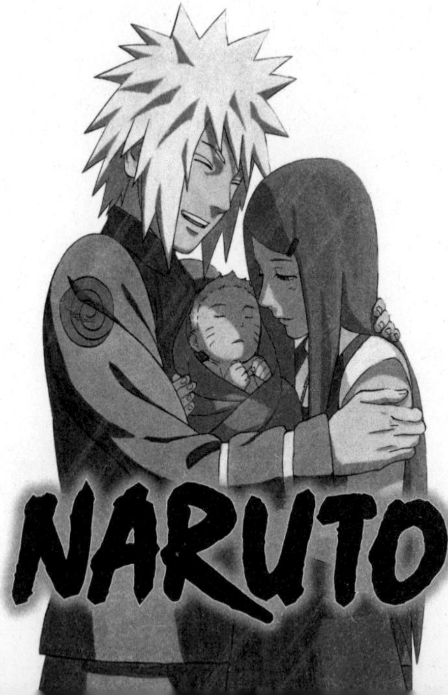
NARUTO

# 496. KAPITEL: EIN WIEDERSEHEN MIT DEM KYUBI

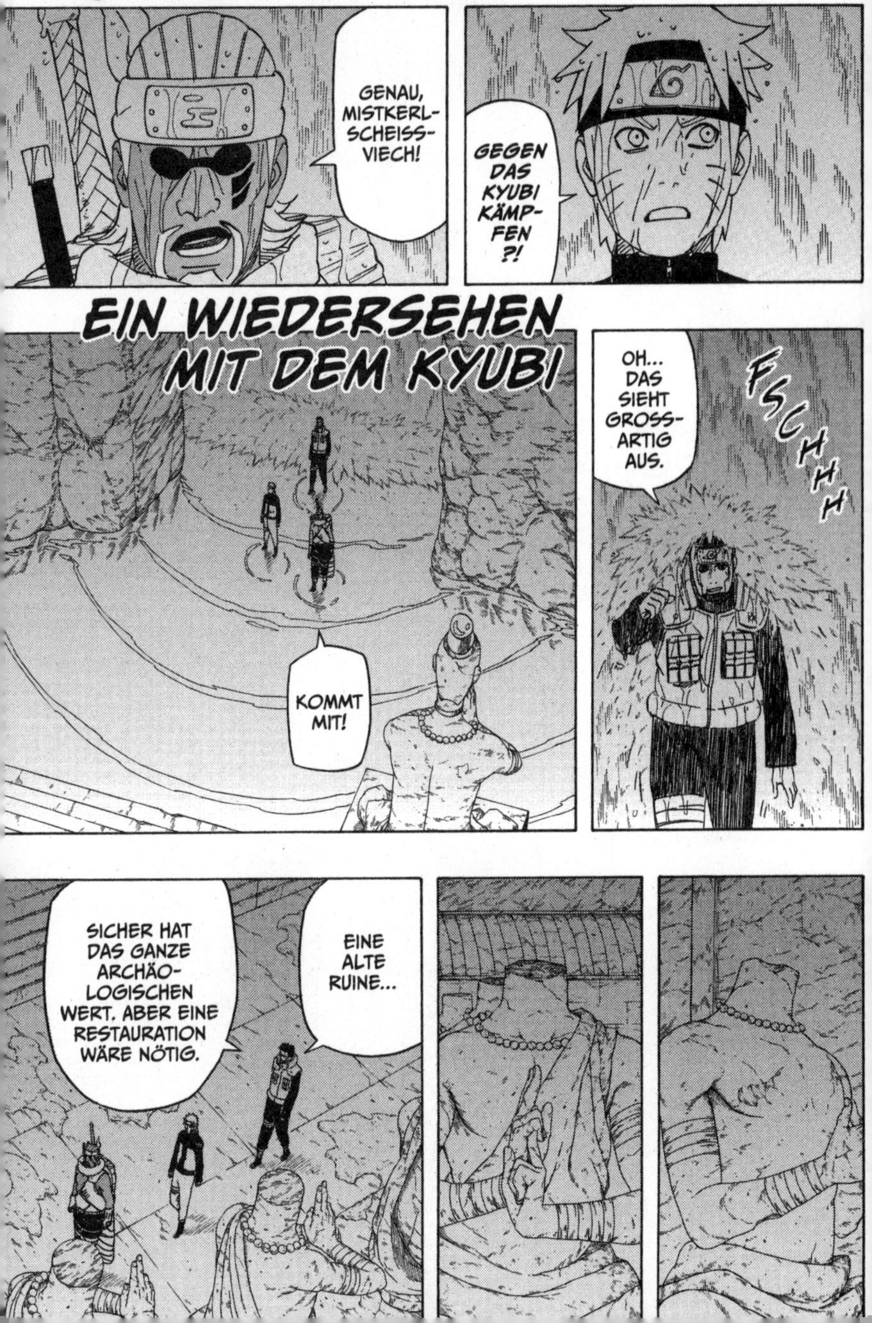

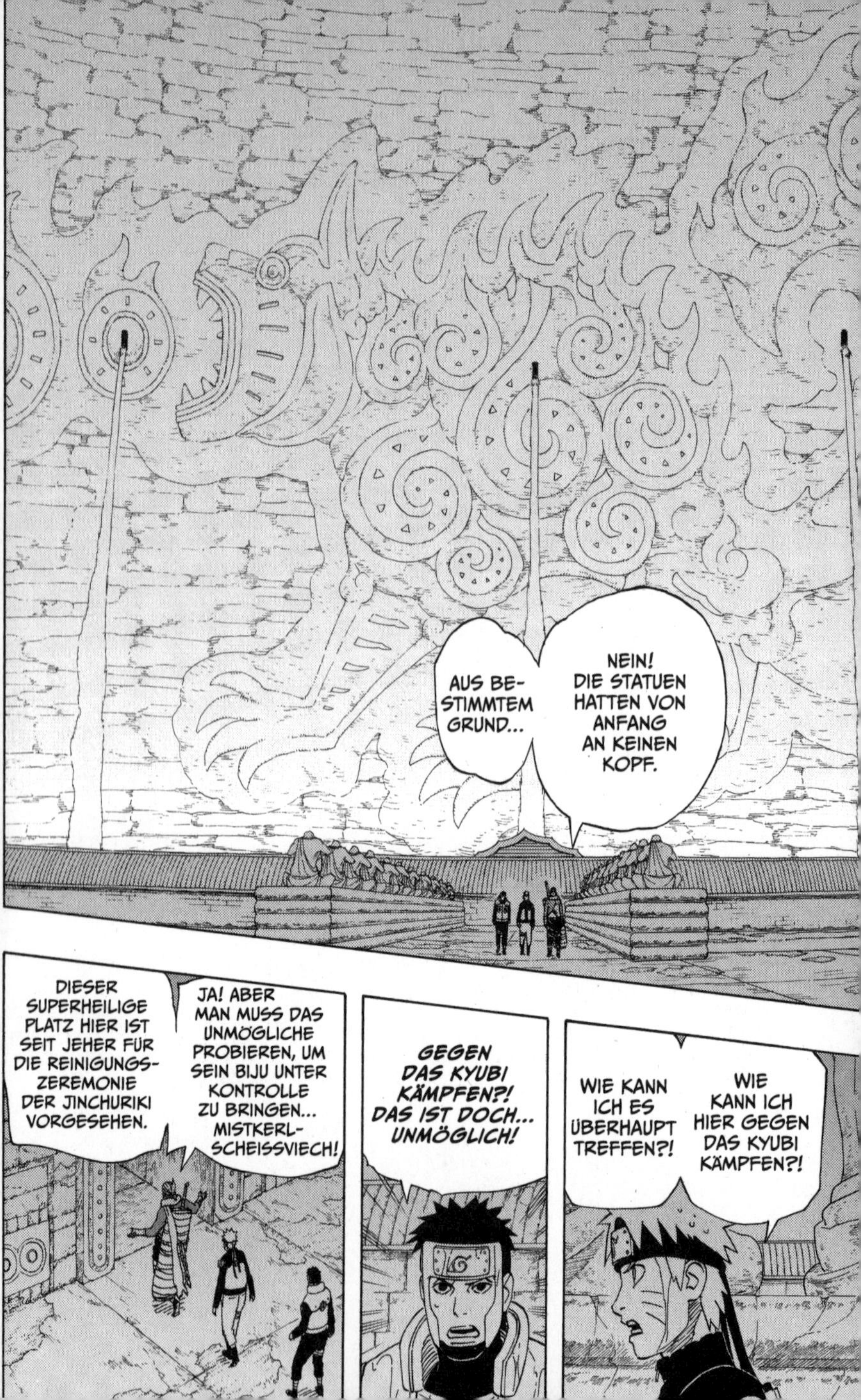
NEIN! DIE STATUEN HATTEN VON ANFANG AN KEINEN KOPF.
AUS BE-STIMMTEM GRUND...
WIE KANN ICH HIER GEGEN DAS KYUBI KÄMPFEN?!
WIE KANN ICH ES ÜBERHAUPT TREFFEN?!
GEGEN DAS KYUBI KÄMPFEN?! DAS IST DOCH... UNMÖGLICH!
JA! ABER MAN MUSS DAS UNMÖGLICHE PROBIEREN, UM SEIN BIJU UNTER KONTROLLE ZU BRINGEN... MISTKERL-SCHEISSVIECH!
DIESER SUPERHEILIGE PLATZ HIER IST SEIT JEHER FÜR DIE REINIGUNGS-ZEREMONIE DER JINCHURIKI VORGESEHEN.

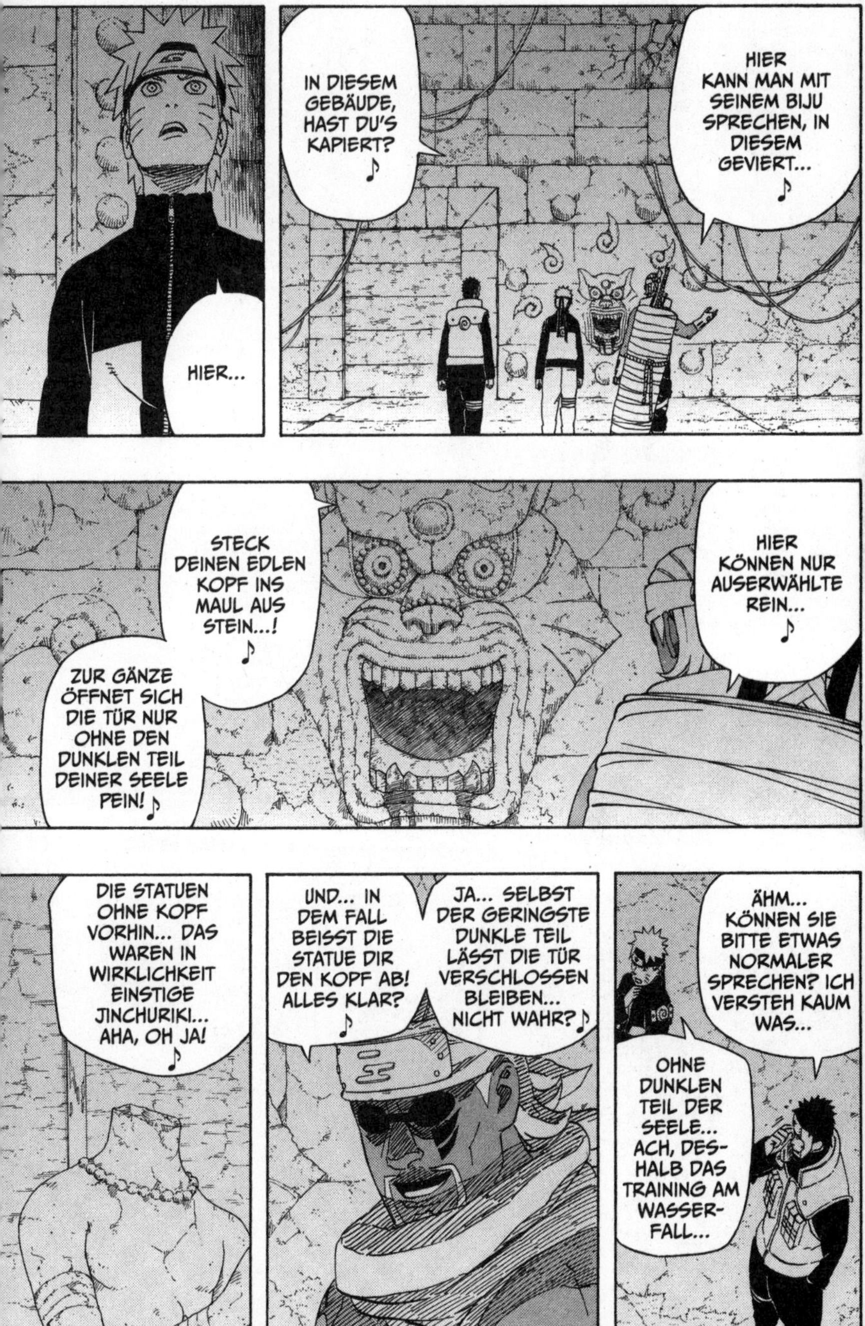
HIER KANN MAN MIT SEINEM BIJU SPRECHEN, IN DIESEM GEVIERT... ♪
IN DIESEM GEBÄUDE, HAST DU'S KAPIERT? ♪
HIER...
HIER KÖNNEN NUR AUSERWÄHLTE REIN... ♪
STECK DEINEN EDLEN KOPF INS MAUL AUS STEIN...! ♪
ZUR GÄNZE ÖFFNET SICH DIE TÜR NUR OHNE DEN DUNKLEN TEIL DEINER SEELE PEIN! ♪
ÄHM... KÖNNEN SIE BITTE ETWAS NORMALER SPRECHEN? ICH VERSTEH KAUM WAS...
OHNE DUNKLEN TEIL DER SEELE... ACH, DESHALB DAS TRAINING AM WASSERFALL...
JA... SELBST DER GERINGSTE DUNKLE TEIL LÄSST DIE TÜR VERSCHLOSSEN BLEIBEN... NICHT WAHR? ♪
UND... IN DEM FALL BEISST DIE STATUE DIR DEN KOPF AB! ALLES KLAR? ♪
DIE STATUEN OHNE KOPF VORHIN... DAS WAREN IN WIRKLICHKEIT EINSTIGE JINCHURIKI... AHA, OH JA! ♪

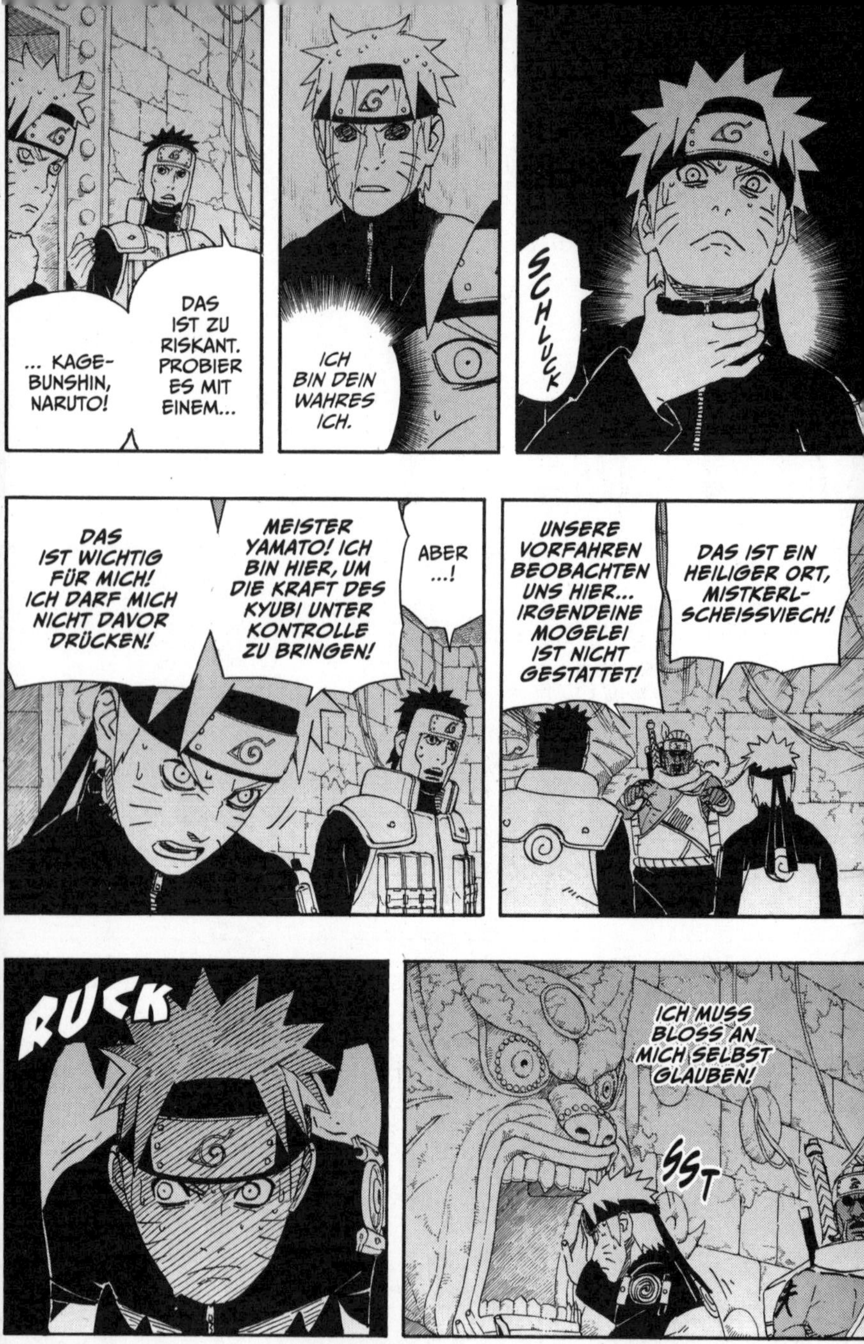
SCHLUCK
ICH BIN DEIN WAHRES ICH.
DAS IST ZU RISKANT. PROBIER ES MIT EINEM...
... KAGE-BUNSHIN, NARUTO!
DAS IST EIN HEILIGER ORT, MISTKERL-SCHEISSVIECH!
UNSERE VORFAHREN BEOBACHTEN UNS HIER... IRGENDEINE MOGELEI IST NICHT GESTATTET!
ABER ...!
MEISTER YAMATO! ICH BIN HIER, UM DIE KRAFT DES KYUBI UNTER KONTROLLE ZU BRINGEN!
DAS IST WICHTIG FÜR MICH! ICH DARF MICH NICHT DAVOR DRÜCKEN!
ICH MUSS BLOSS AN MICH SELBST GLAUBEN!
SST
RUCK

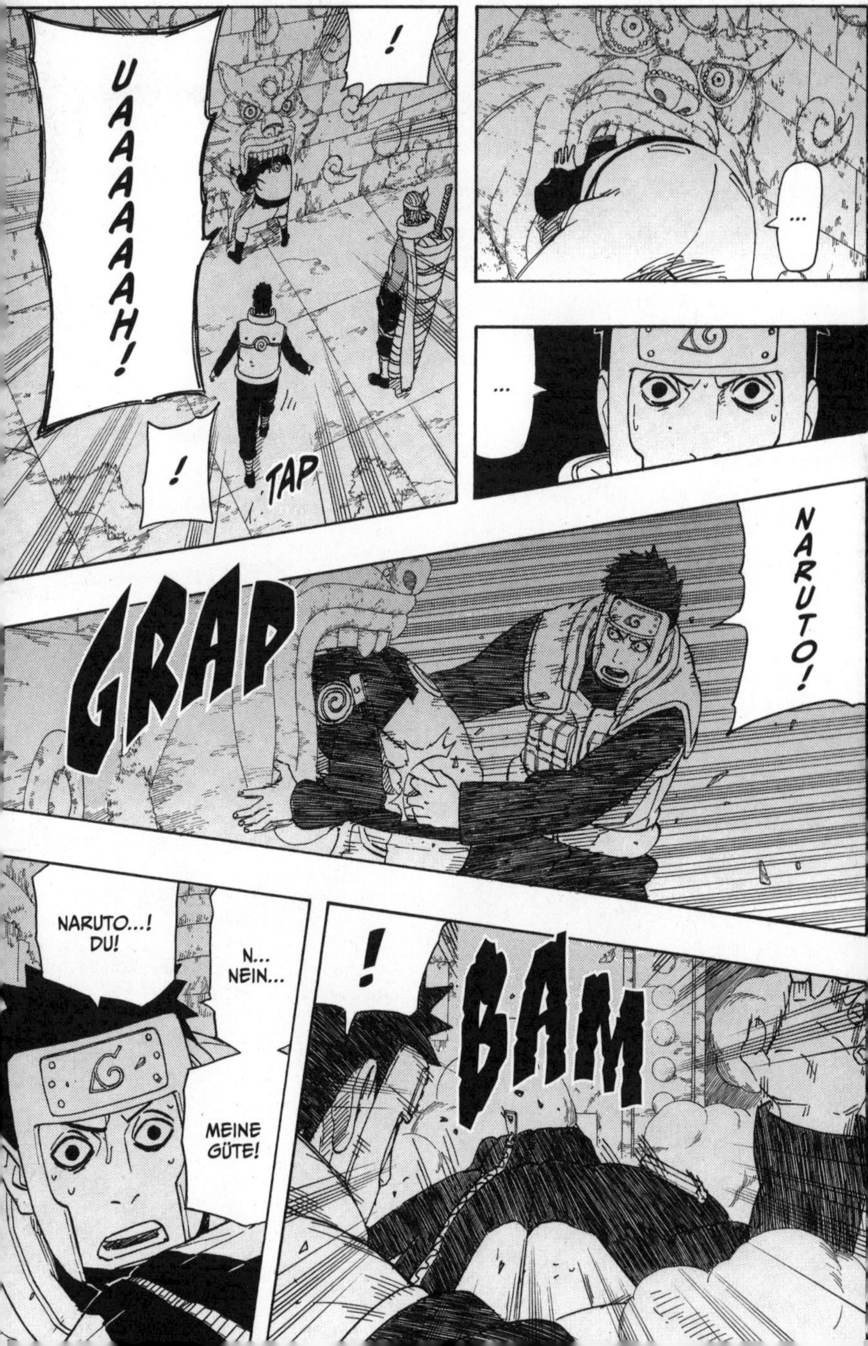

...
!
UAAAAAAAH!
!
TAP
...
NARUTO!
GRAP
!
BAM
N... NEIN...
NARUTO...! DU!
MEINE GÜTE!

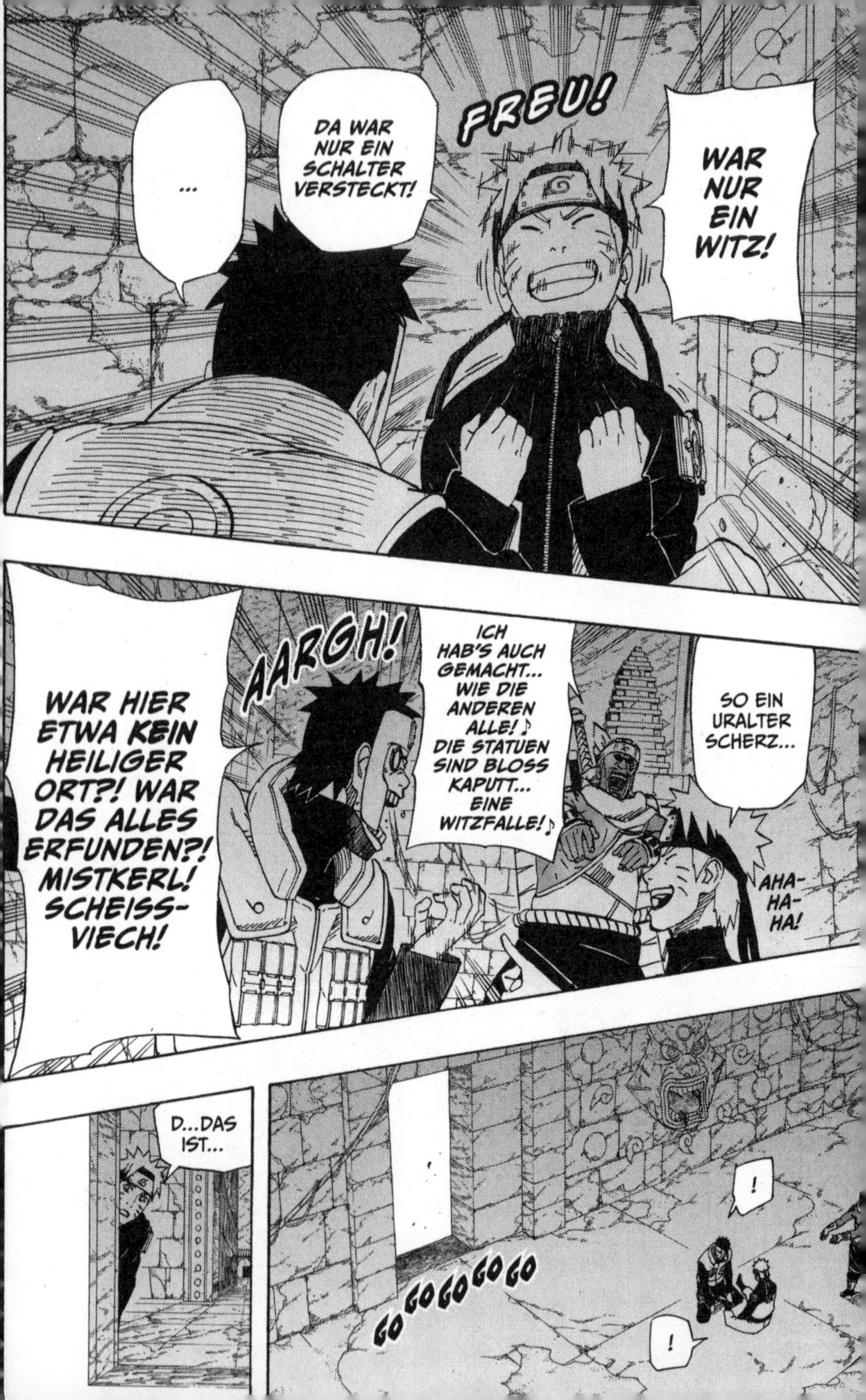
WAR NUR EIN WITZ!
FREU!
DA WAR NUR EIN SCHALTER VERSTECKT!
...
SO EIN URALTER SCHERZ...
AHAHAHA!
ICH HAB'S AUCH GEMACHT... WIE DIE ANDEREN ALLE!♪ DIE STATUEN SIND BLOSS KAPUTT... EINE WITZFALLE!♪
AARGH!
WAR HIER ETWA KEIN HEILIGER ORT?! WAR DAS ALLES ERFUNDEN?! MISTKERL! SCHEISS-VIECH!
!
!
GO GO GO GO GO GO
D...DAS IST...

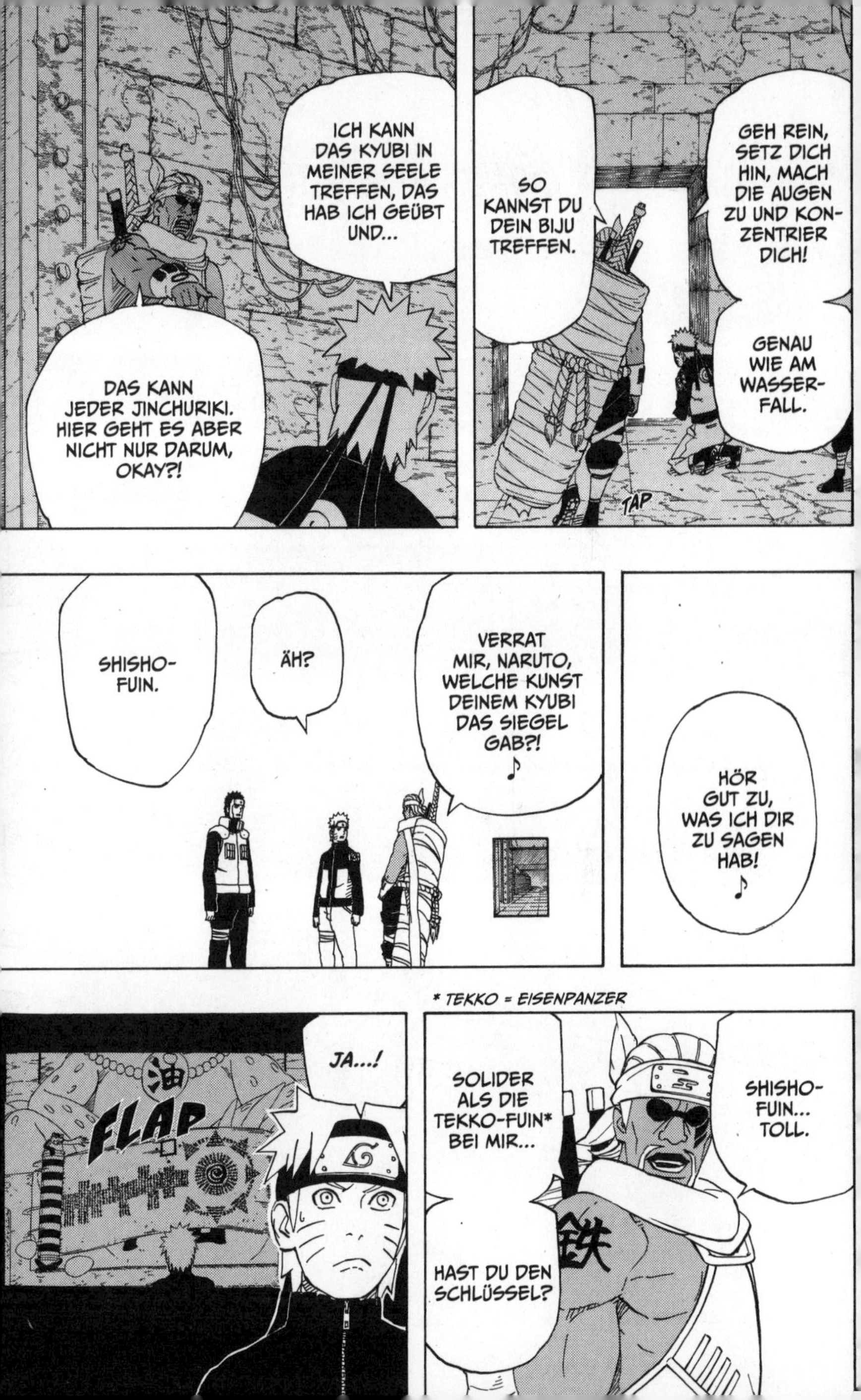


* TEKKO = EISENPANZER

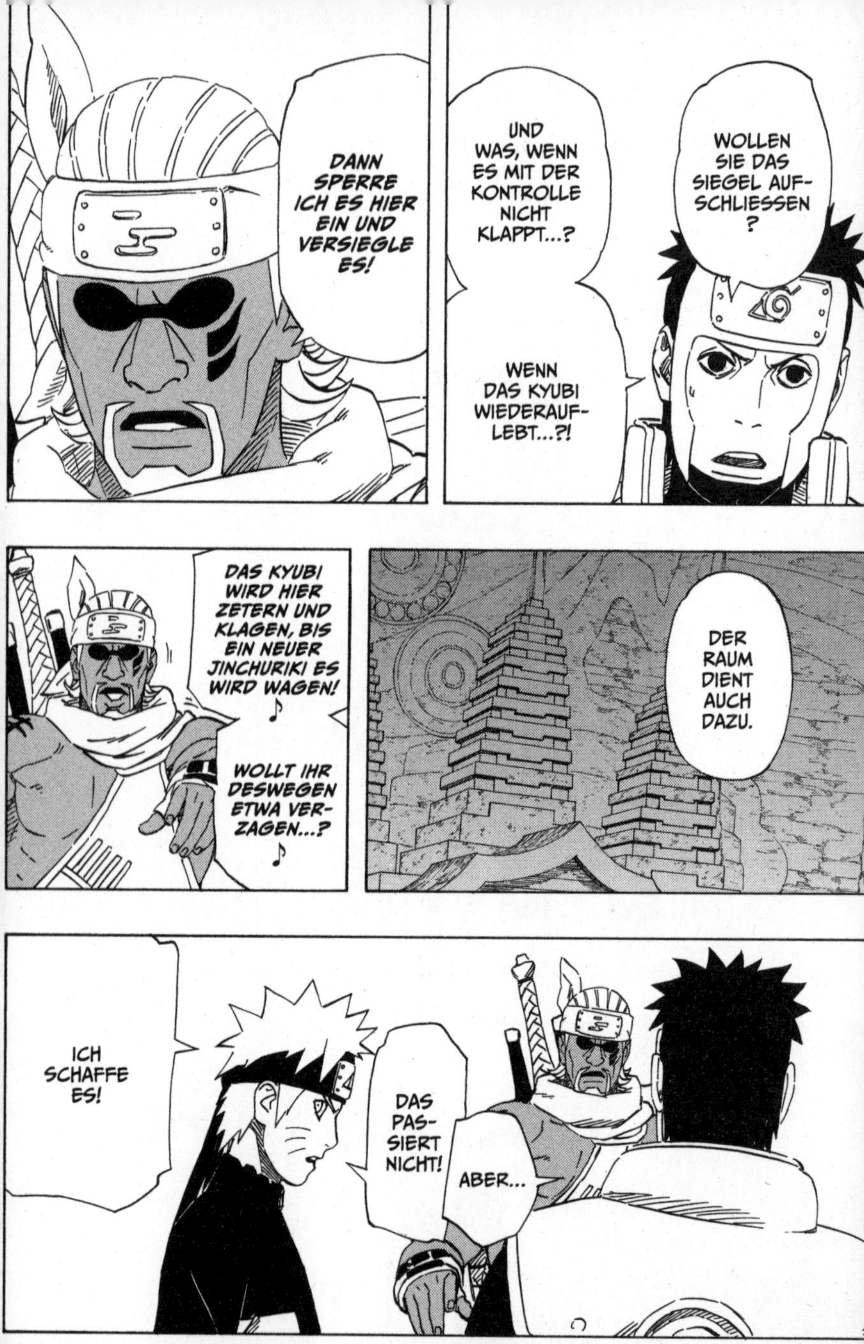
WOLLEN SIE DAS SIEGEL AUF-SCHLIESSEN ?
UND WAS, WENN ES MIT DER KONTROLLE NICHT KLAPPT...?
WENN DAS KYUBI WIEDERAUF-LEBT...?!
DANN SPERRE ICH ES HIER EIN UND VERSIEGLE ES!
DER RAUM DIENT AUCH DAZU.
DAS KYUBI WIRD HIER ZETERN UND KLAGEN, BIS EIN NEUER JINCHURIKI ES WIRD WAGEN! ♪
WOLLT IHR DESWEGEN ETWA VER-ZAGEN...? ♪
ABER...
DAS PAS-SIERT NICHT!
ICH SCHAFFE ES!

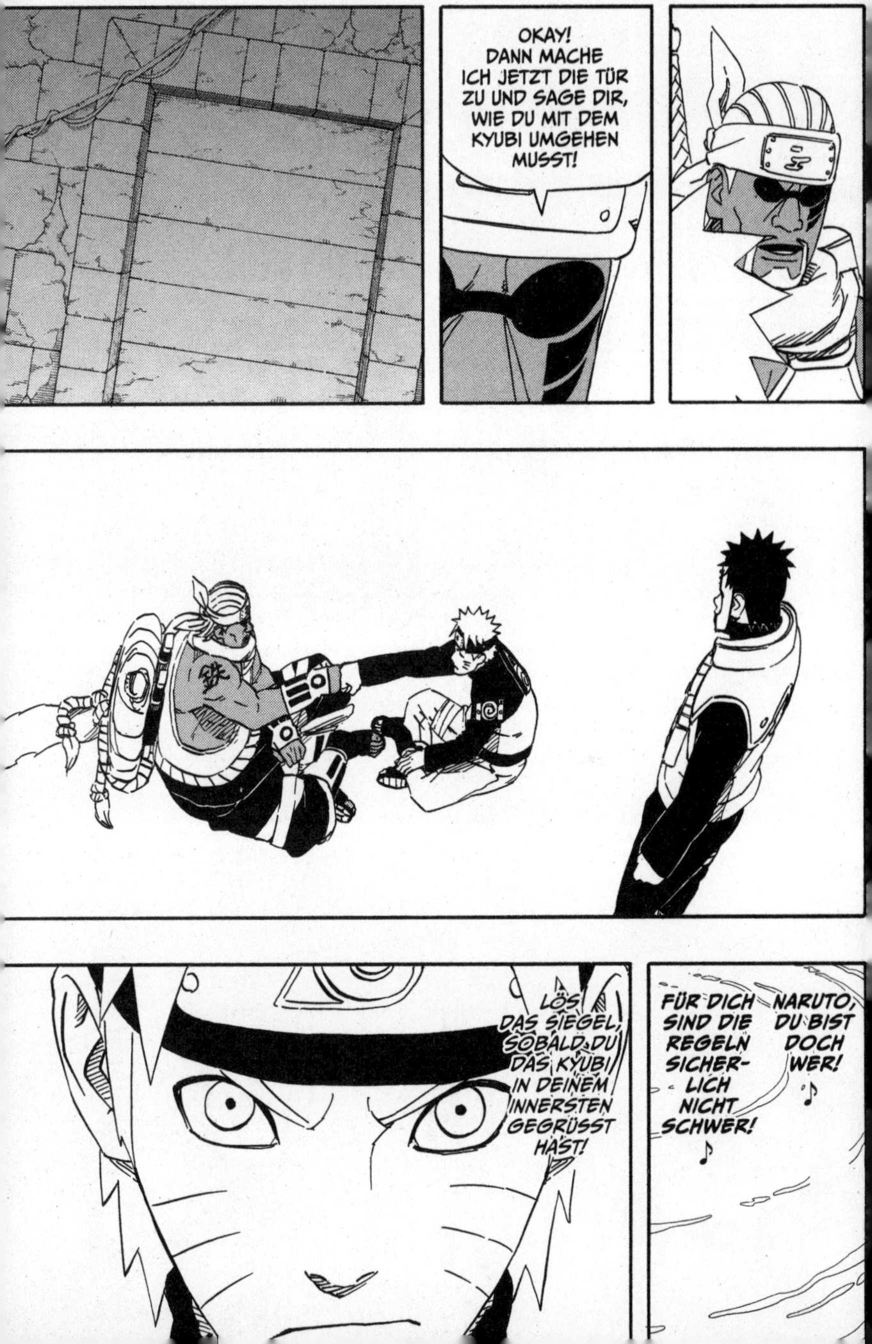
OKAY! DANN MACHE ICH JETZT DIE TÜR ZU UND SAGE DIR, WIE DU MIT DEM KYUBI UMGEHEN MUSST!
NARUTO, DU BIST DOCH WER! ♪
FÜR DICH SIND DIE REGELN SICHERLICH NICHT SCHWER! ♪
LÖS DAS SIEGEL, SOBALD DU DAS KYUBI IN DEINEM INNERSTEN GEGRÜSST HAST!

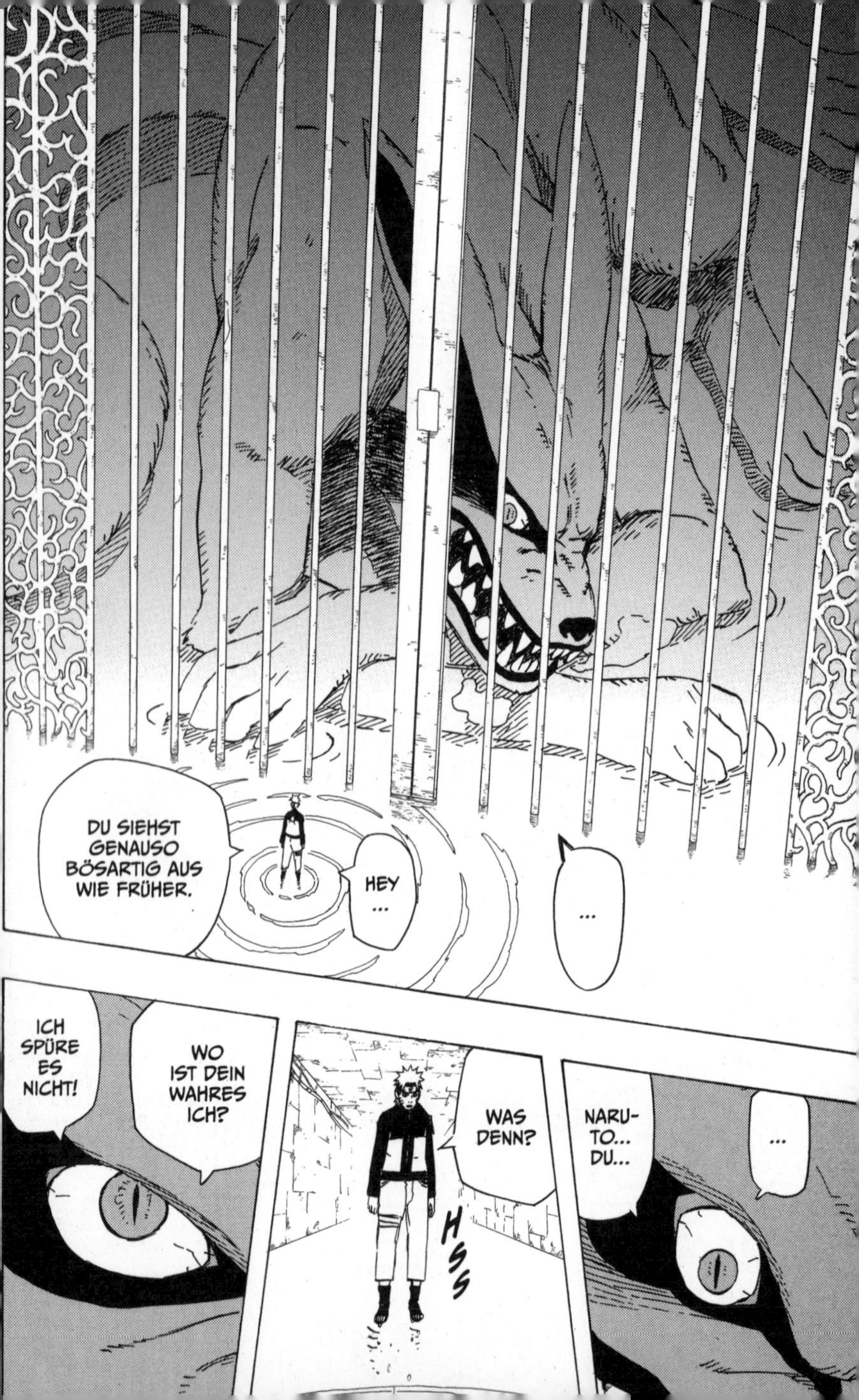
...
HEY ...
DU SIEHST GENAUSO BÖSARTIG AUS WIE FRÜHER.
...
NARU-TO... DU...
WAS DENN?
HSS
WO IST DEIN WAHRES ICH?
ICH SPÜRE ES NICHT!

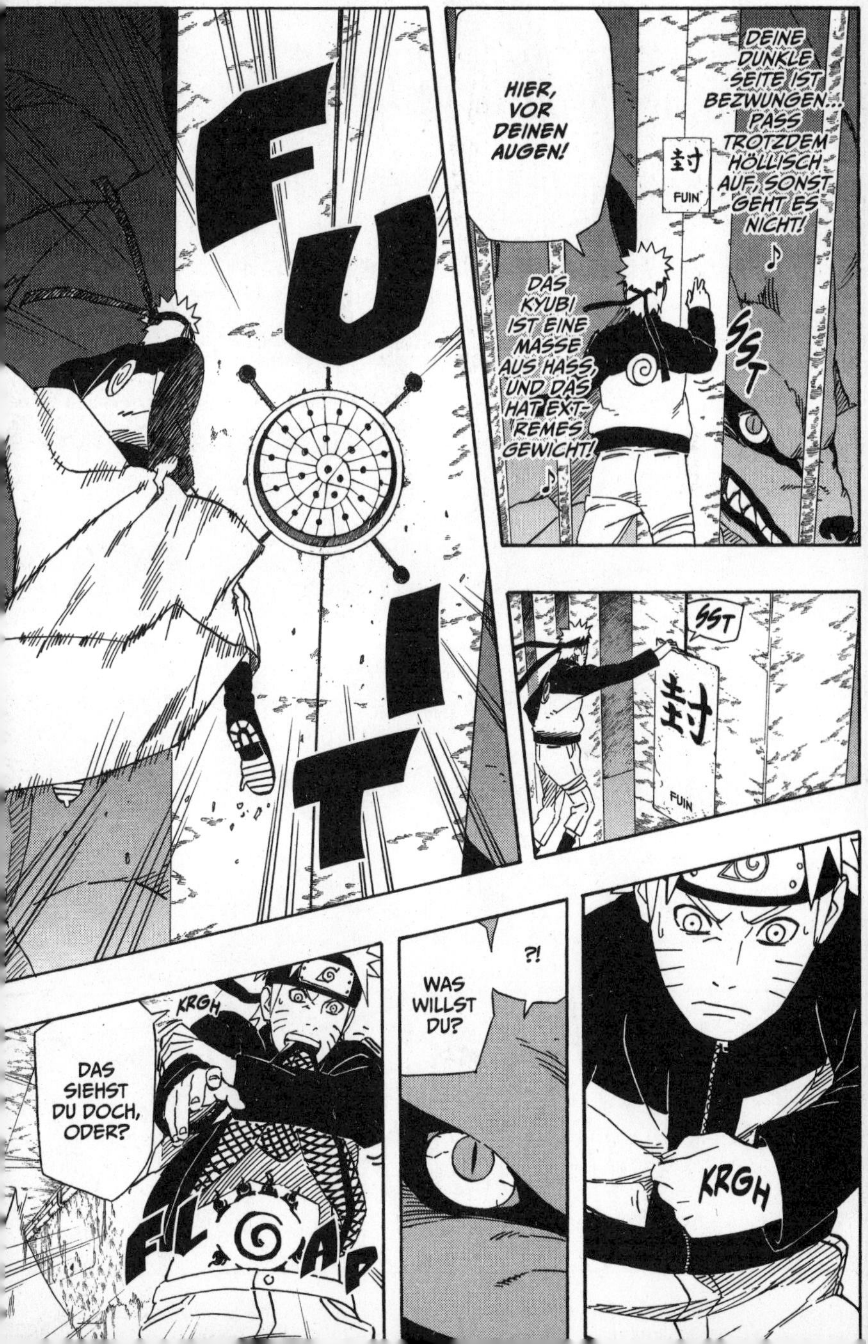
DEINE DUNKLE SEITE IST BEZWUNGEN... PASS TROTZDEM HÖLLISCH AUF, SONST GEHT ES NICHT! ♪
HIER, VOR DEINEN AUGEN!
封
FUIN
DAS KYUBI IST EINE MASSE AUS HASS, UND DAS HAT EXTREMES GEWICHT! ♪
SST
SST
封
FUIN
FUIT
KRGH
?!
WAS WILLST DU?
KRGH
DAS SIEHST DU DOCH, ODER?
FLAP

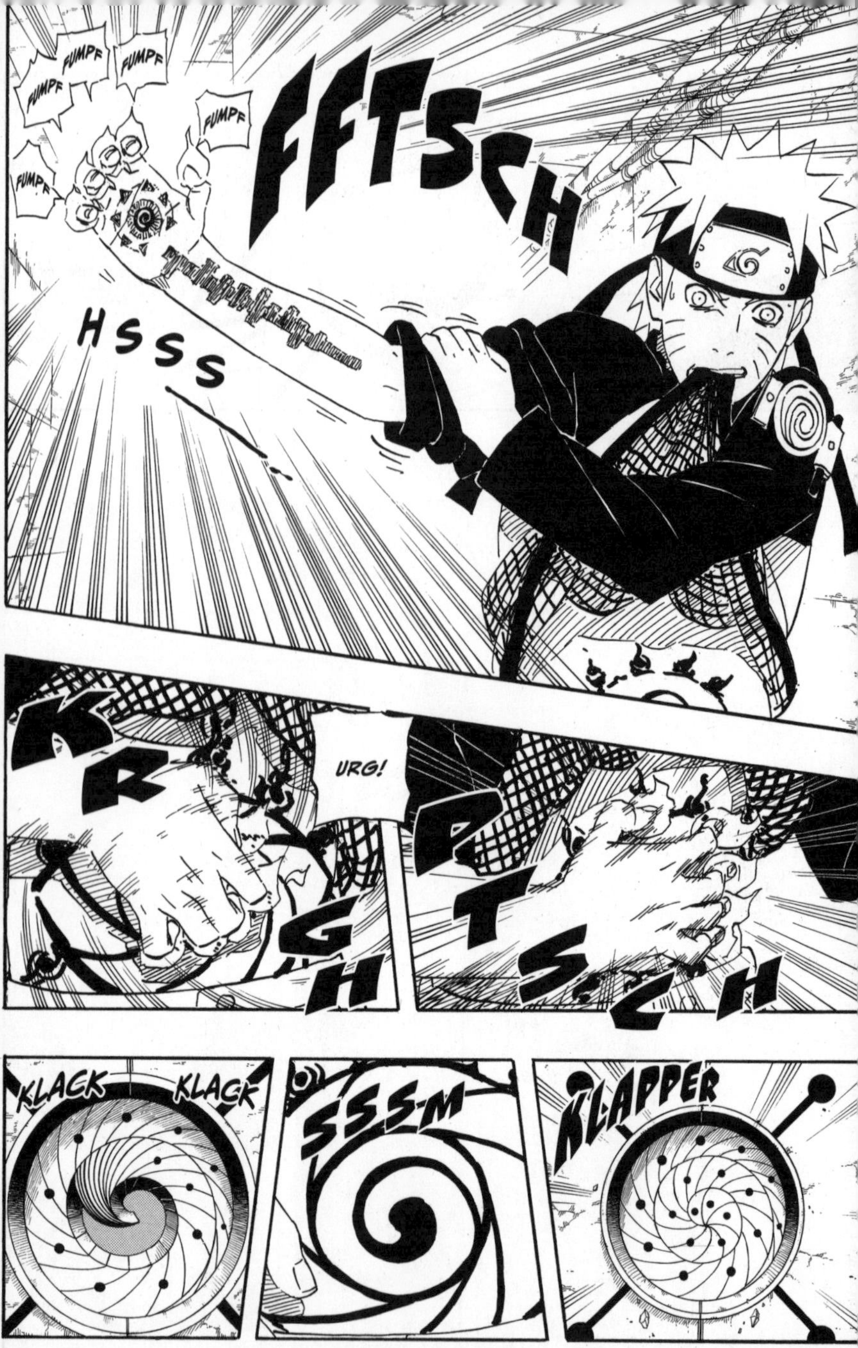
FFTSCH
FUMPF
FUMPF
FUMPF
FUMPF
FUMPF
HSSS
PTSCH
URG!
KRGH
KLAPPER
SSS-M
KLACK
KLACK

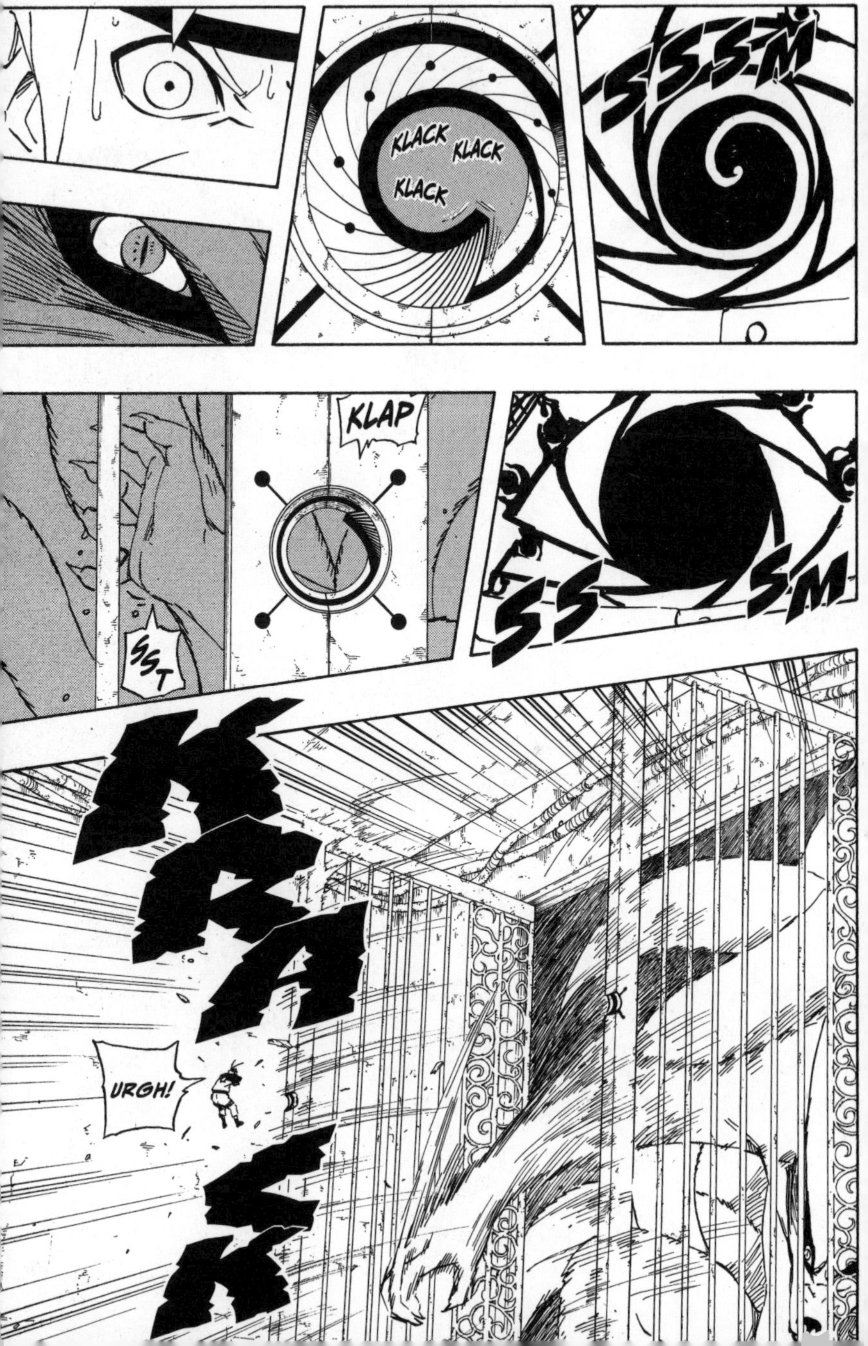
SSSM
KLACK
KLACK
KLACK
SSSM
KLAP
SST
KRASK
URGH!

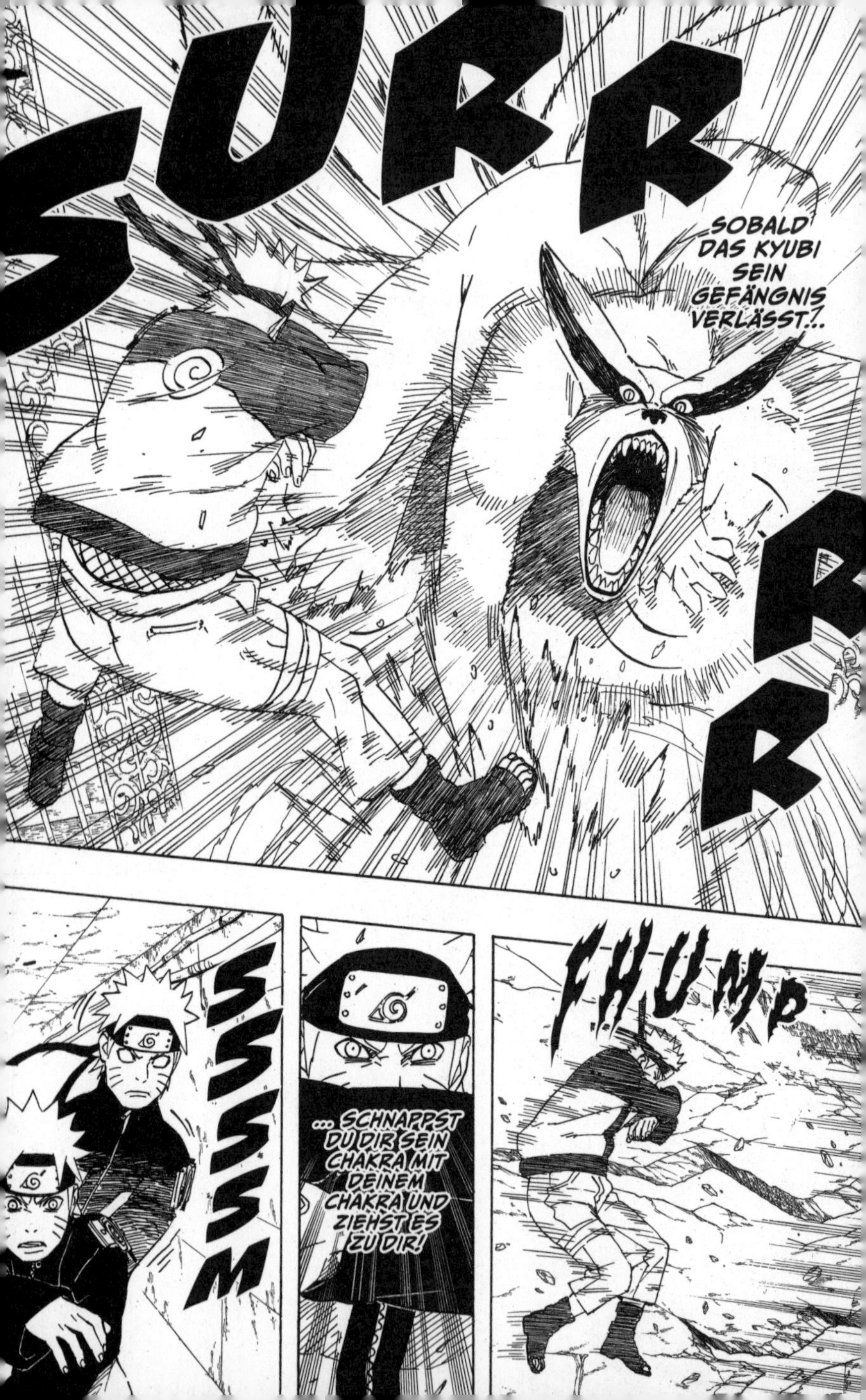
SURR
SOBALD DAS KYUBI SEIN GEFÄNGNIS VERLÄSST...
RRR
FHUMP
... SCHNAPPST DU DIR SEIN CHAKRA MIT DEINEM CHAKRA UND ZIEHST ES ZU DIR!
SSSSSM

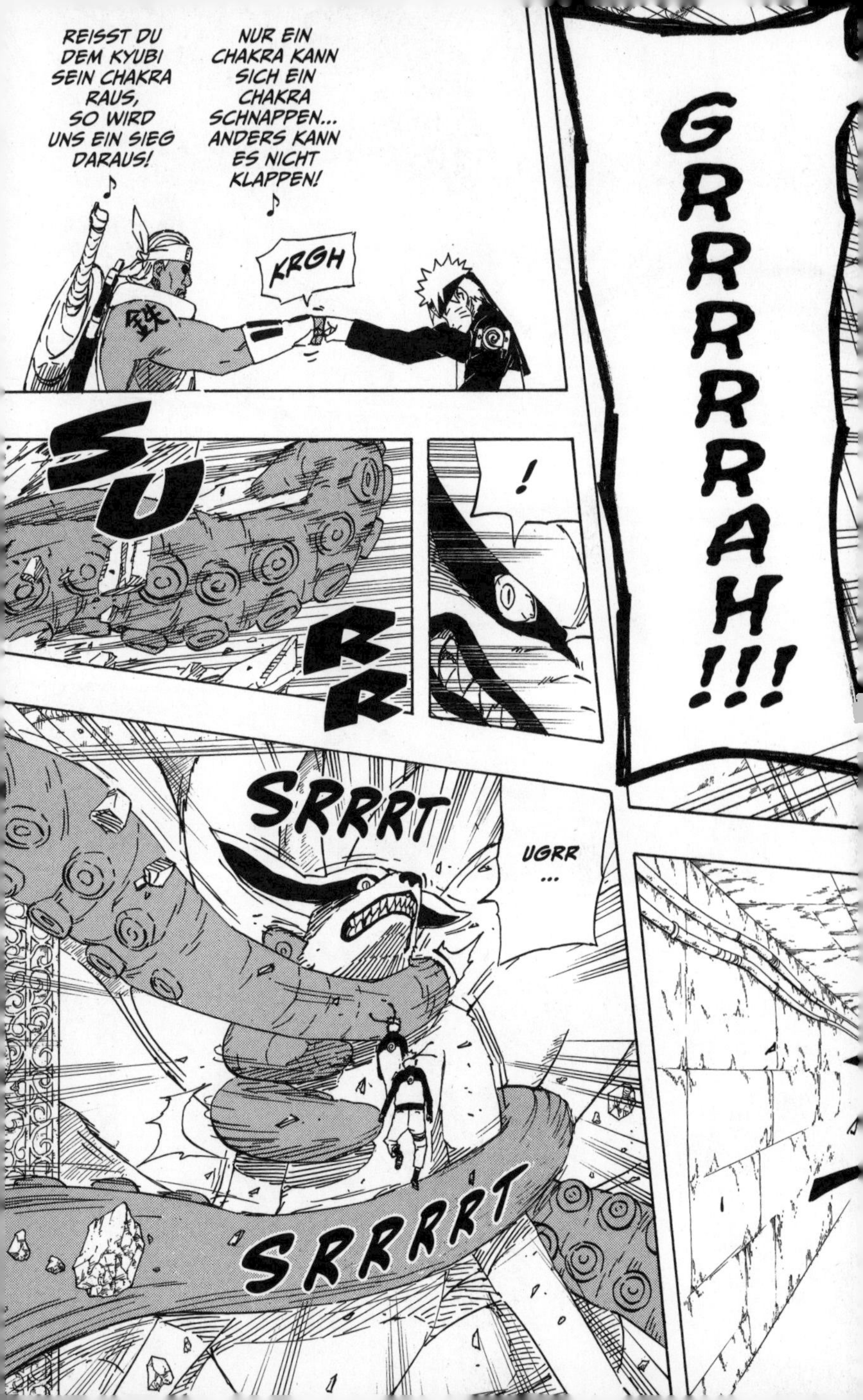
GRRRRRAH!!!
NUR EIN CHAKRA KANN SICH EIN CHAKRA SCHNAPPEN… ANDERS KANN ES NICHT KLAPPEN! ♪
REISST DU DEM KYUBI SEIN CHAKRA RAUS, SO WIRD UNS EIN SIEG DARAUS! ♪
KRGH
!
SURR
UGRR …
SRRRT
SRRRRT

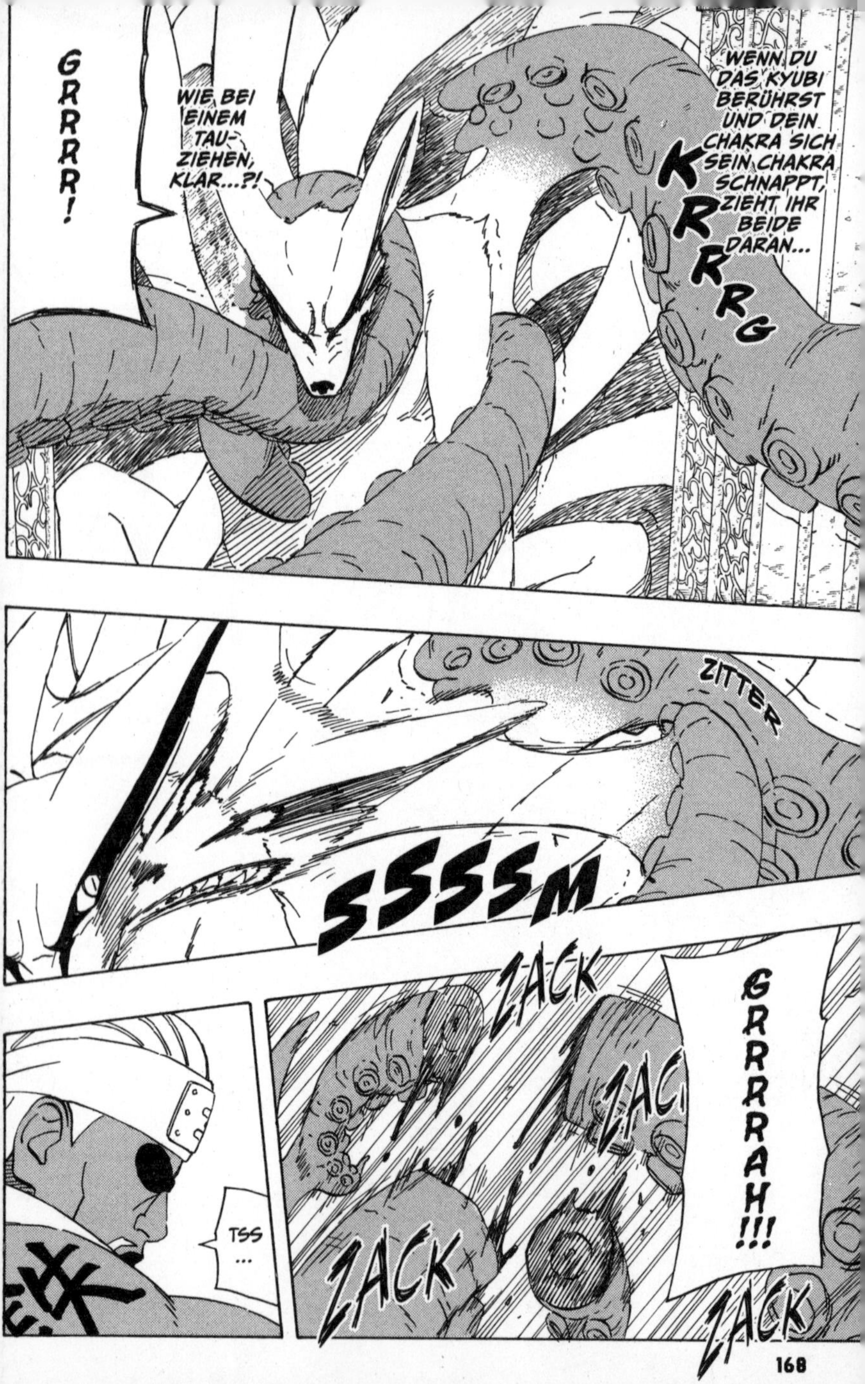
WENN DU DAS KYUBI BERÜHRST UND DEIN CHAKRA SICH SEIN CHAKRA SCHNAPPT, ZIEHT IHR BEIDE DARAN...
KRRRG
WIE BEI EINEM TAU-ZIEHEN, KLAR...?!
GRRRR!
ZITTER
SSSSM
GRRRRRAH!!!
ZACK
ZACK
ZACK
ZACK
TSS ...

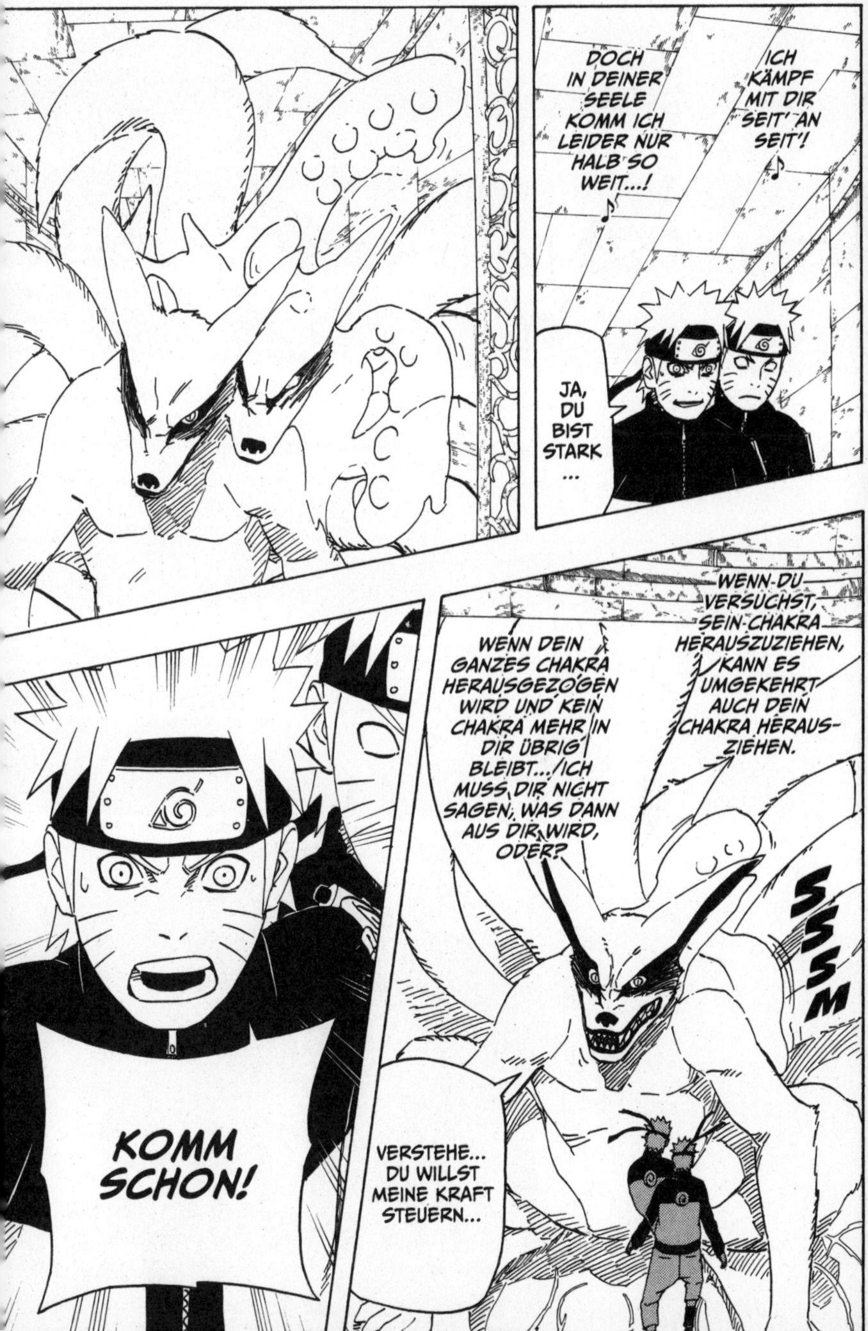
ICH KÄMPF MIT DIR SEIT' AN SEIT'! ♪
DOCH IN DEINER SEELE KOMM ICH LEIDER NUR HALB SO WEIT...! ♪
JA, DU BIST STARK ...
WENN DU VERSUCHST, SEIN CHAKRA HERAUSZUZIEHEN, KANN ES UMGEKEHRT AUCH DEIN CHAKRA HERAUSZIEHEN.
WENN DEIN GANZES CHAKRA HERAUSGEZOGEN WIRD UND KEIN CHAKRA MEHR IN DIR ÜBRIG BLEIBT... ICH MUSS DIR NICHT SAGEN, WAS DANN AUS DIR WIRD, ODER?
SSSM
VERSTEHE... DU WILLST MEINE KRAFT STEUERN...
KOMM SCHON!

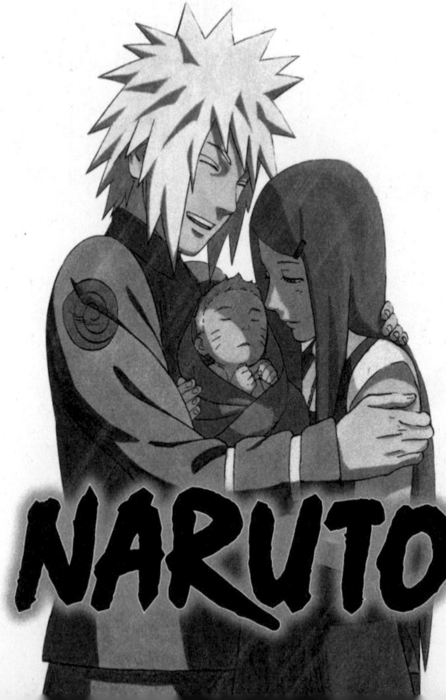
NARUTO

# 497. KAPITEL: KYUBI VS. NARUTO!

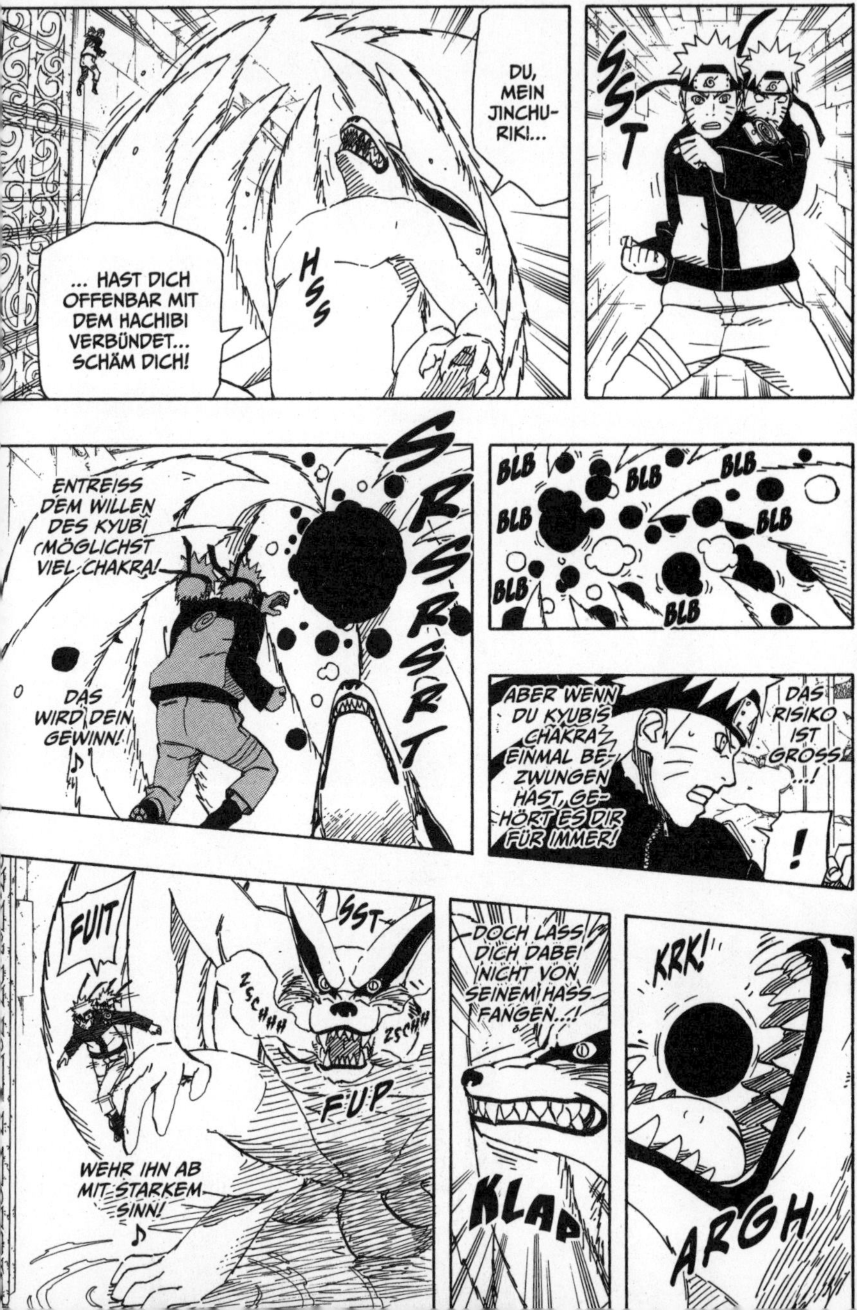

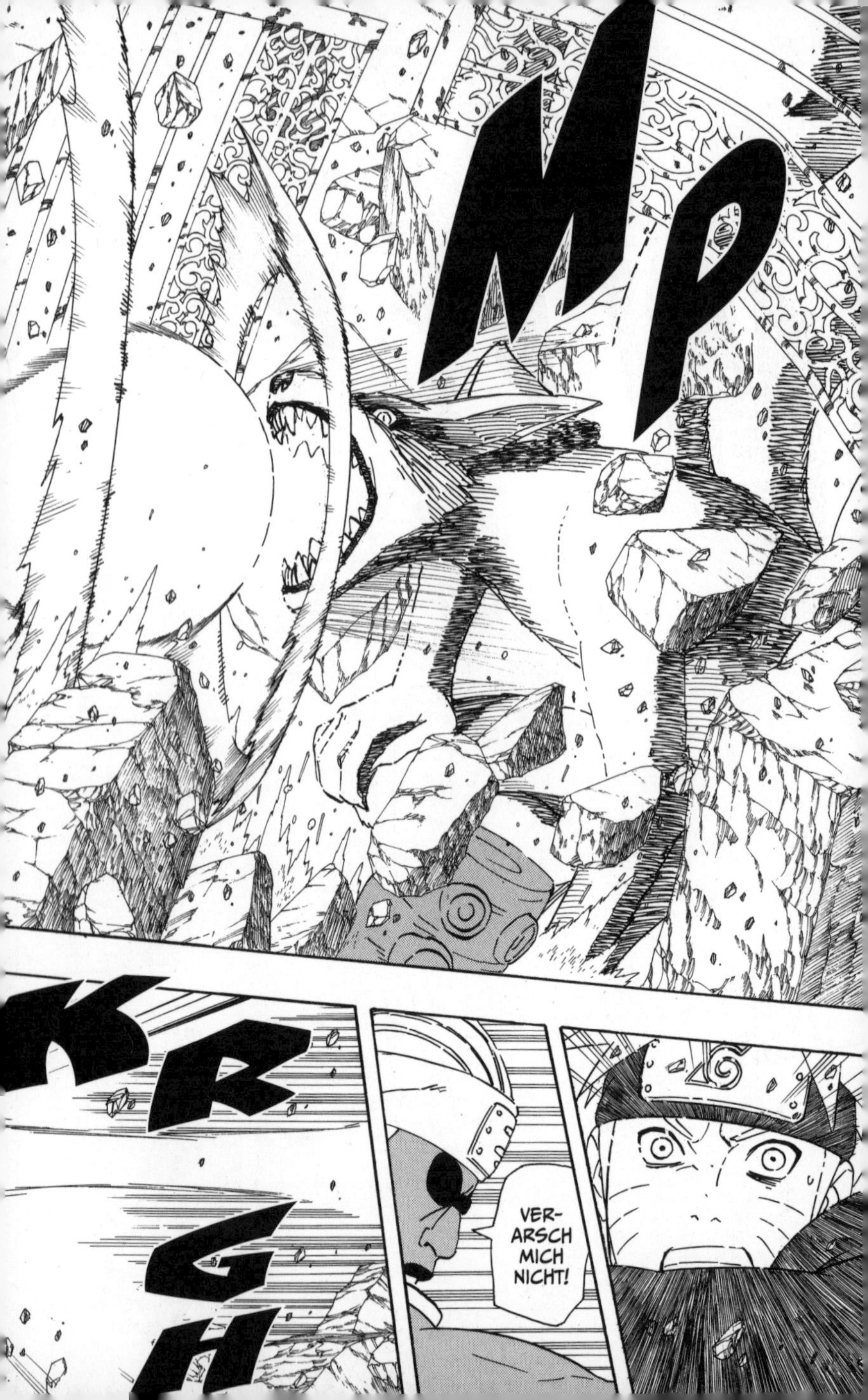
MP
VER-
ARSCH
MICH
NICHT!
KRRGH

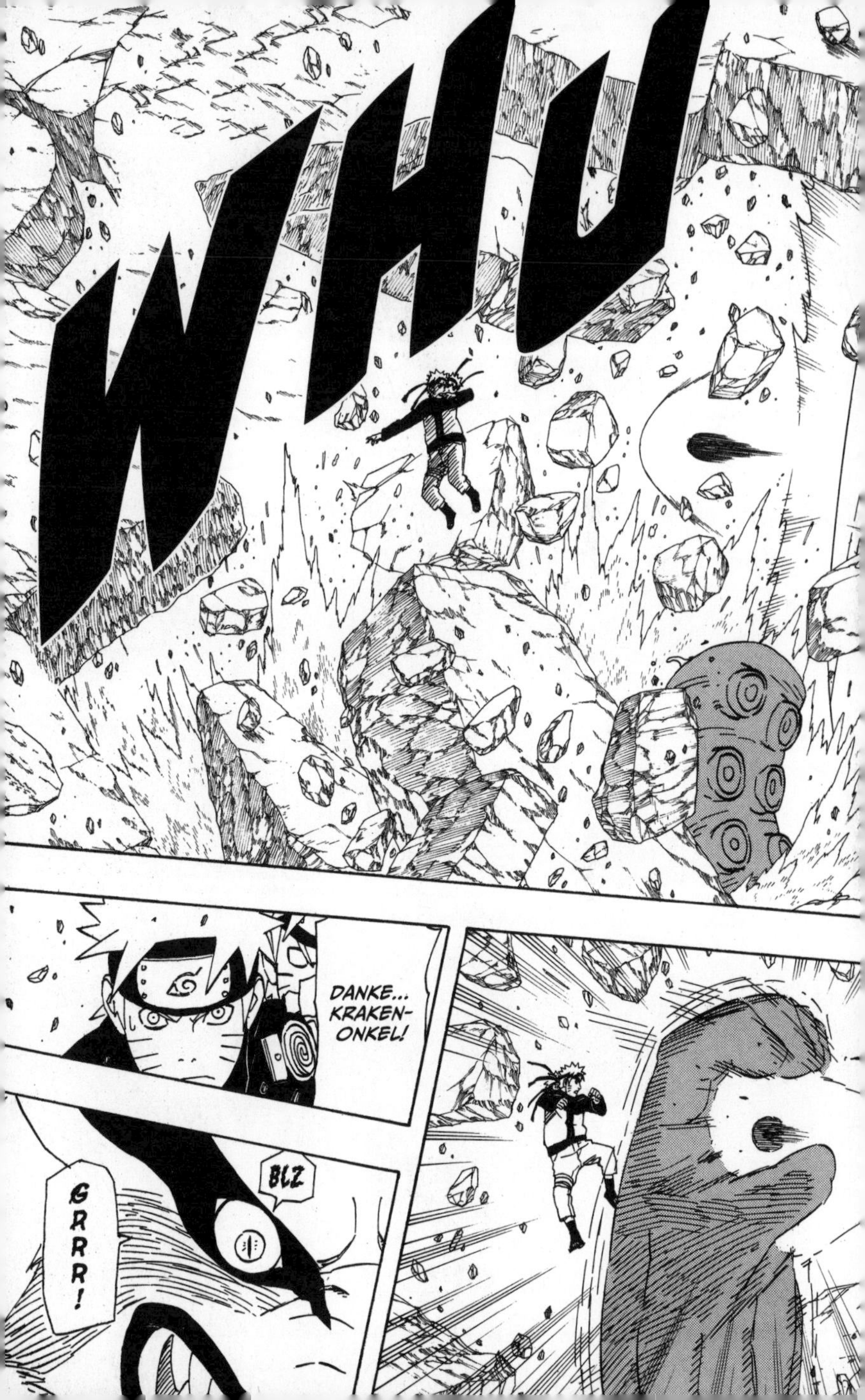
WHU
DANKE... KRAKEN-ONKEL!
BLZ
GRRR!

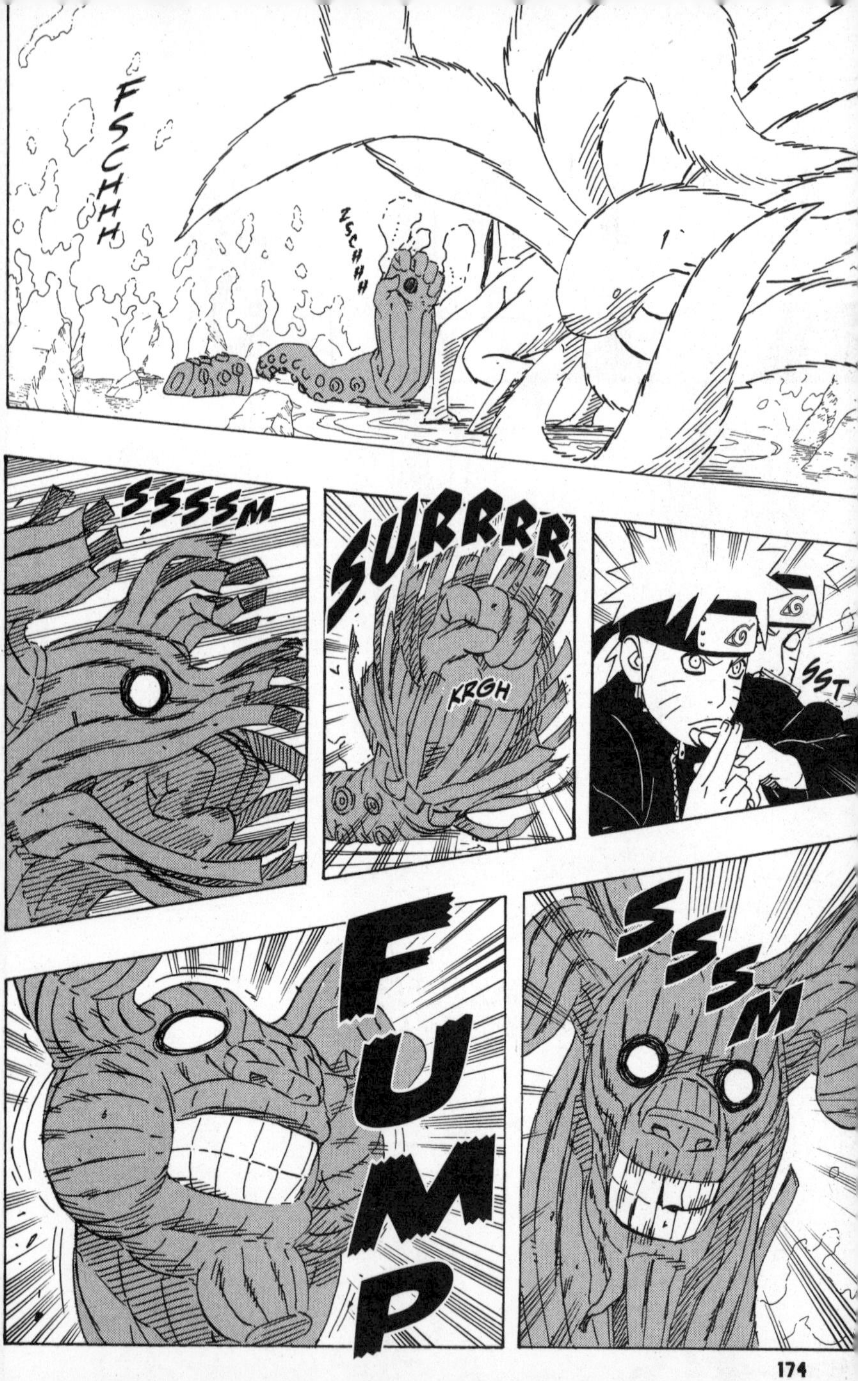
ZSCHHH
FSCHHH
SST
SURRRR
KRGH
SSSSM
SSSM
FUMP

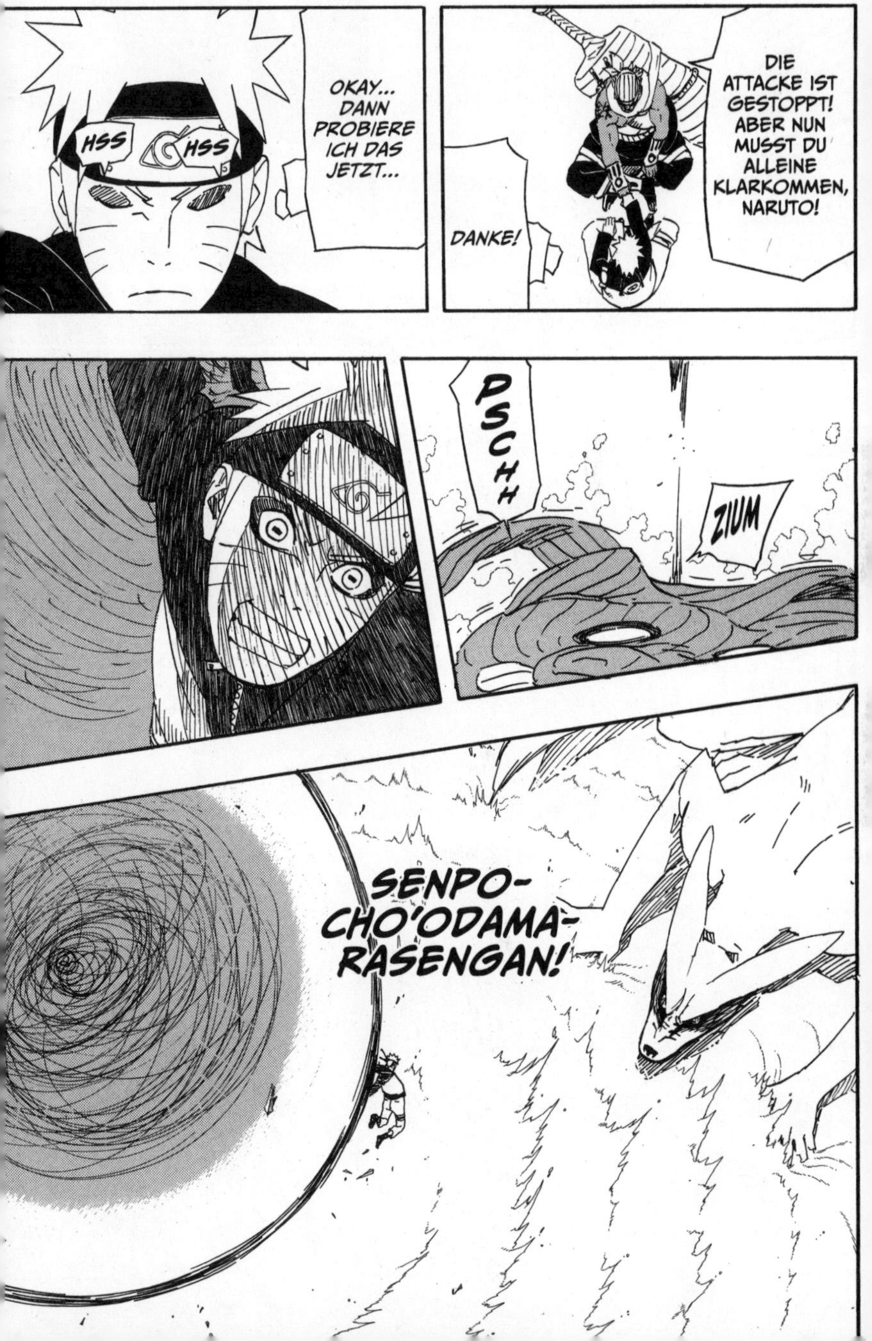
DIE ATTACKE IST GESTOPPT! ABER NUN MUSST DU ALLEINE KLARKOMMEN, NARUTO!
DANKE!
OKAY... DANN PROBIERE ICH DAS JETZT...
HSS
HSS
PSCHH
ZIUM
SENPO-CHO'ODAMA-RASENGAN!

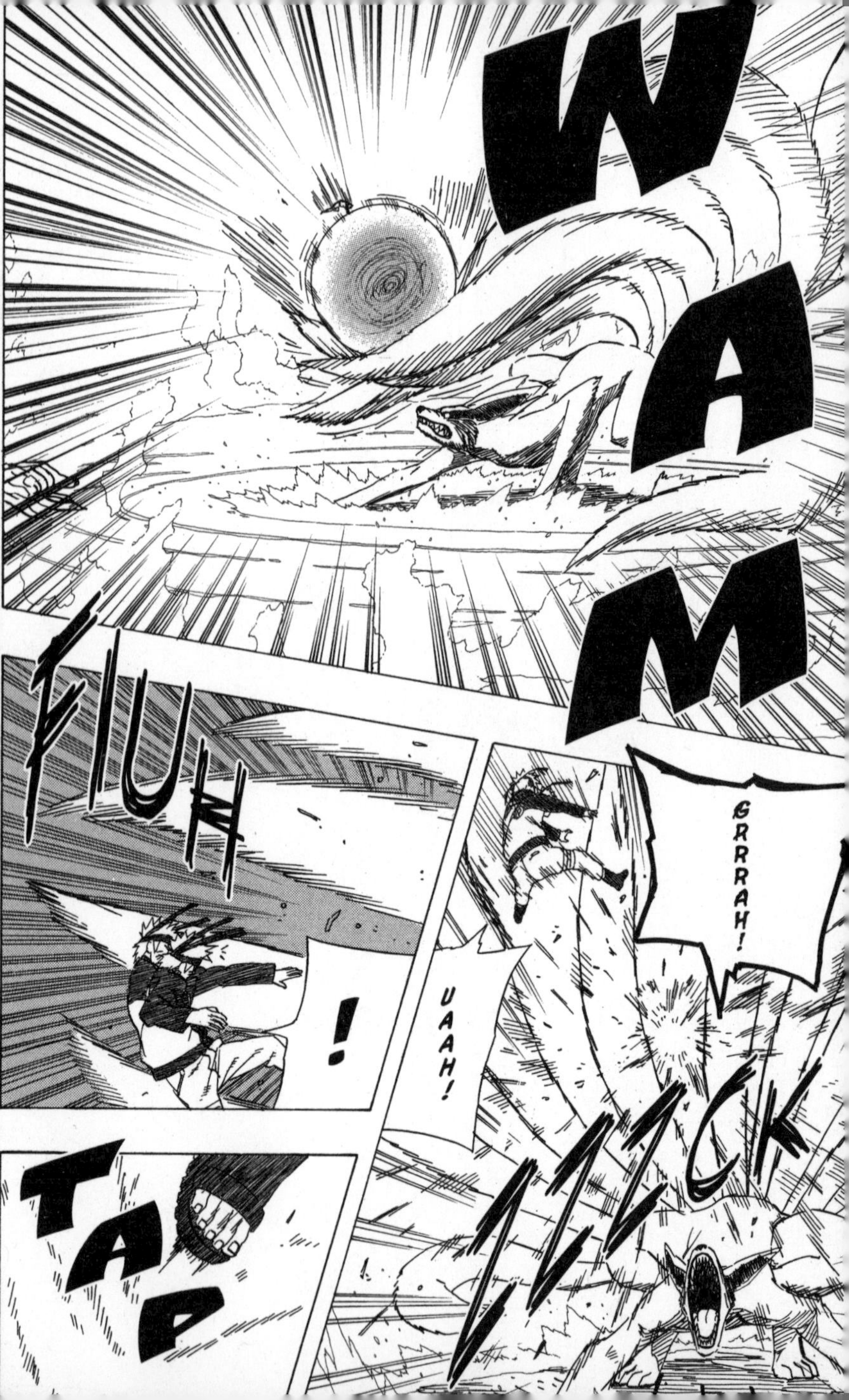
WAMM
GRRRAH!
UAAH!
FIUH
!
TAP
ZZZCK

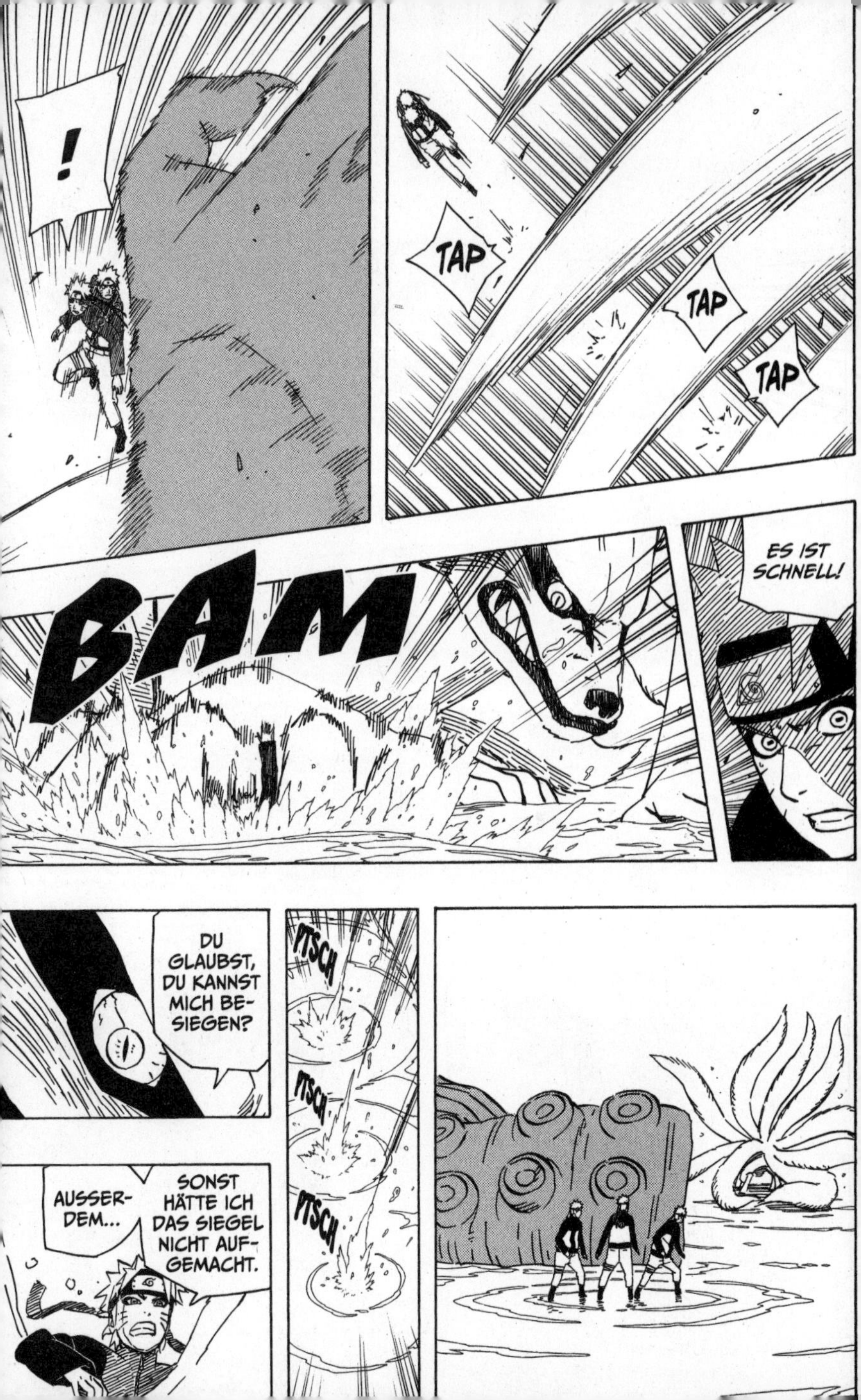
TAP
TAP
TAP
!
ES IST SCHNELL!
BAM
PTSCH
PTSCH
PTSCH
DU GLAUBST, DU KANNST MICH BE-SIEGEN?
SONST HÄTTE ICH DAS SIEGEL NICHT AUF-GEMACHT.
AUSSER-DEM...

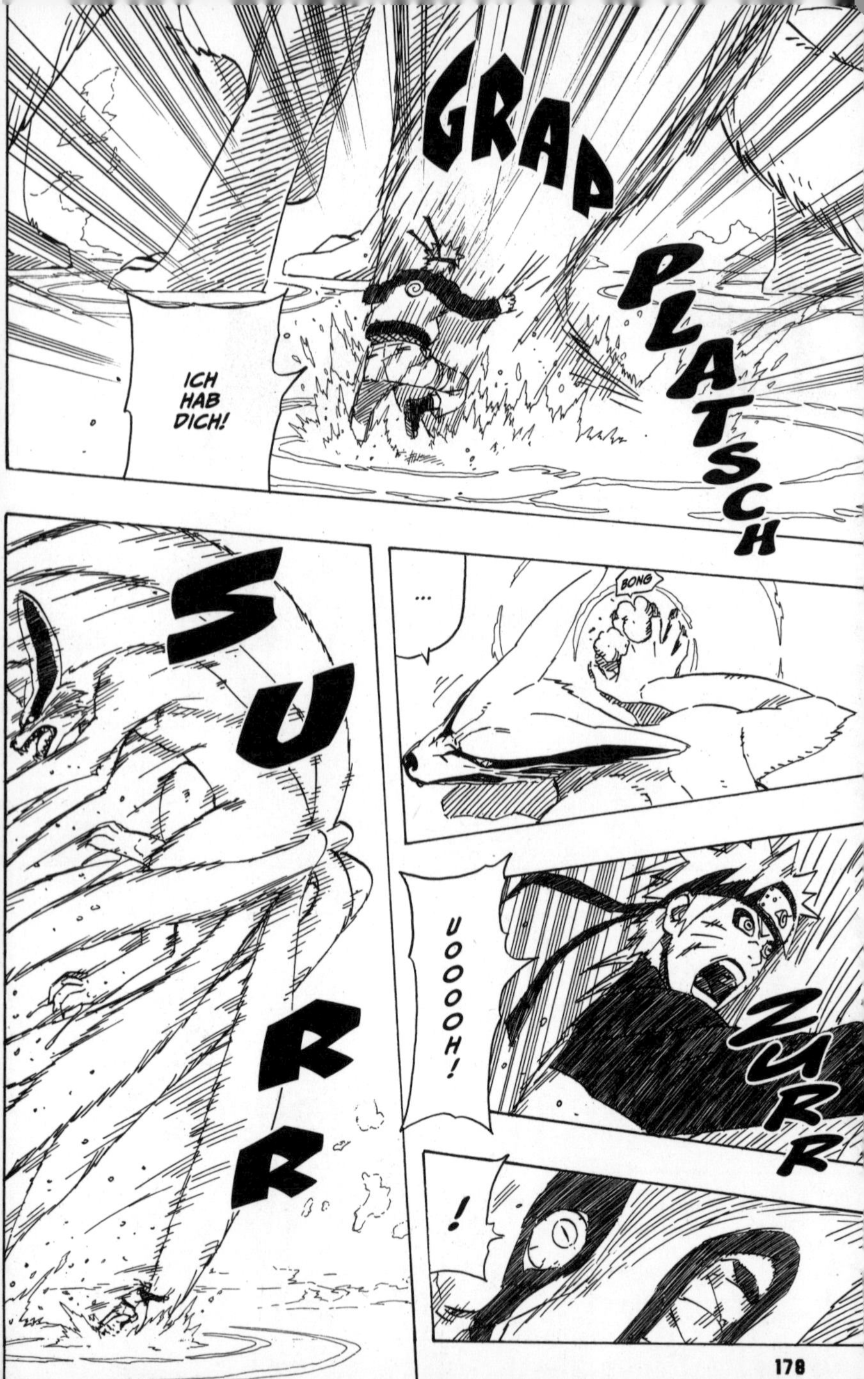
GRAP
PLATSCH
ICH HAB DICH!
BONG
...
UOOOOOH!
ZURR
SURRR
!

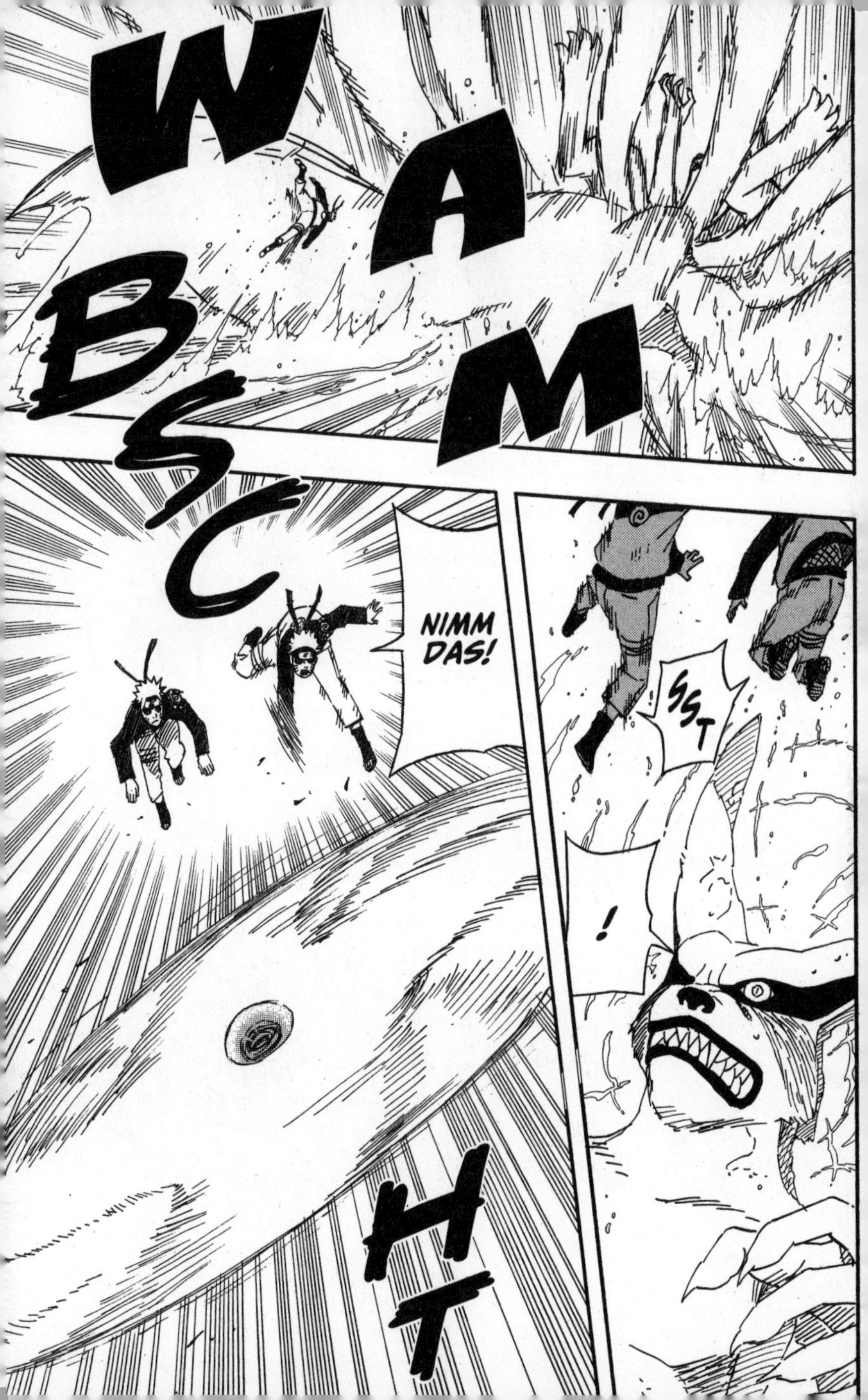
WAM
SST
!
NIMM DAS!
BSCHT

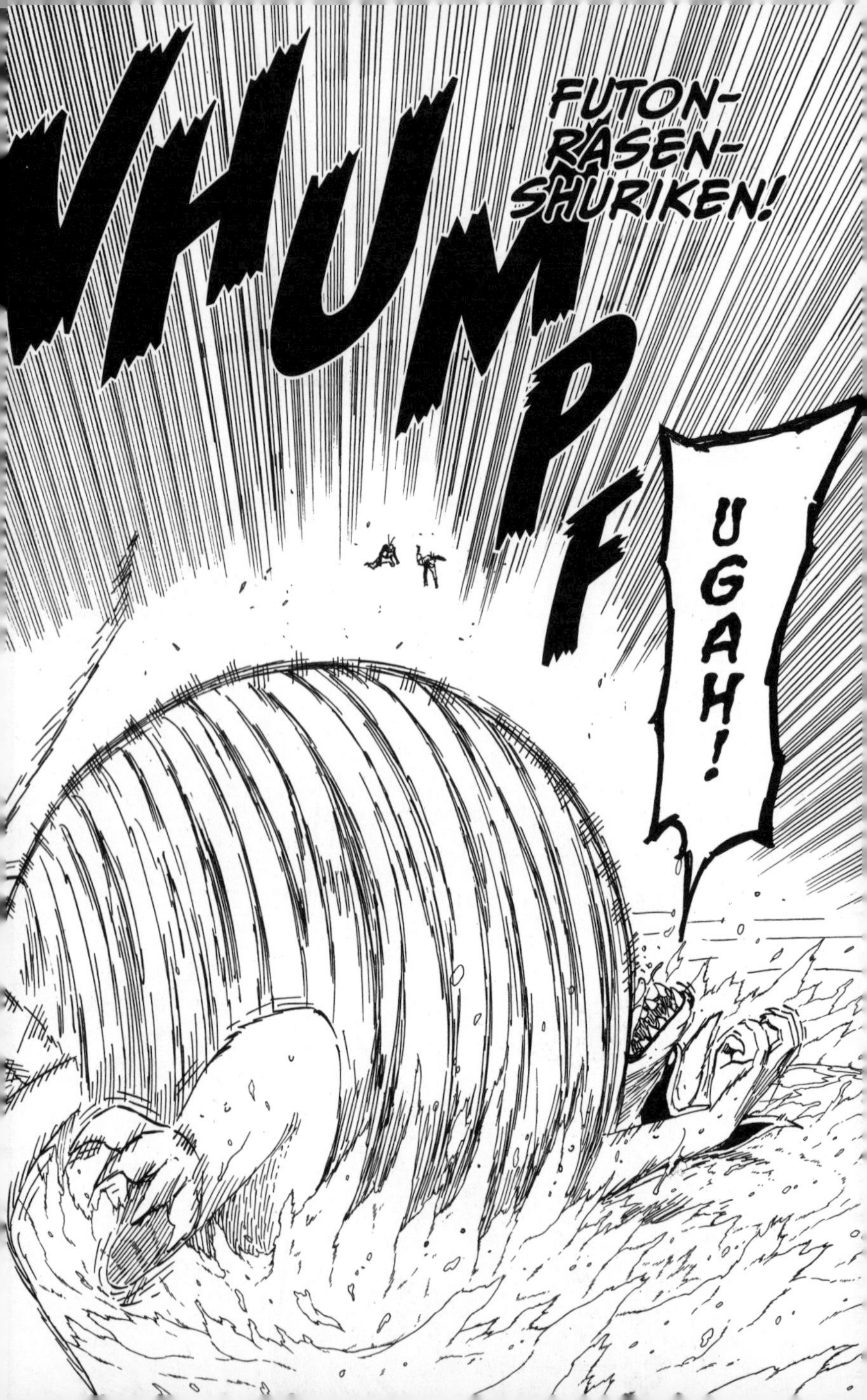
WHUMPF
FUTON-
RASEN-
SHURIKEN!
UGAH!

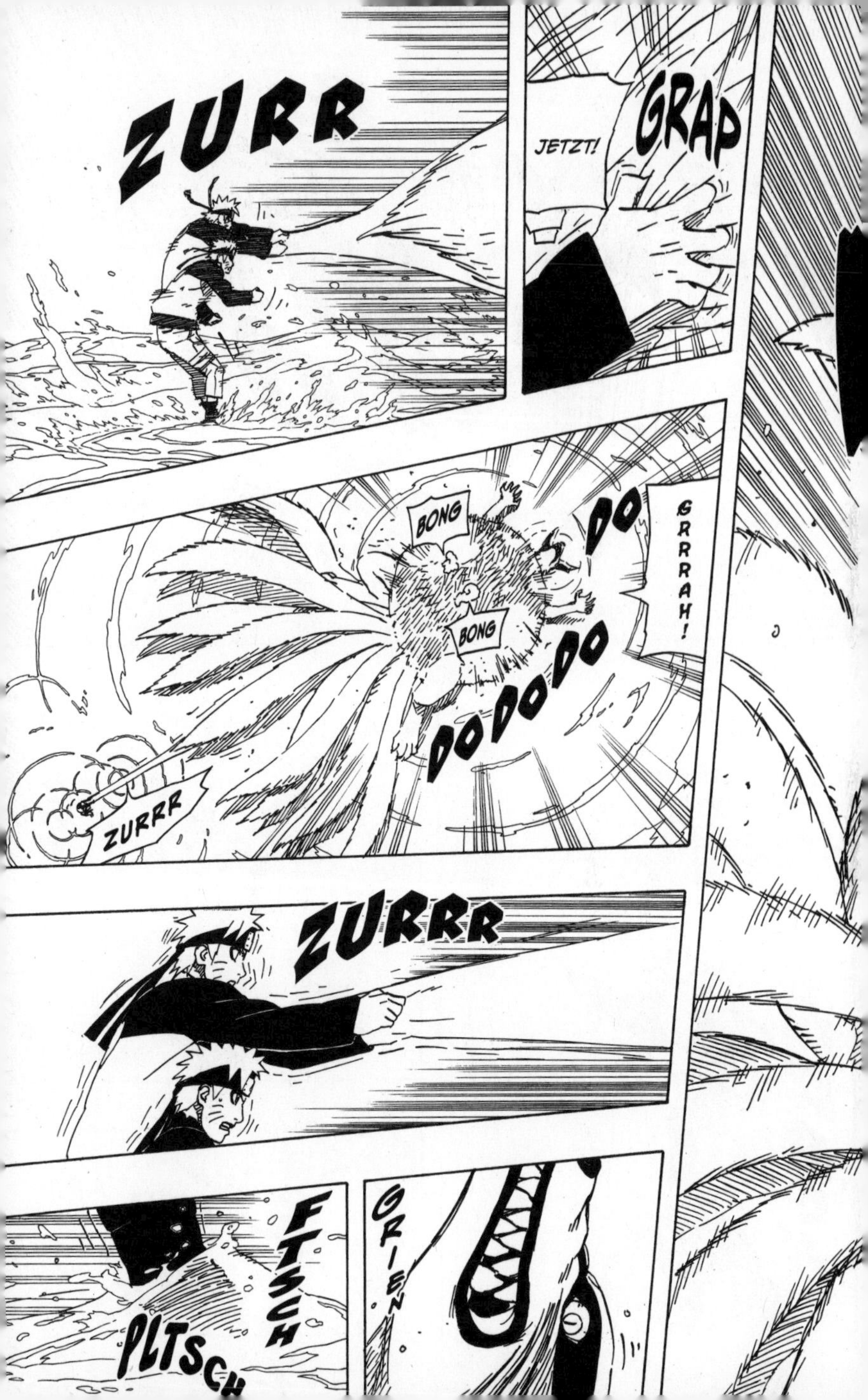
GRAP
JETZT!
ZURR
GRRRAH!
DO
DODODO
BONG
BONG
ZURRR
ZURRR
GRIEN
FTSCH
PLTSCH

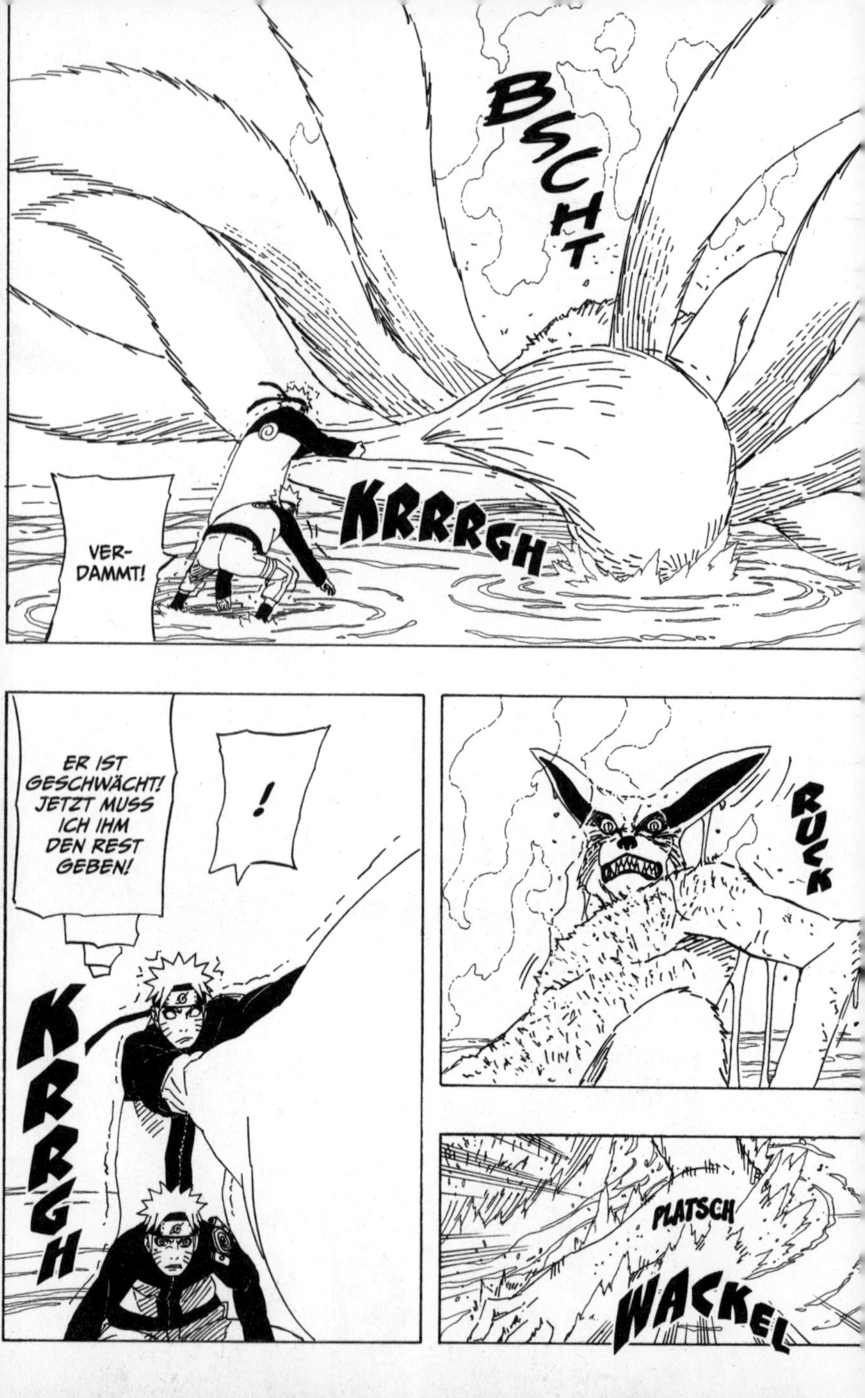
BSCHT
KRRRGH
VERDAMMT!
RUCK
!
ER IST GESCHWÄCHT! JETZT MUSS ICH IHM DEN REST GEBEN!
KRRRGH
PLATSCH
WACKEL

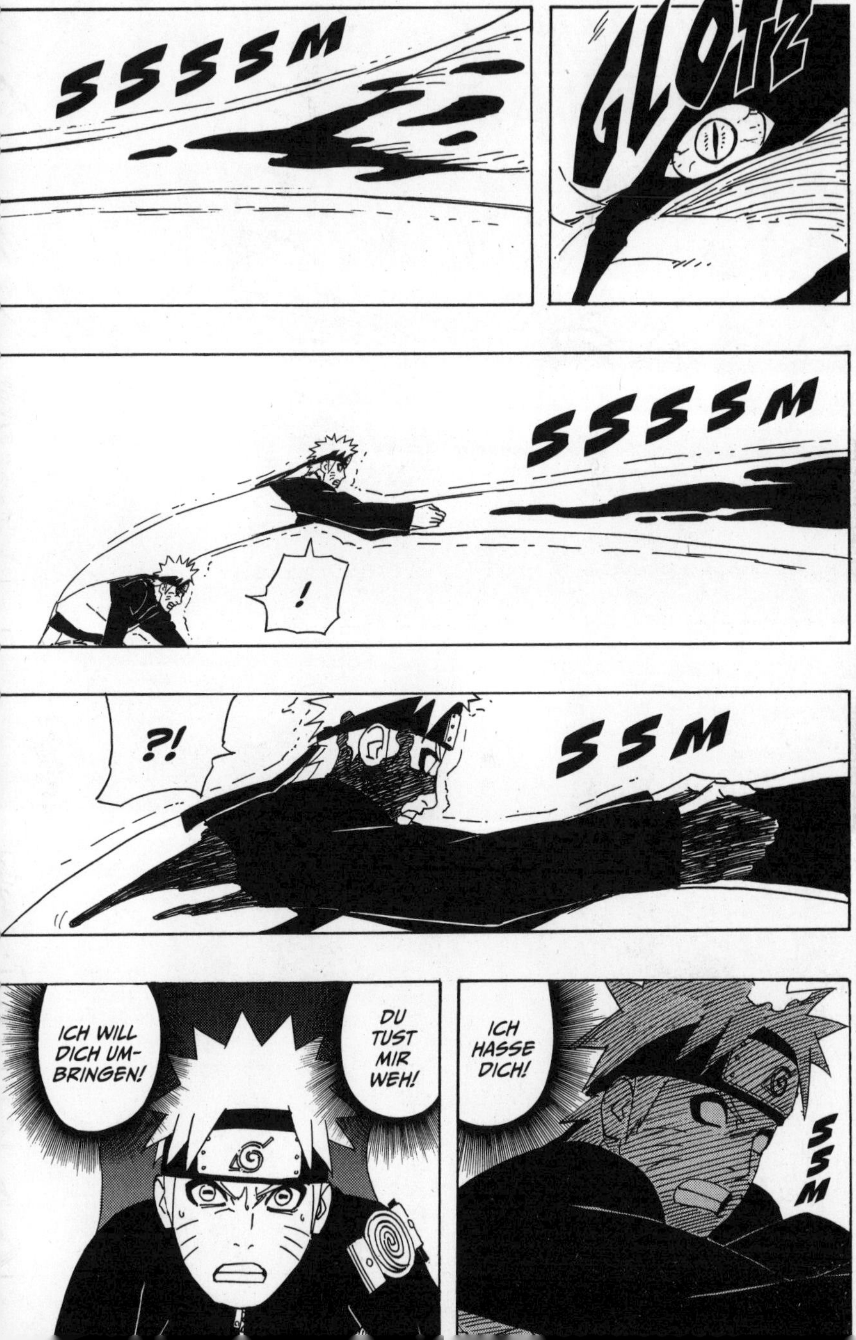
GLOTZ
SSSSM
SSSSM
!
SSM
?!
ICH HASSE DICH!
SSM
DU TUST MIR WEH!
ICH WILL DICH UM-BRINGEN!

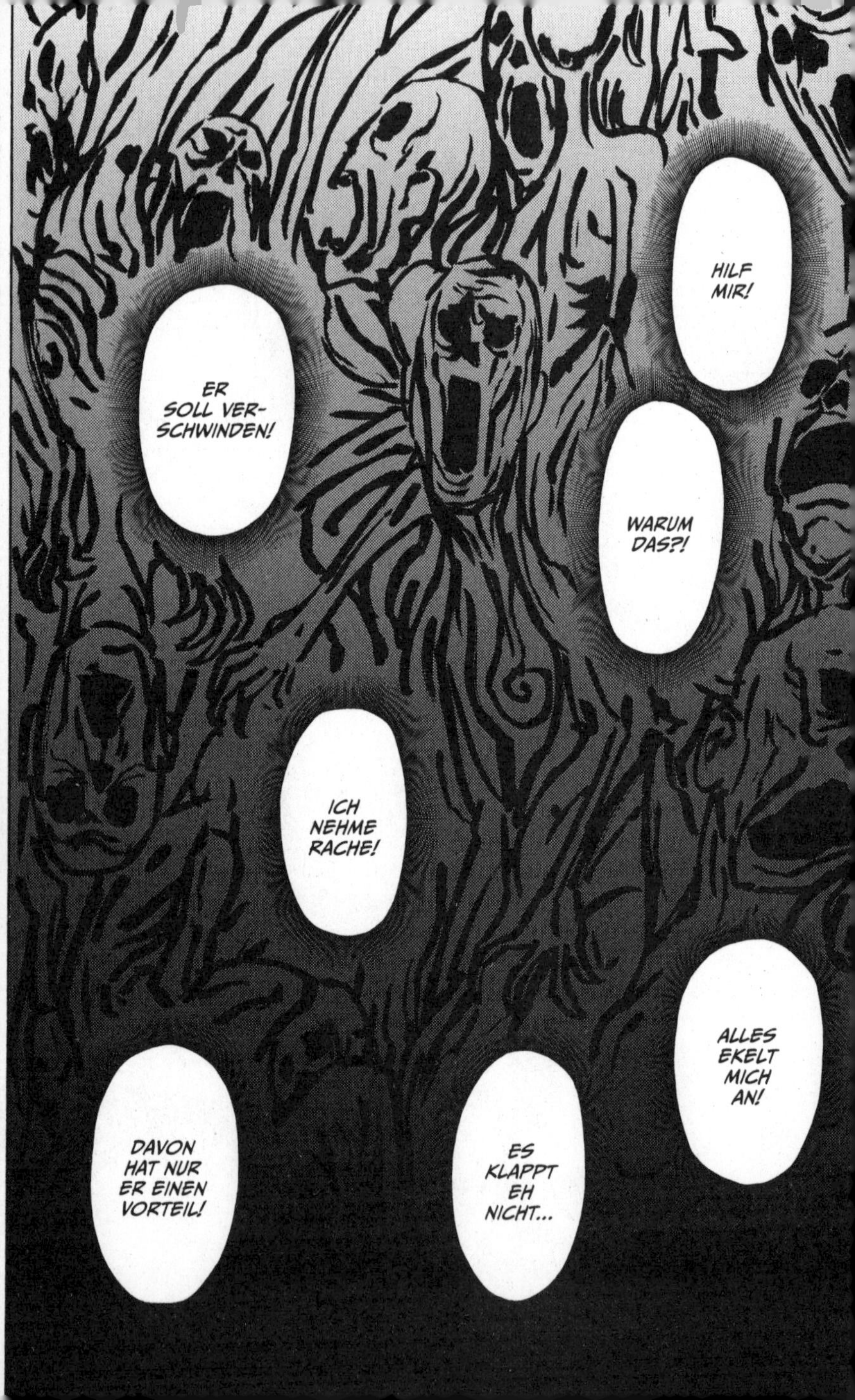
HILF MIR!
WARUM DAS?!
ER SOLL VERSCHWINDEN!
ICH NEHME RACHE!
ALLES EKELT MICH AN!
ES KLAPPT EH NICHT...
DAVON HAT NUR ER EINEN VORTEIL!

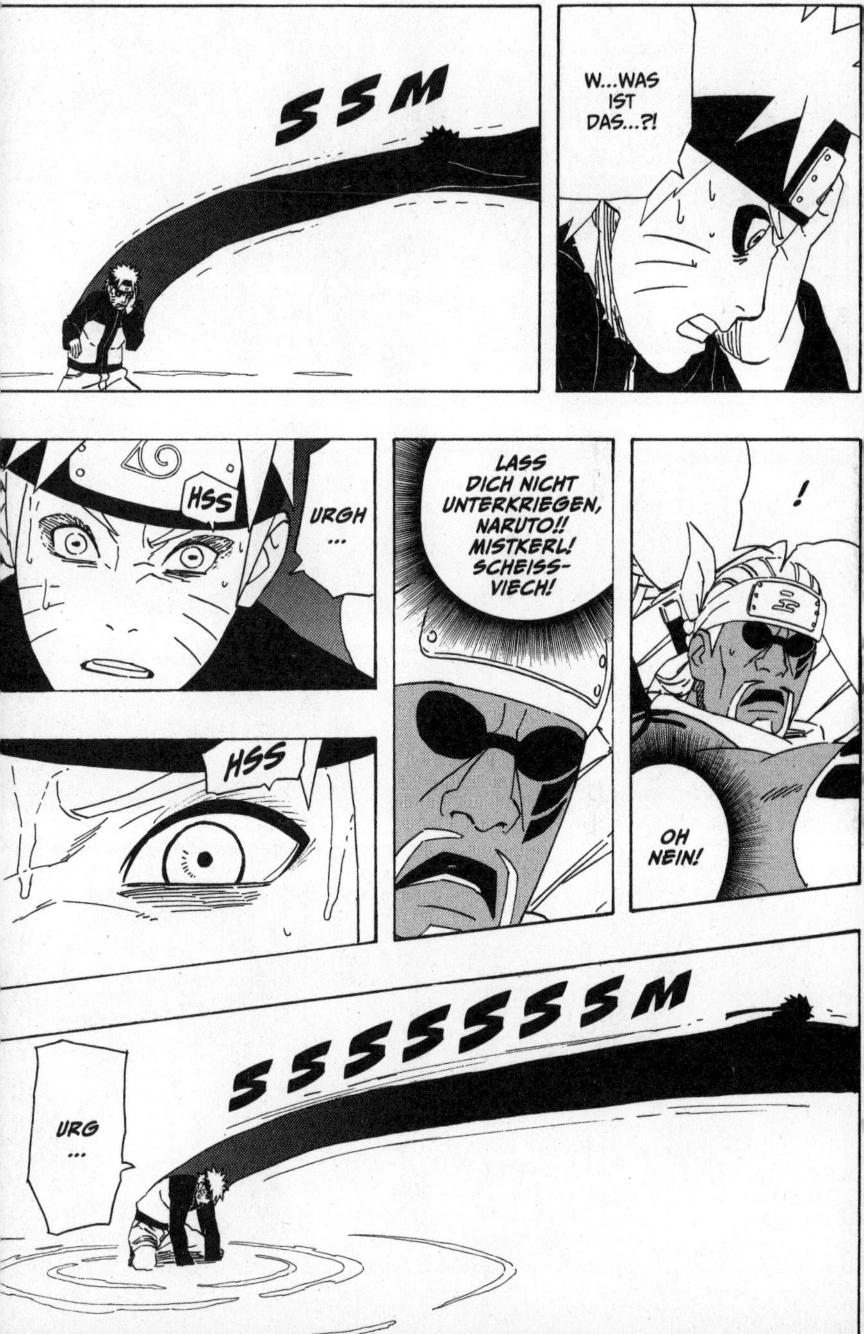
W...WAS IST DAS...?!
SSM
!
LASS DICH NICHT UNTERKRIEGEN, NARUTO!! MISTKERL! SCHEISS-VIECH!
URGH ...
HSS
HSS
OH NEIN!
SSSSSSSM
URG ...

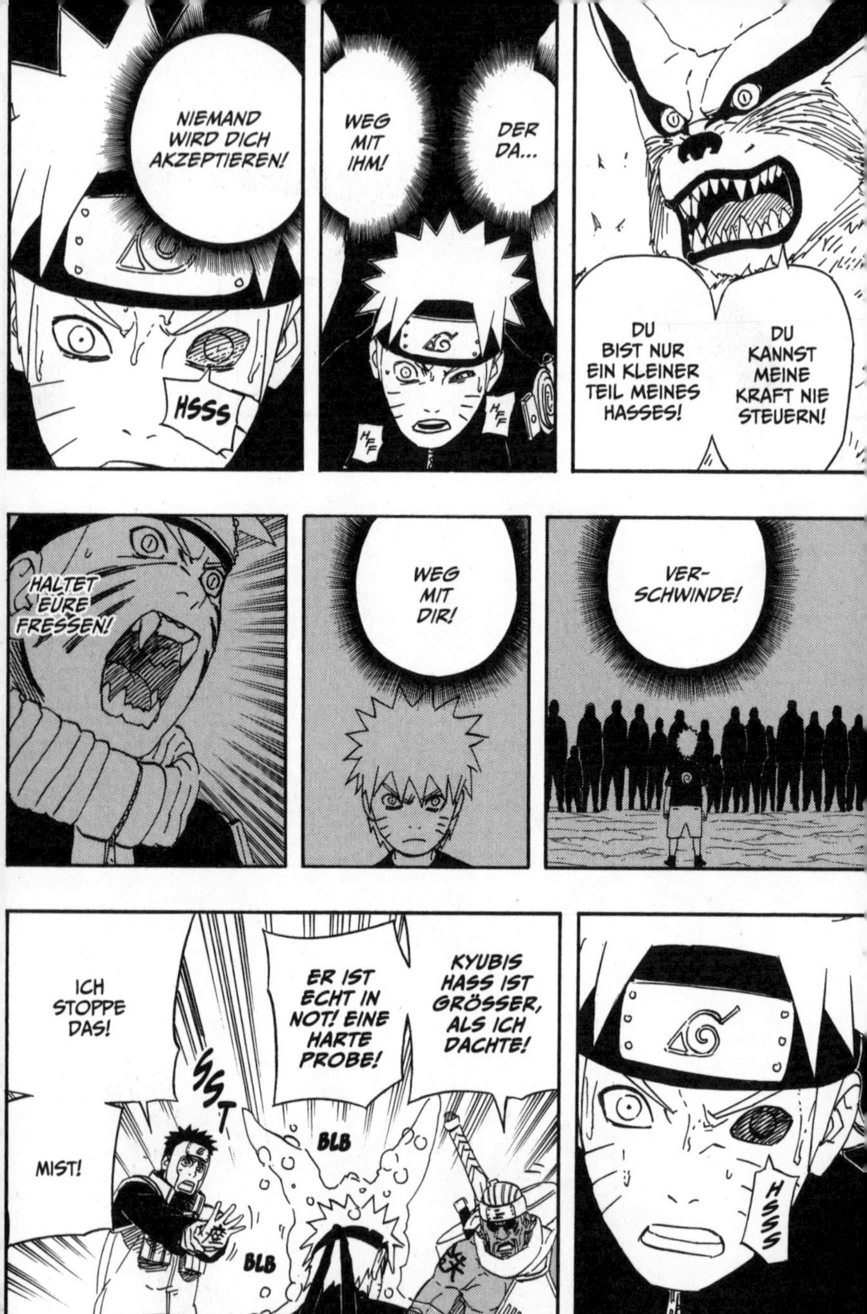
DU KANNST MEINE KRAFT NIE STEUERN!
DU BIST NUR EIN KLEINER TEIL MEINES HASSES!
DER DA...
WEG MIT IHM!
HFF
HFF
NIEMAND WIRD DICH AKZEPTIEREN!
HSSS
VER-SCHWINDE!
WEG MIT DIR!
HALTET EURE FRESSEN!
HSSS
KYUBIS HASS IST GRÖSSER, ALS ICH DACHTE!
ER IST ECHT IN NOT! EINE HARTE PROBE!
ICH STOPPE DAS!
SST
BLB
MIST!
BLB

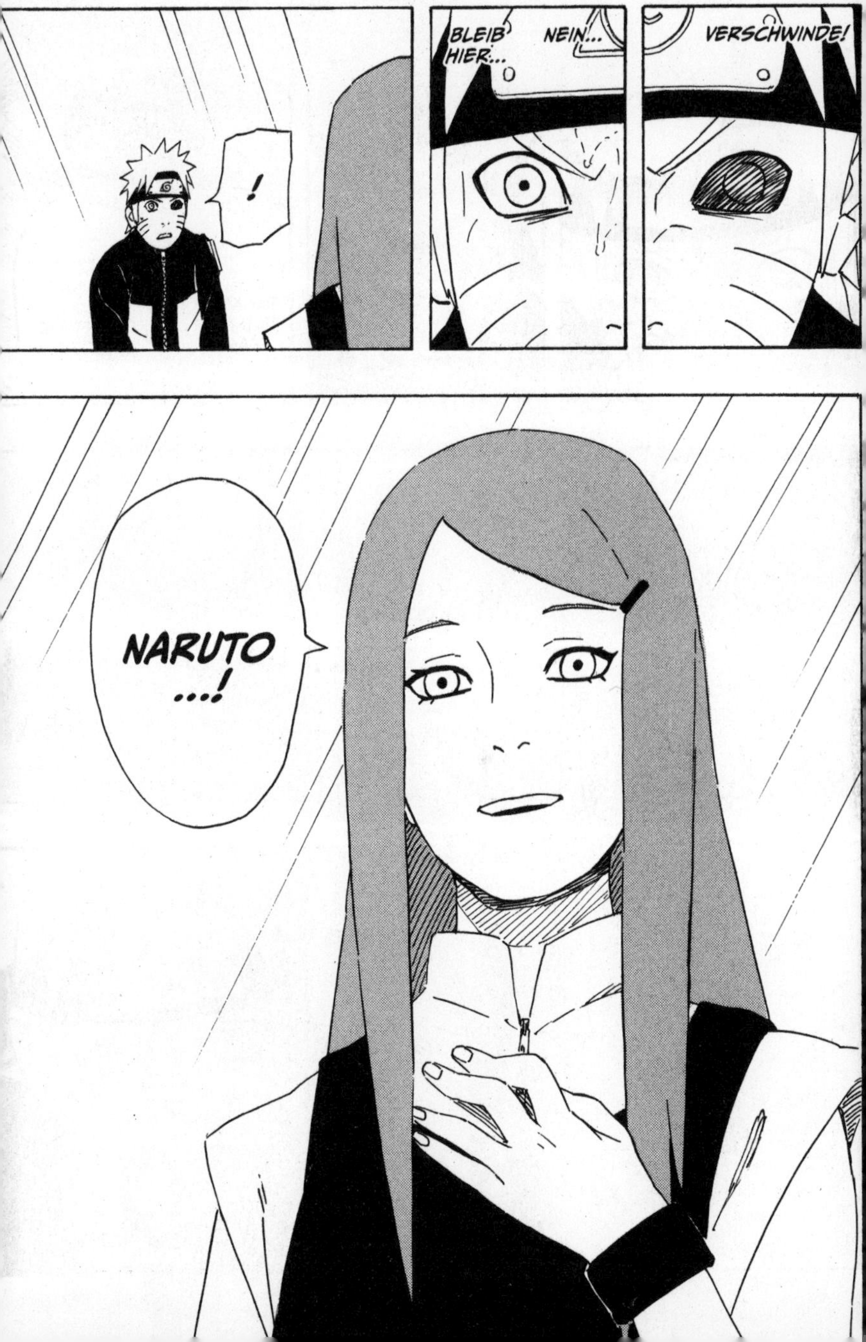
VERSCHWINDE!
NEIN...
BLEIB HIER...
!
NARUTO ...!

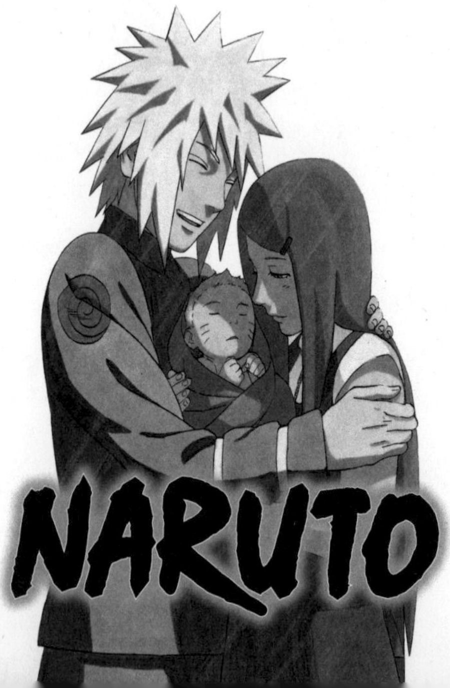
NARUTO

# 498. KAPITEL: MUTTERS ROTE HAARE

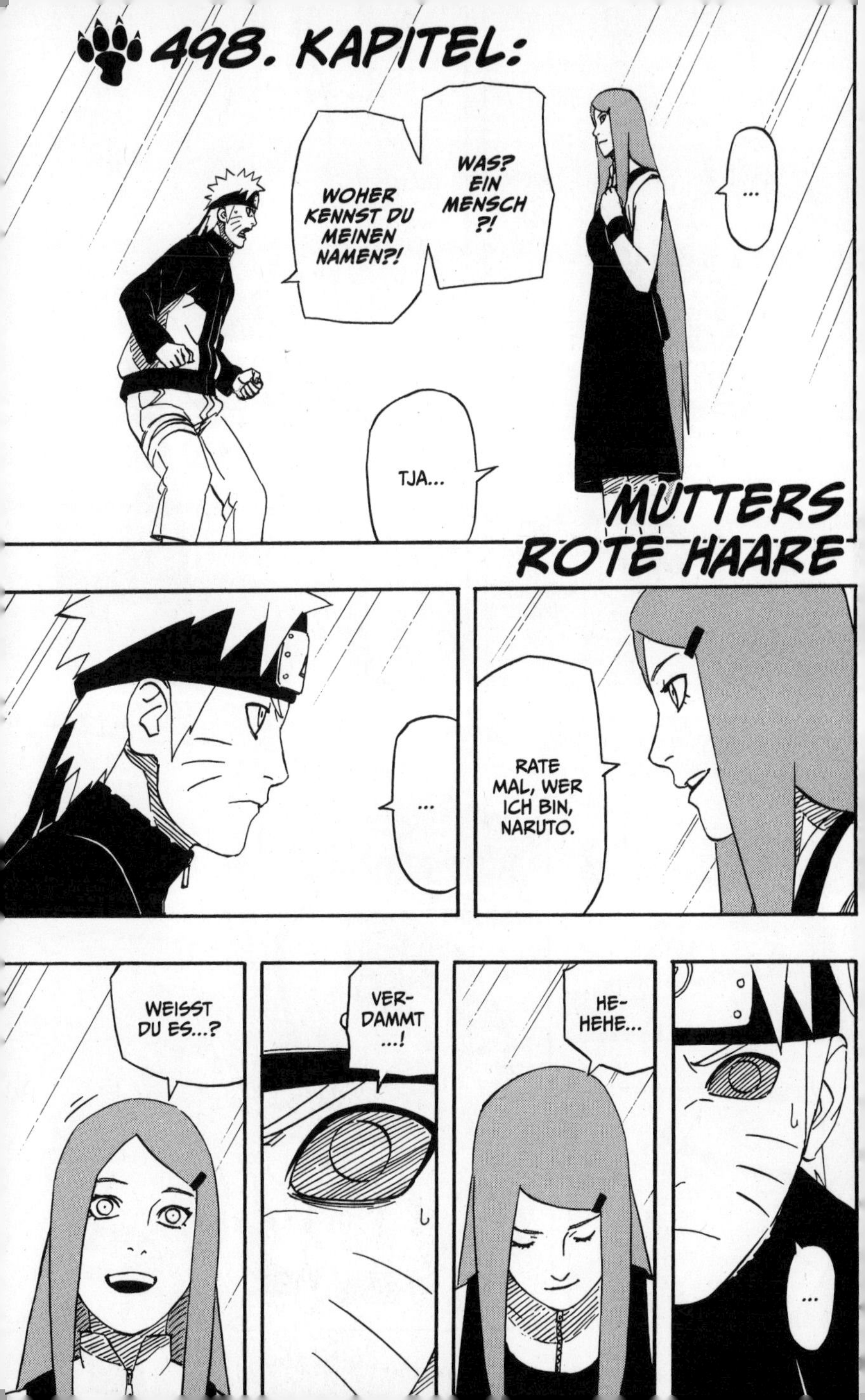

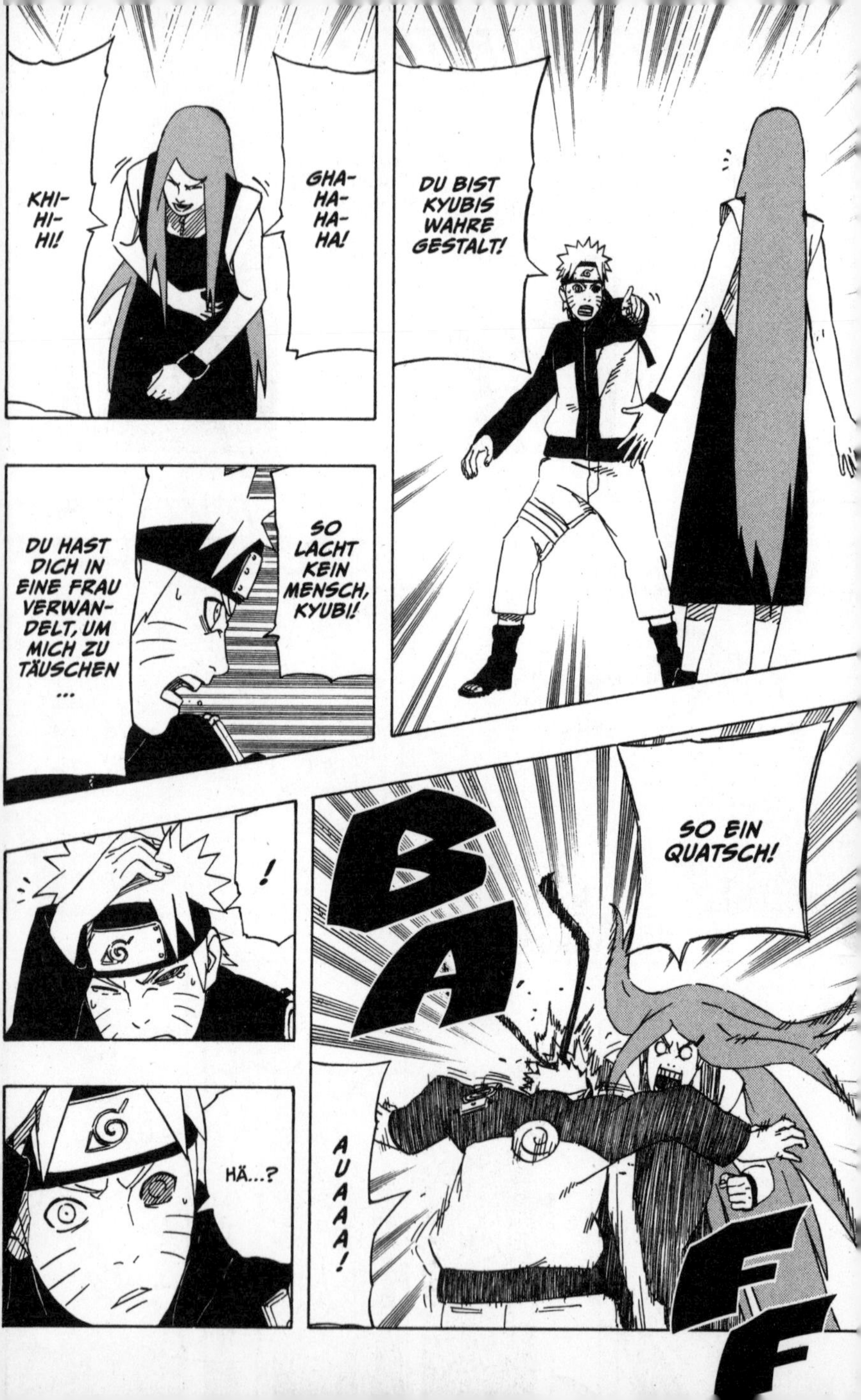
GHA-HA-HA-HA!
KHI-HI-HI!
SO LACHT KEIN MENSCH, KYUBI!
DU HAST DICH IN EINE FRAU VERWANDELT, UM MICH ZU TÄUSCHEN ...
DU BIST KYUBIS WAHRE GESTALT!
!
HÄ...?
SO EIN QUATSCH!
BA
AUAAAAA!
FF

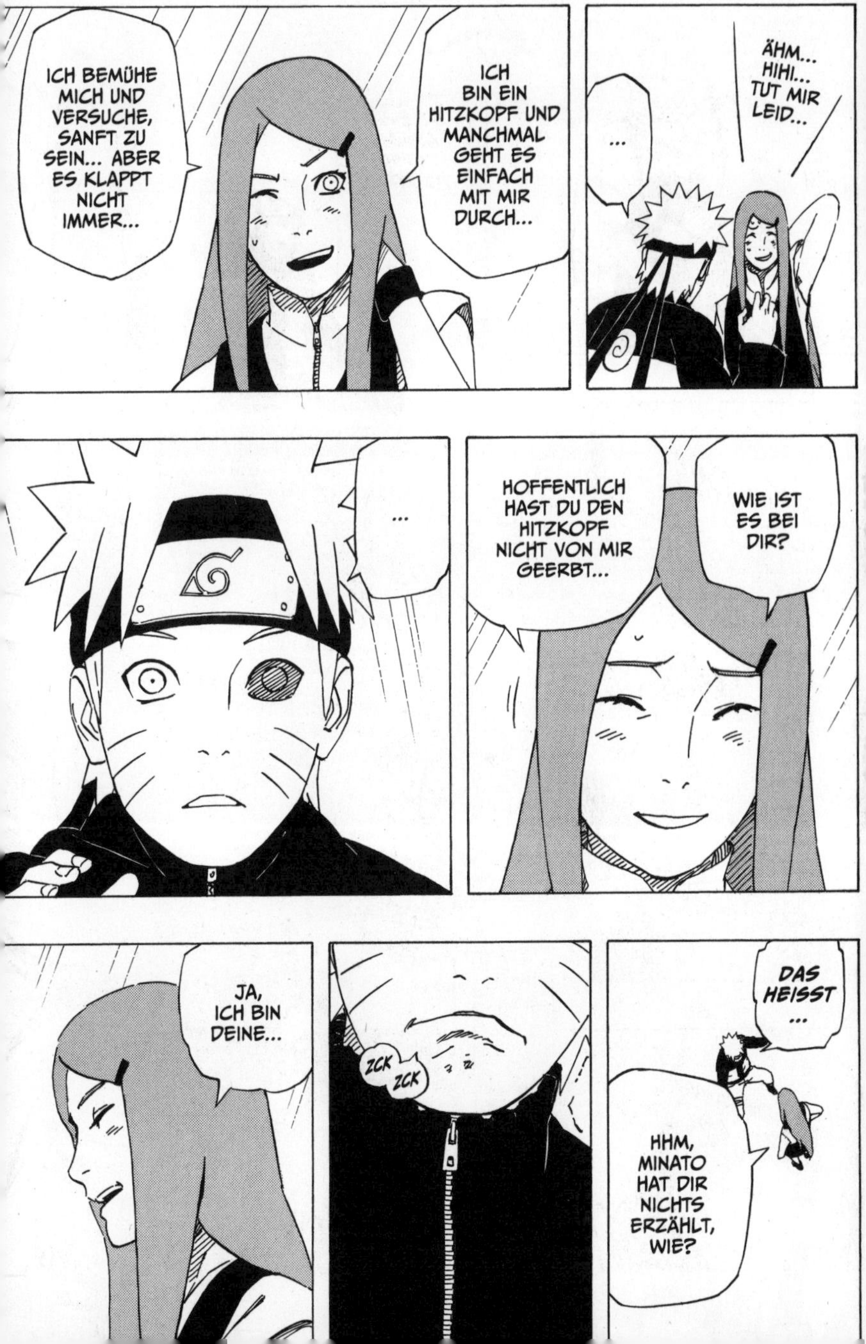
...
ÄHM... HIHI... TUT MIR LEID...
ICH BIN EIN HITZKOPF UND MANCHMAL GEHT ES EINFACH MIT MIR DURCH...
ICH BEMÜHE MICH UND VERSUCHE, SANFT ZU SEIN... ABER ES KLAPPT NICHT IMMER...
WIE IST ES BEI DIR?
HOFFENTLICH HAST DU DEN HITZKOPF NICHT VON MIR GEERBT...
...
DAS HEISST ...
HHM, MINATO HAT DIR NICHTS ERZÄHLT, WIE?
ZCK
ZCK
JA, ICH BIN DEINE...

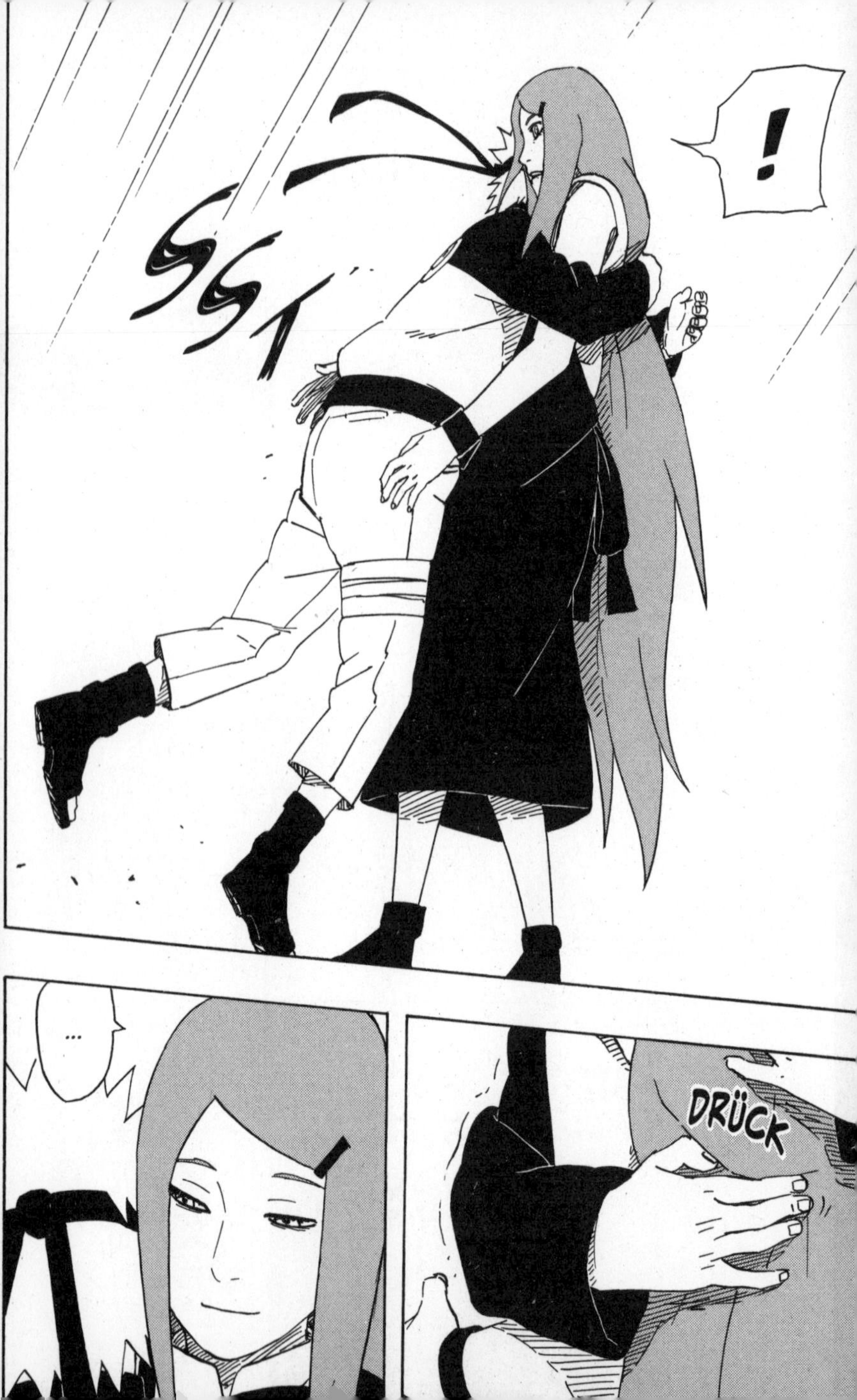
SST
!
...
DRÜCK

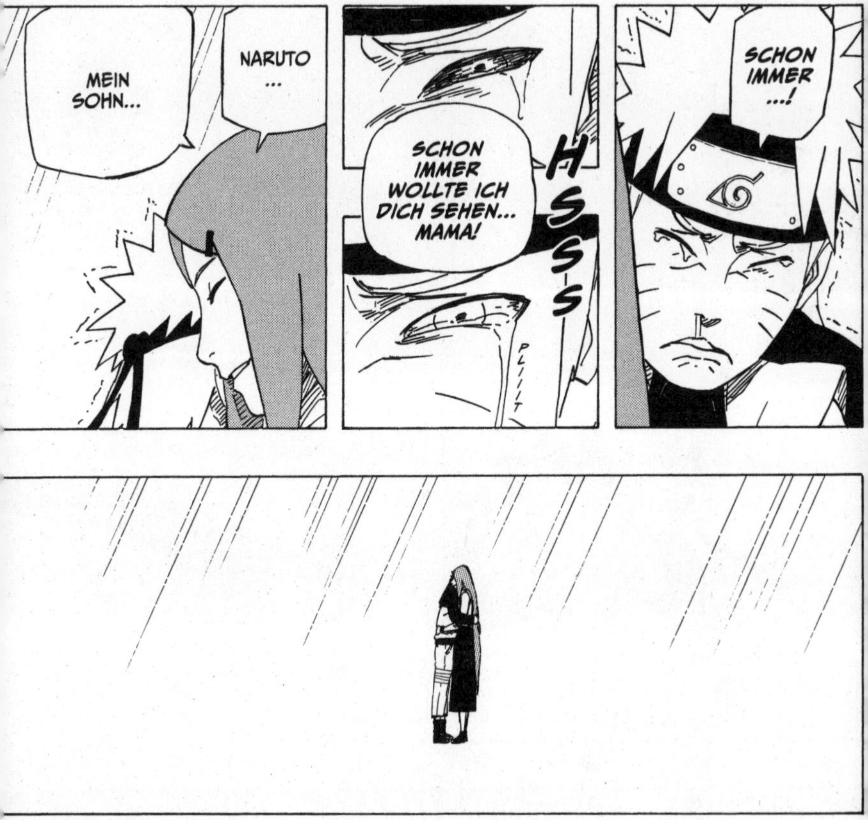
SCHON IMMER ...!
SCHON IMMER WOLLTE ICH DICH SEHEN... MAMA!
HSSS
PLIIIT
NARUTO ...
MEIN SOHN...

* ZA = SITZEN

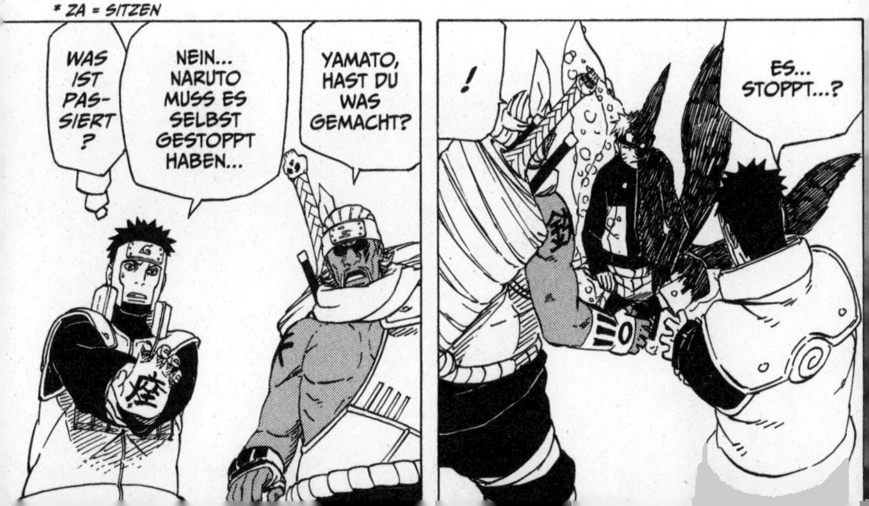
ES... STOPPT...?
!
YAMATO, HAST DU WAS GEMACHT?
NEIN... NARUTO MUSS ES SELBST GESTOPPT HABEN...
WAS IST PAS-SIERT?

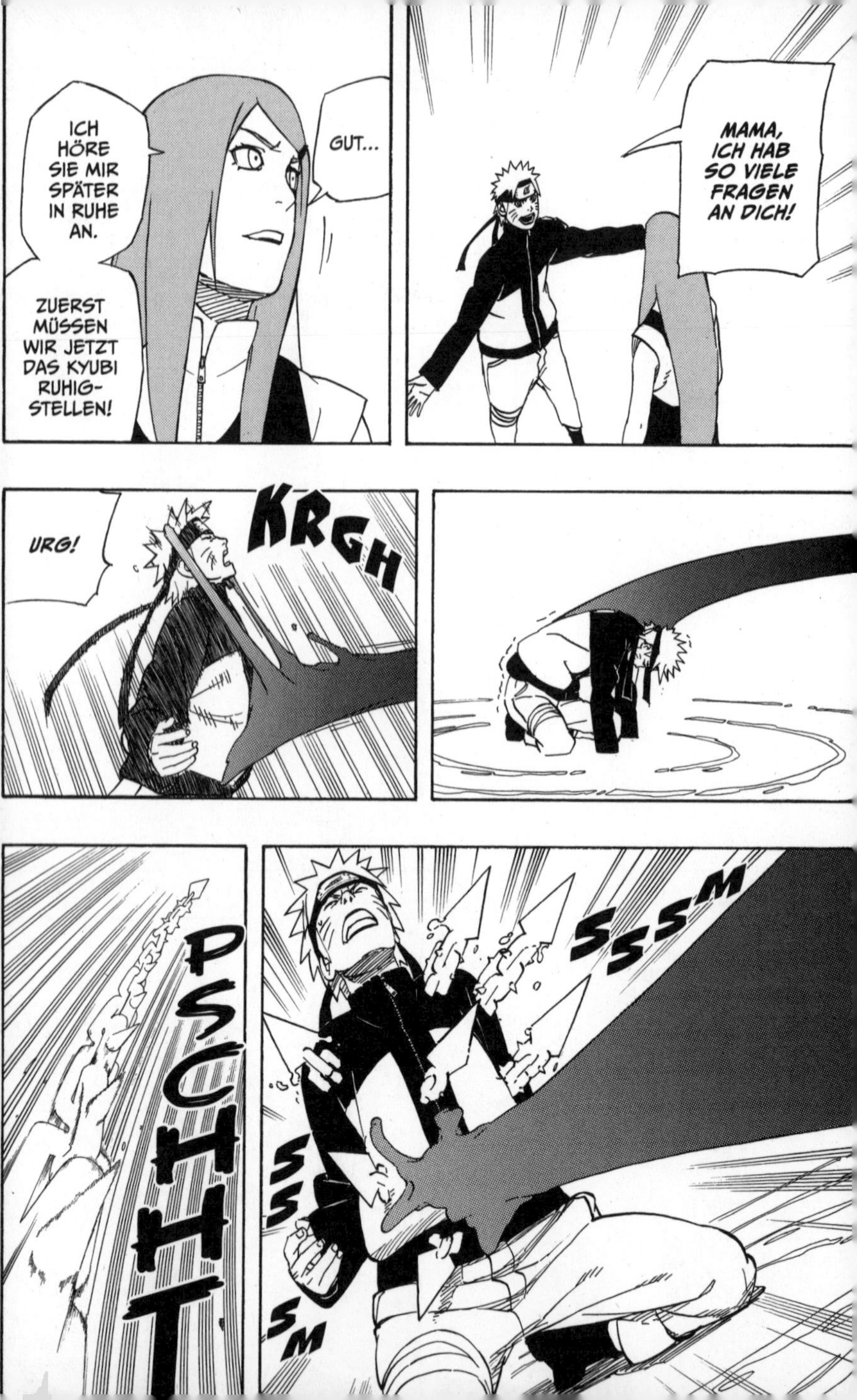
MAMA, ICH HAB SO VIELE FRAGEN AN DICH!
GUT...
ICH HÖRE SIE MIR SPÄTER IN RUHE AN.
ZUERST MÜSSEN WIR JETZT DAS KYUBI RUHIG-STELLEN!
URG!
KRGH
SSSM
SSSM
PSCHHT

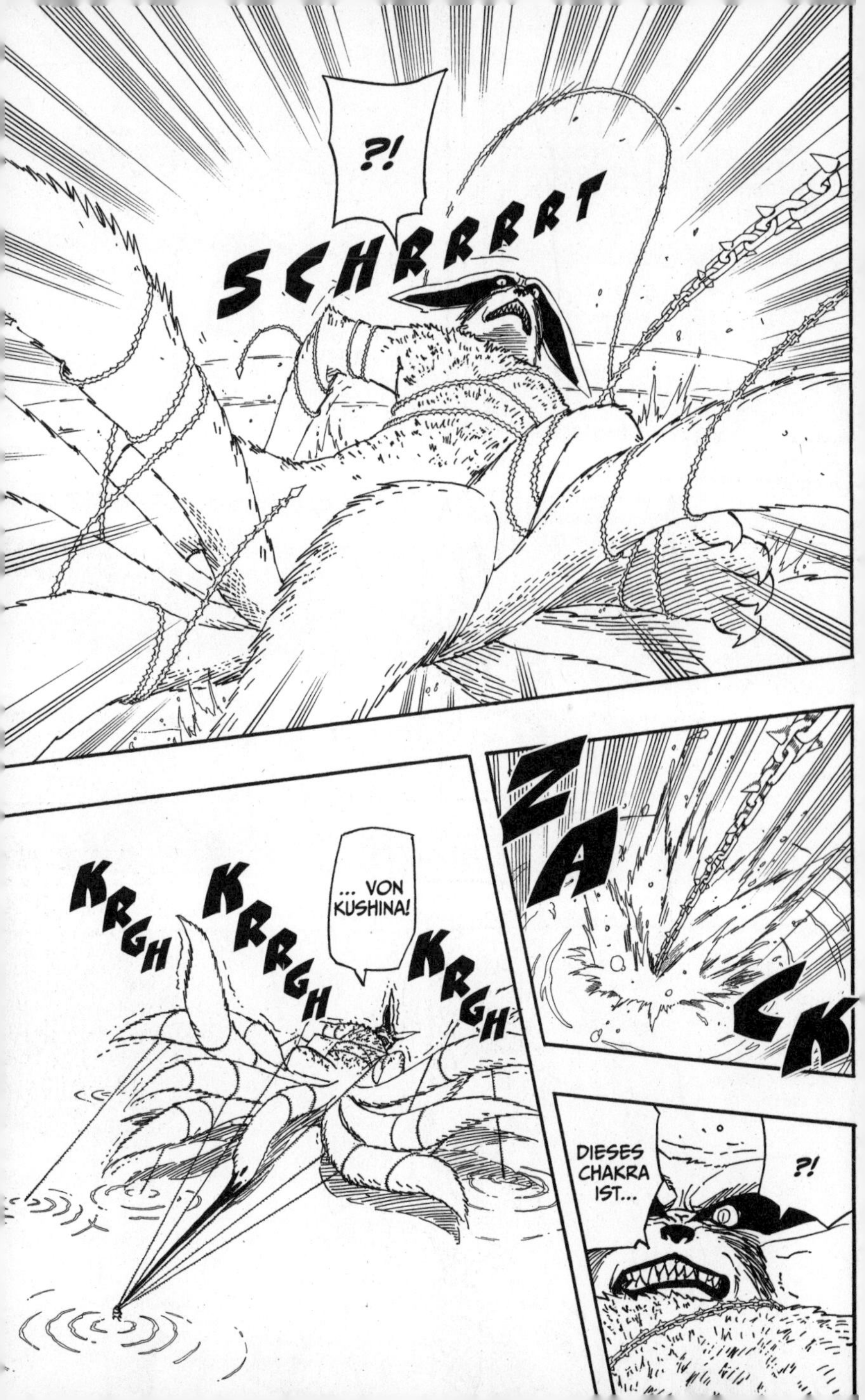
?!
SCHRRRRT
ZACK
DIESES CHAKRA IST...
?!
KRGH
... VON KUSHINA!
KRRGH
KRGH

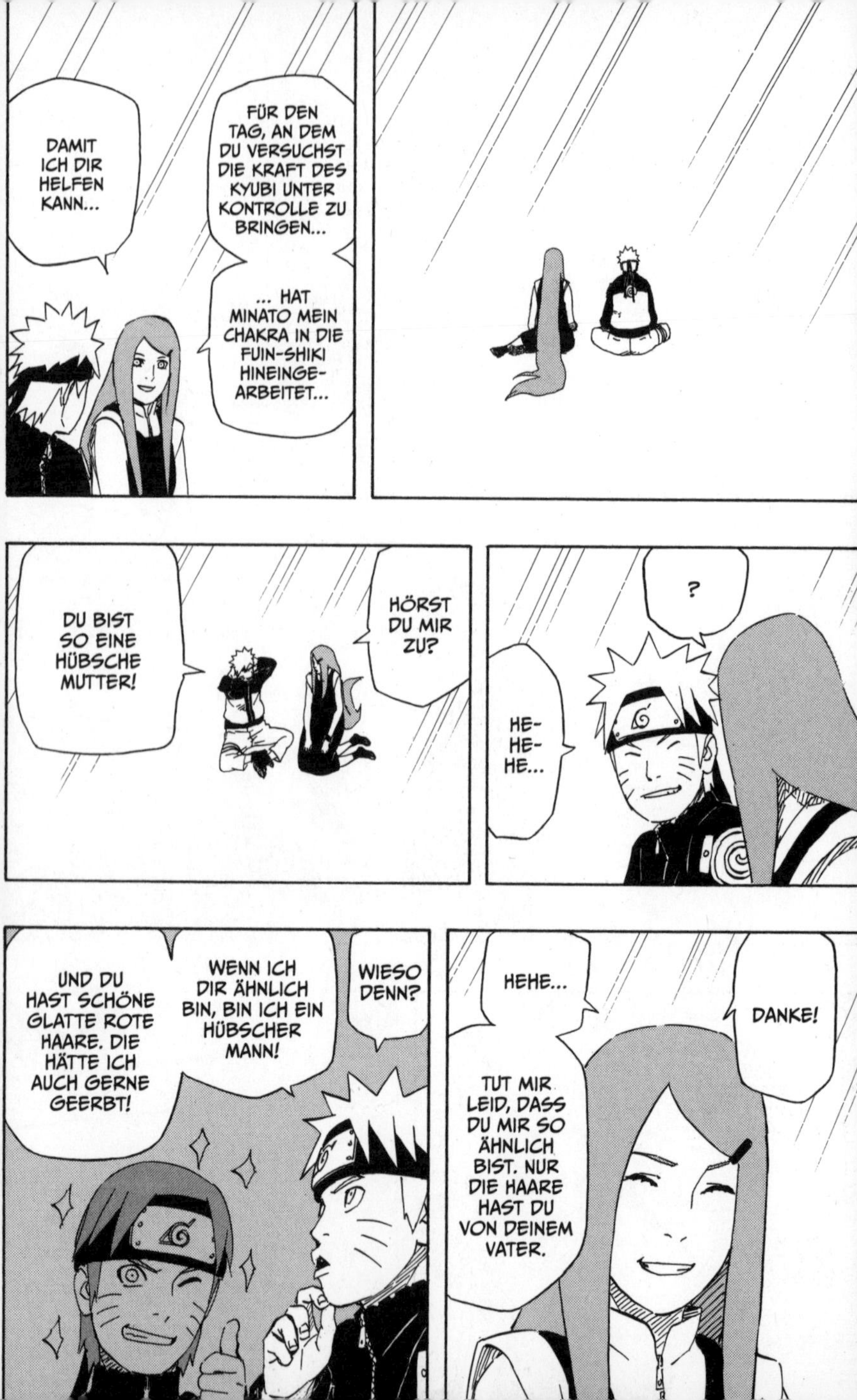
FÜR DEN TAG, AN DEM DU VERSUCHST DIE KRAFT DES KYUBI UNTER KONTROLLE ZU BRINGEN...
... HAT MINATO MEIN CHAKRA IN DIE FUIN-SHIKI HINEINGE-ARBEITET...
DAMIT ICH DIR HELFEN KANN...
?
HE-HE-HE...
HÖRST DU MIR ZU?
DU BIST SO EINE HÜBSCHE MUTTER!
DANKE!
HEHE...
TUT MIR LEID, DASS DU MIR SO ÄHNLICH BIST. NUR DIE HAARE HAST DU VON DEINEM VATER.
WIESO DENN?
WENN ICH DIR ÄHNLICH BIN, BIN ICH EIN HÜBSCHER MANN!
UND DU HAST SCHÖNE GLATTE ROTE HAARE. DIE HÄTTE ICH AUCH GERNE GEERBT!

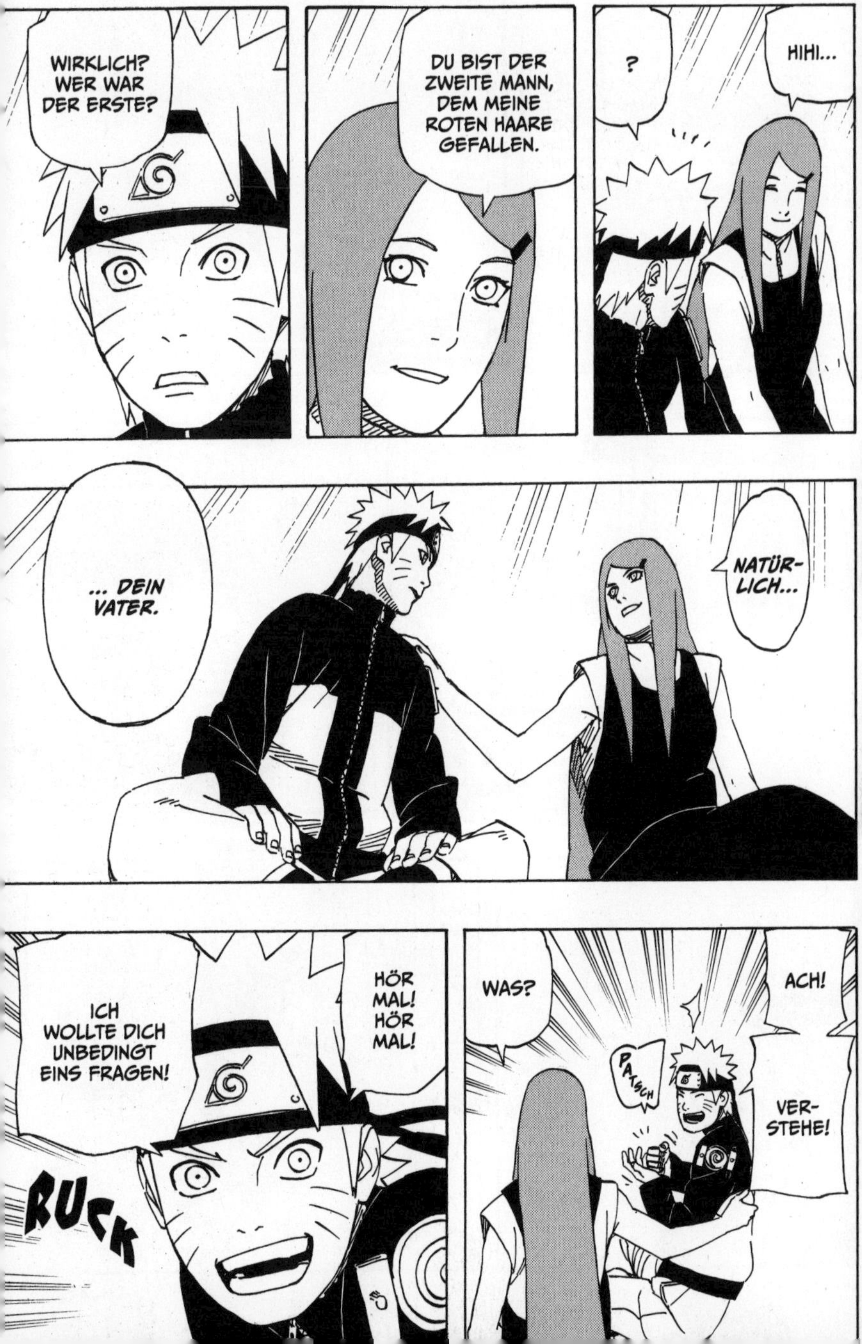
HIHI...
?
DU BIST DER ZWEITE MANN, DEM MEINE ROTEN HAARE GEFALLEN.
WIRKLICH? WER WAR DER ERSTE?
NATÜR-LICH...
... DEIN VATER.
ACH!
PATSCH
VER-STEHE!
WAS?
HÖR MAL! HÖR MAL!
ICH WOLLTE DICH UNBEDINGT EINS FRAGEN!
RUCK

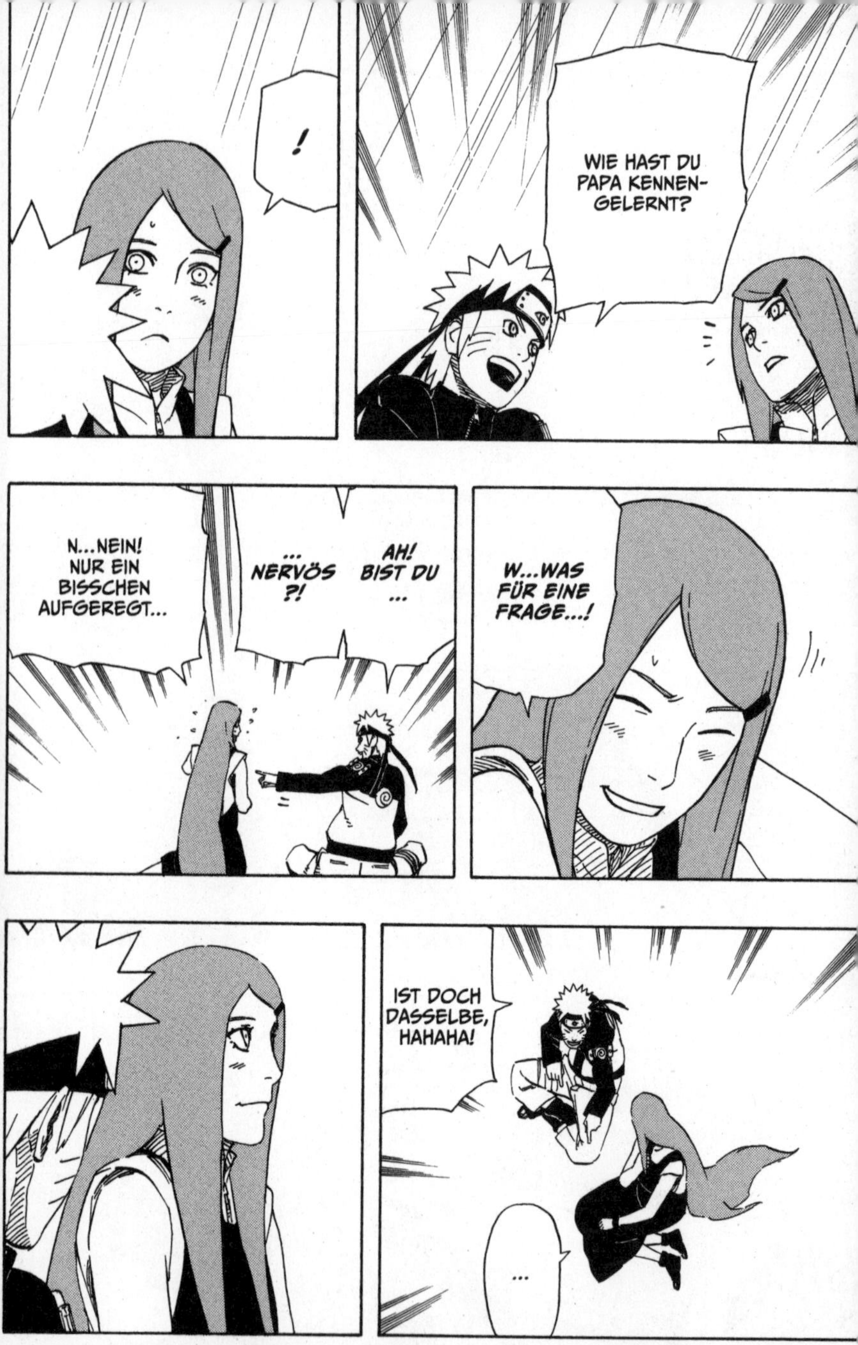
WIE HAST DU PAPA KENNEN-GELERNT?
!
W...WAS FÜR EINE FRAGE...!
AH! BIST DU ...
... NERVÖS ?!
N...NEIN! NUR EIN BISSCHEN AUFGEREGT...
IST DOCH DASSELBE, HAHAHA!
...

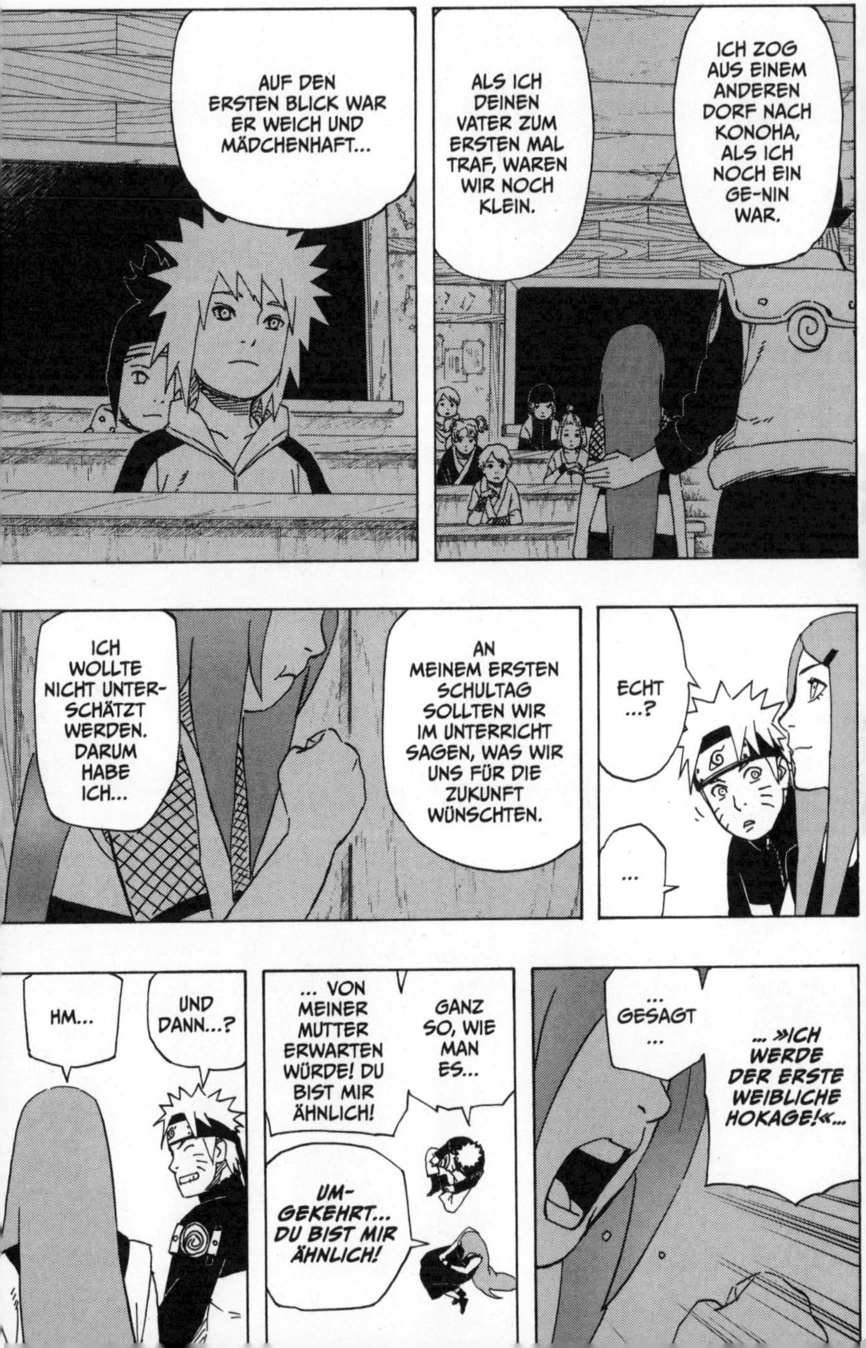
ICH ZOG AUS EINEM ANDEREN DORF NACH KONOHA, ALS ICH NOCH EIN GE-NIN WAR.
ALS ICH DEINEN VATER ZUM ERSTEN MAL TRAF, WAREN WIR NOCH KLEIN.
AUF DEN ERSTEN BLICK WAR ER WEICH UND MÄDCHENHAFT...
ECHT ...?
...
AN MEINEM ERSTEN SCHULTAG SOLLTEN WIR IM UNTERRICHT SAGEN, WAS WIR UNS FÜR DIE ZUKUNFT WÜNSCHTEN.
ICH WOLLTE NICHT UNTER-SCHÄTZT WERDEN. DARUM HABE ICH...
... »ICH WERDE DER ERSTE WEIBLICHE HOKAGE!«...
... GESAGT ...
GANZ SO, WIE MAN ES...
... VON MEINER MUTTER ERWARTEN WÜRDE! DU BIST MIR ÄHNLICH!
UM-GEKEHRT... DU BIST MIR ÄHNLICH!
UND DANN...?
HM...

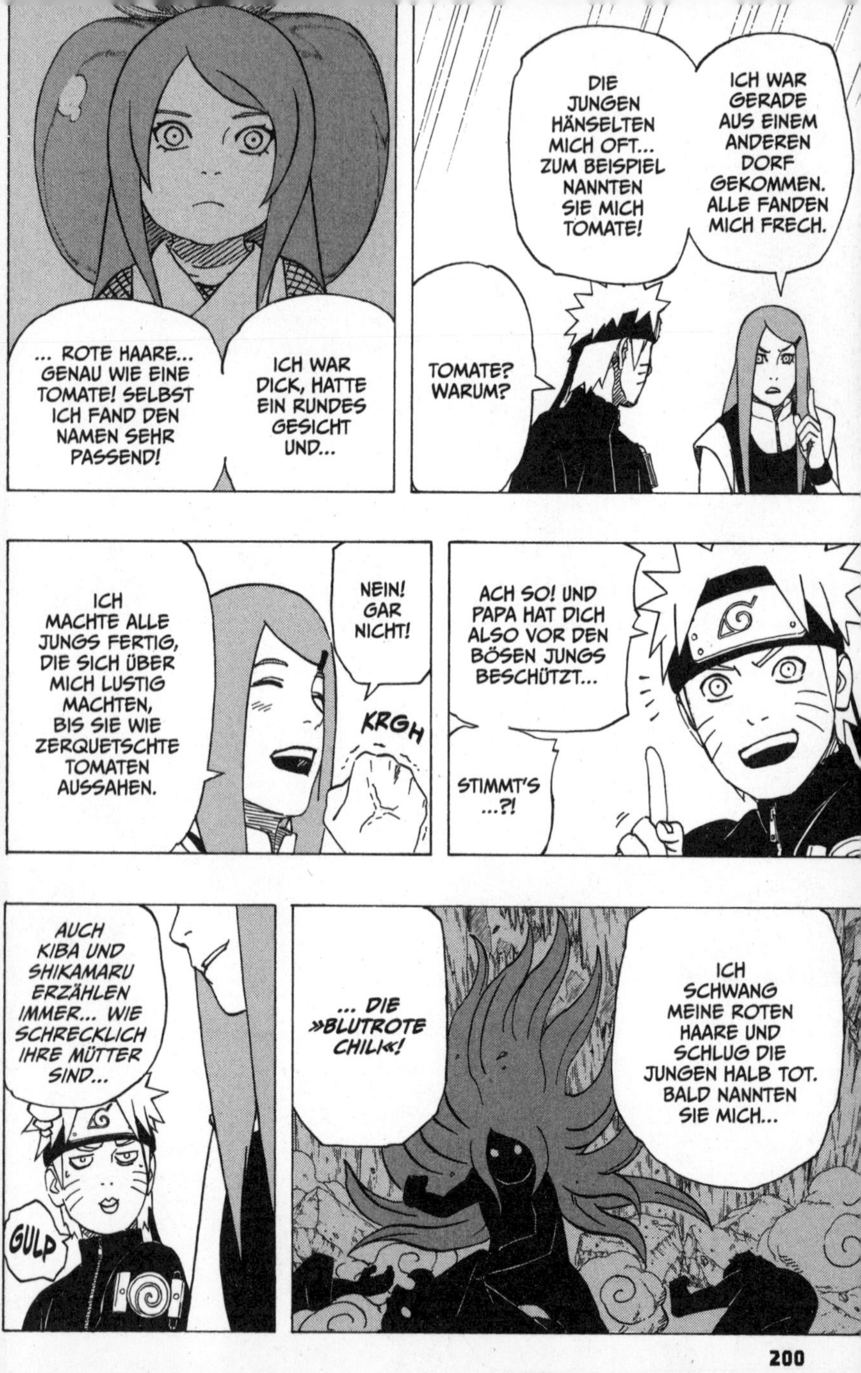
ICH WAR GERADE AUS EINEM ANDEREN DORF GEKOMMEN. ALLE FANDEN MICH FRECH.
DIE JUNGEN HÄNSELTEN MICH OFT... ZUM BEISPIEL NANNTEN SIE MICH TOMATE!
TOMATE? WARUM?
ICH WAR DICK, HATTE EIN RUNDES GESICHT UND...
... ROTE HAARE... GENAU WIE EINE TOMATE! SELBST ICH FAND DEN NAMEN SEHR PASSEND!
ACH SO! UND PAPA HAT DICH ALSO VOR DEN BÖSEN JUNGS BESCHÜTZT...
STIMMT'S ...?!
NEIN! GAR NICHT!
KRGH
ICH MACHTE ALLE JUNGS FERTIG, DIE SICH ÜBER MICH LUSTIG MACHTEN, BIS SIE WIE ZERQUETSCHTE TOMATEN AUSSAHEN.
ICH SCHWANG MEINE ROTEN HAARE UND SCHLUG DIE JUNGEN HALB TOT. BALD NANNTEN SIE MICH...
... DIE »BLUTROTE CHILI«!
AUCH KIBA UND SHIKAMARU ERZÄHLEN IMMER... WIE SCHRECKLICH IHRE MÜTTER SIND...
GULP

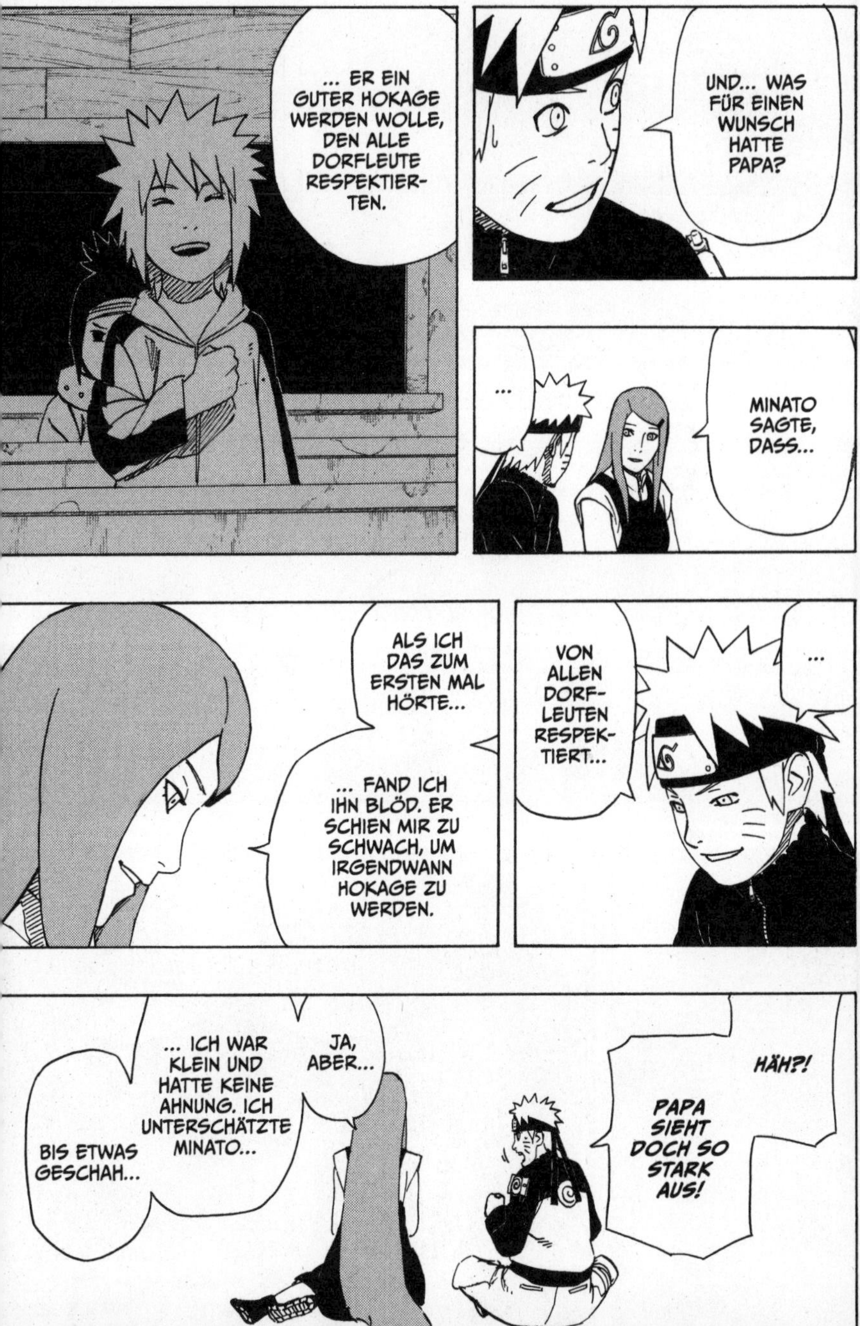
UND... WAS FÜR EINEN WUNSCH HATTE PAPA?
MINATO SAGTE, DASS...
...
... ER EIN GUTER HOKAGE WERDEN WOLLE, DEN ALLE DORFLEUTE RESPEKTIERTEN.
...
VON ALLEN DORFLEUTEN RESPEKTIERT...
ALS ICH DAS ZUM ERSTEN MAL HÖRTE...
... FAND ICH IHN BLÖD. ER SCHIEN MIR ZU SCHWACH, UM IRGENDWANN HOKAGE ZU WERDEN.
HÄH?!
PAPA SIEHT DOCH SO STARK AUS!
JA, ABER...
... ICH WAR KLEIN UND HATTE KEINE AHNUNG. ICH UNTERSCHÄTZTE MINATO...
BIS ETWAS GESCHAH...

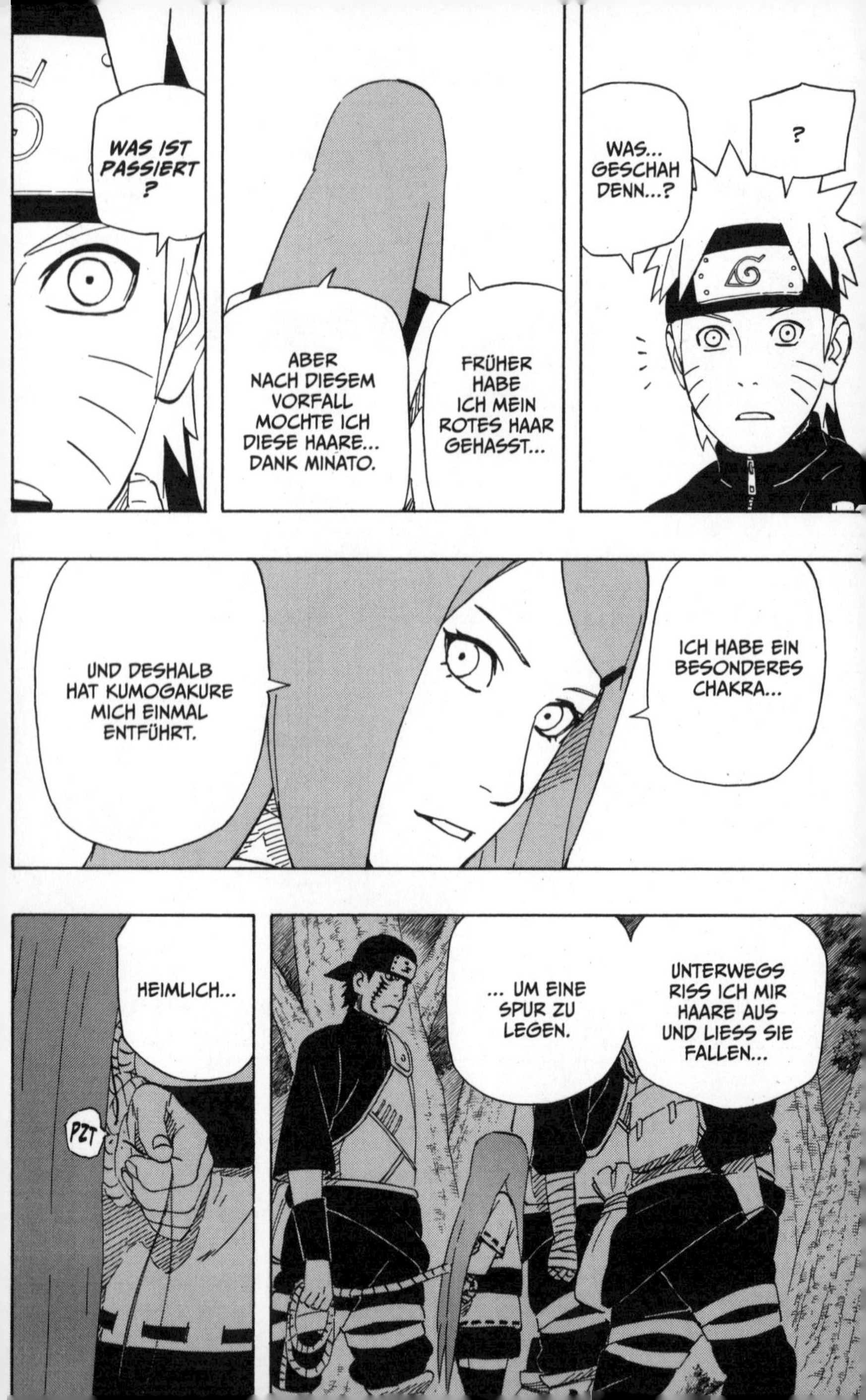
?
WAS... GESCHAH DENN...?
FRÜHER HABE ICH MEIN ROTES HAAR GEHASST...
ABER NACH DIESEM VORFALL MOCHTE ICH DIESE HAARE... DANK MINATO.
WAS IST PASSIERT ?
ICH HABE EIN BESONDERES CHAKRA...
UND DESHALB HAT KUMOGAKURE MICH EINMAL ENTFÜHRT.
UNTERWEGS RISS ICH MIR HAARE AUS UND LIESS SIE FALLEN...
... UM EINE SPUR ZU LEGEN.
HEIMLICH...
PZT

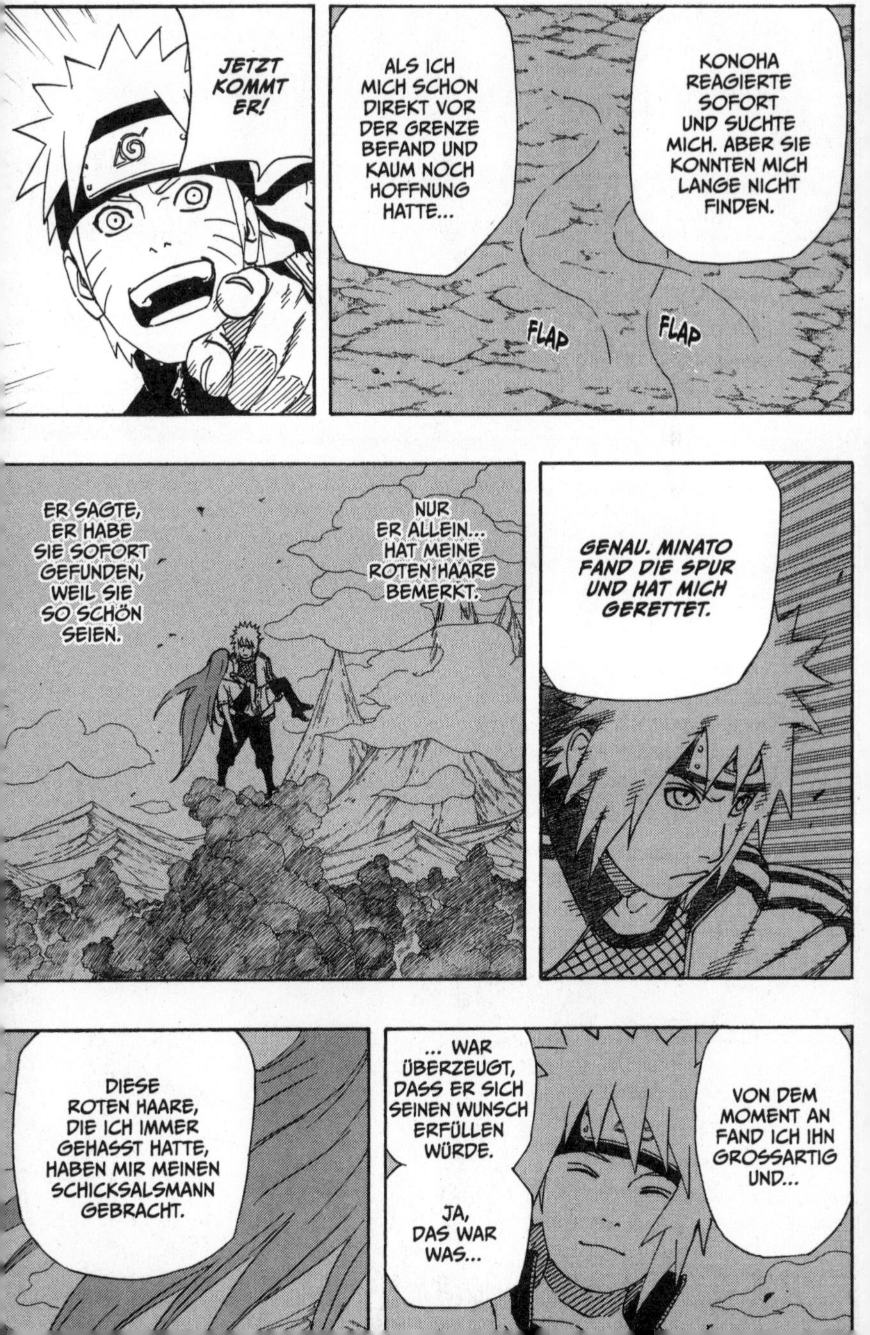
KONOHA REAGIERTE SOFORT UND SUCHTE MICH. ABER SIE KONNTEN MICH LANGE NICHT FINDEN.
ALS ICH MICH SCHON DIREKT VOR DER GRENZE BEFAND UND KAUM NOCH HOFFNUNG HATTE...
FLAP
FLAP
JETZT KOMMT ER!
GENAU. MINATO FAND DIE SPUR UND HAT MICH GERETTET.
NUR ER ALLEIN... HAT MEINE ROTEN HAARE BEMERKT.
ER SAGTE, ER HABE SIE SOFORT GEFUNDEN, WEIL SIE SO SCHÖN SEIEN.
VON DEM MOMENT AN FAND ICH IHN GROSSARTIG UND...
... WAR ÜBERZEUGT, DASS ER SICH SEINEN WUNSCH ERFÜLLEN WÜRDE.
JA, DAS WAR WAS...
DIESE ROTEN HAARE, DIE ICH IMMER GEHASST HATTE, HABEN MIR MEINEN SCHICKSALSMANN GEBRACHT.

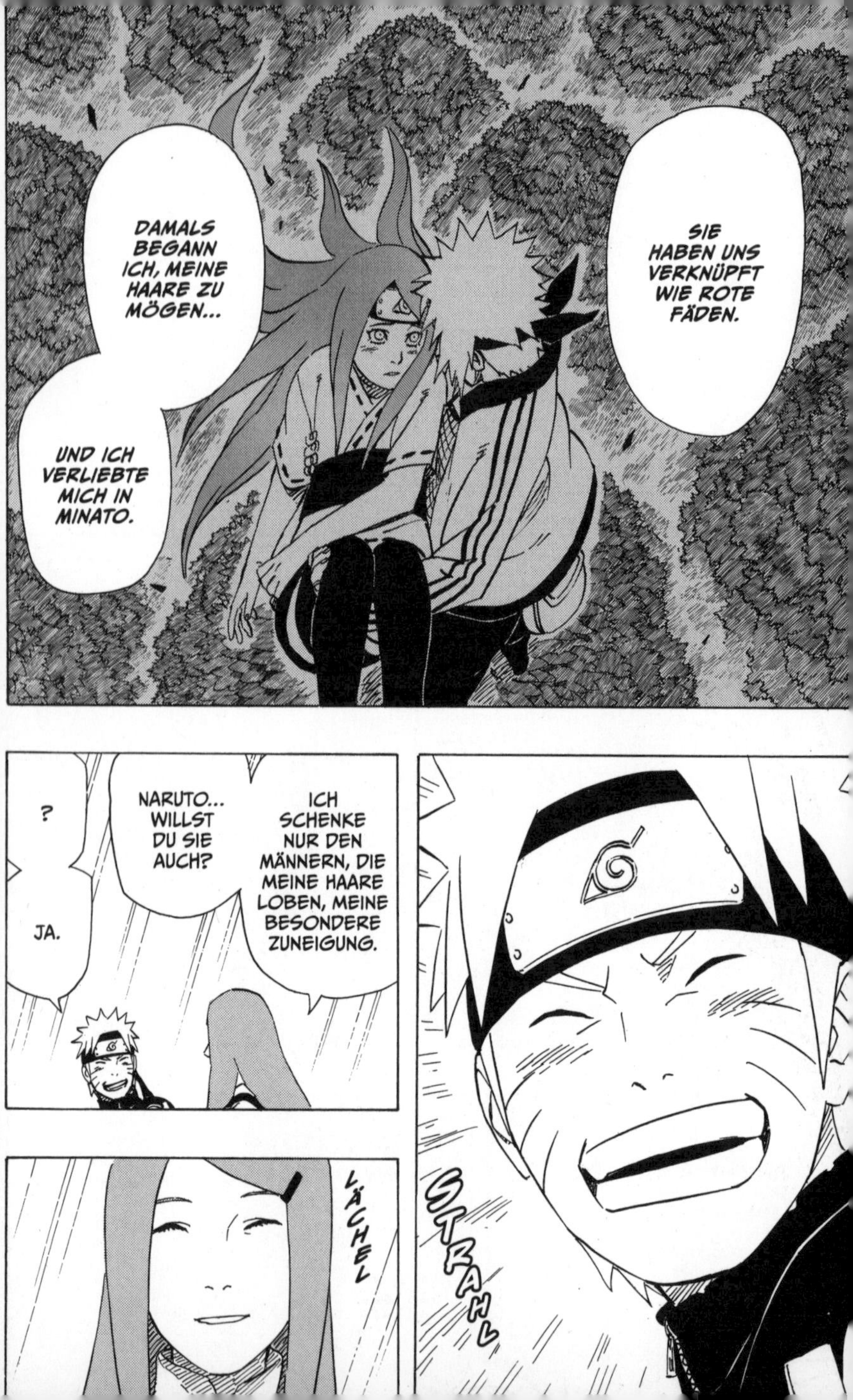
SIE HABEN UNS VERKNÜPFT WIE ROTE FÄDEN.
DAMALS BEGANN ICH, MEINE HAARE ZU MÖGEN...
UND ICH VERLIEBTE MICH IN MINATO.
ICH SCHENKE NUR DEN MÄNNERN, DIE MEINE HAARE LOBEN, MEINE BESONDERE ZUNEIGUNG.
NARUTO... WILLST DU SIE AUCH?
?
JA.
STRAHL
LÄCHEL

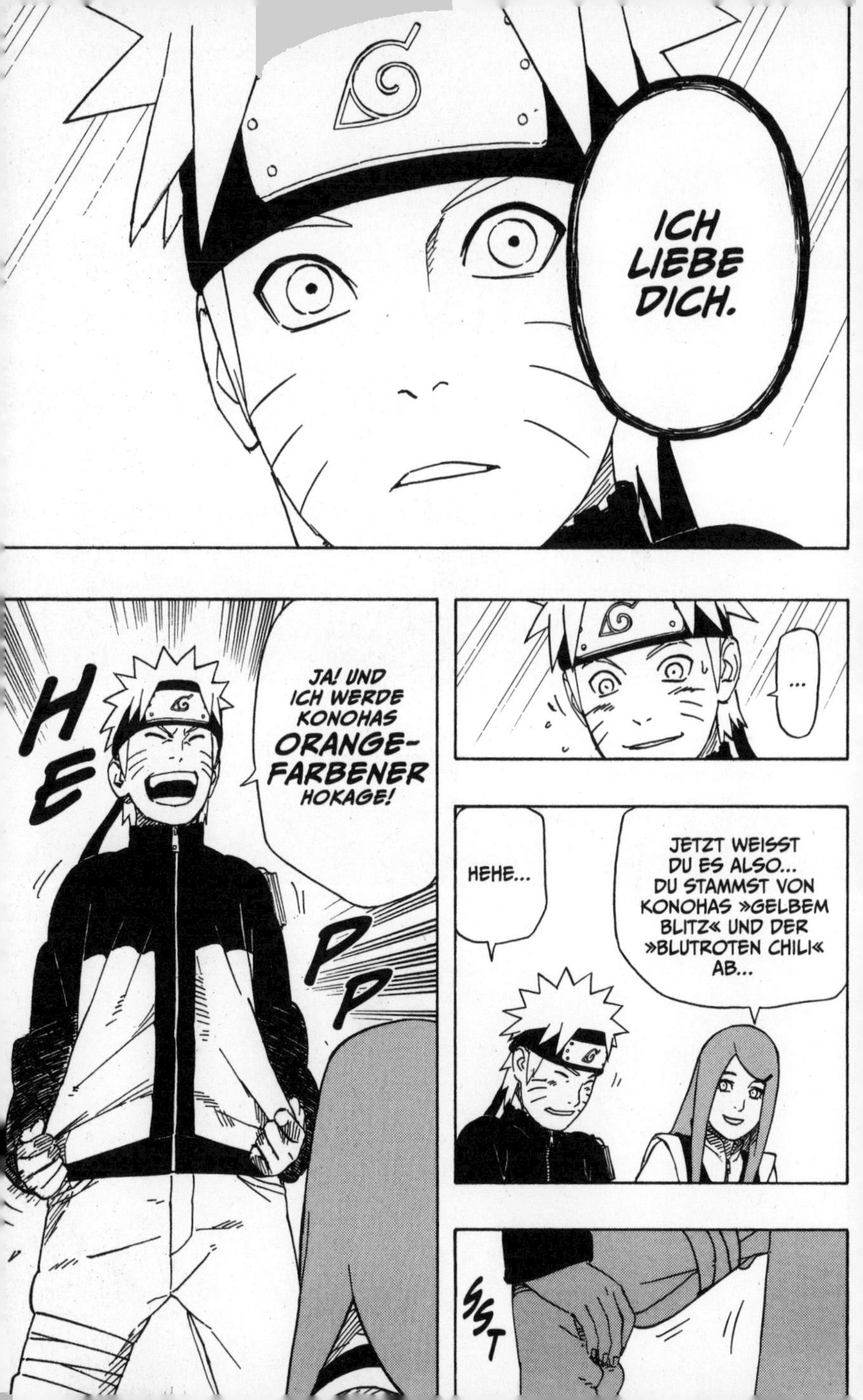
ICH LIEBE DICH.
...
JETZT WEISST DU ES ALSO... DU STAMMST VON KONOHAS »GELBEM BLITZ« UND DER »BLUTROTEN CHILI« AB...
HEHE...
HE
HE
JA! UND ICH WERDE KONOHAS ORANGE-FARBENER HOKAGE!
PP
SST

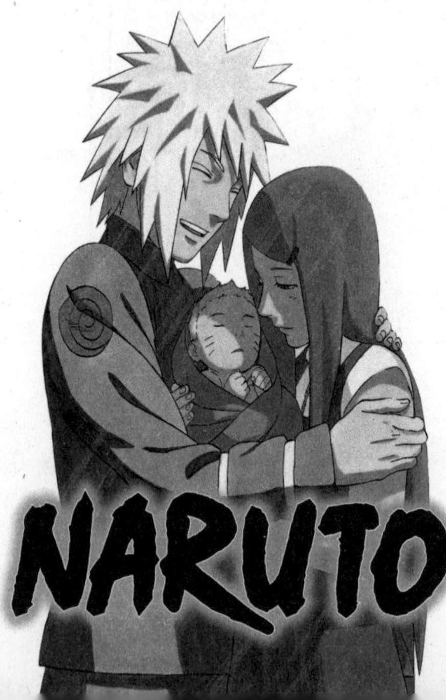
NARUTO

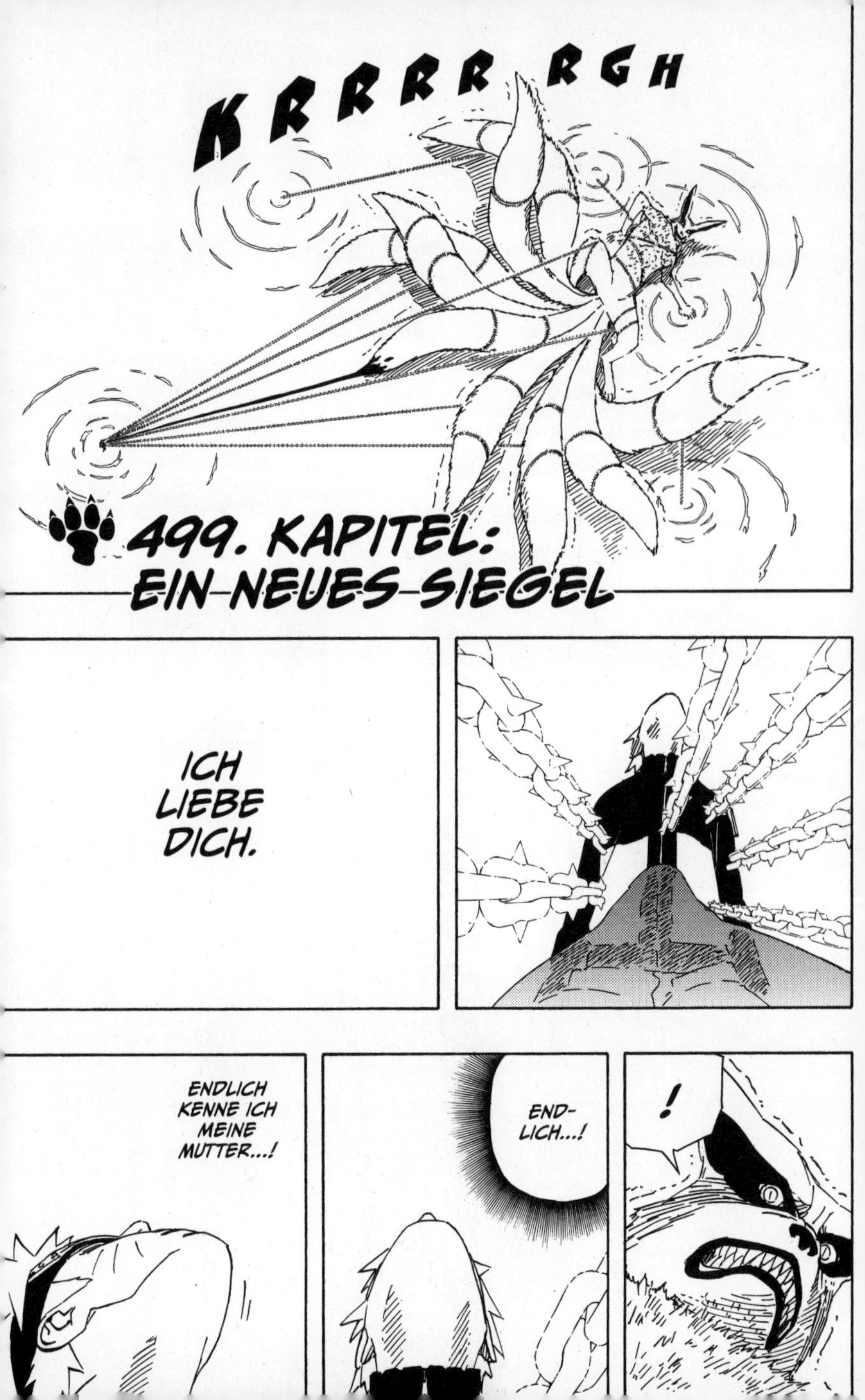
KRRRRRGH
499. KAPITEL:
EIN NEUES SIEGEL
ICH LIEBE DICH.
!
END-LICH...!
ENDLICH KENNE ICH MEINE MUTTER...!

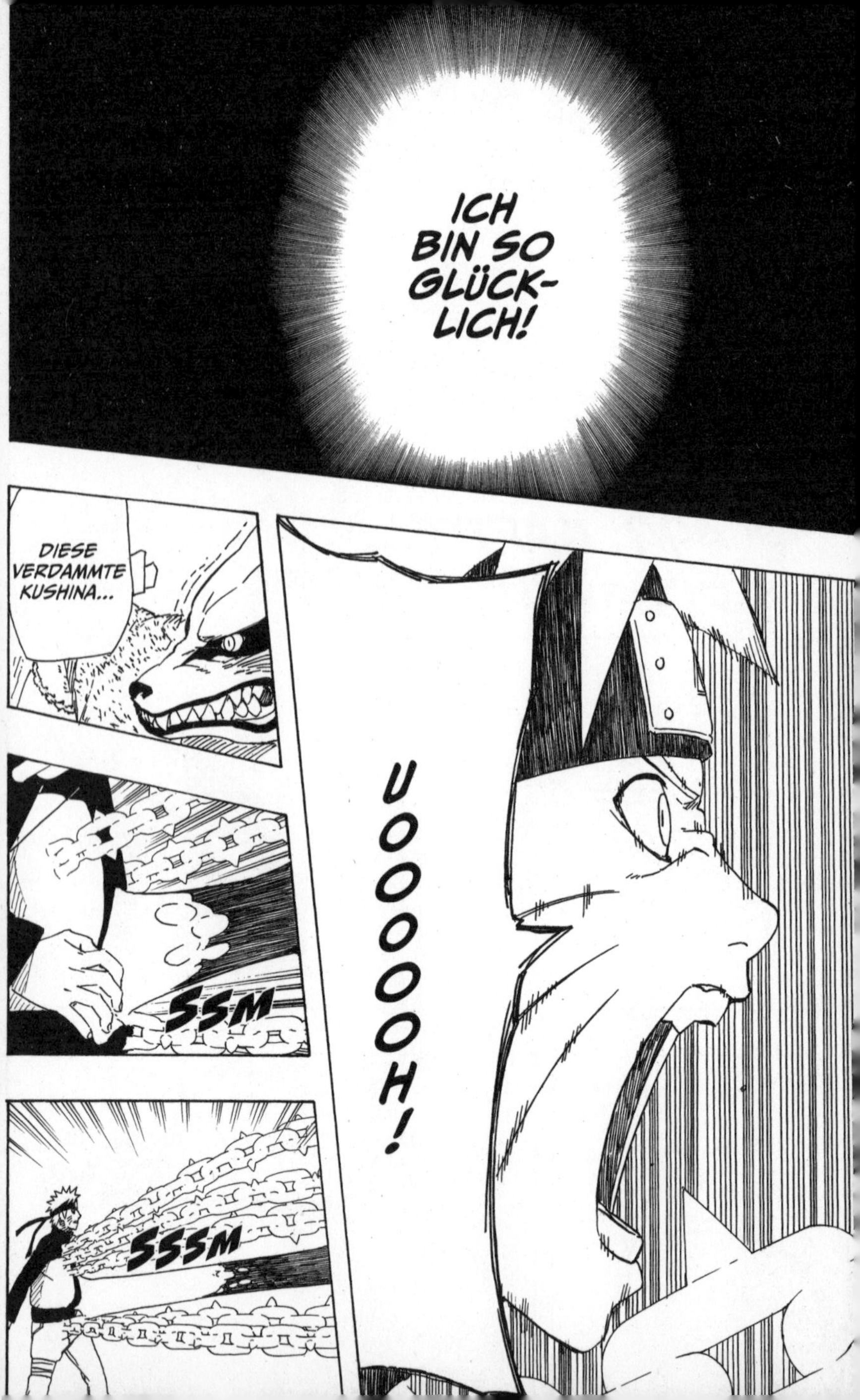
ICH BIN SO GLÜCK-LICH!
UOOOOOOH!
DIESE VERDAMMTE KUSHINA...
SSM
SSSM

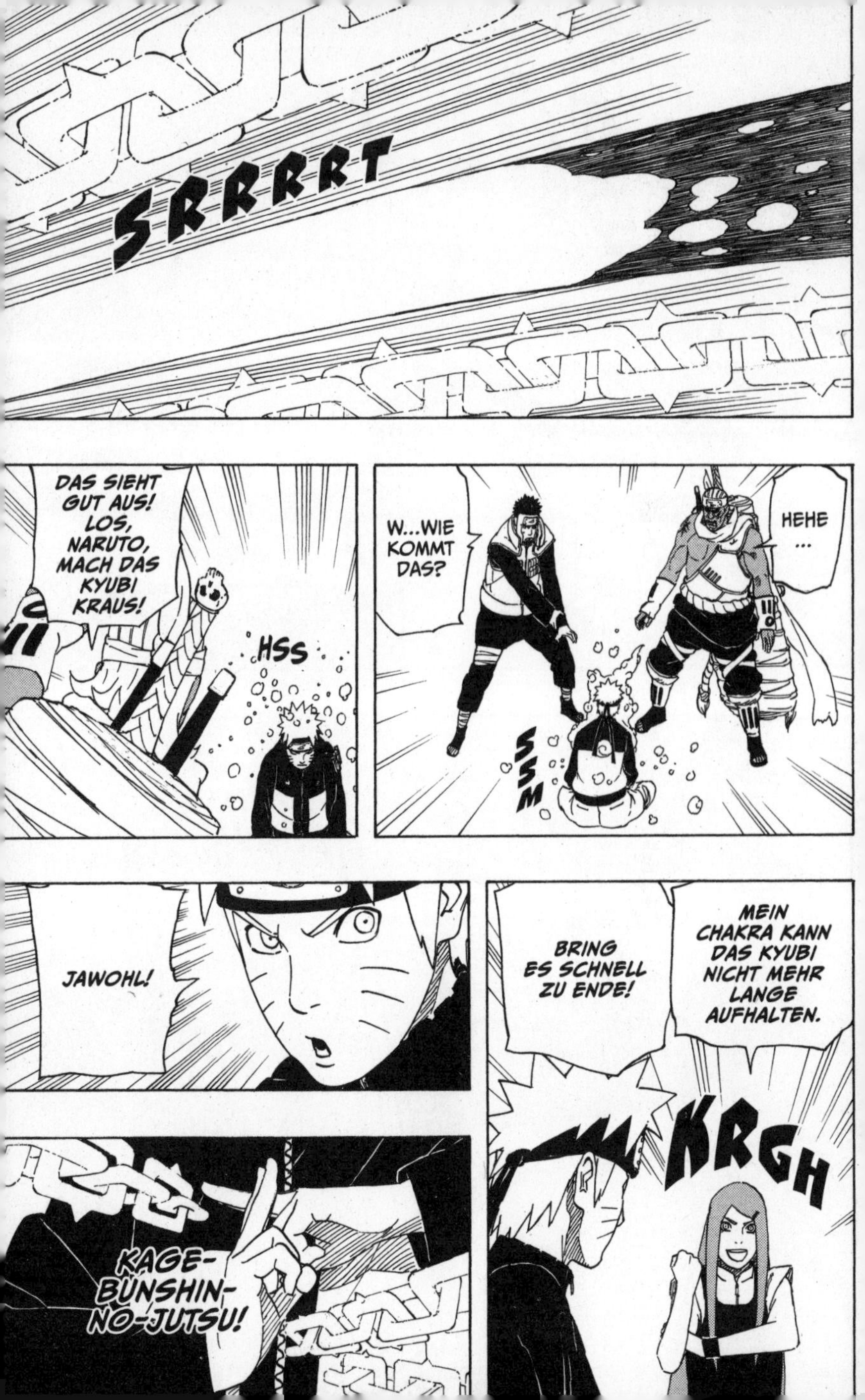
SRRRRT
HEHE ...
W...WIE KOMMT DAS?
SSM
DAS SIEHT GUT AUS! LOS, NARUTO, MACH DAS KYUBI KRAUS!
HSS
MEIN CHAKRA KANN DAS KYUBI NICHT MEHR LANGE AUFHALTEN.
BRING ES SCHNELL ZU ENDE!
JAWOHL!
KRGH
KAGE-BUNSHIN-NO-JUTSU!

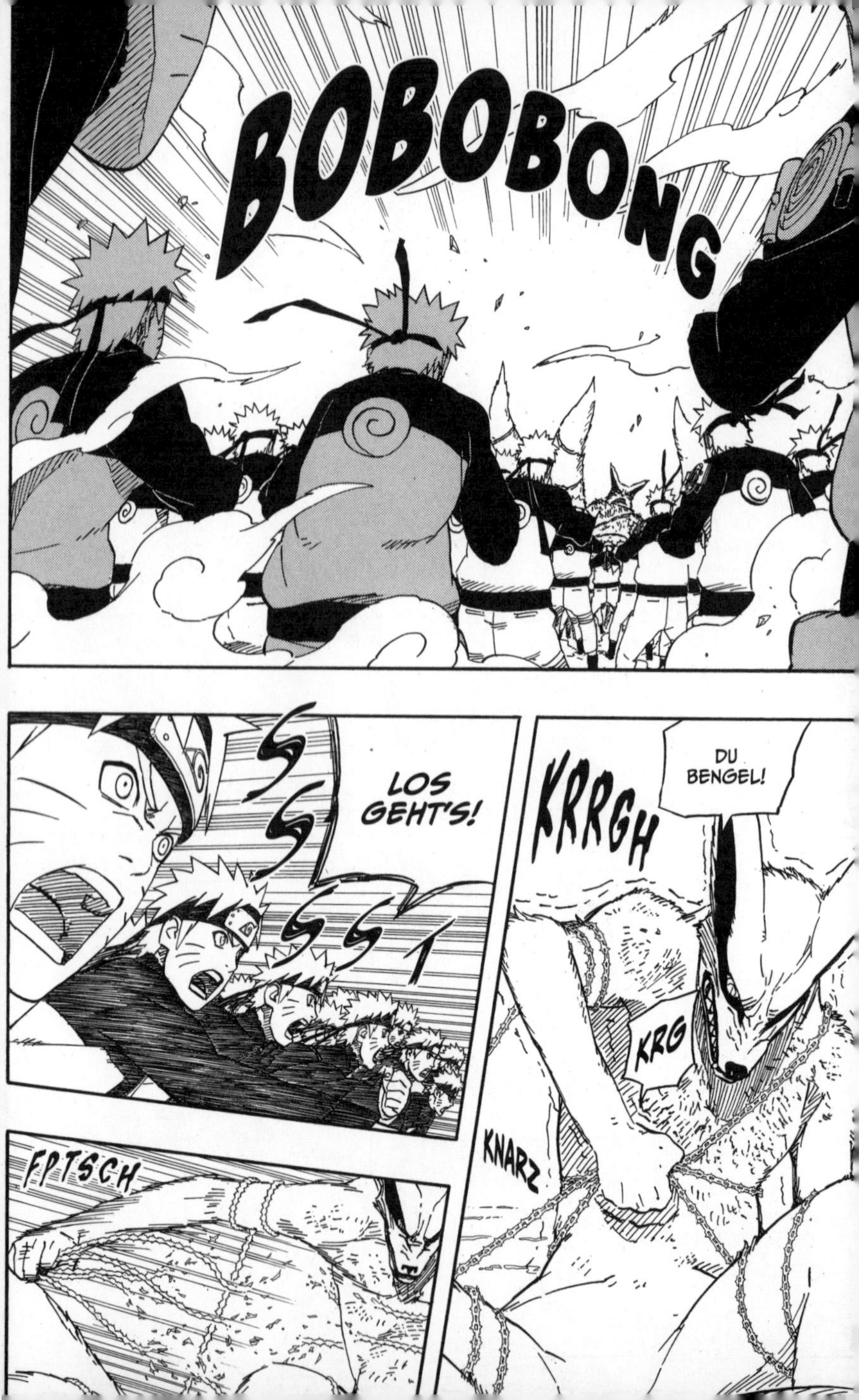
BOBOBONG
DU BENGEL!
KRRGH
LOS GEHT'S!
SSSSST
KRG
KNARZ
FPTSCH

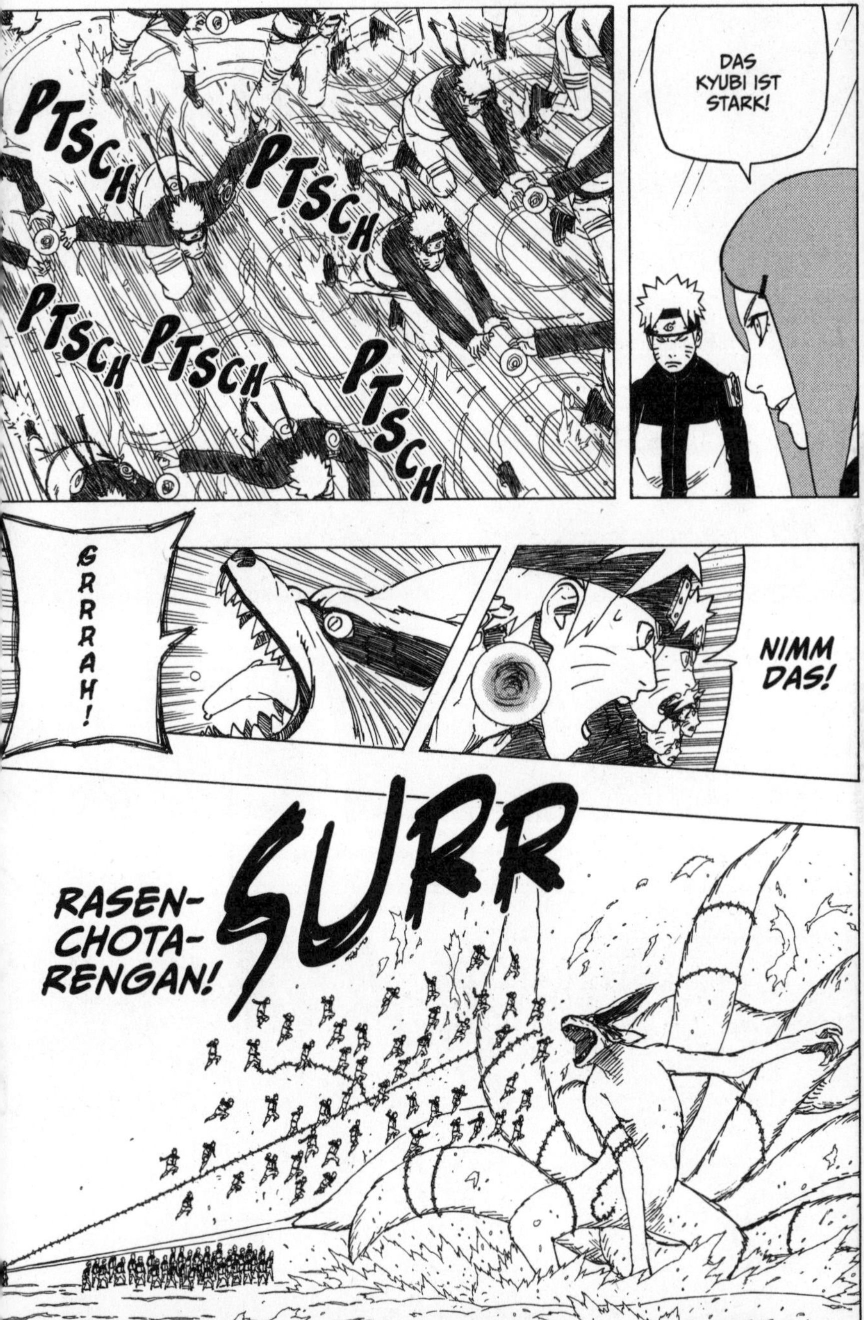
DAS KYUBI IST STARK!
PTSCH
PTSCH
PTSCH
PTSCH
PTSCH
NIMM DAS!
GRRRAH!
SURR
RASEN-CHOTA-RENGAN!

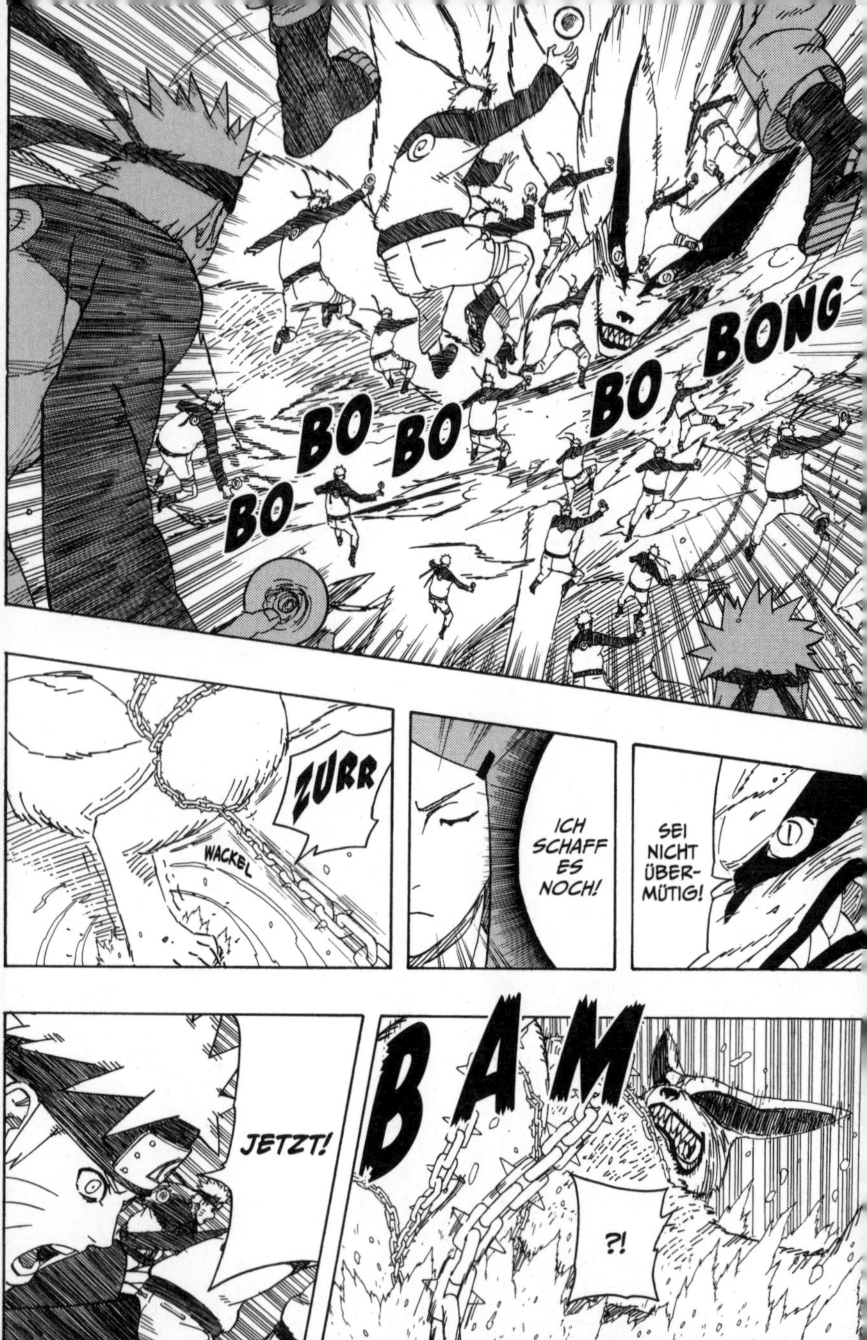

BO
BO
BO
BO
BONG
ZURR
WACKEL
SEI NICHT ÜBERMÜTIG!
ICH SCHAFF ES NOCH!
BAM
?!
JETZT!

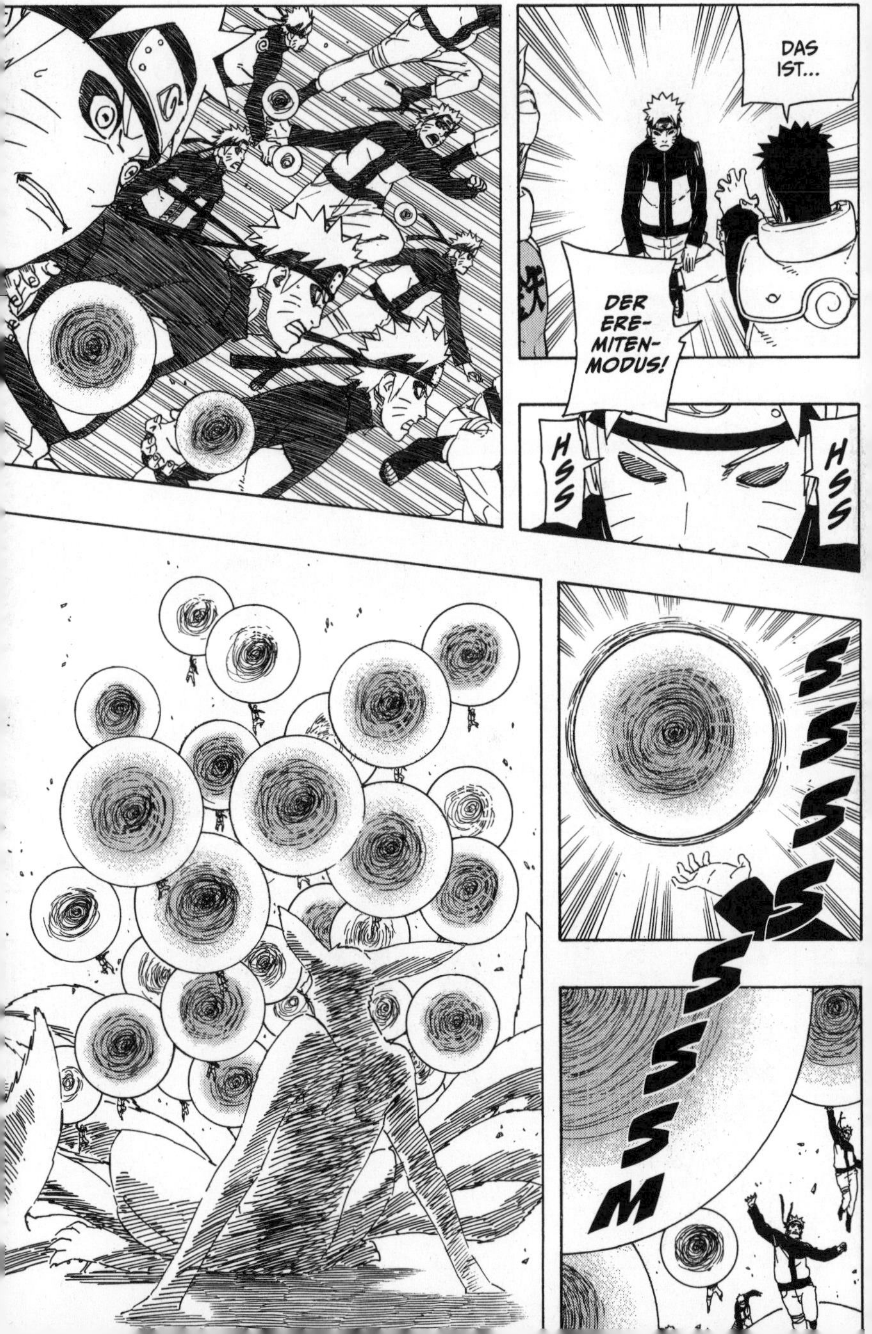

DAS IST...
DER ERE-MITEN-MODUS!
HSS
HSS
SSSSSSSSM

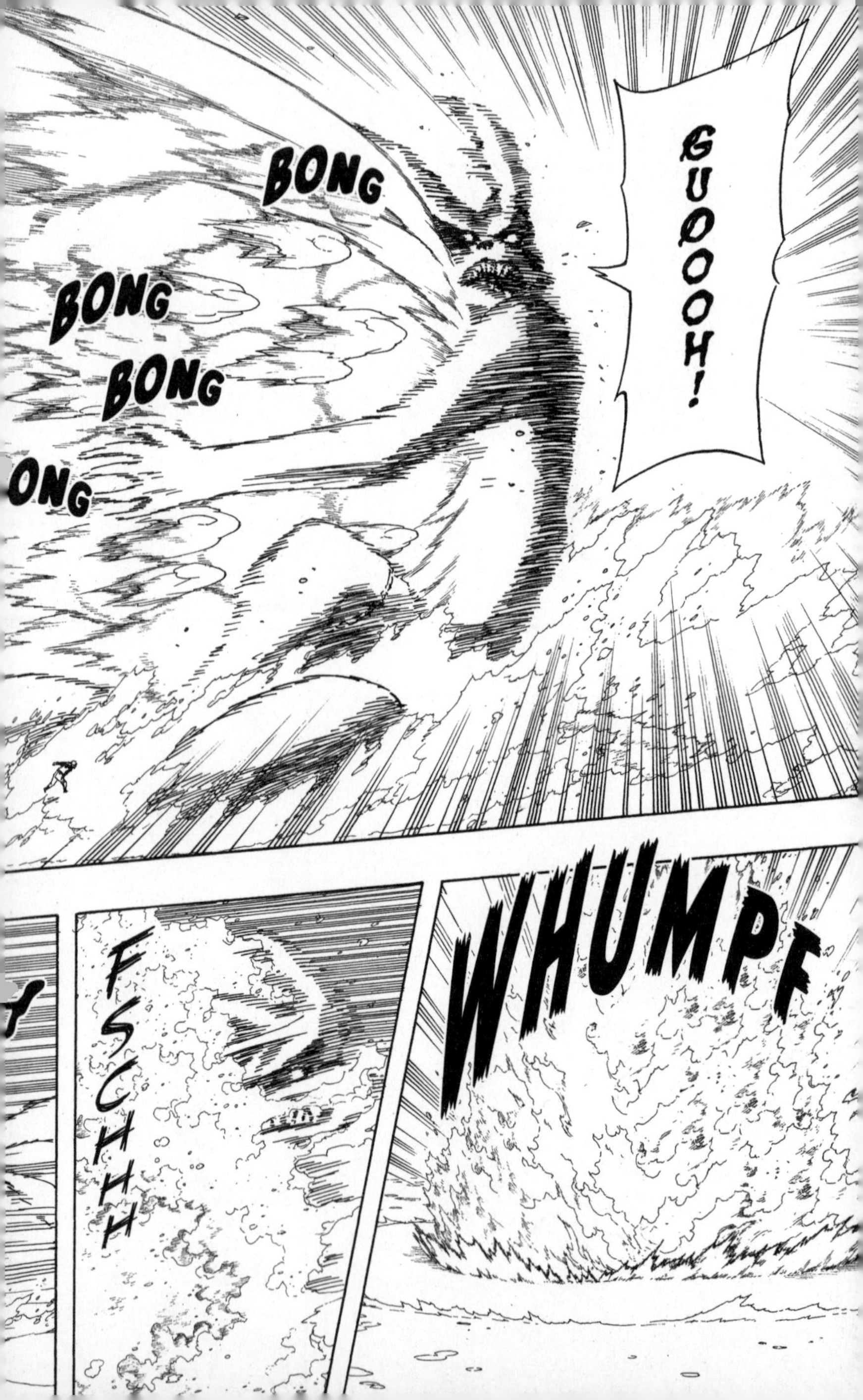
GUOOOOH!
BONG
BONG
BONG
WHUMPF
FSCHHH

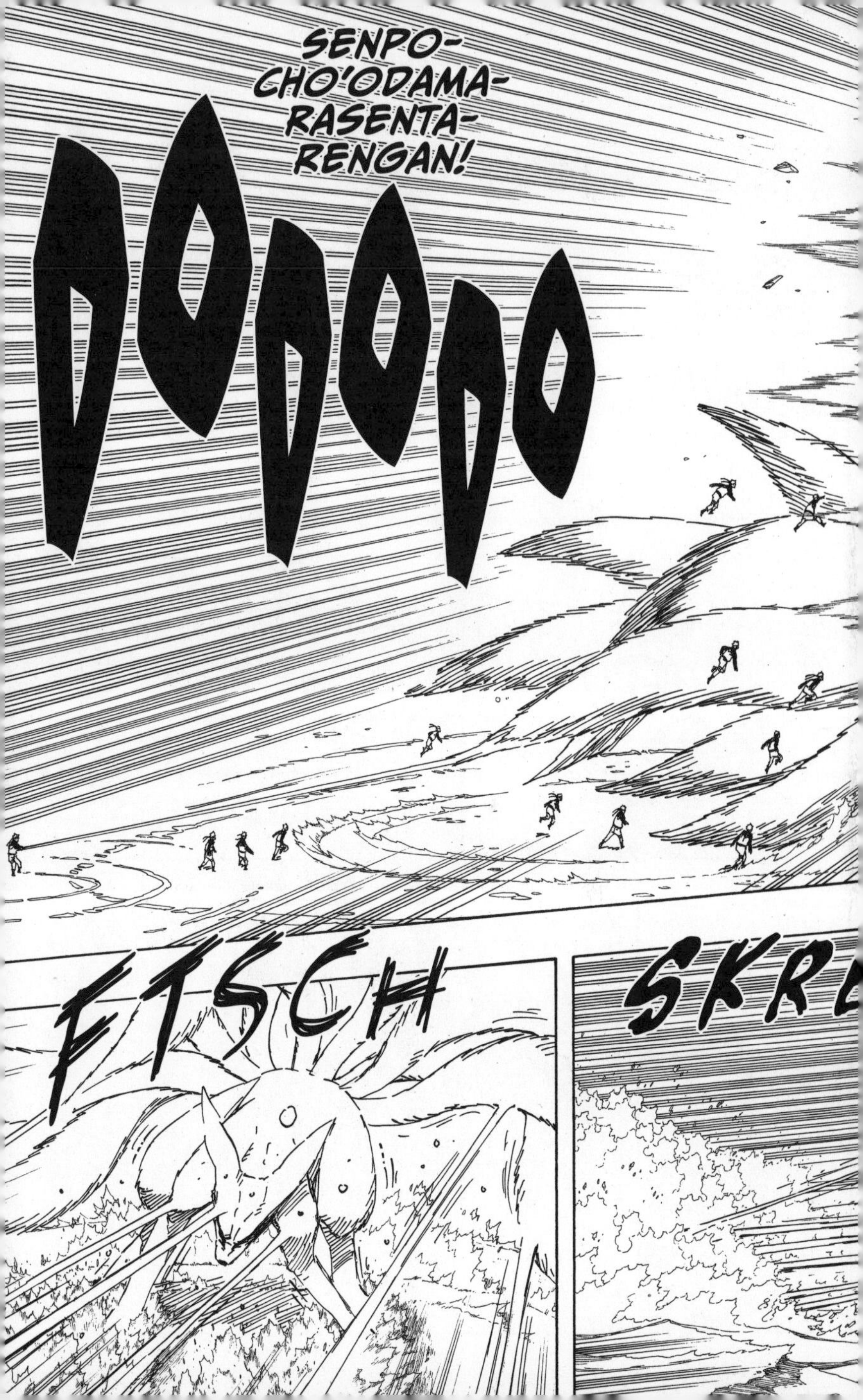
SENPO-
CHO'ODAMA-
RASENTA-
RENGAN!
DODODO
FTSCH
SKRO

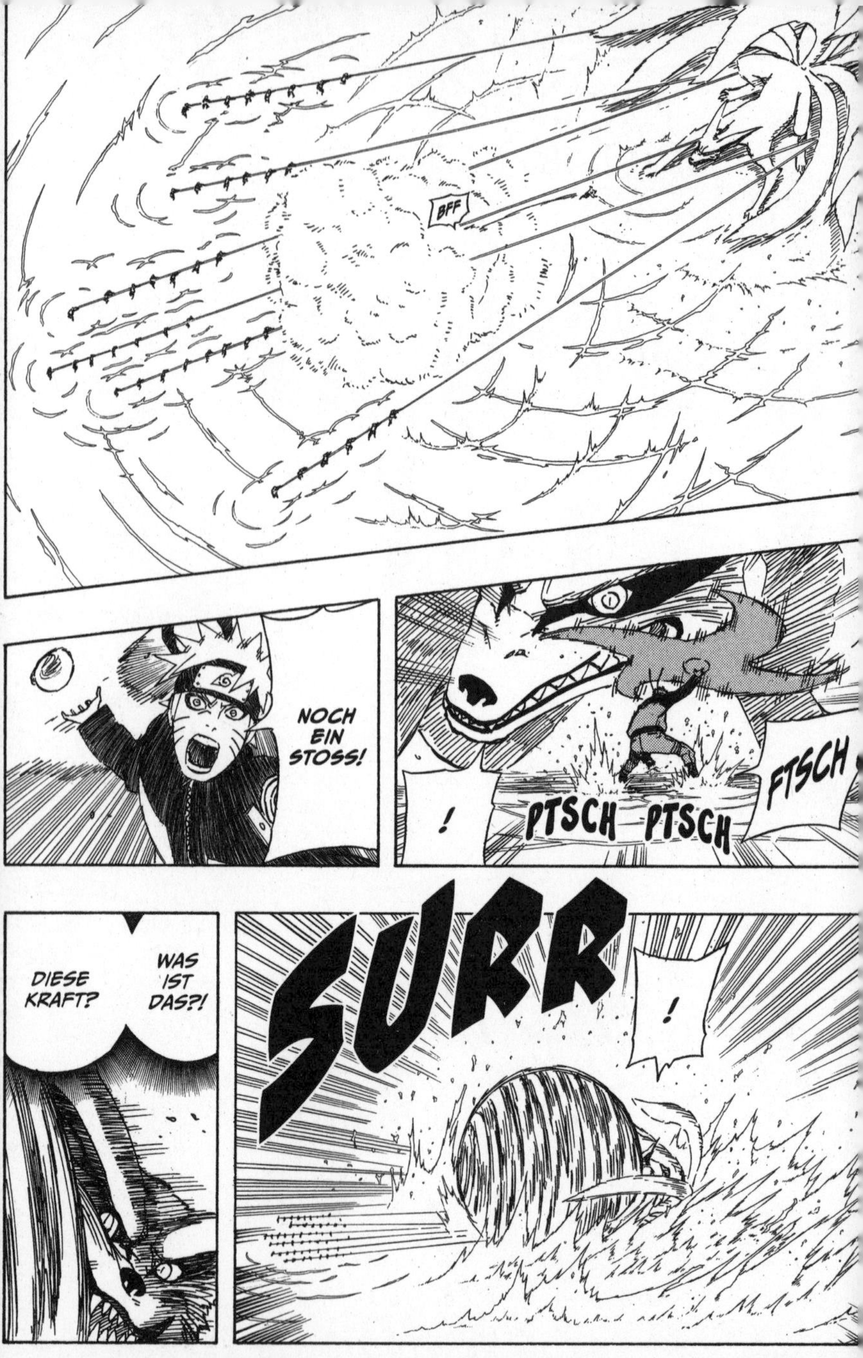
BFF
FTSCH
PTSCH PTSCH
!
NOCH EIN STOSS!
!
SURR
WAS IST DAS?!
DIESE KRAFT?

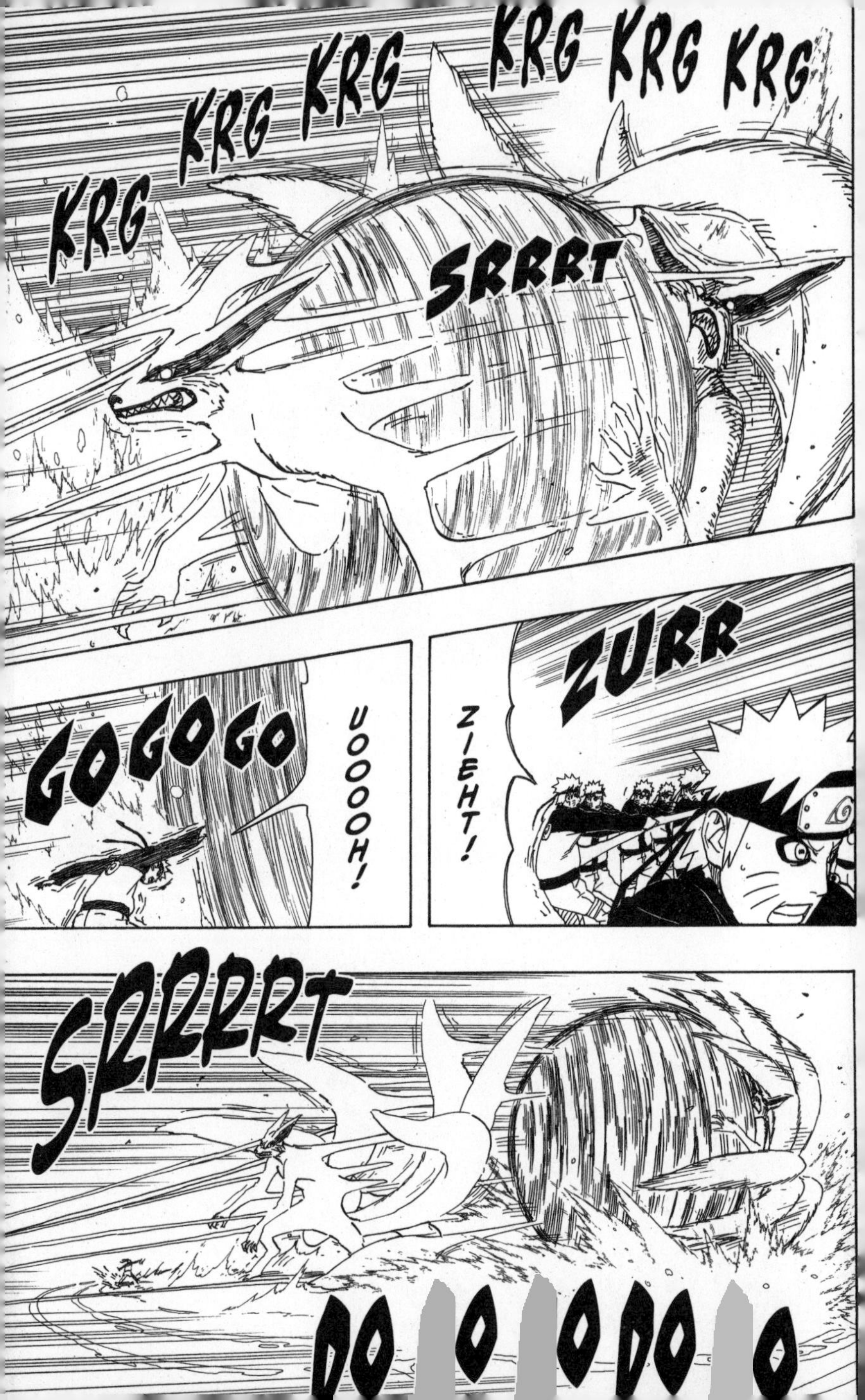

KRG KRG KRG
KRG KRG KRG
SRRRT
ZURR
ZIEHT!
UOOOOOH!
GOGOGO
SRRRRT
DO O O DO O

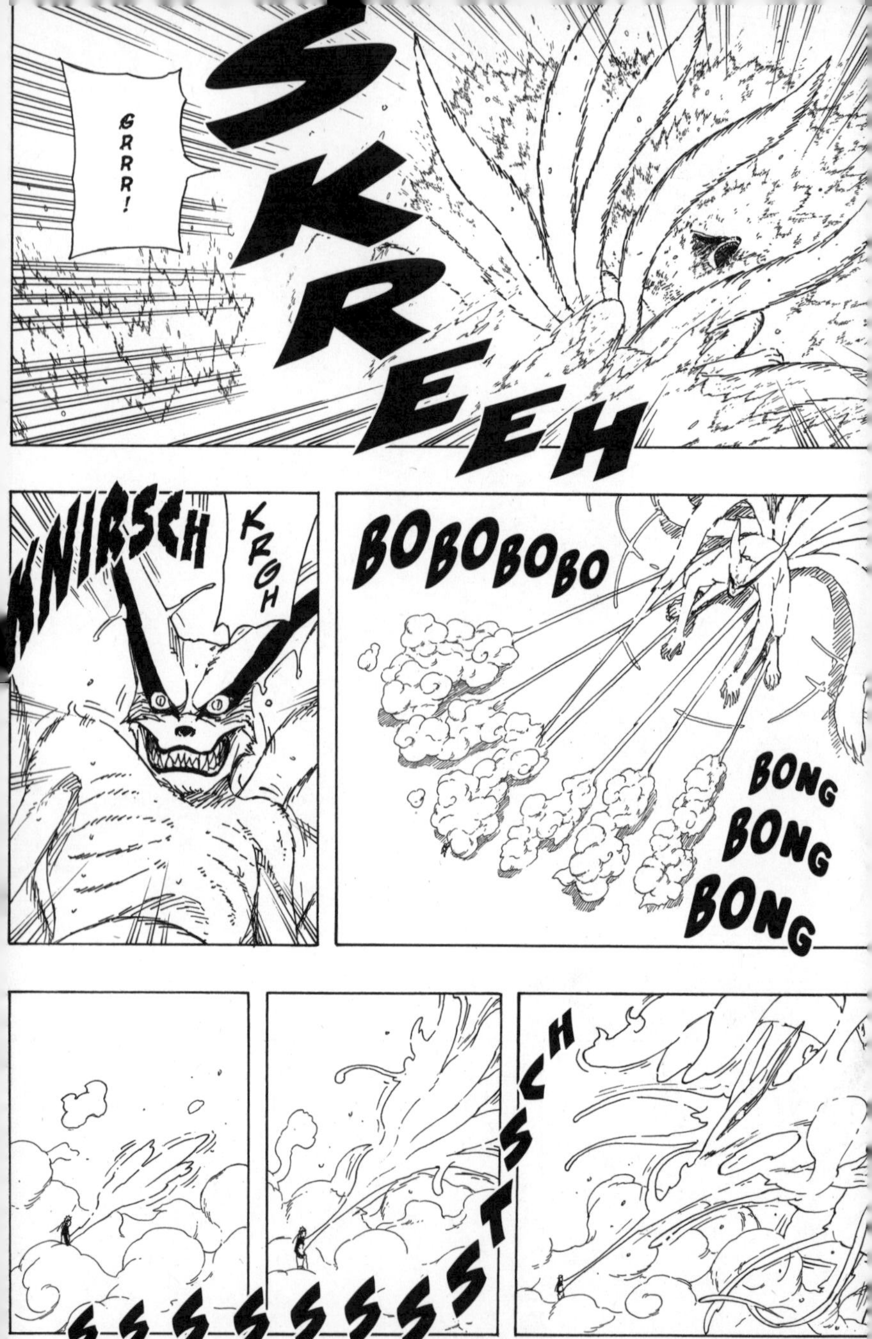

SKREEH
GRRR!
KRGH
KNIRSCH
BOBOBOBO
BONG
BONG
BONG
SSSSSSSSTSCH

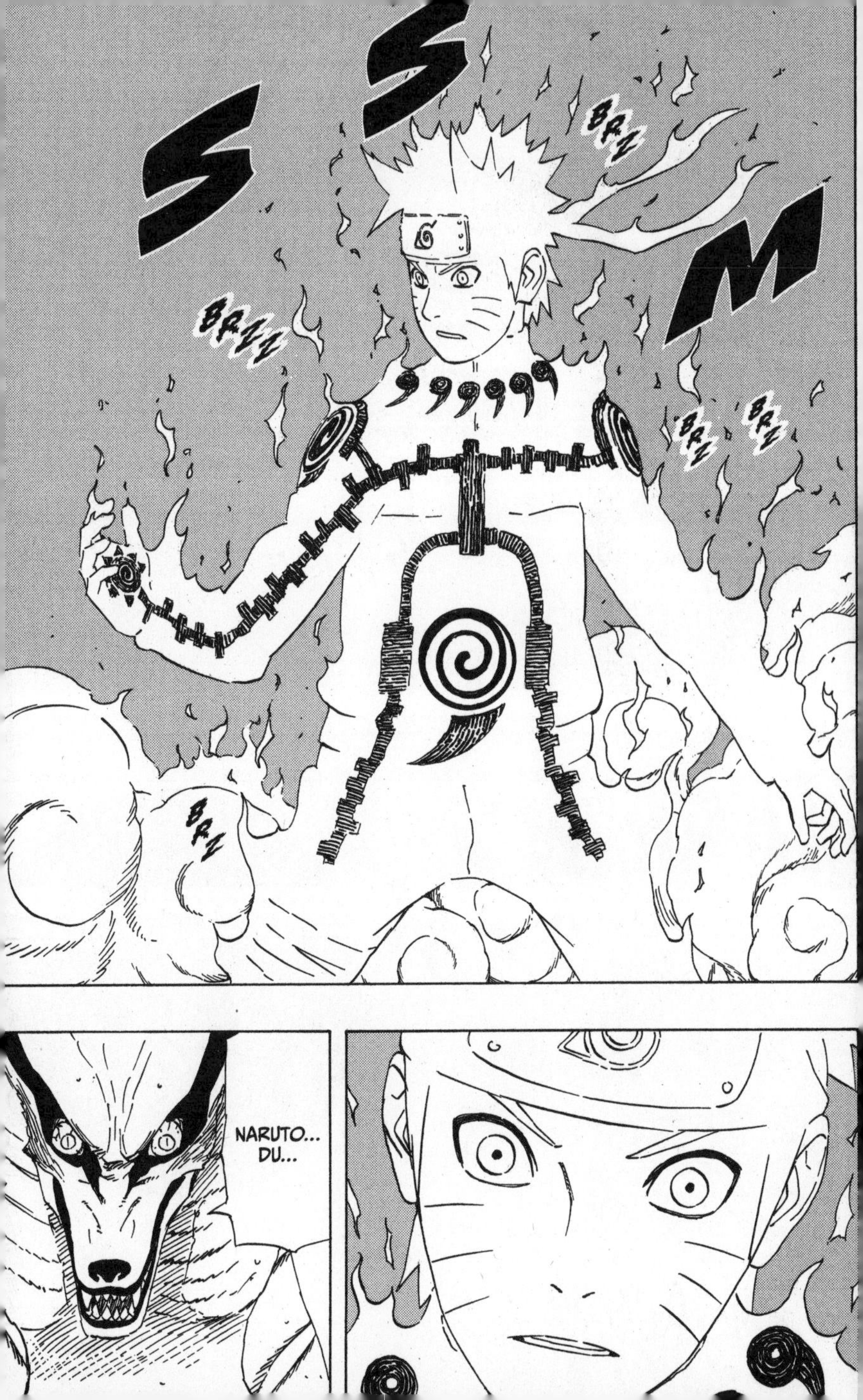
SSSM
BRZZ
BRZ
BRZZ
BRZ
BRZ
BRZ
NARUTO...
DU...

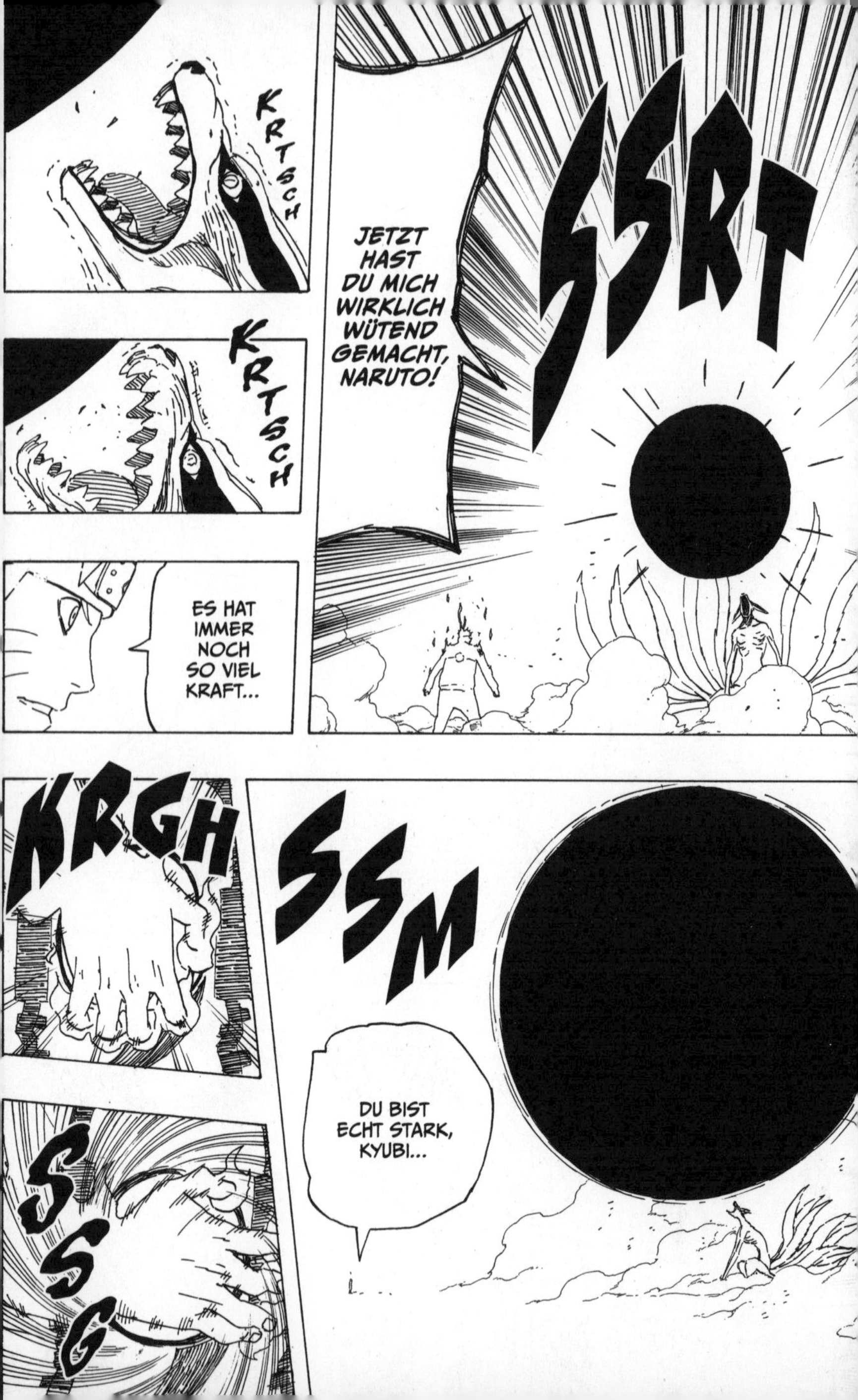
SSRT
JETZT HAST DU MICH WIRKLICH WÜTEND GEMACHT, NARUTO!
KRTSCH
KRTSCH
ES HAT IMMER NOCH SO VIEL KRAFT...
SSM
KRGH
DU BIST ECHT STARK, KYUBI...
SSG

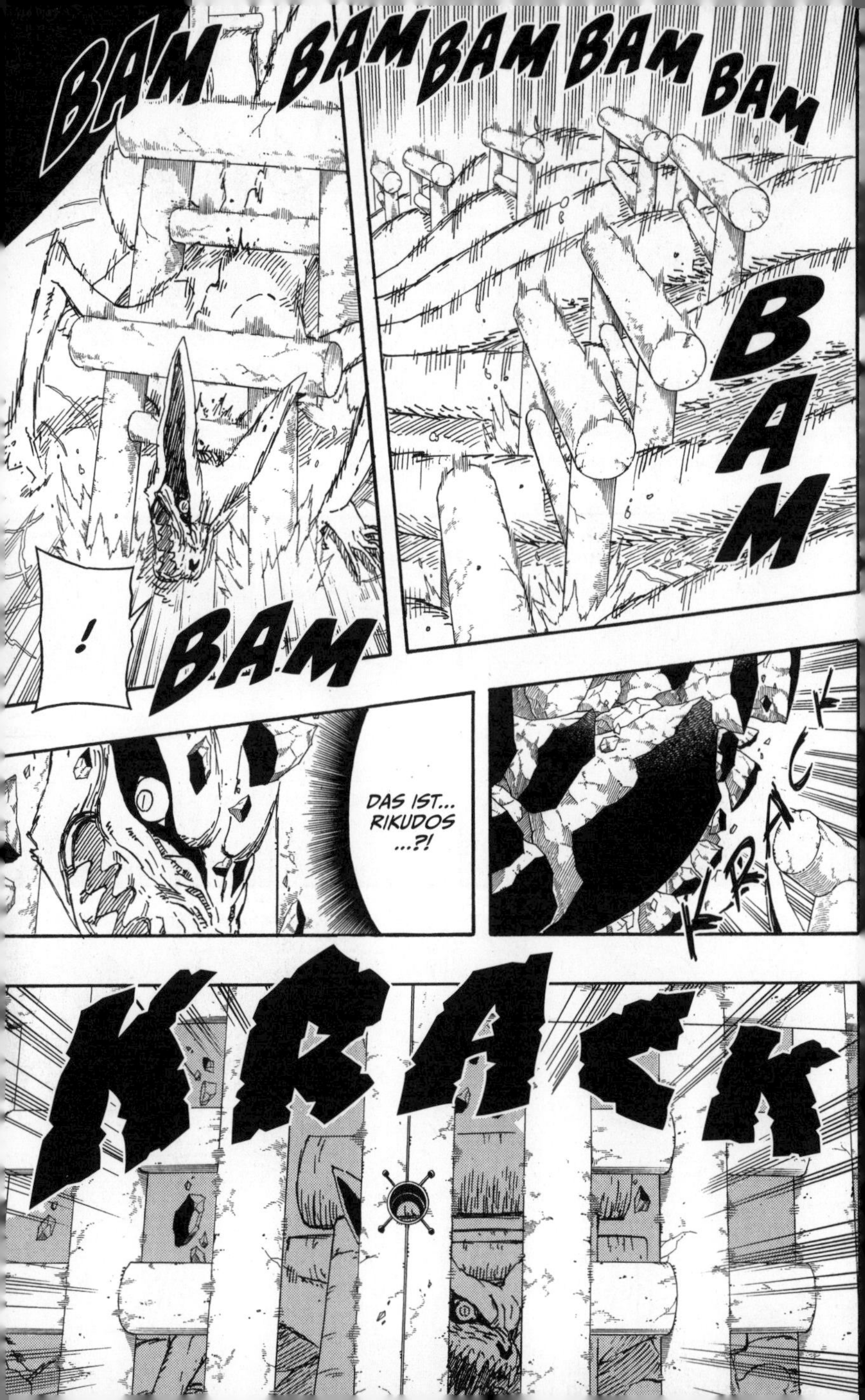
BAM
BAM
BAM
BAM
BAM
BAM
BAM
!
BAM
DAS IST... RIKUDOS ...?!
KRACK
KRACK

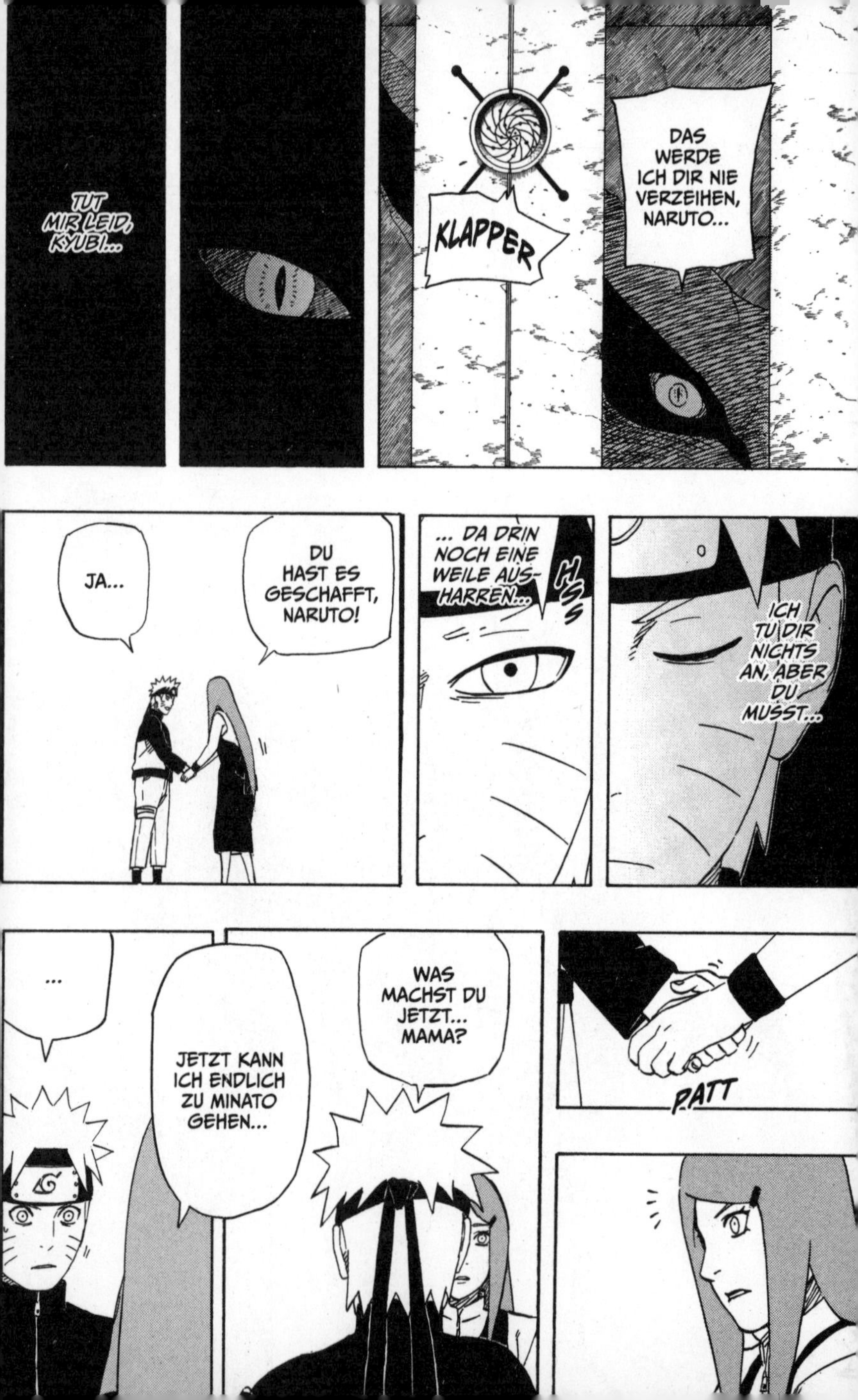
DAS WERDE ICH DIR NIE VERZEIHEN, NARUTO...
KLAPPER
TUT MIR LEID, KYUBI...
ICH TU DIR NICHTS AN, ABER DU MUSST...
... DA DRIN NOCH EINE WEILE AUSHARREN...
HSS
DU HAST ES GESCHAFFT, NARUTO!
JA...
PATT
WAS MACHST DU JETZT... MAMA?
JETZT KANN ICH ENDLICH ZU MINATO GEHEN...
...

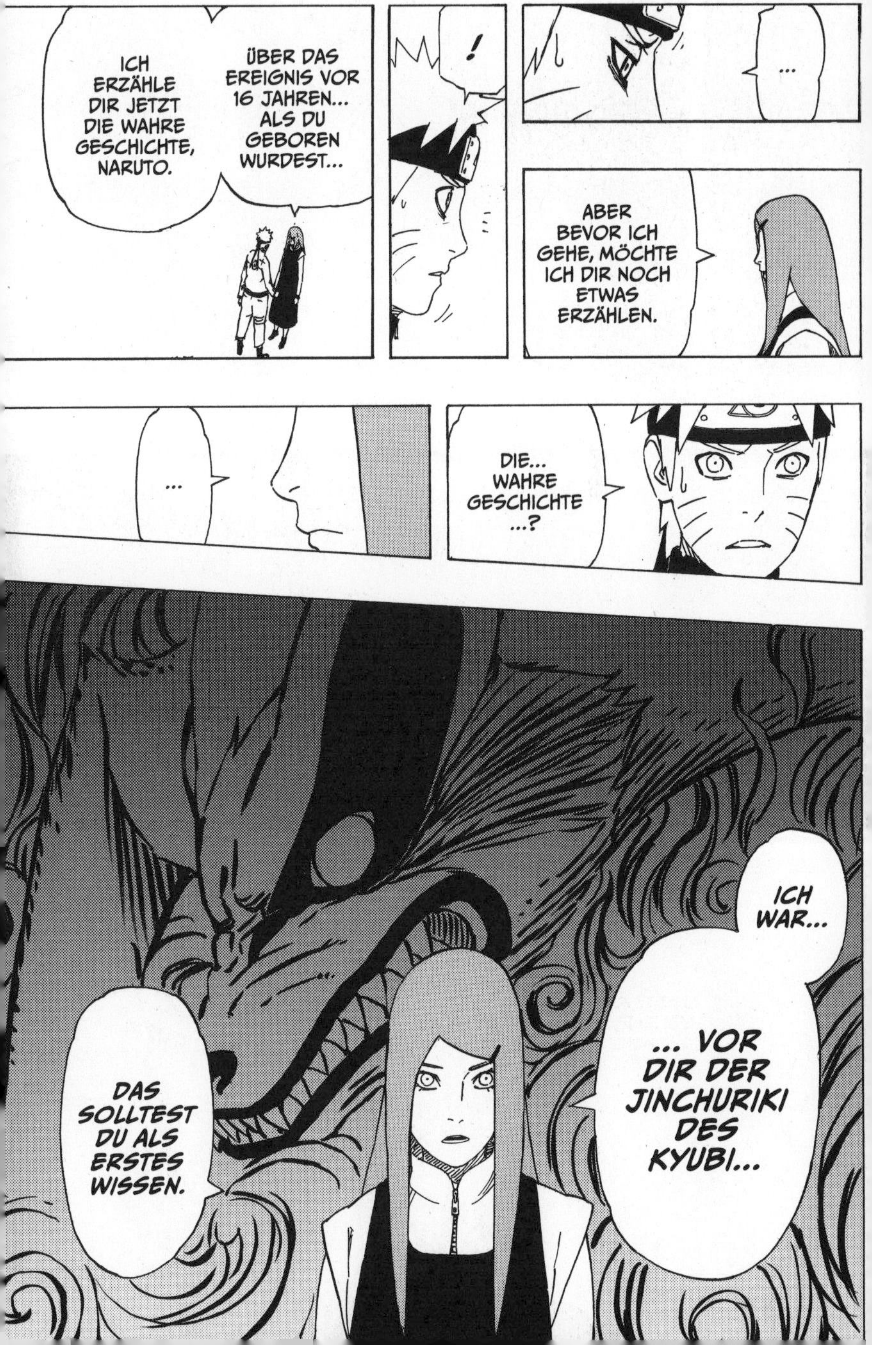
...
ABER BEVOR ICH GEHE, MÖCHTE ICH DIR NOCH ETWAS ERZÄHLEN.
!
ÜBER DAS EREIGNIS VOR 16 JAHREN... ALS DU GEBOREN WURDEST...
ICH ERZÄHLE DIR JETZT DIE WAHRE GESCHICHTE, NARUTO.
DIE... WAHRE GESCHICHTE ...?
...
ICH WAR...
... VOR DIR DER JINCHURIKI DES KYUBI...
DAS SOLLTEST DU ALS ERSTES WISSEN.

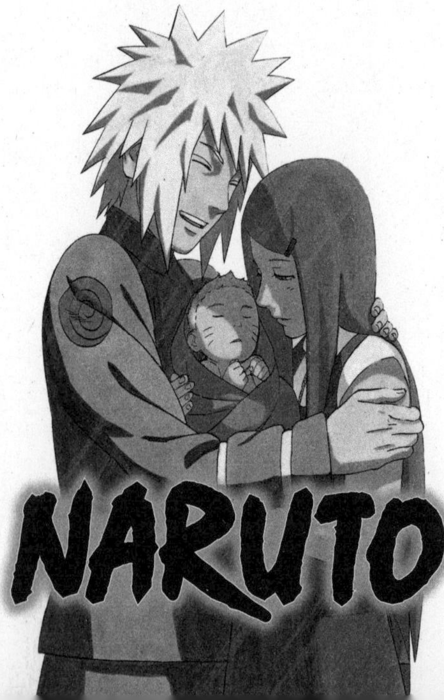
NARUTO

# 500. Kapitel:

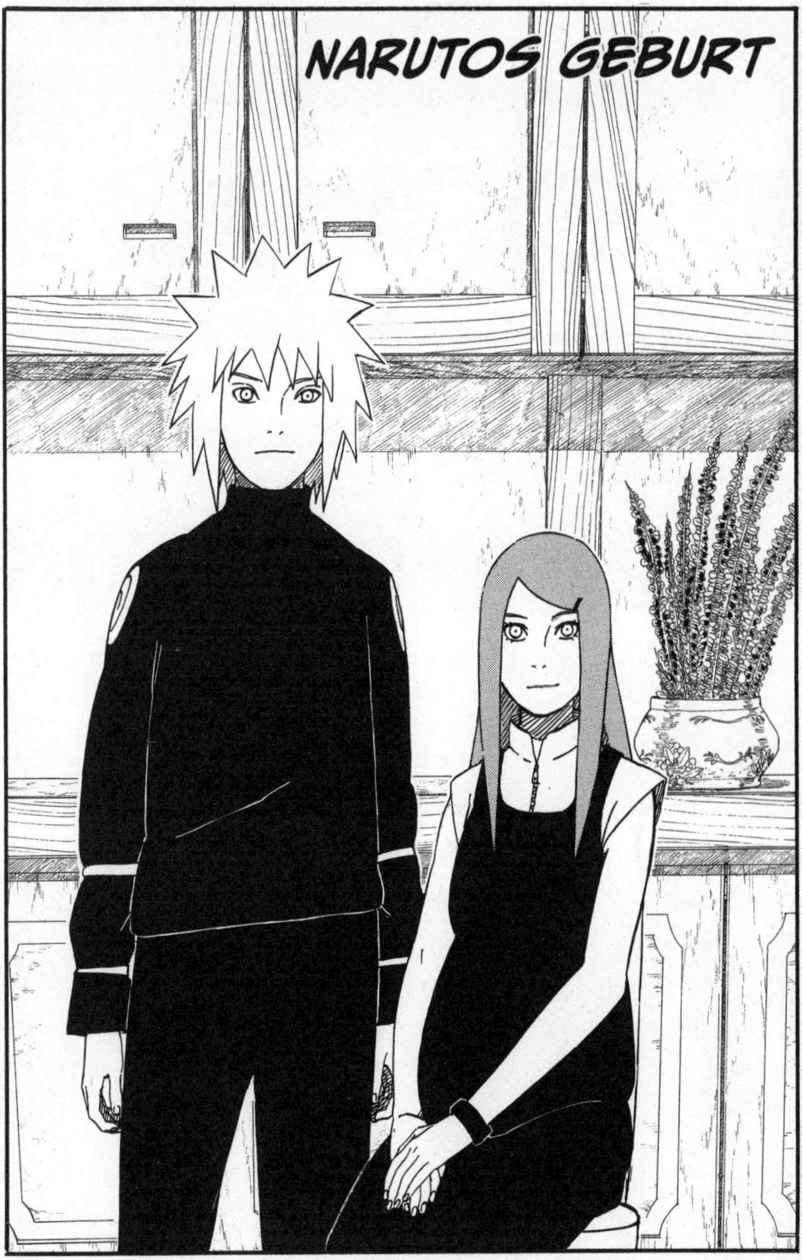

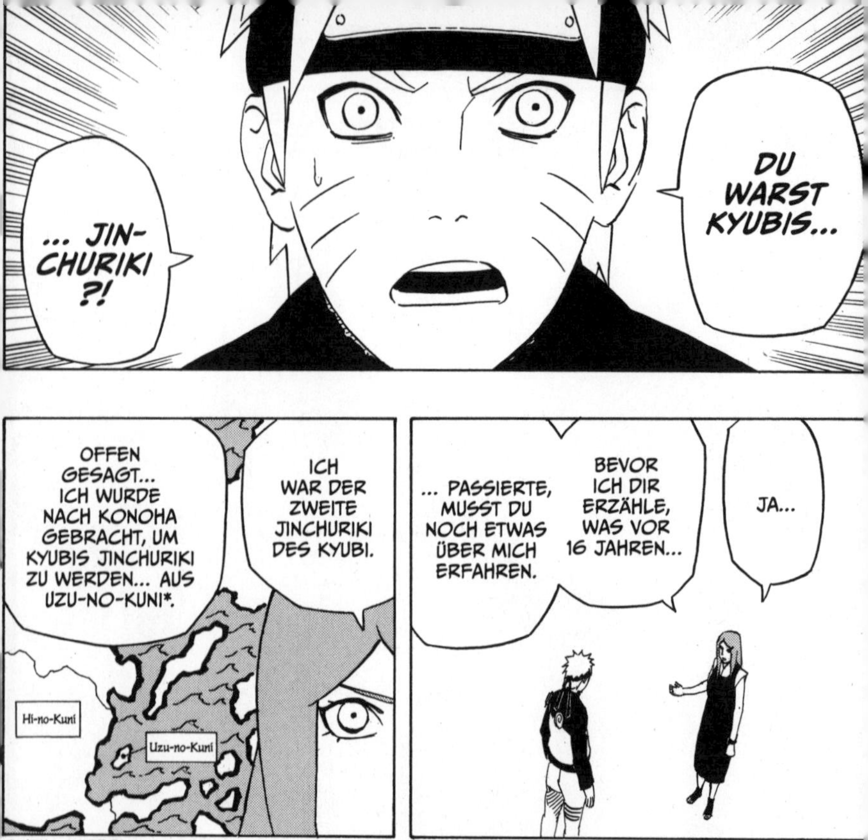


* UZU = WIRBEL

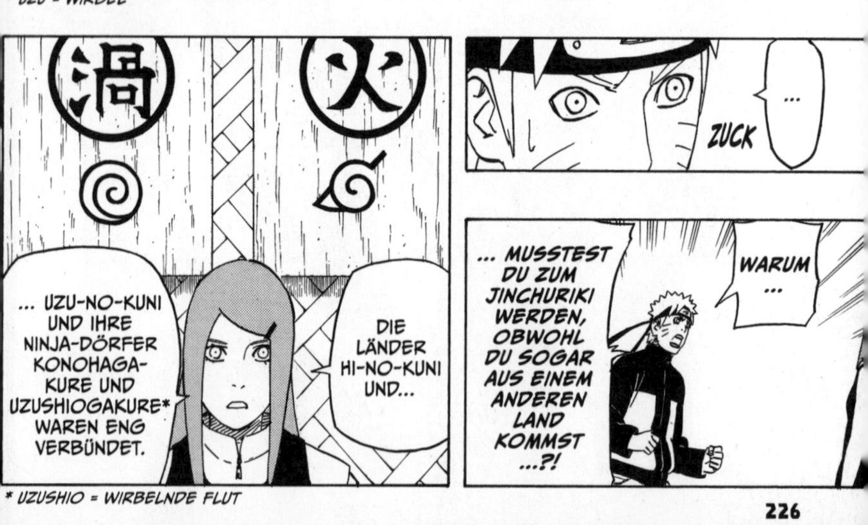


* UZUSHIO = WIRBELNDE FLUT

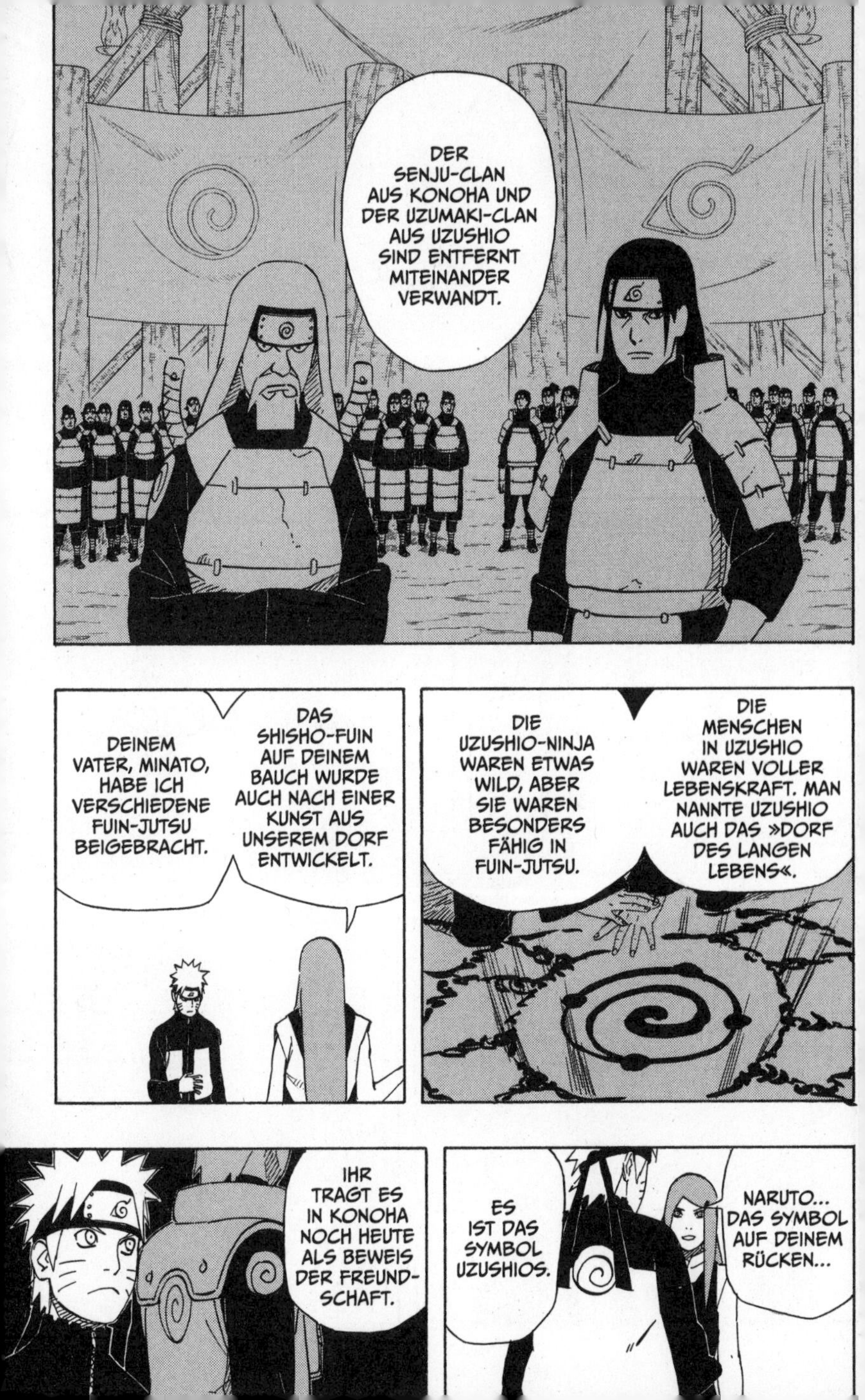
DER SENJU-CLAN AUS KONOHA UND DER UZUMAKI-CLAN AUS UZUSHIO SIND ENTFERNT MITEINANDER VERWANDT.
DIE MENSCHEN IN UZUSHIO WAREN VOLLER LEBENSKRAFT. MAN NANNTE UZUSHIO AUCH DAS »DORF DES LANGEN LEBENS«.
DIE UZUSHIO-NINJA WAREN ETWAS WILD, ABER SIE WAREN BESONDERS FÄHIG IN FUIN-JUTSU.
DAS SHISHO-FUIN AUF DEINEM BAUCH WURDE AUCH NACH EINER KUNST AUS UNSEREM DORF ENTWICKELT.
DEINEM VATER, MINATO, HABE ICH VERSCHIEDENE FUIN-JUTSU BEIGEBRACHT.
NARUTO... DAS SYMBOL AUF DEINEM RÜCKEN...
ES IST DAS SYMBOL UZUSHIOS.
IHR TRAGT ES IN KONOHA NOCH HEUTE ALS BEWEIS DER FREUNDSCHAFT.

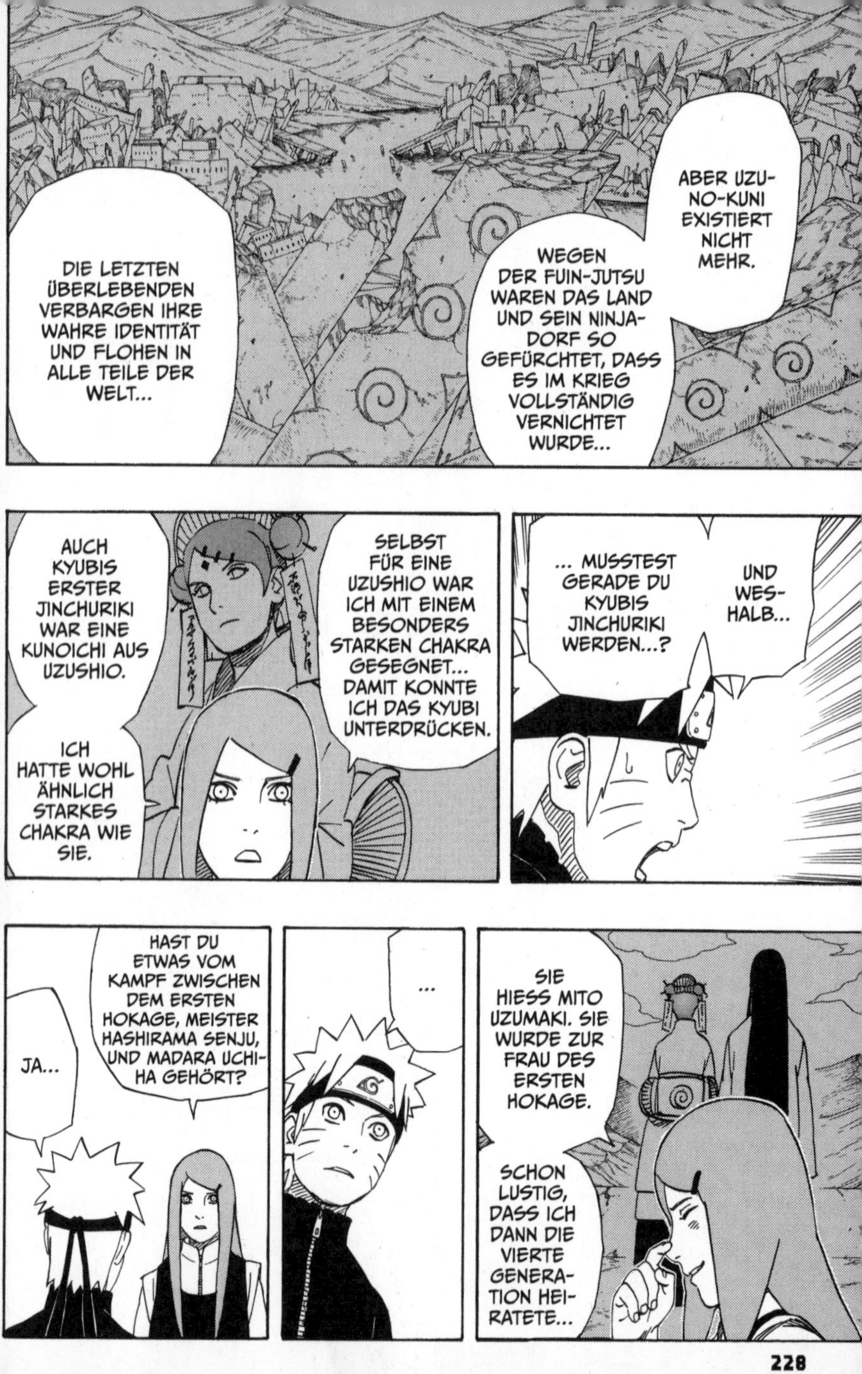
ABER UZU-NO-KUNI EXISTIERT NICHT MEHR.
WEGEN DER FUIN-JUTSU WAREN DAS LAND UND SEIN NINJA-DORF SO GEFÜRCHTET, DASS ES IM KRIEG VOLLSTÄNDIG VERNICHTET WURDE...
DIE LETZTEN ÜBERLEBENDEN VERBARGEN IHRE WAHRE IDENTITÄT UND FLOHEN IN ALLE TEILE DER WELT...
UND WES-HALB...
... MUSSTEST GERADE DU KYUBIS JINCHURIKI WERDEN...?
SELBST FÜR EINE UZUSHIO WAR ICH MIT EINEM BESONDERS STARKEN CHAKRA GESEGNET... DAMIT KONNTE ICH DAS KYUBI UNTERDRÜCKEN.
AUCH KYUBIS ERSTER JINCHURIKI WAR EINE KUNOICHI AUS UZUSHIO.
ICH HATTE WOHL ÄHNLICH STARKES CHAKRA WIE SIE.
SIE HIESS MITO UZUMAKI. SIE WURDE ZUR FRAU DES ERSTEN HOKAGE.
SCHON LUSTIG, DASS ICH DANN DIE VIERTE GENERA-TION HEI-RATETE...
...
HAST DU ETWAS VOM KAMPF ZWISCHEN DEM ERSTEN HOKAGE, MEISTER HASHIRAMA SENJU, UND MADARA UCHI-HA GEHÖRT?
JA...

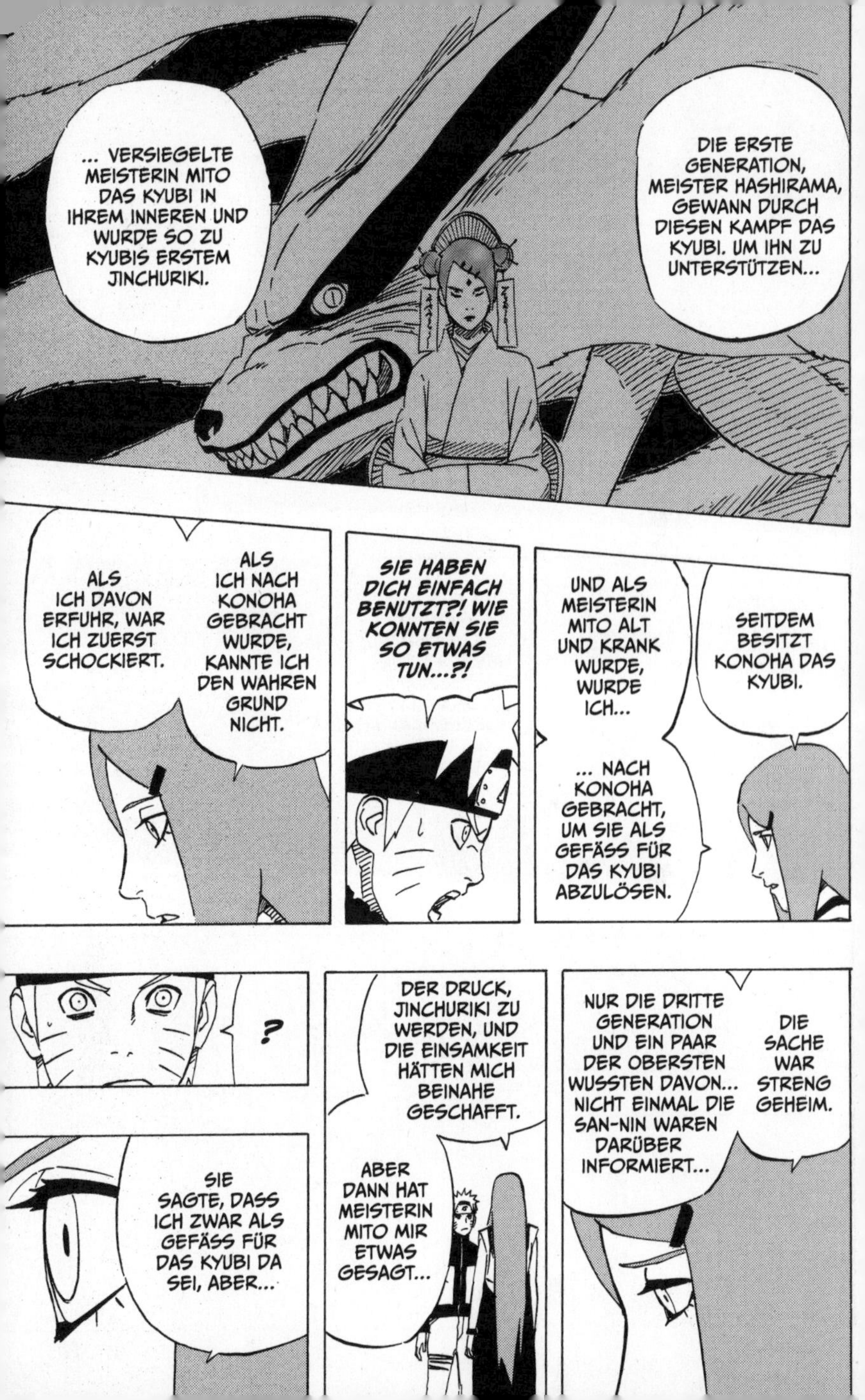

DIE ERSTE GENERATION, MEISTER HASHIRAMA, GEWANN DURCH DIESEN KAMPF DAS KYUBI. UM IHN ZU UNTERSTÜTZEN...
... VERSIEGELTE MEISTERIN MITO DAS KYUBI IN IHREM INNEREN UND WURDE SO ZU KYUBIS ERSTEM JINCHURIKI.
SEITDEM BESITZT KONOHA DAS KYUBI.
UND ALS MEISTERIN MITO ALT UND KRANK WURDE, WURDE ICH...
... NACH KONOHA GEBRACHT, UM SIE ALS GEFÄSS FÜR DAS KYUBI ABZULÖSEN.
SIE HABEN DICH EINFACH BENUTZT?! WIE KONNTEN SIE SO ETWAS TUN...?!
ALS ICH NACH KONOHA GEBRACHT WURDE, KANNTE ICH DEN WAHREN GRUND NICHT.
ALS ICH DAVON ERFUHR, WAR ICH ZUERST SCHOCKIERT.
DIE SACHE WAR STRENG GEHEIM.
NUR DIE DRITTE GENERATION UND EIN PAAR DER OBERSTEN WUSSTEN DAVON... NICHT EINMAL DIE SAN-NIN WAREN DARÜBER INFORMIERT...
DER DRUCK, JINCHURIKI ZU WERDEN, UND DIE EINSAMKEIT HÄTTEN MICH BEINAHE GESCHAFFT.
ABER DANN HAT MEISTERIN MITO MIR ETWAS GESAGT...
?
SIE SAGTE, DASS ICH ZWAR ALS GEFÄSS FÜR DAS KYUBI DA SEI, ABER...

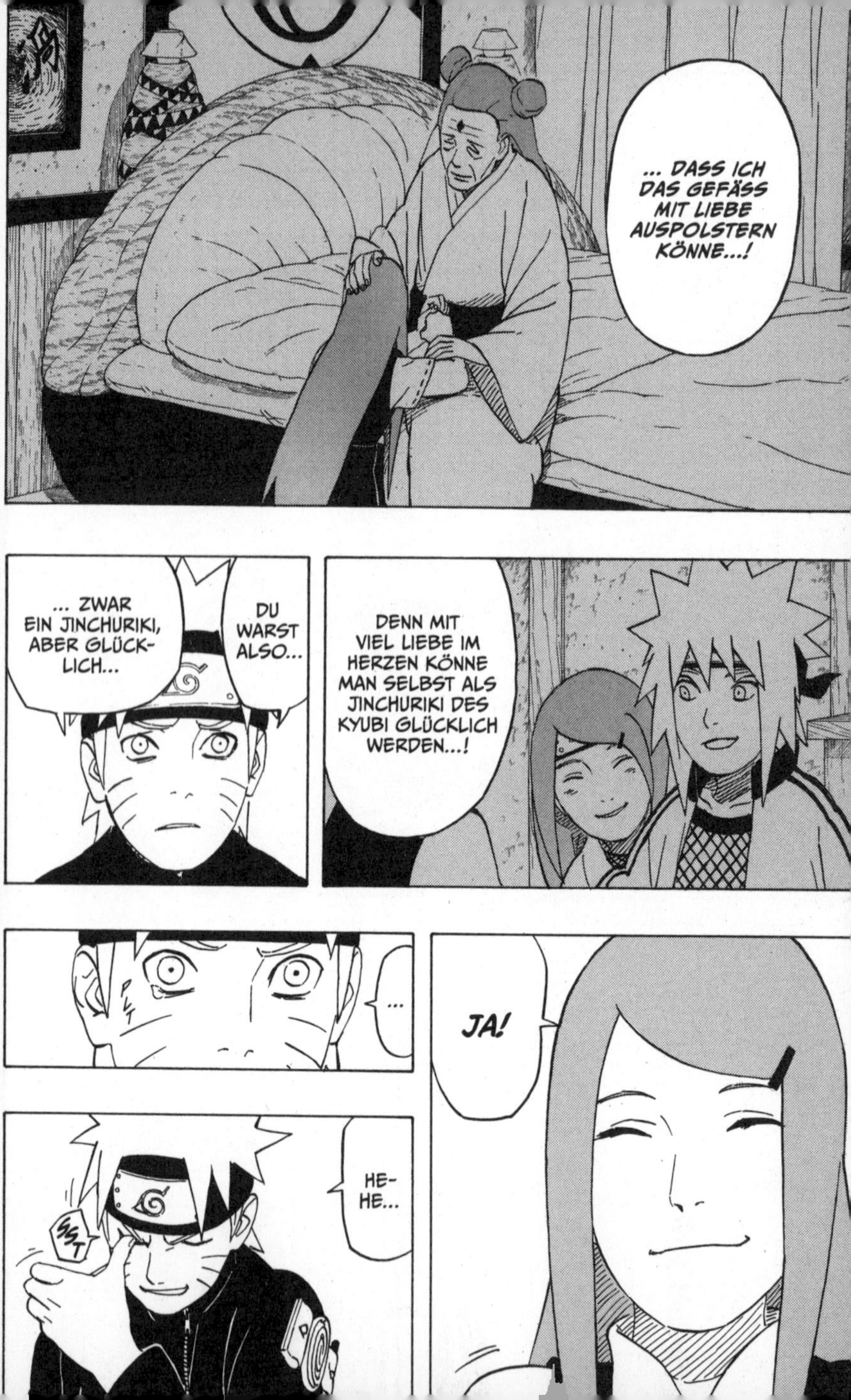
... DASS ICH DAS GEFÄSS MIT LIEBE AUSPOLSTERN KÖNNE...!
DENN MIT VIEL LIEBE IM HERZEN KÖNNE MAN SELBST ALS JINCHURIKI DES KYUBI GLÜCKLICH WERDEN...!
DU WARST ALSO...
... ZWAR EIN JINCHURIKI, ABER GLÜCK-LICH...
JA!
...
PLT
HE-HE...
SST

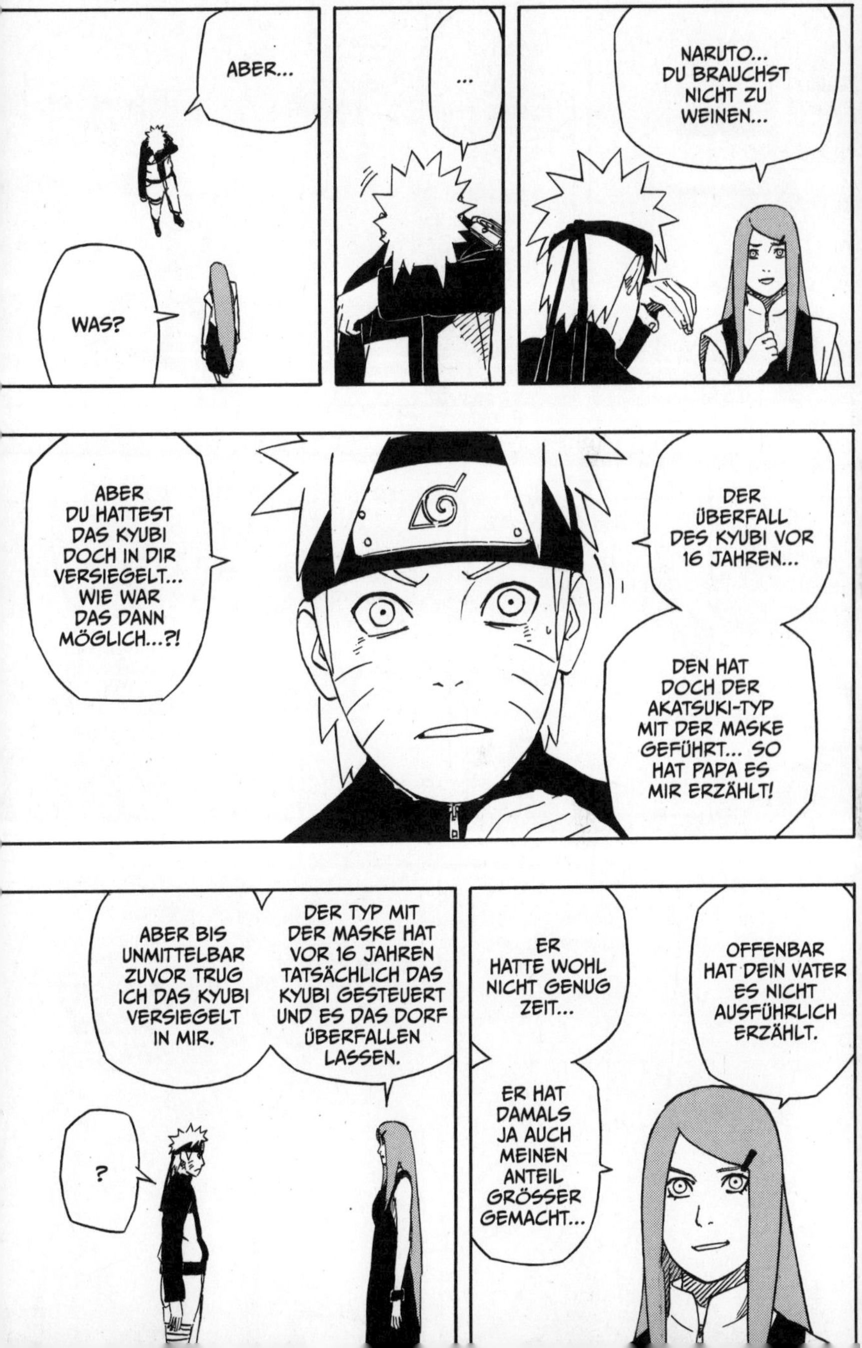
NARUTO... DU BRAUCHST NICHT ZU WEINEN...
...
ABER...
WAS?
DER ÜBERFALL DES KYUBI VOR 16 JAHREN...
DEN HAT DOCH DER AKATSUKI-TYP MIT DER MASKE GEFÜHRT... SO HAT PAPA ES MIR ERZÄHLT!
ABER DU HATTEST DAS KYUBI DOCH IN DIR VERSIEGELT... WIE WAR DAS DANN MÖGLICH...?!
OFFENBAR HAT DEIN VATER ES NICHT AUSFÜHRLICH ERZÄHLT.
ER HATTE WOHL NICHT GENUG ZEIT...
ER HAT DAMALS JA AUCH MEINEN ANTEIL GRÖSSER GEMACHT...
DER TYP MIT DER MASKE HAT VOR 16 JAHREN TATSÄCHLICH DAS KYUBI GESTEUERT UND ES DAS DORF ÜBERFALLEN LASSEN.
ABER BIS UNMITTELBAR ZUVOR TRUG ICH DAS KYUBI VERSIEGELT IN MIR.
?

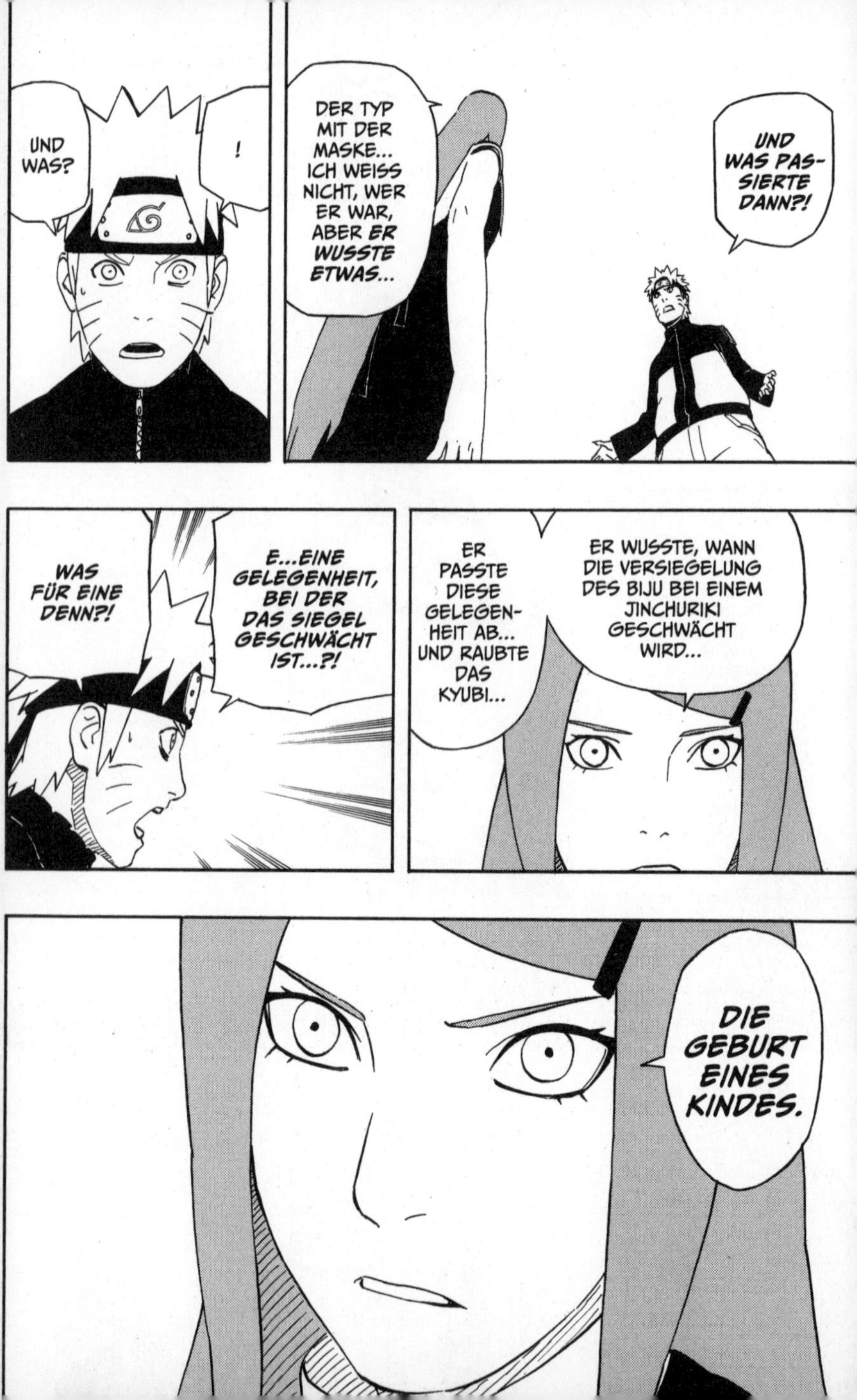
UND WAS PASSIERTE DANN?!
DER TYP MIT DER MASKE... ICH WEISS NICHT, WER ER WAR, ABER ER WUSSTE ETWAS...
!
UND WAS?
ER WUSSTE, WANN DIE VERSIEGELUNG DES BIJU BEI EINEM JINCHURIKI GESCHWÄCHT WIRD...
ER PASSTE DIESE GELEGENHEIT AB... UND RAUBTE DAS KYUBI...
E...EINE GELEGENHEIT, BEI DER DAS SIEGEL GESCHWÄCHT IST...?!
WAS FÜR EINE DENN?!
DIE GEBURT EINES KINDES.

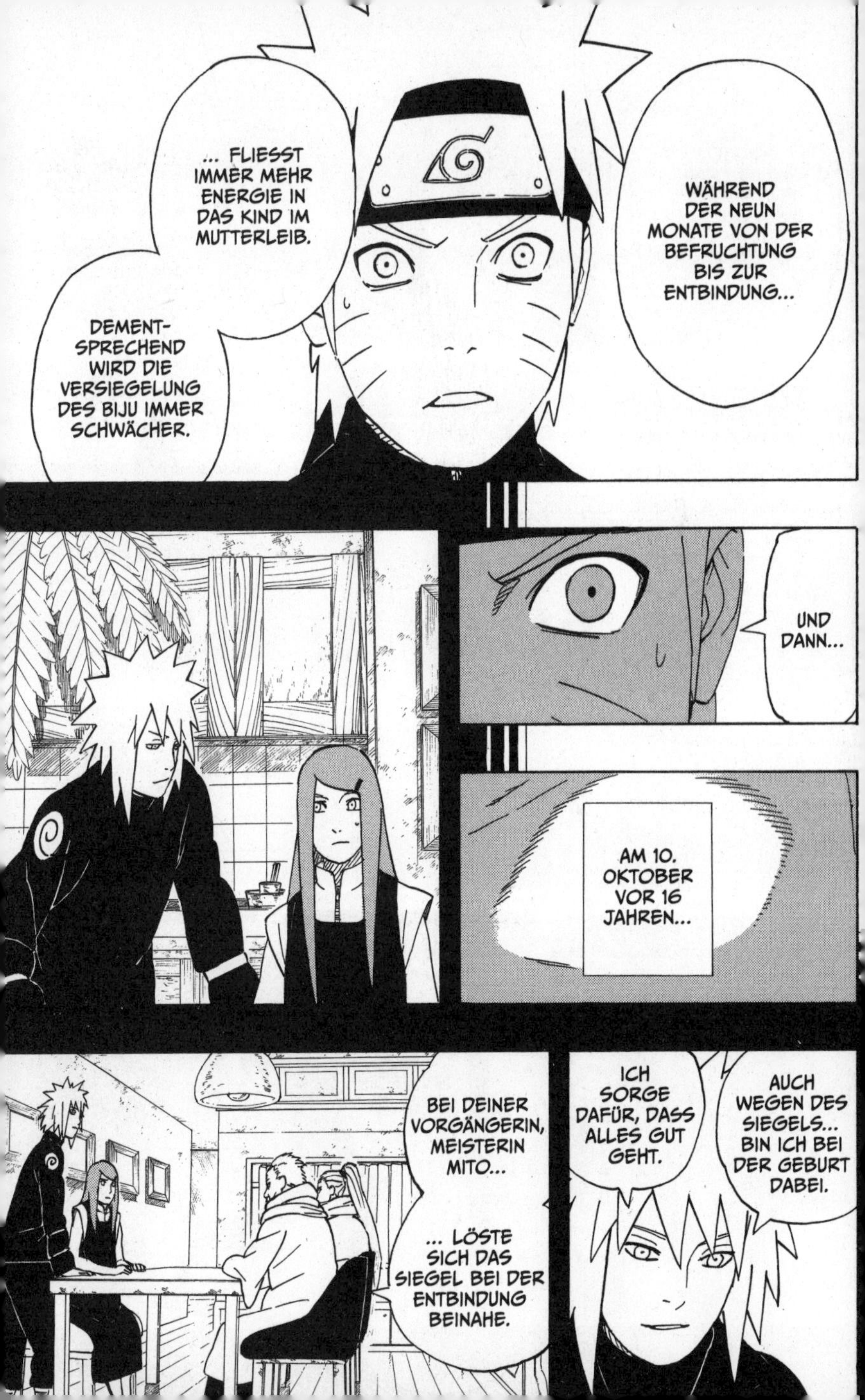
WÄHREND DER NEUN MONATE VON DER BEFRUCHTUNG BIS ZUR ENTBINDUNG...
... FLIESST IMMER MEHR ENERGIE IN DAS KIND IM MUTTERLEIB.
DEMENT-SPRECHEND WIRD DIE VERSIEGELUNG DES BIJU IMMER SCHWÄCHER.
UND DANN...
AM 10. OKTOBER VOR 16 JAHREN...
AUCH WEGEN DES SIEGELS... BIN ICH BEI DER GEBURT DABEI.
ICH SORGE DAFÜR, DASS ALLES GUT GEHT.
BEI DEINER VORGÄNGERIN, MEISTERIN MITO...
... LÖSTE SICH DAS SIEGEL BEI DER ENTBINDUNG BEINAHE.

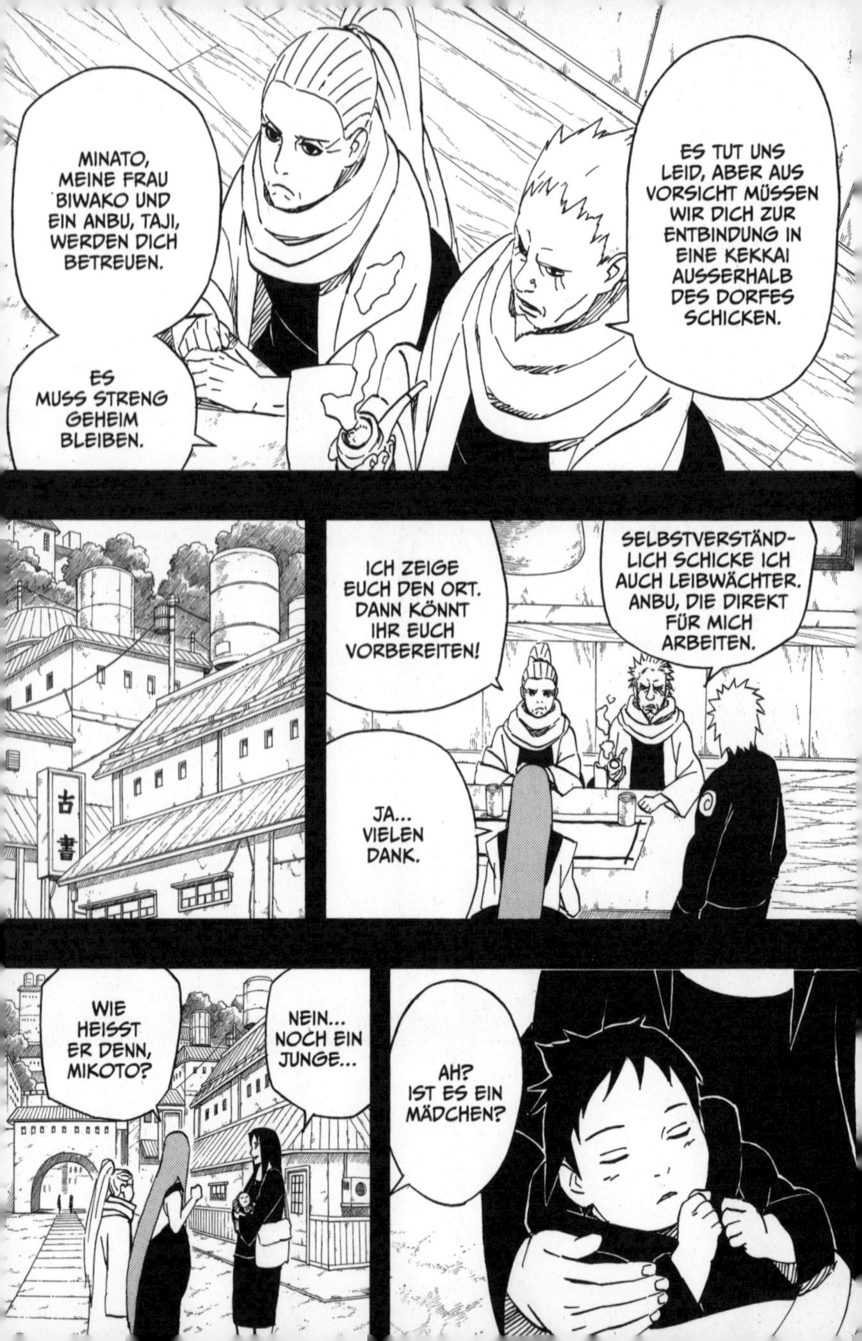
ES TUT UNS LEID, ABER AUS VORSICHT MÜSSEN WIR DICH ZUR ENTBINDUNG IN EINE KEKKAI AUSSERHALB DES DORFES SCHICKEN.
MINATO, MEINE FRAU BIWAKO UND EIN ANBU, TAJI, WERDEN DICH BETREUEN.
ES MUSS STRENG GEHEIM BLEIBEN.
SELBSTVERSTÄND-LICH SCHICKE ICH AUCH LEIBWÄCHTER. ANBU, DIE DIREKT FÜR MICH ARBEITEN.
ICH ZEIGE EUCH DEN ORT. DANN KÖNNT IHR EUCH VORBEREITEN!
JA... VIELEN DANK.
古書
AH? IST ES EIN MÄDCHEN?
NEIN... NOCH EIN JUNGE...
WIE HEISST ER DENN, MIKOTO?

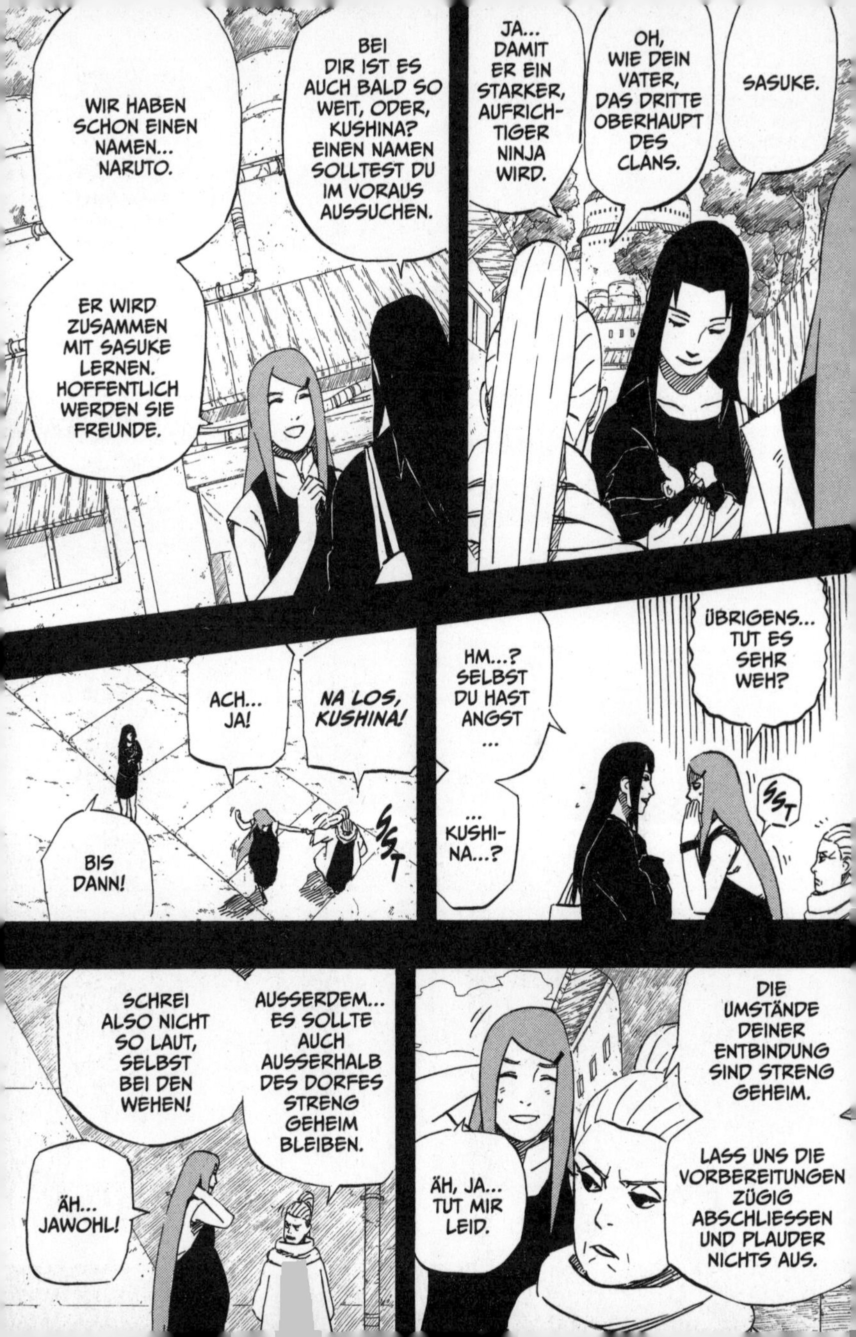
SASUKE.
OH, WIE DEIN VATER, DAS DRITTE OBERHAUPT DES CLANS.
JA... DAMIT ER EIN STARKER, AUFRICHTIGER NINJA WIRD.
BEI DIR IST ES AUCH BALD SO WEIT, ODER, KUSHINA? EINEN NAMEN SOLLTEST DU IM VORAUS AUSSUCHEN.
WIR HABEN SCHON EINEN NAMEN... NARUTO.
ER WIRD ZUSAMMEN MIT SASUKE LERNEN. HOFFENTLICH WERDEN SIE FREUNDE.
ÜBRIGENS... TUT ES SEHR WEH?
SST
HM...? SELBST DU HAST ANGST ...
... KUSHINA...?
NA LOS, KUSHINA!
ACH... JA!
SST
BIS DANN!
DIE UMSTÄNDE DEINER ENTBINDUNG SIND STRENG GEHEIM.
LASS UNS DIE VORBEREITUNGEN ZÜGIG ABSCHLIESSEN UND PLAUDER NICHTS AUS.
ÄH, JA... TUT MIR LEID.
AUSSERDEM... ES SOLLTE AUCH AUSSERHALB DES DORFES STRENG GEHEIM BLEIBEN.
SCHREI ALSO NICHT SO LAUT, SELBST BEI DEN WEHEN!
ÄH... JAWOHL!

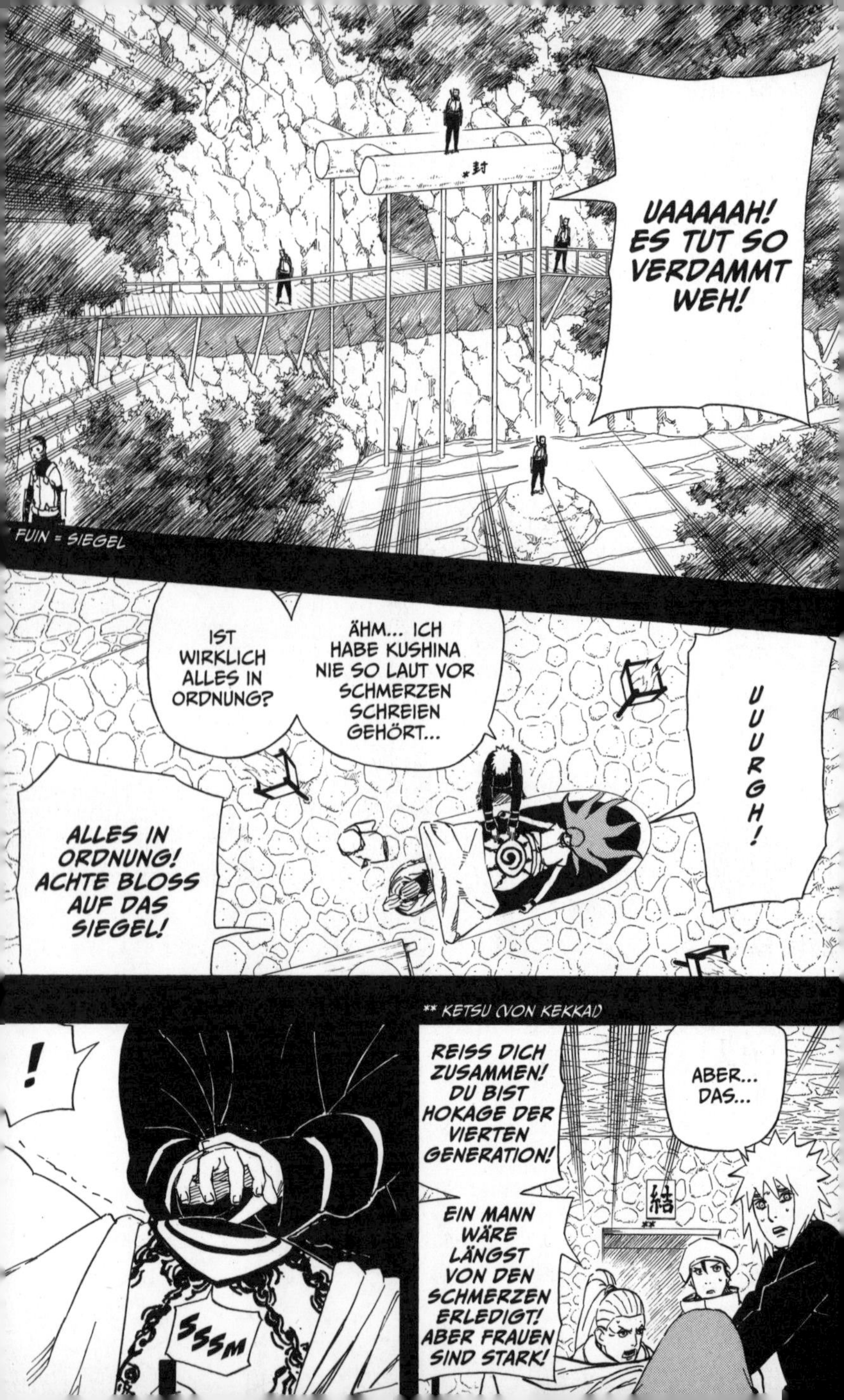
UAAAAAH! ES TUT SO VERDAMMT WEH!
*封
* FUIN = SIEGEL
UUURGH!
ÄHM... ICH HABE KUSHINA NIE SO LAUT VOR SCHMERZEN SCHREIEN GEHÖRT...
IST WIRKLICH ALLES IN ORDNUNG?
ALLES IN ORDNUNG! ACHTE BLOSS AUF DAS SIEGEL!
** KETSU (VON KEKKAI)
ABER... DAS...
REISS DICH ZUSAMMEN! DU BIST HOKAGE DER VIERTEN GENERATION!
EIN MANN WÄRE LÄNGST VON DEN SCHMERZEN ERLEDIGT! ABER FRAUEN SIND STARK!
結**
!
SSSM

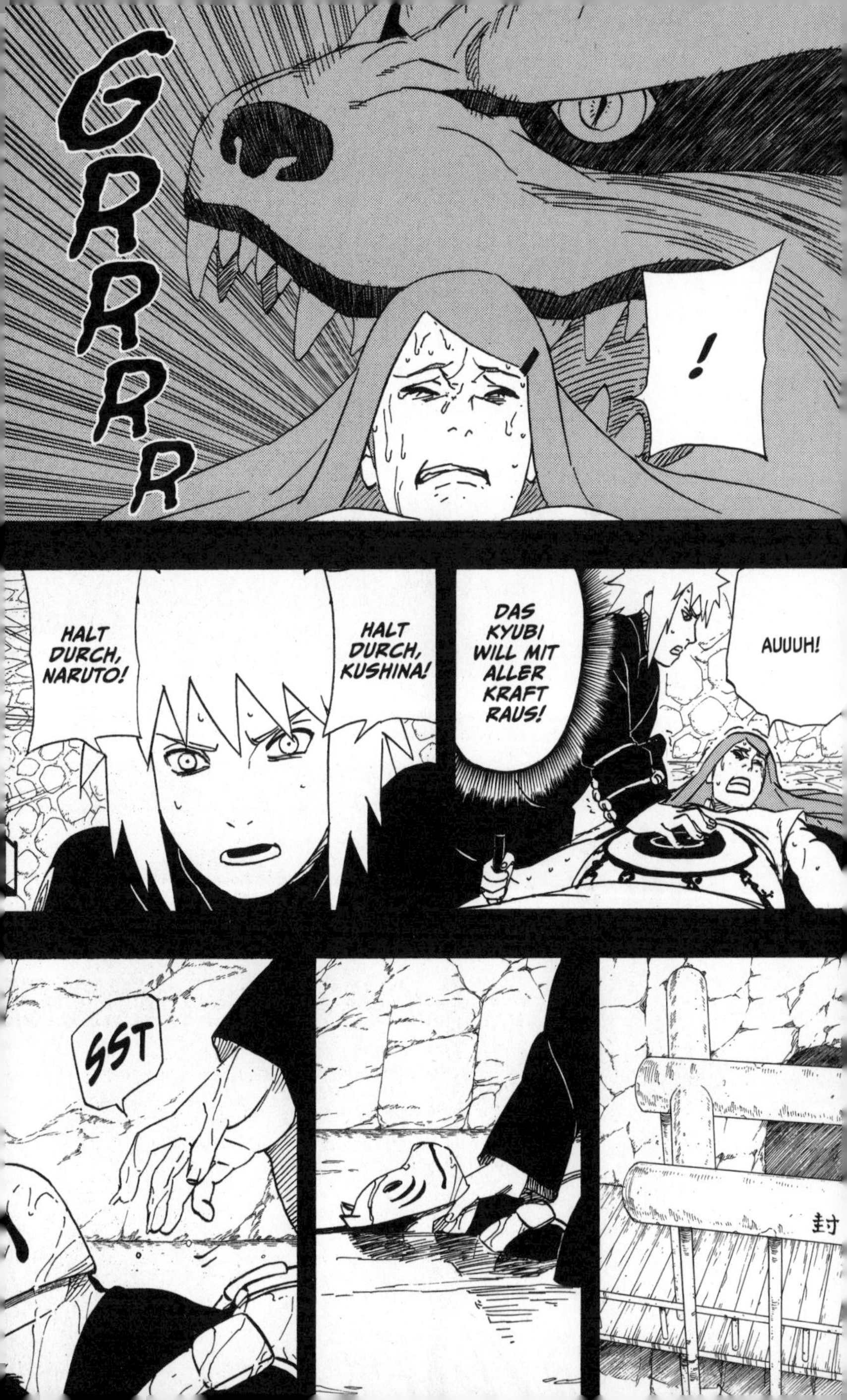
!
GRRRR
AUUUH!
DAS KYUBI WILL MIT ALLER KRAFT RAUS!
HALT DURCH, KUSHINA!
HALT DURCH, NARUTO!
封
SST

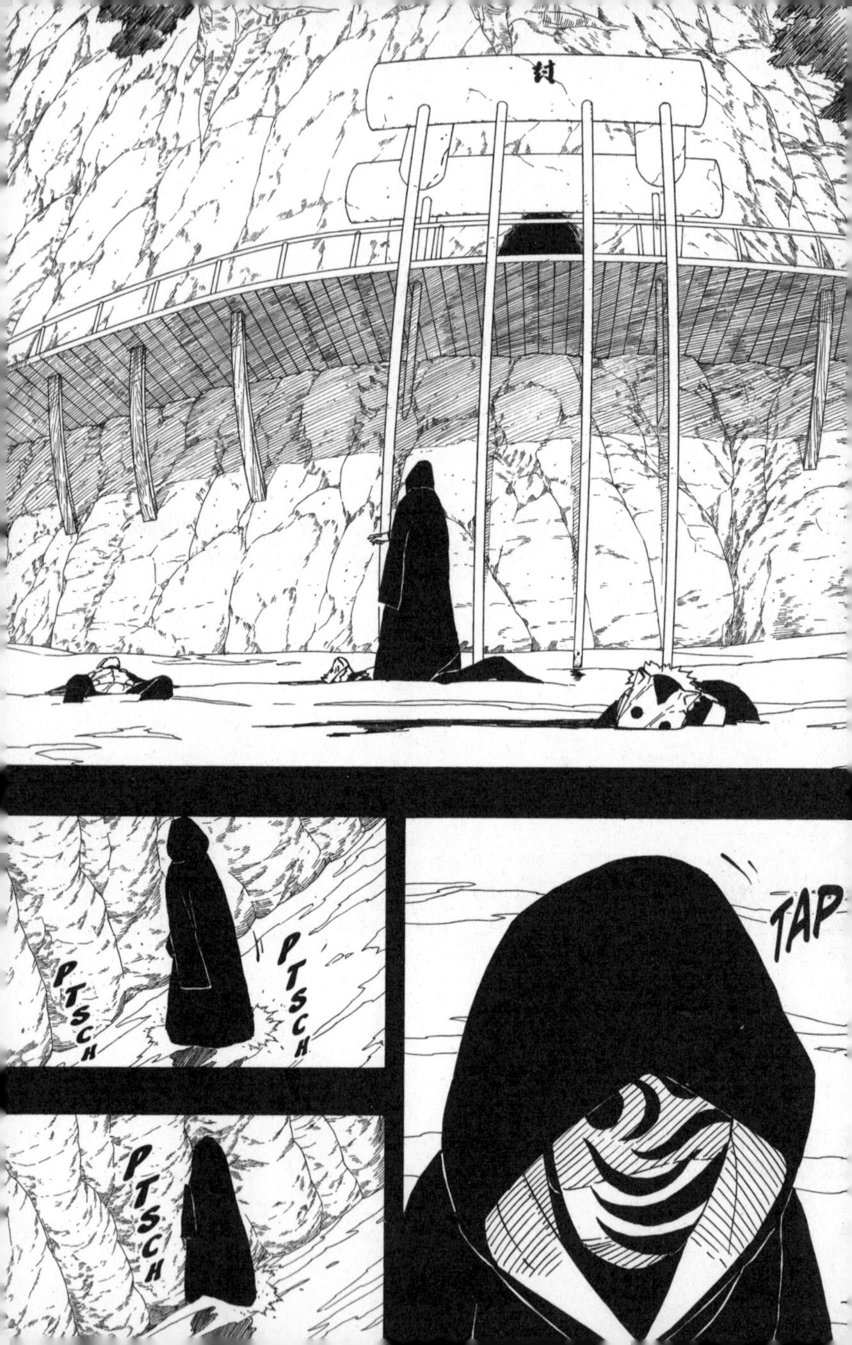
封
PTSCH
PTSCH
TAP
PTSCH

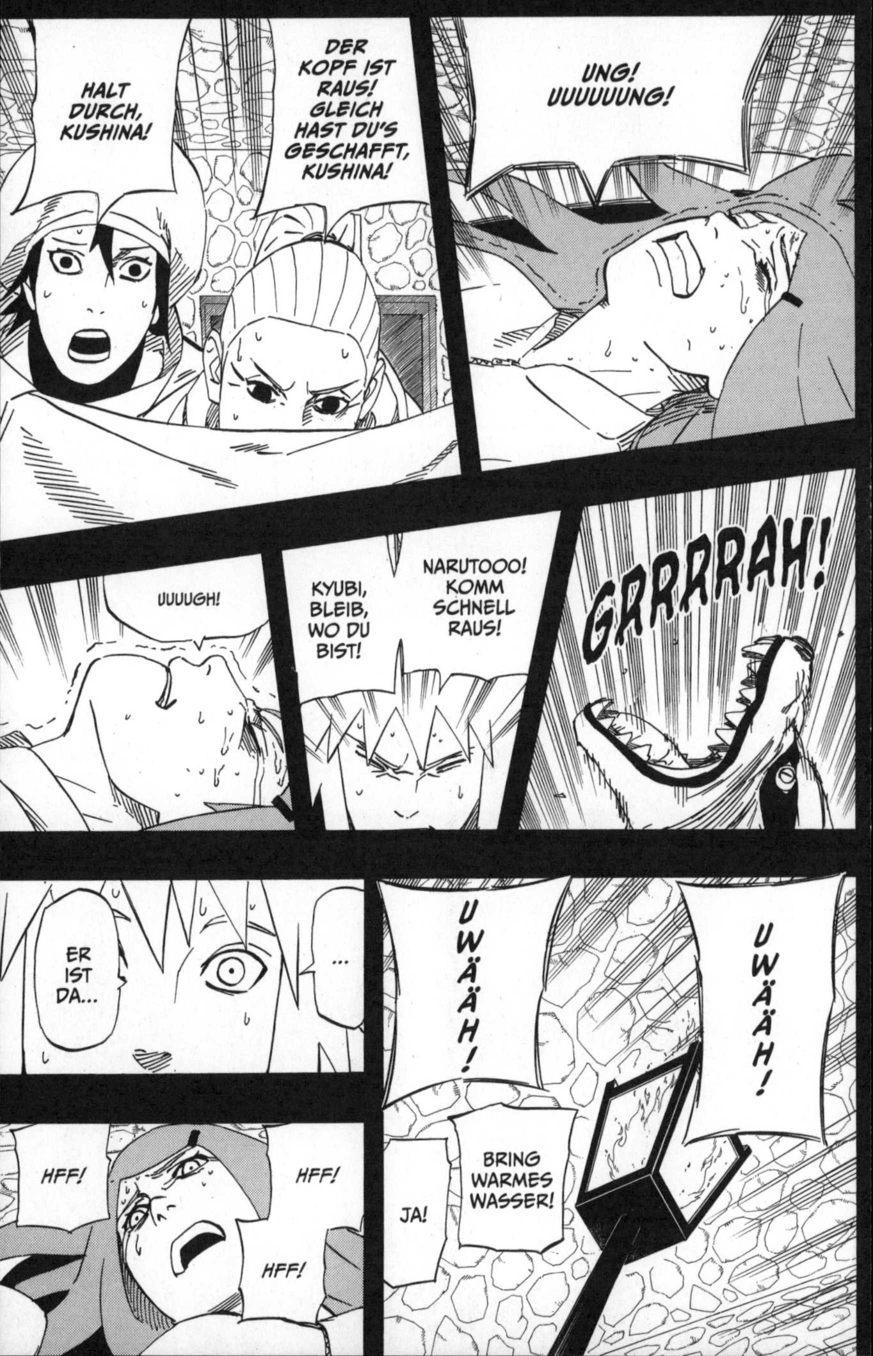
UNG! UUUUUUNG!
DER KOPF IST RAUS! GLEICH HAST DU'S GESCHAFFT, KUSHINA!
HALT DURCH, KUSHINA!
GRRRRAH!
NARUTOOO! KOMM SCHNELL RAUS!
KYUBI, BLEIB, WO DU BIST!
UUUUGH!
UWÄÄH!
UWÄÄH!
...
ER IST DA...
BRING WARMES WASSER!
JA!
HFF!
HFF!
HFF!

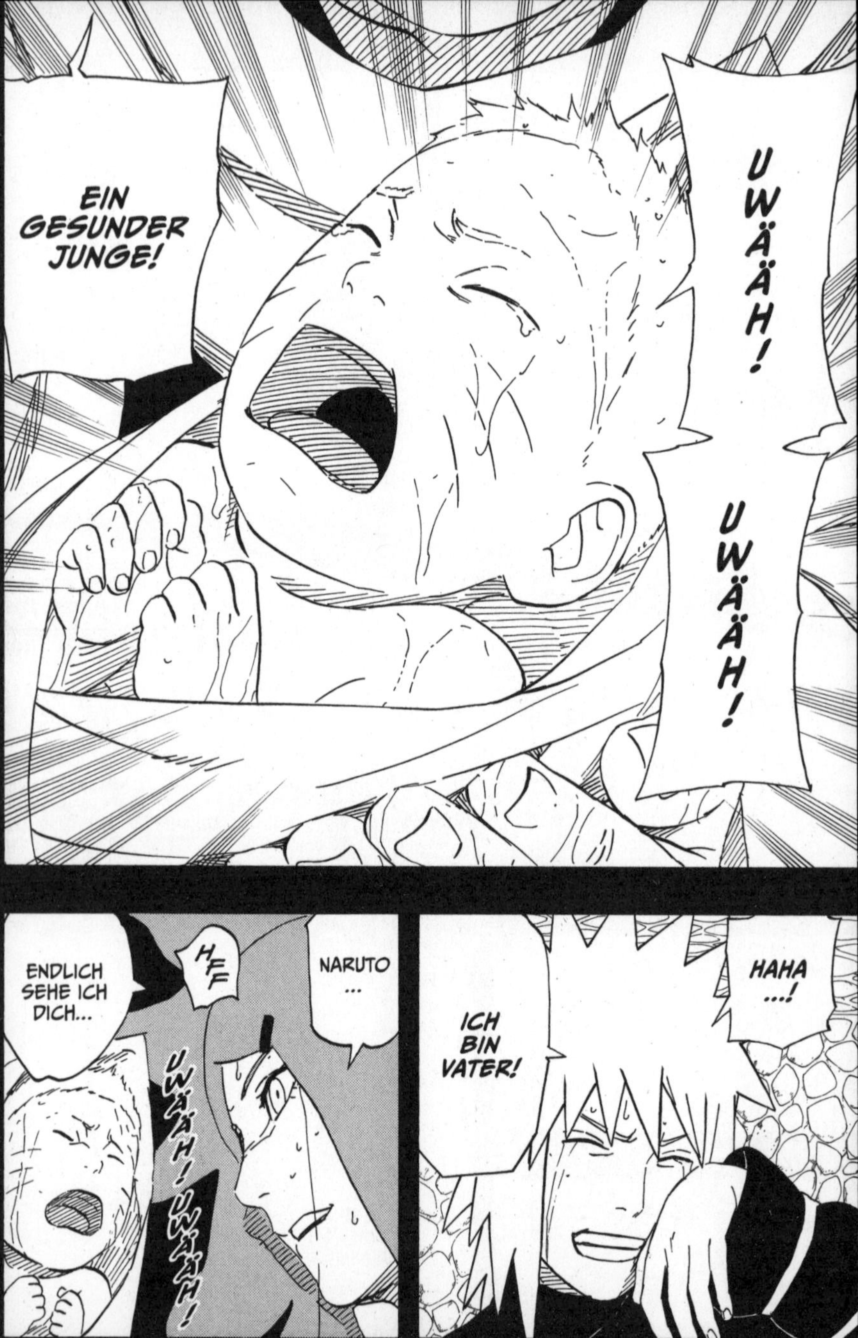
UWÄÄH!
UWÄÄH!
EIN GESUNDER JUNGE!
HAHA ...!
ICH BIN VATER!
NARUTO ...
HEF
ENDLICH SEHE ICH DICH...
UWÄÄH! UWÄÄH!

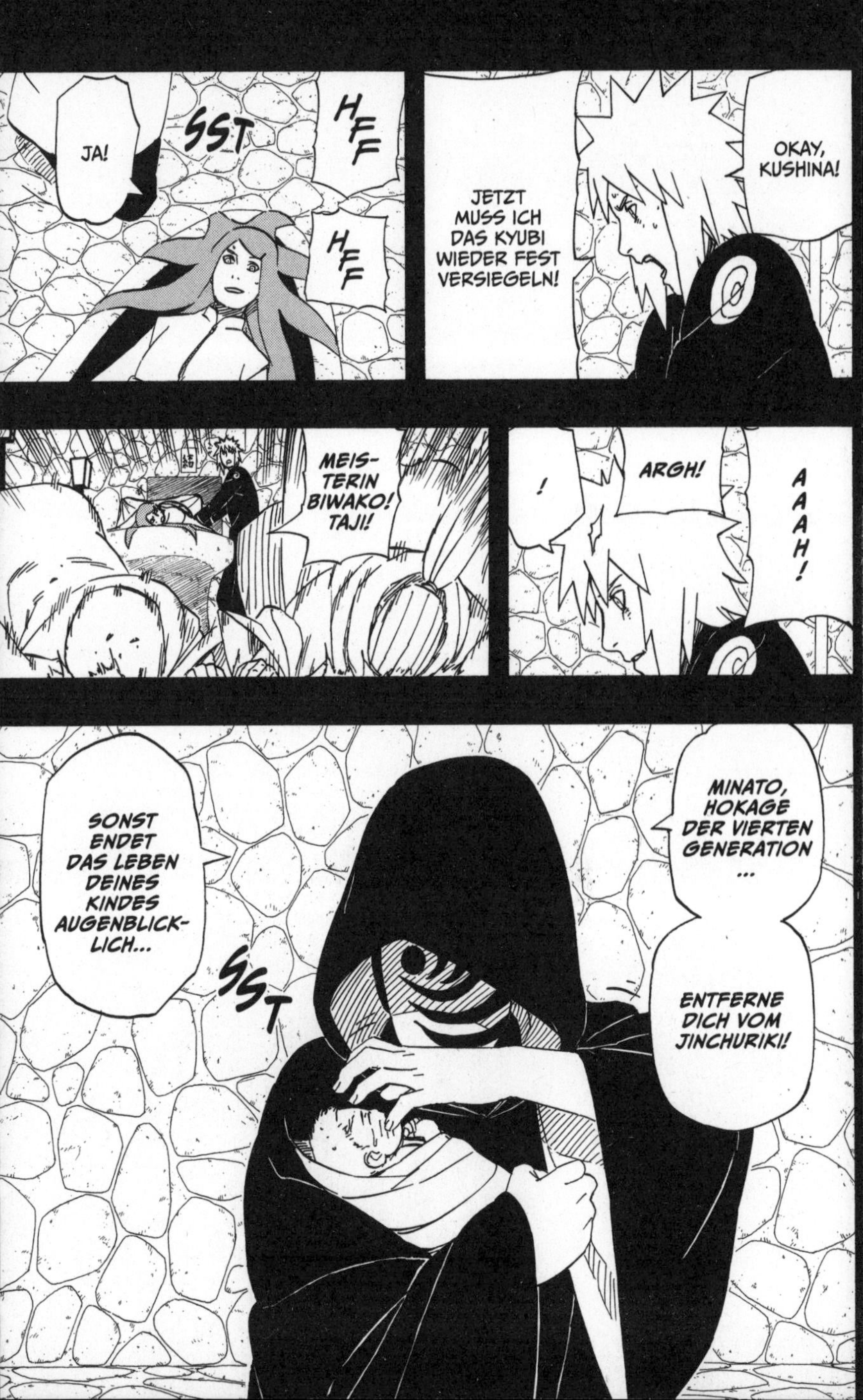
OKAY, KUSHINA!
JETZT MUSS ICH DAS KYUBI WIEDER FEST VERSIEGELN!
HFF HFF
SST
JA!
AAAAH!
ARGH!
!
MEISTERIN BIWAKO! TAJI!
MINATO, HOKAGE DER VIERTEN GENERATION ...
ENTFERNE DICH VOM JINCHURIKI!
SST
SONST ENDET DAS LEBEN DEINES KINDES AUGENBLICKLICH...

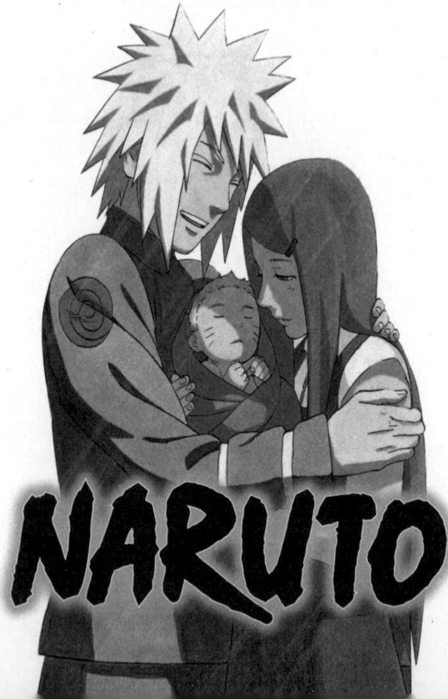
NARUTO

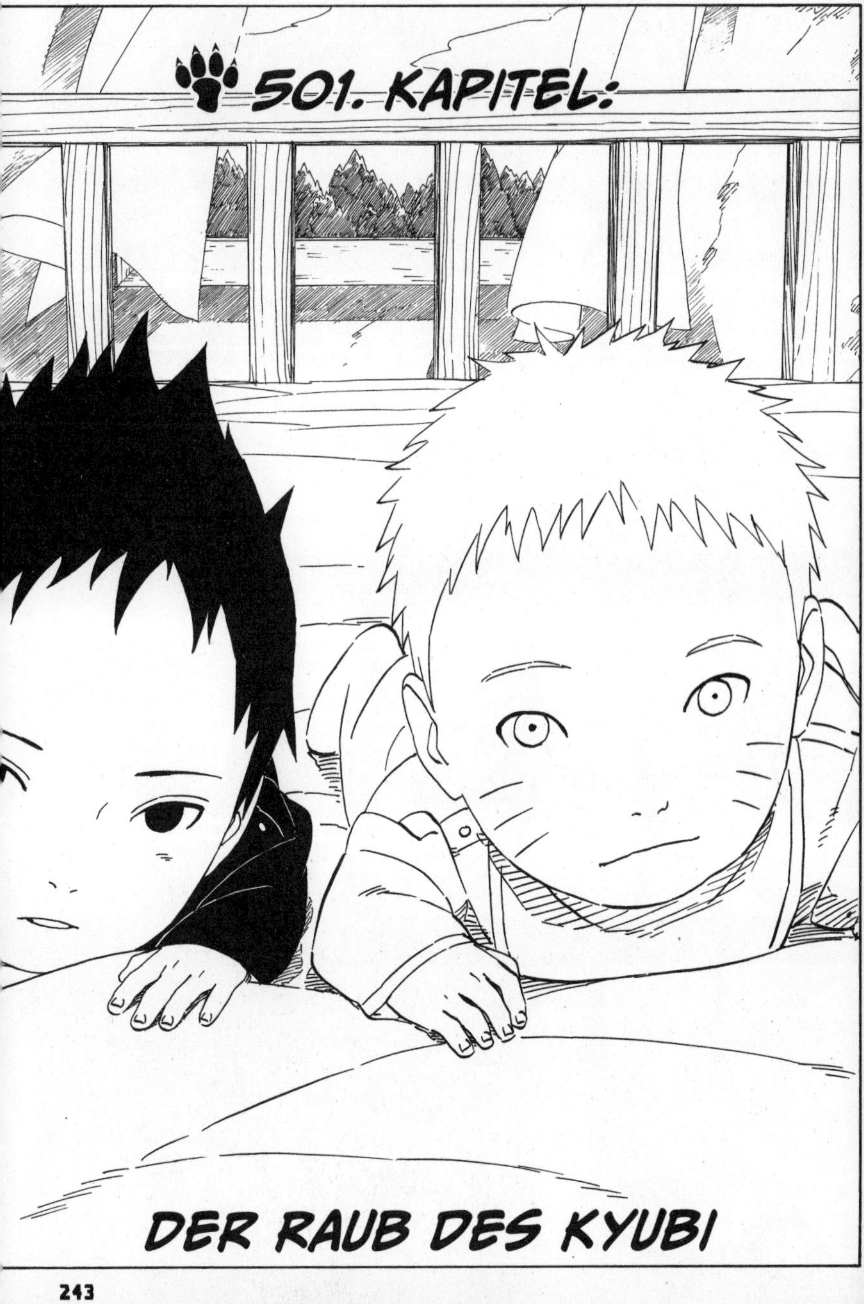
501. KAPITEL:
DER RAUB DES KYUBI

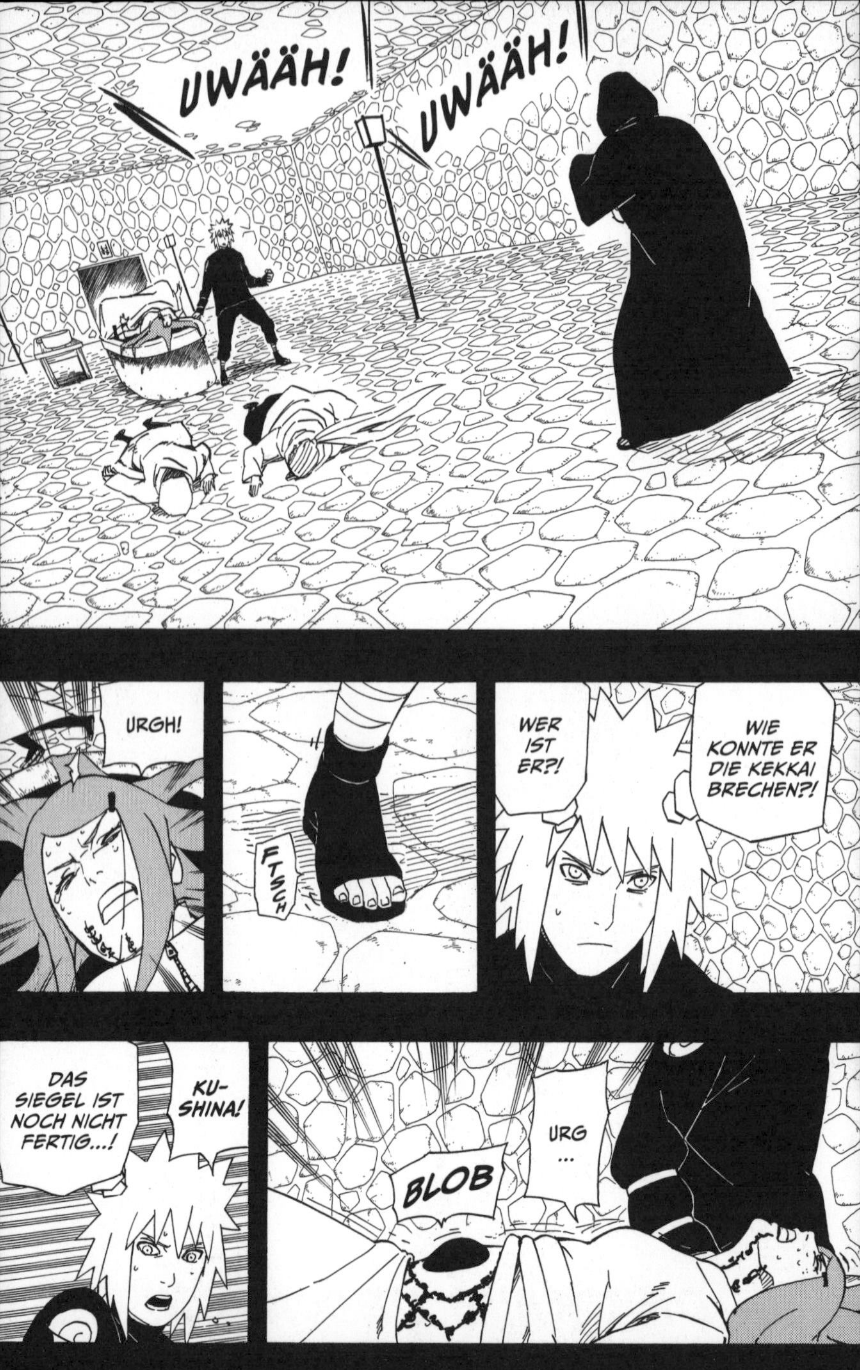
UWÄÄH!
UWÄÄH!
WIE KONNTE ER DIE KEKKAI BRECHEN?!
WER IST ER?!
FTSCH
URGH!
URG ...
BLOB
KU-SHINA!
DAS SIEGEL IST NOCH NICHT FERTIG...!

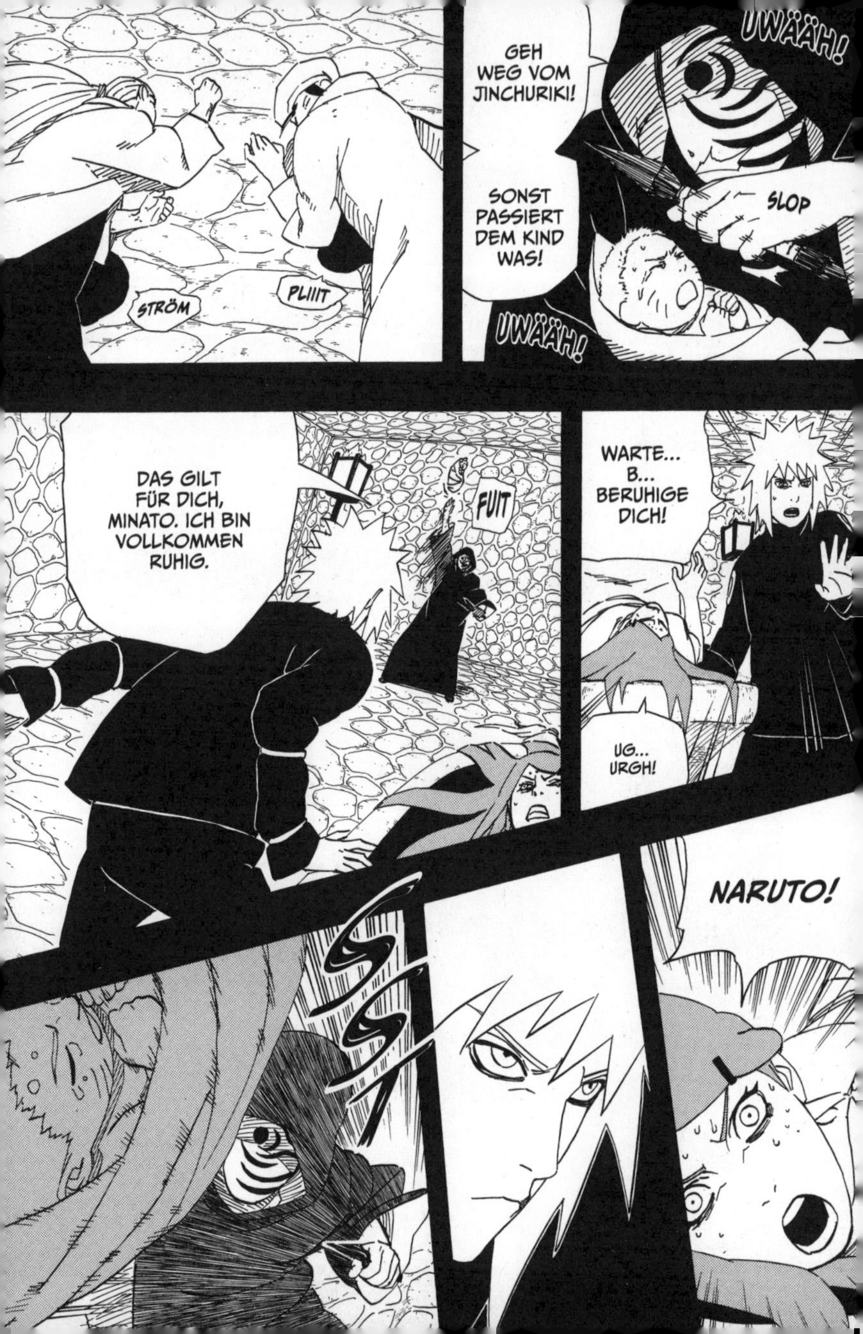
UWÄÄH!
GEH WEG VOM JINCHURIKI!
SLOP
SONST PASSIERT DEM KIND WAS!
UWÄÄH!
PLIIIT
STRÖM
WARTE... B... BERUHIGE DICH!
UG... URGH!
DAS GILT FÜR DICH, MINATO. ICH BIN VOLLKOMMEN RUHIG.
FUIT
NARUTO!

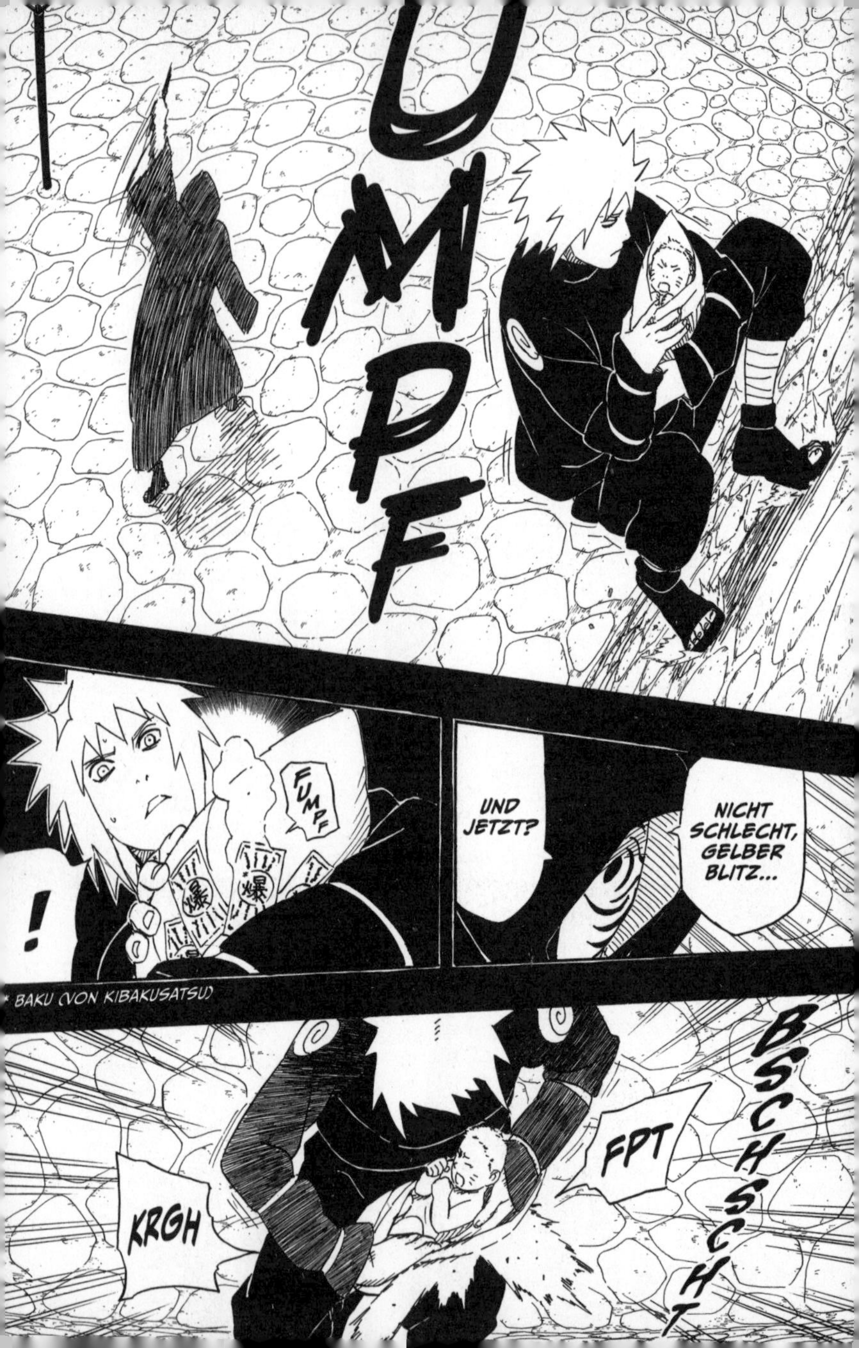
UMPF
NICHT SCHLECHT, GELBER BLITZ...
UND JETZT?
FUMPF
!
* BAKU (VON KIBAKUSATSU)
BSCHSCHT
FPT
KRGH

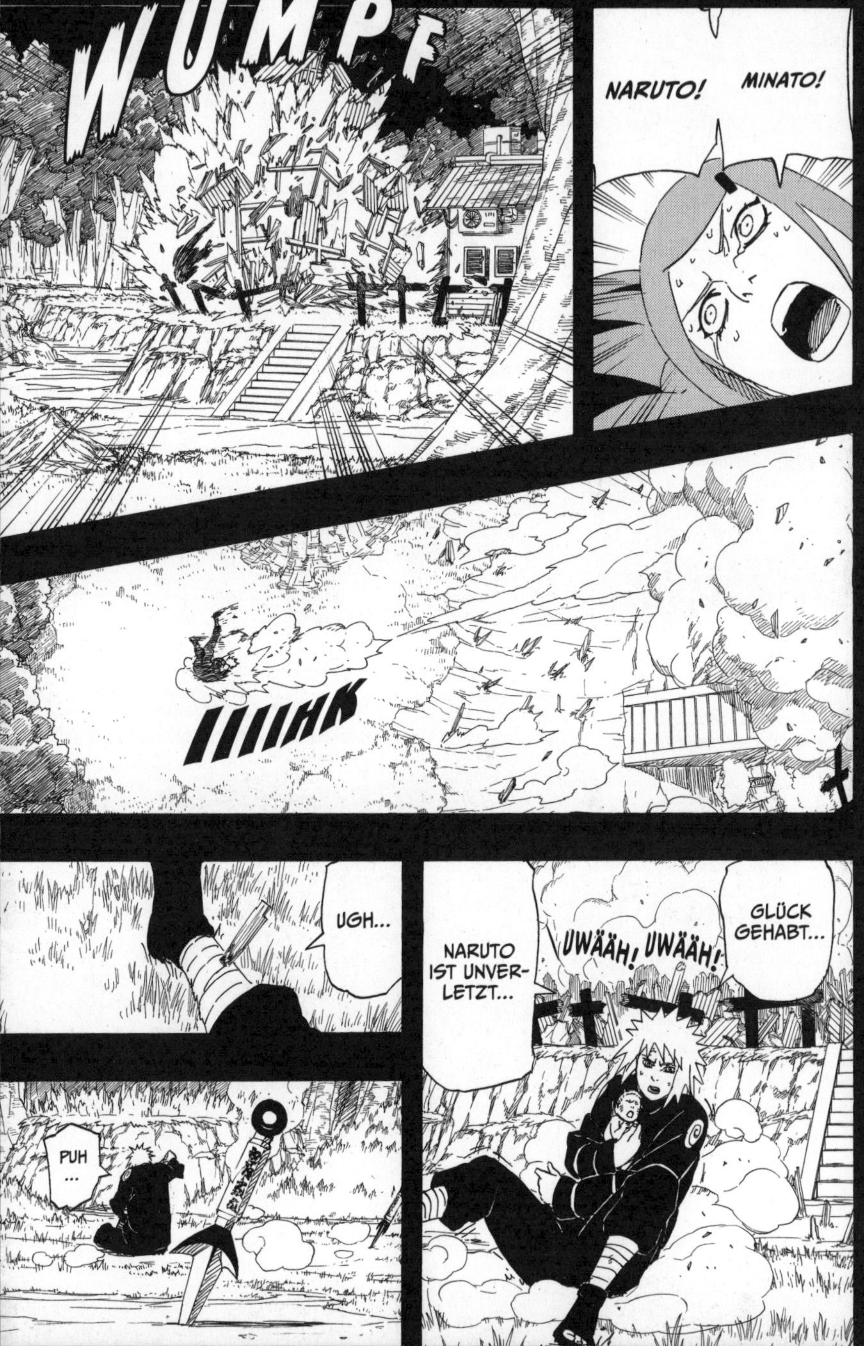

MINATO!
NARUTO!
WUMPF
IIIIHK
GLÜCK GEHABT...
UWÄÄH! UWÄÄH!
NARUTO IST UNVERLETZT...
UGH...
PUH ...

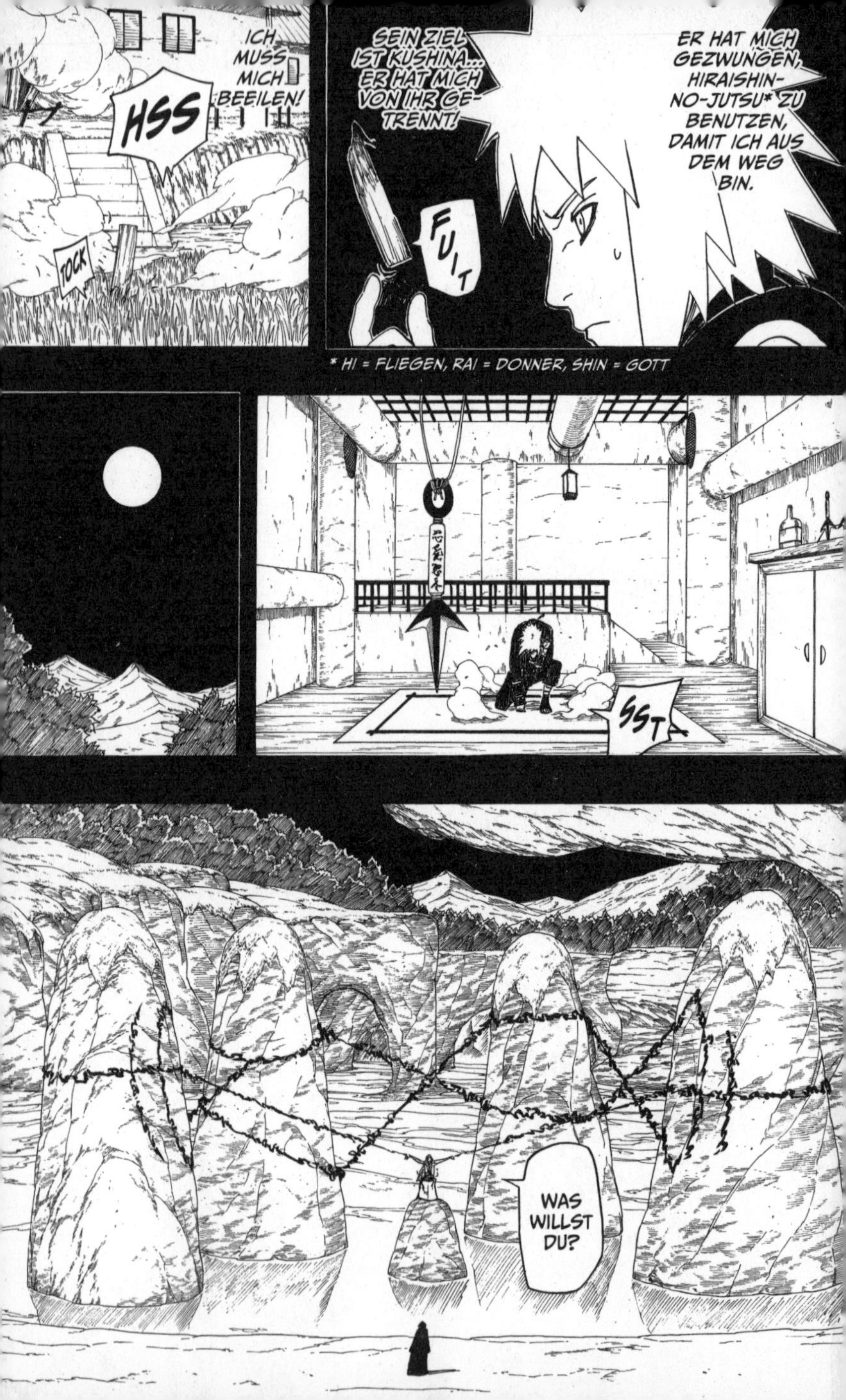

* HI = FLIEGEN, RAI = DONNER, SHIN = GOTT

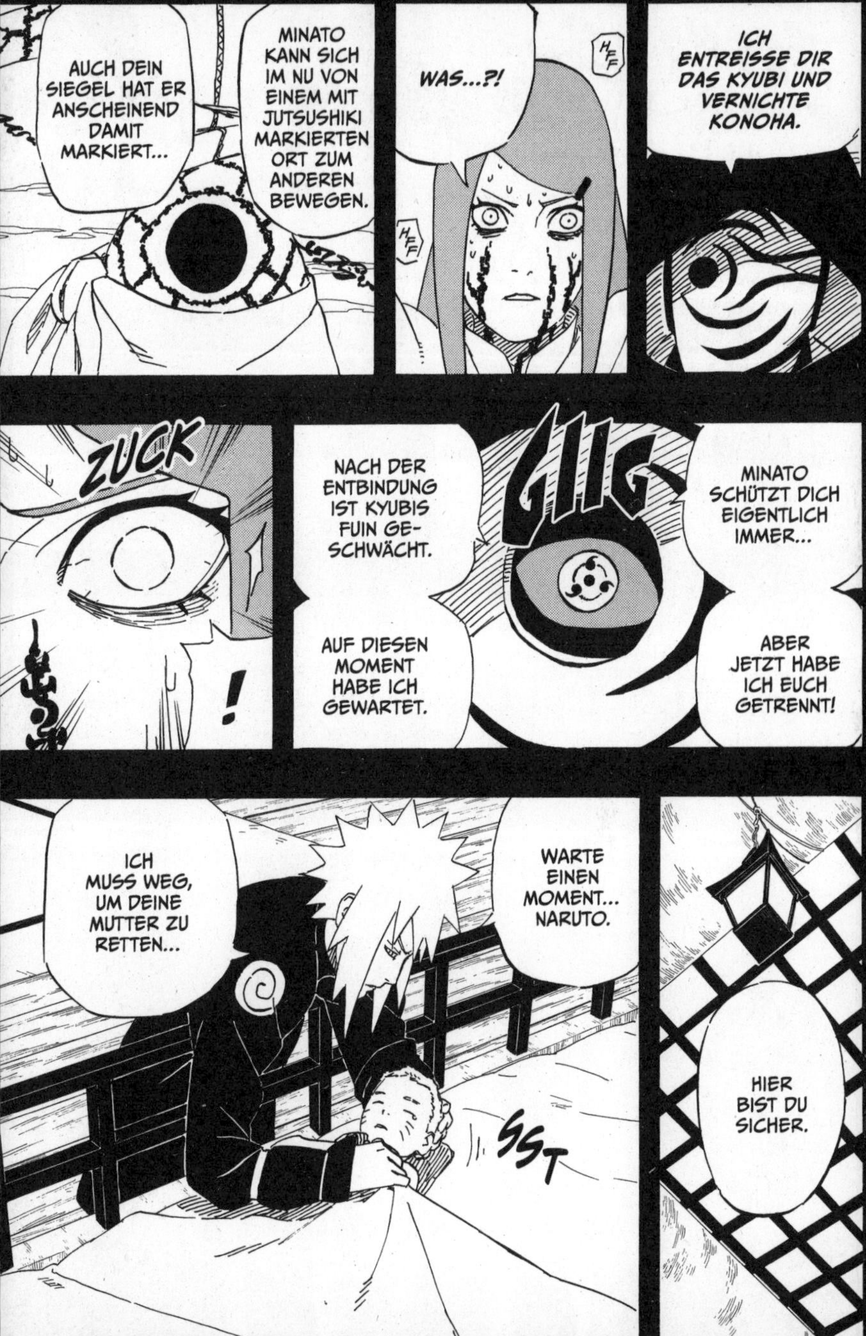
ICH ENTREISSE DIR DAS KYUBI UND VERNICHTE KONOHA.
HFF
WAS...?!
HFF
MINATO KANN SICH IM NU VON EINEM MIT JUTSUSHIKI MARKIERTEN ORT ZUM ANDEREN BEWEGEN.
AUCH DEIN SIEGEL HAT ER ANSCHEINEND DAMIT MARKIERT...
MINATO SCHÜTZT DICH EIGENTLICH IMMER...
ABER JETZT HABE ICH EUCH GETRENNT!
NACH DER ENTBINDUNG IST KYUBIS FUIN GE-
SCHWÄCHT.
AUF DIESEN MOMENT HABE ICH GEWARTET.
ZUCK
!
HIER BIST DU SICHER.
WARTE EINEN MOMENT... NARUTO.
ICH MUSS WEG, UM DEINE MUTTER ZU RETTEN...
SST

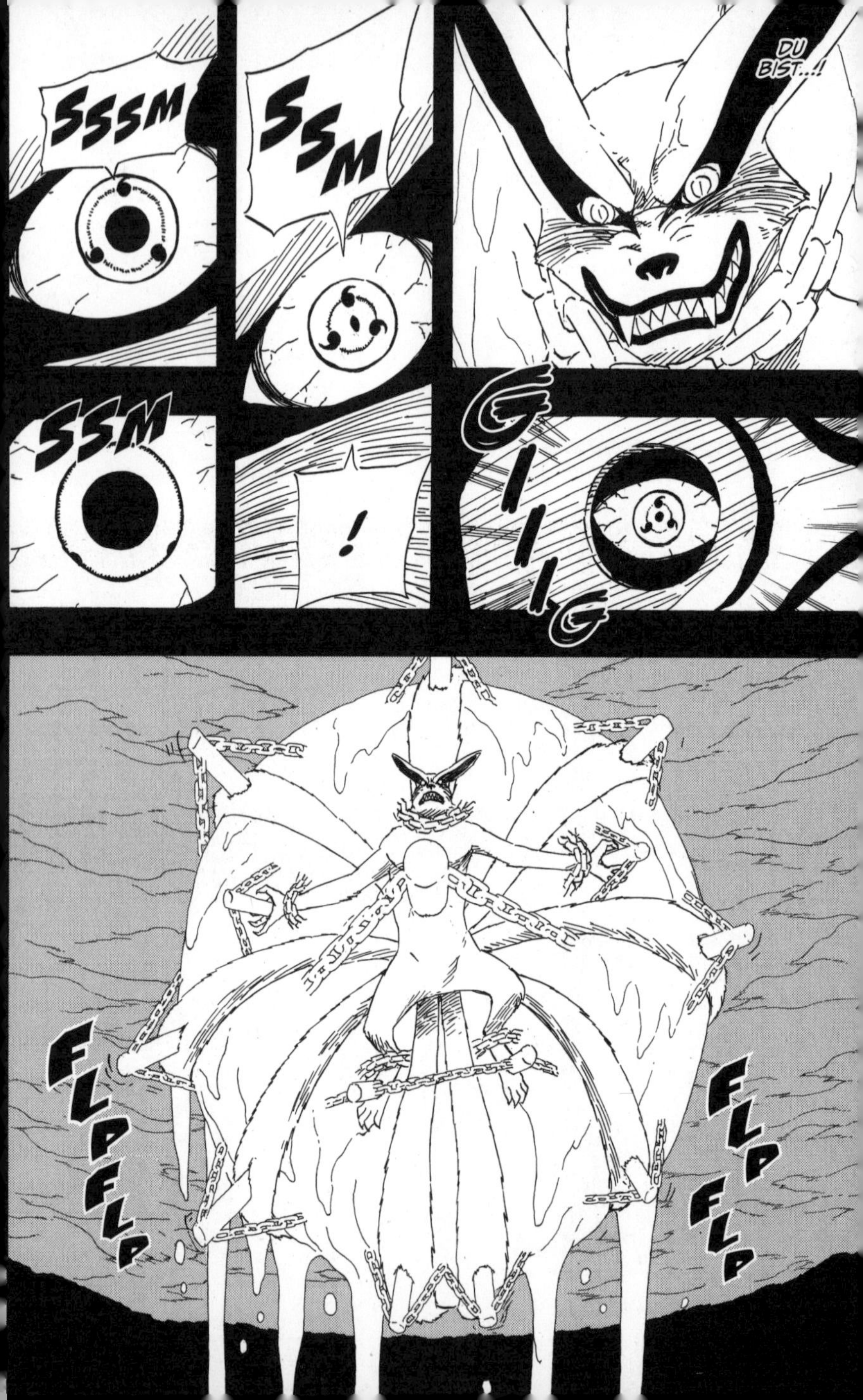
DU BIST...!
SSM
SSSM
GIIIG
!
SSM
FLP FLP
FLPFLP

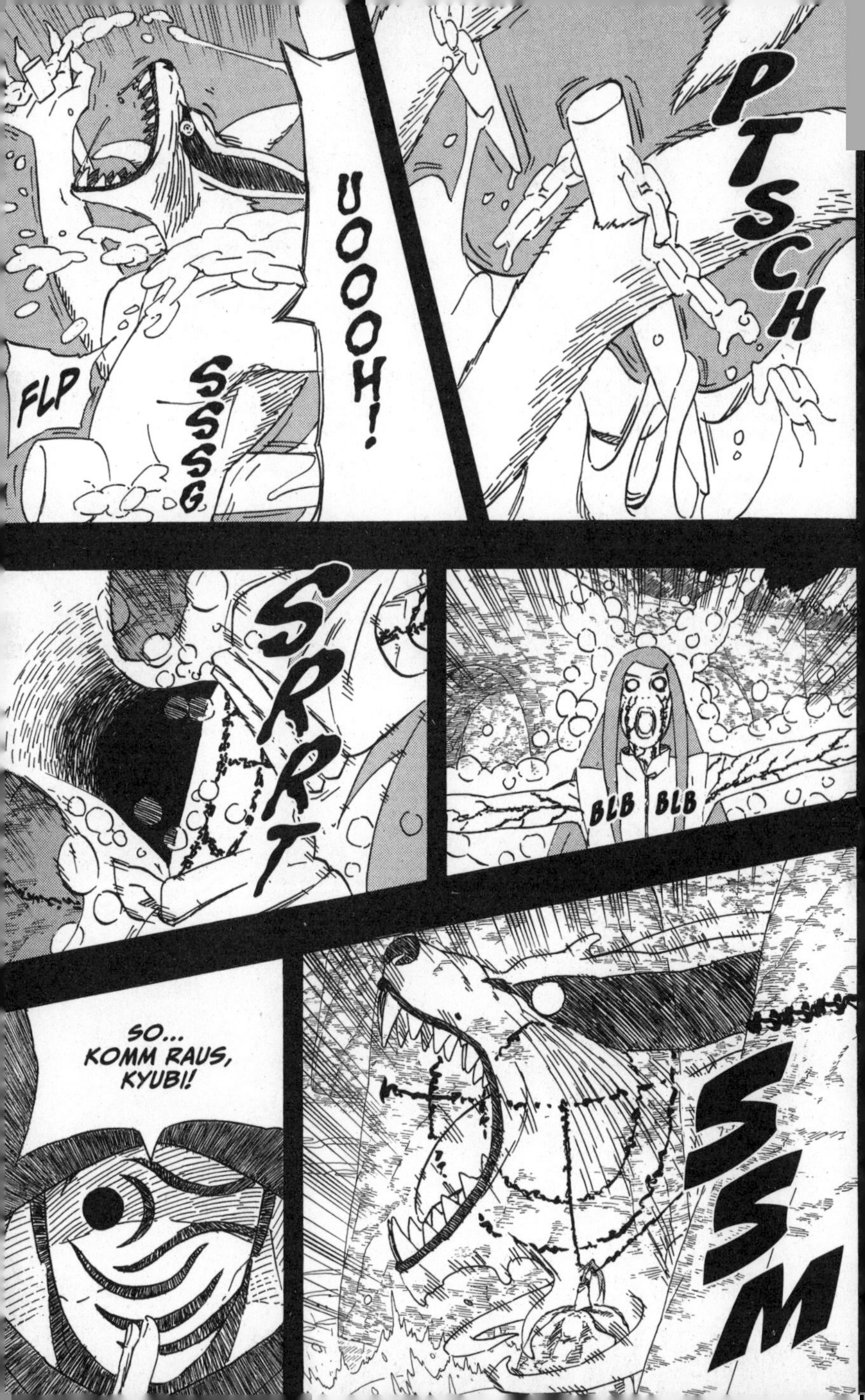
PTSCH
UOOOOH!
SSSSG
FLP
SRRRT
BLB BLB
SSSM
SO...
KOMM RAUS,
KYUBI!

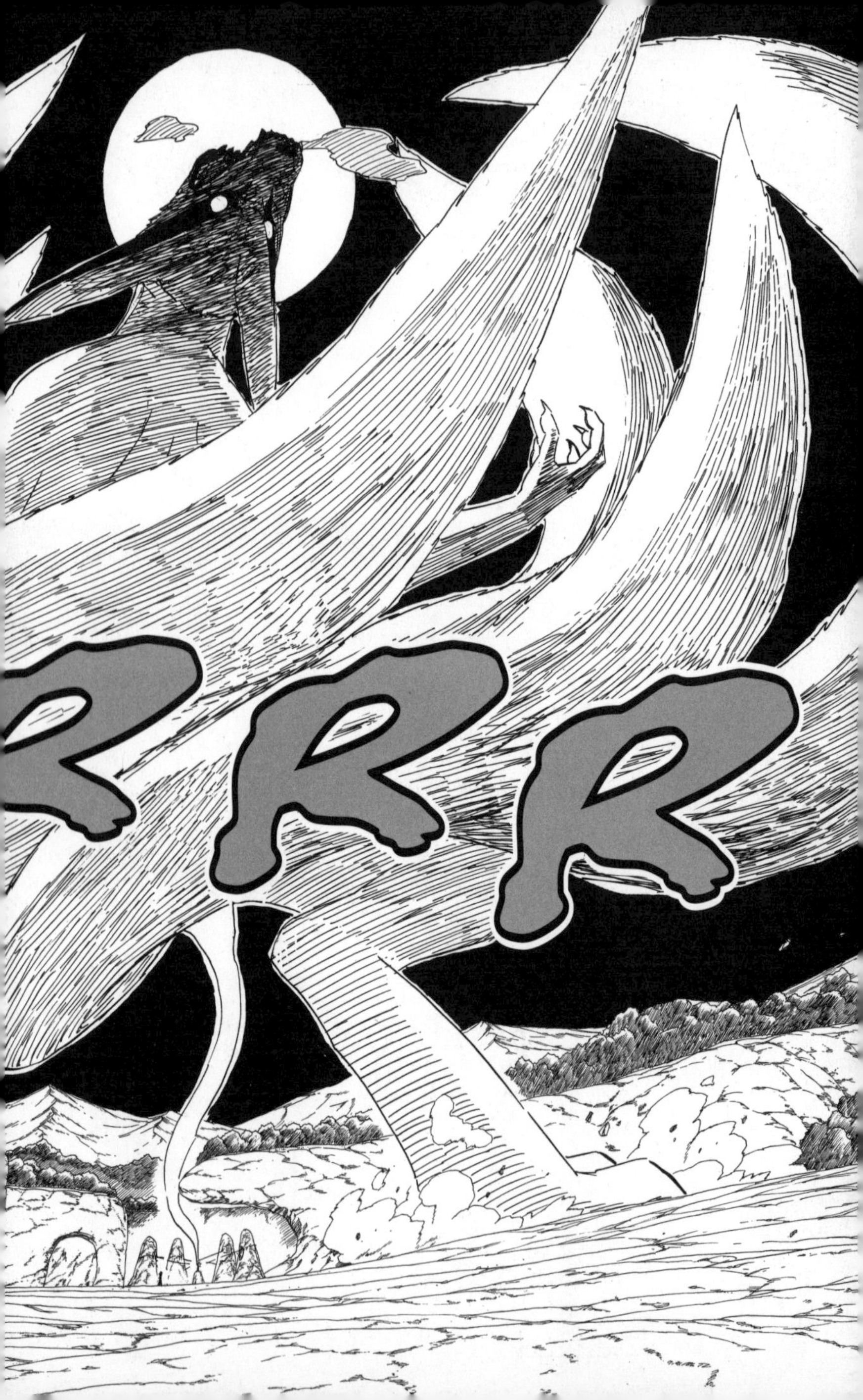
RRR

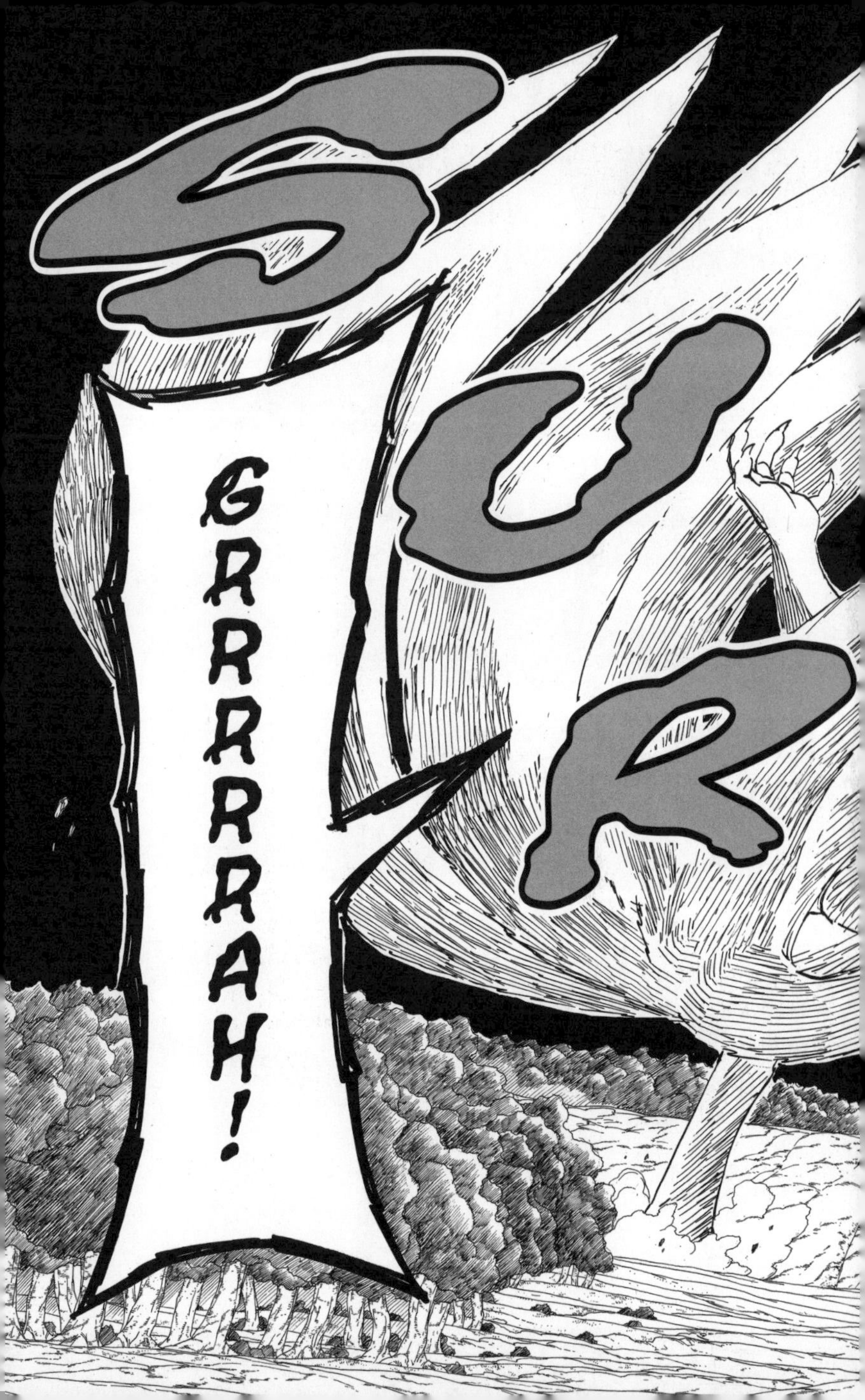
SUR
GRRRRRAH!!

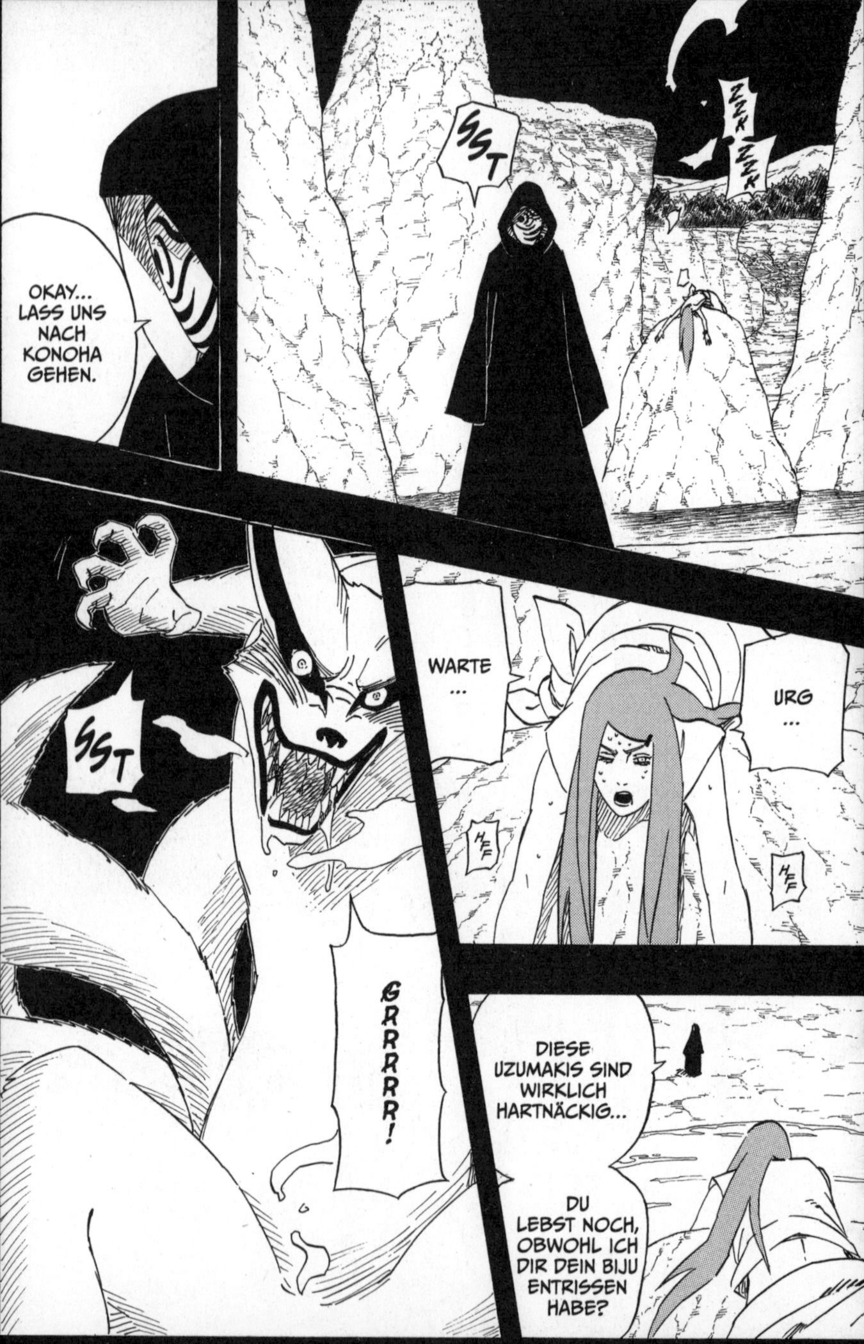
ZZK ZZK
SST
OKAY... LASS UNS NACH KONOHA GEHEN.
URG ...
HFF
WARTE ...
HFF
SST
GRRRRR!
DIESE UZUMAKIS SIND WIRKLICH HARTNÄCKIG...
DU LEBST NOCH, OBWOHL ICH DIR DEIN BIJU ENTRISSEN HABE?

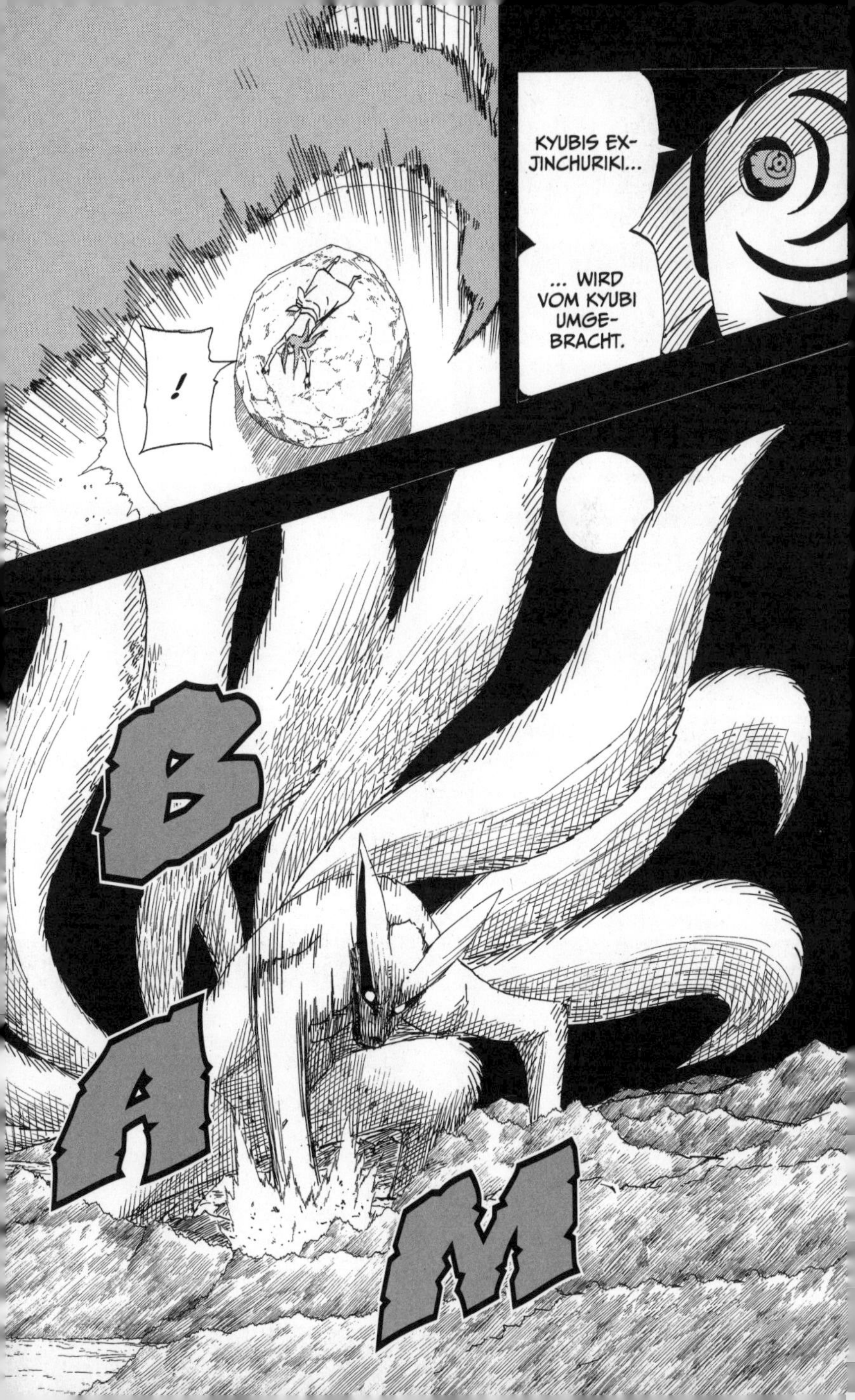
KYUBIS EX-JINCHURIKI...
... WIRD VOM KYUBI UMGE-BRACHT.
!
BAM

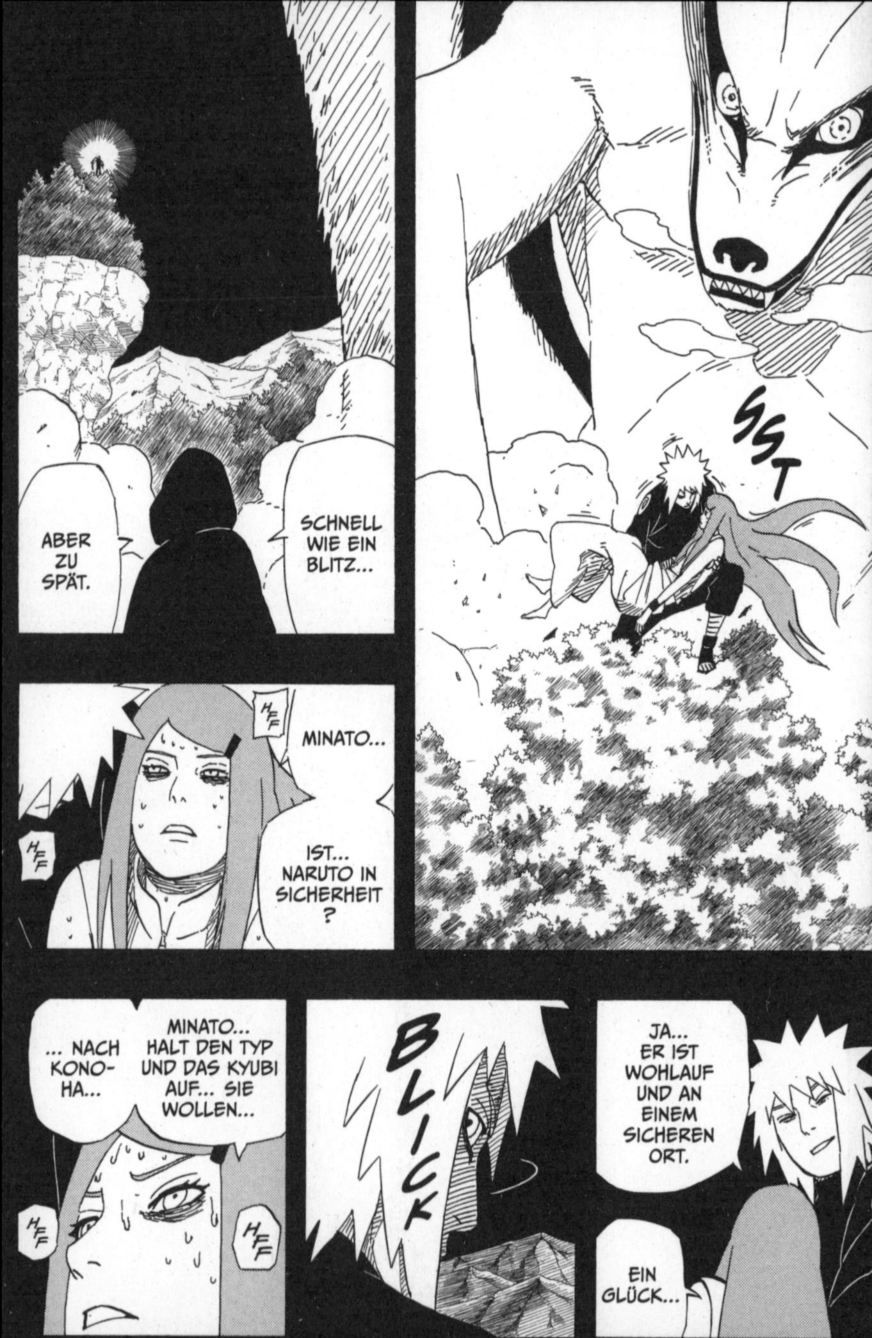
SST
SCHNELL WIE EIN BLITZ...
ABER ZU SPÄT.
HFF
MINATO...
IST... NARUTO IN SICHERHEIT ?
HFF
JA... ER IST WOHLAUF UND AN EINEM SICHEREN ORT.
EIN GLÜCK...
BLICK
MINATO... HALT DEN TYP UND DAS KYUBI AUF... SIE WOLLEN...
... NACH KONO-HA...
HFF
HFF

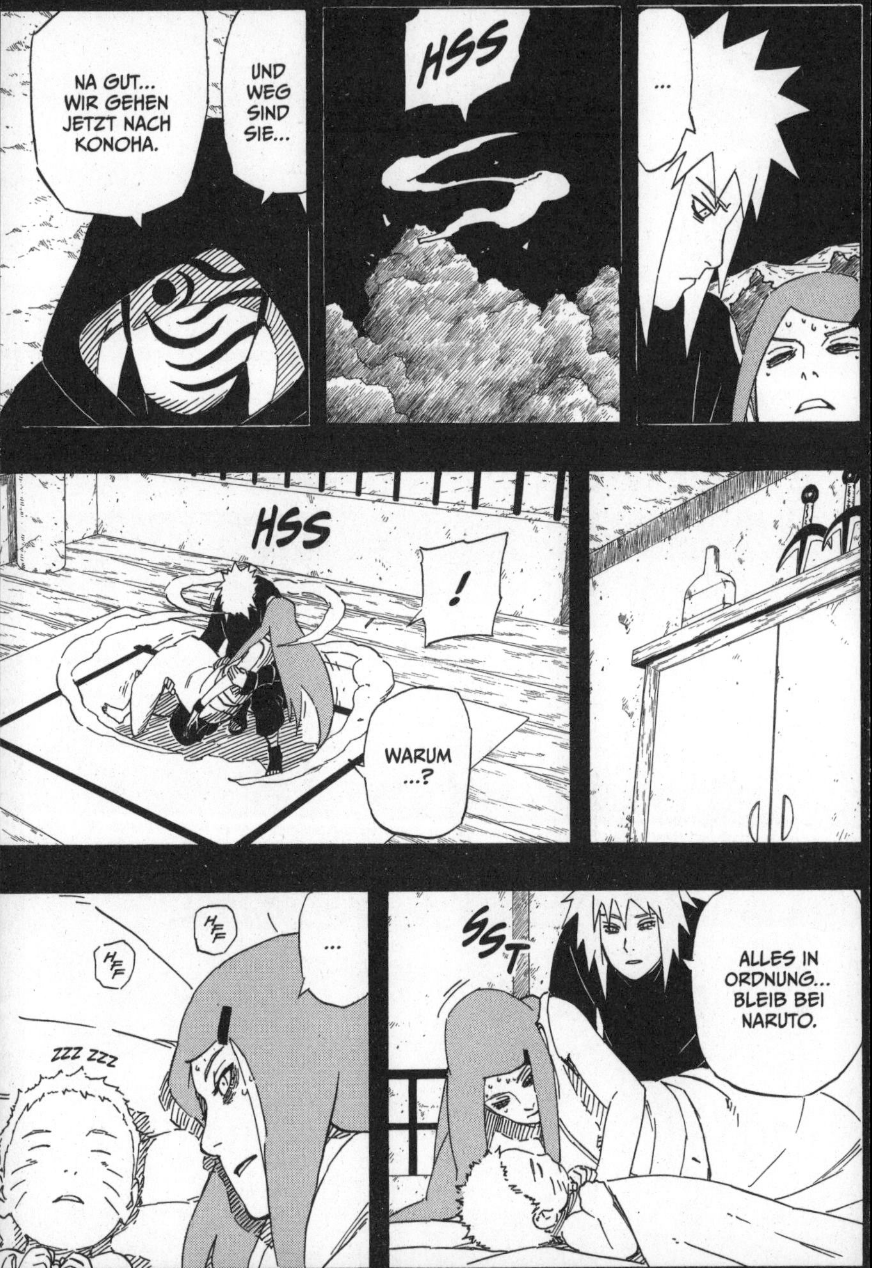

UND WEG SIND SIE...
NA GUT... WIR GEHEN JETZT NACH KONOHA.
HSS
...
HSS
!
WARUM ...?
HEF
HEF
...
ZZZ ZZZ
SST
ALLES IN ORDNUNG... BLEIB BEI NARUTO.

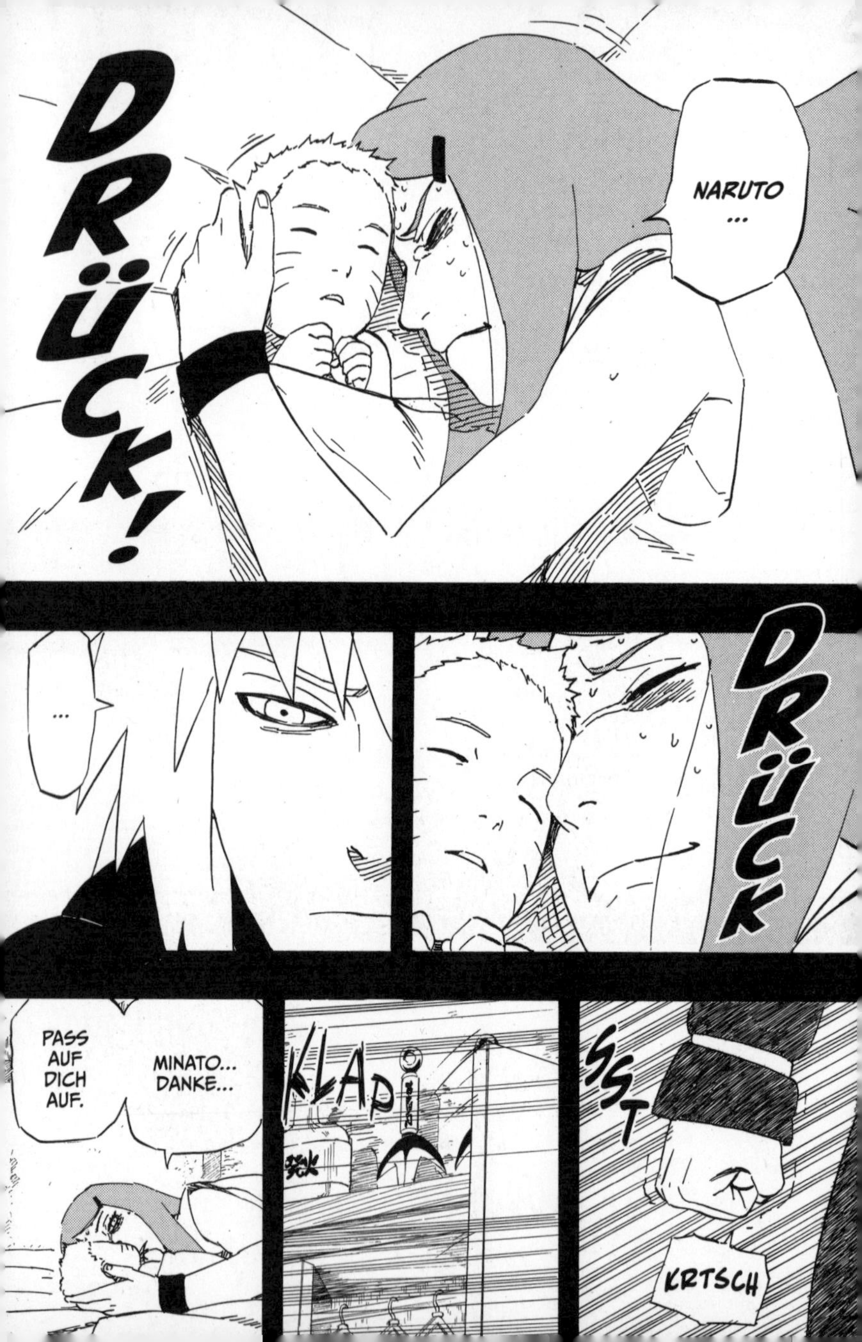

NARUTO ...
DRÜCK!
DRÜCK
...
MINATO... DANKE...
PASS AUF DICH AUF.
KLAP
SST
KRTSCH

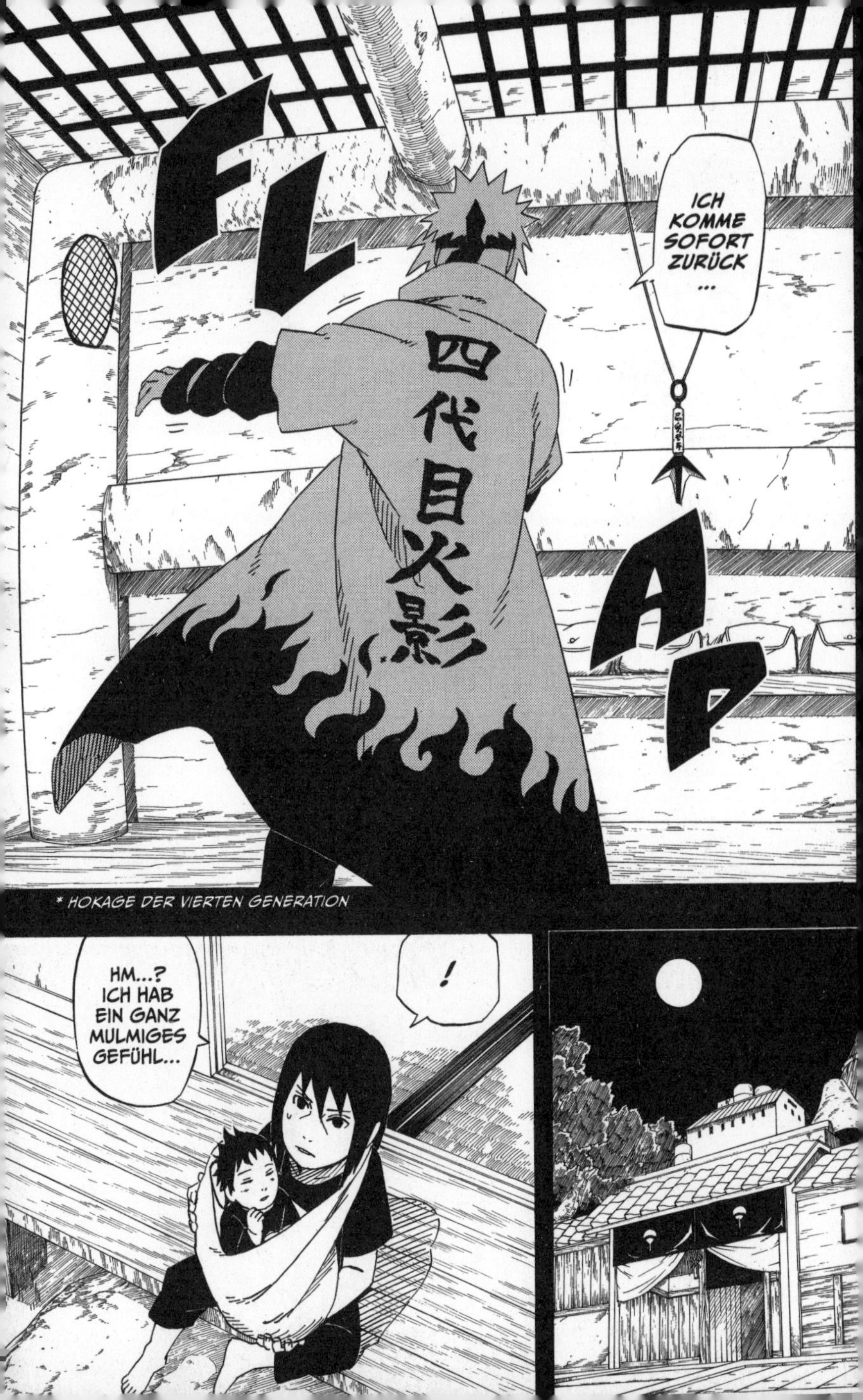
ICH KOMME SOFORT ZURÜCK ...
FL
AP
四代目火影
* HOKAGE DER VIERTEN GENERATION
!
HM...? ICH HAB EIN GANZ MULMIGES GEFÜHL...

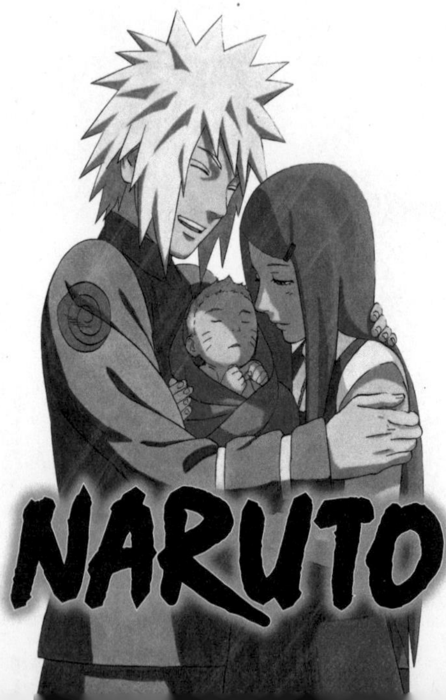
NARUTO

# 502. KAPITEL:

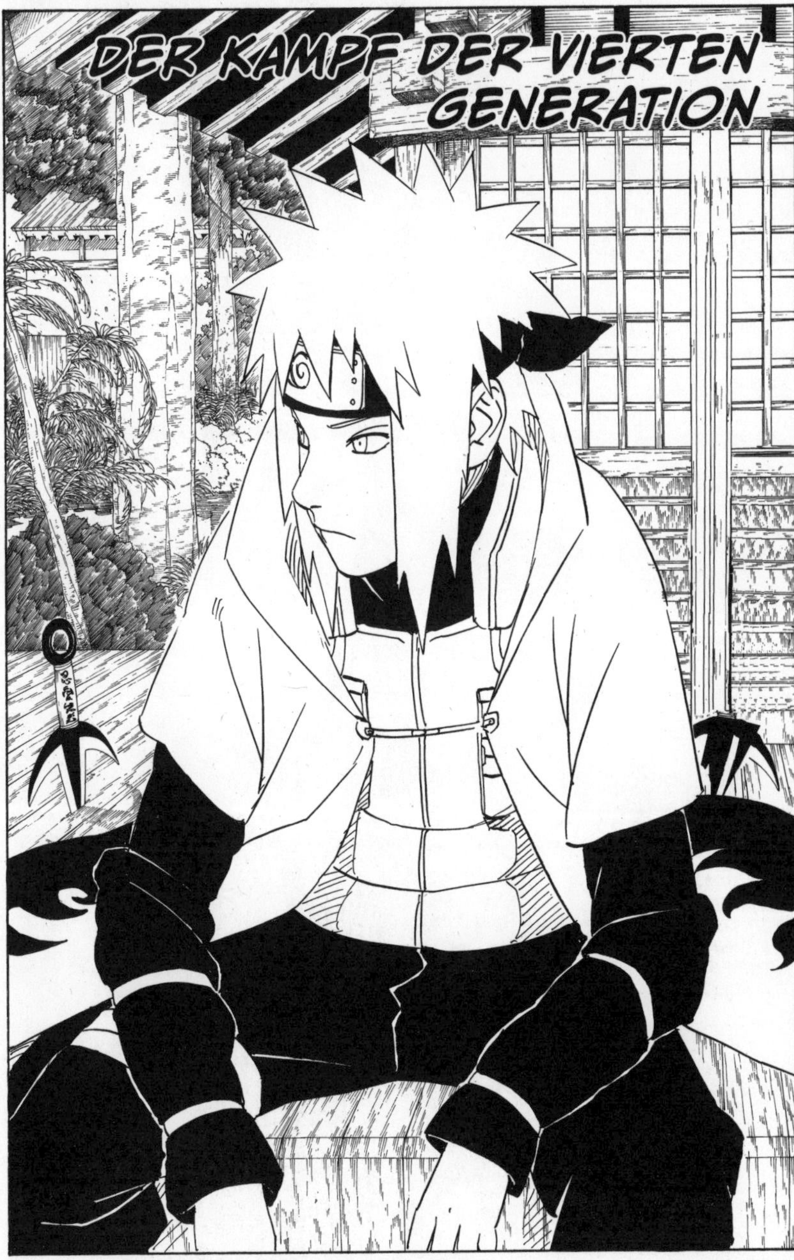

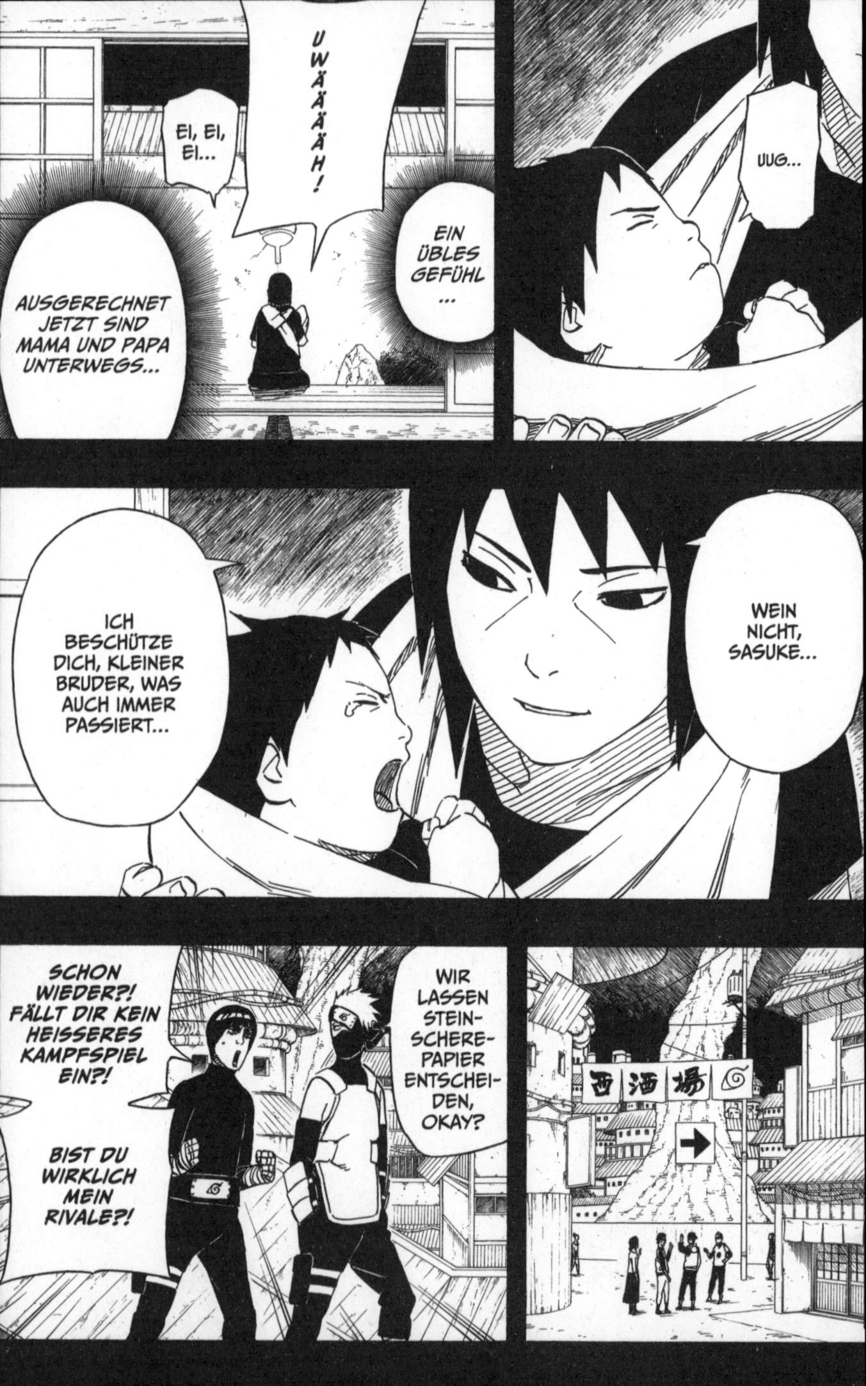
UUG...
UWÄÄÄÄH!
EI, EI, EI...
EIN ÜBLES GEFÜHL ...
AUSGERECHNET JETZT SIND MAMA UND PAPA UNTERWEGS...
WEIN NICHT, SASUKE...
ICH BESCHÜTZE DICH, KLEINER BRUDER, WAS AUCH IMMER PASSIERT...
西酒場
WIR LASSEN STEIN-SCHERE-PAPIER ENTSCHEIDEN, OKAY?
SCHON WIEDER?! FÄLLT DIR KEIN HEISSERES KAMPFSPIEL EIN?!
BIST DU WIRKLICH MEIN RIVALE?!

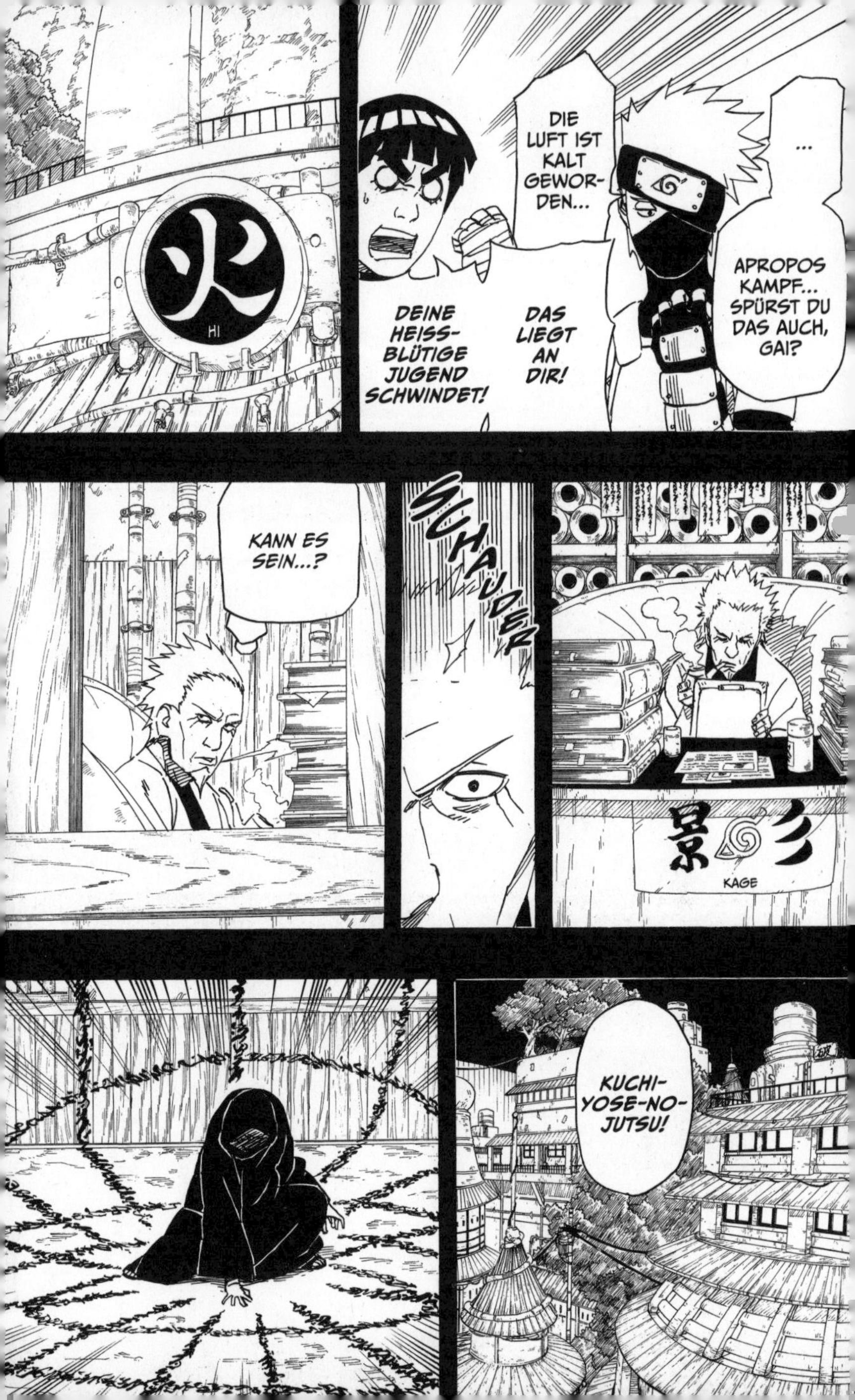
...
APROPOS KAMPF... SPÜRST DU DAS AUCH, GAI?
DIE LUFT IST KALT GEWORDEN...
DAS LIEGT AN DIR!
DEINE HEISS-BLÜTIGE JUGEND SCHWINDET!
HI
KAGE
SCHAUDER
KANN ES SEIN...?
KUCHI-YOSE-NO-JUTSU!

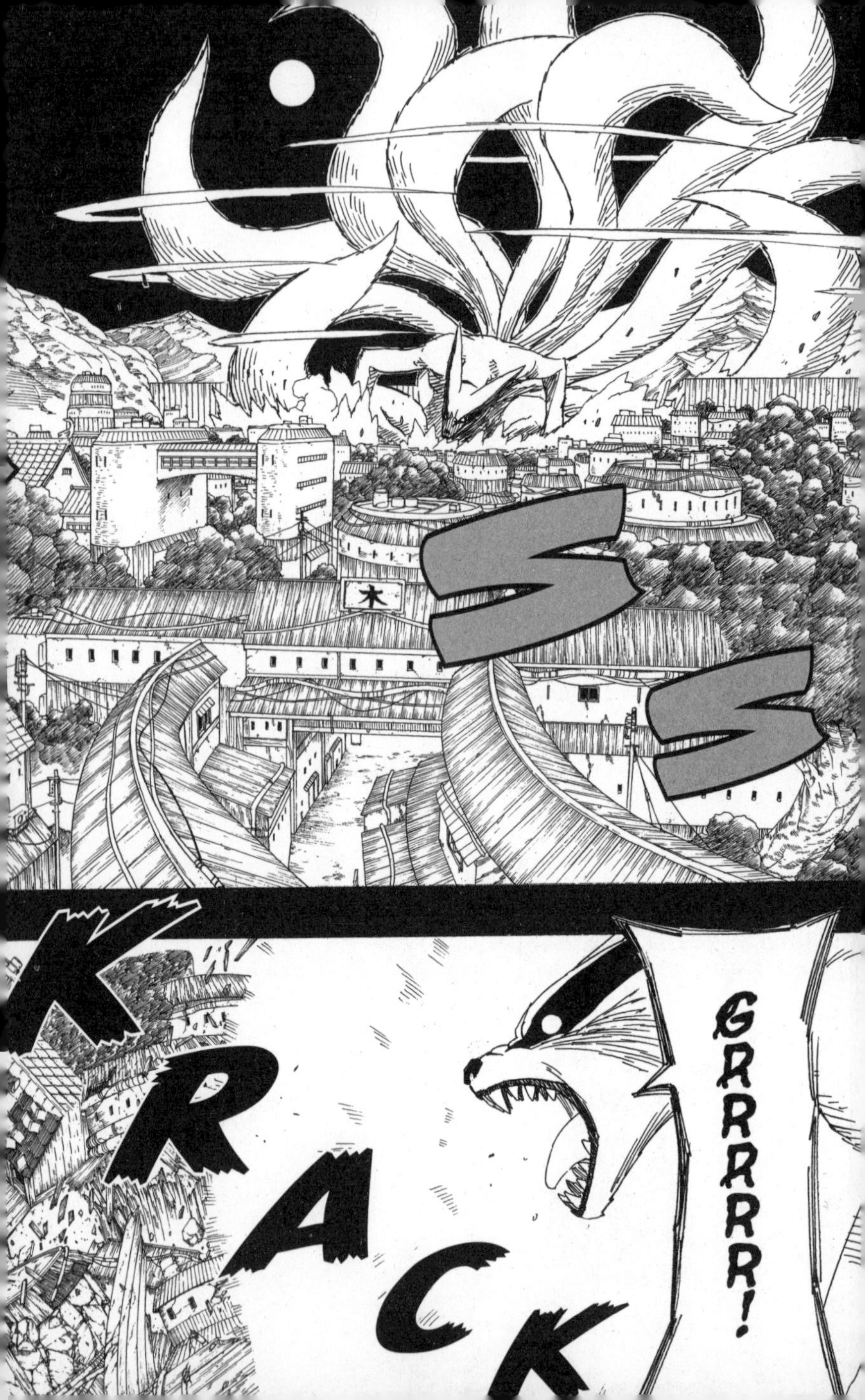
SS
木
GRRRRR!
KRACK

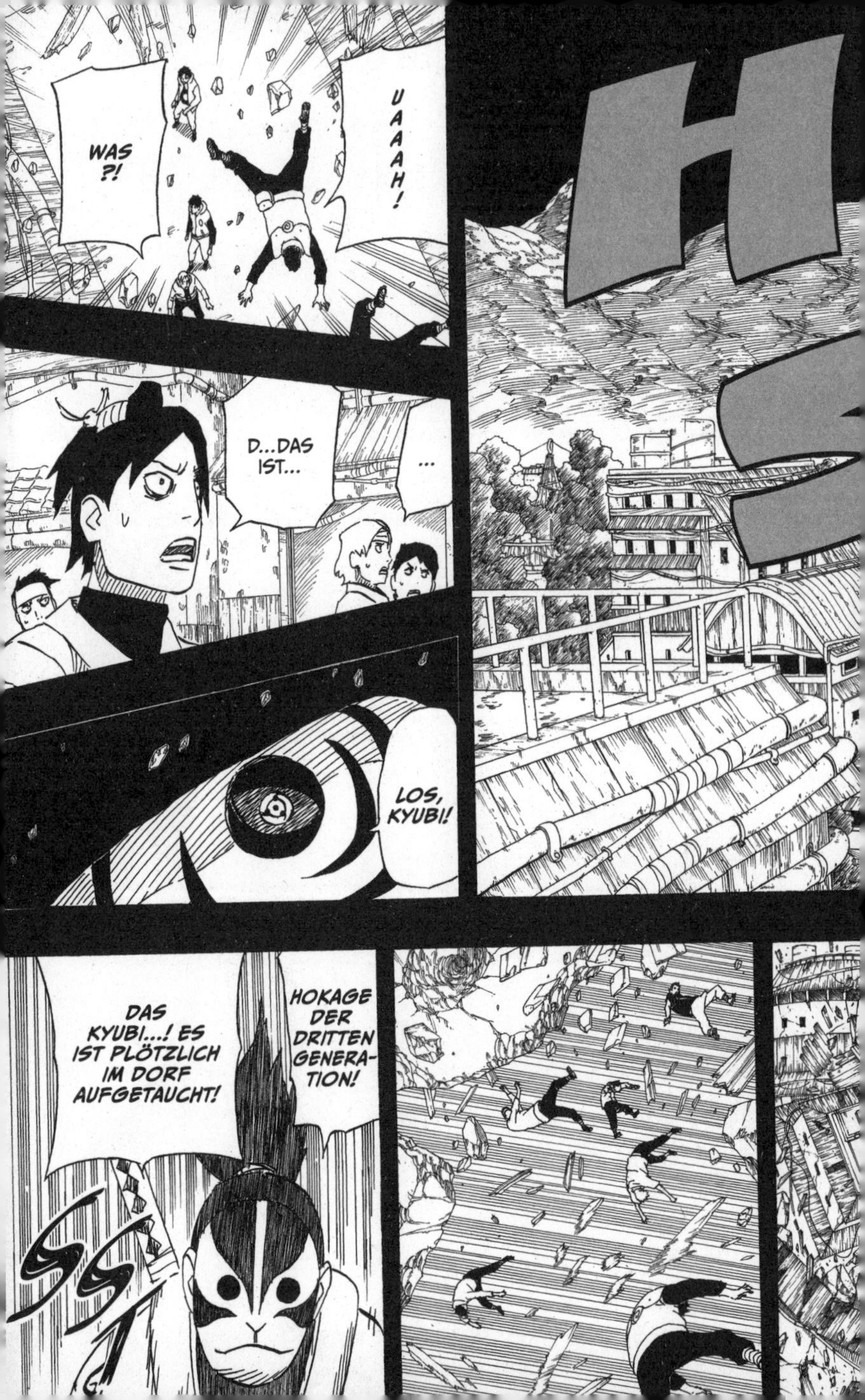

HS
UAAAAH!
WAS?!
...
D...DAS IST...
LOS, KYUBI!
HOKAGE DER DRITTEN GENERATION!
DAS KYUBI...! ES IST PLÖTZLICH IM DORF AUFGETAUCHT!
SS

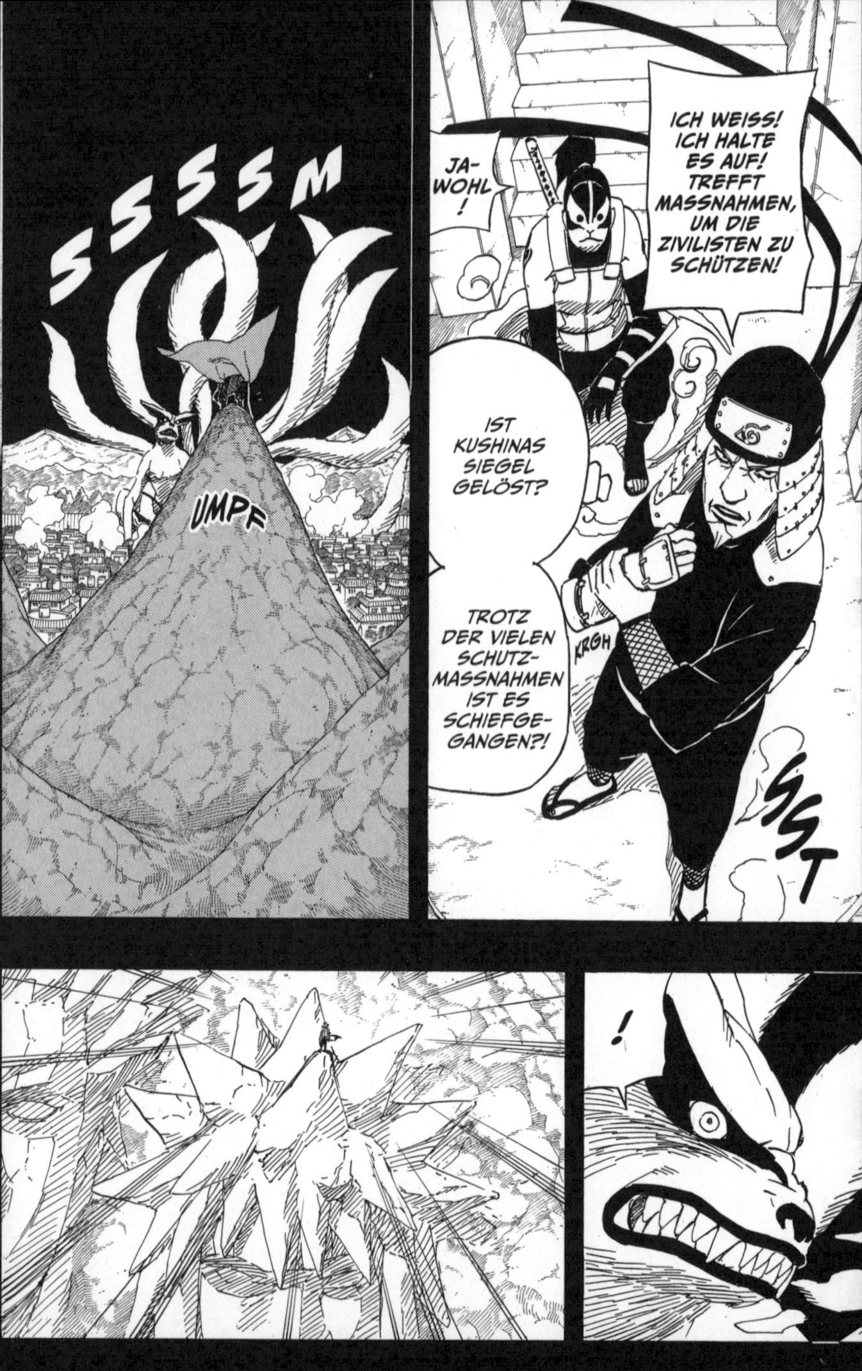
ICH WEISS! ICH HALTE ES AUF! TREFFT MASSNAHMEN, UM DIE ZIVILISTEN ZU SCHÜTZEN!
JA-WOHL!
IST KUSHINAS SIEGEL GELÖST?
TROTZ DER VIELEN SCHUTZ-MASSNAHMEN IST ES SCHIEFGE-GANGEN?!
KRGH
SST
SSSSM
UMPF
!

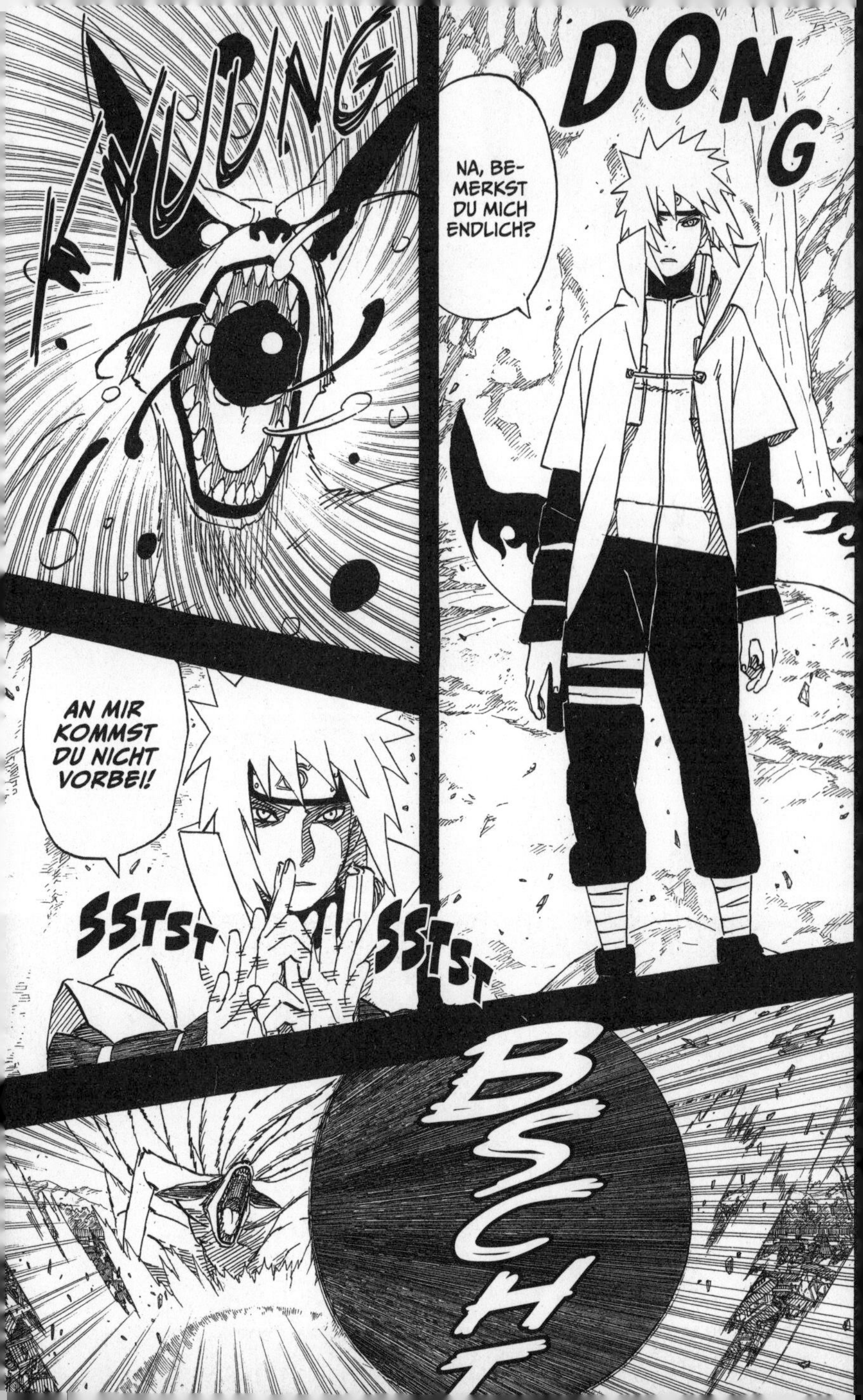
DONG
NA, BEMERKST DU MICH ENDLICH?
KYUUNG
AN MIR KOMMST DU NICHT VORBEI!
SSTST
SSTST
BSCHT

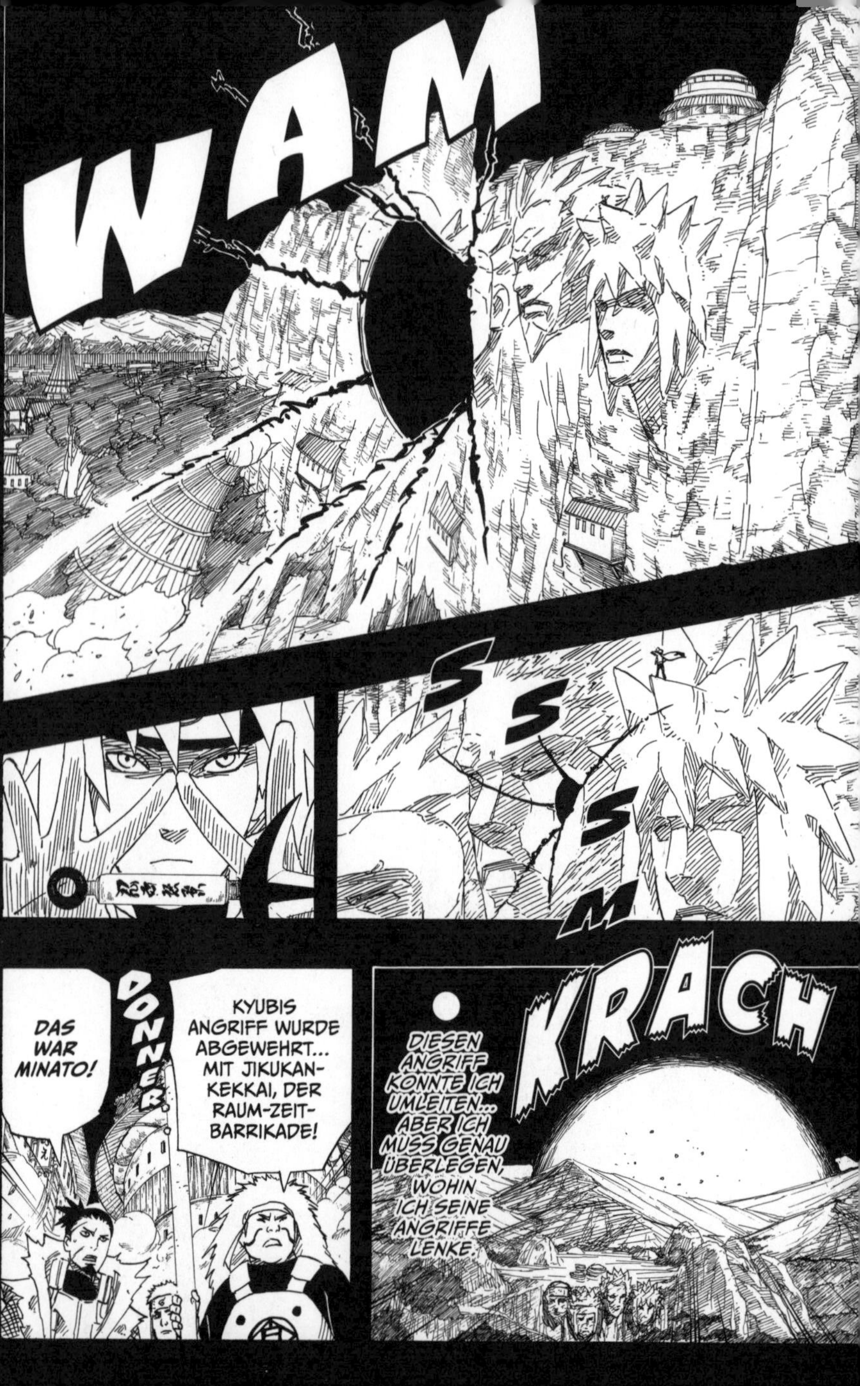
WAM
SSSM
KRACH
DIESEN ANGRIFF KONNTE ICH UMLEITEN... ABER ICH MUSS GENAU ÜBERLEGEN, WOHIN ICH SEINE ANGRIFFE LENKE.
KYUBIS ANGRIFF WURDE ABGEWEHRT... MIT JIKUKAN-KEKKAI, DER RAUM-ZEIT-BARRIKADE!
DONNER
DAS WAR MINATO!

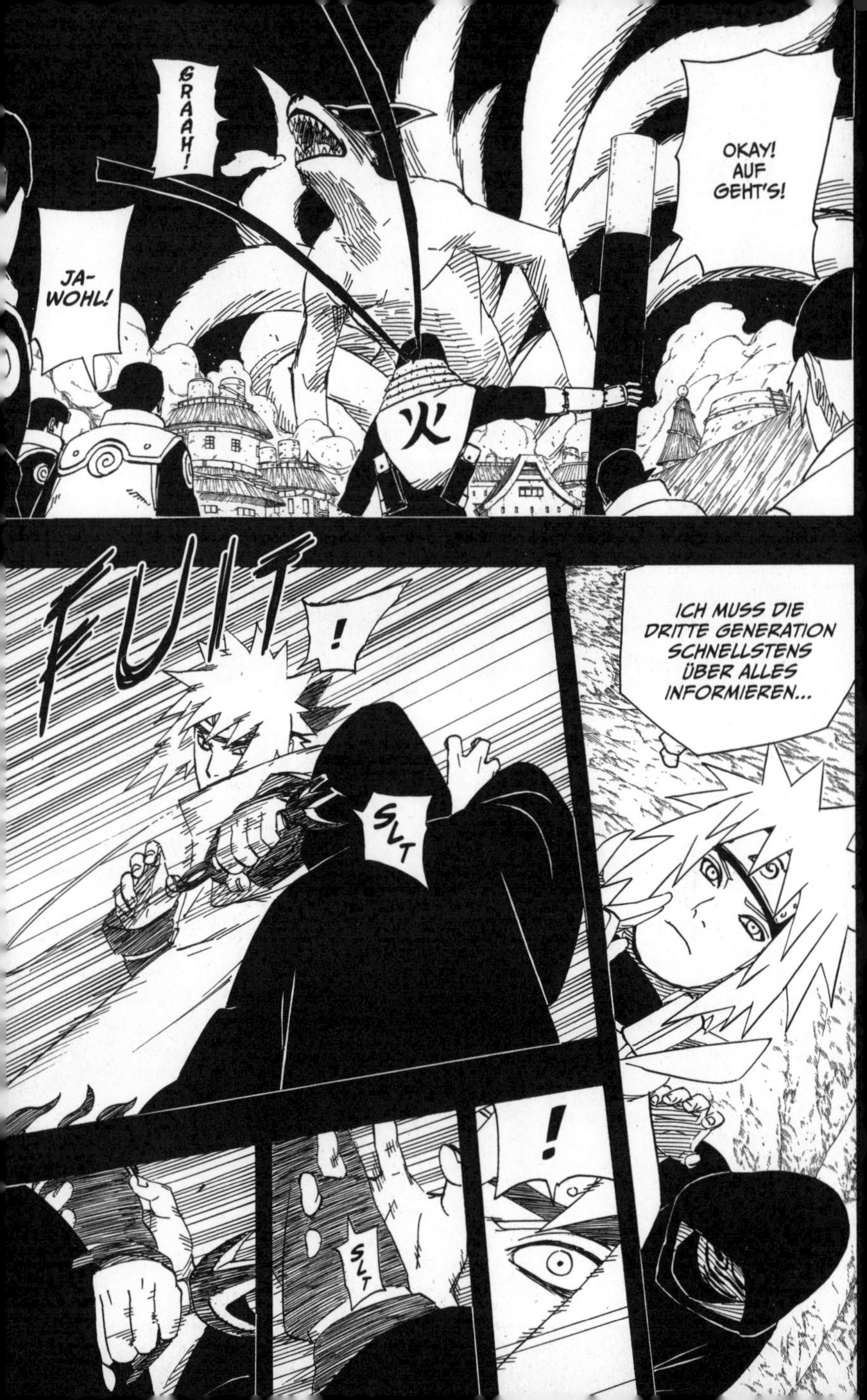
OKAY! AUF GEHT'S!
GRAAH!
JA-WOHL!
ICH MUSS DIE DRITTE GENERATION SCHNELLSTENS ÜBER ALLES INFORMIEREN...
!
FUIT
SLT
!
SLT

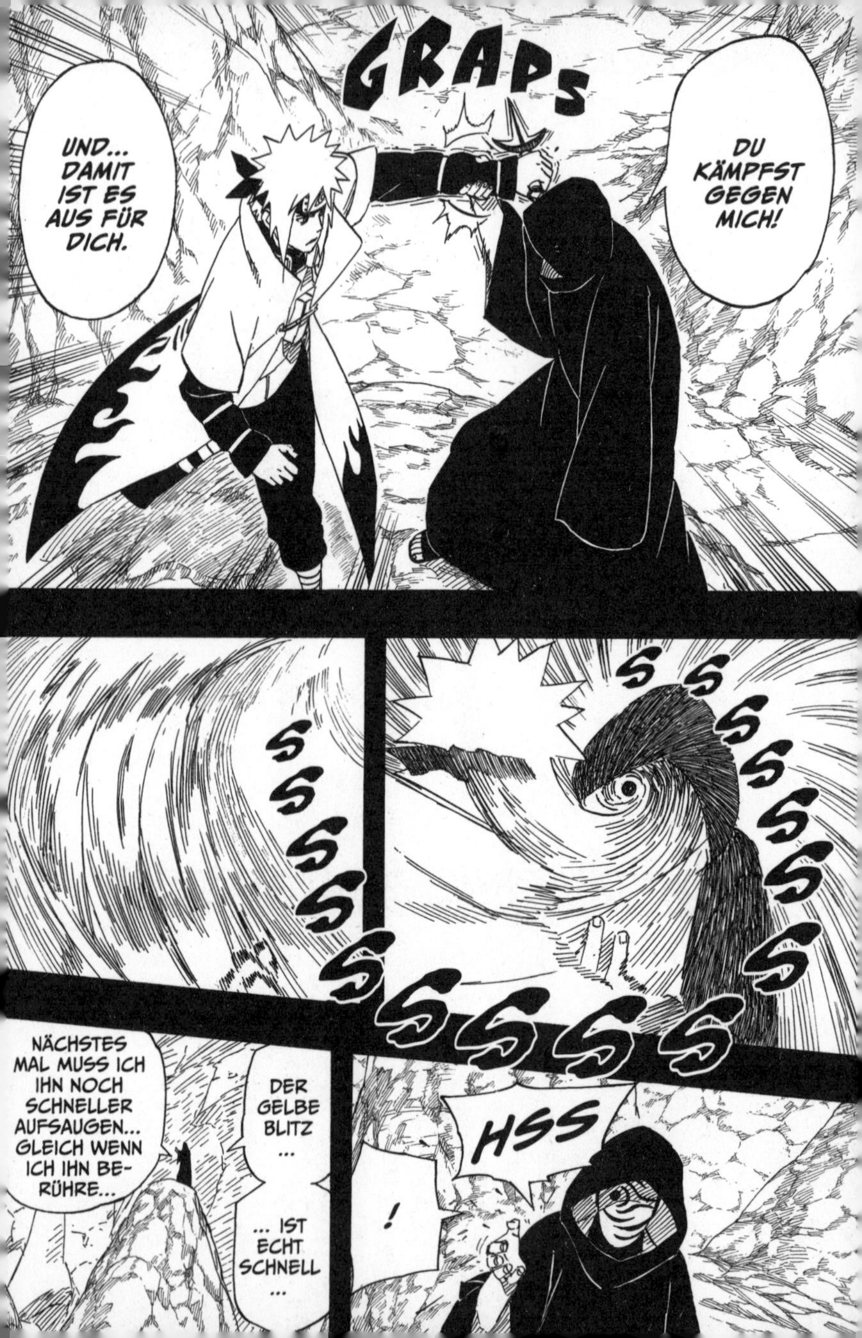
DU KÄMPFST GEGEN MICH!
GRAPS
UND... DAMIT IST ES AUS FÜR DICH.
HSS
!
DER GELBE BLITZ ...
... IST ECHT SCHNELL ...
NÄCHSTES MAL MUSS ICH IHN NOCH SCHNELLER AUFSAUGEN... GLEICH WENN ICH IHN BE-RÜHRE...

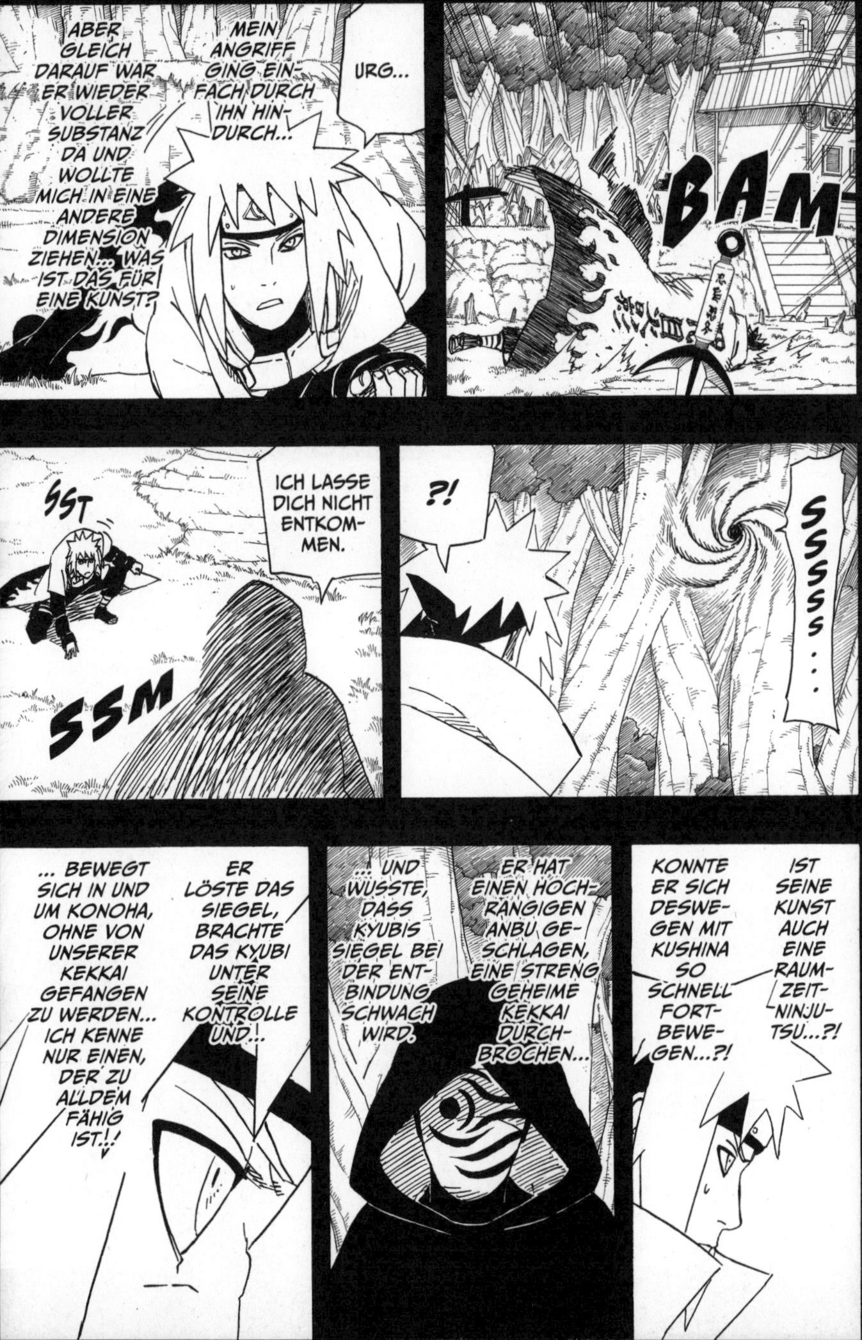
BAM
URG...
MEIN ANGRIFF GING EINFACH DURCH IHN HINDURCH...
ABER GLEICH DARAUF WAR ER WIEDER VOLLER SUBSTANZ DA UND WOLLTE MICH IN EINE ANDERE DIMENSION ZIEHEN... WAS IST DAS FÜR EINE KUNST?
SSSSS...
?!
ICH LASSE DICH NICHT ENTKOMMEN.
SST
SSM
IST SEINE KUNST AUCH EINE RAUMZEIT-NINJUTSU...?!
KONNTE ER SICH DESWEGEN MIT KUSHINA SO SCHNELL FORTBEWEGEN...?!
ER HAT EINEN HOCHRANGIGEN ANBU GESCHLAGEN, EINE STRENG GEHEIME KEKKAI DURCHBROCHEN...
... UND WUSSTE, DASS KYUBIS SIEGEL BEI DER ENTBINDUNG SCHWACH WIRD.
ER LÖSTE DAS SIEGEL, BRACHTE DAS KYUBI UNTER SEINE KONTROLLE UND...
... BEWEGT SICH IN UND UM KONOHA, OHNE VON UNSERER KEKKAI GEFANGEN ZU WERDEN... ICH KENNE NUR EINEN, DER ZU ALLDEM FÄHIG IST!!

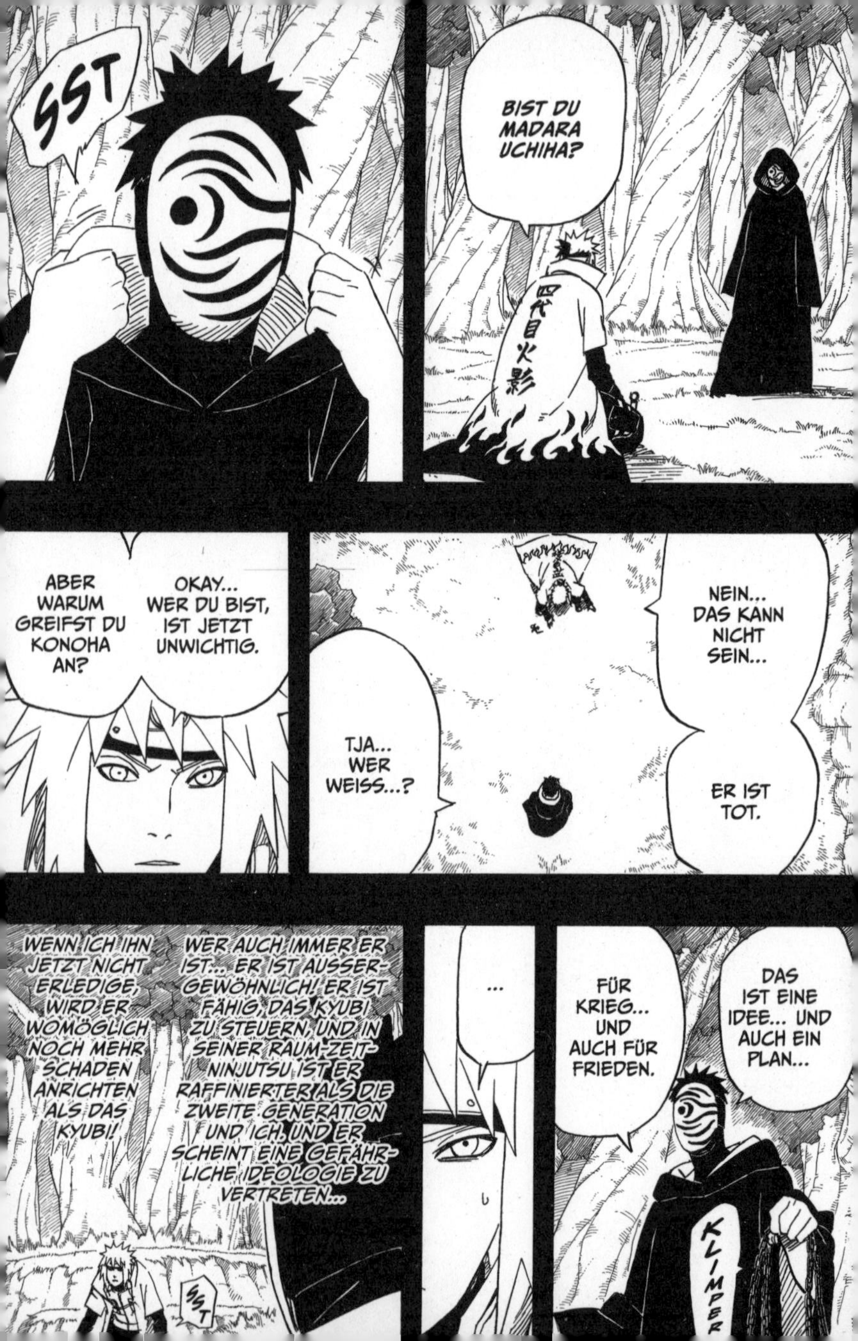
BIST DU MADARA UCHIHA?
SST
NEIN... DAS KANN NICHT SEIN...
ER IST TOT.
TJA... WER WEISS...?
OKAY... WER DU BIST, IST JETZT UNWICHTIG.
ABER WARUM GREIFST DU KONOHA AN?
DAS IST EINE IDEE... UND AUCH EIN PLAN...
FÜR KRIEG... UND AUCH FÜR FRIEDEN.
KLIMPER
...
WER AUCH IMMER ER IST... ER IST AUSSERGEWÖHNLICH! ER IST FÄHIG, DAS KYUBI ZU STEUERN, UND IN SEINER RAUM-ZEIT-NINJUTSU IST ER RAFFINIERTER ALS DIE ZWEITE GENERATION UND ICH. UND ER SCHEINT EINE GEFÄHRLICHE IDEOLOGIE ZU VERTRETEN...
WENN ICH IHN JETZT NICHT ERLEDIGE, WIRD ER WOMÖGLICH NOCH MEHR SCHADEN ANRICHTEN ALS DAS KYUBI!
SST

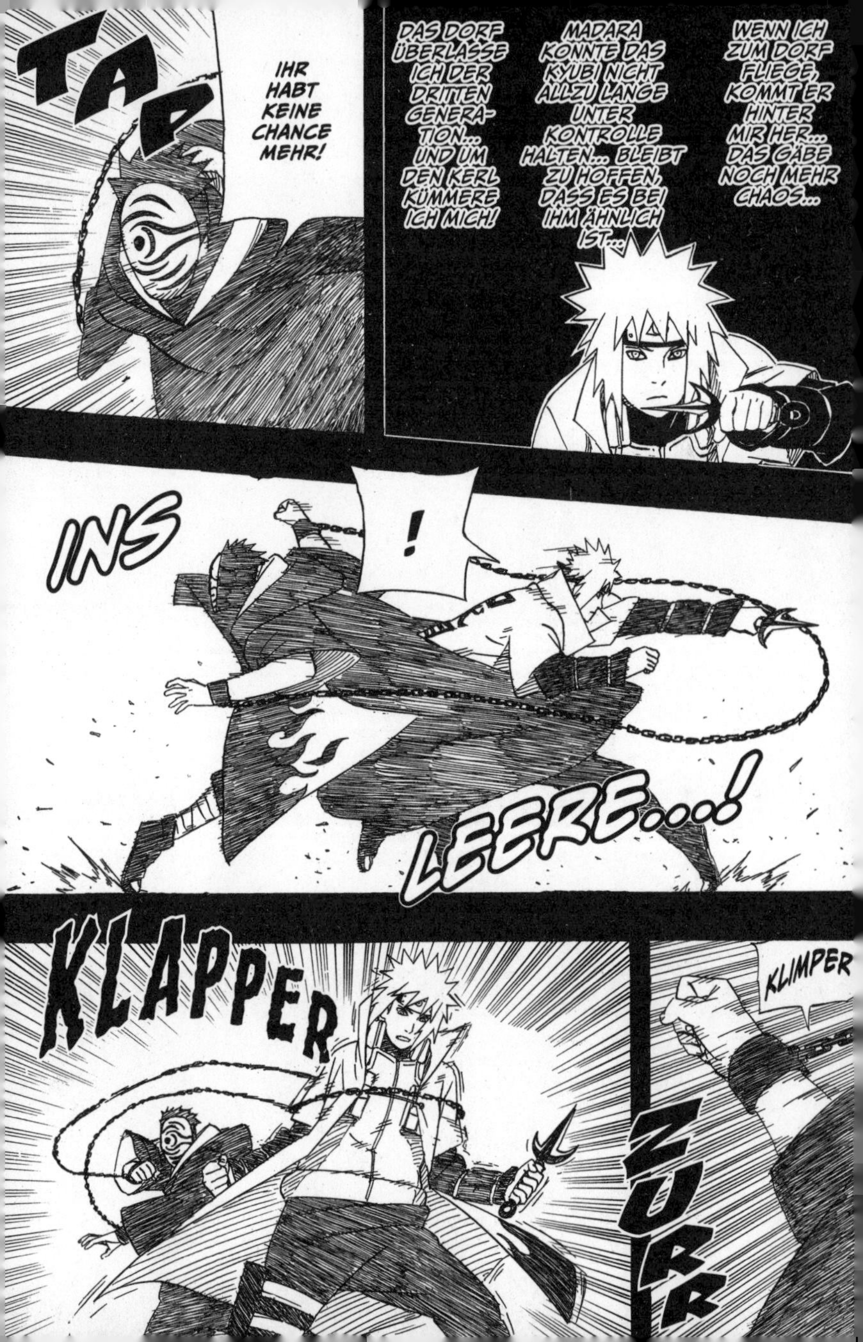
WENN ICH ZUM DORF FLIEGE, KOMMT ER HINTER MIR HER... DAS GÄBE NOCH MEHR CHAOS...
MADARA KONNTE DAS KYUBI NICHT ALLZU LANGE UNTER KONTROLLE HALTEN... BLEIBT ZU HOFFEN, DASS ES BEI IHM ÄHNLICH IST...
DAS DORF ÜBERLASSE ICH DER DRITTEN GENERA-TION... UND UM DEN KERL KÜMMERE ICH MICH!
IHR HABT KEINE CHANCE MEHR!
TAP
!
INS
LEERE...!
KLIMPER
ZURR
KLAPPER

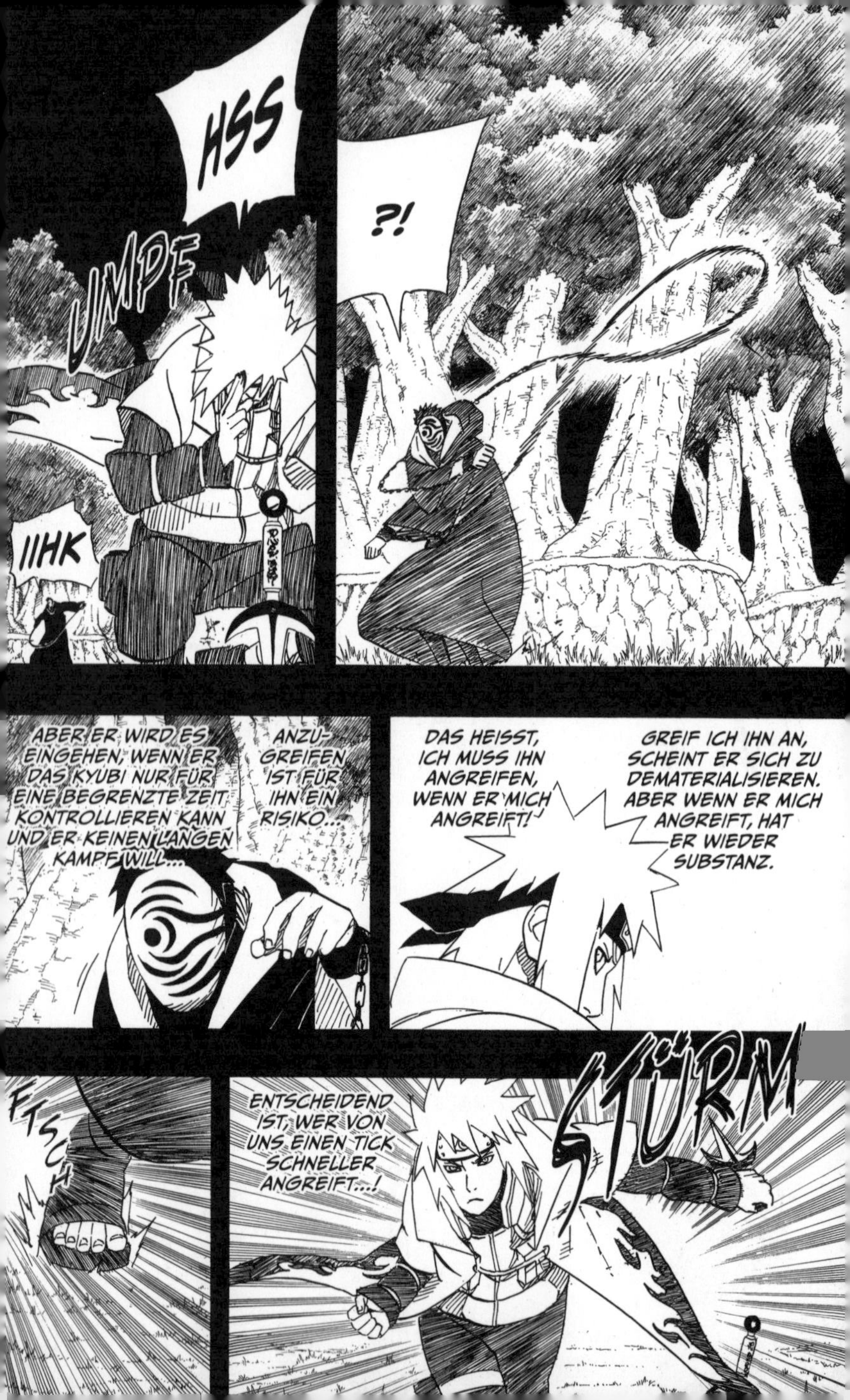

?!
HSS
UMPF
IIHK
ANZU-GREIFEN IST FÜR IHN EIN RISIKO...
ABER ER WIRD ES EINGEHEN, WENN ER DAS KYUBI NUR FÜR EINE BEGRENZTE ZEIT KONTROLLIEREN KANN UND ER KEINEN LANGEN KAMPF WILL...
GREIF ICH IHN AN, SCHEINT ER SICH ZU DEMATERIALISIEREN. ABER WENN ER MICH ANGREIFT, HAT ER WIEDER SUBSTANZ.
DAS HEISST, ICH MUSS IHN ANGREIFEN, WENN ER MICH ANGREIFT!
STÜRM
ENTSCHEIDEND IST, WER VON UNS EINEN TICK SCHNELLER ANGREIFT...!
FTSCH

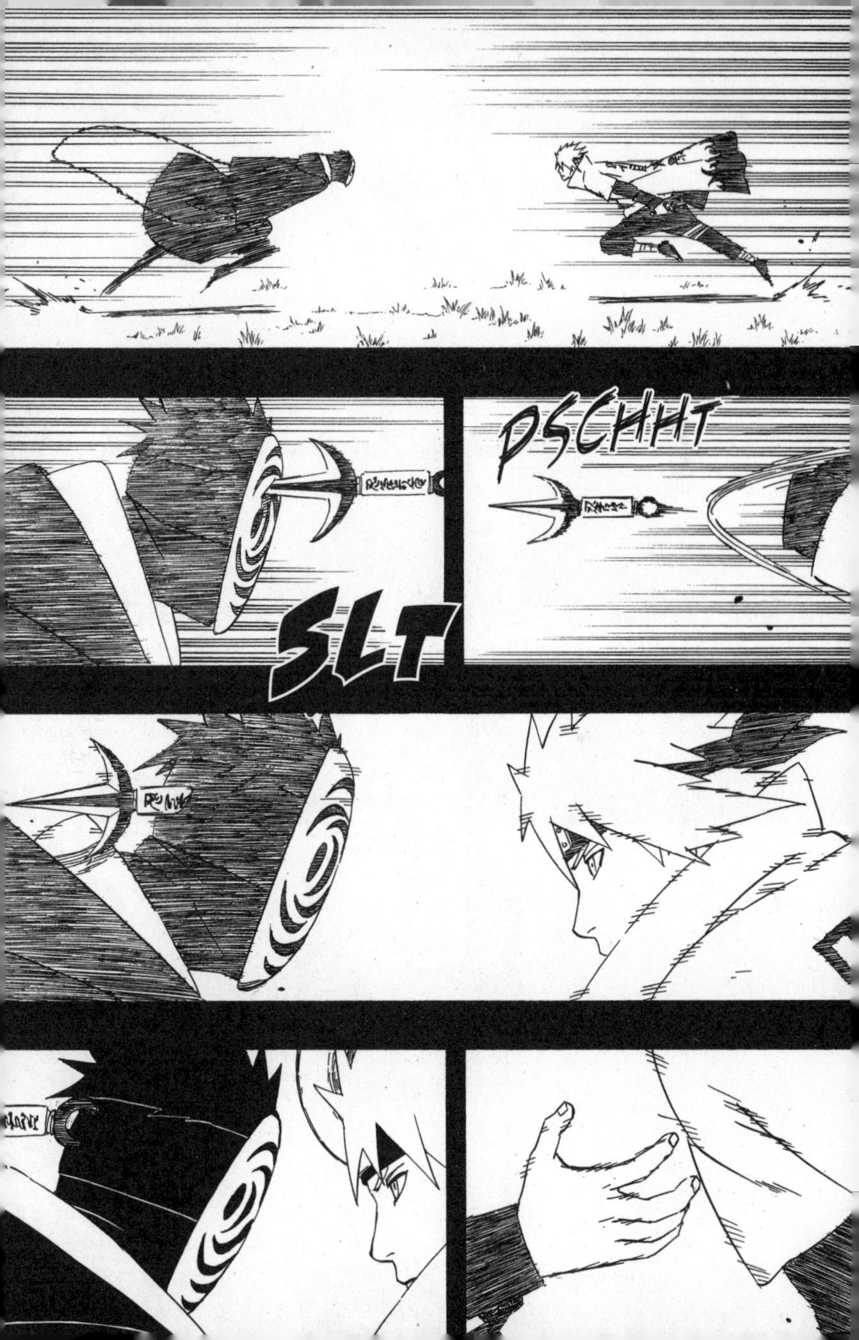
PSCHHT
SLT

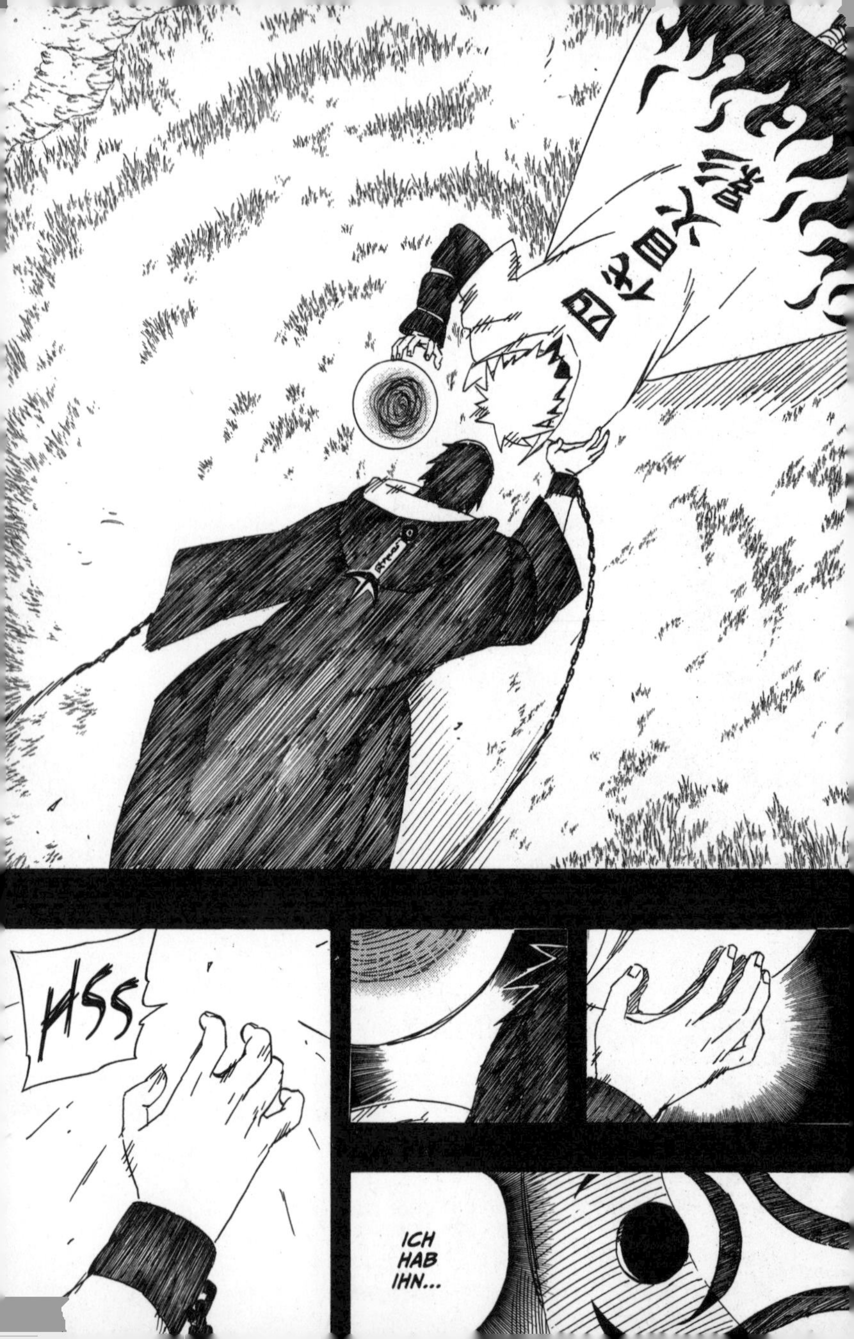
HSS
ICH HAB IHN...

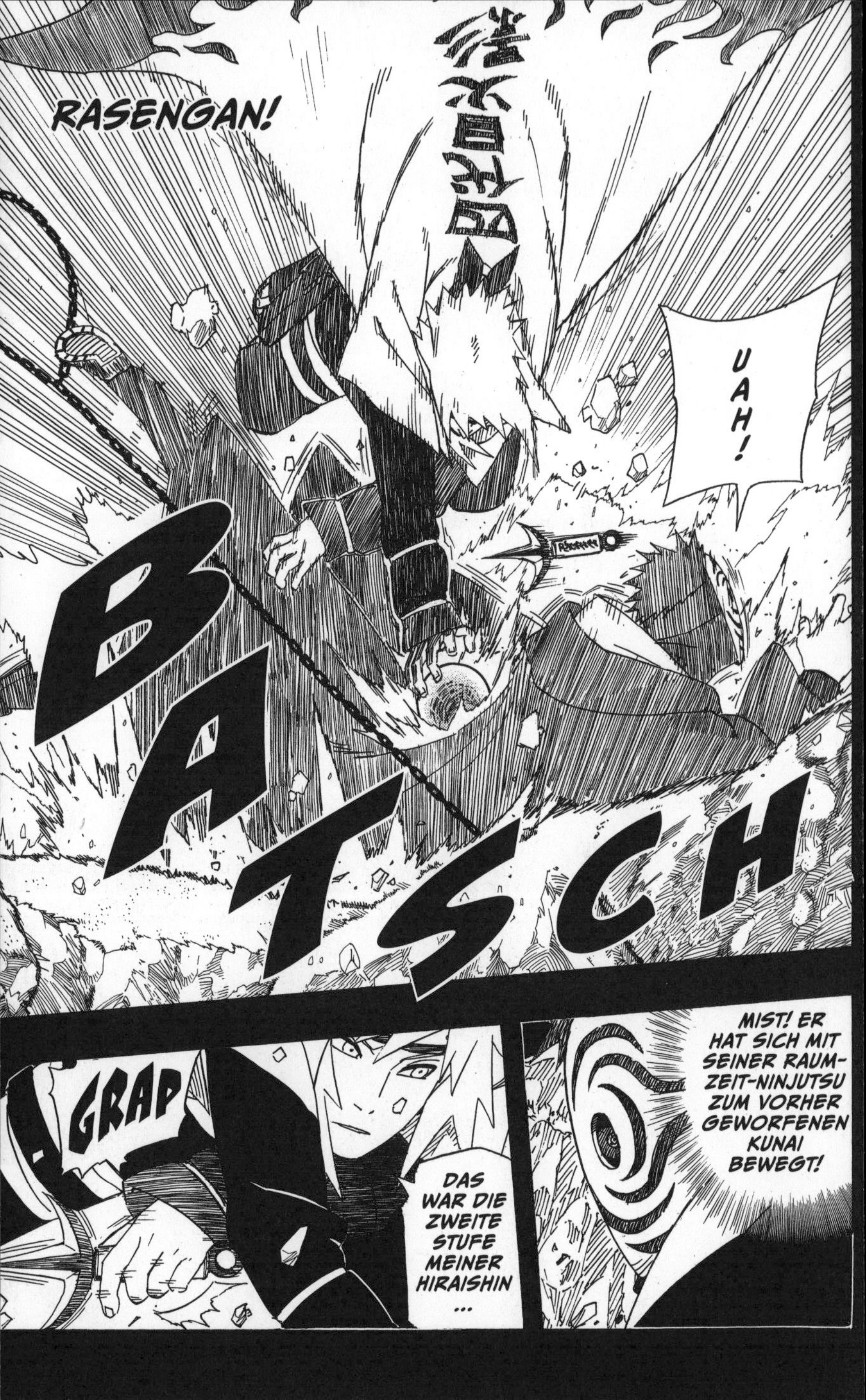
RASENGAN!
UAH!
BATSCH
MIST! ER HAT SICH MIT SEINER RAUM-ZEIT-NINJUTSU ZUM VORHER GEWORFENEN KUNAI BEWEGT!
DAS WAR DIE ZWEITE STUFE MEINER HIRAISHIN …
GRAP

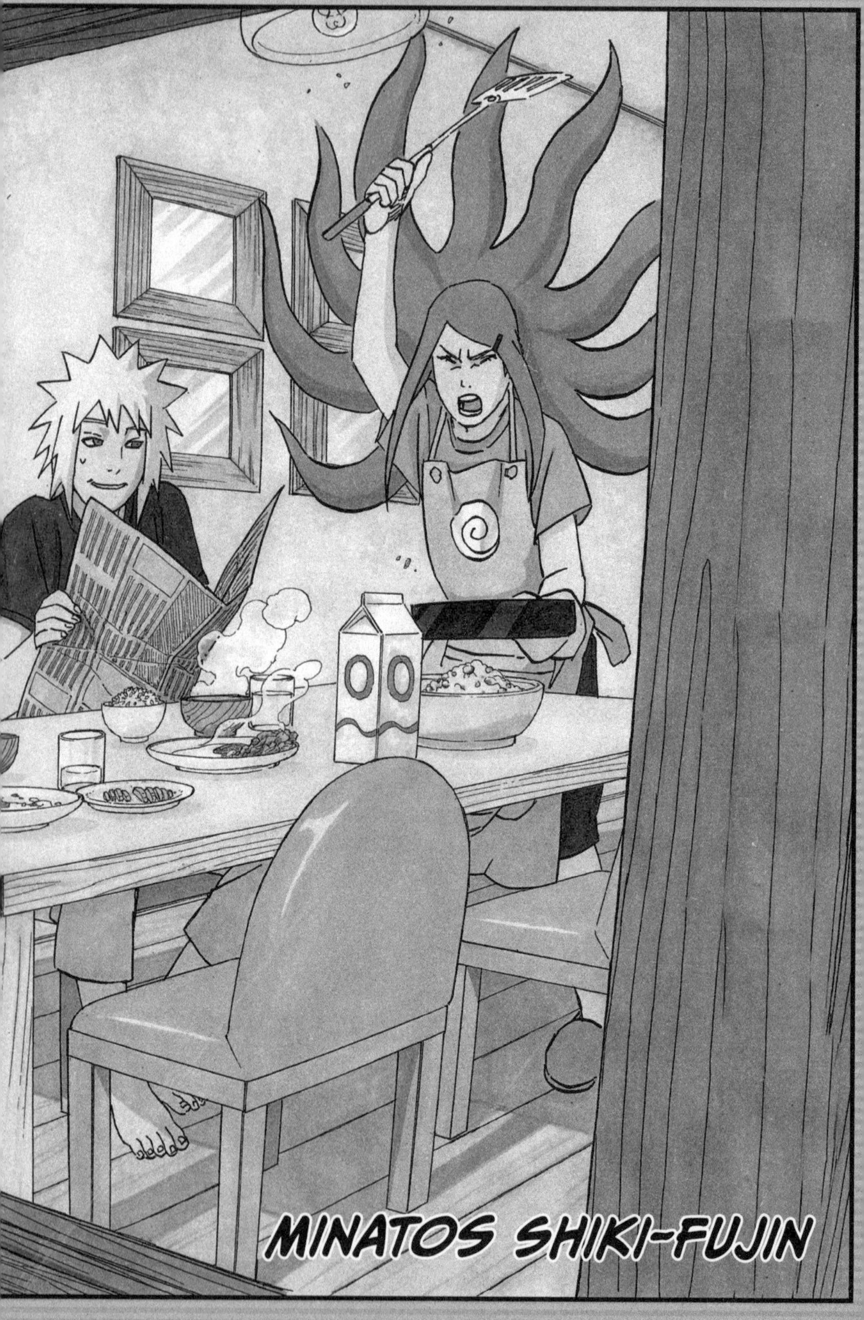
MINATOS SHIKI-FUJIN

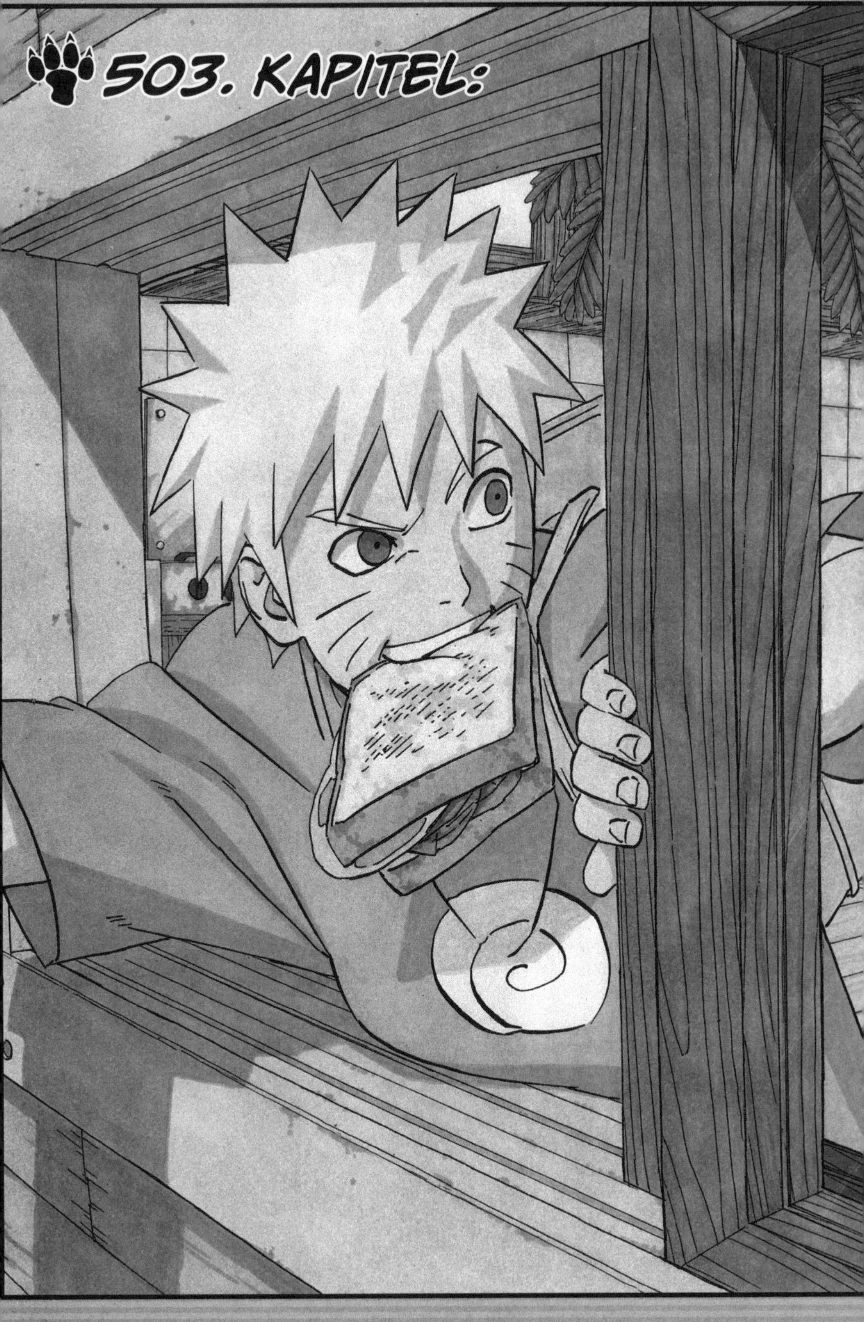
503. KAPITEL:

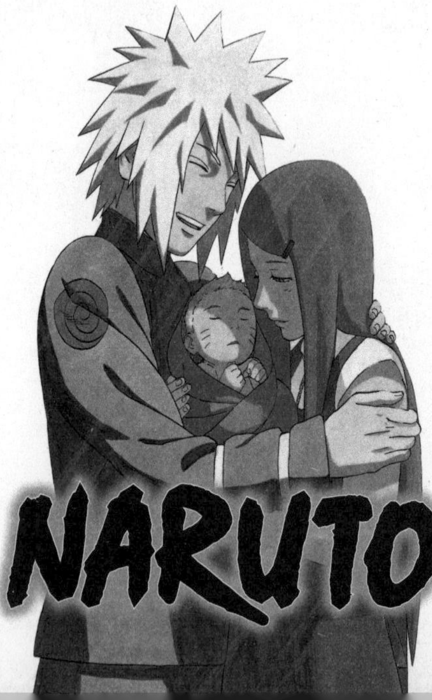
NARUTO

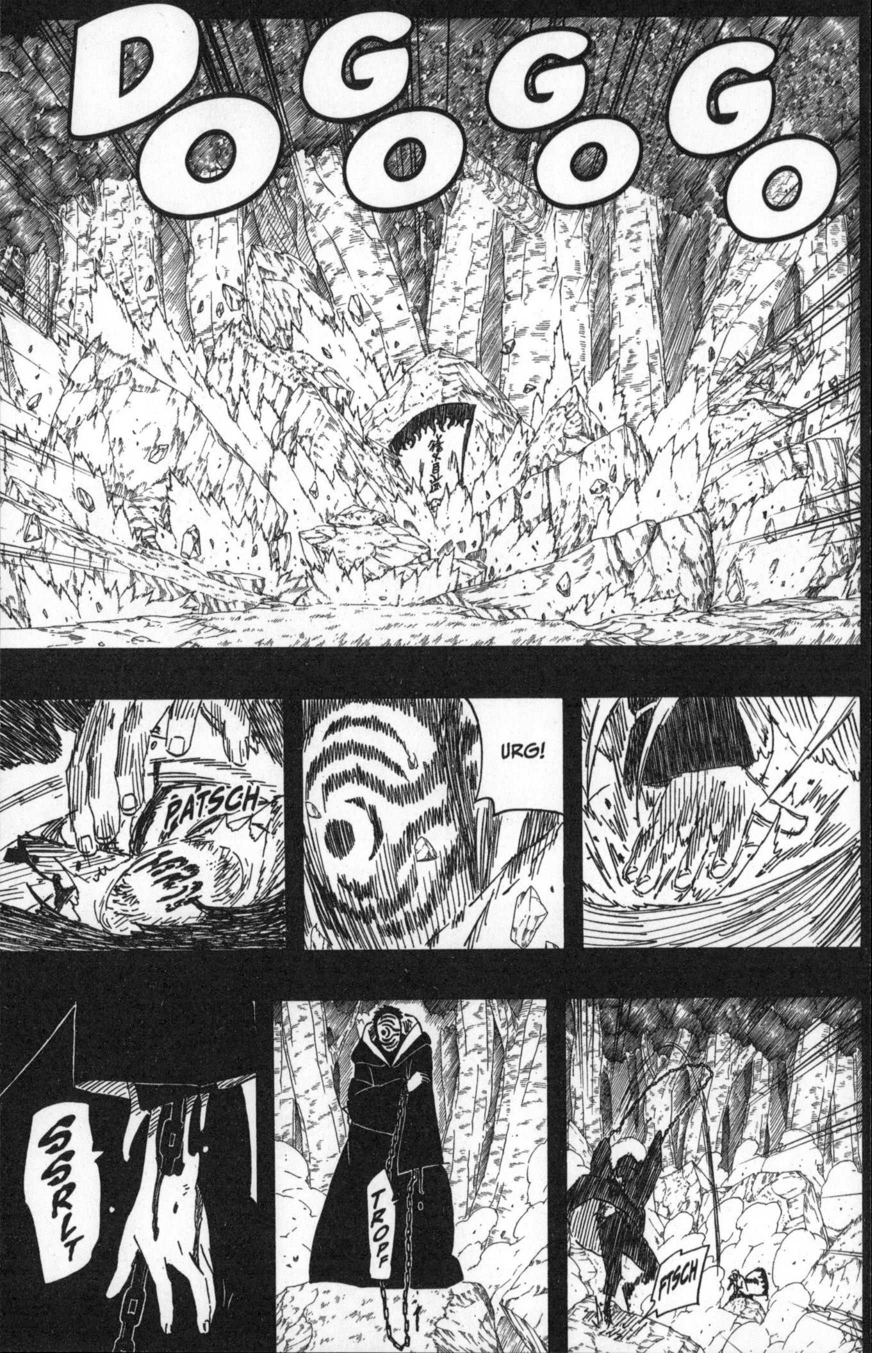

DOGOGOGO
PATSCH
URG!
SSRLT
TROPF
FTSCH

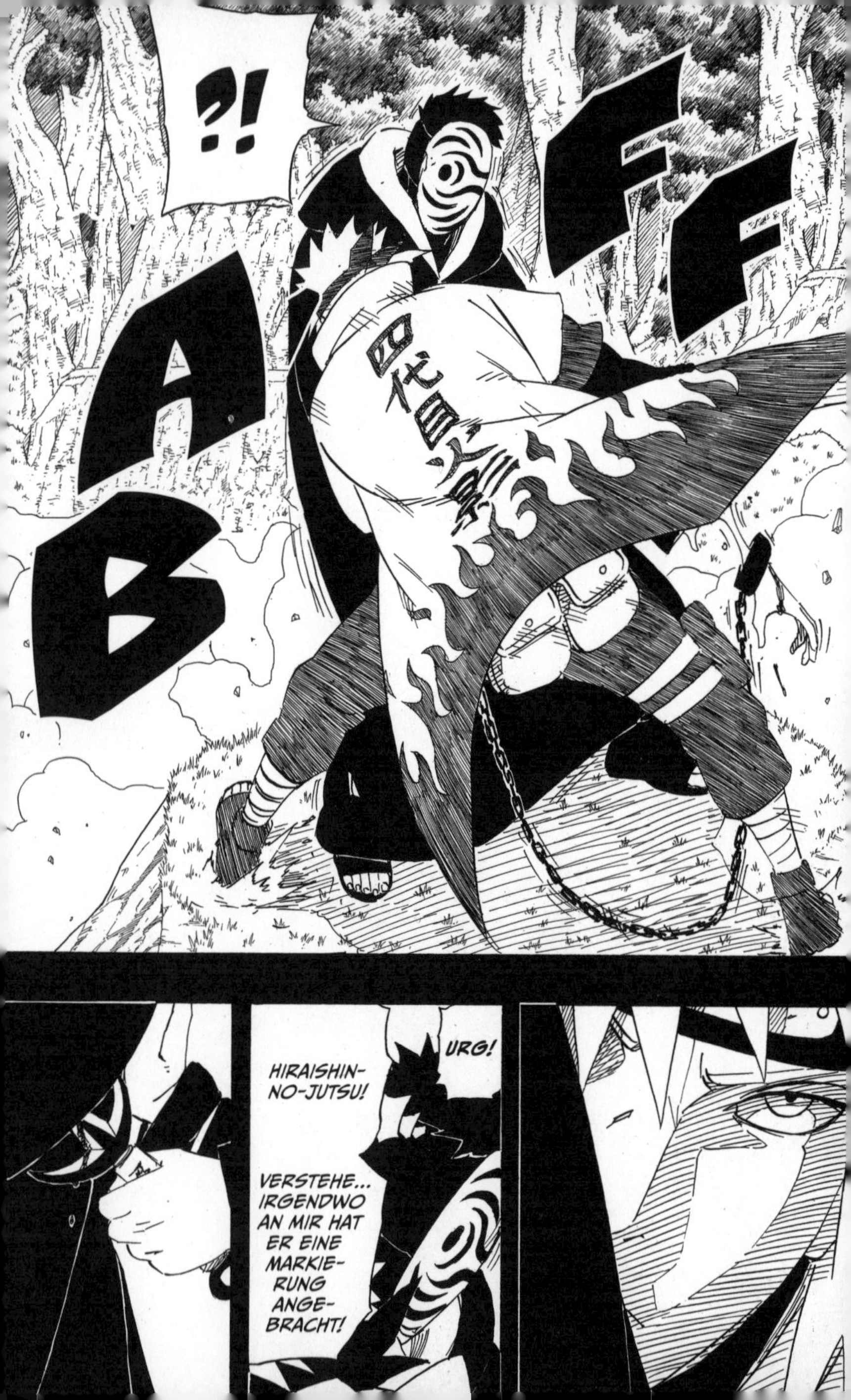

?!
BAFF
四代目火影
URG!
HIRAISHIN-NO-JUTSU!
VERSTEHE... IRGENDWO AN MIR HAT ER EINE MARKIE-RUNG ANGE-BRACHT!

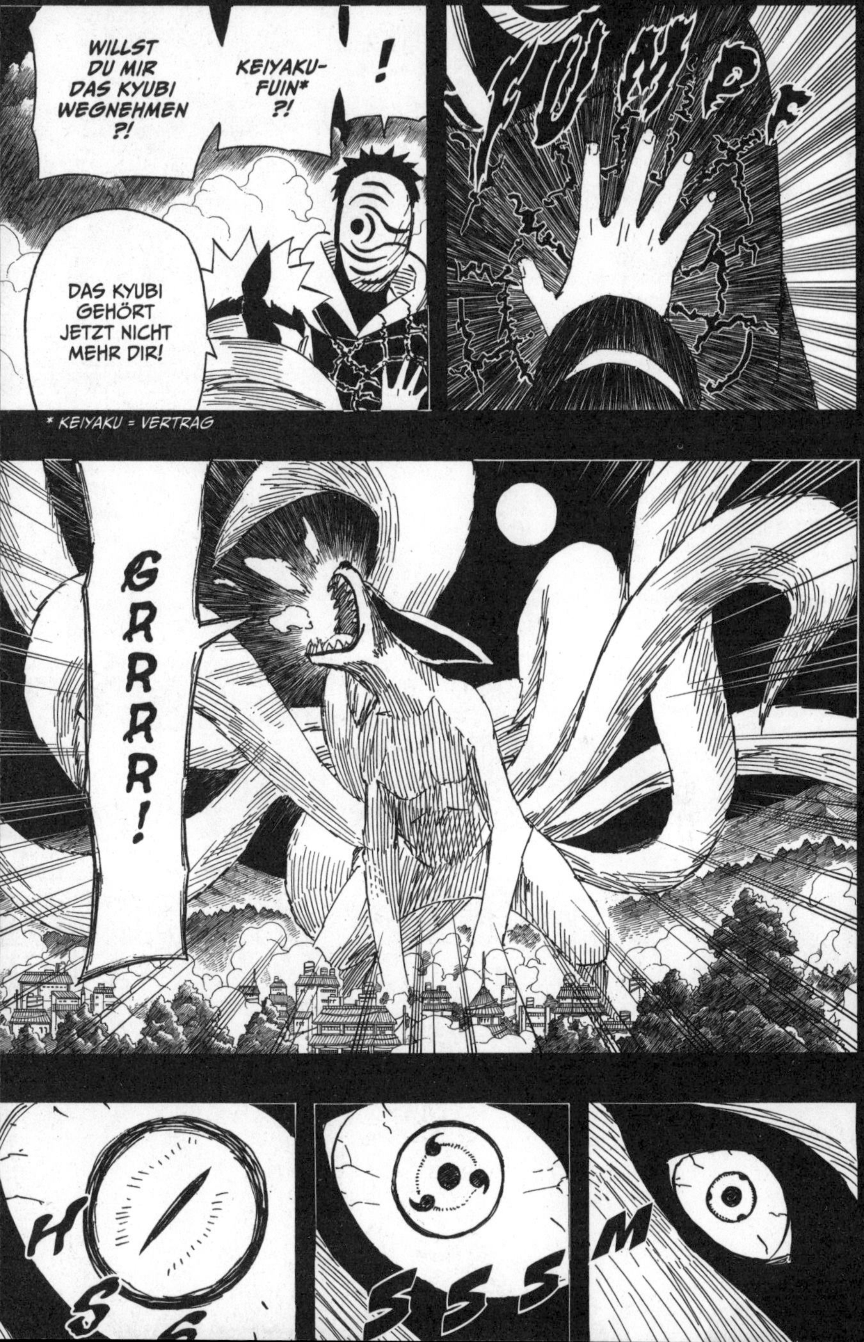
FOMP!
KEIYAKU-
FUIN*
?!
!
WILLST
DU MIR
DAS KYUBI
WEGNEHMEN
?!
DAS KYUBI
GEHÖRT
JETZT NICHT
MEHR DIR!
* KEIYAKU = VERTRAG
GRRRRR!
HSSSSSM

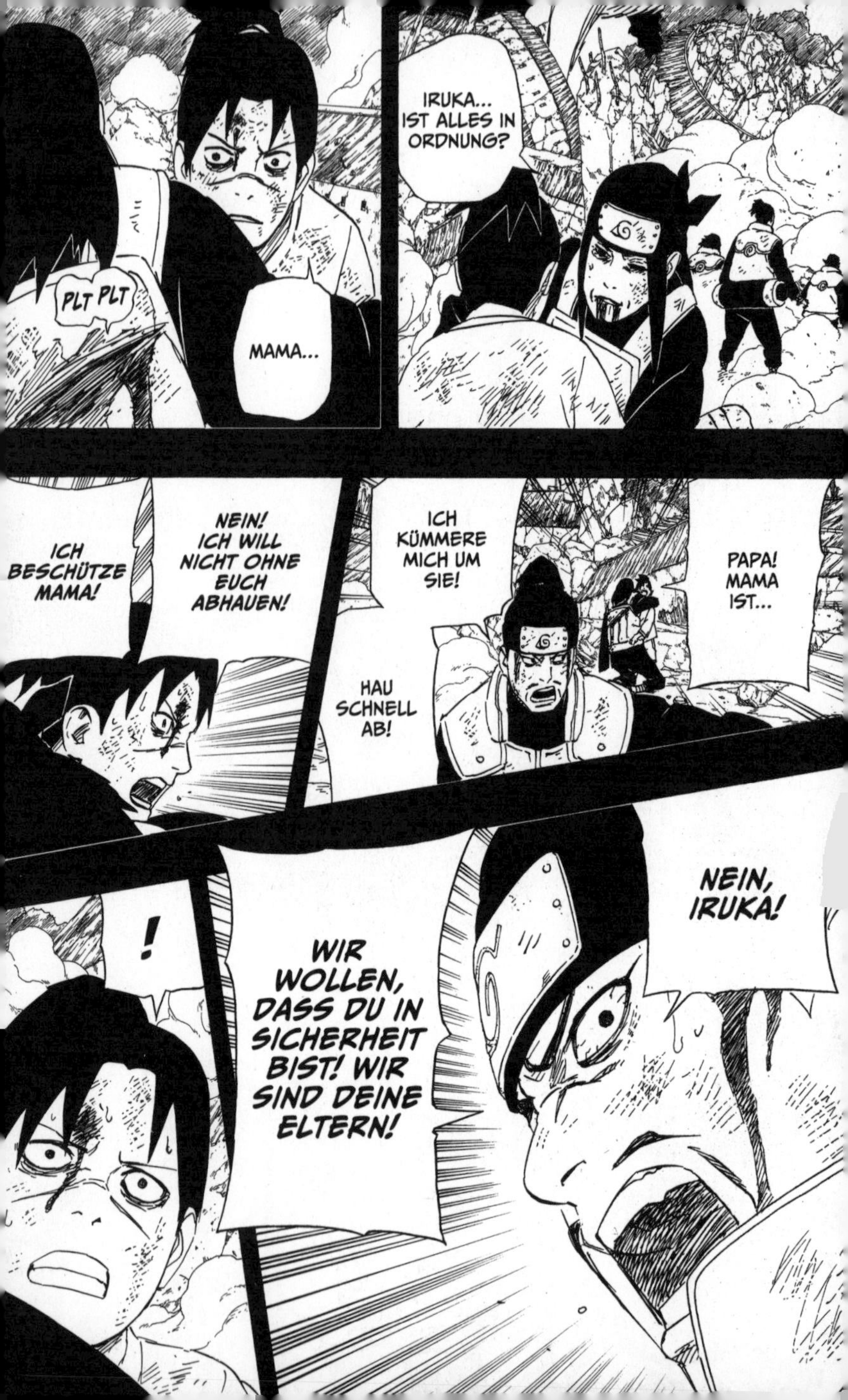
IRUKA... IST ALLES IN ORDNUNG?
PLT PLT
MAMA...
PAPA! MAMA IST...
ICH KÜMMERE MICH UM SIE!
HAU SCHNELL AB!
NEIN! ICH WILL NICHT OHNE EUCH ABHAUEN!
ICH BESCHÜTZE MAMA!
NEIN, IRUKA!
WIR WOLLEN, DASS DU IN SICHERHEIT BIST! WIR SIND DEINE ELTERN!
!

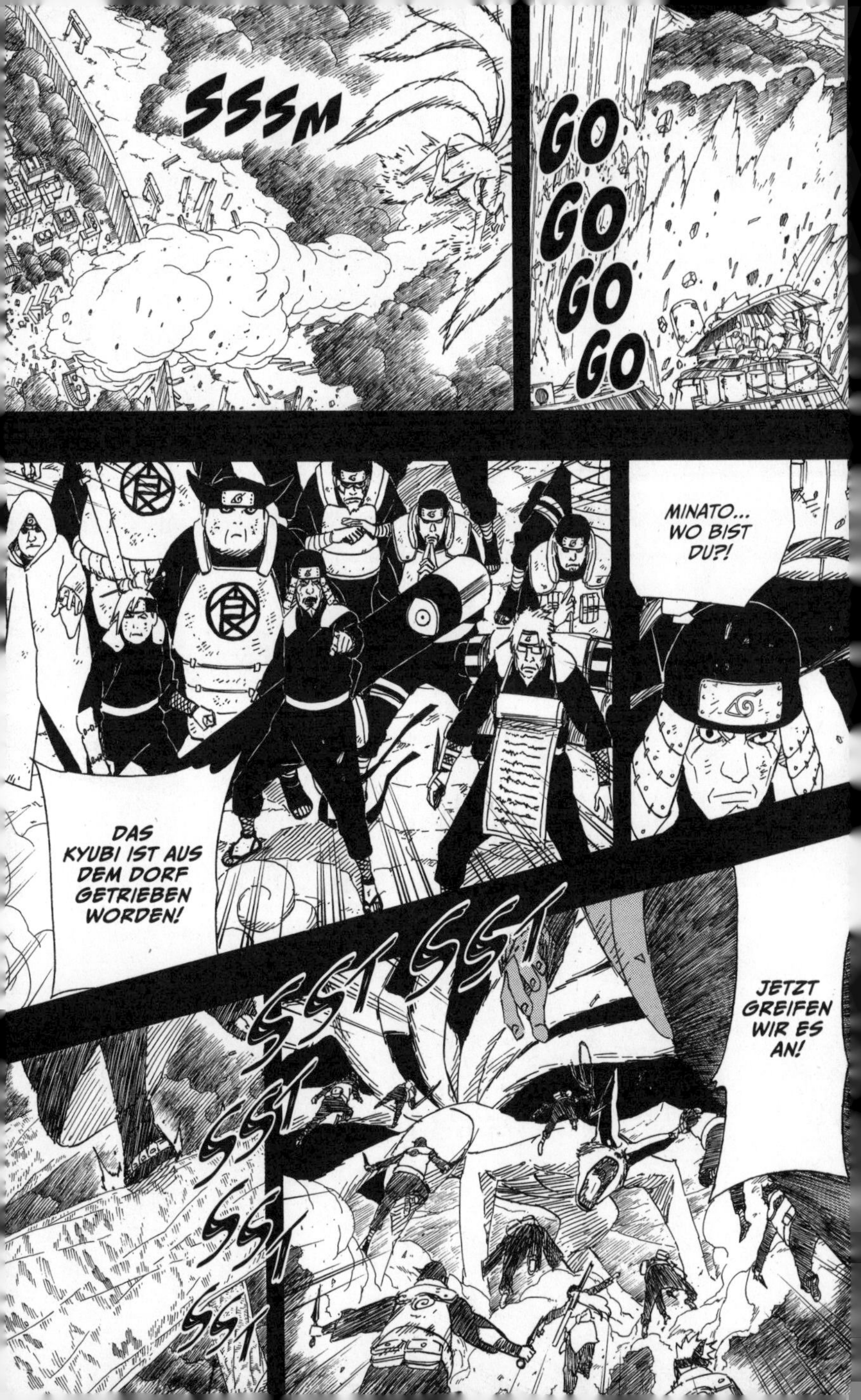
GO
GO
GO
GO
SSSM
MINATO... WO BIST DU?!
DAS KYUBI IST AUS DEM DORF GETRIEBEN WORDEN!
JETZT GREIFEN WIR ES AN!
SST SST
SST
SST
SST

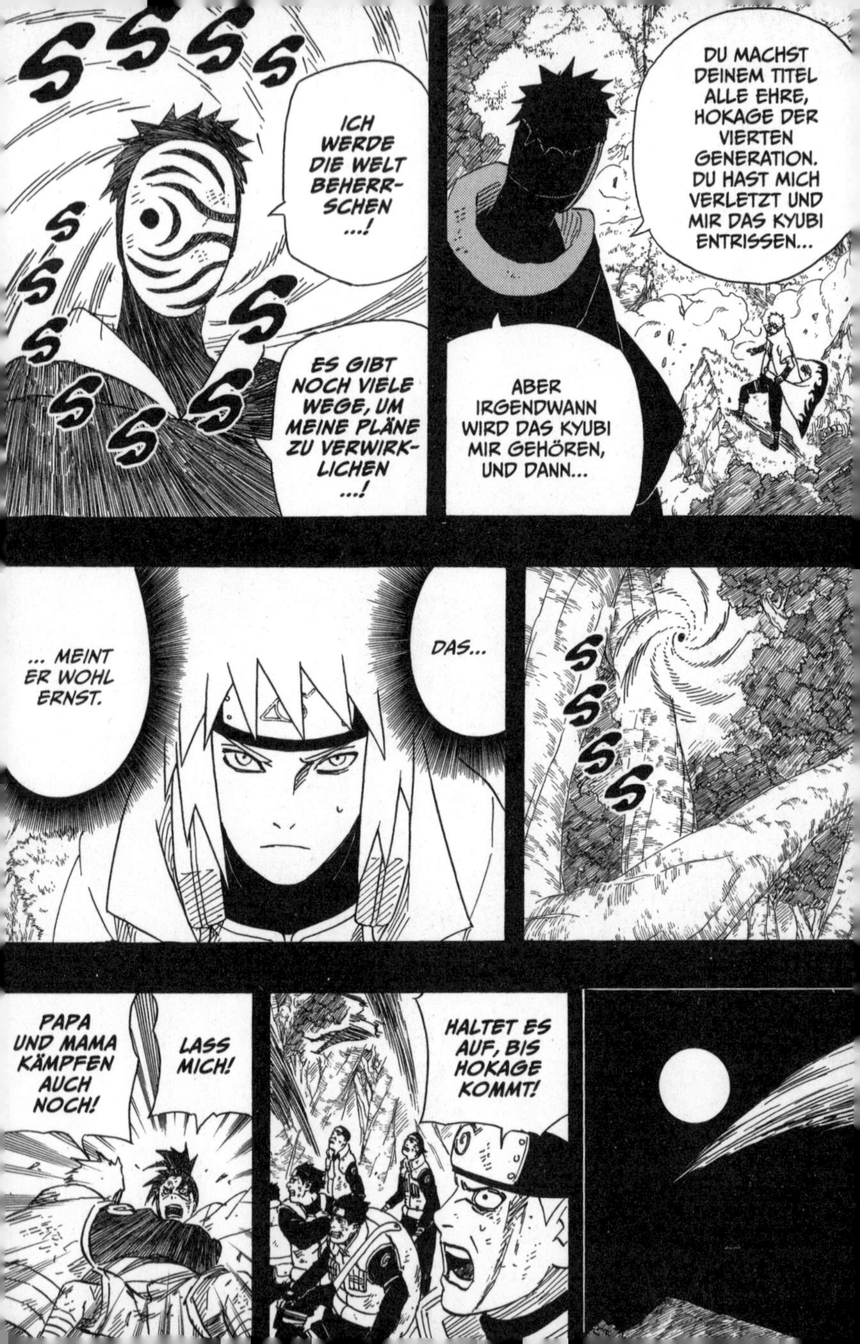
SSSS
DU MACHST DEINEM TITEL ALLE EHRE, HOKAGE DER VIERTEN GENERATION. DU HAST MICH VERLETZT UND MIR DAS KYUBI ENTRISSEN...
ABER IRGENDWANN WIRD DAS KYUBI MIR GEHÖREN, UND DANN...
ICH WERDE DIE WELT BEHERR-SCHEN ...!
ES GIBT NOCH VIELE WEGE, UM MEINE PLÄNE ZU VERWIRK-LICHEN ...!
SSSS
DAS...
... MEINT ER WOHL ERNST.
HALTET ES AUF, BIS HOKAGE KOMMT!
LASS MICH!
PAPA UND MAMA KÄMPFEN AUCH NOCH!

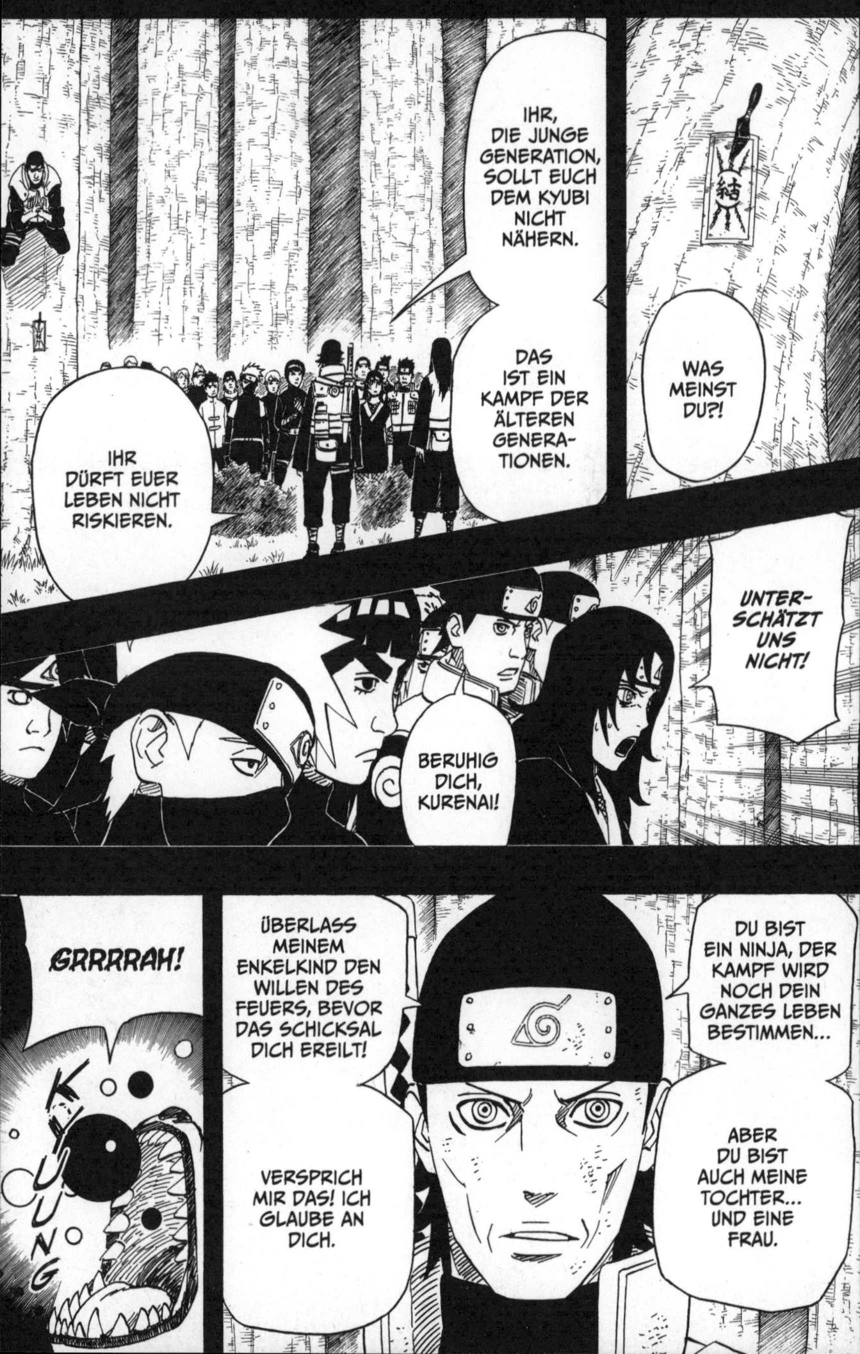
IHR, DIE JUNGE GENERATION, SOLLT EUCH DEM KYUBI NICHT NÄHERN.
DAS IST EIN KAMPF DER ÄLTEREN GENERATIONEN.
IHR DÜRFT EUER LEBEN NICHT RISKIEREN.
WAS MEINST DU?!
UNTERSCHÄTZT UNS NICHT!
BERUHIG DICH, KURENAI!
DU BIST EIN NINJA, DER KAMPF WIRD NOCH DEIN GANZES LEBEN BESTIMMEN...
ABER DU BIST AUCH MEINE TOCHTER... UND EINE FRAU.
ÜBERLASS MEINEM ENKELKIND DEN WILLEN DES FEUERS, BEVOR DAS SCHICKSAL DICH EREILT!
VERSPRICH MIR DAS! ICH GLAUBE AN DICH.
GRRRRAH!

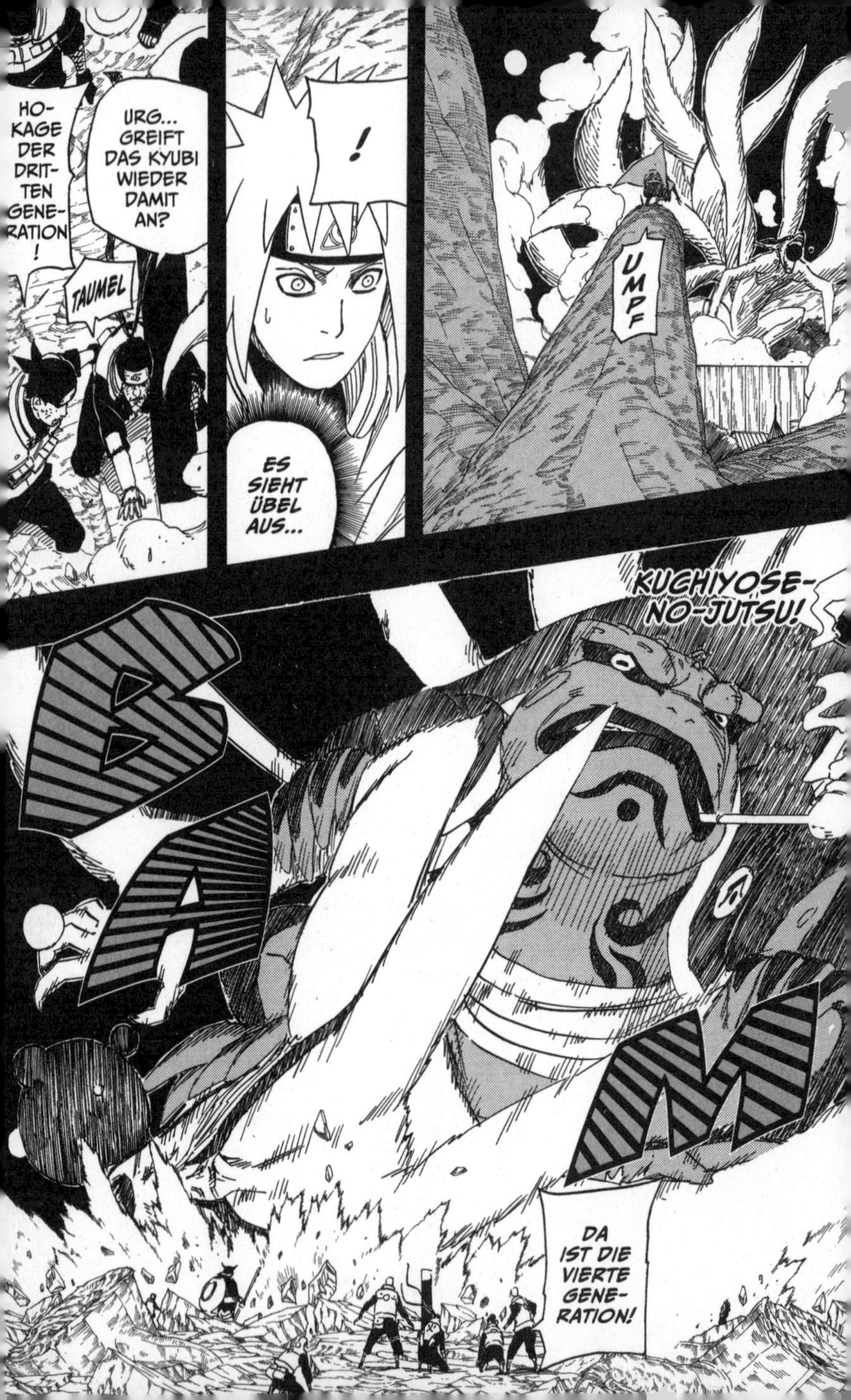
!
UMPF
URG... GREIFT DAS KYUBI WIEDER DAMIT AN?
ES SIEHT ÜBEL AUS...
HO-KAGE DER DRITTEN GENERATION!
TAUMEL
KUCHIYOSE-NO-JUTSU!
BAM
DA IST DIE VIERTE GENERATION!

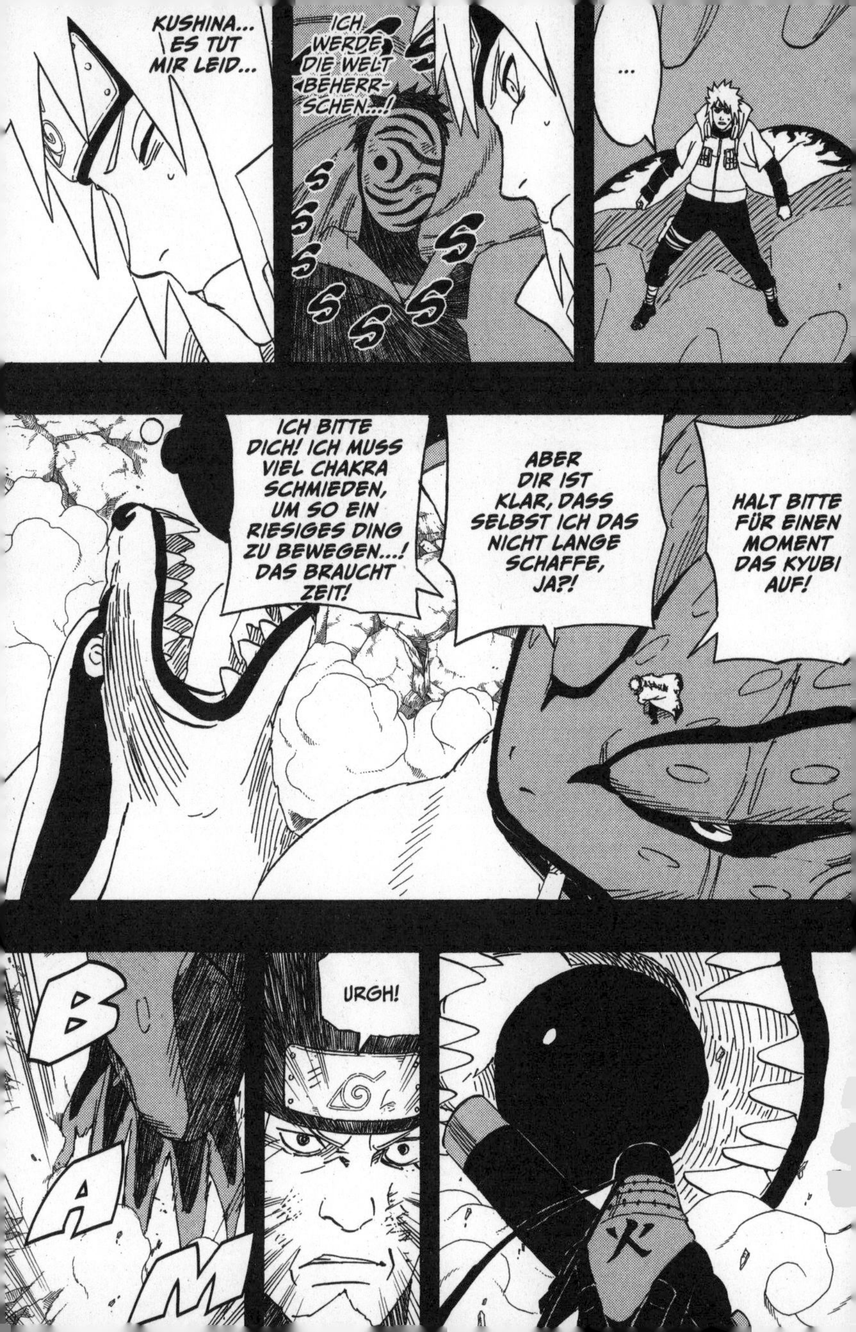
...
ICH WERDE DIE WELT BEHERRSCHEN...!
SSSSSSSSS
KUSHINA... ES TUT MIR LEID...
HALT BITTE FÜR EINEN MOMENT DAS KYUBI AUF!
ABER DIR IST KLAR, DASS SELBST ICH DAS NICHT LANGE SCHAFFE, JA?!
ICH BITTE DICH! ICH MUSS VIEL CHAKRA SCHMIEDEN, UM SO EIN RIESIGES DING ZU BEWEGEN...! DAS BRAUCHT ZEIT!
URGH!
BAM

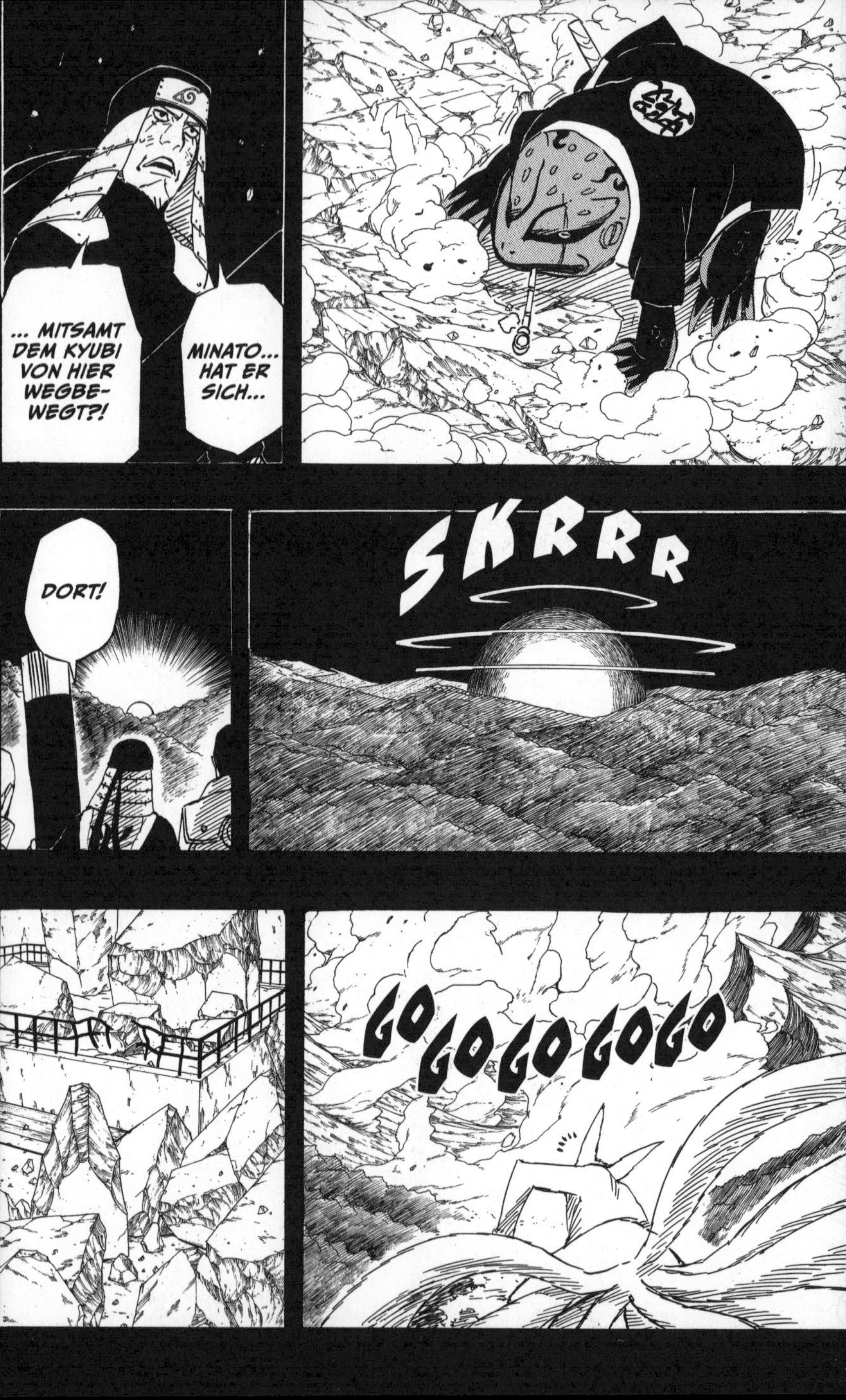
MINATO... HAT ER SICH...
... MITSAMT DEM KYUBI VON HIER WEGBE-WEGT?!
SKRRR
DORT!
GOGOGOGOGO

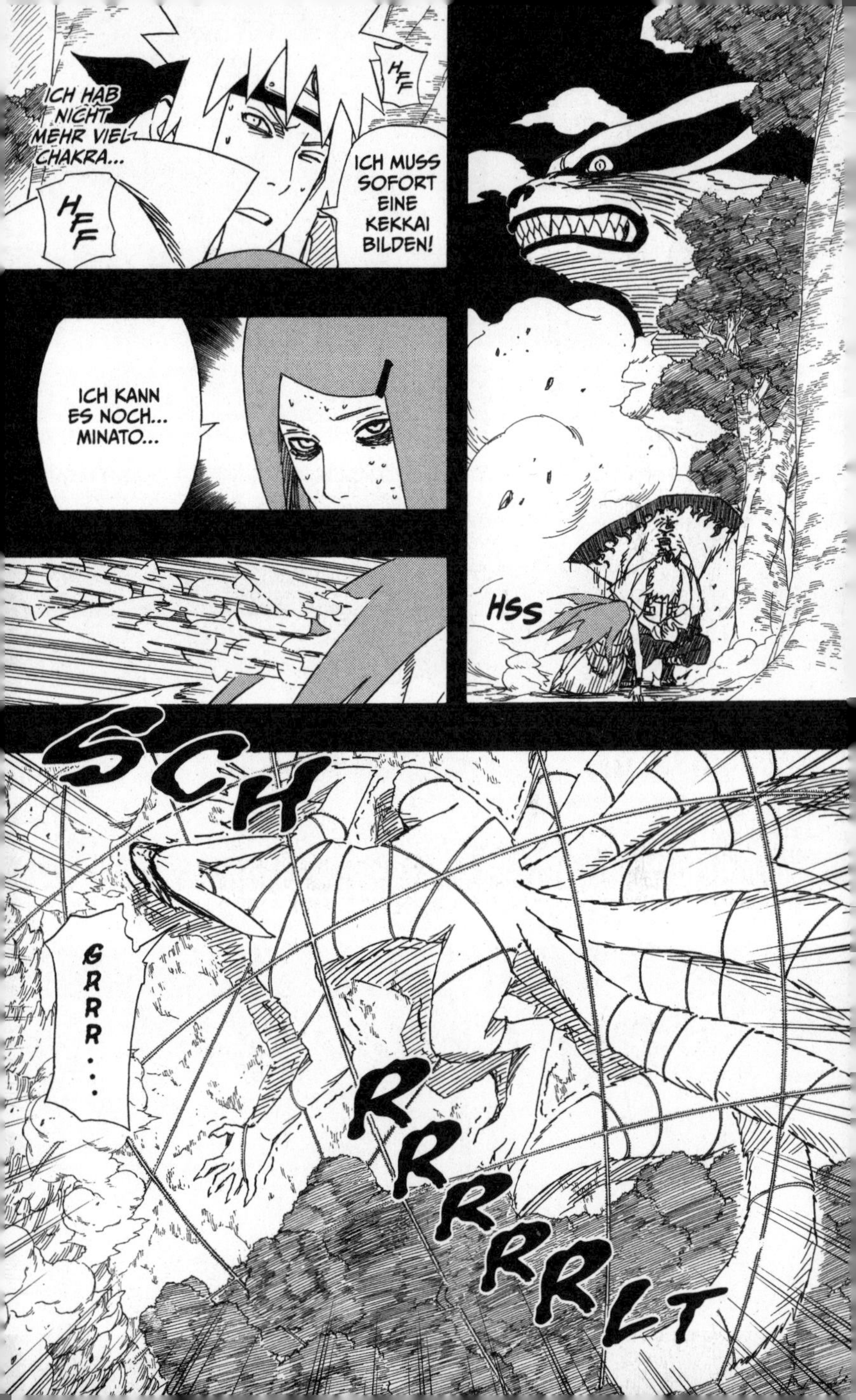
HFF
ICH MUSS SOFORT EINE KEKKAI BILDEN!
ICH HAB NICHT MEHR VIEL CHAKRA...
HFF
ICH KANN ES NOCH... MINATO...
HSS
SCH
GRRR...
RRRRRRLT

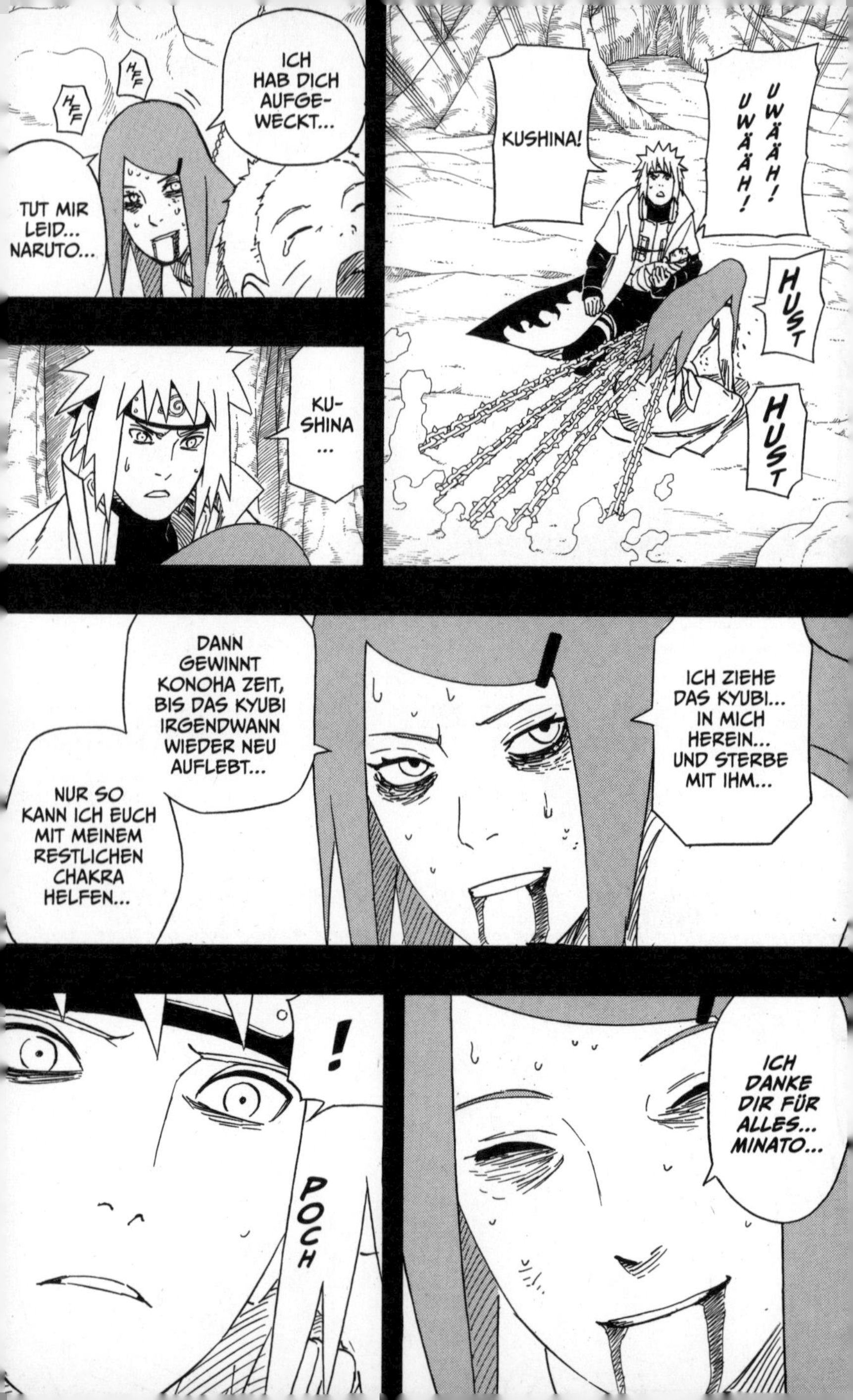
UWÄH! UWÄH!
KUSHINA!
HUST HUST
HFF HFF
ICH HAB DICH AUFGE-WECKT...
TUT MIR LEID... NARUTO...
KU-SHINA ...
ICH ZIEHE DAS KYUBI... IN MICH HEREIN... UND STERBE MIT IHM...
DANN GEWINNT KONOHA ZEIT, BIS DAS KYUBI IRGENDWANN WIEDER NEU AUFLEBT...
NUR SO KANN ICH EUCH MIT MEINEM RESTLICHEN CHAKRA HELFEN...
ICH DANKE DIR FÜR ALLES... MINATO...
!
POCH

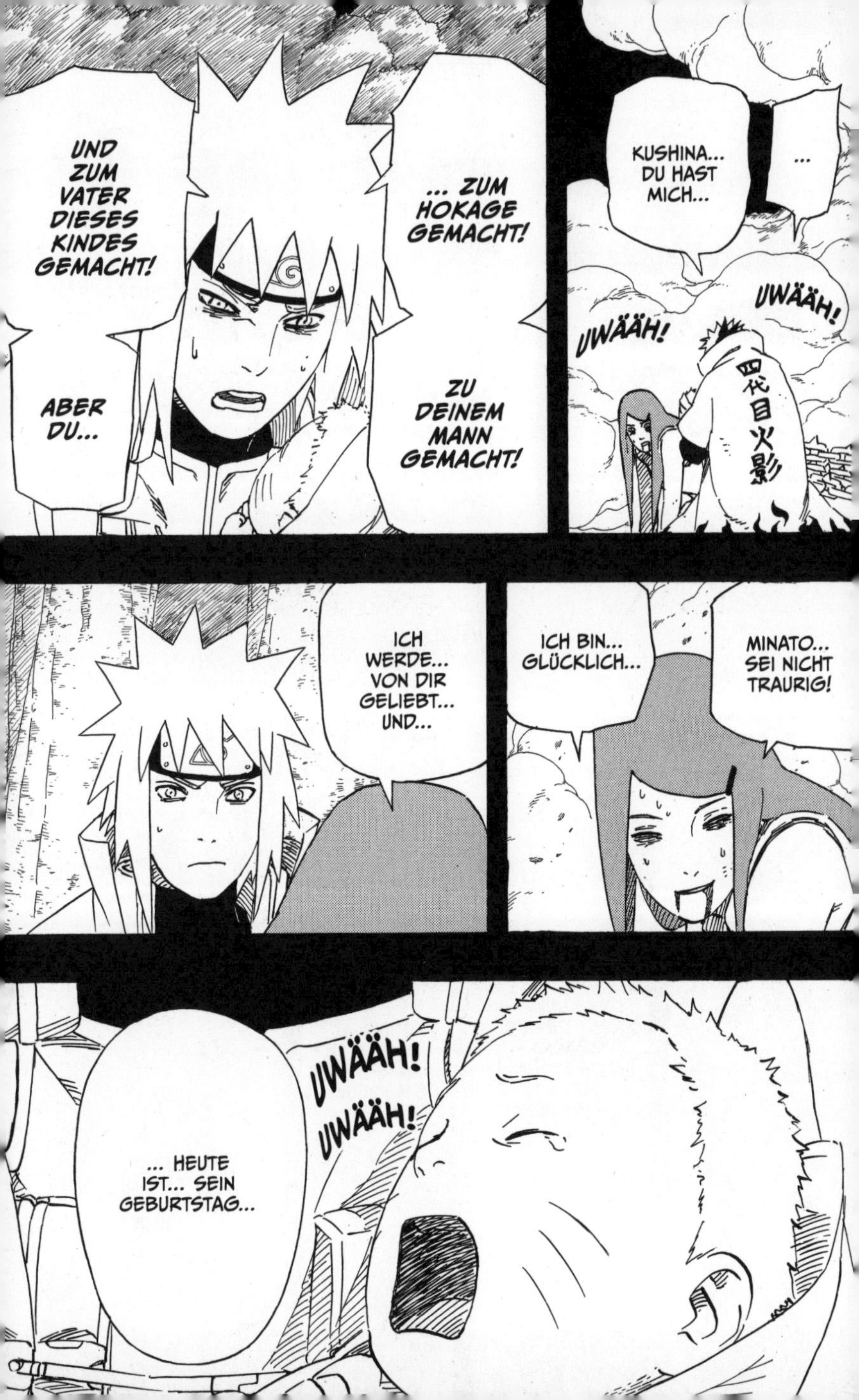

KUSHINA... DU HAST MICH...
...
UWÄÄH!
UWÄÄH!
四代目火影
... ZUM HOKAGE GEMACHT!
ZU DEINEM MANN GEMACHT!
UND ZUM VATER DIESES KINDES GEMACHT!
ABER DU...
MINATO... SEI NICHT TRAURIG!
ICH BIN... GLÜCKLICH...
ICH WERDE... VON DIR GELIEBT... UND...
UWÄÄH!
UWÄÄH!
... HEUTE IST... SEIN GEBURTSTAG...

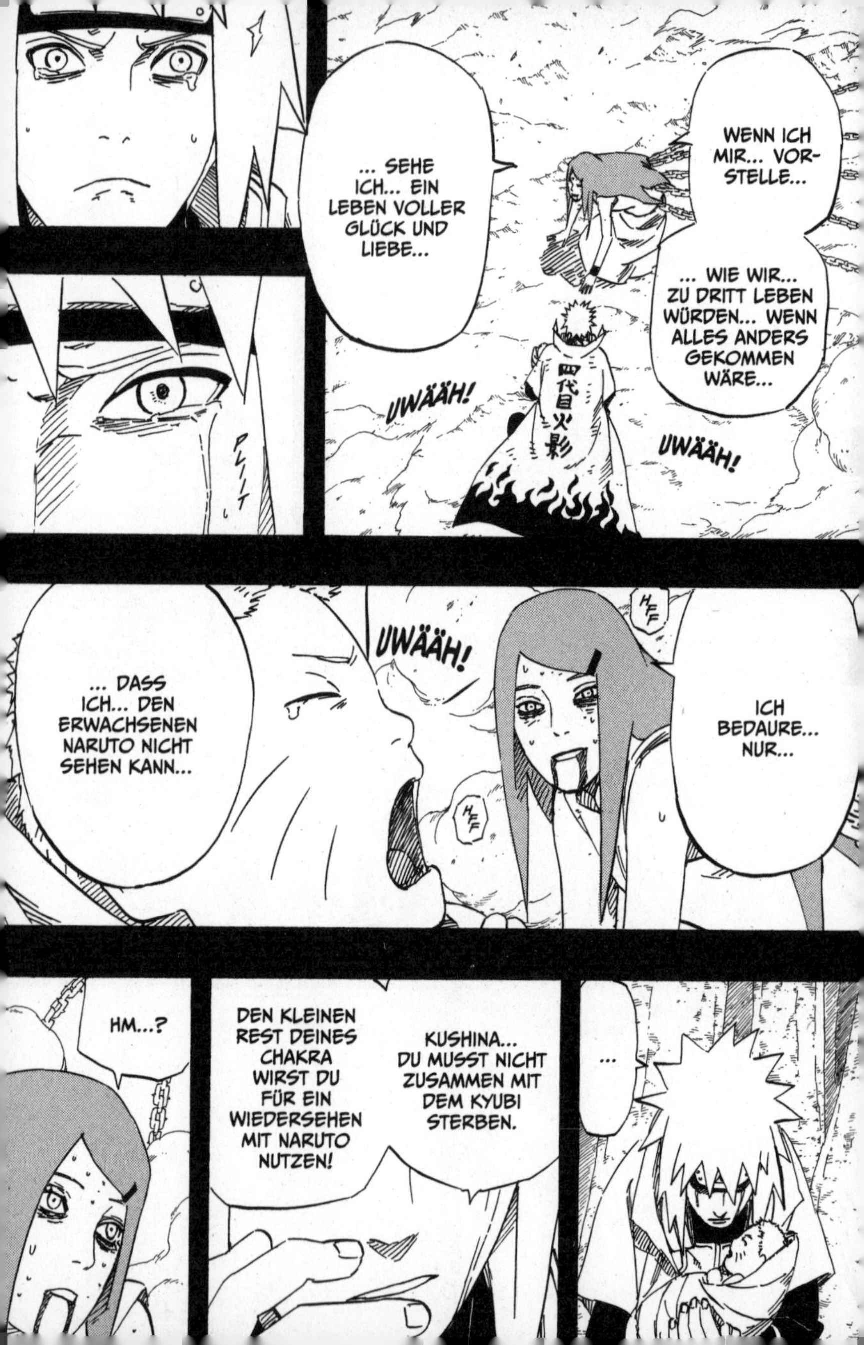
WENN ICH MIR... VORSTELLE...
... WIE WIR... ZU DRITT LEBEN WÜRDEN... WENN ALLES ANDERS GEKOMMEN WÄRE...
UWÄÄH!
四代目火影
UWÄÄH!
... SEHE ICH... EIN LEBEN VOLLER GLÜCK UND LIEBE...
PLIT
ICH BEDAURE... NUR...
HFF
UWÄÄH!
HFF
... DASS ICH... DEN ERWACHSENEN NARUTO NICHT SEHEN KANN...
...
KUSHINA... DU MUSST NICHT ZUSAMMEN MIT DEM KYUBI STERBEN.
DEN KLEINEN REST DEINES CHAKRA WIRST DU FÜR EIN WIEDERSEHEN MIT NARUTO NUTZEN!
HM...?

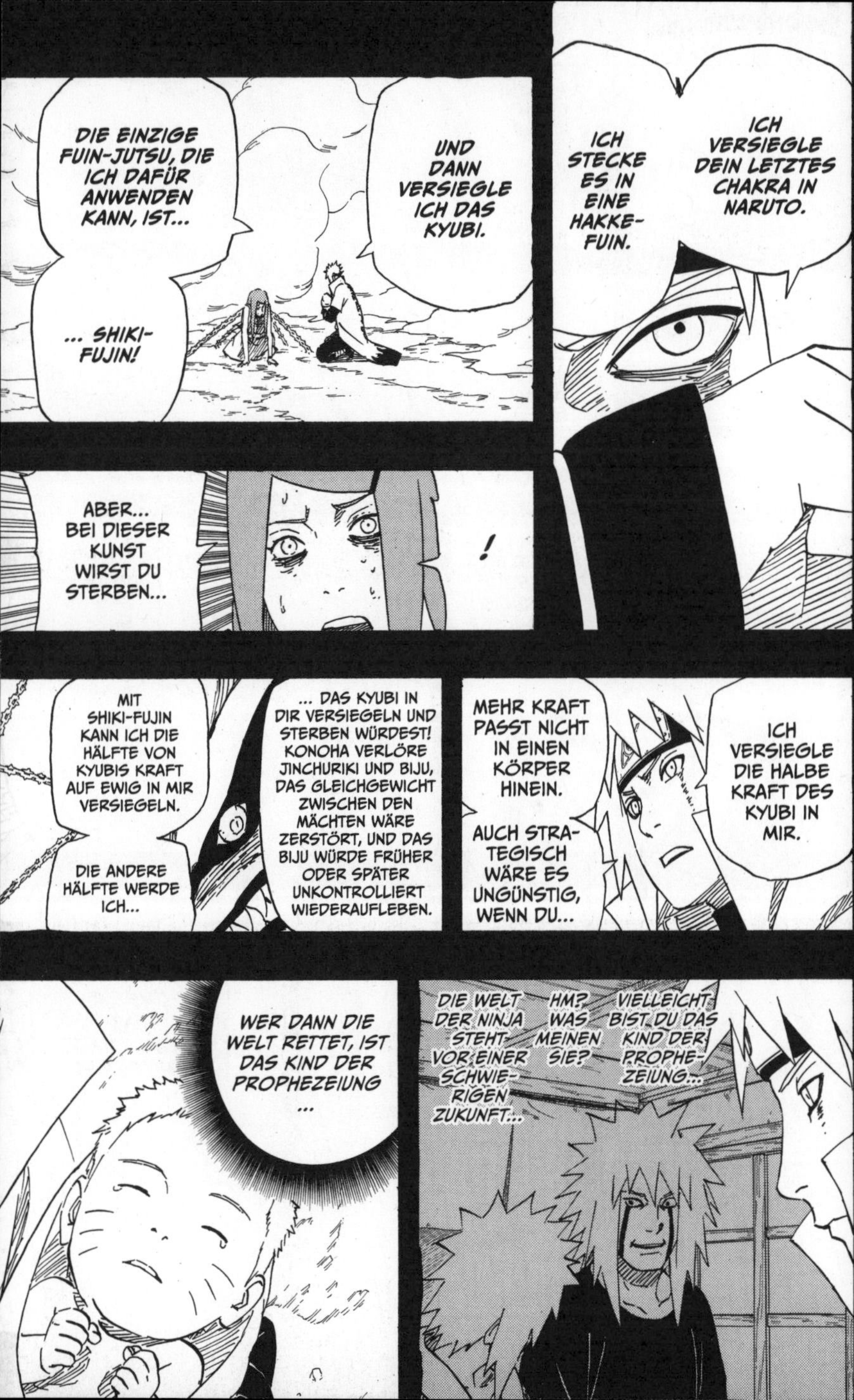
ICH VERSIEGLE DEIN LETZTES CHAKRA IN NARUTO.
ICH STECKE ES IN EINE HAKKE-FUIN.
UND DANN VERSIEGLE ICH DAS KYUBI.
DIE EINZIGE FUIN-JUTSU, DIE ICH DAFÜR ANWENDEN KANN, IST...
... SHIKI-FUJIN!
!
ABER... BEI DIESER KUNST WIRST DU STERBEN...
ICH VERSIEGLE DIE HALBE KRAFT DES KYUBI IN MIR.
MEHR KRAFT PASST NICHT IN EINEN KÖRPER HINEIN.
AUCH STRATEGISCH WÄRE ES UNGÜNSTIG, WENN DU...
... DAS KYUBI IN DIR VERSIEGELN UND STERBEN WÜRDEST! KONOHA VERLÖRE JINCHURIKI UND BIJU, DAS GLEICHGEWICHT ZWISCHEN DEN MÄCHTEN WÄRE ZERSTÖRT, UND DAS BIJU WÜRDE FRÜHER ODER SPÄTER UNKONTROLLIERT WIEDERAUFLEBEN.
MIT SHIKI-FUJIN KANN ICH DIE HÄLFTE VON KYUBIS KRAFT AUF EWIG IN MIR VERSIEGELN.
DIE ANDERE HÄLFTE WERDE ICH...
VIELLEICHT BIST DU DAS KIND DER PROPHEZEIUNG...
HM? WAS MEINEN SIE?
DIE WELT DER NINJA STEHT VOR EINER SCHWIERIGEN ZUKUNFT...
WER DANN DIE WELT RETTET, IST DAS KIND DER PROPHEZEIUNG ...

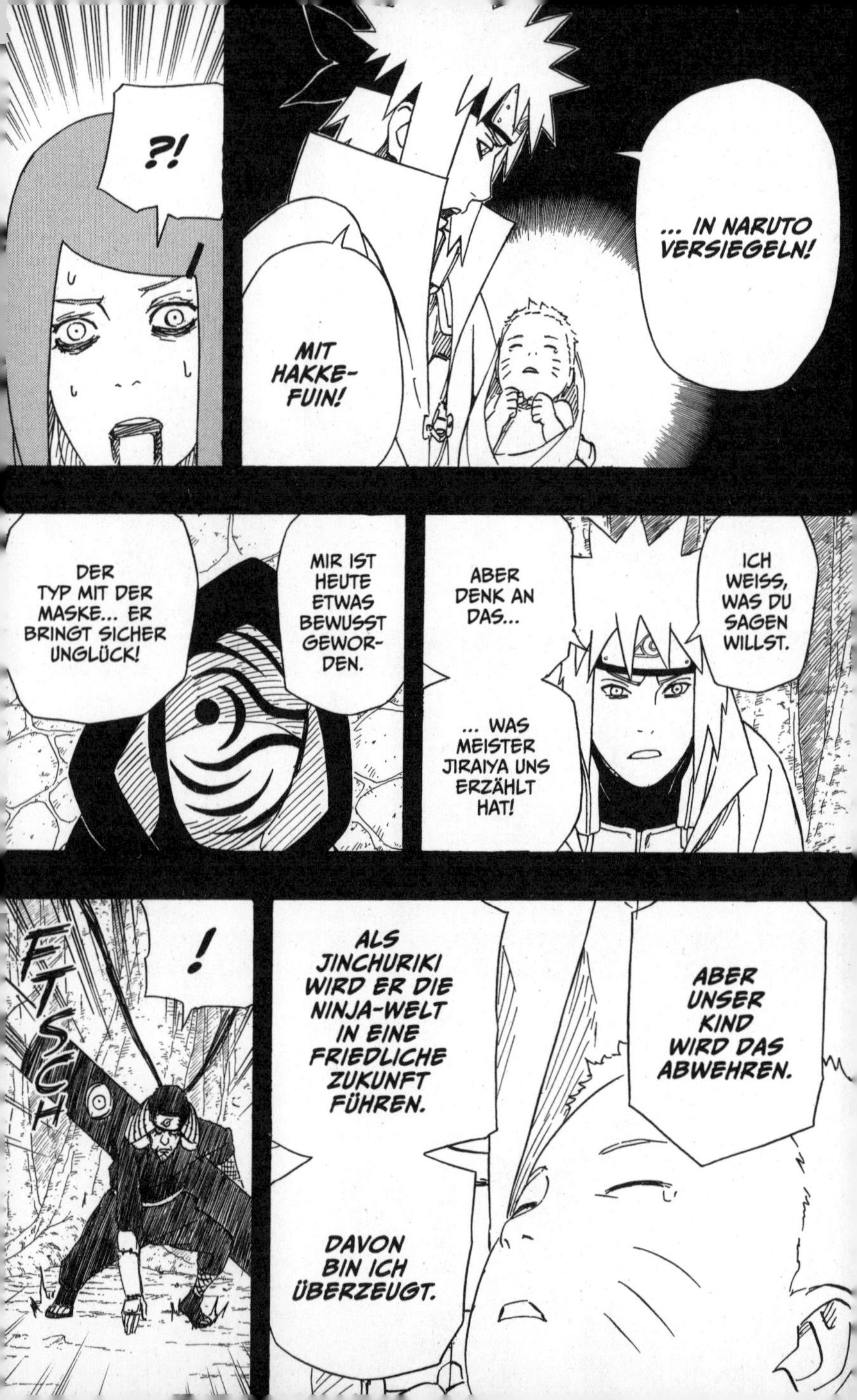
... IN NARUTO VERSIEGELN!
MIT HAKKE-FUIN!
?!
ICH WEISS, WAS DU SAGEN WILLST.
ABER DENK AN DAS...
... WAS MEISTER JIRAIYA UNS ERZÄHLT HAT!
MIR IST HEUTE ETWAS BEWUSST GEWORDEN.
DER TYP MIT DER MASKE... ER BRINGT SICHER UNGLÜCK!
ABER UNSER KIND WIRD DAS ABWEHREN.
ALS JINCHURIKI WIRD ER DIE NINJA-WELT IN EINE FRIEDLICHE ZUKUNFT FÜHREN.
DAVON BIN ICH ÜBERZEUGT.
!
FTSCH

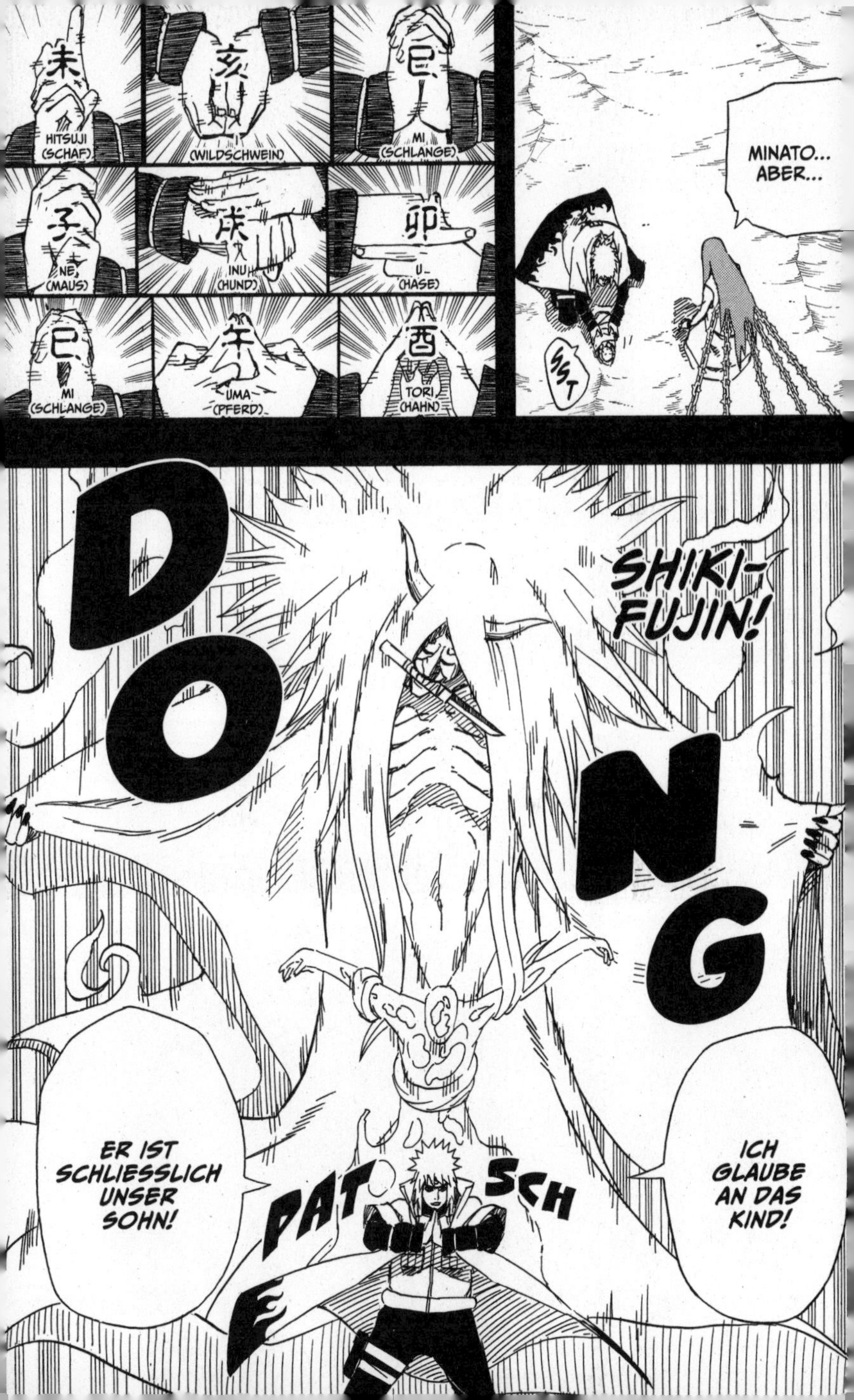
MINATO... ABER...
SST
巳 MI (SCHLANGE)
亥 I (WILDSCHWEIN)
未 HITSUJI (SCHAF)
卯 U (HASE)
戌 INU (HUND)
子 NE (MAUS)
酉 TORI (HAHN)
午 UMA (PFERD)
巳 MI (SCHLANGE)
SHIKI-FUJIN!
DONG
ICH GLAUBE AN DAS KIND!
ER IST SCHLIESSLICH UNSER SOHN!
PATSCH

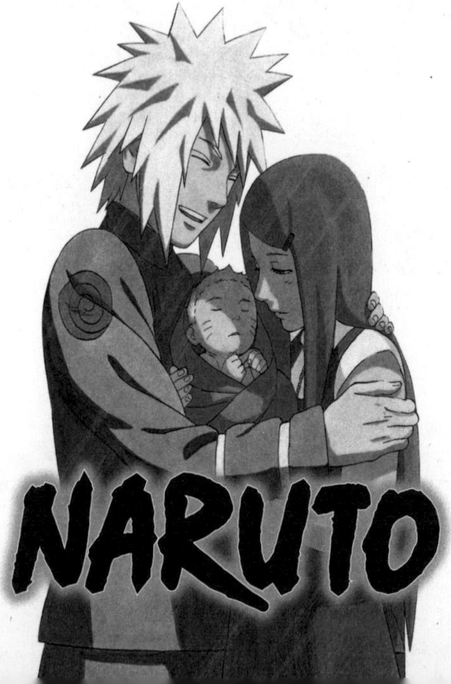
NARUTO

# 504. KAPITEL: ICH DANKE DIR!

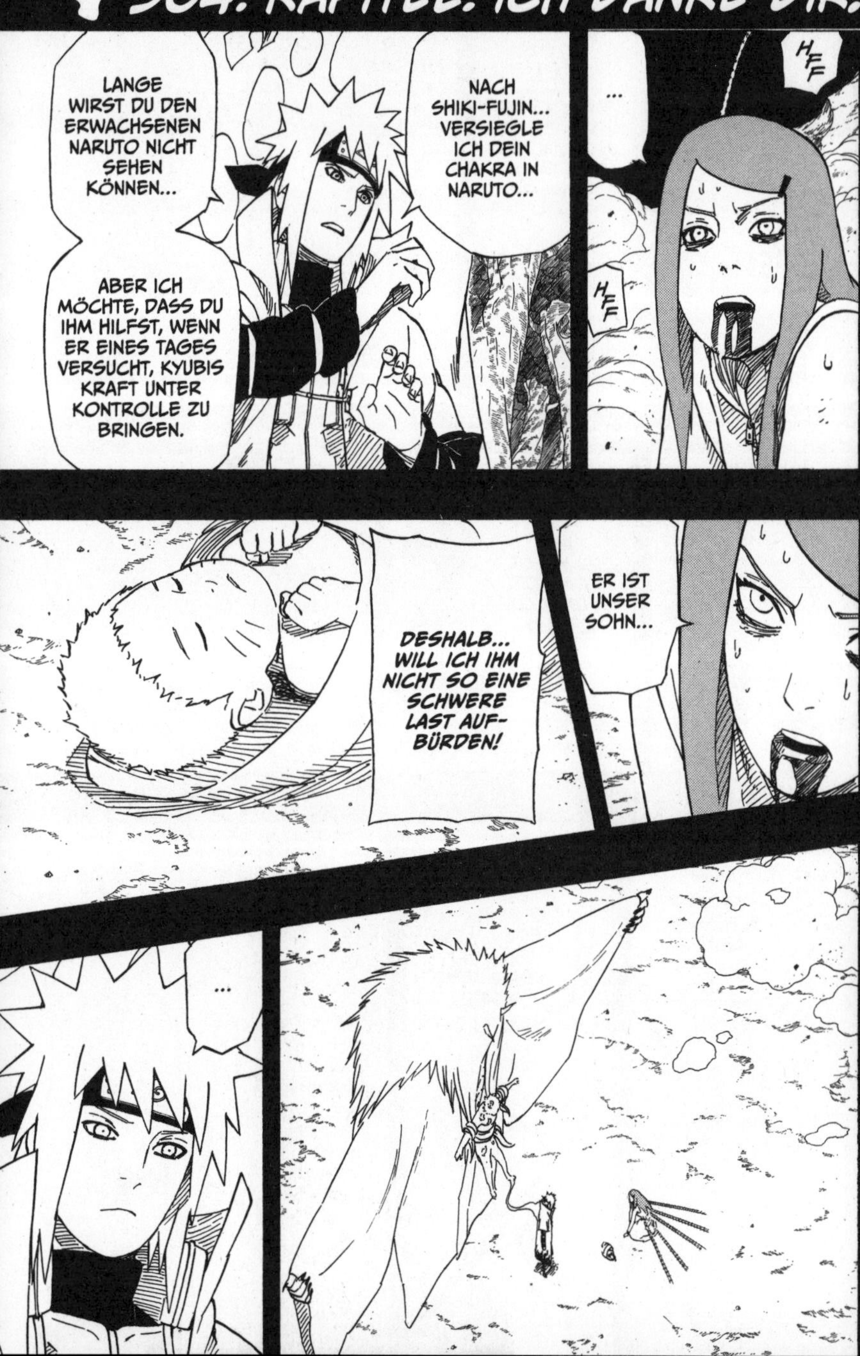

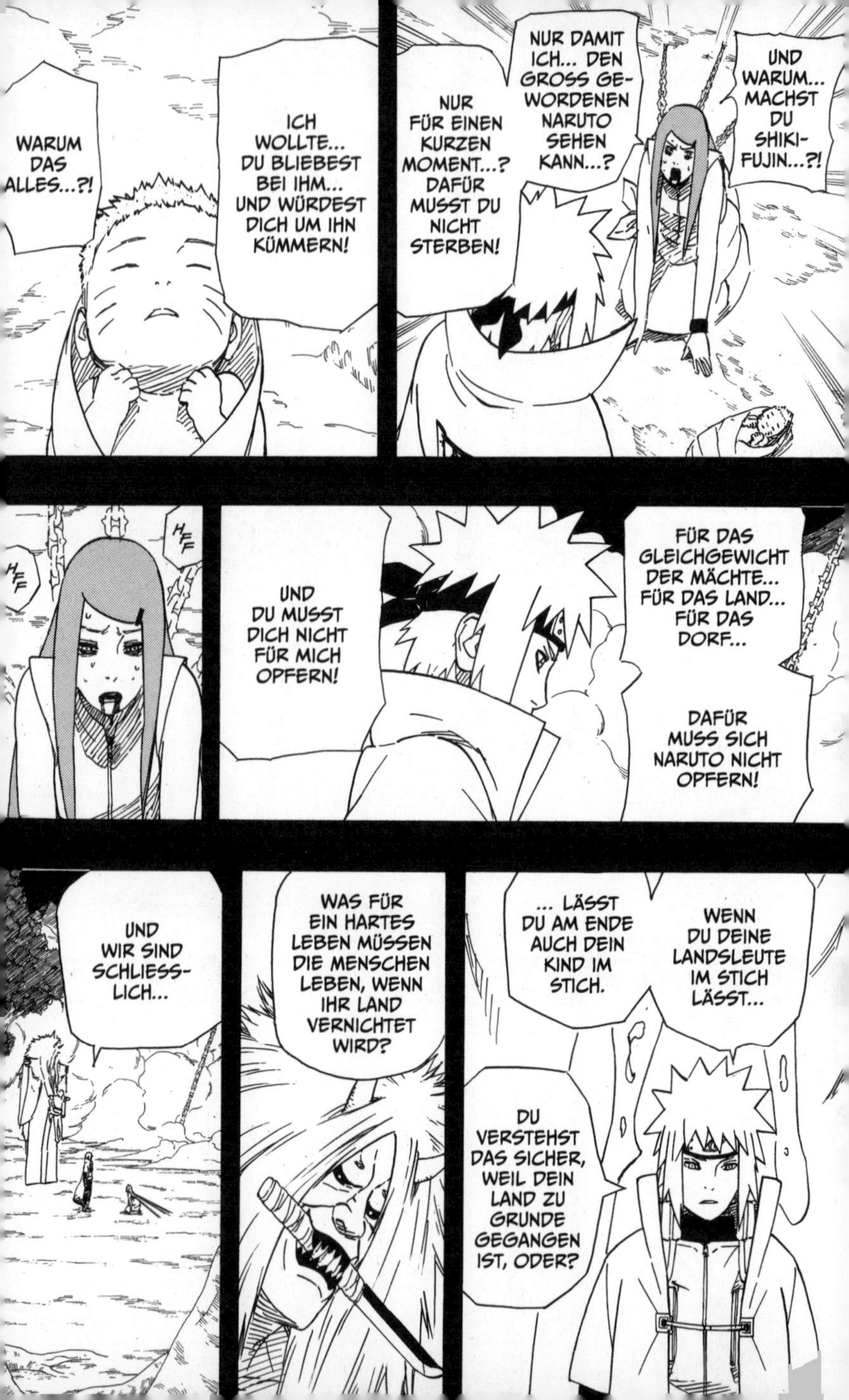
UND WARUM... MACHST DU SHIKI-FUJIN...?!
NUR DAMIT ICH... DEN GROSS GEWORDENEN NARUTO SEHEN KANN...?
NUR FÜR EINEN KURZEN MOMENT...? DAFÜR MUSST DU NICHT STERBEN!
ICH WOLLTE... DU BLIEBEST BEI IHM... UND WÜRDEST DICH UM IHN KÜMMERN!
WARUM DAS ALLES...?!
FÜR DAS GLEICHGEWICHT DER MÄCHTE... FÜR DAS LAND... FÜR DAS DORF...
DAFÜR MUSS SICH NARUTO NICHT OPFERN!
UND DU MUSST DICH NICHT FÜR MICH OPFERN!
HFF
HFF
WENN DU DEINE LANDSLEUTE IM STICH LÄSST...
... LÄSST DU AM ENDE AUCH DEIN KIND IM STICH.
DU VERSTEHST DAS SICHER, WEIL DEIN LAND ZU GRUNDE GEGANGEN IST, ODER?
WAS FÜR EIN HARTES LEBEN MÜSSEN DIE MENSCHEN LEBEN, WENN IHR LAND VERNICHTET WIRD?
UND WIR SIND SCHLIESS-LICH...

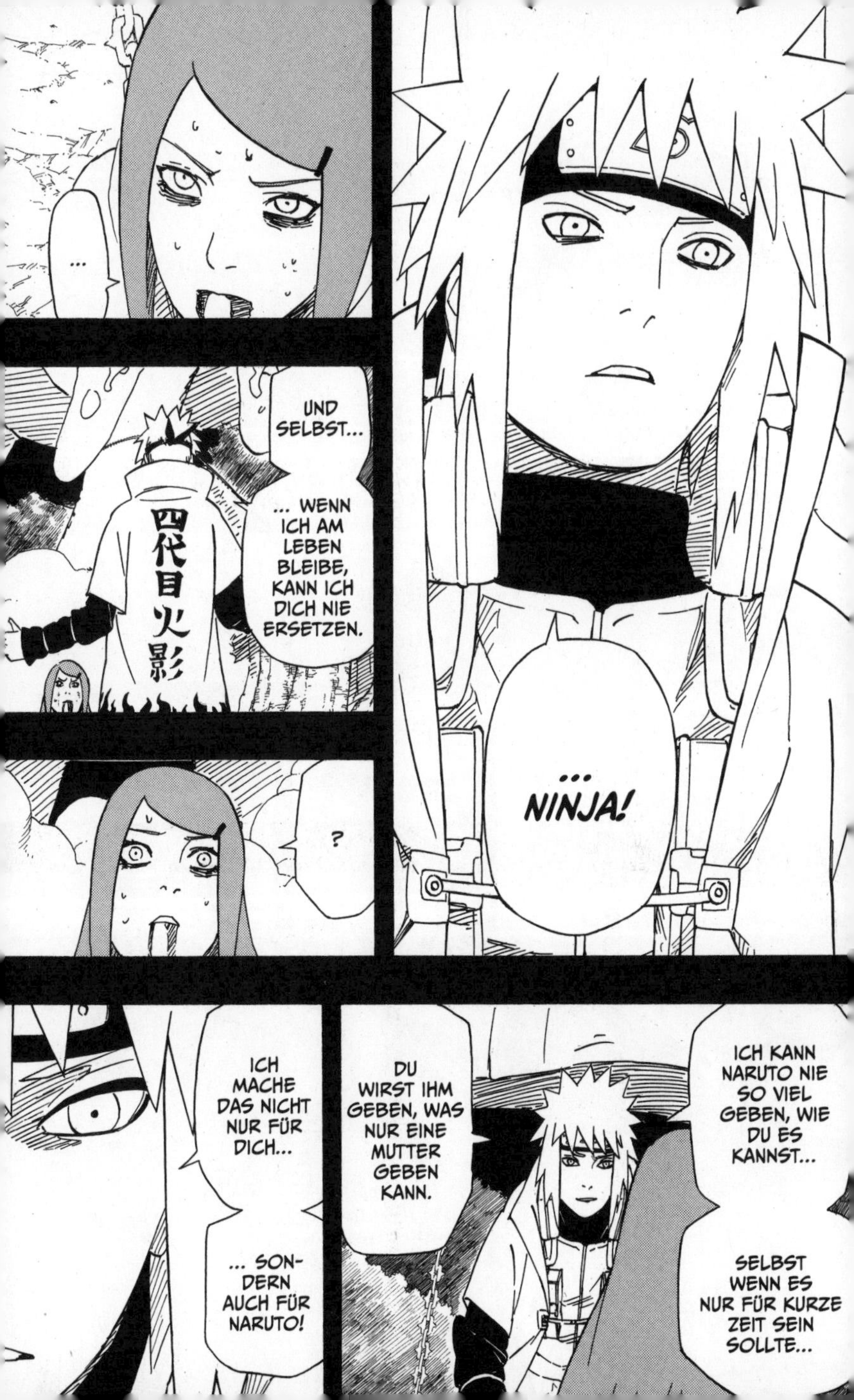

... NINJA!
...
UND SELBST...
... WENN ICH AM LEBEN BLEIBE, KANN ICH DICH NIE ERSETZEN.
四代目火影
?
ICH KANN NARUTO NIE SO VIEL GEBEN, WIE DU ES KANNST...
SELBST WENN ES NUR FÜR KURZE ZEIT SEIN SOLLTE...
DU WIRST IHM GEBEN, WAS NUR EINE MUTTER GEBEN KANN.
ICH MACHE DAS NICHT NUR FÜR DICH...
... SON-DERN AUCH FÜR NARUTO!

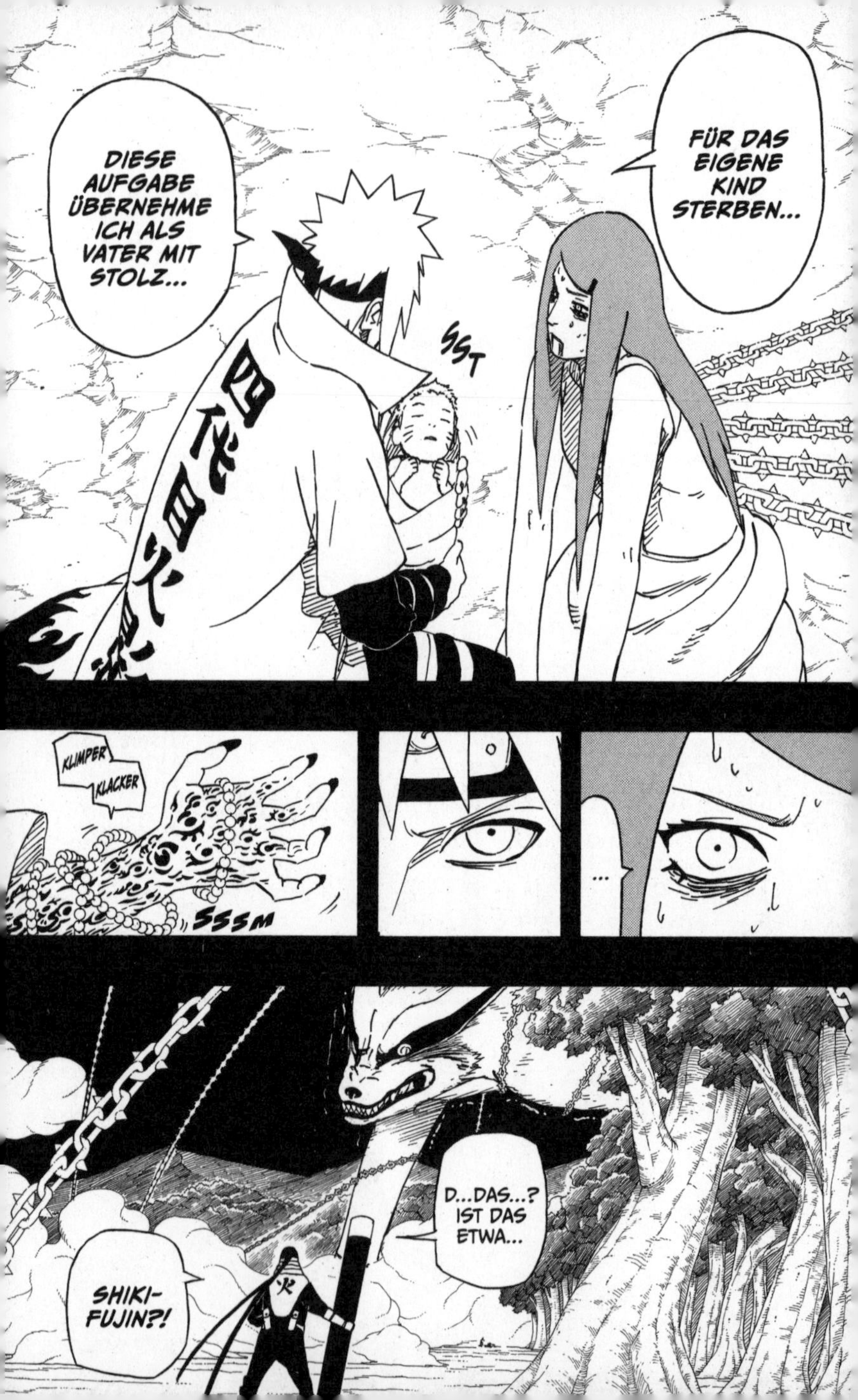
FÜR DAS EIGENE KIND STERBEN...
DIESE AUFGABE ÜBERNEHME ICH ALS VATER MIT STOLZ...
四代目火影
SST
...
KLIMPER
KLACKER
SSSM
D...DAS...? IST DAS ETWA...
SHIKI-FUJIN?!

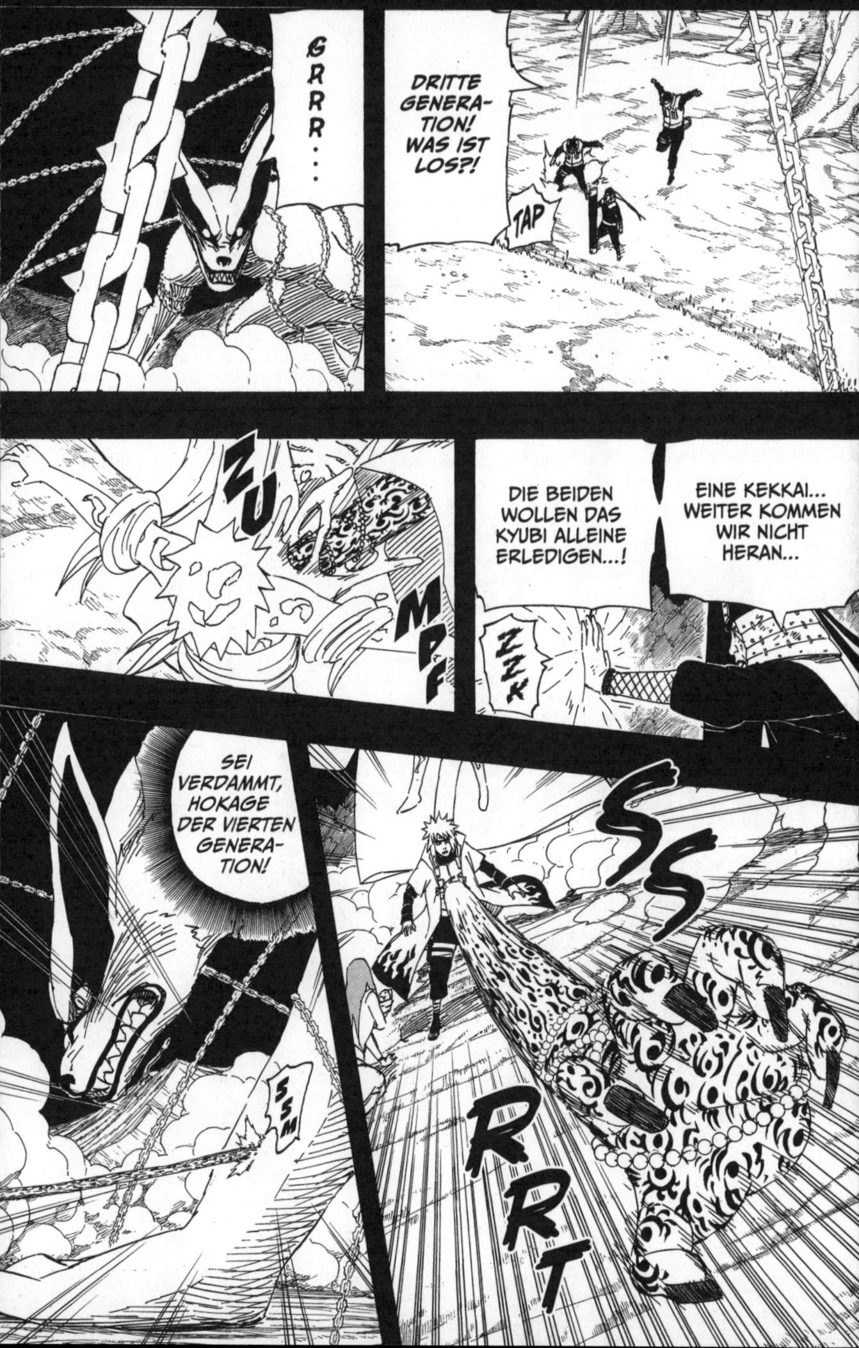
DRITTE GENERATION! WAS IST LOS?!
TAP
GRRR...
EINE KEKKAI... WEITER KOMMEN WIR NICHT HERAN...
DIE BEIDEN WOLLEN DAS KYUBI ALLEINE ERLEDIGEN...!
ZZK
ZU
MPF
SS
RRRT
SEI VERDAMMT, HOKAGE DER VIERTEN GENERATION!
SSM

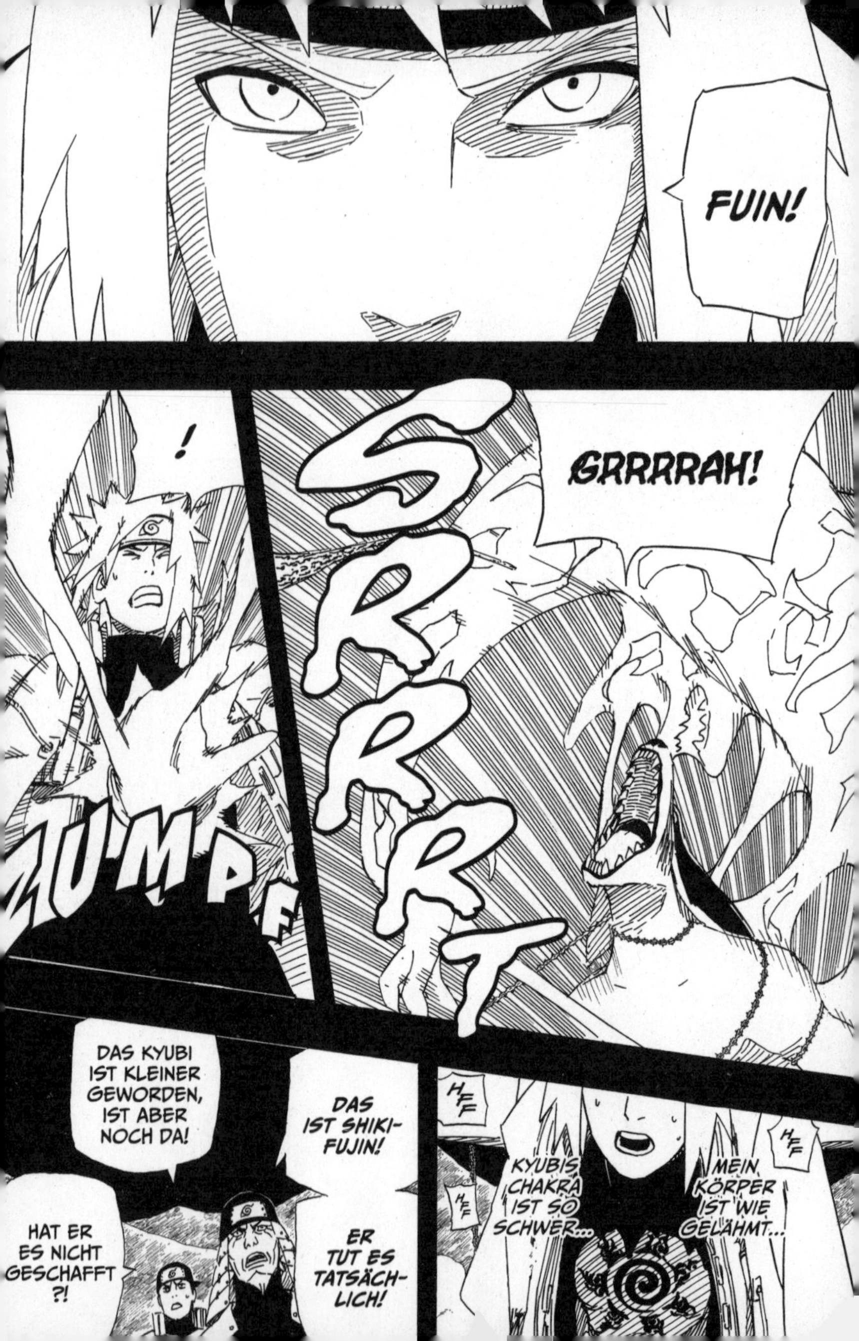
FUIN!
!
GRRRRAH!
SRRRT
ZUMPF
DAS KYUBI IST KLEINER GEWORDEN, IST ABER NOCH DA!
HAT ER ES NICHT GESCHAFFT ?!
DAS IST SHIKI-FUJIN!
ER TUT ES TATSÄCH-LICH!
HFF
KYUBIS CHAKRA IST SO SCHWER...
HFF
MEIN KÖRPER IST WIE GELÄHMT...
HFF

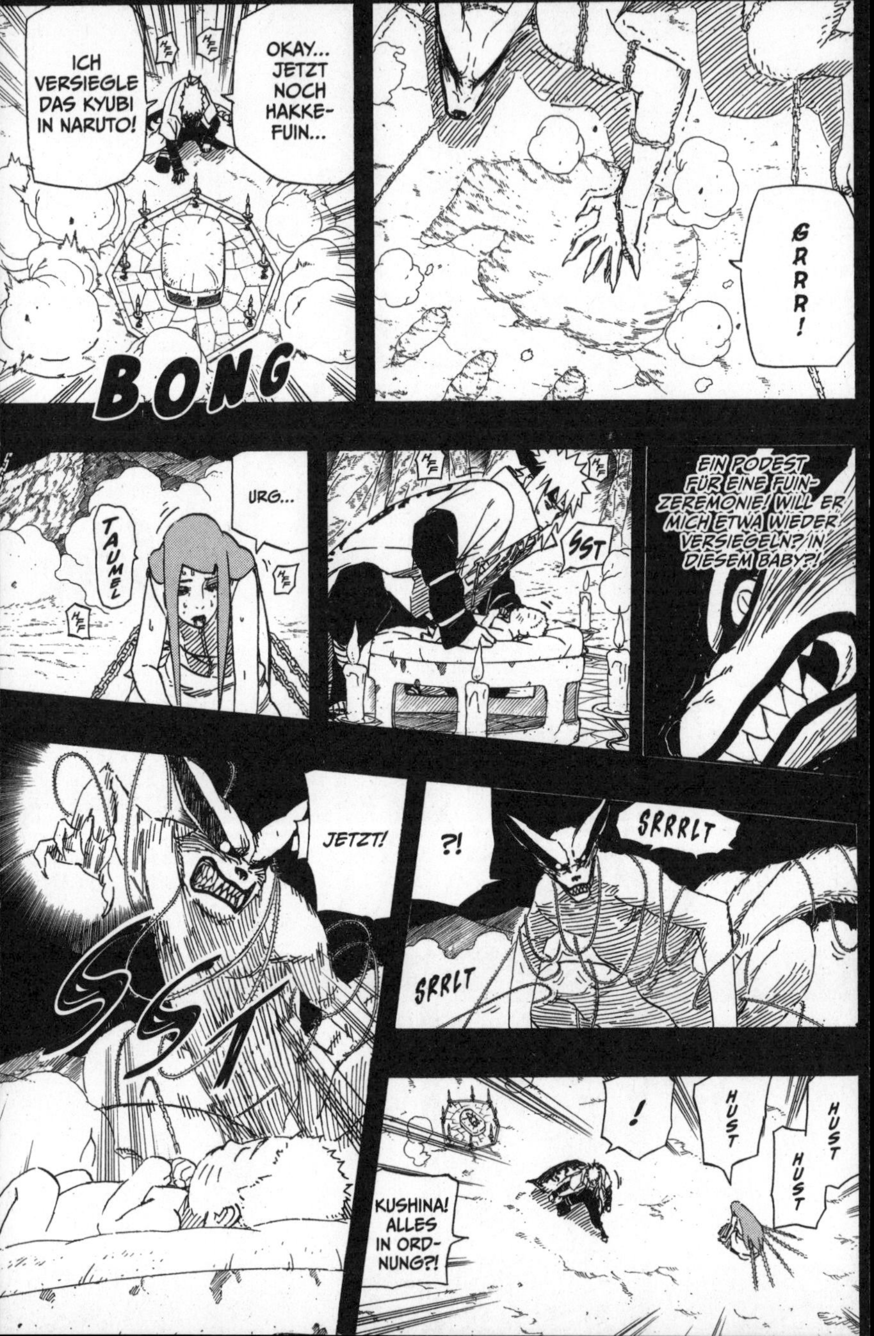

GRRR!
OKAY... JETZT NOCH HAKKE-FUIN...
ICH VERSIEGLE DAS KYUBI IN NARUTO!
HEF
BONG
EIN PODEST FÜR EINE FUIN-ZEREMONIE! WILL ER MICH ETWA WIEDER VERSIEGELN? IN DIESEM BABY?!
SST
HEF
URG...
TAUMEL
HEF
SRRRLT
SRRLT
?!
JETZT!
SST
HUST
HUST
HUST
!
KUSHINA! ALLES IN ORDNUNG?!

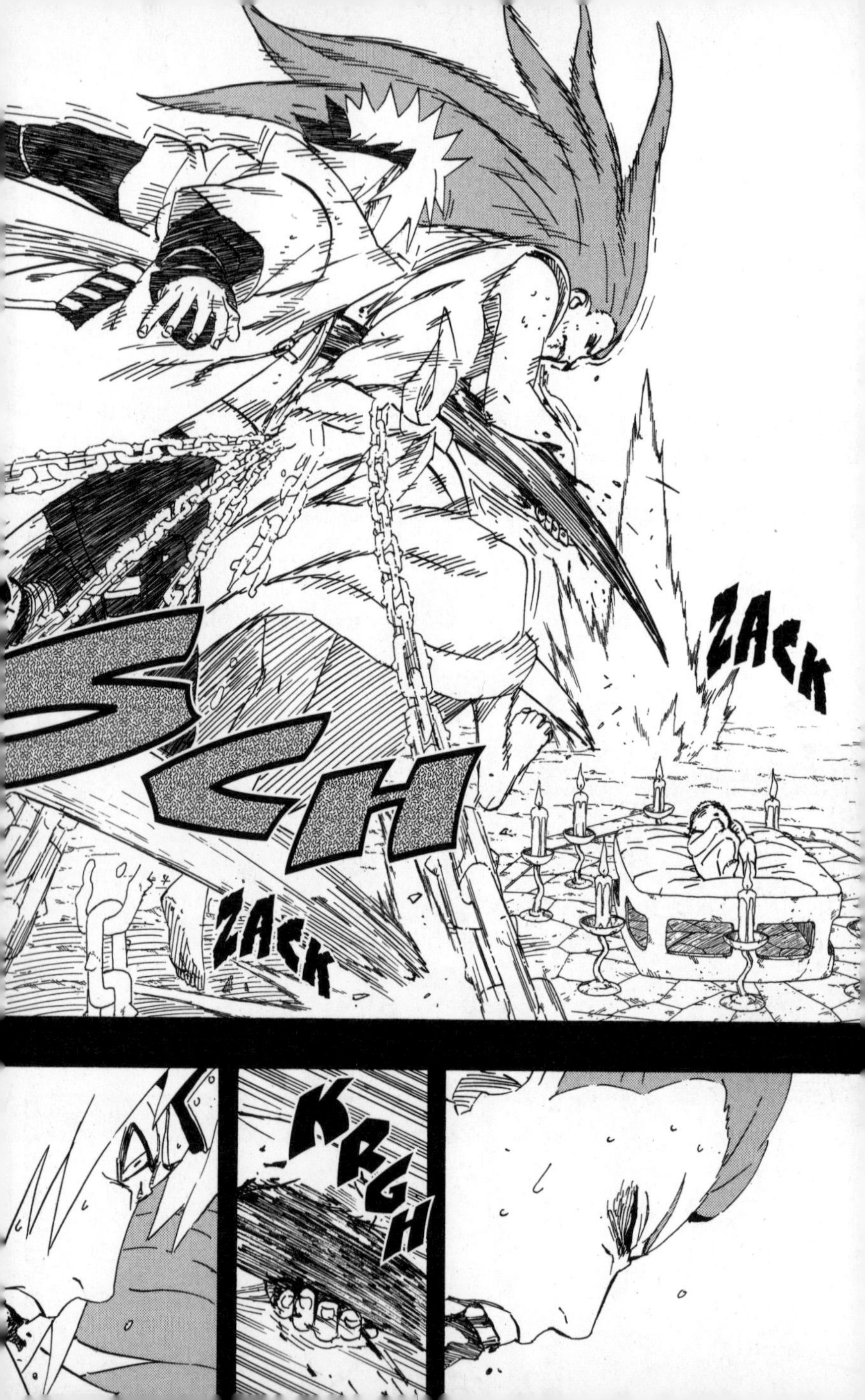
ZACK
SCH
ZACK
KRGH

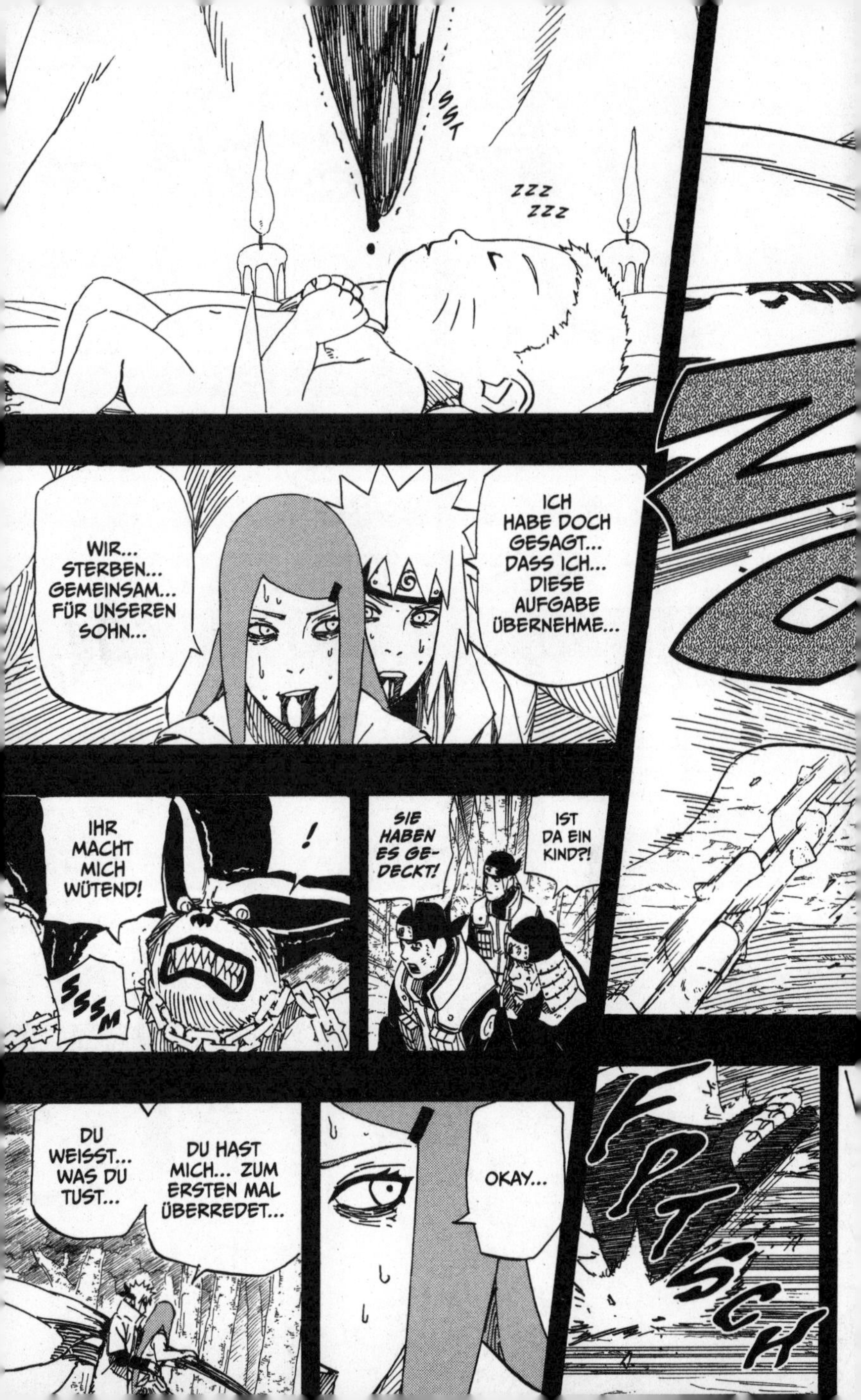
SSST
ZZZ ZZZ
ICH HABE DOCH GESAGT... DASS ICH... DIESE AUFGABE ÜBERNEHME...
WIR... STERBEN... GEMEINSAM... FÜR UNSEREN SOHN...
IST DA EIN KIND?!
SIE HABEN ES GE-DECKT!
!
IHR MACHT MICH WÜTEND!
SSSM
KPTSCH
OKAY...
DU HAST MICH... ZUM ERSTEN MAL ÜBERREDET...
DU WEISST... WAS DU TUST...

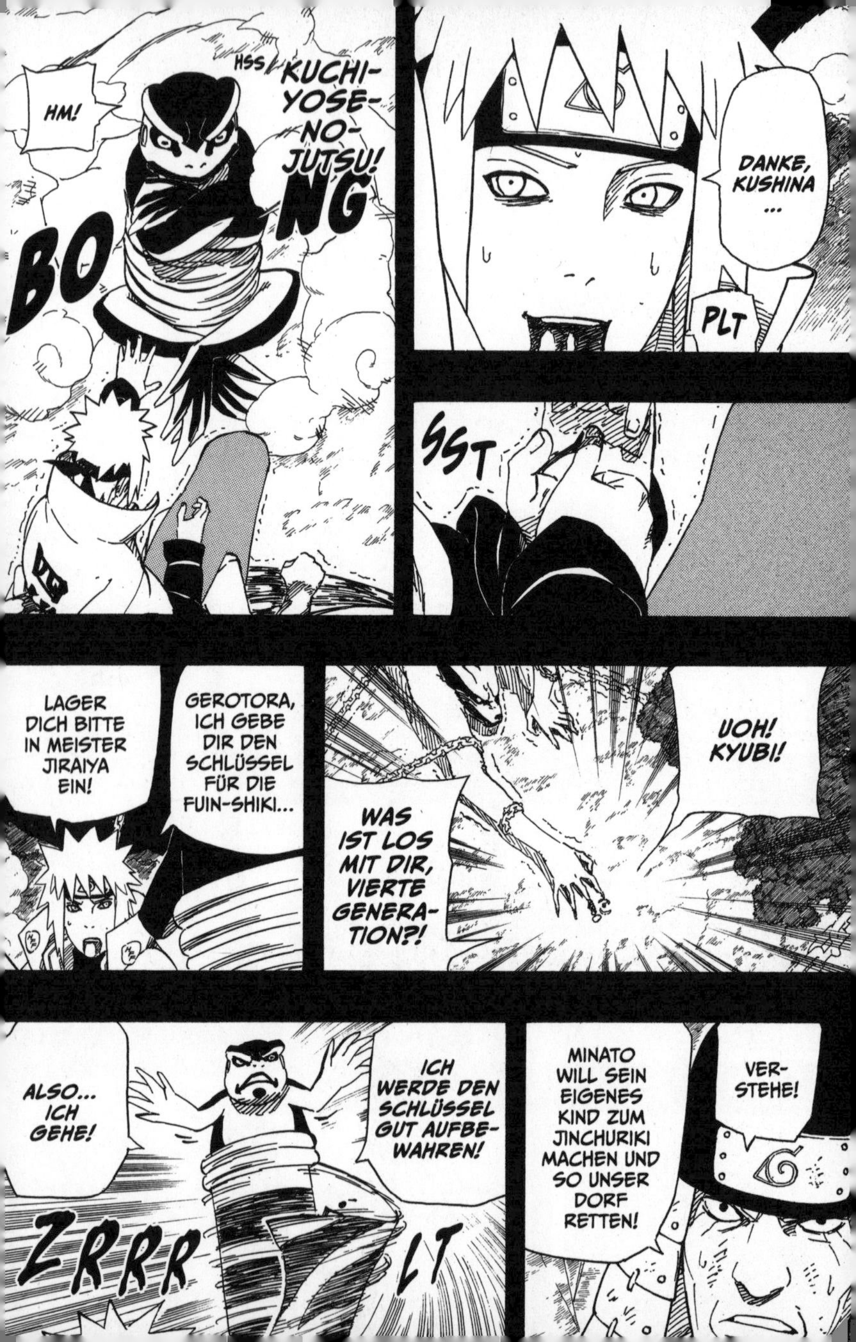
DANKE, KUSHINA ...
PLT
HSS
KUCHI-YOSE-NO-JUTSU!
HM!
BOONG
SST
UOH! KYUBI!
WAS IST LOS MIT DIR, VIERTE GENERATION?!
GEROTORA, ICH GEBE DIR DEN SCHLÜSSEL FÜR DIE FUIN-SHIKI...
LAGER DICH BITTE IN MEISTER JIRAIYA EIN!
VER-STEHE!
MINATO WILL SEIN EIGENES KIND ZUM JINCHURIKI MACHEN UND SO UNSER DORF RETTEN!
ICH WERDE DEN SCHLÜSSEL GUT AUFBE-WAHREN!
ALSO... ICH GEHE!
ZRRRLT

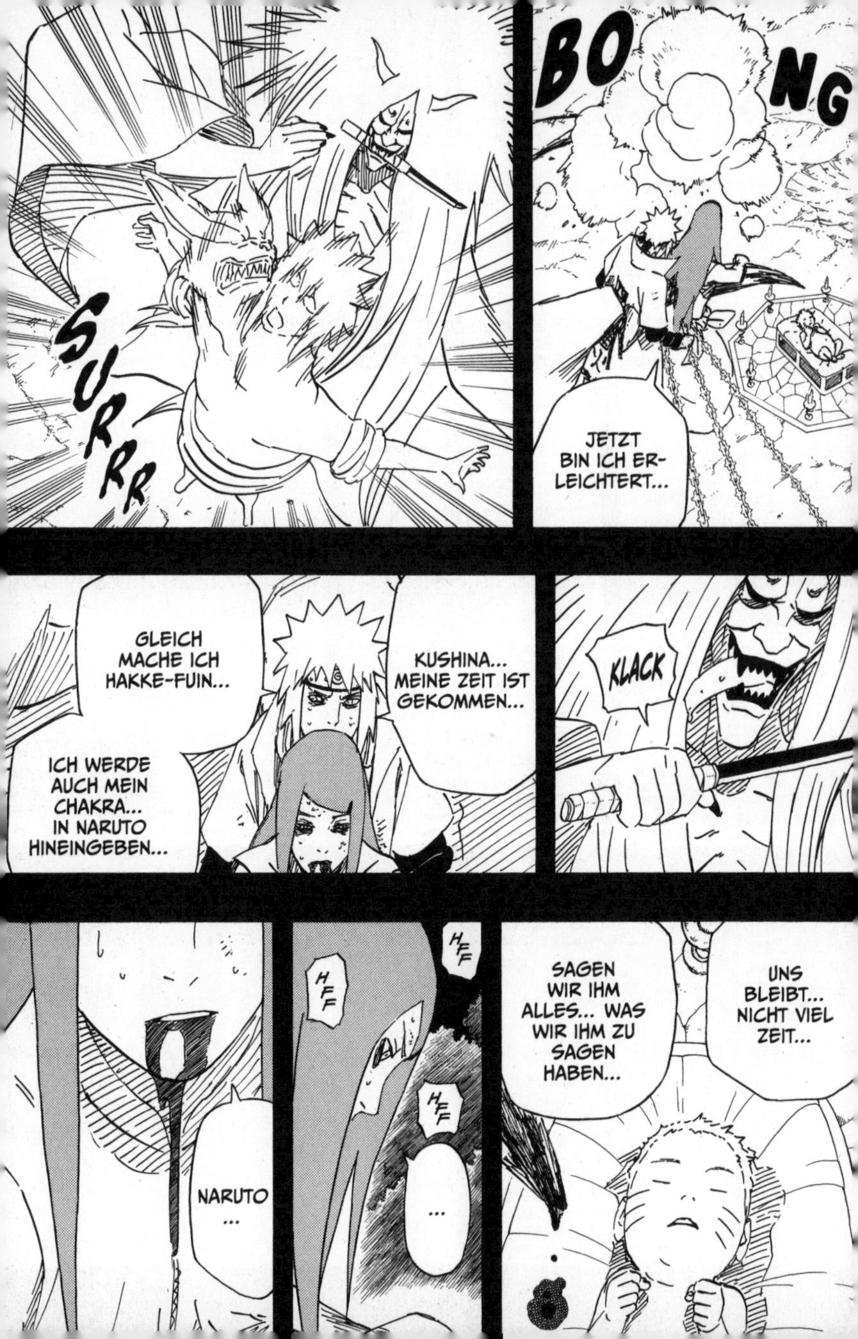
BONG
JETZT BIN ICH ER-LEICHTERT...
SURRR
KLACK
KUSHINA... MEINE ZEIT IST GEKOMMEN...
GLEICH MACHE ICH HAKKE-FUIN...
ICH WERDE AUCH MEIN CHAKRA... IN NARUTO HINEINGEBEN...
UNS BLEIBT... NICHT VIEL ZEIT...
SAGEN WIR IHM ALLES... WAS WIR IHM ZU SAGEN HABEN...
HFF
HFF
HFF
...
NARUTO ...

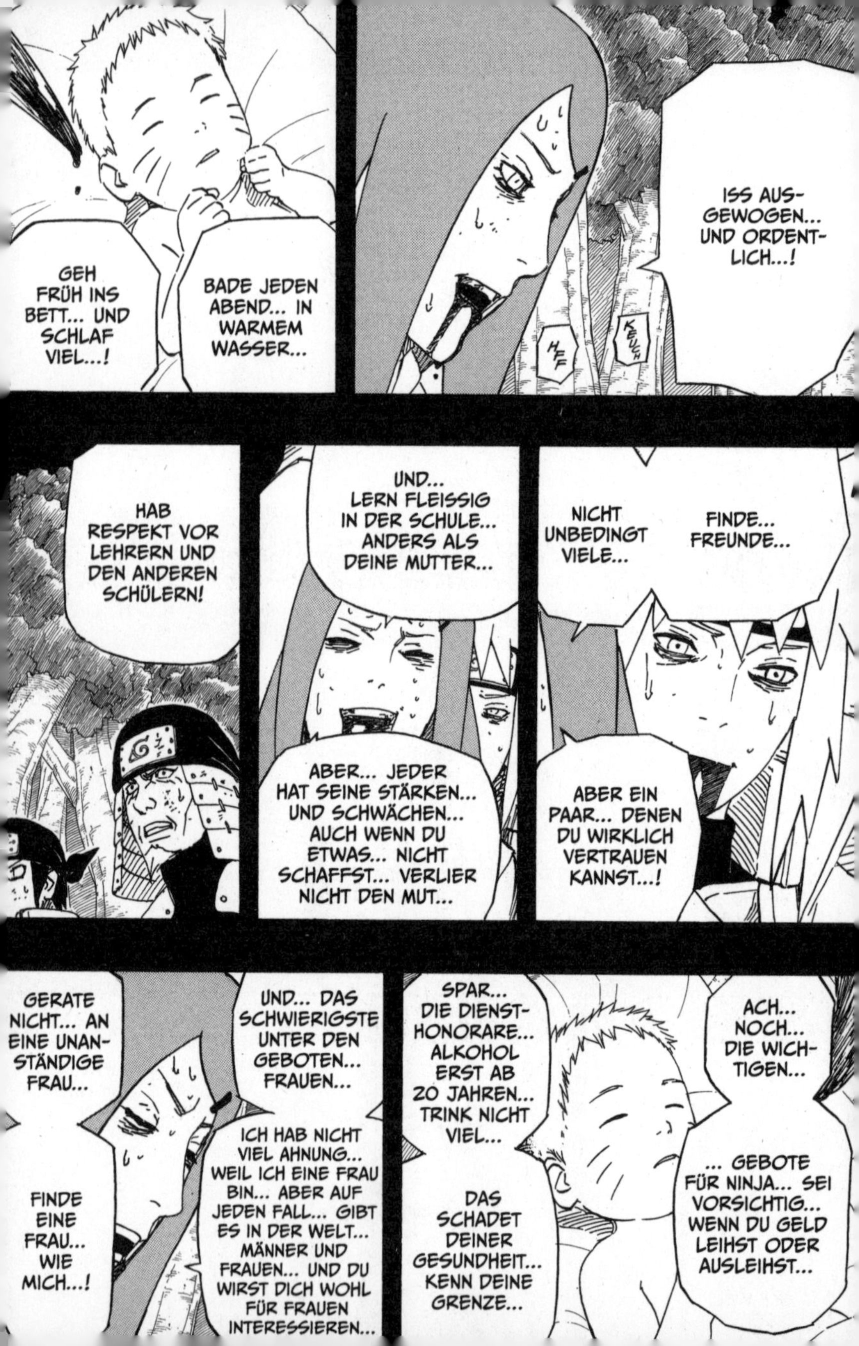
ISS AUSGEWOGEN... UND ORDENTLICH...!
KEUCH
HFF
BADE JEDEN ABEND... IN WARMEM WASSER...
GEH FRÜH INS BETT... UND SCHLAF VIEL...!
FINDE... FREUNDE...
NICHT UNBEDINGT VIELE...
ABER EIN PAAR... DENEN DU WIRKLICH VERTRAUEN KANNST...!
UND... LERN FLEISSIG IN DER SCHULE... ANDERS ALS DEINE MUTTER...
ABER... JEDER HAT SEINE STÄRKEN... UND SCHWÄCHEN... AUCH WENN DU ETWAS... NICHT SCHAFFST... VERLIER NICHT DEN MUT...
HAB RESPEKT VOR LEHRERN UND DEN ANDEREN SCHÜLERN!
ACH... NOCH... DIE WICHTIGEN...
... GEBOTE FÜR NINJA... SEI VORSICHTIG... WENN DU GELD LEIHST ODER AUSLEIHST...
SPAR... DIE DIENSTHONORARE... ALKOHOL ERST AB 20 JAHREN... TRINK NICHT VIEL...
DAS SCHADET DEINER GESUNDHEIT... KENN DEINE GRENZE...
UND... DAS SCHWIERIGSTE UNTER DEN GEBOTEN... FRAUEN...
ICH HAB NICHT VIEL AHNUNG... WEIL ICH EINE FRAU BIN... ABER AUF JEDEN FALL... GIBT ES IN DER WELT... MÄNNER UND FRAUEN... UND DU WIRST DICH WOHL FÜR FRAUEN INTERESSIEREN...
GERATE NICHT... AN EINE UNANSTÄNDIGE FRAU...
FINDE EINE FRAU... WIE MICH...!

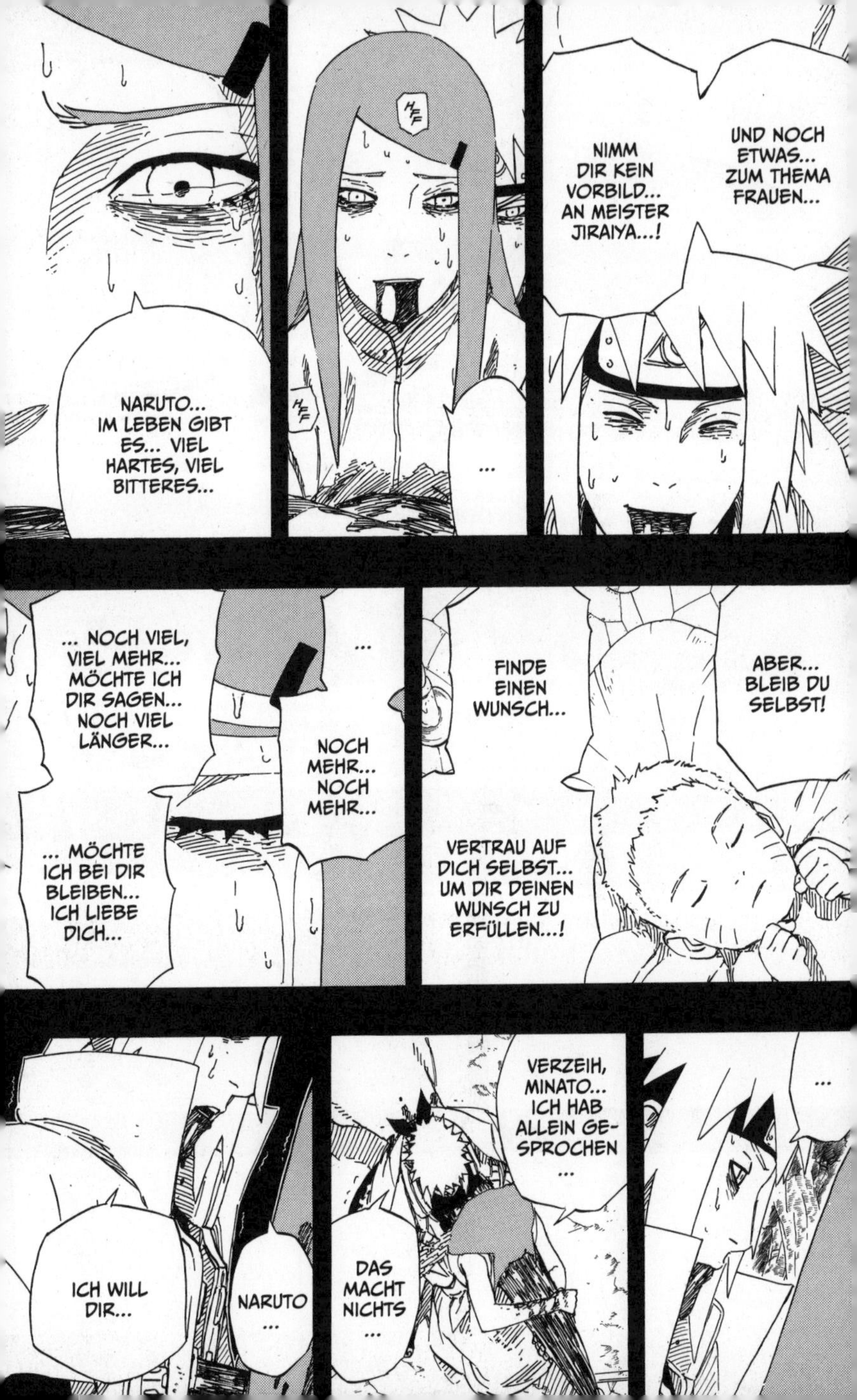
UND NOCH ETWAS... ZUM THEMA FRAUEN...
NIMM DIR KEIN VORBILD... AN MEISTER JIRAIYA...!
HEF
HEF
...
NARUTO... IM LEBEN GIBT ES... VIEL HARTES, VIEL BITTERES...
ABER... BLEIB DU SELBST!
FINDE EINEN WUNSCH...
VERTRAU AUF DICH SELBST... UM DIR DEINEN WUNSCH ZU ERFÜLLEN...!
...
NOCH MEHR... NOCH MEHR...
... NOCH VIEL, VIEL MEHR... MÖCHTE ICH DIR SAGEN... NOCH VIEL LÄNGER...
... MÖCHTE ICH BEI DIR BLEIBEN... ICH LIEBE DICH...
...
VERZEIH, MINATO... ICH HAB ALLEIN GE-SPROCHEN ...
DAS MACHT NICHTS ...
NARUTO ...
ICH WILL DIR...

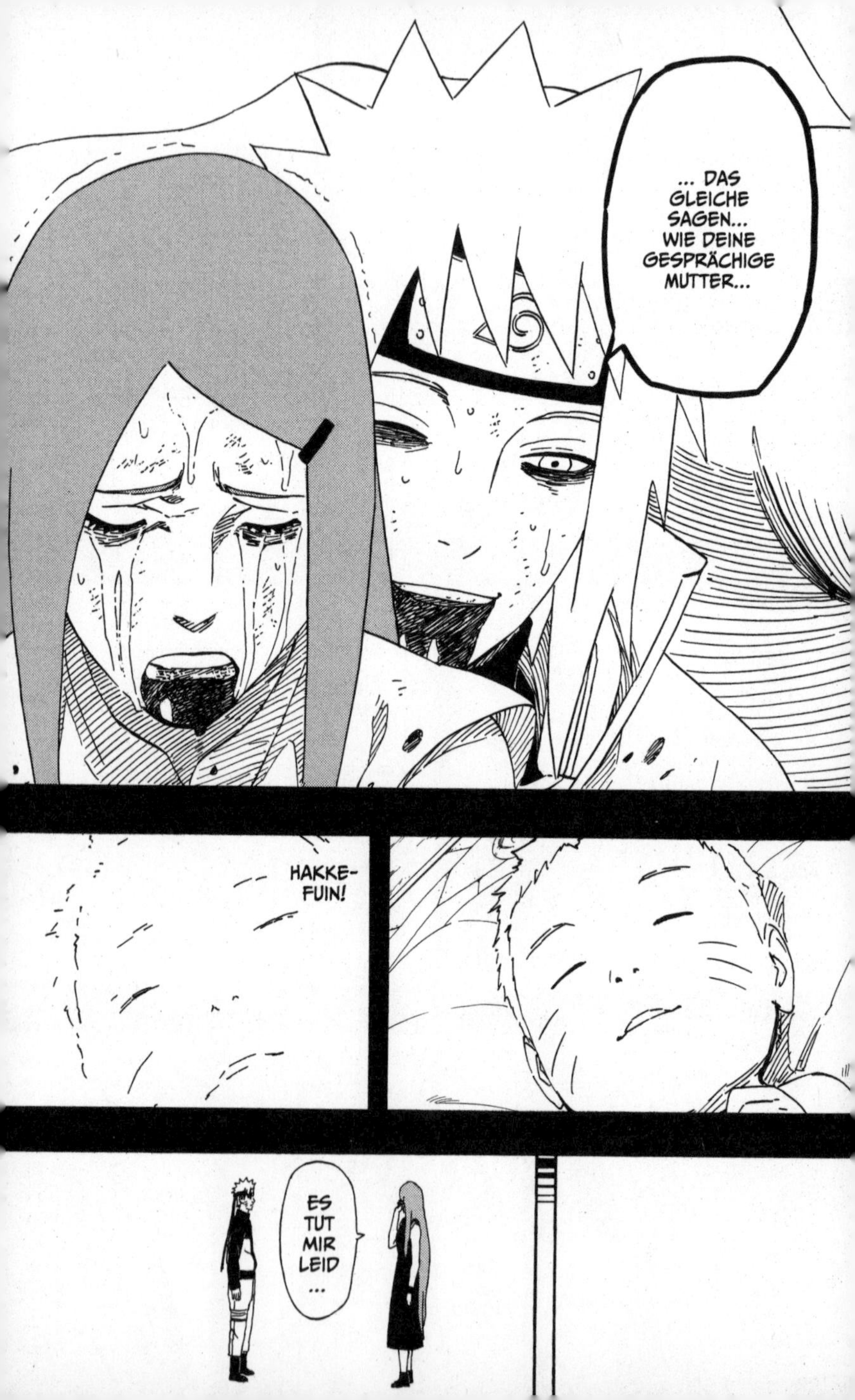
... DAS GLEICHE SAGEN... WIE DEINE GESPRÄCHIGE MUTTER...
HAKKE-FUIN!
ES TUT MIR LEID ...

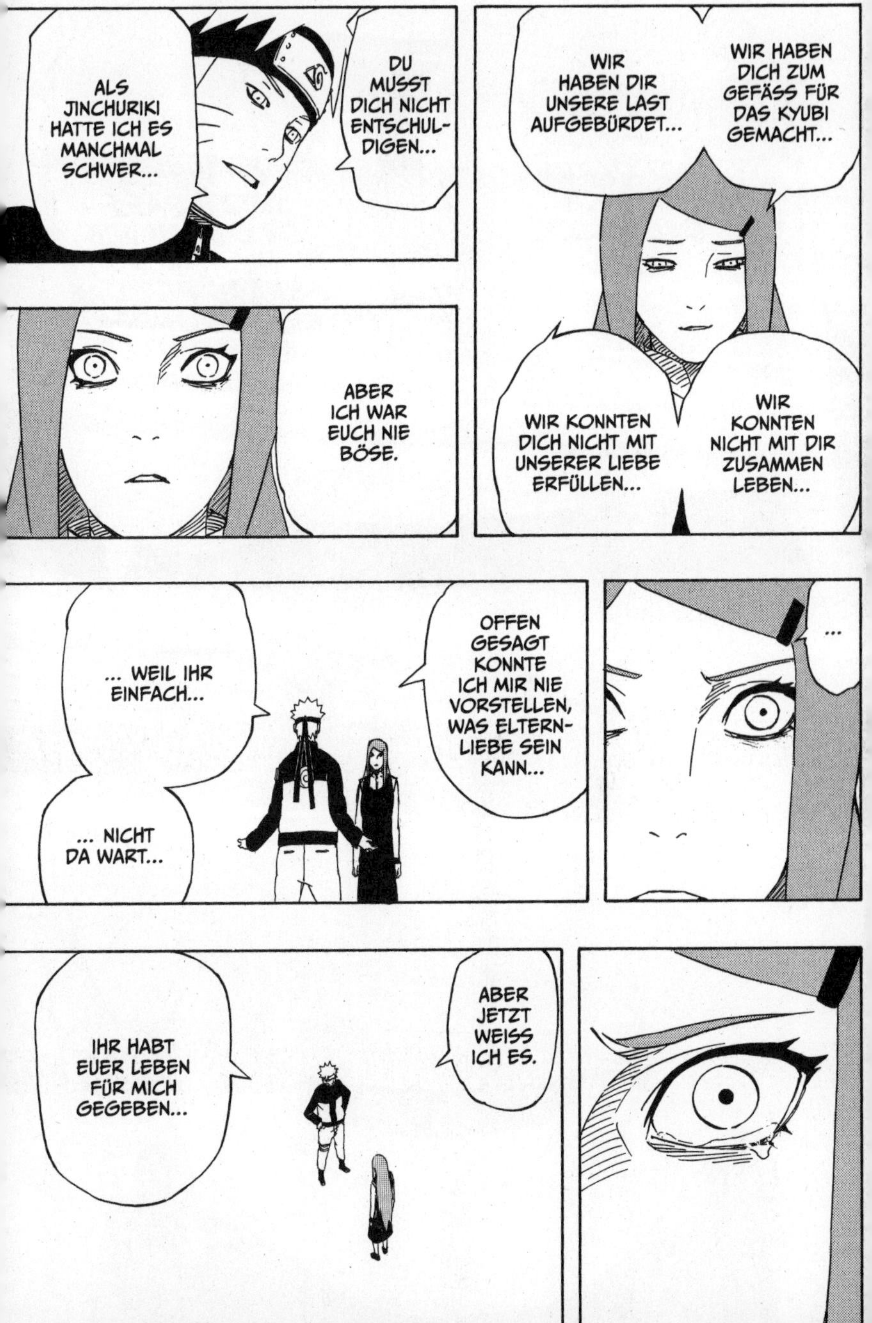
WIR HABEN DICH ZUM GEFÄSS FÜR DAS KYUBI GEMACHT...
WIR HABEN DIR UNSERE LAST AUFGEBÜRDET...
WIR KONNTEN NICHT MIT DIR ZUSAMMEN LEBEN...
WIR KONNTEN DICH NICHT MIT UNSERER LIEBE ERFÜLLEN...
DU MUSST DICH NICHT ENTSCHUL-DIGEN...
ALS JINCHURIKI HATTE ICH ES MANCHMAL SCHWER...
ABER ICH WAR EUCH NIE BÖSE.
...
OFFEN GESAGT KONNTE ICH MIR NIE VORSTELLEN, WAS ELTERN-LIEBE SEIN KANN...
... WEIL IHR EINFACH...
... NICHT DA WART...
ABER JETZT WEISS ICH ES.
IHR HABT EUER LEBEN FÜR MICH GEGEBEN...

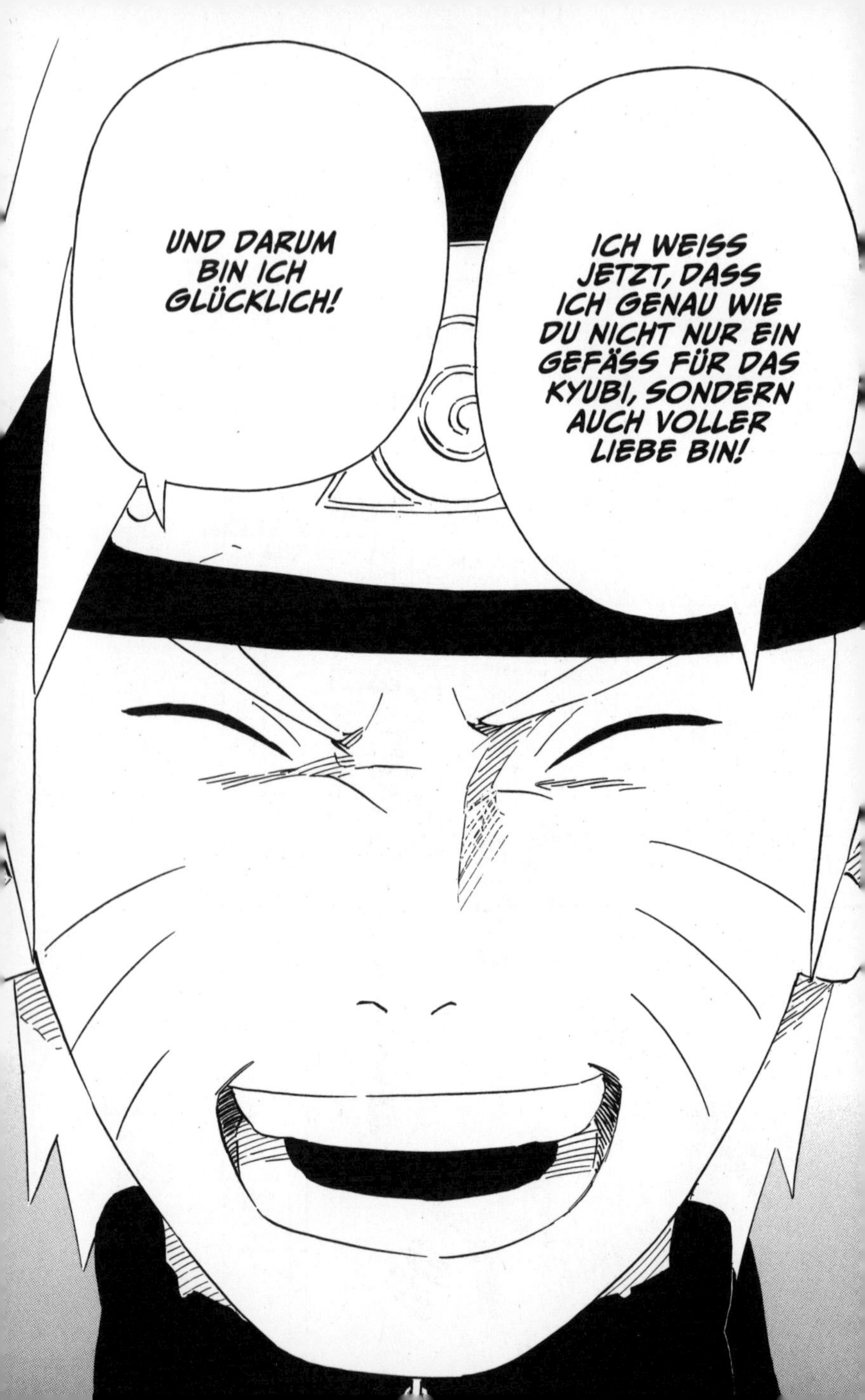
ICH WEISS JETZT, DASS ICH GENAU WIE DU NICHT NUR EIN GEFÄSS FÜR DAS KYUBI, SONDERN AUCH VOLLER LIEBE BIN!
UND DARUM BIN ICH GLÜCKLICH!

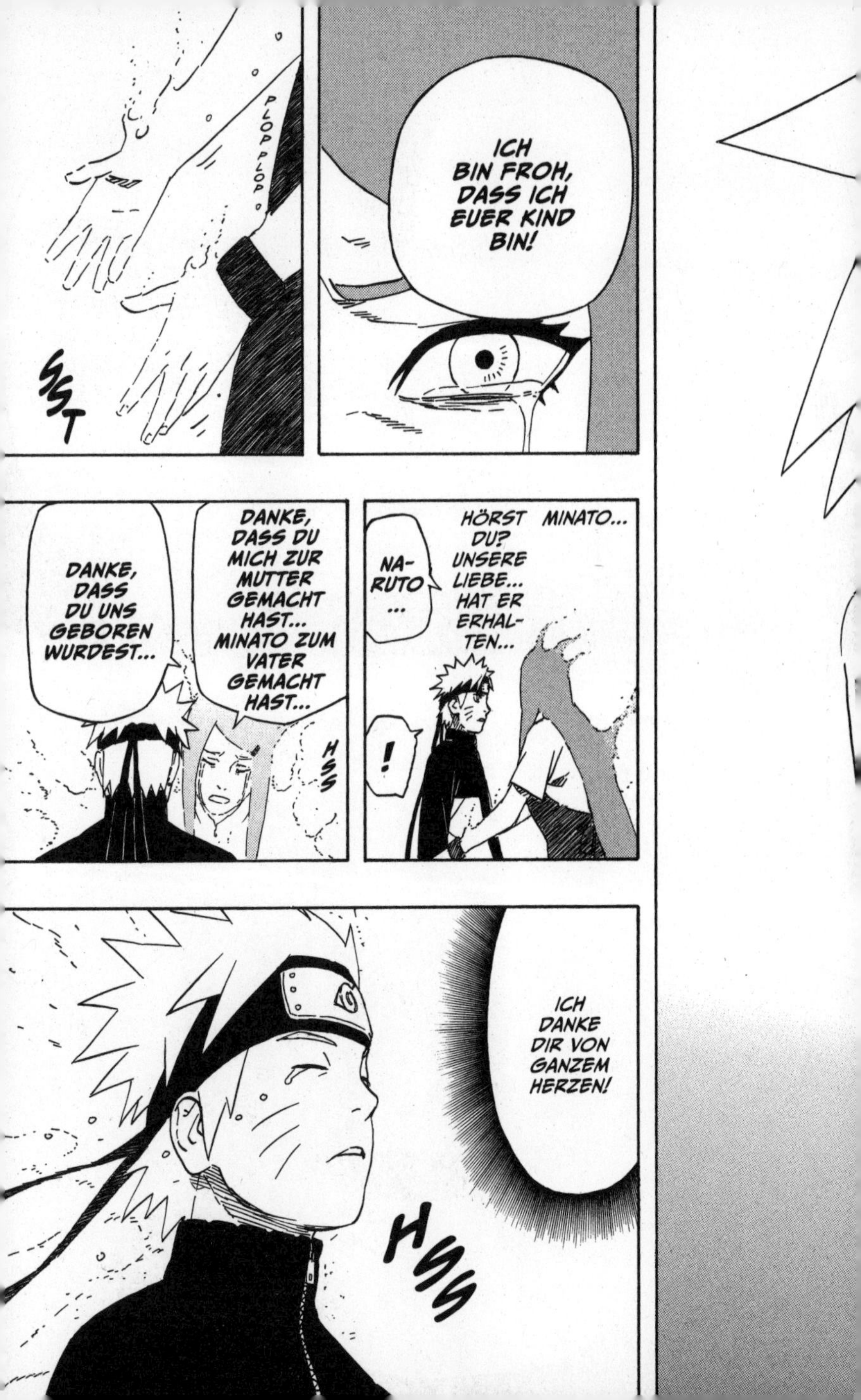
ICH BIN FROH, DASS ICH EUER KIND BIN!
PLOP PLOP
SST
MINATO...
HÖRST DU? UNSERE LIEBE... HAT ER ERHALTEN...
NA-RUTO ...
!
DANKE, DASS DU MICH ZUR MUTTER GEMACHT HAST... MINATO ZUM VATER GEMACHT HAST...
DANKE, DASS DU UNS GEBOREN WURDEST...
HSS
ICH DANKE DIR VON GANZEM HERZEN!
HSS

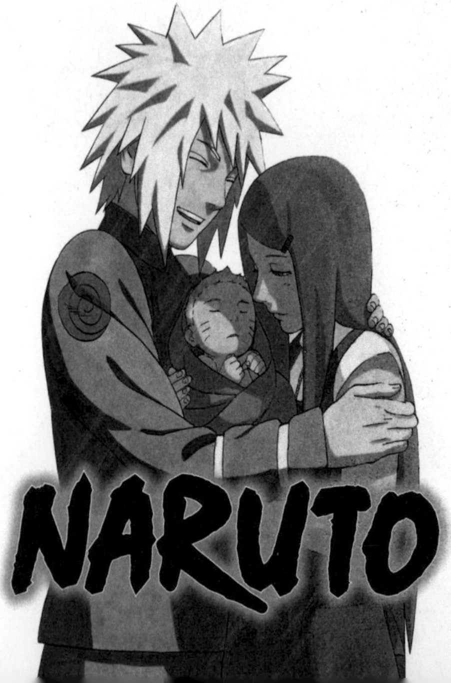
NARUTO

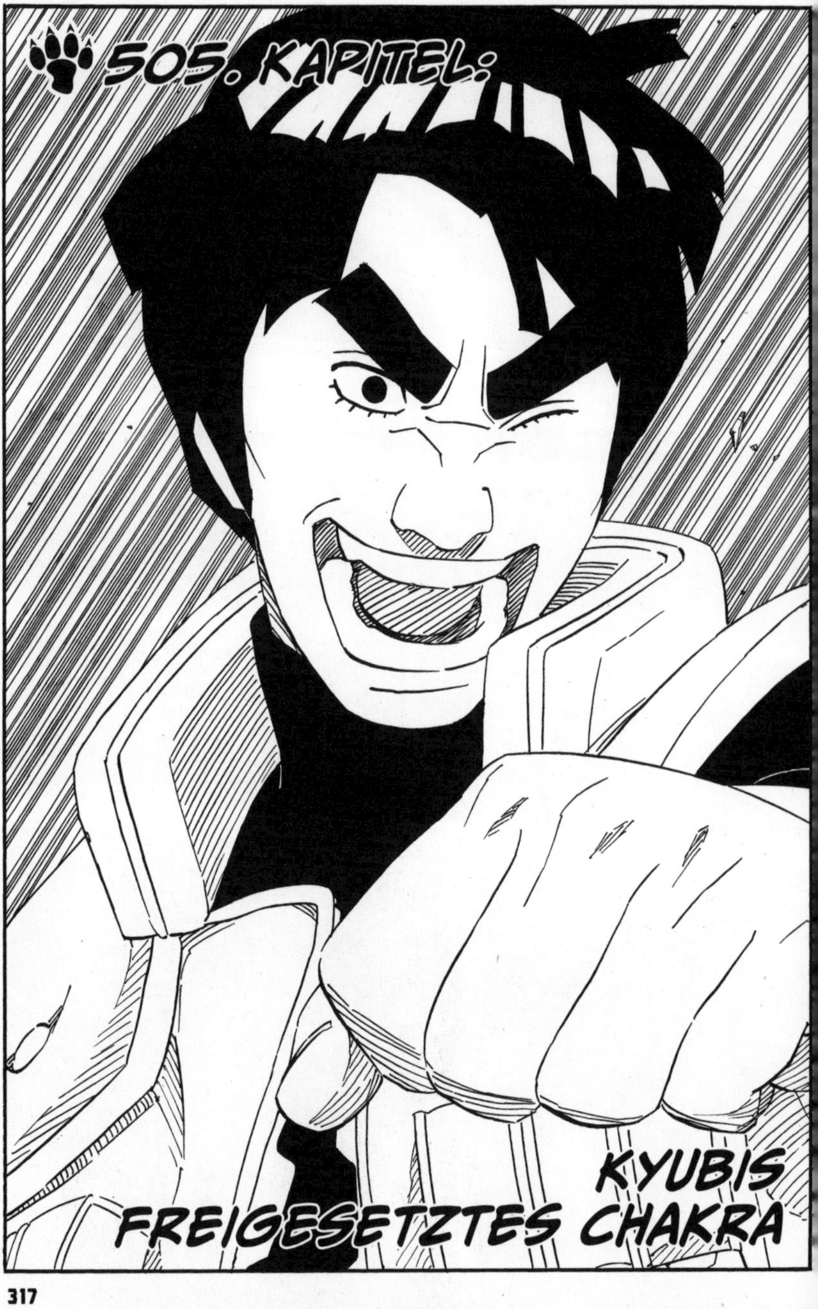
505. KAPITEL:
KYUBIS FREIGESETZTES CHAKRA

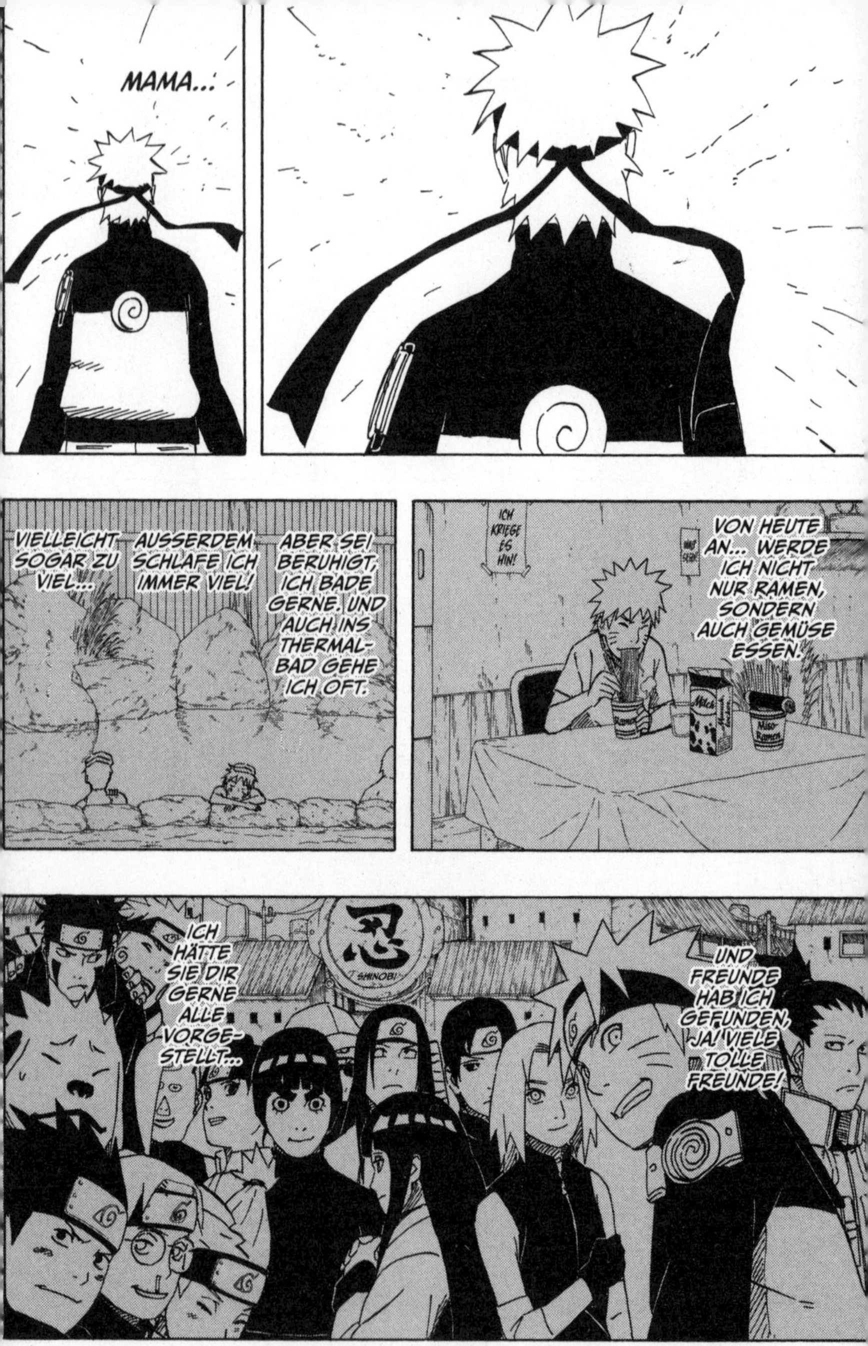
MAMA...!
ICH KRIEGE ES HIN!
VON HEUTE AN... WERDE ICH NICHT NUR RAMEN, SONDERN AUCH GEMÜSE ESSEN.
Milch
Miso-Ramen
ABER SEI BERUHIGT, ICH BADE GERNE. UND AUCH INS THERMALBAD GEHE ICH OFT.
AUSSERDEM SCHLAFE ICH IMMER VIEL!
VIELLEICHT SOGAR ZU VIEL...
忍
SHINOBI
UND FREUNDE HAB ICH GEFUNDEN, JA! VIELE TOLLE FREUNDE!
ICH HÄTTE SIE DIR GERNE ALLE VORGE-STELLT...

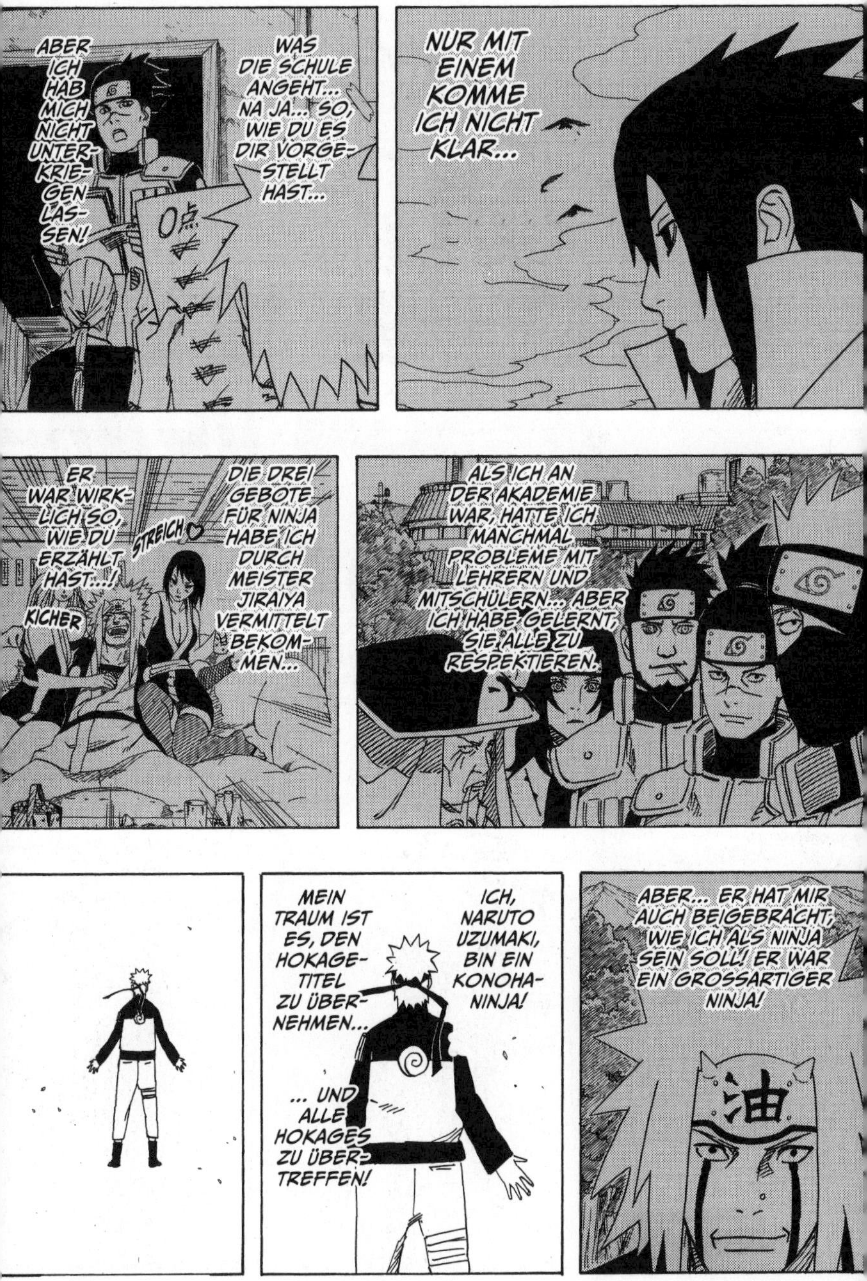
NUR MIT EINEM KOMME ICH NICHT KLAR...
WAS DIE SCHULE ANGEHT... NA JA... SO, WIE DU ES DIR VORGESTELLT HAST...
0点
ABER ICH HAB MICH NICHT UNTERKRIEGEN LASSEN!
ALS ICH AN DER AKADEMIE WAR, HATTE ICH MANCHMAL PROBLEME MIT LEHRERN UND MITSCHÜLERN... ABER ICH HABE GELERNT, SIE ALLE ZU RESPEKTIEREN.
DIE DREI GEBOTE FÜR NINJA HABE ICH DURCH MEISTER JIRAIYA VERMITTELT BEKOMMEN...
ER WAR WIRKLICH SO, WIE DU ERZÄHLT HAST...!
STREICH♡
KICHER
ABER... ER HAT MIR AUCH BEIGEBRACHT, WIE ICH ALS NINJA SEIN SOLL! ER WAR EIN GROSSARTIGER NINJA!
ICH, NARUTO UZUMAKI, BIN EIN KONOHA-NINJA!
MEIN TRAUM IST ES, DEN HOKAGE-TITEL ZU ÜBERNEHMEN...
... UND ALLE HOKAGES ZU ÜBERTREFFEN!

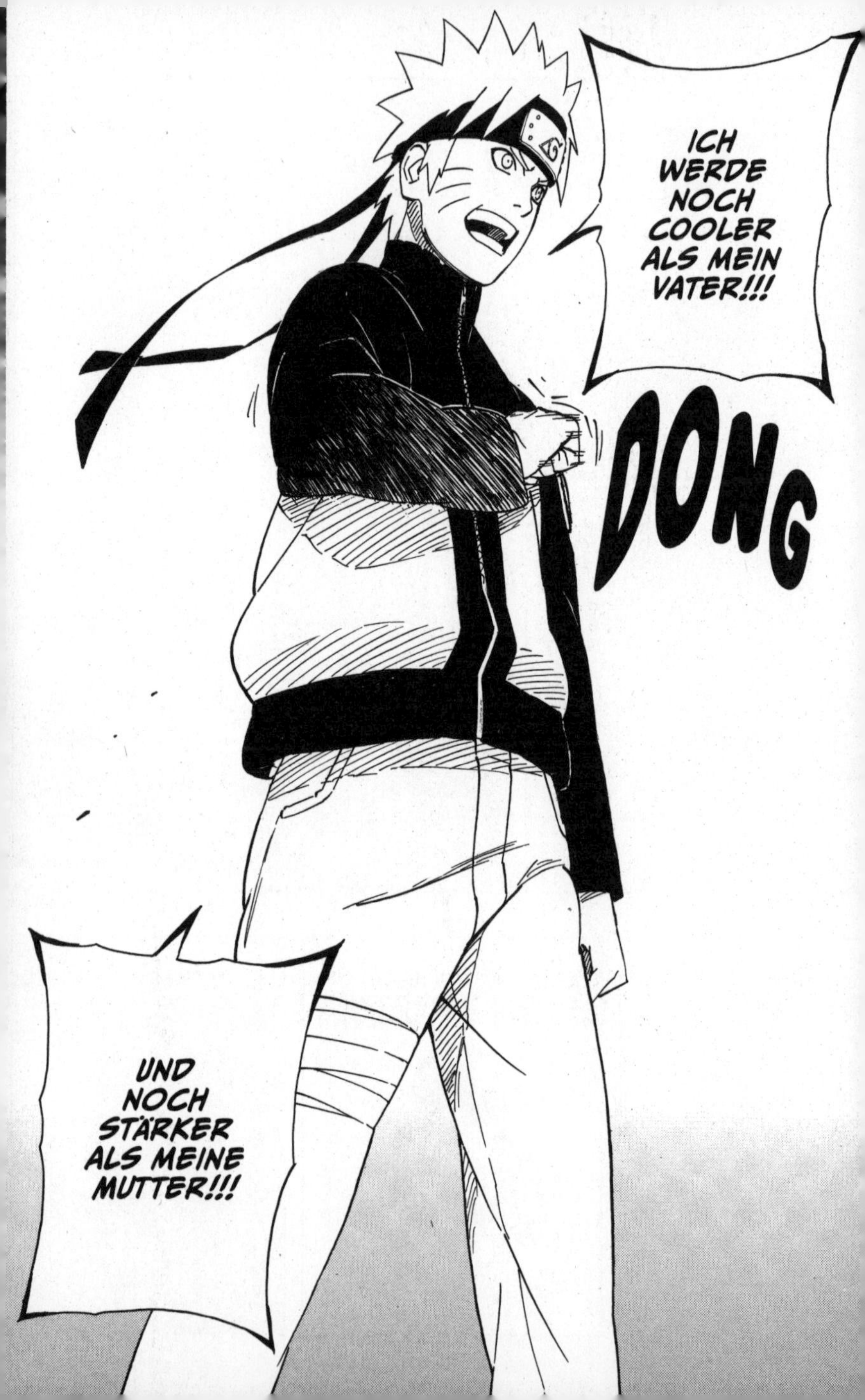
ICH WERDE NOCH COOLER ALS MEIN VATER!!!
DONG
UND NOCH STÄRKER ALS MEINE MUTTER!!!

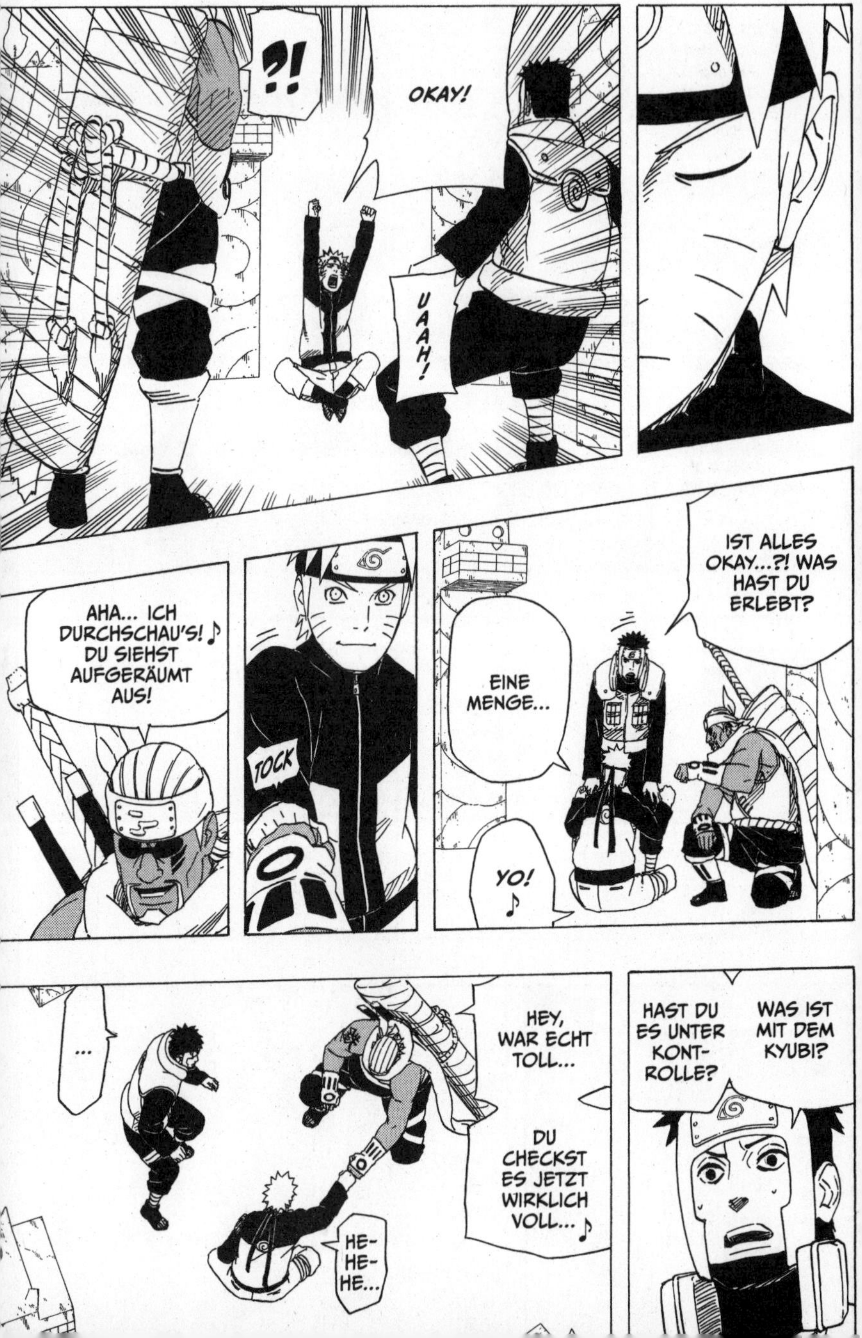

?!
OKAY!
UAAH!
IST ALLES OKAY...?! WAS HAST DU ERLEBT?
EINE MENGE...
YO! ♪
TOCK
AHA... ICH DURCHSCHAU'S! ♪ DU SIEHST AUFGERÄUMT AUS!
WAS IST MIT DEM KYUBI?
HAST DU ES UNTER KONT-ROLLE?
HEY, WAR ECHT TOLL...
DU CHECKST ES JETZT WIRKLICH VOLL... ♪
HE-HE-HE...
...

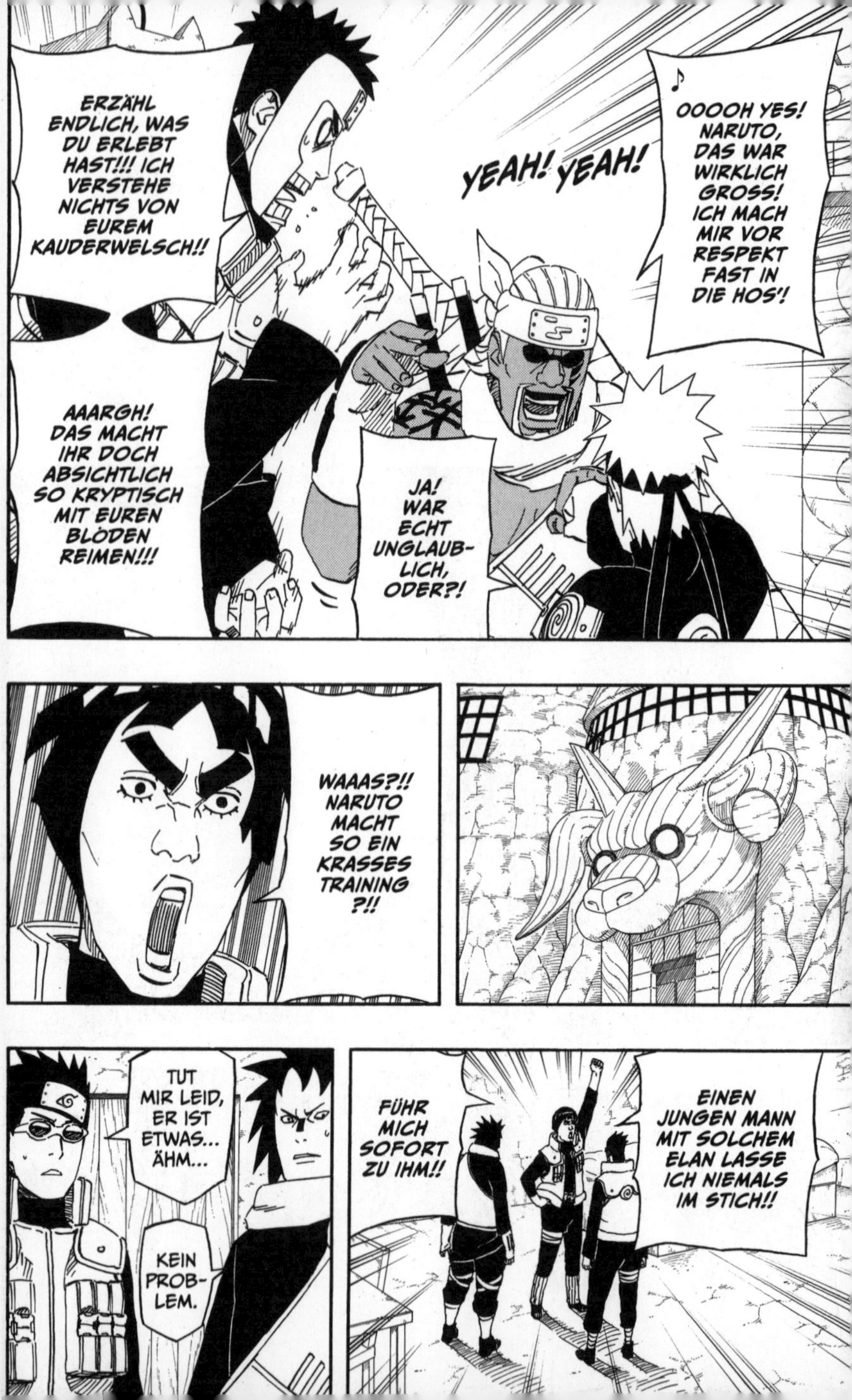

♪ OOOOH YES! NARUTO, DAS WAR WIRKLICH GROSS! ICH MACH MIR VOR RESPEKT FAST IN DIE HOS'!
YEAH! YEAH!
ERZÄHL ENDLICH, WAS DU ERLEBT HAST!!! ICH VERSTEHE NICHTS VON EUREM KAUDERWELSCH!!
JA! WAR ECHT UNGLAUB-LICH, ODER?!
AAARGH! DAS MACHT IHR DOCH ABSICHTLICH SO KRYPTISCH MIT EUREN BLÖDEN REIMEN!!!
WAAAS?!! NARUTO MACHT SO EIN KRASSES TRAINING ?!!
EINEN JUNGEN MANN MIT SOLCHEM ELAN LASSE ICH NIEMALS IM STICH!!
FÜHR MICH SOFORT ZU IHM!!
TUT MIR LEID, ER IST ETWAS... ÄHM...
KEIN PROB-LEM.

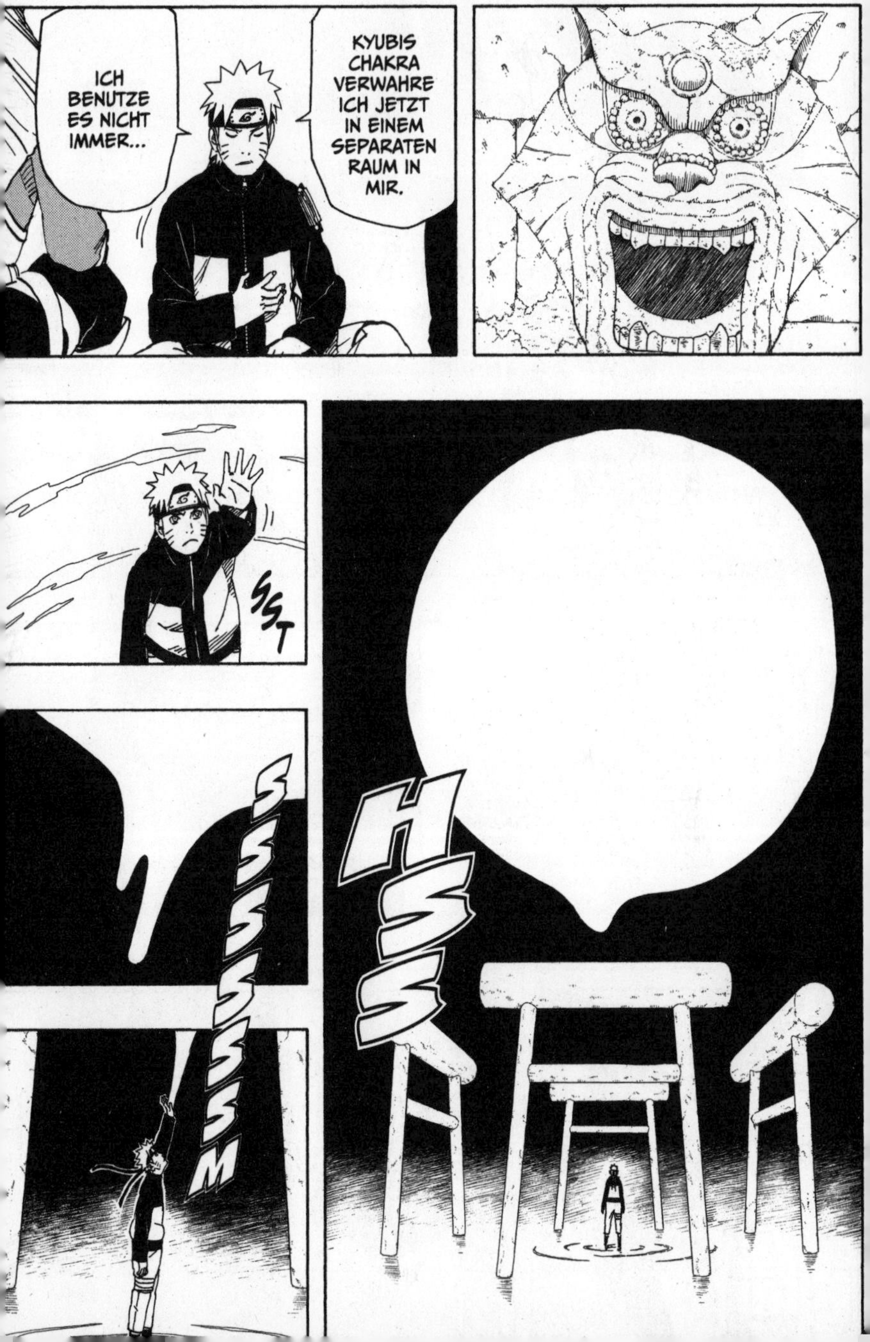
KYUBIS CHAKRA VERWAHRE ICH JETZT IN EINEM SEPARATEN RAUM IN MIR.
ICH BENUTZE ES NICHT IMMER...
SST
SSSSSSSM
HSSS

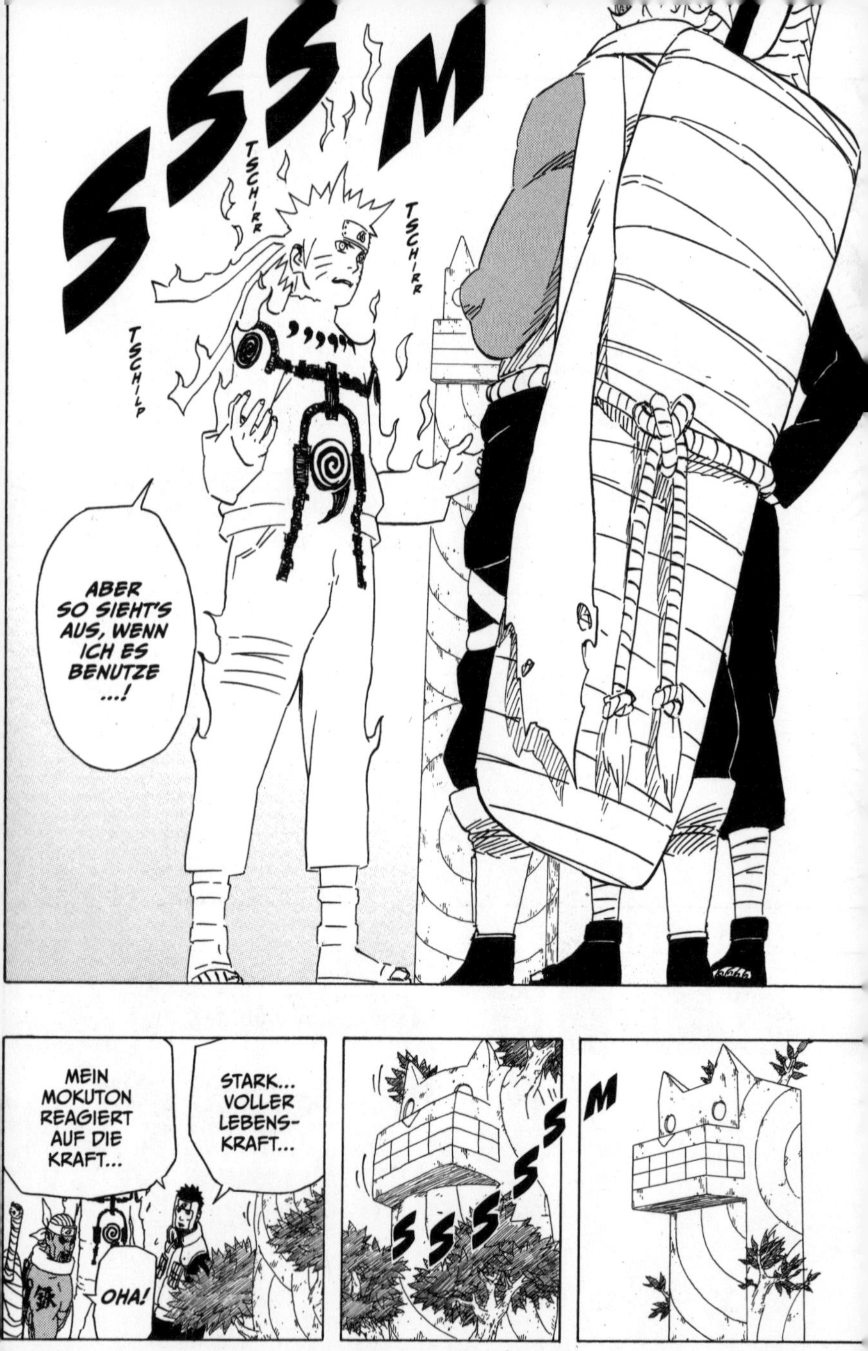
SSSM
TSCHIRR
TSCHIRR
TSCHILP
ABER SO SIEHT'S AUS, WENN ICH ES BENUTZE ...!
MEIN MOKUTON REAGIERT AUF DIE KRAFT...
STARK... VOLLER LEBENS-KRAFT...
OHA!
SSSSSSM

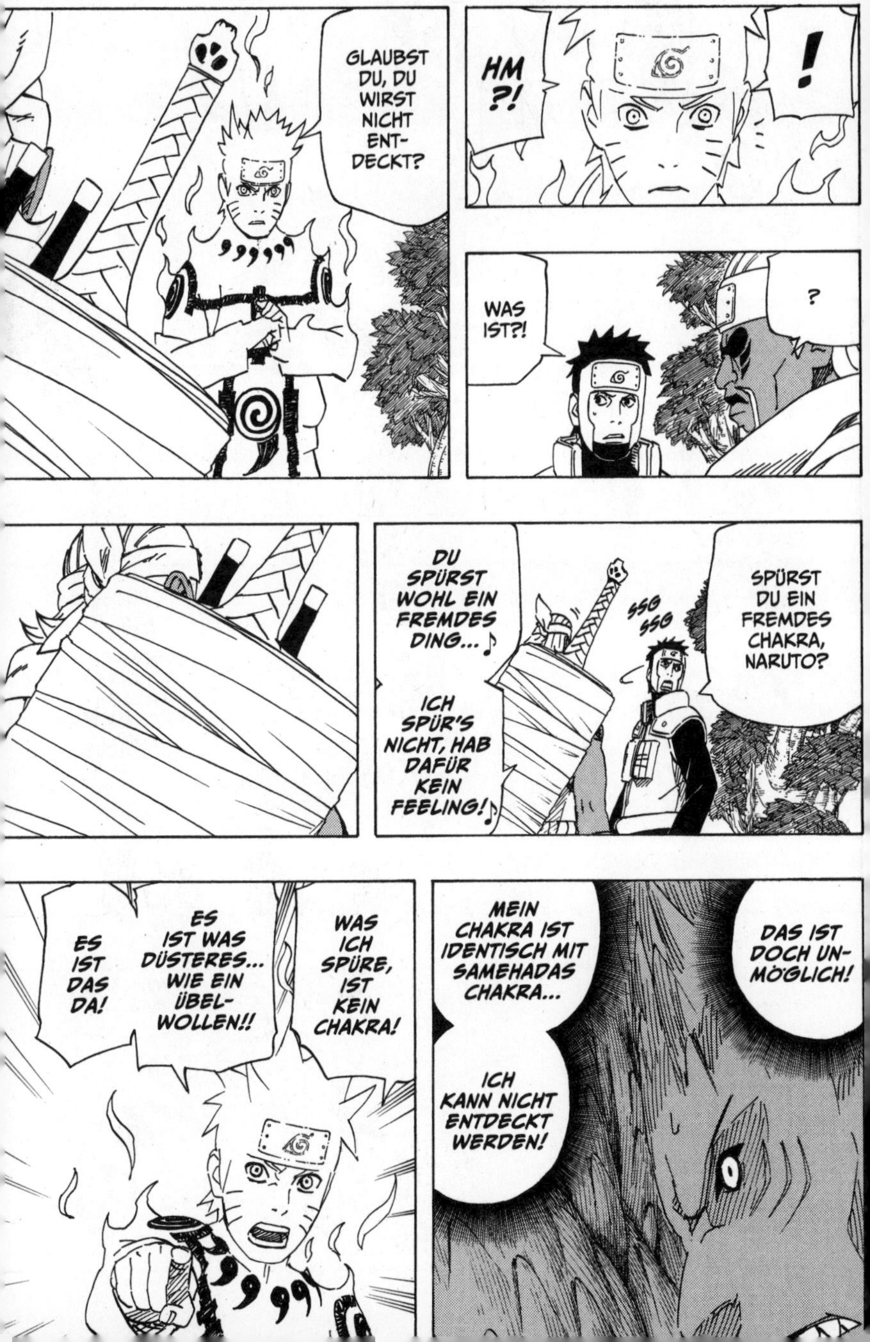

!
HM ?!
?
WAS IST?!
GLAUBST DU, DU WIRST NICHT ENT-DECKT?
SPÜRST DU EIN FREMDES CHAKRA, NARUTO?
SSG SSG
DU SPÜRST WOHL EIN FREMDES DING...♪
ICH SPÜR'S NICHT, HAB DAFÜR KEIN FEELING!♪
DAS IST DOCH UN-MÖGLICH!
MEIN CHAKRA IST IDENTISCH MIT SAMEHADAS CHAKRA...
ICH KANN NICHT ENTDECKT WERDEN!
WAS ICH SPÜRE, IST KEIN CHAKRA!
ES IST WAS DÜSTERES... WIE EIN ÜBEL-WOLLEN!!
ES IST DAS DA!

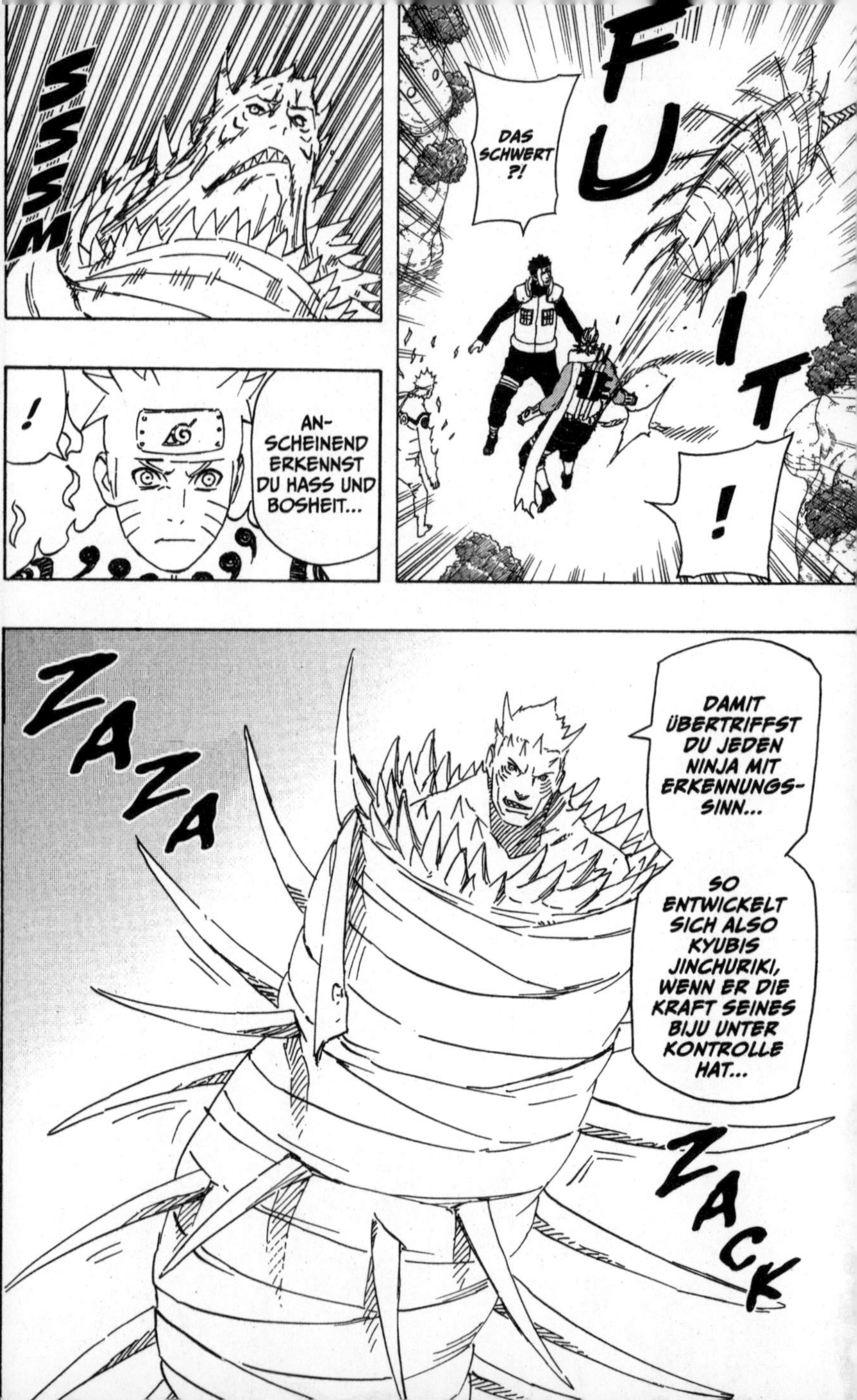
FUIT
DAS SCHWERT ?!
!
SSSM
!
AN-SCHEINEND ERKENNST DU HASS UND BOSHEIT...
DAMIT ÜBERTRIFFST DU JEDEN NINJA MIT ERKENNUNGS-SINN...
SO ENTWICKELT SICH ALSO KYUBIS JINCHURIKI, WENN ER DIE KRAFT SEINES BIJU UNTER KONTROLLE HAT...
ZAZA
ZACK

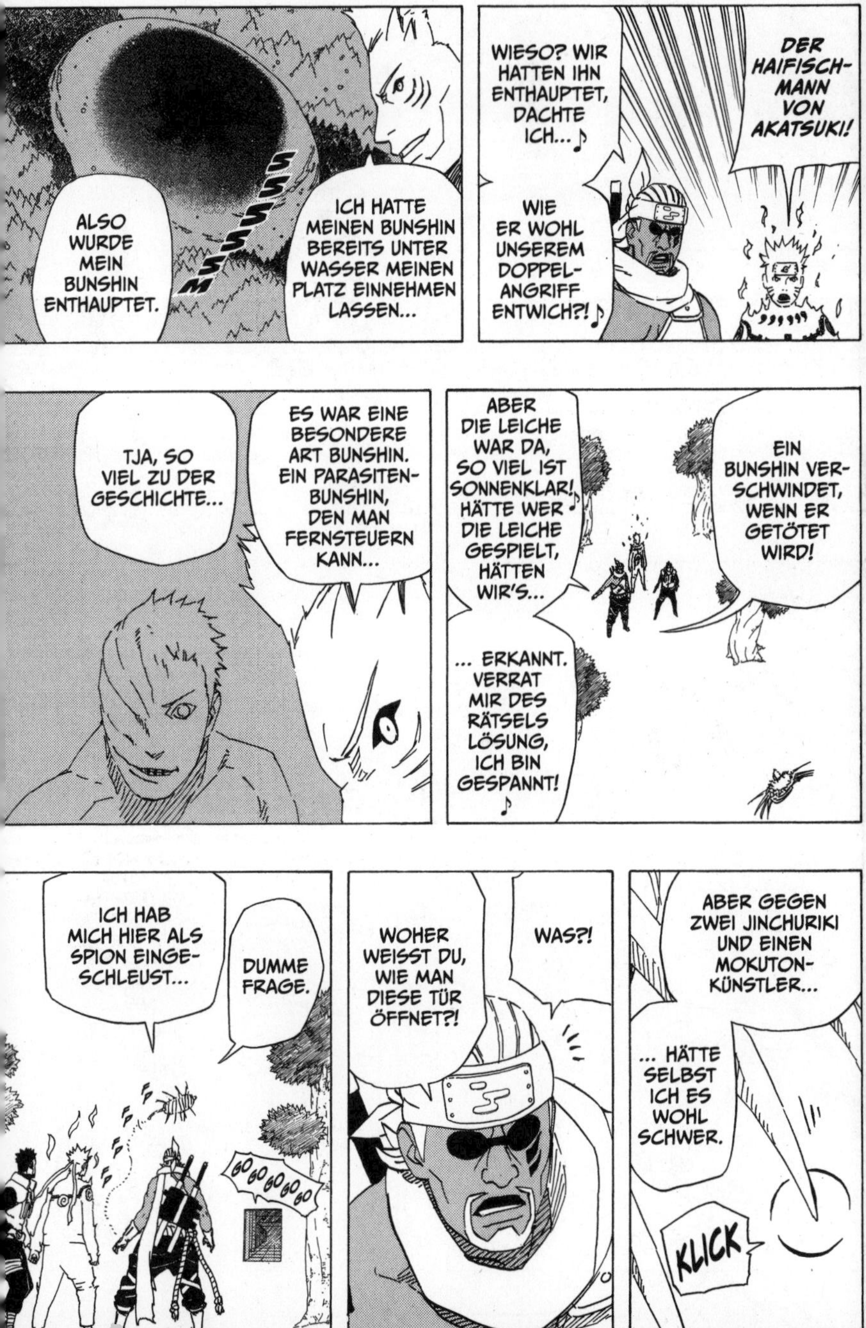
DER HAIFISCH-MANN VON AKATSUKI!
WIESO? WIR HATTEN IHN ENTHAUPTET, DACHTE ICH...♪
WIE ER WOHL UNSEREM DOPPEL-ANGRIFF ENTWICH?!♪
ICH HATTE MEINEN BUNSHIN BEREITS UNTER WASSER MEINEN PLATZ EINNEHMEN LASSEN...
ALSO WURDE MEIN BUNSHIN ENTHAUPTET.
EIN BUNSHIN VER-SCHWINDET, WENN ER GETÖTET WIRD!
ABER DIE LEICHE WAR DA, SO VIEL IST SONNENKLAR!♪ HÄTTE WER DIE LEICHE GESPIELT, HÄTTEN WIR'S...
... ERKANNT. VERRAT MIR DES RÄTSELS LÖSUNG, ICH BIN GESPANNT! ♪
ES WAR EINE BESONDERE ART BUNSHIN. EIN PARASITEN-BUNSHIN, DEN MAN FERNSTEUERN KANN...
TJA, SO VIEL ZU DER GESCHICHTE...
ABER GEGEN ZWEI JINCHURIKI UND EINEN MOKUTON-KÜNSTLER...
... HÄTTE SELBST ICH ES WOHL SCHWER.
KLICK
WAS?!
WOHER WEISST DU, WIE MAN DIESE TÜR ÖFFNET?!
DUMME FRAGE.
ICH HAB MICH HIER ALS SPION EINGE-SCHLEUST...
GOGOGOGOGO

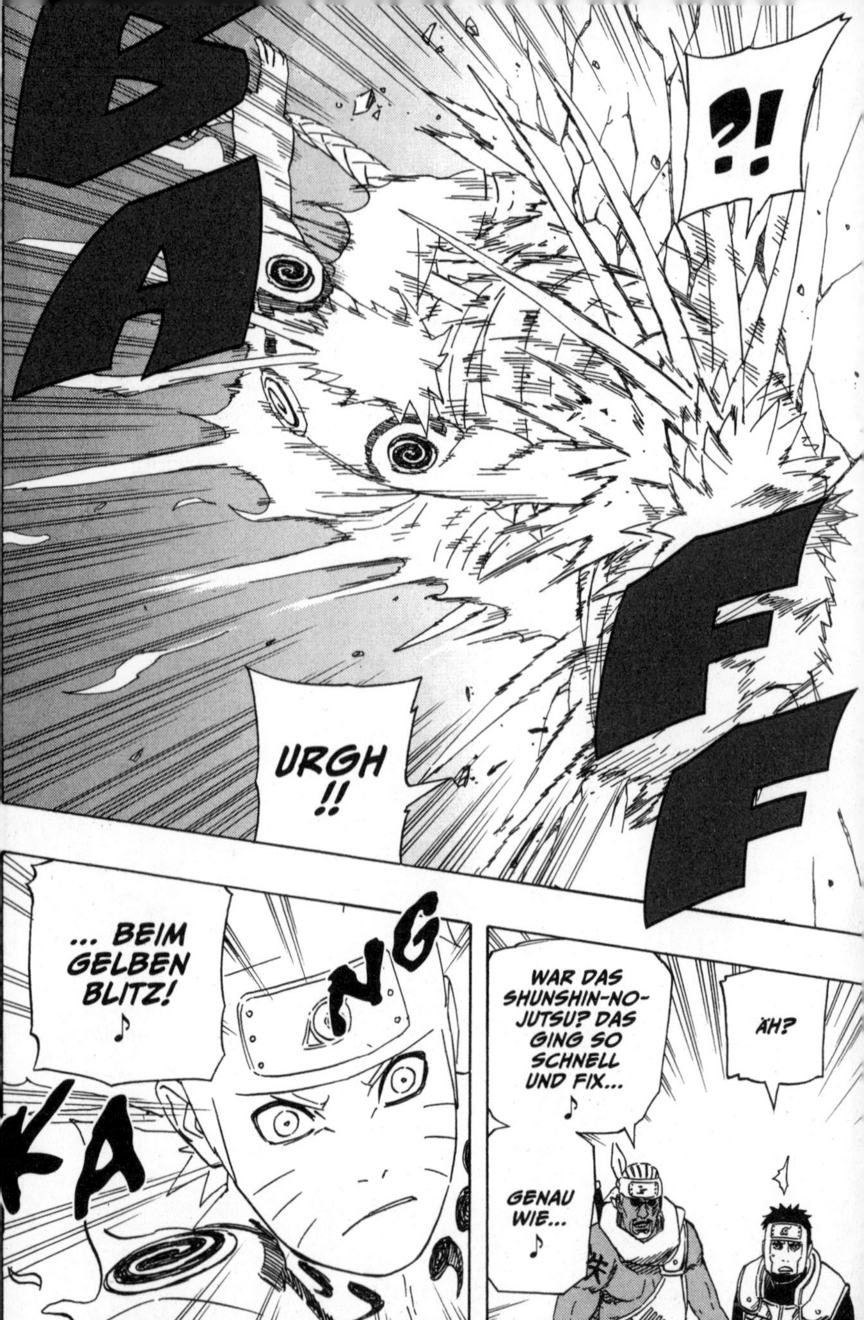

?!
BAFF
URGH !!
WAR DAS SHUNSHIN-NO-JUTSU? DAS GING SO SCHNELL UND FIX... ♪
GENAU WIE... ♪
ÄH?
... BEIM GELBEN BLITZ! ♪
KANG

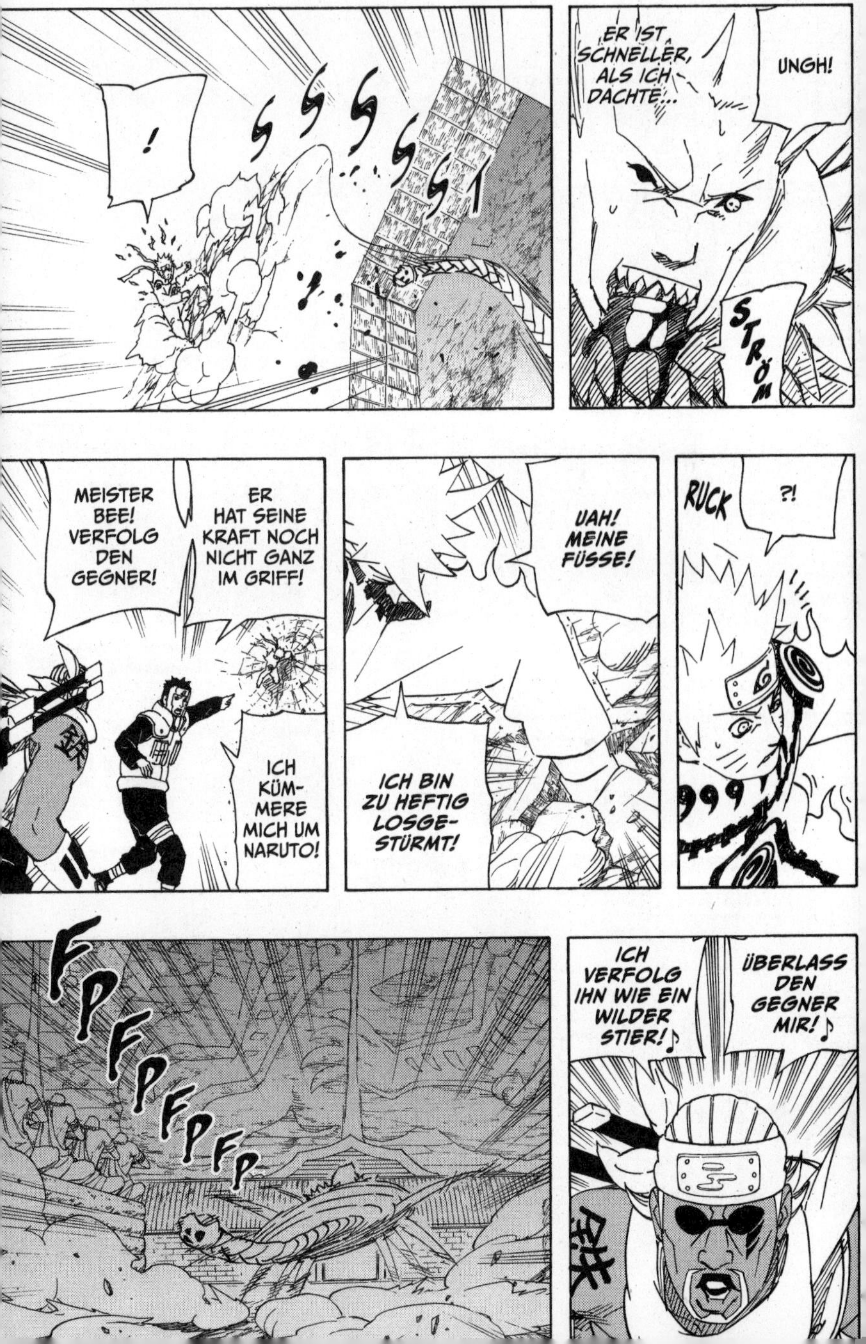
UNGH!
ER IST SCHNELLER, ALS ICH DACHTE...
STRÖM
SSSSSS
!
RUCK
?!
UAH! MEINE FÜSSE!
ICH BIN ZU HEFTIG LOSGE-STÜRMT!
ER HAT SEINE KRAFT NOCH NICHT GANZ IM GRIFF!
MEISTER BEE! VERFOLG DEN GEGNER!
ICH KÜM-MERE MICH UM NARUTO!
ÜBERLASS DEN GEGNER MIR!♪
ICH VERFOLG IHN WIE EIN WILDER STIER!♪
FPFPFPFPFP

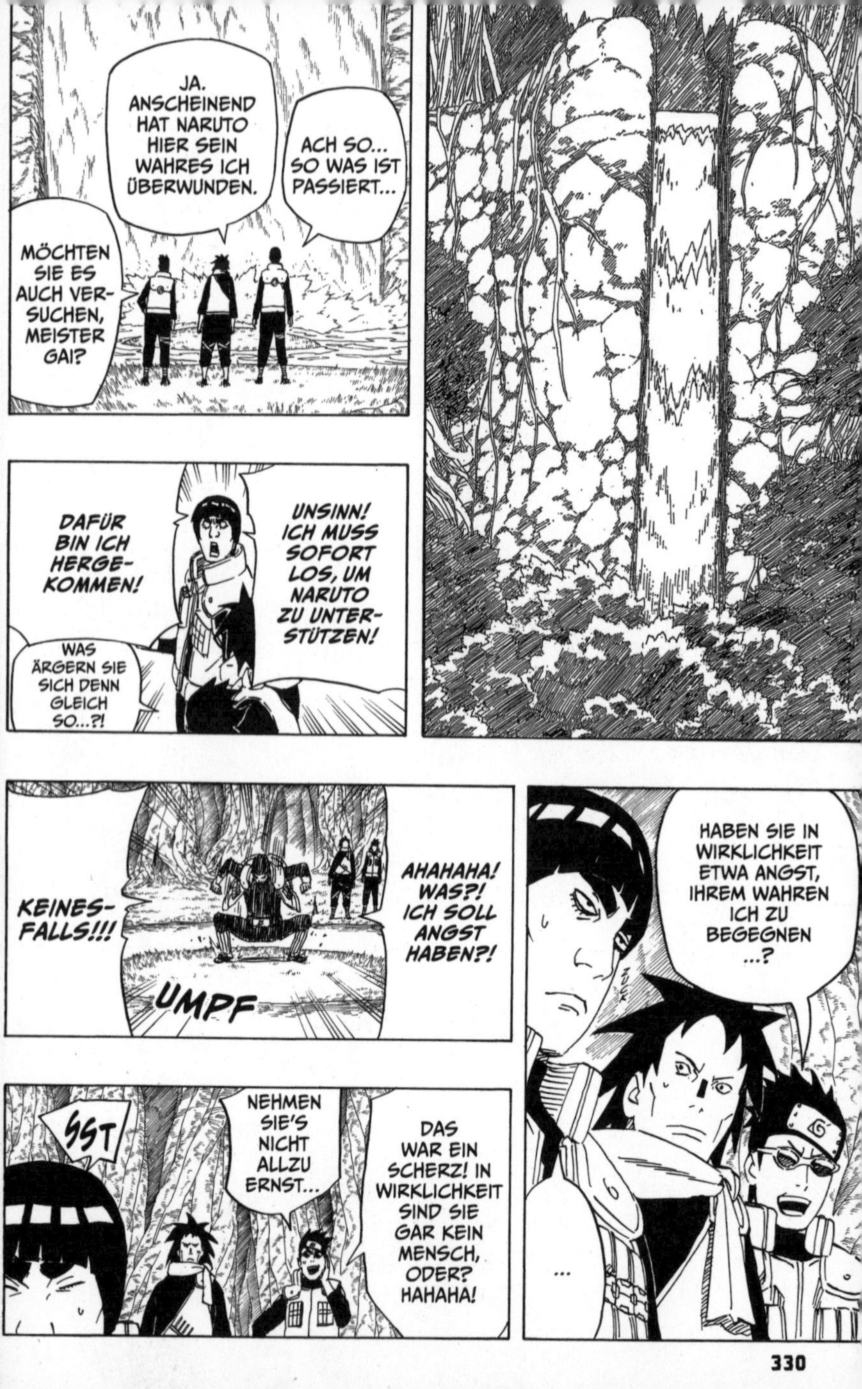
ACH SO... SO WAS IST PASSIERT...
JA. ANSCHEINEND HAT NARUTO HIER SEIN WAHRES ICH ÜBERWUNDEN.
MÖCHTEN SIE ES AUCH VER-SUCHEN, MEISTER GAI?
UNSINN! ICH MUSS SOFORT LOS, UM NARUTO ZU UNTER-STÜTZEN!
DAFÜR BIN ICH HERGE-KOMMEN!
WAS ÄRGERN SIE SICH DENN GLEICH SO...?!
HABEN SIE IN WIRKLICHKEIT ETWA ANGST, IHREM WAHREN ICH ZU BEGEGNEN ...?
ZUCK
...
AHAHAHA! WAS?! ICH SOLL ANGST HABEN?!
KEINES-FALLS!!!
UMPF
DAS WAR EIN SCHERZ! IN WIRKLICHKEIT SIND SIE GAR KEIN MENSCH, ODER? HAHAHA!
NEHMEN SIE'S NICHT ALLZU ERNST...
SST

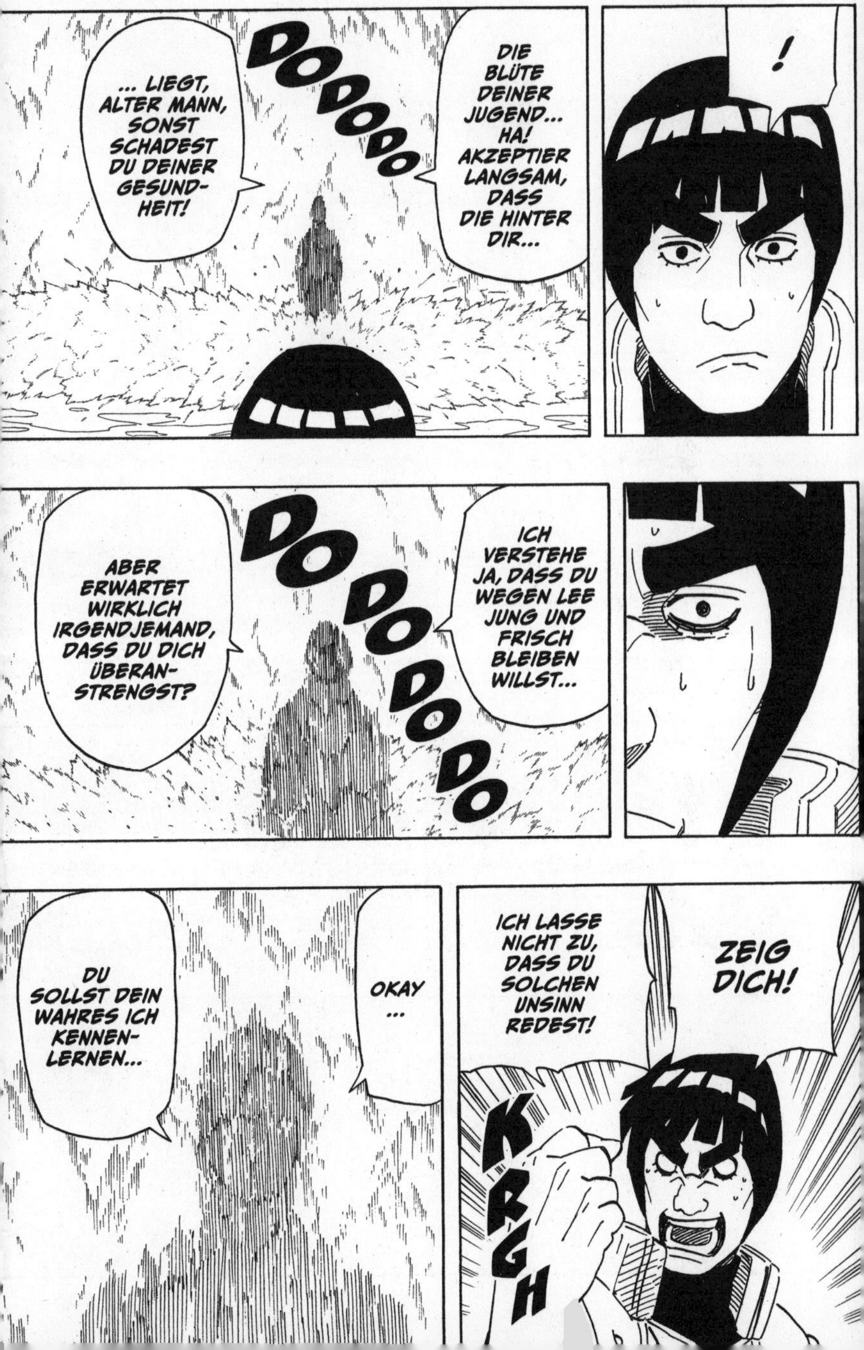
!
DIE BLÜTE DEINER JUGEND... HA! AKZEPTIER LANGSAM, DASS DIE HINTER DIR...
DODODO
... LIEGT, ALTER MANN, SONST SCHADEST DU DEINER GESUNDHEIT!
ICH VERSTEHE JA, DASS DU WEGEN LEE JUNG UND FRISCH BLEIBEN WILLST...
DO DO DO DO DO
ABER ERWARTET WIRKLICH IRGENDJEMAND, DASS DU DICH ÜBERANSTRENGST?
ZEIG DICH!
ICH LASSE NICHT ZU, DASS DU SOLCHEN UNSINN REDEST!
KRGH
OKAY ...
DU SOLLST DEIN WAHRES ICH KENNENLERNEN...

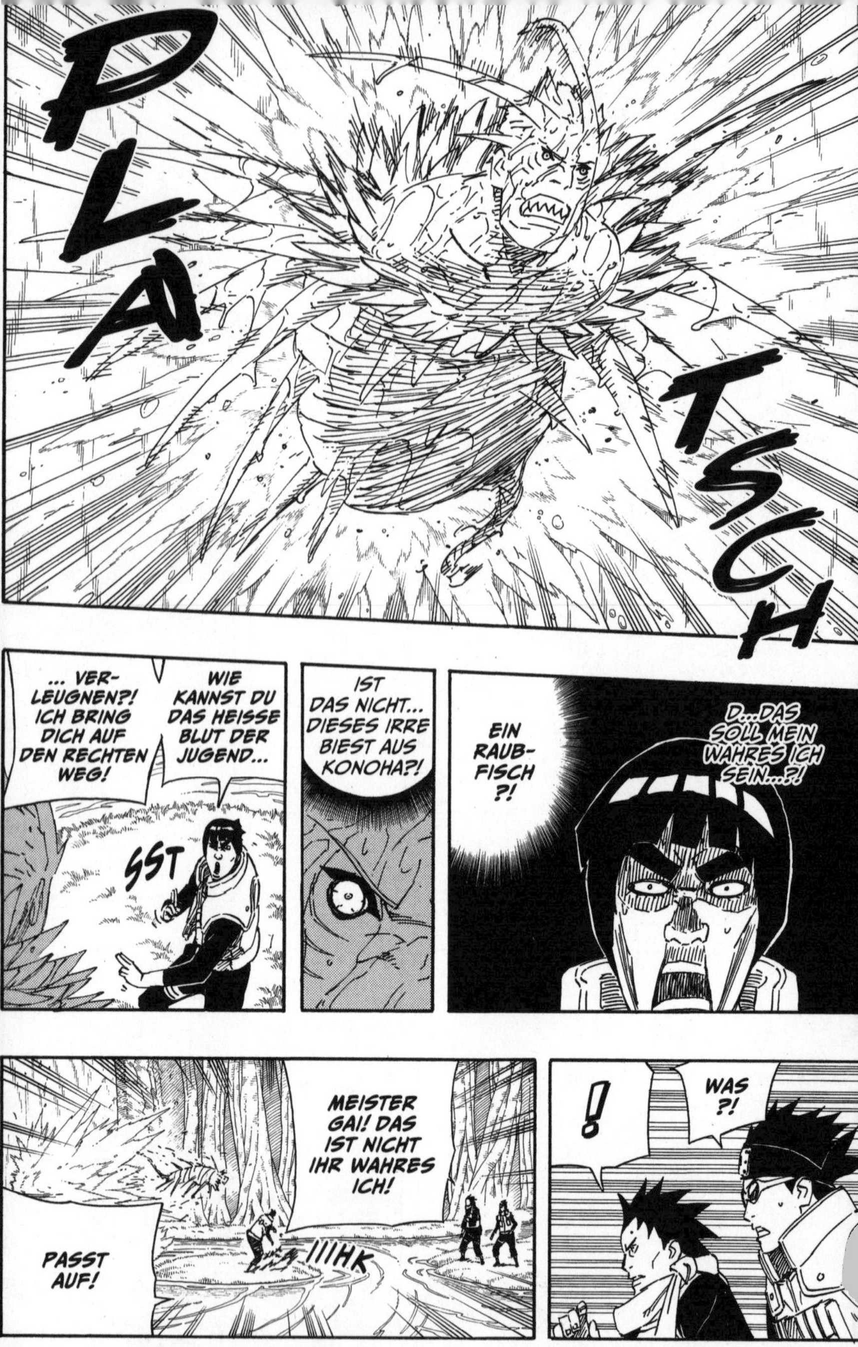
PLATSCH
D...DAS SOLL MEIN WAHRES ICH SEIN...?!
EIN RAUBFISCH?!
IST DAS NICHT... DIESES IRRE BIEST AUS KONOHA?!
WIE KANNST DU DAS HEISSE BLUT DER JUGEND...
... VERLEUGNEN?! ICH BRING DICH AUF DEN RECHTEN WEG!
SST
!
WAS?!
MEISTER GAI! DAS IST NICHT IHR WAHRES ICH!
IIIHK
PASST AUF!

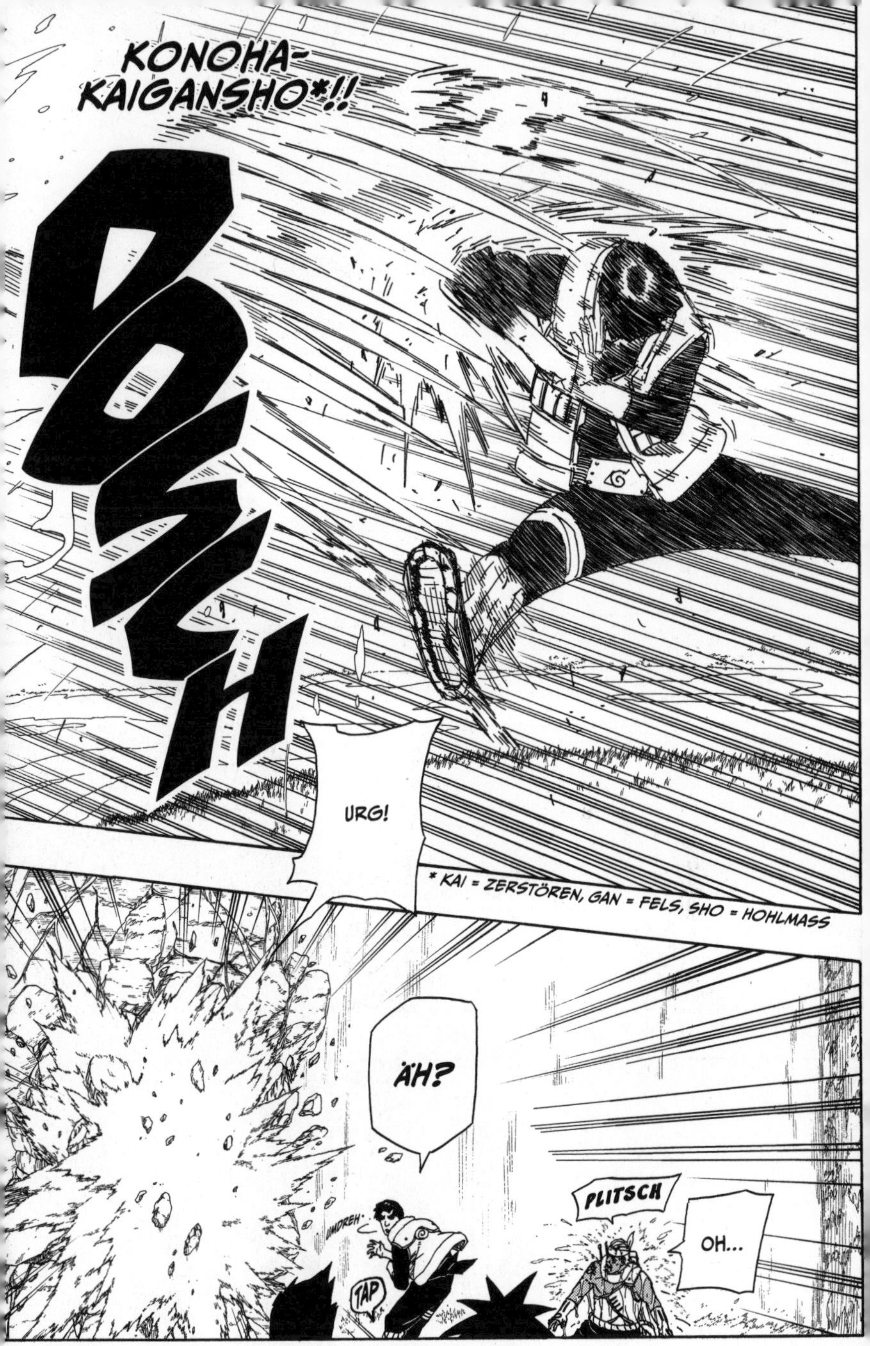


* KAI = ZERSTÖREN, GAN = FELS, SHO = HOHLMASS

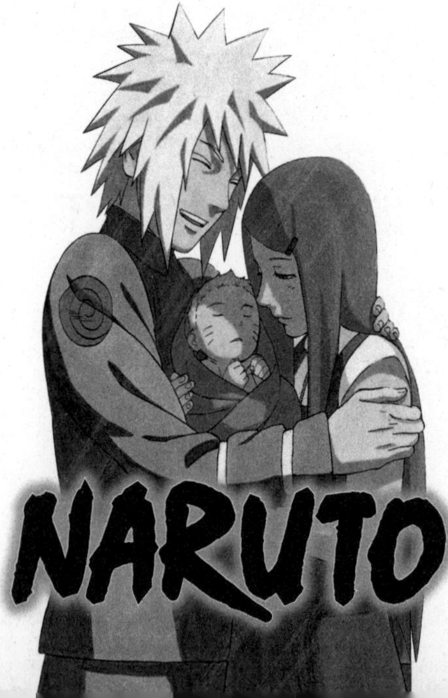
NARUTO

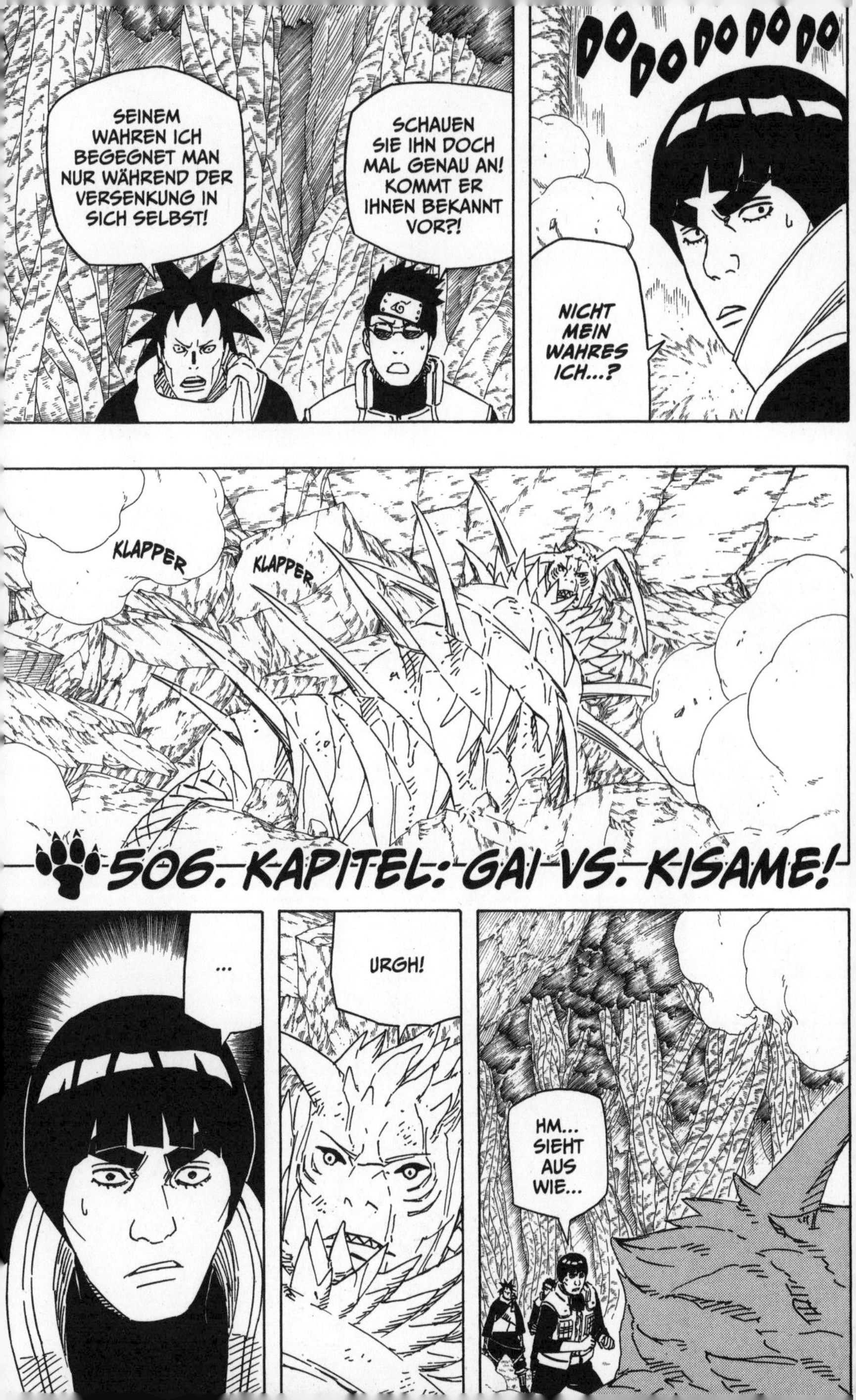
DODODODODODO
NICHT MEIN WAHRES ICH...?
SCHAUEN SIE IHN DOCH MAL GENAU AN! KOMMT ER IHNEN BEKANNT VOR?!
SEINEM WAHREN ICH BEGEGNET MAN NUR WÄHREND DER VERSENKUNG IN SICH SELBST!
KLAPPER
KLAPPER
506. KAPITEL: GAI VS. KISAME!
HM... SIEHT AUS WIE...
URGH!
...

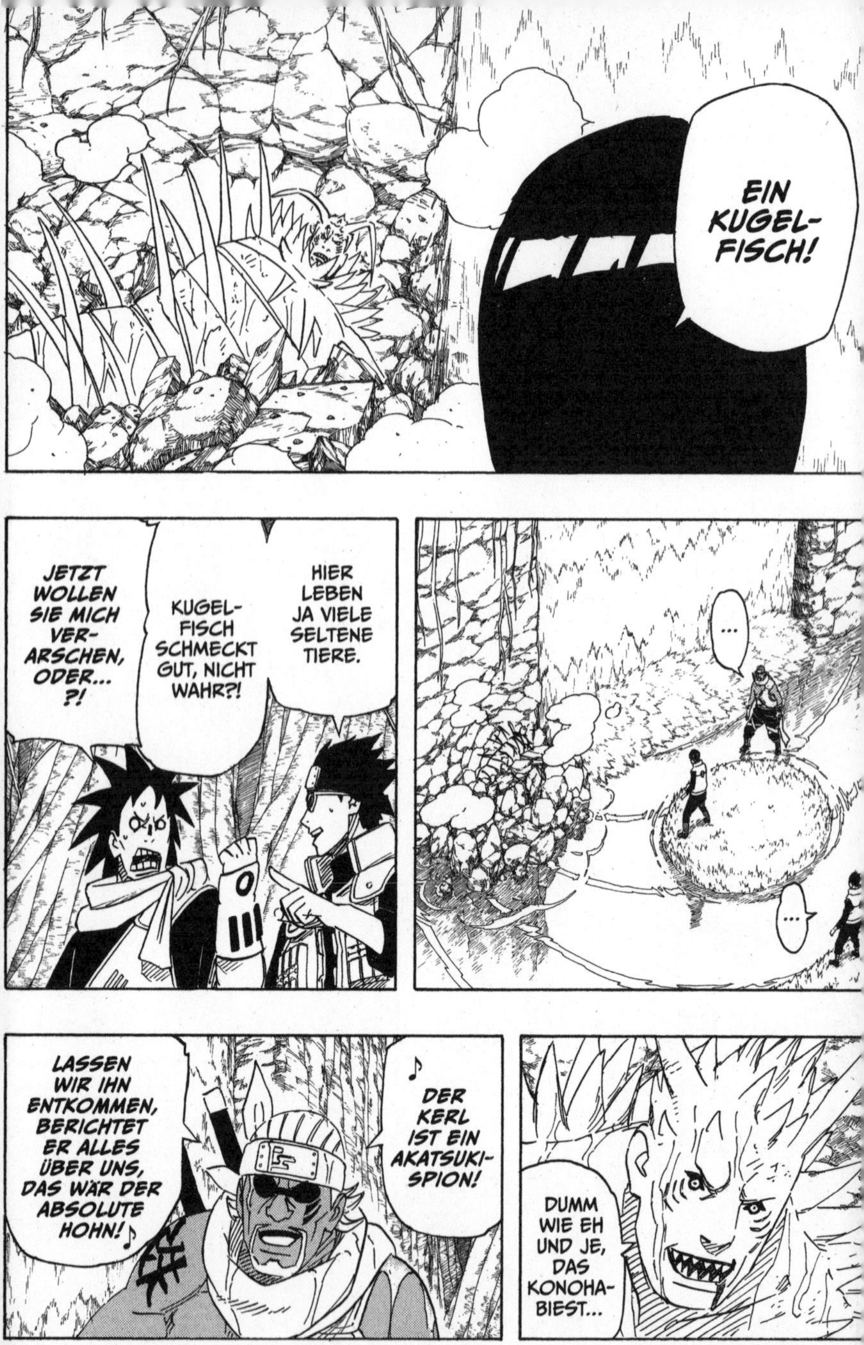
EIN KUGELFISCH!
...
...
HIER LEBEN JA VIELE SELTENE TIERE.
KUGELFISCH SCHMECKT GUT, NICHT WAHR?!
JETZT WOLLEN SIE MICH VERARSCHEN, ODER...?!
DUMM WIE EH UND JE, DAS KONOHABIEST...
♪ DER KERL IST EIN AKATSUKI-SPION!
LASSEN WIR IHN ENTKOMMEN, BERICHTET ER ALLES ÜBER UNS, DAS WÄR DER ABSOLUTE HOHN!♪

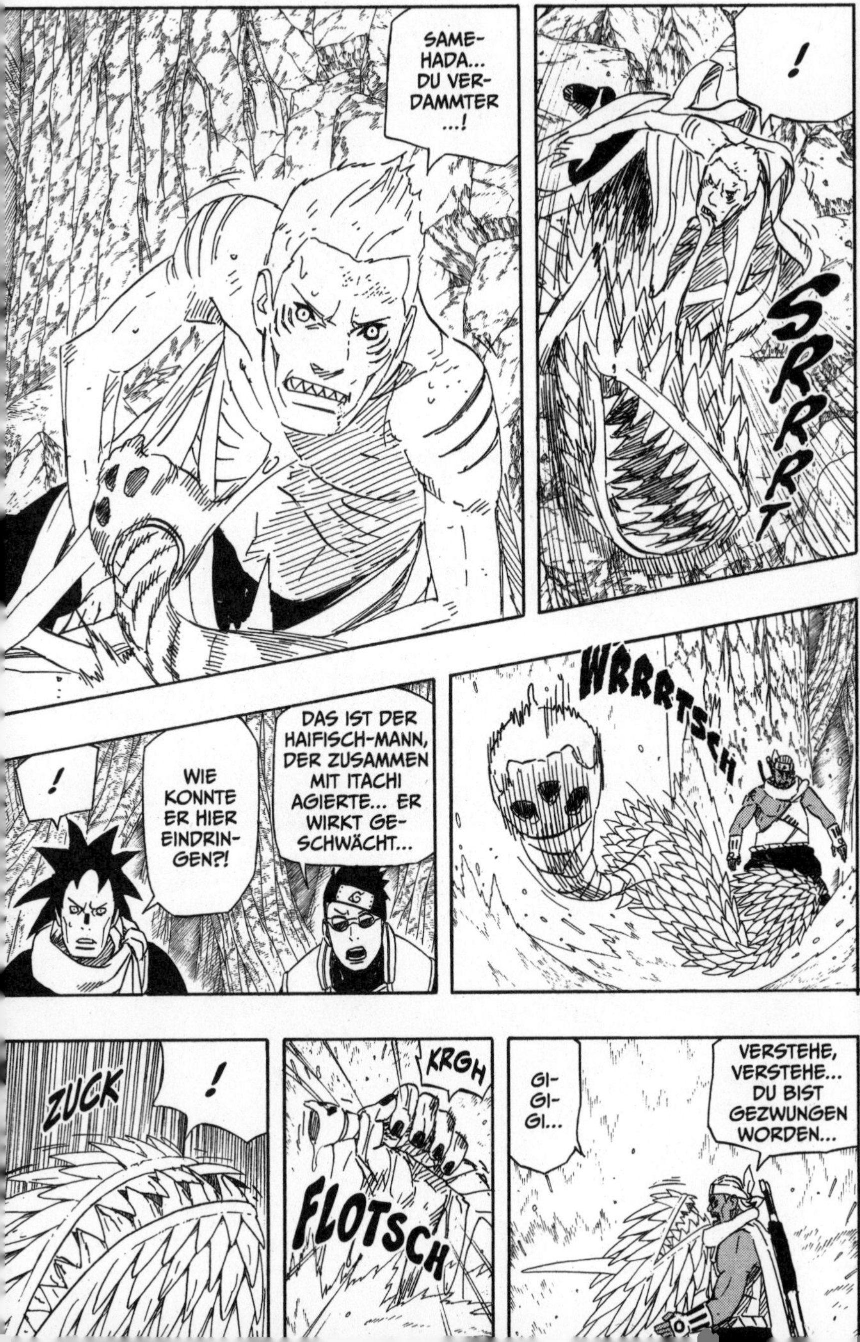
!
SRRRRT
SAME-
HADA...
DU VER-
DAMMTER
...!
WRRRRTSCH
DAS IST DER
HAIFISCH-MANN,
DER ZUSAMMEN
MIT ITACHI
AGIERTE... ER
WIRKT GE-
SCHWÄCHT...
WIE
KONNTE
ER HIER
EINDRIN-
GEN?!
!
VERSTEHE,
VERSTEHE...
DU BIST
GEZWUNGEN
WORDEN...
GI-
GI-
GI...
KRGH
FLOTSCH
!
ZUCK

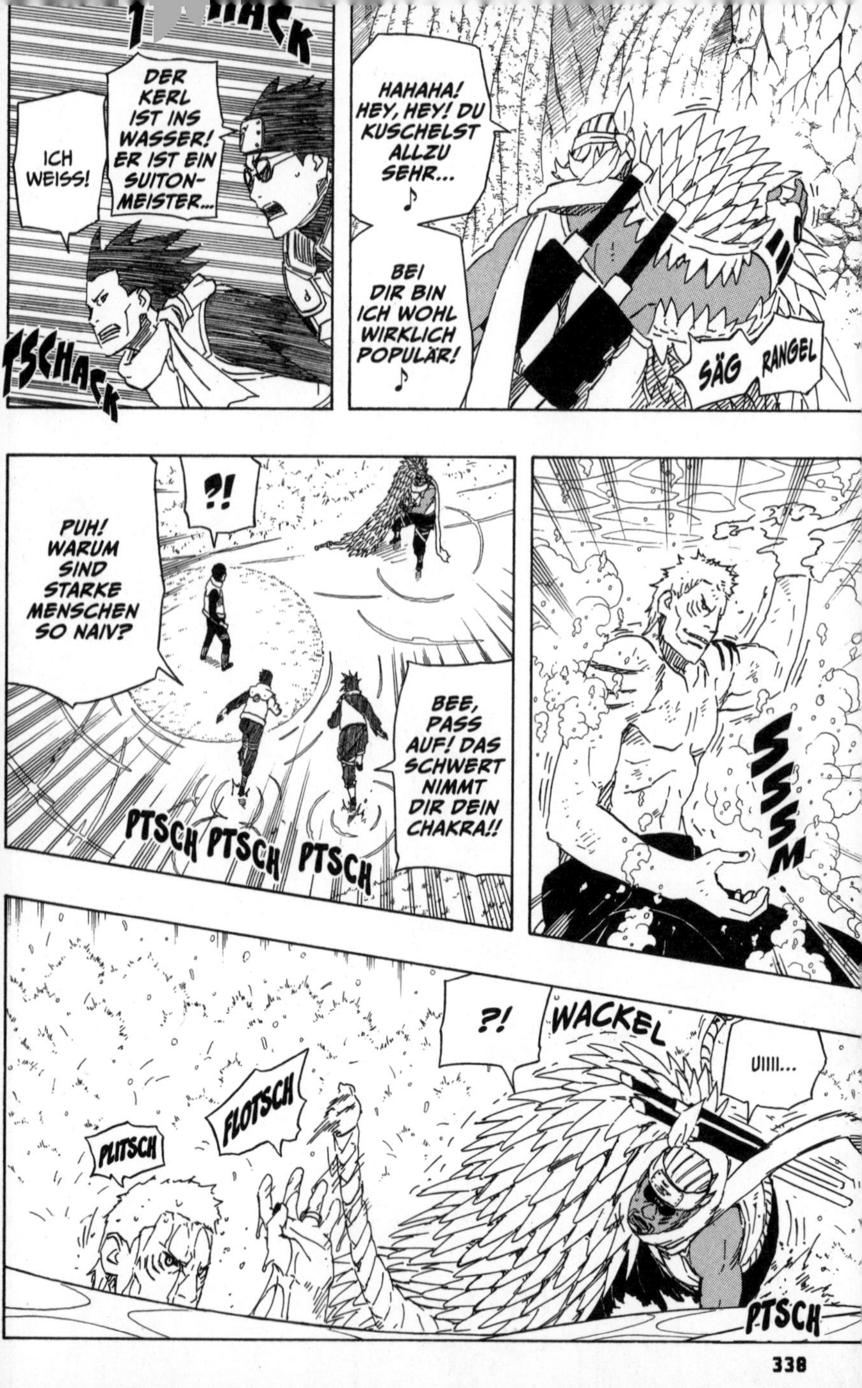
HAHAHA! HEY, HEY! DU KUSCHELST ALLZU SEHR... ♪
BEI DIR BIN ICH WOHL WIRKLICH POPULÄR! ♪
SÄG
RANGEL
DER KERL IST INS WASSER! ER IST EIN SUITON-MEISTER...
ICH WEISS!
TSCHACK
SSSM
?!
PUH! WARUM SIND STARKE MENSCHEN SO NAIV?
BEE, PASS AUF! DAS SCHWERT NIMMT DIR DEIN CHAKRA!!
PTSCH PTSCH PTSCH
UIII...
WACKEL
?!
FLOTSCH
PLITSCH
PTSCH

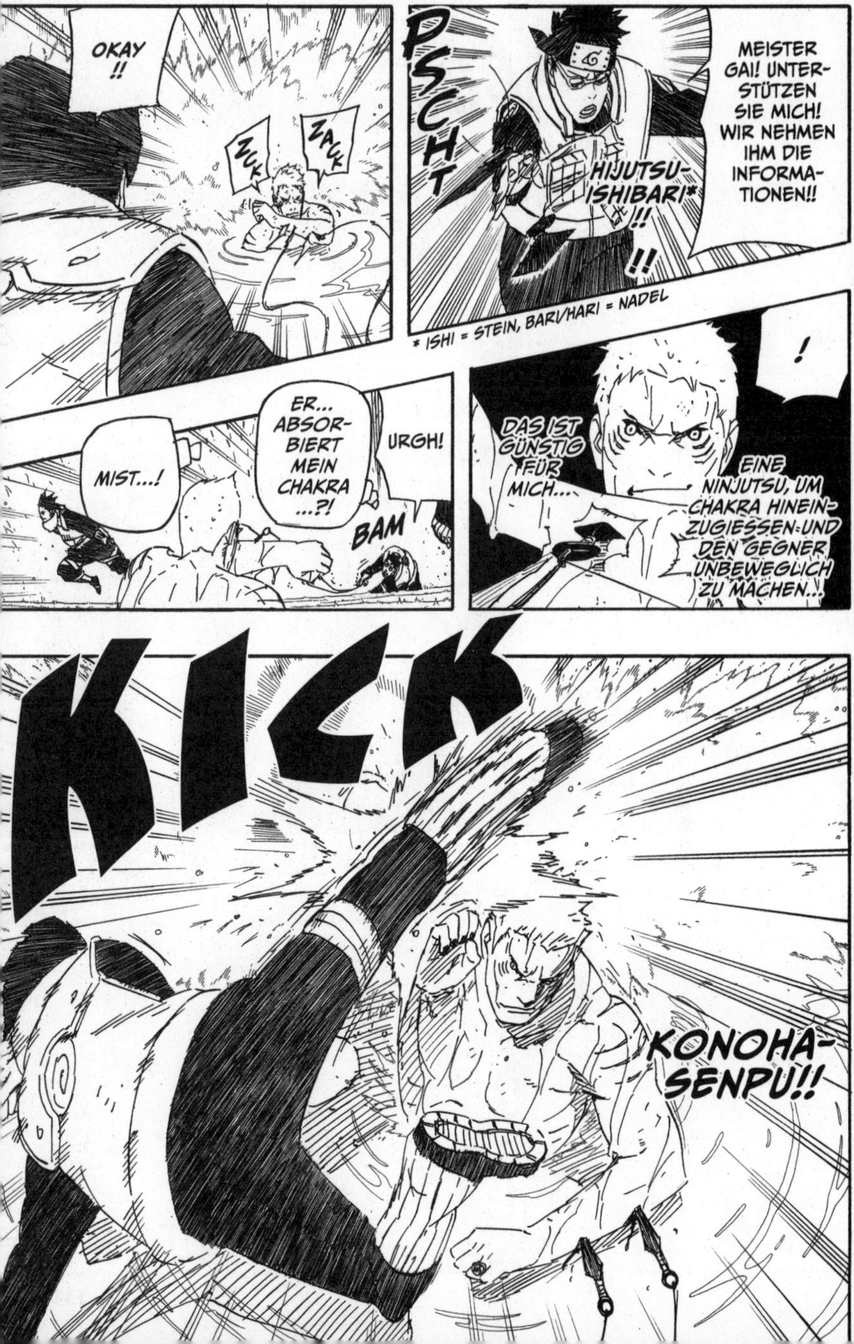
PSCHT
MEISTER GAI! UNTERSTÜTZEN SIE MICH! WIR NEHMEN IHM DIE INFORMATIONEN!!
HIJUTSU-ISHIBARI*!!
!!
* ISHI = STEIN, BARI/HARI = NADEL
ZACK
ZACK
OKAY !!
!
DAS IST GÜNSTIG FÜR MICH...
EINE NINJUTSU, UM CHAKRA HINEINZUGIESSEN UND DEN GEGNER UNBEWEGLICH ZU MACHEN...
URGH!
ER... ABSORBIERT MEIN CHAKRA ...?!
BAM
MIST...!
KICK
KONOHA-SENPU!!

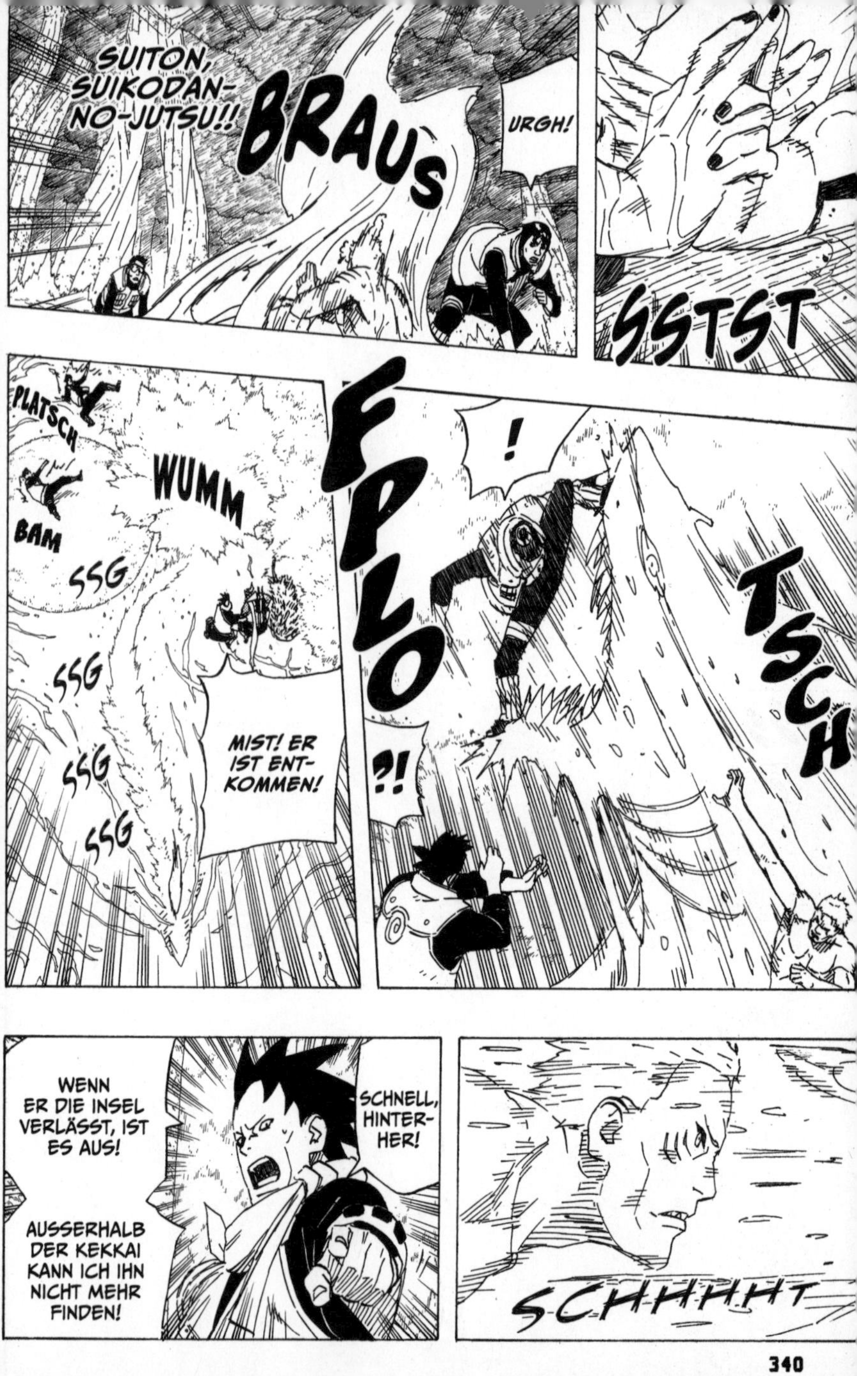
SSTST
URGH!
BRAUS
SUITON, SUIKODAN-NO-JUTSU!!
!
TSCH
FPLO
?!
WUMM
PLATSCH
BAM
SSG
SSG
SSG
SSG
MIST! ER IST ENTKOMMEN!
SCHHHHHT
SCHNELL, HINTERHER!
WENN ER DIE INSEL VERLÄSST, IST ES AUS!
AUSSERHALB DER KEKKAI KANN ICH IHN NICHT MEHR FINDEN!

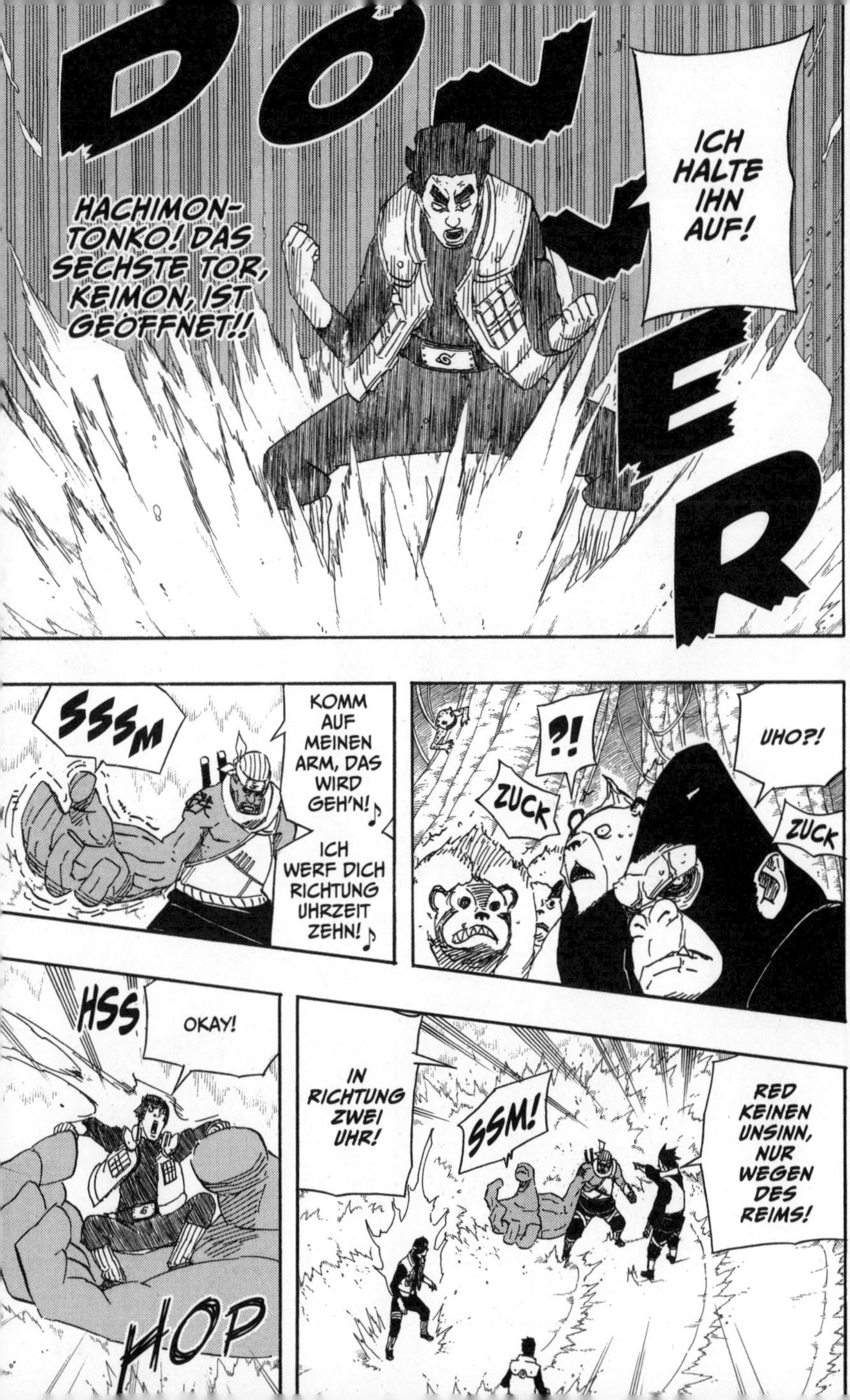
DONNER
ICH HALTE IHN AUF!
HACHIMON-TONKO! DAS SECHSTE TOR, KEIMON, IST GEÖFFNET!!
UHO?!
ZUCK
?!
ZUCK
KOMM AUF MEINEN ARM, DAS WIRD GEH'N! ♪
ICH WERF DICH RICHTUNG UHRZEIT ZEHN! ♪
SSSM
RED KEINEN UNSINN, NUR WEGEN DES REIMS!
SSM!
IN RICHTUNG ZWEI UHR!
OKAY!
HSS
HOP

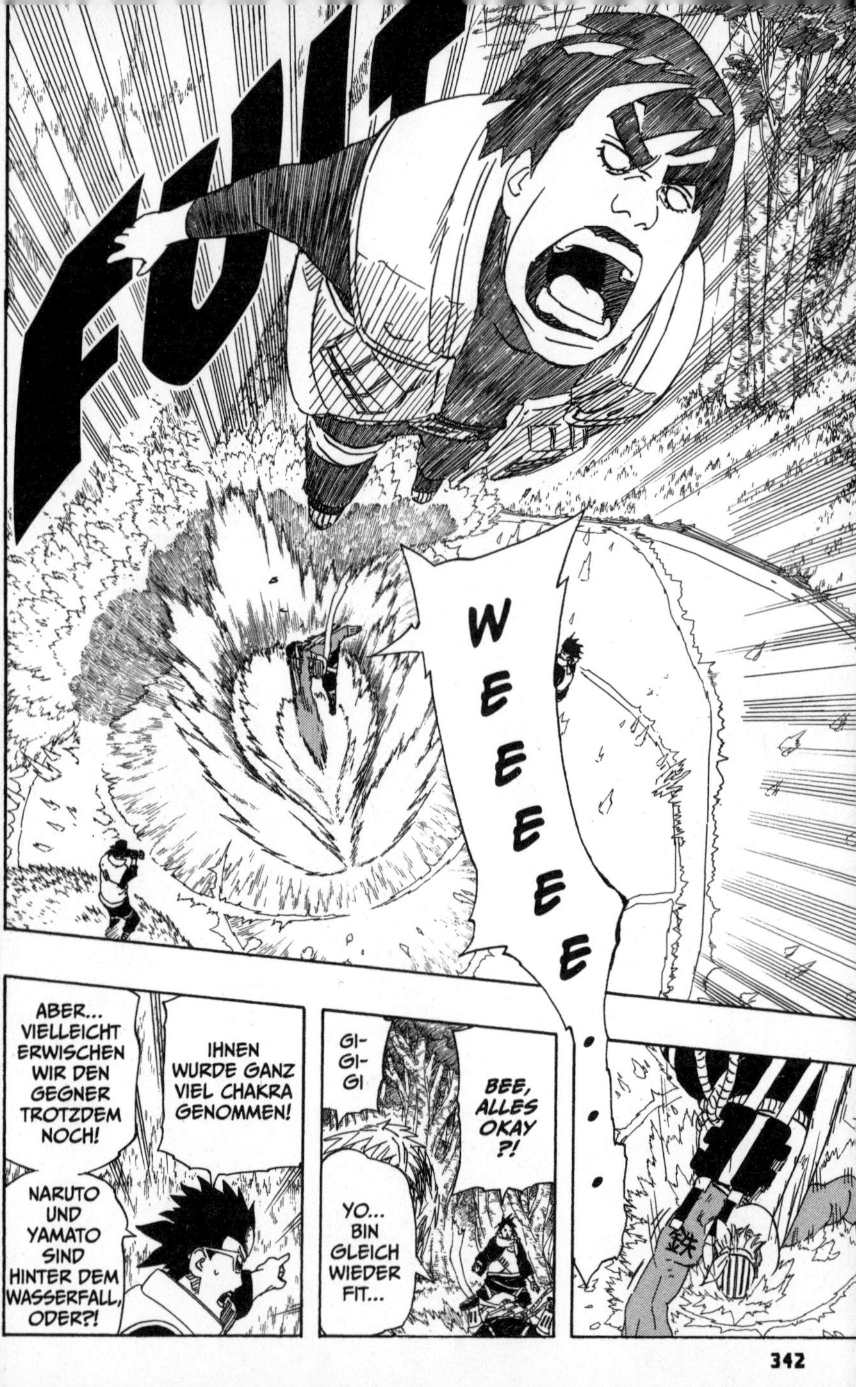
WEEEEEE......
BEE, ALLES OKAY?!
GI-GI-GI
YO... BIN GLEICH WIEDER FIT...
IHNEN WURDE GANZ VIEL CHAKRA GENOMMEN!
ABER... VIELLEICHT ERWISCHEN WIR DEN GEGNER TROTZDEM NOCH!
NARUTO UND YAMATO SIND HINTER DEM WASSERFALL, ODER?!

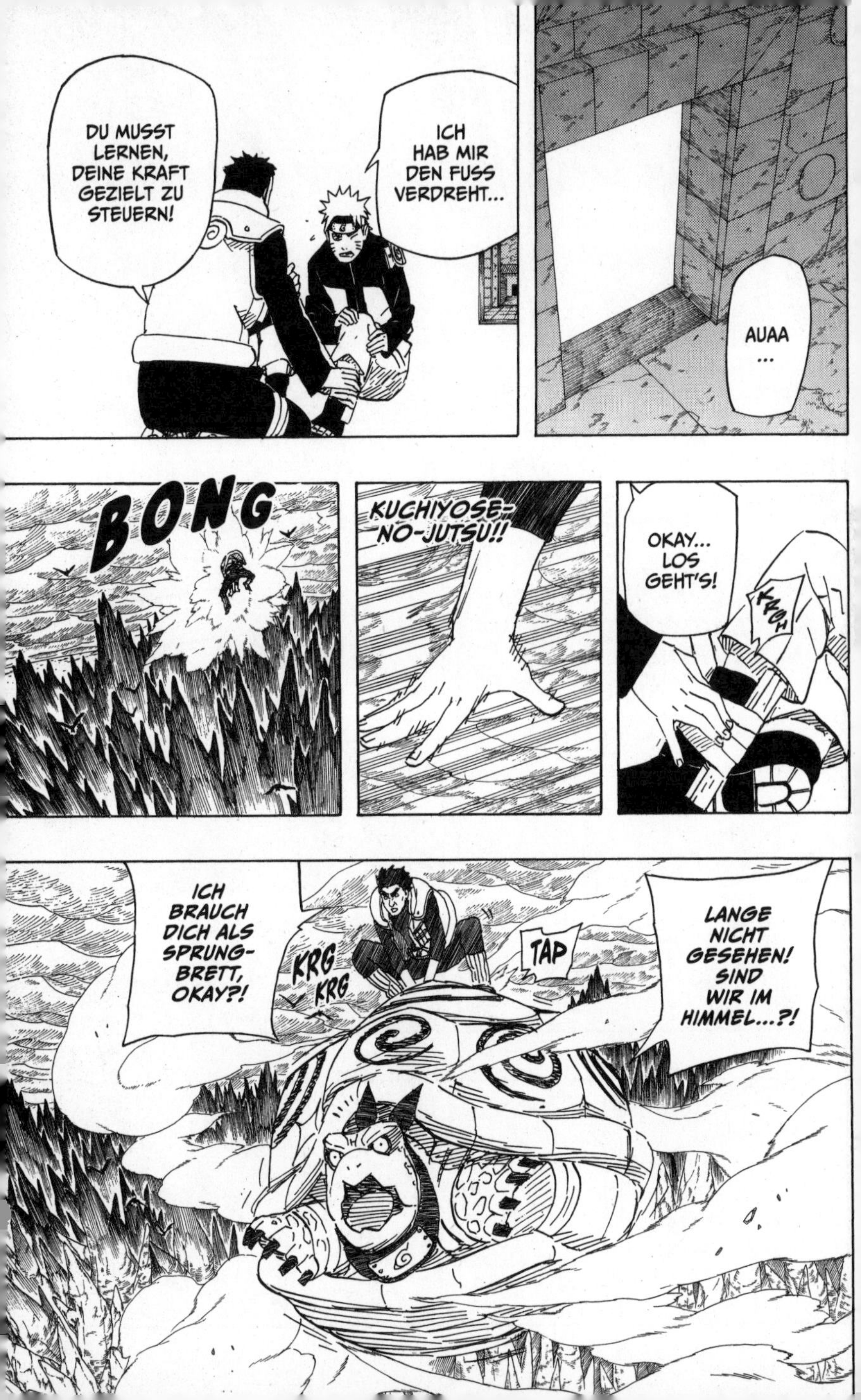
AUAA ...
ICH HAB MIR DEN FUSS VERDREHT...
DU MUSST LERNEN, DEINE KRAFT GEZIELT ZU STEUERN!
OKAY... LOS GEHT'S!
KRCH
KUCHIYOSE-NO-JUTSU!!
BONG
LANGE NICHT GESEHEN! SIND WIR IM HIMMEL...?!
TAP
KRG KRG
ICH BRAUCH DICH ALS SPRUNG-BRETT, OKAY?!

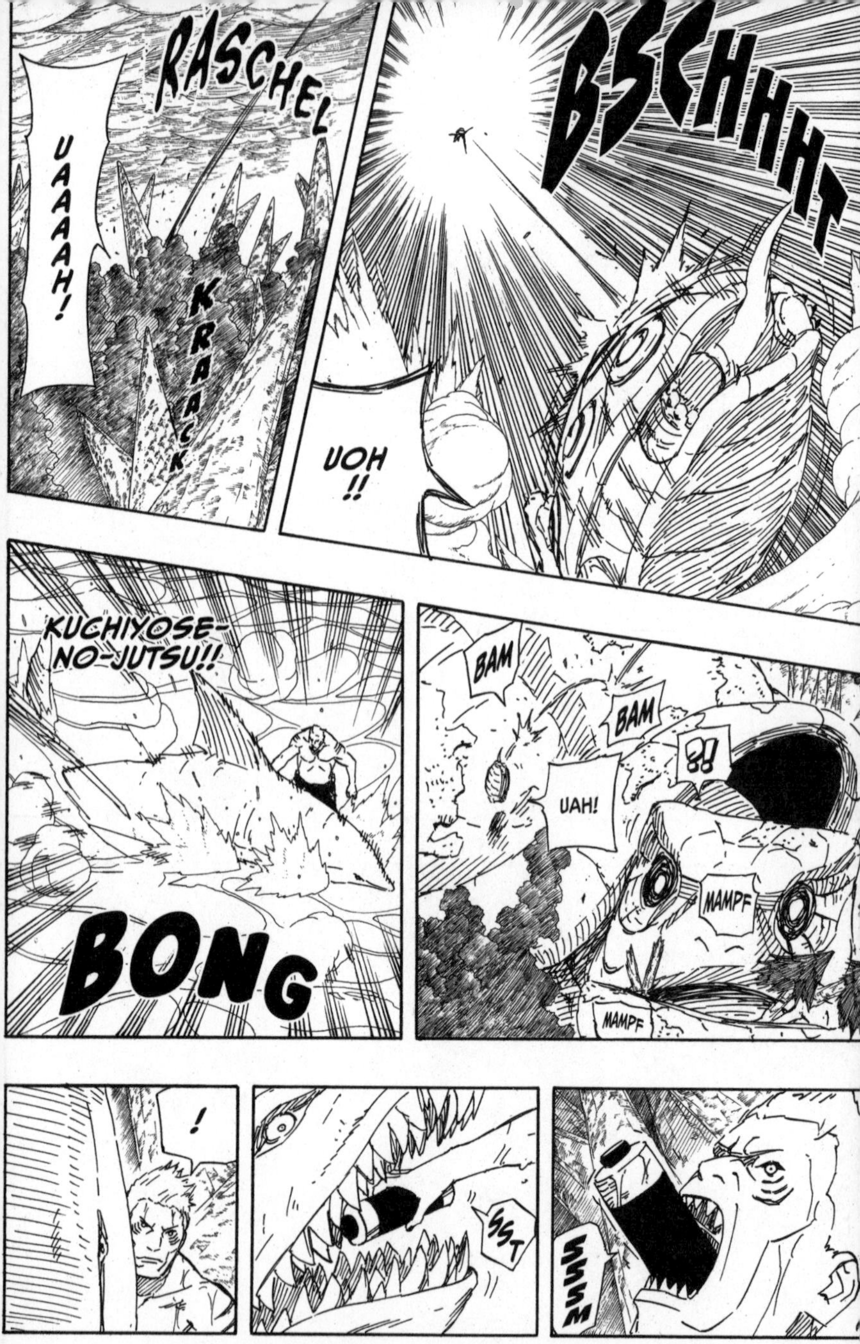
BSCHHHT
UOH!!
RASCHEL
UAAAAAH!
KRAACK
BAM
BAM
?!
UAH!
MAMPF
MAMPF
KUCHIYOSE-NO-JUTSU!!
BONG
SSSSM
SST
!

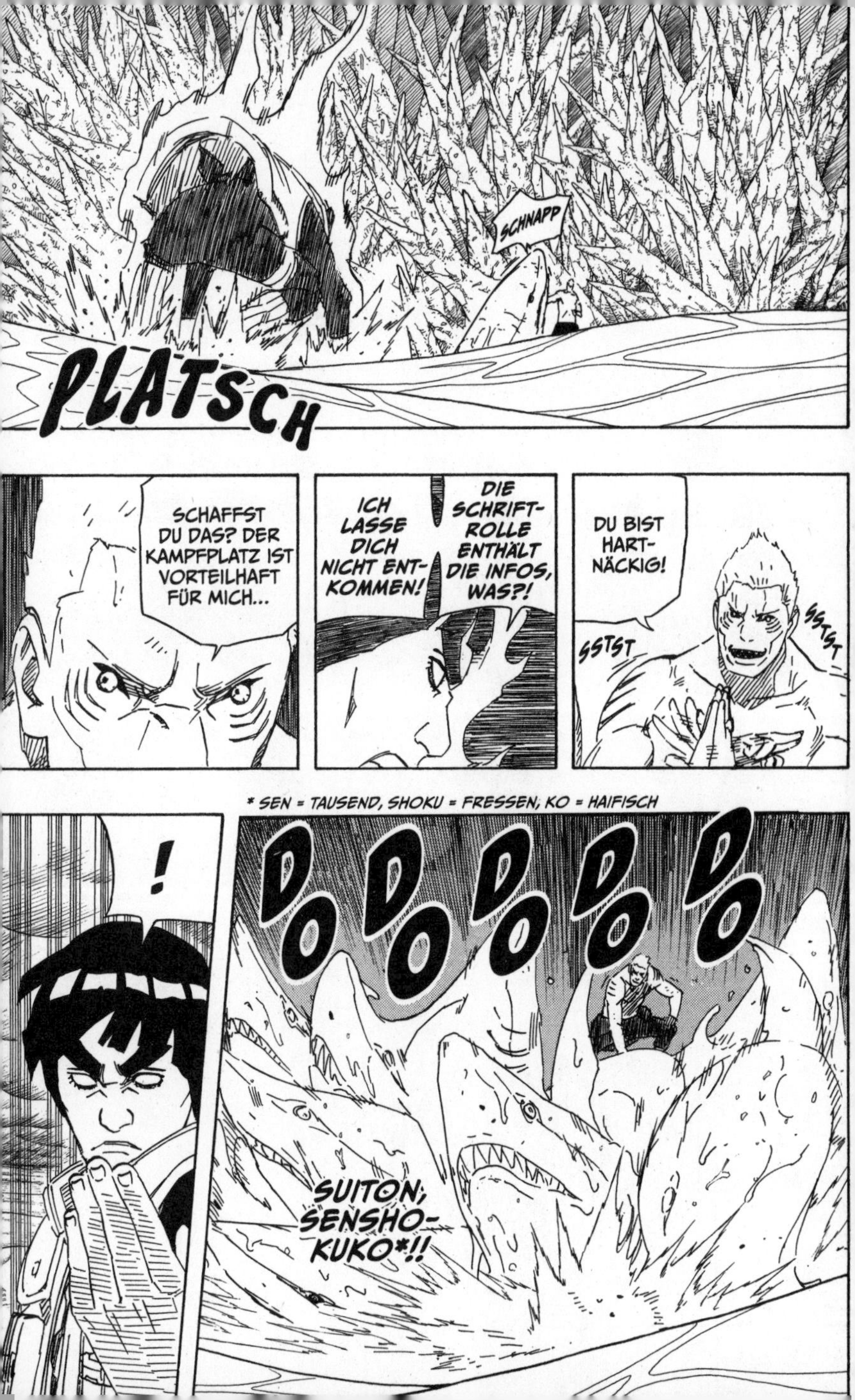
SCHNAPP
PLATSCH
DU BIST HART-NÄCKIG!
SSTST
SSTST
DIE SCHRIFT-ROLLE ENTHÄLT DIE INFOS, WAS?!
ICH LASSE DICH NICHT ENT-KOMMEN!
SCHAFFST DU DAS? DER KAMPFPLATZ IST VORTEILHAFT FÜR MICH...
DDDDDD
SUITON, SENSHO-KUKO*!!
!
* SEN = TAUSEND, SHOKU = FRESSEN, KO = HAIFISCH

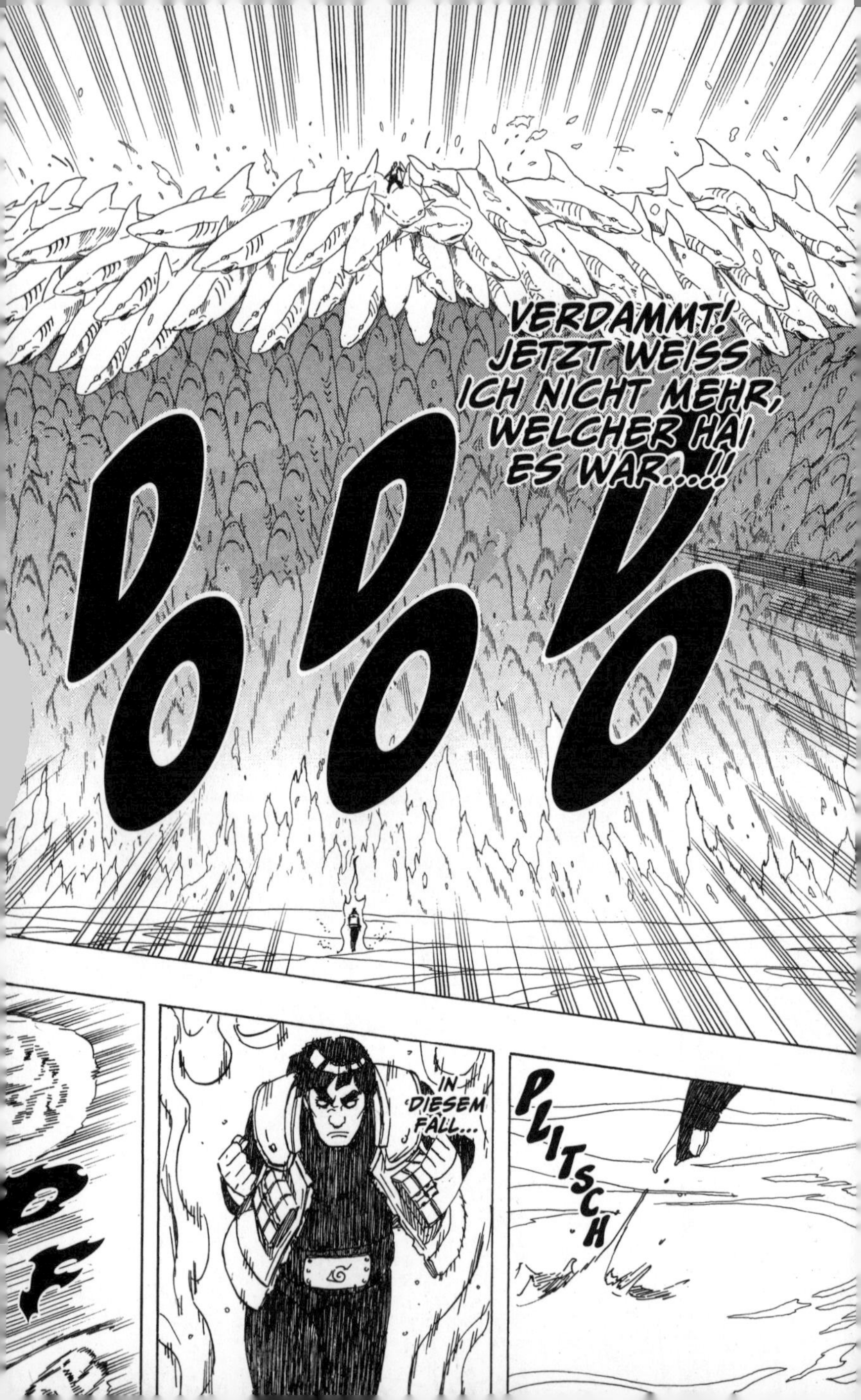
VERDAMMT! JETZT WEISS ICH NICHT MEHR, WELCHER HAI ES WAR...!!
PLITSCH
IN DIESEM FALL...

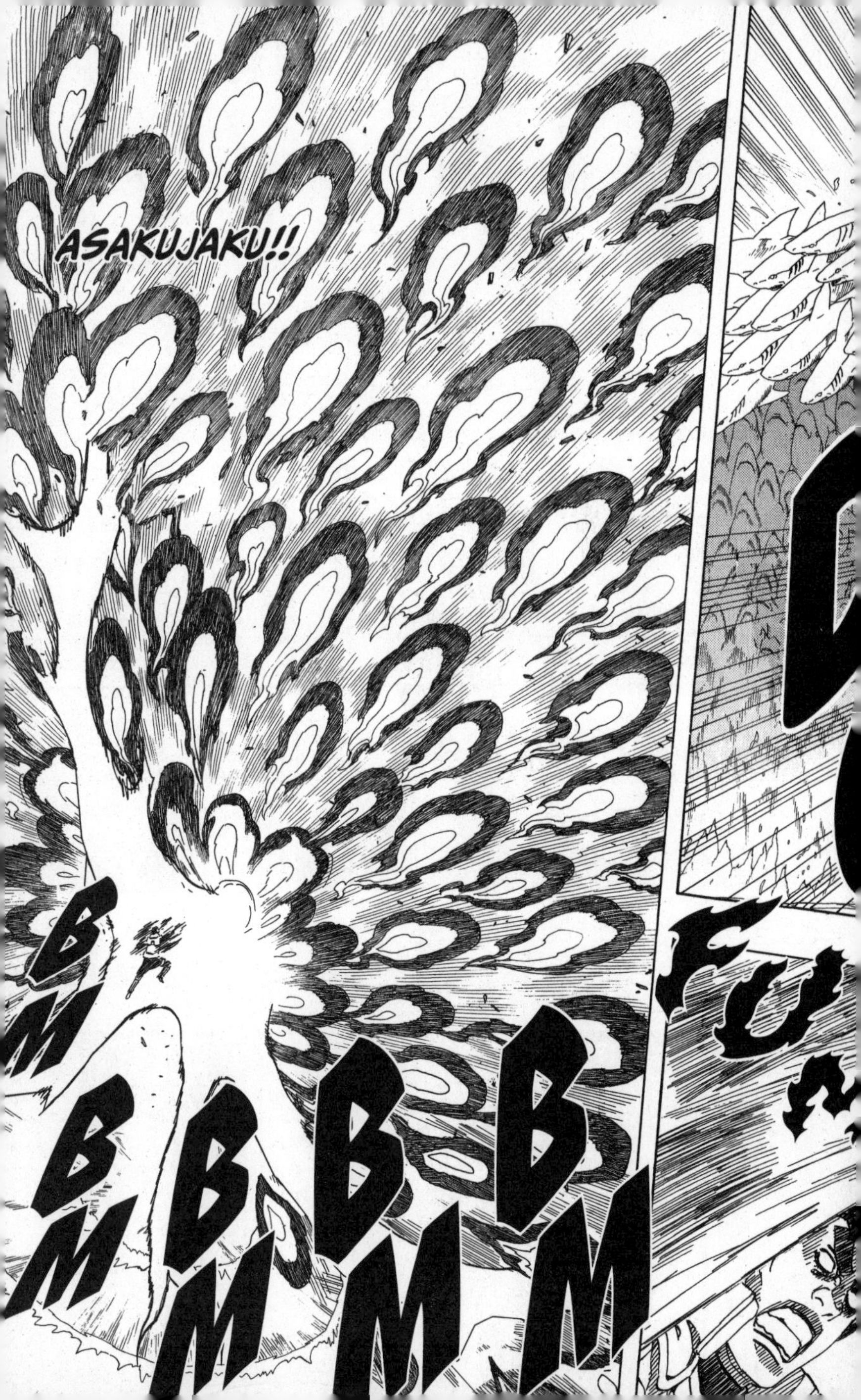
ASAKUJAKU!!

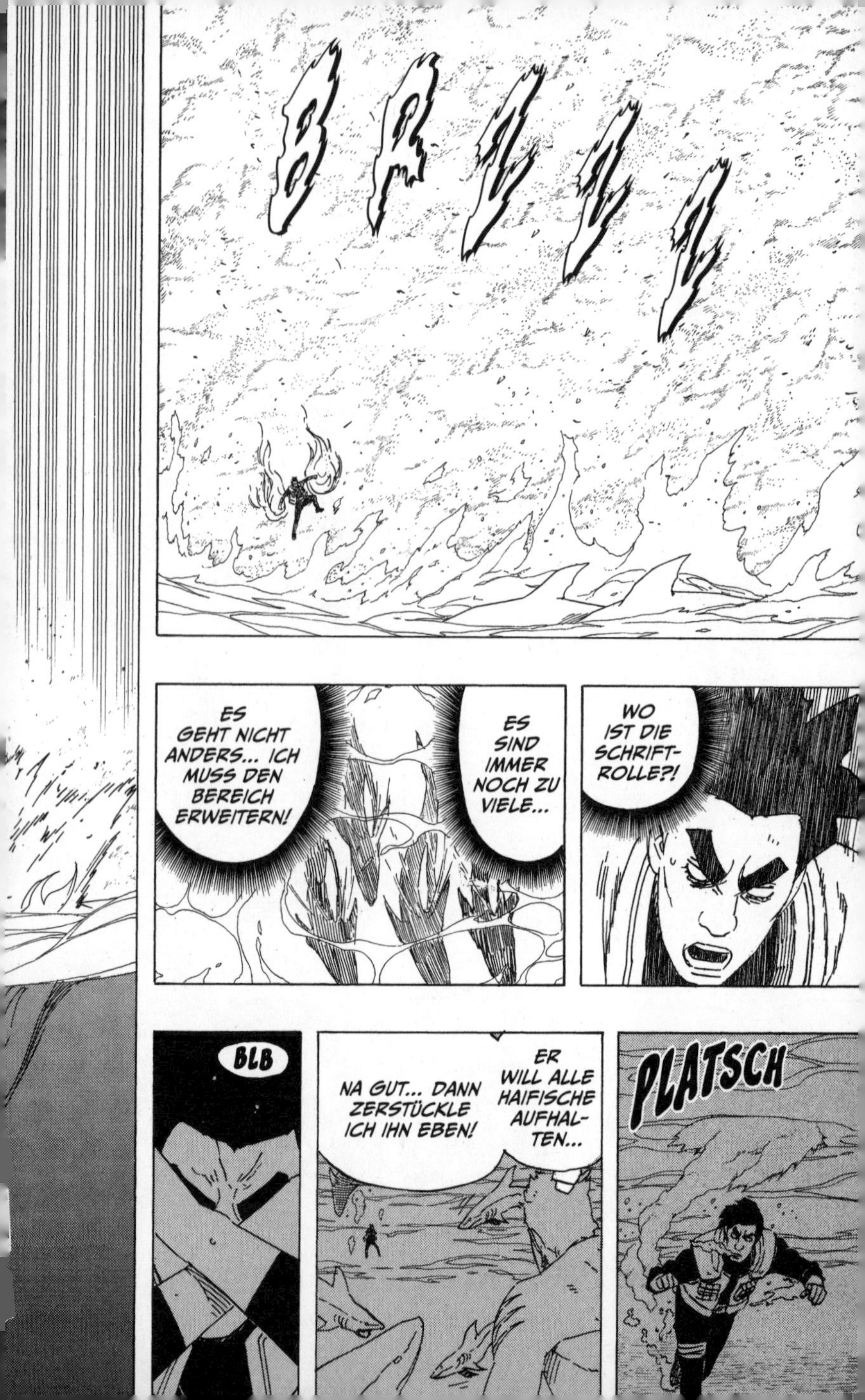
WO IST DIE SCHRIFT-ROLLE?!
ES SIND IMMER NOCH ZU VIELE...
ES GEHT NICHT ANDERS... ICH MUSS DEN BEREICH ERWEITERN!
PLATSCH
ER WILL ALLE HAIFISCHE AUFHAL-TEN...
NA GUT... DANN ZERSTÜCKLE ICH IHN EBEN!
BLB

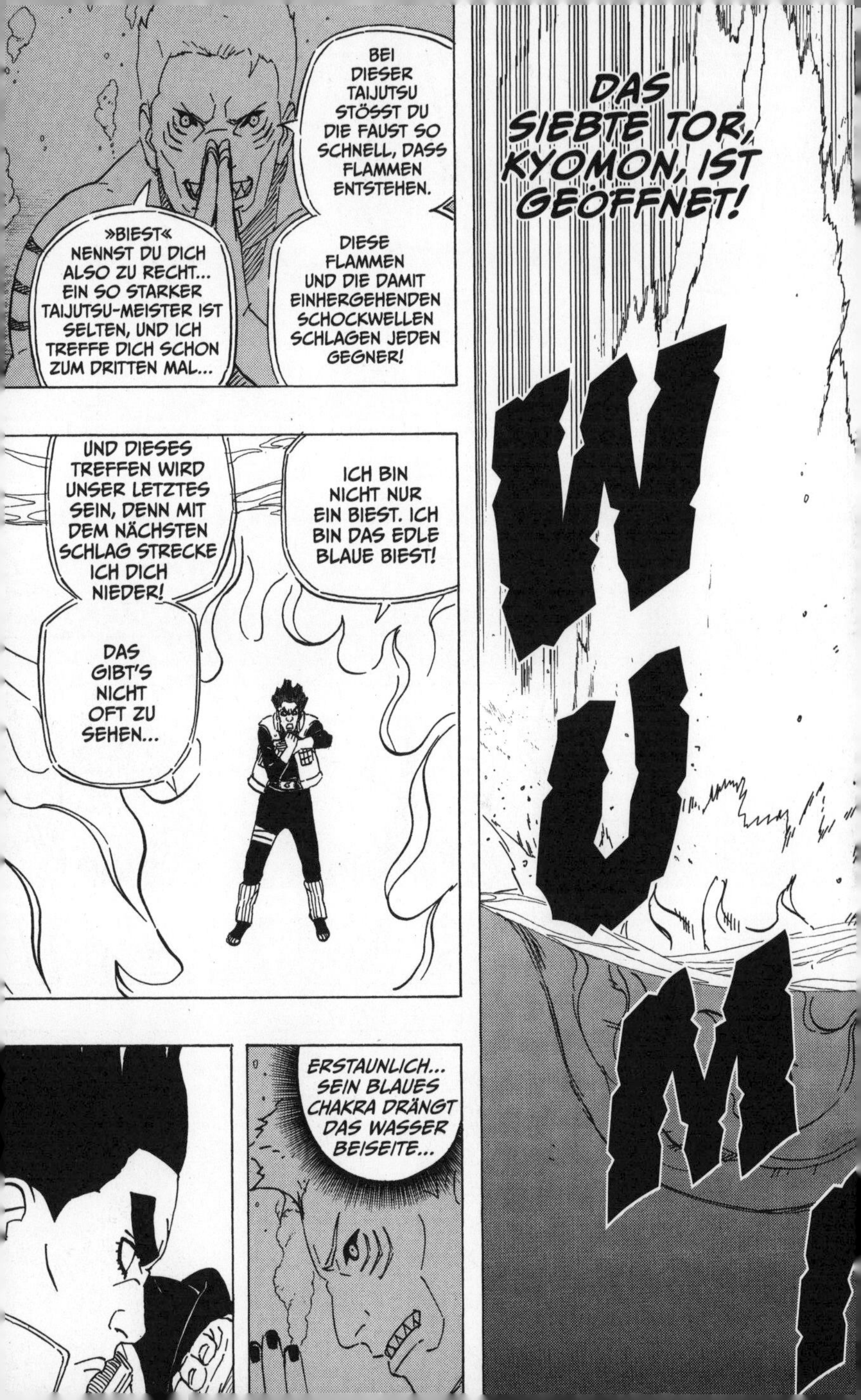

DAS SIEBTE TOR, KYOMON, IST GEÖFFNET!
WUM
BEI DIESER TAIJUTSU STÖSST DU DIE FAUST SO SCHNELL, DASS FLAMMEN ENTSTEHEN.
DIESE FLAMMEN UND DIE DAMIT EINHERGEHENDEN SCHOCKWELLEN SCHLAGEN JEDEN GEGNER!
»BIEST« NENNST DU DICH ALSO ZU RECHT… EIN SO STARKER TAIJUTSU-MEISTER IST SELTEN, UND ICH TREFFE DICH SCHON ZUM DRITTEN MAL…
ICH BIN NICHT NUR EIN BIEST. ICH BIN DAS EDLE BLAUE BIEST!
UND DIESES TREFFEN WIRD UNSER LETZTES SEIN, DENN MIT DEM NÄCHSTEN SCHLAG STRECKE ICH DICH NIEDER!
DAS GIBT'S NICHT OFT ZU SEHEN…
ERSTAUNLICH… SEIN BLAUES CHAKRA DRÄNGT DAS WASSER BEISEITE…

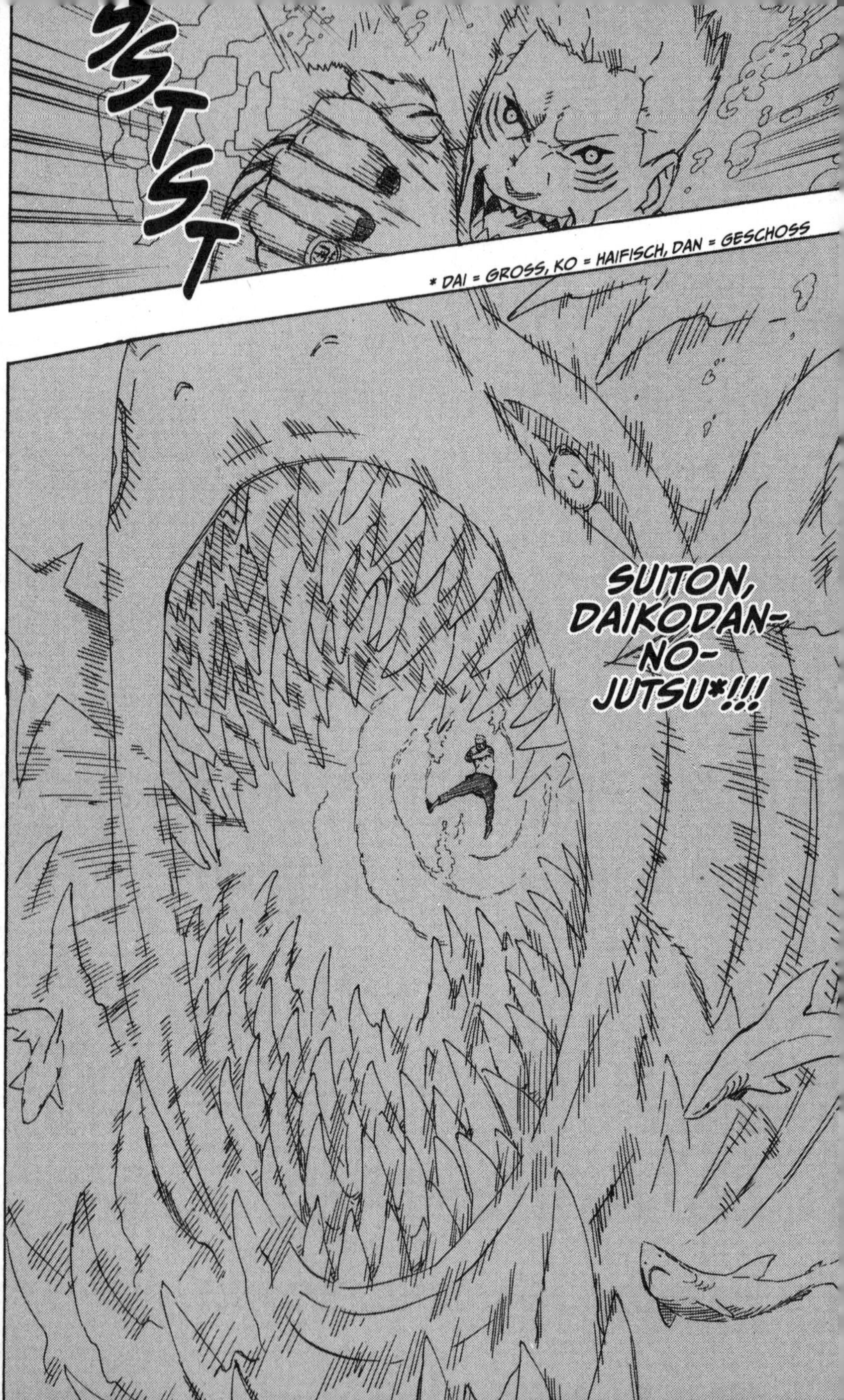
ZSTST
SUITON, DAIKODAN-NO-JUTSU*!!!
* DAI = GROSS, KO = HAIFISCH, DAN = GESCHOSS

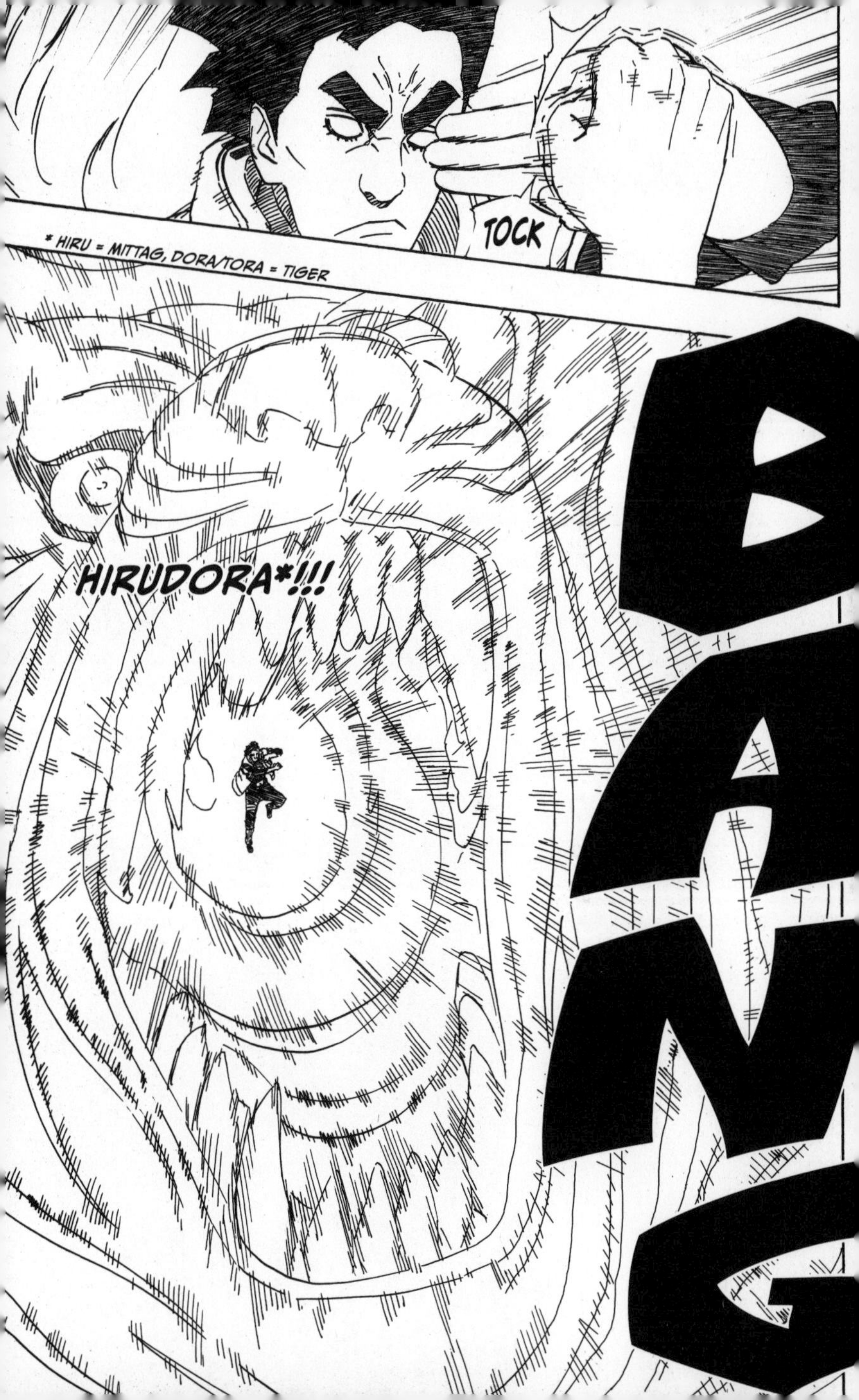
TOCK
* HIRU = MITTAG, DORA/TORA = TIGER
HIRUDORA*!!!
BANG

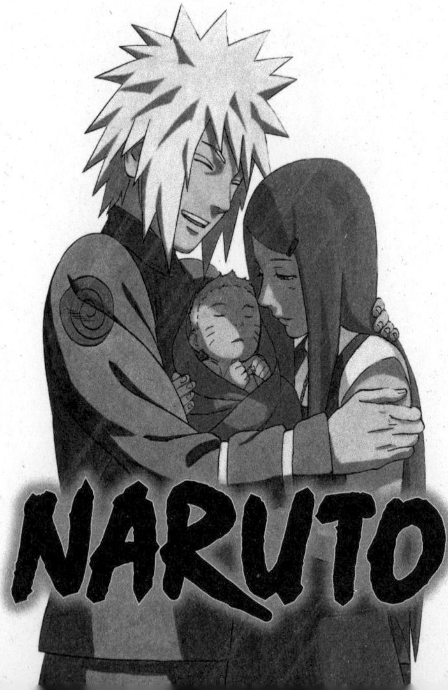
NARUTO

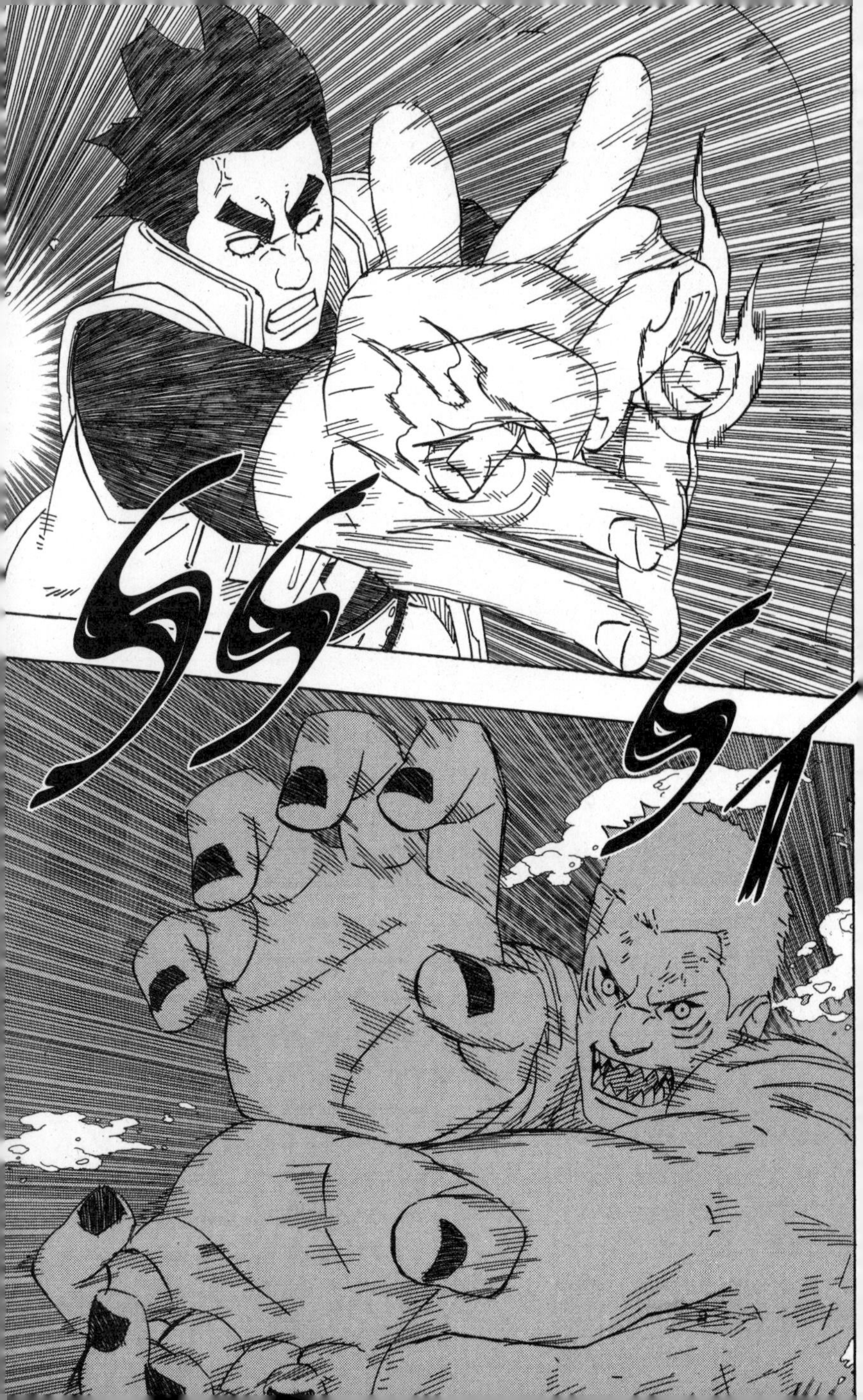

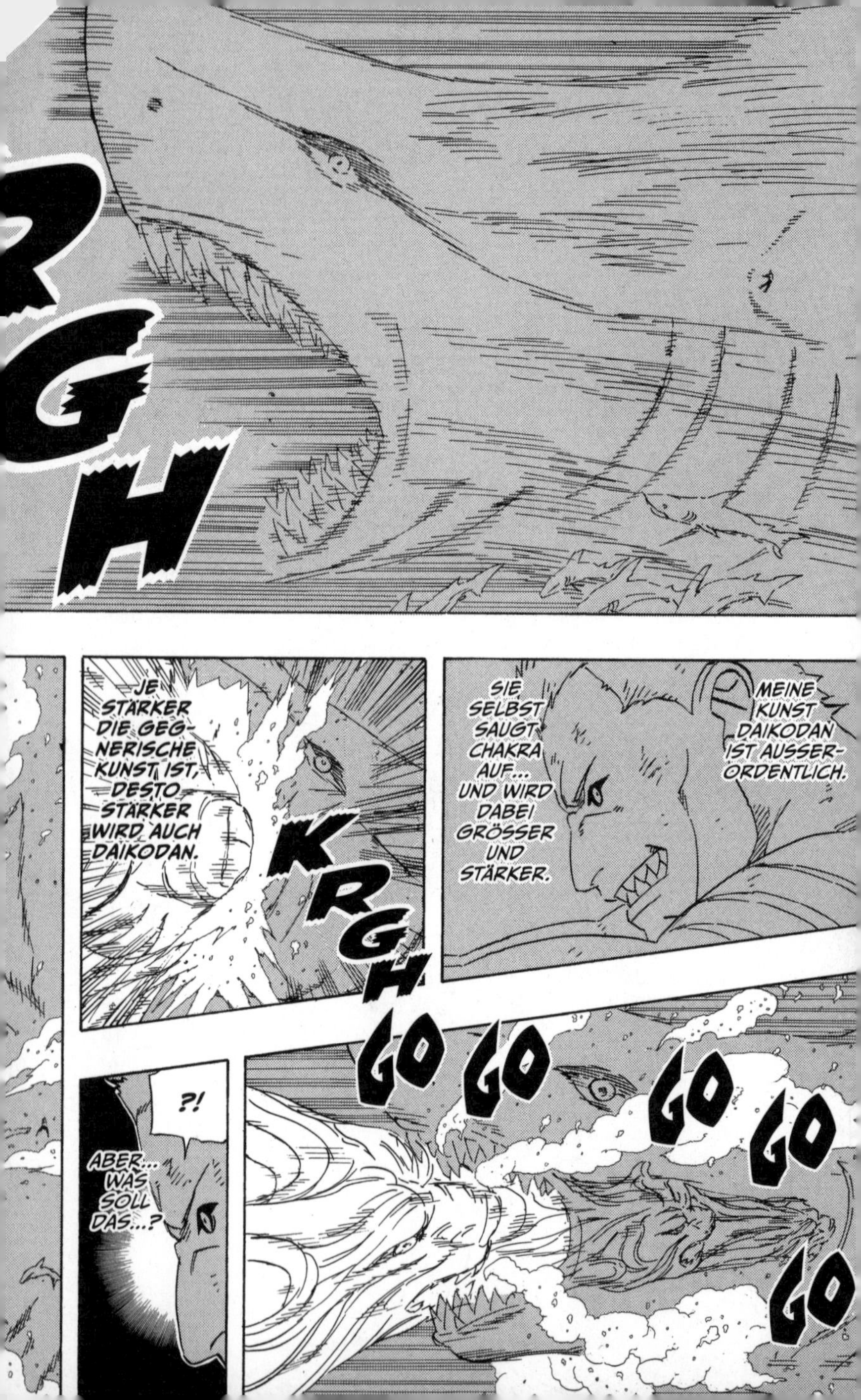
RGH
MEINE KUNST DAIKODAN IST AUSSER-ORDENTLICH.
SIE SELBST SAUGT CHAKRA AUF... UND WIRD DABEI GRÖSSER UND STÄRKER.
JE STÄRKER DIE GEGNERISCHE KUNST IST, DESTO STÄRKER WIRD AUCH DAIKODAN.
KRGH
GO GO GO GO GO GO
?!
ABER... WAS SOLL DAS...?

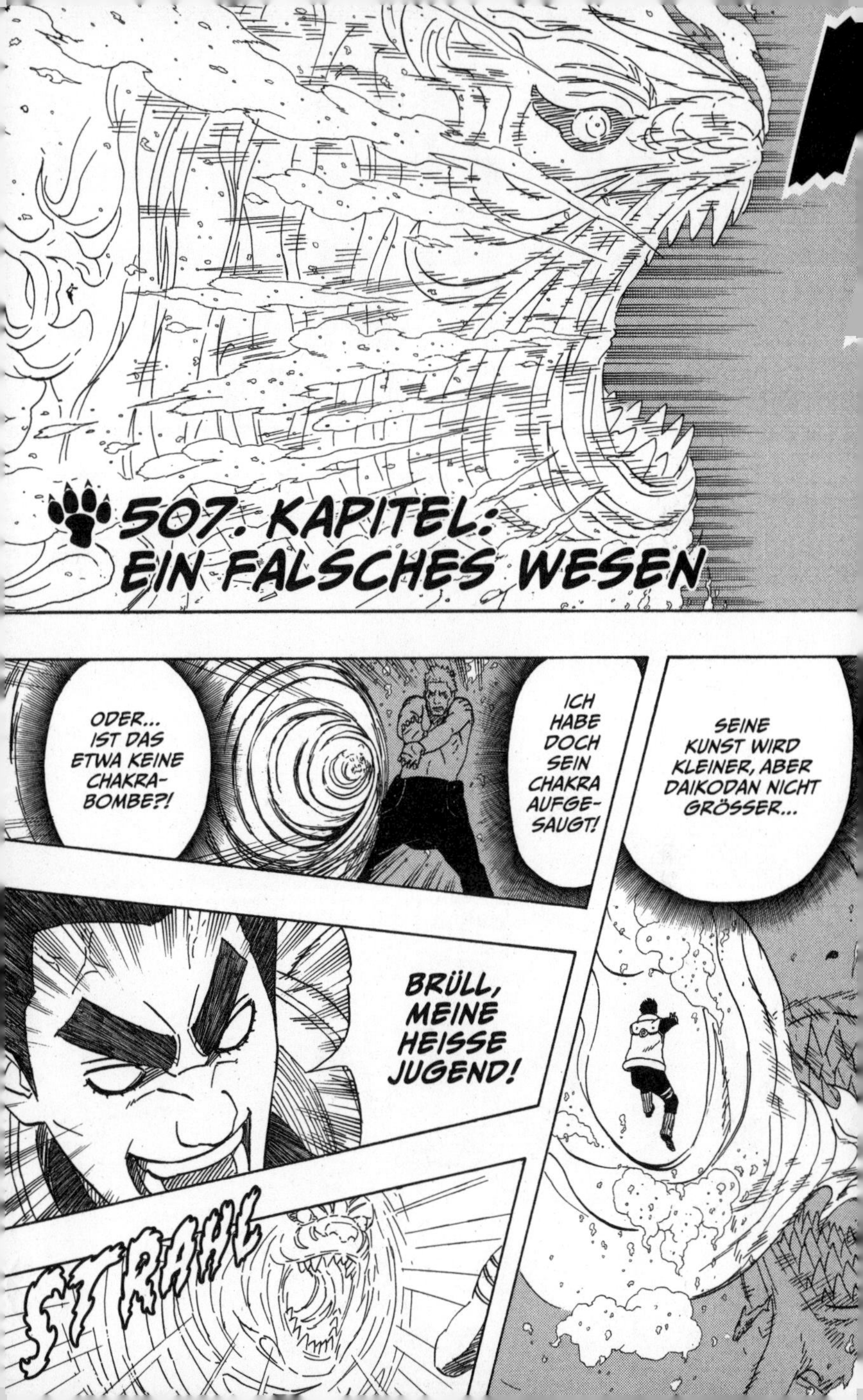
507. KAPITEL:
EIN FALSCHES WESEN
SEINE KUNST WIRD KLEINER, ABER DAIKODAN NICHT GRÖSSER...
ICH HABE DOCH SEIN CHAKRA AUFGESAUGT!
ODER... IST DAS ETWA KEINE CHAKRA-BOMBE?!
BRÜLL, MEINE HEISSE JUGEND!
STRAHL

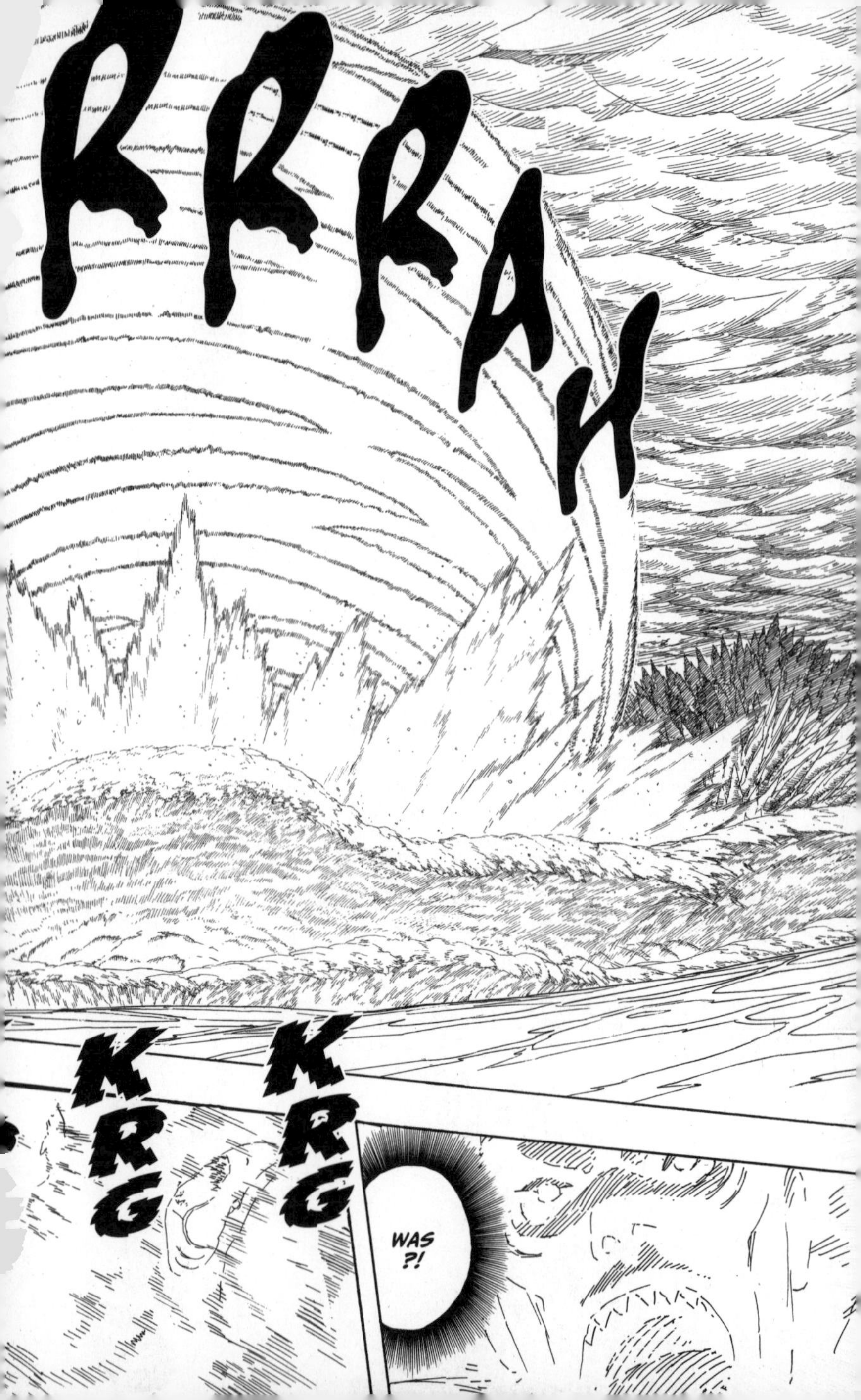
RRRRAH
KRG
KRG
WAS ?!

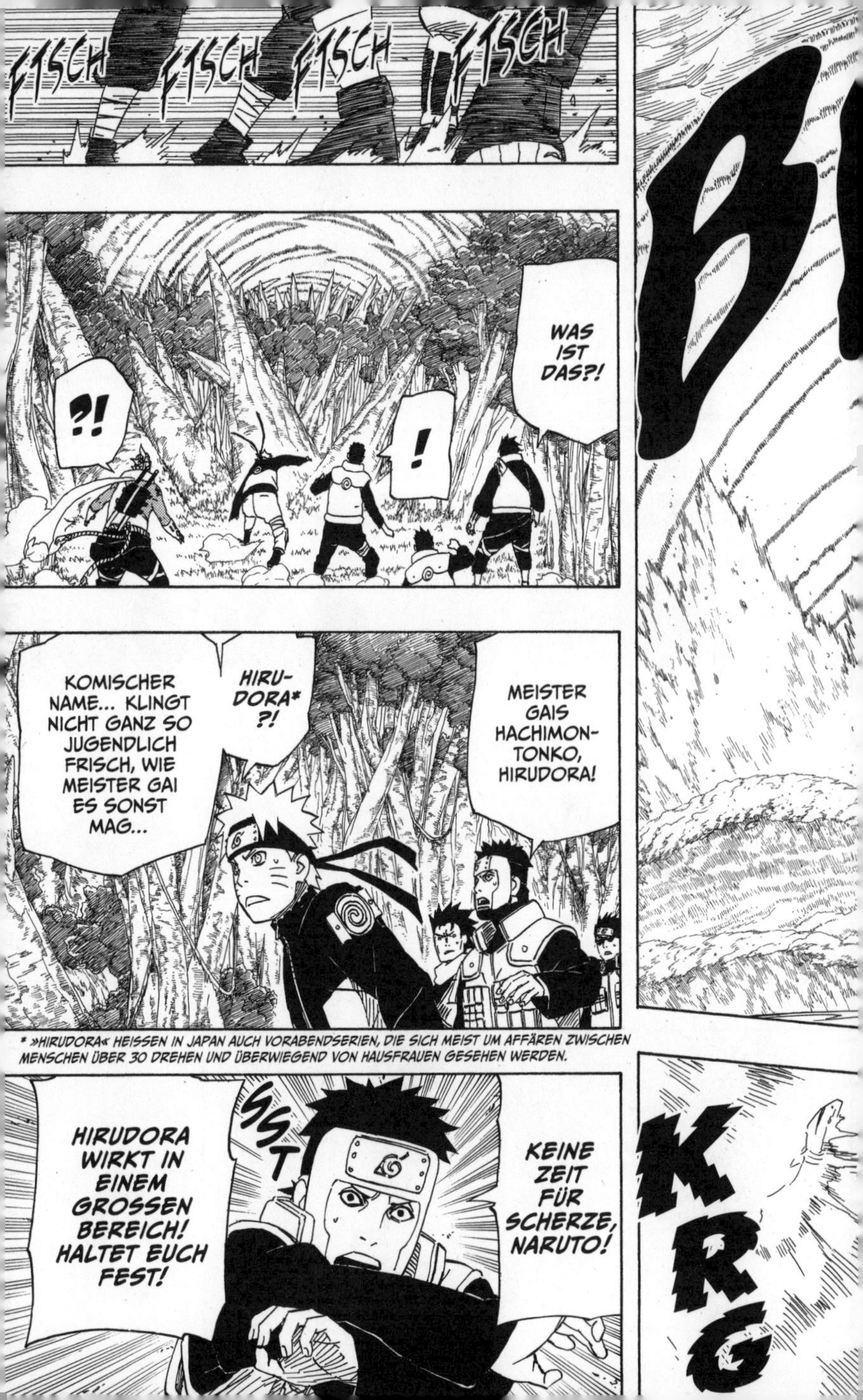


* »HIRUDORA« HEISSEN IN JAPAN AUCH VORABENDSERIEN, DIE SICH MEIST UM AFFÄREN ZWISCHEN MENSCHEN ÜBER 30 DREHEN UND ÜBERWIEGEND VON HAUSFRAUEN GESEHEN WERDEN.

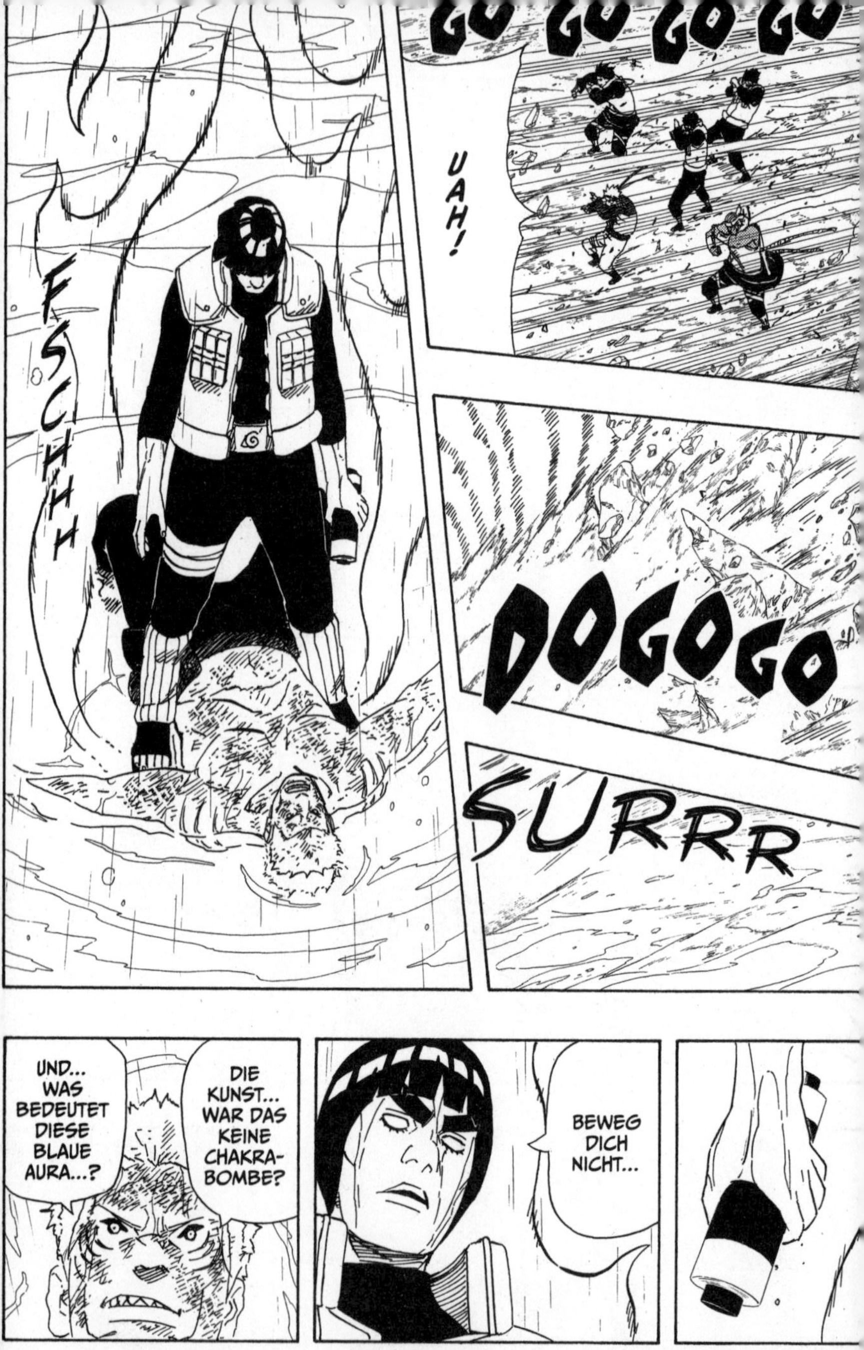
GO GO GO GO
UAH!
FSCHHH
DOGOGO
SURRR
BEWEG DICH NICHT...
DIE KUNST... WAR DAS KEINE CHAKRA-BOMBE?
UND... WAS BEDEUTET DIESE BLAUE AURA...?

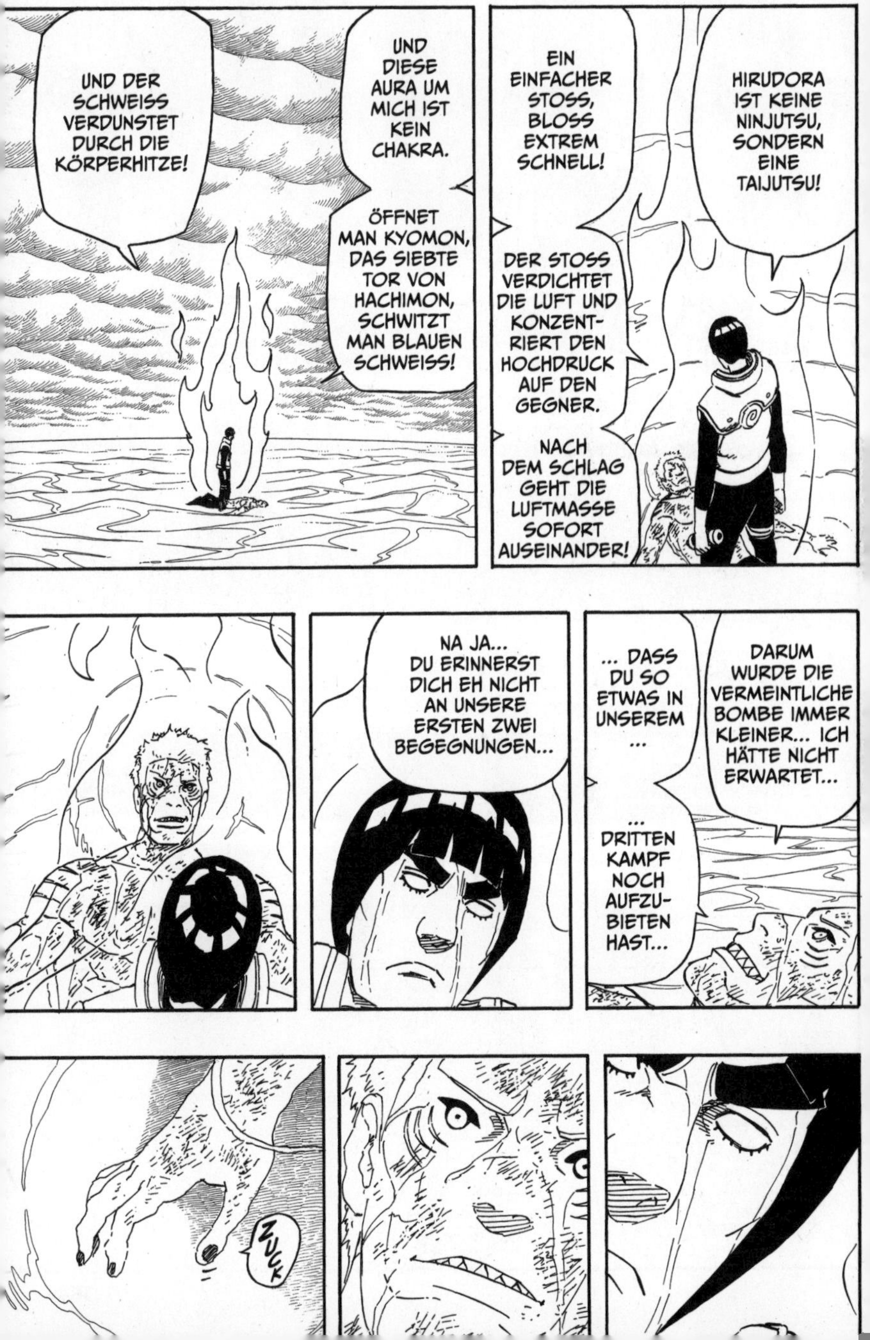
HIRUDORA IST KEINE NINJUTSU, SONDERN EINE TAIJUTSU!
EIN EINFACHER STOSS, BLOSS EXTREM SCHNELL!
DER STOSS VERDICHTET DIE LUFT UND KONZENT-RIERT DEN HOCHDRUCK AUF DEN GEGNER.
NACH DEM SCHLAG GEHT DIE LUFTMASSE SOFORT AUSEINANDER!
UND DIESE AURA UM MICH IST KEIN CHAKRA.
ÖFFNET MAN KYOMON, DAS SIEBTE TOR VON HACHIMON, SCHWITZT MAN BLAUEN SCHWEISS!
UND DER SCHWEISS VERDUNSTET DURCH DIE KÖRPERHITZE!
DARUM WURDE DIE VERMEINTLICHE BOMBE IMMER KLEINER... ICH HÄTTE NICHT ERWARTET...
... DASS DU SO ETWAS IN UNSEREM ...
... DRITTEN KAMPF NOCH AUFZU-BIETEN HAST...
NA JA... DU ERINNERST DICH EH NICHT AN UNSERE ERSTEN ZWEI BEGEGNUNGEN...
ZUCK

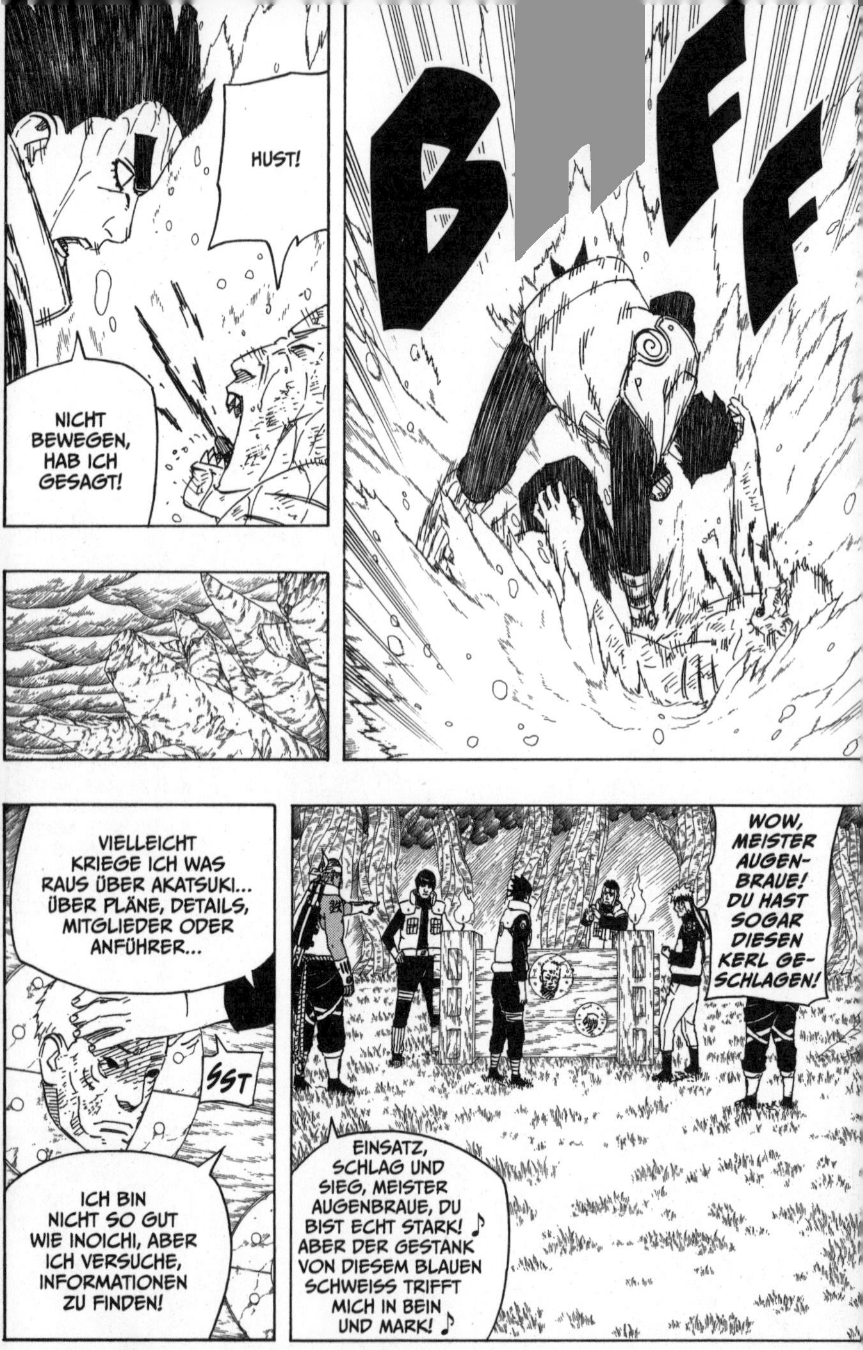
B FF
HUST!
NICHT BEWEGEN, HAB ICH GESAGT!
WOW, MEISTER AUGENBRAUE! DU HAST SOGAR DIESEN KERL GESCHLAGEN!
EINSATZ, SCHLAG UND SIEG, MEISTER AUGENBRAUE, DU BIST ECHT STARK! ♪ ABER DER GESTANK VON DIESEM BLAUEN SCHWEISS TRIFFT MICH IN BEIN UND MARK! ♪
VIELLEICHT KRIEGE ICH WAS RAUS ÜBER AKATSUKI... ÜBER PLÄNE, DETAILS, MITGLIEDER ODER ANFÜHRER...
SST
ICH BIN NICHT SO GUT WIE INOICHI, ABER ICH VERSUCHE, INFORMATIONEN ZU FINDEN!

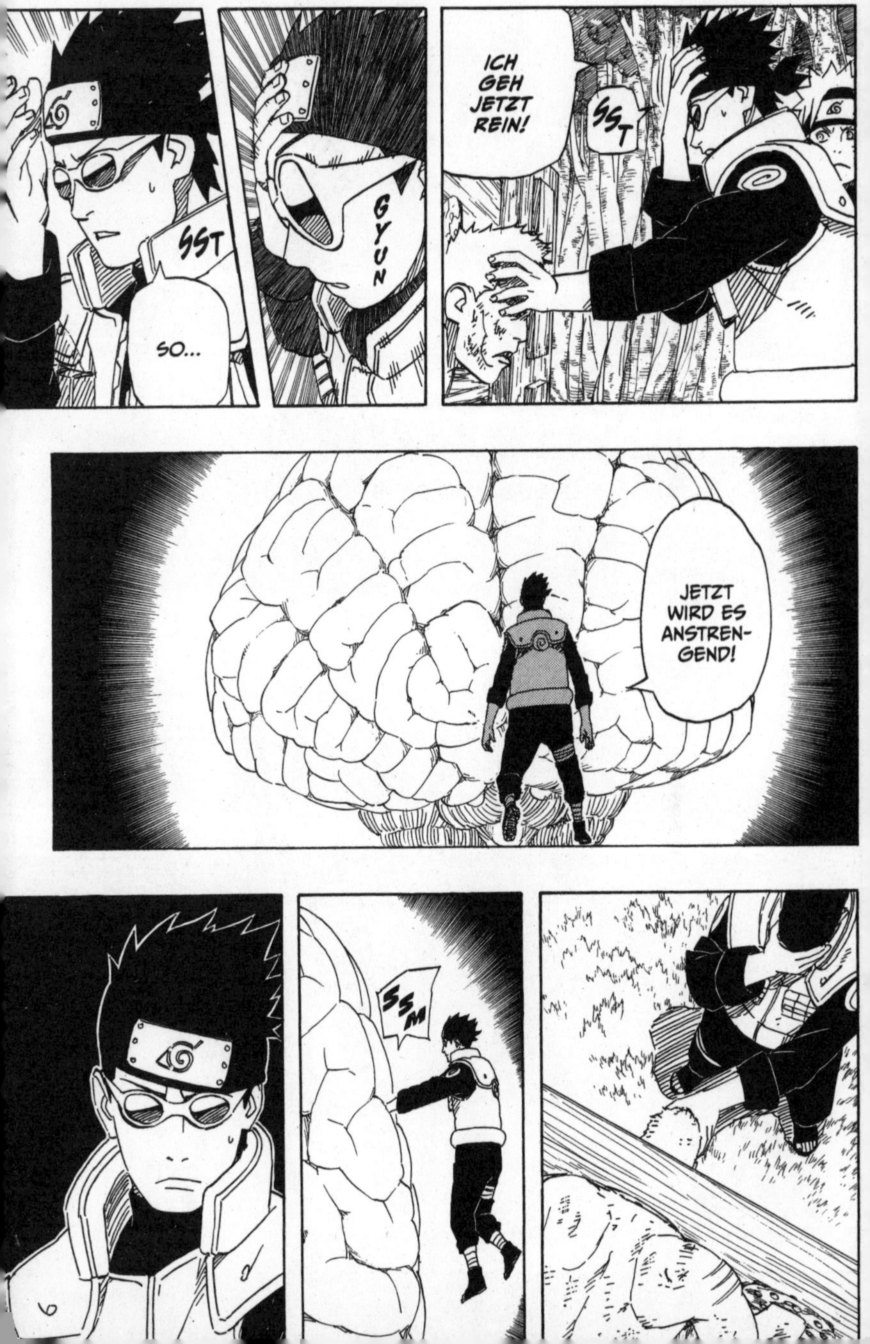
ICH GEH JETZT REIN!
SST
GYUN
SST
SO...
JETZT WIRD ES ANSTREN-GEND!
SSM

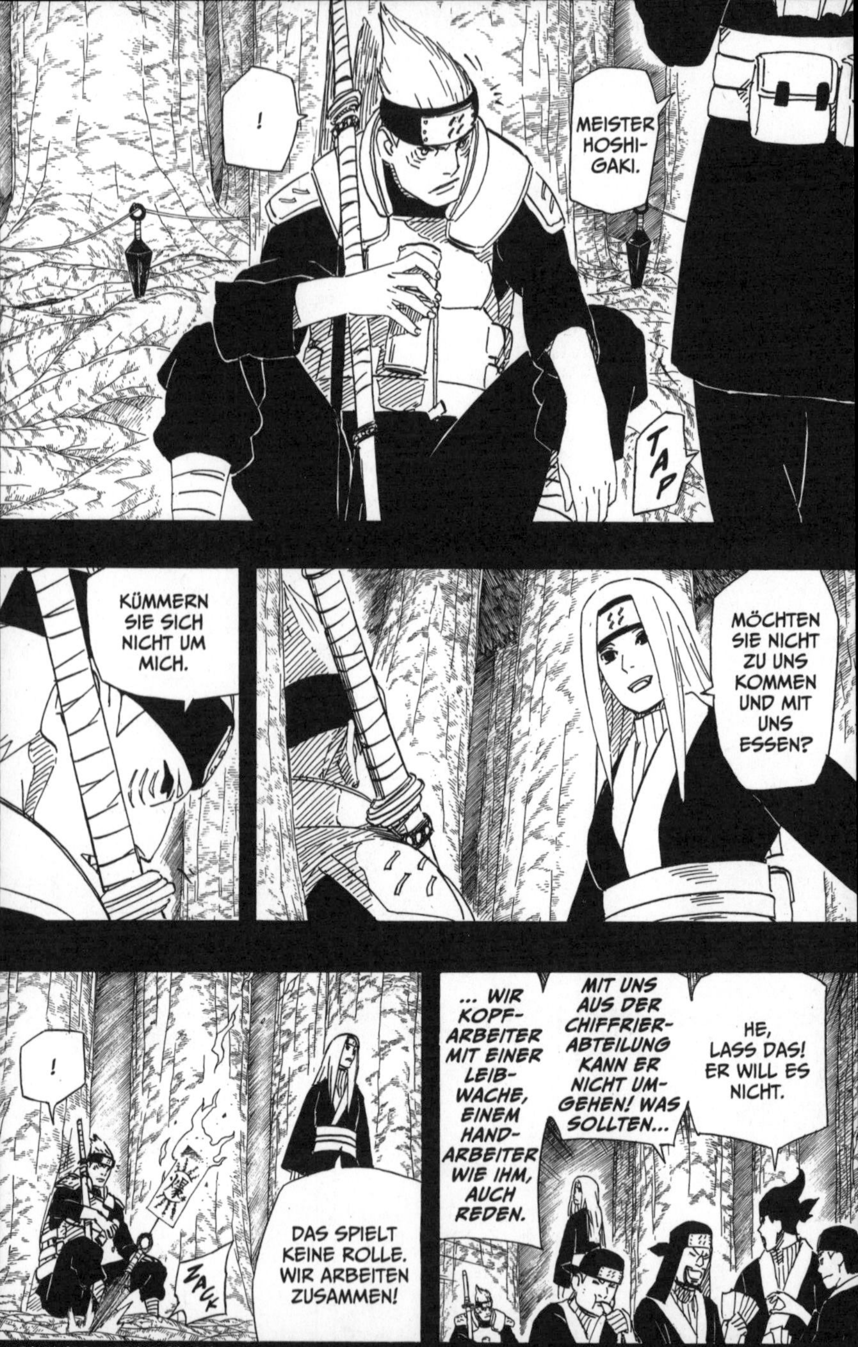

* BAKU (VON KIBAKUSATSU)

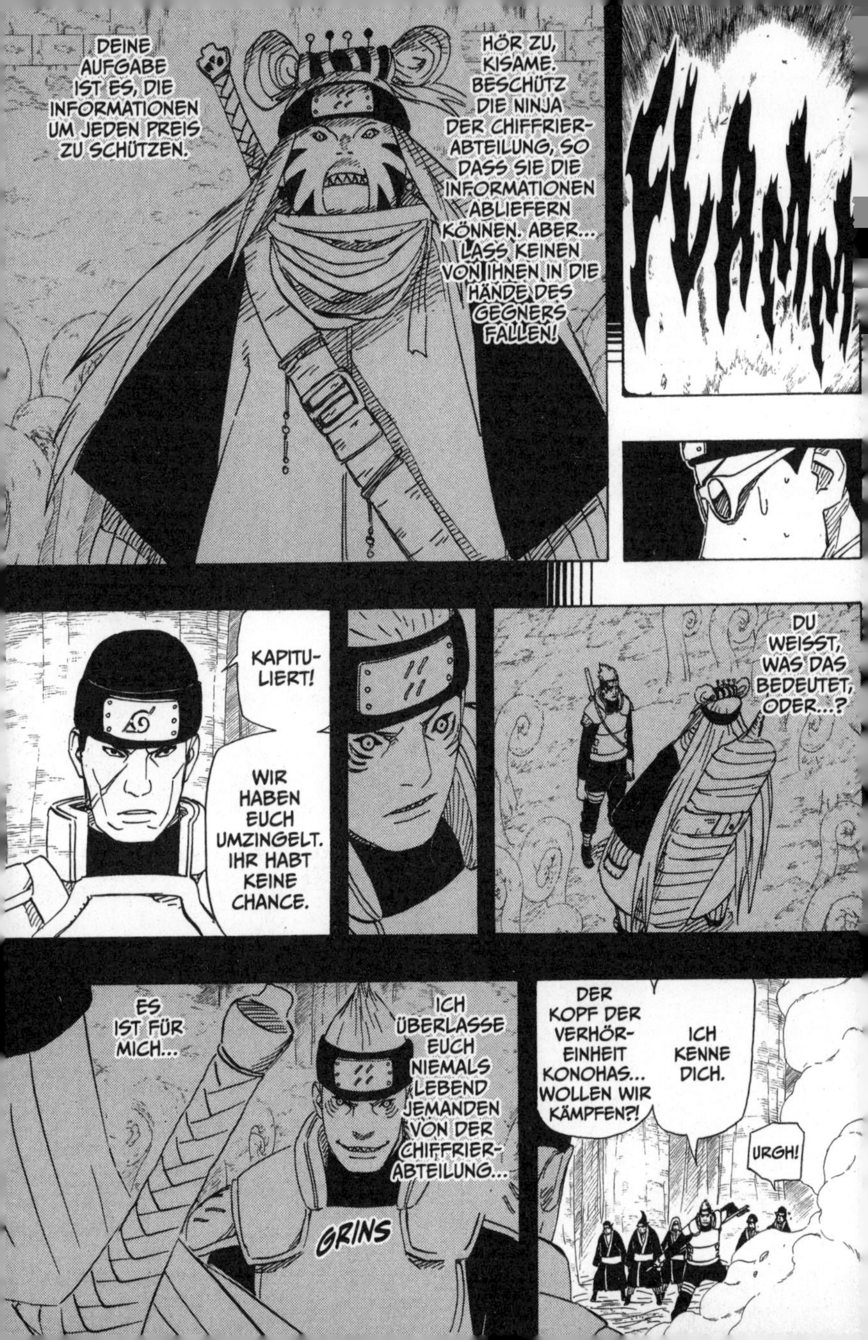
FLAAAH
HÖR ZU, KISAME. BESCHÜTZ DIE NINJA DER CHIFFRIER-ABTEILUNG, SO DASS SIE DIE INFORMATIONEN ABLIEFERN KÖNNEN. ABER... LASS KEINEN VON IHNEN IN DIE HÄNDE DES GEGNERS FALLEN!
DEINE AUFGABE IST ES, DIE INFORMATIONEN UM JEDEN PREIS ZU SCHÜTZEN.
DU WEISST, WAS DAS BEDEUTET, ODER...?
KAPITU-LIERT!
WIR HABEN EUCH UMZINGELT. IHR HABT KEINE CHANCE.
ICH KENNE DICH.
DER KOPF DER VERHÖR-EINHEIT KONOHAS... WOLLEN WIR KÄMPFEN?!
URGH!
ICH ÜBERLASSE EUCH NIEMALS LEBEND JEMANDEN VON DER CHIFFRIER-ABTEILUNG...
ES IST FÜR MICH...
GRINS

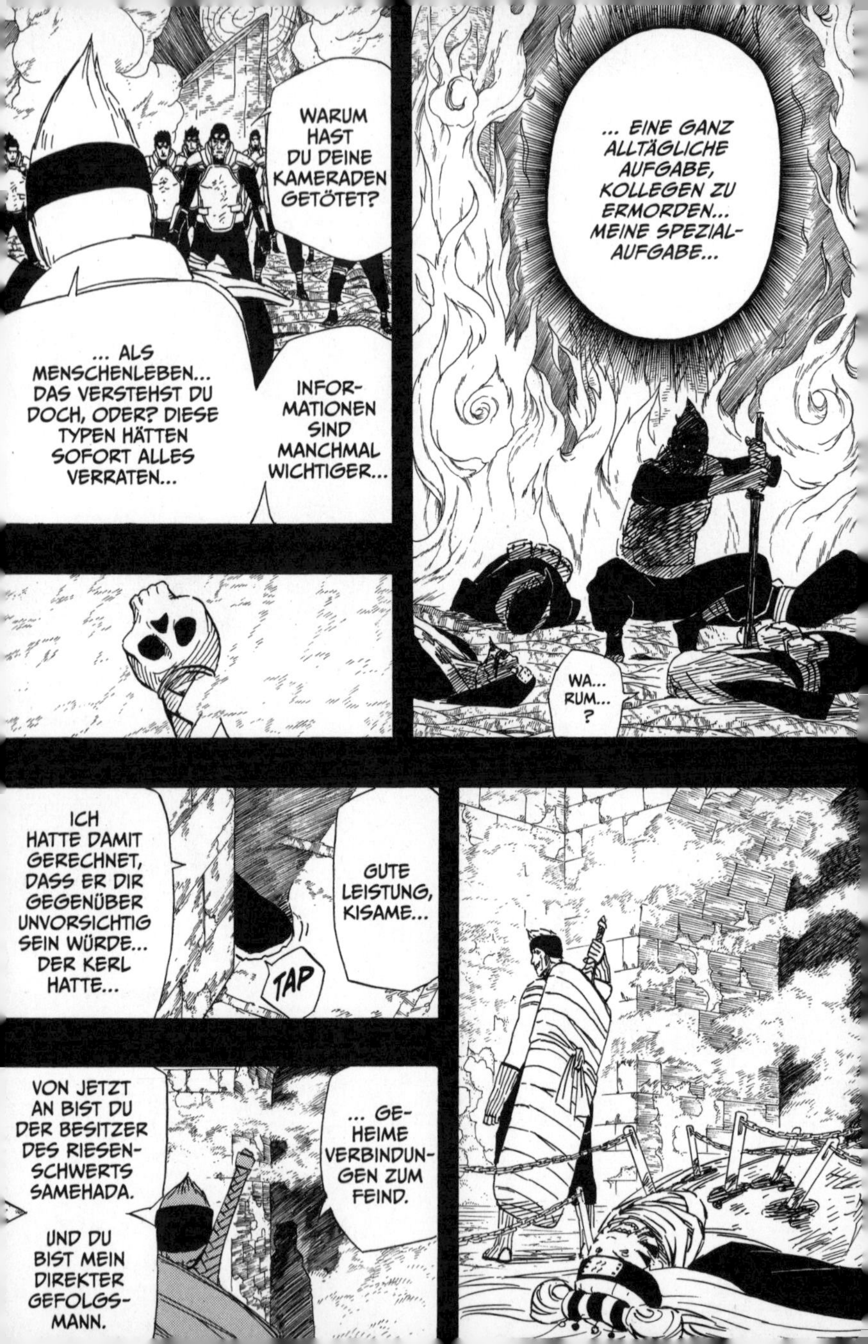
WARUM HAST DU DEINE KAMERADEN GETÖTET?
INFORMATIONEN SIND MANCHMAL WICHTIGER...
... ALS MENSCHENLEBEN... DAS VERSTEHST DU DOCH, ODER? DIESE TYPEN HÄTTEN SOFORT ALLES VERRATEN...
... EINE GANZ ALLTÄGLICHE AUFGABE, KOLLEGEN ZU ERMORDEN... MEINE SPEZIAL-AUFGABE...
WA... RUM... ?
GUTE LEISTUNG, KISAME...
TAP
ICH HATTE DAMIT GERECHNET, DASS ER DIR GEGENÜBER UNVORSICHTIG SEIN WÜRDE... DER KERL HATTE...
... GEHEIME VERBINDUNGEN ZUM FEIND.
VON JETZT AN BIST DU DER BESITZER DES RIESEN-SCHWERTS SAMEHADA.
UND DU BIST MEIN DIREKTER GEFOLGS-MANN.

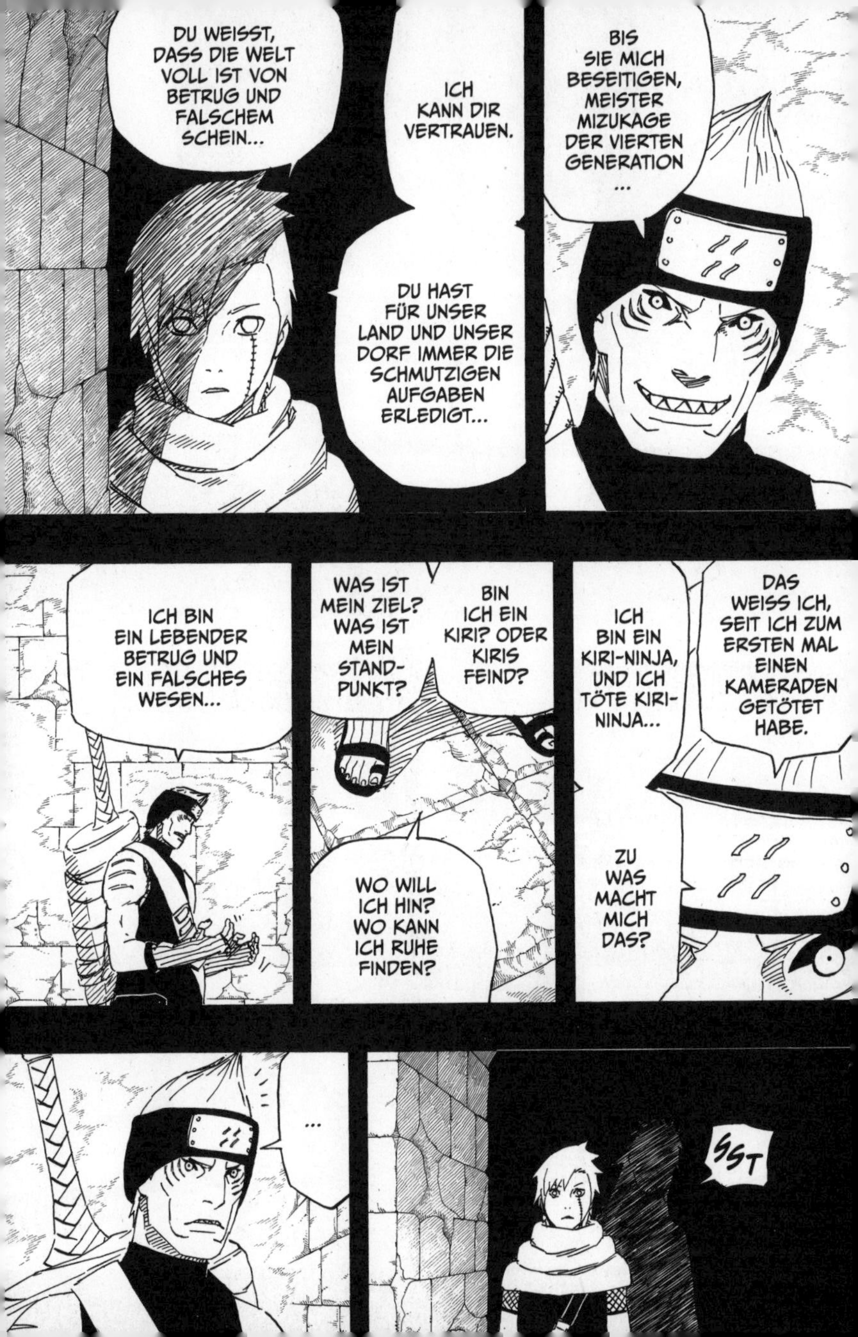
BIS SIE MICH BESEITIGEN, MEISTER MIZUKAGE DER VIERTEN GENERATION ...
ICH KANN DIR VERTRAUEN.
DU HAST FÜR UNSER LAND UND UNSER DORF IMMER DIE SCHMUTZIGEN AUFGABEN ERLEDIGT...
DU WEISST, DASS DIE WELT VOLL IST VON BETRUG UND FALSCHEM SCHEIN...
DAS WEISS ICH, SEIT ICH ZUM ERSTEN MAL EINEN KAMERADEN GETÖTET HABE.
ICH BIN EIN KIRI-NINJA, UND ICH TÖTE KIRI-NINJA...
ZU WAS MACHT MICH DAS?
BIN ICH EIN KIRI? ODER KIRIS FEIND?
WAS IST MEIN ZIEL? WAS IST MEIN STANDPUNKT?
WO WILL ICH HIN? WO KANN ICH RUHE FINDEN?
ICH BIN EIN LEBENDER BETRUG UND EIN FALSCHES WESEN...
SST
...

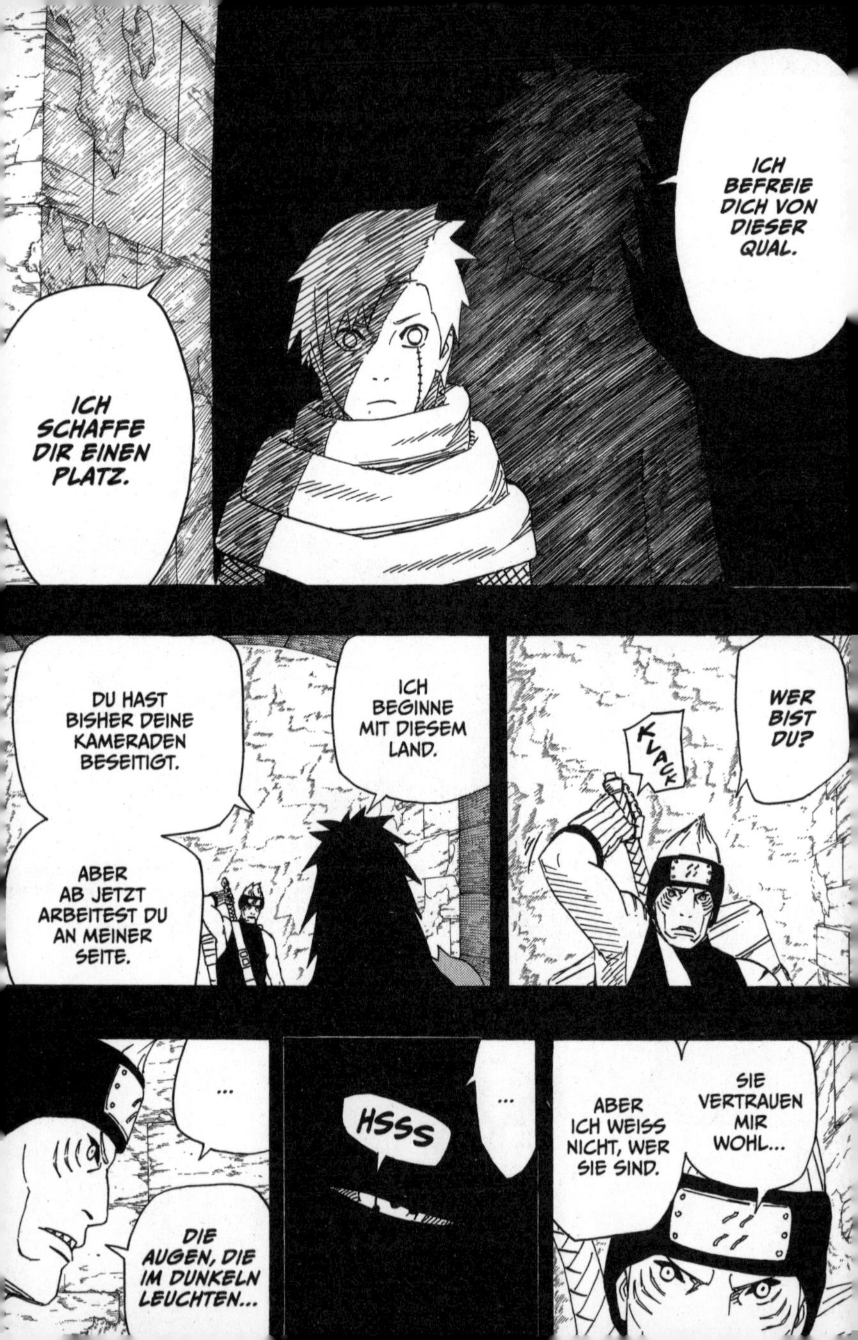
ICH BEFREIE DICH VON DIESER QUAL.
ICH SCHAFFE DIR EINEN PLATZ.
WER BIST DU?
KLACK
ICH BEGINNE MIT DIESEM LAND.
DU HAST BISHER DEINE KAMERADEN BESEITIGT.
ABER AB JETZT ARBEITEST DU AN MEINER SEITE.
SIE VERTRAUEN MIR WOHL...
ABER ICH WEISS NICHT, WER SIE SIND.
...
HSSS
...
DIE AUGEN, DIE IM DUNKELN LEUCHTEN...

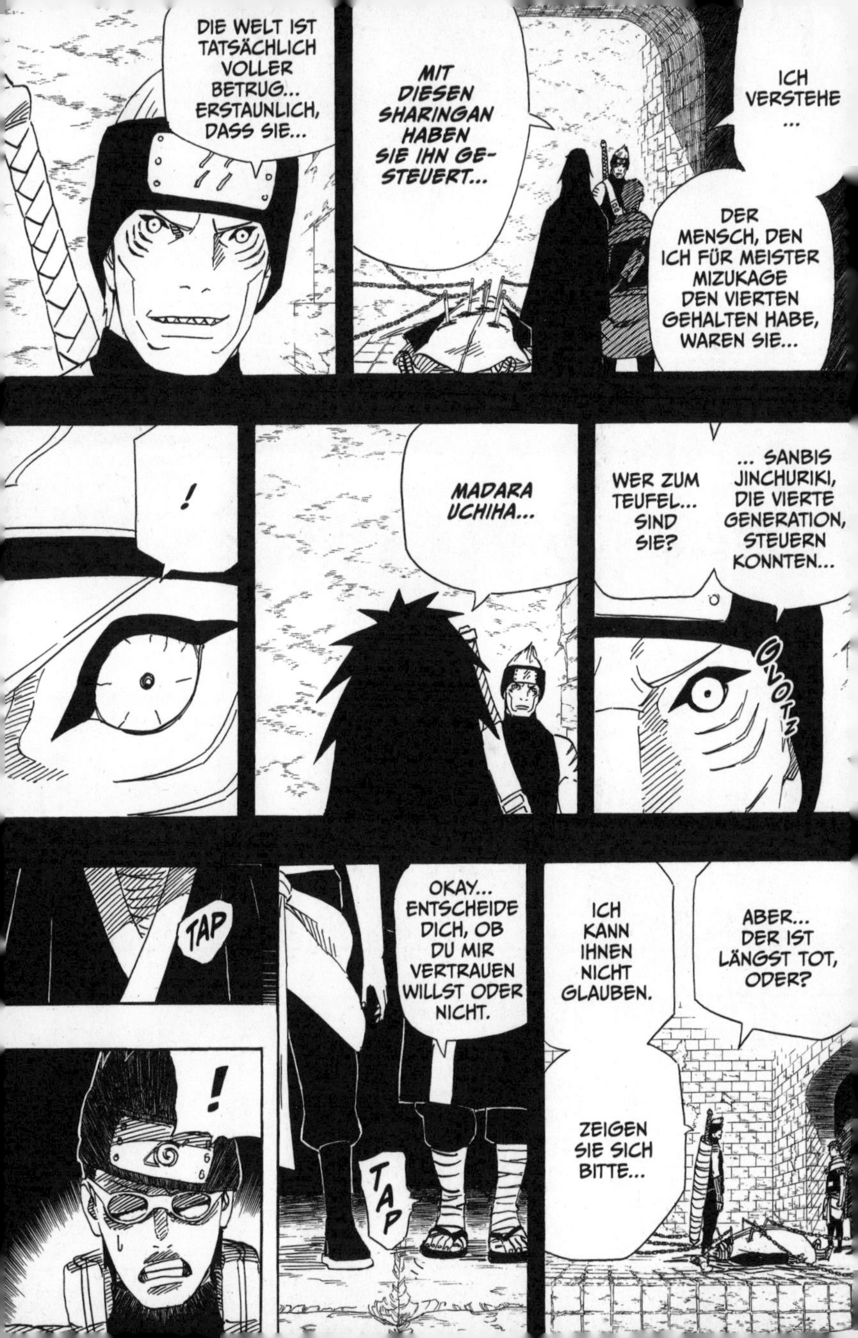
ICH VERSTEHE ...
DER MENSCH, DEN ICH FÜR MEISTER MIZUKAGE DEN VIERTEN GEHALTEN HABE, WAREN SIE...
MIT DIESEN SHARINGAN HABEN SIE IHN GE-STEUERT...
DIE WELT IST TATSÄCHLICH VOLLER BETRUG... ERSTAUNLICH, DASS SIE...
... SANBIS JINCHURIKI, DIE VIERTE GENERATION, STEUERN KONNTEN...
WER ZUM TEUFEL... SIND SIE?
MADARA UCHIHA...
!
ABER... DER IST LÄNGST TOT, ODER?
ICH KANN IHNEN NICHT GLAUBEN.
ZEIGEN SIE SICH BITTE...
OKAY... ENTSCHEIDE DICH, OB DU MIR VERTRAUEN WILLST ODER NICHT.
TAP
TAP
TAP
!

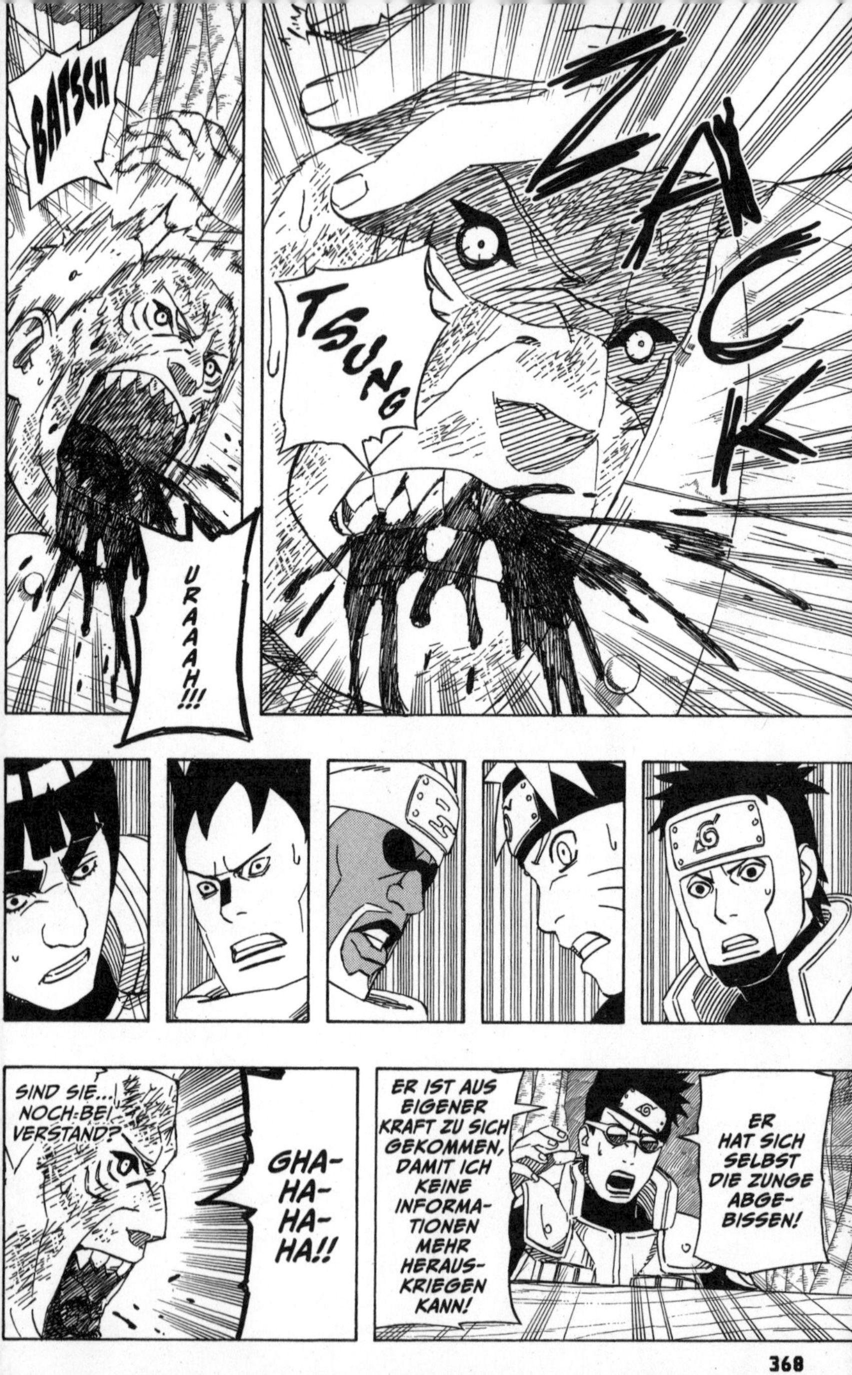
ZACK
TSUNG
BATSCH
URAAAAH!!!
ER HAT SICH SELBST DIE ZUNGE ABGEBISSEN!
ER IST AUS EIGENER KRAFT ZU SICH GEKOMMEN, DAMIT ICH KEINE INFORMATIONEN MEHR HERAUSKRIEGEN KANN!
GHA-HA-HA-HA!!
SIND SIE... NOCH BEI VERSTAND?

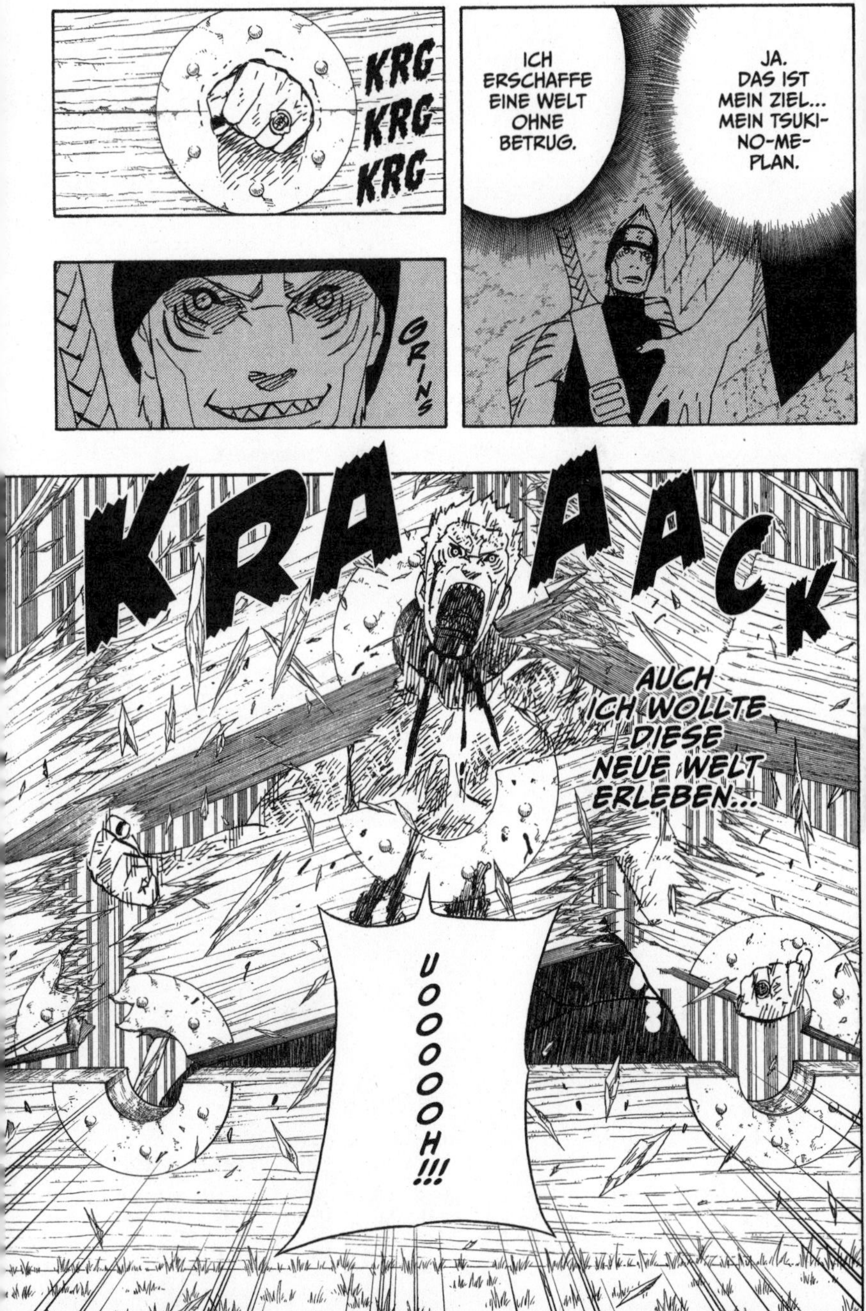
JA.
DAS IST
MEIN ZIEL...
MEIN TSUKI-
NO-ME-
PLAN.
ICH
ERSCHAFFE
EINE WELT
OHNE
BETRUG.
KRG
KRG
KRG
GRINS
KRAAACK
AUCH
ICH WOLLTE
DIESE
NEUE WELT
ERLEBEN...
UOOOOOOH!!!

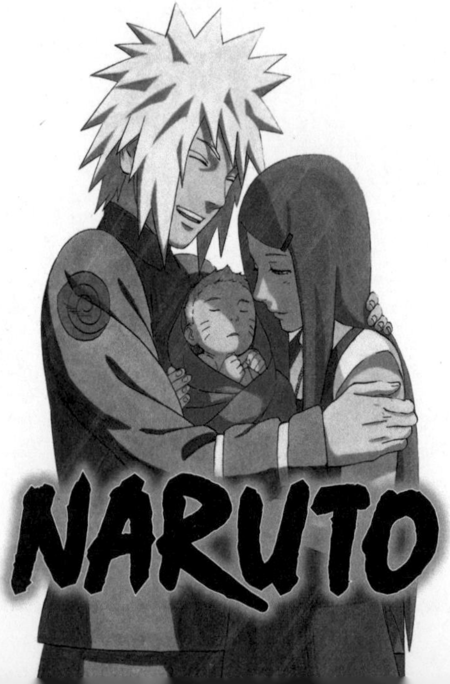
NARUTO

# 508. KAPITEL:

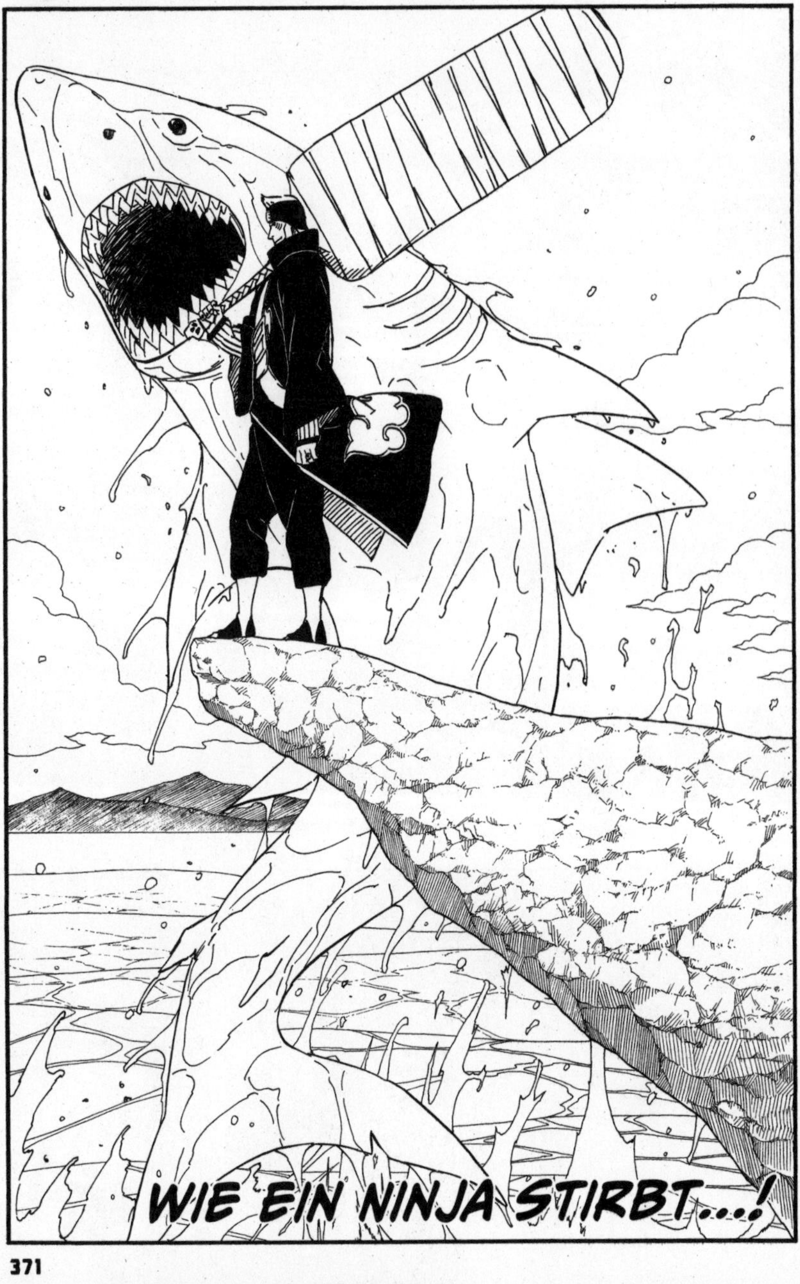

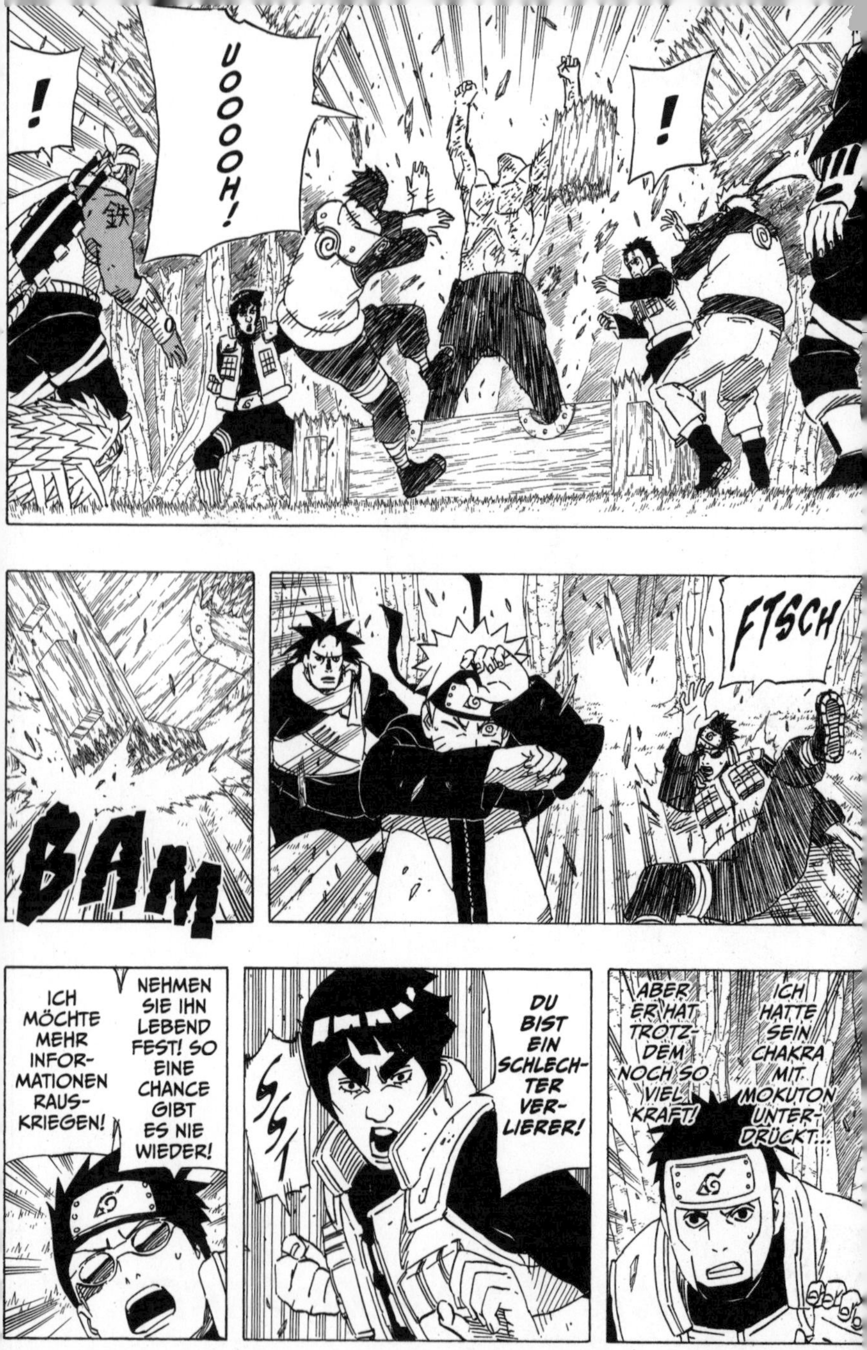
!
UOOOOOH!
!
FTSCH
BAM
ICH HATTE SEIN CHAKRA MIT MOKUTON UNTERDRÜCKT...
ABER ER HAT TROTZDEM NOCH SO VIEL KRAFT!
DU BIST EIN SCHLECHTER VERLIERER!
NEHMEN SIE IHN LEBEND FEST! SO EINE CHANCE GIBT ES NIE WIEDER!
ICH MÖCHTE MEHR INFORMATIONEN RAUSKRIEGEN!

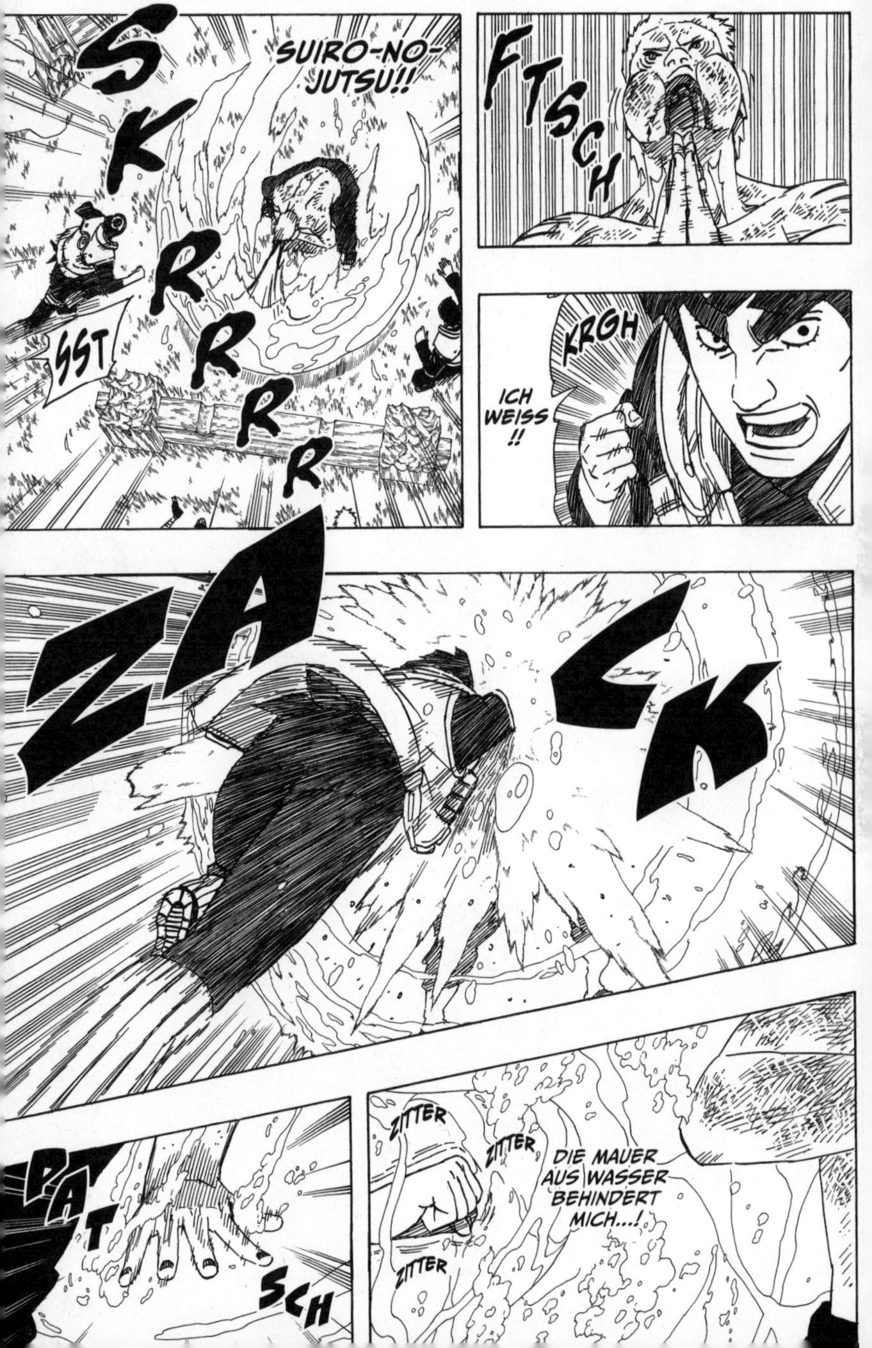
FTSCH
SUIRO-NO-JUTSU!!
SKRRRRR
SST
KRGH
ICH WEISS!!
ZACK
ZITTER
ZITTER
ZITTER
DIE MAUER AUS WASSER BEHINDERT MICH...!
PATSCH

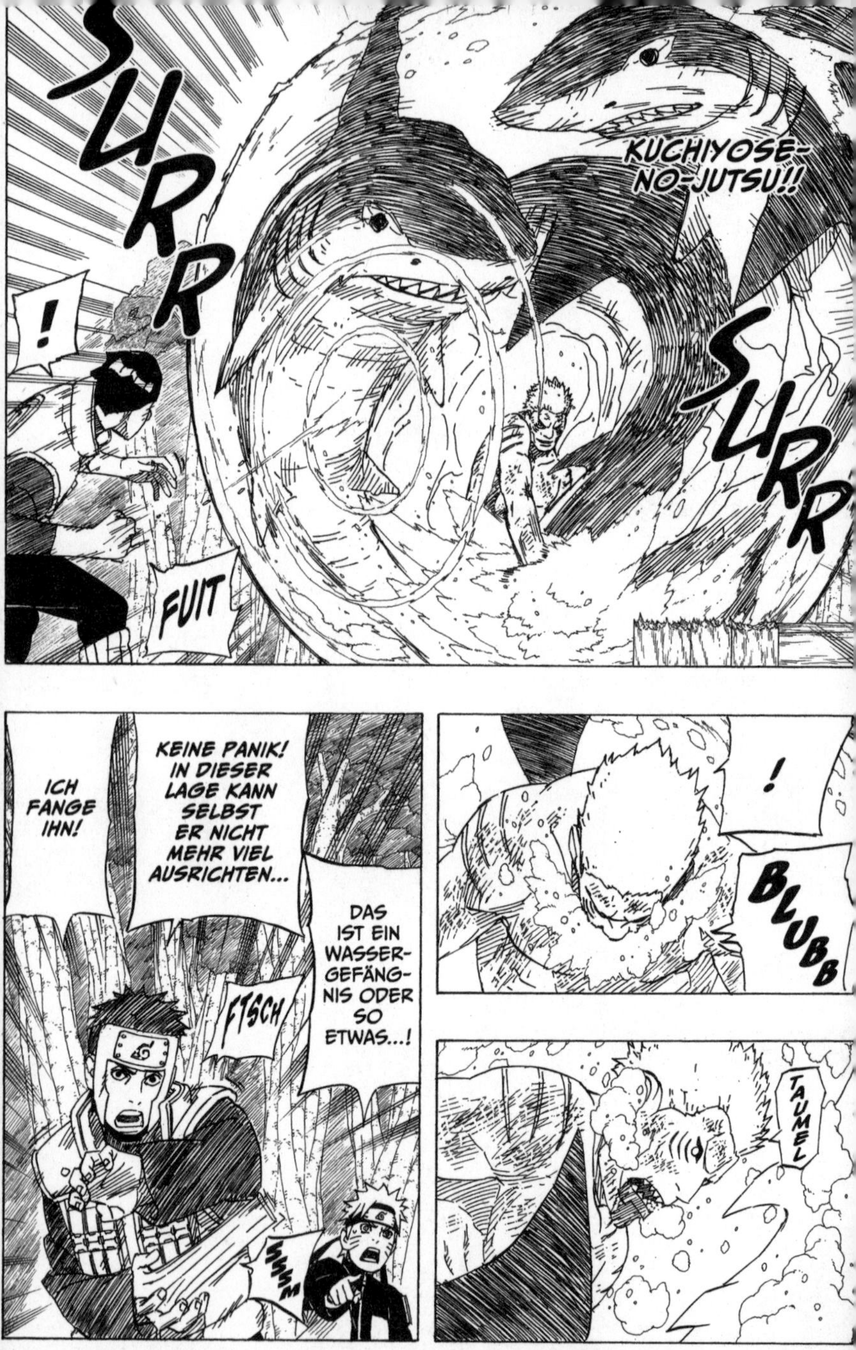

KUCHIYOSE-NO-JUTSU!!
SURR
SURR
!
FUIT
!
BLUBB
TAUMEL
DAS IST EIN WASSER-GEFÄNG-NIS ODER SO ETWAS...!
KEINE PANIK! IN DIESER LAGE KANN SELBST ER NICHT MEHR VIEL AUSRICHTEN...
ICH FANGE IHN!
FTSCH

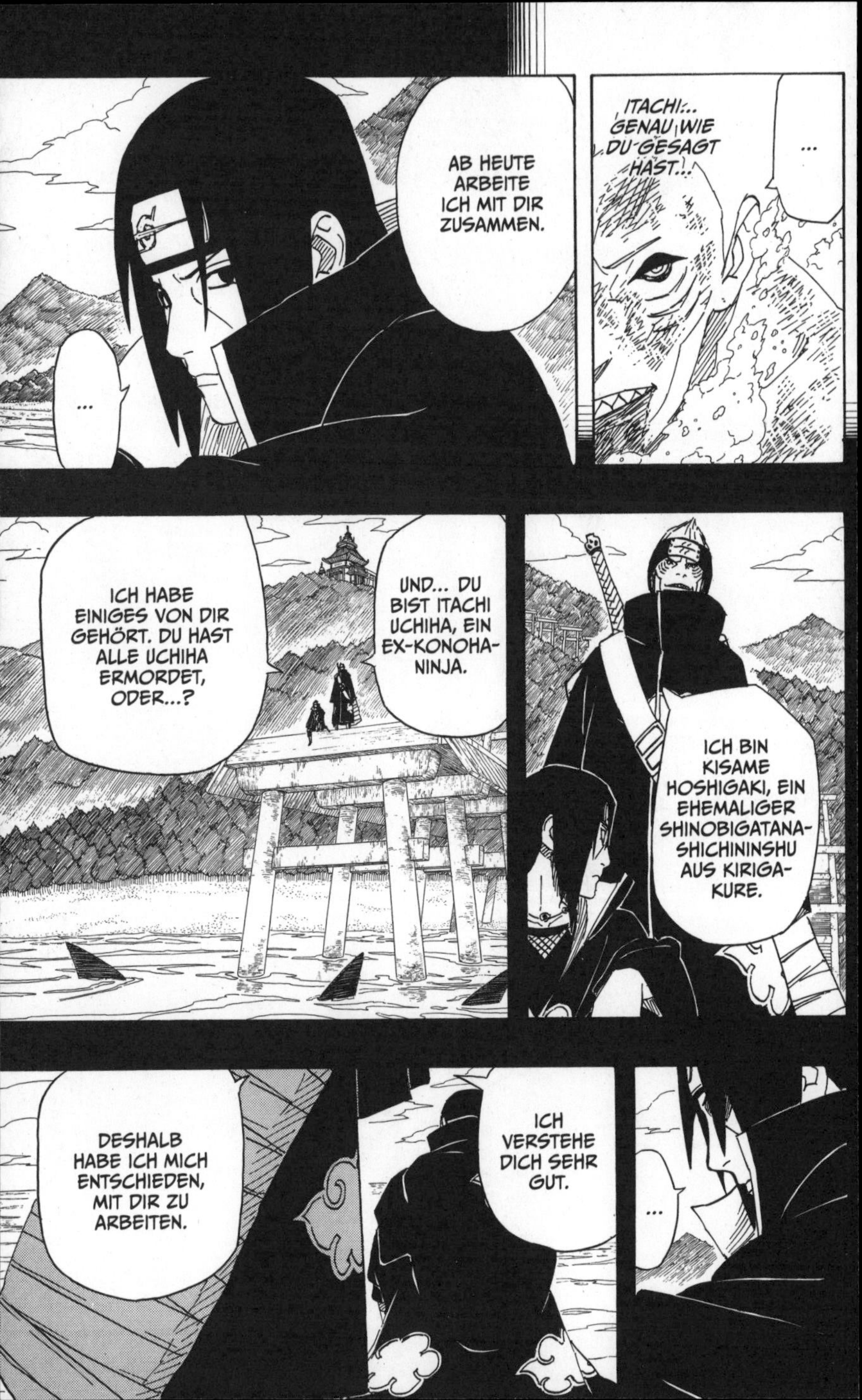
...
ITACHI... GENAU WIE DU GESAGT HAST...
AB HEUTE ARBEITE ICH MIT DIR ZUSAMMEN.
...
ICH BIN KISAME HOSHIGAKI, EIN EHEMALIGER SHINOBIGATANA-SHICHININSHU AUS KIRIGAKURE.
UND... DU BIST ITACHI UCHIHA, EIN EX-KONOHA-NINJA.
ICH HABE EINIGES VON DIR GEHÖRT. DU HAST ALLE UCHIHA ERMORDET, ODER...?
...
ICH VERSTEHE DICH SEHR GUT.
DESHALB HABE ICH MICH ENTSCHIEDEN, MIT DIR ZU ARBEITEN.

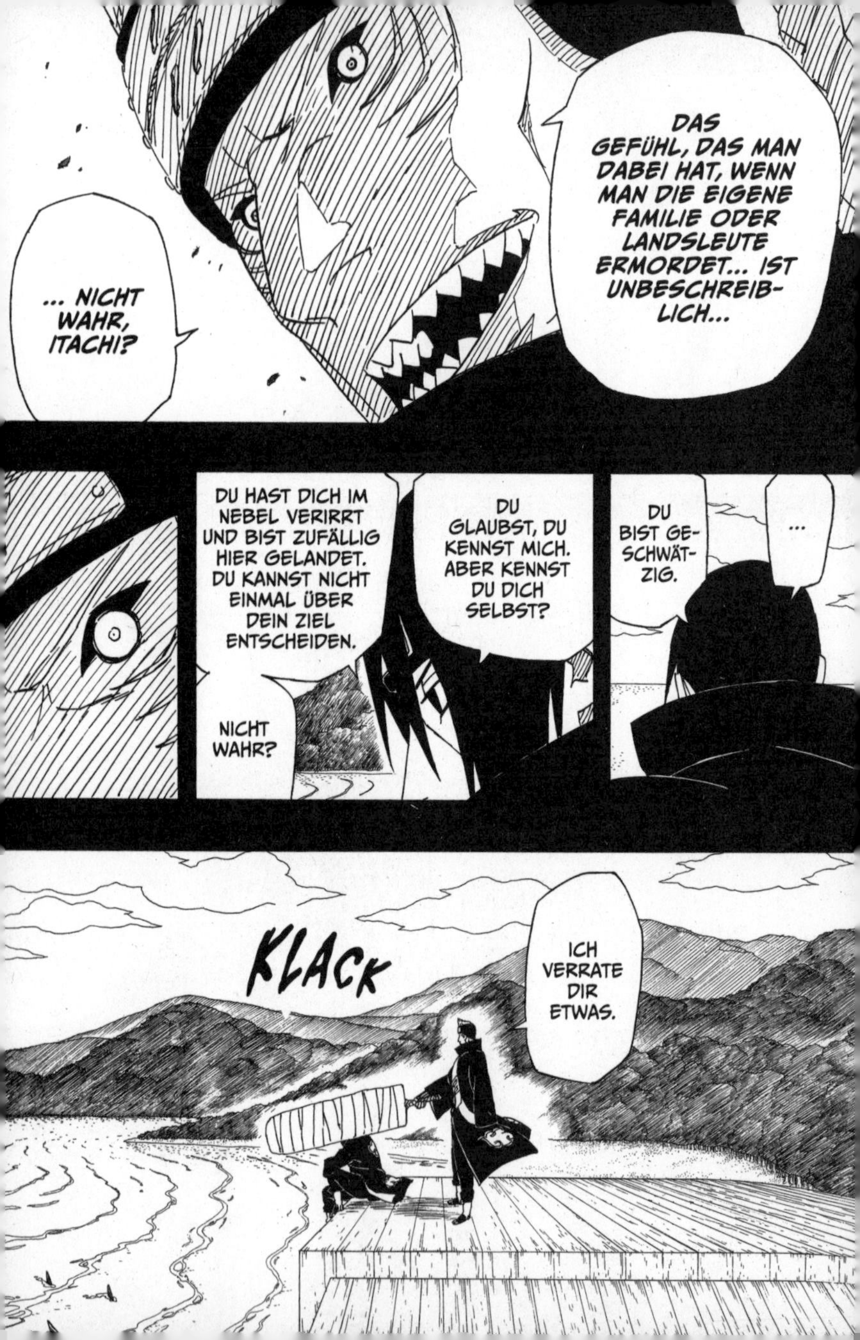
DAS GEFÜHL, DAS MAN DABEI HAT, WENN MAN DIE EIGENE FAMILIE ODER LANDSLEUTE ERMORDET... IST UNBESCHREIB-LICH...
... NICHT WAHR, ITACHI?
...
DU BIST GE-SCHWÄT-ZIG.
DU GLAUBST, DU KENNST MICH. ABER KENNST DU DICH SELBST?
DU HAST DICH IM NEBEL VERIRRT UND BIST ZUFÄLLIG HIER GELANDET. DU KANNST NICHT EINMAL ÜBER DEIN ZIEL ENTSCHEIDEN.
NICHT WAHR?
ICH VERRATE DIR ETWAS.
KLACK

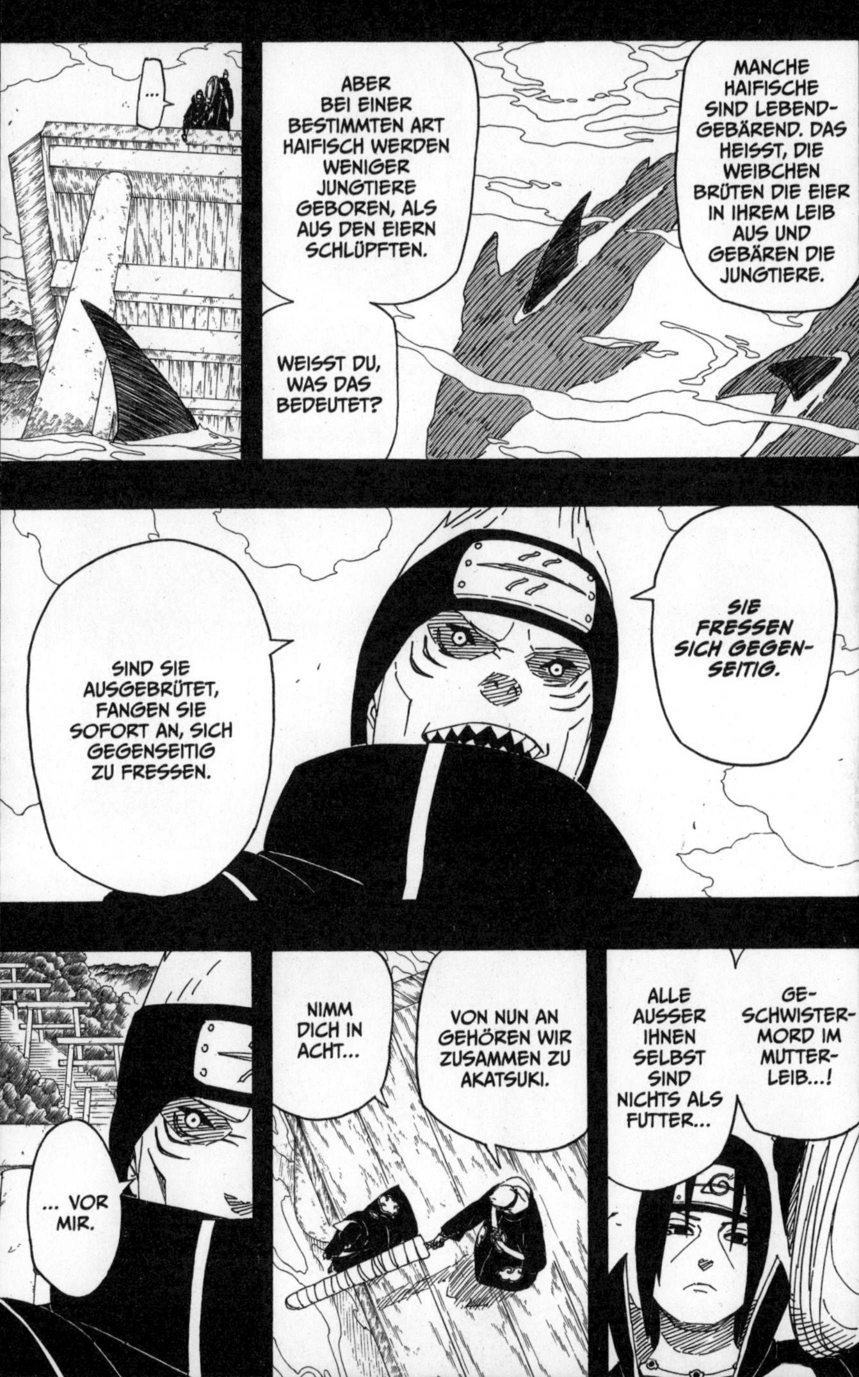
MANCHE HAIFISCHE SIND LEBEND-GEBÄREND. DAS HEISST, DIE WEIBCHEN BRÜTEN DIE EIER IN IHREM LEIB AUS UND GEBÄREN DIE JUNGTIERE.
ABER BEI EINER BESTIMMTEN ART HAIFISCH WERDEN WENIGER JUNGTIERE GEBOREN, ALS AUS DEN EIERN SCHLÜPFTEN.
WEISST DU, WAS DAS BEDEUTET?
...
SIE FRESSEN SICH GEGEN-SEITIG.
SIND SIE AUSGEBRÜTET, FANGEN SIE SOFORT AN, SICH GEGENSEITIG ZU FRESSEN.
GE-SCHWISTER-MORD IM MUTTER-LEIB...!
ALLE AUSSER IHNEN SELBST SIND NICHTS ALS FUTTER...
VON NUN AN GEHÖREN WIR ZUSAMMEN ZU AKATSUKI.
NIMM DICH IN ACHT...
... VOR MIR.

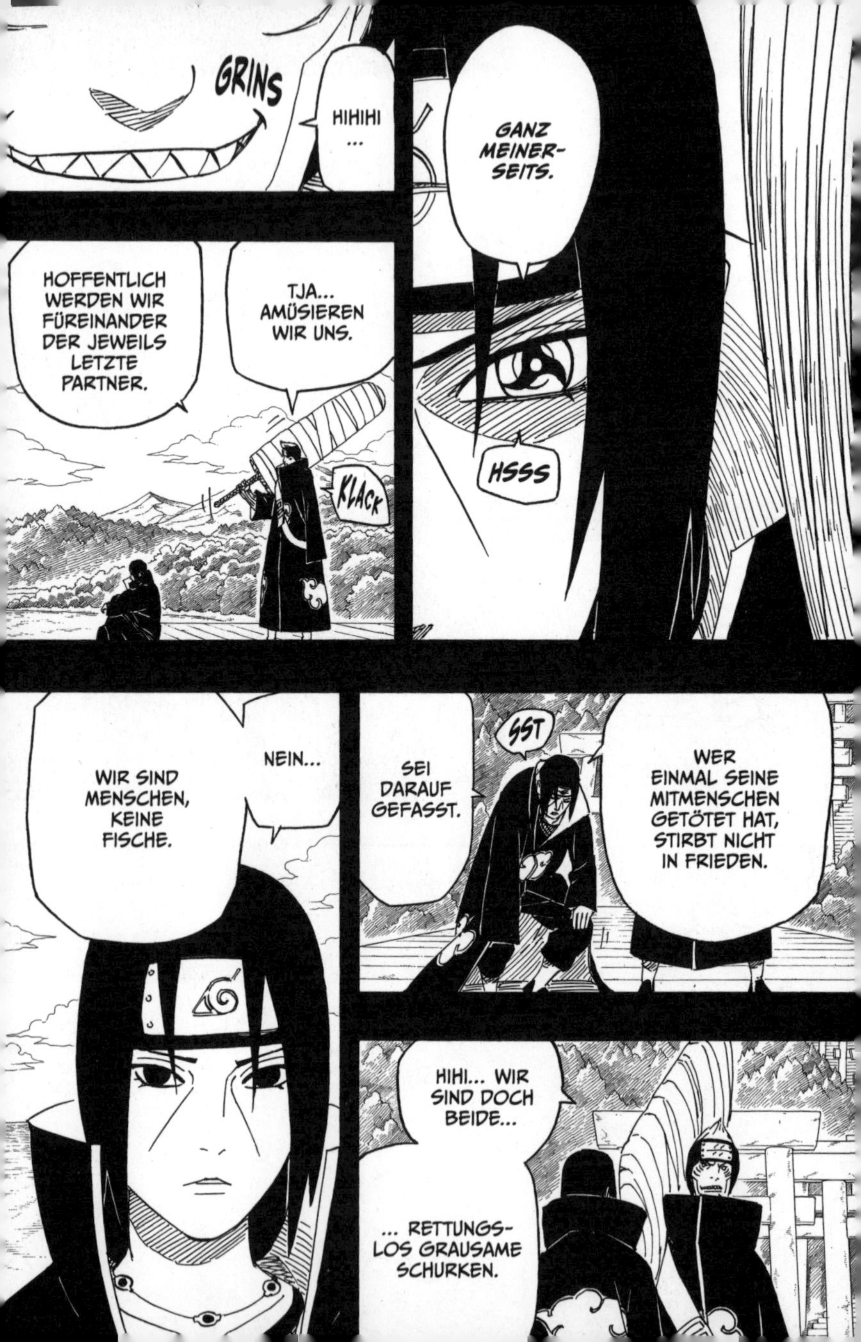
GRINS
HIHIHI …
TJA… AMÜSIEREN WIR UNS.
HOFFENTLICH WERDEN WIR FÜREINANDER DER JEWEILS LETZTE PARTNER.
KLACK
GANZ MEINER-SEITS.
HSSS
WER EINMAL SEINE MITMENSCHEN GETÖTET HAT, STIRBT NICHT IN FRIEDEN.
SST
SEI DARAUF GEFASST.
HIHI… WIR SIND DOCH BEIDE…
… RETTUNGS-LOS GRAUSAME SCHURKEN.
NEIN…
WIR SIND MENSCHEN, KEINE FISCHE.

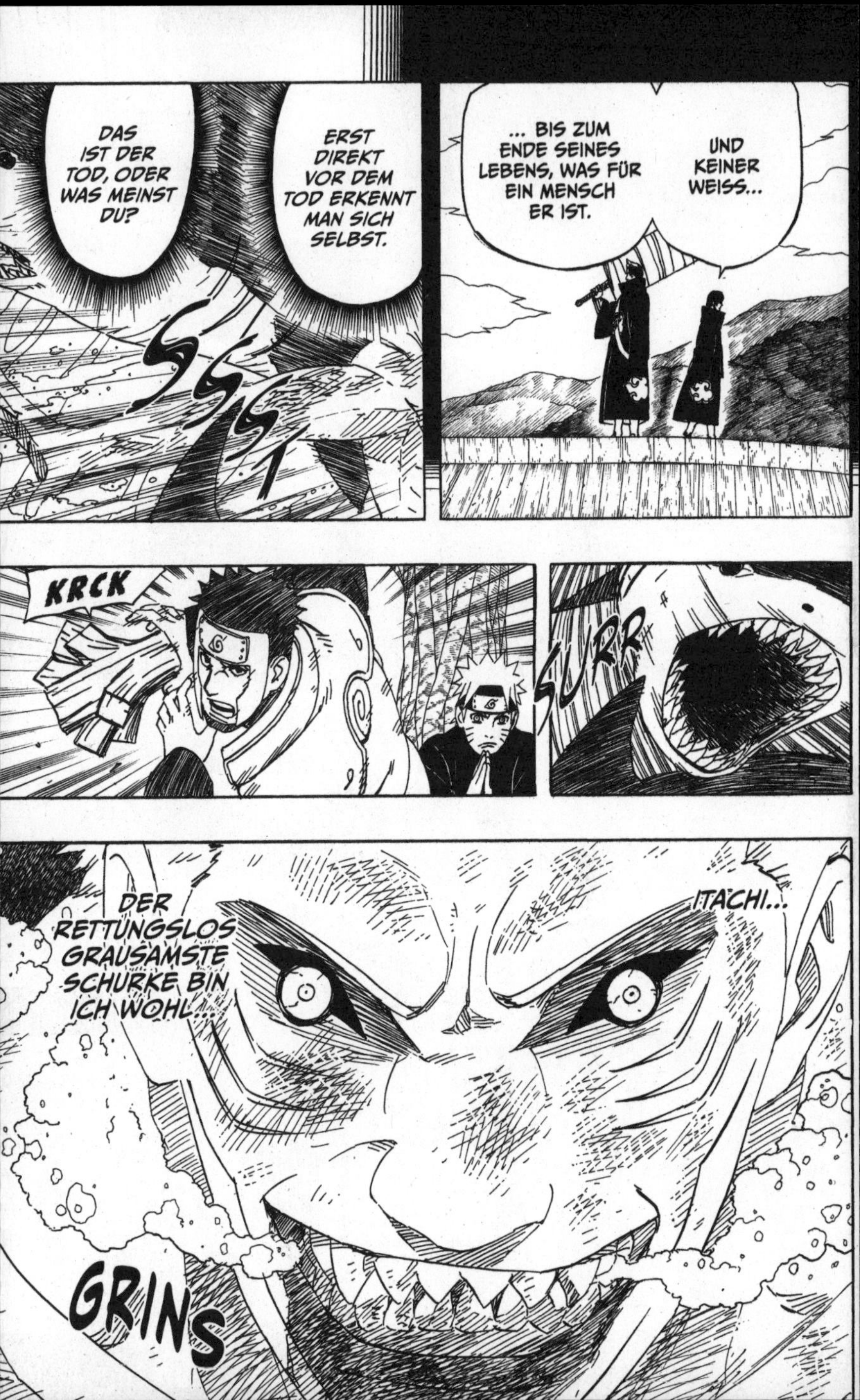
UND KEINER WEISS...
... BIS ZUM ENDE SEINES LEBENS, WAS FÜR EIN MENSCH ER IST.
ERST DIREKT VOR DEM TOD ERKENNT MAN SICH SELBST.
DAS IST DER TOD, ODER WAS MEINST DU?
SURR
KRCK
ITACHI...
DER RETTUNGSLOS GRAUSAMSTE SCHURKE BIN ICH WOHL...
GRINS

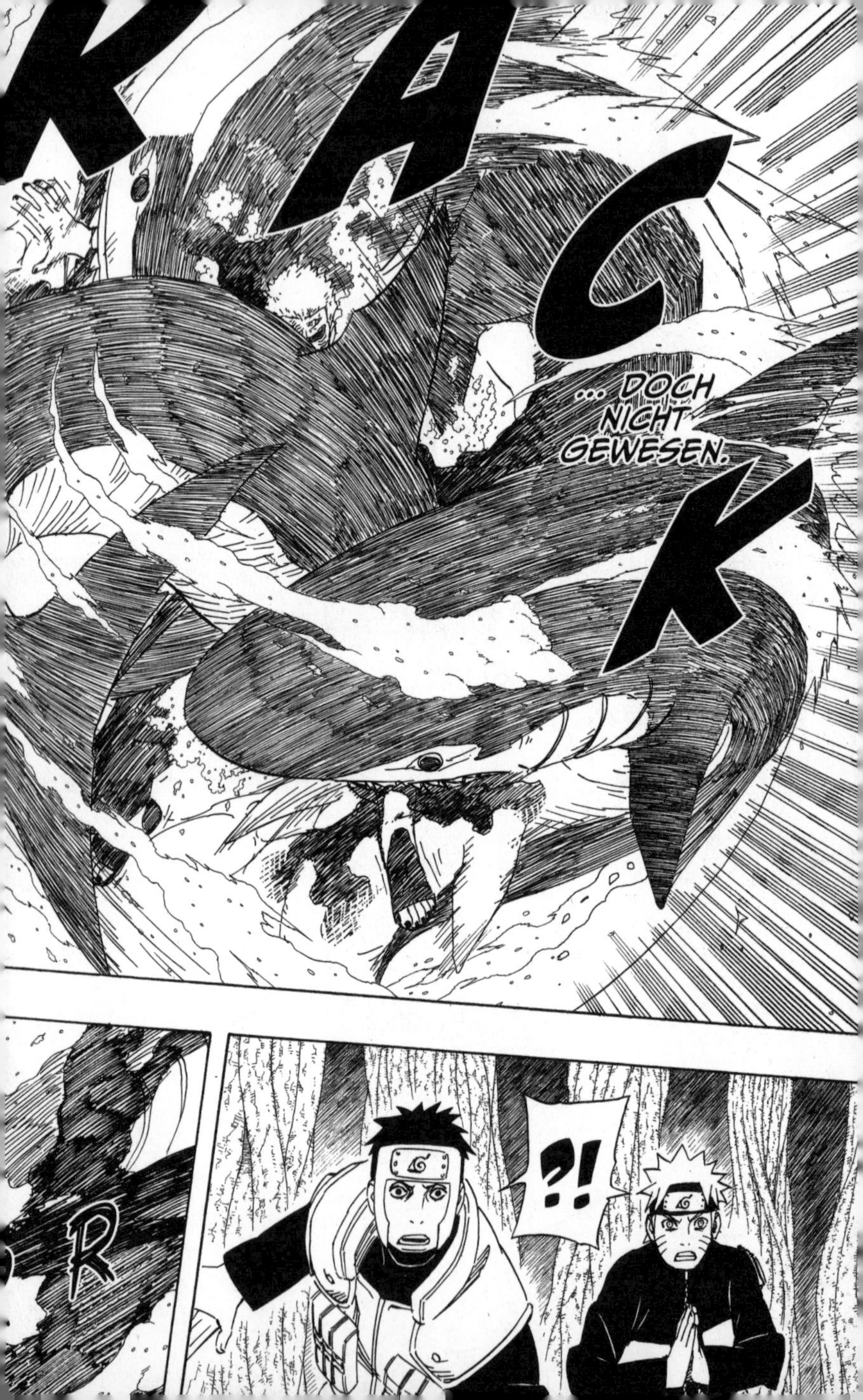
KLACK
... DOCH NICHT GEWESEN.
R
?!

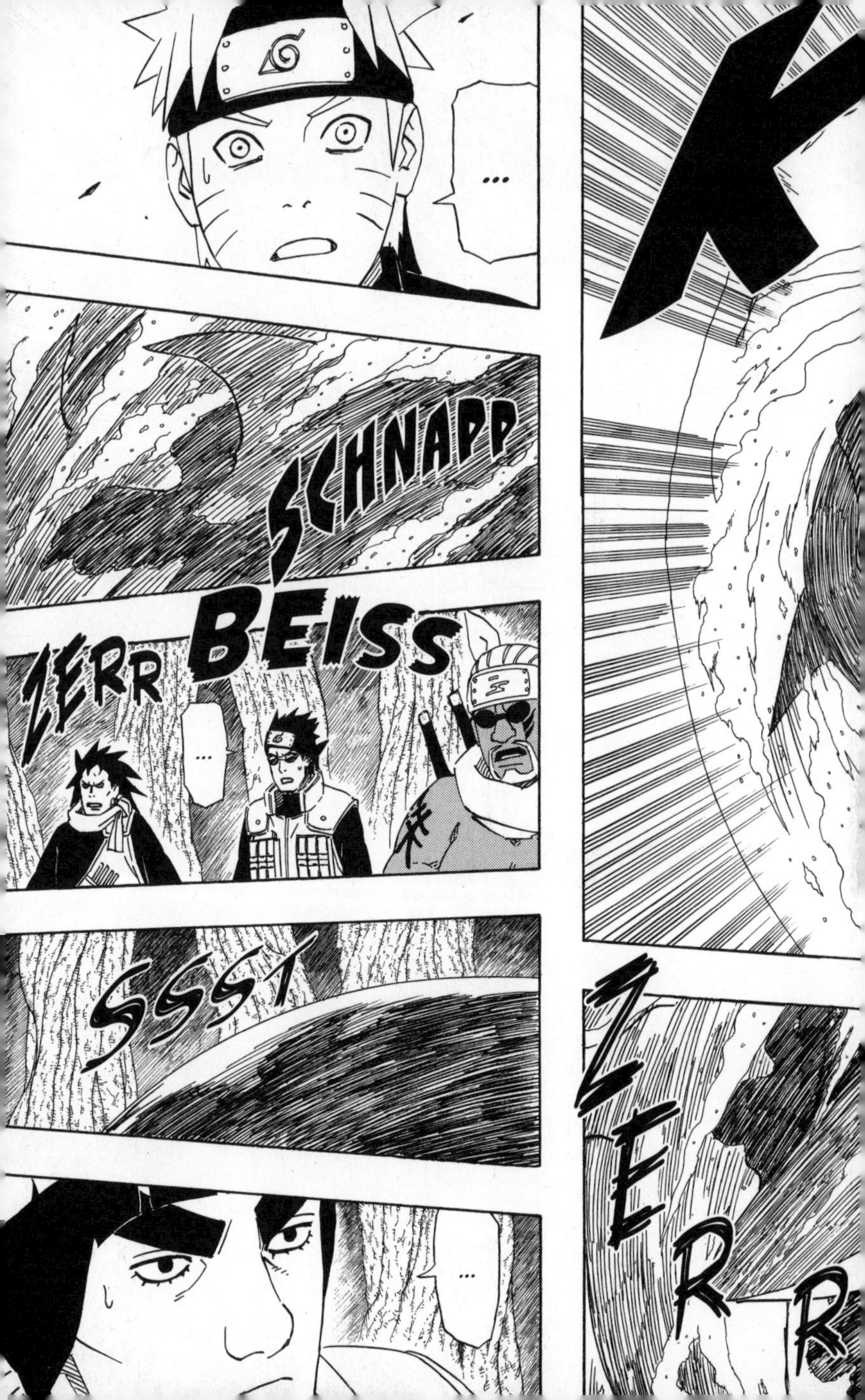

...
SCHNAPP
ZERR
BEISS
...
SSST
...
ZERRR

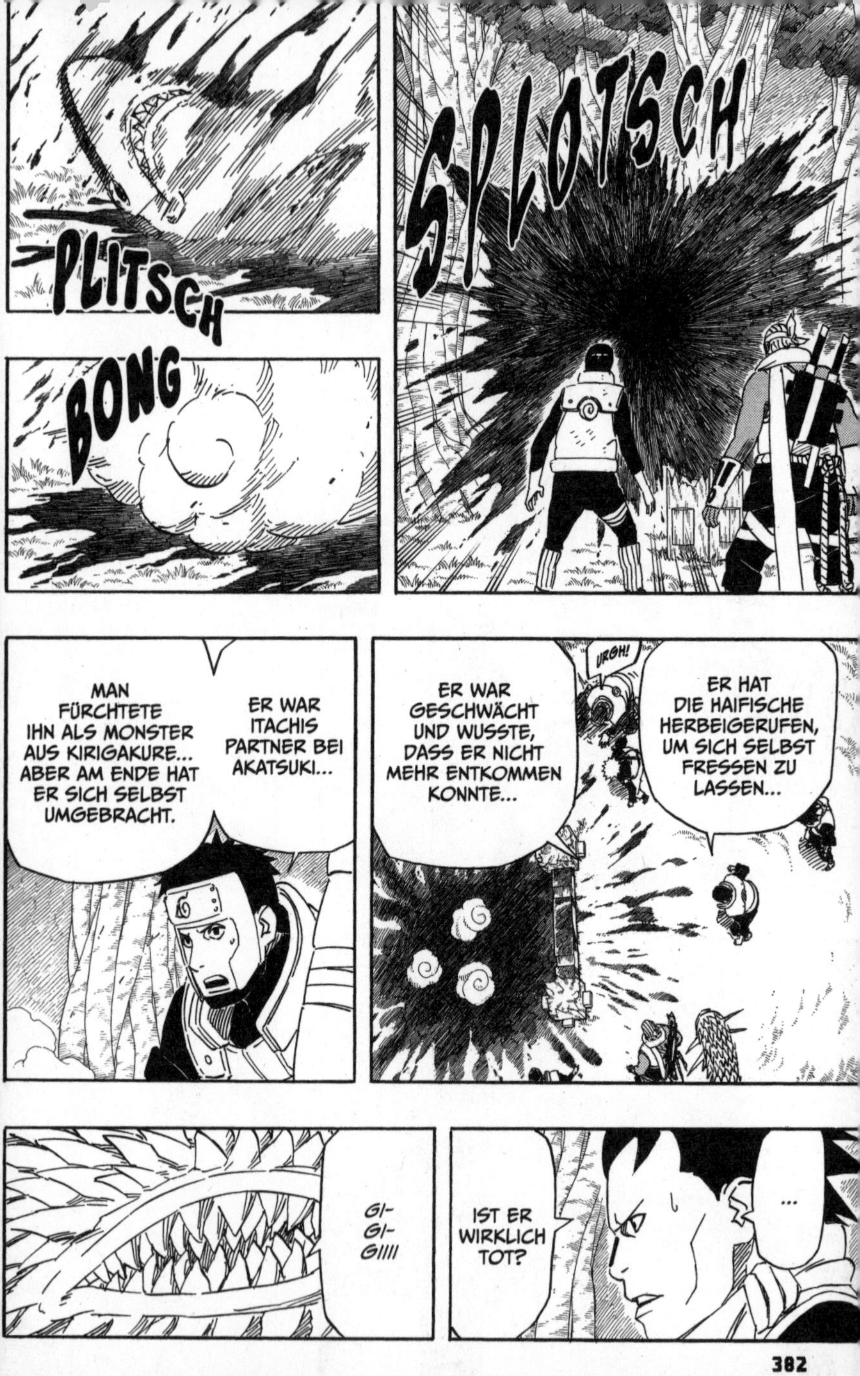
SPLOTSCH
PLITSCH
BONG
URGH!
ER HAT DIE HAIFISCHE HERBEIGERUFEN, UM SICH SELBST FRESSEN ZU LASSEN...
ER WAR GESCHWÄCHT UND WUSSTE, DASS ER NICHT MEHR ENTKOMMEN KONNTE...
ER WAR ITACHIS PARTNER BEI AKATSUKI...
MAN FÜRCHTETE IHN ALS MONSTER AUS KIRIGAKURE... ABER AM ENDE HAT ER SICH SELBST UMGEBRACHT.
...
IST ER WIRKLICH TOT?
GI-GI-GI!!!

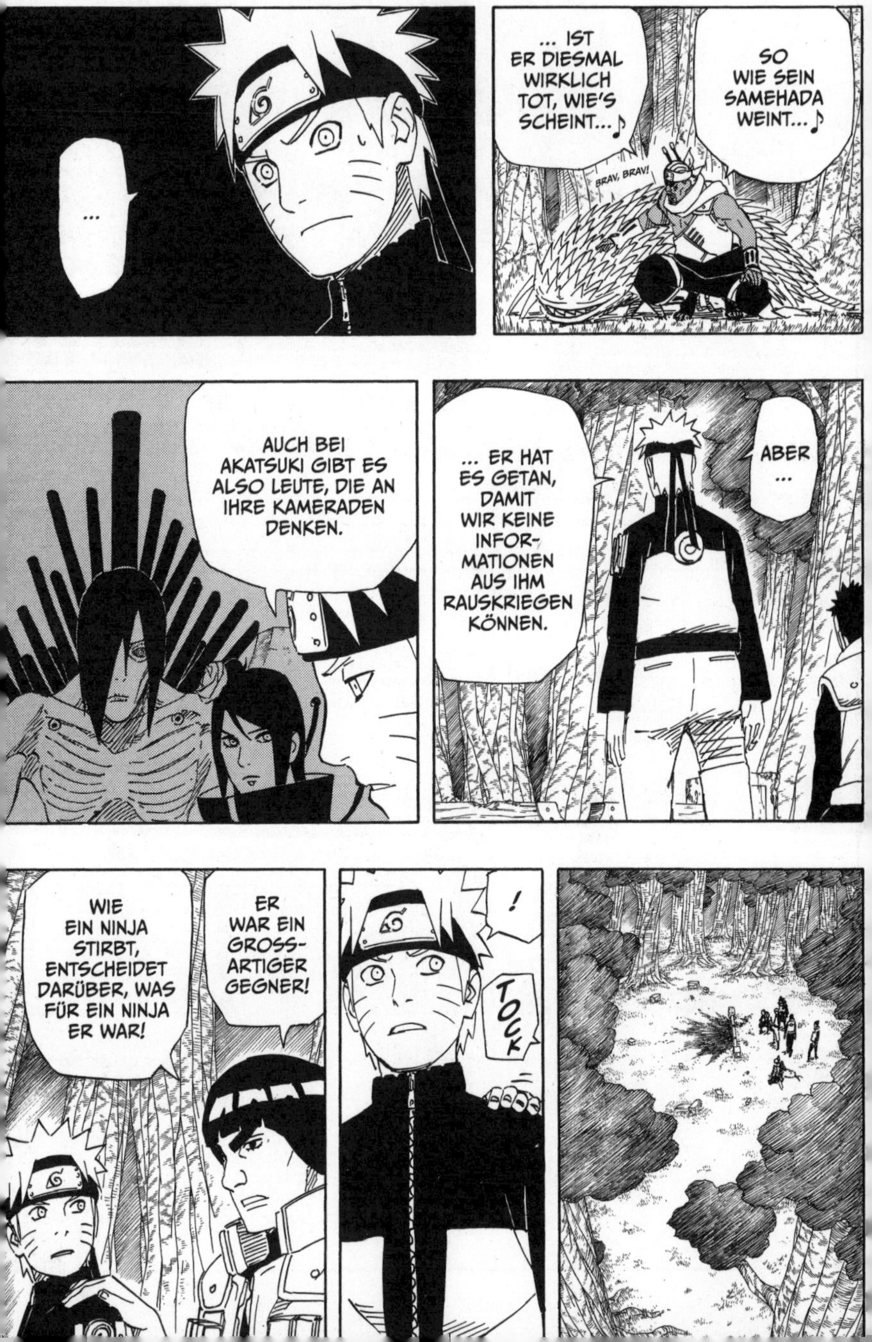
SO WIE SEIN SAMEHADA WEINT...♪
... IST ER DIESMAL WIRKLICH TOT, WIE'S SCHEINT...♪
BRAV, BRAV!
...
ABER ...
... ER HAT ES GETAN, DAMIT WIR KEINE INFORMATIONEN AUS IHM RAUSKRIEGEN KÖNNEN.
AUCH BEI AKATSUKI GIBT ES ALSO LEUTE, DIE AN IHRE KAMERADEN DENKEN.
!
TOCK
ER WAR EIN GROSSARTIGER GEGNER!
WIE EIN NINJA STIRBT, ENTSCHEIDET DARÜBER, WAS FÜR EIN NINJA ER WAR!

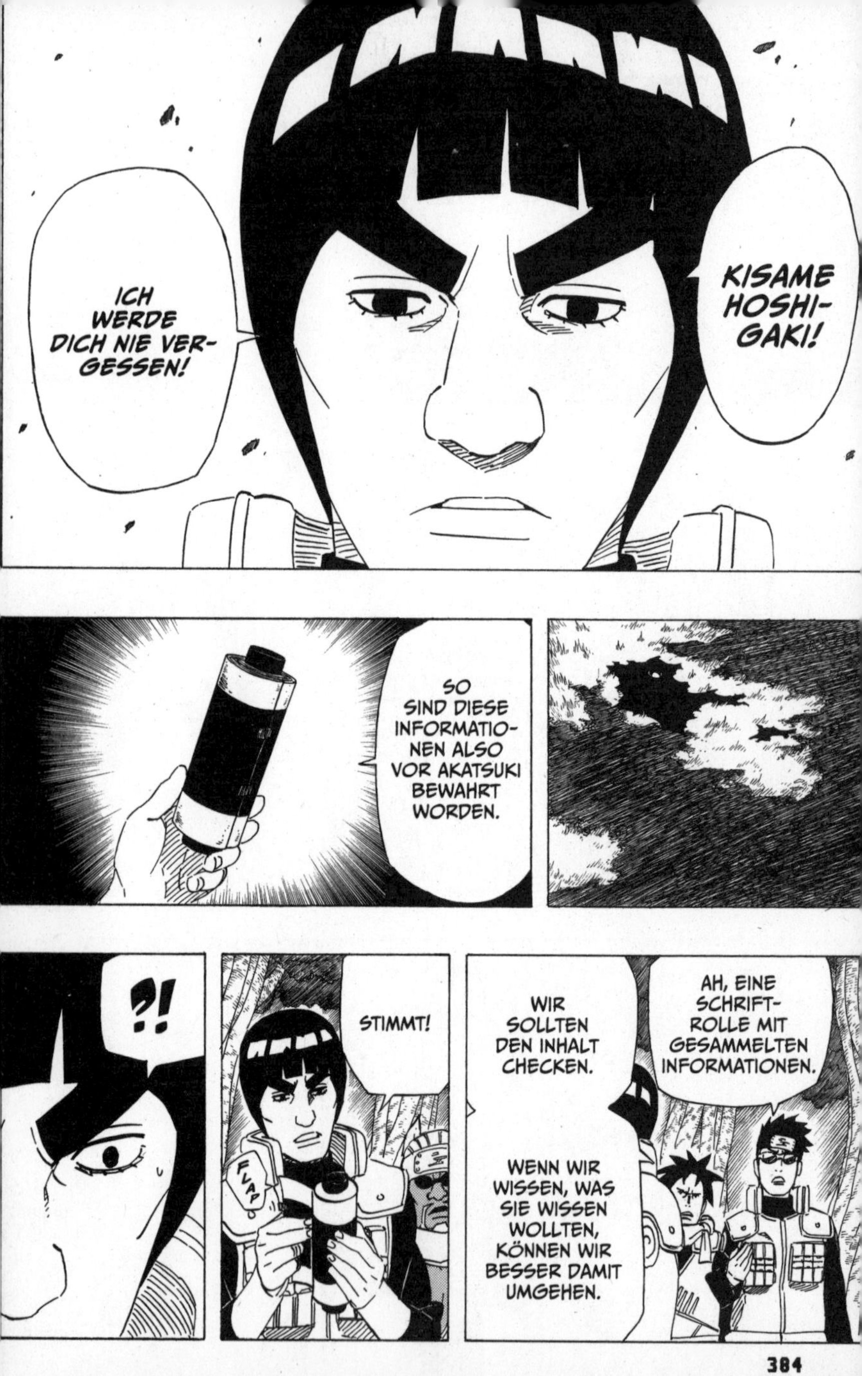
KISAME HOSHI-GAKI!
ICH WERDE DICH NIE VER-GESSEN!
SO SIND DIESE INFORMATIO-NEN ALSO VOR AKATSUKI BEWAHRT WORDEN.
AH, EINE SCHRIFT-ROLLE MIT GESAMMELTEN INFORMATIONEN.
WIR SOLLTEN DEN INHALT CHECKEN.
WENN WIR WISSEN, WAS SIE WISSEN WOLLTEN, KÖNNEN WIR BESSER DAMIT UMGEHEN.
STIMMT!
FLAP
?!

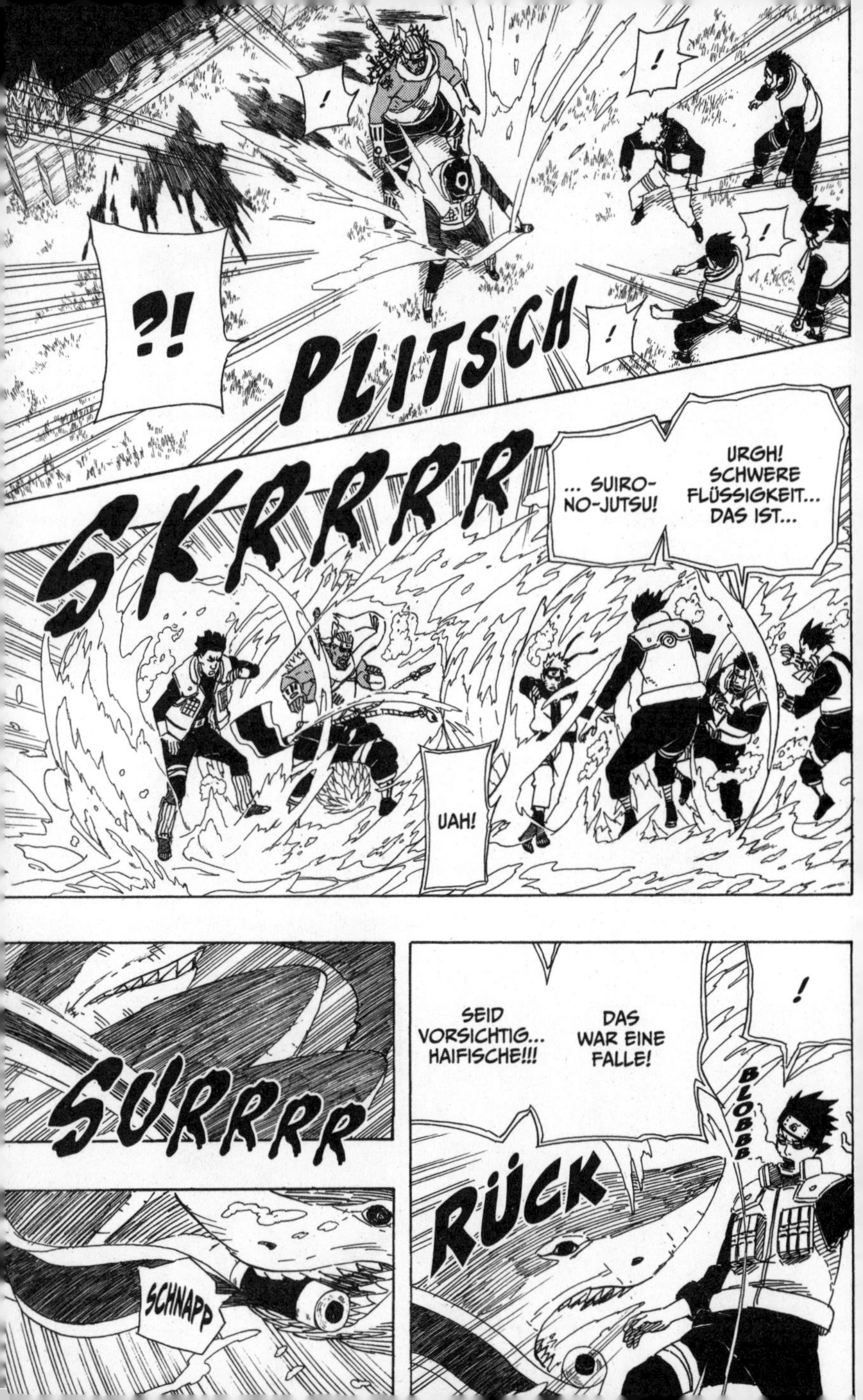
!
!
!
!
?!
PLITSCH
URGH! SCHWERE FLÜSSIGKEIT... DAS IST...
... SUIRO-NO-JUTSU!
SKRRRRR
UAH!
!
DAS WAR EINE FALLE!
SEID VORSICHTIG... HAIFISCHE!!!
BLOBBB
RÜCK
SURRRRR
SCHNAPP

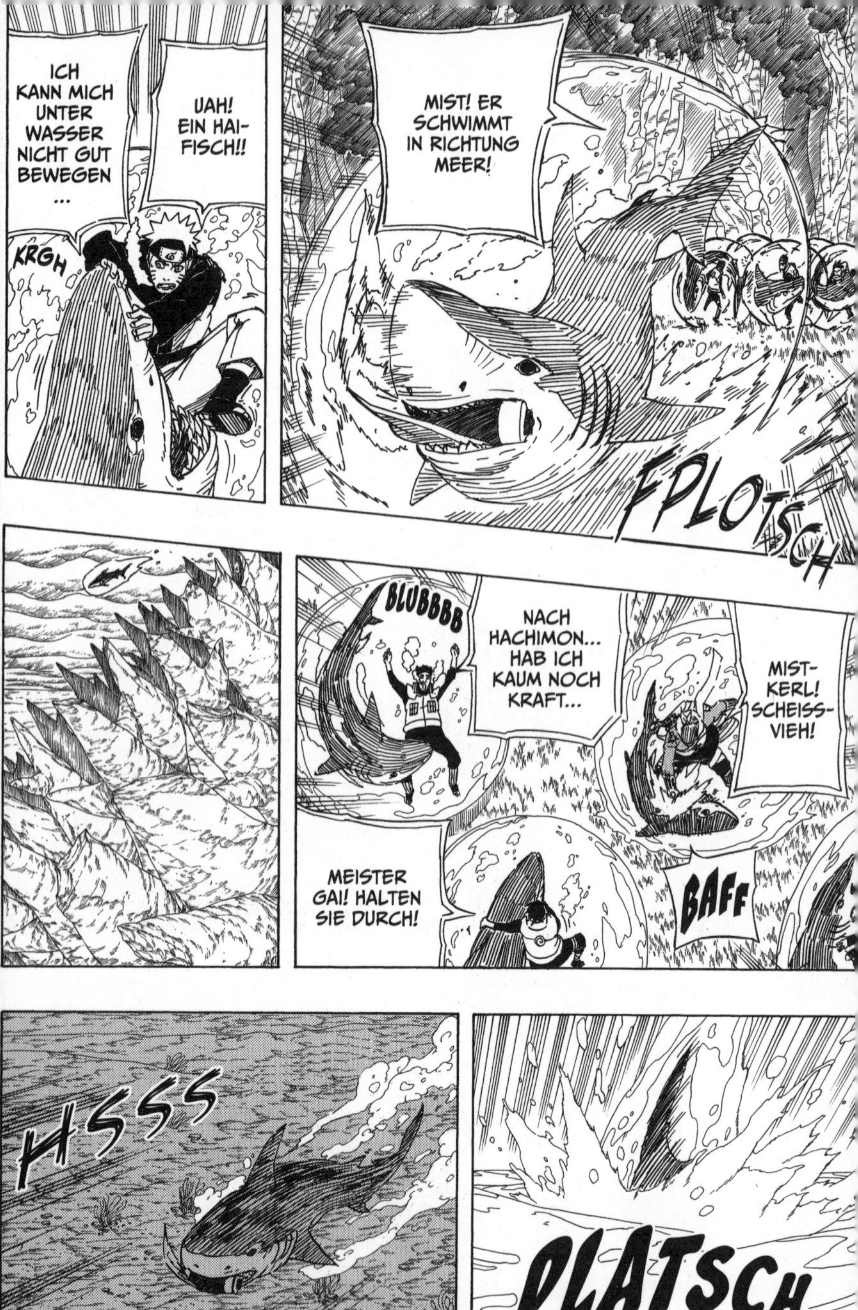
MIST! ER SCHWIMMT IN RICHTUNG MEER!
FPLOTSCH
UAH! EIN HAI-FISCH!!
ICH KANN MICH UNTER WASSER NICHT GUT BEWEGEN …
KRGH
MIST-KERL! SCHEISS-VIEH!
BAFF
NACH HACHIMON… HAB ICH KAUM NOCH KRAFT…
BLUBBBBB
MEISTER GAI! HALTEN SIE DURCH!
PLATSCH
HSSS

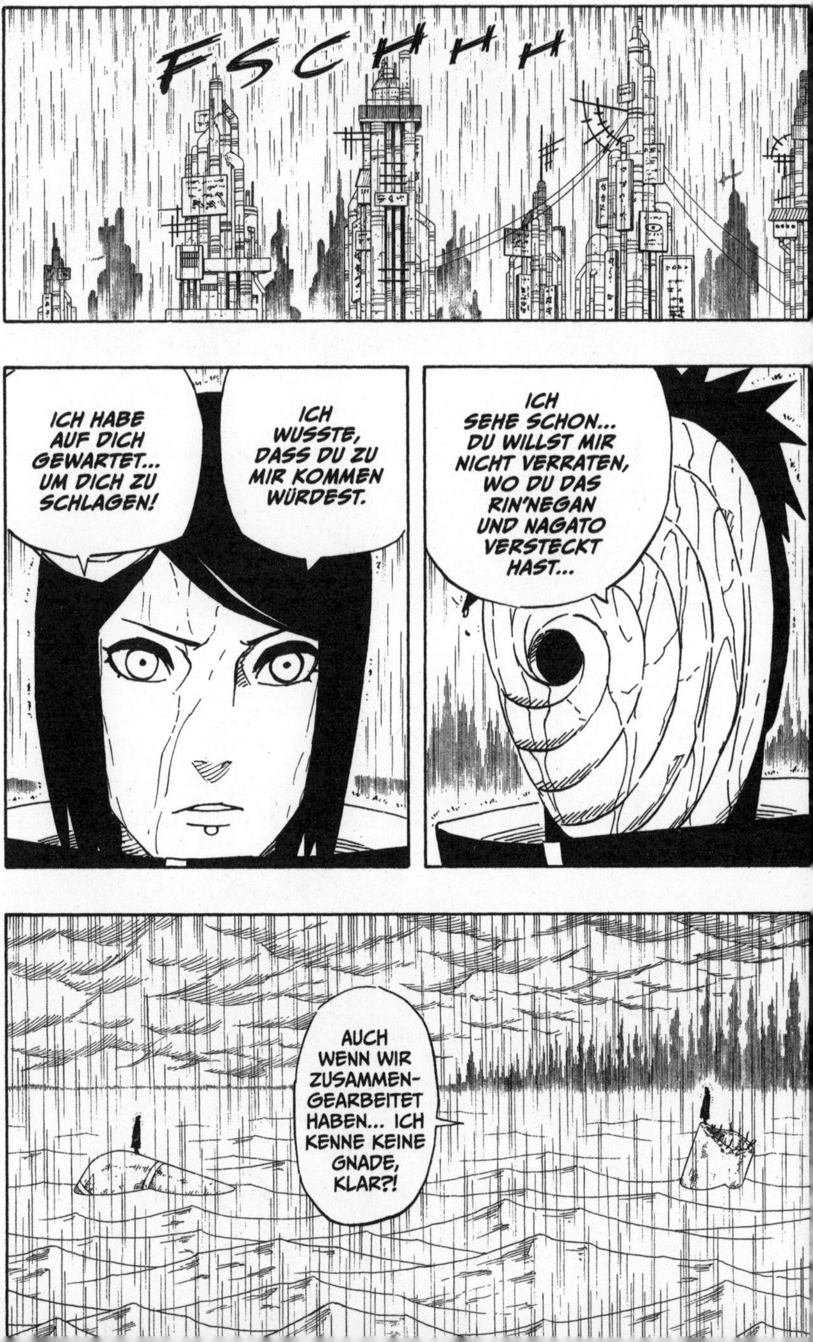
FSCHHH
ICH SEHE SCHON... DU WILLST MIR NICHT VERRATEN, WO DU DAS RIN'NEGAN UND NAGATO VERSTECKT HAST...
ICH WUSSTE, DASS DU ZU MIR KOMMEN WÜRDEST.
ICH HABE AUF DICH GEWARTET... UM DICH ZU SCHLAGEN!
AUCH WENN WIR ZUSAMMEN-GEARBEITET HABEN... ICH KENNE KEINE GNADE, KLAR?!

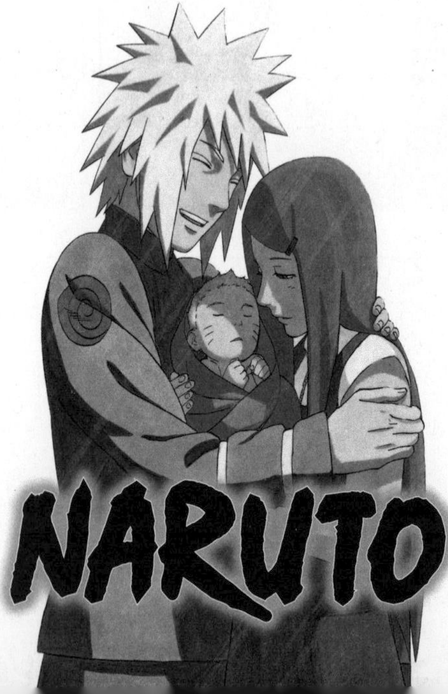
NARUTO

# 509. KAPITEL:

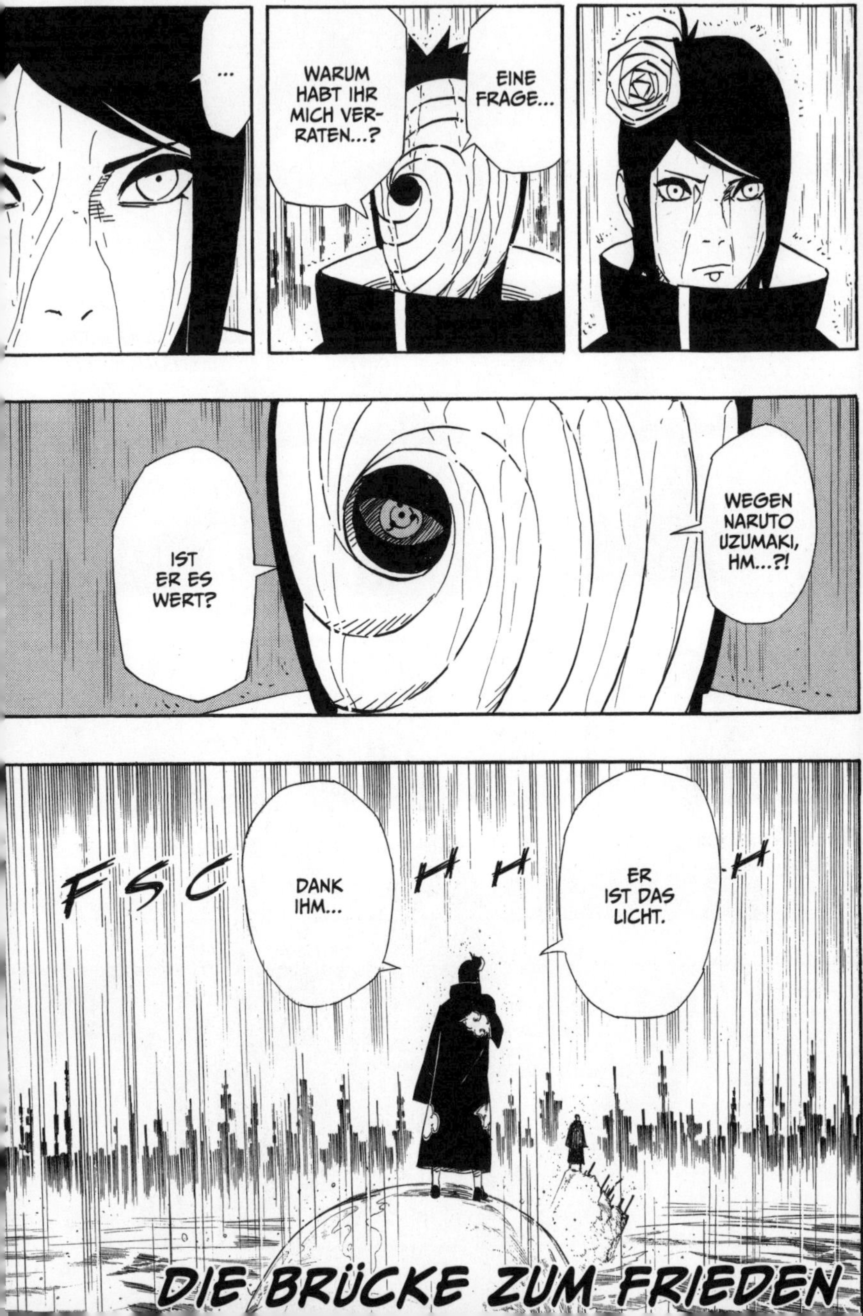
EINE FRAGE...
WARUM HABT IHR MICH VERRATEN...?
...
WEGEN NARUTO UZUMAKI, HM...?!
IST ER ES WERT?
ER IST DAS LICHT.
DANK IHM...
FSCHHHH
DIE BRÜCKE ZUM FRIEDEN

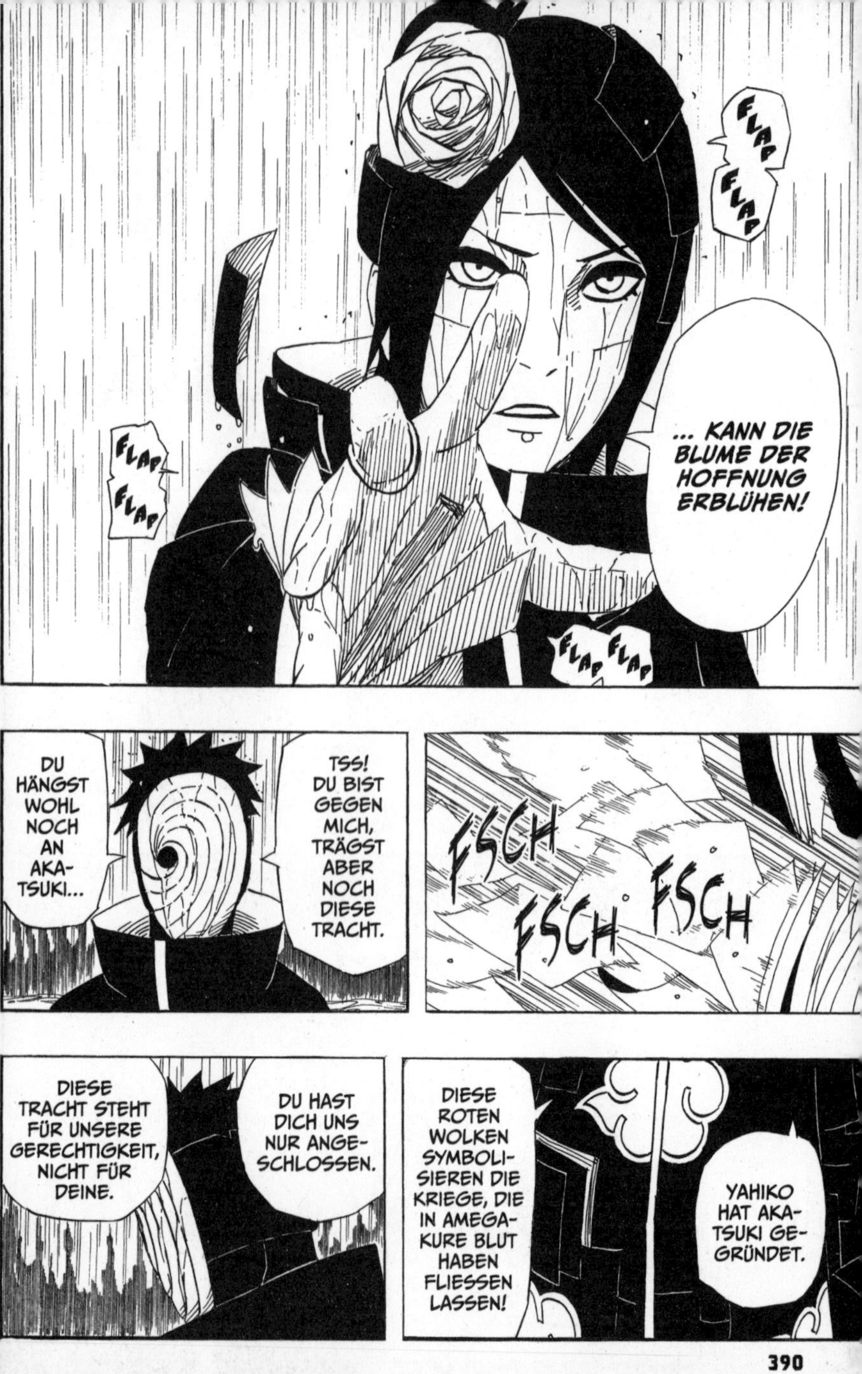
FLAP FLAP
... KANN DIE BLUME DER HOFFNUNG ERBLÜHEN!
FLAP FLAP
FLAP FLAP
FSCH FSCH FSCH
TSS! DU BIST GEGEN MICH, TRÄGST ABER NOCH DIESE TRACHT.
DU HÄNGST WOHL NOCH AN AKA-TSUKI...
YAHIKO HAT AKA-TSUKI GE-GRÜNDET.
DIESE ROTEN WOLKEN SYMBOLI-SIEREN DIE KRIEGE, DIE IN AMEGA-KURE BLUT HABEN FLIESSEN LASSEN!
DU HAST DICH UNS NUR ANGE-SCHLOSSEN.
DIESE TRACHT STEHT FÜR UNSERE GERECHTIGKEIT, NICHT FÜR DEINE.

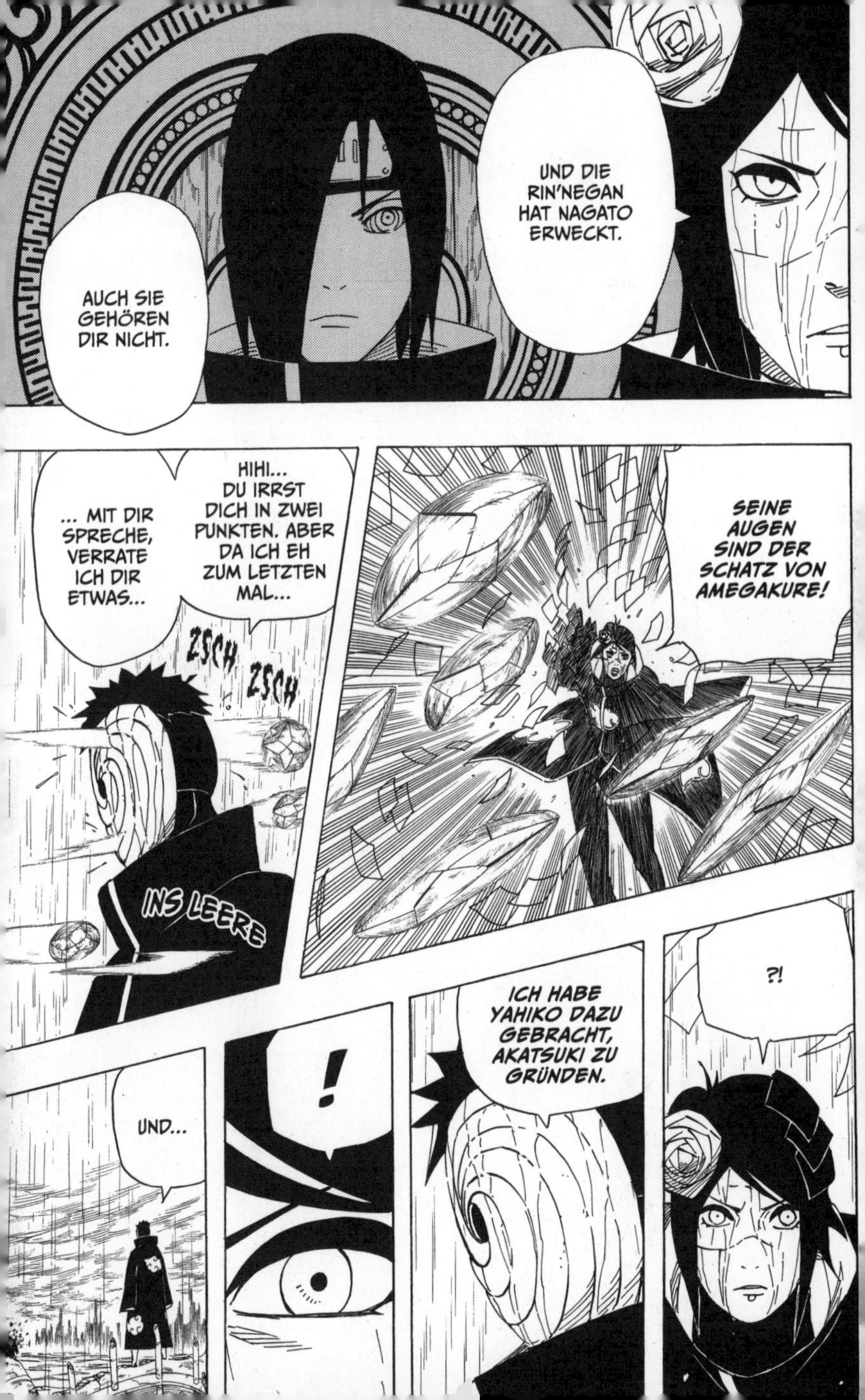
UND DIE RIN'NEGAN HAT NAGATO ERWECKT.
AUCH SIE GEHÖREN DIR NICHT.
SEINE AUGEN SIND DER SCHATZ VON AMEGAKURE!
HIHI... DU IRRST DICH IN ZWEI PUNKTEN. ABER DA ICH EH ZUM LETZTEN MAL...
... MIT DIR SPRECHE, VERRATE ICH DIR ETWAS...
ZSCH
ZSCH
INS LEERE
?!
ICH HABE YAHIKO DAZU GEBRACHT, AKATSUKI ZU GRÜNDEN.
!
UND...

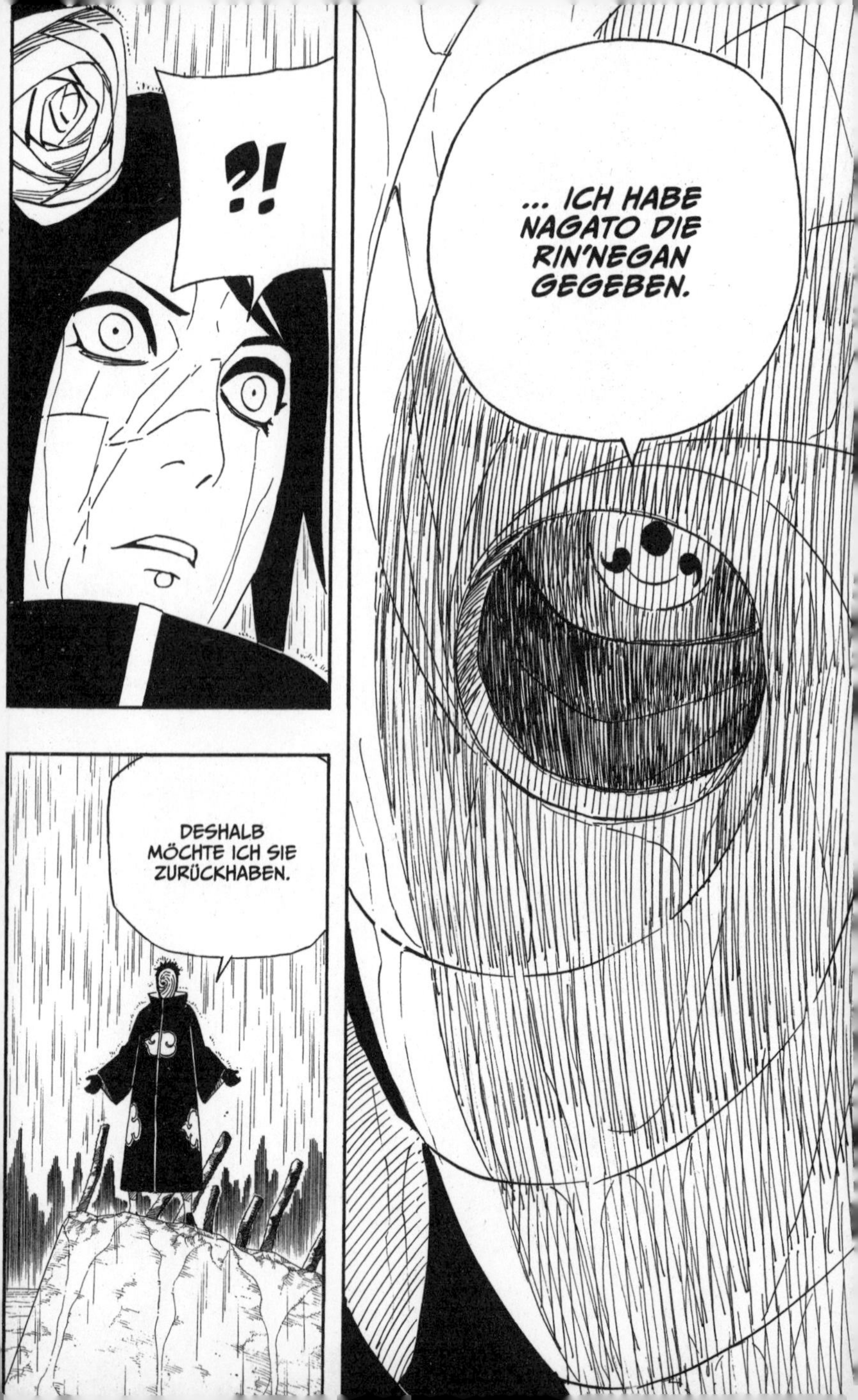
... ICH HABE NAGATO DIE RIN'NEGAN GEGEBEN.
?!
DESHALB MÖCHTE ICH SIE ZURÜCKHABEN.

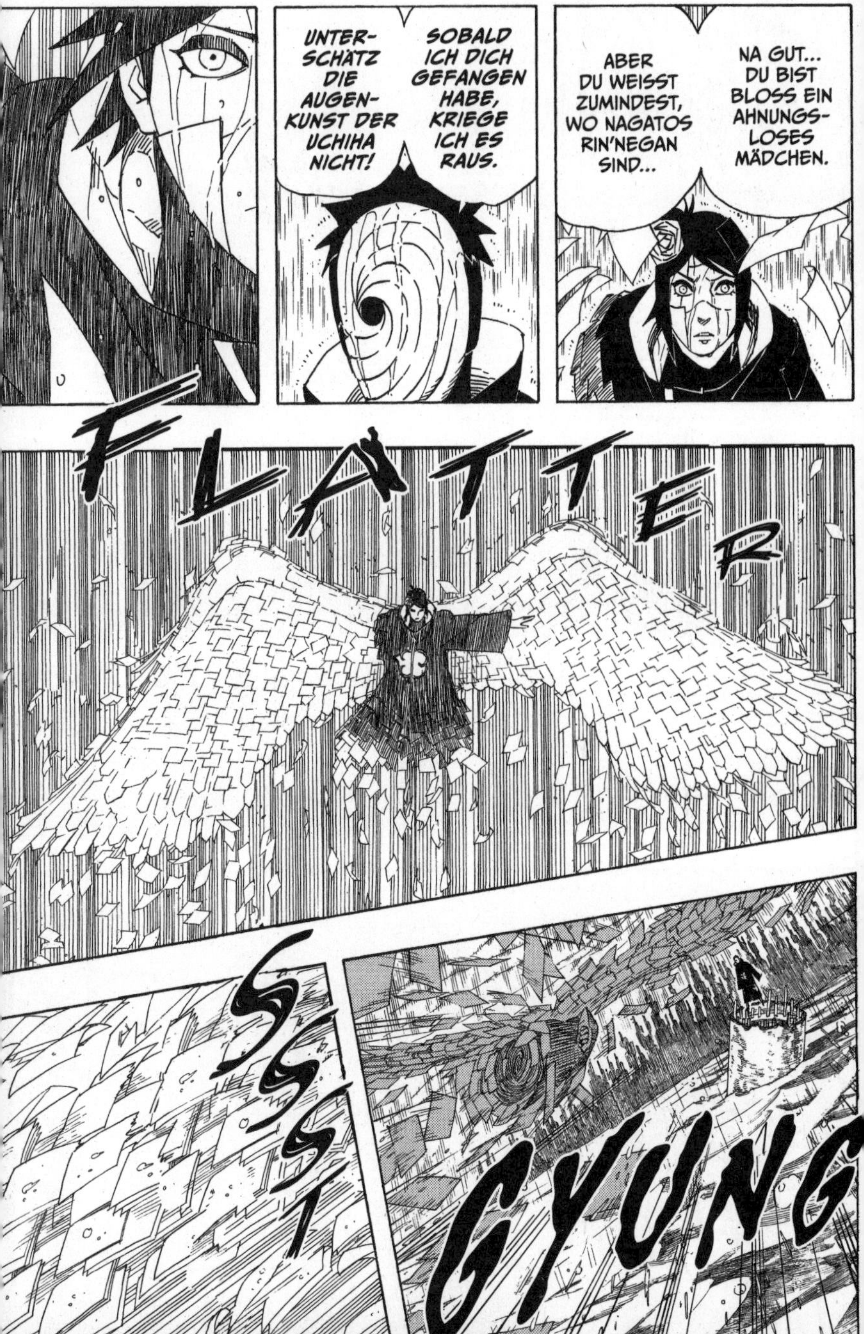
NA GUT... DU BIST BLOSS EIN AHNUNGS-LOSES MÄDCHEN.
ABER DU WEISST ZUMINDEST, WO NAGATOS RIN'NEGAN SIND...
SOBALD ICH DICH GEFANGEN HABE, KRIEGE ICH ES RAUS.
UNTER-SCHÄTZ DIE AUGEN-KUNST DER UCHIHA NICHT!
FLATTER
GYUNG
SSST

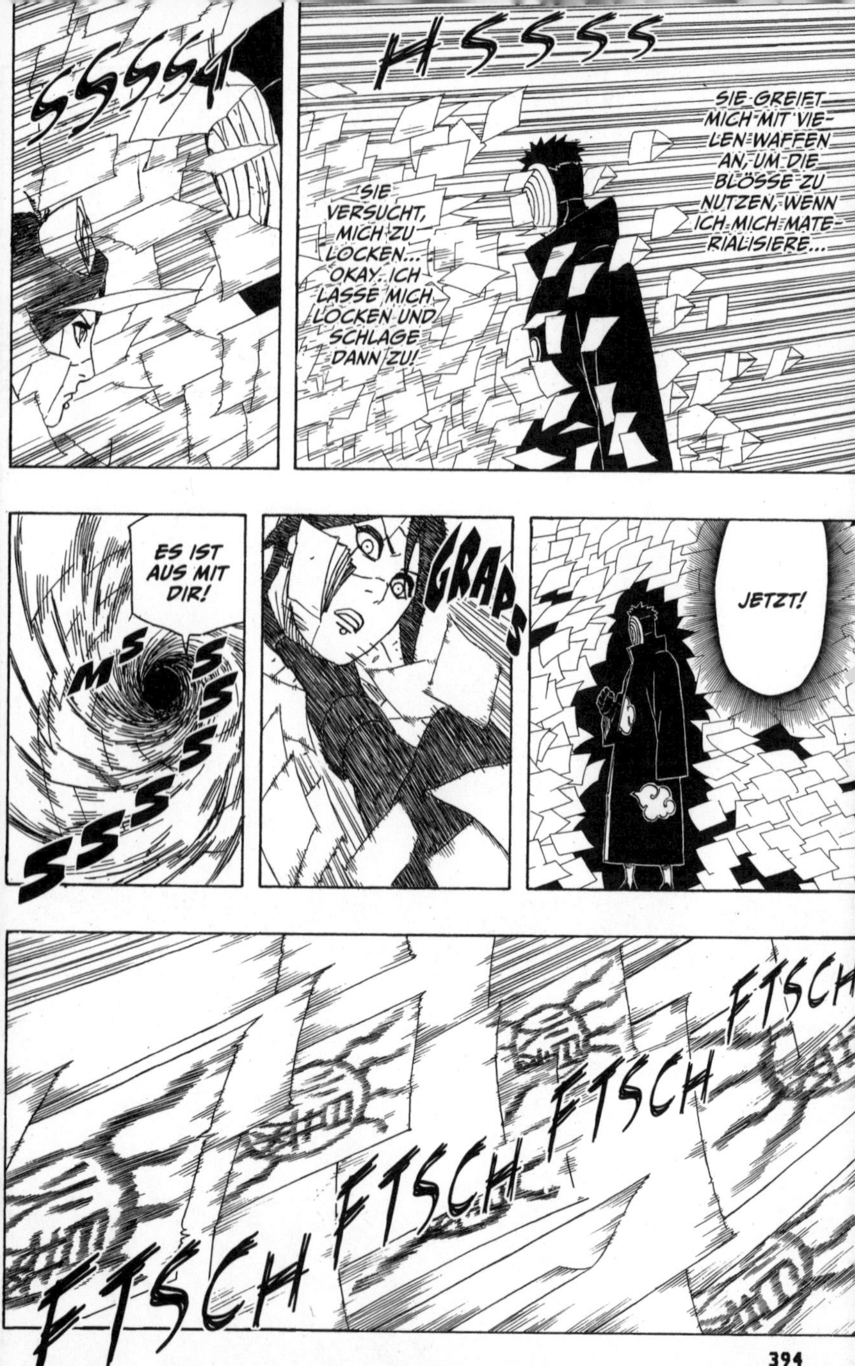
HSSSS
SIE GREIFT MICH MIT VIELEN WAFFEN AN, UM DIE BLÖSSE ZU NUTZEN, WENN ICH MICH MATERIALISIERE...
SIE VERSUCHT, MICH ZU LOCKEN... OKAY. ICH LASSE MICH LOCKEN UND SCHLAGE DANN ZU!
JETZT!
GRAPS
ES IST AUS MIT DIR!
FTSCH
FTSCH
FTSCH
FTSCH

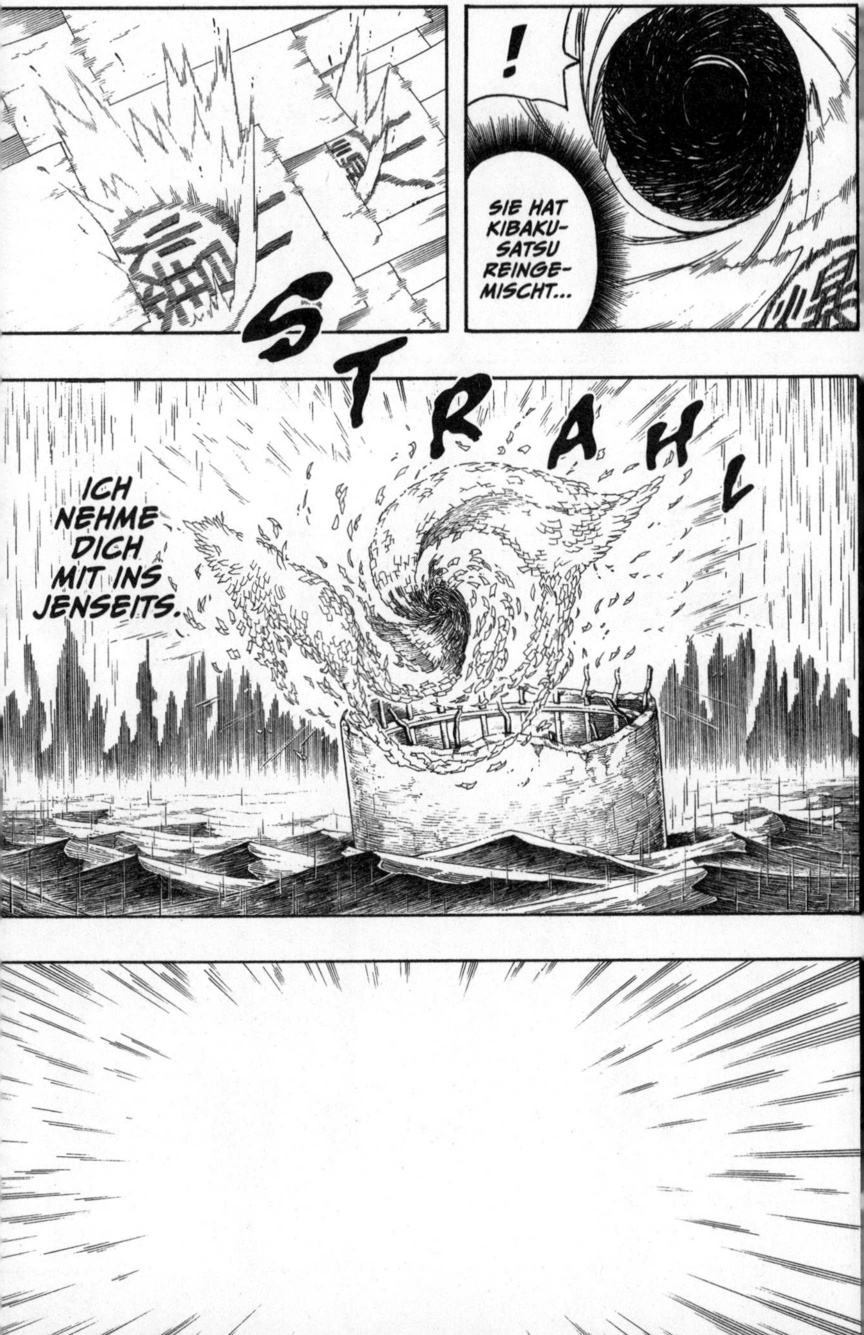
!
SIE HAT KIBAKU-SATSU REINGE-MISCHT...
STRAHL
ICH NEHME DICH MIT INS JENSEITS.

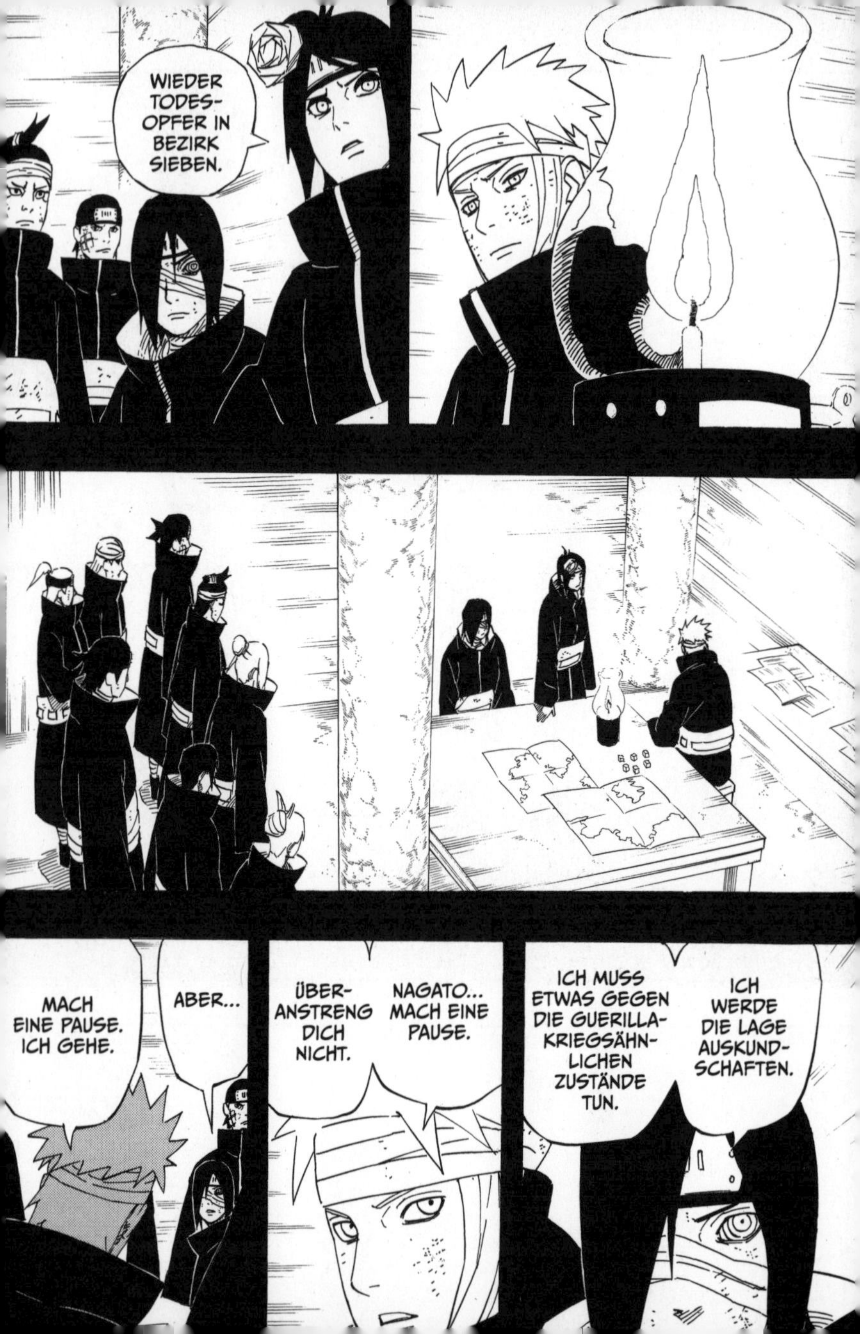
WIEDER TODESOPFER IN BEZIRK SIEBEN.
ICH WERDE DIE LAGE AUSKUNDSCHAFTEN.
ICH MUSS ETWAS GEGEN DIE GUERILLAKRIEGSÄHNLICHEN ZUSTÄNDE TUN.
NAGATO... MACH EINE PAUSE.
ÜBERANSTRENG DICH NICHT.
ABER...
MACH EINE PAUSE. ICH GEHE.

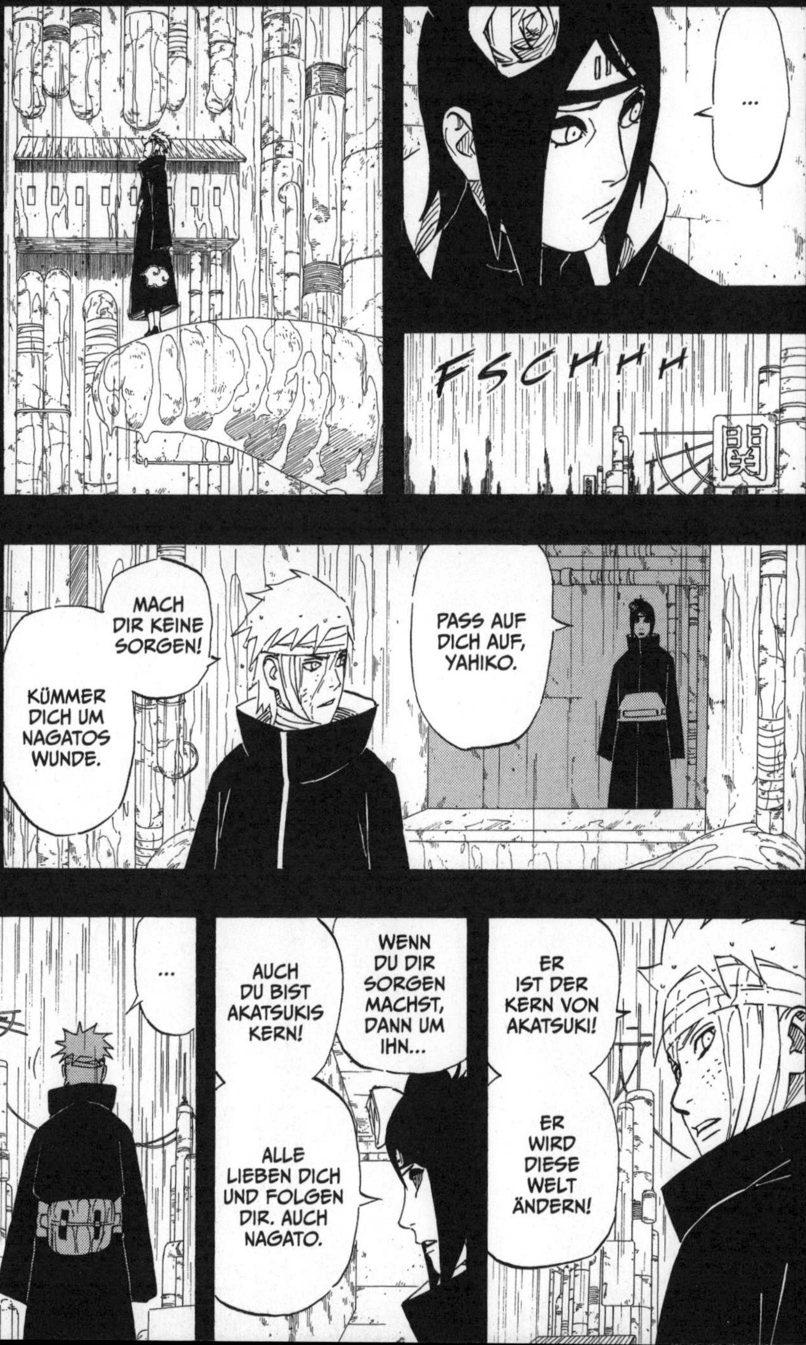
...
FSCHHH
PASS AUF DICH AUF, YAHIKO.
MACH DIR KEINE SORGEN!
KÜMMER DICH UM NAGATOS WUNDE.
ER IST DER KERN VON AKATSUKI!
ER WIRD DIESE WELT ÄNDERN!
WENN DU DIR SORGEN MACHST, DANN UM IHN...
AUCH DU BIST AKATSUKIS KERN!
ALLE LIEBEN DICH UND FOLGEN DIR. AUCH NAGATO.
...

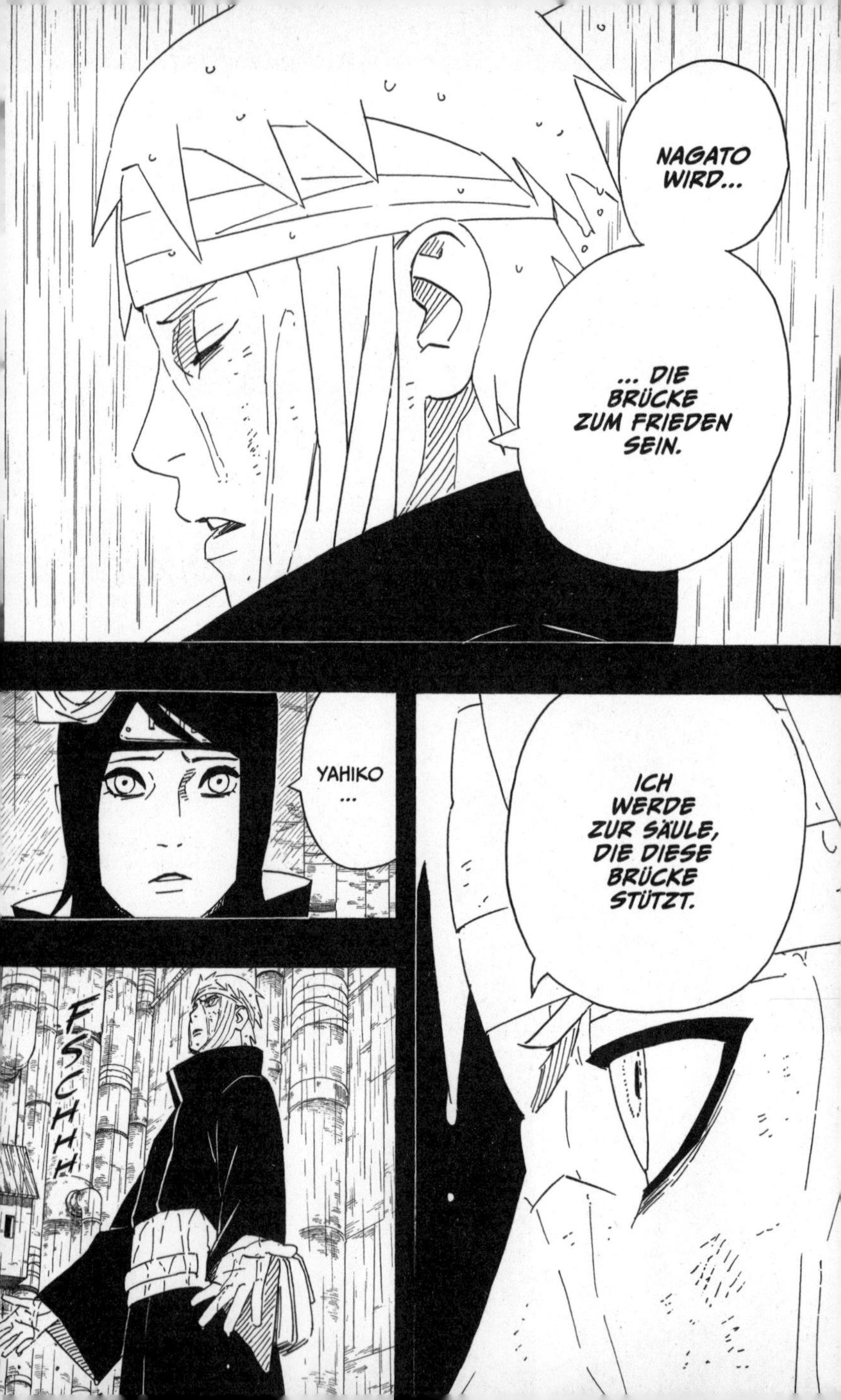
NAGATO WIRD...
... DIE BRÜCKE ZUM FRIEDEN SEIN.
ICH WERDE ZUR SÄULE, DIE DIESE BRÜCKE STÜTZT.
YAHIKO ...
FSCHHH

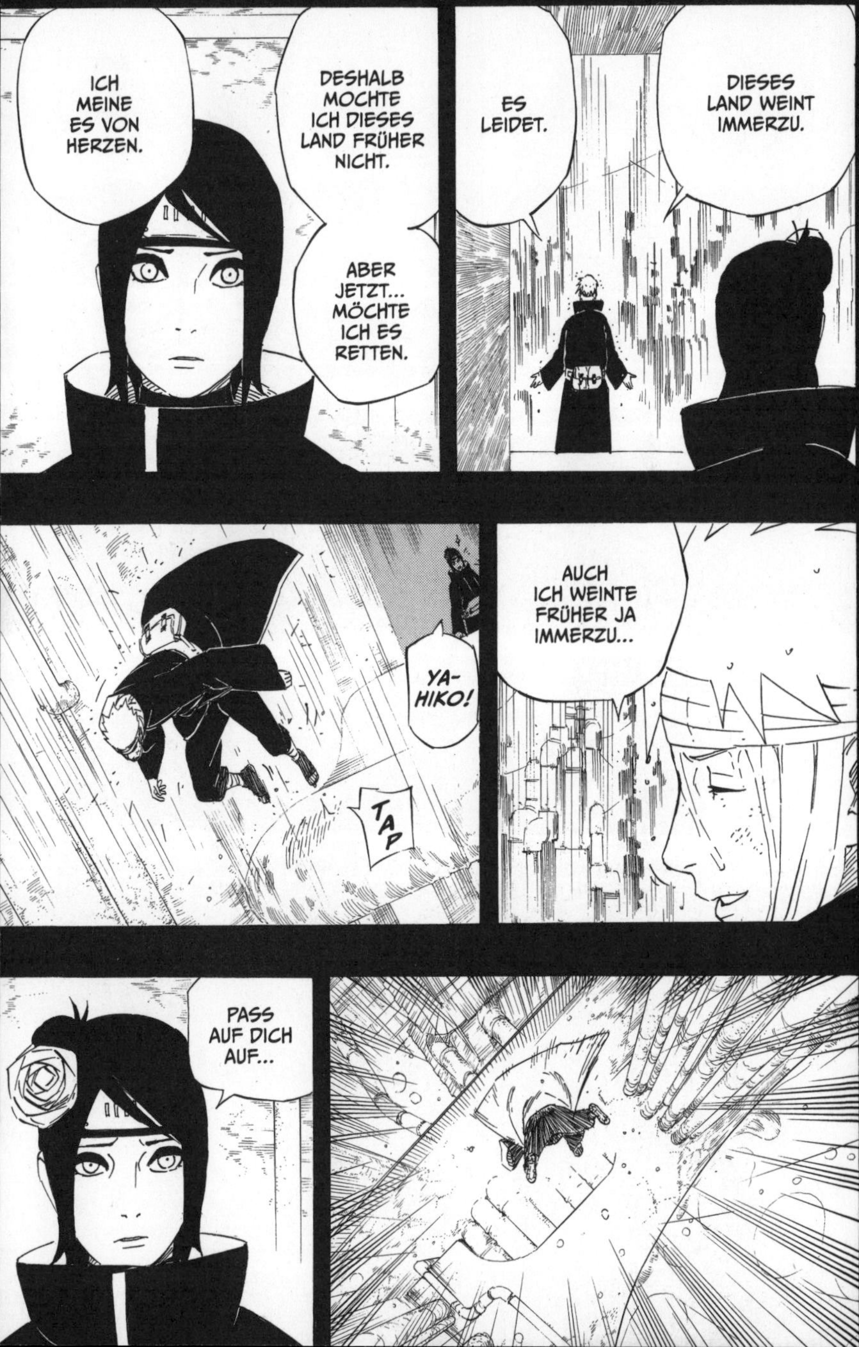
DIESES LAND WEINT IMMERZU.
ES LEIDET.
DESHALB MOCHTE ICH DIESES LAND FRÜHER NICHT.
ABER JETZT... MÖCHTE ICH ES RETTEN.
ICH MEINE ES VON HERZEN.
AUCH ICH WEINTE FRÜHER JA IMMERZU...
YA-HIKO!
TAP
PASS AUF DICH AUF...

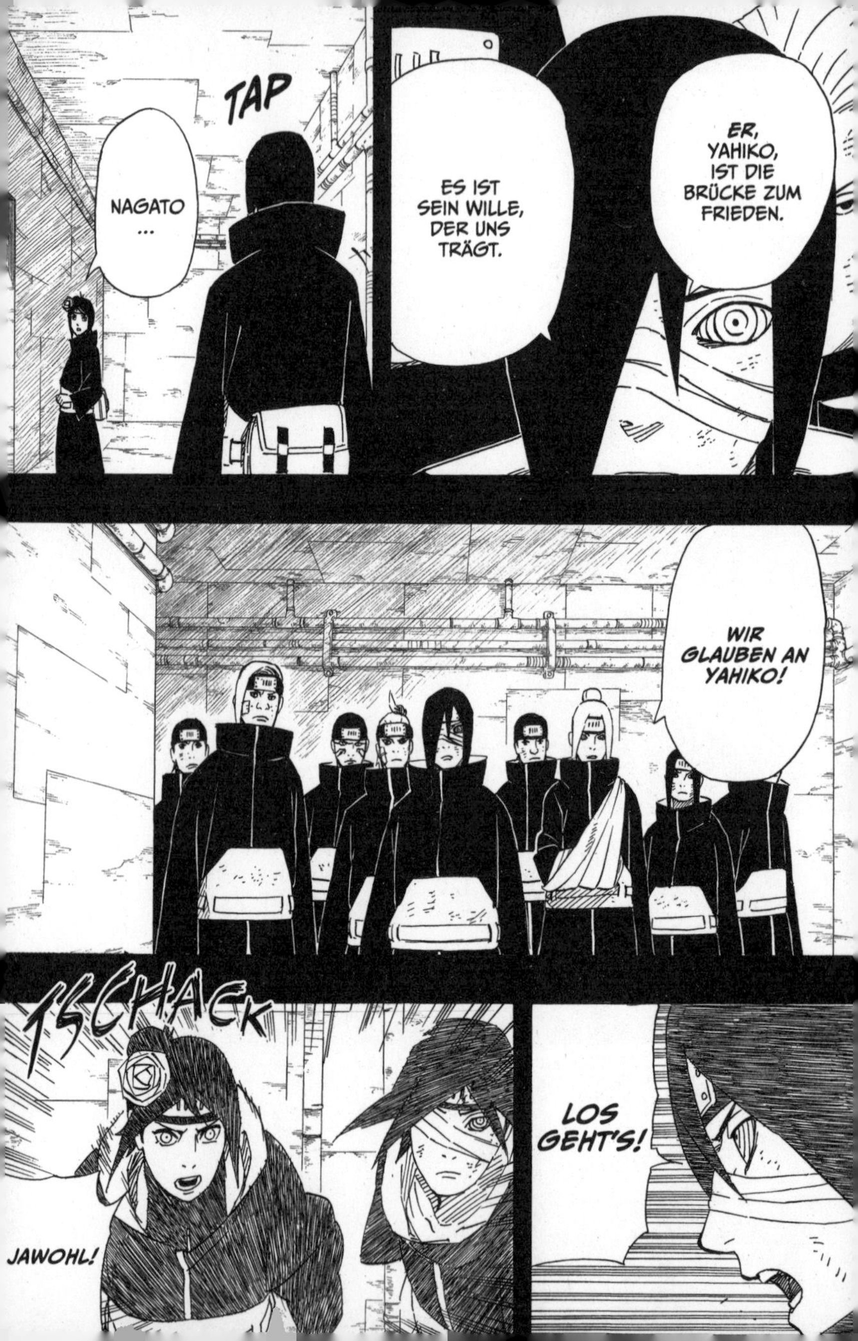
ER, YAHIKO, IST DIE BRÜCKE ZUM FRIEDEN.
ES IST SEIN WILLE, DER UNS TRÄGT.
TAP
NAGATO ...
WIR GLAUBEN AN YAHIKO!
LOS GEHT'S!
TSCHACK
JAWOHL!

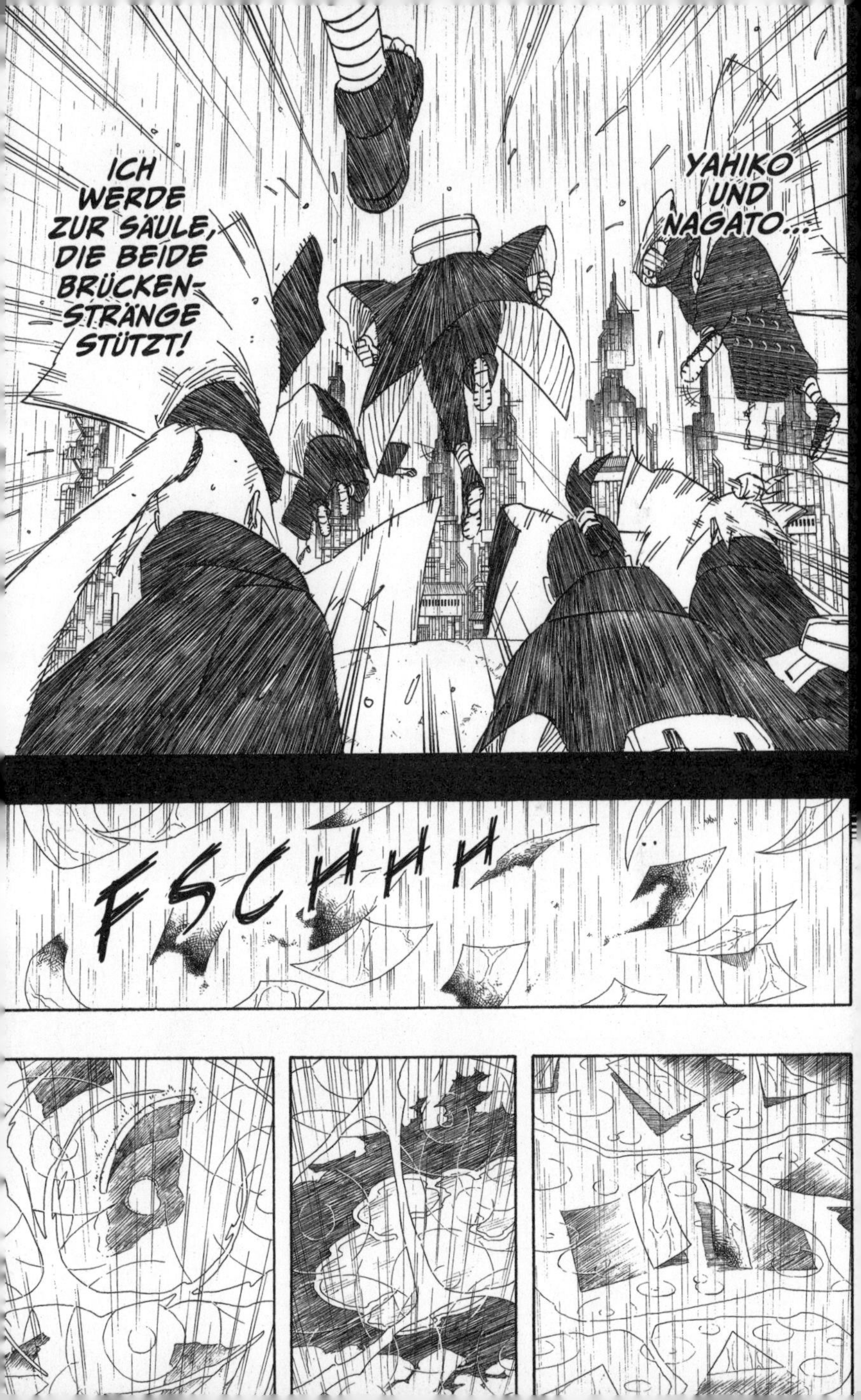

YAHIKO UND NAGATO...
ICH WERDE ZUR SÄULE, DIE BEIDE BRÜCKENSTRÄNGE STÜTZT!
FSCHHH

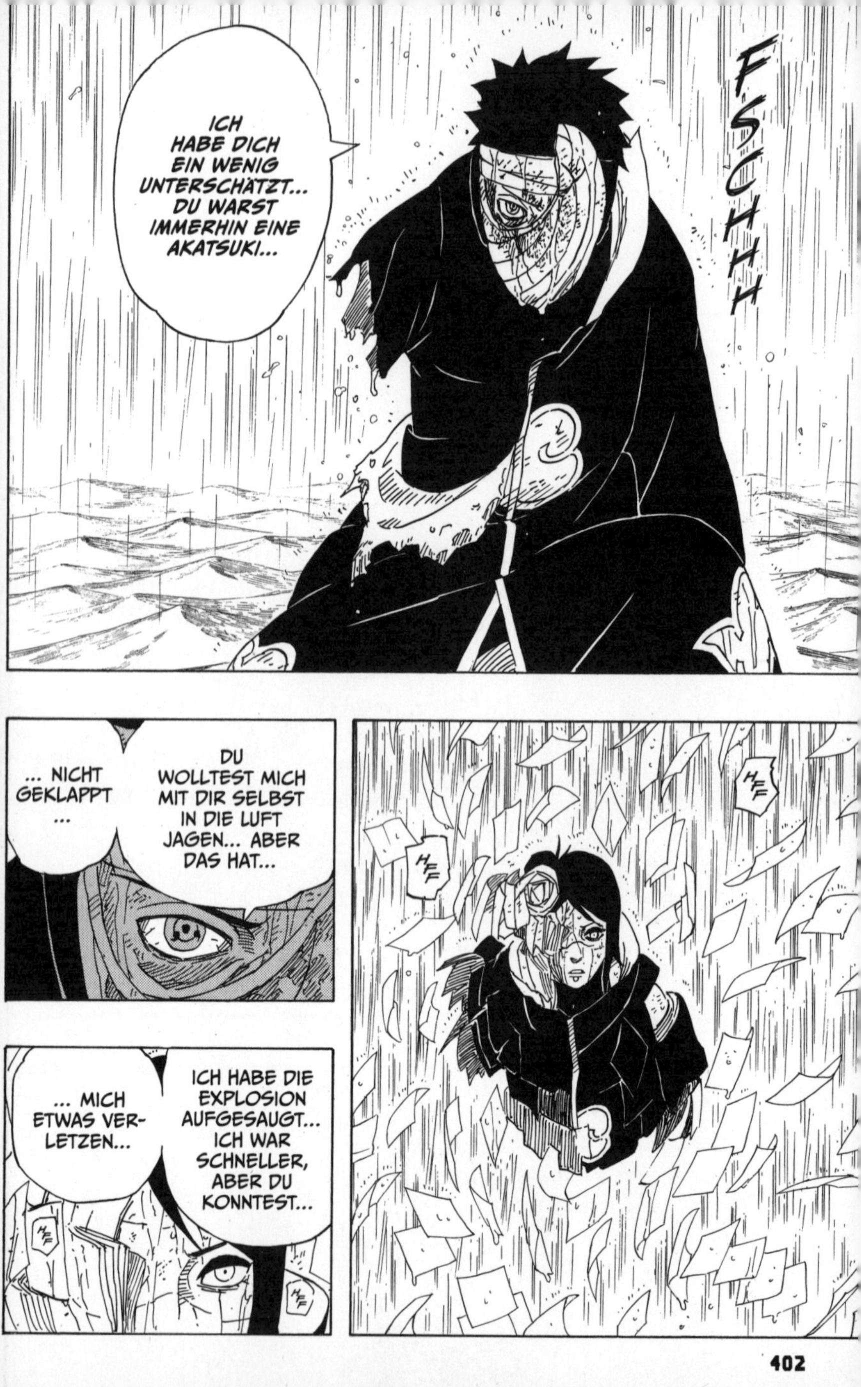
FSCHHH
ICH HABE DICH EIN WENIG UNTERSCHÄTZT... DU WARST IMMERHIN EINE AKATSUKI...
HEF
HEF
DU WOLLTEST MICH MIT DIR SELBST IN DIE LUFT JAGEN... ABER DAS HAT...
... NICHT GEKLAPPT ...
ICH HABE DIE EXPLOSION AUFGESAUGT... ICH WAR SCHNELLER, ABER DU KONNTEST...
... MICH ETWAS VERLETZEN...
HEF
HEF

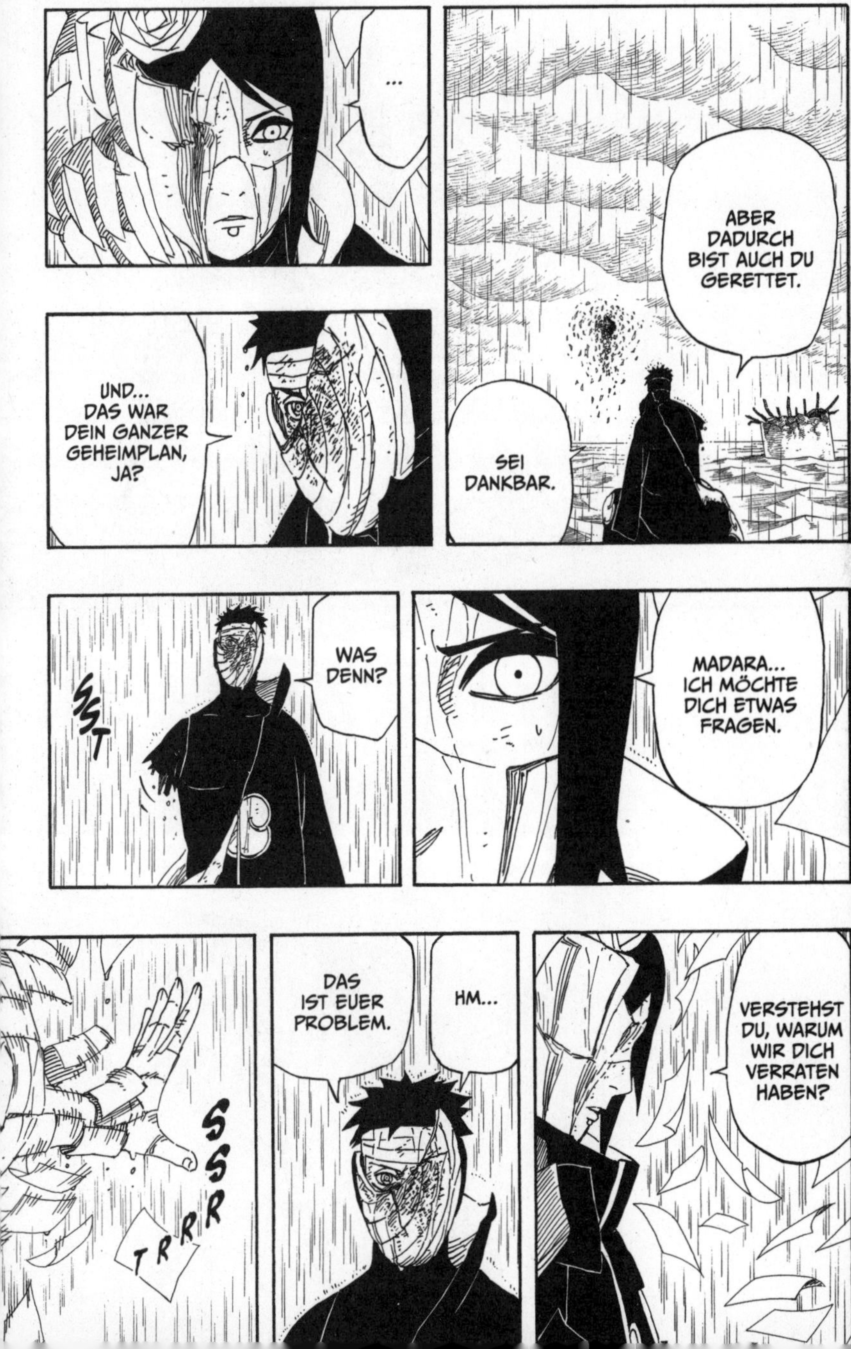
ABER DADURCH BIST AUCH DU GERETTET.
SEI DANKBAR.
...
UND... DAS WAR DEIN GANZER GEHEIMPLAN, JA?
MADARA... ICH MÖCHTE DICH ETWAS FRAGEN.
WAS DENN?
SST
VERSTEHST DU, WARUM WIR DICH VERRATEN HABEN?
HM...
DAS IST EUER PROBLEM.
SSR
TRRR

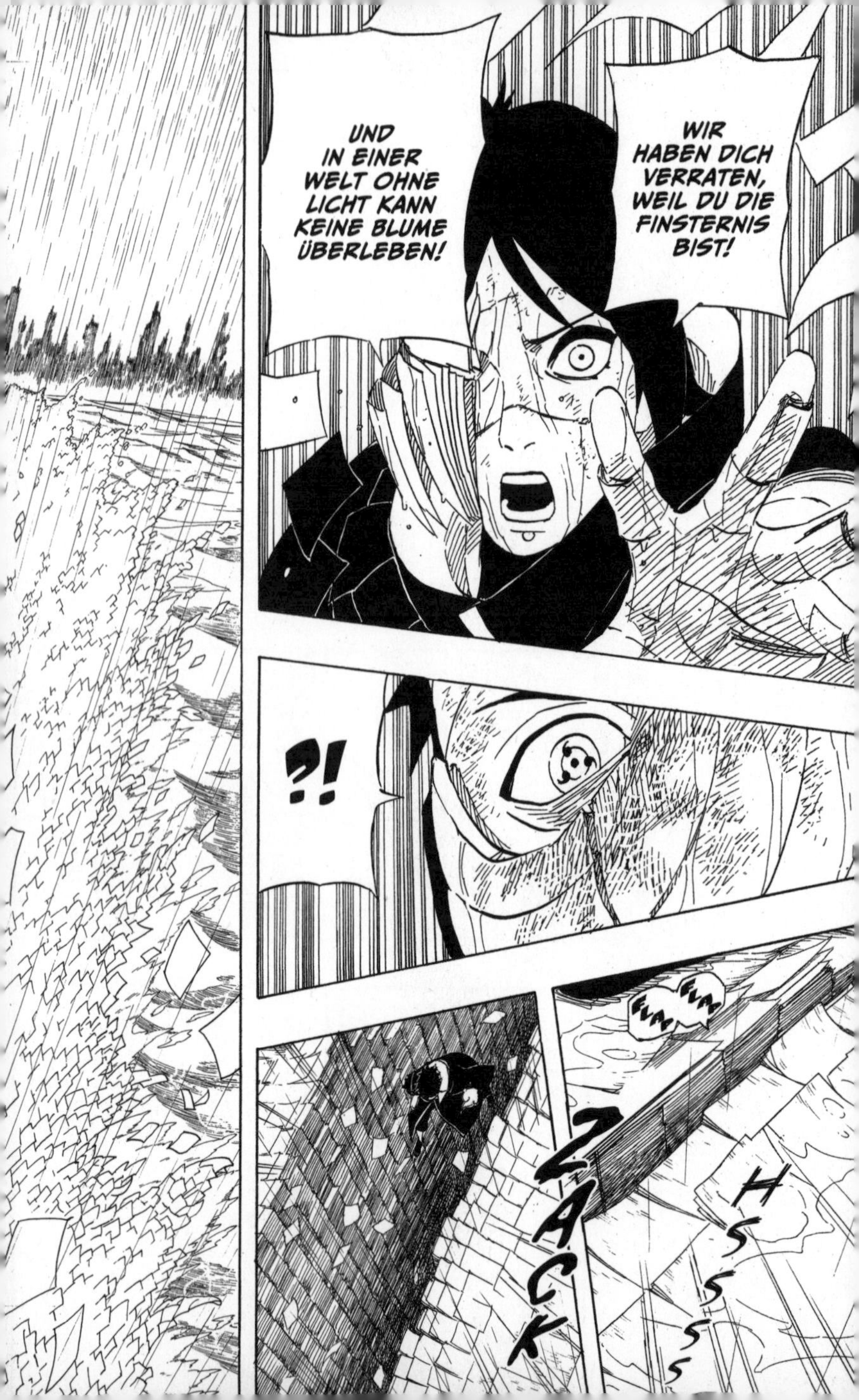
WIR HABEN DICH VERRATEN, WEIL DU DIE FINSTERNIS BIST!
UND IN EINER WELT OHNE LICHT KANN KEINE BLUME ÜBERLEBEN!
?!
ZACK
HSSSSS

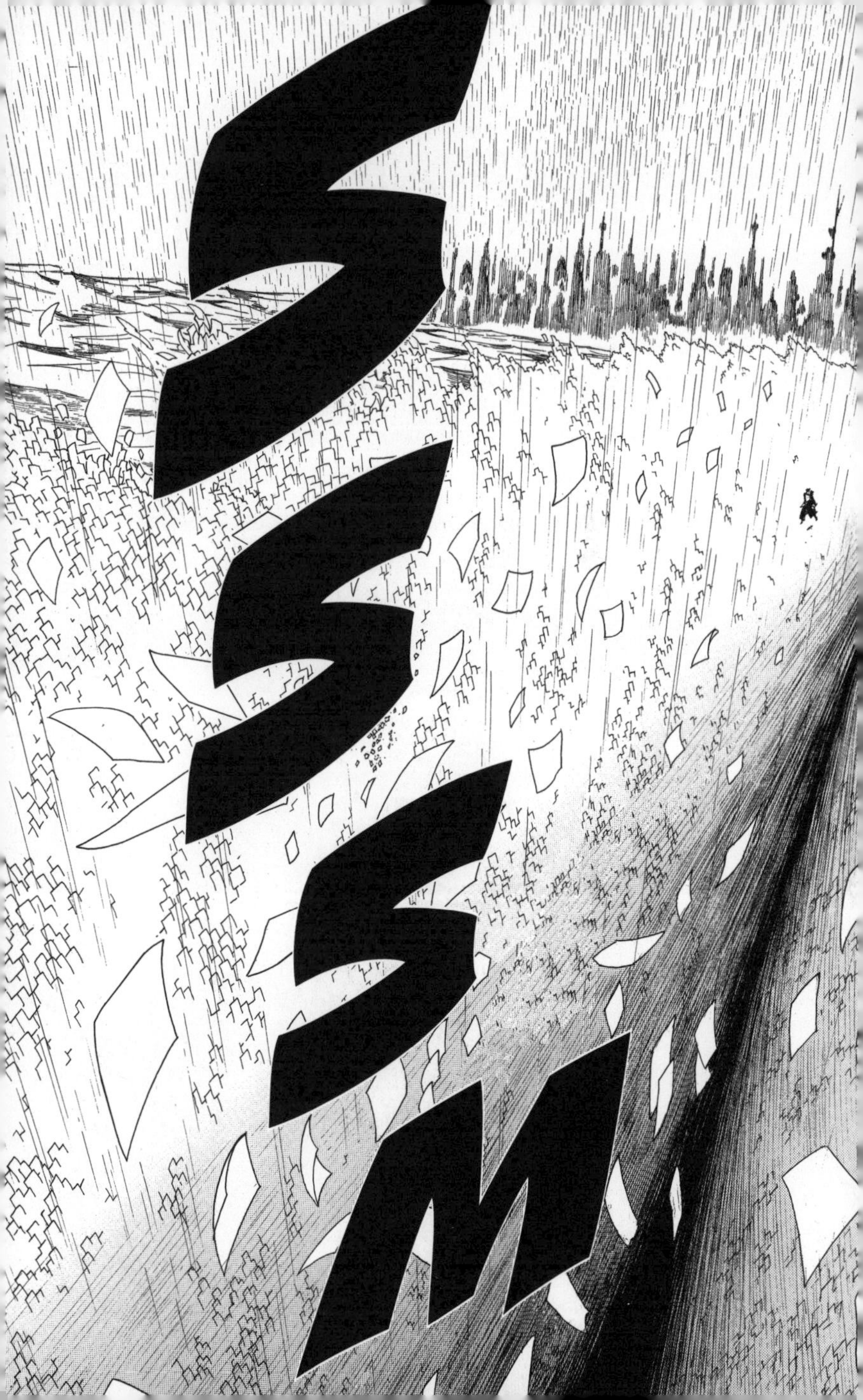
SSSSM

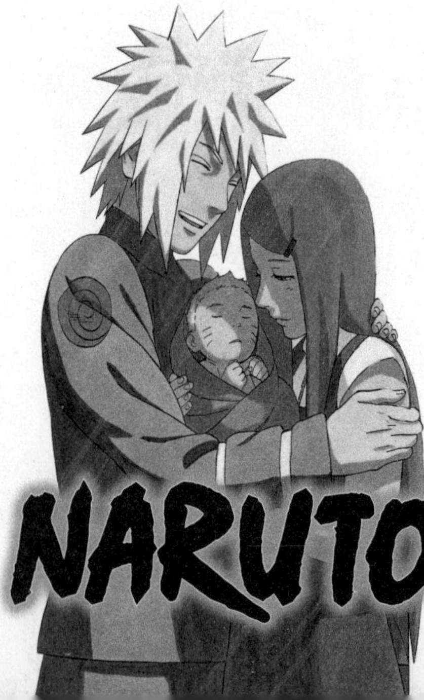
NARUTO

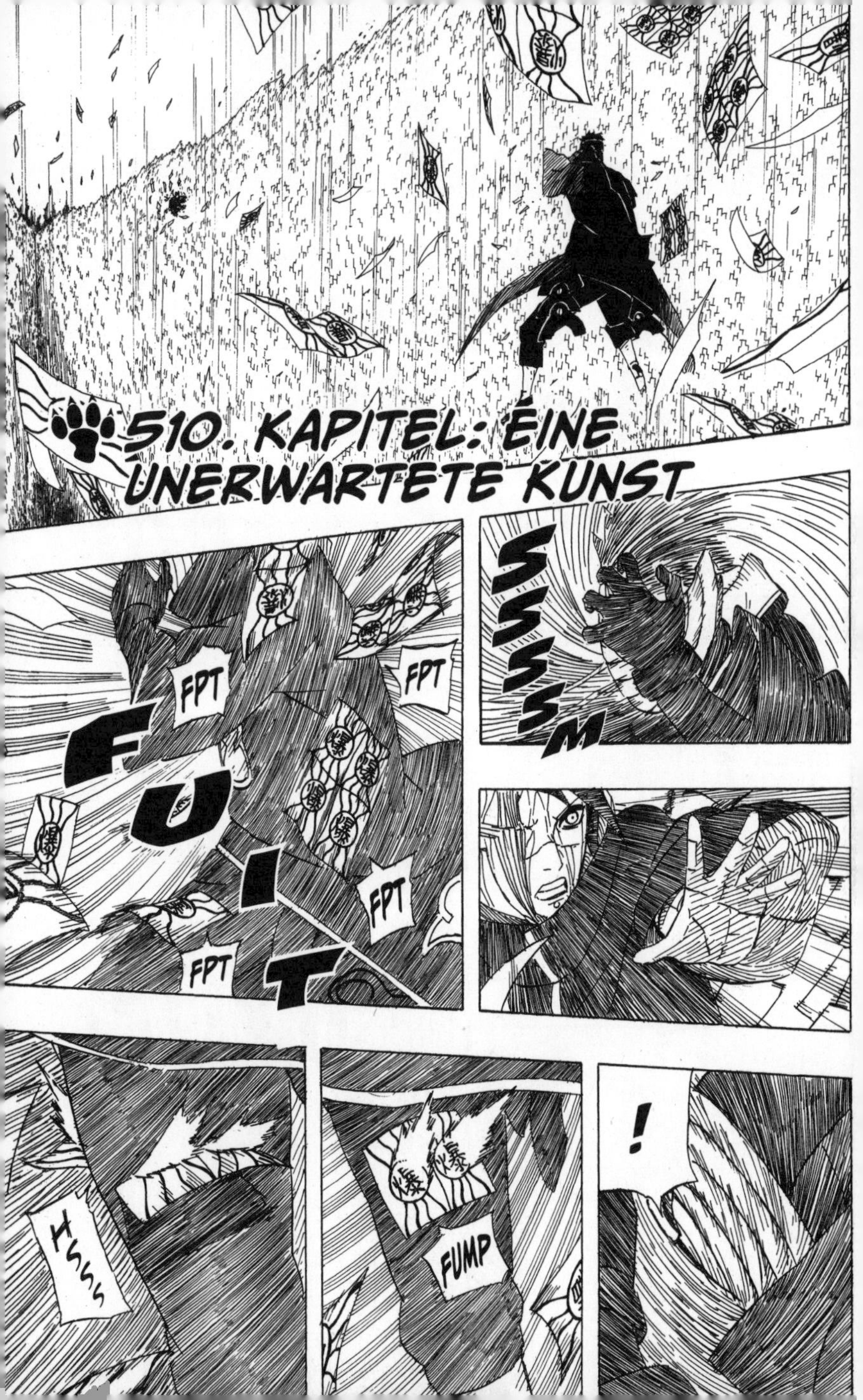
510. Kapitel: Eine unerwartete Kunst
SSSSM
FPT
FPT
FUIT
FPT
FPT
!
HSSS
FUMP

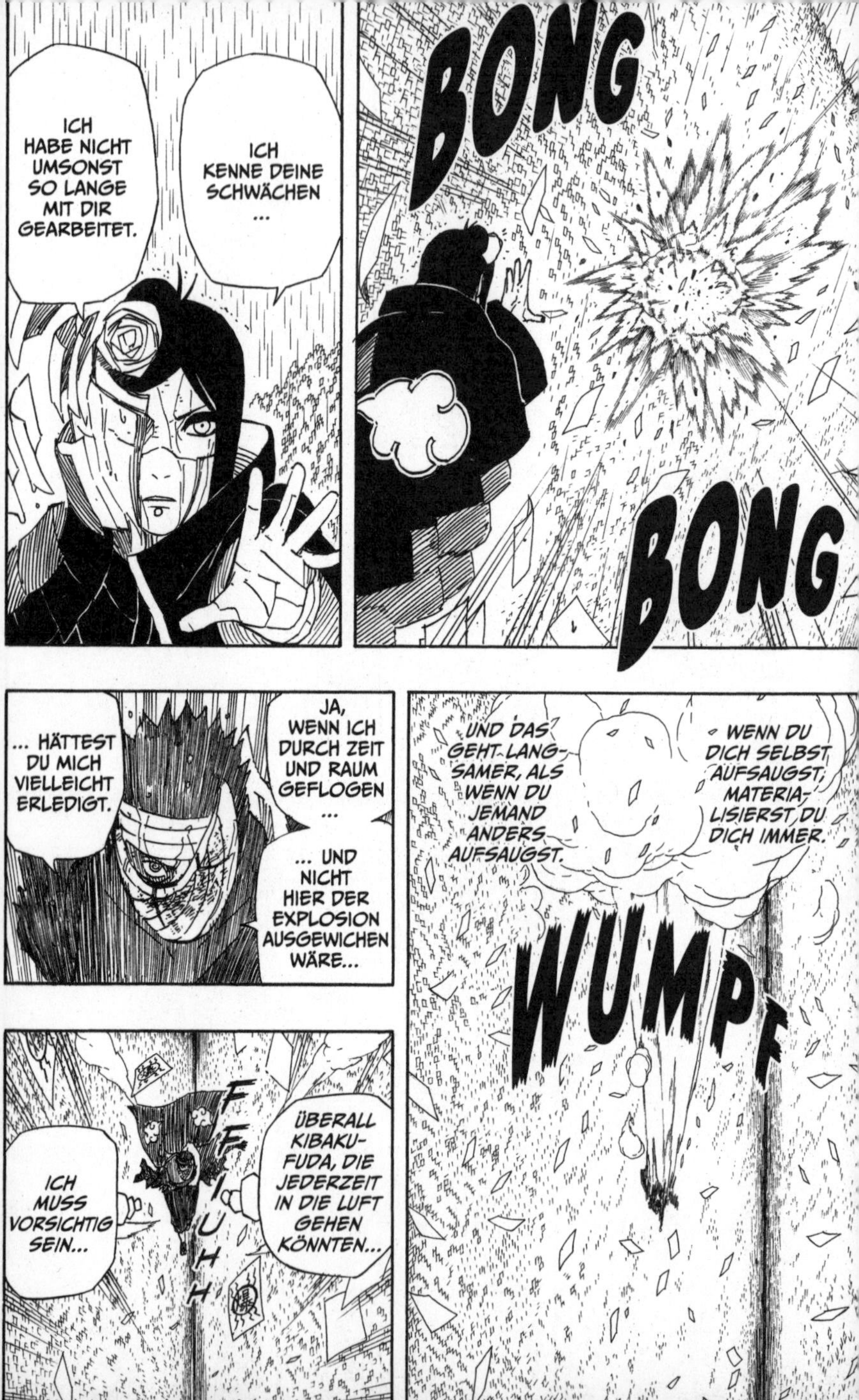
BONG
BONG
ICH KENNE DEINE SCHWÄCHEN ...
ICH HABE NICHT UMSONST SO LANGE MIT DIR GEARBEITET.
WENN DU DICH SELBST AUFSAUGST, MATERIALISIERST DU DICH IMMER.
UND DAS GEHT LANGSAMER, ALS WENN DU JEMAND ANDERS AUFSAUGST.
WUMPF
JA, WENN ICH DURCH ZEIT UND RAUM GEFLOGEN ...
... UND NICHT HIER DER EXPLOSION AUSGEWICHEN WÄRE...
... HÄTTEST DU MICH VIELLEICHT ERLEDIGT.
FFIUHHH
ÜBERALL KIBAKUFUDA, DIE JEDERZEIT IN DIE LUFT GEHEN KÖNNTEN...
ICH MUSS VORSICHTIG SEIN...

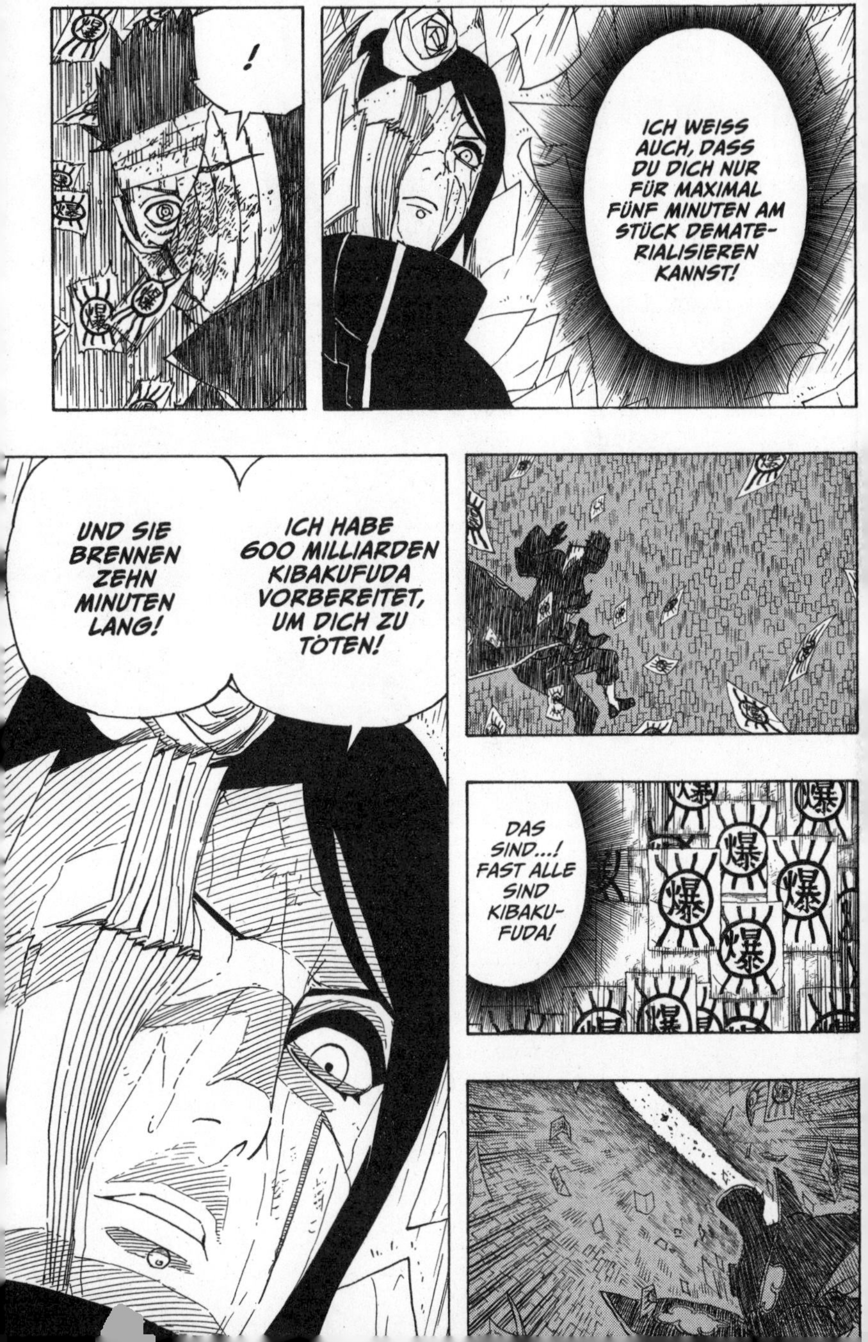
ICH WEISS AUCH, DASS DU DICH NUR FÜR MAXIMAL FÜNF MINUTEN AM STÜCK DEMATE-RIALISIEREN KANNST!
!
ICH HABE 600 MILLIARDEN KIBAKUFUDA VORBEREITET, UM DICH ZU TÖTEN!
UND SIE BRENNEN ZEHN MINUTEN LANG!
DAS SIND...! FAST ALLE SIND KIBAKU-FUDA!

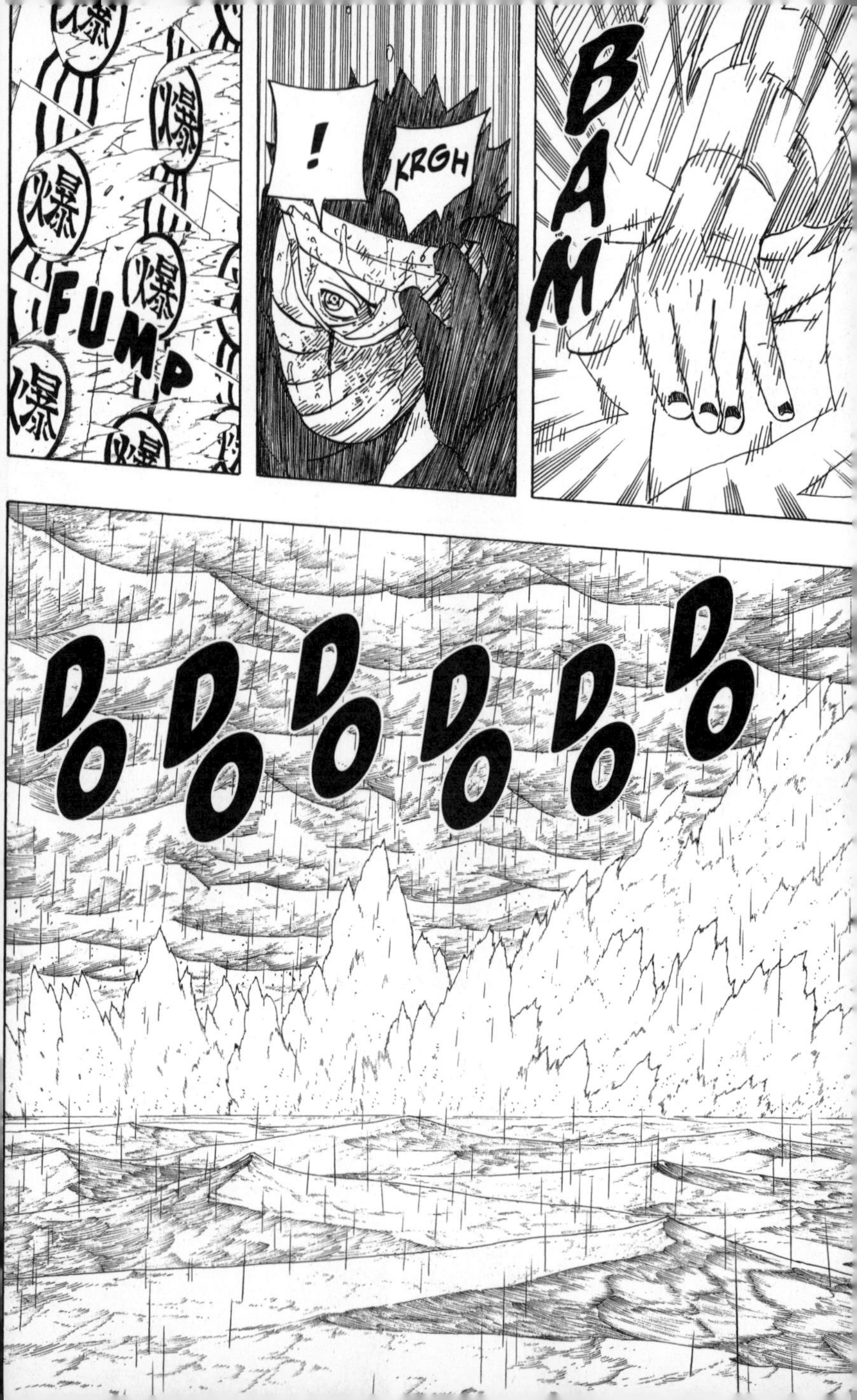
BAM
!
KRGH
FUMP
爆
DODODODODODO

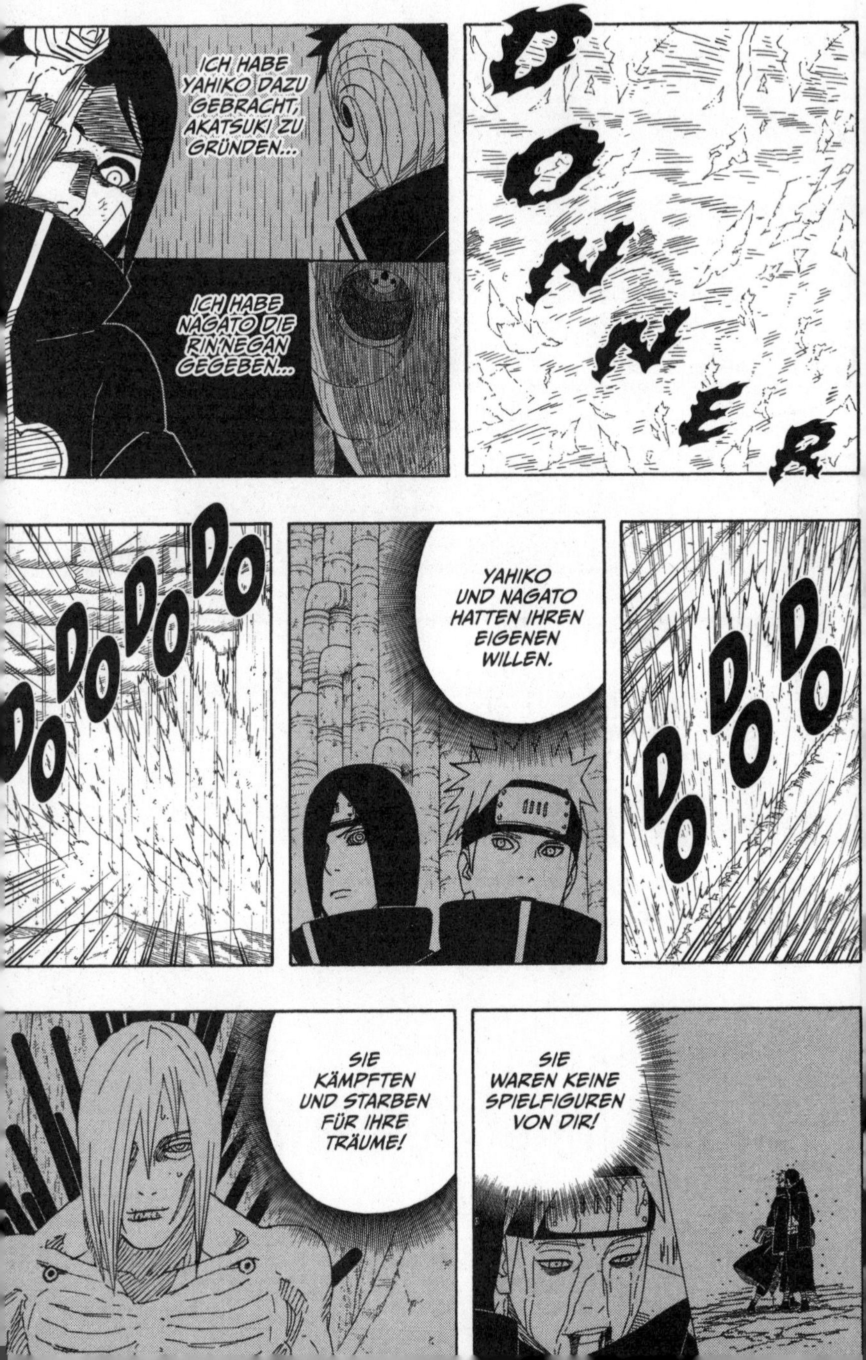
DONNER
ICH HABE YAHIKO DAZU GEBRACHT, AKATSUKI ZU GRÜNDEN...
ICH HABE NAGATO DIE RIN'NEGAN GEGEBEN...
DODODODO
YAHIKO UND NAGATO HATTEN IHREN EIGENEN WILLEN.
DODODODODO
SIE WAREN KEINE SPIELFIGUREN VON DIR!
SIE KÄMPFTEN UND STARBEN FÜR IHRE TRÄUME!

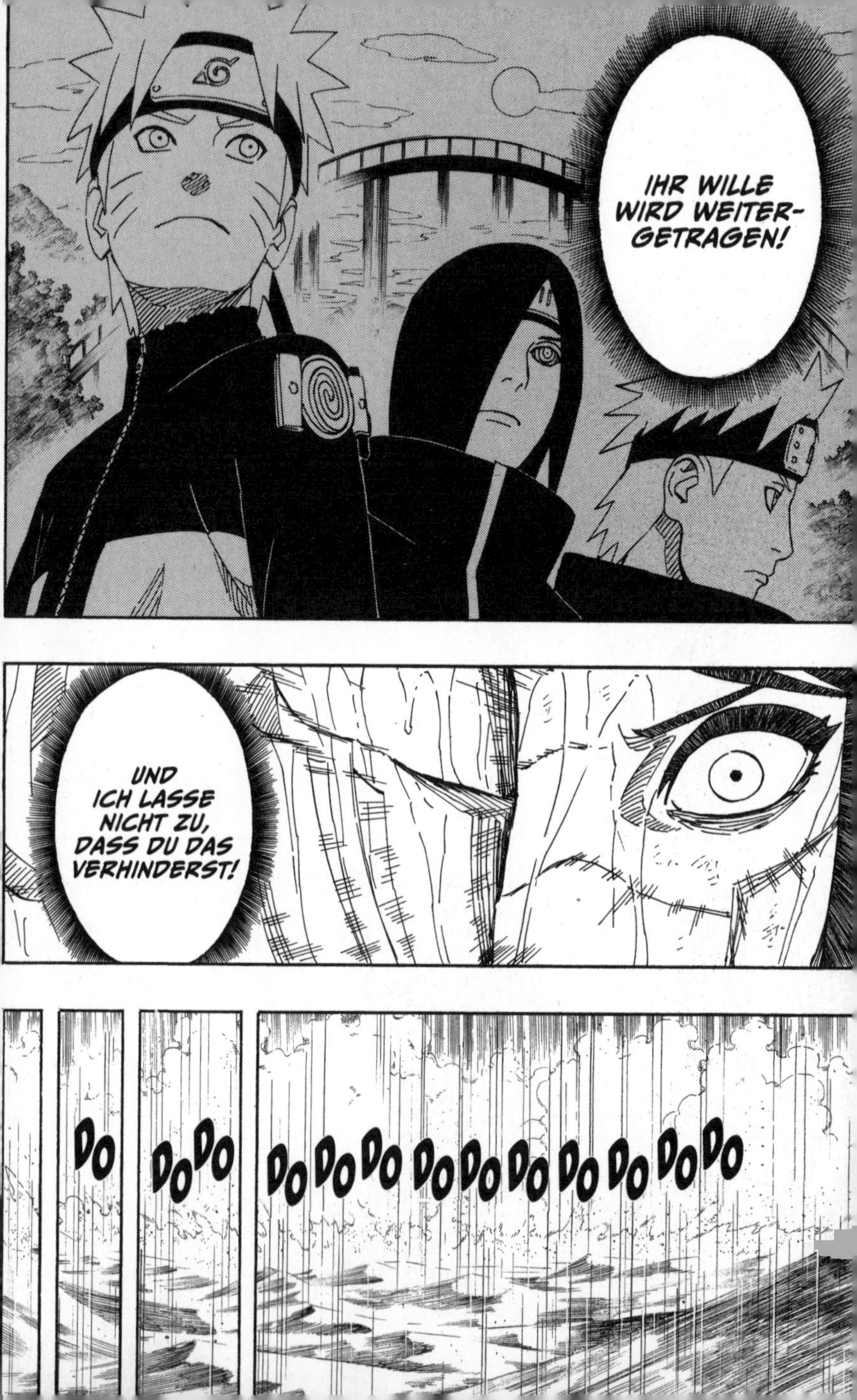
IHR WILLE WIRD WEITER-GETRAGEN!
UND ICH LASSE NICHT ZU, DASS DU DAS VERHINDERST!
DO DODO DODODO DODODODODODODODO

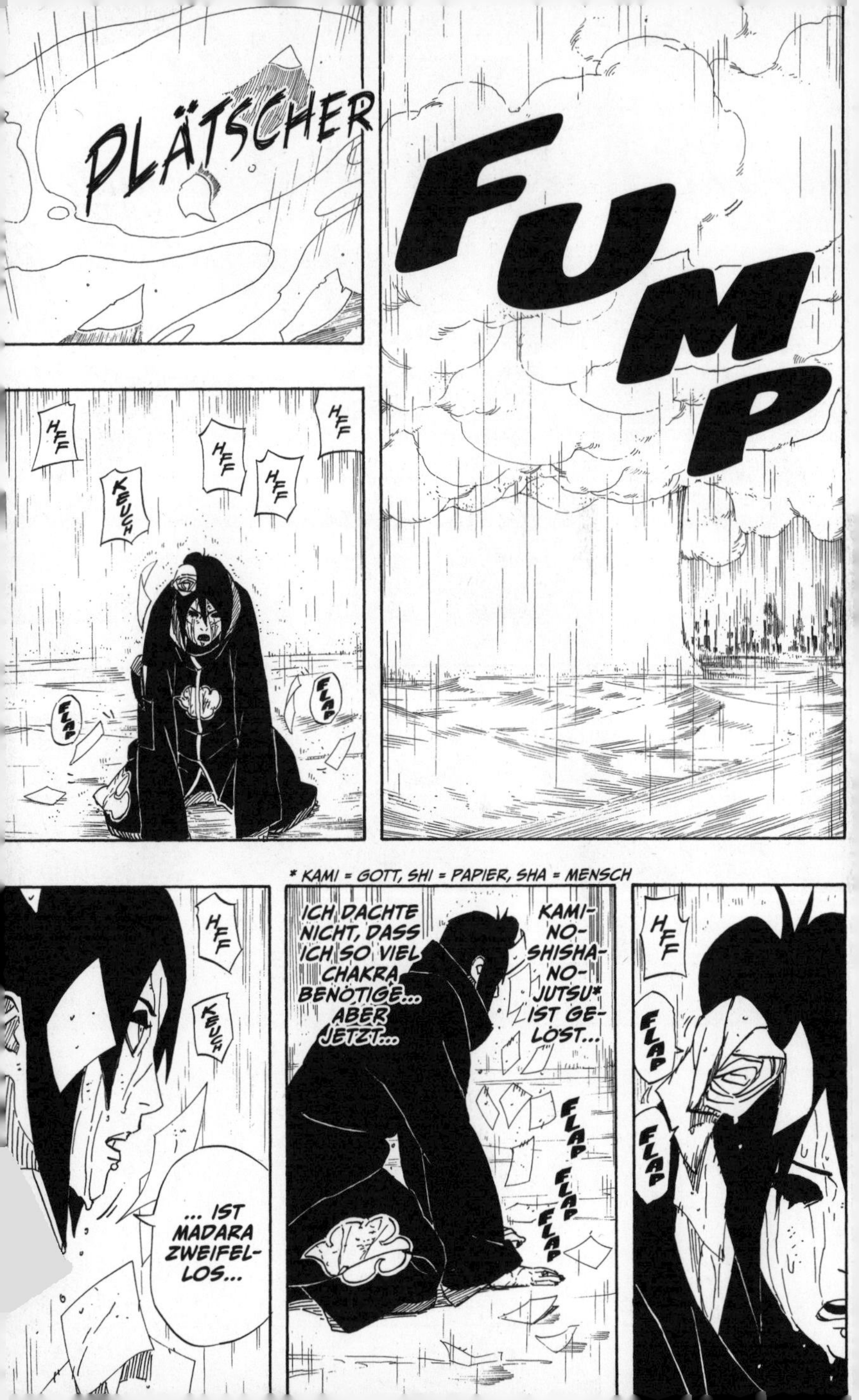


* KAMI = GOTT, SHI = PAPIER, SHA = MENSCH

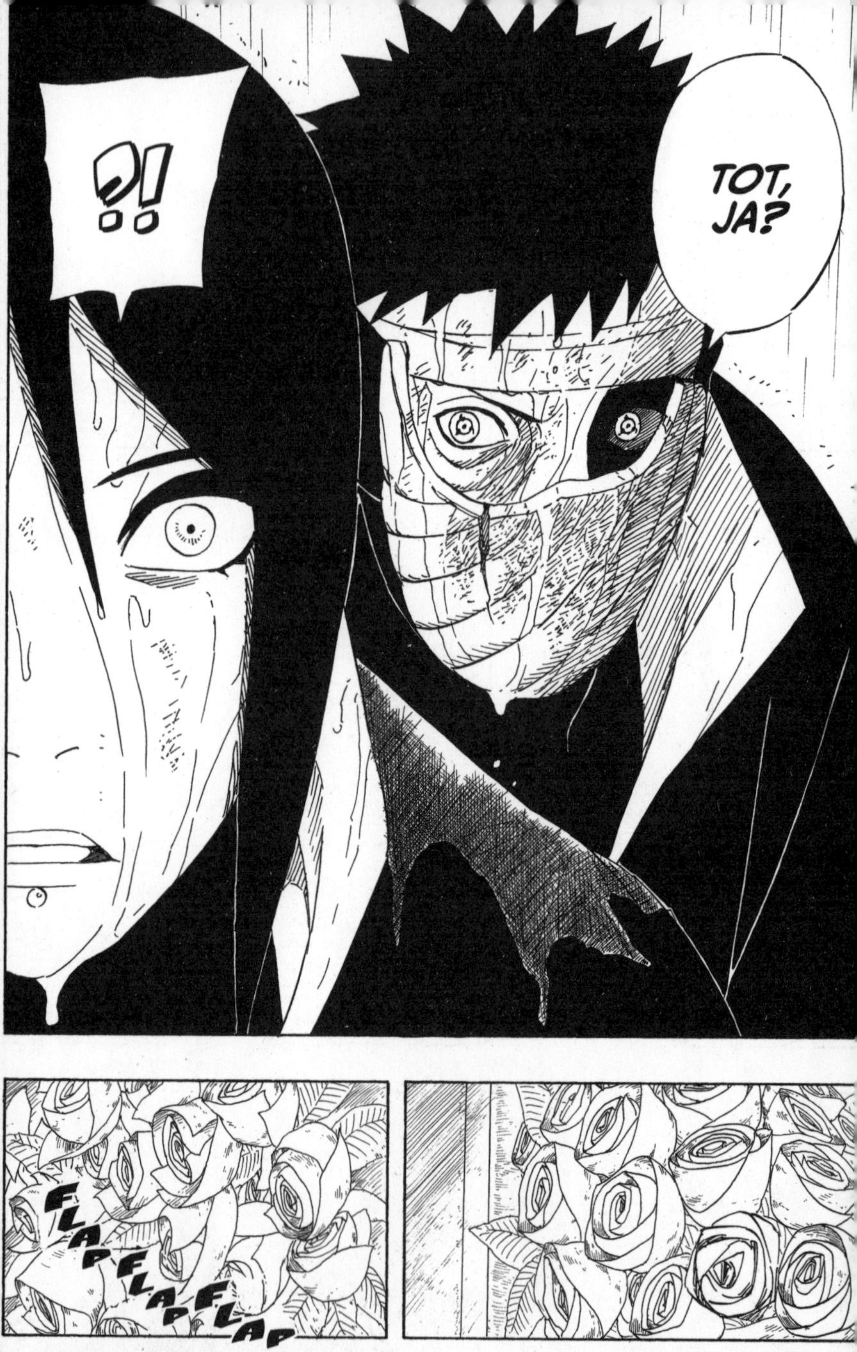
TOT, JA?
?!
FLAP FLAP FLAP FLAP

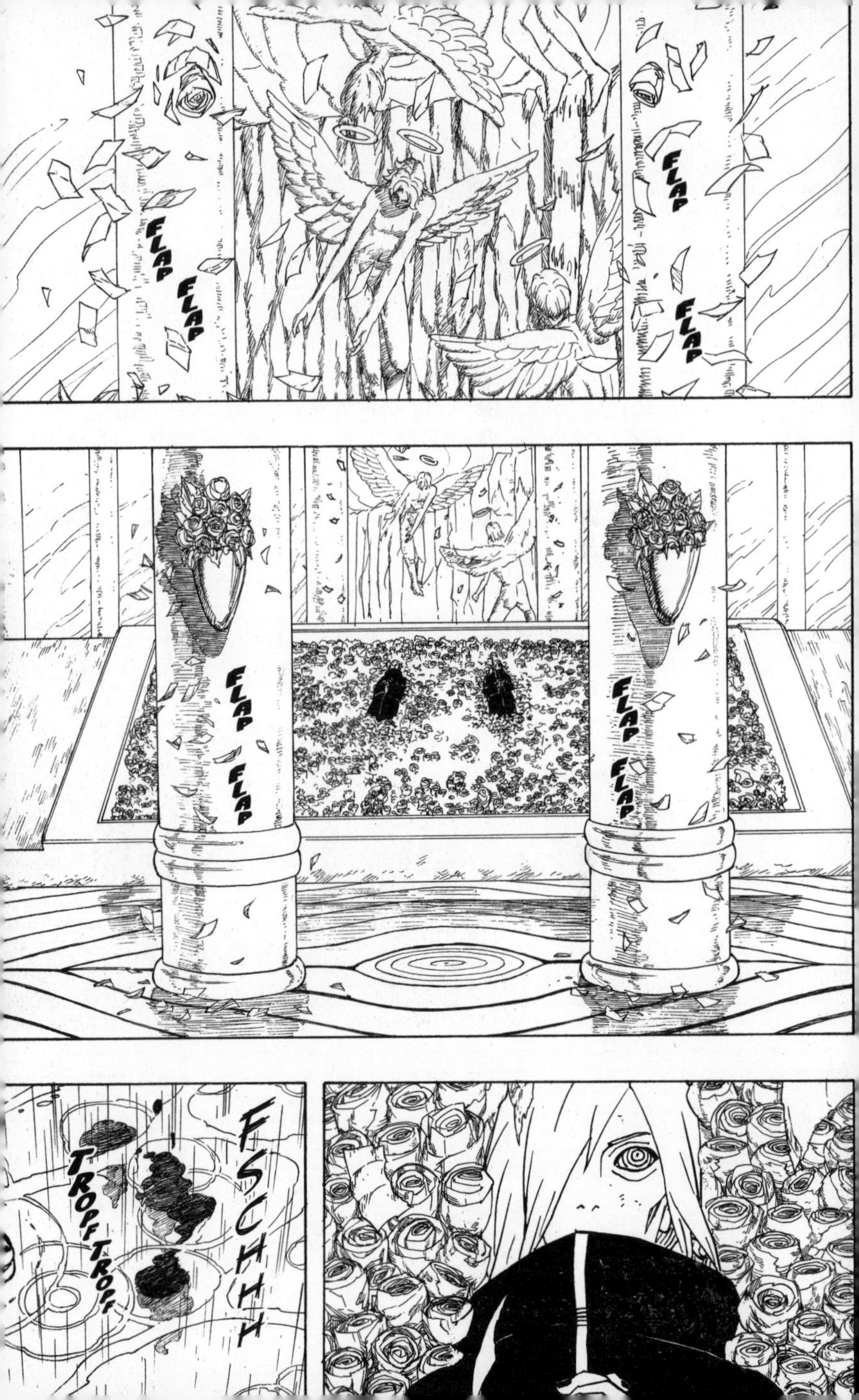
FLAP FLAP
FLAP FLAP
FLAP FLAP
FLAP FLAP
FSCHHH
TROPF TROPF

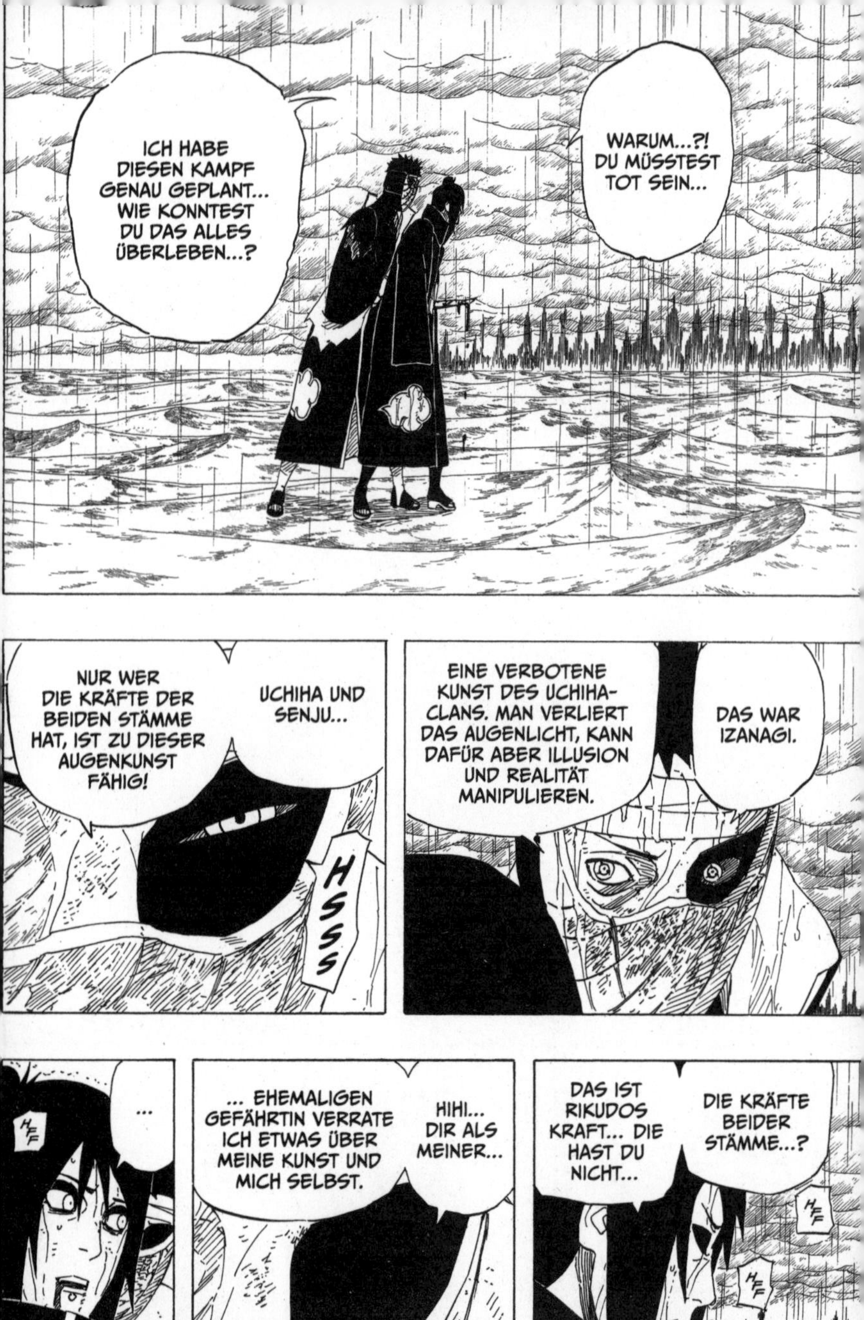
WARUM...?! DU MÜSSTEST TOT SEIN...
ICH HABE DIESEN KAMPF GENAU GEPLANT... WIE KONNTEST DU DAS ALLES ÜBERLEBEN...?
DAS WAR IZANAGI.
EINE VERBOTENE KUNST DES UCHIHA-CLANS. MAN VERLIERT DAS AUGENLICHT, KANN DAFÜR ABER ILLUSION UND REALITÄT MANIPULIEREN.
UCHIHA UND SENJU...
NUR WER DIE KRÄFTE DER BEIDEN STÄMME HAT, IST ZU DIESER AUGENKUNST FÄHIG!
HSSS
DIE KRÄFTE BEIDER STÄMME...?
DAS IST RIKUDOS KRAFT... DIE HAST DU NICHT...
HEF
HEF
HIHI... DIR ALS MEINER...
... EHEMALIGEN GEFÄHRTIN VERRATE ICH ETWAS ÜBER MEINE KUNST UND MICH SELBST.
...
HEF

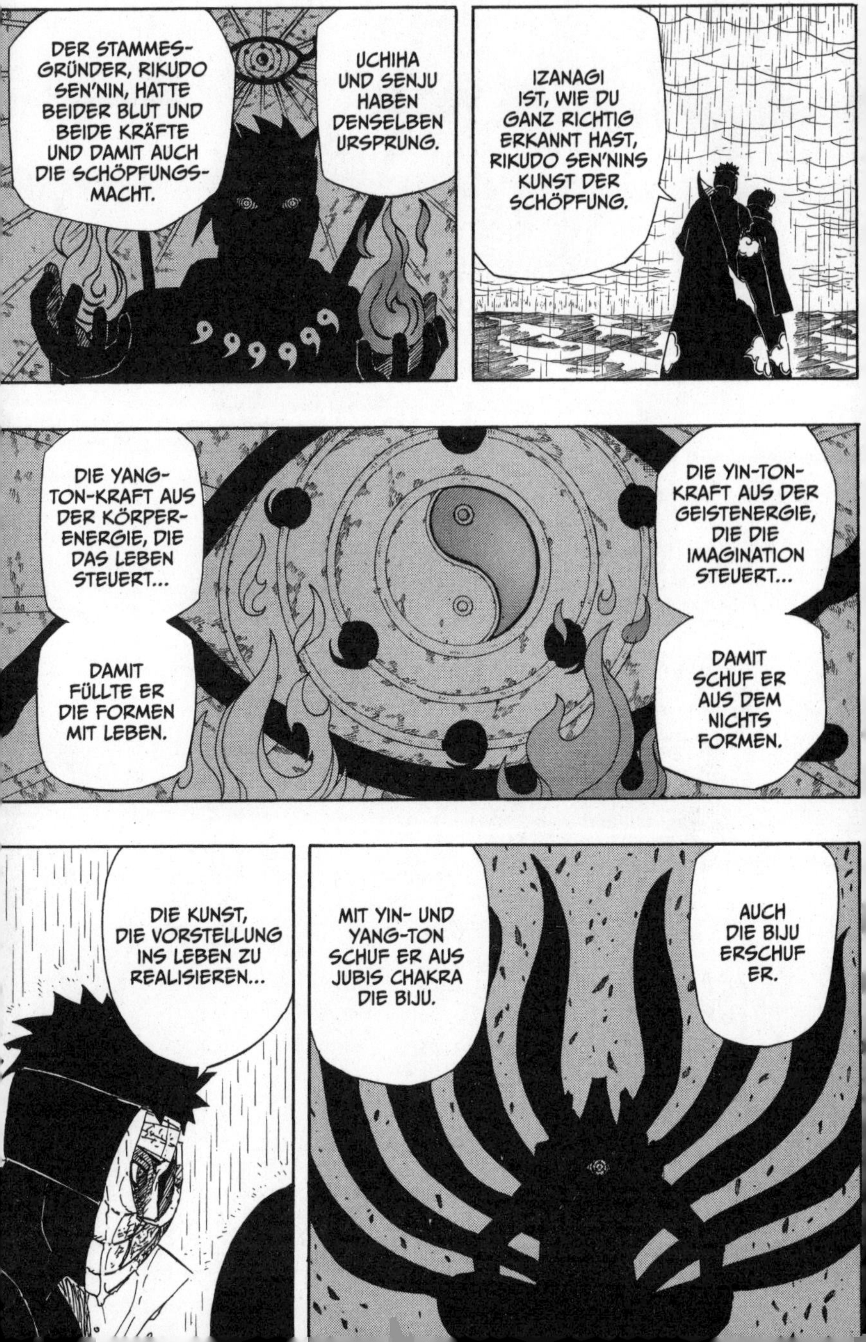
IZANAGI IST, WIE DU GANZ RICHTIG ERKANNT HAST, RIKUDO SEN'NINS KUNST DER SCHÖPFUNG.
UCHIHA UND SENJU HABEN DENSELBEN URSPRUNG.
DER STAMMES-GRÜNDER, RIKUDO SEN'NIN, HATTE BEIDER BLUT UND BEIDE KRÄFTE UND DAMIT AUCH DIE SCHÖPFUNGS-MACHT.
DIE YIN-TON-KRAFT AUS DER GEISTENERGIE, DIE DIE IMAGINATION STEUERT...
DAMIT SCHUF ER AUS DEM NICHTS FORMEN.
DIE YANG-TON-KRAFT AUS DER KÖRPER-ENERGIE, DIE DAS LEBEN STEUERT...
DAMIT FÜLLTE ER DIE FORMEN MIT LEBEN.
AUCH DIE BIJU ERSCHUF ER.
MIT YIN- UND YANG-TON SCHUF ER AUS JUBIS CHAKRA DIE BIJU.
DIE KUNST, DIE VORSTELLUNG INS LEBEN ZU REALISIEREN...

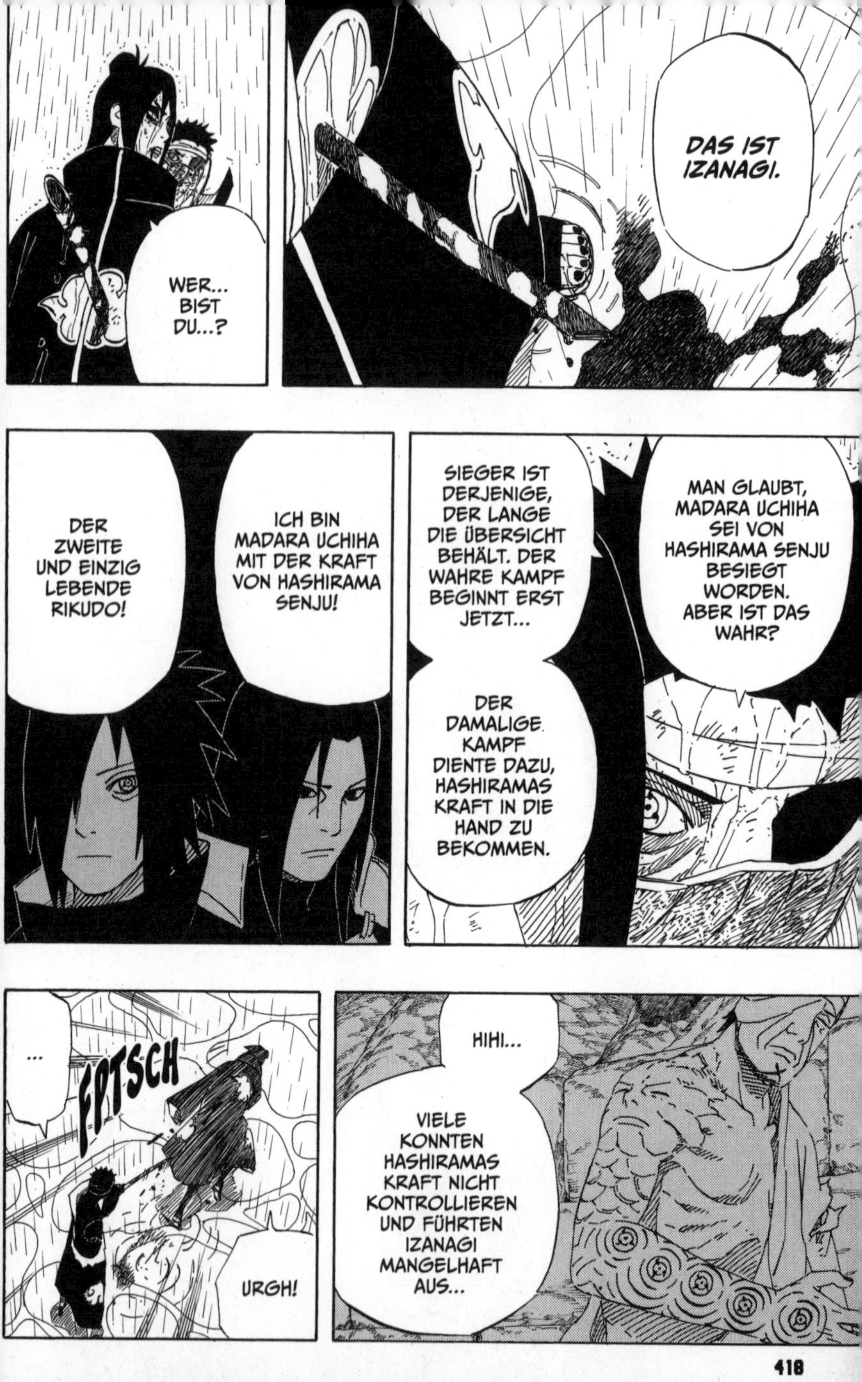
DAS IST IZANAGI.
WER... BIST DU...?
MAN GLAUBT, MADARA UCHIHA SEI VON HASHIRAMA SENJU BESIEGT WORDEN. ABER IST DAS WAHR?
SIEGER IST DERJENIGE, DER LANGE DIE ÜBERSICHT BEHÄLT. DER WAHRE KAMPF BEGINNT ERST JETZT...
DER DAMALIGE KAMPF DIENTE DAZU, HASHIRAMAS KRAFT IN DIE HAND ZU BEKOMMEN.
ICH BIN MADARA UCHIHA MIT DER KRAFT VON HASHIRAMA SENJU!
DER ZWEITE UND EINZIG LEBENDE RIKUDO!
HIHI...
VIELE KONNTEN HASHIRAMAS KRAFT NICHT KONTROLLIEREN UND FÜHRTEN IZANAGI MANGELHAFT AUS...
...
FPTSCH
URGH!

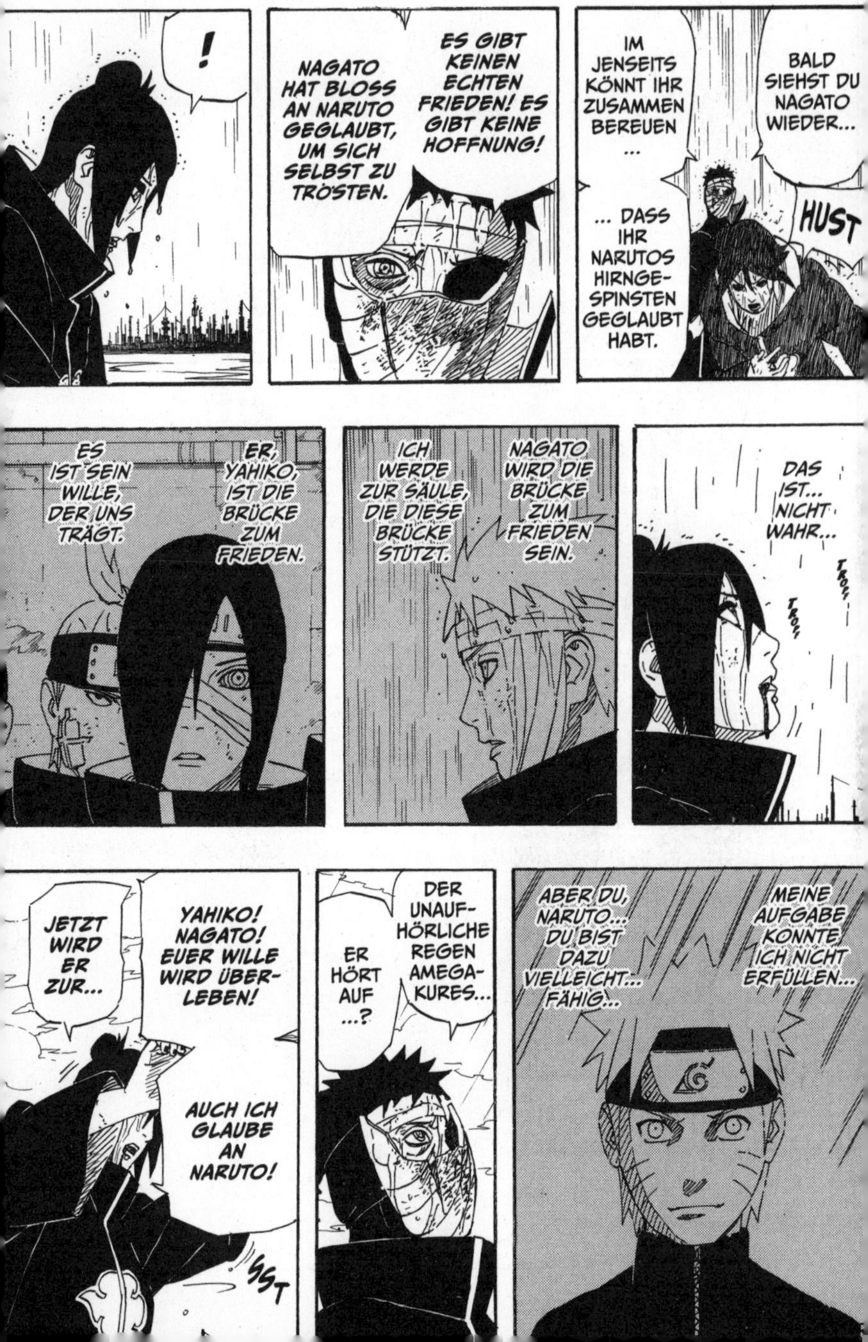
BALD SIEHST DU NAGATO WIEDER...
IM JENSEITS KÖNNT IHR ZUSAMMEN BEREUEN ...
... DASS IHR NARUTOS HIRNGE-SPINSTEN GEGLAUBT HABT.
HUST
ES GIBT KEINEN ECHTEN FRIEDEN! ES GIBT KEINE HOFFNUNG!
NAGATO HAT BLOSS AN NARUTO GEGLAUBT, UM SICH SELBST ZU TRÖSTEN.
!
DAS IST... NICHT WAHR...
TROPF
TROPF
NAGATO WIRD DIE BRÜCKE ZUM FRIEDEN SEIN.
ICH WERDE ZUR SÄULE, DIE DIESE BRÜCKE STÜTZT.
ER, YAHIKO, IST DIE BRÜCKE ZUM FRIEDEN.
ES IST SEIN WILLE, DER UNS TRÄGT.
MEINE AUFGABE KONNTE ICH NICHT ERFÜLLEN...
ABER DU, NARUTO... DU BIST DAZU VIELLEICHT... FÄHIG...
DER UNAUF-HÖRLICHE REGEN AMEGA-KURES...
ER HÖRT AUF ...?
YAHIKO! NAGATO! EUER WILLE WIRD ÜBER-LEBEN!
JETZT WIRD ER ZUR...
AUCH ICH GLAUBE AN NARUTO!
SST

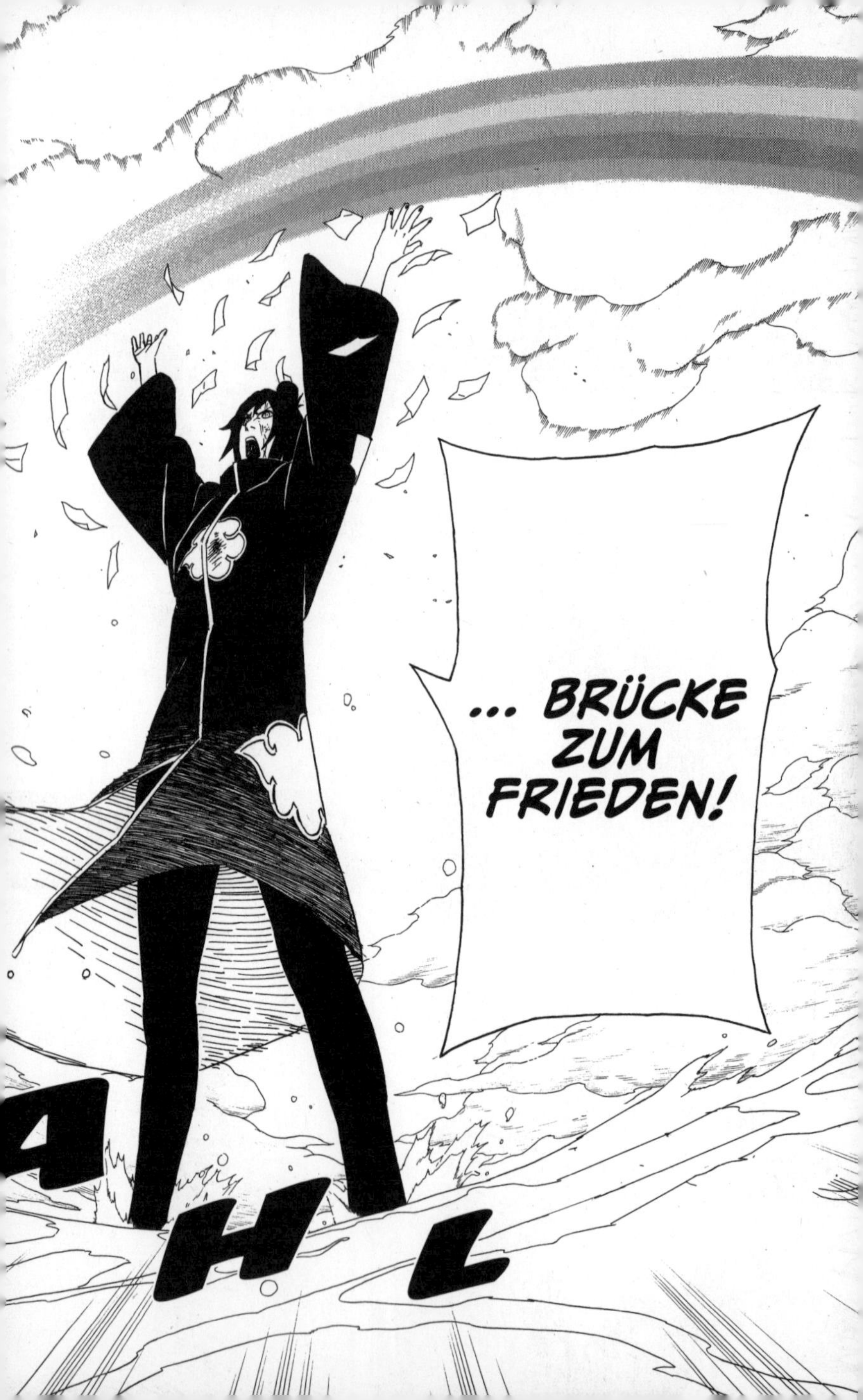
... BRÜCKE ZUM FRIEDEN!
A H L

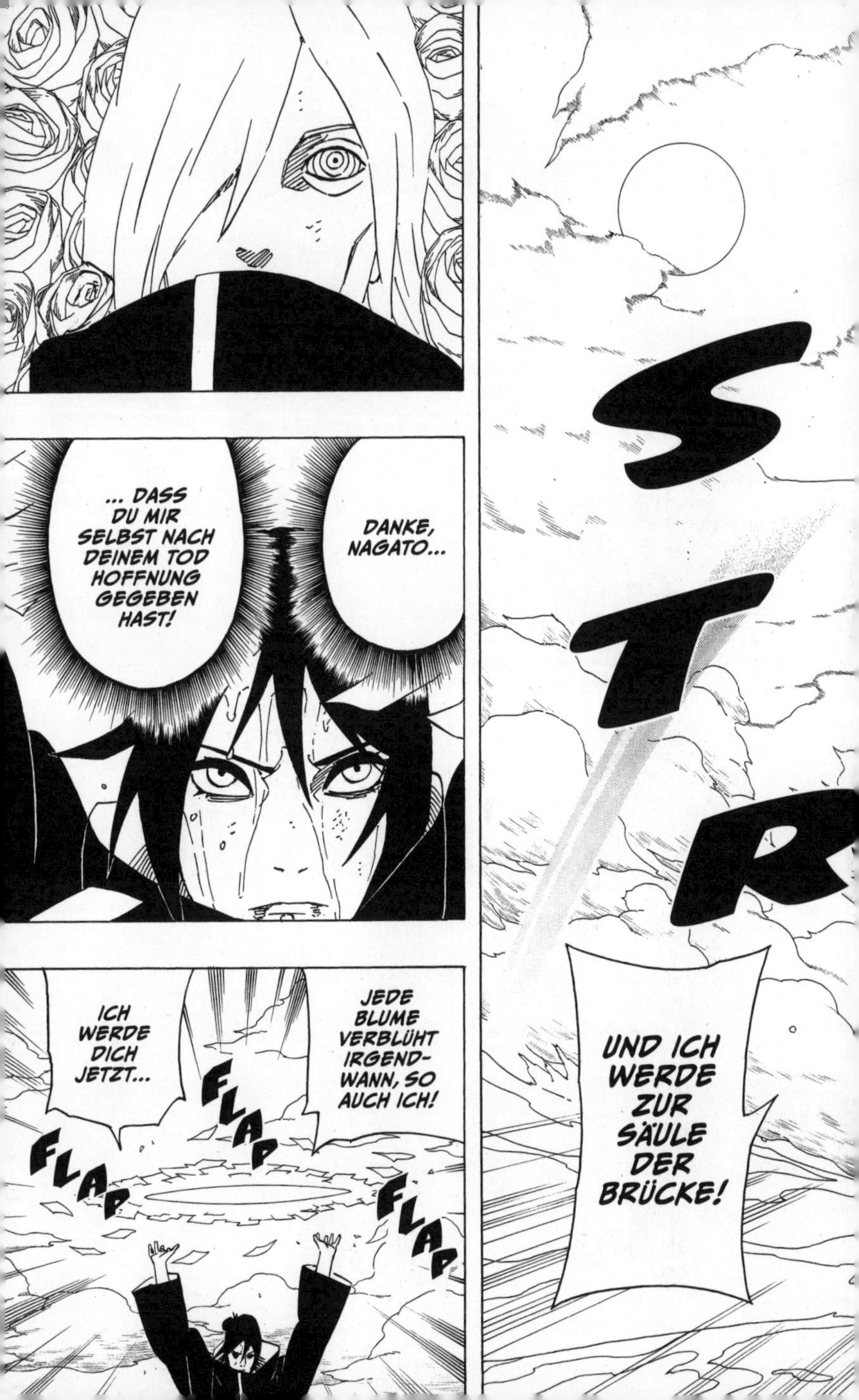
DANKE, NAGATO...
... DASS DU MIR SELBST NACH DEINEM TOD HOFFNUNG GEGEBEN HAST!
JEDE BLUME VERBLÜHT IRGENDWANN, SO AUCH ICH!
ICH WERDE DICH JETZT...
FLAP
FLAP
FLAP
STR
UND ICH WERDE ZUR SÄULE DER BRÜCKE!

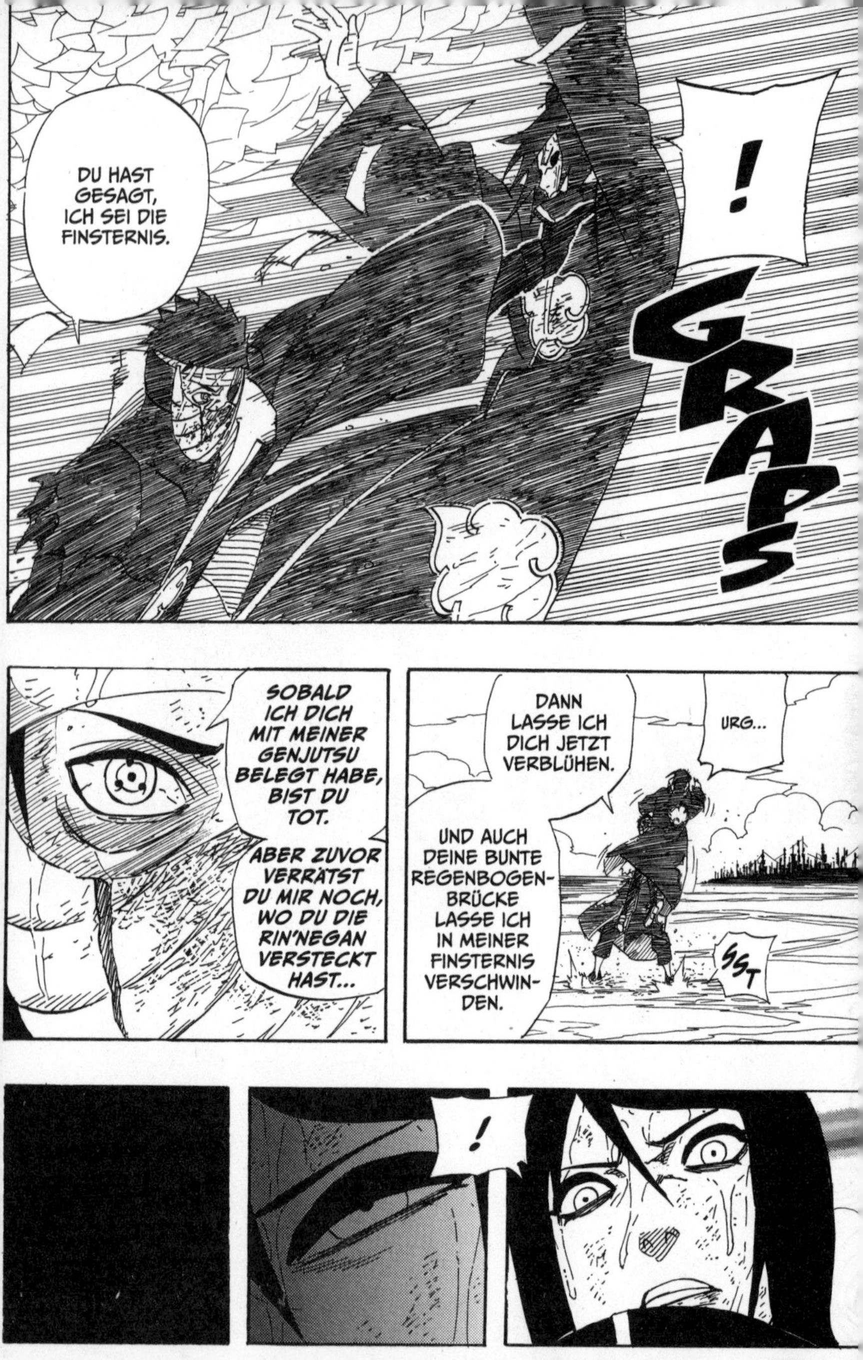
!
GRAPS
DU HAST GESAGT, ICH SEI DIE FINSTERNIS.
DANN LASSE ICH DICH JETZT VERBLÜHEN.
URG...
UND AUCH DEINE BUNTE REGENBOGEN-BRÜCKE LASSE ICH IN MEINER FINSTERNIS VERSCHWIN-DEN.
SST
SOBALD ICH DICH MIT MEINER GENJUTSU BELEGT HABE, BIST DU TOT.
ABER ZUVOR VERRÄTST DU MIR NOCH, WO DU DIE RIN'NEGAN VERSTECKT HAST...
!

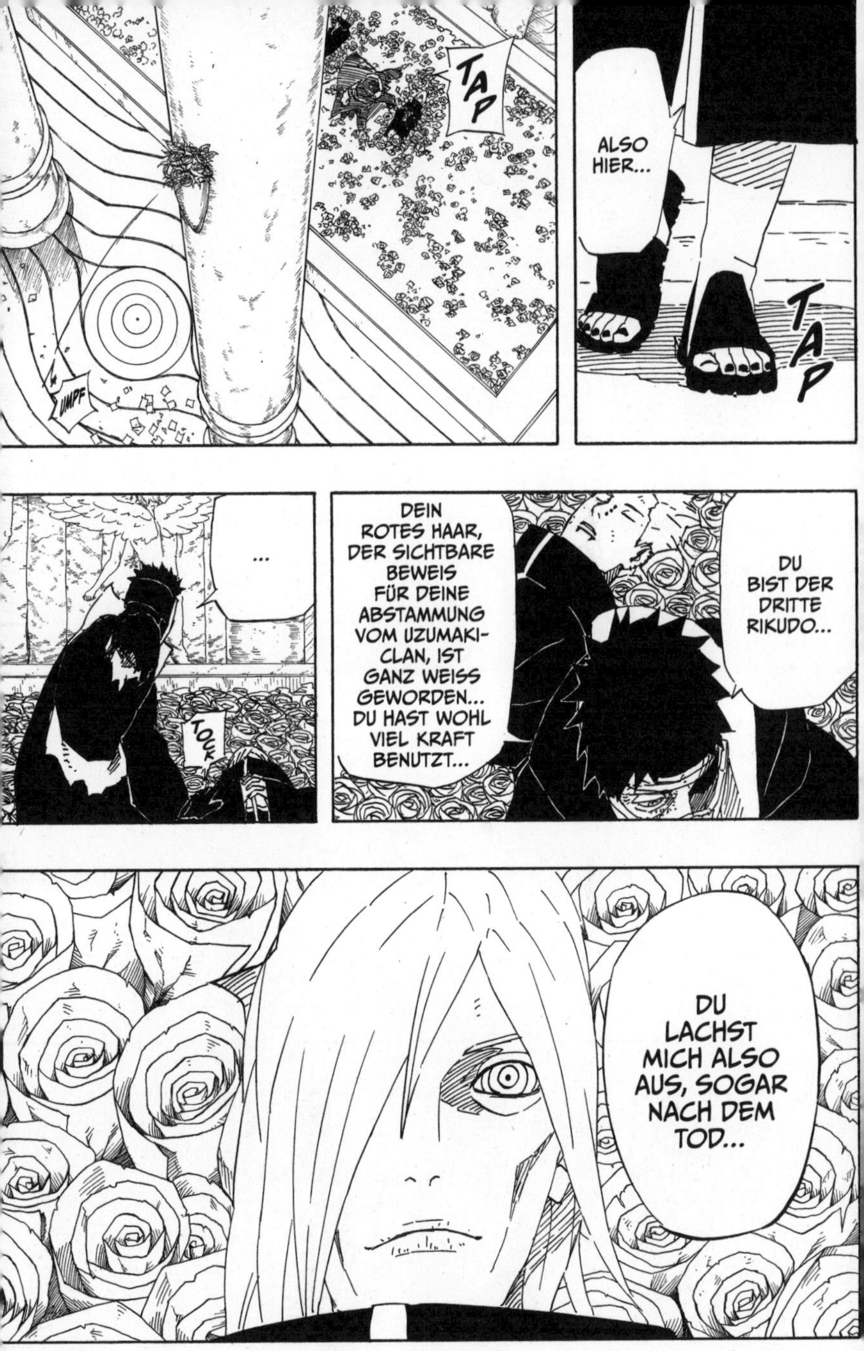
ALSO HIER...
TAP
TAP
UMPF
DU BIST DER DRITTE RIKUDO...
DEIN ROTES HAAR, DER SICHTBARE BEWEIS FÜR DEINE ABSTAMMUNG VOM UZUMAKI-CLAN, IST GANZ WEISS GEWORDEN... DU HAST WOHL VIEL KRAFT BENUTZT...
...
TOCK
DU LACHST MICH ALSO AUS, SOGAR NACH DEM TOD...

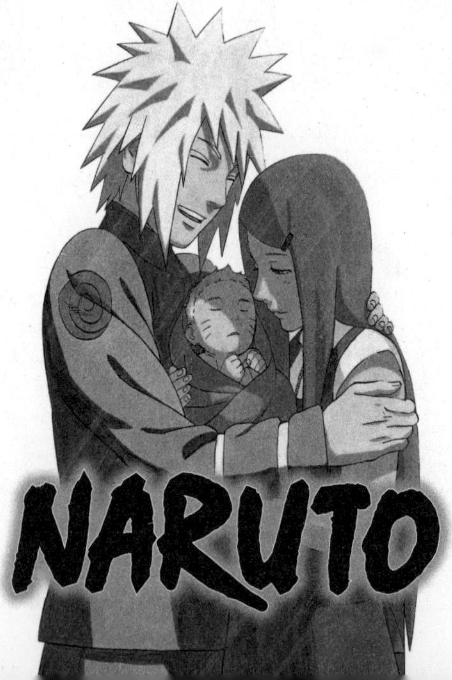
NARUTO

# 511. Kapitel:

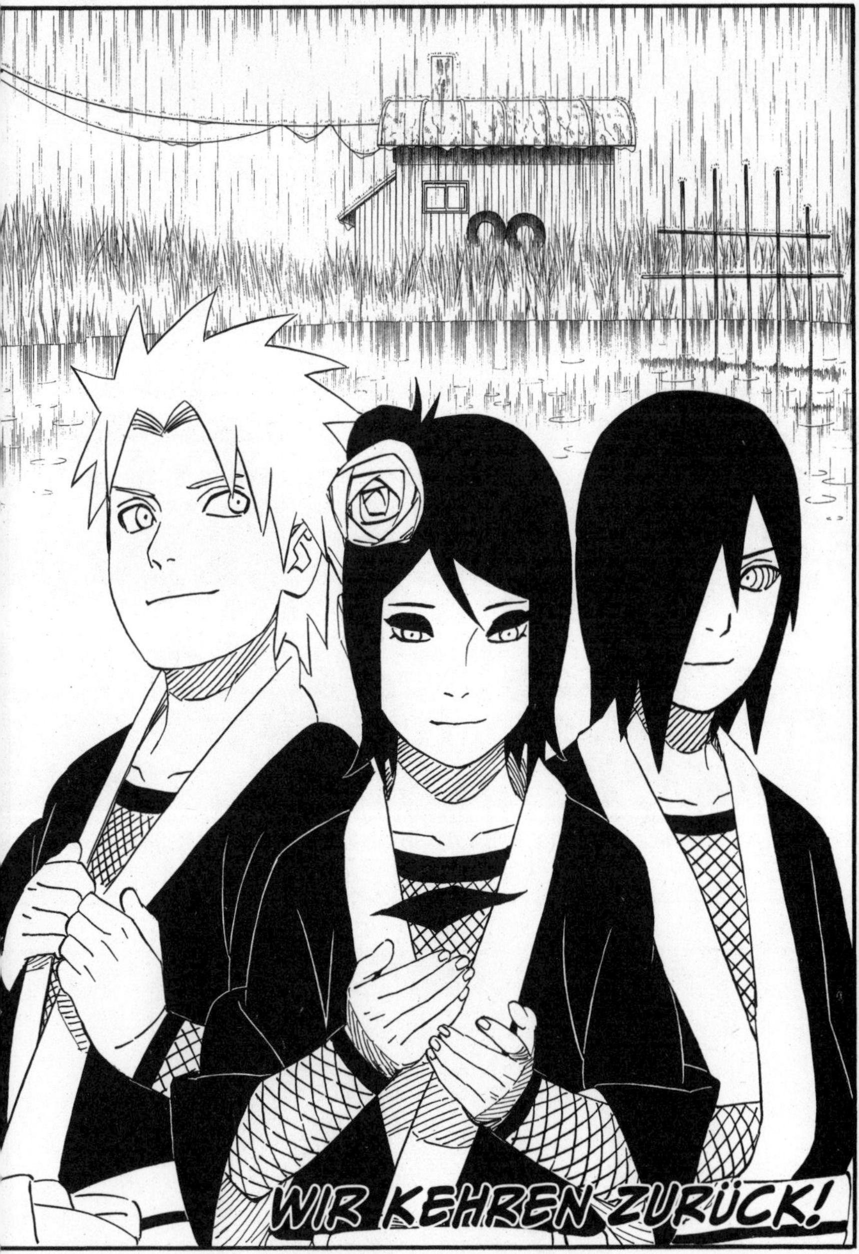

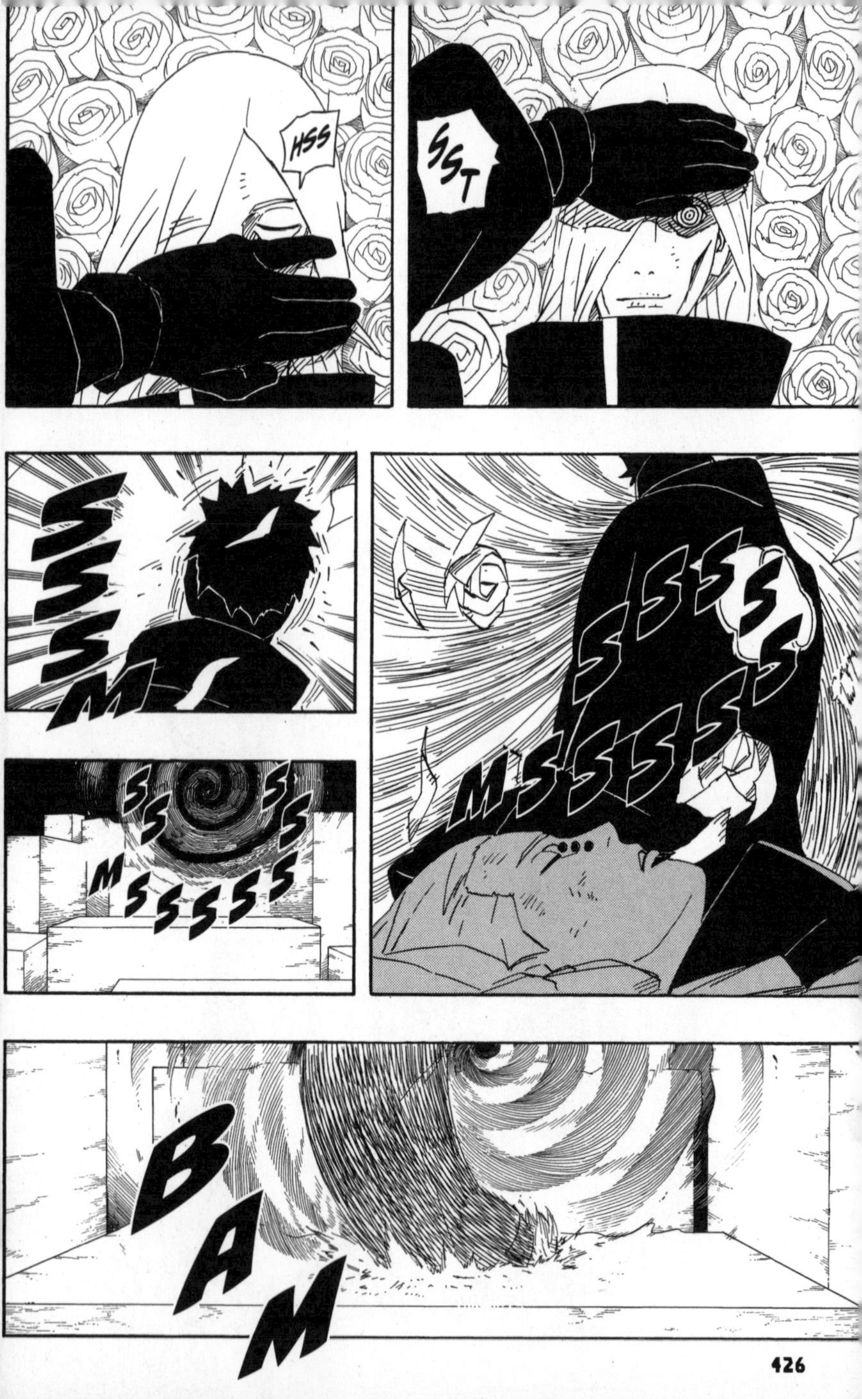
SST
HSS
MSSSSSSSSSSSSSS
WWWWM
MSSSSSSSS
BAM

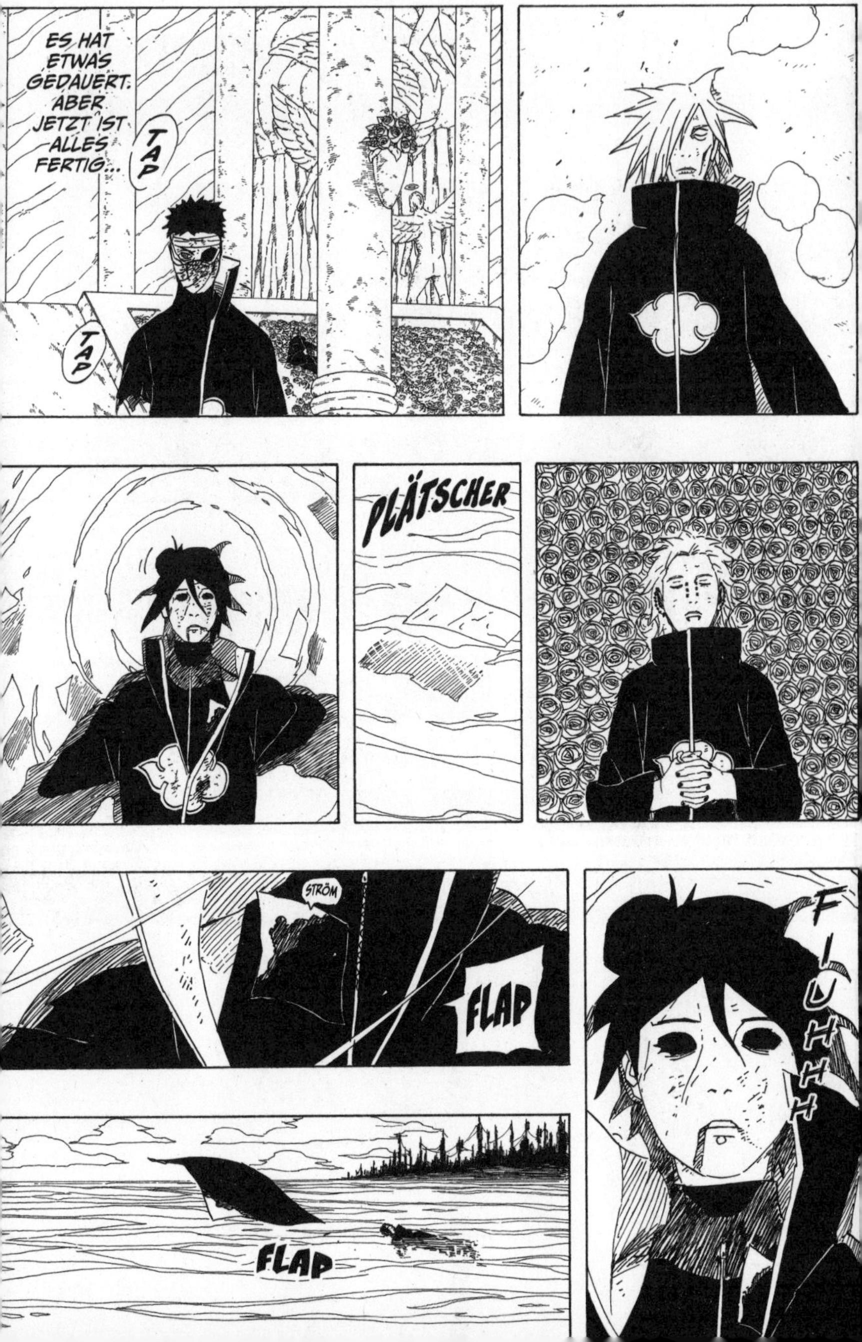
ES HAT ETWAS GEDAUERT. ABER JETZT IST ALLES FERTIG...
TAP
TAP
PLÄTSCHER
FIUHHH
STRÖM
FLAP
FLAP

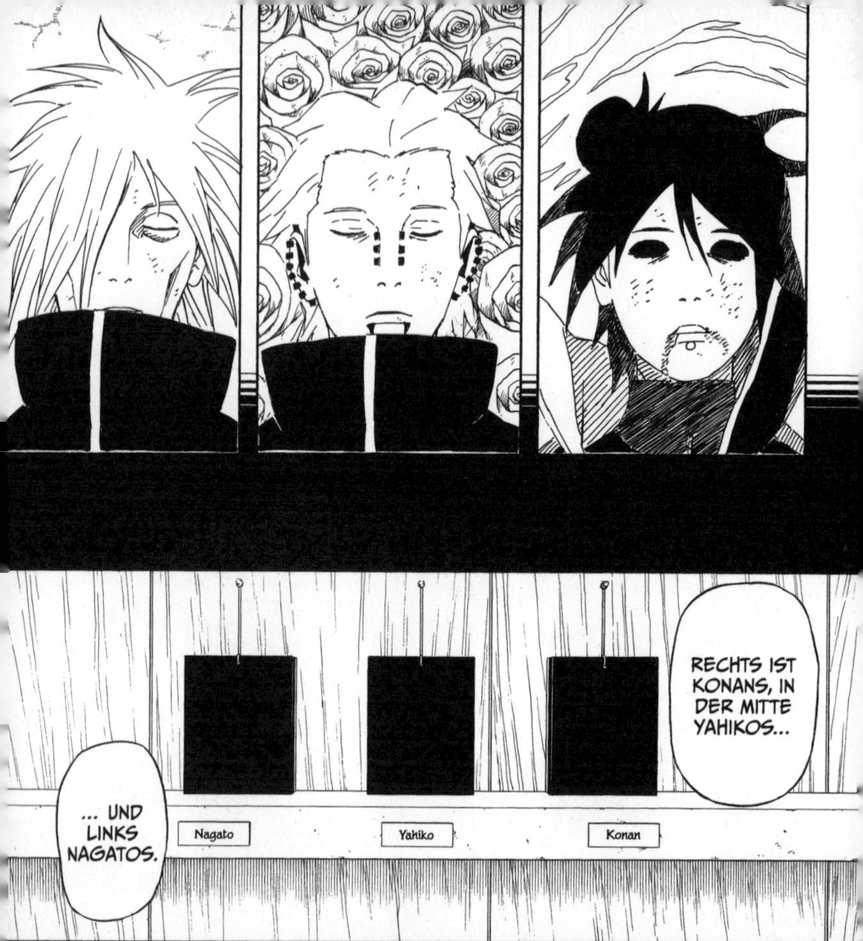


* IM ORIGINAL EIN WORTSPIEL MIT »KAERU«, WAS SOWOHL FROSCH UND UNKE ALS AUCH UMDREHEN, UMKEHREN, ÄNDERN UND ZURÜCKKEHREN BEDEUTET. UNKEN DREHEN SICH BEI GEFAHR UM UND ZEIGEN ZUR ABWEHR IHREN FARBIGEN BAUCH.

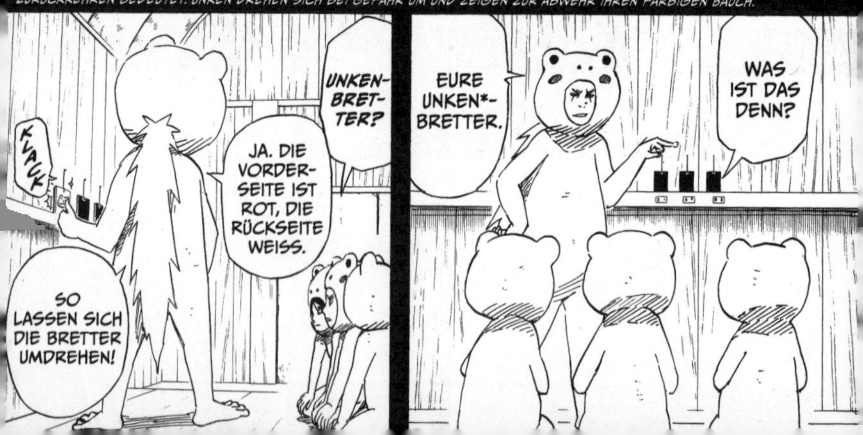

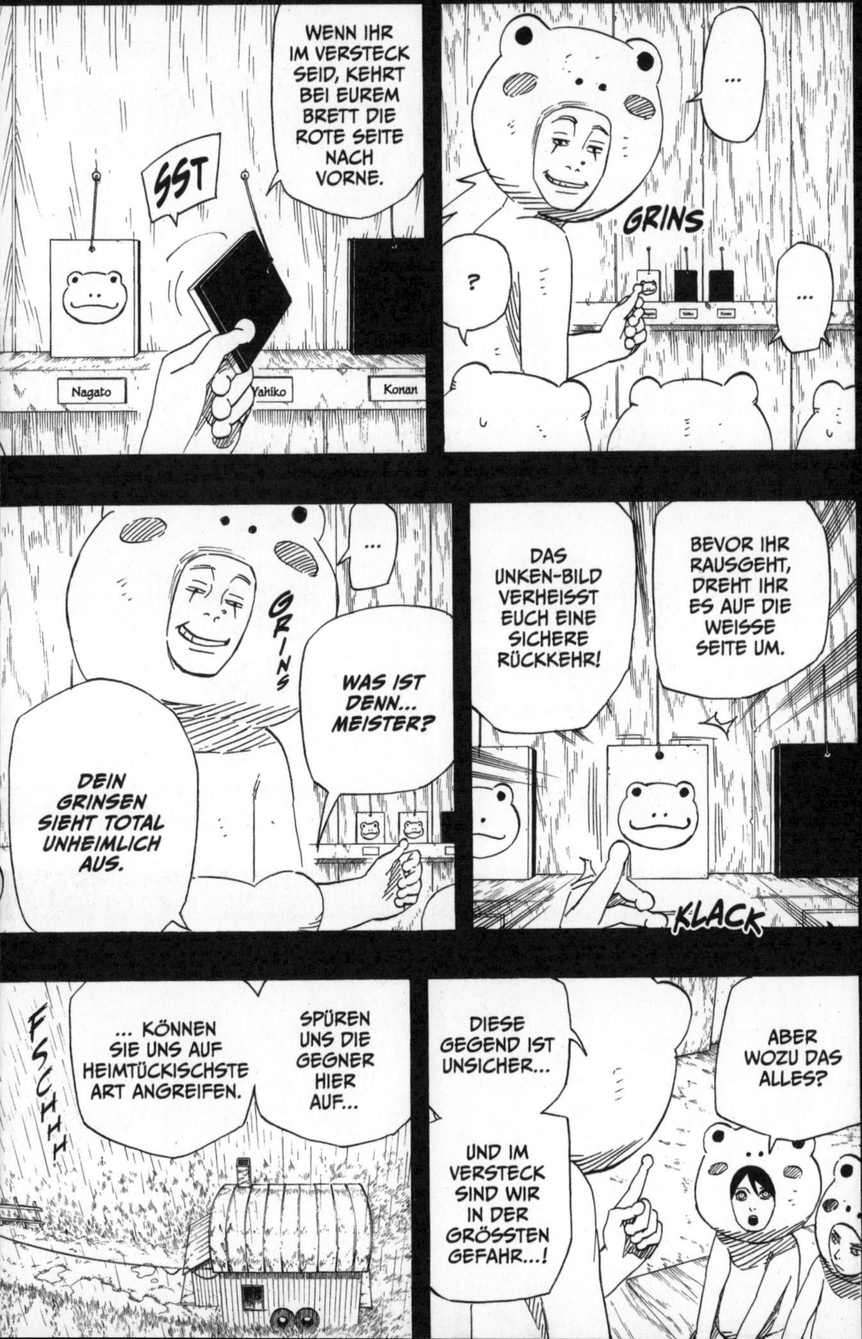
...
GRINS
...
?
WENN IHR IM VERSTECK SEID, KEHRT BEI EUREM BRETT DIE ROTE SEITE NACH VORNE.
SST
Nagato
Yahiko
Konan
BEVOR IHR RAUSGEHT, DREHT IHR ES AUF DIE WEISSE SEITE UM.
DAS UNKEN-BILD VERHEISST EUCH EINE SICHERE RÜCKKEHR!
KLACK
...
GRINS
WAS IST DENN... MEISTER?
DEIN GRINSEN SIEHT TOTAL UNHEIMLICH AUS.
ABER WOZU DAS ALLES?
DIESE GEGEND IST UNSICHER...
UND IM VERSTECK SIND WIR IN DER GRÖSSTEN GEFAHR...!
SPÜREN UNS DIE GEGNER HIER AUF...
... KÖNNEN SIE UNS AUF HEIMTÜCKISCHSTE ART ANGREIFEN.
FSCHHH

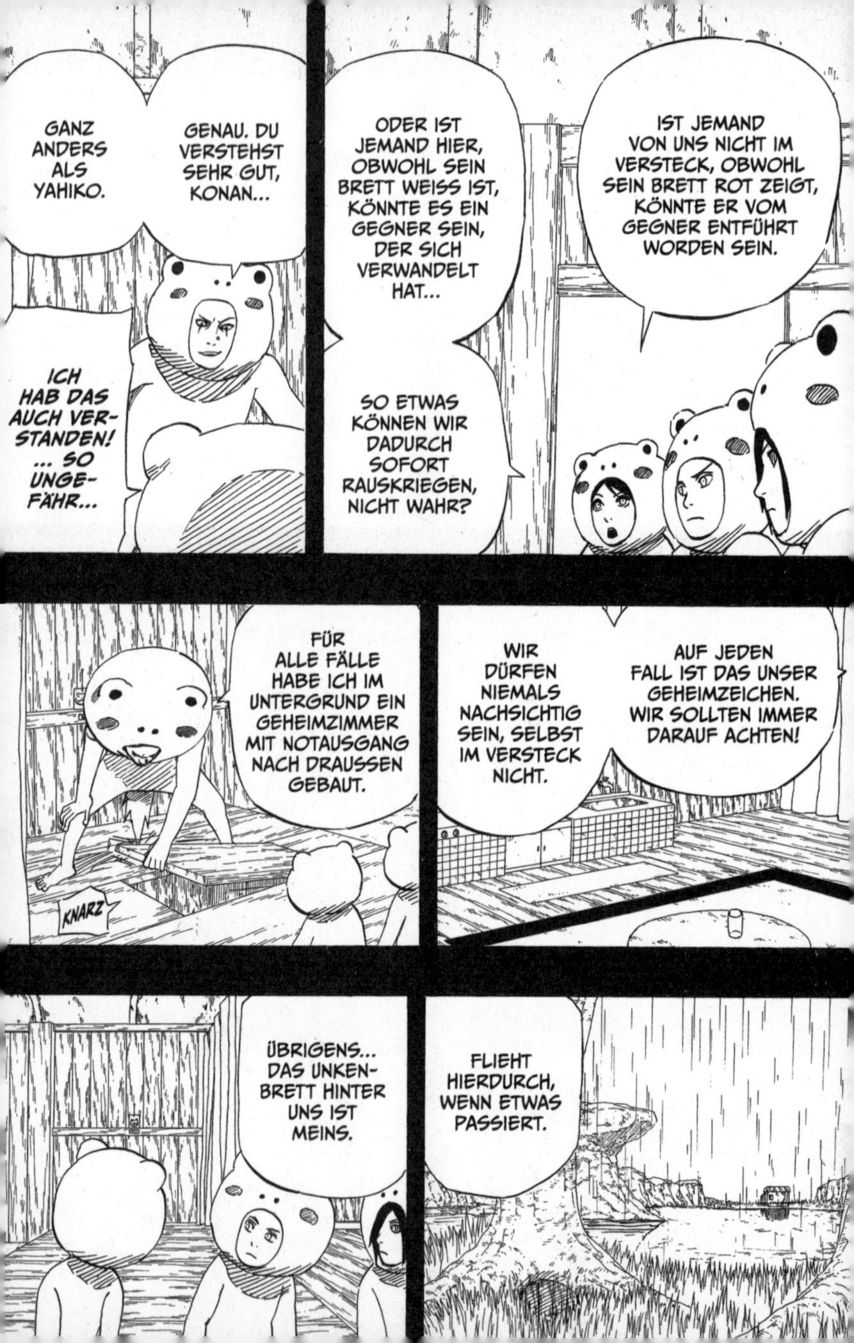
IST JEMAND VON UNS NICHT IM VERSTECK, OBWOHL SEIN BRETT ROT ZEIGT, KÖNNTE ER VOM GEGNER ENTFÜHRT WORDEN SEIN.
ODER IST JEMAND HIER, OBWOHL SEIN BRETT WEISS IST, KÖNNTE ES EIN GEGNER SEIN, DER SICH VERWANDELT HAT...
SO ETWAS KÖNNEN WIR DADURCH SOFORT RAUSKRIEGEN, NICHT WAHR?
GENAU. DU VERSTEHST SEHR GUT, KONAN...
GANZ ANDERS ALS YAHIKO.
ICH HAB DAS AUCH VERSTANDEN! ... SO UNGEFÄHR...
AUF JEDEN FALL IST DAS UNSER GEHEIMZEICHEN. WIR SOLLTEN IMMER DARAUF ACHTEN!
WIR DÜRFEN NIEMALS NACHSICHTIG SEIN, SELBST IM VERSTECK NICHT.
FÜR ALLE FÄLLE HABE ICH IM UNTERGRUND EIN GEHEIMZIMMER MIT NOTAUSGANG NACH DRAUSSEN GEBAUT.
KNARZ
FLIEHT HIERDURCH, WENN ETWAS PASSIERT.
ÜBRIGENS... DAS UNKENBRETT HINTER UNS IST MEINS.

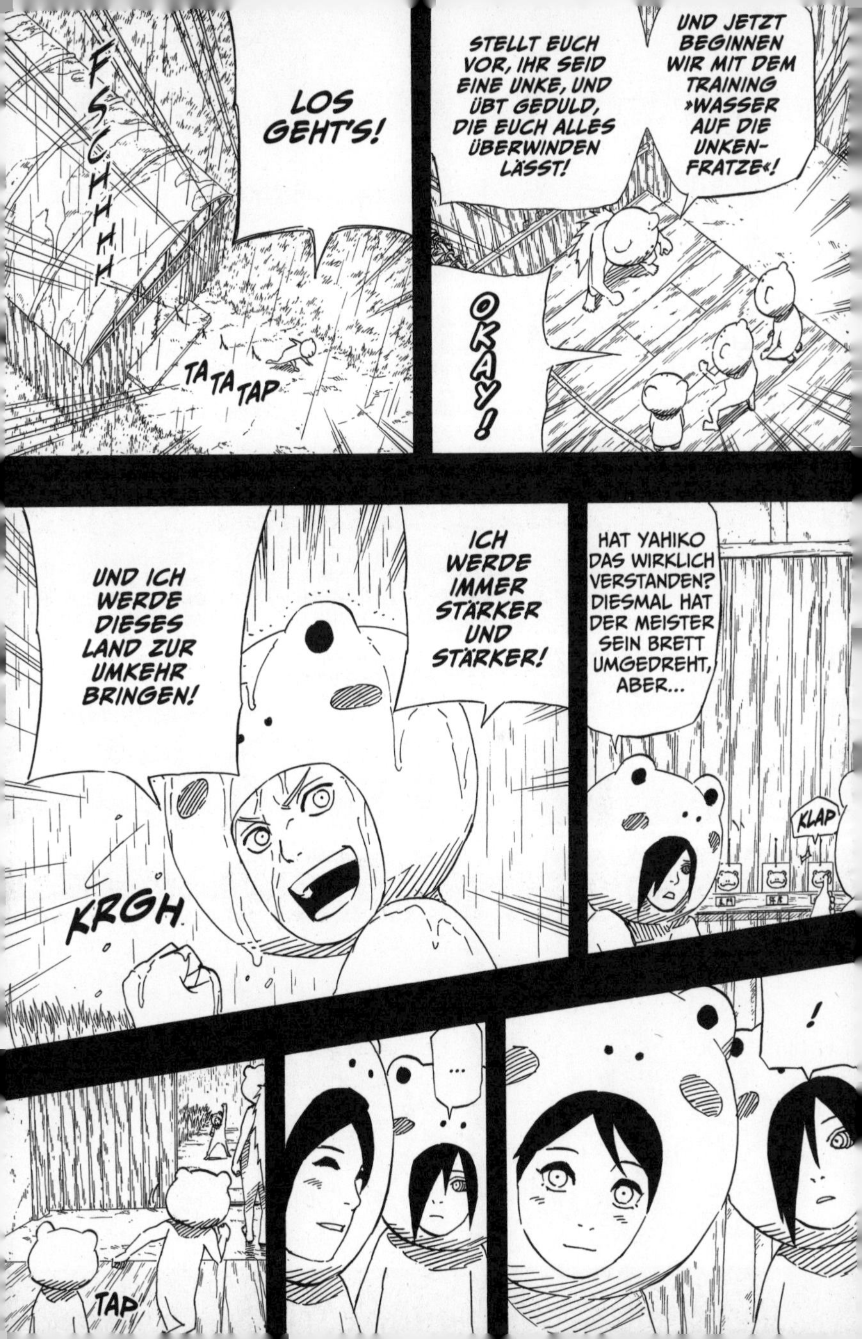
UND JETZT BEGINNEN WIR MIT DEM TRAINING »WASSER AUF DIE UNKEN-FRATZE«!
STELLT EUCH VOR, IHR SEID EINE UNKE, UND ÜBT GEDULD, DIE EUCH ALLES ÜBERWINDEN LÄSST!
OKAY!
LOS GEHT'S!
FSCHHHH
TA TA TAP
HAT YAHIKO DAS WIRKLICH VERSTANDEN? DIESMAL HAT DER MEISTER SEIN BRETT UMGEDREHT, ABER...
KLAP
ICH WERDE IMMER STÄRKER UND STÄRKER!
UND ICH WERDE DIESES LAND ZUR UMKEHR BRINGEN!
KRGH
!
...
TAP

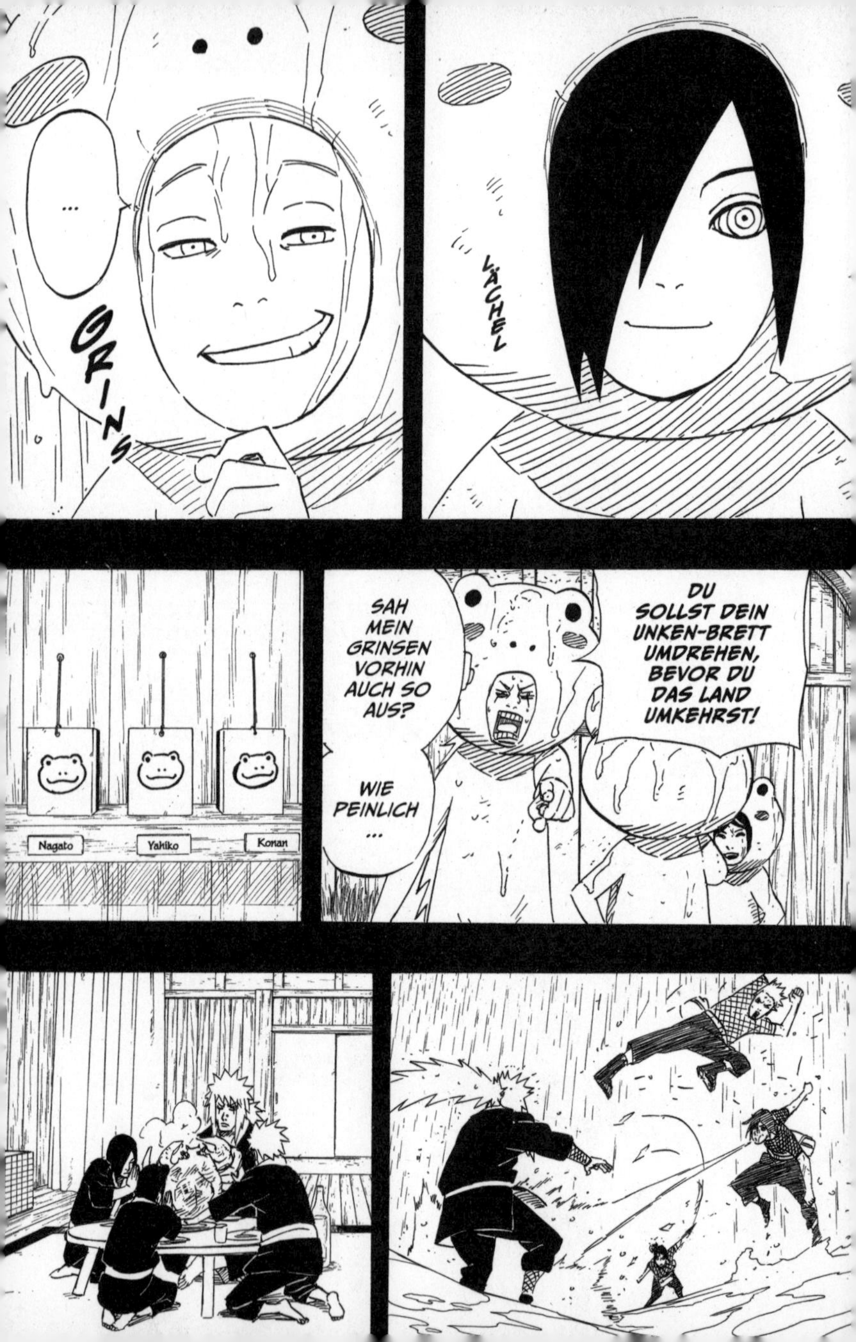
LÄCHEL
...
GRINS
DU SOLLST DEIN UNKEN-BRETT UMDREHEN, BEVOR DU DAS LAND UMKEHRST!
SAH MEIN GRINSEN VORHIN AUCH SO AUS?
WIE PEINLICH ...
Nagato
Yahiko
Konan

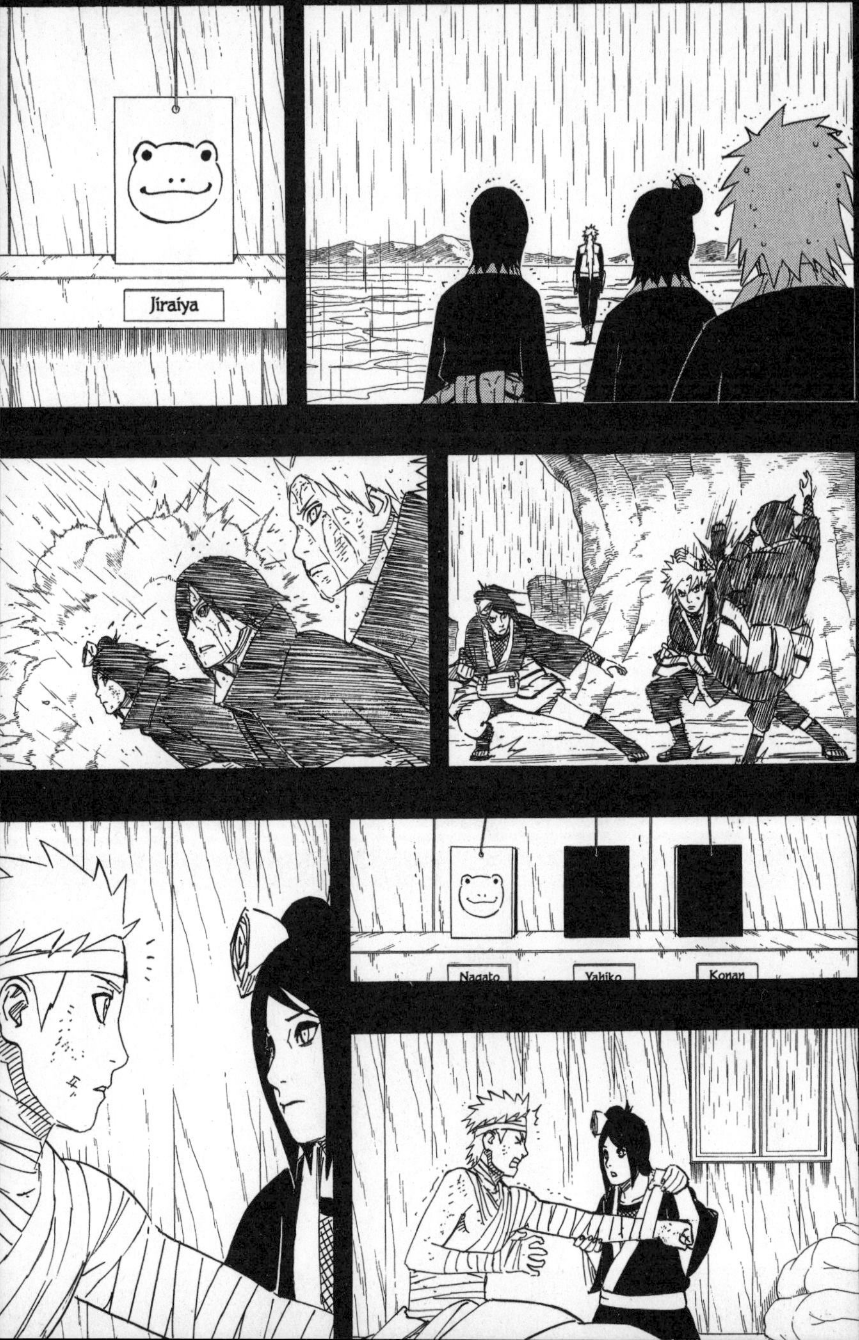
Jiraiya
Nagato
Yahiko
Konan

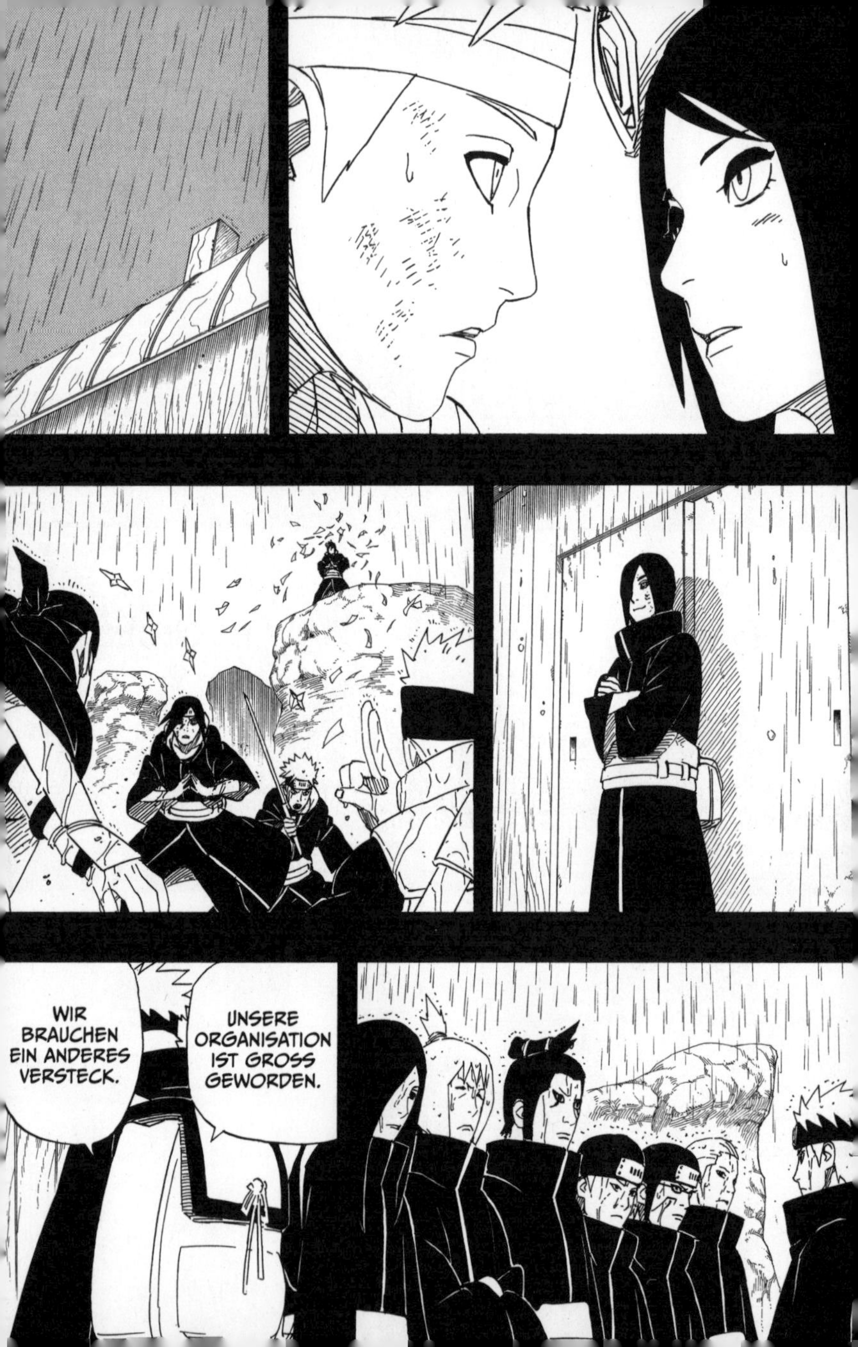
UNSERE ORGANISATION IST GROSS GEWORDEN.
WIR BRAUCHEN EIN ANDERES VERSTECK.

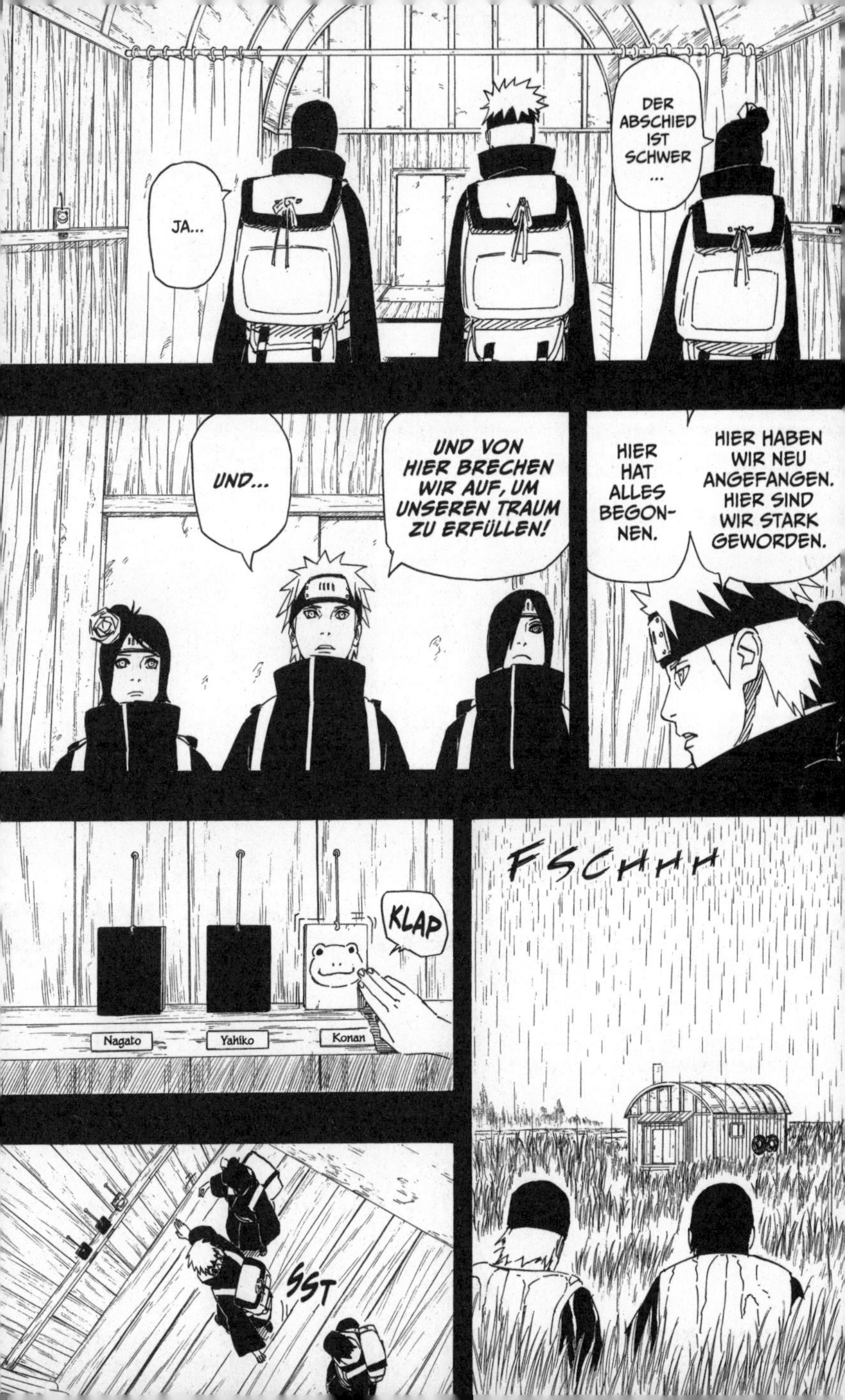
DER ABSCHIED IST SCHWER ...
JA...
HIER HABEN WIR NEU ANGEFANGEN. HIER SIND WIR STARK GEWORDEN.
HIER HAT ALLES BEGONNEN.
UND VON HIER BRECHEN WIR AUF, UM UNSEREN TRAUM ZU ERFÜLLEN!
UND...
Nagato
Yahiko
Konan
KLAP
SST
FSCHHH

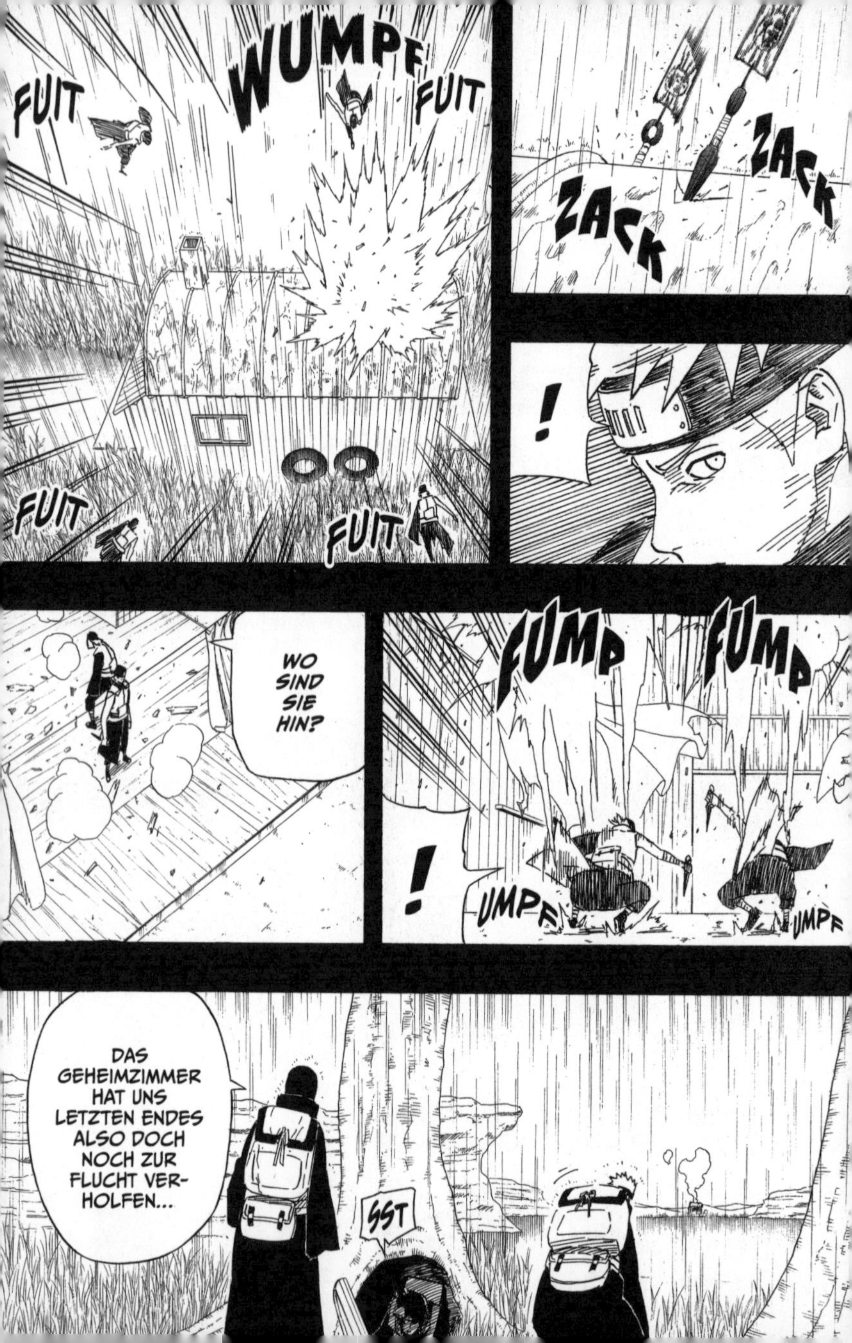
ZACK
ZACK
!
WUMPF
FUIT
FUIT
FUIT
FUIT
FUMP
FUMP
!
UMPF
UMPF
WO SIND SIE HIN?
DAS GEHEIMZIMMER HAT UNS LETZTEN ENDES ALSO DOCH NOCH ZUR FLUCHT VERHOLFEN...
SST

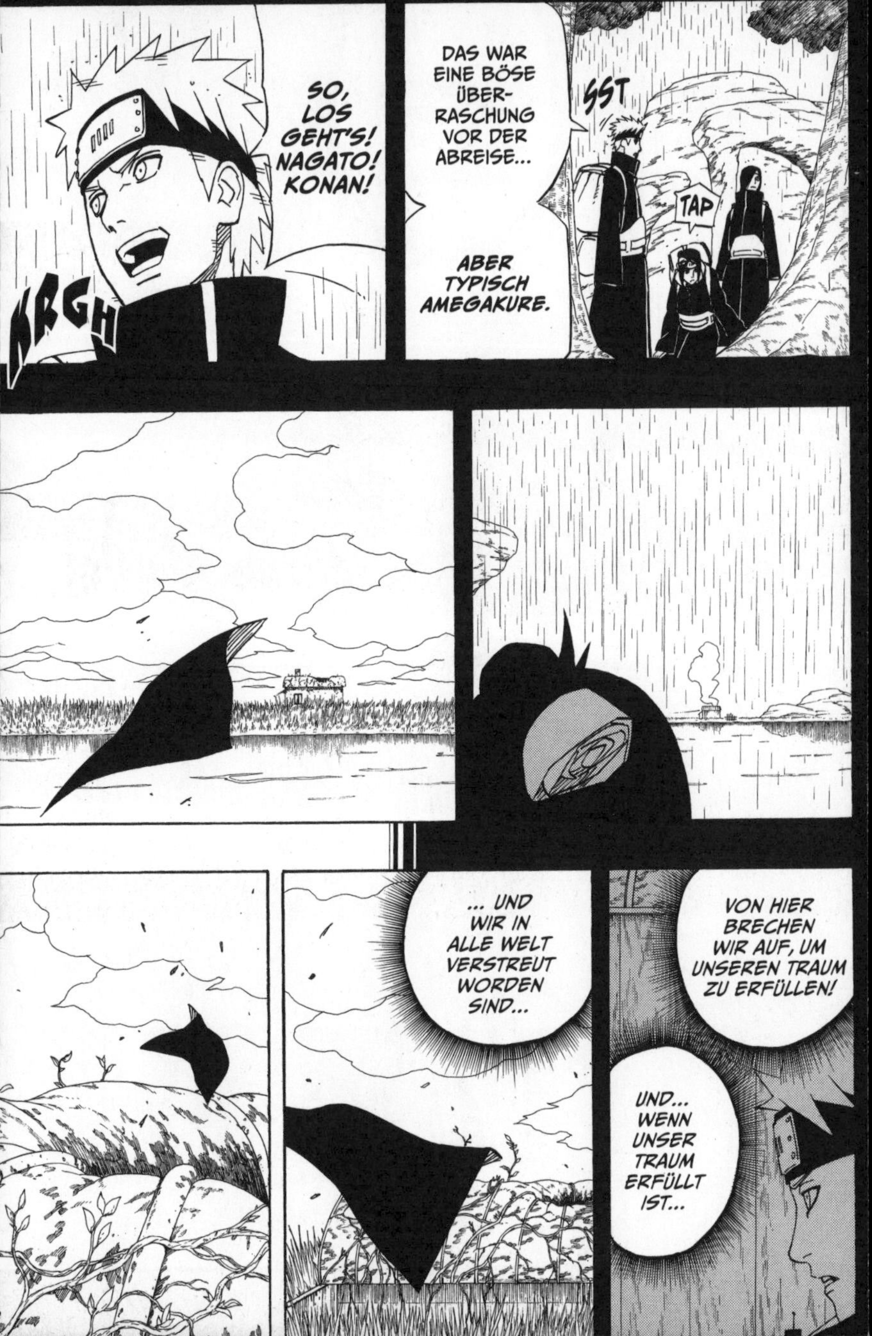
SST
DAS WAR EINE BÖSE ÜBER-RASCHUNG VOR DER ABREISE...
TAP
ABER TYPISCH AMEGAKURE.
SO, LOS GEHT'S! NAGATO! KONAN!
KRGH
VON HIER BRECHEN WIR AUF, UM UNSEREN TRAUM ZU ERFÜLLEN!
UND... WENN UNSER TRAUM ERFÜLLT IST...
... UND WIR IN ALLE WELT VERSTREUT WORDEN SIND...

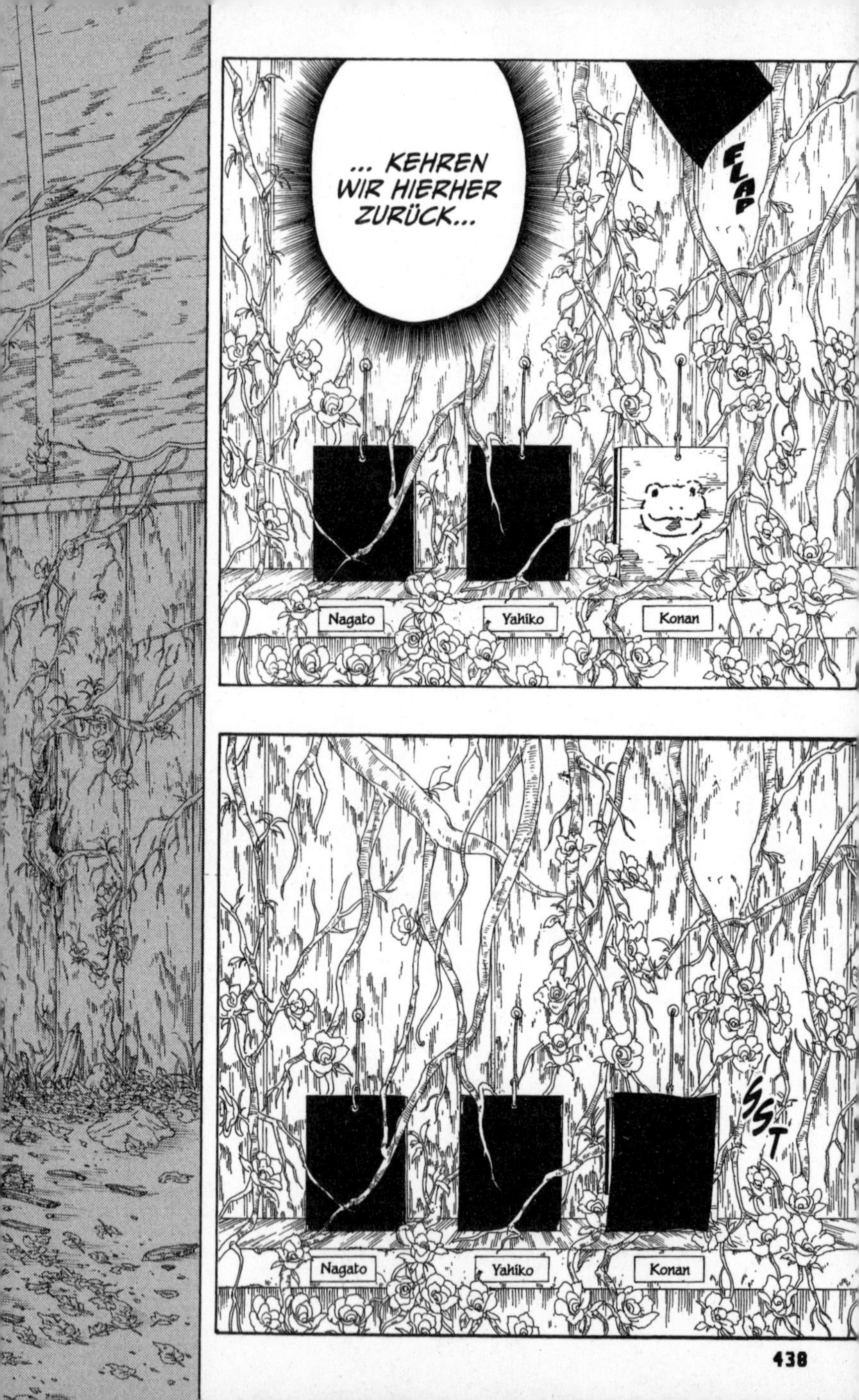
... KEHREN WIR HIERHER ZURÜCK...
FLAP
Nagato
Yahiko
Konan
SST
Nagato
Yahiko
Konan

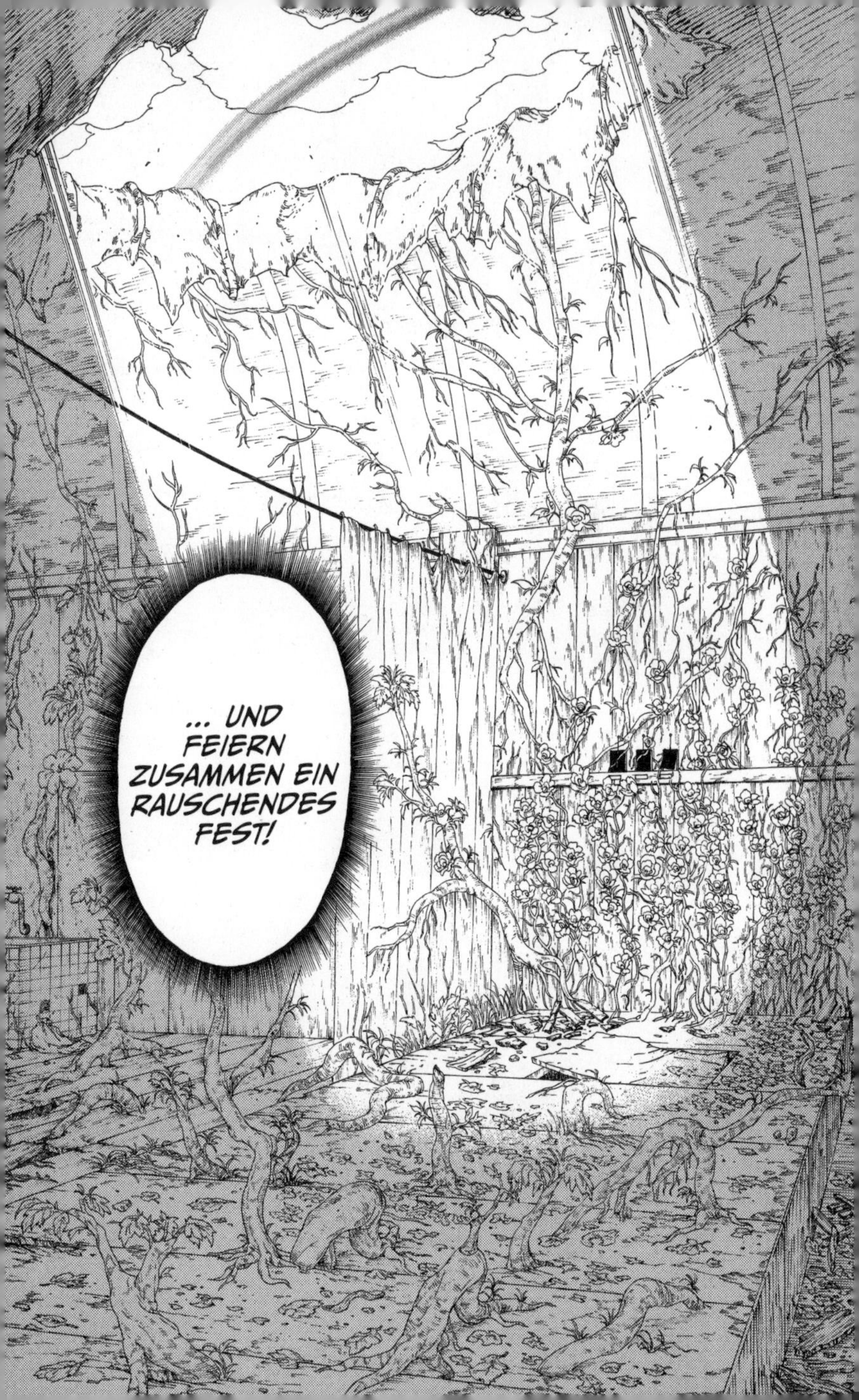
... UND FEIERN ZUSAMMEN EIN RAUSCHENDES FEST!

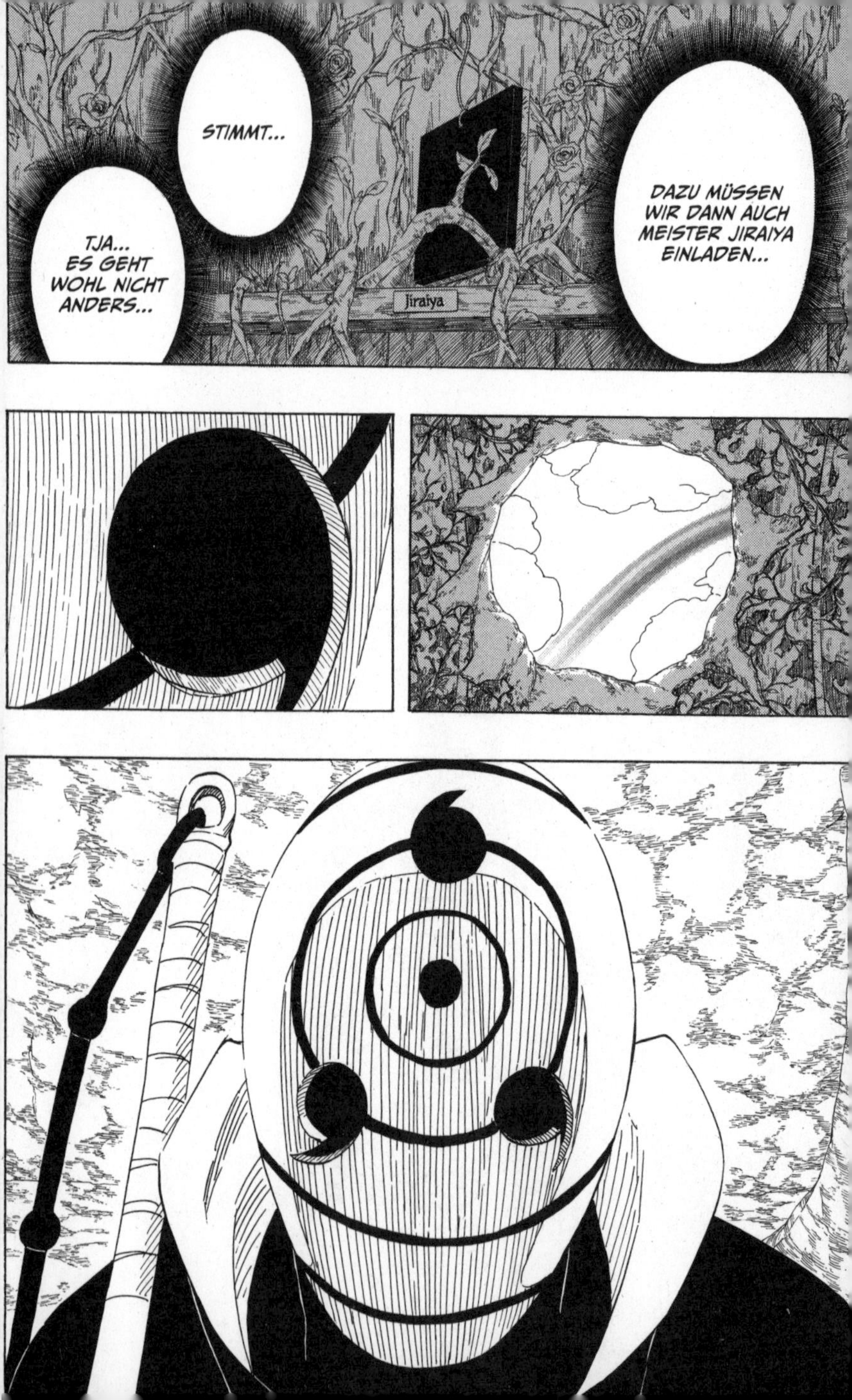
DAZU MÜSSEN WIR DANN AUCH MEISTER JIRAIYA EINLADEN...
STIMMT...
TJA... ES GEHT WOHL NICHT ANDERS...
Jiraiya

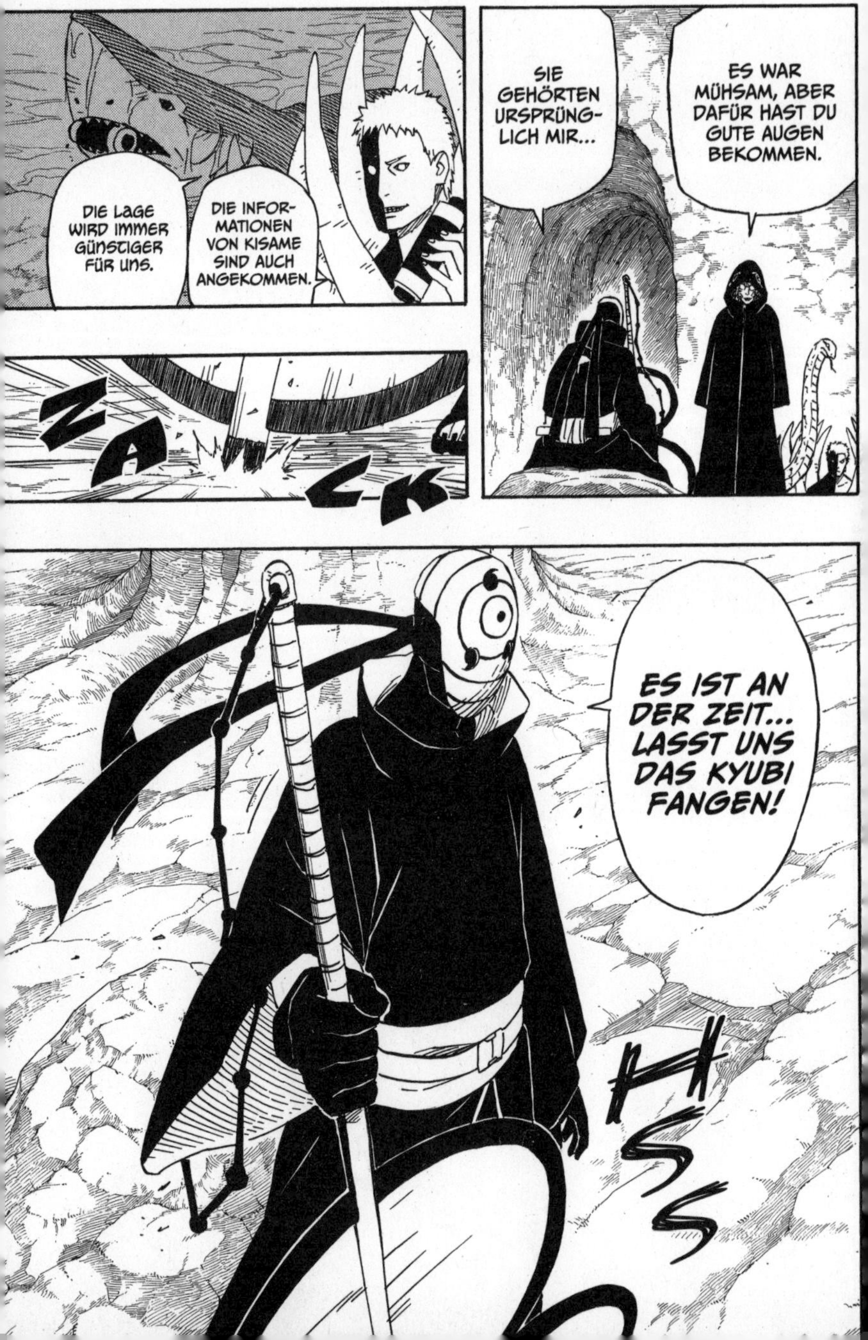
ES WAR MÜHSAM, ABER DAFÜR HAST DU GUTE AUGEN BEKOMMEN.
SIE GEHÖRTEN URSPRÜNGLICH MIR...
DIE INFORMATIONEN VON KISAME SIND AUCH ANGEKOMMEN.
DIE LAGE WIRD IMMER GÜNSTIGER FÜR UNS.
ZACK
ES IST AN DER ZEIT... LASST UNS DAS KYUBI FANGEN!
HSS

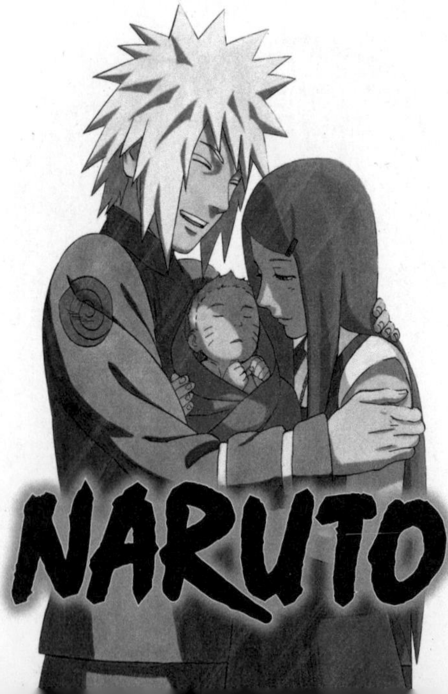
NARUTO

# 512. Kapitel:

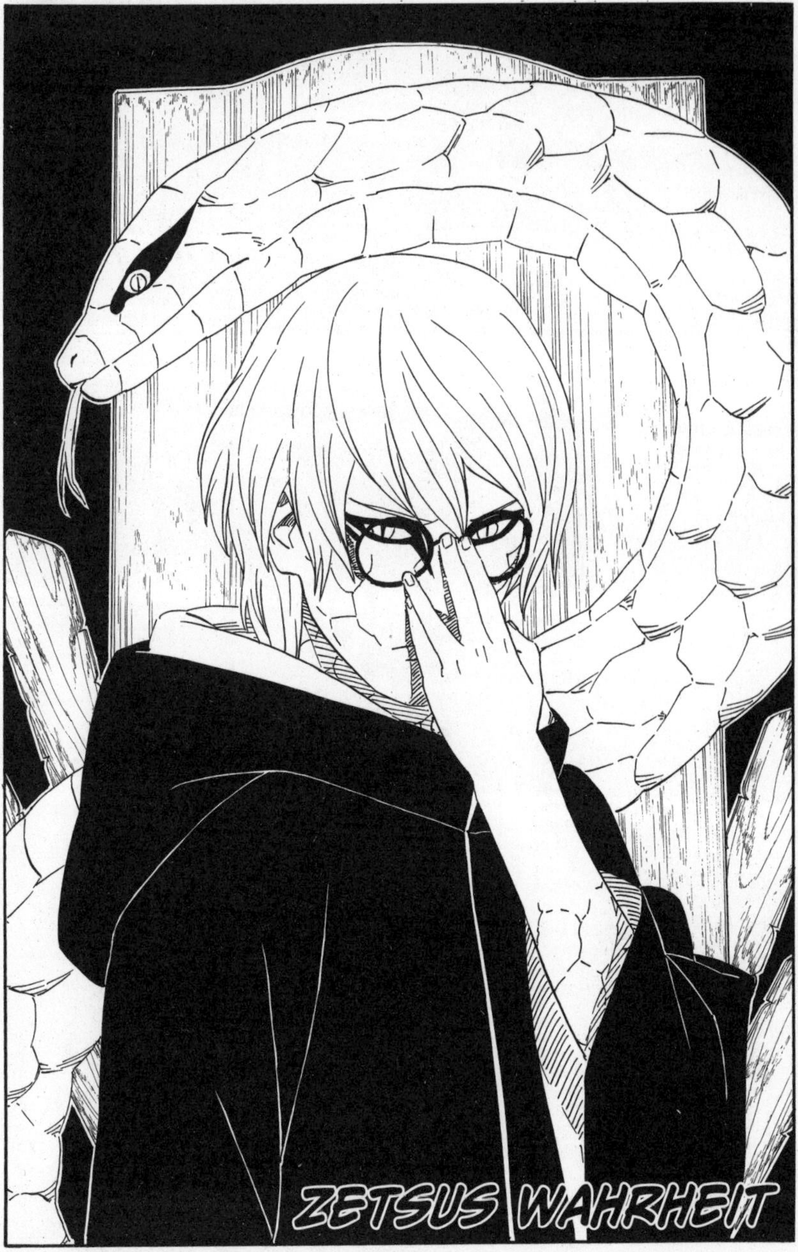

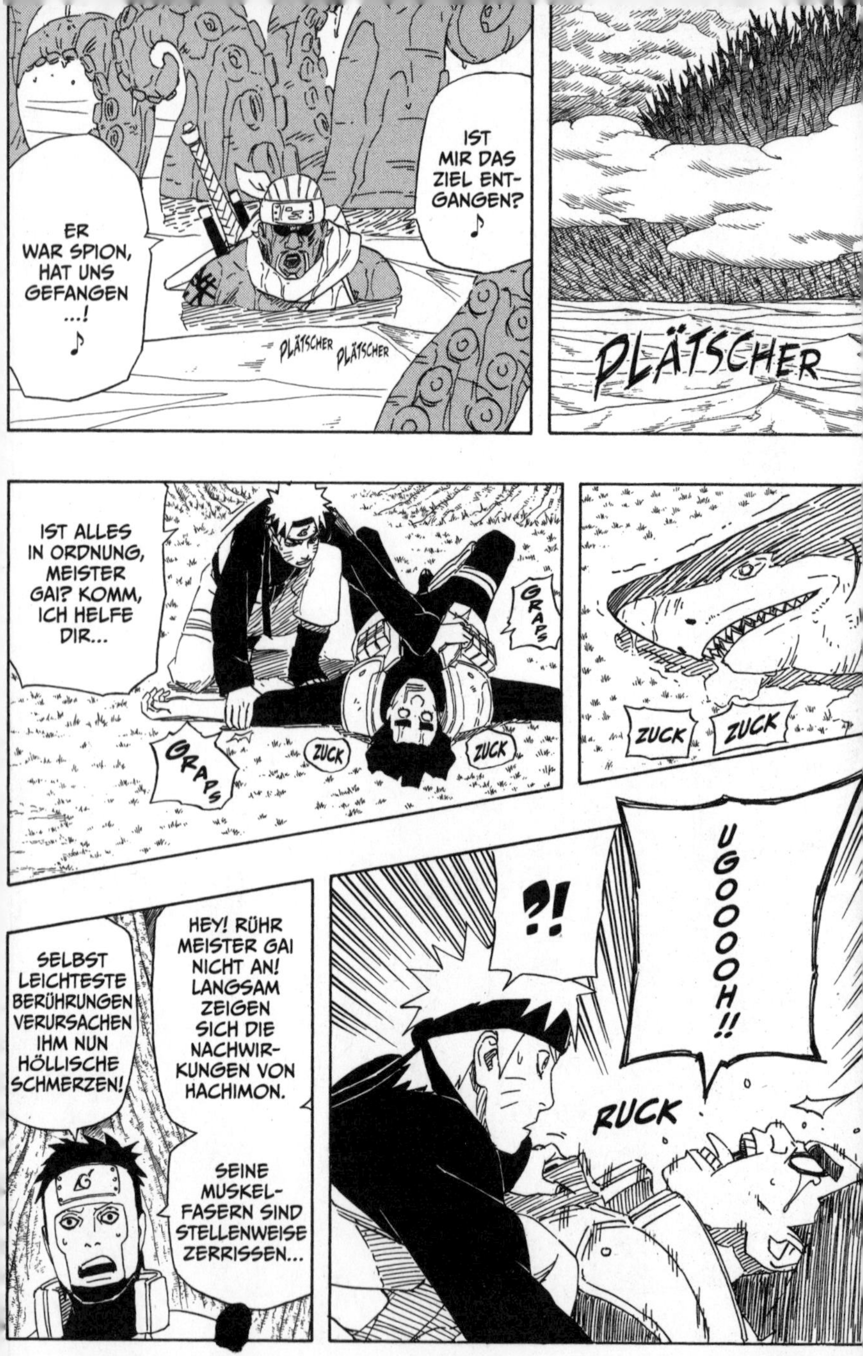
PLÄTSCHER
IST MIR DAS ZIEL ENTGANGEN? ♪
ER WAR SPION, HAT UNS GEFANGEN ...! ♪
PLÄTSCHER PLÄTSCHER
ZUCK ZUCK
IST ALLES IN ORDNUNG, MEISTER GAI? KOMM, ICH HELFE DIR...
GRAPS
GRAPS
ZUCK
ZUCK
UGOOOOOH!!
?!
RUCK
HEY! RÜHR MEISTER GAI NICHT AN! LANGSAM ZEIGEN SICH DIE NACHWIRKUNGEN VON HACHIMON.
SELBST LEICHTESTE BERÜHRUNGEN VERURSACHEN IHM NUN HÖLLISCHE SCHMERZEN!
SEINE MUSKELFASERN SIND STELLENWEISE ZERRISSEN...

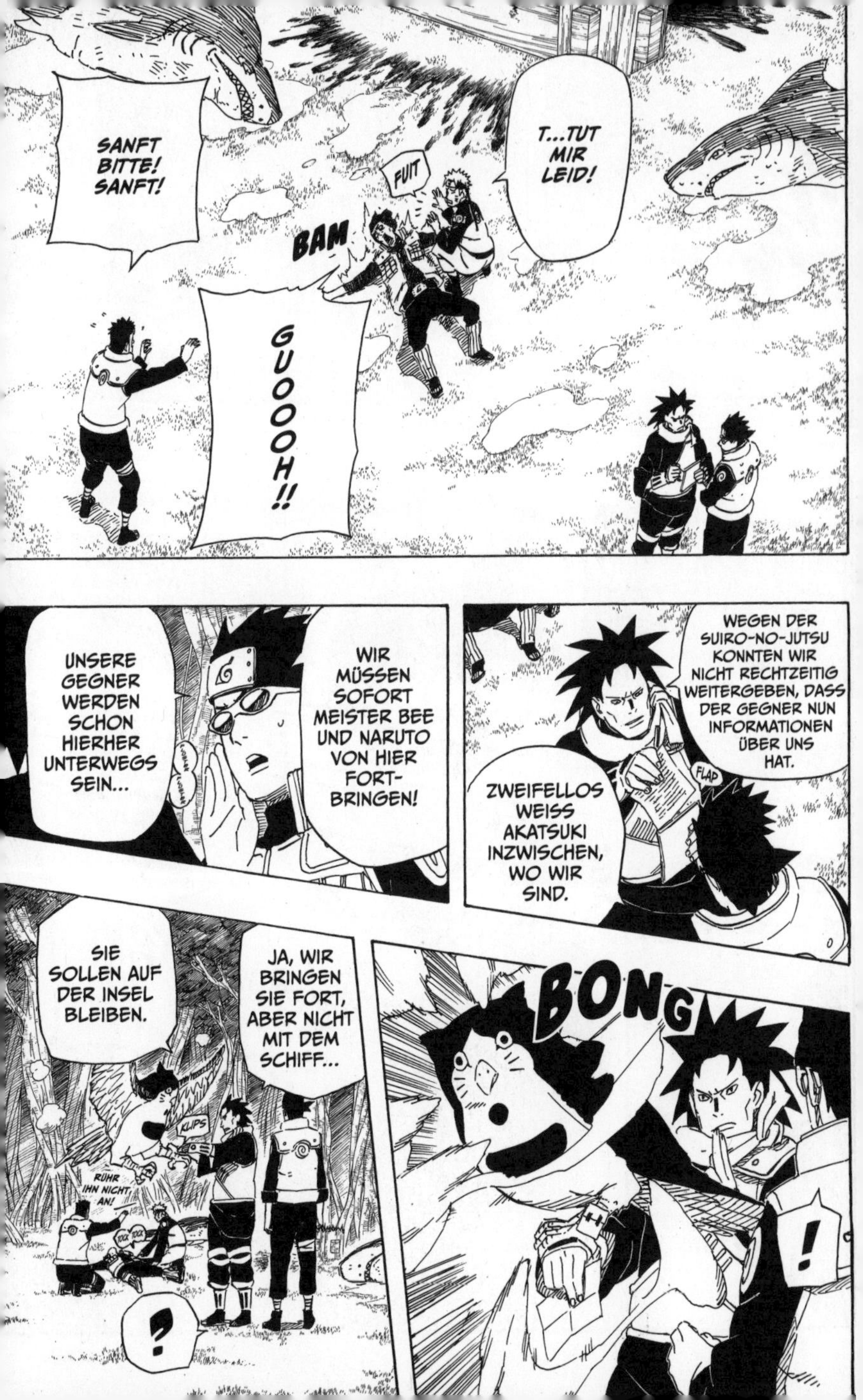
T...TUT MIR LEID!
FUIT
BAM
SANFT BITTE! SANFT!
GUOOOOH!!
WEGEN DER SUIRO-NO-JUTSU KONNTEN WIR NICHT RECHTZEITIG WEITERGEBEN, DASS DER GEGNER NUN INFORMATIONEN ÜBER UNS HAT.
FLAP
ZWEIFELLOS WEISS AKATSUKI INZWISCHEN, WO WIR SIND.
WIR MÜSSEN SOFORT MEISTER BEE UND NARUTO VON HIER FORT-BRINGEN!
UNSERE GEGNER WERDEN SCHON HIERHER UNTERWEGS SEIN...
BONG
!
JA, WIR BRINGEN SIE FORT, ABER NICHT MIT DEM SCHIFF...
SIE SOLLEN AUF DER INSEL BLEIBEN.
KLIPS
RÜHR IHN NICHT AN!
TOCK TOCK
?

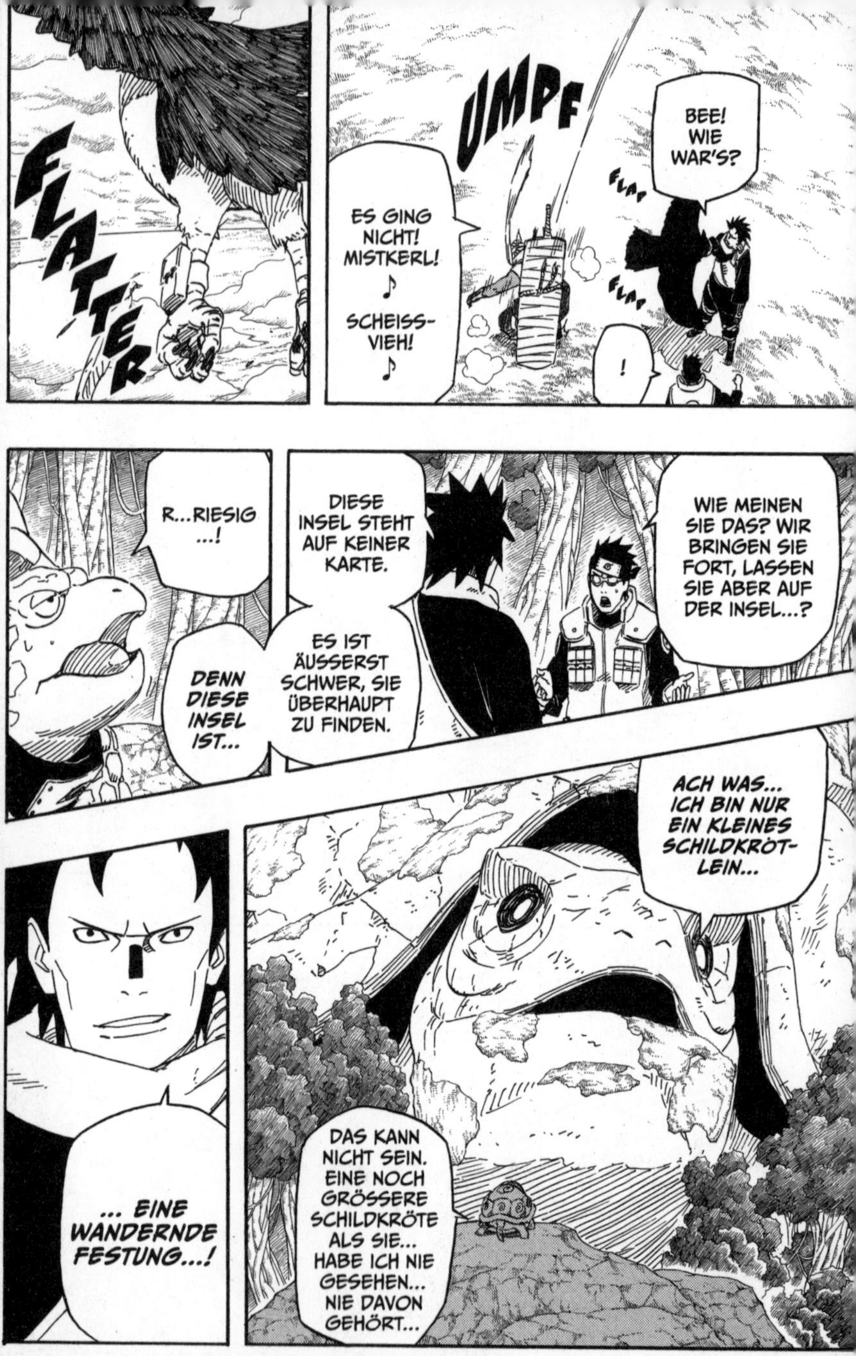
BEE! WIE WAR'S?
FLAP
FLAP
UMPF
ES GING NICHT! MISTKERL! ♪
SCHEISS-VIEH! ♪
!
FLATTER
WIE MEINEN SIE DAS? WIR BRINGEN SIE FORT, LASSEN SIE ABER AUF DER INSEL...?
DIESE INSEL STEHT AUF KEINER KARTE.
ES IST ÄUSSERST SCHWER, SIE ÜBERHAUPT ZU FINDEN.
R...RIESIG ...!
DENN DIESE INSEL IST...
ACH WAS... ICH BIN NUR EIN KLEINES SCHILDKRÖTLEIN...
DAS KANN NICHT SEIN. EINE NOCH GRÖSSERE SCHILDKRÖTE ALS SIE... HABE ICH NIE GESEHEN... NIE DAVON GEHÖRT...
... EINE WANDERNDE FESTUNG...!

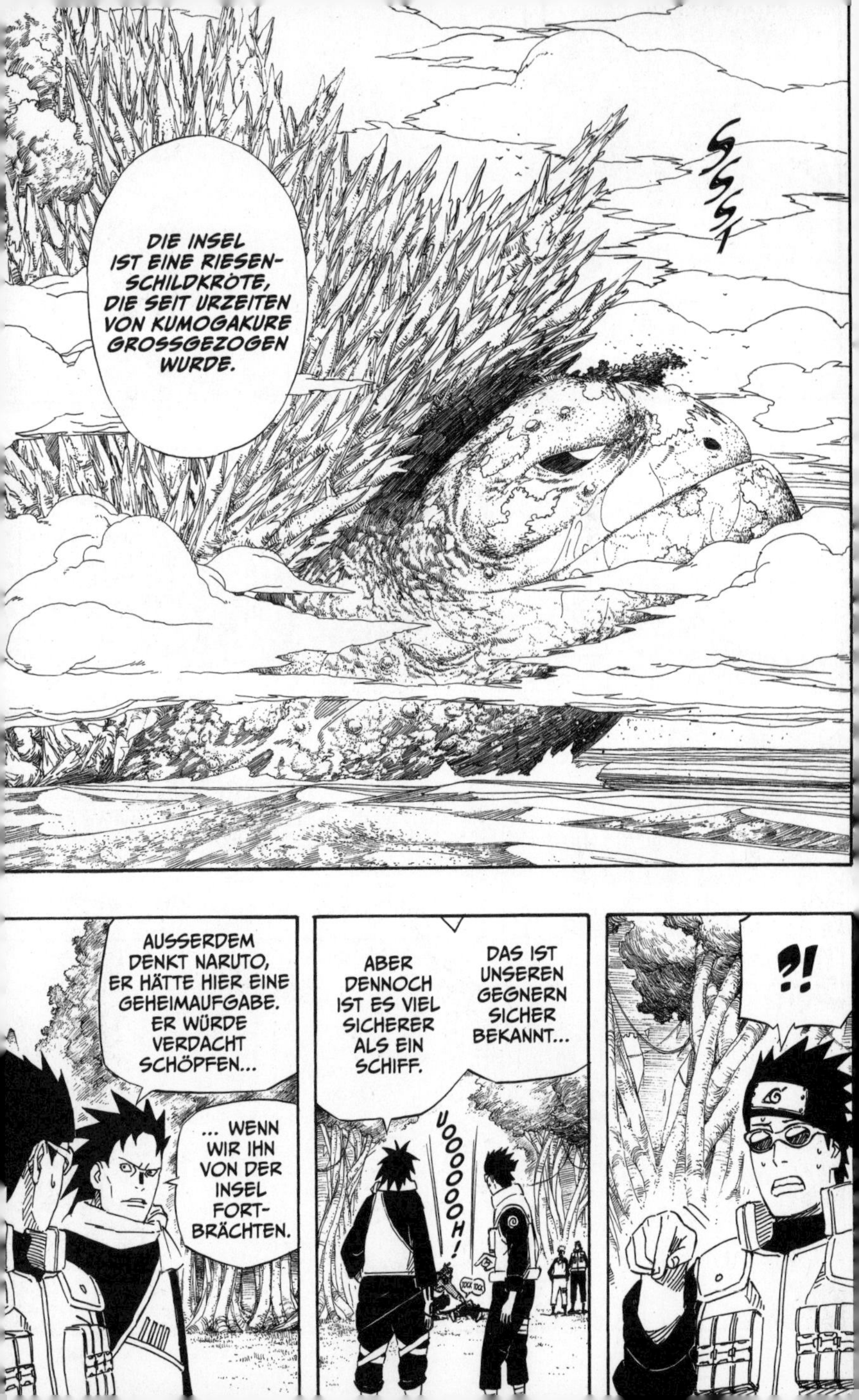

DIE INSEL IST EINE RIESENSCHILDKRÖTE, DIE SEIT URZEITEN VON KUMOGAKURE GROSSGEZOGEN WURDE.
?!
DAS IST UNSEREN GEGNERN SICHER BEKANNT...
ABER DENNOCH IST ES VIEL SICHERER ALS EIN SCHIFF.
UOOOOOOH!
AUSSERDEM DENKT NARUTO, ER HÄTTE HIER EINE GEHEIMAUFGABE. ER WÜRDE VERDACHT SCHÖPFEN...
... WENN WIR IHN VON DER INSEL FORTBRÄCHTEN.

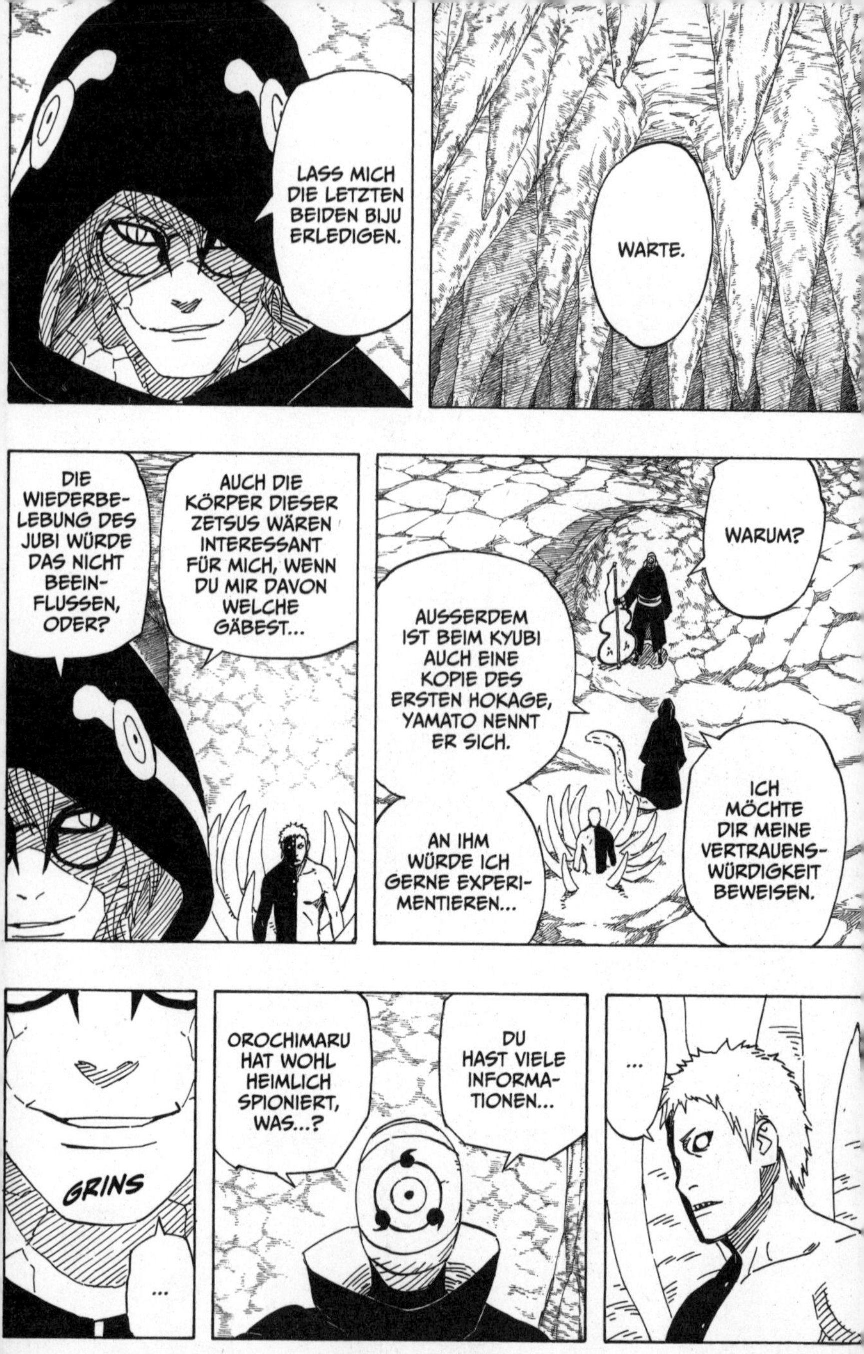
WARTE.
LASS MICH DIE LETZTEN BEIDEN BIJU ERLEDIGEN.
WARUM?
ICH MÖCHTE DIR MEINE VERTRAUENS-WÜRDIGKEIT BEWEISEN.
AUSSERDEM IST BEIM KYUBI AUCH EINE KOPIE DES ERSTEN HOKAGE, YAMATO NENNT ER SICH.
AN IHM WÜRDE ICH GERNE EXPERI-MENTIEREN...
AUCH DIE KÖRPER DIESER ZETSUS WÄREN INTERESSANT FÜR MICH, WENN DU MIR DAVON WELCHE GÄBEST...
DIE WIEDERBE-LEBUNG DES JUBI WÜRDE DAS NICHT BEEIN-FLUSSEN, ODER?
...
DU HAST VIELE INFORMA-TIONEN...
OROCHIMARU HAT WOHL HEIMLICH SPIONIERT, WAS...?
GRINS
...

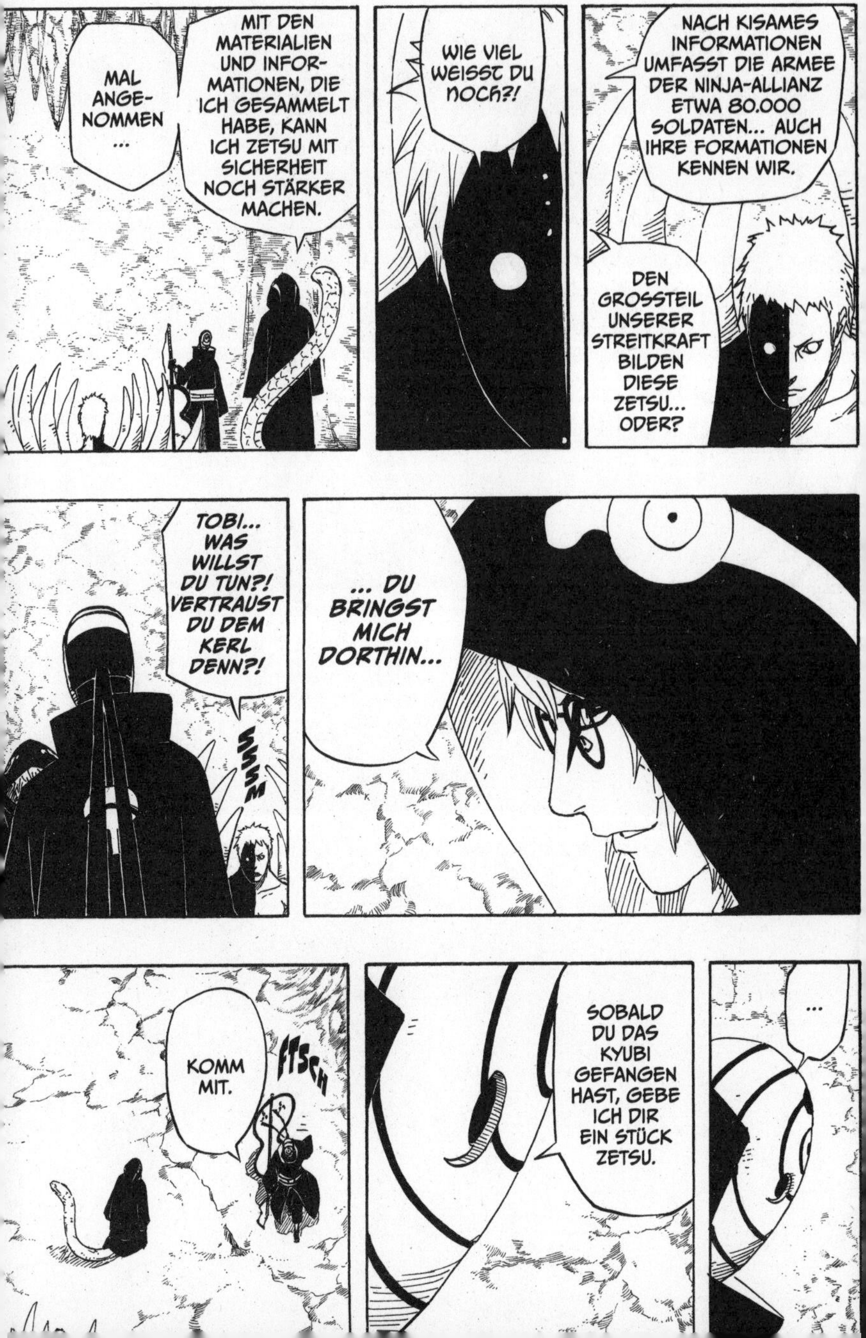

NACH KISAMES INFORMATIONEN UMFASST DIE ARMEE DER NINJA-ALLIANZ ETWA 80.000 SOLDATEN... AUCH IHRE FORMATIONEN KENNEN WIR.
DEN GROSSTEIL UNSERER STREITKRAFT BILDEN DIESE ZETSU... ODER?
WIE VIEL WEISST DU NOCH?!
MIT DEN MATERIALIEN UND INFORMATIONEN, DIE ICH GESAMMELT HABE, KANN ICH ZETSU MIT SICHERHEIT NOCH STÄRKER MACHEN.
MAL ANGENOMMEN ...
... DU BRINGST MICH DORTHIN...
TOBI... WAS WILLST DU TUN?! VERTRAUST DU DEM KERL DENN?!
SSSM
...
SOBALD DU DAS KYUBI GEFANGEN HAST, GEBE ICH DIR EIN STÜCK ZETSU.
KOMM MIT.
FTSCH

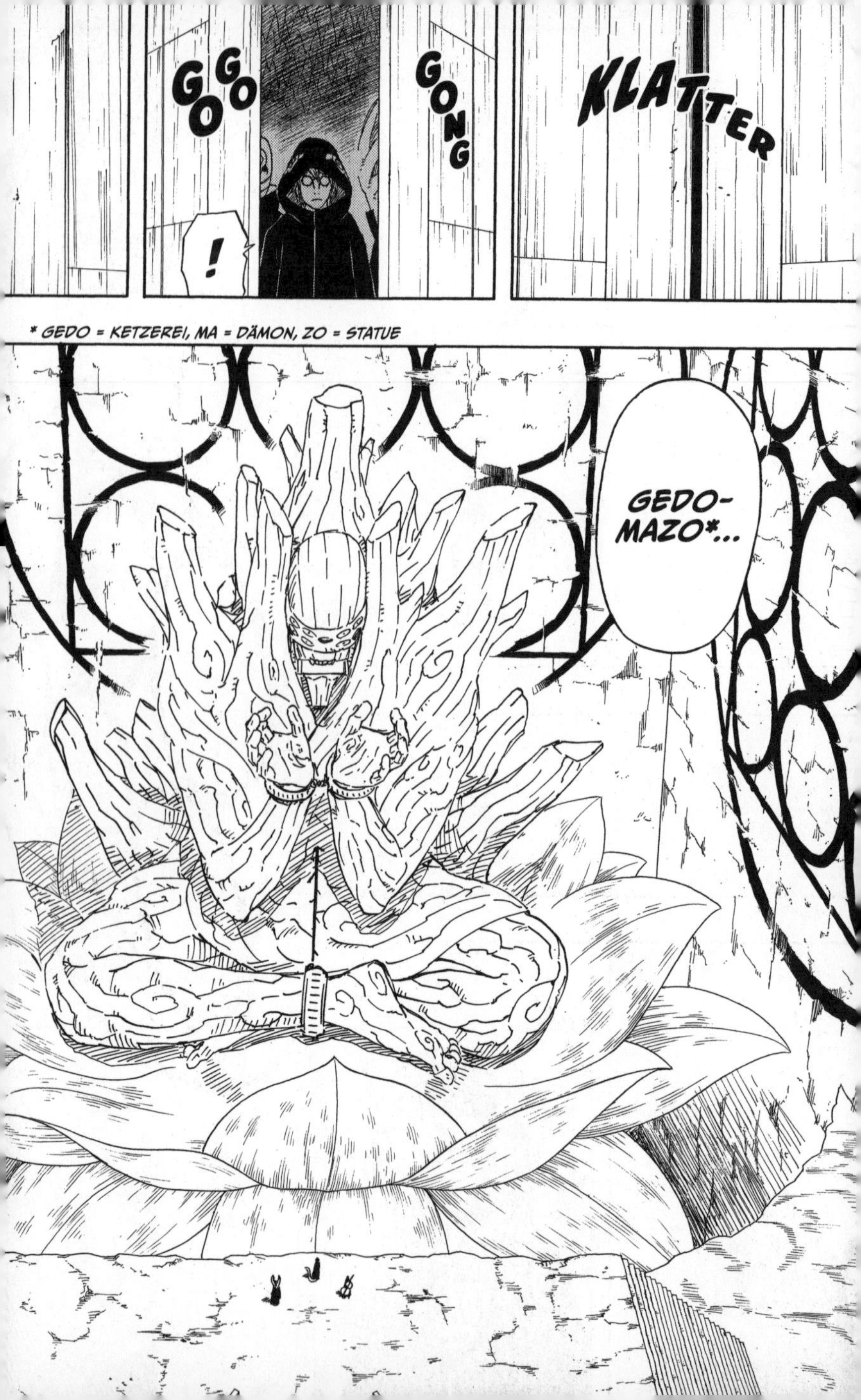


* GEDO = KETZEREI, MA = DÄMON, ZO = STATUE

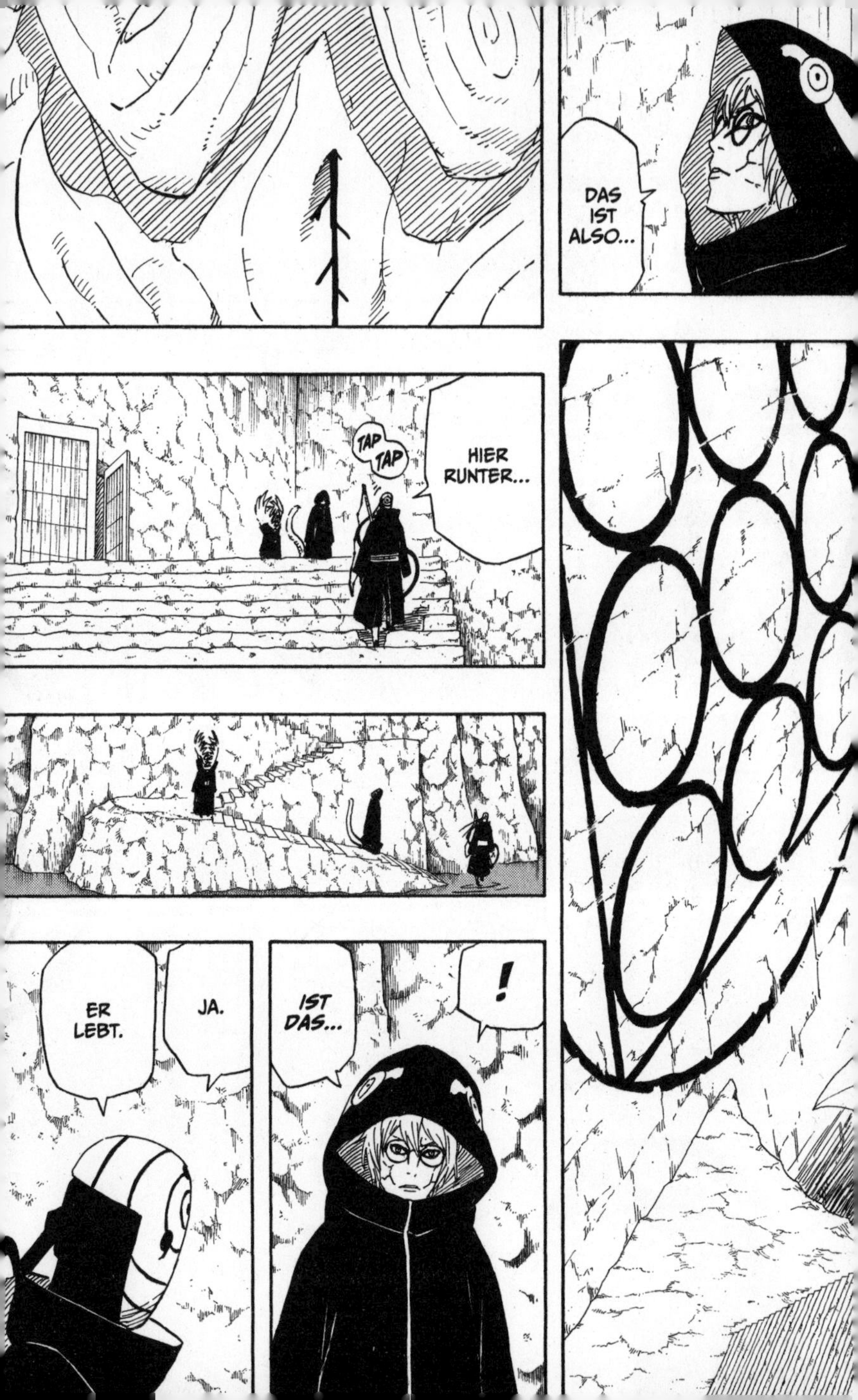
DAS IST ALSO...
HIER RUNTER...
TAP TAP
!
IST DAS...
JA.
ER LEBT.

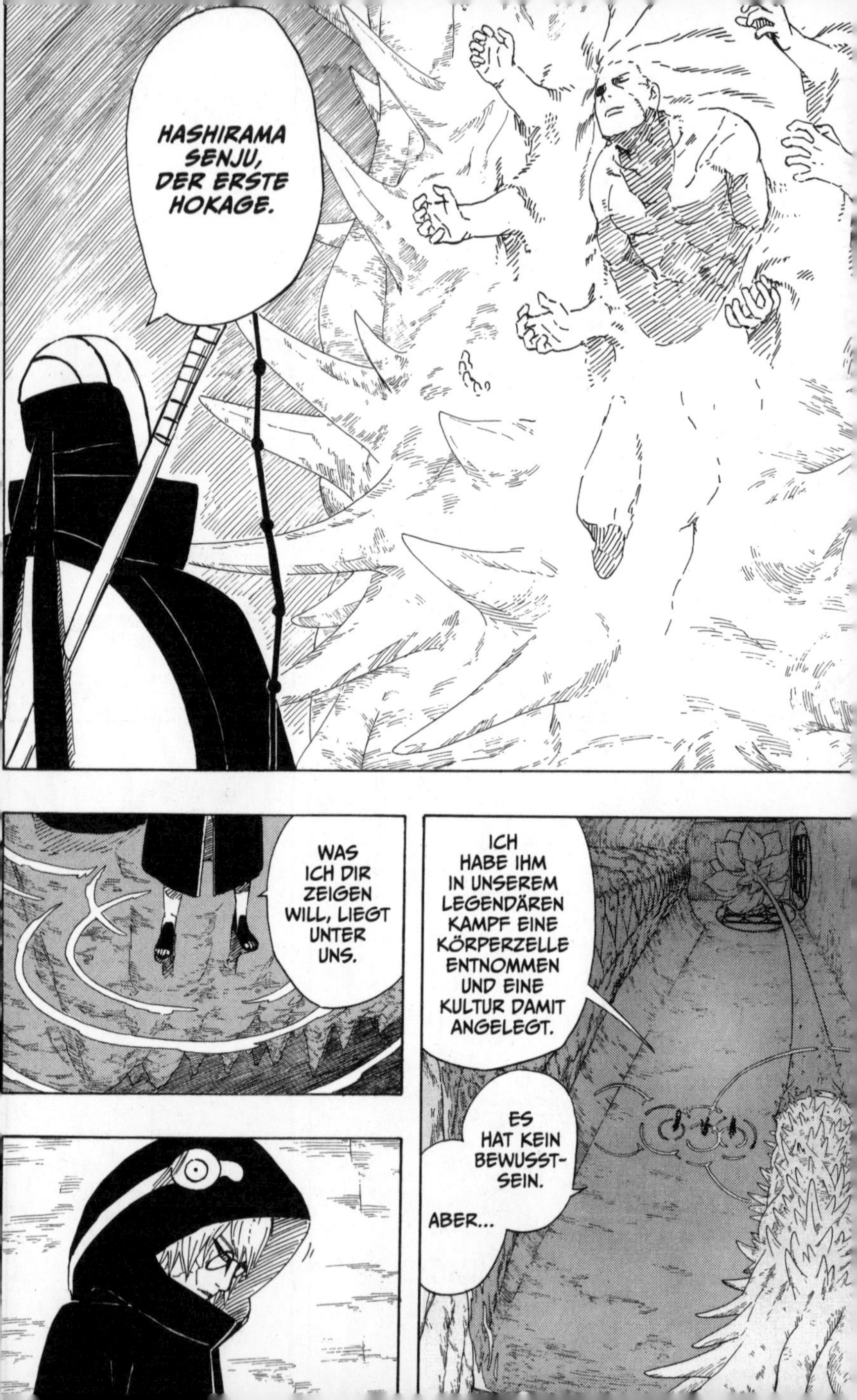
HASHIRAMA SENJU, DER ERSTE HOKAGE.
WAS ICH DIR ZEIGEN WILL, LIEGT UNTER UNS.
ICH HABE IHM IN UNSEREM LEGENDÄREN KAMPF EINE KÖRPERZELLE ENTNOMMEN UND EINE KULTUR DAMIT ANGELEGT.
ES HAT KEIN BEWUSST-SEIN.
ABER...

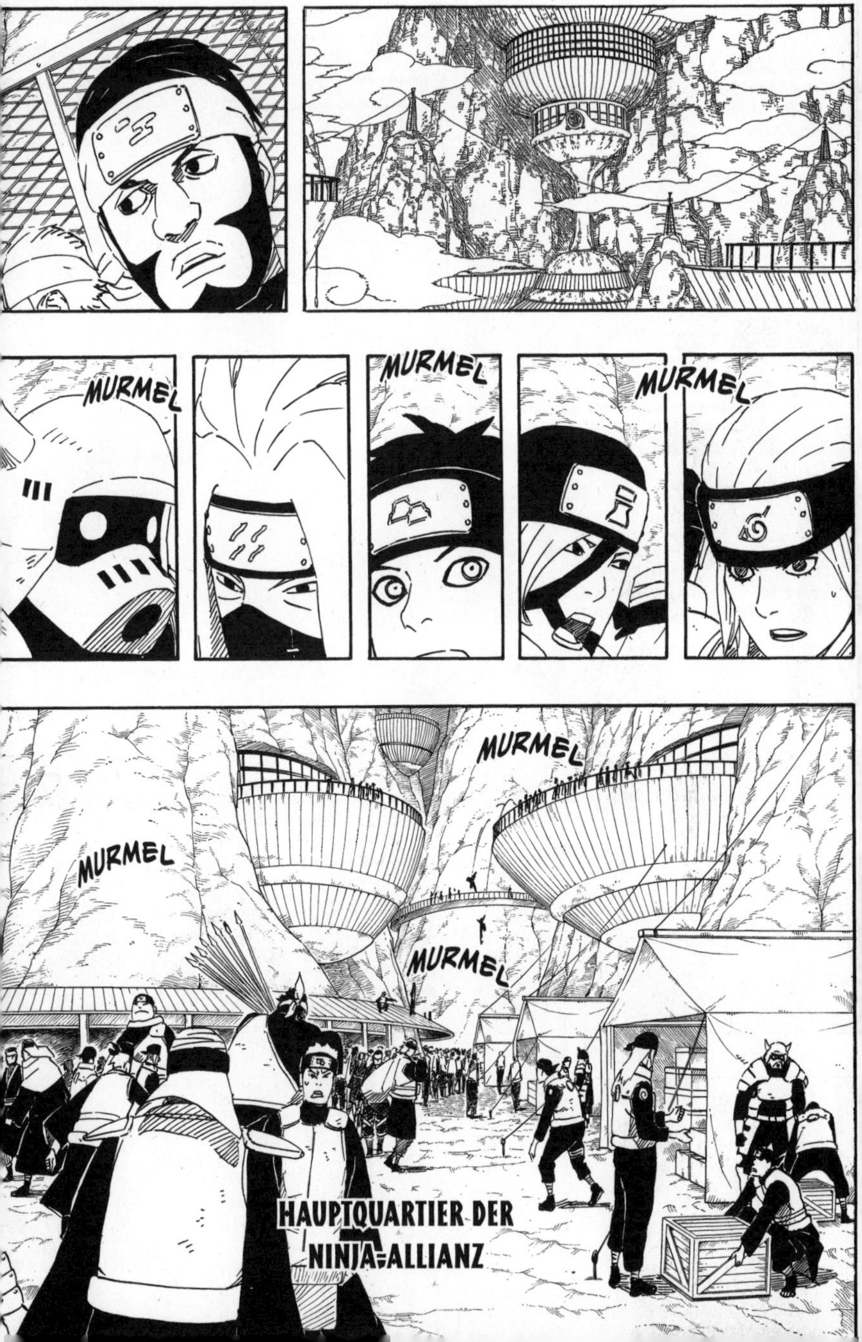
MURMEL
MURMEL
MURMEL
MURMEL
MURMEL
MURMEL
HAUPTQUARTIER DER NINJA-ALLIANZ

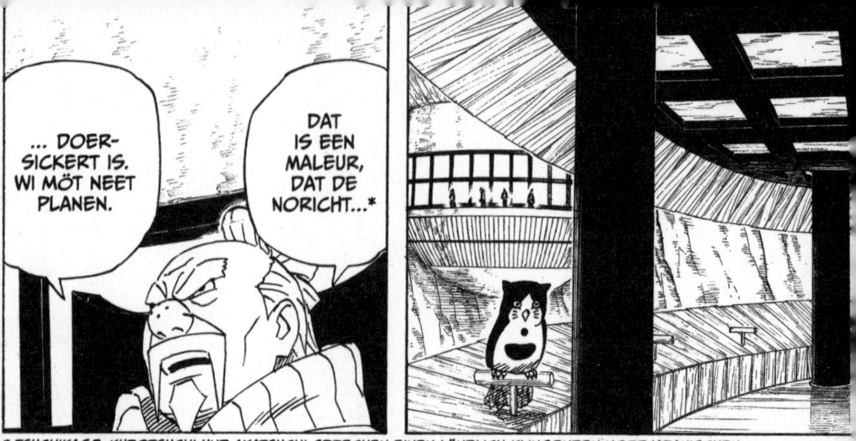


* TSUCHIKAGE, KUROTSUCHI UND AKATSUCHI SPRECHEN EINEN LÄNDLICH KLINGENDEN NORDJAPANISCHEN DIALEKT, BEI UNS PLATTDEUTSCH. AUF S. 497 FINDET IHR EINE ÜBERSETZUNGSHILFE.

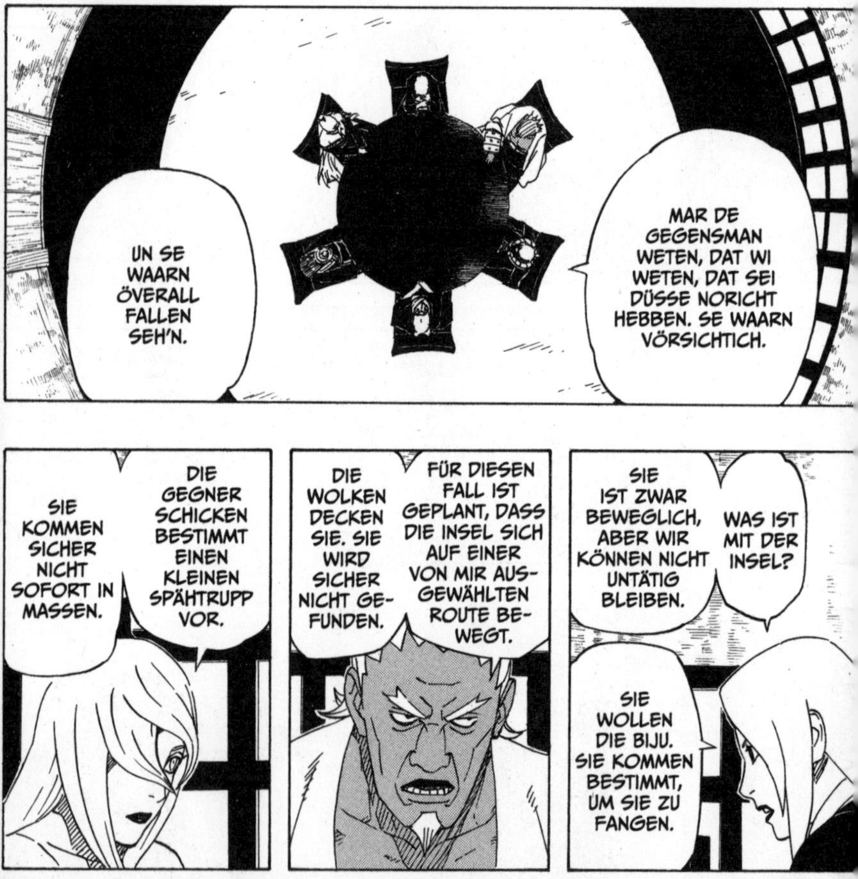

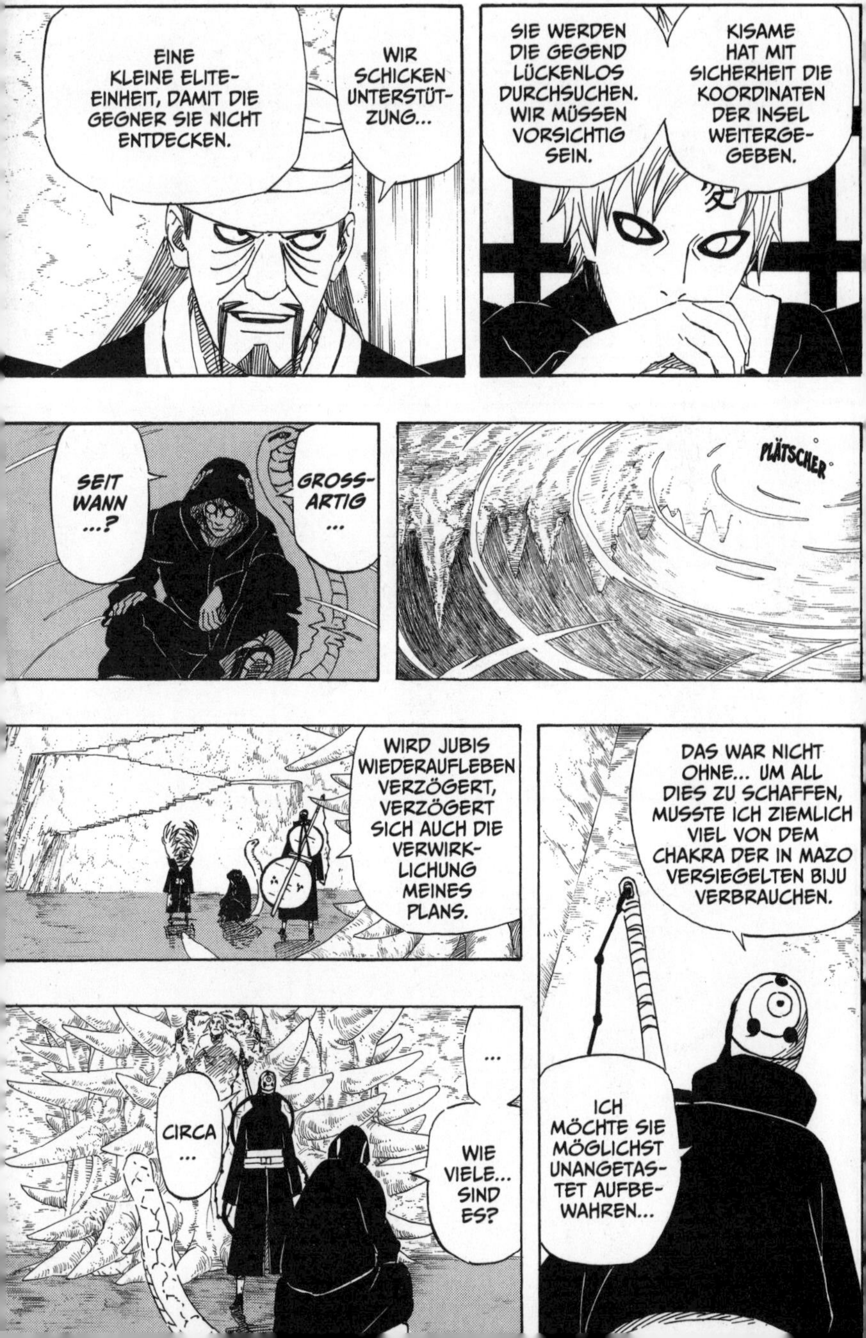
KISAME HAT MIT SICHERHEIT DIE KOORDINATEN DER INSEL WEITERGEGEBEN.
SIE WERDEN DIE GEGEND LÜCKENLOS DURCHSUCHEN. WIR MÜSSEN VORSICHTIG SEIN.
WIR SCHICKEN UNTERSTÜTZUNG...
EINE KLEINE ELITEEINHEIT, DAMIT DIE GEGNER SIE NICHT ENTDECKEN.
PLÄTSCHER
GROSSARTIG ...
SEIT WANN ...?
DAS WAR NICHT OHNE... UM ALL DIES ZU SCHAFFEN, MUSSTE ICH ZIEMLICH VIEL VON DEM CHAKRA DER IN MAZO VERSIEGELTEN BIJU VERBRAUCHEN.
WIRD JUBIS WIEDERAUFLEBEN VERZÖGERT, VERZÖGERT SICH AUCH DIE VERWIRKLICHUNG MEINES PLANS.
ICH MÖCHTE SIE MÖGLICHST UNANGETASTET AUFBEWAHREN...
...
WIE VIELE... SIND ES?
CIRCA ...

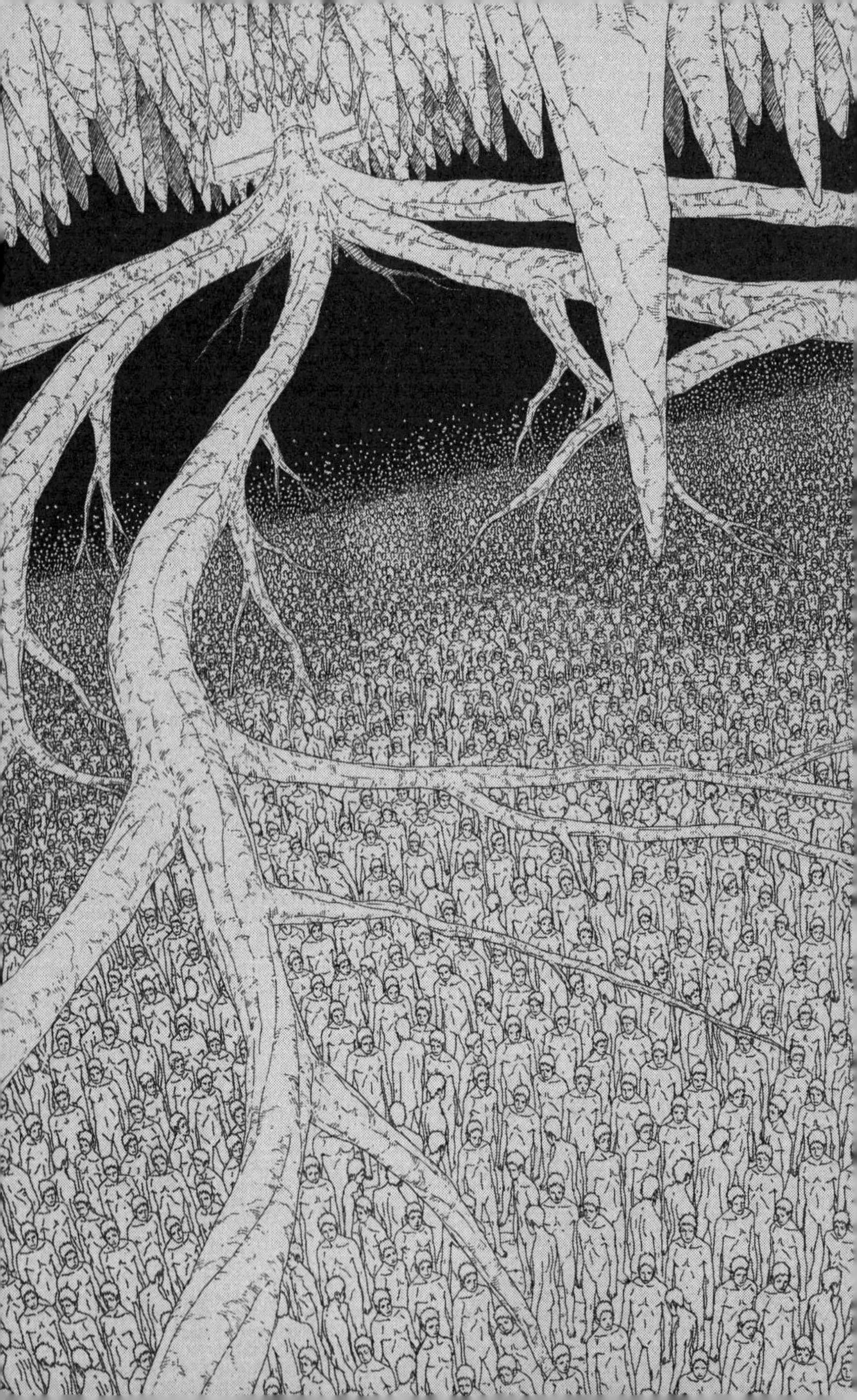

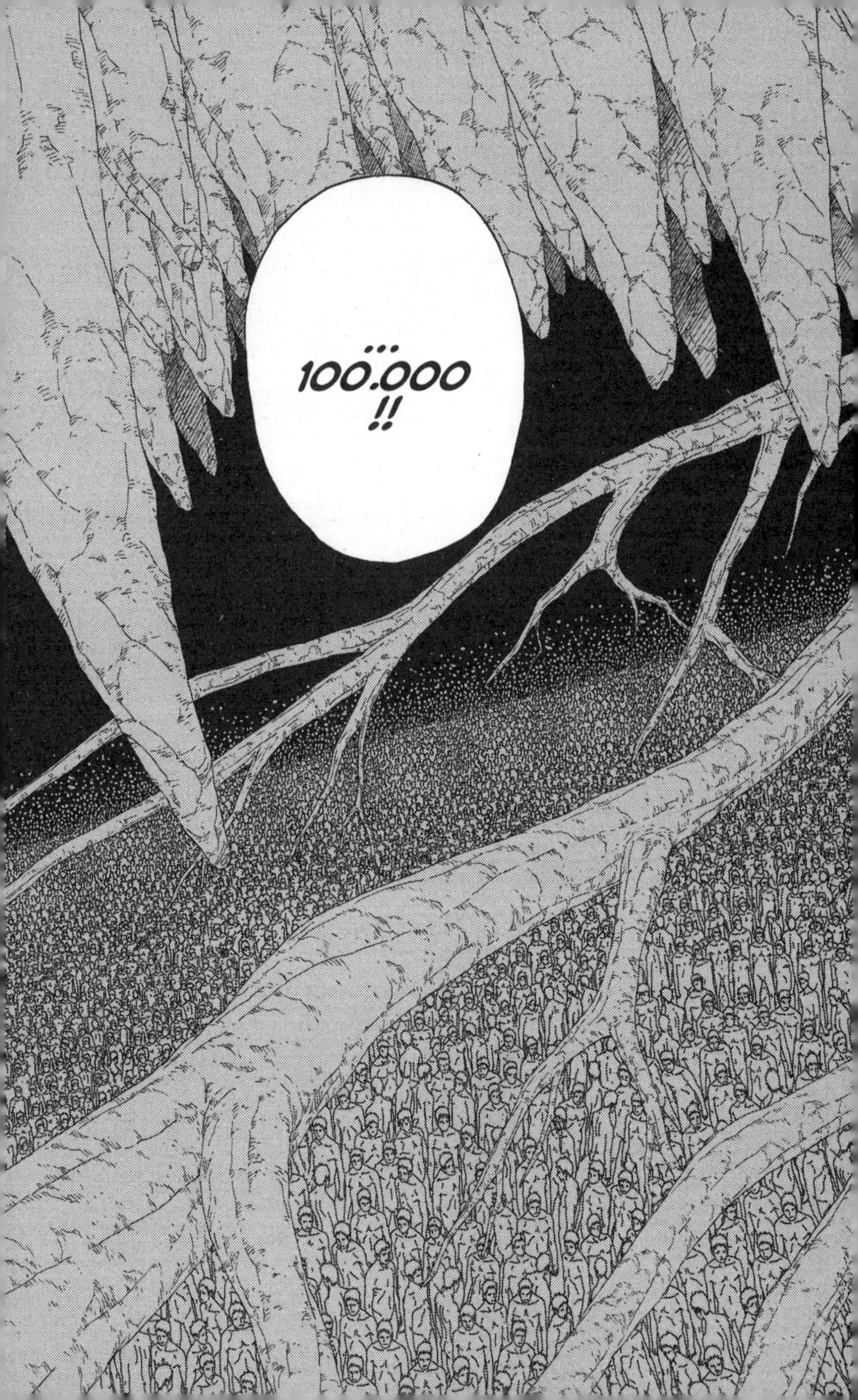
...
100.000
!!

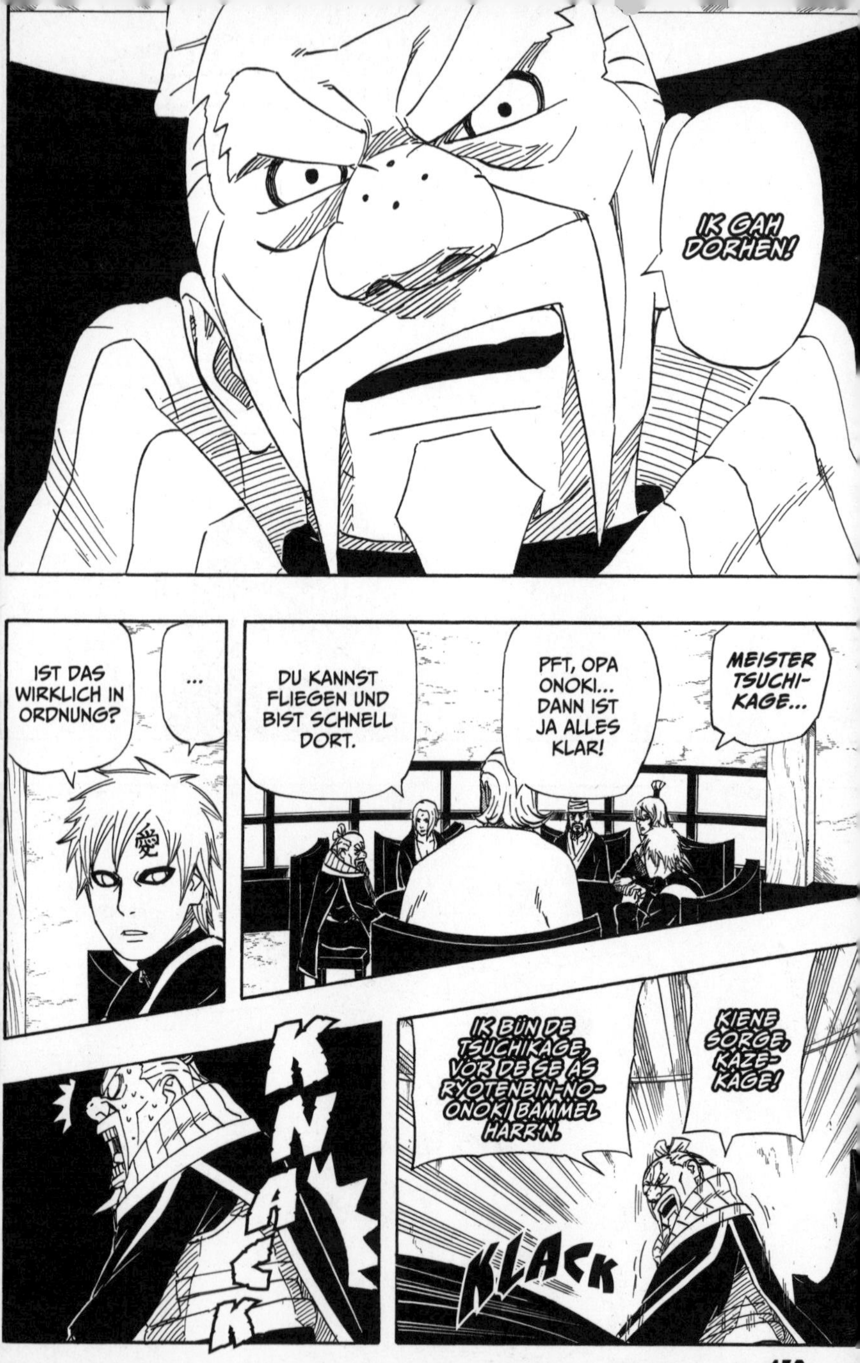
IK GAH DORHEN!
MEISTER TSUCHI-KAGE...
PFT, OPA ONOKI... DANN IST JA ALLES KLAR!
DU KANNST FLIEGEN UND BIST SCHNELL DORT.
...
IST DAS WIRKLICH IN ORDNUNG?
KIENE SORGE, KAZE-KAGE!
IK BÜN DE TSUCHIKAGE, VÖR DE SE AS RYOTENBIN-NO-ONOKI BAMMEL HARR'N.
KLACK
KNACK

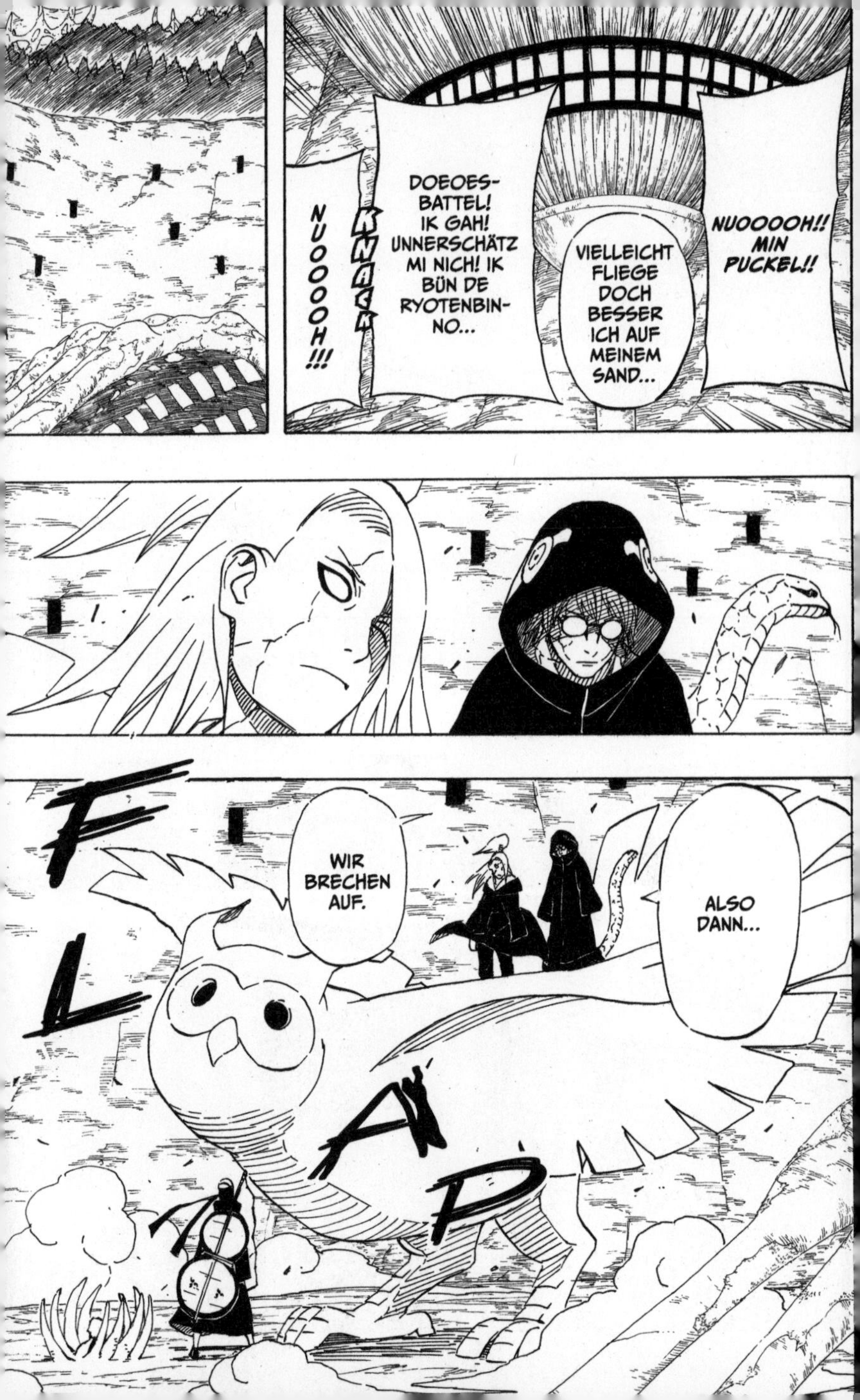
NUOOOOH!! MIN PUCKEL!!
VIELLEICHT FLIEGE DOCH BESSER ICH AUF MEINEM SAND...
DOEOES-BATTEL! IK GAH! UNNERSCHÄTZ MI NICH! IK BÜN DE RYOTENBIN-NO...
KNACK
NUOOOOOH!!!
ALSO DANN...
WIR BRECHEN AUF.
FLAP

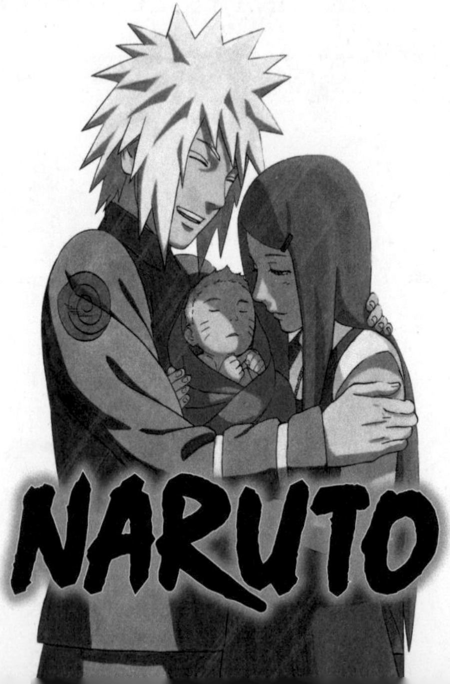
NARUTO

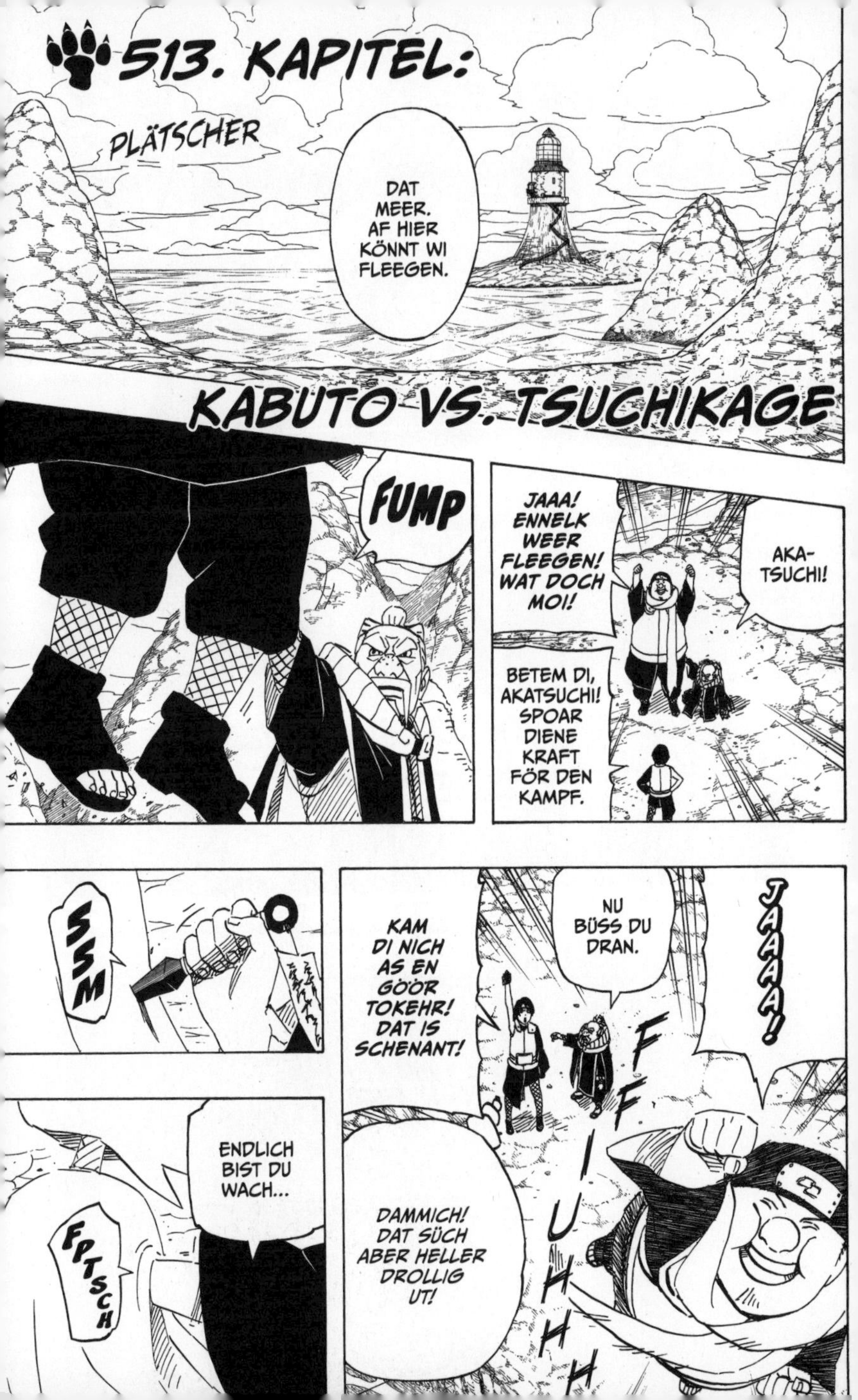
513. KAPITEL:
KABUTO VS. TSUCHIKAGE
PLÄTSCHER
DAT MEER. AF HIER KÖNNT WI FLEEGEN.
AKA-TSUCHI!
JAAA! ENNELK WEER FLEEGEN! WAT DOCH MOI!
BETEM DI, AKATSUCHI! SPOAR DIENE KRAFT FÖR DEN KAMPF.
FUMP
JAAAAA!
NU BÜSS DU DRAN.
KAM DI NICH AS EN GÖÖR TOKEHR! DAT IS SCHENANT!
FFIUHHHH
DAMMICH! DAT SÜCH ABER HELLER DROLLIG UT!
SSM
ENDLICH BIST DU WACH...
FPTSCH

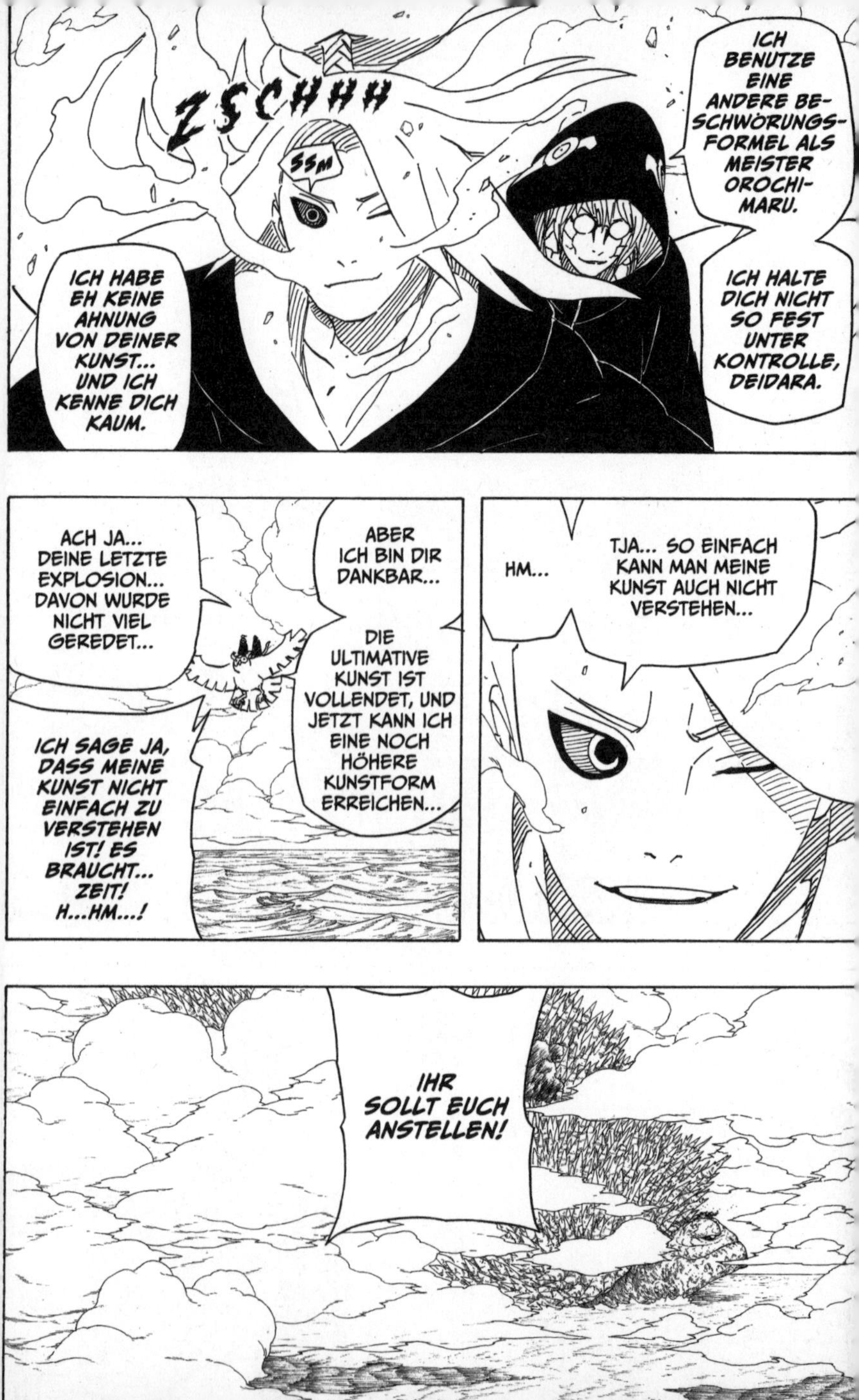

ICH BENUTZE EINE ANDERE BESCHWÖRUNGSFORMEL ALS MEISTER OROCHIMARU.
ICH HALTE DICH NICHT SO FEST UNTER KONTROLLE, DEIDARA.
ZSCHHH
SSM
ICH HABE EH KEINE AHNUNG VON DEINER KUNST... UND ICH KENNE DICH KAUM.
TJA... SO EINFACH KANN MAN MEINE KUNST AUCH NICHT VERSTEHEN...
HM...
ABER ICH BIN DIR DANKBAR...
DIE ULTIMATIVE KUNST IST VOLLENDET, UND JETZT KANN ICH EINE NOCH HÖHERE KUNSTFORM ERREICHEN...
ACH JA... DEINE LETZTE EXPLOSION... DAVON WURDE NICHT VIEL GEREDET...
ICH SAGE JA, DASS MEINE KUNST NICHT EINFACH ZU VERSTEHEN IST! ES BRAUCHT... ZEIT! H...HM...!
IHR SOLLT EUCH ANSTELLEN!

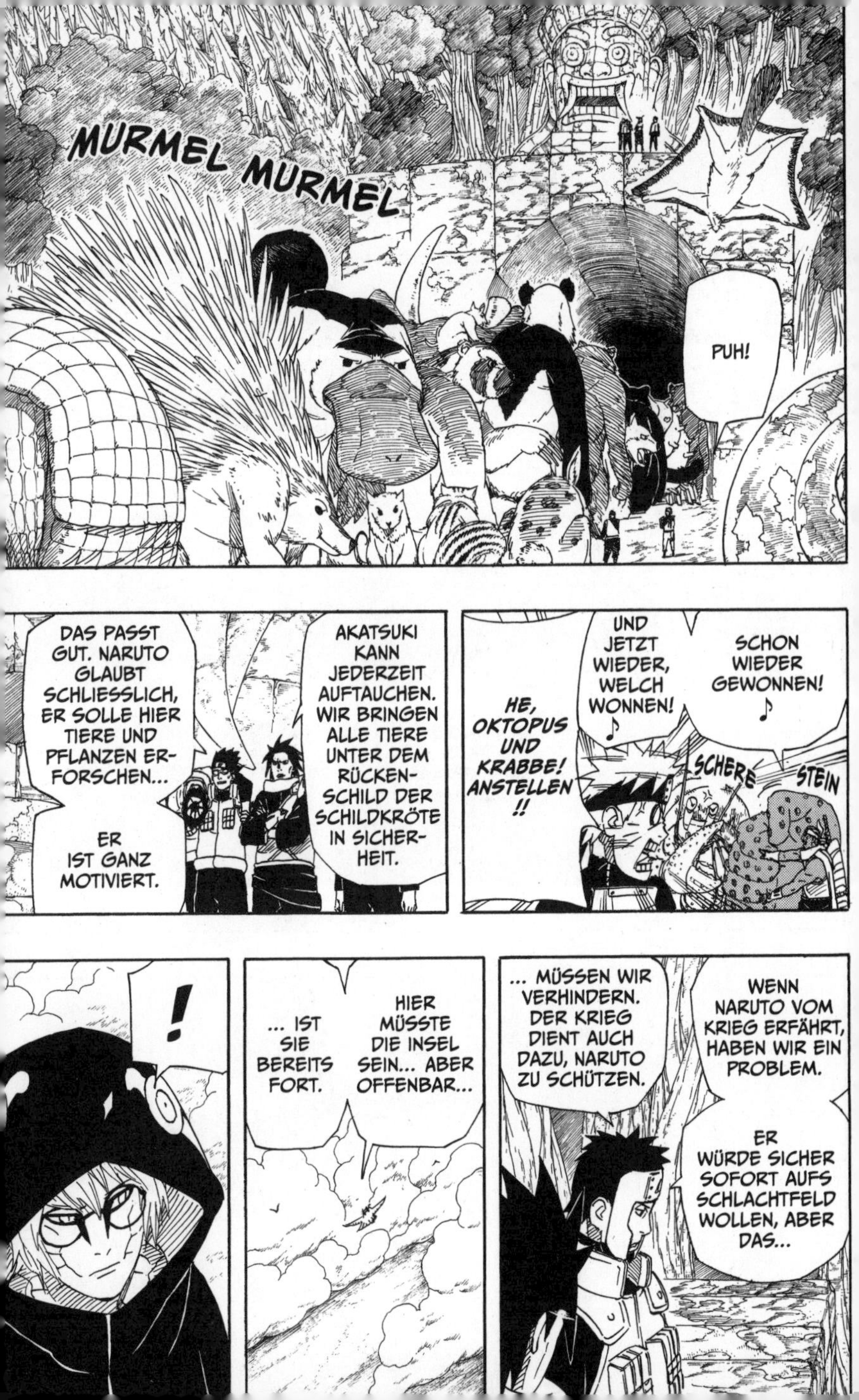
MURMEL MURMEL
PUH!
SCHON WIEDER GEWONNEN! ♪
UND JETZT WIEDER, WELCH WONNEN! ♪
HE, OKTOPUS UND KRABBE! ANSTELLEN!!
SCHERE
STEIN
AKATSUKI KANN JEDERZEIT AUFTAUCHEN. WIR BRINGEN ALLE TIERE UNTER DEM RÜCKENSCHILD DER SCHILDKRÖTE IN SICHERHEIT.
DAS PASST GUT. NARUTO GLAUBT SCHLIESSLICH, ER SOLLE HIER TIERE UND PFLANZEN ERFORSCHEN...
ER IST GANZ MOTIVIERT.
WENN NARUTO VOM KRIEG ERFÄHRT, HABEN WIR EIN PROBLEM.
ER WÜRDE SICHER SOFORT AUFS SCHLACHTFELD WOLLEN, ABER DAS...
... MÜSSEN WIR VERHINDERN. DER KRIEG DIENT AUCH DAZU, NARUTO ZU SCHÜTZEN.
HIER MÜSSTE DIE INSEL SEIN... ABER OFFENBAR...
... IST SIE BEREITS FORT.
!

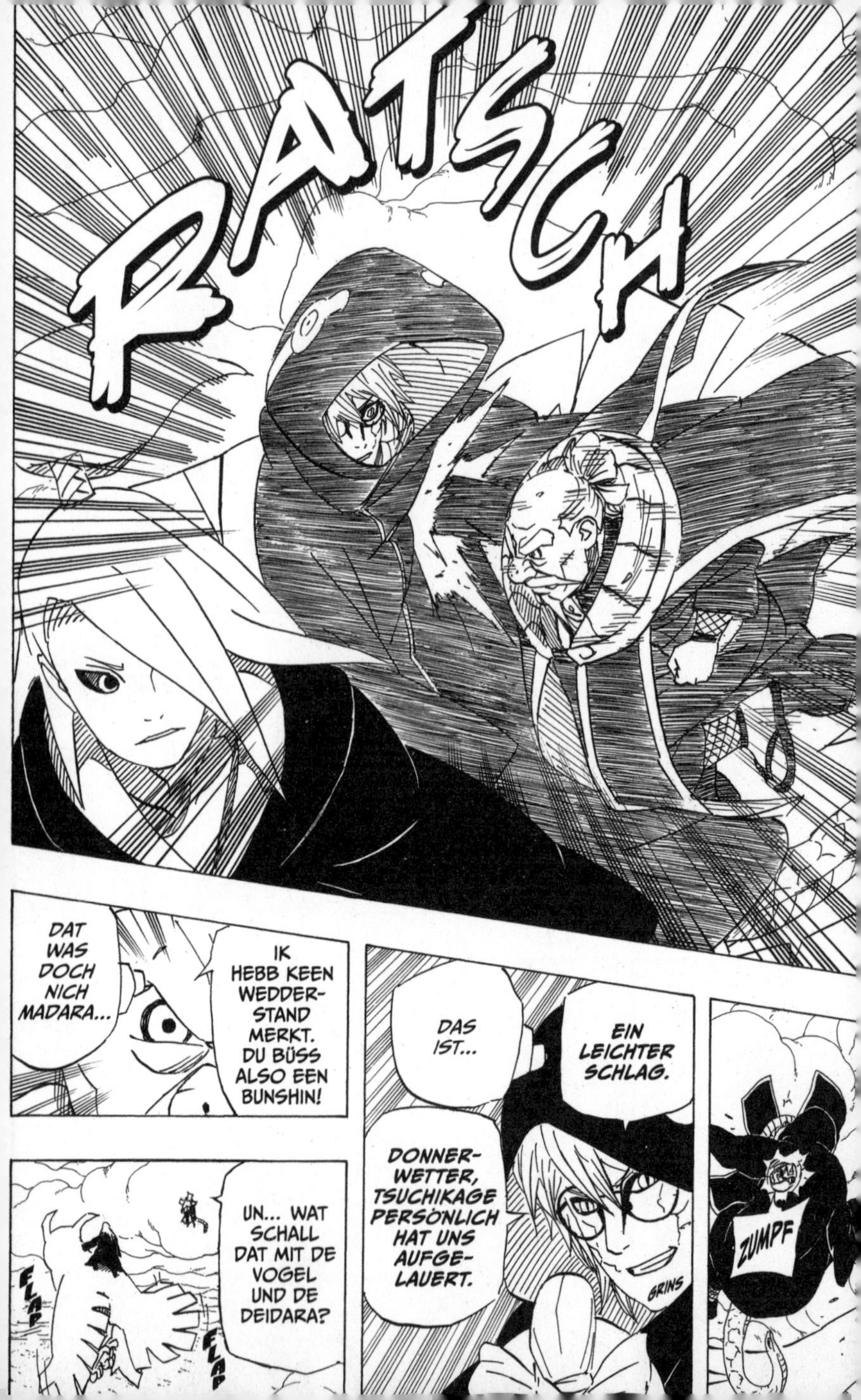
RATSCH
IK HEBB KEEN WEDDER-STAND MERKT. DU BÜSS ALSO EEN BUNSHIN!
DAT WAS DOCH NICH MADARA...
ZUMPF
DAS IST...
EIN LEICHTER SCHLAG.
DONNER-WETTER, TSUCHIKAGE PERSÖNLICH HAT UNS AUFGE-LAUERT.
GRINS
UN... WAT SCHALL DAT MIT DE VOGEL UND DE DEIDARA?
FLAP
FLAP

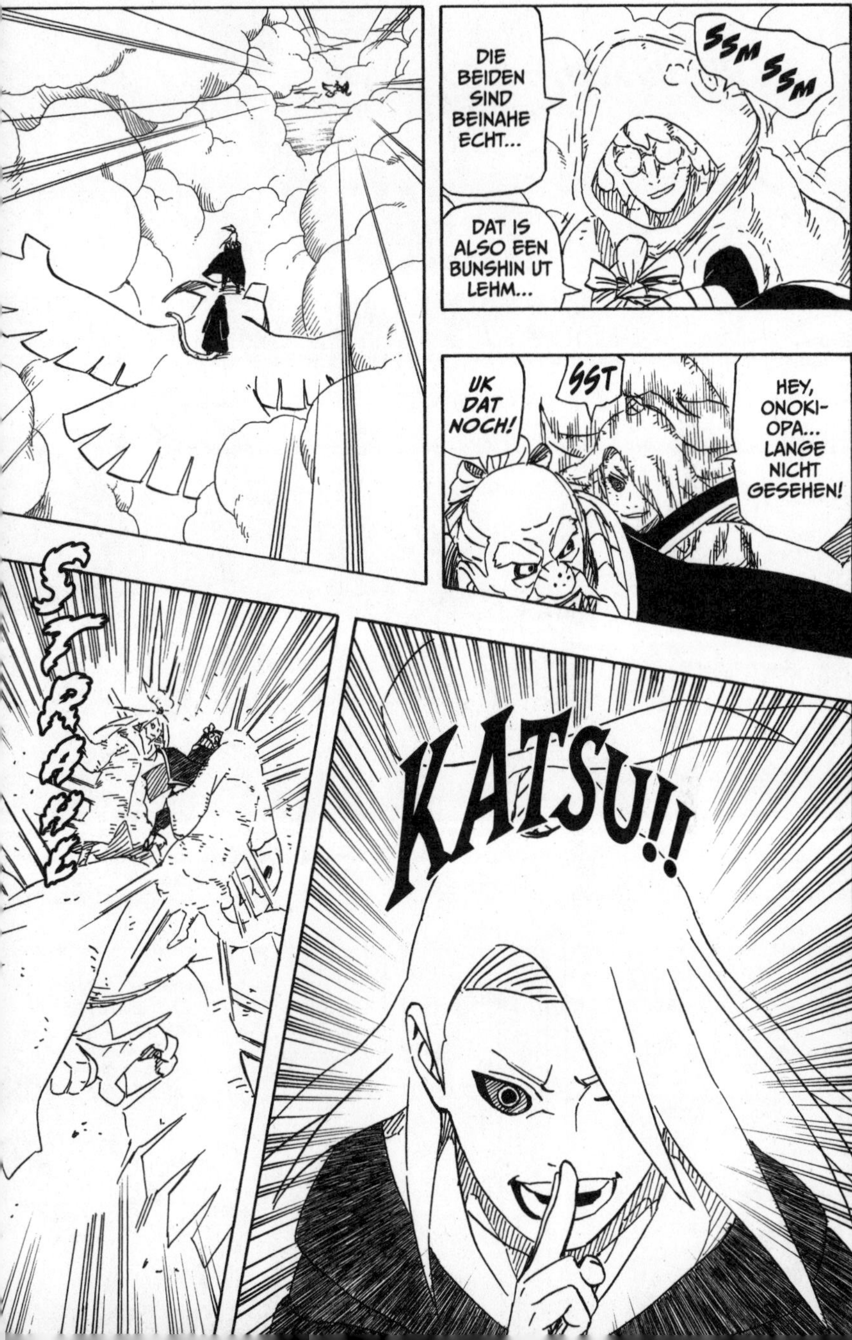
SSM SSM
DIE BEIDEN SIND BEINAHE ECHT...
DAT IS ALSO EEN BUNSHIN UT LEHM...
HEY, ONOKI-OPA... LANGE NICHT GESEHEN!
SST
UK DAT NOCH!
KATSU!!

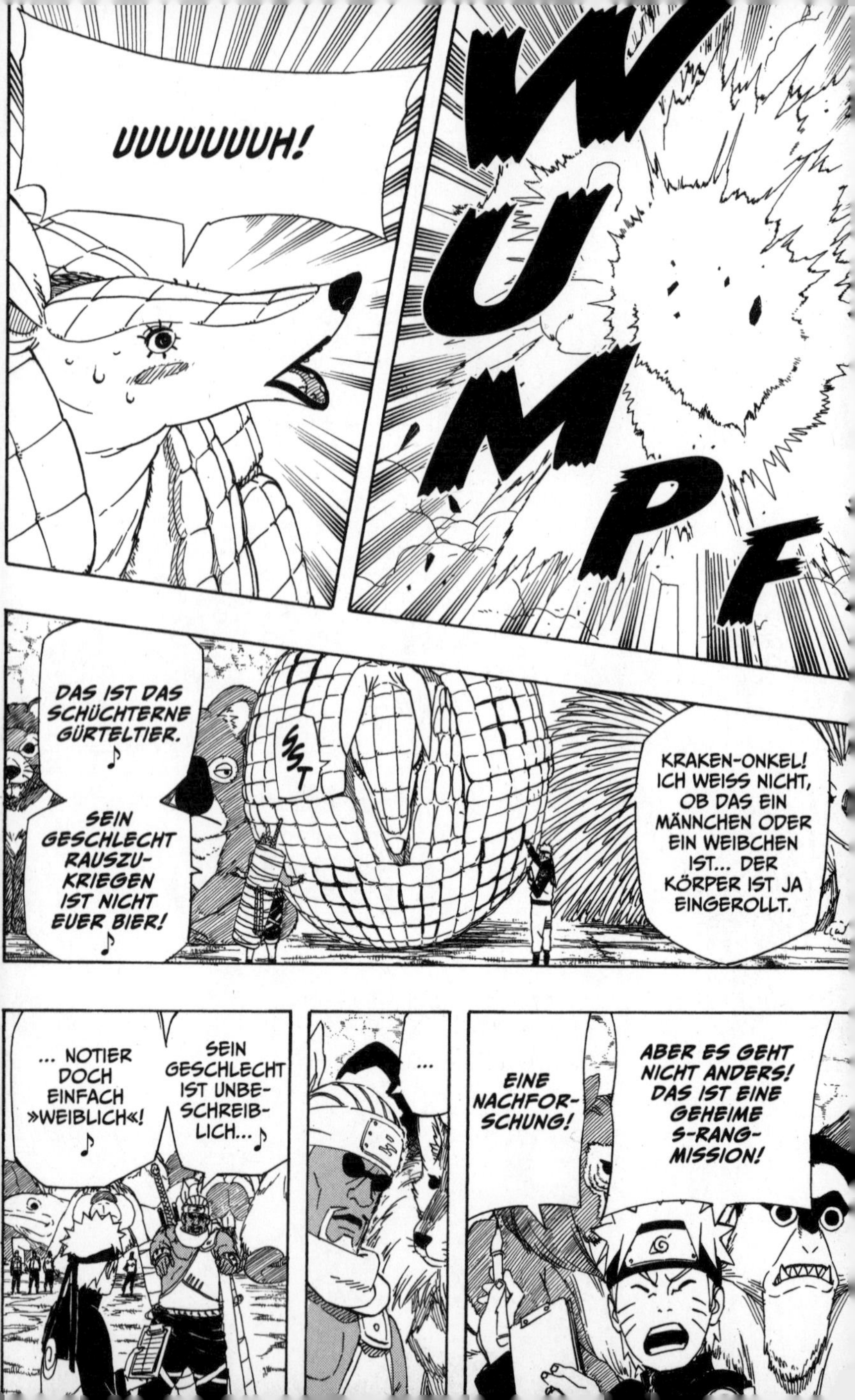
WUMPF
UUUUUUUH!
KRAKEN-ONKEL! ICH WEISS NICHT, OB DAS EIN MÄNNCHEN ODER EIN WEIBCHEN IST... DER KÖRPER IST JA EINGEROLLT.
SST
DAS IST DAS SCHÜCHTERNE GÜRTELTIER. ♪
SEIN GESCHLECHT RAUSZUKRIEGEN IST NICHT EUER BIER! ♪
ABER ES GEHT NICHT ANDERS! DAS IST EINE GEHEIME S-RANG-MISSION!
EINE NACHFORSCHUNG!
...
SEIN GESCHLECHT IST UNBESCHREIBLICH... ♪
... NOTIER DOCH EINFACH »WEIBLICH«! ♪

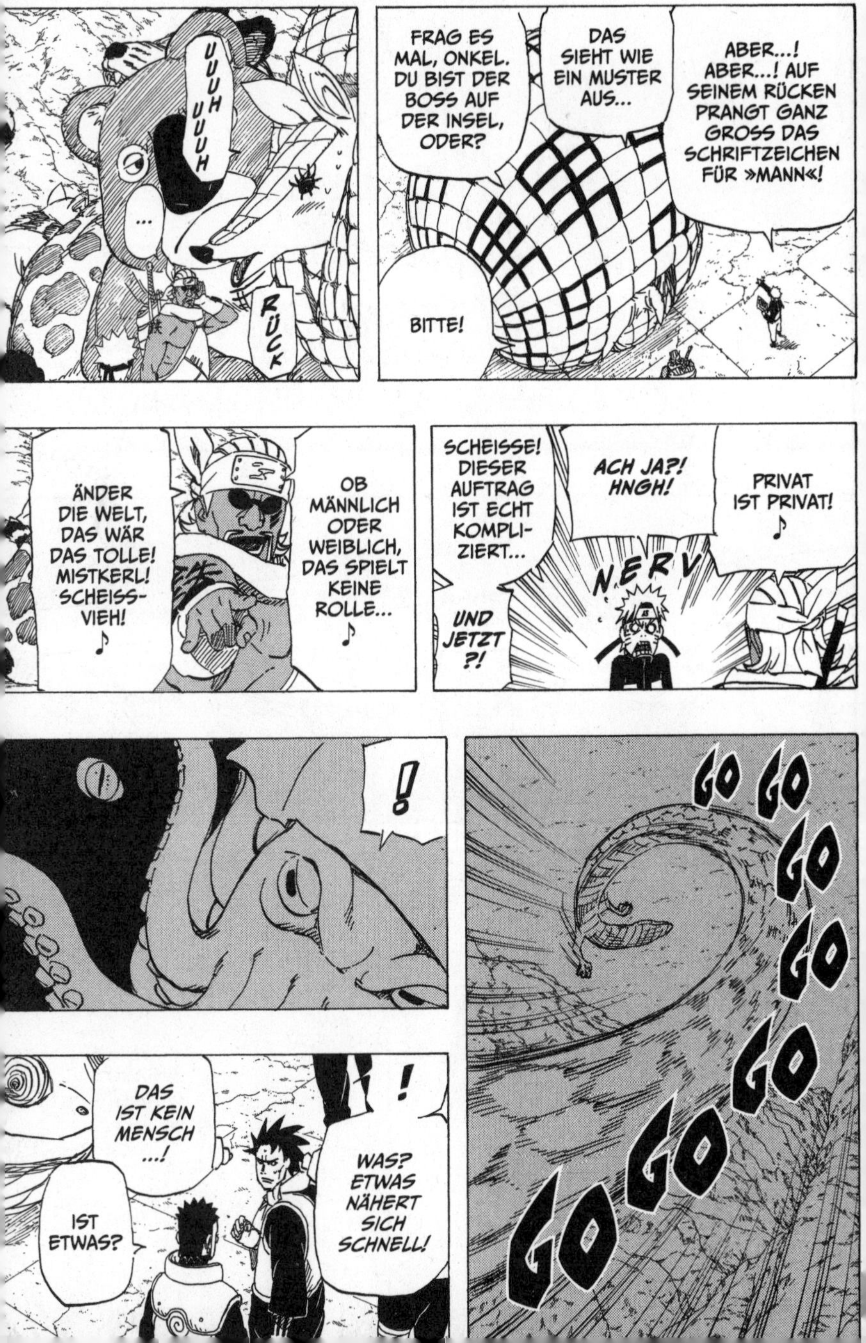
ABER...! ABER...! AUF SEINEM RÜCKEN PRANGT GANZ GROSS DAS SCHRIFTZEICHEN FÜR »MANN«!
DAS SIEHT WIE EIN MUSTER AUS...
FRAG ES MAL, ONKEL. DU BIST DER BOSS AUF DER INSEL, ODER?
BITTE!
UUUH UUUH UUUH
...
RÜCK
PRIVAT IST PRIVAT! ♪
ACH JA?! HNGH!
SCHEISSE! DIESER AUFTRAG IST ECHT KOMPLIZIERT...
UND JETZT ?!
NERV
OB MÄNNLICH ODER WEIBLICH, DAS SPIELT KEINE ROLLE... ♪
ÄNDER DIE WELT, DAS WÄR DAS TOLLE! MISTKERL! SCHEISSVIEH! ♪
GO GO GO GO GO GO GO GO GO GO
!
!
WAS? ETWAS NÄHERT SICH SCHNELL!
DAS IST KEIN MENSCH ...!
IST ETWAS?

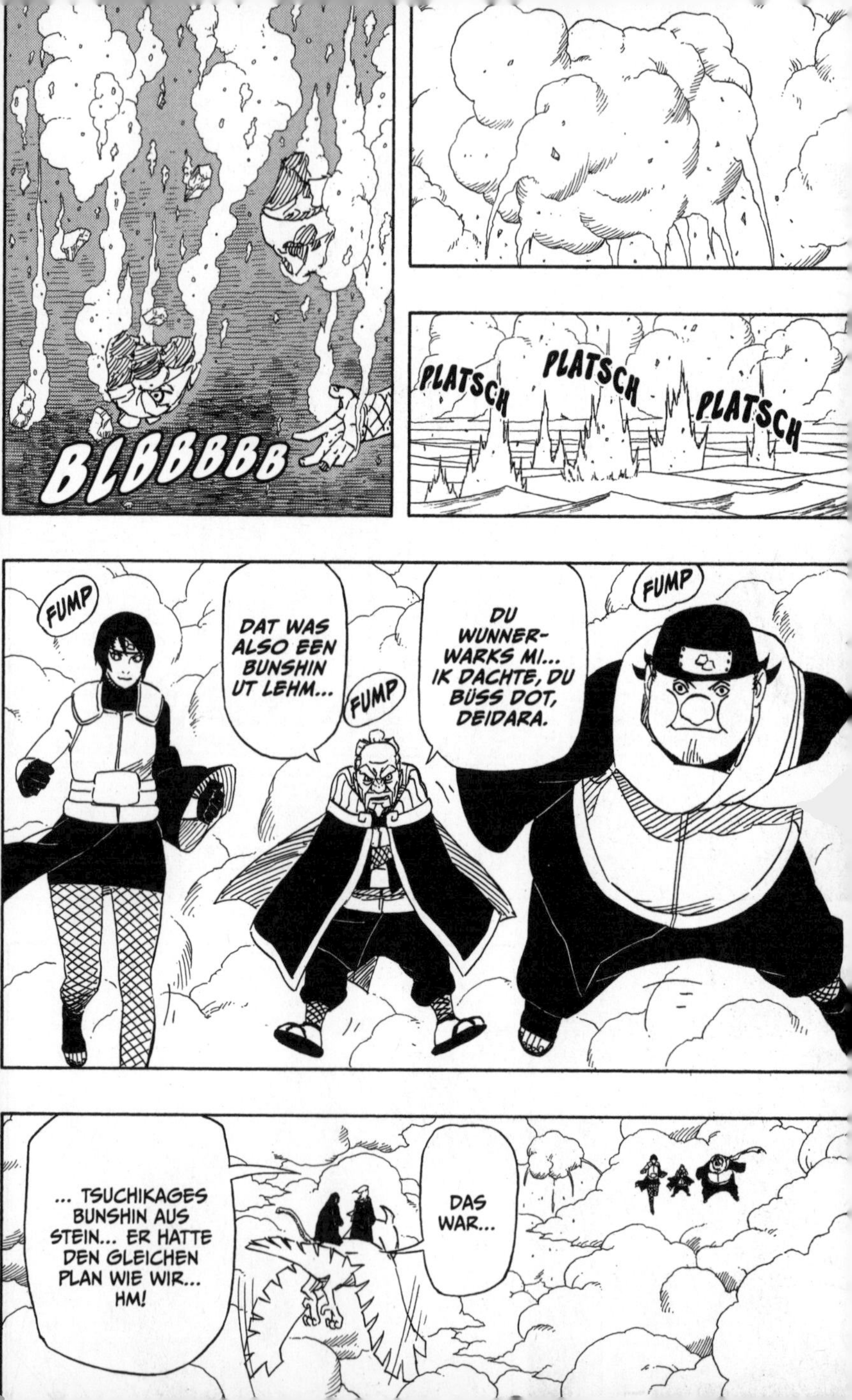
BLBBBBB
PLATSCH
PLATSCH
PLATSCH
FUMP
FUMP
DU WUNNER-WARKS MI... IK DACHTE, DU BÜSS DOT, DEIDARA.
FUMP
DAT WAS ALSO EEN BUNSHIN UT LEHM...
DAS WAR...
... TSUCHIKAGES BUNSHIN AUS STEIN... ER HATTE DEN GLEICHEN PLAN WIE WIR... HM!

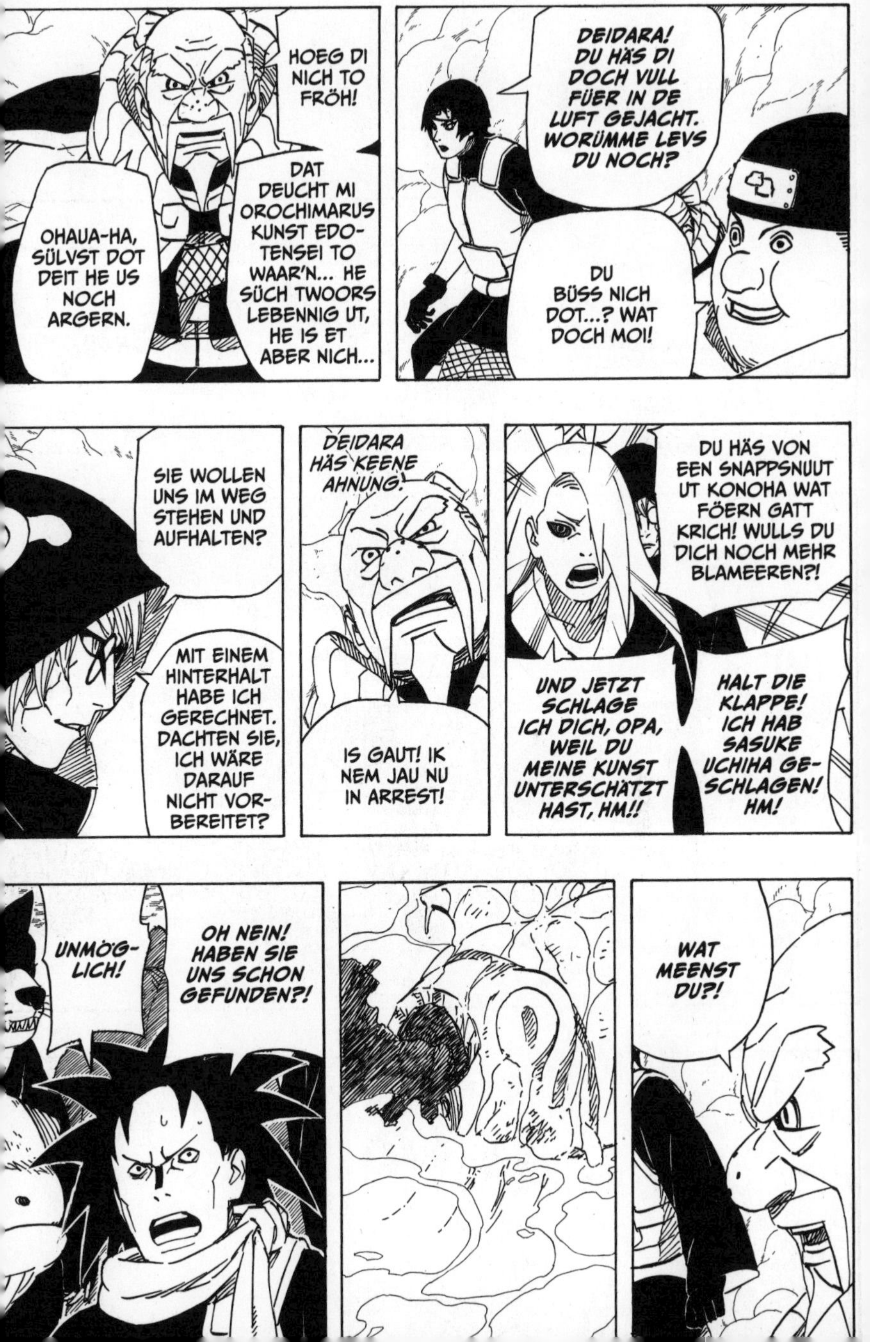
DEIDARA! DU HÄS DI DOCH VULL FÜER IN DE LUFT GEJACHT. WORÜMME LEVS DU NOCH?
DU BÜSS NICH DOT...? WAT DOCH MOI!
HOEG DI NICH TO FRÖH!
DAT DEUCHT MI OROCHIMARUS KUNST EDO-TENSEI TO WAAR'N... HE SÜCH TWOORS LEBENNIG UT, HE IS ET ABER NICH...
OHAUA-HA, SÜLVST DOT DEIT HE US NOCH ARGERN.
DU HÄS VON EEN SNAPPSNUUT UT KONOHA WAT FÖERN GATT KRICH! WULLS DU DICH NOCH MEHR BLAMEEREN?!
HALT DIE KLAPPE! ICH HAB SASUKE UCHIHA GESCHLAGEN! HM!
UND JETZT SCHLAGE ICH DICH, OPA, WEIL DU MEINE KUNST UNTERSCHÄTZT HAST, HM!!
DEIDARA HÄS KEENE AHNUNG.
IS GAUT! IK NEM JAU NU IN ARREST!
SIE WOLLEN UNS IM WEG STEHEN UND AUFHALTEN?
MIT EINEM HINTERHALT HABE ICH GERECHNET. DACHTEN SIE, ICH WÄRE DARAUF NICHT VORBEREITET?
WAT MEENST DU?!
OH NEIN! HABEN SIE UNS SCHON GEFUNDEN?!
UNMÖGLICH!

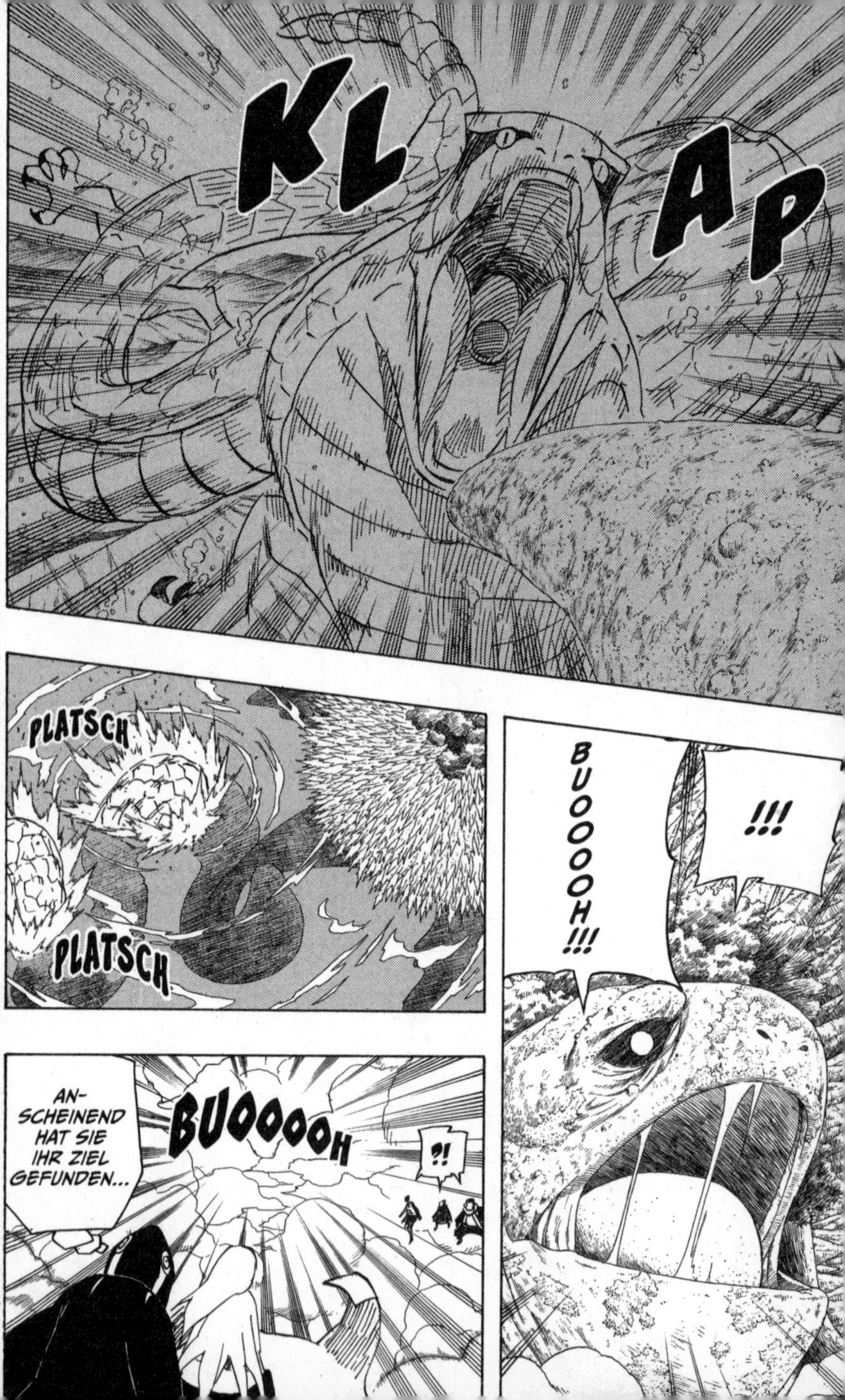
KLAP
BUOOOOOH!!!
!!!
PLATSCH
PLATSCH
BUOOOOH
?!
AN-SCHEINEND HAT SIE IHR ZIEL GEFUNDEN...

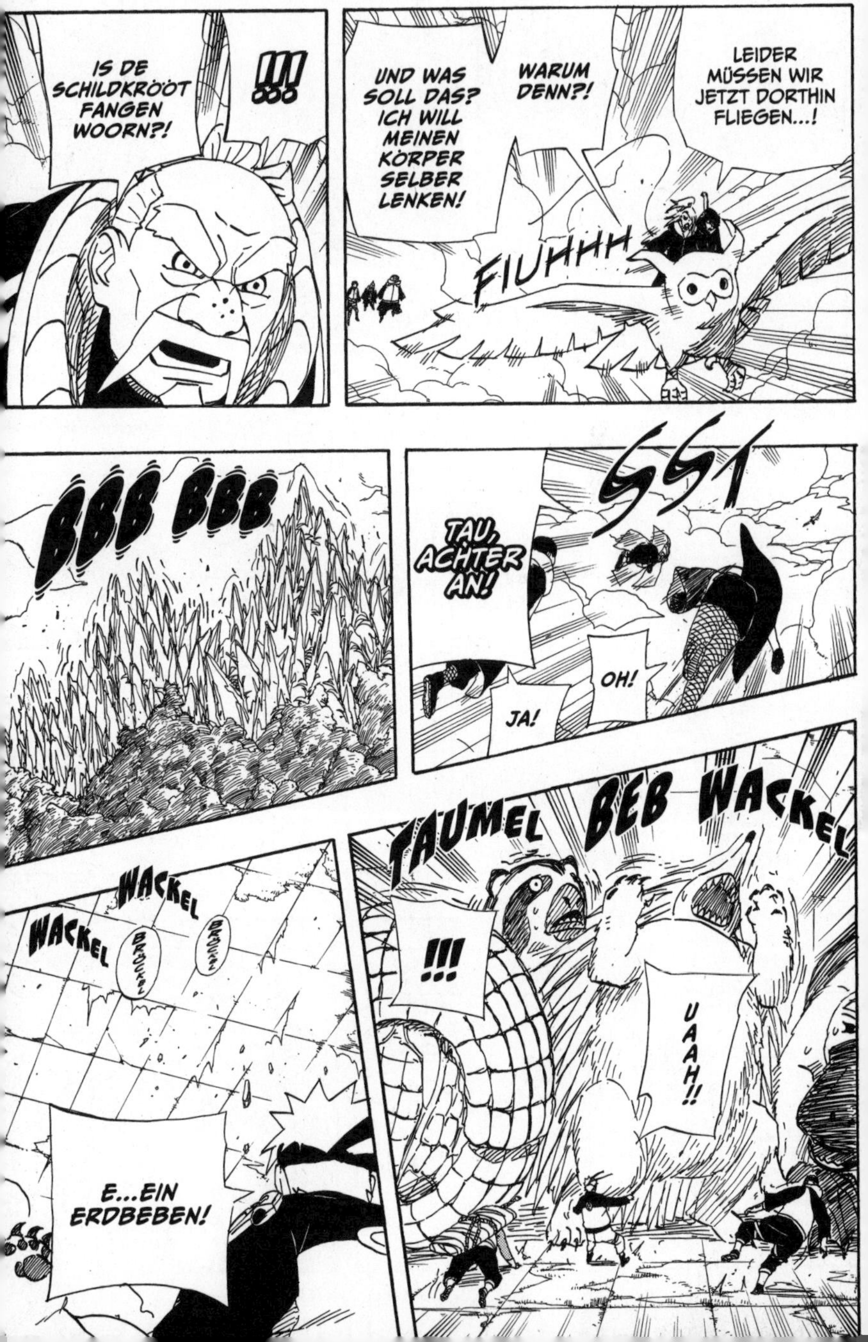
LEIDER MÜSSEN WIR JETZT DORTHIN FLIEGEN...!
WARUM DENN?!
UND WAS SOLL DAS? ICH WILL MEINEN KÖRPER SELBER LENKEN!
FIUHHH
!!!
IS DE SCHILDKRÖÖT FANGEN WOORN?!
SSI
TAU, ACHTER AN!
OH!
JA!
BBB BBB
TAUMEL
BEB
WACKEL
!!!
UAAH!!
WACKEL
WACKEL
BRÖCKEL
BRÖCKEL
E...EIN ERDBEBEN!

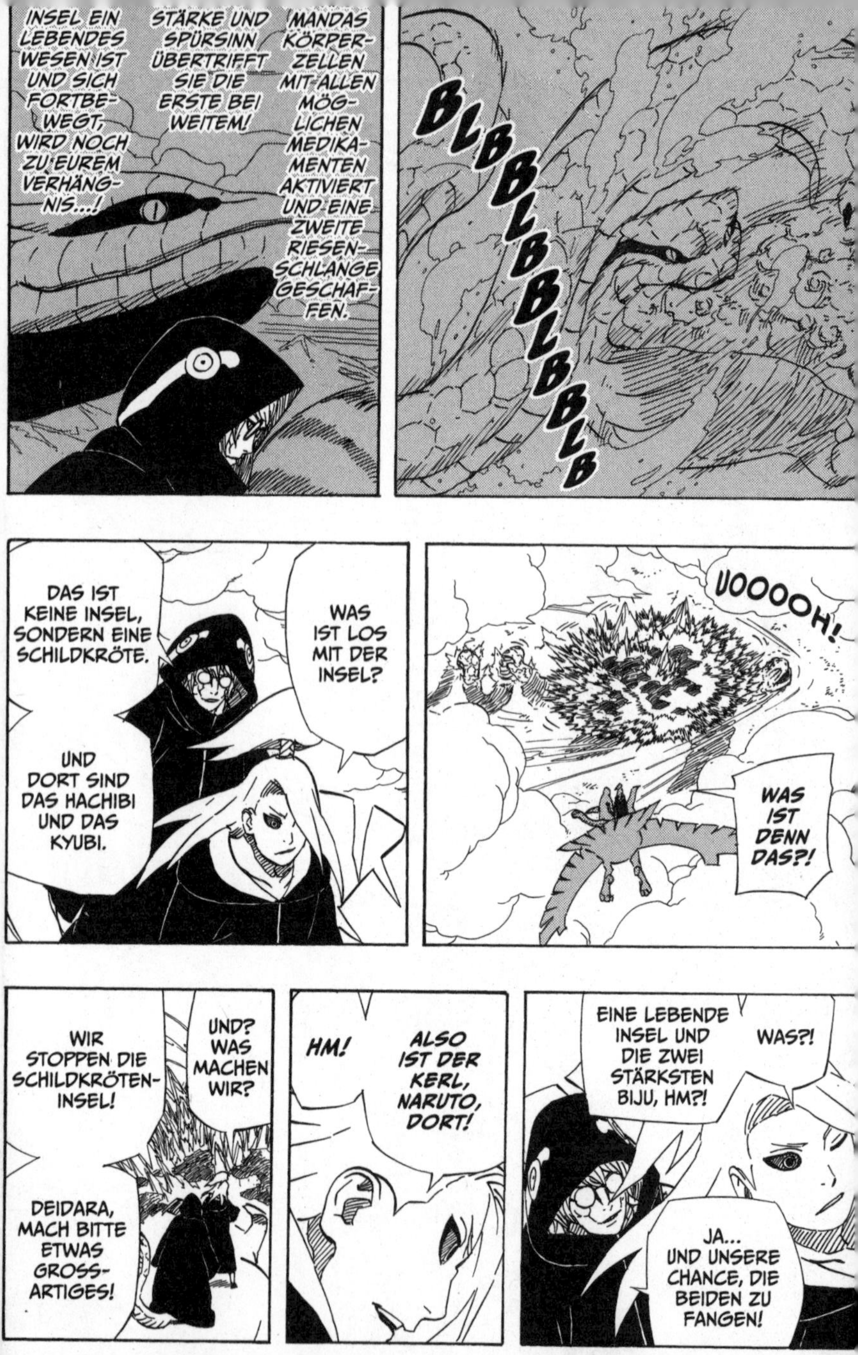
MANDAS KÖRPERZELLEN MIT ALLEN MÖGLICHEN MEDIKAMENTEN AKTIVIERT UND EINE ZWEITE RIESENSCHLANGE GESCHAFFEN.
STÄRKE UND SPÜRSINN ÜBERTRIFFT SIE DIE ERSTE BEI WEITEM!
INSEL EIN LEBENDES WESEN IST UND SICH FORTBEWEGT, WIRD NOCH ZU EUREM VERHÄNGNIS...!
UOOOOH!
WAS IST DENN DAS?!
WAS IST LOS MIT DER INSEL?
DAS IST KEINE INSEL, SONDERN EINE SCHILDKRÖTE.
UND DORT SIND DAS HACHIBI UND DAS KYUBI.
WAS?!
EINE LEBENDE INSEL UND DIE ZWEI STÄRKSTEN BIJU, HM?!
JA... UND UNSERE CHANCE, DIE BEIDEN ZU FANGEN!
ALSO IST DER KERL, NARUTO, DORT!
HM!
UND? WAS MACHEN WIR?
WIR STOPPEN DIE SCHILDKRÖTENINSEL!
DEIDARA, MACH BITTE ETWAS GROSSARTIGES!

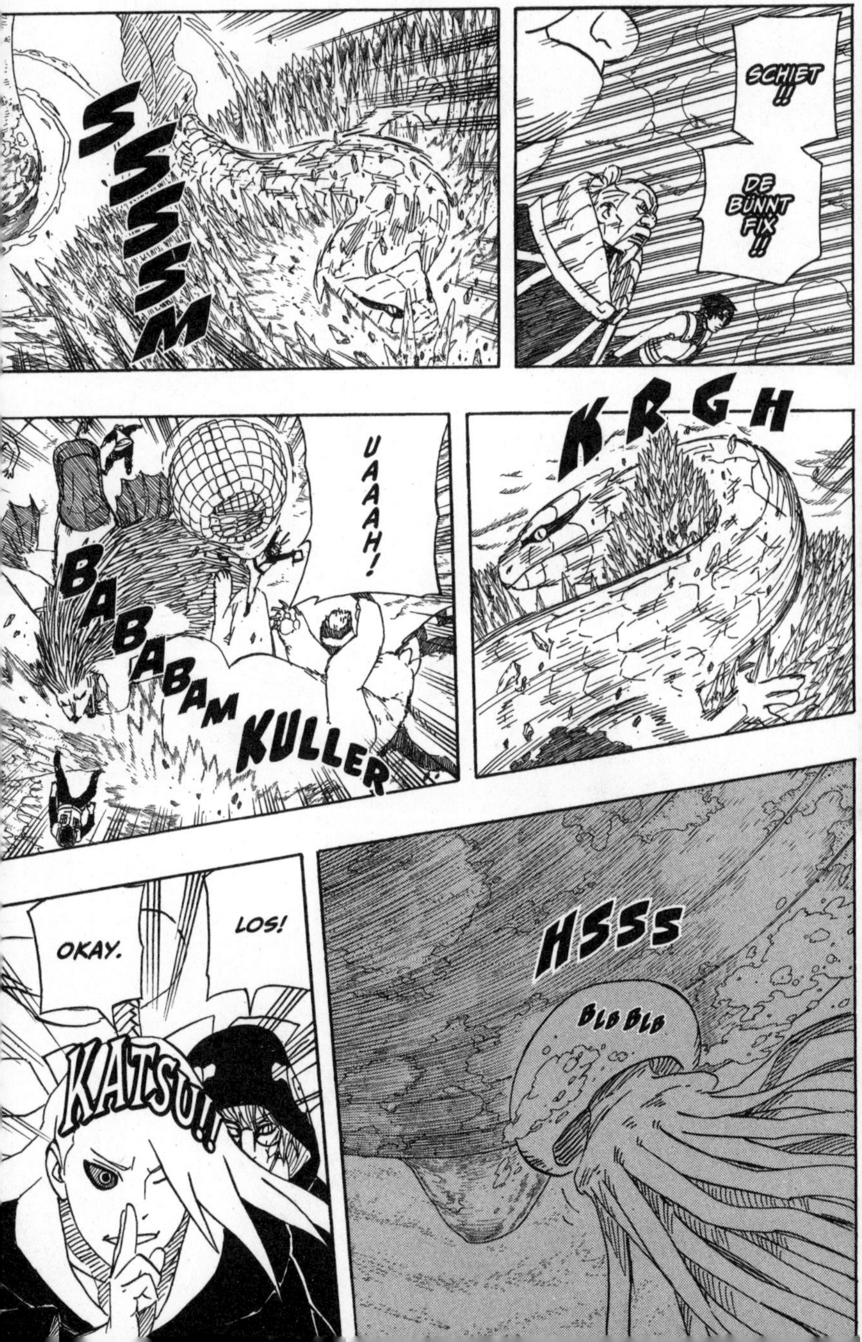
SCHIET!!
DE BÜNNT FIX!!
SSSSM
KRGH
UAAAAH!
BABABAM
KULLER
HSSS
BLB BLB
LOS!
OKAY.
KATSU!!

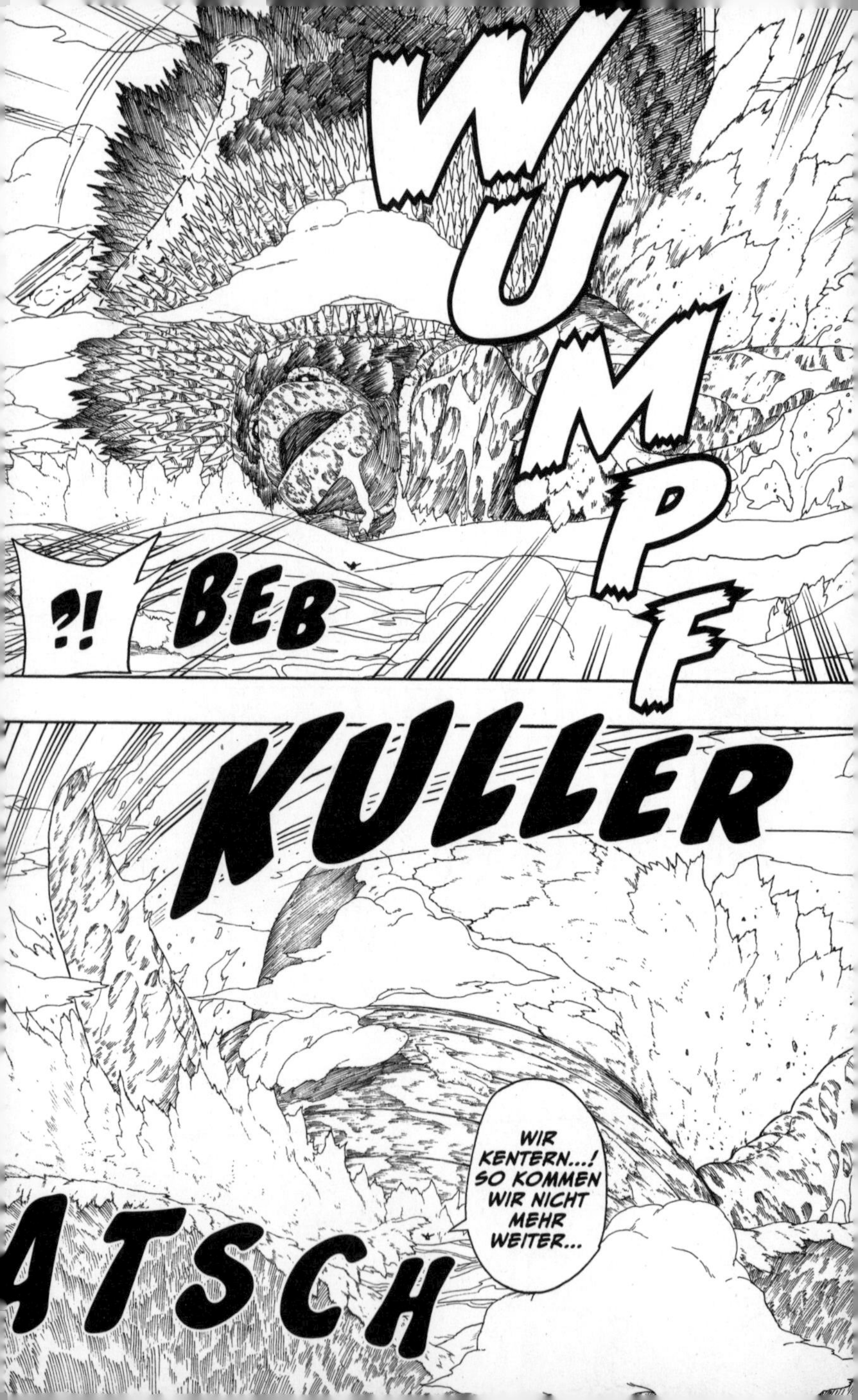
WUMPF
BEB
?!
KULLER
WIR KENTERN...! SO KOMMEN WIR NICHT MEHR WEITER...
ATSCH

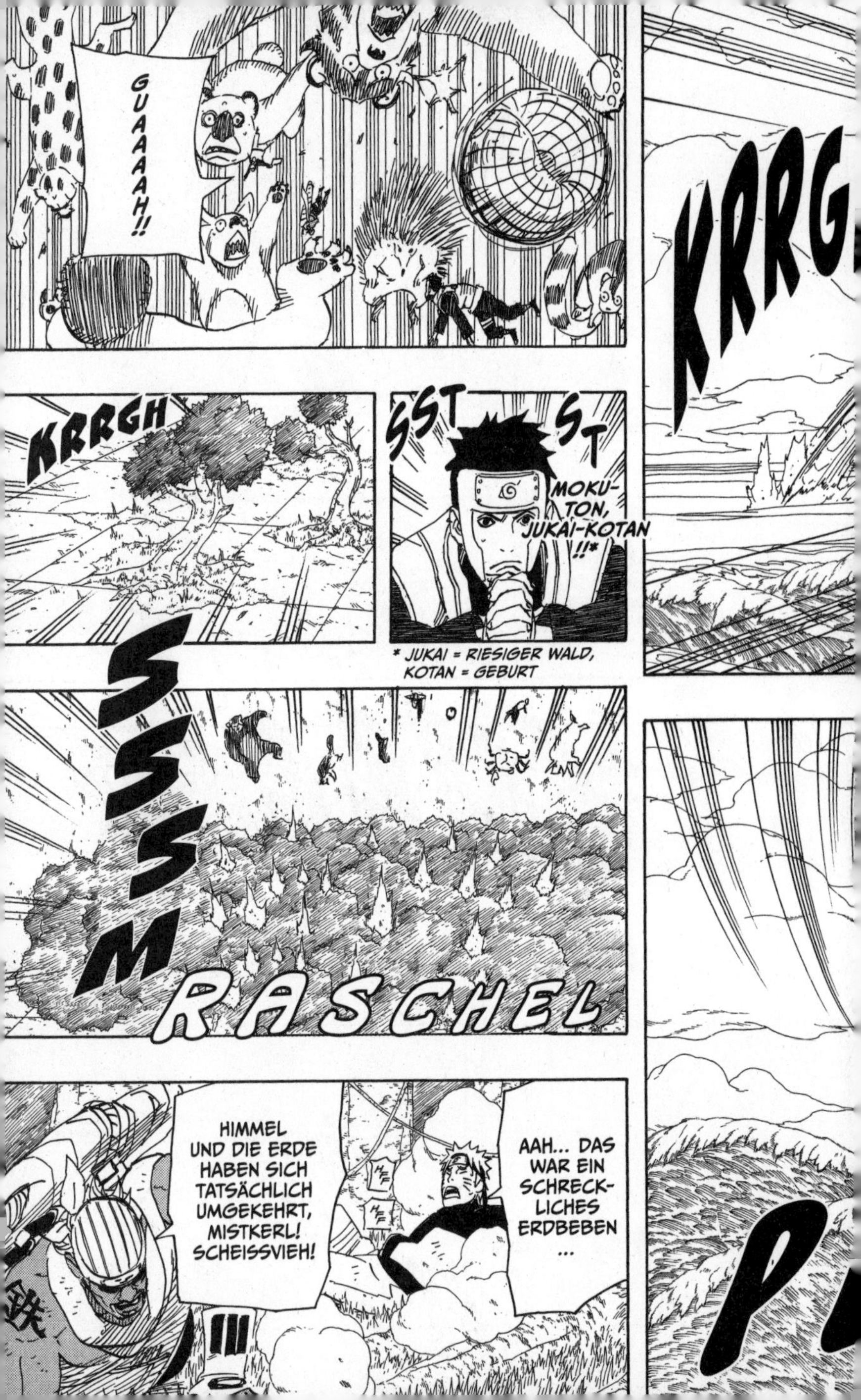

KRRG
GUAAAAAH!!
SST
ST
MOKU-TON, JUKAI-KOTAN!!*
KRRGH
* JUKAI = RIESIGER WALD, KOTAN = GEBURT
SSSM
RASCHEL
AAH... DAS WAR EIN SCHRECKLICHES ERDBEBEN ...
HIMMEL UND DIE ERDE HABEN SICH TATSÄCHLICH UMGEKEHRT, MISTKERL! SCHEISSVIEH!

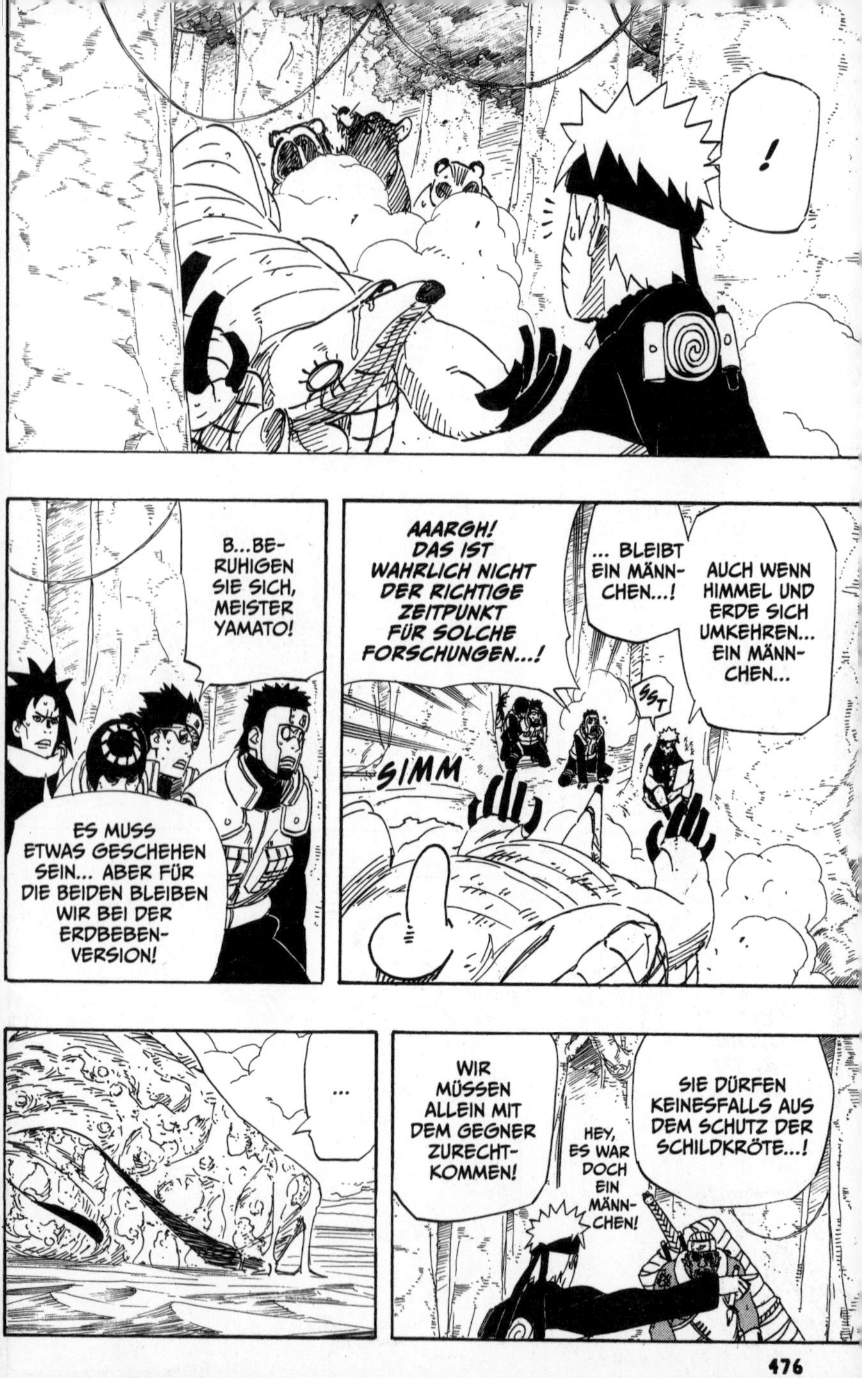

!
AUCH WENN HIMMEL UND ERDE SICH UMKEHREN... EIN MÄNNCHEN...
SST
... BLEIBT EIN MÄNNCHEN...!
AAARGH! DAS IST WAHRLICH NICHT DER RICHTIGE ZEITPUNKT FÜR SOLCHE FORSCHUNGEN...!
SIMM
B...BERUHIGEN SIE SICH, MEISTER YAMATO!
ES MUSS ETWAS GESCHEHEN SEIN... ABER FÜR DIE BEIDEN BLEIBEN WIR BEI DER ERDBEBEN-VERSION!
SIE DÜRFEN KEINESFALLS AUS DEM SCHUTZ DER SCHILDKRÖTE...!
HEY, ES WAR DOCH EIN MÄNNCHEN!
WIR MÜSSEN ALLEIN MIT DEM GEGNER ZURECHT-KOMMEN!
...

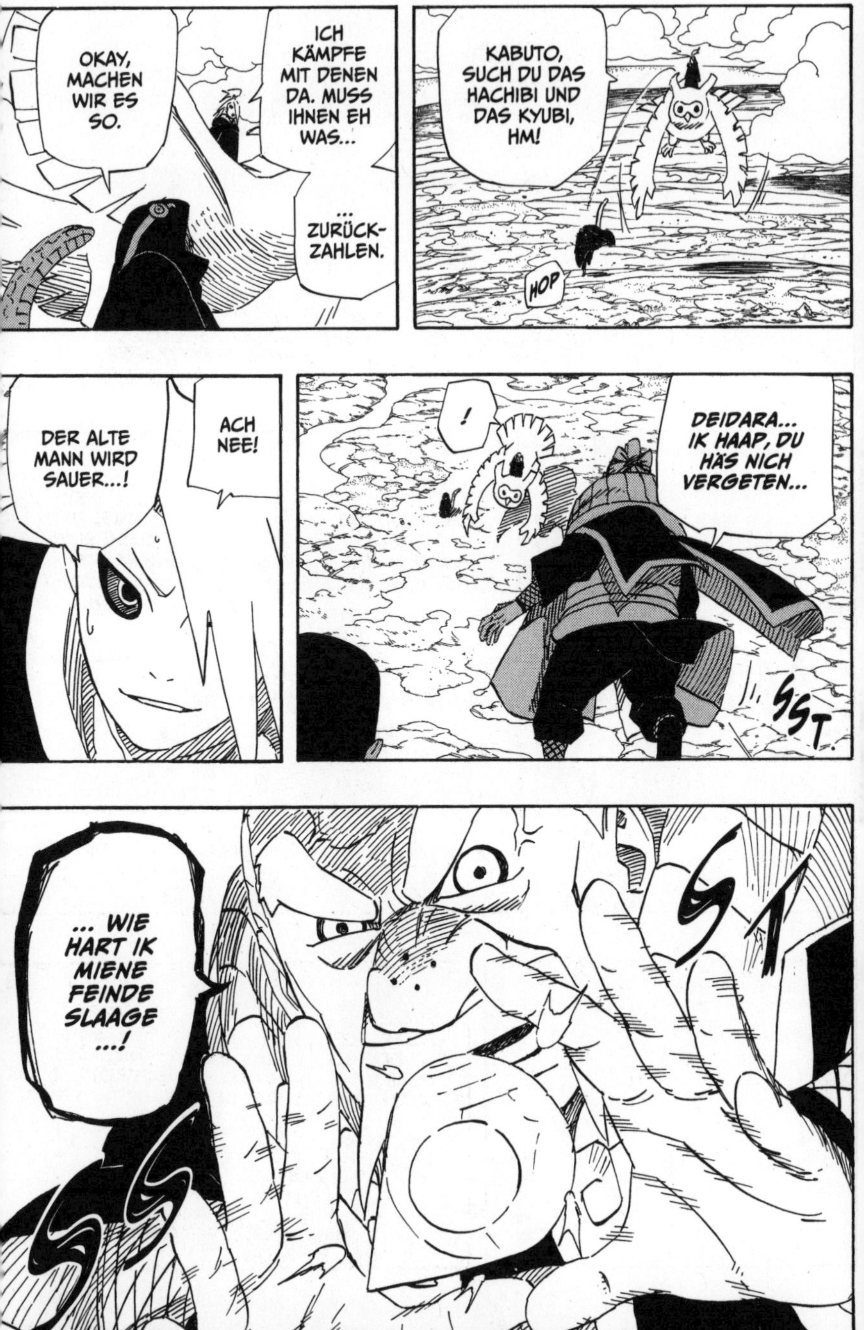

ICH KÄMPFE MIT DENEN DA. MUSS IHNEN EH WAS...
... ZURÜCK-ZAHLEN.
OKAY, MACHEN WIR ES SO.
KABUTO, SUCH DU DAS HACHIBI UND DAS KYUBI, HM!
HOP
!
DEIDARA... IK HAAP, DU HÄS NICH VERGETEN...
SST.
ACH NEE!
DER ALTE MANN WIRD SAUER...!
ST
... WIE HART IK MIENE FEINDE SLAAGE ...!
SS

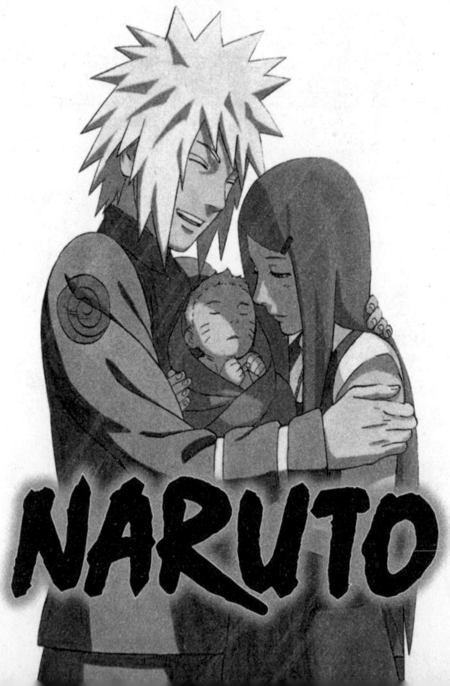
NARUTO

# 514. Kapitel: Kabutos Plan

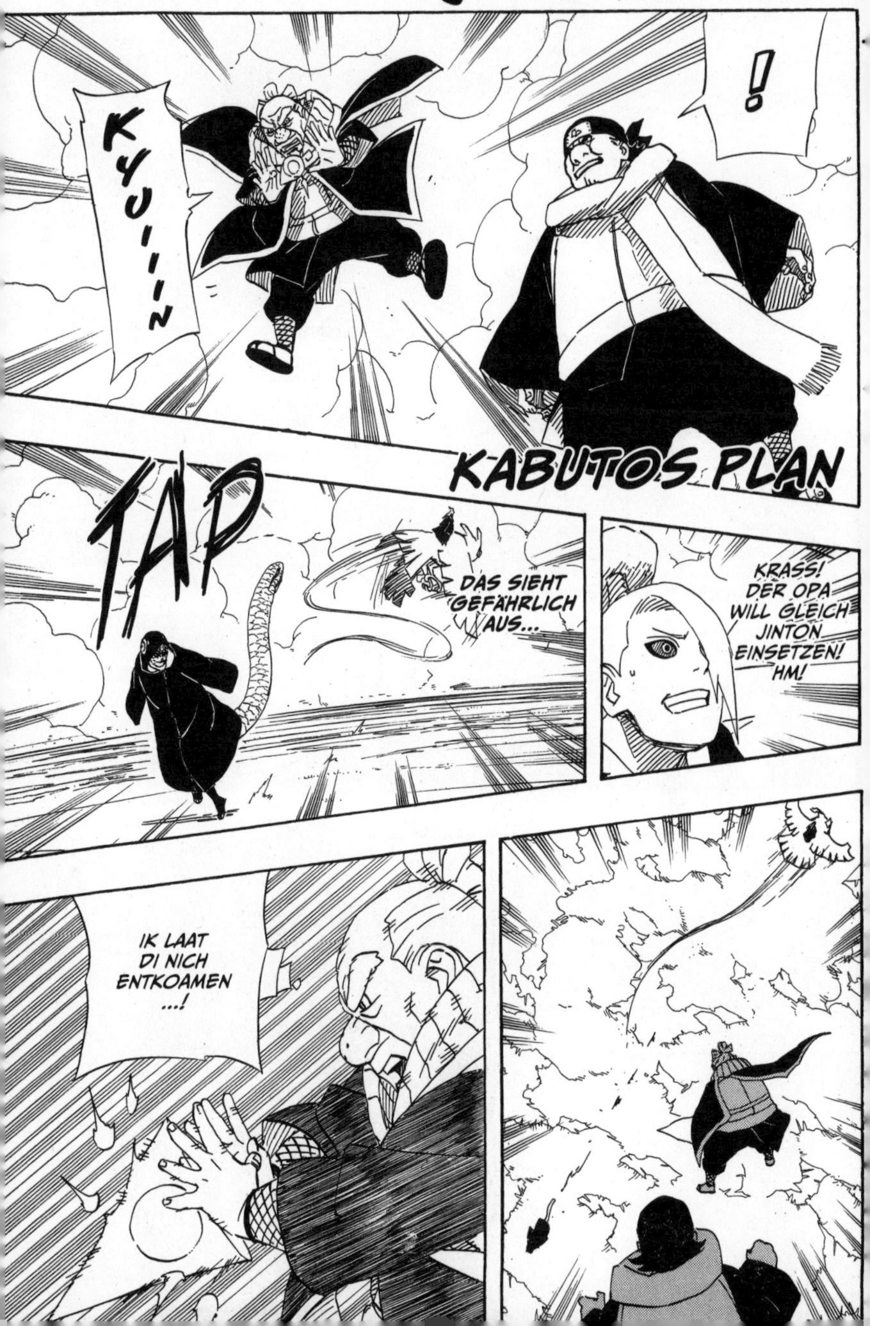

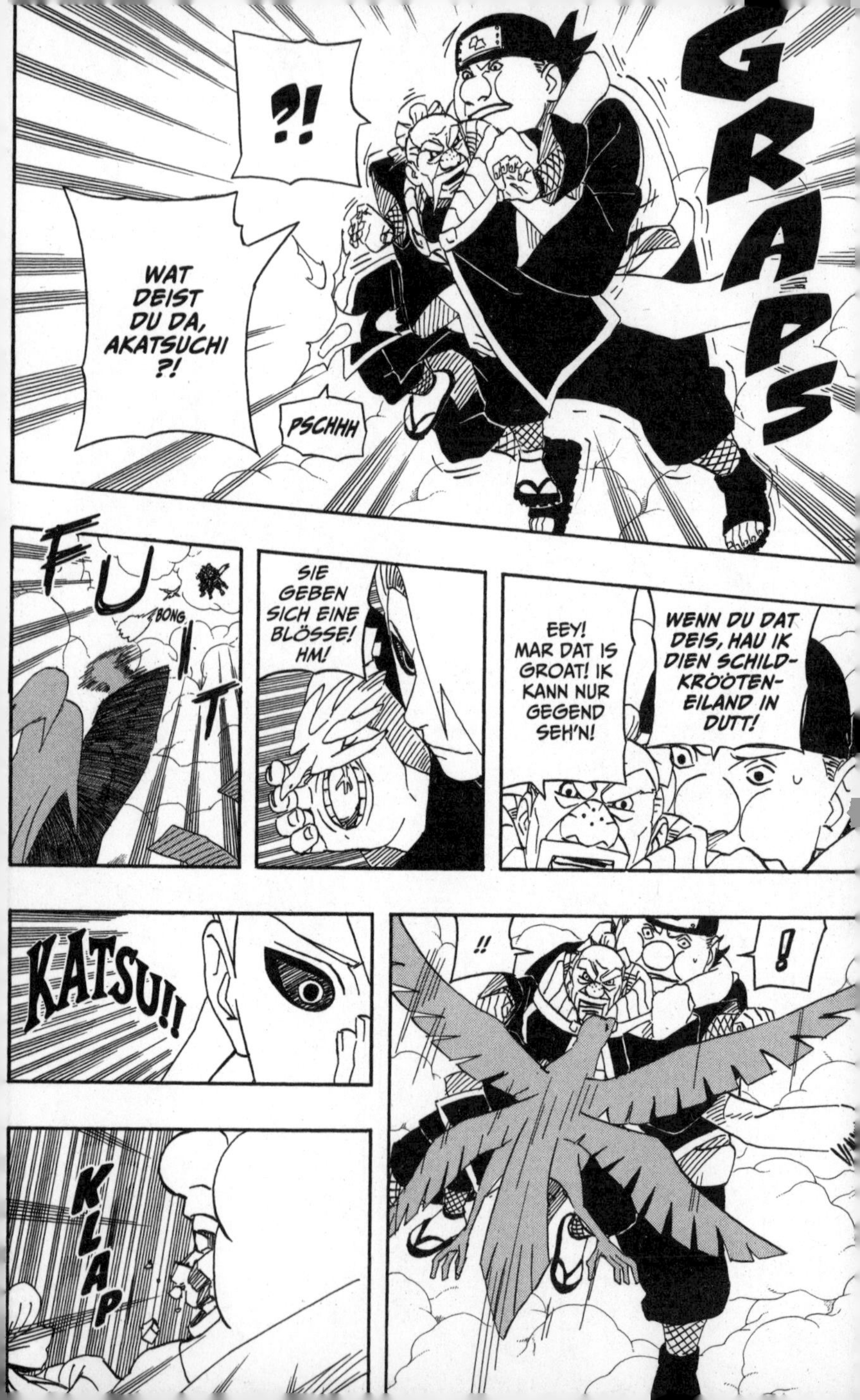
GRAPS
?!
WAT DEIST DU DA, AKATSUCHI ?!
PSCHHH
WENN DU DAT DEIS, HAU IK DIEN SCHILD-KRÖÖTEN-EILAND IN DUTT!
EEY! MAR DAT IS GROAT! IK KANN NUR GEGEND SEH'N!
SIE GEBEN SICH EINE BLÖSSE! HM!
FUIT
BONG
!
!!
KATSU!!
KLAP

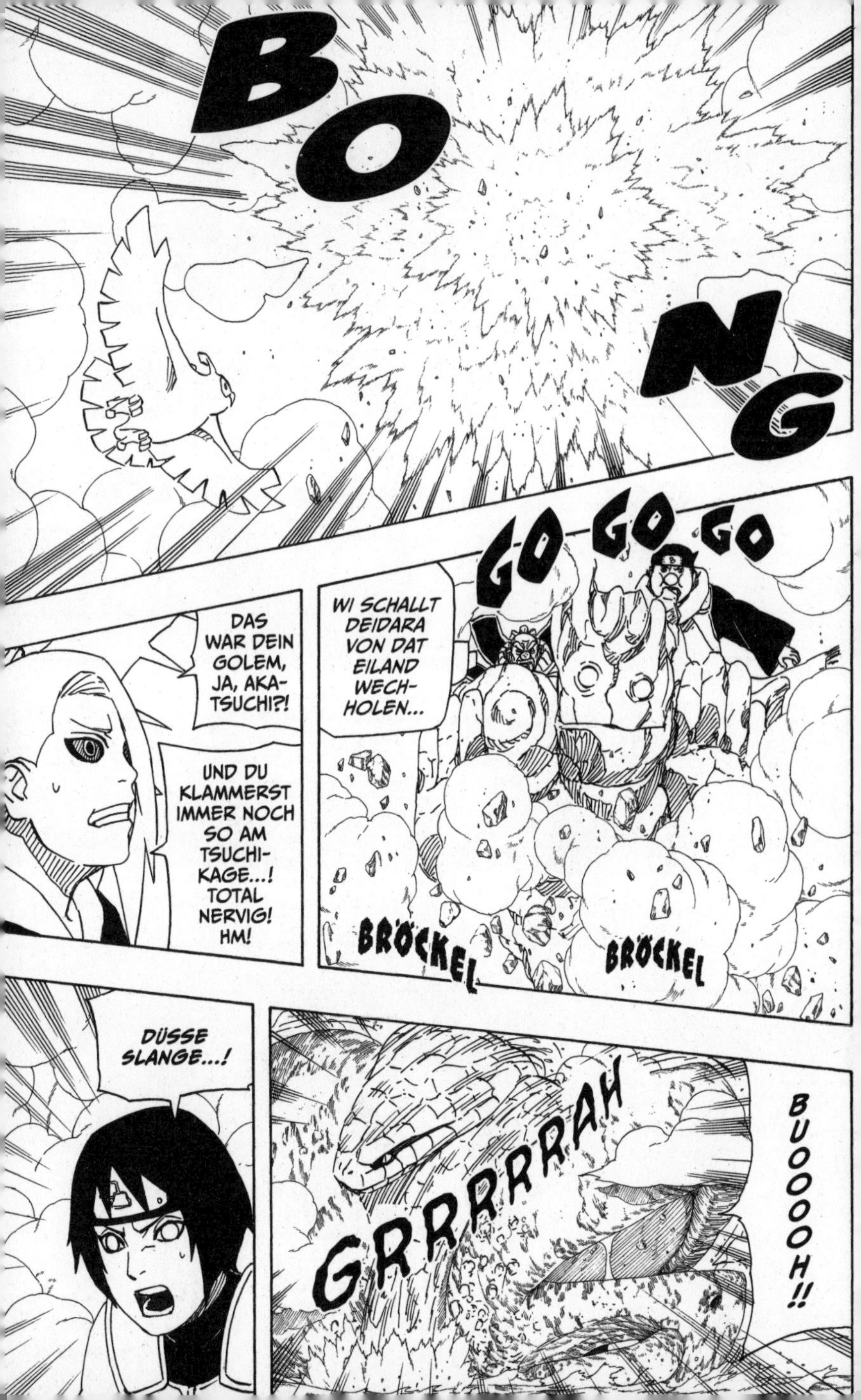
BO
NG
GO GO GO
WI SCHALLT DEIDARA VON DAT EILAND WECH-HOLEN...
BRÖCKEL
BRÖCKEL
DAS WAR DEIN GOLEM, JA, AKA-TSUCHI?!
UND DU KLAMMERST IMMER NOCH SO AM TSUCHI-KAGE...! TOTAL NERVIG! HM!
BUOOOOOH!!
GRRRRRAH
DÜSSE SLANGE...!

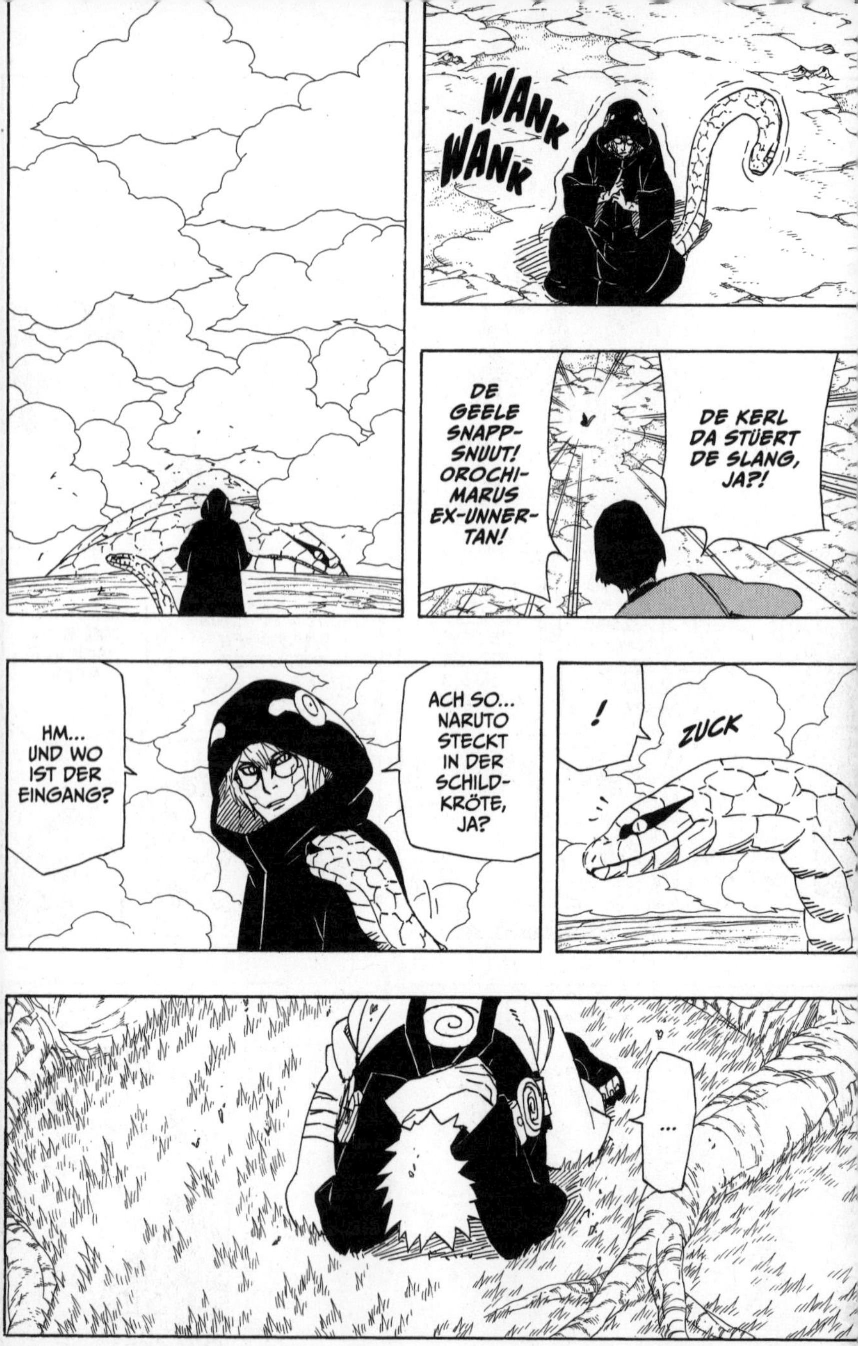
WANK WANK
DE KERL DA STÜERT DE SLANG, JA?!
DE GEELE SNAPP-SNUUT! OROCHIMARUS EX-UNNERTAN!
!
ZUCK
ACH SO... NARUTO STECKT IN DER SCHILDKRÖTE, JA?
HM... UND WO IST DER EINGANG?
...

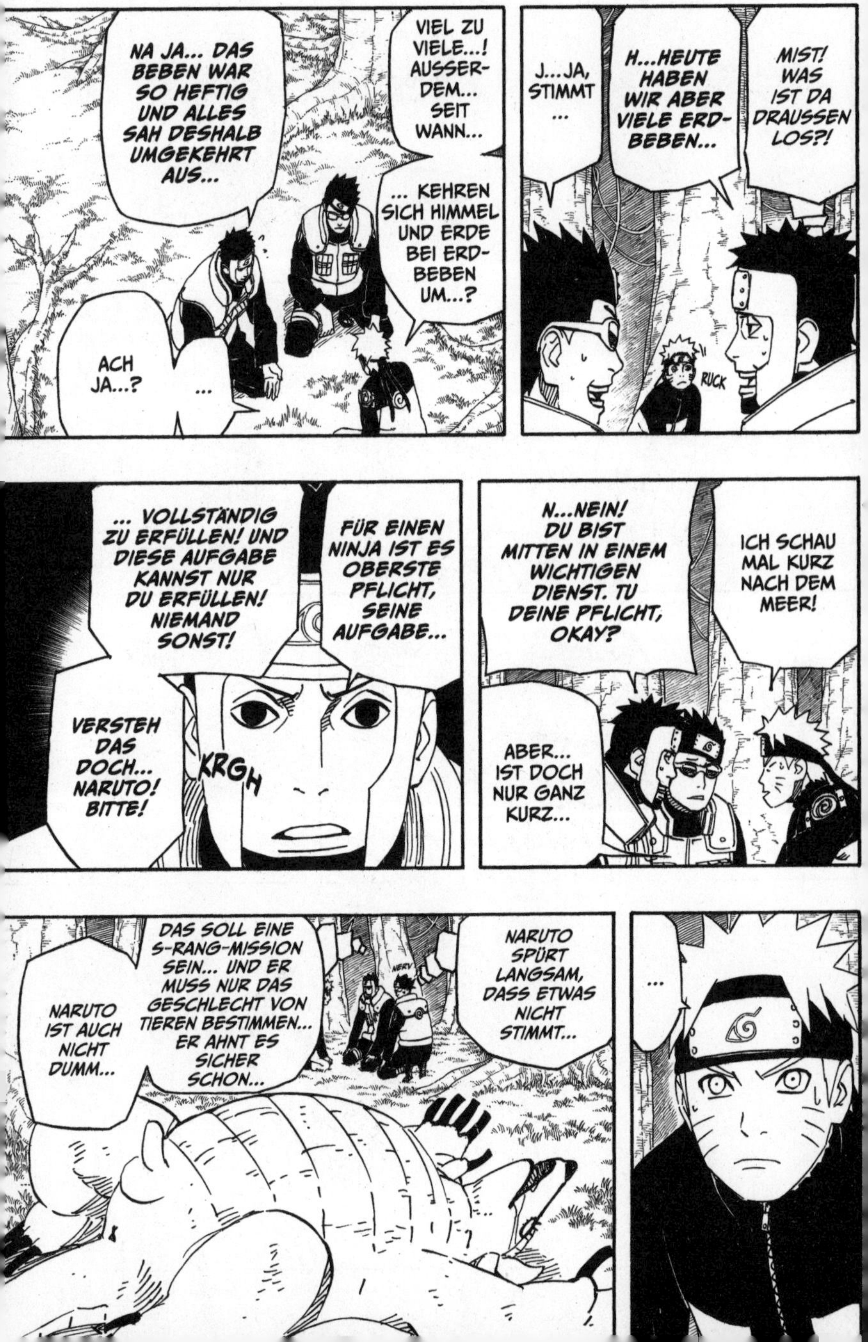
MIST! WAS IST DA DRAUSSEN LOS?!
H...HEUTE HABEN WIR ABER VIELE ERD-BEBEN...
J...JA, STIMMT ...
RUCK
VIEL ZU VIELE...! AUSSER-DEM... SEIT WANN...
... KEHREN SICH HIMMEL UND ERDE BEI ERD-BEBEN UM...?
NA JA... DAS BEBEN WAR SO HEFTIG UND ALLES SAH DESHALB UMGEKEHRT AUS...
...
ACH JA...?
ICH SCHAU MAL KURZ NACH DEM MEER!
N...NEIN! DU BIST MITTEN IN EINEM WICHTIGEN DIENST. TU DEINE PFLICHT, OKAY?
ABER... IST DOCH NUR GANZ KURZ...
FÜR EINEN NINJA IST ES OBERSTE PFLICHT, SEINE AUFGABE...
... VOLLSTÄNDIG ZU ERFÜLLEN! UND DIESE AUFGABE KANNST NUR DU ERFÜLLEN! NIEMAND SONST!
VERSTEH DAS DOCH... NARUTO! BITTE!
KRGH
...
NARUTO SPÜRT LANGSAM, DASS ETWAS NICHT STIMMT...
DAS SOLL EINE S-RANG-MISSION SEIN... UND ER MUSS NUR DAS GESCHLECHT VON TIEREN BESTIMMEN... ER AHNT ES SICHER SCHON...
NARUTO IST AUCH NICHT DUMM...

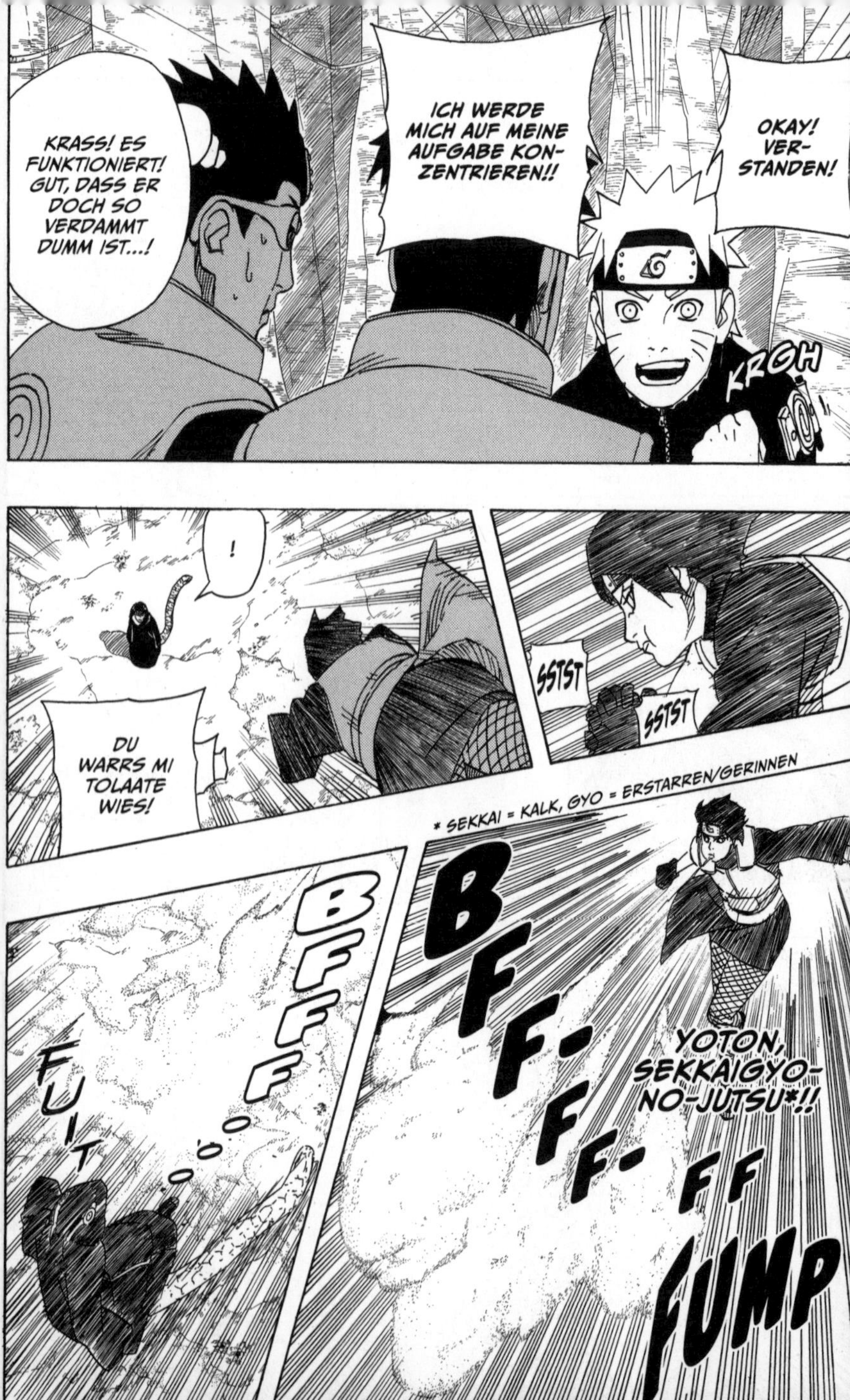
OKAY! VER-STANDEN!
ICH WERDE MICH AUF MEINE AUFGABE KON-ZENTRIEREN!!
KRASS! ES FUNKTIONIERT! GUT, DASS ER DOCH SO VERDAMMT DUMM IST...!
KRGH
SSTST
SSTST
!
DU WARRS MI TOLAATE WIES!
* SEKKAI = KALK, GYO = ERSTARREN/GERINNEN
YOTON, SEKKAIGYO-NO-JUTSU*!!
BFFF-F-F- FF
FUMP
BFFF
FUIT

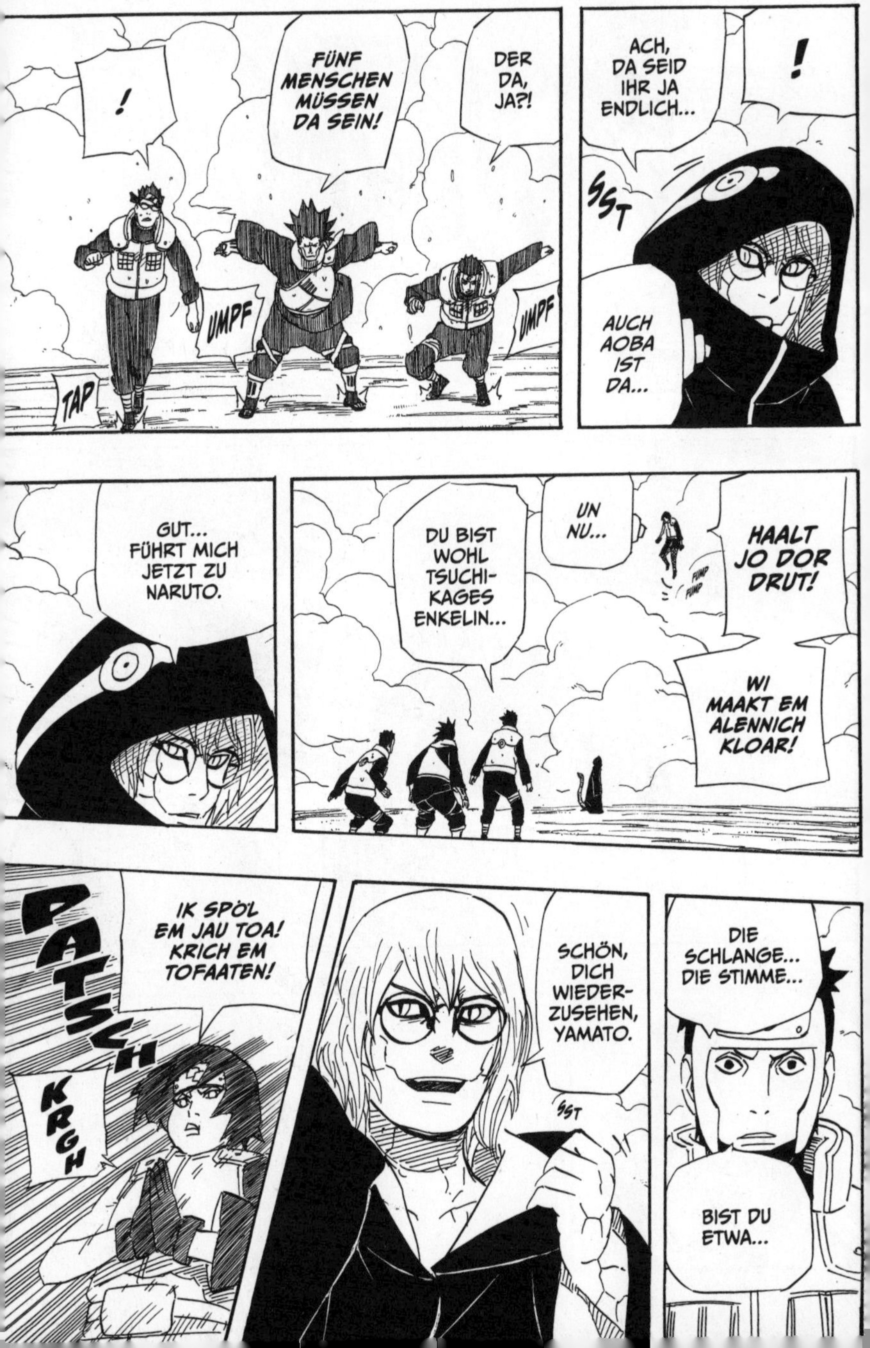
ACH, DA SEID IHR JA ENDLICH...
!
SST
AUCH AOBA IST DA...
DER DA, JA?!
FÜNF MENSCHEN MÜSSEN DA SEIN!
!
UMPF
UMPF
TAP
HAALT JO DOR DRUT!
WI MAAKT EM ALENNICH KLOAR!
UN NU...
FUMP FUMP
DU BIST WOHL TSUCHIKAGES ENKELIN...
GUT... FÜHRT MICH JETZT ZU NARUTO.
DIE SCHLANGE... DIE STIMME...
BIST DU ETWA...
SCHÖN, DICH WIEDERZUSEHEN, YAMATO.
SST
IK SPÖL EM JAU TOA! KRICH EM TOFAATEN!
PATSCH
KRGH

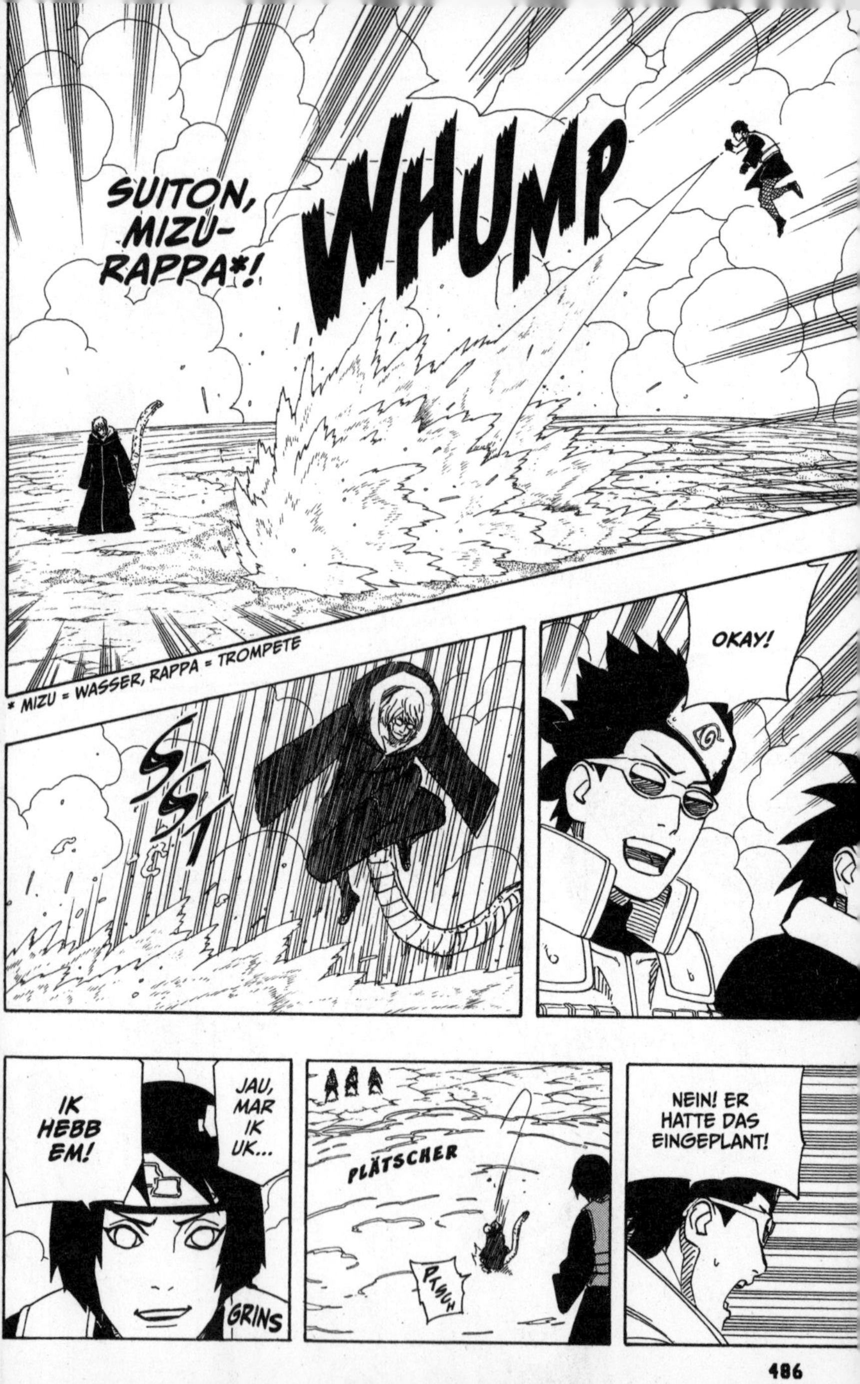

WHUMP
SUITON, MIZU-RAPPA*!
* MIZU = WASSER, RAPPA = TROMPETE
OKAY!
SSST
NEIN! ER HATTE DAS EINGEPLANT!
PLÄTSCHER
PTSCH
JAU, MAR IK UK...
IK HEBB EM!
GRINS

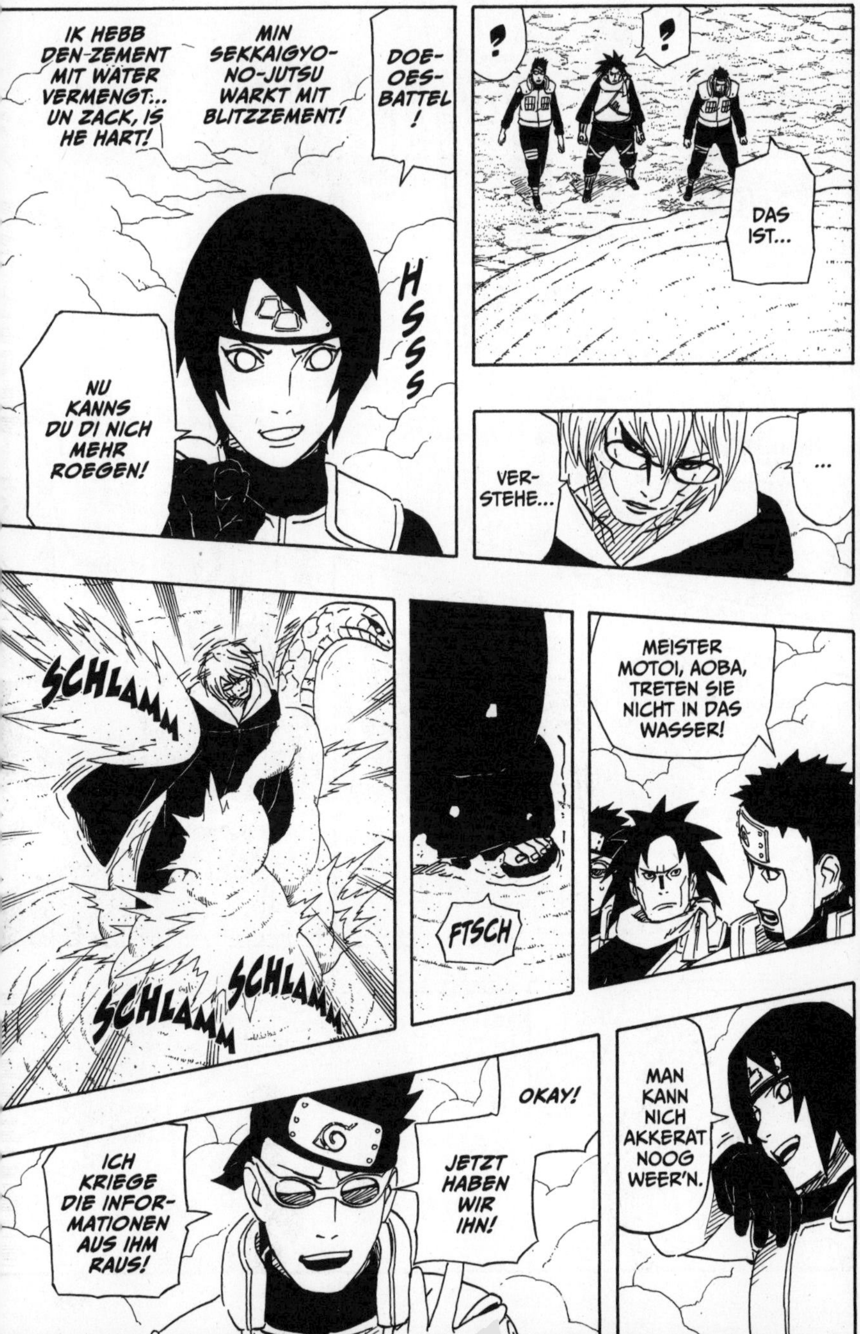
?
?
DAS IST...
DOE-OES-BATTEL!
MIN SEKKAIGYO-NO-JUTSU WARKT MIT BLITZZEMENT!
IK HEBB DEN-ZEMENT MIT WÄTER VERMENGT... UN ZACK, IS HE HART!
HSSS
NU KANNS DU DI NICH MEHR ROEGEN!
...
VER-STEHE...
MEISTER MOTOI, AOBA, TRETEN SIE NICHT IN DAS WASSER!
FTSCH
SCHLAMM
SCHLAMM
SCHLAMM
MAN KANN NICH AKKERAT NOOG WEER'N.
OKAY!
JETZT HABEN WIR IHN!
ICH KRIEGE DIE INFORMATIONEN AUS IHM RAUS!

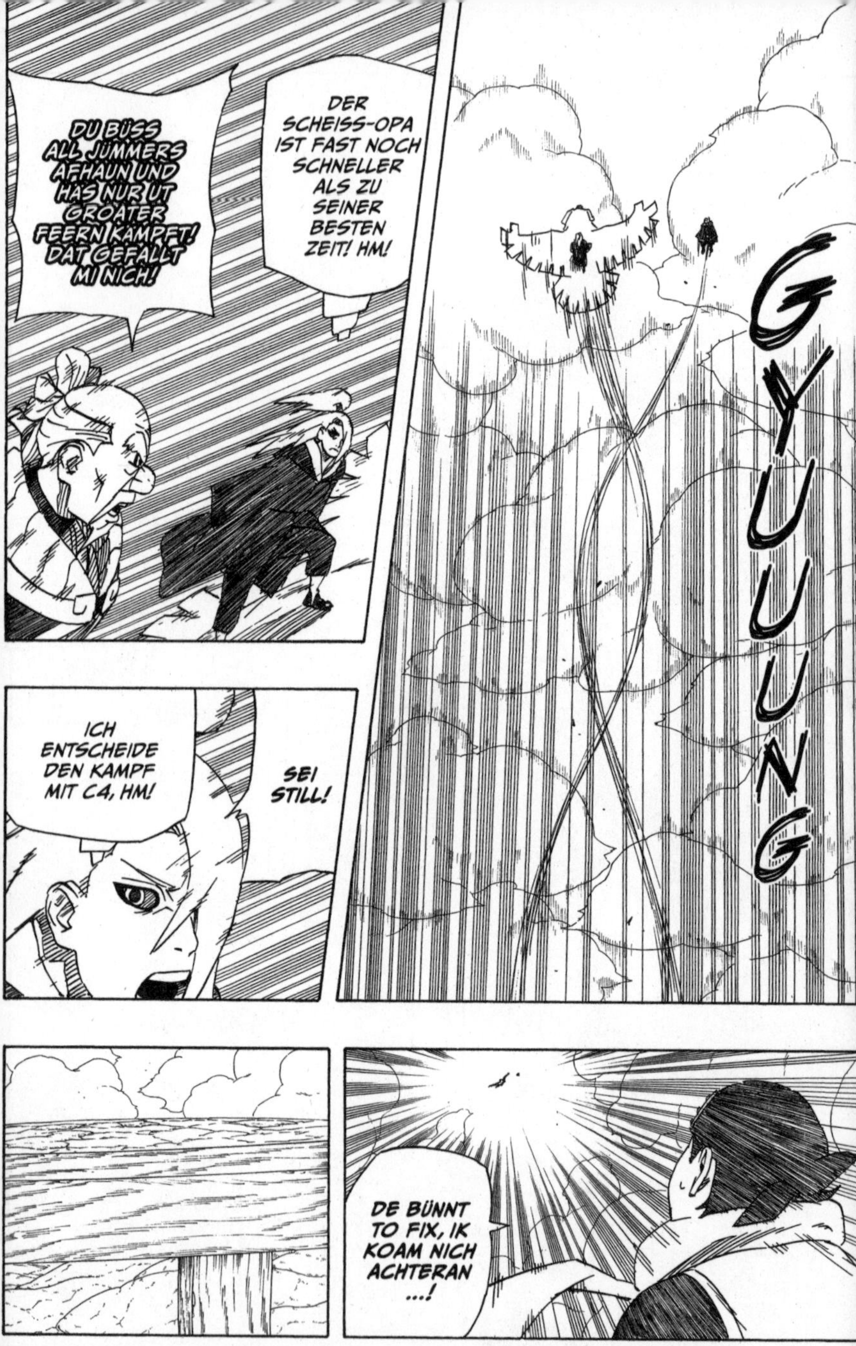
GYUUNG
DER SCHEISS-OPA IST FAST NOCH SCHNELLER ALS ZU SEINER BESTEN ZEIT! HM!
DU BÜSS ALL JÜMMERS AFHAUN UND HAS NUR UT GROATER FEERN KAMPFT! DAT GEFALLT MI NICH!
SEI STILL!
ICH ENTSCHEIDE DEN KAMPF MIT C4, HM!
DE BÜNNT TO FIX, IK KOAM NICH ACHTERAN ...!

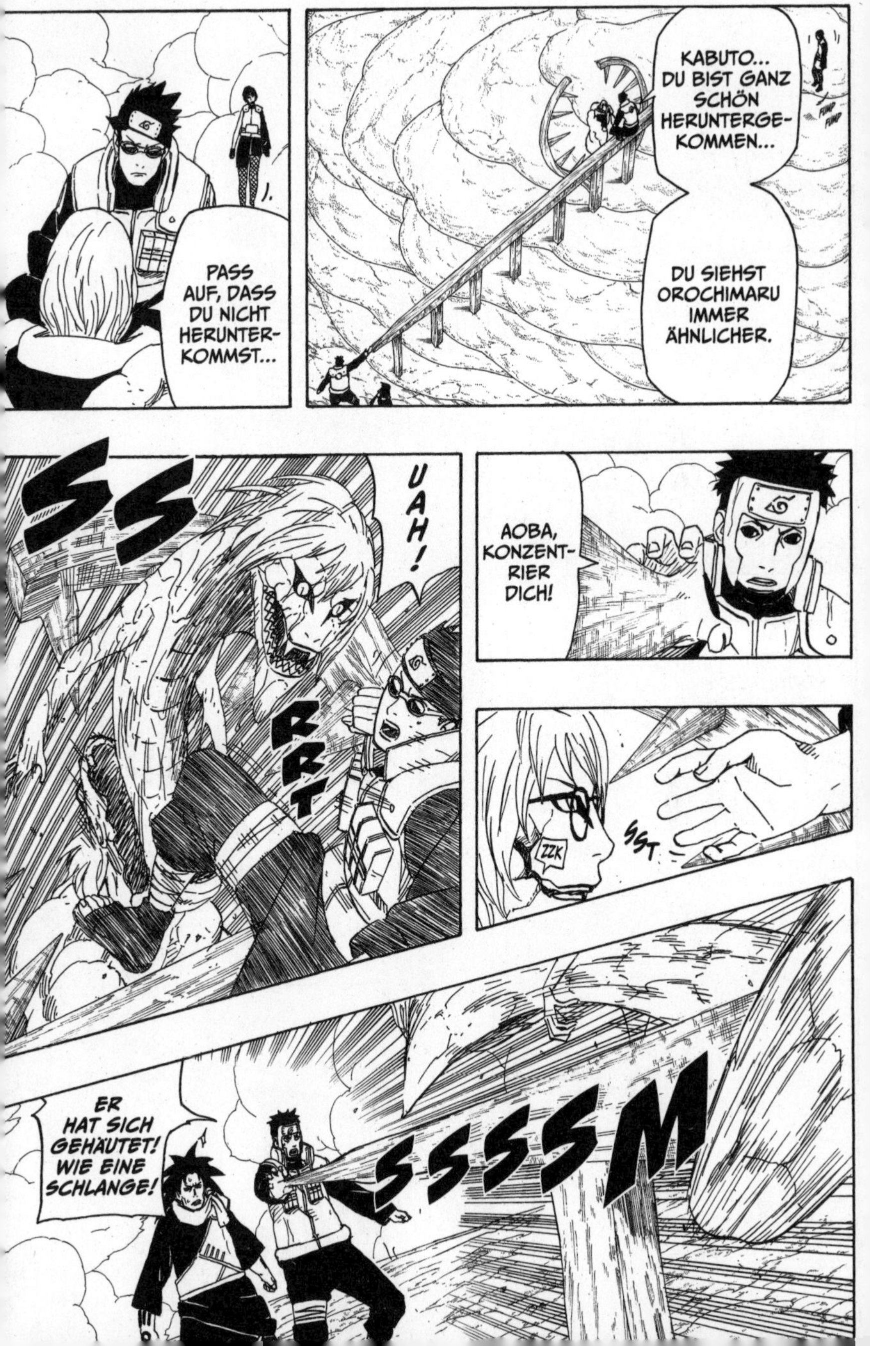
KABUTO... DU BIST GANZ SCHÖN HERUNTERGE-KOMMEN...
DU SIEHST OROCHIMARU IMMER ÄHNLICHER.
FUMP FUMP
PASS AUF, DASS DU NICHT HERUNTER-KOMMST...
AOBA, KONZENT-RIER DICH!
UAH!
SS
RRT
SST
ZZK
SSSSM
ER HAT SICH GEHÄUTET! WIE EINE SCHLANGE!

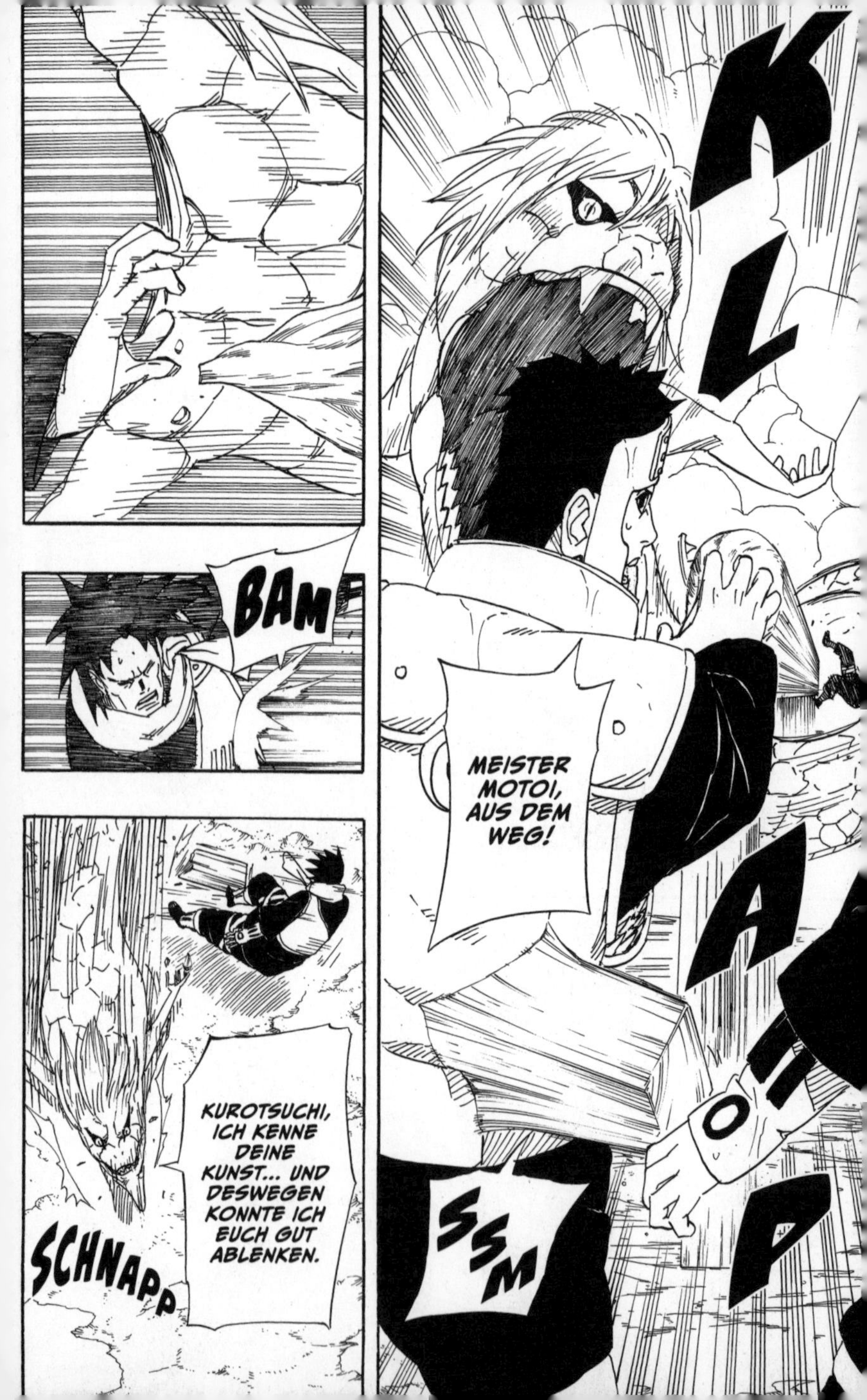
MEISTER MOTOI, AUS DEM WEG!
SSM
BAM
KUROTSUCHI, ICH KENNE DEINE KUNST... UND DESWEGEN KONNTE ICH EUCH GUT ABLENKEN.
SCHNAPP

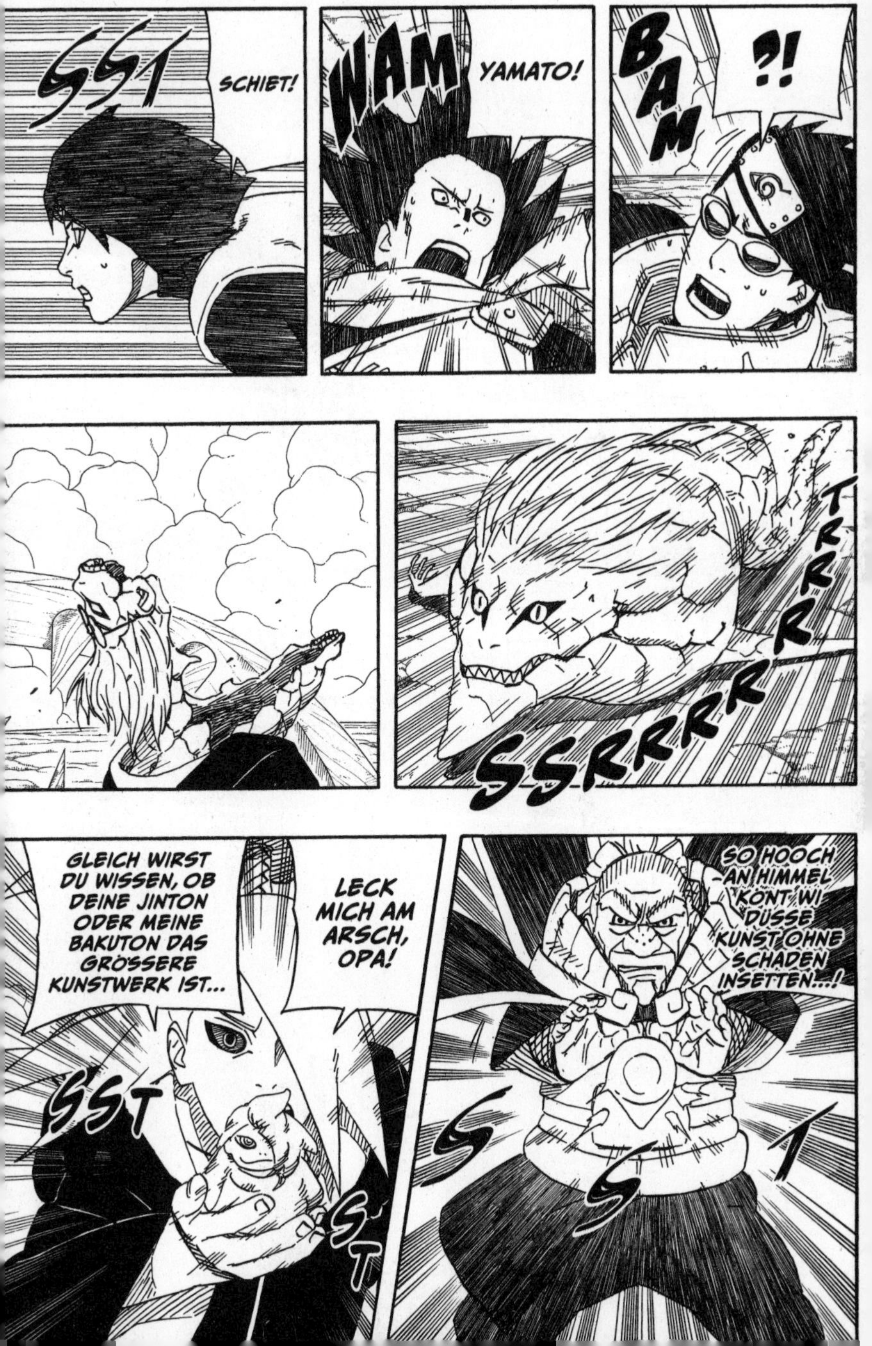

BAM
?!
YAMATO!
WAM
SCHIET!
SST
TRRRR
SSRRRRR
SO HOOCH AN HIMMEL KONT WI DÜSSE KUNST OHNE SCHADEN INSETTEN...!
SST
LECK MICH AM ARSCH, OPA!
GLEICH WIRST DU WISSEN, OB DEINE JINTON ODER MEINE BAKUTON DAS GRÖSSERE KUNSTWERK IST...
SST
ST

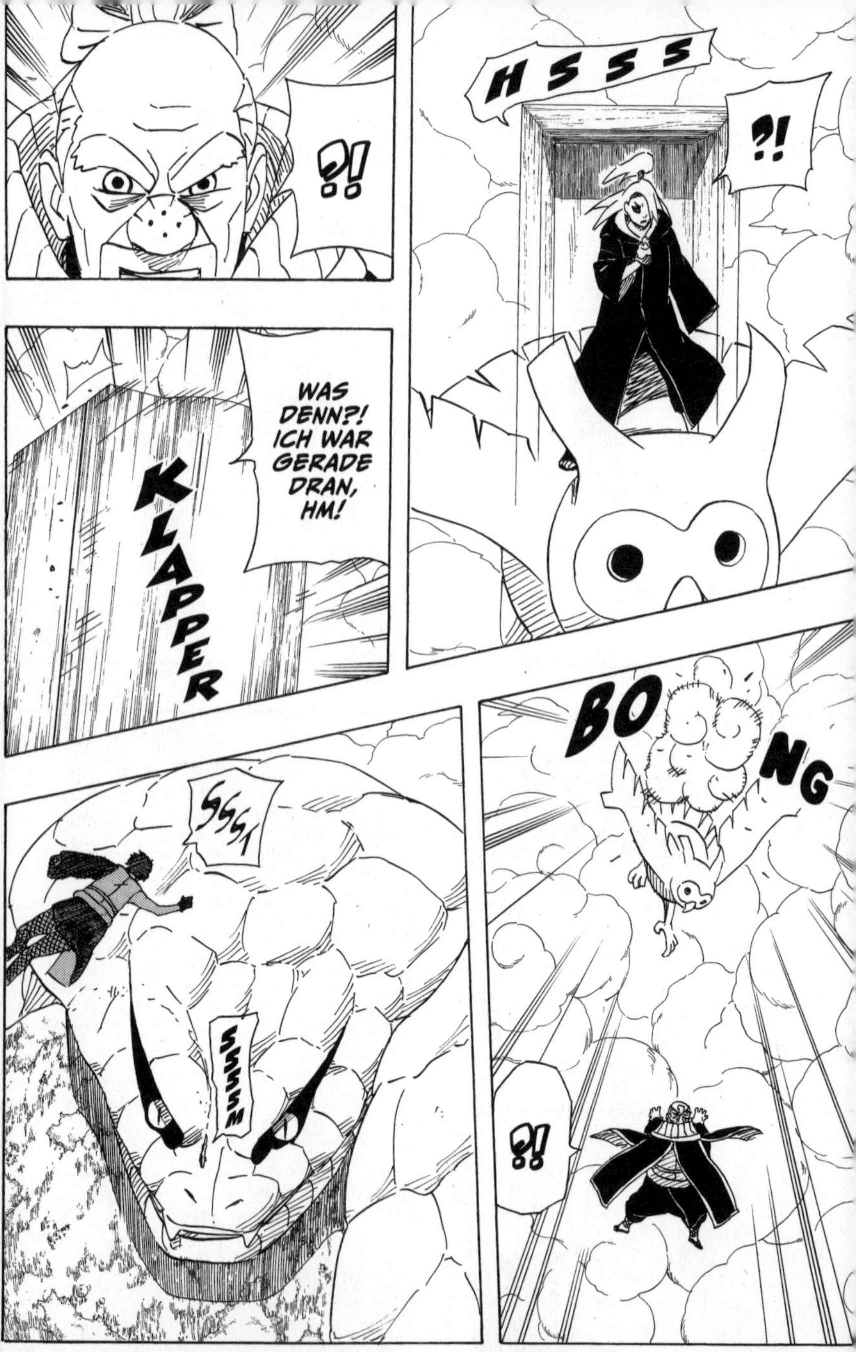
HSSS
?!
?!
WAS DENN?! ICH WAR GERADE DRAN, HM!
KLAPPER
BOONG
?!
SSS!
SSSSM

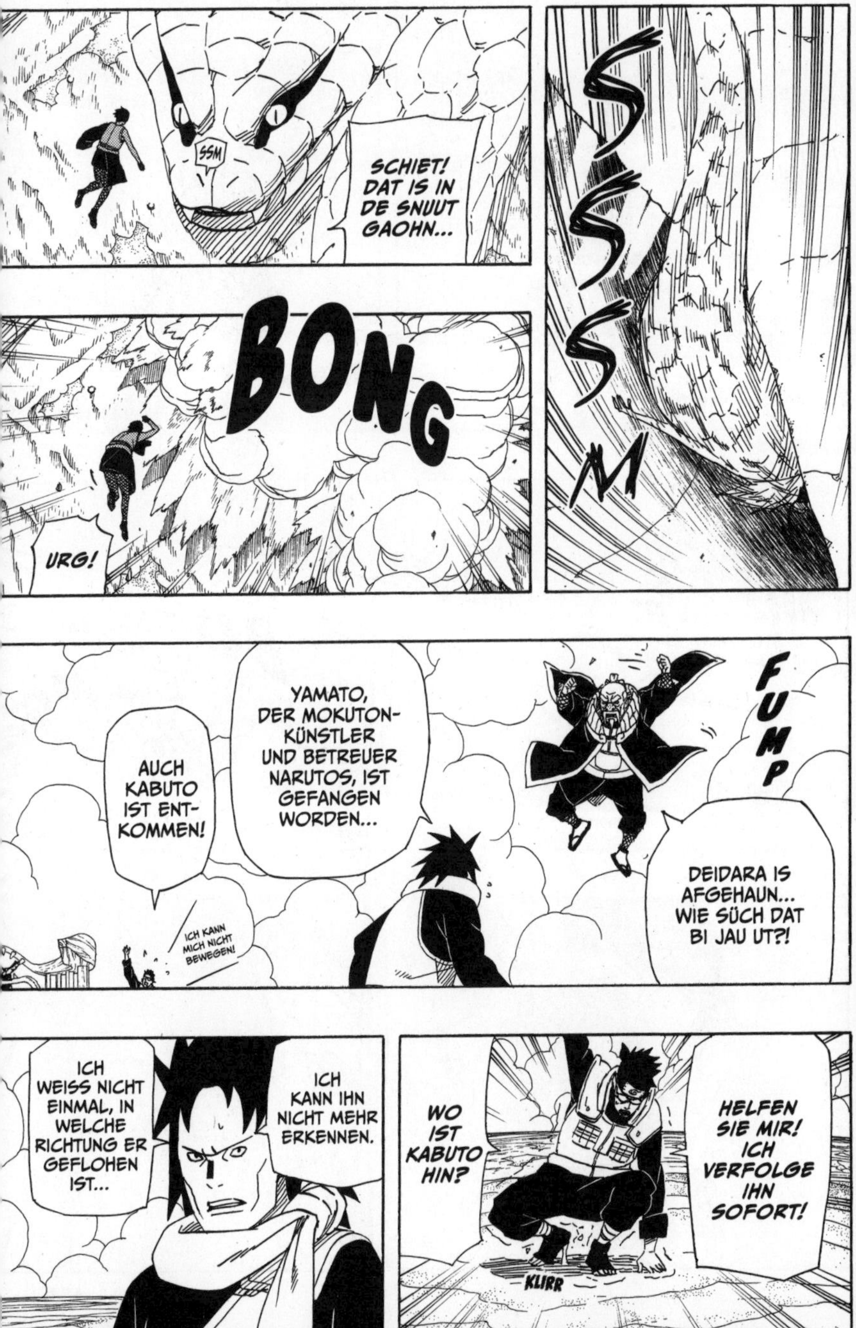
SSSSM
SSM
SCHIET! DAT IS IN DE SNUUT GAOHN...
BONG
URG!
FUMP
DEIDARA IS AFGEHAUN... WIE SÜCH DAT BI JAU UT?!
YAMATO, DER MOKUTON-KÜNSTLER UND BETREUER NARUTOS, IST GEFANGEN WORDEN...
AUCH KABUTO IST ENT-KOMMEN!
ICH KANN MICH NICHT BEWEGEN!
HELFEN SIE MIR! ICH VERFOLGE IHN SOFORT!
WO IST KABUTO HIN?
KLIRR
ICH KANN IHN NICHT MEHR ERKENNEN.
ICH WEISS NICHT EINMAL, IN WELCHE RICHTUNG ER GEFLOHEN IST...

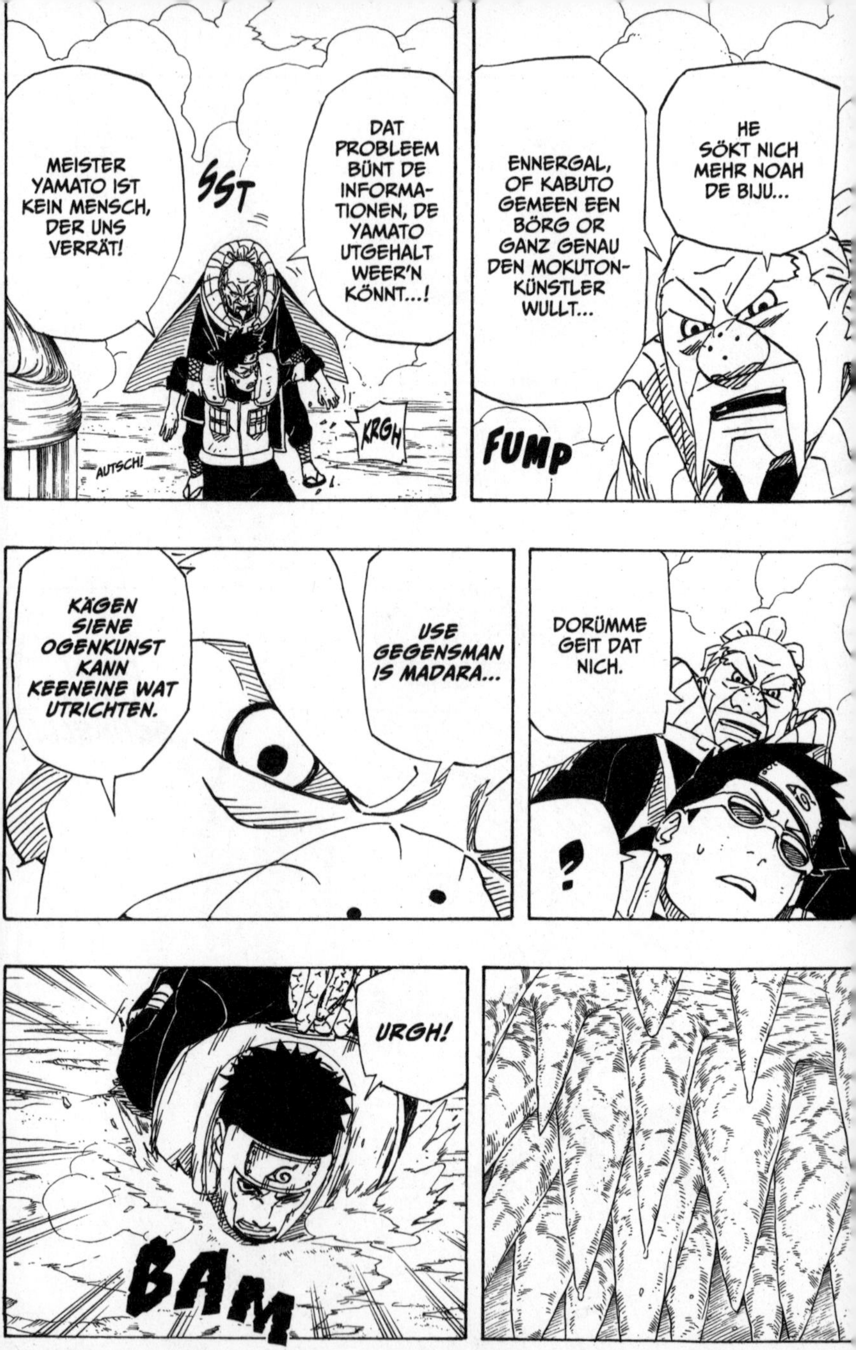
HE SÖKT NICH MEHR NOAH DE BIJU...
ENNERGAL, OF KABUTO GEMEEN EEN BÖRG OR GANZ GENAU DEN MOKUTON-KÜNSTLER WULLT...
FUMP
DAT PROBLEEM BÜNT DE INFORMATIONEN, DE YAMATO UTGEHALT WEER'N KÖNNT...!
SST
KRGH
MEISTER YAMATO IST KEIN MENSCH, DER UNS VERRÄT!
AUTSCH!
DORÜMME GEIT DAT NICH.
?
USE GEGENSMAN IS MADARA...
KÄGEN SIENE OGENKUNST KANN KEENEINE WAT UTRICHTEN.
URGH!
BAM

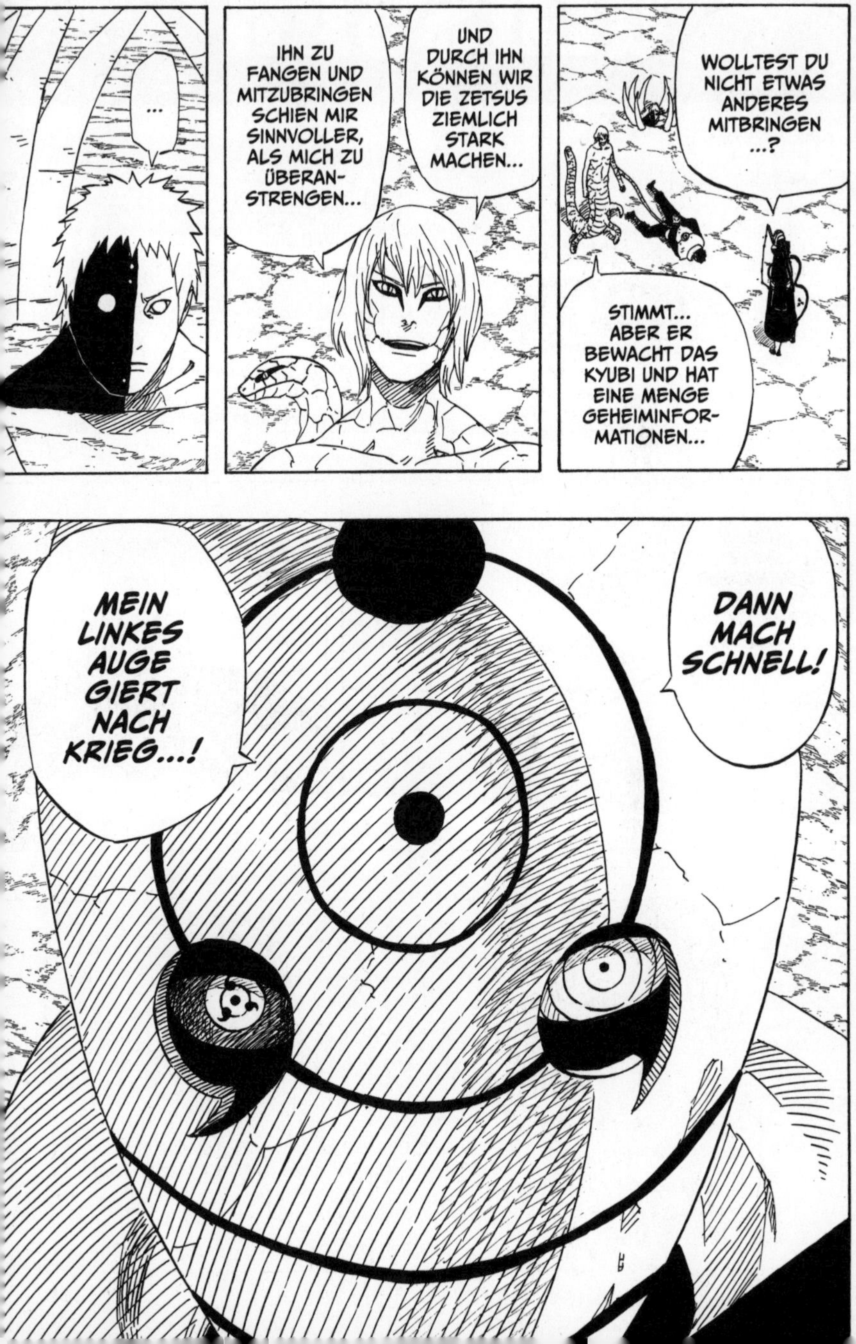
WOLLTEST DU NICHT ETWAS ANDERES MITBRINGEN ...?
STIMMT... ABER ER BEWACHT DAS KYUBI UND HAT EINE MENGE GEHEIMINFOR-MATIONEN...
IHN ZU FANGEN UND MITZUBRINGEN SCHIEN MIR SINNVOLLER, ALS MICH ZU ÜBERAN-STRENGEN...
UND DURCH IHN KÖNNEN WIR DIE ZETSUS ZIEMLICH STARK MACHEN...
...
DANN MACH SCHNELL!
MEIN LINKES AUGE GIERT NACH KRIEG...!

# GLOSSAR

**S. 10**
Dat is ja fix goahn... Büss du all entschieden?
*Das ging schnell... Schon entschieden?*

De Fürsten bünnt wegen de Biju un de Madara seker so fix tau en Entschluss koamen.
*Die Fürsten sind wegen der Biju und Madara sicher so schnell zu einem Entschluss gelangt.*

**S. 23**
Chef... Die gloine Kröt isch dr Schlissel fir d'Shisho-Fuin vom Naruto.
*Boss... Diese kleine Kröte ist der Schlüssel für Narutos Shisho-Fuin.*

Dürfet mir den dem Naruto iberhaupt gäbba?
*Dürfen wir ihn Naruto wirklich übergeben?*

**S. 34**
Der haut nei...
*Der haut aber rein...*

Der mog mei Wurmessa also doch...!
*Ihm schmecken meine Wurm-Gerichte also doch...!*

**S. 35**
I hann di grufa.
*Ich hab dich herbeigerufen.*

Dr Chef verzählt dir glei ebbes von dr Zukunft, Naruto.
*Der Boss prophezeit dir gleich die Zukunft, Naruto.*

Ond koine Bröggele lacha, gell?!
*Kotz jetzt bloß nicht, ja?!*

I hannen brocht.
*Ich hab ihn hergebracht.*

**S. 36**
Pff... Des müsset se au jedes Mol wiedrhola...
*Puh... Müssen sie das jedes Mal wiederholen?*

**S. 37**
Des woisch du? Was soll des hoißa?
*Du weißt das? Was meinst du?*

**S. 53**
Ond jetzet?!
*Na, was ist?!*

Los, schlag oi, fir d'Eilagerong!
*Los, Hand drauf, für die Einlagerung!*

**S. 55**
Wenn also dr Wille vom Kyubi mitem Chakra rauskonnt...
*Wenn also Kyubis ganzer Wille mit dem Chakra herauskommt...*

**S. 56**
War des Siegel scho mol uff?
*Wurde das Siegel schon mal aufgeschlossen?*

**S. 57**
Ond no...?
*Und inzwischen...?*

**S. 59**
Sodele! No sucha mr den Krake!
*So! Und dann suchen wir den Kraken!*

**S. 64**
Eilagerong hot klappt!
*Erfolgreich eingelagert!*

Jetzet schick i di nach Konoha zruck, Naruto!
*Jetzt schicke ich dich nach Konoha zurück, Naruto!*

**S. 65**
I schick di zruck.
*Dann schicke ich dich zurück.*

**S. 454**
Dat is een Maleur, dat de Noricht doersickert is. Wi möt neet planen.
*Schlimm, dass Informationen durchgesickert sind. Wir müssen neu planen.*

Mar de Gegensman weten, dat wi weten, dat sei düsse Noricht hebben. Se waarn vörsichtich.
*Aber die Gegner wissen, dass wir wissen, dass sie diese Informationen haben. Sie werden vorsichtig sein.*

Un se waarn överall Fallen seh'n.
*Und sie werden überall Fallen erwarten.*

**S. 458**
Ik gah dorhen!
*Ich gehe dorthin!*

Kiene Sorge, Kazekage!
*Keine Sorge, Kazekage!*

Ik bün de Tsuchikage, vör de se as Ryoten-bin-no-Onoki Bammel harr'n.
*Ich bin der Tsuchikage, der als Ryotenbin-no-Onoki gefürchtet wurde.*

**S. 459**
Nuooooh!! Min Puckel!!
*Nuooooh!! Mein Rücken!!*

Doeoesbattel! Ik gah! Unnerschätz mi nich! Ik bün de Ryotenbin-no…
*Iidiot! Ich gehe!! Unterschätz mich nicht! Ich bin der Ryotenbin-no…*

**S. 68**
Prinzessin Tsunade… büss du …
*Prinzessin Tsunade… bist du…*

… weer braesig? Wer dat nich anne tiet foer en Neechsteller…?! Du büss bilütten old!
*… wieder gesund? Wäre es nicht Zeit für einen Nachfolger…?! Du wirst langsam alt!*

**S. 70**
Dat ist gaut!
*Das finde ich gut!*

Un… wo dau wi de Jinchuriki verkrupen?
*Und… wo verstecken wir die Jinchuriki?*

**S. 71**
Dat hebb ik uk eers överlecht. Aber up se hett dat de Gegensman afgeseh'n.
*Dachte ich zuerst auch. Aber auf sie hat es der Gegner abgesehen.*

Darümme schöllt wi se beter nich in't Feld trekken laaten, hebb wi leetzens eens in de Sitten överlecht.
*Deshalb sollten wir sie besser nicht ins Feld ziehen lassen, hatten wir in der letzten Sitzung überlegt.*

**S. 72**
De Nacktsnicken-Prinzessin wull dat letzte Woort hebben. So as vördem. Ogenschienlich is se weer fit.
*Die Nacktschnecken-Prinzessin will das letzte Wort haben. Genau wie früher. Offensichtlich ist sie wieder fit.*

## S. 468
Du wunnerwarks mi… Ik dachte, du büss dot, Deidara.
*Du verwunderst mich etwas… Ich dachte, du wärst tot, Deidara.*

Dat was also een Bunshin ut Lehm…
*Das war also dein Bunshin aus Lehm…*

## S. 469
Deidara! Du häs di doch vull Füer in de Luft gejacht. Worümme levs du noch?
*Deidara! Du hast dich doch voller Pathos in die Luft gejagt. Warum lebst du noch?!*

Du büss nich dot…? Wat doch moi!
*Du bist gar nicht gestorben…? Wie schön!*

Hoeg di nich to fröh!
*Freu dich nicht zu früh!*

Dat deucht mi Orochimarus Kunst Edo-Tensei to waar'n… He süch twoors lebennig ut, he is et aber nich…
*Das scheint mir Orochimarus Kunst Edo-Tensei zu sein… Er sieht nur lebendig aus, ist es aber nicht…*

Ohaua-ha, sülvst dot deit he us noch argern.
*Puh, sogar nach seinem Tod macht er uns noch Ärger.*

Du häs von een Snappsnuut ut Konoha wat föern Gatt krich! Wulls du dich noch mehr blameeren?!
*Du bist von einem Grünschnabel aus Konoha geschlagen worden! Willst du dich noch mehr blamieren?!*

Deidara häs keene Ahnung.
*Deidara scheint nichts zu ahnen.*

Is gaut! Ik nem jau nu in Arrest!
*Schon gut! Ich nehme euch jetzt gefangen!*

Wat meenst du?!
*Was meinst du?!*

## S. 461
Dat Meer. Af hier könnt wi fleegen.
*Das Meer. Ab hier fliegen wir.*

Jaaa! Ennelk weer fleegen! Wat doch moi!
*Jaaa! Endlich mal wieder fliegen! Wie schön!*

Betem di, Akatsuchi! Spoar diene Kraft för den Kampf.
*Beruhig dich, Akatsuchi! Spar deine Kraft für den Kampf.*

Nu büss du dran.
*Jetzt bist du dran.*

Kam di nich as en Göör tokehr! Dat is schenant!!
*Führ dich nicht auf wie ein Kind! Wie peinlich!!*

Dammich! Dat süch aber heller drollig ut!
*Verdammt! Das sieht aber echt lustig aus!*

## S. 464
Ik hebb keen Wedderstand merkt. Du büss also een Bunshin!
*Ich habe keinen Widerstand verspürt. Du bist also ein Bunshin!*

Dat was doch nich Madara…
*Das war doch nicht Madara…*

Un… wat schall dat mit de Vogel und de Deidara?
*Und… was soll das mit dem Vogel und Deidara?*

## S. 465
Dat is also een Bunshin ut Lehm…
*Also ein Bunshin aus Lehm…*

Uk dat noch!
*Auch das noch!*

## S. 482
De Kerl da stüert de Slang, ja?!
*Der Kerl da steuert die Schlange, ja?!*

De geele Snappsnuut! Orochimarus Ex-Unnertan!
*Der blasse Grünschnabel! Orochimarus Ex-Untertan!*

## S. 484
Du warrs mi tolaate wies!
*Du bemerkst mich zu spät!*

## S. 485
Haalt jo dor drut!
*Mischt euch nicht ein!*

Wi maakt em alennich kloar!
*Wir erledigen ihn allein!*

Un nu...
*Und jetzt...*

Ik spöl em jau toa! Krich em tofaaten!
*Ich spüle ihn euch zu! Fangt ihn!*

## S. 486
Jau, mar ik uk...
*Ja, aber ich auch...*

Ik hebb em!
*Ich hab ihn gefangen!*

## S. 471
Is de Schildkrööt fangen woorn?!
*Ist die Schildkröte gefunden worden?!*

Tau, achter an!
*Los, hinterher!*

## S. 473
Schiet!!
*Mist!!*

De bünnt fix!!
*Sie sind echt schnell!!*

## S. 477
Deidara... Ik haap, du häs nich vergeten ... wie hart ik miene Feinde slaage...!
*Deidara... Du hast hoffentlich nicht vergessen, wie gnadenlos ich meine Feinde schlage...!*

## S. 479
Ik laat di nich entkoamen...!
*Ich lasse dich nicht entkommen...!*

## S. 480
Wat deist du da, Akatsuchi?!
*Was machst du da, Akatsuchi?!*

Wenn du dat deis, hau ik dien Schildkrööten-Eiland in Dutt!
*Wenn du das machst, zerstörst du auch die Schildkröten-Insel!*

Eey! Mar dat is groat! Ik kann nur Gegend seh'n!
*Eey! Aber sie ist so riesig! Ich sehe nur Landschaft!*

## S. 481
Wi schallt Deidara von dat Eiland wechholen...
*Wir sollten Deidara von der Insel weglocken...*

Düsse Slang...!
*Diese Schlange...!*

## S. 494

He sökt nich mehr noah de Biju...
*Er sucht also nicht mehr nach den Biju...*

Ennergal, of Kabuto gemeen een Börg or ganz genau den Mokuton-Künstler wullt...
*Egal, ob Kabuto generell eine Geisel oder gezielt den Mokuton-Künstler wollte...*

Dat Probleem bünt de Informationen, de Yamato utgehalt weer´n könnt...!
*Das Problem sind die Informationen, die Yamato entlockt werden können...!*

Dorümme geit dat nich.
*Darum geht es nicht.*

Use Gegensman is Madara...
*Unser Gegner ist Madara...*

Kägen siene Ogenkunst kann keeneine wat utrichten.
*Gegen seine Augenkunst kann niemand etwas ausrichten.*

## S. 487

Doeoesbattel!
*Idiot!*

Min Sekkaigyo-no-Jutsu warkt mit Blitzzement!
*Meine Sekkaigyo-no-Jutsu wirkt mit Blitzzement!*

Ik hebb den Zement mit Water vermengt...un zack, is he hart!
*Ich habe den Zement mit Wasser vermengt... und zack, wurde er fest*

Nu kanns du di nich mehr roegen!
*Jetzt kannst du dich nicht mehr bewegen!*

Man kann nich akkerat noog weer´n.
*Man kann nicht sorgfältig genug sein.*

## S. 488

Du büss all jümmers afhaun und häs nur ut groater Feern kämpft! Dat gefallt mi nich!
*Schon immer bist du ständig abgehauen und hast nur aus großer Entfernung gekämpft! Das gefällt mir nicht!*

De bünnt to fix, ik koam nich achteran...!
*Sie sind zu schnell, ich kann nicht folgen...!*

## S. 491

So hooch an Himmel könt wi düsse Kunst ohne Schaden insetten...!
*So hoch am Himmel dürfte diese Kunst ohne Schaden einsetzbar sein...!*

## S. 493

Schiet! Dat is in de Snuut gaohn...
*Mist! Es ist in die Nase geschlüpft...*

Deidara is afgehaun... Wie süch dat bi jau ut?!
*Deidara ist abgehauen... Wie sieht's bei euch aus?!*

# CARLSEN MANGA! CHECKLIST

**BARFUSS DURCH HIROSHIMA**

von Keiji Nakazawa
€ 12,00 (D) / € 12,40 (A)
**O Band 2**
€ 14,00 (D) / € 14,40 (A)
**O Band 1, 3 bis 4**

**BARRAGE**

von Kohei Horikoshi
€ 6,99 (D) / € 7,20 (A)
**O Band 1 bis 2**
In 2 Bänden abgeschlossen

**BATTLE ANGEL ALITA – PERFECT EDITION**

von Yukito Kishiro
€ 19,99 (D) / € 20,60 (A)
**O Band 1 bis 3**
€ 24,99 (D) / € 25,70 (A)
**O Band 4**
In 4 Bänden abgeschlossen
€ 29,99 (D) / € 30,90 (A)
**O Band 4 im Schuber**
€ 89,99 (D) / € 92,60 (A)
**O Band 1-4 im Schuber**

**BATTLE ANGEL ALITA – LAST ORDER PERFECT EDITION**

von Yukito Kishiro
€ 14,99 (D) / € 15,50 (A)
**O 1 bis 3, 5 bis 9**
€ 19,99 (D) / € 20,60 (A)
**O Band 10**
**O Band 11** 06/21
**O Band 12** 09/21
€ 16,99 (D) / € 17,50 (A)
**O Band 4**
In 12 Bänden abgeschlossen
€ 25,00 (D) / € 25,70 (A)
**O Band 12 im Schuber mit Extra** 09/21
€ 90,00 (D) / € 92,60 (A)
**O Bände 1 bis 6 im Schuber mit Extra**
€ 99,00 (D) / € 103,20 (A)
**O Bände 7 bis 12 im Schuber mit Extra** 09/21

**BATTLE ANGEL ALITA – MARS CHRONICLE**

von Yukito Kishiro
€ 6,95 (D) / € 7,20 (A)
**O Band 1 bis 3, 5-6**
**O Band 7** 07/21
€ 10,00 (D) / € 10,30 (A)
**O Band 4**
Bislang 6 Bände in Japan

**ATTACK ON TITAN – DELUXE**

von Hajime Isayama
€ 25,00 (D) / € 25,70 (A)
**O Band 1 bis 8**

**ATTACK ON TITAN – INSIDE**

von Hajime Isayama
€ 12,90 (D) / € 13,30 (A)
**O Einzelband**

**ATTACK ON TITAN – LOST GIRLS**

von Isayama, Seko & Fuji
€ 6,99 (D) / € 7,20 (A)
**O Band 1 & 2**
In 2 Bänden abgeschlossen

**ATTACK ON TITAN – LOST GIRLS** (Nippon Novel)

von Hiroshi Seko
€ 9,95 (D) / € 10,30 (A)
**O Einzelband**

**ATTACK ON TITAN – NO REGRETS**

von Hajime Isayama
€ 6,95 (D) / € 7,20 (A)
**O Band 1 & 2**
In 2 Bänden abgeschlossen

**ATTACK ON TITAN – NO REGRETS FULL COLOR EDITION**

von Hajime Isayama
€ 14,99 (D) / € 15,50 (A)
**O Band 1 & 2**
In 2 Bänden abgeschlossen

**ATTACK ON TITAN – OUTSIDE**

von Hajime Isayama
€ 12,90 (D) / € 13,30 (A)
**O Einzelband**

**ATTACK ON TITAN – SHORT PLAY**

von Isayama & hounori
€ 8,99 (D) / € 9,30 (A)
**O Einzelband**

**ANONYMOUS NOISE**

von Ryoko Fukuyama
€ 5,00 (D) / € 6,20 (A)
**O Band 1**
€ 6,99 (D) / € 7,20 (A)
**O Band 2 bis 17**
**O Band 18** 06/21
In 18 Bänden abgeschlossen

**ARTE**

von Kei Ohkubo
€ 10,00 (D) / € 10,30 (A)
**O Band 1 bis 6**
**O Band 7** 07/21
**O Band 8** 09/21
Bislang 13 Bände in Japan

**ASSASSINATION CLASSROOM**

von Yusei Matsui
€ 6,50 (D) / € 6,70 (A)
**O Band 1 bis 21**
In 21 Bänden abgeschlossen

**ATTACK ON TITAN**

von Hajime Isayama
€ 6,95 (D) / € 7,20 (A)
**O Band 1 bis 32**
**O Band 33** 09/21
In 34 Bänden abgeschlossen
€ 36,00 (D) / € 37,10 (A)
**O Bände 1-5 im Schuber**
**O Bände 6-10 im Schuber**
**O Bände 11-15 im Schuber**
**O Bände 16-20 im Schuber**
**O Bände 21-25 im Schuber**
**O Bände 26-30 im Schuber**

**ATTACK ON TITAN – ANSWERS**

von Hajime Isayama
€ 12,90 (D) / € 13,30 (A)
**O Einzelband**

**ATTACK ON TITAN – BEFORE THE FALL**

von Hajime Isayama
€ 6,95 (D) / € 7,20 (A)
**O Band 1 bis 17**
In 17 Bänden abgeschlossen

**ATTACK ON TITAN CHARACTER GUIDE**

von Hajime Isayama
€ 12,90 (D) / € 13,30 (A)
**O Einzelband**

**12 JAHRE**

von Nao Maita
€ 5,99 (D) / € 6,20 (A)
**O Band 1 bis 14**
€ 6,99 (D) / € 7,20 (A)
**O Band 15** 08/21
In 20 Bänden abgeschlossen

**ABE SADA**

von Kazuo Kamimura
€ 14,99 (D) / € 15,50 (A)
**O Band 1 & 2**
In 2 Bänden abgeschlossen

**ACID TOWN**

von Kyugo
€ 7,95 (D) / € 8,20 (A))
**O Band 6**
Bislang 6 Bände in Japan

**AKIRA – ORIGINAL EDITION**

von Katsuhiro Otomo
€ 19,90 (D) / € 20,50 (A)
**O Band 1 bis 3**
€ 22,90 (D) / € 23,60 (A)
**O Band 4 bis 6**
In 6 Bänden abgeschlossen

**ALICE IN MURDERLAND**

von Kaori Yuki
€ 7,95 (D) / € 8,20 (A)
**O Band 1 bis 11**
In 11 Bänden abgeschlossen

**ALISIK**

von Helge Vogt & Hubertus Rufledt
€ 8,99 (D) / € 9,30 (A)
**O Band 1**
€ 7,99 (D) / € 8,30 (A)
**O Band 2 bis 4**
In 4 Bänden abgeschlossen

**ALPHA² – NEUEDITION**

von Kamineo & Kamoi
€ 14,00 (D) / € 14,40 (A)
**O Einzelband**

**ALPI - THE SOUL SENDER**

von Rona
€ 7,00 (D) / € 7,20 (A)
**O Band 1** 07/21
Bislang 4 Bände in Japan

# CARLSEN MANGA! CHECKLIST

**DOUBT GESAMTAUSGABE**

von Yoshiki Tonogai
€ 30,00 (D) / € 30,90 (A)
O **Sammelschuber** 07/21

**DRAGON BALL**

von Akira Toriyama
€ 6,50 (D) / € 6,70 (A)
O **Band 1 bis 42**
In 42 Bänden abgeschlossen

**DRAGON BALL MASSIV**

von Akira Toriyama
€ 5,00 (D) / € 5,20 (A)
O **Band 1**
€ 10,00 (D) / € 10,30 (A)
O **Band 2 bis 11**
O **Band 12** 07/21
O **Band 13** 09/21

**DRAGON BALL SD**

von Akira Toriyama (Original Story) & Naho Ohishi
€ 7,95 (D) / € 8,20 (A)
O **Band 1 bis 6**
Bislang 7 Bände in Japan

**DRAGON BALL SIDE STORIES**

von Akira Toriyama & dragongarow LEE
€ 5,00 (D) / € 5,20 (A)
O **Yamchu**

**DRAGON BALL SUPER**

von Toriyama & Toyotarou
€ 6,50 (D) / € 6,70 (A)
O **Band 1 bis 11**
O **Band 12** 06/21
€ 9,99 (D) / € 10,30 (A)
O **Band 5 im Schuber**
O **Band 10 im Schuber**
€ 29,99 (D) / € 30,90 (A)
O **Bände 1-5 im Schuber**
O **Bände 6-10 im Schuber**
Bislang 14 Bände in Japan

**DREAMIN' SUN**

von Ichigo Takano
€ 6,99 (D) / € 7,20 (A)
O **Band 1 bis 9**
€ 8,99 (D) / € 9,20 (A)
O **Band 10**
In 10 Bänden abgeschlossen

**COYOTE**

von Ranmaru Zariya
€ 7,99 (D) / € 8,30 (A)
O **Band 1 bis 3**
Bislang 3 Bände in Japan

**CROSS ACCOUNT**

von Tsunehiro Date
€ 6,99 (D) / € 7,20 (A)
O **Band 1 bis 4**
In 4 Bänden abgeschlossen

**DEAD COMPANY**

von Yoshiki Tonogai
€ 7,00 (D) / € 7,20 (A)
O **Band 1** 07/21
In 3 Bänden abgeschlossen

**DEFENSE DEVIL**

von Youn In-Wan & Yang Kyung-Il
€ 5,95 (D) / € 6,20 (A)
O **Band 1 bis 10**
In 10 Bänden abgeschlossen

**DEPTH OF FIELD**

von Enjo
€ 8,00 (D) / € 8,30 (A)
O **Band 1 & 2**
In 2 Bänden abgeschlossen

**DEVILS & REALIST**

von Utako Yukihiro & Madoka Takadono
€ 6,95 (D) / € 7,20 (A)
O **Band 11 bis 13**
€ 7,95 (D) / € 8,20 (A)
O **Band 14**
€ 8,95 (D) / € 9,20 (A)
O **Band 15**
In 15 Bänden abgeschlossen

**DIALOGE MIT MIR SELBST**

von Kabi Nagata
€ 18,00 (D) / € 18,50 (A)
O **Band 1 b& 2**
In 2 Bänden abgeschlossen

**DIE STADT DER BESONDEREN KINDER**

von Ransom Riggs & Cassandra Jean
€ 14,90 (D) / € 15,40 (A)
O **Einzelband**

**BLACK LAGOON**

von Rei Hiroe
€ 6,95 (D) / € 7,20 (A)
O **Band 4**
€ 7,95 (D) / € 8,20 (A)
O **Band 1-3, 5-8, 10-11**
€ 8,95 (D) / € 9,20 (A)
O **Band 9**
Bislang 11 Bände in Japan

**BLOOM INTO YOU**

von Nio Naketani
€ 6,99 (D) / € 7,20 (A)
O **Band 1 bis 7**
€ 7,99 (D) / € 8,30 (A)
O **Band 8**
In 8 Bänden abgeschlossen

**BLUE FLAG**

von Kaito
€ 7,99 (D) / € 8,30 (A)
O **Band 1 bis 7**
In 7 Bänden abgeschlossen

**BLUE GIANT**

von Shinichi Ishizuka
€ 8,00 (D) / € 8,30 (A)
O **Band 1** 09/21
In 10 Bänden abgeschlossen

**BLUE GIANT SUPREME**

von Shinichi Ishizuka
€ 8,00 (D) / € 8,30 (A)
O **Band 1 bis 5**
O **Band 6** 08/21
In 11 Bänden abgeschlossen

**BORUTO – NARUTO THE NEXT GENERATION**

von Kishimoto & Kodachi
€ 6,50 (D) / € 6,70 (A)
O **Band 1 bis 10**
O **Band 11** 07/21
Bislang 13 Bände in Japan

**BUDDHA**

von Osamu Tezuka
€ 22,90 (D) / € 23,60 (A)
O **Band 1 bis 10**
In 10 Bänden abgeschlossen

**CHIISAKOBEE**

von Minetaro Mochizuki
€ 14,90 (D) / € 15,40 (A)
O **Band 1 bis 4**
In 4 Bänden abgeschlossen

**BECOMING A GIRL ONE DAY**

von Akane Ogura
€ 5,99 (D) / € 6,20 (A)
O **Band 1 bis 4**
In 4 Bänden abgeschlossen

**BECOMING A GIRL ONE DAY – ANOTHER**

von Akane Ogura
€ 5,99 (D) / € 6,20 (A)
O **Band 1 bis 4**
In 4 Bänden abgeschlossen

**BILLY BAT**

von Naoki Urasawa & Takashi Nagasaki
€ 8,95 (D) / € 9,20 (A)
O **Band 4-7, 12-16**
€ 12,00 (D) / € 12,40 (A)
O **Band 1-3, 8-11, 17-20**
In 20 Bänden abgeschlossen

**BL IS MAGIC!**

von Oroken
€ 9,99 (D) / € 10,30 (A)
O **Band 1 bis 3**
In 4 Bänden abgeschlossen
O **BL is magic! Special: Extra Spells** 08/21

**BL METAMORPHOSEN – GEHEIMNIS EINER FREUNDSCHAFT**

von Kaori Tsurutani
€ 8,00 (D)/ € 8,30 (A)
O **Band 1 bis 3**
O **Band 4** 09/21
In 5 Bänden abgeschlossen

**BLACK BUTLER**

von Yana Toboso
€ 6,95 (D) / € 7,20 (A)
O **Band 1 bis 29**
O **Band 30** 07/21
€ 10,00 (D)/ € 10,30 (A)
O **Band 30 Limitierte Ausgabe mit Extra** 07/21
€ 14,90 (D) / € 15,40 (A)
O **Character Guide**
Bislang 29 Bände in Japan

## CARLSEN MANGA! CHECKLIST

**GELIEBTER AFFE**
von Yoshihiro Tatsumi
€ 19,90 (D) / € 20,50 (A)
O **Einzelband**

**GHOSTLY THINGS**
von Ushio Shirotori
€ 7,00 (D) / € 7,20 (A)
O **Band 1**
O **Band 2** 07/21
In 4 Bänden abgeschlossen

**HARU x KIYO**
von Akira Ozaki
€ 5,00 (D) / € 5,20 (A)
O **Band 1**
€ 7,00 (D)/ €7,20 (A)
O **Band 2 bis 9**
In 9 Bänden abgeschlossen

**HE'S MY VAMPIRE**
von Aya Shouoto
€ 6,95 (D) / € 7,20 (A)
O **Band 1 bis 10**
In 10 Bänden abgeschlossen

**HITOTSUBANA**
von Minami
€ 8,00 (D) / € 8,30 (A)
O **Band 1 bis 7**
In 7 Bänden abgeschlossen

**HOW TO DRAW MANGA**
von Hikaru Hayashi u. a.
€ 9,95 (D) / € 10,30 (A)
O **Manga-Charaktere in Bewegung**
€ 16,90 (D) / € 17,40 (A)
O **Ninja und Samurai**
€ 17,90 (D) / € 18,40 (A)
O **Manga-Figuren entwickeln**
€ 19,90 (D) / € 20,50 (A)
O **Manga-Skizzen zeichnen**
O **Character Design – Tipps und Tricks**
O **Manga aus der richtigen Perspektive**
O **Oberflächen und Strukturen**
O **Manga-Figuren in ihrer Umwelt**
O **Perfekte Proportionen im Manga**
O **Grundlagen der Manga-Kunst**
€ 24,90 (D) / € 25,60 (A)
O **Kolorieren mit Copic-Stiften**
O **Kolorieren mit Aquarellbuntstiften**

**FOLGE DEN WOLKEN NACH NORD-NORDWEST**
von Aki Irie
€ 12,00 (D) / € 12,40 (A)
O **Band 1 bis 4**
Bislang 5 Bände in Japan

**FOOD WARS – SHOKUGEKI NO SOMA**
von Tsukuda & Saeki
€ 6,99 (D) / € 7,20 (A)
O **Band 1 bis 31**
O **Band 32** 06/21
O **Band 33** 08/21
In 36 Bänden abgeschlossen
€ 69,90 (D) / € 71,80 (A)
O **Bände 1-10 im Schuber**
O **Bände 11-20 im Schuber**
O **Bände 21-30 im Schuber**

**FRUIT BASKET PEARLS**
von Natuski Takaya
€ 11,00 (D) / € 11,40 (A)
O **Band 1**
O **Band 2** 06/21
O **Band 3** 08/21
In 12 Bänden abgeschlossen

**GAMMA DRACONIS**
von Eldo Yoshimizu & Benoist Simmat
€ 16,00 (D) / € 16,50 (A)
O **Einzelband** 07/21

**GANGSTA.**
von Kohske
€ 7,95 (D) / € 8,20 (A)
O **Band 1 bis 8**
Bislang 8 Bände in Japan

**GANGSTA: CURSED.**
von Kohske & Kamo
€ 7,99 (D) / € 8,30 (A)
O **Band 1 bis 5**
Bislang 5 Bände in Japan

**GEGEN DEN STROM**
von Yoshihiro Tatsumi
€ 44,00 (D) / € 44,60 (A)
O **Einzelband**

**FAIRY TAIL+**
von Hiro Mashima
€ 8,95 (D) / € 9,20 (A)
O **Einzelband**

**FAIRY TAIL – HAPPY'S ADVENTURE**
von Hiro Mashima & Kenshiro Sakamoto
€ 7,00 (D) / € 7,20 (A)
O **Band 1 bis 4**
O **Band 5** 08/21
In 8 Bänden abgeschlossen

**FAIRY TAIL S**
von Hiro Mashima
€ 6,99 (D) / € 7,20 (A)
O **Band 1 & 2**
In 2 Bänden abgeschlossen

**FAIRY TAIL SIDE STORIES**
von Hiro Mashima & Kyota Shibano
€ 6,99 (D) / € 7,20 (A)
O **Band 1 bis 3**
In 3 Bänden abgeschlossen

**FAIRY TALE BATTLE ROYALE**
von Soraho Ina
€ 7,00 (D) / € 7,20 (A)
O **Band 1 bis 4**
Bislang 4 Bände in Japan

**FINAL FANTASY – LOST STRANGER**
von Hazuki Minase & Itsuki Kameya
€ 12,99 (D) / € 13,40 (A)
O **Band 1 bis 5**
Bislang 6 Bände in Japan

**FINAL FANTASY – OFFICIAL MEMORIAL ULTIMANIA BOOK**
von Takatoshi Shiozawa
€ 39,99 (D) / € 41,20 (A)
O **VII - IX**
In 3 Bänden abgeschlossen

**FOCUS 10**
von Martina Peters
€ 6,99 (D) / € 7,20 (A)
O **Band 1 bis 9**
O **Band 10** 09/21
In 10 Bänden abgeschlossen

**DR. STONE**
von Inagaki & BOICHI
€ 7,00 (D) / € 7,20 (A)
O **Band 1 bis 11**
O **Band 12** 06/21
O **Band 13** 08/21
Bislang 19 Bände in Japan

**DR. STONE REBOOT: BYAKUYA**
von Inagaki & BOICHI
€ 7,00 (D) / € 7,20 (A)
O **Einzelband** 07/21

**EDENS ZERO**
von Hiro Mashima
€ 7,00 (D)/ €7,20 (A)
O **Band 1 bis 9**
O **Band 10** 07/21
€ 10,00 (D) / € 10,30 (A)
O **Band 7 - limitierte Ausgabe**
Bislang 13 Bände in Japan

**EXISTENZEN UND ANDERE ABGRÜNDE**
von Yoshihiro Tatsumi
€ 19,90 (D) / € 20,50 (A)
O **Einzelband**

**FAIRY GIRLS**
von Hiro Mashima
€ 6,99 (D) / € 7,20 (A)
O **Band 1 bis 4**
In 4 Bänden abgeschlossen

**FAIRY TAIL**
von Hiro Mashima
€ 6,50 (D) / € 6,70 (A)
O **Band 1 bis 63**
€ 9,99 (D) / € 10,30 (A)
O **Band 60 limitiert**
In 63 Bänden abgeschlossen

**FAIRY TAIL ARTBOOKS**
von Hiro Mashima
€ 19,95 (D) / € 20,60 (A)
O **Fantasia**
O **Harvest**

**FAIRY TAIL – 100 YEARS QUEST**
von Hiro Mashima & Atsuo Ueda
€ 7,00 (D) / € 7,20 (A)
O **Band 1 bis 5**
O **Band 6** 06/21
O **Band 7** 09/21
Bislang 10 Bände in Japan

# CARLSEN MANGA! CHECKLIST

**LIBERI-PROJEKT, DAS**

von Tamasaburo
€ 6,95 (D) / € 7,20 (A)
**O Band 1 bis 3**
In 3 Bänden abgeschlossen

**LIEBHABER, DER**

von Kan Takahama
€ 22,00 (D) / € 22,70 (A)
**O Einzelband**

**LITTLE WITCH ACADEMIA**

von Sato & Yoshinari
€ 6,99 (D) / € 7,20 (A)
**O Band 1 bis 3**
In 3 Bänden abgeschlossen

**LIQUOR & CIGARETTE**

von Ranmaru Zariya
€ 8,00 (D) / € 8,30 (A)
**O Einzelband**

**LUDWIG REVOLUTION GESAMTAUSGABE**

von Kaori Yuki
€ 30,00 (D) / € 30,90 (A)
**O Sammelschuber** 09/21

**LUPUS IN FABULA**

von Kamineo
€ 7,95 (D) / € 8,20 (A)
**O Band 1 bis 3**
In 3 Bänden abgeschlossen

**MACHIMAHO – MAGICAL GIRL BY ACCIDENT**

von Souryu
€ 7,99 (D) / € 8,30 (A)
**O Band 1 bis 7**
**O Band 8** 07/21
Bislang 9 Bände in Japan

**MAGUS OF THE LIBRARY**

von Mitsu Izumi
€ 12,00 (D) / € 12,40 (A)
**O Band 1 & 4**
€ 14,00 (D) / € 14,40 (A)
**O Band 2**
€ 16,00 (D) / € 16,50 (A)
**O Band 3**
Bislang 5 Bände in Japan

**KAMISAMA DARLING**

von Kyoko Aiba
€ 6,99 (D) / € 7,20 (A)
**O Band 1 bis 8**
In 8 Bänden abgeschlossen

**KATSURA & TORIYAMA SHORT STORIES**

von Akira Toriyama & Masakazu Katsura
€ 6,95 (D) / € 7,20 (A)
**O Einzelband**

**KILLING BITES**

von Shinya Murata & Kazasa Sumita
€ 7,95 (D) / € 8,20 (A)
**O Band 1-3, 5-14**
€ 10,00 (D) / € 10,30 (A)
**O Band 4**
Bislang 17 Bände in Japan

**KIMI NI NARE – FINDE DICH SELBST**

von Ichigo Takano
€ 7,00 (D) / € 7,20 (A)
**O Einzelband** 07/21

**KLEINE KATZE CHI**

von Konami Kanata
€ 9,95 (D) / € 10,30 (A)
**O Band 1 bis 11**
€ 12,00 (D) / € 12,40 (A)
**O Band 12**
In 12 Bänden abgeschlossen

**KOROSENSEI QUEST!**

von Yusei Matsui & Kizuku Watanabe
€ 6,50 (D) / € 6,70 (A)
**O Band 1 bis 5**
In 5 Bänden abgeschlossen

**LADY SNOWBLOOD** (NEUEDITION)

von Kazuo Koike & Kazuo Kamimura
€ 19,99 (D) / € 20,60 (A)
**O Band 1 & 2**
€ 16,99 (D) / € 17,50 (A)
**O Band 3**
In 3 Bänden abgeschlossen

**LETZTE REISE DER SCHMETTERLINGE, DIE**

von Kan Takahama
€ 14,90 (D) / € 15,40 (A)
**O Einzelband**

**IM – GREAT PRIEST IMHOTEP**

von Makoto Morishita
€ 6,99 (D) / € 7,20 (A)
**O Band 1 bis 10**
€ 7,99 (D) / € 8,30 (A)
**O Band 11**
In 11 Bänden abgeschlossen

**IN THIS CORNER OF THE WORLD**

von Fumiyo Kouno
€ 12,99 (D) / € 13,40 (A)
**O Band 1 bis 3**
In 3 Bänden abgeschlossen

**ITO, JUNJI**

von Shinya Murata & Kazasa Sumita
€ 24,00 (D) / € 24,70 (A)
**O Gyo Deluxe**
**O Shiver** 07/21
€ 28,00 (D) / € 28,80 (A)
**O Uzumaki Deluxe**

**JAPANISCH FÜR MANGA-FANS**

von Thora Kerner & Jin Baron
€ 16,00 (D) / € 16,50 (A)
**O Sammelband**

**JUDGE**

von Yoshiki Tonogai
€ 7,95 (D) / € 8,20 (A)
**O Band 1 bis 5**
€ 8,95 (D) / € 9,20 (A)
**O Band 6**
In 6 Bänden abgeschlossen

**JUMPING**

von Asahi Tsutsui
€ 7,00 (D) / € 7,20 (A)
**O Band 1 bis 4**
In 4 Bänden abgeschlossen

**JUNJO ROMANTICA**

von Shungiku Nakamura
€ 6,95 (D) / € 7,20 (A)
**O Band 9, 11-12, 19-22**
**O Band 23** 06/21
€ 10,00 (D) / € 10,30 (A)
**O Band 1-8, 10,13-18**
Bislang 25 Bände in Japan

**H.P. LOVECRAFT**

von Gou Tanabe
€ 12,00 (D) / € 12,40 (A)
**O H.P. Lovecrafts Die Farbe aus dem All**
**O H.P. Lovecrafts Der Hund und andere Geschichten**
**O H.P. Lovecrafts Der leuchtende Trapezoeder**
€ 18,00 (D) / € 18,50 (A)
**O H.P. Lovecrafts Berge des Wahnsinns Band 1 bis 2**
**O H.P. Lovecrafts Cthulhus Ruf** 08/21
€ 22,00 (D) / € 22,70 (A)
**O H.P. Lovecrafts Der Schatten aus der Zeit**

**HUNTER X HUNTER**

von Yoshihiro Togashi
€ 6,95 (D) / € 7,20 (A)
**O Band 1 bis 36**
Bislang 36 Bände in Japan

**I AM SHERLOCK**

von TAKATA & Io
€ 7,00 (D)/ € 7,20 (A)
**O Band 1 bis 4**
In 4 Bänden abgeschlossen

**I HAD THAT SAME DREAM AGAIN**

von Yoru Sumino & Izumi Kirihara
€ 7,00 (D) / € 7,20 (A)
**O Band 1 bis 3**
In 3 Bänden abgeschlossen

**I HEAR THE SUNSPOT**

von Yuki Fumino
€ 7,99 (D) / € 8,30 (A)
**O Band 1**
€ 9,99 (D) / € 10,30 (A)
**O Band 2**
Bisher 2 Bände in Japan

**I HEAR THE SUNSPOT – LIMIT**

von Yuki Fumino
€ 7,99 (D) / € 8,30 (A)
**O Band 1**
€ 8,99 (D) / € 9,30 (A)
**O Band 2**
€ 9,99 (D) / € 10,30 (A)
**O Band 3** 07/21
In 3 Bänden abgeschlossen

# CARLSEN MANGA! CHECKLIST

**NARUTO MASSIV**

von Masashi Kishimoto
€ 5,00 (D) / € 5,20 (A)
**O Band 1**
€ 9,99 (D) / € 10,30 (A)
**O Band 2 bis 24**
In 24 Bänden abgeschlossen

**NARUTO – THE MOVIE**

von Masashi Kishimoto
€ 7,95 (D) / € 8,20 (A)
**O Geheimmission im Land des ewigen Schnees Band 1 & 2**
**O Die Legende des Steins Gelel Band 1 & 2**
**O Sondermission im Land des Mondes 1 & 2**

**NARUTO – THE MOVIE: SHIPPUDEN**

von Masashi Kishimoto
€ 12,95 (D) / € 13,40 (A)
**O Naruto - The Movie: Shippuden**
**O Naruto - The Movie: Shippuden-Fesseln**
**O Naruto - The Movie: Shippuden - Die Erben des Willens des Feuers**
**O Naruto - The Movie: Shippuden - Lost Tower**

**NEON GENESIS EVANGELION**

von Gainax & Yoshiyuki Sadamoto
€ 6,95 (D) / € 7,20 (A)
**O Band 1 bis 14**
In 14 Bänden abgeschlossen

**NO EXIT**

von Haruhi Seta
€ 6,99 (D) / € 7,20 (A)
**O Band 1 bis 13**
In 14 Bänden abgeschlossen

**OKITENEMURU**

von Hitori Renda
€ 7,99 (D) / € 8,20 (A)
**O Band 9**
In 9 Bänden abgeschlossen

**OLD BOY**

von Tsuchiya Garon & Minegishi Nobuaki
€ 12,00 (D) / € 12,40 (A)
**O Band 1 bis 4**
In 4 Bänden abgeschlossen

**MURCIÉLAGO**

von Yoshimura Kana
€ 7,99 (D) / € 8,30 (A)
**O Band 1 bis 14**
**O Band 15** 06/21
Bislang 17 Bände in Japan

**MY HERO ACADEMIA**

von Kohei Horikoshi
€ 6,99 (D) / € 7,20 (A)
**O Band 1 bis 27**
**O Band 28** 08/21
Bislang 30 Bände in Japan
€ 10,00 (D) / € 10,30 (A)
**O My Hero Academia - Ultra Archive**
€ 12,99 (D) / € 13,40 (A)
**O My Hero Academia - Ultra Analysis**

**MY HERO ACADEMIA SMASH**

von Kohei Horikoshi & Hirofumi Neda
€ 5,00 (D) / € 5,20 (A)
**O Band 1 bis 5**
Bislang 5 Bände in Japan

**MY HERO ACADEMIA TEAM UP MISSION**

von Kohei Horikoshi & Yoko Akiyama
€ 7,00 (D) / € 7,20 (A)
**O Band 1**
Bisher 2 Bände in Japan

**MY ROOMMATE IS A CAT**

von Tsunami Minatsuki & Asu Futatsuya
€ 7,00 (D) / € 7,20 (A)
**O Band 1 bis 4**
**O Band 5** 06/21
**O Band 6** 09/21
Bislang 7 Bände in Japan

**MY SECRET WHICH I CANNOT TELL YOU**

von Kyoko Aiba
€ 6,99 (D) / € 7,20 (A)
**O Einzelband**

**NARUTO**

von Masashi Kishimoto
€ 6,50 (D) / € 6,70 (A)
**O Band 1 bis 72**
In 72 Bänden abgeschlossen
**O Der siebte Hokage und der scharlachrote Frühling**

**MERMAID PRINCE**

von Kaori Ozaki
€ 8,00 (D) / € 8,30 (A)
**O Einzelband**

**MOB PSYCHO 100**

von ONE
€ 6,66 (D) / € 6,90 (A)
**O Band 1 bis 15**
€ 7,77 (D) / € 8,00 (A)
**O Band 16**
In 16 Bänden abgeschlossen

**MONSTER – PERFECT EDITION**

von Naoki Urasawa
€ 20,00 (D) / € 20,60 (A)
**O Band 1 bis 8**
€ 24,00 (D) / € 24,70 (A)
**O Band 9** 08/21
In 9 Bänden abgeschlossen

**MORIARTY THE PATRIOT**

von Takeuchi & Miyoshi
€ 9,99 (D) / € 10,30 (A)
**O Band 1 bis 9**
**O Band 10** 06/21
**O Band 11** 08/21
Bislang 13 Bände in Japan
€ 16,00 (D) / € 16,50 (A)
**O Band 10 mit Extra – limitierte Auflage** 06/21
€ 99,00 (D) / € 101,80 (A)
**O Band 1 bis 10 im Sammelschuber – limitierte Auflage** 06/21

**MOTHER'S SPIRIT**

von Enzo
€ 7,99 (D) / € 8,30 (A)
**O Band 1 & 2**
Bislang 2 Bände in Japan

**MOTOKARE RETRY**

von En Hanaya
€ 6,99 (D) / € 7,20 (A)
**O Band 1 bis 7**
In 7 Bänden abgeschlossen

**MOVING FORWARD**

von Nagamu Nanaji
€ 5,00 (D) / € 5,20 (A)
**O Band 1**
€ 7,00 (D) / € 7,20 (A)
**O Band 2 bis 7**
**O Band 8** 08/21
In 11 Bänden abgeschlossen

**MAID-SAMA**

von Hiro Fujiwara
€ 5,95 (D) / € 6,20 (A)
**O Band 1 bis 18**
In 18 Bänden abgeschlossen
**O Maid-sama Marriage**

**MANGA LOVE STORY**

von Katsu Aki
€ 6,95 (D) / € 7,20 (A)
**O Band 70 bis 76**
Bislang 81 Bände in Japan

**MANGA-ZEICHENSTUDIO**

von Kaneda Koubou u.a.
€ 19,90 (D) / € 20,50 (A)
**O Hände und Füße**
**O Gesichter und Emotionen**
**O Manga Master Book**
**O Mädchen in coolen Posen**
**O Emotionen und Mimik ausdrucksstark zeichnen**
**O Manga Basics**
**O Figuren & Hintergründe**
€ 20,00 (D) / € 20,60 (A)
**O Charmante Charaktere**
€ 24,90 (D) / € 25,60 (A)
**O Spannende Geschichten erzählen**

**MANN MEINES BRUDERS, DER**

von Gengoroh Tagame
€ 10,00 (D) / € 10,30 (A)
**O Band 1 bis 4**
In 4 Bänden abgeschlossen

**MASHIMA HERO'S**

von Hiro Mashima
€ 7,00 (D) / € 7,20 (A)
**O Einzelband**
€ 10,00 (D) / € 10,30 (A)
**O Einzelband Limitierte Edition**

**MEINE LESBISCHE ERFAHRUNG MIT EINSAMKEIT**

von Kabi Nagata
€ 15,00 (D) / € 15,50 (A)
**O Einzelband**

**MELANCHOLISCHER MORGEN, EIN**

von Shoko Hidaka
€ 9,95 (D) / € 10,30 (A)
**O Band 8**
In 8 Bänden abgeschlossen

# CARLSEN MANGA! CHECKLIST

**ROSEN BLOOD**

von Kachiru Ichizue
€ 10,00 (D) / € 10,30 (A)
O **Band 1**
O **Band 2** 07/21
Bisher 3 Bände in Japan

**RYUKO**

von Eldo Yoshimizu
€ 14,99 (D) / € 15,50 (A)
O **Band 1 & 2**
In 2 Bänden abgeschlossen

**SACRIFICE TO THE KING OF BEASTS**

von Yu Tomofuji
€ 6,99 (D) / € 7,20 (A)
O **Band 1 bis 11**
O **Band 12** 06/21
O **Band 13** 09/21
In 15 Bänden abgeschlossen

**SAKURA – I WANT TO EAT YOUR PANCREAS**

von Yoru Sumino
€ 7,99 (D) / € 8,20 (A)
O **Band 1 & 2**
In 2 Bänden abgeschlossen

**SAKURA DREAMS BUCH UND TERMIN-KALENDER 2022**

von Melanie Schober
€ 10,00 (D) / € 10,10 (A)
O **Kalender** 06/21

**SAMURAI8**

von Masashi Kishimoto & Akira Okubo
€ 7,00 (D) / € 7,20 (A)
O **Band 1 bis 5**
In 5 Bänden abgeschlossen

**SANTA MARIA HEARTLAND**

von Rise Torio
€ 8,50 (D) / € 8,80 (A)
O **Einzelband**

**SARABA, YOKI HI – SOLANGE WIR ZUSAMMEN SIND**

von Yuki Akaneda
€ 7,00 (D) / € 7,20 (A)
O **Band 1**
O **Band 2** 08/21
Bisher 6 Bände in Japan

**PLUTO: URASAWA X TEZUKA**

von Tezuka, Urasawa & Nagasaki
€ 14,90 (D) / € 15,30 (A)
O **Band 1-3, 6-7**
€ 12,90 (D) / € 13,30 (A)
O **Band 4-5**
€ 16,90 (D) / € 17,40 (A)
O **Band 8**
In 8 Bänden abgeschlossen

**POISON CITY**

von Tetsuya Tsutsui
€ 7,99 (D) / € 8,30 (A)
O **Band 1 & 2**
In 2 Bänden abgeschlossen

**PONE – POSUKA DEMIZU ARTBOOK**

von Posuka Demizu
€ 20,00 (D) / € 20,60 (A)
O **Artbook**

**Q (KU)**

von Tatsuya Shihira
€ 7,99 (D) / € 8,30 (A)
O **Band 1 bis 3**
€ 8,99 (D) / € 9,30 (A)
O **Band 4**
In 4 Bänden abgeschlossen

**REAKTOR 1F – EIN BERICHT AUS FUKUSHIMA**

von Kazuto Tatsuta
€ 12,99 (D) / € 13,40 (A)
O **Band 1 bis 3**
In 3 Bänden abgeschlossen

**RENTAL GIRLFRIEND**

von Reiji Miyajima
€ 7,00 (D) / € 7,20 (A)
O **Band 1 bis 8**
O **Band 9** 07/21
O **Band 10** 09/21
Bislang 16 Bände in Japan

**REQUIEM OF THE ROSE KING**

von Aya Kanno
€ 9,99 (D) / € 10,30 (A)
O **Band 1 bis 12**
O **Band 13** 08/21
Bislang 14 Bände in Japan

**OUR SUMMER HOLIDAY**

von Kaori Ozaki
€ 7,99 (D) / € 8,30 (A)
O **Einzelband**

**OVERLORD**

von Maruyama & Miyama
€ 6,99 (D) / 7,20 (A)
O **Band 1 bis 12**
€ 7,99 (D) / € 8,30 (A)
O **Band 13**
O **Band 14** 09/21
Bislang 15 Bände in Japan

**OVERLORD Official Comic À La Carte Anthology**

von Kugane Maruyama, diverse
€ 7,00 (D) / € 7,20 (A)
O **Band 1 bis 3**
Bislang 3 Bände in Japan

**PANDORAHEARTS**

von Jun Mochizuki
€ 6,95 (D) / € 7,20 (A)
O **Band 1, 5-6, 10-15, 17, 19**
€ 7,95 (D) / € 8,20 (A)
O **Band 18**
€ 8,95 (D) / € 9,20 (A)
O **Band 22**
€ 10,00 (D) / € 10,30 (A)
O **Band 2-4, 7-9, 16, 20-21, 23**
€ 14,00 (D) / € 14,40 (A)
O **Band 24**
In 24 Bänden abgeschlossen

**PERSONAL PARADISE NEUEDITION**

von Melanie Schober
€ 6,99 (D) / € 7,20 (A)
O **Band 1 bis 7**
O **Brave Brother 1.0 lim. Ausgabe mit Schuber**

**PLEASE LOVE ME**

von Aya Nakahara
€ 5,00 (D) / € 5,20 (A)
O **Band 1**
€ 7,00 (D) / € 7,20 (A)
O **Band 2 bis 8**
O **Band 9** 06/21
O **Band 10** 09/21
In 10 Bänden abgeschlossen

**ONE PIECE**

von Eiichiro Oda
€ 6,50 (D) / € 6,70 (A)
O **Band 1 bis 97**
O **Band 98** 09/21
Bislang 99 Bände in Japan

**ONE PIECE: FLUCH DES HEILIGEN SCHWERTS**

von Eiichiro Oda
€ 7,95 (D) / € 8,20 (A)
O **Band 1 & 2**
In 2 Bänden abgeschlossen

**ONE PIECE PARTY**

von Andoh & Oda
€ 6,50 (D) / € 6,70 (A)
O **Band 1 bis 6**
Bislang 6 Bände in Japan

**ONE PIECE – SANJIS LECKERE PIRATENREZEPTE**

von Eiichiro Oda
€ 24,90 (D) / € 25,60 (A)
O **Kochbuch**

**ONE PIECE QUIZ BOOK**

von Eiichiro Oda
€ 14,00 (D) / € 14,40 (A)
O **Einzelband**

**ONE PIECE Z**

von Eiichiro Oda
€ 9,95 (D) / € 10,20 (A)
O **Band 1 & 2**
In 2 Bänden abgeschlossen

**ONE WEEK FRIENDS**

von Matcha Hazuki
€ 6,99 (D) / € 7,20 (A)
O **Band 1 bis 7**
In 7 Bänden abgeschlossen

**OPUS**

von Satoshi Kon
€ 14,90 (D) / € 15,40 (A)
O **Band 1 & 2**
In 2 Bänden abgeschlossen

**ORANGE**

von Ichigo Takano
€ 7,99 (D) / € 8,30 (A)
O **Band 1 bis 6**
Bislang 6 Bände in Japan

# CARLSEN MANGA! CHECKLIST

**SUPER DRAGON BALL HEROES UNIVERSE MISSION**

von Yoshitaka Nagayama
€ 6,50 (D) / € 6,70 (A)
**O Band 1**
**O Band 2** 08/21
Bislang 2 Bände in Japan

**TAKANE UND HANA**

von Yuki Shiwasu
€ 5,00 (D) / € 5,20 (A)
**O Band 1**
€ 6,99 (D) / € 7,20 (A)
**O Band 2 bis 14**
**O Band 15** 07/21
In 18 Bänden abgeschlossen

**TANIGUCHI, JIRO**

von Jiro Taniguchi
€ 12,90 (D) / € 13,30 (A)
**O Der Gourmet 2**
€ 14,90 (D) / € 15,40 (A)
**O Der Gourmet**
€ 16,00 (D) / € 16,50 (A)
**O Der Kartograph**
**O Die Schrift des Windes**
€ 16,90 (D) / € 17,40 (A)
**O Ihr Name war Tomoji**
€ 20,00 (D) / € 20,60 (A)
**O Im Jahrtausendwald**
€ 22,00 (D) / € 22,70 (A)
**O Unruhige Geister und stille Gefährten**
€ 25,00 (D) / € 25,70 (A)
**O Der spazierende Mann (erw. Neuausgabe)**
€ 28,00 (D) / € 28,80 (A)
**O Der Himmel ist blau, die Erde ist weiß – Gesamtausgabe**

**TEMPEST CURSE**

von Martina Peters
€ 6,95 (D) / € 7,20 (A)
**O Band 1 bis 3**
In 3 Bänden abeschlossen

**THE ART OF SPLATOON**

von Nintendo
€ 40,00 (D) / € 41,20 (A)
**O Artbook**

**THE BOOK OF LIST - GRIMM'S MAGICAL ITEMS**

von Izuco Fujiya
€ 6,95 (D) / € 7,20 (A)
**O Band 1 bis 5**
€ 8,95 (D) / € 9,20 (A)
**O Band 6**
In 6 Bänden abeschlossen

**SOUL EATER MASSIV**

von Atsushi Ohkubo
€ 5,00 (D) / € 5,20 (A)
**O Band 1**
€ 8,00 (D) / € 8,30 (A)
**O Band 2 bis 4**
**O Band 5** 06/21
**O Band 6** 08/21
In 12 Bänden abgeschlossen

**SOUL EATER GUIDE BOOK**

von Atsushi Ohkubo
€ 8,95 (D) / € 9,20 (A)
**O Einzelband**

**SOUL EATER SOUL ART**

von Atsushi Ohkubo
€ 24,90 (D) / € 25,60 (A)
**O Band 2**

**SPLATOON**

von Sankichi Hinodeya
€ 6,99 (D) / € 7,20 (A)
**O Band 1 bis 10**
**O Band 11** 07/21
Bislang 13 Bände in Japan

**STILLE WASSER**

von Kan Takahama
€ 16,90 (D) / € 17,40 (A)
**O Einzelband**

**SUNNY**

von Taiyo Matsumoto
€ 16,00 (D) / € 16,50 (A)
**O Band 1 & 2**
**O Band 3** 07/21
In 6 Bänden abgeschlossen

**SÜSSE KATZE CHI: CHI'S SWEET ADVENTURES**

von Konami Kanata & Kinoko Natsume
€ 8,00 (D) / € 8,30 (A)
**O Band 1 bis 4**
In 4 Bänden abgeschlossen

**SUPER DRAGON BALL HEROES**

von Yoshitaka Nagayama
€ 6,50 (D) / € 6,70 (A)
**O Band 1 bis 3**
Bislang 3 Bände in Japan

**SHERLOCK**

von Jay, Gatiss & Moffat
€ 12,99 (D) / € 13,40 (A)
**O Band 1, 2 und 4**
€ 14,99 (D) / € 15,50 (A)
**O Band 3**
€ 39,99 (D) / € 41,20 (A)
**O Band 1 bis 3 im Schuber**
Bislang 4 Bände in Japan

**SHIBA – EIN HUND ZUM VERLIEBEN**

von Mayumi Muroyama
€ 7,00 (D) / € 7,20 (A)
**O Einzelband**

**SHIKIGAMI**

von Yasaiko Midorihana
€ 10,00 (D) / € 10,30 (A)
**O Einzelband**

**SKETCH EVERY DAY**

von Simone Grünewald
€ 20,00 (D) / € 20,60 (A)
**O Zeichenbuch**

**SKIP BEAT!**

von Yoshiki Nakamura
€ 6,95 (D) / € 7,20 (A)
**O Band 1-8, 10-17, 19-21, 24-33, 35-37, 41-45**
€ 8,00 (D) / € 8,30 (A)
**O Band 9, 18, 22-23, 34, 38-40**
Bislang 45 Bände in Japan

**SKULL PARTY**

von Melanie Schober
€ 6,95 (D) / € 7,20 (A)
**O Band 1 bis 4**
In 4 Bänden abgeschlossen

**SNACK WORLD**

von Level-5, & sho.t
€ 7,00 (D) / € 7,20 (A)
**O Band 1 & 2**
In 2 Bänden abgeschlossen

**SOUL EATER**

von Atsushi Ohkubo
€ 6,50 (D) / € 6,70 (A)
**O Band 2, 4, 6-11, 13-18 & 24**
€ 7,95 (D) / € 8,20 (A)
**O Band 25**
In 25 Bänden abgeschlossen

**SCHATTENARIE**

von Zofia Garden & Anne Delseit
€ 6,95 (D) / € 7,20 (A)
**O Band 1 & 2**
In 2 Bänden abgeschlossen

**SCHNEEBALLEN**

von Inga Steinmetz
€ 12,00 (D) / € 12,40 (A)
**O Schneeballens Fall**
€ 14,00 (D) / € 14,40 (A)
**O Schneeballen – Verliebt in Japan**

**SCHOKOHEXE, DIE**

von Rino Mizuho
€ 6,50 (D) / € 6,70 (A)
**O Band 1-3, 5-7, 10-17**
**O Band 18** 07/21
€ 10,00 (D) / € 10,30 (A)
**O Band 4, 8-9**
Bislang 20 Bände in Japan

**SEARCH AND DESTROY**

von Osamu Tezuka & Atsushi Kaneko
€ 15,00 (D) / € 15,50 (A)
**O Band 1 & 2**
€ 18,00 (D) / € 18,50 (A)
**O Band 3** 09/21
In 3 Bänden abgeschlossen

**SEKAIICHI HATSUKOI**

von Shungiku Nakamura
€ 6,95 (D) / € 7,20 (A)
**O Band 1, 3, 8-12**
€ 10,00 (D) / € 10,30 (A)
**O Band 2-7**
€ 6,95 (D / € 7,20 (A)
**O Band 13** 06/21
Bislang 15 Bände in Japan

**SEVEN DEADLY SINS**

von Suzuki Nakaba
€ 6,50 (D) / € 6,70 (A)
**O Band 1 bis 37**
**O Band 38** 07/21
**O Band 39** 09/21
In 41 Bänden abgeschlossen

# CARLSEN MANGA! CHECKLIST

**YAMADA-KUN AND THE SEVEN WITCHES**

von Miki Yoshikawa
€ 5,95 (D) / € 6,20 (A)
**O Band 1-5, 7-8, 10-17, 19-28**
€ 10,00 (D) / € 10,30 (A)
**O Band 6, 9, 18**
In 28 Bänden abgeschlossen

**YOKOHAMA STATION FABLE**

von Gonbe Shinkawa & Yuba Isukari
€ 8,00 (D) / € 8,30 (A)
**O Band 1** 06/21
In 3 Bänden abgeschlossen

**YUNAS REISE ZUM ICH ODER MY SEX CHANGE EXPERIENCEE**

von Yuna Hirasawa
€ 10,00 (D) / € 10,30 (A)
**O Einzelband** 08/21

**ZWEI ESPRESSO**

von Kan Takahama
€ 12,90 (D) / € 13,30 (A)
**O Einzelband**

**ZOMBIE 100 - BUCKET LIST OF DEAD**

von Makoto Yukimura
€ 7,00 (D) / € 7,20 (A)
**O Band 1**
**O Band 2** 08/21
Bisher 7 Bände in Japan

**VIGILANTE – MY HERO ACADEMIA ILLEGALS**

von Horikoshi, Furuhashi & Court
€ 6,99 (D) / € 7,20 (A)
**O Band 1 bis 8**
**O Band 9** 06/21
Bislang 11 Bände in Japan

**VINLAND SAGA**

von Makoto Yukimura
€ 7,95 (D) / € 8,20 (A)
**O Band 1 bis 23**
**O Band 24** 09/21
Bislang 25 Bände in Japan

**WALKINDER, DIE**

von Abi Umeda
€ 6,99 (D) / € 7,20 (A)
**O Band 1 bis 14**
**O Band 15** 07/21
Bislang 18 Bände in Japan

**WEEKLY SHONEN HITMAN**

von Kouji Seo
€ 7,00 (D) / € 7,20 (A)
**O Band 1 bis 3**
**O Band 4** 06/21
**O Band 5** 08/21
Bislang 13 Bände in Japan

**WER BIST DU ZUR BLAUEN STUNDE**

von Yuhki Kamatani
€ 10,00 (D) / € 10,30 (A)
**O Band 1 bis 3**
€ 12,00 (D) / € 12,40 (A)
**O Band 4**
In 4 Bänden abgeschlossen

**WET MOON**

von Atsushi Kaneko
€ 19,90 (D) / € 20,50 (A)
**O Band 1 & 2**
€ 24,90 (D) / € 25,60 (A)
**O Band 3**
In 3 Bänden abgeschlossen

**YAKUZA GOES HAUSMANN**

von Kousuke Oono
€ 7,50 (D) / € 7,80 (A)
**O Band 1 bis 4**
**O Band 5** 06/21
Bislang 6 Bände in Japan

**3/11 – TAGEBUCH NACH FUKUSHIMA**

von Yuko Ichimura & Tim Rittmann
€ 12,90 (D) / € 13,30 (A)
**O Einzelband**

**TO THE ABANDONED SACRED BEASTS**

von Maybe
€ 6,99 (D) / € 7,20 (A)
**O Band 1 bis 9**
€ 7,99 (D) / € 8,30 (A)
**O Band 10**
**O Band 11** 09/21
Bislang 12 Bände in Japan

**TORIYAMA SHORT STORIES**

von Akira Toriyama
€ 5,95 (D) / € 6,20 (A)
**O Band 2 bis 4, 7**
€ 6,95 (D) / € 7,20 (A)
**O Band 6**
€ 7,95 (D) / € 8,20 (A)
**O Band 5**
Bislang 8 Bände in Japan

**TRIAGE X**

von Shouji Sato
€ 6,95 (D) / € 7,20 (A)
**O Band 1 bis 5**
€ 7,95 (D) / € 8,20 (A)
**O Band 6 bis 20**
**O Band 21** 09/21
Bislang 22 Bände in Japan

**UNLUCKY YOUNG MEN**

von Fujiwara & Otsuka
€ 19,90 (D) / € 20,50 (A)
**O Band 1 & 2**
In 2 Bänden abgeschlossen

**UNSERE FARBEN**

von Gengoroh Tagame
€ 10,00 (D) / € 10,30 (A)
**O Band 1 & 2**
**O Band 3** 06/21
In 3 Bänden abgeschlossen

**VAMPIRE KNIGHT – MEMORIES**

von Matsuri Hino
€ 6,99 (D) / € 7,20 (A)
**O Band 1 bis 5**
Bislang 6 Bände in Japan

**THE CASE STUDY OF VANITAS**

von Jun Mochizuki
€ 7,99 (D) / € 8,30 (A)
**O Band 1 bis 8**
Bislang 9 Bände in Japan

**THE DEMON PRINCE**

von Aya Shouoto
€ 6,95 (D) / € 7,20 (A)
**O Band 1 bis 16**
In 16 Bänden abgeschlossen

**THE GOLDEN SHEEP**

von Kaori Ozaki
€(D) 8,00 / €(A) 8,30
**O Band 1 bis 3**
In 3 Bänden abgeschlossen

**THE HEROIC LEGEND OF ARSLAN**

von Yoshiki Tanaka
€ 6,99 (D) / € 7,20 (A)
**O Band 1 bis 12**
**O Band 13** 09/21
Bislang 13 Bände in Japan
€ 7,50 (D) / € 7,80 (A)
**O Doppelpack 1+2**

**THE KILLER INSIDE**

von Hajime Inoryu & Shota Ito
€ 7,50 (D) / € 7,80 (A)
**O Band 1** 08/21
Bislang 9 Bände in Japan

**THE PROMISED NEVERLAND**

von Shirai & Demizu
€ 6,99 (D) / € 7,20 (A)
**O Band 1 bis 17**
**O Band 18** 06/21
**O Band 19** 09/21
In 20 Bänden abgeschlossen

**THE ROYAL TUTOR**

von Higasa Akai
€ 6,99 (D) / € 7,20 (A)
**O Band 1 bis 13**
**O Band 14** 09/21
Bislang 16 Bände in Japan
€ 7,50 (D) / € 7,80 (A)
**O Doppelpack 1+2**

# HALT!

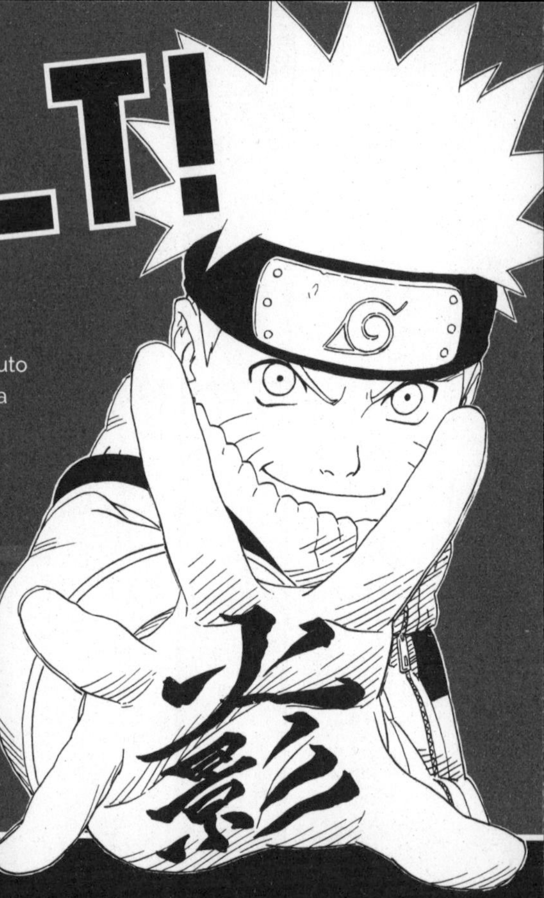


Das ist nicht die erste Seite. Naruto ist ein japanischer Comic, und da in Japan von hinten nach vorne und von rechts nach links gelesen wird, musst auch du diesen Comic von der anderen Seite aufschlagen und von hinten nach vorne lesen.

CARLSEN MANGA! NEWS jeden Monat neu per E-Mail
**carlsenmanga.de | carlsen.de**



CARLSEN MANGA
Deutsche Ausgabe/German Edition

Aus dem Japanischen von Miyuki Tsuji

Redaktion: Anne Berling, Jonas Blaumann
Textbearbeitung: Ina Schiele | Herstellung: Gunta Lauck, Ronny Willisch, Derya Yildirim
 | ISBN 978-3-551-79544-1
Bei Fragen zum Produkt: carlsen.de/kontakt